LA LÉGISLATION

DE

L'INSTRUCTION PRIMAIRE

EN FRANCE

DEPUIS 1789 JUSQU'A NOS JOURS

RECUEIL

DES

LOIS, DÉCRETS, ORDONNANCES, ARRÊTÉS, RÉGLEMENTS, DÉCISIONS, AVIS, PROJETS DE LOIS,

AVEC UNE INTRODUCTION HISTORIQUE ET UNE TABLE ANALYTIQUE

Par M. GRÉARD

VICE-RECTEUR DE L'ACADÉMIE DE PARIS
MEMBRE DE L'INSTITUT.

DEUXIÈME ÉDITION

TOME VI

De 1887 à 1900

PARIS

LIBRAIRIE DE MM. DELALAIN FRÈRES

IMPRIMEURS DE L'UNIVERSITÉ

115, Boulevard Saint-Germain, 115

LA LÉGISLATION
DE
L'INSTRUCTION PRIMAIRE
EN FRANCE.

ON TROUVE A LA LIBRAIRIE DELALAIN :

Lois et Règlements organiques de l'Enseignement primaire en France, 1881-1898, texte unique comprenant les modifications apportées, jusqu'au 1er janvier 1898, à la rédaction primitive des documents; 1 vol. in-8°, *br.* 2 f. 50 c.

Circulaires et Instructions relatives à l'Instruction publique, Janvier 1831 à Décembre 1893, collection publiée sous les auspices du Ministère de l'Instruction publique ; 10 vol. in-8° (tomes II, III, IV, V, VI (avec table analytique des tomes I à VI), VII, VIII, IX, X et XI), *br.* 100 f.

Il ne reste plus à vendre isolément que quelques exemplaires des tomes II (1831-1839), III (1840-1849), IV (1850-1855), V (1856-1865), chacun séparément, in-8°, *br.* 12 f.

Le Tome Ier (1802-1830) et le Tome VI (1866-1870), en dehors des collections réservées, sont épuisés.

— **Tome VII** (du 25 janvier 1870 au 28 février 1878), avec une double table chronologique et analytique; 1 fort vol. in-8°, *br.* 12 f.

— **Tome VIII** (du 11 mars 1878 au 28 mars 1882), avec une double table chronologique et analytique; 1 fort vol. in-8°, *br.* 12 f.

— **Tome IX** (du 28 mars 1882 au 29 octobre 1886), avec une double table chronologique et analytique; 1 fort vol. in-8°, *br.* 12 f.

— **Tome X** (du 31 octobre 1886 à mai 1889), avec une double table chronologique et analytique ; 1 vol. in-8°, *br.* 8 f.

— **Tome XI** (de juin 1889 à décembre 1893), avec une double table chronologique et analytique ; 1 fort vol. in-8°, *br.* 12 f.

Cette collection sera continuée.

Recueil des Lois et Actes de l'Instruction publique (Janvier 1848 à décembre 1891), Recueil des lois, décrets, arrêtés, circulaires, décisions, etc., relatifs à l'Instruction publique, 44 volumes, format in-8°, *br.* 125 f.

[Cette publication périodique s'est arrêtée en décembre 1891.]

Chaque Année séparée, de 1848 à 1891, *non épuisée* en dehors des collections complètes réservées ; 1 fort vol. in-8°, *br.* 3 f.

Chaque volume contient deux tables, l'une chronologique, l'autre alphabétique-analytique.

Les *numéros* des années 1848 à 1891, qui existent encore *séparément*, se vendent chacun 30 *centimes*.

LA LÉGISLATION

DE

L'INSTRUCTION PRIMAIRE

EN FRANCE

DEPUIS 1789 JUSQU'A NOS JOURS

RECUEIL

DES

LOIS, DÉCRETS, ORDONNANCES, ARRÊTÉS, RÈGLEMENTS,
DÉCISIONS, AVIS, PROJETS DE LOIS,

AVEC UNE INTRODUCTION HISTORIQUE ET UNE TABLE ANALYTIQUE

Par M. GRÉARD

VICE-RECTEUR DE L'ACADÉMIE DE PARIS
MEMBRE DE L'INSTITUT.

DEUXIÈME ÉDITION

TOME VI

De 1887 à 1900

PARIS

LIBRAIRIE DE MM. DELALAIN FRÈRES

IMPRIMEURS DE L'UNIVERSITÉ

115, Boulevard Saint-Germain, 115

Abréviations employées pour les Publications signalées dans les notes.

Bull. adm. = Bulletin administratif du Ministère de l'Instruction publique (Impr. Nationale).

Circ. = Circulaires et Instructions relatives à l'Instruction publique (Impr. Delalain).

Rec. des L. et A. = Recueil des Lois et Actes de l'Instruction publique (Impr. Delalain).

En préparation :

Le tome VII, qui comprendra une Introduction historique et une Table analytique des documents contenus dans les six premiers tomes.

Toutes nos éditions sont revêtues de notre griffe.

Delalain frères

Décembre 1900.

LA LÉGISLATION

DE L'INSTRUCTION PRIMAIRE EN FRANCE

DEPUIS 1789 JUSQU'A NOS JOURS.

TOME VI.

Rapport sommaire fait au nom de la 9e Commission d'initiative parlementaire[1] chargée d'examiner les propositions de loi : 1° de M. Lefèvre-Pontalis ayant pour objet la nomination des Instituteurs par les Recteurs d'Académie; 2° de M. Charles Dupuy et un grand nombre de ses collègues ayant pour objet de modifier les articles 27, 28 et 31 de la loi du 30 octobre 1886 sur l'organisation de l'Enseignement primaire, par M. Charles Dupuy (Haute-Loire), député. 1er février 1887.

Séance du 1er Février 1887.

Messieurs, votre 9e Commission d'initiative a eu à examiner deux propositions tendant à modifier la loi du 30 octobre 1886 en ce qui concerne la nomination des instituteurs publics.

La première a pour auteur M. Lefèvre-Pontalis, qui propose de faire passer le pouvoir de nomination des Préfets aux Recteurs d'Académie.

La seconde a pour auteur M. Charles Dupuy et a été signée par vingt-neuf de ses collègues. Elle tend à faire nommer les instituteurs et les institutrices, partie par les Inspecteurs d'Académie, partie par les Recteurs. D'après cette proposition, les Inspecteurs d'Académie, qui ont reçu de la loi du 30 octobre 1886 le pouvoir de déléguer les instituteurs stagiaires, nommeraient, en outre, les instituteurs titulaires chargés d'une classe en qualité d'adjoints; les Recteurs nommeraient les instituteurs titulaires chargés d'une École.

Inspirées par des vues différentes et distinctes quant aux voies et moyens, les deux propositions tendent donc l'une et l'autre à restituer, comme on l'a dit souvent, l'autorité à la compétence, en plaçant les instituteurs et les institu-

1. Cette Commission était composée de MM. Remoiville, *Président;* Charles Dupuy (Haute-Loire), *Secrétaire;* Javal, Jules Carret, Jacquemart, Gillet, Bourgeois (Jura), Suquet, Sabatier, Michel, Galtier, Laur, Maurice Faure, Deniau, Duvaux, Theulier, Duval (Haute-Savoie), vicomte de Bélizal, Albert Ferry, Marmonier, Gaulier, Montaut (Seine-et-Marne).

Voir, Tome V, p. 699 et 700, le projet de M. Lefèvre-Pontalis, 4 *novembre* 1886, et la proposition de loi de MM. Charles Dupuy et divers, 5 *novembre* 1886.

trices sous l'autorité directe de leurs chefs naturels, qui sont les Recteurs et les Inspecteurs d'Académie, et non les Préfets.

Votre 10e Commission d'initiative a délibéré plusieurs fois sur ces propositions dont la portée n'échappe à personne.

Quelques membres ont objecté qu'elles étaient inopportunes, et que, dans l'état de lutte où nous sommes encore, il importait de ne pas dessaisir les Préfets d'un pouvoir utile à la République. Ils ont même exprimé l'opinion que la réforme proposée devrait être précédée d'une épuration du personnel académique, dont tous les membres n'offriraient pas, à leur avis, toutes les garanties que l'État républicain a le devoir d'exiger de ses agents. Enfin, il a été dit que la solution poursuivie serait rendue plus pratique et plus acceptable par une réorganisation de l'Administration universitaire ayant pour base la création de Directeurs départementaux de l'enseignement primaire.

Ces objections ne sont pas restées sans réponse. Les partisans de la modification proposée ont eu à cœur de rappeler que le parti républicain se devait à lui-même de ne pas ajourner indéfiniment une réforme inscrite depuis longtemps dans son programme. Ils ont fait ressortir qu'une mesure dont le résultat serait d'accroître l'indépendance et la dignité du corps enseignant ne saurait être un préjudice pour la République, dont l'influence n'est pas fondée sur la contrainte, mais sur les adhésions réfléchies et libres. Ils se sont élevés contre les injustes défiances formulées contre l'Administration universitaire, qui sert fidèlement la République.

Enfin, ils ont insisté sur ce point que, s'il y a de meilleurs moyens d'aboutir à une réforme, et notamment s'il convient de procéder à une organisation nouvelle de l'Administration académique, il faut, par la prise en considération des propositions examinées, fournir à une Commission de la Chambre l'occasion de les étudier et de les amender, au besoin, par des contre-projets qui ne manqueront pas de se produire.

Par ces motifs, et sans vouloir porter un jugement au fond, ce qu'elle ne pourrait faire sans excéder ses attributions, votre 9e Commission d'initiative, estimant qu'un débat sur cet important sujet ne peut ni ne doit être éludé, vous propose de prendre en considération la proposition de loi de M. Lefèvre-Pontalis et celle de M. Charles Dupuy (Haute-Loire) et de plusieurs de ses collègues.

---

7 février 1887. **Arrêté relatif aux Sujets de compositions écrites donnés aux examens du Brevet élémentaire, du Brevet supérieur et du Certificat d'aptitude pédagogique.**

7 Février 1887.

Le Ministre de l'Instruction publique et des Beaux-Arts

Arrête :

ARTICLE 1er. — Un relevé complet des sujets de compositions écrites donnés aux examens du brevet élémentaire, du brevet supérieur et du certificat d'aptitude pédagogique, ainsi qu'aux concours d'admission à l'École normale et aux bourses d'enseignement primaire supérieur, sera adressé, dans les quinze jours qui suivront la clôture de chaque session, au Recteur par les Inspecteurs d'Académie.

ART. 2. — Les Recteurs transmettront ces textes au Ministère, avec un rapport d'ensemble sur la marche des examens dans leur Académie.

ART. 3. — A la fin de chaque année, l'Administration centrale publiera un recueil complet des textes donnés pour les divers examens, par département, avec un extrait des rapports des Recteurs et une statistique des résultats des examens[1].

Arrêté instituant à Athènes une Commission d'examen pour les Brevets de capacité de l'Enseignement primaire. 9 février 1887.

9 Février 1887.

Le Ministre de l'Instruction publique et des Beaux-Arts,

Vu les décret et arrêté du 18 janvier 1887 dans leurs dispositions relatives aux titres de capacité de l'enseignement primaire,

Arrête :

ARTICLE 1er. — Il est institué à Athènes une Commission d'examen chargée d'apprécier l'aptitude des aspirants et aspirantes aux brevets de capacité pour l'instruction primaire.

ART. 2. — Cette Commission se compose des membres de l'École française d'Athènes.

ART. 3. — La présidence de la Commission appartient à M. le directeur de l'École, qui signera et délivrera les brevets.

ART. 4. — La Commission doit se conformer aux prescriptions du décret et de l'arrêté ci-dessus visés.

Loi portant fixation du Budget des recettes de l'exercice 1887 [Extrait]. 26 février 1887.

26 Février 1887.

. . . .

ARTICLE 3[2]. — A partir du 1er avril 1887, les aspirants aux bre-

1. Voir la *circulaire* du 26 *mars* 1887 (Vice-Recteur de l'Académie de Paris aux Inspecteurs d'Académie du ressort), relative à l'envoi des textes de compositions (*Rec. des L. et A.*, 1887, p. 271).

2. Consulter, pour l'application, la circulaire, en date du 10 *mai* 1887, du Direc-

vets de capacité pour l'enseignement primaire seront soumis à un droit d'examen. Ce droit est fixé à 10 francs pour les candidats au brevet élémentaire ou de second ordre, et à 20 francs pour les candidats au brevet supérieur ou de premier ordre[1].

Les élèves des Écoles normales primaires d'instituteurs et d'institutrices sont exemptés de ce droit.

. . . .

ART. 38. — La subvention de 14 millions de francs inscrite au chapitre 54 du Ministère de l'Instruction publique pour alléger les charges que la gratuité impose aux communes dans les Écoles primaires publiques sera exclusivement employée, au profit des communes qui seront admises à y participer, à parfaire, après l'épuisement des quatre centimes spéciaux, les traitements obligatoires, tels qu'ils résultent de la loi du 19 juillet 1875 et de l'article 6 de la loi du 16 juin 1881.

Les communes non encore propriétaires de leur maison d'école ne pourront obtenir une subvention applicable aux loyers scolaires ou aux indemnités de logement qu'après avoir fait emploi du cinquième institué par l'article 3 de la loi du 16 juin 1881.

Les communes pourront remplacer tout ou partie du prélèvement du cinquième par le vote d'une imposition extraordinaire qui n'excédera pas quatre centimes additionnels au principal des quatre contributions directes.

. . . .

ART. 40. — Le Ministre de l'Instruction publique est autorisé, par dérogation à l'article 15 de la loi du 30 octobre 1886, à ne pas exiger le remboursement des avances faites à titre de subvention, pour les deux derniers mois de 1886, aux communes de moins de 2 000 âmes ou ayant moins de 1 200 âmes de population agglomérée, pour subvenir aux traitements du personnel des Écoles maternelles.

teur général de la comptabilité publique aux trésoriers généraux et aux receveurs particuliers des finances, relativement à la perception des droits sur les examens des brevets, ainsi que les cadres et tableaux y annexés (*Rec. des L. et A.*, 1887, p. 427).

1. Un candidat peut être admis à subir les épreuves de langue vivante au brevet supérieur pour compléter son brevet, à la condition toutefois de verser le droit de 20 francs pour cet examen partiel comme pour l'examen complet (*décision* du 29 *juin* 1888, notifiée par la circulaire du Vice-Recteur de Paris aux Inspecteurs d'Académie, en date du 30 *juin* 1888 (*Rec. des L. et A.*, 1888, p. 394).

Circulaire du Ministre de l'Instruction publique, relative à la vente de Livres et de Fournitures de classe par les instituteurs[1]. 2 mars 1887.

2 Mars 1887.

Monsieur le Préfet, mon Administration est périodiquement saisie de réclamations de libraires relativement à la vente, par les instituteurs, des livres et fournitures scolaires. Tout récemment, la Chambre des Députés m'a renvoyé une pétition tendant à faire interdire cette vente aux instituteurs et aux institutrices laïques ou congréganistes là où se trouve un libraire patenté.

Il m'a paru nécessaire, pour couper court à ces réclamations persistantes et mettre fin à certains abus qui m'ont été signalés, d'adopter la règle suivante :

Dans les localités où il n'y a aucun libraire, les instituteurs et institutrices publics continueront à être autorisés à vendre à leurs élèves les livres et fournitures de classe, aux prix portés sur un tableau affiché dans l'École, après avoir été visé par l'Inspecteur primaire[2]. Dans les autres communes, cette faculté est rigoureusement supprimée.

La présente interdiction ne concerne évidemment que le personnel de l'enseignement primaire public. Nous n'avons aucune injonction à faire sous ce rapport aux maîtres et maîtresses de l'enseignement privé ; il appartiendra aux autorités locales et aux intéressés de les signaler, s'il y a lieu, au contrôleur des contributions directes pour l'application du droit de patente.

Je vous prie, Monsieur le Préfet, de donner la plus grande publicité à cette circulaire et de tenir la main à son exécution.

Recevez, etc.

Signé : BERTHELOT.

Décret relatif au Versement des droits dus par les aspirants et aspirantes aux Brevets de capacité de l'Enseignement primaire. 12 mars 1887.

12 Mars 1887.

Le Président de la République française,

Sur le rapport du Ministre de l'Instruction publique et des Beaux-Arts,

1. Consulter les circulaires :

Du 26 *février* 1880, aux Préfets, modifiant le taux d'abonnement des fournitures classiques concernant les enfants assistés, élèves des Écoles primaires publiques (Tome V, p. 125);

— 15 *juillet* 1887, aux Recteurs, relative à la vente des livres et fournitures scolaires par les instituteurs dans les Écoles primaires publiques (voir ci-après, *à sa date*).

2. « Le mode de payement indiqué par l'article 8 de la loi du 19 juillet 1875 (mandatement mensuel par le Préfet et payement par douzième du traitement des instituteurs publics) ne peut pas être employé par le Préfet lorsqu'il s'agit du payement de fournitures scolaires ou de dépenses de matériel. » (*Arrêt du Conseil d'État*, ville de *Falaise*, 13 février 1880.)

Vu l'article 3 de la loi de finances du 26 février 1887,

Décrète :

ARTICLE 1er. — Tout candidat aux brevets de capacité, après avoir déposé les pièces réglementaires, reçoit de l'Inspecteur d'Académie, soit directement, soit par la poste, un certificat sur papier libre, attestant qu'il a été régulièrement inscrit sur le registre ouvert à cet effet dans les bureaux de l'Inspection académique.

ART. 2. — Les candidats doivent remettre ledit certificat : dans les départements, au percepteur des contributions directes de leur résidence ; à Paris, au receveur spécial des droits universitaires, et verser entre ses mains la somme de 10 francs, s'ils se présentent au brevet élémentaire ou de second ordre ; de 20 francs, s'ils se présentent au brevet supérieur ou de premier ordre[1].

Il leur en sera délivré une quittance à souche.

ART. 3. — Au jour fixé pour l'examen, aucun candidat n'est admis à subir les épreuves sans avoir au préalable présenté au secrétaire de la Commission la quittance qu'il a reçue du percepteur.

ART. 4. — Tout candidat qui, sans excuse jugée valable par le jury, ne répond pas à l'appel de son nom le jour de l'examen, perd le montant des droits qu'il a consignés.

ART. 5. — Aucune restitution, même partielle, des droits perçus n'est faite aux candidats ajournés.

ART. 6. — Les dispositions du présent décret ne sont pas applicables aux élèves des Écoles normales primaires d'instituteurs et d'institutrices, lesquels sont exemptés, par la loi susvisée, de tous droits, quand ils se présentent aux examens, soit du brevet élémentaire, soit du brevet supérieur.

ART. 7. — Le Ministre de l'Instruction publique et des Beaux-Arts et le Ministre des Finances sont chargés, chacun en ce qui le concerne, de l'exécution du présent décret, qui sera inséré au *Bulletin des Lois* et au *Journal officiel*.

1. Consulter la circulaire, en date du 10 *mai* 1887, du Directeur général de la comptabilité publique aux trésoriers généraux et aux receveurs particuliers des finances, relativement à la perception des droits sur les examens des brevets élémentaire et supérieur de l'enseignement primaire (*Rec. des L. et A.*, 1887, p. 427).

Les élèves sortant des Écoles normales sans être pourvus du brevet supérieur, qui ne sont pas encore placés, sont exemptés des droits d'examen (*Bull. adm.*, 1889, t. XLVI, p. 473).

Voir aussi l'avis relatif au droit d'examen pour le brevet supérieur et au remboursement des droits d'examen pour les deux brevets (*Bull. adm.*, 1890, t. XLVII, p. 573).

Circulaire du Ministre de l'Instruction publique, relative au maintien des Écoles maternelles dans les villes de 2 000 âmes et au-dessous. 20 mars 1887.

20 Mars 1887.

Monsieur le Préfet, la loi du 30 octobre 1886, article 15, comme l'a indiqué la circulaire du 8 décembre dernier[1], ne range pas parmi les Écoles primaires publiques donnant lieu à une dépense obligatoire les Écoles maternelles établies dans des communes de 2 000 âmes et au-dessous, ou dans des communes de plus de 2 000 âmes n'ayant pas 1 200 âmes de population agglomérée.

Par suite de ces dispositions, applicables dès le 30 octobre, l'Administration de l'Instruction publique se trouvait dans l'impossibilité de continuer aux communes de cette catégorie les subventions accordées jusque-là à leurs Écoles maternelles. Pour atténuer, autant que possible, les difficultés en présence desquelles allaient se trouver les communes dont les budgets avaient été réglés en prévision d'une subvention, mon prédécesseur vous a autorisé à faire payer, pour les mois de novembre et de décembre, sur les fonds généraux de l'enseignement primaire centralisés à la Trésorerie générale, le traitement du personnel enseignant des Écoles maternelles dont l'entretien est devenu facultatif. Cette mesure ne pouvait être que provisoire, et le Parlement devait décider s'il y avait lieu de la rendre définitive par l'adoption de dispositions transitoires. L'intervention du Parlement s'est produite, comme vous le savez, à l'occasion de la discussion du budget de 1887. D'accord avec le Gouvernement, les Chambres ont introduit dans la loi de finances du 26 février dernier l'article ci-après :

« ART. 40. — Le Ministre de l'Instruction publique est autorisé, par dérogation à l'article 15 de la loi du 30 octobre 1886, à ne pas exiger le remboursement des avances faites à titre de subventions, pour les deux derniers mois de 1886, aux communes de moins de 2 000 âmes ou ayant moins de 1 200 âmes de population agglomérée, pour subvenir aux traitements du personnel des Écoles maternelles. »

En vertu de cet article, la liquidation des dépenses desdites Écoles pour l'année 1886 s'effectuera sans qu'il soit fait application de l'article 15 de la loi du 30 octobre. Par une circulaire du 9 de ce mois[2], rappelant les règles générales applicables à cette liquidation, je vous ai déjà fait savoir que vous devez comprendre parmi les dépenses ordinaires la totalité des traitements légaux du personnel enseignant des Écoles maternelles. Les municipalités peuvent donc être assurées, dès à présent, qu'un reversement des subventions payées pour les mois de novembre et de décembre, dans les limites du traitement normal, ne sera pas réclamé pour l'année 1886.

Le Parlement a reconnu, en outre, qu'un laps de deux mois ne pouvait suffire aux communes, soit pour assurer les ressources nécessaires à l'entretien d'une École maternelle devenue facultative, soit pour transformer cette École en une classe enfantine, dans les conditions fixées par les articles 13 et 15 de la loi du 30 octobre 1886. Au budget de 1887, une modification apportée au titre du chapitre 53 permet d'accorder des « subventions aux Écoles maternelles et aux Écoles enfantines, notamment pour n'imposer aucune charge nouvelle aux com-

1. Voir Tome V, p. 717.
2. *Circ.*, t. X, p. 80.

munes dans lesquelles ces Écoles avaient été régulièrement créées avant la promulgation de la loi du 30 octobre 1886 ». Ce texte indique évidemment que les Chambres ont entendu établir une différence entre les établissements *créés* dans les conditions légales et ceux qui n'existent qu'en fait, c'est-à-dire pour lesquels les communes n'ont pas demandé la consécration prescrite par le législateur. Le Parlement a reconnu aux Écoles régulièrement créées des titres tout particuliers au maintien de la subvention de l'État; quant aux Écoles dont la situation n'est pas légalement consacrée, le Parlement, sans les exclure d'une subvention qui, à l'origine, représentait la rétribution scolaire supprimée en 1881, n'entend la leur maintenir que dans la mesure nécessaire pour donner aux Conseils municipaux le temps d'aviser à la transformation régulière de ces établissements.

Cette transformation, dans beaucoup de communes, pourra avoir lieu prochainement; dans d'autres, il est possible que, eu égard aux intérêts des familles ou du personnel enseignant à déplacer, elle nécessite quelques mois et ne devienne effective qu'à la rentrée des classes. C'est cette date que je considérerai comme la dernière limite du maintien provisoire des subventions de l'État.

En conséquence, je maintiendrai au plus jusqu'au 30 septembre prochain les subsides actuellement accordés par l'État. Passé ce délai, la subvention ou disparaîtra ou changera de caractère. Si l'École est transformée en classe enfantine devant bénéficier de l'article 15 de la loi du 30 octobre, la subvention à laquelle peut prétendre la commune après épuisement de ses ressources, de facultative qu'elle était précédemment, deviendra obligatoire. Si, au contraire, une commune de moins de 2 000 habitants sollicite et obtient, pour des motifs particuliers, la sanction du Conseil départemental en vue de maintenir exclusivement à ses frais l'École maternelle, l'École pourra être créée et exister régulièrement, mais sans entraîner aucune subvention de l'État. J'ai cru devoir insister sur ces considérations importantes au point de vue des intérêts communaux. En demandant aux Conseils municipaux d'émettre leur avis pour le maintien ou le remplacement, par une classe enfantine, de l'École maternelle non régulièrement créée, vous aurez à leur faire remarquer, en outre, que les communes doivent disposer d'un local convenable pour l'École maternelle. Vous vous reporterez à cet égard à la circulaire du 21 mai 1884[1]. Le Conseil départemental s'inspirera, du reste, de ces instructions lorsqu'il aura à statuer sur les projets que vous avez à lui soumettre.

Une réduction de 83 000 francs a été opérée au chapitre 53 du budget de 1887, en vue de la suppression des Écoles maternelles régulièrement créées ou non dans des communes de moins de 400 habitants. Les Chambres, en adoptant cette diminution de crédit proposée par la Commission du budget, ont pensé qu'il y avait un véritable abus à maintenir une troisième École dans de petites localités que le législateur a même dispensées d'entretenir une École de filles. Il n'y aura donc pas lieu d'accorder la reconnaissance légale à des établissements aussi peu importants, pour lesquels le concours de l'État n'a paru nullement justifié. Le Conseil départemental appréciera toutefois si, dans certains cas, il ne conviendrait pas d'autoriser le remplacement de ces petites Écoles maternelles par une subdivision enfantine rattachée à l'École publique spéciale de garçons, de filles ou mixte.

Pour faciliter autant que possible, dans les communes de moins de 2 000 ha-

1. Voir Tome V, p. 575.

bitants, la transformation des Écoles maternelles en classes enfantines, j'ai décidé que le Conseil départemental pourra, à titre exceptionnel, s'il juge la mesure utile, fixer à trois ans, au lieu de quatre, l'âge d'admission à ces classes.

Dans quelques communes, il existe actuellement une École distincte appelée enfantine, tenue par une ou même par plusieurs institutrices et recevant des élèves de quatre à sept ans. Les établissements de ce genre ne sont pas reconnus par la loi du 30 octobre, qui ne les désigne pas dans ses articles 1 et 15. Pour qu'ils rentrent dans le cadre de la nouvelle organisation de l'enseignement primaire, il est indispensable de les convertir en classes enfantines annexées soit à une École primaire élémentaire, soit à une École maternelle. Jusqu'à leur transformation, elles peuvent avoir part, dans les conditions ci-dessus rappelées, à la subvention de l'État inscrite au chapitre 53.

Il ne faut pas confondre avec les Écoles enfantines, qui ne constituent pas légalement un ordre d'établissements d'instruction primaire, d'autres Écoles qu'on désigne à tort quelquefois sous la même dénomination d'enfantines et qui sont établies dans des sections de commune. Celles-ci sont de véritables Écoles primaires élémentaires de hameau, dont la dépense est obligatoire pour la commune et subsidiairement pour l'État.

Quant aux classes enfantines qui, jusqu'à ce jour, n'ont reçu que des garçons ou des filles, elles ne peuvent, d'après l'article 15 de la loi du 30 octobre, participer aux subventions de l'État que si les élèves des deux sexes y sont admis. Le Conseil départemental aura à se prononcer également, après avis des Conseils municipaux, pour la régularisation de ces classes.

J'ai été consulté sur la question de savoir comment il convient de déterminer, au point de vue scolaire, le chiffre de la population agglomérée d'une commune. Une interprétation très large, à laquelle je me suis rallié, a été donnée à ce sujet devant la Chambre des Députés dans la séance du 27 janvier; elle repose sur la loi du 20 mars 1883, qui rend obligatoire, pour tout groupe de plus de vingt enfants, l'établissement d'une École « dans les centres de population distants les uns des autres de trois kilomètres ». D'après cette règle, je suis disposé à entendre les mots de « population agglomérée », qui figurent dans la loi du 30 octobre, en ce sens que l'on pourra considérer l'École comme embrassant une circonscription dont le diamètre serait de trois kilomètres, c'est-à-dire dont les habitants seraient domiciliés dans un rayon de 1 500 mètres.

Il importe que les Conseils municipaux vous adressent le plus tôt possible leurs délibérations relatives aux Écoles ou classes non régulièrement créées. Vous soumettrez ces délibérations au Conseil départemental dans l'une de ses plus prochaines séances. Les décisions prises par cette assemblée me seront transmises sans retard avec toutes les pièces à l'appui. Vous y joindrez des tableaux dressés suivant le modèle ci-joint, par catégories de communes et d'Écoles. Votre envoi complet devra me parvenir avant le 25 avril, terme de rigueur.

Je vous prie de m'accuser réception de la présente circulaire.

Recevez, etc.

Signé : BERTHELOT.

23 mars 1887.

Arrêté fixant le Taux de rétribution devant servir à déterminer le Traitement éventuel des instituteurs et institutrices en 1887.

23 Mars 1887.

Le Ministre de l'Instruction publique et des Beaux-Arts,

Vu la loi du 16 juin 1881 (art. 6);

Vu la loi de finances du 26 février 1887;

Vu les arrêtés du 21 juillet 1884, du 23 mars 1885 et du 15 février 1886;

Vu les propositions transmises par les Préfets, après avis des Conseils départementaux de l'Instruction publique, pour la fixation du taux de rétribution devant servir à calculer le traitement éventuel des instituteurs et institutrices en 1887,

Arrête :

ARTICLE 1er. — Le taux de rétribution devant servir à déterminer le traitement éventuel des instituteurs et institutrices est fixé, pour la présente année, par élève et par mois de présence dûment constatée, de la manière suivante :

1° Pour les Écoles maternelles et pour les Classes enfantines, à 50 centimes;

2° Pour les Écoles primaires élémentaires de garçons et de filles, à 1 franc dans les communes dont la population est inférieure à 5 000 habitants; à 1 fr. 25 cent. dans les communes de 5 000 à 50 000 habitants; à 1 fr. 50 cent. dans les communes d'une population supérieure à 50 000 habitants.

ART. 2. — Le produit de l'éventuel sera réparti entre les titulaires et les adjoints dans les conditions déterminées par l'arrêté du 21 juillet 1884, dont les dispositions sont maintenues.

---

25 mars 1887.

Arrêté modifiant les Centres d'examen du Certificat d'aptitude à l'enseignement de la gymnastique.

25 Mars 1887.

Le Ministre de l'Instruction publique et des Beaux-Arts;

Vu l'arrêté du 18 janvier 1887,

Le Conseil supérieur de l'Instruction publique entendu,

Arrête :

L'article 217 de l'arrêté du 18 janvier 1887, relatif à l'examen du certificat d'aptitude à l'enseignement de la gymnastique, est modifié ainsi qu'il suit :

« L'examen se compose d'épreuves orales et pratiques qui ont lieu au chef-lieu du département. »

Circulaire du Ministre de l'Instruction publique, relative à l'organisation des Délégations cantonales et aux attributions des Délégués cantonaux[1]. 25 mars 1887.

25 Mars 1887.

Monsieur le Préfet, la réorganisation des délégations cantonales, aux termes de l'article 65 de la loi du 30 octobre 1886, doit avoir lieu dans les deux mois qui suivent l'entrée en fonctions des nouveaux Conseils départementaux. Au moment où s'achève, dans presque tous les départements, la désignation des délégués cantonaux, j'apprends qu'il s'élève quelques doutes et quelques divergences d'appréciation sur la nature de leurs fonctions, telles que les définissent la loi, d'une part, et, de l'autre, le règlement organique du 18 janvier dernier. Je crois nécessaire de dissiper, à cet égard, tout malentendu.

La loi du 30 octobre règle comme suit, par son article 52, les attributions des délégués cantonaux :

« Le Conseil départemental désigne un ou plusieurs délégués résidant dans chaque canton pour surveiller les Écoles publiques et privées du canton, et il détermine les Écoles particulièrement soumises à la surveillance de chacun d'eux.

« Les délégués sont nommés pour trois ans. Ils sont rééligibles et toujours révocables. Chaque délégué correspond tant avec le Conseil départemental, auquel il doit adresser ses rapports, qu'avec les autorités locales, pour tout ce qui regarde l'état et les besoins de l'enseignement primaire dans sa circonscription.

« Il peut, lorsqu'il n'est pas membre du Conseil départemental, assister à ses séances, avec voix consultative, pour les affaires intéressant les Écoles de sa circonscription.

1. Voir, pour l'ensemble de la question, les documents ci-après :

Circulaire du 16 *juin* 1879, aux Préfets, demandant, à la fin de l'année scolaire, un état de situation des délégations cantonales pour la surveillance et l'inspection des Écoles primaires (*Circ.*, t. VIII, p. 164);

Lettre du 25 *mars* 1880, au Préfet de la Marne, autorisant la réunion de plusieurs délégués cantonaux dans les cérémonies scolaires (Tome V, p. 138);

Circulaire du 2 *mai* 1886, aux Préfets, relative à la prorogation des pouvoirs des délégués cantonaux (*Circ.*, t. IX, p. 711);

— 5 *décembre* 1887, aux Préfets, relative à la représentation de l'élément agricole dans les délégations cantonales (*Circ.*, t. X, p. 221);

— 10 *juillet* 1895, adressée aux membres des délégations, des Caisses des Écoles et des Commissions scolaires, sur les services que ces divers Comités peuvent rendre pour l'instruction des enfants et l'instruction des adultes (*Bull. adm.*, 1895, t. LVIII, p. 21).

« Les délégués se réunissent au moins une fois tous les trois mois au chef-lieu du canton, sous la présidence de celui d'entre eux qu'ils désignent, pour convenir des avis à transmettre au Conseil départemental. »

Ce texte est littéralement le même que celui de l'article 43 de la loi de 1850 : le législateur n'a donc pas eu l'intention de rien changer aux usages établis depuis trente ans en cette matière.

A son tour, le décret du 18 janvier, rendu en Conseil supérieur, a précisé, dans les articles suivants, les conditions dans lesquelles doivent s'exercer les fonctions des délégués cantonaux :

« ART. 136. — Nul ne peut être délégué cantonal s'il n'est Français et âgé de vingt-cinq ans au moins.

« ART. 137. — Nul chef ou professeur d'un établissement quelconque d'instruction primaire ne peut être délégué cantonal.

« ART. 138. — Les délégués cantonaux n'ont entrée que dans les Écoles soumises spécialement par le Conseil départemental à la surveillance de chacun d'eux.

« Ils communiquent aux Inspecteurs de l'instruction primaire tous les renseignements utiles qu'ils ont pu recueillir.

« ART. 139. — Ils peuvent être consultés sur la convenance des locaux que les communes sont obligées de fournir pour la tenue de leurs Écoles publiques;

« Sur la fixation du nombre des Écoles à établir dans les communes et sur l'opportunité de la création d'Écoles de hameau;

« Sur les demandes de création d'emplois d'instituteur adjoint et d'institutrice adjointe.

« ART. 140. — L'inspection des autorités préposées à la surveillance des Écoles en vertu des paragraphes 4 et 5 de l'article 9 de la loi du 30 octobre 1886 portera, dans les Écoles publiques, sur l'état des locaux et du matériel, sur l'hygiène et sur la tenue des élèves.

« Elle ne pourra jamais porter sur l'enseignement. »

On m'assure que deux articles de cette réglementation ont inspiré quelque appréhension :

L'article 138, qui stipule que les délégués n'ont entrée que dans les Écoles que leur a spécialement désignées le Conseil départemental; l'article 140, qui rappelle que leur inspection ne porte pas sur l'enseignement.

La première de ces prescriptions a été inspirée par la pensée de laisser, comme par le passé, et désormais sans contestation possible, au Conseil départemental lui-même le droit de faire la répartition du service suivant le système qui lui paraîtra le meilleur. La loi lui réserve expressément le droit de préposer « un ou plusieurs » délégués à toutes les Écoles, et, par conséquent, à chaque École. C'est ce droit, dans toute son étendue, que l'article 138 du décret consacre et précise. C'est du Conseil départemental que les délégués cantonaux tiennent toute leur autorité; c'est au Conseil départemental de décider s'il veut, comme on l'a fait dans certains départements, ouvrir toutes les Écoles d'un canton à tous les délégués de ce canton; s'il préfère, comme on l'a fait ailleurs, partager le canton en petites subdivisions confiées, chacune, à un ou deux délégués. Il y a là une question d'habitudes, de circonstances locales et de convenances personnelles, qu'il me semble bon de laisser régler au mieux de l'intérêt scolaire par l'assemblée départementale. Un règlement formel, qui obligerait à une organisation absolument uniforme, n'aurait d'autre effet que d'entraver des bonnes volontés que l'on ne saurait laisser trop libres.

L'autre question, pour être plus délicate, n'est pas moins facile à résoudre. L'article 140 n'a pas pour but d'enlever au délégué cantonal une partie de ses attributions. En réalité, il n'ajoute ni ne retranche rien au rôle dont le délégué cantonal est investi depuis plus de trente ans. Et, pour se convaincre qu'il n'y a rien de changé à cet égard, il suffirait de relire les instructions ministérielles publiées au début même de l'institution, de 1850 à 1855. En voici les passages principaux, qu'il n'est pas sans intérêt de reproduire, ne fût-ce que pour constater la continuité de la tradition :

« ... Délégués du Conseil départemental, avec lequel ils peuvent correspondre directement, c'est de ce Conseil surtout qu'ils doivent recevoir l'impulsion, c'est de ses pensées qu'ils doivent surtout s'inspirer. Leur mission, qui est toute de confiance, s'étend à tout; mais elle n'est qu'une mission de surveillance, et s'il est à désirer qu'ils multiplient les avis et les remontrances paternelles, partout où besoin sera, il est à désirer aussi qu'ils ne compromettent jamais leur autorité, en s'efforçant d'introduire directement dans les Écoles, soit des livres, soit des principes d'éducation et d'enseignement dont ils apprécieraient les avantages, mais qui y seraient jusqu'alors inusités. » (*Circulaire du 24 décembre* 1850.)

« Ne leur demandez point de juger les méthodes et les livres; demandez-leur si les enfants qui sont admis depuis quelque temps déjà dans les Écoles y ont reçu une instruction suffisante, s'ils y sont tenus sainement, s'ils y puisent de bons préceptes et surtout de bons exemples de morale, s'ils y contractent des habitudes de propreté, de politesse et de bienveillance réciproques, en un mot, s'ils sont bien élevés. » (*Instruction générale du* 31 *octobre* 1854.) Et lors même qu'à une certaine époque on demanda au zèle des délégués cantonaux de participer à une sorte d'enquête générale sur la marche et les résultats de l'enseignement primaire, le Ministre avait soin d'ajouter : « Il ne faut pas perdre de vue qu'en réalité MM. les délégués n'ont pas mission d'apprécier, de contrôler le mérite relatif des procédés, des méthodes diverses; qu'ils n'ont pas à s'enquérir si les élèves des Écoles se rendent compte, par exemple, des principes de la lecture, de l'écriture; mais qu'ils ont à vérifier seulement si les élèves lisent ou écrivent bien ou mal; que c'est, en un mot, pour eux, la simple constatation d'un fait qu'ils ont à consigner » (*Circulaire du* 18 *mars* 1854), et l'année suivante : « Je n'oublie pas que l'on ne saurait réclamer d'eux ces comparaisons de méthodes, ces investigations minutieuses, ces jugements techniques que l'Administration exige des Inspecteurs de l'enseignement primaire... MM. les délégués sont, aux yeux de la loi, les représentants de la famille dans l'École. C'est au nom des familles que leur influence morale s'y fait sentir et que leur autorité s'y exerce... » (*Circulaire du* 16 *mai* 1855.)

C'est précisément, Monsieur le Préfet, dans le même sentiment qu'a été rédigé l'article 140 du décret de janvier dernier. Il n'a d'autre objet que de prévenir une confusion d'attributions qui affaiblirait tous les services scolaires sans en fortifier aucun. Il s'agit d'établir clairement les relations qui doivent exister entre le délégué cantonal, l'Inspecteur primaire et l'instituteur.

Aujourd'hui l'enseignement primaire a sa loi organique, il possède un ensemble de programmes dont les grandes lignes sont inscrites dans la loi elle-même et dont le détail a été réglé par les Conseils universitaires légalement chargés de ce soin. L'inspection est partout organisée et partout obligée de suivre de très près les règlements spéciaux qui régissent les Écoles publiques. Il est donc moins que jamais nécessaire que le délégué cantonal intervienne dans les programmes, ait le droit de modifier les exercices scolaires, de se prononcer sur telle méthode, tel procédé, tel livre, tel manuel, d'organiser des concours entre Écoles ou des compositions entre élèves.

Le Conseil supérieur n'a rien entendu faire de nouveau en rappelant au délégué cantonal qu'il n'est pas l'Inspecteur de l'enseignement primaire : on pourrait plutôt l'appeler l'inspecteur de l'éducation. Le service que la société attend de lui, ce n'est pas de corriger des dictées ou des problèmes, de classer des copies d'élèves ou de mettre à l'épreuve le savoir des maîtres; on l'a chargé d'un office beaucoup moins précis, il est vrai, mais bien autrement délicat, et dont l'importance ne peut lui échapper. Il entre dans une classe; lui qui vient du dehors, il est impossible qu'il ne soit pas frappé de certains traits que, peut-être, ni l'instituteur ni l'Inspecteur ne remarquent plus. Plus sûrement que personne, il appréciera la tenue des élèves, l'entrain de la classe, l'ardeur ou l'inertie qui s'y trahit, les habitudes d'attention, d'ordre, de ponctualité, l'affection et la confiance que le maître a su inspirer, l'esprit enfin qui règne à l'École et qui se lit partout, sur les visages et dans les cahiers.

Arrive-t-il inopinément? Ce n'est pas en faisant tout suspendre pour ouvrir une sorte de séance d'apparat qu'il se renseignera le mieux, c'est en demandant aux maîtres de vouloir bien continuer sans rien changer : moins il troublera l'ordre de la classe, mieux il jugera au fond le maître et les élèves. Veut-il prendre part à une interrogation, adresser quelques questions aux élèves? Veut-il examiner les cahiers, les devoirs, les cartes, les dessins? Veut-il, surtout, — ce qui est, en matière d'enseignement, le plus grand service qu'il puisse rendre, — examiner l'ensemble des *cahiers de devoirs mensuels*, ces cahiers où chaque élève écrit, en quelque sorte à son insu, mois par mois, l'histoire de son éducation, et grâce auxquels on pourra, d'ici à peu d'années, quand on saura s'en servir couramment, avoir sous les yeux, pour ainsi dire, l'image vivante de la classe et le tableau irrécusable de ses progrès? Tout est à sa disposition, et il fera bien de témoigner qu'il s'intéresse à tout dans l'École. Qu'il se souvienne seulement que, s'il doit s'efforcer de tout voir, de tout entendre, de tout observer, ce n'est pas au point de vue technique de l'homme du métier, mais à un point de vue plus général, celui de la famille et de la société. Que nos instituteurs eux-mêmes n'oublient pas que notre enseignement primaire public ne doit pas tendre à s'isoler, à s'enfermer, à se défendre contre l'incessante intervention de la société, contre les critiques, les observations, le contrôle du dehors. Aussi, bien loin de vouloir restreindre l'action des délégations cantonales, devons-nous tout faire pour l'encourager et l'étendre. Plus la famille s'intéresse à l'École, plus l'École est sûre de prospérer. L'idéal, en cette matière, ne serait-il pas que l'École fût, pour ainsi dire, ouverte perpétuellement aux regards de la famille, et la famille sans cesse invitée à aider le maître dans sa tâche par un concours effectif et journalier?

Mais pour s'aider, il faut, avant tout, éviter de se contredire; et pour cela, il faut que chacun comprenne bien son rôle et s'y maintienne, résistant scrupuleusement à la tentation d'accroître son prestige et d'accaparer une part d'autorité qui ne lui est pas dévolue. La « surveillance » confiée aux délégués du Conseil départemental et l' « inspection » confiée aux Inspecteurs spéciaux nommés par le Ministre ne sont pas, ne doivent pas être une seule et même chose. Voulons-nous que les visites des diverses autorités scolaires fassent du bien et ne fassent que du bien? Appliquons-nous à écarter toute chance de conflit entre ces autorités, toute occasion de désarroi dans la marche de l'École, tout motif d'inquiétude ou de froissement pour l'instituteur.

Comme tous ceux qui se sont occupés d'enseignement, les délégués cantonaux savent bien que le véritable ressort de l'École, ce n'est pas le règlement, le programme, le livre, ce n'est pas même l'inspection ou la surveillance administrative, c'est un homme, c'est l'instituteur.

Et, pour qu'il remplisse soigneusement sa tâche, il lui faut, avant tout, le sentiment de sa liberté, de sa responsabilité, de son initiative. Un peu d'inspection aide et stimule; trop d'inspection paralyse. C'est assez d'un supérieur hiérarchique à qui l'instituteur doit compte de tous les détails de sa vie professionnelle; il ne faudrait pas que toutes les autres autorités instituées par la loi, Préfet, maire, conseillers et délégués, se transformassent, à ses yeux, en autant d'inspecteurs primaires.

C'est cette méprise que le Conseil supérieur a voulu prévenir. Conformément à une tradition constante, il n'a entendu limiter l'autorité du délégué cantonal que dans les questions qui touchent aux méthodes d'enseignement et à la marche réglementaire des exercices de chaque classe. Vous n'aurez aucune peine, j'en suis sûr, Monsieur le Préfet, à expliquer, soit au Conseil départemental, soit à MM. les délégués cantonaux, les dispositions réglementaires qui ne sont destinées qu'à affermir, bien loin de la diminuer en quoi que ce soit, la mission de confiance qu'ils veulent bien accepter comme représentants de la société auprès de l'École et comme patrons de l'École auprès de la société.

Recevez, etc.

Signé : BERTHELOT.

Décret modifiant les articles 109, 189 et 192 du Décret du 18 janvier 1887 rendu pour l'exécution de la Loi du 30 octobre 1886 sur l'Enseignement primaire. 26 mars 1887.

26 Mars 1887.

Le Président de la République française,

Sur le rapport du Ministre de l'Instruction publique et des Beaux-Arts,

Vu le décret du 18 janvier 1887, portant règlement pour l'exécution de la loi du 30 octobre 1886;

Le Conseil supérieur de l'Instruction publique entendu,

Décrète :

ARTICLE 1er. — Les articles 109, 189 et 192 du décret du 18 janvier 1887 sont modifiés ainsi qu'il suit :

« ART. 109. — Les candidats à l'examen du professorat des Écoles normales et des Écoles primaires supérieures doivent être âgés de vingt et un ans révolus au moment de leur inscription, être pourvus du brevet supérieur ou de l'un des baccalauréats ou (pour les femmes) du diplôme de fin d'études, et justifier de deux ans d'exercice au moins dans les Écoles publiques ou dans les Ecoles privées.

« ART. 189. — La disposition de l'article 70 du présent décret, en vertu de laquelle les aspirants aux Écoles normales doivent être pourvus du brevet élémentaire, ne sera appliquée qu'à partir du concours d'admission en 1888.

« Jusqu'à cette époque, les candidats ne sont tenus de justifier que de la possession du certificat d'études primaires.

« Les candidats âgés de quinze ans au 1er janvier 1887 seront autorisés à se présenter au concours de cette année. La condition d'âge fixée par l'article 70 ne sera exigible qu'à partir de 1888.

« ART. 192. — Pendant cinq ans, à dater de la publication du présent décret, les candidats au certificat d'aptitude au professorat des Écoles normales, qui étaient directeurs ou directrices d'une École primaire supérieure publique ou privée au moment de la promulgation de la loi du 30 octobre 1886, seront, s'ils avaient à cette date trente ans au moins et s'ils comptaient dix ans au moins d'exercice dans l'enseignement public ou privé, dispensés d'une partie des épreuves de l'examen, dans des conditions qui seront déterminées par un arrêté ministériel pris en Conseil supérieur.

« Jusqu'à l'expiration de ces cinq années, ils resteront dans la situation où ils étaient le 30 octobre 1886.

« Les dispositions transitoires du présent article sont applicables au personnel enseignant des Écoles primaires supérieures pourvu d'une nomination régulière au 30 octobre 1886. »

---

2 avril 1887. **Proposition de loi tendant à l'abrogation de la Loi du 30 octobre 1886 sur l'Enseignement primaire, présentée par MM. le marquis de l'Angle-Beaumanoir, général Arnaudeau, Audren de Kerdrel, de Beauchamp, de Béjarry, Blavier, Bocher, général marquis de Brémond d'Ars, Lucien Brun, Buffet, marquis de Carné, Chesnelong, Decroix, Delbreil, général Espivent de la Villeboisnet, Fiévet, Fresneau, de Gavardie, Guibourd de Luzinais, Halgan, amiral Halna du Frétay, marquis d'Havrincourt, Lacombe, général de Ladmirault, baron Le Guay, Le Guen, Libert, vicomte de Lorgeril, Mayran, comte de la Monneraye, amiral marquis de Montaignac, Pajot, de Raismes, baron de Ravignan, Hervé de Saisy, Soubigou, Théry, comte de Trévenenc, amiral Véron, Wallon, sénateurs.**

Séance du 2 Avril 1887.

Exposé des motifs.

Plus de trois mois s'étant écoulés depuis la promulgation de la loi du 30 octobre 1886 sur l'enseignement primaire, résolus à user de notre mandat, dans toute son étendue, pour obtenir l'abolition d'une loi sur laquelle le pays ne peut plus se prononcer avant les élections prochaines, et qui, en attendant, dirigée tout entière comme elle l'est contre la foi religieuse de l'immense majorité des familles, condamne la nation, et pour l'enseignement public et pour l'enseignement privé, à des sacrifices au-dessus de ses forces,

Nous avons l'honneur de soumettre au Sénat, par qui ont été délibérées en premier lieu ces dispositions, la proposition de loi suivante :

Proposition de loi.

ARTICLE UNIQUE. — La loi du 30 octobre 1886 sur l'enseignement primaire est abrogée.

Décret déterminant la Procédure à suivre pour la création, l'établissement ou la suppression des Écoles primaires publiques[1]. 7 avril 1887.

7 Avril 1887.

Le Président de la République française,

Sur le rapport du Ministre de l'Instruction publique et des Beaux-Arts,

Vu les lois des 20 mars 1883 et 20 juin 1885;

1. Voir la circulaire du 16 *mai* 1887, aux Préfets, relative à la détermination par les Conseils départementaux des Écoles primaires publiques de tout degré à créer ou à maintenir (*Circ.*, t. X, p. 133).

Consulter aussi les documents suivants :

Circulaire du 31 *mars* 1879, aux Préfets, prescrivant une enquête sur les demandes de création d'Écoles dans les communes de moins de 500 âmes et d'emplois d'instituteur adjoint pour des Ecoles ne réunissant pas l'effectif réglementaire (*Circ.*, t. VIII, p. 129);

— 30 *octobre* 1879, aux Préfets, relative au développement des salles d'asile et au concours à demander aux municipalités pour leur fondation et leur entretien (*Ibid.*, p. 216);

— 27 *mars* 1880, aux Préfets, relative à la création d'Écoles communales protestantes (Tome V, p. 138);

— 9 *février* 1881, aux Préfets, relative à la désignation et au classement des Ecoles de hameau (Tome V, p. 249);

— 12 *mai* 1881, aux Préfets, relative à la création d'instituteurs suppléants (Tome V, p. 255);

— 6 *novembre* 1881, aux Préfets, relative à la création et à l'organisation des Écoles primaires supérieures (*Circ.*, t. VIII, p. 605);

— 9 *novembre* 1881, aux Préfets, relative à la création d'emplois d'instituteurs suppléants (*Ibid.*, p. 612);

— 28 *janvier* 1882, aux Préfets, relative à la création d'Écoles primaires publiques de tout ordre et d'emplois dans ces Écoles (Tome V, p. 355);

— 11 *mars* 1882, aux Préfets, relative à la création d'Écoles primaires publiques de filles (*Circ.*, t. VIII, p. 667);

— 28 *avril* 1882, aux Préfets, recommandant, au lieu d'augmenter le nombre des

Vu les articles 11, 12, 13, 14, 15 et 67 de la loi du 30 octobre 1886 sur l'organisation de l'enseignement primaire;

Le Conseil d'État entendu,

Décrète :

CHAPITRE Ier. — *Création, établissement et suppression d'École dans une commune.*

ARTICLE 1er. — La demande de création ou de suppression d'une des Écoles ou des Classes énumérées dans l'article 1er de la loi du 30 octobre 1886 ne peut être portée devant le Conseil départemental que par le Préfet.

ART. 2. — Lorsque l'École ou la Classe à créer n'est pas de celles dont l'établissement donne lieu à une dépense obligatoire pour la commune, le Préfet ne peut saisir le Conseil départemental que sur la demande de la commune, et après avis de l'Inspecteur d'Académie.

ART. 3. — Lorsque, sur la proposition de l'Inspecteur d'Académie, le Préfet reconnaît qu'il est nécessaire de créer une des Écoles ou des Classes destinées à l'enseignement primaire public, et dont l'établissement donne lieu à une dépense obligatoire pour la commune, il invite le maire à provoquer une délibération du Conseil municipal, dans le délai d'un mois, sur la création proposée.

ART. 4. — Si le Conseil municipal a émis un avis favorable à la

classes dans les Écoles existantes, de multiplier les groupes scolaires (*Circ.*, t. IX, p. 25);

— 29 *mai* 1882, aux Préfets, relative aux conditions de création d'emplois de 2e adjoint et de 2e adjointe dans les Écoles primaires publiques (*Ibid.*, p. 45);

— 28 *juillet* 1882, aux Préfets, rappelant les prescriptions de l'instruction du 28 janvier 1882 relative aux demandes de création d'Écoles et d'emplois scolaires (*Ibid.*, p. 87);

— 21 *mai* 1884, aux Préfets, relative à la création d'Écoles primaires de tout ordre (Tome V, p. 575);

— 23 *juillet* 1884, aux Préfets, relative aux créations d'Écoles et d'emplois scolaires (*Circ.*, t. IX, p. 393);

— 1er *juin* 1886, aux Préfets, relative aux créations d'Écoles et d'emplois scolaires à la charge des communes (*Ibid.*, p. 743);

— 30 *juillet* 1886, aux Préfets, relative aux créations d'Écoles et d'emplois scolaires (Tome V, p. 666);

Loi du 30 *octobre* 1886 (Tome V, p. 669), titre II, chapitre 1er, note;

Circulaire du 14 *février* 1889, aux Préfets, relative à la répartition du crédit de 500 000 francs, inscrit au chapitre 51 de la loi de finances du 29 décembre 1888 pour création d'Écoles et emplois scolaires en 1889 (*Circ.*, t. X, p. 401);

— 28 *décembre* 1891, aux Préfets, relative à la création d'Écoles et de classes ou d'emplois d'adjoint et d'adjointe en 1892, et au classement des projets par ordre d'urgence (*Circ.*, t. XI, p. 516).

création de l'École, le Préfet saisit le Conseil départemental dans sa plus prochaine session.

Lorsque le Conseil municipal repousse la création proposée, ou qu'il n'a pas délibéré dans le délai d'un mois, le Préfet saisit, s'il y a lieu, le Conseil départemental, après avoir consulté la délégation cantonale.

Le dossier transmis au Conseil départemental comprend :

1° Le rapport de l'Inspecteur d'Académie; 2° la délibération du Conseil municipal; 3° le plan topographique de la commune avec indication, s'il y a lieu, des Écoles déjà établies; 4° l'avis de la délégation cantonale; 5° s'il s'agit de créer une École spéciale de filles, le relevé des deux derniers dénombrements officiels.

Toute décision du Conseil départemental adoptant ou rejetant une proposition de création d'École ou de Classe est soumise à l'approbation du Ministre de l'Instruction publique.

Art. 5. — Si le Conseil départemental ou le Ministre, appelés à statuer sur la création d'une École ou d'une Classe, estiment que le service scolaire peut être légalement assuré par un autre moyen que celui qui est proposé, le Préfet ordonne une instruction nouvelle.

Art. 6. — Le Préfet notifie au maire la décision du Conseil départemental approuvée par le Ministre et ordonnant la création de l'École ou de la Classe. Il prescrit en même temps la convocation du Conseil municipal pour qu'il ait à délibérer dans le plus bref délai sur les moyens de pourvoir à l'établissement de l'École ou de la Classe et au logement des maîtres : construction, acquisition ou location d'une maison, aménagement d'un immeuble appartenant à la commune.

Art. 7. — Quand l'établissement de l'École ou de la Classe doit, d'après la décision prise par le Conseil municipal, entraîner des travaux de construction ou d'appropriation, le maire fait établir les plans et devis. Le Conseil municipal doit, après les avoir adoptés, voter les crédits et créer les ressources nécessaires.

Les plans et devis sont soumis à l'Inspecteur d'Académie, qui examine si le local que la commune propose est convenable et suffisant. Sur le rapport de l'Inspecteur d'Académie, et après avoir consulté le Comité départemental des bâtiments civils, le Préfet décide qu'il sera donné suite au projet, ou que le Conseil municipal sera invité à présenter un autre projet.

Art. 8. — Les dispositions de l'article qui précède sont applicables au cas où le Conseil municipal a voté l'acquisition d'une maison.

S'il y a lieu de recourir à l'expropriation, le décret déclaratif d'utilité publique doit être rendu après avis du Conseil d'État.

ART. 9. — Lorsque le Conseil municipal a décidé que l'Ecole ou la Classe serait établie dans un immeuble appartenant à la commune ou pris à loyer par elle, le plan des locaux qui doivent être affectés au service scolaire et au logement des maîtres, et, en cas de location, les conditions du bail, sont soumis à l'examen de l'Inspecteur d'Académie et à l'approbation du Préfet. Celui-ci invite le maire à conclure le bail, qui doit être passé par écrit.

ART. 10. — Lorsque le Conseil municipal a voté un emprunt de trente ans au moins, destiné à pourvoir en totalité ou en partie à la dépense prévue, et a décidé qu'une subvention serait demandée à l'État en vertu de la loi du 20 juin 1885, le Préfet, après avoir consulté, sur les plans et devis, l'Inspecteur d'Académie et le Comité départemental des bâtiments civils, porte la demande de subvention au Conseil général dans sa plus prochaine session.

Dès que le Conseil général a donné son avis, ou immédiatement après la clôture de la session qui suit celle dans laquelle il a été saisi, s'il a refusé ou négligé de statuer, le Préfet adresse au Ministre de l'Instruction publique le dossier de l'affaire.

ART. 11. — Si le Ministre approuve le projet de construction, d'acquisition ou d'appropriation, ainsi que les plans et devis des travaux, il détermine le montant de la subvention de l'État conformément au décret du 15 février 1886 et fixe le délai dans lequel les travaux devront être exécutés.

Toutefois, en cas d'avis défavorable ou en l'absence d'avis du Conseil général, la subvention ne peut être allouée que par décret rendu en Conseil d'État, conformément à l'article 10 de la loi du 20 mars 1883.

ART. 12. — Lorsqu'une commune reçoit une subvention de l'État en vertu de la loi du 20 juin 1885, le Préfet charge un membre du Comité départemental des bâtiments civils ou un délégué spécial de visiter les travaux et de vérifier s'ils s'exécutent conformément aux plans approuvés. Les frais et honoraires de cette vérification sont compris dans les prévisions du devis.

ART. 13. — Pendant l'exécution des travaux, la part de l'État dans l'annuité de l'emprunt n'est payée que sur la production d'un certificat délivré par le délégué nommé en exécution de l'article qui précède. Ce certificat doit constater que les travaux s'exécutent conformément aux plans approuvés par le Ministre.

La même formalité est exigée pour le payement de la première annuité venant à échéance après la réception provisoire des travaux.

Si la dépense à laquelle s'applique la subvention de l'État comprend l'achat d'un mobilier scolaire, il doit être produit, pour le payement de l'annuité venant à échéance après l'ouverture de l'École, un certificat délivré par l'Inspecteur d'Académie et constatant que la commune est en possession du mobilier tel qu'il a été détaillé au devis.

ART. 14. — Dans le cas où les travaux sont interrompus ou ne sont pas exécutés conformément aux plans approuvés par le Ministre, le payement de la subvention de l'État est suspendu.

Si, après une mise en demeure adressée par le Préfet à la commune, l'irrégularité signalée continue, et si la modification est de nature à rendre le local moins propre à l'usage auquel il est destiné, le Ministre de l'Instruction publique peut déclarer, par une décision motivée, la commune déchue de tout droit à la subvention de l'État. Cette décision est immédiatement notifiée au maire et portée à la connaissance des Ministres de l'Intérieur et des Finances.

La commune contre laquelle la déchéance a été prononcée doit reverser au Trésor les sommes qu'elle a déjà reçues pour la part de l'État dans les annuités.

Le délai de ce remboursement est fixé par une décision prise de concert par le Ministre de l'Intérieur et le Ministre des Finances.

ART. 15. — Dans le cas où les travaux de construction ou d'appropriation sont exécutés conformément aux plans approuvés par le Préfet ou par le Ministre, l'article 13 du décret du 18 janvier 1887 n'est pas applicable.

ART. 16. — Lorsque, par suite du rabais de l'entreprise[1] ou pour toute autre cause, la dépense n'a pas atteint le chiffre sur lequel a été calculée la subvention de l'État, il y a lieu, conformément au quatrième paragraphe de l'article 5 de la loi du 20 juin 1885, de réduire cette subvention proportionnellement à l'économie réalisée. En conséquence, chacune des annuités restant à payer sur les fonds de l'État, jusqu'au complet amortissement de l'emprunt, est diminuée de la somme nécessaire pour que le chiffre total de la subvention soit égal à la somme qui eût dû être allouée en raison de la dépense réellement faite.

Les sommes provenant de l'emprunt et restant disponibles par

1. Voir la circulaire du 12 *mars* 1886, aux Préfets, relative aux certificats de réalisation de cautionnement dans les adjudications de travaux ou fournitures (*Circ.*, t. IX, p. 683); — du 1er *mars* 1887, relative aux renseignements à fournir par les ordonnateurs des dépenses sur les ordonnances et mandats délivrés pour le payement de fournitures et de travaux, en vertu de marchés ou d'adjudications (*Circ.*, t. X, p. 76).

suite de l'économie réalisée doivent être remboursées au prêteur ou placées au nom de la commune en rente nominative sur l'État. Les arrérages seront employés à couvrir l'augmentation mise à la charge de la commune dans le service des annuités à raison de la réduction de la part incombant à l'État.

ART. 17. — Il y a également lieu à réduction proportionnelle conformément à l'article qui précède, dans le cas où la dépense n'a atteint le chiffre sur lequel a été calculée la subvention de l'État que par suite de modifications ou additions non approuvées par le Ministre de l'Instruction publique et ne provenant pas de cas de force majeure.

ART. 18. — Les simples réparations à effectuer dans un immeuble appartenant à la commune ou pris à bail ne peuvent donner lieu à aucune subvention allouée par l'État en exécution de la loi du 20 juin 1885.

ART. 19. — Lorsque, pour une cause quelconque, le local dans lequel est installée une École ou une Classe a cessé d'être propre à cet usage, le Préfet, sur le rapport de l'Inspecteur d'Académie, et après avis du Conseil départemental de l'Instruction publique, met la commune en demeure de faire dresser les plans et devis des travaux nécessaires à l'appropriation du local et de pourvoir à la dépense. Il fixe le délai dans lequel ces travaux doivent être exécutés.

En cas de refus de la commune, il peut prononcer l'interdiction du local.

Dans le cas où il s'agit d'une École ou d'une Classe dont l'établissement donne lieu à une dépense obligatoire, si la commune refuse ou néglige de faire exécuter les travaux ou de fournir un autre local, le Préfet pourvoit à l'exécution d'office, conformément aux dispositions contenues dans le chapitre III du présent décret.

ART. 20. — Lorsqu'un Conseil municipal, sans avoir été mis en demeure, a décidé qu'une École ou une Classe sera transférée dans un local nouveau, ou lorsqu'il s'agit d'installer une École dont l'établissement ne donne pas lieu à une dépense obligatoire pour la commune, le plan du local est soumis à l'examen de l'Inspecteur d'Académie et à l'approbation du Préfet.

Si le Conseil municipal a voté un emprunt de trente ans au moins en réclamant la subvention de l'État, le Conseil général est appelé à donner son avis, et les articles 10, 11, 12, 13, 14, 15, 16 et 17 du présent décret sont applicables.

ART. 21. — Lorsque la suppression d'une École ou d'une Classe est demandée, l'instruction et la décision sont soumises aux règles édictées par les articles 2, 3 et 4 du présent décret.

CHAPITRE II. — *Création et établissement d'École dans une circonscription s'étendant sur le territoire de plusieurs communes.*

ART. 22. — Le Conseil départemental ne peut autoriser la réunion de deux ou plusieurs communes limitrophes pour l'établissement et l'entretien d'une École que si toutes les communes intéressées y consentent.

Il ne peut prescrire le rattachement des hameaux dépendant d'une commune à l'École d'une commune voisine, ou l'extension de la circonscription d'une École de hameau sur le territoire de plusieurs communes, que si l'une au moins des communes intéressées y consent.

ART. 23. — Lorsque des hameaux, voisins les uns des autres et appartenant à des communes limitrophes, sont situés à plus de trois kilomètres des chefs-lieux de leurs communes respectives et forment ensemble un centre de population comprenant un effectif d'au moins vingt enfants d'âge scolaire, le Conseil départemental peut, malgré l'avis contraire des Conseils municipaux, réunir ces hameaux en une circonscription qui sera pourvue d'une École.

ART. 24. — Lorsqu'une circonscription scolaire s'étendant sur plusieurs communes comprend 500 habitants au moins, le Conseil départemental peut y créer une École spéciale de filles, malgré l'opposition des Conseils municipaux.

ART. 25. — Dans les cas énumérés par les trois articles qui précèdent, l'instruction de l'affaire peut être provoquée soit par une ou plusieurs des communes intéressées, soit par l'Inspecteur d'Académie, soit enfin par le Conseil départemental ou le Ministre de l'Instruction publique, ainsi qu'il a été dit à l'article 5 du présent décret.

ART. 26. — Si la mesure est demandée par l'Inspecteur d'Académie ou par une ou plusieurs des communes intéressées, la demande est adressée au Préfet et accompagnée : 1° d'un plan d'ensemble de la circonscription scolaire avec l'indication de l'emplacement où devrait être établie l'École à créer; 2° d'un certificat de l'agent voyer constatant que tous les groupes d'habitants compris dans la circonscription ne sont pas éloignés de plus de trois kilomètres de l'École à créer et indiquant l'état des voies de communication.

La demande indique en outre, s'il y a lieu, la proportion dans laquelle chaque commune consentirait à contribuer dans la dépense d'établissement et d'entretien de l'École.

ART. 27. — Le Préfet, après avoir pris l'avis de l'Inspecteur d'Académie, invite les maires des communes qui ne se sont pas associées à la demande à faire délibérer les Conseils municipaux et à lui adresser dans le délai d'un mois les extraits des délibérations.

ART. 28. — Si l'instruction est provoquée par le Conseil départemental ou par le Ministre de l'Instruction publique, le Préfet invite l'Inspecteur d'Académie à proposer telle mesure qu'il juge convenable pour assurer le service scolaire et à indiquer les limites de la circonscription,

Dès que le Préfet a reçu la proposition de l'Inspecteur d'Académie, il la communique aux communes intéressées, conformément à l'article qui précède.

ART. 29. — Les Conseils municipaux consultés indiquent dans leurs délibérations la proportion dans laquelle ils estiment que leurs communes devront contribuer aux frais d'établissement et d'entretien de l'École.

ART. 30. — Sur le vu des délibérations des Conseils municipaux ou à l'expiration du délai fixé par l'article 27, le Préfet saisit, s'il y a lieu, le Conseil départemental. La décision de ce Conseil est soumise à l'approbation du Ministre de l'Instruction publique.

Lorsque le Conseil départemental autorise ou prescrit une des mesures déterminées par les articles 22, 23 et 24 ci-dessus, il constate, s'il y a lieu, l'accord intervenu pour la répartition de la dépense, et, en cas de désaccord entre les communes, il donne son avis sur cette répartition.

ART. 31. — Lorsque la décision favorable au projet a été approuvée par le Ministre, le Préfet, sur l'avis donné par le Conseil départemental conformément à l'article qui précède, fixe la proportion dans laquelle chaque commune devra contribuer aux frais d'établissement et d'entretien de l'École. Il doit être tenu compte, pour cette répartition, de la valeur du centime dans les communes intéressées et du chiffre de la population de chacune d'elles dans la circonscription scolaire. L'arrêté du Préfet est notifié aux communes intéressées en même temps que la décision du Conseil départemental, et il est procédé conformément à l'article 6 du présent décret.

ART. 32. — Lorsque les communes sont d'accord pour établir l'École par un des moyens indiqués dans l'article 6, le maire de la commune sur le territoire de laquelle cette École doit être établie est chargé de l'exécution de la décision.

Il fait établir, s'il y a lieu, les plans et devis des travaux de construction ou d'approbation et les soumet à l'examen du Conseil municipal, en l'invitant à voter les crédits et les ressources nécessaires. Il transmet ensuite les pièces au Préfet avec copie des délibérations prises.

ART. 33. — Le Préfet, après avoir consulté l'Inspecteur d'Académie sur le choix du local, communique les plans et devis aux autres communes intéressées et les invite à fournir leurs observations, s'il y a lieu, dans le délai d'un mois, à voter les crédits et à créer les ressources nécessaires.

A l'expiration de ce délai, le Préfet soumet les plans et devis et les observations des Conseils municipaux au Comité départemental des bâtiments civils. Sur l'avis de ce Comité, le Préfet approuve le projet ou ordonne un supplément d'étude.

ART. 34. — Lorsque le projet adopté par les Conseils municipaux des communes intéressées comporte une acquisition ou une location d'immeubles, le maire de la commune où est situé l'immeuble passe le contrat au nom de cette commune. Il y est fait mention de l'affectation de l'immeuble au service scolaire et du droit de jouissance des communes intéressées.

Le projet d'acquisition ou de location et les plans et devis des travaux d'appropriation sont soumis à l'examen de l'Inspecteur d'Académie et à l'approbation du Préfet. Le dernier paragraphe de l'article 33 ci-dessus est applicable.

Au cas de location, le montant du loyer est réparti entre les communes par les Conseils municipaux, et, en cas de désaccord, par le Préfet, après avis du Conseil départemental, conformément à l'article 31.

Lorsqu'il est nécessaire de recourir à l'expropriation, le décret déclaratif d'utilité publique est rendu en Conseil d'État.

ART. 35. — Lorsque les communes sont d'accord pour établir l'École dans une maison appartenant à l'une d'elles, les Conseils municipaux doivent fixer une indemnité annuelle à payer à la commune propriétaire par chacune des autres communes intéressées. S'ils ne peuvent s'entendre pour la fixation de cette indemnité ou pour la contribution de chacune des communes, le Préfet statue, après avis du Conseil départemental, conformément à l'article 31.

ART. 36. — Si, pour l'établissement de l'École, les Conseils municipaux proposent des moyens différents, ou s'ils ne sont pas d'accord sur les travaux de construction ou d'appropriation à exécuter, ils sont mis en demeure de délibérer à nouveau et de transmettre au Préfet, dans le délai de deux mois, le résultat de leurs délibérations. Il leur est rappelé qu'ils peuvent provoquer une conférence intercommunale, conformément à l'art. 117 de la loi du 5 avril 1884[1].

Si, à l'expiration du délai de deux mois, les Conseils municipaux n'ont pas tous répondu, ou si le désaccord subsiste, il est procédé d'office à l'établissement de l'École, d'après les règles établies au chapitre III du présent décret.

ART. 37. — Lorsque, pour une ou plusieurs des communes intéressées, la dépense doit être couverte par un emprunt ou par une subvention de l'État, il est fait application des articles 10 et 11 ci-dessus.

La subvention de l'État est fixée distinctement pour chacune des communes obligées d'y avoir recours. Lorsque la dépense prévue excède le chiffre fixé au tableau A de la loi du 20 juin 1885, la subvention est calculée sur le chiffre de l'emprunt nécessaire à la commune pour couvrir sa part dans la dépense ramenée au maximum dudit tableau.

Les articles 12 et 13 du présent décret sont applicables.

ART. 38. — Dans le cas où les travaux ne sont pas exécutés conformément aux plans et devis approuvés par le Ministre, la mise en demeure prévue par l'article 14 est adressée au maire chargé de l'exécution.

La déchéance peut être, conformément audit article, appliquée avec toutes ses conséquences aux communes qui ont obtenu une subvention de l'État.

ART. 39. — Les économies obtenues par suite du rabais de l'entreprise ou pour toute autre cause sont réparties entre les communes intéressées dans la même proportion que la dépense, et il y a lieu d'appliquer à celles qui reçoivent une subvention de l'État les articles 16 et 17 du présent décret.

ART. 40. — La suppression d'une École établie par plusieurs communes ne peut être demandée que par le Préfet, après avis de l'Inspecteur d'Académie et des Conseils municipaux.

Si l'immeuble construit ou acquis à frais communs cesse d'être affecté au service scolaire, la commune sur le territoire de laquelle il est situé peut le vendre ou l'affecter à un autre service.

Dans le premier cas, le prix de vente, dans le second cas le mon-

1. Voici le texte de cet article :

« Les questions d'intérêt commun seront débattues dans des conférences où chaque Conseil municipal sera représenté par une Commission spéciale nommée à cet effet et composée de trois membres nommés au scrutin secret.

« Les Préfets et les Sous-Préfets des départements et arrondissements comprenant les communes intéressées pourront toujours assister à ces conférences.

« Les décisions qui y seront prises ne seront exécutoires qu'après avoir été ratifiées par tous les Conseils municipaux intéressés, et sous les réserves énoncées au chapitre III du titre IV de la présente loi. » (*Loi du* 5 *avril* 1884, *art.* 117.)

tant de l'estimation, faite par un expert nommé par le Préfet, est réparti entre les communes intéressées dans la proportion fixée pour la contribution de chacune d'elles dans la dépense.

CHAPITRE III. — *Établissement d'office.*

ART. 41. — Lorsque, par suite de la négligence ou du refus d'un Conseil municipal ou par suite du désaccord entre les communes intéressées, le local nécessaire à la tenue d'une École ou d'une Classe dont l'établissement constitue une dépense obligatoire, ainsi qu'au logement des maîtres, n'a pas été fourni, ou lorsque l'École ou la Classe n'a pas été munie du mobilier nécessaire, il y est pourvu d'office.

ART. 42. — Si le service scolaire peut être assuré par une location d'immeuble, le Préfet, sur l'avis de l'Inspecteur d'Académie, approuve les conditions du bail. Il invite le maire de la commune où se trouve l'immeuble à passer le contrat, et, en cas de refus du maire, il y fait procéder par un délégué spécial conformément à l'article 85 de la loi du 5 avril 1884[1]. Il inscrit d'office, dans les formes ordinaires, la dépense au budget de la commune.

ART. 43. — Si le service scolaire ne peut être assuré que par l'acquisition, la construction ou l'appropriation d'un immeuble, le Préfet, après avoir consulté l'Inspecteur d'Académie, choisit, pour l'établissement de l'École, le moyen qu'il juge le plus convenable.

S'il s'agit de munir l'Ecole du mobilier scolaire, le Préfet en décide l'acquisition.

ART. 44[2]. — Si une construction nouvelle doit être élevée, le Préfet invite le maire à réunir le Conseil municipal pour faire choix d'un emplacement.

Lorsque, dans le délai de deux mois à partir de cette mise en demeure, le Conseil municipal n'a pas choisi l'emplacement de l'École, la désignation est faite, après avis de l'Inspecteur d'Académie, par arrêté préfectoral. Il en est de même si l'emplacement choisi par le Conseil municipal n'est pas accepté par le Préfet.

Il est procédé conformément aux dispositions qui précèdent à

1. Voici le texte de cet article :

« Dans le cas où le maire refuserait ou négligerait de faire un des actes qui lui sont prescrits par la loi, le Préfet peut, après l'en avoir requis, y procéder d'office par lui-même ou par un délégué spécial. » (*Loi du* 5 *avril* 1884, *art.* 85.)

2. Consulter la circulaire du 17 *juin* 1892, transmissive d'un Avis du Conseil d'État relatif à l'interprétation des articles 10, § 4, de la loi du 20 *mars* 1883 et 44 du décret du 7 *avril* 1887 (*Bull. adm.*, 1892, t. LI, p. 634-635).

l'égard de toutes les communes intéressées, quand il s'agit d'une École à établir dans une circonscription scolaire formée sur le territoire de plusieurs communes.

ART. 45. — Le Préfet désigne un architecte pour dresser les plans et devis des travaux de construction ou d'appropriation, et il les soumet à l'examen de l'Inspecteur d'Académie et du Comité départemental des bâtiments civils. Il fixe, dans la limite déterminée par le tableau de la loi du 20 juin 1885, le chiffre de la dépense qui ne pourra pas être dépassé, et il met les communes en demeure d'adopter le projet et de créer les ressources nécessaires.

En cas de refus, il saisit le Conseil général, en indiquant comment, pour chaque commune, il pourra être pourvu à la dépense, soit par un prélèvement sur les ressources disponibles, soit par une subvention du département, soit enfin par un emprunt avec ou sans subvention de l'État, conformément à la loi du 20 juin 1885.

ART. 46. — Si le Conseil général a émis un avis défavorable à l'exécution d'office, ou s'il ne s'est pas prononcé dans la session qui suit celle dans laquelle il a été saisi, le Préfet transmet le dossier au Ministre de l'Instruction publique pour provoquer un décret en Conseil d'État, décidant qu'il sera pourvu d'office à l'établissement de l'École et à l'acquisition du mobilier, et fixant le montant de la dépense.

ART. 47. — Le Préfet, en vertu de la délibération du Conseil général, si elle est favorable, et, dans le cas contraire, en vertu du décret rendu en Conseil d'État, procède aux mesures d'exécution. Il autorise l'acquisition du terrain ou du mobilier scolaire et fait passer par le maire ou par un délégué spécial le contrat d'acquisition.

S'il y a lieu à expropriation, le décret déclaratif d'utilité publique est rendu en Conseil d'État.

ART. 48. — Il est procédé à l'inscription d'office du crédit dans les formes prévues par l'article 149 de la loi du 5 avril 1884[1]; s'il y a

1. Voici le texte de cet article :

« Si un Conseil municipal n'allouait pas les fonds exigés pour une dépense obligatoire ou n'allouait qu'une somme insuffisante, l'allocation serait inscrite au budget par décret du Président de la République pour les communes dont le revenu est de trois millions et au-dessus, et par arrêté du Préfet, en Conseil de préfecture, pour celles dont le revenu est inférieur.

« Aucune inscription d'office ne peut être opérée sans que le Conseil municipal ait été, au préalable, appelé à prendre une délibération spéciale à ce sujet.

« S'il s'agit d'une dépense annuelle et variable, le chiffre en est fixé sur sa quotité moyenne pendant les trois dernières années.

« S'il s'agit d'une dépense annuelle et fixe de sa nature ou d'une dépense extraordinaire, elle est inscrite pour sa quotité réelle.

« Si les ressources de la commune sont insuffisantes pour subvenir aux dépenses

lieu de créer par voie d'imposition d'office les ressources nécessaires, le Préfet transmet le dossier au Ministre de l'Intérieur.

S'il suffit d'opérer un prélèvement sur les ressources disponibles de la commune, le Préfet agit conformément à l'article 152 de la loi du 5 avril 1884[1].

ART. 49. — Lorsqu'un emprunt est nécessaire, le Préfet met le Conseil municipal en demeure de le voter et de créer les ressources nécessaires.

A défaut de vote du Conseil municipal ou sur son refus, le Préfet détermine le chiffre et la durée de l'emprunt, le taux maximum d'intérêt et la condition de réalisation. L'emprunt est autorisé d'office, et, si une imposition d'office est nécessaire, il est procédé conformément à l'article 149 de la loi du 5 avril 1884.

Le Préfet charge le maire, ou, sur son refus, un délégué spécial, qu'il nomme à cet effet, de réaliser l'emprunt.

ART. 50. — Lorsque la dépense doit être couverte par un emprunt de trente ans ou au delà, et qu'il y a lieu de réclamer une subvention de l'État en vertu de la loi du 20 juin 1885, le Préfet, après avoir mis le Conseil municipal en demeure, et sur son refus, appelle le Conseil général à donner son avis sur la subvention. Le Ministre de l'Instruction publique approuve les plans et devis et fixe le montant de la subvention de l'État. Si l'avis du Conseil général est contraire, il est statué par décret en Conseil d'État, tant sur l'autorisation de l'emprunt que sur l'allocation de la subvention de l'État.

Dans le cas où la part de l'annuité restant à la charge de la commune ne peut être couverte qu'au moyen d'une imposition d'office, il y est pourvu en vertu de la loi du 5 avril 1884.

L'emprunt est réalisé conformément au dernier paragraphe de l'article qui précède.

L'article 16 est applicable.

ART. 51. — Sont abrogées toutes les dispositions contraires au présent décret.

obligatoires, inscrites d'office en vertu du présent article, il y est pourvu par le Conseil municipal, ou, en cas de refus de sa part, au moyen d'une contribution extraordinaire établie d'office par un décret, si la contribution extraordinaire n'excède pas le maximum à fixer annuellement par la loi de finances, et par une loi spéciale, si la contribution doit excéder ce maximum. » (*Loi du* 5 *avril* 1884, *art.* 149.)

1. Voici le texte de cet article :

« Le maire peut seul délivrer des mandats.

« S'il refusait d'ordonnancer une dépense régulièrement autorisée et liquide, il serait prononcé par le Préfet en Conseil de préfecture, et l'arrêté du Préfet tiendrait lieu du mandat du maire. » (*Loi du* 5 *avril* 1884, *art.* 152.)

ART. 52. — Les Ministres de l'Instruction publique, de l'Intérieur et des Finances sont chargés, chacun en ce qui le concerne, de l'exécution du présent décret.

---

15 juin 1887. **Circulaire du Ministre de l'Instruction publique, relative à la vente des Livres et Fournitures scolaires par les instituteurs dans les Écoles primaires publiques.**

15 Juin 1887.

Monsieur le Recteur, par une circulaire du 2 mars dernier[1], mon honorable prédécesseur, à la suite d'une pétition que lui avait renvoyée la Chambre des Députés, remettait purement et simplement en vigueur une règle depuis longtemps suivie en fait au sujet de la vente des livres et fournitures classiques dans les Écoles communales : d'après cette règle, dans les localités dépourvues de librairie classique, l'instituteur se charge de faire venir et de fournir aux élèves les objets nécessaires; dans les autres, la vente se fait par les libraires, et l'instituteur n'a pas à s'y immiscer.

Cette circulaire a provoqué des réclamations assez nombreuses et d'origine diverse. On n'en conteste guère le principe, qui paraît juste, mais on lui reproche de trancher d'un seul mot un problème devenu trop complexe pour comporter, comme autrefois, une solution unique.

Aujourd'hui, en effet, il n'y a plus seulement à envisager une question de dépense pour l'enfant et de bénéfice pour l'instituteur. De bien plus graves intérêts sont engagés.

L'organisation nouvelle de nos Écoles publiques suppose, sous peine de gaspiller le temps des élèves, un choix de livres méthodiquement gradués du cours élémentaire au cours moyen et de celui-ci au cours supérieur, uniformes pour tous les élèves d'un même cours. Elle suppose de même pour les diverses fournitures scolaires des conditions de bonne qualité, de bonne exécution, d'appropriation aux besoins de chaque classe, et par conséquent un contrôle qui ne peut être ni fait par l'enfant, ni imposé au fournisseur.

D'autre part, l'École rurale et l'École urbaine n'exigent nécessairement ni le même nombre de livres, ni les mêmes livres. Il ne peut pas non plus être licite à l'instituteur d'imposer aux familles un renouvellement trop fréquent des ouvrages scolaires, un nombre indéfini d'atlas et d'ouvrages spéciaux, une consommation sans mesure de cahiers, de papier à dessin, à cartes, à copies, etc.

Il faut encore ajouter que, si la gratuité de l'enseignement est universelle, il n'en est pas de même pour la gratuité des livres et des cahiers; elle est concédée par les communes ou les caisses des Écoles aux enfants seulement dont les familles ne peuvent en supporter la dépense. Et cette distribution des moyens de travail aux élèves pauvres est aujourd'hui une de ces difficultés de détail qui risquent, si l'on n'y prend garde, de faire échouer une grande entreprise : les rapports d'inspection me signalent tour à tour et parfois dans les mêmes Écoles l'excès des fournitures scolaires pour les élèves payants et le dénûment absolu pour les autres; d'où une entrave presque insurmontable aux

1. Voir p. 5.

progrès de ceux qui ont peut-être le plus besoin de secours et de stimulant. Sur ce point spécial, nous en sommes restés aux usages locaux et aux bizarreries, aux caprices de ces usages. A vrai dire, il n'y a rien de réglé; et c'est un spectacle affligeant, il ne faut pas nous le dissimuler, de voir, dans des Écoles construites au prix de grands sacrifices, un certain nombre d'enfants à qui ces sacrifices ne profitent pas complètement faute de quelques francs, de quelques centimes peut-être, pour les munir de l'outillage indispensable.

La question se complique encore d'un autre élément : dans beaucoup de communes urbaines, l'achat des livres et des fournitures est fait en gros par la commune, qui procure ainsi aux familles le bénéfice d'une forte remise; l'instituteur est chargé de vendre aux élèves à des prix tarifés d'avance et moyennant une indemnité qui représente le travail de comptabilité et de distribution dont il est chargé. Si ce système pouvait être généralisé, les avantages en sont évidents.

Enfin, dans quelques-unes de nos grandes villes, à Paris entre autres, le Conseil municipal met gratuitement à la disposition des Écoles un certain nombre de livres et d'objets classiques; là se pose une autre question : celle de savoir si les instituteurs ont le droit d'imposer aux familles l'achat d'autres ouvrages et de fournitures supplémentaires, s'ils peuvent se charger de les leur procurer et à quelles conditions.

Il suffit d'énumérer rapidement ces divers points, qui sont loin d'épuiser le sujet, pour reconnaître l'étendue de ce problème et la nécessité d'en faire une étude plus approfondie.

C'est à cet avis que s'était arrêté mon honorable prédécesseur, et je ne puis que reprendre son projet : il avait déjà réuni une Commission d'hommes particulièrement compétents pour examiner les mesures à prendre en vue de substituer à la décision spéciale, et peut-être trop sommaire, du 2 mars un règlement complet de la matière. Je viens par arrêté de ce jour de confirmer cette Commission, en lui adjoignant des représentants des diverses opinions qui se sont produites pour et contre la vente des fournitures scolaires par les instituteurs.

J'ai pensé d'ailleurs que cette Commission devrait se saisir des diverses questions de cet ordre que soulève un des articles du projet de loi sur le traitement des instituteurs actuellement soumis à l'examen de la Chambre.

Cet article est ainsi conçu : « Il sera statué par des règlements d'administration publique, rendus après avis du Conseil supérieur..., sur le nombre et la nature des objets composant le matériel obligatoire d'enseignement dans chaque catégorie d'Écoles et sur les conditions dans lesquelles ce matériel sera mis à la disposition des maîtres et des élèves. »

Pour contribuer à cet ensemble de travaux préparatoires, je vous prie, Monsieur le Recteur, de vouloir bien réunir sur les différents points que je viens de vous faire connaître les avis de MM. les Inspecteurs d'Académie et de me les adresser d'ici à un mois au plus tard.

Mon intention est de soumettre à la Section permanente et, s'il y a lieu, au Conseil supérieur un projet de règlement relatif aux conditions d'achat, d'emploi et de renouvellement des livres et autres objets classiques dans les différentes catégories d'Écoles publiques, suivant que la commune les fournit ou non, en tout ou partie, gratuitement ou à prix réduit, à tous les élèves ou aux élèves pauvres.

Jusqu'au jour où cette solution sera intervenue, il est entendu que l'on devra surseoir à l'application de la circulaire du 2 mars et laisser toutes choses en l'état. L'enquête étant ouverte, je vous saurai gré, pour m'éclairer le plus complètement possible, de me faire parvenir tous les documents, mémoires, articles de la presse locale, réclamations individuelles, etc., qui vous paraîtraient de nature à mériter l'attention.

Recevez, etc.

Signé : E. SPULLER.

Juin 1887.

Règlement du Musée pédagogique et de la Bibliothèque centrale de l'Enseignement primaire.

Juin 1887.

§ Ier. — *Acquisition et classement des ouvrages.*

ARTICLE 1er. — Aucun achat de livres ne peut être fait pour le compte de la Bibliothèque centrale de l'instruction primaire, annexée au Musée pédagogique, sans que la proposition en ait été préalablement soumise à l'approbation d'une Commission spéciale composée de trois membres nommés par le Conseil d'Administration et dont font en outre partie de droit le directeur et le bibliothécaire du Musée pédagogique.

L'avis conforme de cette Commission est également requis pour la désignation des publications périodiques auxquelles le Musée pédagogique pourra s'abonner, ainsi que pour l'acceptation définitive des dons faits à la bibliothèque.

Les réunions de la Commission des acquisitions ont lieu au moins tous les mois, sur la convocation du directeur du Musée pédagogique.

ART. 2. — Les registres dont la tenue est obligatoire pour le service de la bibliothèque sont :

1° Le registre d'entrée ou d'inventaire. Ce registre est établi en quatre tomes distincts, affectés : le premier, à l'inscription des volumes dits *in-folio;* le second, à l'inscription des volumes dits *in-quarto;* le troisième, à l'inscription des volumes dits *in-octavo;* le quatrième, à l'inscription des volumes d'un format moindre que l'*in-octavo;*

2° Le catalogue alphabétique;

3° Le catalogue méthodique.

Ces deux catalogues seront, en outre, établis sur fiches, afin de pouvoir être mis à la disposition du public;

4° Le registre des prêts;

5° Le registre des ouvrages disparus.

ART. 3. — Les ouvrages entrés, soit par achat, soit par don, soit par les envois du Ministère de l'Instruction publique et des autres départements ministériels ou des Administrations scolaires de l'étranger, doivent être, dès leur arrivée, timbrés, numérotés, inscrits tant au registre d'inventaire qu'au catalogue alphabétique et au catalogue méthodique, puis placés à leur numéro sur les rayons.

Ces règles ne sont pas applicables aux doubles d'ouvrages déjà possédés par la bibliothèque; il en est établi une liste particulière, et ces ouvrages sont rangés à part.

ART. 4. — Les ouvrages non terminés et les publications par fascicules ne seront inscrits à l'inventaire qu'à la fin de la publication ou d'une série complète. Jusque-là, leur inscription aura lieu en la forme ordinaire dans un cahier particulier avec numérotage provisoire et affectation d'un local spécial.

Les publications par fascicules et les publications périodiques seront, dès qu'elles formeront un ensemble suffisant, reliées ou réunies en volume.

§ II. — *Salle de travail. — Communication des volumes.*

ART. 5. — Tous les jours, le lundi excepté, les personnes munies de cartes sont admises dans la salle de travail de la bibliothèque, depuis dix heures du matin jusqu'à quatre heures du soir, et en outre, à l'exception du dimanche et du lundi de chaque semaine, de huit heures à dix heures du soir. Les cartes sont délivrées, sur demande écrite ou verbale, par le directeur du Musée pédagogique. Elles ne peuvent être accordées à des personnes âgées de moins de seize ans.

Chaque carte doit être signée par la personne à qui elle est accordée. Ces cartes sont rigoureusement personnelles. Le prêt d'une carte en entraînerait l'annulation, et, dans ce cas, il n'en pourrait être accordé une nouvelle au prêteur.

ART. 6. — La bibliothèque est fermée, au mois de décembre, pendant quinze jours consécutifs, pour les rangements, les récolements, le battage des livres et autres travaux intérieurs.

ART. 7. — Tout lecteur, à son entrée dans la salle de travail, reçoit un bulletin personnel et un bulletin de demande. Des bulletins de demande sont, en outre, mis dans la salle à la libre disposition du public.

Le lecteur inscrit sur le bulletin personnel son nom, sa qualité et son adresse, et, sur le bulletin de demande, outre ces mêmes renseignements, le titre de l'ouvrage demandé, avec indication du nom de l'auteur et, autant que possible, l'indication du format et du nombre des volumes. Ces deux bulletins sont présentés au bibliothécaire, qui garde le bulletin de demande et rend au lecteur le bulletin personnel après y avoir porté le titre de l'ouvrage communiqué.

Les bulletins de demande peuvent, avant chaque séance, être déposés par les lecteurs, dans une boîte apposée à cet effet en dehors de l'établissement.

ART. 8. — Les ouvrages usuels, tels que dictionnaires, recueils encyclopédiques, annuaires, répertoires, sont mis dans la salle de travail à la libre disposition du public. Il en est de même des derniers numéros des publications périodiques, auxquelles est affectée dans la salle une table spéciale. Les ouvrages de la réserve sont aussi communiqués sur une table spéciale.

A sa sortie de la salle, chaque lecteur est tenu de remettre au bibliothécaire son bulletin personnel avec les volumes dont il porte l'énumération. Ces bulletins sont timbrés du mot : *rendu*. Ils sont ensuite, ainsi que les bulletins de demande, réunis dans des enveloppes distinctes et datées pour chaque jour de l'année. Ils ne sont détruits qu'après une année écoulée.

§ III. — *Prêts au dehors.*

ART. 9. — Les livres de la bibliothèque pourront être prêtés aux personnes qui auront obtenu du directeur du Musée pédagogique une autorisation spéciale. La possession d'une carte de travail ne donne point, par elle seule, droit au prêt.

ART. 10. — Les demandes de prêt sont inscrites sur un registre spécial. L'emprunteur y écrit son nom, son adresse, la date et la durée du prêt.

En tête du registre doit figurer, sur une feuille mobile, une liste alphabétique des emprunteurs, avec renvois à leurs inscriptions.

ART. 11. — La durée du prêt ne peut excéder deux mois. Les ouvrages prêtés depuis plus de deux mois doivent être rigoureusement réclamés aux emprunteurs. Quiconque ne satisfera pas à cette réquisition sera rayé de la liste du prêt.

Les personnes qui ne pourraient pas rendre les livres qu'elles ont empruntés ou qui les rendraient en mauvais état sont tenues de les remplacer à leurs frais. Quand ce remplacement n'est pas possible, elles doivent réparer le tort causé à la bibliothèque suivant l'estimation faite en Conseil d'administration.

ART. 12. — Tout ouvrage prêté doit être remplacé sur son rayon par une planchette indicatrice portant au dos le même numéro d'ordre, et, sur un de ses plats, une carte donnant le nom de l'emprunteur, la date du prêt, avec le titre sommaire de l'ouvrage.

Les mêmes mesures doivent être observées à l'égard des volumes envoyés à la reliure ou retirés des rayons pour être placés à part dans la section de réserve.

ART. 13. — Sont exceptés du prêt :

1° Les livres demandés fréquemment et que la bibliothèque ne possède pas en double ;

2° Les publications périodiques et les ouvrages paraissant par livraison, tant qu'ils n'ont pas été réunis en volume ;

3° Les ouvrages de référence, tels que dictionnaires, catalogues, recueils encyclopédiques, annuaires et répertoires ;

4° Les gravures, cartes et plans ;

5° Les ouvrages placés dans la section de réserve.

ART. 14. — Dans la dernière huitaine de chaque trimestre, le récolement des planchettes indicatrices est fait par le bibliothécaire assisté du bibliothécaire adjoint, et, s'il y a des volumes en souffrance à la reliure ou au prêt, ils sont signalés au directeur pour être, s'il y a lieu, l'objet de réclamations.

§ IV. — *Bibliothèque circulante.*

ART. 15. — Sous le nom de bibliothèque circulante, il est institué au Musée pédagogique une section spéciale dans laquelle sont compris les ouvrages particulièrement utiles pour la préparation des candidats aux examens supérieurs de l'enseignement.

ART. 16. — Sont admises à emprunter les ouvrages de la bibliothèque circulante les personnes qui se préparent à ces divers examens, les fonctionnaires de l'enseignement public et toute personne qui aurait obtenu du directeur du Musée pédagogique une autorisation à cet effet.

ART. 17. — Les ouvrages de la bibliothèque circulante sont catalogués à part. Le catalogue de cette bibliothèque est envoyé gratuitement à toute personne qui le demande, par lettre affranchie, au directeur du Musée pédagogique.

ART. 18. — Les demandes de livres doivent être adressées à M. le Ministre de l'Instruction publique. Elles portent en tête cette mention : *Bibliothèque circulante du Musée pédagogique.— Demande de livres.* Elles font connaître : le titre exact des ouvrages demandés, le temps pendant lequel on désire les conserver, l'adresse et la qualité de l'emprunteur avec l'indication de la ligne de chemin de fer et de la station qui desservent sa résidence.

ART. 19. — Pour les candidats aux examens indiqués à l'article 15 ci-dessus, la première demande de livres doit être soumise au visa de l'Inspecteur d'Académie ou de l'Inspecteur primaire, lequel attestera que l'auteur de la demande se prépare réellement à l'un de ces examens.

ART. 20. — Les livres demandés sont, chaque semaine, envoyés gratuitement aux emprunteurs par les soins du directeur du Musée pédagogique. Ils doivent être exactement retournés à l'expiration du délai indiqué au bulletin d'expédition. Le port au retour est seul à la charge de l'emprunteur.

ART. 21. — Les livres empruntés devront avoir été retournés au Musée pédagogique, pour qu'un autre prêt puisse être obtenu. Il ne serait pas donné suite aux demandes des personnes qui n'auraient pas effectué le renvoi des ouvrages à l'époque fixée.

ART. 22. — Les dispositions de l'article 11 ci-dessus sont applicables aux prêts des ouvrages faisant partie de la bibliothèque circulante.

§ V. — *Récolements.*

ART. 23. — Tous les ans, dans la seconde quinzaine du mois de décembre, le récolement des ouvrages de la bibliothèque est fait, avec l'assistance du bibliothécaire, par des membres du Conseil d'administration désignés par ledit Conseil.

L'indication des livres manquants est immédiatement portée sur le registre d'inventaire dans la colonne réservée à cet effet.

ART. 24. — Les membres du Conseil d'administration chargés du récolement visent, à la suite de leur travail, le registre d'inventaire, le registre des prêts et le registre des ouvrages disparus et signent le procès-verbal de récolement, où doivent être consignés les diverses opérations ci-dessus énumérées et leurs résultats. Copie de ce procès-verbal est transmise au Ministre de l'Instruction publique par le président du Conseil d'administration.

ART. 25. — Sont rapportées les dispositions du règlement du 1er novembre 1881, relatives au service de la bibliothèque centrale de l'enseignement primaire.

Projet de loi sur l'Enseignement technique[1].

6 juillet 1887.

6 Juillet 1887.

ARTICLE 1er. — L'enseignement technique, industriel et commercial, est et demeure placé dans les attributions du Ministre du Commerce et de l'Industrie.

ART. 2. — Sont Écoles de commerce, les établissements qui ont pour but de préparer spécialement les jeunes gens à la carrière commerciale et de former des employés de commerce et des chefs de maison.

Sont établissements d'enseignement technique industriel, les Écoles industrielles dans lesquelles l'enseignement a pour but de préparer les jeunes gens à des professions déterminées.

1. Ce projet fut soumis au Conseil supérieur de l'enseignement technique dans sa séance du 20 juillet 1887.

Les Écoles primaires et les Écoles primaires supérieures dans lesquelles une part est faite au travail manuel en vue de donner aux jeunes gens une certaine dextérité manuelle, ne sont pas visées par la présente loi : elles restent placées dans les attributions du Ministre de l'Instruction publique.

ART. 3. — Les établissements d'enseignement technique industriel et commercial se divisent en trois catégories, suivant la nature de leur enseignement : technique primaire, technique secondaire, technique supérieur.

ART. 4. — L'enseignement a pour but, dans les Écoles techniques primaires industrielles, de former des ouvriers habiles et instruits; dans les Écoles techniques secondaires, des contremaîtres et des chefs d'atelier; dans les Écoles supérieures, des ingénieurs et des chefs d'industrie.

ART. 5. — Les Écoles techniques primaires industrielles ou commerciales fondées par les départements ou les communes sont mises au nombre des Écoles primaires publiques. Elles prennent le nom d'École primaire technique. Elles participent proportionnellement aux ressources communales et départementales affectées au service de l'enseignement primaire public. En cas d'insuffisance de ces ressources, le déficit est couvert par une subvention du Ministère du Commerce et de l'Industrie.

ART. 6. — Les établissements d'enseignement industriel ou commercial fondés par les chambres de commerce, les syndicats professionnels, les associations ou les particuliers, qui auront été reconnus par le Ministère du Commerce et de l'Industrie, pourront participer aux subventions et aux bourses de l'État. Pour être reconnus, les établissements intéressés devront faire approuver leurs programmes par le Ministre, le Conseil supérieur de l'enseignement technique entendu.

ART. 7. — Ne pourront être admis dans les Écoles techniques primaires industrielles et commerciales, que les enfants âgés de douze ans au moins au moment de l'ouverture des cours, après examen ou sur la présentation du certificat d'études primaires.

ART. 8. — Les avantages assurés par la présente loi aux établissements libres reconnus pourront leur être retirés par décision ministérielle, notamment pour cause d'immoralité ou lorsque l'insuffisance de l'enseignement donné aura été dûment reconnue.

ART. 9. — Il sera délivré par le Ministre du Commerce et de l'Industrie des diplômes ou certificats aux élèves des établissements publics qui auront subi d'une manière satisfaisante, dans les divers degrés de l'enseignement, un examen de fin d'études devant une Commission dans laquelle le Ministre sera représenté.

Le diplôme ainsi délivré aux élèves de l'enseignement supérieur et secondaire donnera aux titulaires, au point de vue du recrutement militaire, les mêmes droits que ceux qui sont accordés aux jeunes gens munis d'un diplôme de bachelier.

Les jeunes gens pourvus d'un diplôme d'un établissement d'enseignement supérieur commercial seront, en outre, autorisés à concourir, au même titre que les licenciés en droit, ès sciences ou ès lettres, ou les élèves de l'École des Chartes, de l'École centrale des Arts et Manufactures, etc., pour l'admission comme élèves consuls.

ART. 10. — Sauf les cas d'incapacité ou d'interdiction prévus par les articles 26 et 65 de la loi du 15 mars 1850, tout citoyen français âgé de vingt et un ans au moins peut ouvrir une École ou un cours public d'enseignement industriel ou commercial, à la seule condition d'en faire au préalable la déclaration au Ministère du Commerce et de l'Industrie. Toutefois, pour les établissements destinés à recevoir des pensionnaires, la limite d'âge est fixée à vingt-cinq ans au moins.

ART. 11. — Tout individu tombant sous l'application des articles 26 et 65 de la loi du 15 mars 1850 précitée ne peut continuer à diriger ou surveiller un établissement d'enseignement technique ni à professer sans s'exposer aux pénalités prévues par l'article 29 de ladite loi.

ART. 12. — Tous les établissements ou cours publics d'enseignement technique, reconnus ou non reconnus, sont soumis à l'inspection du Ministère du Commerce et de l'Industrie.

ART. 13. — Dans les Écoles fondées par les départements ou les communes et à la construction ou à l'entretien desquelles l'État contribue, le directeur et les professeurs sont nommés par le Ministre sur la présentation du Conseil général, s'il s'agit d'une École départementale, ou du Conseil municipal, s'il s'agit d'une École communale : les maîtres-ouvriers sont désignés par l'autorité départementale ou communale.

ART. 14. — Les directeurs, professeurs et, d'une manière générale, tous les fonctionnaires de l'enseignement attachés aux Écoles nationales ou aux Écoles départementales ou communales sont assimilés aux fonctionnaires de l'Université du même ordre tant au point de vue du recrutement militaire qu'à celui des pensions civiles et de la mise en disponibilité.

ART. 15. — Les conditions d'application de la présente loi seront déterminées par un règlement d'administration publique.

ART. 16. — Sont abrogées toutes les dispositions contraires à la présente loi.

Arrêté relatif au mode de répartition des Subventions de l'État entre les Écoles de filles établies dans les communes de moins de 401 habitants[1].

10 juillet 1887.

10 Juillet 1887.

Le Ministre de l'Instruction publique, des Cultes et des Beaux-Arts,

Vu la loi du 30 octobre 1886 (art. 11, 12 et 15);

Vu la loi de finances du 26 février 1887,

Arrête :

ARTICLE 1er. — La subvention accordée pour l'exercice 1887 par le Ministre de l'Instruction publique (sur le crédit de 200 000 fr., chap. 53, art. 3) à une commune de moins de 401 habitants, pour l'entretien d'une École facultative de filles, ne pourra dans aucun cas être supérieure à la somme allouée à la même commune sur le même crédit en 1886.

ART. 2. — Pour les Écoles de filles des communes de moins de 401 habitants, dont la suppression aura été prononcée par le Conseil départemental, la subvention de l'État ne sera accordée que pour

1. Voir la circulaire du 15 *juillet* 1887 aux Préfets (*Circ.*, t. X, p. 146).

les trois premiers trimestres de 1887, la suppression devant avoir son effet à partir de la rentrée d'octobre.

ART. 3. — La subvention de l'État sera accordée pour l'année entière aux Écoles de filles dont le Conseil départemental n'aura pas cru devoir dès à présent prononcer la suppression.

Cette subvention sera également accordée pour l'année entière, par dérogation à l'article 2, dans les communes qui, bien que comptant aujourd'hui moins de 401 habitants, avaient un chiffre de population supérieur avant le dernier recensement. La suppression de l'École prononcée dans cette dernière catégorie de communes par le Conseil départemental n'aura son effet qu'à dater du 1er janvier prochain.

ART. 4. — A partir de 1888, la répartition de la subvention de l'État entre les Écoles de filles des communes dont l'effectif de population est inférieur à 401 habitants sera effectuée d'après les règles suivantes :

1° Aucune subvention de l'État ne sera accordée à une École de filles établie dans une commune de moins de 401 habitants postérieurement à la promulgation de la loi du 30 octobre 1886;

2° L'État ne contribuera en aucun cas à une dépense de loyer ou d'indemnité de logement;

3° L'État ne subviendra au traitement de l'institutrice que pour le parfaire au taux de 600 francs;

4° Les communes qui ont des fonds disponibles, soit sur leurs revenus ordinaires, soit sur le produit des dons et legs, les appliqueront au traitement de l'institutrice avant tout recours aux fonds de l'État;

5° La subvention inscrite au budget du Ministère de l'Instruction publique sera exclusivement affectée à couvrir la partie du traitement de 600 francs restant à acquitter, après emploi des ressources prévues au paragraphe précédent et après déduction d'une somme représentative de 5 centimes additionnels au principal des quatre contributions directes.

---

30 juillet 1887.

Règlement relatif aux Bourses de voyage en faveur des élèves des Écoles industrielles[1].

30 Juillet 1887.

ARTICLE 1er. — Des bourses industrielles sont instituées par le Ministre du Commerce et de l'Industrie.

1. Le projet fut discuté par le Conseil supérieur de l'enseignement technique au Ministère du Commerce dans sa séance du 20 juillet 1887.

Ces bourses ont une valeur variable de 1 500 à 3 000 francs, selon l'importance et la durée du voyage.

Elles seront renouvelables une ou deux fois au maximum. Des décisions spéciales, rendues après avis d'une Commission chargée d'examiner les rapports et les travaux transmis tous les trois mois par les boursiers, régleront ces renouvellements. Les départements, les communes et les industriels intéressés seront invités à participer à la dépense.

ART. 2. — Pour être admis à bénéficier des dispositions précédentes, les candidats doivent se faire inscrire au Ministère du Commerce et de l'Industrie avant le 18 août et joindre à leur demande :

1° Un certificat de bonnes vie et mœurs;

2° Un certificat médical;

3° Un état des travaux qu'ils ont accomplis depuis leur sortie de l'École;

4° Un certificat du maire de l'arrondissement ou de la commune, établissant leur situation pécuniaire et celle de leurs parents.

Ils doivent justifier en outre :

1° Qu'ils sont Français;

2° Qu'ils auront vingt ans au moins et trente ans au plus à l'époque du concours;

3° Qu'ils sont en règle avec l'autorité militaire;

4° Qu'ils sont munis du diplôme de fin d'études d'une École publique ou libre, relevant du Ministère du Commerce et de l'Industrie, subventionnée ou reconnue par lui.

Ils devront indiquer, dans leur demande, les centres industriels qu'ils désirent visiter. L'Administration se réserve d'ailleurs la faculté de modifier l'itinéraire proposé.

ART. 3. — Les candidats sont appelés à subir, dans la seconde quinzaine d'août, au chef-lieu du département de leur domicile et sous la surveillance d'une Commission désignée par le Préfet, des épreuves écrites. Ces épreuves porteront uniquement sur l'anglais ou l'allemand, au choix du candidat; elles comprendront une version, un thème et un rapport industriel. Chaque candidat peut d'ailleurs subir les épreuves pour les deux langues.

Les épreuves écrites sont éliminatoires.

ART. 4. — Immédiatement après les épreuves écrites, les compositions des candidats seront transmises au Ministère du Commerce et de l'Industrie, pour être soumises à un jury nommé par arrêté ministériel.

La valeur relative de chacune des épreuves écrites sera représentée par les chiffres suivants :

Version	2
Thème	4
Rapport	6

Pour arriver à une appréciation exacte et comparative du mérite des concurrents, il sera attribué à chacune des parties de leur examen une valeur numérique exprimée par des chiffres variant de 0 à 20 et ayant les significations ci-après :

0, néant;
1, 2, très mal;
3, 4, 5, mal;
6, 7, 8, médiocre;
9, 10, 11, passable;
12, 13, 14, assez bien;
15, 16, 17, bien;
18, 19, très bien;
20, parfait.

Une moyenne sera établie d'après ces chiffres pour chaque partie du programme; chacune de ces moyennes sera multipliée par le nombre exprimant sa valeur relative telle qu'elle est ci-dessus indiquée, et la somme des produits donnera le nombre total des points obtenus pour l'ensemble des épreuves.

Tout candidat qui n'aura pas obtenu une moyenne générale au moins égale à 10 sera ajourné.

ART. 5. — Les demandes des candidats déclarés admissibles seront communiquées aux directeurs des établissements désignés à l'article 2, et, le Conseil de l'École entendu, ceux-ci enverront au Ministre, avec les pièces communiquées, des propositions de classement. L'Administration s'entourera, d'autre part, de tous les renseignements complémentaires.

Les candidats admissibles subiront à Paris, devant le jury nommé par le Ministre, un examen oral portant sur les langues anglaise ou allemande, sur leurs travaux antérieurs, sur les raisons d'ordre industriel qui ont déterminé le choix des centres qu'ils désirent visiter et sur toutes les questions qui paraîtront de nature à éclairer le jury sur la valeur réelle des candidats.

Les frais de déplacement des candidats sont à leur charge.

D'après les éléments d'appréciation ci-dessus relatés et les résultats des deux épreuves, le jury opère le classement définitif et présente ses propositions au Ministre.

La répartition des boursiers sera faite, autant que possible, proportionnellement au nombre des diplômes et certificats d'études délivrés chaque année par les établissements ayant fourni des candidats.

ART. 6. — Les titulaires des bourses industrielles sont tenus d'adresser, tous les trois mois au moins, au Ministre du Commerce et de l'Industrie un rapport sur leurs études et leurs observations.

Ces documents demeurent la propriété du Ministère.

---

31 juillet 1887. **Circulaire du Ministre de l'Instruction publique, relative à la préparation de l'Exposition de l'Enseignement primaire public (Classe VI) à l'Exposition universelle de 1889[1].**

31 Juillet 1887.

Monsieur le Recteur, après avoir pris l'avis de la Commission nommée par arrêté en date du 4 avril et chargée de préparer l'exposition de l'enseignement

1. Consulter les documents suivants :

Circulaire du 8 *janvier* 1888, aux Recteurs, relative à la représentation de l'enseignement primaire public à l'Exposition universelle de 1889 (*Circ.*, t. X, p. 227);

— 29 *mai* 1888, aux Recteurs, relative à la représentation du système d'inspection des Écoles primaires à l'Exposition scolaire de 1889 (*Ibid.*, p. 286);

— 5 *juillet* 1888, aux Recteurs, relative à la préparation de l'Exposition scolaire (classe VI) et à l'admission des travaux d'élèves (*Ibid.*, p. 307);

— 5 *juillet* 1888, aux Préfets, relative au classement des exposants de l'enseignement primaire public à l'Exposition universelle de 1889 (*Ibid.*, p. 311);

— 16 *juillet* 1888, aux Préfets, relative à la préparation de l'Exposition scolaire du Ministère et aux demandes d'emplacement (*Ibid.*, p. 313);

— 5 *novembre* 1888, aux Recteurs, concernant les envois à faire pour l'Exposition universelle de 1889 (*Ibid.*, p. 364);

primaire public (classe VI) à l'Exposition universelle de 1889, je vous envoie une instruction générale fixant les conditions dans lesquelles les divers établissements publics pourront participer avec le Ministère à cette exposition.

Par tous les moyens en notre pouvoir, nous devons nous efforcer de la rendre digne de la grande date avec laquelle elle coïncide. Aussi mon intention est-elle de ne rien négliger pour réunir tous les éléments d'une complète et fidèle représentation de notre enseignement primaire public.

Une première question se posait : le Ministère absorbera-t-il tout cet enseignement? Se chargera-t-il d'en présenter à lui seul l'ensemble et le détail dans une exposition en quelque sorte officielle et impersonnelle? Ou bien, au contraire, laissera-t-il place aux mérites individuels et aux initiatives locales, mettra-t-il en lumière les établissements, les collectivités et les personnes qui, avec l'État, concourent à la marche de l'enseignement public?

Sur l'avis unanime de la Commission, j'ai tranché cette question sans hésiter dans le sens qui me paraît à la fois le plus conforme à la réalité et le mieux en harmonie avec l'esprit du Gouvernement républicain.

Il y aura dans la classe VI une vaste section de l'enseignement primaire public, placée sous les auspices du Ministère, mais largement ouverte à tous ceux qui, coopérant à l'œuvre de l'éducation nationale, voudront aussi coopérer à la représentation de cet important service public.

En conséquence, et après m'être entendu à ce sujet avec mon collègue M. le Ministre du Commerce, j'ai décidé qu'outre l'exposition proprement dite du Ministère, cette section comprendrait toutes celles des établissements et des autorités locales qui demanderont à se grouper sous le patronage du Ministère pour former un tableau d'ensemble de l'organisation de l'instruction publique en France. Ces principes présideront aux diverses classes de l'exposition auxquelles mon Administration prendra part. Je ne parlerai ici que de leur application à la classe VI.

— 22 *novembre* 1888 (Vice-Recteur de Paris aux Inspecteurs d'Académie), relative à l'exposition de l'enseignement du dessin en 1889 (*Rec. des L. et A.*, 1888, p. 938);

Avis relatif à la publication de Monographies pédagogiques pour l'Exposition universelle de 1889 (*Bull. adm.*, 1888, t. XLIV, p. 759);

Circulaires du 31 *janvier* 1889, aux Recteurs et aux Préfets, avec documents annexés, relatifs à la tenue d'un Congrès international de l'enseignement primaire pendant l'Exposition universelle de 1889 (*Circ.*, t. X, p. 391);

— 7 *février* 1889 (Vice-Recteur de Paris aux Inspecteurs d'Académie), relative à des instructions complémentaires sur le mode d'élection des délégués au Congrès international de l'enseignement primaire (*Rec. des L. et A.*, 1889, p. 98);

— 9 *février* 1889 (Vice-Recteur de Paris aux Inspecteurs d'Académie), relative au mode de compter les suffrages dans les élections des délégués au Congrès international de l'enseignement primaire (*Ibid.*, p. 101);

— 12 *février* 1889 (Vice-Recteur de Paris aux Inspecteurs d'Académie), relative à la communication de nouvelles instructions au sujet des élections des délégués pour le Congrès international de l'enseignement primaire (*Ibid.*, p. 117);

— 18 *février* 1889 (Vice-Recteur de Paris aux Inspecteurs d'Académie), relative aux frais de voyage des délégués (*Ibid.*, p. 118);

— 20 *février* 1889 (Vice-Recteur de Paris aux Inspecteurs d'Académie), relative à l'envoi par la poste des bulletins de vote pour l'élection au Congrès international de l'enseignement primaire (*Ibid.*, p. 139);

— 23 *avril* 1889 (Ministre des Travaux publics aux Préfets), relative au transport à prix réduit des élèves des Écoles primaires se rendant à l'Exposition universelle de 1889 (*Ibid.*, p. 308).

I. — DISPOSITIONS GÉNÉRALES.

Exposants. — Sont considérés comme exposants de l'enseignement primaire public :

I. Le Ministère de l'Instruction publique;

II. Les exposants qui demanderont à se placer sous les auspices du Ministère, mais en conservant leur inscription au catalogue et leurs droits éventuels aux récompenses du jury, savoir :

1° Les Écoles publiques de tous degrés se rattachant à l'enseignement primaire (Écoles maternelles, primaires élémentaires, supérieures ou professionnelles, normales, normales supérieures, etc.);

2° Les communes;

3° Les départements;

4° Les membres du corps enseignant, de l'inspection primaire et de l'inspection académique.

Conditions d'admission. — L'exposition spéciale du Ministère de l'Instruction publique sera préparée, organisée et installée par les soins de la Commission nommée à cet effet par l'arrêté du 4 avril 1887.

Pour les expositions individuelles énumérées aux alinéas 1°, 2°, 3° et 4° du tableau qui précède, tous les objets dont l'admission sera demandée devront être soumis à l'examen de la Commission précitée. Cette même Commission déterminera les emplacements qui pourront être concédés à chacun des exposants placés sous les auspices du Ministère, ainsi que les conditions générales d'installation auxquelles ils devront se conformer.

L'emplacement leur sera accordé gratuitement.

Les prix de transport à l'aller et au retour, la participation éventuelle aux frais de construction de vitrines spéciales, etc., feront l'objet d'un règlement ultérieur qui sera notifié aux intéressés en temps utile.

Division générale de l'exposition de l'enseignement primaire public. — L'exposition comprendra sept sections, savoir :

1re SECTION : Enseignement du premier âge : jardins d'enfants, Écoles maternelles;

2e SECTION : Enseignement primaire élémentaire : Écoles primaires élémentaires et classes enfantines;

3e SECTION : Enseignement primaire supérieur : Cours complémentaires, Écoles primaires supérieures;

4e SECTION : Enseignement professionnel : Écoles professionnelles, Écoles manuelles d'apprentissage; Écoles nationales;

5e SECTION : Écoles normales avec leurs Écoles annexes et Écoles normales supérieures d'enseignement primaire;

6e SECTION : Institutions auxiliaires : Cours d'adultes, Caisses d'épargne scolaires, Bibliothèques;

7e SECTION : Enseignement des sourds-muets, des aveugles.

Tout exposant devra faire connaître la section ou les sections auxquelles il destine les objets dont il demande l'admission.

Un même exposant peut figurer dans ces diverses sections; mais quel que soit le nombre de ses expositions partielles, elles ne lui donneront droit qu'à un seul numéro d'inscription au catalogue et à une seule récompense.

Nature des objets exposés. — Dans chacune des sept sections que je viens d'énumérer, l'exposition pourra porter sur trois grands objets. Elle peut avoir pour but : ou bien de représenter l'installation matérielle des établissements et des services scolaires dans leur ensemble ou dans leurs détails; ou bien de faire apprécier les méthodes et les procédés d'enseignement et d'éducation; ou enfin de présenter les résultats mêmes de cet enseignement et de cette éducation sous la forme de travaux scolaires et de spécimens du savoir acquis par les élèves.

II. — DISPOSITIONS SPÉCIALES AUX DIVERSES EXPOSITIONS.

En abordant la seconde partie de ces instructions, celle qui concerne le choix et le classement des objets dont se composera chacune des expositions de la classe VI, il importe, Monsieur le Recteur, que je précise le but qu'a poursuivi la Commission. Il s'agit ici non pas de provoquer l'envoi des divers objets dont l'énumération va suivre, mais de mettre tous les intéressés en mesure de faire cet envoi quand le moment sera venu.

Parmi les objets scolaires à exposer, il en est qui devront tout leur mérite à la spontanéité de leur production; d'autres, au contraire, exigeront un long travail préparatoire, des recherches, des soins spéciaux, des correspondances. Il fallait faire connaître à l'avance les conditions dans lesquelles ces derniers pourront être acceptés, afin que, sous votre haute direction, toutes les bonnes volontés puissent se mettre immédiatement à l'œuvre.

C'est la pensée qui a inspiré la Commission. Elle a voulu guider les Inspecteurs et les instituteurs dans la préparation de la plupart des travaux destinés à l'exposition.

Voici, pour chacun des cinq ordres d'exposants reconnus plus haut, l'indication sommaire des parties essentielles dont pourra se composer chaque exposition.

I. **Ministère de l'Instruction publique.** — L'exposition du Ministère comprendra :

1° Les collections des lois, règlements et actes administratifs intéressant l'enseignement primaire public;

2° Les documents relatifs à l'organisation de l'Administration centrale, du Conseil supérieur de l'Instruction publique, des Commissions consultatives;

3° Les programmes édictés après avis du Conseil supérieur;

4° La statistique de l'enseignement primaire;

5° Les budgets;

6° Des collections de rapports d'inspection générale, de rapports d'Inspecteurs d'Académie et d'Inspecteurs primaires;

7° Les catalogues des bibliothèques scolaires, populaires et pédagogiques;

8° Les listes des livres classiques adoptés par les conférences d'instituteurs;

9° Des collections du *Bulletin administratif* et de la *Revue pédagogique;*

10° Des documents sur l'organisation du Musée pédagogique : publications, catalogues, spécimens de matériel, livres et collections faites par l'État, etc.

II. **Écoles publiques de tout degré se rattachant à l'enseignement primaire.** — Ici le nombre et la variété des objets d'exposition nécessiteront des subdivisions d'après les deux points de vue indiqués plus haut : répartition en sept catégories d'Écoles, et répartition en trois ordres de matières : *installation*, *méthodes*, *résultats*.

On peut résumer sous ces trois chefs les recommandations de la Commission dans les termes suivants :

1° *Installation matérielle.*

L'installation matérielle à l'Exposition universelle de 1889 comprendra, dans chacune des catégories d'Écoles, les constructions scolaires proprement dites, le mobilier usuel et scolaire, le mobilier d'enseignement.

Les constructions scolaires pourront être représentées :

1° Par des plans d'ensemble à l'échelle de 0,005 millimètres par mètre, sans toutefois dépasser le format demi-grand aigle ;

2° Par des vues d'ensemble à vol d'oiseau, sans dépasser le même format demi-grand aigle ;

3° Par des détails de plans, façades ou coupes à l'échelle de 0,01 centimètre, sans dépasser le format grand aigle ;

4° Par des dessins, photographies ou modèles en relief des parties les plus intéressantes de l'installation des différents services ; les dessins et photographies à des échelles variables, mais sans dépasser le format demi-grand aigle ; les modèles en relief au dixième d'exécution ;

5° S'il y a lieu, et principalement pour les grands groupes scolaires des villes importantes, pour les Écoles primaires supérieures, les Écoles normales et les Écoles professionnelles ou d'apprentissage, par une monographie architecturale[1] avec liberté entière pour l'échelle et les dimensions des dessins. On pourra y joindre les publications et notices relatives aux bâtiments scolaires, aux détails des constructions, systèmes d'aération, de chauffage, de ventilation, etc., ceci admis sans condition de format.

Dans les trois premières catégories, les dessins seront surtout exposés dans les cartons ou sur des meubles spéciaux, tournants ou autres ; dans les deux autres catégories et sauf pour les modèles en relief qui constituent ce que l'on peut appeler des plans sur table, les dessins et photographies seront, autant que possible, exposés sur les surfaces murales.

Les dessins et modèles seront exécutés soit par les architectes, soit encore par les élèves ou les maîtres, d'après un relevé sur place ; mais, dans ce dernier cas, sous la surveillance de l'architecte qui devra en certifier l'exactitude.

Il sera fait, en temps opportun, par MM. les Recteurs et Inspecteurs d'Académie, un choix des Écoles dont l'installation matérielle serait susceptible de recevoir les honneurs de l'exposition. La liste de ces Écoles me sera soumise, et je chargerai la Commission (ou plutôt une Sous-Commission technique prise dans son sein) de désigner définitivement celles qu'il y aura lieu d'admettre.

La même remarque s'applique au mobilier usuel et scolaire, ainsi qu'au matériel didactique et à l'outillage de l'enseignement. MM. les Inspecteurs d'Académie seront invités à signaler à l'avance à la Commission, avec croquis cotés à l'appui, ceux qu'ils croiraient particulièrement dignes d'attention ; les objets qui pouraient figurer en nature ne seraient désignés que lorsque la Commission serait fixée sur les conditions d'espace et de crédit dont dispose l'Administration.

2° *Méthodes et procédés d'éducation et d'enseignement.*

Les Écoles des divers ordres[2] sont appelées à exposer particulièrement, sous ce titre, les objets suivants :

1. Dessin représentant un seul bâtiment dans toutes ses parties.
2. Groupées par départements ou individuellement.

1° Spécimens de journaux de classe ou de cahiers de préparation de leçons journalières; spécimens de carnets de correspondance avec les familles; de registres d'appel accompagnés de notes sur les moyens les plus efficaces que la pratique enseigne pour obtenir l'assiduité; diagrammes et statistiques montrant, par région, le degré de l'assiduité annuelle et mensuelle;

2° Spécimens d'images, bons points et autres récompenses;

3° Statuts des associations en vue de la bienfaisance, de la bonne camaraderie qui peuvent exercer sur le caractère des enfants une heureuse influence;

4° Statuts des sociétés scolaires protectrices des animaux utiles;

5° Documents relatifs aux caisses d'épargne scolaires;

6° Notices sur l'organisation des jeux dans les Écoles et notices sur l'organisation disciplinaire;

7° Documents relatifs aux promenades, voyages scolaires, colonies de vacances;

8° Ouvrages et livres scolaires employés dans l'École.

3° *Résultats : Spécimens collectifs et individuels du travail des maîtres et des élèves.*

Cette section est celle où la Commission organisatrice de l'exposition se réservera l'action la plus directe. Elle se propose de donner en temps utile des directions pratiques aux établissements exposants, en vue de grouper en quelque sorte dans des tableaux d'ensemble de la vie scolaire les documents propres à faire apprécier les progrès réalisés, la valeur, l'étendue et la solidité des connaissances acquises, non pas dans une élite d'élèves habilement triés, mais dans la masse de la population scolaire, aux divers âges et à ses divers degrés d'instruction.

Pour les travaux d'élèves, la Commission m'a proposé de prendre une décision dont je ne me dissimule pas la gravité, mais qui m'a paru, comme à la Commission elle-même, le seul moyen de couper court à des abus fréquemment constatés dans les expositions antérieures. J'ai décidé que l'Exposition de 1889 n'admettra, sous aucun prétexte, les collections de cahiers de devoirs, de dessins, de cartes, et généralement de travaux d'élèves préparés en vue de l'Exposition. Si les séries de devoirs écrits et de spécimens du travail ordinaire de la classe sont reconnues nécessaires et doivent trouver place dans les vitrines du Champ-de-Mars, la Commission se réserve d'indiquer plus tard sous quelle forme et dans quelles conditions ces séries devront être recueillies en temps opportun.

III. **Communes.** — L'exposition des communes peut porter sur les points suivants :

Organisation matérielle des Écoles; installation des services scolaires municipaux; des caisses des Écoles; de l'inspection médicale; des cantines scolaires et, en général, de tout ce qui relève de l'autorité communale.

IV. **Départements.** — Les expositions départementales devront porter spécialement sur l'organisation des services qui relèvent de l'autorité départementale, et surtout de ceux qui sont créés et entretenus à l'aide de dépenses facultatives votées et contrôlées par les Conseils généraux. On pourra y faire utilement figurer en outre :

1° Des collections des rapports annuels des Inspecteurs d'Académie au Conseil général depuis 1878;

2° Des collections des Bulletins départementaux des deux dernières années;

3° Des règlements scolaires départementaux et locaux approuvés par l'Inspecteur d'Académie.

V. **Membres du corps enseignant et de l'Administration académique.** — Travaux personnels relatifs à l'enseignement (mémoires, documents pédagogiques, appareils et ouvrages relatifs aux divers enseignements ou à l'Administration scolaire [rapports, statistiques, règlements, etc.]).

Les plus intéressants des travaux des maîtres seront sans contredit les monographies des Écoles. L'historique de l'établissement, son fonctionnement actuel, les résultats qu'il atteint, son influence sur le milieu où il se trouve placé, sont le cadre naturellement tracé de ces études. Il est facile d'indiquer d'autres divisions très importantes : par exemple, les rapports entre les directeurs et les adjoints; les moyens qu'ils emploient pour mettre de l'unité dans leur action; les rapports que les maîtres ou maîtresses conservent avec leurs élèves après leur sortie définitive de l'École; l'influence qu'ils continuent à exercer sur eux; les relations du personnel avec les parents des élèves, avec les municipalités, avec les comités de patronage, quand il y a lieu.

Quant aux notices ou mémoires pédagogiques, il conviendra d'admettre surtout ceux qui auraient trait à des points spéciaux de la discipline, de la tenue matérielle de la classe, des méthodes proprement dites d'enseignement et d'éducation. En tout cas, ceux qui ne rouleront pas sur la méthode en général pourront être subdivisés en autant de fascicules séparés qu'ils traiteront de questions distinctes, afin de faciliter au jury la comparaison des solutions proposées sur le même sujet. Ces mémoires auront un format identique (31 centimètres sur 21 centimètres, avec deux marges de 4 et 2 centimètres); même format pour les couvertures mobiles où ils seraient renfermés.

Les procès-verbaux des conférences pédagogiques cantonales, la liste des livres adoptés par ces conférences, les mémoires originaux qui y ont été lus et discutés, leurs avis sur des points de doctrine ou de pratique scolaire pourront aussi trouver place dans cette exposition, soit à titre individuel, soit à titre collectif.

Les règles que je viens de tracer, d'accord avec la Commission, fixent les lignes principales du plan d'organisation de notre exposition de l'enseignement primaire public.

Pour qu'il vous soit plus facile, Monsieur le Recteur, de faire connaître ce plan à tous les chefs d'établissements appelés à y prendre part, je vous enverrai un certain nombre d'exemplaires de la présente circulaire et des documents annexés, que j'ai cru utile d'y faire joindre (procès-verbaux de la Commission, rapports des sections, projets de questionnaires, etc.). Je vous prie, Monsieur le Recteur, d'inviter les fonctionnaires placés sous vos ordres à prendre dès maintenant les dispositions nécessaires, soit pour rassembler les matériaux et documents, soit pour être en état de répondre à l'appel de la Commission d'organisation quand le moment sera venu.

Recevez, etc.

Signé : E. SPULLER.

Circulaire du Ministre de l'Instruction publique, relative à la tenue du Cahier de devoirs mensuels[1]. 31 août 1887.

31 Août 1887.

Monsieur l'Inspecteur, en reprenant l'article 13 de l'arrêté du 27 juillet 1882, pour en faire l'article 15 de l'arrêté du 18 janvier 1887, le Conseil supérieur a nettement marqué l'importance qu'il attache au « *Cahier de devoirs mensuels* » et son intention de le faire entrer définitivement dans nos habitudes scolaires. Cette insistance, inspirée par un sentiment que je partage, me fait un devoir d'appeler de nouveau votre attention, non sur l'intérêt que présente ce cahier, — la circulaire du 25 août 1884 a dit tout ce qui était nécessaire à cet égard, — mais sur les irrégularités et les négligences qui ont été constatées dans la tenue de ce modeste document scolaire, et dont il convient de prévenir le retour.

Il résulte d'une enquête à laquelle il a été procédé dans un certain nombre de départements, que le cahier de devoirs mensuels n'a pas encore été adopté dans toutes les Écoles et que, là où il est adopté, il a parfois été tenu d'une manière qui correspond très peu à sa véritable destination.

Il importe d'abord qu'en vue de la rentrée prochaine, vous donniez des instructions précises au personnel placé sous vos ordres, afin que les abstentions qui ont été relevées sur différents points ne se reproduisent plus. Les arrêtés que j'ai rappelés sont formels et ne comportent point d'exceptions : chaque élève doit être muni, dès son entrée à l'École, d'un cahier spécial qui, sous la forme que j'indiquerai tout à l'heure, le suivra pendant tout le temps de sa scolarité. Il vous appartient, avec le concours de MM. les Inspecteurs primaires, d'en assurer l'adoption et l'emploi régulier dans toutes les Écoles de votre département.

La circulaire du 25 août 1884, tout en marquant d'une façon très claire le but à atteindre, avait laissé une certaine liberté aux instituteurs quant à la forme à donner à ce cahier, au nombre des devoirs à y inscrire et à la périodicité de ces devoirs. Il semble que cette liberté même ait gêné les instituteurs, dont quelques-uns ne se sont pas rendu un compte exact de ce qu'on attendait d'eux et de leurs élèves. Les uns ont pensé qu'il suffisait de consigner sur un cahier un seul devoir par mois; d'autres ont cru qu'ils étaient tenus de faire faire à leurs élèves, tous les mois et dans la même journée, tous les devoirs que comporte l'application du programme. Ici, on a fait un choix arbitraire entre les matières d'enseignement, dont quelques-unes ont été sacrifiées; là, on a décidé que les élèves du cours élémentaire étaient trop jeunes pour prendre part à ces exercices et l'on n'a adopté le cahier de devoirs mensuels qu'à partir du cours moyen. Presque partout, enfin, on s'est trouvé embarrassé par des détails d'exécution provenant, soit de la réglure du papier, soit des formules imprimées en tête et au bas de chaque page.

La cause de ces hésitations vient, à ce qu'il semble, de l'interprétation étroite donnée par la plupart des maîtres à l'article 13 de l'arrêté du 27 juillet 1882. Cet article porte que « chaque élève, à son entrée à l'École, recevra un cahier spécial qu'il devra conserver pendant toute la durée de sa scolarité ». On en a conclu que chaque élève ne pouvait avoir qu'un seul cahier qui devait lui servir pendant six ou sept ans. Sans doute l'emploi d'un cahier unique est le premier procédé qui se présente à l'esprit. Mais cela supposerait un cahier assez

1. Consulter ci-après, *à sa date*, le décret du 29 *janvier* 1890.

volumineux pour durer six ou sept ans, et alors il serait d'un prix assez élevé et d'un maniement incommode, surtout pour de jeunes enfants.

Rien n'empêche de concilier les diverses nécessités dont on doit tenir compte, en décidant que l'on remettra à chaque élève, à son entrée dans chaque cours, un cahier spécial qui lui servira pendant deux ans, que chacun de ces cahiers sera conservé avec soin, et que tous trois seront finalement réunis à l'aide d'une reliure mobile, d'un simple cartonnage, ou de tout autre procédé que l'instituteur saura bien trouver. Ce sera encore le cahier unique, mais composé de trois fascicules faciles à manier, d'un prix modique, et suffisant cette fois pour recevoir tous les devoirs mensuels demandés aux élèves. Il est clair d'ailleurs que la grosseur de chacun de ces cahiers variera suivant le cours auquel il sera destiné, puisque la longueur des devoirs varie elle-même avec les divers cours. Étant admis, comme on le fait généralement, qu'un devoir d'élève d'École primaire ne doit pas dépasser, en moyenne, une demi-page dans le cours élémentaire, trois quarts de page dans le cours moyen et une page entière dans le cours supérieur, il suffira que le premier de ces cahiers ait de 30 à 40 pages, le second de 40 à 50 et le troisième de 50 à 60. Un simple calcul montrera aux instituteurs que ces conditions répondent à tous les besoins.

Une autre difficulté qui semble avoir embarrassé nos maîtres, puisqu'ils l'ont résolue de différentes façons, c'est de savoir s'il convient de faire faire aux élèves un devoir chaque semaine ou s'il vaut mieux leur faire faire, en une ou plusieurs fois, au commencement de chaque mois, tous les devoirs indiqués par le programme. Il ne saurait y avoir doute sur ce point. Exiger de jeunes enfants qu'ils fassent de suite toute la série des devoirs que comporte le programme d'études, c'est leur imposer une fatigue excessive; c'est en même temps donner à cet exercice, qui doit être avant tout une pratique scolaire simple et familière, une apparence de solennité qui en dénature le caractère; c'est enfin accroître démesurément la tâche des maîtres, obligés ainsi de corriger cette masse de devoirs tout d'une haleine, sous peine de ne rendre aux élèves leurs cahiers corrigés que lorsque les corrections auront perdu leur intérêt et ne porteront plus d'enseignement avec elles. Il est donc préférable à tous les points de vue de diviser le travail et de faire faire chaque semaine, sans appareil et sans préparation, au jour indiqué par l'emploi du temps, le devoir appelé par un roulement préalablement établi. De cette façon les devoirs seront hebdomadaires, mais le cahier restera un cahier de devoirs mensuels, puisque chaque exercice reviendra à peu près mensuellement.

On s'est aussi demandé si toutes les matières du programme devaient figurer au même titre dans le cahier de devoirs mensuels et donner lieu chaque année au même nombre de devoirs. Toutes les parties du programme sont évidemment importantes, et l'instituteur qui en sacrifierait une manquerait à son devoir. Mais il est clair aussi que toutes ne doivent pas retenir aussi longtemps l'attention des maîtres et des élèves et que toutes ne prêtent pas également à la rédaction d'un devoir. Il y a une distinction à faire entre les matières qui doivent donner lieu à des constatations très fréquentes et celles qu'il suffit de contrôler périodiquement, mais à plus long intervalle. Il y a de même à distinguer quant à l'étendue des devoirs entre le cours élémentaire et les deux autres.

Voici un tableau du roulement des devoirs qui prouve qu'il est possible de passer en revue, dans chaque cours, à peu près toutes les matières du programme de 1882, sans surcharger ni les maîtres ni les élèves.

Tableau des devoirs mensuels (1).

PREMIÈRE ANNÉE.	DEUXIÈME ANNÉE.
COURS ÉLÉMENTAIRE.	
1° Écriture	Écriture (2).
2° Premiers exercices de langue française	Premiers exercices de langue française (3).
3° Premiers exercices de calcul	Premiers exercices de calcul.
4°	Premiers exercices de dessin.
COURS MOYEN.	
1° Écriture	Écriture.
2° Langue française	Langue française.
3° Calcul	Calcul.
4° Dessin, histoire, géographie, premiers exercices de composition française, *alternativement* (4).	Exercices de composition française.
5°	Dessin, histoire, géographie, instruction civique, *alternativement* (5).
COURS SUPÉRIEUR.	
1° Écriture	Écriture.
2° Langue française	Langue française.
3° Calcul	Calcul.
4° Exercices de composition française.	Exercices de composition française.
5° Dessin, histoire, géographie, morale, instruction civique, éléments de sciences physiques et naturelles, *alternativement* (6).	Dessin, histoire, géographie, morale, instruction civique, éléments de sciences physiques et naturelles, *alternativement* (6).

(1) Tous les devoirs écrits sous les nos 1, 2, 3 et 4 se feront chaque mois dans tous les cours.

(2) Dans la première année du cours élémentaire, tous les devoirs seront faits en grosse moyenne, et en fine moyenne dans la deuxième année. Dans les cours moyen et supérieur, les élèves seront exercés dans les trois genres d'écriture.

(3) Faire suivre la dictée soit de petits exercices d'invention et de composition, soit de quelques notes à analyser grammaticalement.

(4) De telle sorte que chacune de ces matières donne lieu à un devoir tous les trimestres.

(5) A partir de la deuxième année du cours moyen, on fera chaque mois, en plus du devoir ordinaire, l'un des devoirs inscrits au numéro 5.

(6) Dans les deux divisions du cours supérieur, on fera chaque quinzaine, en plus du devoir ordinaire, l'un des devoirs inscrits au numéro 5.

Je désire, Monsieur l'Inspecteur, qu'en laissant, du reste, toute latitude aux instituteurs pour le groupement et la rotation des devoirs, vous les invitiez à se rapprocher des conditions générales de périodicité que comporte le tableau donné ci-dessus à titre de spécimen.

Je n'insisterai pas sur les deux ou trois inconvénients que l'on a signalés dans la fabrication des cahiers actuels et qu'il est facile de corriger : d'abord les formules imprimées au bas des pages pour certifier que le travail a été fait en classe et sans aide. Ces formules font perdre de l'espace; elles semblent faire une obligation de commencer et de finir chaque devoir avec la page. Il n'y a qu'à les remplacer par des formules manuscrites, que les plus âgés des élèves écriront pour leur compte et au besoin, si le maître ne peut pas s'en charger, pour le compte de leurs camarades les plus jeunes. Mais il importe que, sous aucun prétexte, on n'omette de mentionner la date de chaque devoir.

On s'est plaint aussi de la réglure : comme le genre d'écriture varie avec les cours et la nature des devoirs, le mieux est de s'en passer et de recourir aux transparents, au moins dans les deux divisions supérieures. On pourra cependant la conserver sans inconvénient dans le cours élémentaire, puisque, dans ce cours, les élèves ne doivent écrire qu'en grosse moyenne en première année, en fine moyenne en deuxième. Ce qu'il importe de conserver sous la forme imprimée, ce sont les indications concernant les noms et prénoms des élèves, leur âge, etc., qui sont consignées sur la première page ou sur la couverture des cahiers, ainsi que le numérotage des pages. Ce qu'il importe surtout de conserver, ce sont les conseils d'une haute portée morale qui ont trouvé place sur les premiers cahiers modèles, et que les éditeurs ont pris l'habitude de reproduire.

Pour tout le reste, c'est-à-dire pour tout ce qui concerne la conservation des cahiers, leur bonne tenue et la façon dont les devoirs doivent être corrigés, j'attache le plus grand prix à ce que les recommandations contenues dans la circulaire du 25 août 1884 soient ponctuellement observées.

Étant ainsi entré dans le détail de la tenue et de l'emploi du cahier de devoirs mensuels, j'ai lieu d'espérer que les hésitations qui nous ont un peu entravés jusqu'ici prendront fin et que nos maîtres, avec leur sens pratique et leur grande habitude des enfants, reconnaîtront vite que ce cahier, résumé perpétuel de la marche des études et témoignage fidèle du travail de tous et de chacun, peut devenir entre leurs mains un des plus sûrs moyens d'encourager les élèves en leur inspirant la plus saine des émulations, celle qu'on établit avec soi-même.

Recevez, etc.

Signé : E. SPULLER.

1er sept. 1887. **Arrêté relatif à la Délégation à titre provisoire dans les fonctions de Professeur des Écoles normales et des Écoles primaires supérieures[1].**

1er Septembre 1887.

Le Ministre de l'Instruction publique, des Cultes et des Beaux-Arts,

1. Consulter, pour l'application, la circulaire transmissive aux Recteurs et aux Préfets du 1er *septembre* 1887 (*Circ.*, t. X, p. 169).

Arrête :

ARTICLE 1er. — Aucune délégation à titre provisoire dans les fonctions de professeur, soit dans les Écoles normales, soit dans les Écoles primaires supérieures, ne sera désormais accordée qu'à des candidats pourvus : 1° soit du brevet supérieur, soit du baccalauréat; 2° du certificat d'aptitude pédagogique et après un examen spécial subi dans les mêmes formes que l'examen du professorat.

Sont seuls dispensés de cet examen les candidats admissibles aux épreuves orales du professorat, les licenciés, et, pour les femmes, les personnes munies du certificat d'aptitude à l'enseignement secondaire.

ART. 2. — Aucune délégation ne sera accordée pour une durée dépassant l'année scolaire. Les délégations cessent de plein droit au 30 septembre au plus tard. Les délégués qui ne se seront pas présentés aux examens du professorat ne peuvent, en aucun cas, obtenir le renouvellement de leur délégation.

Le nombre des délégations qui pourront être renouvelées sera déterminé d'après le nombre de postes vacants après le placement des titulaires.

Circulaire du Ministre de l'Instruction publique, relative au personnel des Écoles maternelles transformées en Classes enfantines dans les communes de moins de 2 000 âmes. 17 sept. 1887.

17 Septembre 1887.

Monsieur le Préfet, mon honorable prédécesseur vous a adressé, le 20 mars dernier, une circulaire relative aux Écoles maternelles publiques et aux Classes enfantines dans les communes de moins de 2 000 âmes.

Aux termes de cette circulaire, c'est à la date du 30 septembre prochain que les dispositions de la loi du 30 octobre 1886, article 15, devront recevoir leur application.

A l'approche de cette date, plusieurs de vos collègues me consultent sur quelques cas où la transformation des Écoles maternelles en Classes enfantines paraît présenter, quant au personnel enseignant, des difficultés non prévues dans la circulaire précitée. Je crois utile de vous faire connaître ces questions et ma réponse.

I. — *S'il s'agit d'Écoles laïques, la transformation entraîne-t-elle mutation du personnel?*

RÉPONSE : Si l'École *laïque* a été régulièrement créée, et si la directrice ne peut, quant à présent, être appelée à un autre poste, elle restera momentanément chargée de la Classe enfantine transformée; elle continuera à toucher le traitement dont elle jouit actuellement jusqu'au 1er janvier 1888. Au delà de cette date, il ne m'est pas possible de préjuger des ressources que le Parlement pourra mettre à ma disposition afin de prémunir les titulaires actuelles contre une diminution de traitement.

Si l'École *laïque* existe en fait, mais n'a pas reçu la sanction légale, elle pourra être transformée en Classe enfantine sur la demande du Conseil municipal et après avis conforme du Conseil départemental ; mais la directrice de cette École sera nécessairement une adjointe. Dans ce cas il n'y a pas, en effet, simplement transformation, mais bien création nouvelle.

Il est entendu que, sur sa demande, la directrice de l'École actuelle pourra être chargée de la nouvelle classe, mais son traitement devra être ramené à 600 francs.

II. — *S'il s'agit d'Écoles congréganistes, quelle sera la conséquence de la transformation de l'École par rapport au personnel enseignant?*

RÉPONSE : Si l'École *congréganiste* a été légalement créée, et si les titulaires actuelles exercent en vertu d'une nomination régulière, rien ne s'oppose à leur maintien. Et, de même que pour les laïques dans le cas analogue prévu ci-dessus, les traitements sont maintenus, du moins jusqu'au 1er janvier 1888.

Si l'École *congréganiste* existe de fait, mais sans avoir reçu la consécration légale, il y a création nouvelle, et, dans ce cas, l'École à installer sera forcément dirigée par une adjointe laïque dans tous les départements sans exception, conformément à la circulaire du 3 décembre 1886.

Il reste à prévoir un cas particulier.

Si l'École congréganiste à transformer est installée dans un bâtiment appartenant à la congrégation enseignante, elle devra être transformée en Classe enfantine ; mais, par application de l'article 67 de la loi du 30 octobre, le personnel congréganiste sera maintenu jusqu'à ce que la commune se soit pourvue d'un autre local scolaire.

III. — *Si le Conseil municipal demande la suppression pure et simple de l'École maternelle au lieu de sa transformation en Classe enfantine, le Conseil départemental ou le Préfet peut-il en exiger la transformation?*

RÉPONSE : La dépense d'entretien d'une Classe enfantine ou d'une École maternelle n'étant pas obligatoire pour les communes, on ne saurait leur imposer d'office un établissement de ce genre, dans le cas où le Conseil municipal en a prononcé la suppression.

IV. — *Si le Conseil municipal demande à la fois la suppression de l'École maternelle ou enfantine et la création de deux Classes nouvelles, l'une à l'École de filles, l'autre à l'École de garçons, le Conseil départemental ou le Préfet peut-il créer les postes d'adjoint et d'adjointe?*

RÉPONSE : Le Conseil départemental, après avis de l'Inspection académique, peut prononcer la suppression de l'École ; mais la demande de création devra faire l'objet d'un examen spécial. Un dossier régulièrement constitué sera transmis à l'Administration supérieure.

Chacune des décisions du Conseil départemental, celle qui supprime l'École et celle qui crée des emplois d'adjoint, ne sera définitive qu'après l'approbation ministérielle requise par l'article 13 de la loi.

Recevez, etc.

Signé : E. SPULLER.

Circulaire du Ministre de l'Instruction publique, relative aux Vœux émis par le Congrès des instituteurs[1]. 20 sept. 1887.

20 Septembre 1887.

Monsieur le Préfet, je ne veux pas attendre la publication des actes du congrès d'instituteurs qui vient d'avoir lieu à Paris pour signaler à votre attention un point de ses délibérations sur lequel il importe qu'il n'y ait pas un instant de malentendu.

Je n'ai pas à apprécier les diverses séries de vœux émis par cette assemblée. Librement réunie, elle a librement délibéré. J'étudierai ses propositions dès qu'elles me seront parvenues, et je ne doute pas que l'Administration n'y trouve, comme dans l'œuvre des précédents congrès, d'utiles et de sages observations : cette fois encore, — j'en suis assuré par ce que je sais déjà du congrès, — l'opinion publique reconnaîtra, avec l'Administration elle-même, qu'il est toujours bon, et qu'il n'est jamais dangereux de donner la parole au corps enseignant.

Mais, parmi les nombreux votes sortis de ces laborieuses séances, il en est un qui, sous une forme un peu voilée, semble ouvrir une voie où il ne serait pas possible de laisser les instituteurs s'engager.

En voici le texte tel que le donnent les imprimés distribués au congrès et les comptes rendus communiqués à la presse :

4e SECTION. — *Groupement des instituteurs.*

« Première résolution. — Une société autonome et amicale des instituteurs sera constituée dans chaque département. Ces sociétés seront reliées entre elles et formeront l'*Union nationale des Instituteurs de France.* Le Congrès émet le vœu que les délégués prennent l'initiative de ce groupement dans leur département.

« Deuxième résolution. — Il y a lieu de nommer le Comité d'organisation de l'Union amicale des Instituteurs de France. Ce Comité sera chargé d'étudier et d'arrêter les statuts et l'organisation de cette association à l'aide des projets présentés au Congrès. Ce Comité d'organisation comptera vingt-quatre membres, qui seront pris à raison d'un instituteur par chacune des vingt-quatre circonscriptions du département de la Seine. Le Comité se tiendra en correspondance avec un instituteur délégué de chaque département. »

Suivent plusieurs autres résolutions tendant à remettre à ce même Comité l'initiative et la direction exclusive des congrès nationaux et internationaux, notamment celui de 1889.

Ce qui précise singulièrement ces indications, c'est une pièce annexe imprimée à la fin du volume distribué à tous les membres du congrès et qui contient les statuts d'un « Syndicat des instituteurs et des institutrices laïques associés pour l'organisation des congrès d'instituteurs » (déposés à la préfecture de la

1. Cette circulaire fut transmise le même jour aux Recteurs.
Consulter la circulaire du 30 *janvier* 1897, aux Recteurs, sur les Associations de fonctionnaires (*Bull. adm.*, 1897, t. LXI, p. 171).

Seine le 28 mars 1887). Le premier article de ces statuts caractérise nettement le projet :

« Le syndicat a pour objet d'étudier les intérêts professionnels des instituteurs au moyen de Congrès d'instituteurs, de servir de lien entre les sociétés d'instituteurs et *d'appliquer à l'égard des membres de l'enseignement primaire toutes les dispositions de la loi du* 21 *mars* 1884 *sur les syndicats professionnels.* »

Enfin la rédaction proposée par la section à l'assemblée générale, et que l'assemblée générale a écartée, allait plus loin encore : elle contenait tout imprimée, dans le texte même de la 2e résolution, la liste nominative d'un Comité qu'on demandait au congrès d'élire par acclamation pour constituer immédiatement ce que les uns appelaient *le syndicat*, les autres *la fédération* des instituteurs publics. Le congrès a eu la sagesse de se refuser à cette proposition. Il a compris qu'il ne pouvait, quel que fût son sentiment sur un point quelconque, passer du vœu à l'acte. Les auteurs du projet se sont donc contentés d'une demi-satisfaction : ils ont fait décider en principe, comme vous l'avez vu plus haut, qu'un Comité d'instituteurs de la Seine se constituerait aussitôt après le congrès et se chargerait non plus d'étudier et de proposer, mais « d'organiser » l'association générale.

Ce Comité ne peut ni ne doit se former, et j'ai donné à M. le Préfet de la Seine, à ce sujet, les instructions nécessaires.

Le congrès était une assemblée délibérante, à titre officieux et consultatif; il n'avait à aucun degré le pouvoir exécutif. Il ne pouvait conférer à personne un mandat permanent. Le jour où le congrès a levé sa dernière séance, tous les bureaux et tous les Comités qu'il avait pu nommer pour la durée de ses assises disparaissaient de plein droit : leurs pouvoirs expiraient naturellement avec ceux du congrès lui-même. Chercher à les perpétuer sous un prétexte quelconque, c'eût été s'emparer indûment d'attributions que les congressistes ne pouvaient déléguer, puisqu'ils ne les avaient pas eux-mêmes.

Aussi les organisateurs mêmes du congrès n'avaient-ils rien demandé de semblable ni à mon prédécesseur ni à moi. Ils s'étaient présentés non comme un syndicat professionnel créé ou projeté, mais comme un simple Comité d'instituteurs; ils demandaient l'autorisation de tenir à Paris un congrès d'une durée déterminée, nullement celle de créer un Comité permanent destiné à survivre au congrès, à en exécuter les décisions, à en recueillir les pleins pouvoirs. Ils savaient mieux que personne qu'une proposition semblable, incidemment introduite au congrès du Havre, avait rencontré de la part de l'Administration une opposition qui ne permettait pas de la reproduire en 1887.

Il n'y a donc pas lieu de s'arrêter à l'idée que le congrès ait pu valablement constituer une organisation quelconque, et il ne faut voir dans les résolutions ci-dessus relatées, comme dans tous ses autres votes, que l'expression d'un vœu.

Ce vœu, le Gouvernement n'y souscrira pas.

Il importe qu'on le sache immédiatement. Il importe surtout que l'on sache les motifs de cette décision. Il ne suffit pas à la République de se faire obéir : elle aime à se faire comprendre; et quand il s'agit surtout d'une assemblée de citoyens aussi sincèrement dévoués à leurs devoirs et au service du pays que le sont nos instituteurs, rien ne doit coûter pour faire la lumière dans leurs esprits. Je me plais donc, Monsieur le Préfet, à vous donner ici, dans tout leur développement, pour que vous les transmettiez aux instituteurs, les explications que je leur aurais moi-même offertes si les circonstances m'avaient permis d'exercer la présidence d'honneur que le congrès m'avait déférée.

Dans le vœu que le Gouvernement repousse, il y a deux pensées très distinctes, l'une aussi légitime que l'autre l'est peu; la première est la seule à laquelle les instituteurs se soient attachés. Je crois de mon devoir de leur faire saisir la seconde avec toutes ses conséquences.

Ce que je vois de légitime et de très heureux dans les aspirations du congrès, c'est ce besoin d'un libre et fraternel échange d'idées, cet instinct d'association qui, de plus en plus, rapproche les instituteurs dans l'esprit même de leurs fonctions, l'esprit de libre examen et de libre discussion. Mes honorables prédécesseurs ont eu raison de ne rien négliger depuis dix ans pour que les instituteurs prissent l'habitude de ces réunions professionnelles, tantôt locales, tantôt générales. L'instituteur, en effet, du moins tel que la République le conçoit, n'est pas un employé qui a rempli sa tâche quand il a donné le nombre d'heures et fourni la somme de travail quotidien qu'exige le règlement : c'est un homme qui n'est rien s'il ne met pas son cœur et son âme dans ses fonctions, qui ne rend des services qu'à la condition de donner le meilleur de lui-même; il doit tirer de son propre fonds, incessamment renouvelé, les sentiments, les idées, les influences qui font de lui un éducateur. Il a donc, plus qu'un autre, besoin de tout ce qui peut le tenir en haleine, de tout ce qui entretiendra chez lui la foi dans son œuvre, l'amour de son état, la confiance dans sa destinée. C'est là le rôle de ces réunions qui stimulent les esprits, qui relèvent les courages, et qui donnent en quelque sorte une âme à ce grand corps. Les instituteurs le sentent bien, et c'est ce sentiment qui, évidemment, a inspiré l'immense majorité, je pourrais dire l'unanimité du congrès de Paris, dans le vote des résolutions que je vous ai fait connaître.

Mais, à côté de la pensée des instituteurs, qui ne m'est pas suspecte, apparaît une autre pensée, celle des hommes politiques qui se groupent autour d'eux et inévitablement se mêlent à eux. Comment un parti quelconque résisterait-il à la tentation de mettre dans ses intérêts et de placer de façon ou d'autre sous sa dépendance un corps aussi considérable que le personnel de l'enseignement primaire à tous ses degrés? Tous ceux qui se sont occupés de questions politiques, économiques et sociales se représentent aisément la puissance qui réside dans une telle armée d'électeurs, et d'électeurs nécessairement influents; il est impossible qu'ils ne cherchent pas à s'en emparer au profit de leur cause.

Ce n'est pas à ce point de vue de politique toute militante que l'administration supérieure de l'Instruction publique peut se placer.

Les congrès en eux-mêmes sont excellents, mais on y peut proposer, défendre et faire triompher des idées qui ne le sont pas : ainsi, par exemple, l'idée de transformer des réunions d'un caractère exclusivement professionnel en associations politiques permanentes. Cet effort a été maintes fois tenté et réitéré; il l'est tous les jours sur une petite échelle au fond même des campagnes; il l'a été à Paris au sein du congrès dans des conditions plus éclatantes.

En vue de mieux défendre les intérêts pédagogiques et leurs intérêts professionnels, on a proposé aux instituteurs de se grouper en une vaste association, qui aurait le triple caractère que résument ces trois mots : *autonomie, — fédération, — syndicat professionnel.*

Si le congrès avait eu le temps d'aborder en séance plénière la discussion de ce projet, je m'assure qu'il n'eût pas manqué d'hommes de bon sens pour faire remarquer à l'assemblée que chacun de ces trois mots, appliqué à un instituteur public et à une société d'instituteurs, n'a pas de sens, à moins d'avoir un sens séditieux.

Et d'abord l'*autonomie*.

Les instituteurs publics sont des fonctionnaires, et la très grande faveur avec laquelle les membres du congrès ont accueilli le beau titre d'« instituteur national » prouve qu'ils apprécient l'honneur et qu'ils comprennent les devoirs attachés à cette qualité de fonctionnaires de l'État.

Comme tels, ils font partie d'une hiérarchie légalement constituée; comme tels, ils ont des droits et des devoirs qui n'appartiennent pas à tous les citoyens. Ils ont des responsabilités particulières, des garanties non moins particulières : ils sont placés à un rang déterminé dans l'Université, au-dessus de leurs subordonnés, les stagiaires, au-dessous de leurs chefs, les Inspecteurs; et, par conséquent, ils ne sont autonomes ni individuellement ni collectivement.

L'autonomie des fonctionnaires a un autre nom, elle s'appelle l'anarchie; et l'autonomie des sociétés de fonctionnaires, ce serait l'anarchie organisée.

L'Université n'est pas le seul service public qui emploie un nombre considérable de fonctionnaires de tout ordre. De quel droit refuserait-on aux agents des finances, des travaux publics, des postes, etc., ce même droit de groupement, c'est-à-dire d'enrégimentation en dehors de leurs chefs et au besoin contre leurs chefs? Et le leur accorder, ne serait-ce pas consentir d'avance au démembrement rapide de toutes les administrations? Que serait-ce qu'un État dont les propres agents eux-mêmes ne relèveraient plus que pour recevoir leurs traitements et leurs pensions de retraite?

Le principe admis, il y aurait naturellement autant de corporations de fonctionnaires qu'il peut y avoir d'échelons dans la hiérarchie, et, par conséquent, de groupes d'intérêts distincts.

Aussi, pour ne parler que de l'enseignement primaire, à peine le projet d'un congrès était-il connu, que l'on me demandait d'autoriser, ne fût-ce qu'à titre de contrepoids, d'autres associations, par exemple une union amicale des Inspecteurs primaires, une alliance des maîtres adjoints, etc. Il n'y aurait plus en France des fonctionnaires gouvernés et protégés par l'État, mais des sociétaires gouvernés et protégés par leur Comité central. Quel est le Gouvernement qui accepterait ce programme de désorganisation universelle?

L'idée d'une *fédération* de sociétés d'instituteurs est-elle plus admissible? Et ce droit d'association à la seconde puissance, que le Conseil d'État a toujours refusé, même aux sociétés reconnues d'utilité publique, pourrait-on, d'un trait de plume, le conférer à toutes les sociétés d'instituteurs?

On voit bien le but que poursuit chacune de ces sociétés prise à part : la société de secours mutuels, le cercle pédagogique, l'association d'anciens élèves de telle ou telle École, etc., sans compter les grandes sociétés nationales, depuis la Société d'Instruction élémentaire jusqu'à la Ligue de l'enseignement.

L'instituteur qui y entre, — et il jouit, à cet égard, des droits du citoyen dans leur intégrité, — sait ce qu'il fait et ce qu'il veut : il sait avec qui, pourquoi et comment il s'associe. Au contraire, qu'est-ce que cette vaste association qui, suivant le projet, « relierait » et, en réalité, asservirait toutes les autres? Elle constituerait une caisse centrale, un organe central, un Comité central, mais pour quelles fins utiles? Serait-ce pour aider au progrès des études pédagogiques? Ces études ne se font pas sur de pareilles masses; elles demandent des observateurs attentifs, un champ d'action restreint. Serait-ce pour se substituer aux conférences cantonales et départementales des instituteurs dans le choix des livres? aux Conseils départementaux et au Conseil supérieur dans l'examen des programmes et la direction des études? Rien de tout cela n'est admissible, ni pour la dignité de l'Université, ni pour l'indépendance de chacun de ses membres.

Quel rôle resterait donc au Comité central de la fédération, sinon de centraliser, sans but déterminé, une grande force sociale capable d'être à certains moments une grande force électorale? Grâce à cette organisation, il dépendrait d'un petit groupe d'hommes d'engager à leur suite, quand bon leur semblerait, non pas les instituteurs individuellement consultés et agissant sciemment, mais les nombreux Comités irresponsables qui seraient censés les représenter.

Il me reste à examiner le dernier terme employé dans les documents préparatoires et dans les délibérations du congrès : celui de *syndicat professionnel.*

Il y a eu là, semble-t-il, une assimilation spécieuse qui a pu séduire de bons esprits : pourquoi ne créerait-on pas, pour la profession d'instituteur comme pour les autres, des *syndicats professionnels* et une *union de ces syndicats?* La loi récente sur les associations professionnelles est une de ces œuvres libérales et généreuses où éclate l'esprit même de la République. Et rien ne fait plus honneur au Parlement que l'empressement des professions dites libérales, aussi bien que des professions ouvrières, à se placer sous le régime de cette loi.

Mais, en voulant l'appliquer aux instituteurs publics, on commet une confusion grave : une fonction publique n'est pas une profession, de même qu'un traitement n'est pas un salaire.

Le salaire de l'ouvrier est débattu de gré à gré entre l'ouvrier et le patron. C'est une lutte d'intérêts, que régit la loi de l'offre et de la demande. L'un et l'autre ne demandent qu'une chose à l'État, c'est la liberté de la lutte et de la concurrence, le droit pour chacun de se concerter avec ceux qui ont le même intérêt que lui pour obtenir de ceux qui ont l'intérêt contraire les conditions les plus avantageuses. C'est de ce débat, légitime tant qu'il n'emploie que des moyens pacifiques et légaux, que résulte finalement l'équilibre variable des salaires.

Les traitements, au contraire, sont fixés par la loi et ne peuvent être modifiés que par elle. A supposer qu'ils paraissent trop bas, se trouvera-t-il personne pour prétendre que les fonctionnaires aient le droit de se coaliser et au besoin de se mettre en grève pour imposer à l'État un relèvement de l'échelle?

La loi qui organise les syndicats professionnels leur reconnaît des attributions manifestement incompatibles avec l'idée même d'une fonction publique. Un syndicat professionnel a, de par la loi, la personnalité civile. Conçoit-on une chambre syndicale de fonctionnaires revêtue de la personnalité civile en dehors et à l'encontre de celle de l'État?

« Les syndicats professionnels », dit encore la loi du 21 mars 1884, « ont exclusivement pour objet l'étude et la défense des intérêts économiques, industriels, commerciaux et agricoles. » La loi scolaire du 30 octobre 1886 dit, au contraire : « Sont interdites aux instituteurs publics de tout ordre les professions commerciales et industrielles. » Comment pourraient-ils se syndiquer pour défendre des intérêts que la loi leur interdit d'avoir?

Si l'instituteur public exerçait encore, comme autrefois, en vertu d'un contrat de gré à gré passé avec la commune, il prétendrait légitimement au droit de défendre ses intérêts dans les conditions faites à tous par les syndicats professionnels. C'est ce qui explique, par exemple, l'existence de sociétés ou fédérations d'instituteurs plus ou moins analogues à des syndicats dans des pays où l'instituteur n'a pas encore acquis le caractère de fonctionnaire public, et où il exerce simplement une profession parfois subventionnée par la commune.

Et il n'est peut-être pas sans intérêt de remarquer que plusieurs de ces sociétés, en Angleterre par exemple, demandent précisément que les instituteurs soient traités comme en France et passent de leur position précaire à la situation fixe et définie de fonctionnaires de l'État.

N'est-il pas évident que, devenu membre d'une administration nationale, l'instituteur public ne peut pas tour à tour se présenter comme fonctionnaire et en cette qualité recevoir un traitement fixe, réclamer des garanties de stabilité ou, pour mieux dire, d'inamovibilité, sauf le cas de peine disciplinaire, avoir droit à une pension de retraite, et puis tout à coup, changeant de rôle et de caractère, se présenter comme travailleur libre et demander au droit d'association le moyen de défendre ses intérêts contre l'État, comme un ouvrier défend les siens à ses risques et périls contre ceux d'un patron?

Vous le voyez, Monsieur le Préfet, de quelque manière qu'on envisage le débat, il n'est question ici ni de la liberté de l'instituteur, qui n'est pas en cause, ni des garanties qu'il peut désirer contre l'arbitraire administratif : la loi du 30 octobre y a pourvu, puisqu'il ne peut plus être ni révoqué, ni même censuré que par jugement d'un Conseil où il est représenté par ses pairs. Il s'agit de savoir si un agent de l'État, c'est-à-dire un dépositaire d'une parcelle de l'autorité publique, a le droit de s'en servir à son usage personnel, s'il a le droit de trouver dans l'organisation même dont il fait partie, dans les ressources, dans les relations, dans les moyens d'action que la loi lui donne, autant d'éléments qu'il mettra au service d'une association de combat, politique ou économique.

En d'autres termes, permettra-t-on aux instituteurs publics laïques de se donner des chefs en dehors de leurs chefs naturels, des statuts en dehors de ceux de l'Université, de prendre des engagements autres que ceux que l'Etat reconnaît? Ils seront les premiers à répondre que ce serait là reconstituer sous une autre forme l'organisation des associations religieuses enseignantes, au moment même où la loi déclare cette organisation incompatible avec l'exercice de la fonction d'instituteur public. Et ils comprendront aisément que le Gouvernement n'hésiterait pas à réprimer cet abus, quelque part et sous quelque nom qu'il se produisît.

Mais j'ai confiance qu'il ne se produira pas. Et j'en ai pour garant l'esprit général qui a régné dans le dernier congrès. Après cette épreuve, je reste aussi partisan que jamais de la liberté de réunion et de discussion au sein de l'Université. Pas plus que mes prédécesseurs, je ne m'opposerai à la convocation de ces congrès d'enseignement qui attestent d'une manière si éclatante que la République se fie aux instituteurs comme les instituteurs à la République. Et pas plus qu'eux je ne m'alarmerai outre mesure si quelques écarts trahissent l'impatience ou l'inexpérience de ces assemblées. Il n'y a que la liberté qui soit capable de faire l'éducation d'un peuple libre.

Pour ce qui concerne le centenaire de 1889, je n'ai pas besoin de dire que le Gouvernement entend ne rien négliger pour représenter dignement à cette date l'instruction nationale et ses progrès depuis un siècle. Vous savez, Monsieur le Préfet, que, pour l'enseignement primaire en particulier, j'ai chargé de l'élaboration de ce projet une Commission dont je vous ai récemment fait connaître les premiers travaux. Vous savez, d'autre part, que mon collègue, M. le Ministre du Commerce, par arrêté du 2 août dernier, a confié à une autre Commission l'organisation et la direction des congrès et conférences de l'Exposition, et qu'il n'a pas oublié d'y faire représenter l'enseignement à tous ses degrés.

Un congrès international de l'enseignement sera évidemment un des premiers que le Gouvernement instituera, à l'occasion du Centenaire. Je me réserve d'en arrêter l'organisation de concert avec mon collègue du Commerce et avec les Comités supérieurs de l'Exposition. Je ne doute pas que nos instituteurs ne tiennent à honneur de prendre leur place officielle dans cette grande réunion et d'y figurer comme membres de l'Université et en leur qualité de fonctionnaires publics.

Quant aux congrès d'initiative privée qui pourraient se tenir à la même date, je n'ai aucune interdiction à prononcer ; je me bornerai à faire appel au sentiment commun de patriotisme dont tous les Français prendront conseil : il ne pourra y avoir entre nous tous à ce moment qu'une seule et commune ambition : montrer bien clairement à l'Europe et à nos hôtes, dans le domaine scolaire, comme dans tous les domaines, la France libre et grande, sous le gouvernement de la République une et indivisible.

Je vous prie, Monsieur le Préfet, de vouloir bien porter ces instructions à la connaissance de tout le personnel placé sous vos ordres; je préviens, d'autre part, l'autorité académique de veiller à ce que MM. les Inspecteurs primaires s'appliquent à en faire comprendre l'esprit, notamment dans les prochaines réunions des conférences pédagogiques.

Recevez, etc.

Signé : E. SPULLER.

Circulaire du Ministre de l'Instruction publique, relative aux titres à exiger des Directeurs et Directrices des Écoles annexes aux Écoles normales primaires. 21 octobre 1887.

21 Octobre 1887.

Monsieur le Recteur, un certain nombre de maîtres adjoints délégués à la direction des Écoles annexes, préoccupés de l'instabilité de leur situation, m'ont demandé quelle voie ils auraient à suivre pour rendre cette situation définitive. Plusieurs d'entre eux ont renoncé à la direction d'Écoles importantes pour apporter à l'École normale le concours d'une expérience reconnue, et tous, d'ailleurs, accomplissent une mission qui n'est ni moins laborieuse ni moins importante que celle de leurs collègues de l'enseignement des lettres et de l'enseignement des sciences. Ils ont donc des droits égaux à la bienveillance de l'Administration, et il est juste que ceux qui ont montré dans l'exercice de leurs fonctions une aptitude incontestée trouvent la sécurité dans le présent et dans l'avenir; aussi n'avais-je pas attendu leurs demandes pour rechercher les moyens de leur donner satisfaction.

Les deux certificats d'aptitude au professorat des lettres ou des sciences, très probants en ce qui concerne les maîtres chargés de donner ces enseignements, seraient beaucoup moins efficaces pour démontrer la valeur professionnelle de ceux dont la fonction consiste à préparer les élèves-maîtres à la pratique de l'enseignement primaire et à les initier aux meilleurs procédés pédagogiques.

J'ai donc reconnu qu'il n'y avait pas lieu d'exiger des directeurs des Écoles annexes ni l'un ni l'autre de ces deux certificats d'aptitude. Convenait-il d'instituer pour eux un diplôme spécial? Je ne le pense pas. Il m'a paru qu'un exercice consciencieux et intelligent de la profession d'instituteur est pour ces maîtres la plus sûre garantie d'aptitude spéciale, de même que leurs chefs hiérarchiques, témoins assidus de leurs efforts et des résultats qu'ils obtiennent, sont les juges les plus autorisés de leur mérite et de leur compétence.

Le meilleur instituteur du département sera donc, à mon avis, le meilleur directeur d'École annexe, et, s'il est nécessaire de déterminer les garanties à exiger des candidats, de préciser les différentes conditions qu'ils devront remplir, je ne pense pas qu'il y ait lieu de leur imposer d'autre examen que celui du brevet supérieur et du certificat d'aptitude pédagogique. Je me propose de soumettre à la Section permanente du Conseil supérieur, à l'une de ses prochaines séances, un projet de règlement dans ce sens; ce règlement statuera également, par mesure transitoire, à l'égard des maîtres adjoints actuellement délégués à la direction des Écoles annexes et indiquera les conditions dans lesquelles ils pourront être titularisés.

Ces dispositions s'appliqueront également aux Écoles normales d'institutrices.

Dès que l'arrêté relatif à ce règlement aura été pris, il vous sera notifié; mais je désire que les intéressés soient dès à présent informés de mes intentions à leur égard.

Veuillez m'accuser réception de la présente circulaire et en adresser un exemplaire à MM. les Inspecteurs d'Académie ainsi qu'aux directeurs et directrices d'Écoles normales de votre ressort.

Recevez, etc.

Signé : E. SPULLER.

---

25 octobre 1887.

Arrêté instituant une Commission pour le développement et le perfectionnement de l'Enseignement agricole dans les établissements universitaires[1].

25 Octobre 1887.

Le Ministre de l'Instruction publique, des Cultes et des Beaux-Arts, et le Ministre de l'Agriculture

Arrêtent :

ARTICLE 1er. — Il est institué une Commission chargée d'étudier les moyens de développer et de perfectionner l'enseignement agricole dans les établissements universitaires et en particulier dans les établissements d'enseignement primaire.

ART. 2. — Cette Commission adressera aux Ministres un rapport et des propositions relatives aux modifications qu'elle croirait possible d'introduire, soit dans les programmes, soit dans le recrute-

1. Consulter l'*Enseignement de l'agriculture*, par MM. PRILLIEUX et SCHRIBAUX, dans les *Monographies pédagogiques* de 1889, t. IV, p. 458 à 498.
Voir ci-après (*à leur date*) le décret du 13 *janvier* 1891 et la nomenclature des documents en renvoi, les circulaires des 4 *janvier* 1898 (*à sa date*) et 25 *avril* 1898 (*Bull. adm.*, 1897, t. LXIII, p. 592).

ment et la préparation du personnel enseignant, soit dans le mode d'encouragement à donner à l'enseignement agricole théorique et pratique.

ART. 3. — Cette Commission est composée comme suit :

MM. Gréard, Vice-Recteur de l'Académie de Paris, *président* ;

Tisserand, directeur au Ministère de l'Agriculture; Rissler, directeur de l'Institut national agronomique; Prillieux, Inspecteur général de l'Agriculture, délégués du Ministère de l'Agriculture;

Buisson, Directeur de l'Enseignement primaire, délégué du Ministère de l'Instruction publique;

Jacoulet, Salicis, Inspecteurs généraux de l'Instruction publique, délégués du Ministère de l'Instruction publique;

Cadet, chef de bureau au Ministère de l'Instruction publique; Mamelle, chef de bureau au Ministère de l'Agriculture, *secrétaires*;

Sabatié, employé au Ministère de l'Instruction publique, *secrétaire adjoint*.

Circulaire du Ministre de l'Instruction publique, relative aux fonctions d'Économe dans les Écoles normales primaires. 4 nov. 1887.

4 Novembre 1887.

Monsieur le Recteur, le décret du 18 janvier 1887 a créé dans les Écoles normales d'instituteurs et d'institutrices l'emploi spécial d'économe confié jusque-là aux maîtres et maîtresses de ces établissements, qui étaient chargés en même temps d'une part de l'enseignement des lettres ou des sciences. Il a établi que les économes continueraient en tous cas à donner un enseignement, mais il l'a défini en le limitant en principe, pour les Écoles normales d'instituteurs, à la tenue des livres, et, pour les Écoles normales d'institutrices, à l'économie domestique. Ces cours, tout en ayant leur importance, sont restreints aux connaissances techniques que doivent posséder les économes et dont ils justifient d'ailleurs au moyen d'un examen spécial[1]. Toutefois le décret précité permet de leur demander davantage, mais seulement lorsque leur degré d'instruction pédagogique les rend aptes à enseigner une partie des autres cours et que l'administration économique de l'établissement leur laisse des loisirs suffisants : ce dernier cas se présentera naturellement dans les Écoles où l'effectif est peu nombreux.

En réalité, les économes d'Écoles normales sont pourvus aujourd'hui d'un titre distinct et doivent justifier d'une aptitude propre à ces fonctions.

Il est incontestable que la voie du professorat reste ouverte à ceux d'entre eux qui, se sentant attirés vers l'enseignement, pourraient mener de front leur

1. Voir l'arrêté du 13 *février* 1888, déterminant l'examen à subir par les stagiaires à l'économat dans les Écoles normales (*Bull. adm.*, 1888, t. XLIII, p. 135).

service et la préparation au certificat d'aptitude; mais je verrais avec regret les professeurs munis du titre solliciter les fonctions d'économe, et je me montrerais peu disposé à accueillir les demandes qu'ils formeraient dans ce sens, à moins qu'il ne s'agît de professeurs fatigués par l'enseignement et qui chercheraient dans l'économat un soulagement et un repos nécessaires à leur santé.

Je pense, d'ailleurs, qu'à part ces exceptions, les demandes de cette nature ne seront que très rares; je sais combien les professeurs d'Écoles normales sont attachés à leurs fonctions, comment ils comprennent le rôle qui leur incombe et je suis convaincu qu'ils tiendront à honneur de faire servir à la cause de l'enseignement un titre qu'ils n'ont conquis qu'après des efforts persévérants, au prix d'une très laborieuse préparation, souvent même après des échecs qui ne les ont pas rebutés et dont ils sont sortis victorieux.

J'ai tenu néanmoins, Monsieur le Recteur, à vous faire connaître mes intentions et je ne doute pas que vous ne partagiez les vues que je viens de vous exposer.

Je vous prie de m'accuser réception de la présente circulaire et d'en adresser un exemplaire à MM. les Inspecteurs d'Académie ainsi qu'aux directeurs et directrices des Écoles normales de votre ressort.

Recevez, etc.

Signé : E. SPULLER.

---

8 nov. 1887.

Décret rendant applicables à l'Algérie les lois relatives à l'Enseignement primaire.

8 Novembre 1887.

Le Président de la République française,

Sur le rapport du Ministre de l'Instruction publique, des Cultes et des Beaux-Arts,

Vu l'article 68 de la loi du 30 octobre 1886;

Vu le décret du 13 février 1883, ensemble les décrets des 16 février 1883 et 16 octobre 1886, sur l'organisation de l'enseignement primaire en Algérie, et du 26 mai 1886, sur les constructions scolaires;

Le Conseil d'État entendu,

Décrète :

ARTICLE 1er. — La loi du 30 octobre 1886 sur l'organisation de l'enseignement primaire[1], la loi du 16 juin 1881 sur les titres de capacité, l'article 1er de la loi du 16 juin 1881 sur la gratuité, la loi du 28 mars 1882 et les articles 8, 9 et 10 de la loi du 20 mars 1883

1. Les délais de laïcisation pour les Écoles publiques de l'Algérie sont ceux qui ont été fixés par l'article 18 de la loi du 30 octobre 1886 (*Décret du 12 novembre 1887. Bull. adm.*, 1887, t. XLII, p. 1138).

seront appliqués en Algérie, en ce qui concerne les Écoles destinées aux Européens dans les conditions déterminées par les articles ci-après[1].

ART. 2. — Toute commune de plein exercice ou mixte doit être pourvue au moins d'une École primaire publique.

Les décisions prises par le Conseil départemental de l'Instruction publique et déterminant le nombre, la nature et le siège des Écoles, ou la composition du personnel enseignant dans chacune d'elles, sont soumises à l'approbation du Gouverneur général et du Ministre de l'Instruction publique.

ART. 3. — Lorsque, sur la proposition de l'Inspecteur d'Académie, le Préfet reconnaît qu'il est nécessaire de créer une des Écoles ou des Classes destinées à l'enseignement primaire public, et dont l'établissement donne lieu à une dépense obligatoire pour la commune, il invite le maire à provoquer une délibération du Conseil municipal, dans le délai de deux mois, sur la création projetée.

ART. 4. — Si le Conseil municipal émet un vote contraire ou ne délibère pas dans le délai imparti, la décision du Conseil départemental ne peut être soumise au gouverneur général qu'après avis motivé du Préfet et du Recteur de l'Académie.

ART. 5. — Lorsque l'École ou la Classe à créer n'est pas de celles dont l'établissement donne lieu à une dépense obligatoire, le Préfet ne peut saisir le Conseil départemental que sur la demande de la commune ou des communes intéressées, et après avis conforme du Recteur.

ART. 6. — Lorsque la création d'une École ou d'une Classe a été décidée, le Conseil municipal est mis en demeure de fournir les locaux nécessaires. Les propositions du Conseil municipal sont soumises à l'examen de l'Inspecteur d'Académie et approuvées, s'il y a lieu, par le Préfet.

ART. 7. — Si le Conseil municipal refuse de fournir un local convenable ou ne présente aucune proposition, le Préfet pourvoit d'office à l'installation de l'École.

Les dépenses occasionnées sont inscrites d'office au budget de la commune et, au besoin, précomptées sur la part lui revenant dans l'octroi de mer.

ART. 8. — Les dépenses résultant de la construction, de l'acquisition et de l'aménagement des bâtiments scolaires sont à la charge de la commune, sauf concours de l'État dans les conditions prévues par la loi du 20 juin 1885 et par le décret du 26 mai 1886.

1. Voir, p. 66, le décret du 9 *décembre* 1887, portant règlement sur l'enseignement primaire des indigènes en Algérie.

Les dépenses de location de salles de classe seront également à la charge des communes de l'Algérie, à partir du 1er janvier 1888. Toutefois, à titre transitoire, ces dépenses seront, jusqu'au 1er janvier 1890, supportées jusqu'à concurrence de moitié par l'État.

ART. 9. — Le traitement du personnel enseignant, calculé d'après les taux minima fixés par le décret du 27 mai 1878, constitue une dépense obligatoire pour la commune jusqu'à concurrence d'une somme représentant le sixième de l'octroi de mer. Le surplus est à la charge de l'État.

Ce traitement ne peut, dans aucun cas, être inférieur au plus élevé des traitements dont l'instituteur ou l'institutrice aura joui pendant les trois années qui ont précédé la publication du décret du 13 février 1883.

S'ajoutent au traitement et sont, par suite, soumis à retenue :

1° L'allocation annuelle de 100 fr. acquise à tout instituteur ou institutrice d'Algérie, pour la possession de chacun des titres suivants :

Brevet supérieur ; — Certificat d'aptitude au professorat des Écoles normales ; — Certificat d'aptitude à l'inspection ;

2° L'indemnité annuelle de 300 fr. attribuée aux membres français de l'enseignement primaire public qui possèdent le brevet de langue arabe ou de langue kabyle délivré par l'École des lettres d'Alger.

La possession de la médaille d'argent donne lieu à une indemnité viagère de 100 fr.

ART. 10. — Sont également obligatoires pour les communes, par addition à l'art. 14 de la loi du 30 octobre 1886, les dépenses ci-après :

1° Dans le cas où la commune ne fournit pas le logement et le mobilier personnel aux instituteurs et institutrices, une indemnité représentative fixée par le Préfet, après avis de l'Inspecteur d'Académie et du Conseil municipal ;

2° Les imprimés scolaires nécessaires à l'inscription des élèves et à la constatation des absences ;

3° Les indemnités des maîtresses de couture dans les Écoles mixtes dirigées par des instituteurs.

Ces indemnités sont fixées par le Préfet suivant le nombre des élèves inscrites, sur la proposition de l'Inspecteur d'Académie. Elles ne peuvent dépasser 300 fr. par an.

Ces dépenses sont acquittées par la commune jusqu'à concurrence des 4 centimes spéciaux de l'Instruction publique additionnels à la taxe foncière. Le surplus est à la charge de l'État.

ART. 11.—Les instituteurs et institutrices titulaires ou stagiaires seront payés mensuellement, sur mandats délivrés par le Préfet, d'après un état dressé par l'Inspecteur d'Académie.

Le versement sera effectué par le receveur des contributions directes, à titre de cotisations municipales, suivant le mode indiqué à l'article 8 de la loi du 19 juillet 1875.

ART. 12. — Tout instituteur ou institutrice qui aura fait recevoir dix élèves à l'École normale ou dix indigènes au cours normal, à l'examen des bourses d'enseignement primaire supérieur ou d'enseignement secondaire, pourra obtenir, en dehors des contingents ou conditions réglementaires, soit la mention honorable, soit la récompense honorifique immédiatement supérieure à celle qu'il possède déjà.

ART. 13. — Les délégations cantonales ne sont pas instituées en Algérie.

Les Commissions scolaires prévues par l'article 5 de la loi du 28 mars 1882 se composent : du maire ou d'un adjoint délégué par lui; d'un délégué de l'Inspecteur d'Académie et de membres délégués par le Conseil municipal en nombre égal au plus au tiers des membres de ce Conseil.

Le jury chargé d'examiner les enfants qui reçoivent l'instruction dans la famille est composé de l'Inspecteur primaire ou de son délégué, président, et de deux personnes munies d'un diplôme universitaire ou d'un brevet de capacité, choisies par l'Inspecteur d'Académie. Pour l'examen des filles, une de ces personnes devra être une femme.

ART. 14. — Dans les communes de plein exercice et dans les communes mixtes, l'instruction primaire est obligatoire pour les enfants des deux sexes âgés de six ans révolus à treize ans révolus, quelle que soit la nationalité des parents. Elle peut être donnée, soit dans les établissements d'instruction publics ou privés, soit dans les familles, par le père de famille lui-même ou par toute personne qu'il aura choisie.

Cette obligation ne sera applicable à la population indigène musulmane, même dans les communes de plein exercice, qu'en vertu d'arrêtés spéciaux du Gouverneur général.

ART. 15. — Les Écoles primaires publiques de tout degré, sauf les Écoles mixtes, seront ouvertes aux enfants indigènes d'âge scolaire qui demanderont à y être admis, à la condition que ces enfants aient été vaccinés, s'ils n'ont pas eu la petite vérole, et qu'ils se soumettent aux mêmes règles d'hygiène, de propreté et d'assiduité que les élèves européens.

La liberté de conscience des élèves indigènes est formellement garantie; ils ne peuvent être astreints à aucune pratique incompatible avec leur religion.

Sur la demande des parents, ils seront dispensés par l'Inspecteur d'Académie de l'obligation d'assister à l'École aux jours considérés dans leur religion comme jours fériés.

ART. 16. — Les paragraphes 2 et 3 de l'article 17 de la loi du 28 mars 1882 ne sont pas applicables à l'Algérie.

ART. 17. — Des arrêtés du Gouverneur général, rendus sur le rapport du Recteur, après avis des Conseils départementaux, détermineront chaque année les communes ou les fractions de commune dans lesquelles, par suite des distances, de l'insuffisance des locaux scolaires ou des difficultés de communication, les prescriptions des articles 4 et suivants de la loi du 28 mars 1882 ne pourraient pas être appliquées.

La liste nominative de ces communes ou sections, avec indication du chiffre de la population y afférente, sera jointe au rapport annuel adressé aux Chambres par le Ministre, en vertu de l'article 18 de la loi du 28 mars 1882.

ART. 18. — Les titres Ier, II et III du décret du 13 février 1883, les décrets des 16 février 1883 et 16 octobre 1886 sont rapportés.

---

9 déc. 1887.

Décret portant règlement sur l'Enseignement primaire public et privé des indigènes en Algérie[1].

9 Décembre 1887.

Le Président de la République française,

Sur le rapport du Ministre de l'Instruction publique, des Cultes et des Beaux-Arts, et du Ministre de l'Intérieur, d'après les propositions du Gouverneur général de l'Algérie;

Vu l'article 68 de la loi du 30 octobre 1886;

Vu le titre IV du décret du 13 février 1883;

Vu le décret du 1er février 1885;

Vu la loi de finances du 26 février 1887, ouvrant au chapitre 56 du budget du Ministère de l'Instruction publique un crédit de 219 000 fr. sous le titre : Instruction primaire des indigènes;

1. Ce décret a été rapporté par le décret du 18 *octobre* 1892 (voir, *à sa date*, le nouveau décret et les notes en renvoi).

Vu le décret du 8 novembre 1887, portant règlement d'administration publique pour l'application à l'Algérie de la loi du 30 octobre 1886 sur l'organisation de l'enseignement primaire, et des lois antérieures visées dans l'article 68 de ladite loi,

Décrète :

TITRE Ier. — *De l'Enseignement public des indigènes.*

ARTICLE 1er. — L'enseignement primaire est donné aux indigènes :

1° Dans les Écoles primaires publiques de tout degré énumérées à l'article 1er de la loi du 30 octobre 1886 et communes aux enfants de toutes les nationalités, sous les réserves et aux conditions prévues à l'article 15 du décret du 8 novembre 1887;

2° Dans les Écoles spéciales établies dans les centres de population indigène et qui peuvent être de quatre sortes : *Écoles ordinaires*, dirigées par des instituteurs ou institutrices français; *Écoles principales* ou de centre, confiées à des directeurs français; *Écoles préparatoires* ou de section, confiées à des adjoints, adjointes, moniteurs ou monitrices indigènes; *Écoles enfantines* pour les enfants des deux sexes, de quatre à sept ans pour les garçons, et de quatre à huit ans pour les filles, dirigées par des institutrices ou monitrices françaises ou indigènes.

En outre, les Écoles manuelles d'apprentissage, telles que les définit la loi du 11 décembre 1880, pourront être spécialement ouvertes pour les enfants indigènes.

ART. 2. — Les décisions prises par le Conseil départemental de l'Instruction publique et déterminant le nombre, la nature et le siège de ces Écoles, ou la composition du personnel enseignant dans chacune d'elles, sont soumises à l'approbation du Gouverneur général, après avis motivé du Recteur de l'Académie.

Les articles 3 à 8 du décret du 8 novembre 1887, relatifs à la création et à l'installation des Écoles publiques, sont applicables aux Écoles indigènes.

ART. 3. — Ne peuvent être classées comme Écoles principales que les Écoles primaires établies dans les centres indigènes importants, éloignés des villages européens, et à condition que le directeur ait à surveiller au moins six classes, en comptant celles des Écoles préparatoires et celles de l'École principale.

La qualité d'École principale est conférée par arrêté du Gouverneur général, sur l'avis du Conseil départemental et la proposition du Recteur de l'Académie.

Les directeurs d'Écoles principales sont nommés par le Recteur. Ils doivent remplir les conditions exigées pour être instituteur titulaire et, en outre :

Être âgés de vingt-cinq ans au moins;

Avoir résidé deux ans au moins en Algérie;

Avoir une connaissance suffisante de l'arabe ou du kabyle;

S'engager à exercer pendant cinq ans au moins dans une École principale.

Le directeur d'École principale recevra un traitement de 3000 fr. avec augmentation annuelle de 100 fr., auquel s'ajouteront les allocations accordées aux instituteurs ordinaires.

Il recevra, en outre, un supplément de traitement de 200 fr. par an pour chaque École préparatoire qui s'ouvrira sous la conduite d'un de ses élèves.

Il aura droit à un logement et à un jardin.

Il aura droit, en outre, si sa résidence l'exige, au nombre de prestations en nature que l'autorité locale déterminera, pour assurer ses approvisionnements.

Tous les deux ans, à l'époque des vacances, il aura droit, pour lui et sa famille, au transport gratuit jusqu'à un point quelconque de l'Algérie, ou jusqu'à Marseille.

Tout instituteur qui aura dirigé pendant huit ans une École principale pourra, en rentrant dans les Écoles ordinaires, être promu à la 1re classe.

ART. 4. — Les instituteurs chargés des Écoles ordinaires et habitant en dehors des centres européens recevront une indemnité de résidence de 200 à 600 fr., selon l'importance du poste et la difficulté des approvisionnements; le taux de cette indemnité sera déterminé, dans chaque cas particulier, par le Gouverneur général, sur la proposition du Recteur.

Les instituteurs chargés des Écoles ordinaires recevront, en outre, une indemnité annuelle de 100 fr. par École préparatoire soumise à leur surveillance, et auront droit à tous les avantages réglementaires.

ART. 5. — Les adjoints français des Écoles indigènes, ordinaires ou principales, recevront également une indemnité annuelle de résidence de 200 à 600 fr., déterminée par le Gouverneur général, sur la proposition du Recteur.

Les adjoints indigènes sont soumis aux mêmes conditions de capacité que les adjoints français et reçoivent le même traitement.

Les moniteurs indigènes doivent être pourvus du certificat d'études primaires et âgés de seize ans au moins, pour diriger une classe annexée à une autre École; de dix-huit ans au moins, pour diriger une École préparatoire ou de section. Ils reçoivent un traitement fixe de 800 fr. pouvant s'élever par augmentations succcessives de 100 fr. tous les deux ans, jusqu'à 1 200 fr.

ART. 6. — Les dépenses nécessaires pour l'établissement et l'entretien des Écoles ci-dessus indiquées sont payées, dans les communes de plein exercice et mixtes, suivant les conditions réglementaires.

ART. 7. — Dans les communes indigènes, le traitement du personnel des Écoles sera à la charge de l'État, les autres dépenses à la charge de la commune.

ART. 8. — Dans toute École publique indigène comptant plusieurs classes, les dernières classes pourront, à défaut d'adjoints ou d'adjointes, être confiées, soit aux moniteurs ou monitrices indigènes, soit aux filles, femmes, mères ou sœurs des instituteurs ou institutrices, qui recevront pour ce service une indemnité annuelle de 800 à 1 200 fr. par an si elles sont pourvues du certificat d'études primaires, de 600 fr. seulement si elles sont dépourvues de ce titre. Cette indemnité n'est pas passible de la retenue.

ART. 9. — Les adjoints ou moniteurs indigènes sont nommés par le Recteur de l'Académie.

L'adjoint indigène, remplissant les conditions réglementaires de stage et de capacité et qui se sera fait naturaliser Français, pourra être nommé titulaire.

ART. 10. — Les Écoles publiques indigènes sont soumises, en ce qui concerne la surveillance, aux mêmes règles que les Écoles primaires européennes, l'administrateur ou le commandant de cercle exerçant, dans les communes mixtes ou indigènes, les prérogatives attribuées aux maires. L'autorité académique est seule chargée de l'inspection des Écoles au point de vue de l'enseignement donné.

Des Inspecteurs primaires ou des délégués, nommés par le Ministre de l'Instruction publique, sont spécialement chargés, sous l'autorité du Recteur de l'Académie, de cette inspection et de cette surveillance.

ART. 11. — En ce qui concerne le maintien de l'ordre public, les Écoles publiques indigènes sont soumises à la surveillance du Gouverneur général de l'Algérie, qui peut suspendre les maîtres chargés de ces Écoles ou les adjoints qui y sont attachés.

Le maître ou l'adjoint suspendu doit être immédiatement remplacé par le Recteur de l'Académie.

ART. 12. — Les indigènes ne seront soumis à l'obligation que dans les communes ou fractions de communes désignées par arrêtés spéciaux du Gouverneur général.

L'obligation ne s'appliquera qu'aux garçons d'âge scolaire. L'arrêté du Gouverneur général déterminera les dispenses d'assiduité qui pourront être accordées.

L'inscription à la porte de la mairie, prévue par l'article 13 de la loi du 28 mars 1882, sera remplacée, pour les indigènes, par un blâme infligé, après décision de la Commission scolaire, par le maire, l'administrateur, le commandant de cercle ou d'annexe. Les autres sanctions prévues par la loi du 28 mars 1882 sont applicables aux indigènes.

ART. 13. — Il sera établi, dans chaque département, des cours normaux destinés à préparer les indigènes aux fonctions de l'enseignement. Ces cours seront annexés aux Écoles normales d'instituteurs.

Il pourra être établi également pour les instituteurs et les institutrices français des cours normaux destinés à l'étude de l'arabe ou du berbère, des mœurs indigènes, de l'hygiène et des travaux manuels.

Un règlement spécial déterminera la part de la dépense afférente à l'État, aux départements, aux communes.

ART. 14. — Des bourses familiales ou d'entretien de 400 fr. pourront être accordées, pour une durée maximum de trois ans, aux élèves indigènes pourvus du certificat d'études primaires qui resteront attachés à une École publique pour s'y exercer à la pratique de l'enseignement et y compléter leur instruction.

ART. 15. — Les Caisses des Écoles prévues à l'article 17 de la loi du 28 mars 1882 pourront accorder aux élèves indigènes les plus assidus et les plus méritants des récompenses consistant en fournitures scolaires, livres, vêtements, outils et ustensiles utiles.

Elles pourront aussi allouer des bourses ou primes d'apprentissage mensuelles aux élèves sortant d'une École primaire publique, âgés d'au moins treize ans, et qui seront placés comme apprentis chez un artisan ou chez un cultivateur.

Ces apprentis indigènes subventionnés seront sous le patronage de la Caisse des Écoles.

TITRE II. — *De l'Enseignement privé des indigènes.*

ART. 16. — Les Écoles privées musulmanes ou israélites (*Mecid, Zaouias, Midraschim*) sont soumises à la surveillance et à l'inspection des autorités énumérées par la loi du 30 octobre 1886, et notamment à celles des Inspecteurs chargés des Écoles indigènes.

Cette inspection porte exclusivement sur la moralité, l'hygiène, la salubrité, et sur l'exécution des obligations imposées par les articles 17 à 23 ci-après. Elle ne peut porter sur l'enseignement que pour vérifier s'il n'est pas séditieux ou contraire à la Constitution, aux lois, à la morale publique.

ART. 17. — Aucune École privée musulmane ou israélite ne pourra être ouverte avant que le choix du local n'ait été approuvé par le maire, l'administrateur ou le commandant de cercle ou d'annexe.

La fermeture de ces Écoles par mesure de police générale pourra être prononcée par le Gouverneur général et, en cas d'urgence, par le Préfet ou le général commandant la division, sauf approbation ultérieure du Gouverneur général.

ART. 18. — Aucun maître musulman ou israélite ne pourra prendre la direction d'une des Écoles dont il s'agit sans une autorisation du Préfet, en territoire civil, ou du général commandant la division, en territoire militaire.

Cette autorisation ne sera accordée qu'après avis de l'Inspecteur d'Académie et de l'autorité municipale de la commune où l'École doit s'ouvrir, et sur le vu d'un certificat délivré par le maire, l'administrateur ou le commandant du cercle de la dernière résidence du postulant, constatant qu'il est citoyen ou sujet français et de bonnes vie et mœurs. Le postulant devra produire en outre un extrait de son casier judiciaire et l'indication des localités où il a déjà enseigné, ou bien, s'il débute, l'indication des Écoles dont il a été l'élève.

ART. 19. — Le maître de chaque École tiendra, en français autant que possible, un registre sur lequel seront inscrits les noms des élèves, la date de leur naissance, l'époque de leur entrée à l'École, le nom et le domicile de leur père.

ART. 20. — Les châtiments corporels sont interdits. Les locaux doivent être aérés et tenus en état de propreté. Les enfants atteints d'une maladie contagieuse doivent être provisoirement éloignés de l'École.

ART. 21. — En cas de faute grave dans l'exercice de ses fonctions, d'inconduite ou d'immoralité, le maître chargé de la direction d'une École privée musulmane ou israélite pourra, sur la proposition de l'Inspecteur d'Académie, ou sur celle de l'autorité municipale, après avis de l'Inspecteur d'Académie, se voir retirer à temps ou à toujours l'autorisation d'enseigner, par le Préfet en territoire civil, et par le général commandant la division en territoire militaire.

ART. 22. — Dans toute localité ou section de commune soumise à l'obligation où se trouvera, à une distance ne dépassant pas 3 kilomètres et quarante minutes de marche, une École primaire publique de garçons pourvue de locaux suffisants, les Écoles privées musulmanes ou israélites ne pourront recevoir d'enfants de six à douze ans pendant les heures de classe de l'École publique.

ART. 23. — Le présent règlement sur l'enseignement privé sera affiché en français, en arabe ou hébreu-arabe, dans toutes les Écoles privées musulmanes ou israélites.

ART. 24. — Sont et demeurent rapportées toutes dispositions contraires au présent décret, et notamment le titre IV du décret du 13 février 1883 et le décret du 1er février 1885.

ART. 25. — Le Ministre de l'Instruction publique, des Cultes et des Beaux-Arts, le Ministre de l'Intérieur et le Gouverneur général sont chargés, chacun en ce qui le concerne, de l'exécution du présent décret.

---

11 déc. 1887. **Circulaire du Ministre de l'Instruction publique, rappelant qu'un Jardin doit être annexé à chaque École primaire.**

11 Décembre 1887.

Monsieur le Préfet, l'un de mes prédécesseurs, préoccupé de développer par tous les moyens l'enseignement agricole et horticole dans les Écoles primaires rurales, avait décidé, en 1867, que désormais aucun plan d'École primaire rurale pour la construction de laquelle le concours de l'État est sollicité ne serait accepté si ce plan ne présentait pas de jardin, soit annexé à l'École, soit situé en dehors de la commune, mais à proximité du maître et des élèves.

Je crois utile de vous rappeler cette prescription, à l'exécution de laquelle mon Administration est résolue à tenir la main.

Il va de soi que l'exigence dont il s'agit, et qui n'est point une innovation, ne saurait entraîner aucune modification aux devis et tarifs de la loi du 20 juin 1885 et du décret du 15 février 1886.

Recevez, etc.

Signé : E. SPULLER.

---

15 déc. 1887. **Proposition de résolution tendant à rétablir dans le règlement de la Chambre des Députés un article interdisant auprès des Ministres toutes sollicitations concernant les intérêts privés, présentée par M. Chavoix, député.**

Séance du 15 Décembre 1887.

Exposé des motifs.

Messieurs, le projet de résolution que j'ai l'honneur de vous soumettre ne nécessite pas, après la pénible crise que nous venons de traverser, de longs développements. Les faits parlent d'eux-mêmes, et il n'est que temps que le pays sache que le monde parlementaire est surtout coupable d'avoir trop obéi aux influences électorales et que ces dernières méritent, elles aussi, une large part de responsabilité dans les événements déplorés par nous tous.

Loin de moi, du reste, la pensée d'innover.

Déjà en 1848, émue des abus de la monarchie, l'Assemblée constituante, en votant son règlement, avait adopté un article 130 ainsi conçu :

« L'Assemblée nationale interdit formellement à ses membres toutes apostilles, recommandations ou sollicitations concernant les intérêts privés. »

A l'appui de cet article, M. Billault, rapporteur de la Commission, disait textuellement :

« Votre Commission, composée en grande partie d'anciens députés, savait par expérience toute l'étendue de cette plaie ; nous en étions arrivés à ce point, que la plupart des membres du Parlement passaient dans les antichambres ministérielles et même dans celles des chefs de bureau la plus longue partie du temps qu'ils eussent dû et voulu consacrer au service du pays. Il en était résulté une double démoralisation : celle des solliciteurs et celle des sollicités. Vous n'êtes pas sans reconnaître à votre tour les inconvénients de cette maladie de sollicitation. Il faut y mettre un terme. Il n'est pas bon qu'on voie dans les antichambres du pouvoir exécutif traîner la majesté de l'Assemblée nationale. »

Cette sage disposition disparut du règlement de 1876 parce qu'à cette époque nous avions passé par la période de la « République sans républicains », par la période du 24 mai et par celle du 16 mai. Nos prédécesseurs espéraient sans doute pouvoir, par des démarches individuelles, faire disparaître plus vite un personnel administratif hostile à nos institutions. Ce n'est point le moment de mesurer l'étendue de leurs illusions à cet égard, mais il est bien permis d'affirmer que les sollicitations dont nous souffrons, au détriment de la moralité du pays et de ses intérêts bien compris, ont commencé à cette époque et que ce mal a empiré depuis la crise générale traversée par l'Europe durant ces dernières années.

Pourquoi dès lors ne pas reprendre l'article 130 du règlement de la Constituante ?

Pourquoi ne pas dire à ce pays ami de la justice et de l'égalité que pour avoir réellement le droit de demander compte de leurs actes à des Ministres, il faut laisser entière leur responsabilité en donnant plus de force au pouvoir central comme à l'autorité préfectorale ?

L'expérience n'est-elle pas faite maintenant ? Le courant établi par le scrutin d'arrondissement n'a pas été arrêté par le scrutin de liste, adopté trop tard ; il ne pourra pas l'être de longtemps, si nous ne faisons pas acte de virilité politique.

La 1re Commission d'initiative de la législature de 1881 jugea cet acte inutile quand elle repoussa à une faible majorité la prise en considération d'une proposition à peu près identique à la mienne, présentée dans la séance du 14 novembre 1881 par M. Louis Legrand, député de Valenciennes. Mais les membres de cette Commission ne regrettent-ils pas aujourd'hui de ne pas avoir écouté les sages conseils de M. de Marcère ? L'honorable M. Boysset, par exemple, pourrait-il encore soutenir « que peu à peu le pays se déshabituera des sollicitations ».

Qui de nous oserait affirmer que la monomanie de l'apostille n'a pas atteint tous ceux qui briguent une fonction quelconque, qui sollicitent un avancement plus ou moins mérité, qui veulent prendre part à un examen ou à un concours, sans parler des plaideurs qui ne craignent pas d'insulter ainsi la magistrature avant de la mépriser ouvertement en cas d'insuccès?

Un pareil état de choses est indigne, surtout d'une République, et, selon moi, bien des incidents fâcheux de la vie parlementaire seraient évités si notre temps était entièrement consacré soit au travail des Commissions, soit à la lecture des nombreux documents distribués à chacun de nous, de façon à nous permettre de connaître autrement que par la discussion publique les questions soumises à nos délibérations.

Notre administration, à tous les degrés, a su, j'en suis convaincu, résister au mal préparé par l'électeur et par l'élu. J'aime à croire que nous en sommes encore, avec les divers Ministères notamment, à un échange banal mais coûteux de paperasseries encombrantes. Mais le corps électoral n'a-t-il pas des tendances à exiger autre chose? Bien des personnes ne consentiraient-elles pas à approuver les faveurs dont elles jouiraient pour crier à l'injustice le jour où des faveurs pareilles seraient accordées à d'autres?

Sans vouloir récriminer, sans vouloir rechercher les responsabilités, unissons-nous pour empêcher un véritable désordre.

L'application rigoureuse de l'article 130 précité serait le meilleur remède; mais, à l'heure où nous sommes, est-il possible de rompre brusquement avec des habitudes aussi anciennes que la monarchie?

Chaque membre du Parlement pourrait-il, au cours d'une législature, se soustraire absolument aux sollicitations?

D'un autre côté, serait-il digne d'édicter des pénalités disciplinaires comme l'avait demandé M. Louis Legrand, en nous mettant ainsi en état de suspicion vis-à-vis d'une Commission permanente d'enquête?

Je ne l'ai pas pensé.

Aussi me paraît-il suffisant de vous présenter une résolution qui, facilement mise en pratique, rappellera vite au corps électoral qu'il existe dans chaque département un pouvoir central auprès duquel sont naturellement accrédités les conseillers d'arrondissement et les conseillers généraux.

Ce sera un premier progrès.

La fermeté et l'équité du Gouvernement, jointes à l'indépendance de caractère des membres du Parlement, feront le reste à court délai.

Nous arriverons ainsi, j'en suis convaincu, à restaurer dans la conscience du Parlement et du pays cette notion essentielle que les représentants du peuple sont élus pour s'occuper exclusivement des intérêts généraux de la France, et que la République donne des places non à la faveur, mais à la justice et au mérite.

Par ces motifs, j'ai l'honneur de vous demander de voter la résolution suivante :

Proposition de résolution.

ARTICLE UNIQUE. — Ajouter au règlement de la Chambre des Députés la disposition suivante :

« La Chambre interdit formellement à ses membres toutes apostilles, recommandations ou sollicitations concernant les intérêts privés auprès des Ministres ou auprès des divers agents de leur administration, à l'exception des Préfets et des Sous-Préfets. »

Décret autorisant la nomination de Licenciés aux fonctions de professeurs d'Écoles normales primaires, de directeurs et professeurs d'Écoles primaires supérieures. 27 déc. 1887.

27 Décembre 1887.

Le Président de la République française,

Sur le rapport du Ministre de l'Instruction publique, des Cultes et des Beaux-Arts,

Vu les articles 109 et 110 du décret du 18 janvier 1887;

Le Conseil supérieur de l'Instruction publique entendu,

Décrète :

ARTICLE 1er. — En cas d'insuffisance du nombre des candidats pourvus du certificat d'aptitude au professorat des Écoles normales, des licenciés pourront être nommés professeurs d'Écoles normales primaires, directeurs et professeurs d'Écoles primaires supérieures.

Circulaire du Ministre de l'Instruction publique, relative aux Écoles de filles dans les communes de moins de 401 habitants, et à leur transformation éventuelle en Classes enfantines[1]. 30 déc. 1887.

30 Décembre 1887.

Monsieur le Préfet, par un arrêté du 10 juillet dernier, mon honorable prédécesseur a déterminé les conditions dans lesquelles le budget de l'Instruction publique pourrait contribuer à l'entretien des Écoles facultatives de filles dans les communes de moins de 401 habitants.

Je ne puis que confirmer les dispositions de cet arrêté, qui reposent sur les votes mêmes du Parlement et sur l'article 15 de la loi du 30 octobre 1886.

Mais, en raison des circonstances qui n'ont pas permis avant la fin de l'année le vote du budget et ont amené celui de trois douzièmes provisoires, je crois devoir décider que cet arrêté ne recevra son exécution définitive qu'à dater de la promulgation de la loi de finances.

Cette décision m'est suggérée, d'abord, par le désir que j'ai de ne prononcer aucune suppression avant que la loi m'en ait fait un devoir; ensuite, par les demandes nombreuses, qui me parviennent de divers départements en vue d'obtenir un sursis pour procéder à la transformation du régime scolaire des communes dont il s'agit.

Plusieurs de vos collègues m'informent de l'extrême perplexité où se trouvent un certain nombre de ces communes, obligées d'opter entre la suppression pure

1. Consulter les *circulaires* du 25 *février* 1886, aux Préfets, relative aux subventions de l'État et à la création des Écoles maternelles (Tome V, page 652); — et du 22 *janvier* 1888, aux Préfets, relative aux Classes enfantines (ci-après *à sa date*).

et simple de l'École de filles et son maintien à titre de charge exclusivement communale. Ils me demandent s'il ne serait pas possible de remplacer l'École de filles que l'État ne peut désormais subventionner par une *Classe enfantine*, à l'entretien de laquelle il pourrait légalement contribuer. Il ne s'agit, bien entendu, que des circonscriptions scolaires où les élèves seraient en assez grand nombre pour justifier l'entretien de deux classes. Au lieu de faire de chacune d'elles une École distincte, l'une de garçons, l'autre de filles, on propose de constituer deux classes, toutes deux mixtes quant au sexe : la première, qui pourrait être installée dans l'École des garçons actuelle, recevrait les élèves des deux sexes âgés de plus de huit ans; la seconde, sous le nom de Classe enfantine, recevrait les enfants des deux sexes jusqu'à huit ans.

Ce serait là, pense-t-on, l'organisation la plus propre à concilier tous les intérêts; elle permettrait d'utiliser les locaux dont dispose la commune; elle rendrait facile, au point de vue pédagogique, un meilleur groupement des élèves par âge et par degré d'instruction; elle assurerait aux plus jeunes une direction maternelle, aux plus âgés un enseignement plus solide avec plus d'émulation. Elle aurait, en outre, cet avantage d'être en pleine conformité avec la loi.

Ce système n'a, d'ailleurs, rien de nouveau : depuis bien des années déjà, et à plusieurs reprises, mon administration vous a exposé le caractère et les avantages des Classes enfantines, ainsi que les mesures à prendre pour en faciliter la création. Je me bornerai à rappeler ici les circulaires des 8 octobre 1880, 29 mai 1882 et l'instruction du 28 janvier 1882.

En présence de la loi du 30 octobre 1886, qui m'oblige à supprimer à bref délai un grand nombre d'Écoles de filles ou à les laisser retomber à la charge des budgets communaux, il est de mon devoir de signaler aux communes le procédé le plus simple qui leur soit offert pour éviter soit cette suppression, soit cette surcharge de dépense.

Je vous prie, Monsieur le Préfet, d'appeler sans retard sur cette question l'attention des Conseils municipaux.

J'écris en même temps à M. l'Inspecteur d'Académie, pour que MM. les Inspecteurs primaires mettent à la disposition des municipalités tous les renseignements d'ordre pédagogique qui pourront les éclairer.

Au fur et à mesure des réponses qui vous parviendront, je vous invite à saisir le Conseil départemental et à me transmettre vos propositions. Je serais disposé à prendre les mesures nécessaires pour la transformation ci-dessus indiquée, toutes les fois que la Classe enfantine paraîtra répondre à une nécessité scolaire. Car il va de soi que, tout en recommandant la création de ces classes, je n'entends point les multiplier au delà du nécessaire et grever inutilement sous cette forme le budget de l'État.

Recevez, etc.

Signé : LÉOPOLD FAYE.

---

22 janvier 1888. **Circulaire du Ministre de l'Instruction publique, relative aux Classes enfantines**[1].

22 Janvier 1888.

Monsieur le Préfet, je crois devoir vous rappeler ma circulaire du 30 décembre 1887, relative à la transformation en Classes enfantines des Écoles de filles établies dans les communes de moins de 401 habitants.

1. Consulter les *circulaires* du 25 *février* 1886, aux Préfets, relative aux sub-

J'insiste aujourd'hui auprès de vous pour qu'il soit donné une solution aussi prompte que possible à toutes les affaires relatives à ces Écoles. D'après les renseignements qui me sont jusqu'ici parvenus, ces affaires comportent trois solutions : 1° suppression de l'École ; 2° maintien de l'École à la charge de la commune avec subside éventuel de l'État dans les limites du crédit et d'après les bases de l'arrêté du 10 juillet 1887 ; 3° transformation de l'École de filles en Classe enfantine formant la deuxième division de l'École mixte.

Je vous rappelle qu'il a été convenu que l'on inscrirait au nombre des Écoles ordinaires celles des communes qui, bien qu'ayant moins de 401 habitants au dernier recensement, avaient précédemment un effectif de population supérieur.

Je vous renvoie ci-joint les états que vous m'avez transmis, et je vous demande de me faire savoir pour chaque commune quelle est celle des trois solutions qui a été adoptée ou que l'on compte adopter. Pour les demandes de transformation d'Écoles de filles en Classes enfantines dans les conditions de la circulaire précitée, vous auriez à provoquer sans retard le vote des Conseils municipaux et à soumettre ensuite leurs délibérations au Conseil départemental dans sa prochaine séance. Je désire vivement que tous les projets de transformation me parviennent le 5 février 1888, dernier délai.

Recevez, etc.

Signé : LÉOPOLD FAYE.

Arrêté relatif au Classement des instituteurs publics chargés de la direction des classes primaires dans les Lycées, Collèges, Écoles manuelles d'apprentissage ou Écoles primaires annexées aux Écoles normales, qui rentrent dans l'enseignement primaire proprement dit. 1er février 1888.

1er Février 1888.

Le Ministre de l'Instruction publique, des Cultes et des Beaux-Arts

Arrête :

ARTICLE 1er. — Les instituteurs publics pourvus d'une nomination de titulaire, qui seront chargés de la direction d'une classe primaire dans un Lycée, un Collège, une École manuelle d'apprentissage ou une École primaire annexée à une École normale, seront rangés, à leur rentrée dans l'enseignement primaire proprement dit, dans la classe que comportent, d'après la loi du 19 juillet 1875, les années de service qu'ils ont passées dans l'un et l'autre enseignement.

ventions accordées par l'État à des Écoles privées dans les communes non encore pourvues d'Écoles publiques (Tome V, page 652) ; — et du 30 *décembre* 1887, aux Préfets, relative aux Écoles de filles dans les communes de moins de 401 habitants et à leur transformation éventuelle en Classes enfantines (p. 75).

ART. 2. — Ne bénéficieront pas des dispositions ci-dessus les instituteurs titulaires qui auront été relevés de leurs fonctions pour fautes graves ou incapacité.

ART. 3. — Les articles 1 et 2 sont applicables aux institutrices titulaires publiques qui ont dirigé une classe primaire dans un Lycée, un Collège, une École manuelle d'apprentissage, une École primaire ou une École maternelle annexée à une École normale.

ART. 4. — Le Directeur de l'Enseignement primaire et le Directeur de l'Enseignement secondaire sont chargés, chacun en ce qui le concerne, de l'exécution du présent arrêté.

---

4 février 1888. **Décret relatif au Concours de l'État pour la fondation et l'entretien d'Écoles primaires publiques établies par les communes à titre facultatif.**

4 Février 1888.

Le Président de la République française,

Vu la loi du 30 octobre 1886, ensemble les lois des 16 juin 1881, 20 mars 1883 et 20 juin 1885 ;

Sur le rapport du Ministre de l'Intérieur et du Ministre de l'Instruction publique, des Cultes et des Beaux-Arts,

Décrète :

ARTICLE 1er. — Le concours de l'État pour la fondation ou l'entretien d'une des Écoles primaires publiques que les communes peuvent établir à titre facultatif ne sera accordé qu'à celles de ces communes qui se seront engagées à comprendre l'École projetée au nombre de celles qui donneront lieu à une dépense obligatoire pendant le laps de temps déterminé par l'article 2 ci-après.

ART. 2. — S'il s'agit d'une subvention de l'État destinée à contribuer au payement des annuités pour la construction de l'École, la durée de l'engagement de la commune est de plein droit égale à celle de la période sur laquelle portent les annuités.

S'il s'agit d'une participation de l'État soit à des traitements, soit à des indemnités annuelles, et en général d'un subside annuellement renouvelable, la durée de l'engagement sera de dix années.

S'il s'agit de bourses nationales, l'engagement sera de cinq années.

ART. 3. — Dans le cas où des raisons de force majeure obligeraient à rompre cet engagement avant son terme, la décision sera prise par arrêté du Ministre de l'Instruction publique. Dans tout autre cas, l'inexécution par la commune de ses engagements pourrait donner lieu à un recours de l'État.

ART. 4. — Le Ministre de l'Instruction publique, des Cultes et des Beaux-Arts et le Ministre de l'Intérieur sont chargés, chacun en ce qui le concerne, de l'exécution du présent décret.

Circulaire du Ministre de l'Instruction publique, relative aux Écoles publiques facultatives. 8 février 1888.

8 Février 1888.

SOMMAIRE.

I. — Qu'est-ce qu'une École publique facultative? Catégories prévues dans la loi.

II. — L'École facultative ne peut être créée d'office, mais elle ne peut être supprimée que dans les mêmes formes où elle a été créée (1° Avis du Conseil municipal; 2° décision du Conseil départemental; 3° approbation ministérielle). Toutefois, il appartient à l'Administration de fixer la date de fait des suppressions à terme de l'année scolaire.

III. — 1° Écoles facultatives fondées ou entretenues avec un subside de l'État. — Décret du 4 février 1888 ne permettant d'accorder ce subside que moyennant engagement de la commune pour un certain laps de temps.

IV. — 2° Écoles facultatives fondées ou entretenues sans subside de l'État. — Ce sont des Écoles publiques soumises à toutes les prescriptions de la loi relatives aux Écoles publiques.

V. — 3° Écoles facultatives fondées ou entretenues au moyen de libéralités faites aux communes. — Ce sont aussi des Écoles publiques au sens légal. — Une libéralité faite à des conditions contraires aux lois ne peut donc être acceptée. Si cette condition cesse d'être remplie, les tribunaux décident du sort de la fondation. (Art. 19 de la loi du 30 octobre 1886.)

VI. — 4° Écoles facultatives fondées et entretenues par l'entremise du bureau de bienfaisance, de la fabrique, de la cure, etc. — Une telle autorisation ne peut en aucun cas être accordée. (Décisions du Conseil d'État sur le principe des spécialités en matière de personne civile.)

Monsieur le Préfet, depuis que la loi organique du 30 octobre 1886 a fixé les conditions d'établissement et d'entretien des Écoles publiques, le Gouvernement a été saisi à diverses reprises d'une question complexe et délicate, qu'il n'a voulu trancher qu'après un examen approfondi.

Il s'agit de la situation faite par cette loi à toute une catégorie d'Écoles publiques dont l'établissement n'est pas obligatoire pour la commune, et qui peuvent être désignées par le nom générique d'*Écoles publiques facultatives*.

D'accord avec mon collègue M. le Ministre de l'Intérieur, je crois nécessaire de vous adresser à ce sujet un ensemble d'instructions précises. Je vais donc énumérer les principales difficultés qui semblent pouvoir s'élever en cette matière. Je vous donnerai sur chacun de ces points non seulement l'indication générale des intentions du Gouvernement, mais le sens de la réponse que vous auriez à faire, le cas échéant, aux communes intéressées.

I.

Les Écoles que nous avons à envisager sous ce nom d'*Écoles publiques facultatives* sont celles que la commune n'est pas tenue de créer, mais qui, si elles ont été régulièrement créées, doivent être entretenues au même titre et dans les mêmes conditions que les Écoles ordinaires. En d'autres termes, ce sont celles dont l'établissement n'est nullement obligatoire et ne peut être imposé d'office, mais dont l'entretien, tant qu'elles existent, donne lieu, de la part de la commune, à une dépense assimilée aux dépenses obligatoires, et, de la part de l'État, à une subvention assimilée aux subventions que l'État garantit aux communes après emploi de leurs ressources légales.

La loi elle-même en énumère six espèces possibles, savoir :

1° Les Écoles maternelles dans les communes de plus de 2 000 habitants, dont 1 200 agglomérés (art. 15) ;

2° Les Classes enfantines en général (art. 15);

3° Les Écoles de filles déjà établies dans les communes de 400 à 500 habitants (art. 11 et 15) ;

4° Les Cours complémentaires (art. 14) ;

5° Les Écoles primaires supérieures (art. 14) ;

6° Les Écoles professionnelles ou Écoles manuelles d'apprentissage (art. 14).

Pour que cette énumération soit tout à fait complète, on y peut ajouter deux autres catégories d'Écoles, dont il a été souvent question dans ces derniers temps :

7° Les Écoles maternelles dans les communes de moins de 2 000 âmes ou de moins de 1 200 habitants agglomérés;

8° Les Écoles de filles dans les communes qui n'ont pas plus de 400 âmes.

Mais il ne faut pas perdre de vue que les Écoles de ces deux dernières catégories ne sont pas des Écoles facultatives au sens que nous venons de définir ; ce sont des Écoles dont la dépense, aux termes de la loi, n'est jamais assimilable aux dépenses obligatoires. Elles ne sont pas simplement omises, elles sont exclues par le législateur de la liste de celles que l'État peut subventionner par assimilation. Le seul genre de subside qu'il puisse éventuellement leur accorder est un secours à titre gracieux, sans proportion fixe légalement déterminée, secours pris sur une allocation spéciale et dans les limites d'un crédit variable ouvert par le Parlement en dehors de la subvention normale destinée à parfaire, après épuisement des ressources communales, les taux *minima* des traitements légaux.

Il ne faudrait donc pas, en inscrivant ces deux catégories spéciales à la suite des six autres, les confondre avec celles-ci, les placer sur le même pied et leur attribuer les mêmes droits. Ces petites Écoles, établies dans des communes dont la population n'en justifie pas l'entretien aux yeux du législateur, n'ont qu'un moyen d'acquérir la même stabilité que les autres Écoles facultatives et de rentrer dans le cadre des Écoles susceptibles d'être légalement subventionnées. Et ce moyen, la plupart d'entre elles se sont déjà empressées d'y recourir : c'est de solliciter du Conseil départemental et du Ministre, toutes les fois qu'elles ont un effectif à peu près suffisant, leur transformation en Classe enfantine et leur reconnaissance à ce titre comme École publique facultative ayant droit aux subventions régulières de l'État. En dehors de cette solution, elles ne peuvent prétendre qu'à une existence précaire et à des subsides aléatoires qui dépendront chaque année d'une libéralité spéciale du Parlement.

Vous avez remarqué, Monsieur le Préfet, que nous ne mentionnons pas dans cette énumération les Écoles dites « de hameau ». En effet, les Écoles de hameau établies par application de la loi du 20 mars 1883 (art. 8) sont des Écoles obligatoires. Quant aux Écoles situées dans des sections de communes, mais qui ne remplissent pas la double condition requise par la loi pour leur donner le caractère obligatoire (distance de 3 kilomètres de l'École la plus voisine, population de plus de 20 enfants en âge scolaire), ce ne sont pas des Écoles de hameau au sens légal, ce sont des Écoles élémentaires ordinaires créées en vertu du droit qu'a le Conseil départemental de fixer, sous réserve de l'approbation ministérielle, « le nombre, la nature et le siège » des Écoles de chaque commune.

II.

Le caractère essentiel de toutes ces Écoles est que l'établissement et, par conséquent, le maintien en sont facultatifs. Vous ne pouvez en aucun cas, Monsieur le Préfet, obliger la commune, soit à construire, soit à louer, soit à payer un traitement ou une indemnité quelconque pour créer ou contribuer à créer une des Écoles ci-dessus énumérées. Il est manifeste que toute sanction vous ferait défaut si vous aviez, en pareil cas, à recourir à l'imposition d'office.

Mais si une de ces Écoles existe, — j'entends si elle a, non pas seulement l'existence de fait, mais l'existence légale; si elle a été, ainsi que le veut la loi, « régulièrement créée », c'est-à-dire établie, sur l'avis conforme du Conseil municipal, par décision du Conseil départemental et avec approbation ministérielle, — quel est à son égard le droit de la commune, et quel est le vôtre comme représentant de l'État?

La loi du 30 octobre 1886, dans son article 13, répond : « Le Conseil départemental, après avoir pris l'avis des Conseils municipaux, détermine, sous réserve de l'approbation du Ministre, le *nombre*, la *nature* et le *siège* des Écoles primaires publiques de tout degré qu'il y a lieu d'*établir* ou de *maintenir* dans chaque commune, ainsi que le nombre des maîtres qui y sont attachés. »

Appliquons ce texte à l'objet spécial qui nous occupe, c'est-à-dire aux Écoles facultatives. Une commune qui a jusqu'ici entretenu avec ses ressources et avec celles de l'État une des Écoles susvisées entend la supprimer. Le Conseil municipal prend une délibération en ce sens. Cette délibération n'est pas sur l'heure exécutoire. Elle ne peut l'être qu'après avoir été soumise au Conseil départemental. Comme le rappelle un récent avis du Conseil d'État, « le Conseil départemental a seul qualité pour prononcer, sauf approbation du Ministre, la suppression d'une École qui a été régulièrement établie; et, tant que cette École n'est pas supprimée, la dépense en est obligatoire pour la commune; mais, dans l'espèce, la commune, qui ne saurait être contrainte d'établir l'École facultative si elle n'existait pas, ne saurait davantage être contrainte de la maintenir alors que le Conseil municipal en demande la suppression[1] ».

Dans l'espèce, par conséquent, le Conseil départemental reconnaîtra l'impossibilité où il est de s'opposer à la suppression. Il peut arriver, je ne l'ignore pas, que le Conseil départemental, frappé de certaines circonstances, ne consente pas à prononcer une suppression qui lui paraîtrait préjudiciable aux intérêts scolaires. Dans ce cas, c'est au Ministre qu'il appartiendrait, pour empêcher la violation de la loi, de refuser son approbation à la décision du Consei départemental et de donner gain de cause à la commune, quelque regret que l'on en puisse éprouver dans l'intérêt des Écoles.

1. Avis de la section de l'Intérieur du Conseil d'État, séance du 23 *novembre* 1887.

III.

Il ne vous a pas échappé, Monsieur le Préfet, que dans ce cas notre procédure administrative présente une grave lacune, à laquelle nous ne saurions nous résigner plus longtemps.

D'abord, si l'on comprend qu'une École facultative puisse toujours être supprimée, on ne comprendrait pas qu'elle pût l'être du jour au lendemain ; que l'instituteur et l'institutrice, dépossédés au cours de l'année scolaire, fussent exposés à tomber, par un simple vote du Conseil municipal, dans une situation critique à laquelle l'Administration ne pourrait souvent porter remède. Ni le Conseil départemental, ni le Ministre de l'Instruction publique n'excéderont évidemment leur droit en décidant que toutes les suppressions auront leur effet, dans la règle, et sauf les cas de force majeure, à partir de la rentrée des classes.

Il va de soi que jusque-là les choses restent en l'état, et les dépenses demeurent de droit à la charge de la commune.

Mais il y a plus.

Ces Écoles facultatives ont presque toujours demandé et obtenu un subside de l'État et du département pour leur installation. Elles font presque toutes supporter la majeure partie de la dépense des traitements à la subvention de l'État.

L'État peut-il consentir à participer plus ou moins largement à cet ensemble de dépenses sans aucune garantie de stabilité dans l'institution, sans aucune défense contre les revirements de l'opinion locale? Doit-il son concours pour une œuvre qui ne survivra peut-être pas à la municipalité en fonctions?

Il est manifestement nécessaire d'étendre aux six catégories susvisées d'Écoles facultatives les dispositions déjà en usage pour certaines d'entre elles. L'article 41 du décret organique du 18 janvier 1887 ne me permet d'accorder aux Écoles primaires supérieures aucune subvention et même aucune bourse que si les communes se sont engagées à comprendre ces Écoles pendant cinq années au moins dans leurs dépenses obligatoires. C'est un engagement analogue qu'il convient d'exiger de toute École facultative qui sollicitera dans une mesure quelconque le concours de l'État.

Nous nous sommes mis d'accord, M. le Ministre de l'Intérieur et moi, pour présenter à la signature de M. le Président de la République un décret, dont vous avez reçu copie, et qui règle cette situation. Je vous donnerai incessamment des instructions plus détaillées pour l'application de ce décret.

IV.

Il faut envisager maintenant le cas des communes qui ne demanderaient, ni pour fonder ni pour entretenir leur École, aucun subside à l'État.

Quelle est, dans cette hypothèse, la situation de l'École facultative?

L'article 2 de la loi me paraît d'une clarté parfaite :

« Les établissements d'enseignement primaire de tout ordre peuvent être : — *publics*, c'est-à-dire fondés et entretenus par l'État, les départements ou les communes, — ou *privés*, c'est-à-dire fondés et entretenus par des particuliers ou des associations. »

L'École fondée par une commune, même à titre facultatif, est l'École d'une commune, c'est-à-dire une École publique. Tous ces caractères se déduisent de son titre. C'est une École publique : par conséquent elle doit remplir toutes les conditions imposées par la loi aux Écoles publiques; les enfants de la commune y ont l'accès libre et gratuit, ils y peuvent remplir l'obligation scolaire, et ils y trouvent la neutralité garantie par la loi. C'est un établissement que la commune n'était pas légalement tenue d'organiser, mais qu'elle ne peut organiser qu'en se conformant aux lois.

On a posé, bien vainement à mon sens, cette question : La commune pourrait-elle, au lieu d'une École publique, fonder de ses deniers une École privée? C'est demander si une commune est un de ces « particuliers » ou une de ces « associations » que la loi autorise à tenir une École. C'est demander si un maire, au nom de la commune, pourrait faire une déclaration d'ouverture d'École ou de pensionnat privé, si une municipalité a le droit de faire acte d'industrie ou de commerce, soit avec les fonds des contribuables, soit avec une somme quelconque mise par des tiers à sa disposition. Les mots le disent assez : une commune ne peut avoir que des Écoles communales. Il n'y a pas de place dans notre législation pour une École autonome qui se tiendrait à égale distance des deux états réguliers seuls prévus par la loi : l'École publique et l'École privée. Un établissement intermédiaire n'aurait d'autre raison d'être que d'échapper à la fois aux lois qui régissent l'enseignement public et à celles qui régissent l'enseignement libre.

Chacune de ces deux Écoles a ses droits et ses devoirs, chacune est assujettie par la loi à un certain ordre de garanties qui diffèrent en raison de leur situation. Peut-il s'en créer une troisième qui cumulerait toutes les immunités de l'une et toutes les libertés de l'autre? Et quel merveilleux artifice de procédure ne serait-ce pas, s'il suffisait au Conseil municipal de n'avoir rien demandé au Trésor pour avoir le droit de prendre sous son patronage et de mettre au-dessus du droit commun une École qui prétendrait être à la fois publique et privée quand il s'agit de prérogatives à réclamer, et n'être plus ni l'une ni l'autre dès qu'il y aurait des obligations à remplir.

V.

Ces principes s'appliqueront également aux communes qui ajouteraient ou substitueraient à leurs ressources propres le produit de libéralités, fondations, souscriptions, dons ou legs encaissés par elle à condition d'entretenir telle ou telle École.

Rien ne s'oppose à ce qu'une commune subvienne de la sorte à l'entretien d'Écoles publiques facultatives, pourvu que ces Écoles soient établies conformément aux lois en vigueur. Le mode de nomination du personnel, les conditions de capacité requises, le programme de l'enseignement, toutes les prescriptions légales et réglementaires relatives aux Écoles publiques des divers degrés s'appliqueront à ces Écoles de fondation comme à toute autre École publique.

Que si la libéralité était faite sous des clauses et conditions incompatibles avec la loi, l'acceptation n'en pourrait être autorisée.

Que si enfin l'École existe et fonctionne en vertu d'une de ces libéralités conditionnelles, et si, tôt ou tard, l'application de la loi vient à la mettre dans l'impossibilité de remplir tout ou partie des conditions de la libéralité, le cas a été prévu par l'article 19 de la loi, et il appartiendra aux tribunaux de statuer sur les actions intentées dans les deux années qui suivront.

VI.

La question serait plus claire encore si, au lieu de s'adresser à la commune, la libéralité affectée de conditions illégales s'adressait à un intermédiaire quelconque : le bureau de bienfaisance, la fabrique, le consistoire, l'hospice, la cure, etc. On sait que, bien loin de pouvoir entretenir une École communale, aux lieu et place de la commune, aucune de ces personnes civiles ne peut être autorisée à entretenir une École quelconque.

La jurisprudence du Conseil d'État sur ce point est depuis longtemps fixée[1]. La fabrique peut recevoir des libéralités en vue du service des cultes, le bureau de bienfaisance en vue de l'assistance à domicile, l'hospice en vue des services hospitaliers; mais chacun de ces établissements est investi d'une personnalité morale strictement correspondante à ses attributions et qui ne peut valoir qu'en raison et dans les limites du service spécial qui a motivé sa constitution comme établissement public.

Il ne peut donc pas appartenir à un bienfaiteur quelconque de charger une fabrique, une cure, un consistoire, un hospice, de la fondation ou de l'entretien d'une École publique, pas plus qu'il ne pourrait valablement les charger de telle ou telle partie d'un autre service public étranger à ses attributions, du service des postes par exemple, de la police ou de la voirie.

Je n'oublie pas que cette jurisprudence n'a pas toujours été en vigueur, et qu'à certaines époques un grand nombre d'établissements de bienfaisance, d'assistance ou de culte ont été autorisés à recevoir des dons et legs à charge de contribuer à l'entretien d'Écoles et notamment d'Écoles congréganistes.

Ces Écoles fonctionnent régulièrement, la plupart en qualité d'Écoles communales. Quelques-unes cependant pourront donner matière à des difficultés, soit juridiques, soit budgétaires, en raison de leur situation mal définie et contradictoire, en raison aussi des particularités de leur fondation. Mais comme ce sont presque toutes ou des Écoles de filles ou des Écoles maternelles, la laïcisation n'y est légalement prescrite qu'au fur et à mesure des extinctions. D'ailleurs,

1. Avis de principe du Conseil d'État : pour les fabriques et les conseils presbytériens, en date des 24 mars et 13 avril 1881; pour les consistoires, en date du 8 avril 1881. Voici le texte des considérants essentiels du premier de ces avis :

« Considérant que les fabriques, comme les autres établissements publics, n'ont été investies de la personnalité civile qu'en vue de la mission spéciale qui leur a été confiée;

« Considérant qu'il résulte des articles 79 de la loi du 18 germinal An X et 1er du décret du 30 décembre 1809, que les fabriques ont été établies « pour veiller à l'entretien et à la conservation des temples, à l'administration des aumônes »;

« Considérant qu'aucune loi postérieure n'a modifié les attributions des fabriques et ne leur a accordé le droit de fonder ou d'entretenir des Écoles;.....

« Qu'on ne saurait davantage invoquer en faveur des fabriques le principe de la liberté de l'enseignement proclamé par les lois de la Révolution; que ce principe ne s'appliquait qu'au droit individuel des citoyens à enseigner et non au droit collectif ayant appartenu aux corps supprimés par ces mêmes lois; que c'est, en effet, par l'article 17 de la loi du 15 mars 1850 que le droit de créer des Écoles libres a été rendu aux associations, mais que ce droit n'a pas été étendu par la même loi aux établissements ecclésiastiques,

« Est d'avis :

« 1° Que les fabriques, ayant été instituées exclusivement dans l'intérêt de la célébration du culte et pour l'administration des aumônes, ne sont aptes à recevoir et à posséder que dans les limites de ces attributions. ».....

on se trouvera fréquemment dans la nécessité d'appliquer l'article 67 de la loi organique. L'Administration centrale et les administrations locales auront donc tous les délais nécessaires pour les faire rentrer progressivement dans l'une ou dans l'autre des deux grandes divisions de la classification légale. Et ce travail de régularisation ne pourra se faire qu'espèce par espèce, d'après la teneur des testaments et des actes de fondation; il faudra même, bien entendu, dans tous les cas douteux ou litigieux, attendre, pour statuer, la décision des tribunaux compétents.

Telles sont, Monsieur le Préfet, les principales questions qui m'ont été signalées comme appelant des solutions d'espèce. J'estime que vous trouverez dans les principes généraux que je viens de vous faire connaître tous les éléments essentiels d'une jurisprudence uniforme, à la fois assez ferme pour empêcher que la loi ne soit éludée et assez souple pour s'adapter à toutes les variétés de la liberté communale compatibles avec le respect de la loi.

Recevez, etc.

Signé : LÉOPOLD FAYE.

Circulaire du Ministre de l'Instruction publique, relative à la Réintégration dans l'enseignement primaire des maîtres adjoints d'École normale dont la Délégation n'aura pas été renouvelée. 8 février 1888.

8 Février 1888[1].

Monsieur l'Inspecteur d'Académie, la délégation des maîtres adjoints et des maîtresses adjointes dans les Écoles normales, qui n'a toujours eu qu'un caractère provisoire, ne leur est plus confiée que pour la durée de l'année scolaire. Cette mesure confirme l'obligation qui leur est faite de se présenter à l'examen du professorat. Elle leur a été notifiée à plusieurs reprises, et ils ont été formellement prévenus qu'un échec aux épreuves écrites aurait pour effet le retrait immédiat de leur délégation.

Il y a là un double intérêt : ne pas laisser l'enseignement des Écoles normales dans des mains inhabiles et assurer des emplois aux candidats qui, par leur succès à l'examen du professorat, ont donné la preuve de leur savoir et de leur aptitude pédagogique.

Néanmoins, la situation des délégués méritait d'appeler toute mon attention; ils sont, pour la plupart, sinon tous, d'anciens élèves d'École normale qui, après le cours régulier d'études, avaient obtenu des postes d'instituteur. Ils ont pu présumer de leurs forces, en cherchant à s'élever dans l'enseignement normal à des fonctions que les résultats de l'examen ne leur permettraient pas de conserver; mais ils n'ont nullement démérité, et il ne serait pas équitable de les obliger à renoncer à une carrière à laquelle ils se sont préparés au prix de grands sacrifices; on ne peut en particulier leur refuser les moyens d'accomplir l'engagement décennal qu'ils ont contracté. Même s'ils sont insuffisants comme maîtres d'École normale, ils restent bons instituteurs, et quelques-uns peuvent même être parmi les meilleurs des instituteurs.

Je considère donc comme de toute justice que la situation qu'ils occupaient précédemment dans l'enseignement primaire leur soit rendue.

1. La circulaire du 20 *mars* 1889 (ci-après *à sa date*) a insisté à nouveau sur le même objet.

Je sais, Monsieur l'Inspecteur d'Académie, que vous devez placer, chaque année, les élèves sortant de l'École normale, et que, parfois, le nombre des emplois vacants ne répond pas à celui des candidats. Mais il n'est pas douteux que les délégués obligés de quitter leur poste dans les Écoles normales dans les conditions que je viens de rappeler, ont des droits antérieurs à ceux de leurs jeunes collègues. Il importe qu'ils soient placés avant eux, et j'appelle toute votre attention sur ce point. Je vous recommande très instamment de veiller à ce qu'ils soient les premiers pourvus d'emplois soit dans les Écoles primaires élémentaires, soit dans les Écoles primaires supérieures, suivant le degré de leur aptitude.

Aussitôt que les examens du certificat d'aptitude au professorat seront terminés, je vous ferai connaître les noms des délégués supprimés qui, ayant déjà exercé dans votre département, demanderaient à y reprendre un poste d'instituteur, et je vous communiquerai, à leur sujet, les renseignements nécessaires.

Veuillez m'accuser réception de la présente circulaire et prendre, dès que le moment sera venu, les mesures destinées à assurer les prescriptions qu'elle contient.

Recevez, etc.

Signé : LÉOPOLD FAYE.

---

7 mars 1888. **Arrêté relatif à la nomination de Licenciés dans les Écoles normales et les Écoles primaires supérieures.**

7 Mars 1888.

Le Ministre de l'Instruction publique, des Cultes et des Beaux-Arts,

Vu le décret du 27 décembre 1887 ;

Vu l'avis exprimé par l'assemblée des Recteurs et des Inspecteurs généraux dans la séance du 14 février 1888 ;

Considérant que si les diplômes de licenciés attestent amplement les connaissances répondant aux programmes des Écoles normales et des Écoles primaires supérieures, ils ne prouvent pas nécessairement la compétence pédagogique spéciale à l'enseignement de ces établissements ;

Qu'il importe, dès lors, d'exiger des licenciés un stage analogue à celui qu'ont subi les professeurs d'Écoles normales ;

Qu'il convient, néanmoins, de leur tenir compte, dans une certaine mesure, du grade dont ils sont pourvus,

Arrête :

ARTICLE 1er. — Les candidats aux fonctions de professeurs d'Écoles normales, de directeurs et de professeurs d'Écoles primaires supérieures, pourvus du diplôme de licencié, sont délégués par le Ministre pendant une année au moins.

Après ce délai, ils pourront être titularisés sur la proposition du Recteur de l'Académie. En cas d'avis contraire, la délégation prendra fin de plein droit.

Elle pourra être renouvelée pendant une seconde et dernière année, mais seulement si des circonstances particulières nécessitent une nouvelle épreuve.

ART. 2. — Les licenciés sont délégués dans les fonctions de *professeurs* et reçoivent immédiatement le traitement de 2 500 francs attribué aux professeurs d'École normale.

ART. 3. — Les licenciés pourvus du brevet supérieur et du certificat d'aptitude pédagogique, justifiant de deux années d'exercice dans l'enseignement primaire, peuvent être titularisés sans être astreints à la condition de la délégation préalable.

Arrêté fixant le chiffre des Indemnités à allouer aux professeurs d'Écoles normales pourvus des certificats d'aptitude à l'enseignement des langues vivantes, du travail manuel, du chant et de la gymnastique. 13 mars 1888.

13 Mars 1888.

Le Ministre de l'Instruction publique, des Cultes et des Beaux-Arts,

Vu l'article 21 de la loi du 30 octobre 1886;

Vu l'article 116 du décret du 18 janvier 1887;

Vu les articles 82 et 83 de l'arrêté du 18 janvier 1887,

Arrête :

ARTICLE 1er. — Les indemnités annuelles à allouer aux professeurs d'Écoles normales pourvus des certificats d'aptitude ci-après désignés sont ainsi fixées :

Langues vivantes	300 fr.
Travail manuel (Écoles normales d'instituteurs)	300
Travail manuel (Écoles normales d'institutrices)	150
Dessin	300
Chant et musique	200
Gymnastique	100

ART. 2. — Le même professeur ne peut cumuler plusieurs de ces indemnités.

ART. 3. — L'indemnité dont il s'agit est indépendante de la rémunération des heures supplémentaires.

17 mars 1888.

Décret relatif à l'Organisation des Écoles manuelles d'apprentissage.

17 Mars 1888.

Le Président de la République française,

Sur le rapport du Ministre de l'Instruction publique, des Cultes et des Beaux-Arts, et du Ministre du Commerce et de l'Industrie;

Vu la loi du 11 décembre 1880 sur les Écoles manuelles d'apprentissage;

Vu la loi du 16 juin 1881 sur les dépenses de l'enseignement primaire;

Vu l'article 28, paragraphe 3, de la loi du 30 octobre 1886;

Le Conseil d'État entendu,

Décrète :

TITRE Ier. — Écoles publiques.

CHAPITRE Ier. — *Création. — Organisation.*

ARTICLE 1er. — Les établissements scolaires qui font l'objet de la loi du 11 décembre 1880, savoir : les Écoles manuelles d'apprentissage et les Écoles d'enseignement primaire supérieur ou complémentaire, comprenant des cours ou des classes d'enseignement professionnel, sont placés sous la double autorité du Ministre de l'Instruction publique et du Ministre du Commerce et de l'Industrie, lorsqu'ils sont fondés et entretenus par l'État, par les départements ou par les communes[1].

1. Pour l'enseignement technique, professionnel et commercial, consulter les documents suivants :

Lettre du 11 *août* 1887, adressée par le Ministre de l'Instruction publique au Ministre du Commerce et de l'Industrie, relative à la création d'une section commerciale à l'École des Langues orientales vivantes (*Bull. adm.*, 1887, t. XLII, p. 369);

Arrêté du 5 *juin* 1888, instituant une Commission chargée d'élaborer les programmes des Écoles manuelles d'apprentissage (*Bull. adm.*, 1888, t. XLIII, p. 435);

Circulaire du 30 *juin* 1888, aux Préfets, relative aux Écoles primaires supérieures professionnelles assimilées aux Écoles manuelles d'apprentissage (*Circ.*, t. X, p. 301);

Décret du 28 *juillet* 1888, déterminant les programmes généraux des Écoles manuelles d'apprentissage et des Écoles primaires supérieures préparatoires au commerce et à l'industrie (*à sa date*);

Circulaire du 10 *août* 1888, aux Préfets, relative aux boursiers dans les Écoles primaires supérieures et professionnelles (*Circ.*, t. X, p. 333);

Décret du 19 *mars* 1889, relatif à l'inspection du travail manuel (*Bull. adm.*, 1889, t. XLV, p. 269);

Arrêté du 3 *janvier* 1891, fixant le programme de l'enseignement du travail manuel dans les Écoles normales d'instituteurs (*à sa date*);

Décret du 6 *janvier* 1891, instituant un examen spécial pour l'obtention des bourses dans les Écoles nationales professionnelles (*à sa date*);

Arrêté du 7 *janvier* 1891, concernant les candidats aux bourses dans les Écoles nationales professionnelles (*à sa date*);

ART. 2. — Les Ecoles nationales sont créées par décrets rendus sur la proposition des deux Ministres.

Circulaire du 12 *mars* 1891, aux Recteurs, concernant l'enseignement du travail manuel dans les Écoles normales d'instituteurs (*Circ.*, t. XI, p. 423);

Décret du 1er *juin* 1891, assimilant les Écoles nationales d'enseignement primaire supérieur et professionnel aux Lycées nationaux pour le recouvrement de leurs créances (*à sa date*);

Décret du 24 *août* 1891, instituant un Conseil d'administration et un Comité de patronage auprès de chacune des Écoles nationales d'enseignement primaire supérieur et professionnel (*à sa date*);

— 1er *juin* 1892, transférant au Ministère du Commerce et de l'Industrie les Écoles primaires supérieures et professionnelles dont l'enseignement est principalement industriel et commercial (*Bull. adm.*, 1892, t. LI, p. 653);

— 26 *juillet* 1892, modifiant le décret du 24 août 1891 instituant un Conseil d'administration et un Comité de patronage auprès de chacune des Écoles nationales d'enseignement primaire supérieur et professionnel (*à sa date*);

— 30 *septembre* 1893, portant règlement d'administration publique sur le nombre d'heures de service exigées du personnel des Écoles nationales professionnelles d'Armentières, de Vierzon et de Voiron, ainsi que sur le mode de rétribution des heures de service supplémentaires (*à sa date*);

Arrêté du 18 *janvier* 1894, relatif à l'obtention des bourses dans les Écoles nationales professionnelles (*à sa date*);

— 1er *mai* 1894, fixant le prix de la pension dans les Écoles nationales d'enseignement primaire supérieur et professionnel (*à sa date*);

Décret du 25 *janvier* 1895, portant règlement d'administration publique pour les Écoles primaires supérieures et les cours complémentaires donnant l'enseignement industriel ou commercial (*à sa date*);

Arrêté du 25 *janvier* 1895, modifiant l'arrêté du 18 janvier 1894 relatif aux bourses des Écoles nationales professionnelles (*à sa date*);

Décret du 19 *mars* 1895, portant règlement d'administration publique sur diverses questions relatives à certaines catégories du personnel des Écoles nationales professionnelles (*à sa date*);

Arrêté du 20 *septembre* 1898, relatif à un cours spécial de leçons de choses appropriées à la profession du marin et du pêcheur dans les Écoles primaires du littoral (*Bull. adm.*, 1898, t. LXIV, p. 804);

Circulaire du 22 *septembre* 1898, aux Recteurs, relative à l'enseignement des pêches maritimes dans les Écoles du littoral (*Ibid.*, p. 806);

Décret du 13 *octobre* 1898, portant création à Nantes d'une École nationale d'enseignement primaire supérieur et d'enseignement professionnel préparatoire à l'apprentissage (*Ibid.*, p. 977);

Et les *arrêtés* suivants, plaçant des Écoles primaires supérieures et des Écoles manuelles d'apprentissage sous le régime établi par la loi du 11 décembre 1880 :

22 *novembre* 1888 (*Bull. adm.*, 1888, t. XLIV, p. 742); — 10 *décembre* 1888 (*Ibid.*, p. 808); — 13 *avril* 1889 (*Bull. adm.*, 1889, t. XLV, p. 311); — 9 *mai* 1889 (*Ibid.*, p. 394); — 6 *juin* 1889 (*Ibid.*, p. 459); — 9 *août* 1889 (*Bull. adm.*, 1889, t. XLVI, p. 231); — 27 *septembre* 1889 (*Ibid.*, p. 443); — 21 *octobre* 1889 (*Ibid.*, p. 571); — 9 *mars* 1891 (*Bull. adm.*, 1891, t. XLIX, p. 292); — 28 *avril* 1891 (*Ibid.*, p. 455); — 13 *mai* 1891 (*Ibid.*, p. 497); — 6 *août* 1891 (*Bull. adm.*, 1891, t. L, p. 210); — 11 *septembre* 1891 (*Ibid.*, p. 360); — 5 *octobre* 1891 (*Ibid.*, p. 480); — 19 *janvier* 1892 (*Bull. adm.*, 1892, t. LI, p. 61); — 29 *décembre* 1892 (*Bull. adm.*, 1892, t. LII, p. 901); — 19 *novembre* 1893 (*Bull. adm.*, 1893, t. LIV, p. 747); — 17 *avril* 1894 (*Bull. adm.*, 1894, t. LV, p. 340); — 25 *septembre* 1894 (*Bull. adm.*, 1894, t. LVI, p. 377); — 6 *octobre* 1894 (*Ibid.*, p. 494); — 15 *août* 1897 (*Bull. adm.*, 1897, t. LXII, p. 691); — 16 *décembre* 1897 (*Ibid.*, p. 1271); — 16 *juin* 1898 (*Bull. adm.*, 1898, t. LXIII, p. 825); — 28 *octobre* 1898 (*Ibid.*, t. LXIV, p. 1007).

Ces décrets déterminent l'emploi des subventions qui peuvent être allouées par les départements ou par les communes.

Ils règlent pour chaque École la composition du Conseil d'administration, dont les membres sont nommés par arrêtés du Ministre de l'Instruction publique, sur l'avis conforme du Ministre du Commerce et de l'Industrie.

ART. 3. — Lorsqu'un Conseil général veut fonder, avec ou sans le concours des communes, un des établissements désignés dans l'article 1er, il prend une délibération spéciale, dans laquelle il indique les dépenses d'installation et d'entretien qui seront à la charge du département.

Le Préfet, après avoir pris l'avis de l'Inspecteur d'Académie et d'un délégué du Ministre du Commerce et de l'Industrie, saisit le Conseil départemental. La décision de ce Conseil est soumise au Ministre de l'Instruction publique, qui statue, sur l'avis conforme du Ministre du Commerce et de l'Industrie.

ART. 4. — Le projet de construction, d'acquisition ou d'appropriation de l'immeuble destiné à l'École départementale, ainsi que les plans et devis adoptés par le Conseil général, sont approuvés par le Ministre de l'Instruction publique, après avis conforme du Ministre du Commerce et de l'Industrie.

Si la dépense d'installation doit être couverte par un emprunt, la subvention de l'État est accordée par le Ministre de l'Instruction publique, conformément à la loi du 20 juin 1885.

ART. 5. — Lorsque la création de l'établissement est demandée par une commune, le Conseil municipal prend une délibération spéciale qui doit contenir les engagements déterminés par le décret du 4 février 1888, l'énumération exacte des dépenses d'installation et d'entretien qui seront à la charge de la commune, ainsi que l'indication des ressources qu'elle veut y affecter. Le Préfet, après avoir pris l'avis de l'Inspecteur d'Académie et du délégué du Ministre du Commerce et de l'Industrie, saisit le Conseil départemental.

La décision de ce Conseil est soumise au Ministre de l'Instruction publique, qui statue sur l'avis conforme du Ministre du Commerce et de l'Industrie.

ART. 6. — Lorsque la création de l'établissement a été décidée, il est procédé conformément aux articles 6 et suivants du chapitre Ier du décret du 7 avril 1887, si l'établissement est fondé par une seule commune, et, dans le cas contraire, conformément aux articles 32 et suivants du chapitre 2 du même décret.

Dans tous les cas où, d'après les articles susindiqués, l'avis de l'Inspecteur d'Académie est demandé, il y a lieu de consulter également le délégué du Ministre du Commerce et de l'Industrie.

La subvention accordée en vertu de la loi du 20 juin 1885 et du décret du 15 février 1886 ne peut jamais dépasser, pour les Écoles professionnelles de toute nature, le maximum prévu par ladite loi pour les Écoles primaires supérieures.

ART. 7. — La Commission de surveillance et de perfectionnement prévue par l'article 5 de la loi du 11 décembre 1880 comprend : 1° si l'établissement est départemental, le Préfet, président; deux membres du Conseil général élus par cette assemblée, trois membres choisis par le Conseil général parmi les industriels et commerçants; 2° si l'établissement est communal, le maire, président; deux conseillers municipaux élus par le Conseil, trois membres choisis par le Conseil municipal parmi les industriels et commerçants.

Chaque Commission comprend en outre un représentant du Ministre de l'Instruction publique et un représentant du Ministre du Commerce et de l'Industrie.

ART. 8. — La Commission de surveillance et de perfectionnement peut tenir lieu, pour les établissements désignés dans l'article 1er du présent décret, du Comité de patronage prévu par l'article 42 du décret du 18 janvier 1887.

CHAPITRE II. — *Personnel enseignant.*

ART. 9. — Dans les Écoles nationales, la nomination du directeur et du personnel enseignant de tout ordre est faite par arrêtés pris d'accord entre les deux Ministres.

ART. 10. — Dans les autres Écoles publiques, le directeur est nommé par arrêté du Ministre de l'Instruction publique, sur l'avis conforme du Ministre du Commerce et de l'Industrie.

Le droit de présentation prévu par l'article 5, paragraphe 1er, de la loi du 11 décembre 1880 s'exerce au moyen d'une liste contenant au moins les noms de trois candidats sur lesquels doit porter le choix du Ministre.

ART. 11. — Les candidats aux fonctions de directeur doivent remplir les conditions requises par les articles 4, 5, 6, 7, § 3, et 20 de la loi du 30 octobre 1886, et être munis d'un des titres suivants :

Le certificat d'aptitude au professorat des Écoles normales et des Écoles primaires supérieures, la licence ès lettres ou ès sciences, deux baccalauréats, dont un des sciences ou de l'enseignement secondaire spécial, un des trois baccalauréats avec le certificat d'aptitude à l'enseignement du travail manuel, le diplôme d'ingénieur des arts et manufactures ou, à défaut, le titre ou le diplôme d'ancien élève d'une École technique reconnu équivalent par les deux Ministres, après avis de la Commission permanente du Conseil supérieur de l'enseignement technique.

ART. 12. — Les professeurs et maîtres adjoints chargés de classes, ainsi que les maîtres auxiliaires, chargés de l'enseignement des travaux manuels, sont nommés ou délégués par arrêtés du Ministre de l'Instruction publique, pris sur l'avis conforme du Ministre du Commerce et de l'Industrie.

Ils doivent remplir les conditions prévues par l'article 24 de la loi du 30 octobre 1886.

ART. 13. — Le personnel spécial, nommé conformément au paragraphe 2 de l'article 5 de la loi du 11 décembre 1880, se compose des contremaîtres, chefs, sous-chefs d'atelier, ouvriers instructeurs et autres préposés, s'il y a lieu, à l'apprentissage. La Commission de surveillance dresse pour chaque emploi une liste de trois candidats, parmi lesquels le Préfet ou le maire exerce son choix. Cette liste est accompagnée de certificats signés par les membres de la Commission et attestant les capacités professionnelles des candidats.

Ce personnel n'acquiert pas de droit à pension sur les fonds de l'État.

CHAPITRE III. — *Budget. — Subventions. — Bourses.*

ART. 14. — Le budget de chaque École nationale est dressé par le Conseil d'administration et approuvé par le Ministre de l'Instruction publique, après avis conforme du Ministre du Commerce et de l'Industrie. Le crédit imputable sur les fonds du Trésor est inscrit au projet de budget du Ministère de l'Instruction publique.

Un agent comptable, nommé dans la même forme que le Directeur, est attaché à chaque École. Il est tenu de fournir un cautionnement et ses comptes sont soumis à la juridiction de la Cour des Comptes.

ART. 15. — Les dépenses annuelles d'entretien des Écoles départementales et communales, les traitements et indemnités dus aux professeurs et maîtres nommés selon le mode prescrit par l'article 12 ci-dessus sont acquittés conformément aux lois en vigueur et aux engagements spéciaux pris par les départements ou par les communes.

ART. 16. — La subvention de l'État prévue par l'article 5 de la loi du 16 juin 1881, et inscrite au budget de l'Instruction publique ne s'applique en aucun cas au payement des dépenses d'entretien des élèves internes, ni à la rémunération du personnel de l'article 13 du présent décret.

Le département ou la commune doit prendre, conformément au décret du 4 février 1888, l'engagement d'assurer pendant dix ans au moins le payement des rétributions à allouer à ce personnel spécial.

ART. 17. — Le Ministre du Commerce et de l'Industrie peut allouer aux communes, dans la limite de ses crédits annuels, après avis du Conseil supérieur de l'enseignement technique et après entente avec le Ministre de l'Instruction publique, des subventions particulières, soit pour le payement du personnel spécial rétribué sur les fonds départementaux ou communaux, soit pour tout autre emploi spécialement déterminé dans des conventions passées avec les communes intéressées.

ART. 18. — Des bourses nationales d'enseignement primaire supérieur imputables sur le budget du Ministère de l'Instruction publique peuvent être attribuées aux établissements régis par la loi du 11 décembre 1880, dans les formes et conditions prévues par le décret du 18 janvier 1887. Toutefois, l'attribution de ces bourses est prononcée par un arrêté du Ministre de l'Instruction publique, sur la proposition de l'Inspecteur d'Académie, après avis du Conseil départemental et du délégué du Ministre du Commerce et de l'Industrie. La déchéance de la bourse est prononcée dans la même forme.

ART. 19. — Les bourses ou indemnités facultatives que le Ministre du Commerce et de l'Industrie peut allouer sur ses crédits annuels sont attribuées par lui, sur la proposition de son délégué, après avis du Conseil supérieur de l'enseignement technique et de l'Inspecteur d'Académie.

CHAPITRE IV. — *Enseignement et inspection.*

ART. 20. — Un décret déterminera les programmes généraux des Écoles régies par la loi du 11 décembre 1880 et par le présent règlement.

Ce décret sera rendu sur la proposition des deux Ministres, après avis du Conseil supérieur de l'Instruction publique et du Conseil supérieur de l'enseignement technique.

ART. 21. — En outre, pour chaque École en particulier, il pourra être dressé, pour les Écoles nationales, par le Conseil d'administration, et, pour les autres Écoles publiques, par la Commission prévue à l'article 7, un programme spécial qui ne sera exécutoire qu'après avoir reçu l'approbation des deux Ministres.

ART. 22. — Aucun internat ne pourra être annexé aux Écoles énoncées dans l'article 1er du présent décret sans l'autorisation préalable des deux Ministres.

ART. 23. — Tous les établissements publics placés sous le régime de la loi du 11 décembre 1880 et du présent règlement sont, indépendamment de l'inspection prévue par l'article 9 de la loi du 30 octobre 1886, soumis, pour tout ce qui regarde l'enseignement commercial et industriel, à une inspection spéciale dans des conditions à déterminer par un arrêté pris par le Ministre du Commerce et de l'Industrie, après entente avec le Ministre de l'Instruction publique. Tous les rapports concernant ces établissements sont adressés aux deux Ministres.

TITRE II. — **Écoles privées.**

ART. 24. — Les Écoles privées placées sous le régime de la loi du 11 décembre 1880, sont soumises à la double surveillance du Ministre de l'Instruction publique et du Ministre du Commerce et de l'Industrie, mais l'inspection ne peut pas dépasser les limites fixées par les articles 9 et 35 de la loi du 30 octobre 1886.

TITRE III. — **Dispositions spéciales.**

ART. 25. — Les Ministres de l'Instruction publique et du Commerce et de l'Industrie présenteront de concert, chaque année, au Président de la République un rapport sur l'exécution de la loi du 11 décembre 1880 et du présent décret. Ce rapport sera inséré au *Journal officiel.*

ART. 26. — Les deux Ministres arrêteront, chacun en ce qui le concerne, après avis de son collègue, les mesures destinées à assurer l'exécution du présent décret.

ART. 27. — Le règlement d'administration publique du 30 juillet 1881 est et demeure rapporté.

ART. 28. — Le Ministre de l'Instruction publique, des Cultes et des Beaux-Arts et le Ministre du Commerce et de l'Industrie sont chargés, chacun en ce qui le concerne, de l'exécution du présent décret, qui sera inséré au *Bulletin des Lois* et au *Journal officiel.*

Circulaire du Vice-Recteur de l'Académie de Paris, relative à l'interdiction de l'Enseignement dans les Garderies[1]. 21 mars 1888.

21 Mars 1888.

Monsieur l'Inspecteur, un de vos collègues m'a demandé si les garderies peuvent ou non donner l'instruction.

J'ai soumis la question à M. le Ministre. Il me répond (20 mars) :

« Ainsi que vous le faites remarquer, la Cour de cassation s'est prononcée « pour la négative; mais on pourrait invoquer pour l'affirmative certaines pa« roles prononcées à la Chambre des Députés, dans sa séance du 15 mars 1884, « par M. Jules Steeg, parlant au nom de la Commission :

« M. Steeg a eu trois fois l'occasion de prendre la parole dans cette séance, « et il est impossible de ne pas constater une contradiction dans la dernière de « ses réponses à M. de Mackau avec la première déclaration qu'il avait faite. « En concédant que, dans les garderies, il serait loisible d'apprendre aux en« fants *ce qu'on voudra, ce qu'on pourra*, M. Steeg a, selon moi, perdu de vue « le danger qu'il venait de signaler lui-même de laisser créer, sous le nom de « *garderies*, des Écoles dans lesquelles on introduirait des maîtresses sans « brevet.

« J'estime donc qu'il faut s'en tenir à la jurisprudence de la Cour de cassa« tion, aux termes de laquelle ce qui caractérise précisément la garderie, c'est « l'absence de tout enseignement, même le plus élémentaire. »

Je vous prie d'assurer, en ce qui vous concerne, l'observation de cette jurisprudence.

Recevez, etc.

Signé : GRÉARD.

Proposition de loi tendant à instituer l'Instruction intégrale par voie de concours, présentée par MM. Hervieu et divers, députés[2]. 3 avril 1888.

Séance du 3 Avril 1888.

Exposé des motifs.

Messieurs, l'instruction intégrale, son nom l'indique, est l'instruction complète, entière. Elle embrasse tous les ordres d'enseignement : primaire, primaire supérieur, secondaire, secondaire spécial et supérieur.

1. Voir l'arrêt de la Cour de Cassation du 21 *mars* 1884, Tome V, p. 570.

2. Voir le rapport de M. MERCIER, député, 22 *décembre* 1888 (Annexe 3401, *Journal officiel*, avril 1889, p. 734), au nom de la Commission composée de MM. Daniel LAMAZIÈRE, *Président;* Albert DUCHESNE, *Secrétaire;* AUGÈRE, MERCIER, CREUZÉ, JULLIEN, TROUARD-RIOLLE, LECOINTRE, SUQUET, VIOX, DUCHASSEINT, RICHARD (Drôme), BORRIGLIONE, Maxime LECOMTE, CHEVALIER (Manche), MAUNOURY, Georges ROCHE (Charente-Inférieure), RODAT, GUYOT-DESSAIGNE, Léon MARTIN (Oise), GAULIER, DE LA BILIAIS.

Aussi bien, quand dans leurs programmes les républicains parlent de « l'enseignement intégral ouvert à tous », ils entendent que les cours de l'enseignement primaire supérieur, ceux des Collèges et des Lycées, des Écoles et des Facultés, doivent être gratuits pour quiconque veut les suivre. Ils réclament, en d'autres termes, la suppression des rétributions, des droits d'inscriptions et d'examens.

Or, et pour notre part, nous l'affirmons, il n'y a point là l'utopie que beaucoup ont voulu y voir; car l'enseignement intégral que l'on réclame n'est autre chose que la gratuité complète des enseignements et des diplômes, la généralisation des principes déjà appliqués à l'instruction primaire et à la plupart des branches de l'enseignement supérieur.

Il est même de toute évidence que l'enseignement intégral mis ainsi gratuitement à la disposition de tous, apporterait un allègement notable aux dépenses de nombre de familles qui, pour l'instruction de leurs enfants dans les Lycées ou dans les Collèges, pour la prise de leurs inscriptions, pour leurs consignations d'examen, s'imposent souvent de durs sacrifices. Par malheur, cette généralisation de la gratuité de l'enseignement coûterait cher à l'État, et notre situation financière actuelle nous interdit formellement d'y penser.

Le projet de loi que nous présentons aujourd'hui a, par suite, un autre but. Il fait moins, à certains égards, nous le reconnaissons, puisqu'il ne s'applique qu'à l'instruction intégrale de l'homme intelligent né pauvre; mais, en même temps, il fait plus à d'autres points de vue, puisque, après avoir exigé du candidat deux conditions : la pauvreté et une intelligence vraiment digne de remarque, il lui donne le pouvoir de jouir réellement, efficacement des bienfaits de l'instruction intégrale en ne laissant aucune espèce de frais à sa charge.

Ouvrir toutes les Écoles, les plus hautes comme les plus humbles, à celui qui n'est riche que de mérite, c'est quelque chose à coup sûr. Mais si vous n'offrez à ce malheureux que la gratuité de la science, sans lui donner celle du lit et du pain, votre générosité restera vaine et demeurera sans effet utile.

Comment, par exemple, un indigent profitera-t-il de l'enseignement gratuit du Collège, s'il lui faut payer sa nourriture, son logement, alors qu'il est sans ressources? Avant tout il faut vivre, se vêtir, se loger; or, quelles familles nécessiteuses se trouveront en mesure d'entretenir leurs enfants jusqu'à vingt-cinq ans? Aucune; beaucoup d'entre elles ayant déjà grand'peine à leur faire accomplir leur temps d'études primaires, dans la hâte qu'elles ont de les voir travailler pour alléger les charges familiales et se suffire à eux-mêmes. Ce qu'il faut donc, c'est assurer le vivre en même temps qu'on assurera l'instruction.

Mais, dira-t-on, il y a les bourses actuelles qui parent à ces difficultés. Eh bien! notre avis tout net est qu'il est temps d'en finir une bonne fois avec le régime des bourses, système si vanté et qui n'est trop souvent, dans la pratique, qu'un dangereux leurre pour les familles pauvres, qu'une source regrettable de faveurs pour certains, au lieu d'être la constatation de l'égalité dans le mérite.

Que se passe-t-il, en effet, dans le système actuellement en vigueur? Un enfant dont les aptitudes intellectuelles ont été remarquées est présenté par sa famille, famille de petits bourgeois, de petits commerçants, de fonctionnaires ou d'ouvriers, à l'examen des bourses. Le jeune candidat est admis. Sa famille se réjouit, et elle y est fondée. Mais qu'elle se réjouisse vite, car sa joie ne sera pas de longue durée : l'enfant a bien obtenu une bourse, mais cette obtention est purement nominale. Il a eu les apparences, le fantôme de la chose, il n'a pas atteint à sa réalité.

D'une façon, par certains côtés, arbitraire, et sans tenir compte généralement du rang d'examen, d'autres candidats ont été admis d'une manière effective et le jeune candidat éliminé.

Voilà donc une famille animée de louables intentions, un sujet peut-être remarquable, à coup sûr digne d'intérêt, atteints par un contretemps qui peut devenir irréparable. En effet, tout candidat admissible, non placé dans l'année, devant, l'année d'après, subir de nouveaux examens, la même situation peut se renouveler, et cela deux, trois ou quatre fois.

Supposons, maintenant, le candidat refusé, alors que la fois précédente il avait été reçu. Tout alors est bien fini. Sa famille, qui a fait des sacrifices parfois considérables, voit sa gêne augmentée. L'enfant sur qui elle était en droit de compter pour lui venir en aide devient un dévoyé; plus tard ne sera-t-il pas un déclassé? Ou, sans pousser les choses aussi loin, n'est-ce pas une valeur à jamais perdue pour le pays?

Jusqu'à présent nous n'avons envisagé que les vicissitudes qui président au concours illusoire et inéquitable des bourses. Considérons maintenant l'autre face de la question et supposons le candidat définitivement admis. Croit-on qu'il va être pourvu d'une bourse entière? Ce serait une erreur; le plus souvent, il ne l'obtient pas; il a une demi-bourse, puis trois quarts, et enfin la plénitude de la bourse, et cela au fur et à mesure des vacances qui se produisent, et trop souvent en raison directe des influences protectrices qui l'appuient. Quelquefois il va terminer ses études, nous n'irons pas jusqu'à dire qu'il les a terminées quand la bourse entière lui est dévolue.

Voilà un autre mécompte, et celui-là des plus sérieux. Au reste reçu ou point reçu, le candidat est toujours assuré d'en subir un quelconque. Il est enserré dans un cercle d'injustices dont il ne peut sortir que victime, lui et sa famille.

A quoi donc attribuer de pareils résultats et de si déplorables? Au trop grand nombre de bourses mises annuellement au concours relativement au nombre total et restreint des places, à l'esprit de favoritisme qui règne sans doute encore dans les sphères élevées, au déni de justice si fréquemment exercé vis-à-vis des classes pauvres.

De pareils faits se produisent depuis trop longtemps, ils ne sauraient se prolonger sous la République.

Il convient d'entrer franchement dans la voie de l'instruction intégrale, d'instituer un concours annuel où les instituteurs, même des hameaux les plus reculés, devront obligatoirement présenter des candidats. Ce mode de procéder, outre qu'il créera entre les maîtres primaires de la jeunesse une noble émulation, aura surtout pour effet de mettre en lumière toutes les intelligences qui sommeillent ou qui s'ignorent, de les forcer, en quelque sorte, à s'éclairer au grand jour des études supérieures.

Dans une belle nation comme la nôtre, il ne doit pas y avoir de capitaux perdus, de capitaux intellectuels moins que tous autres encore. Combien de fois en parcourant les campagnes retirées n'avons-nous pas été surpris de rencontrer des intelligences d'élite sous des haillons, et à qui de nous n'est venue cette réflexion, résultat naturel d'un raisonnement antithétique, qu'un grand nombre de jeunes gens appartenant aux classes riches s'usent pendant ce temps sans profit dans l'inaction et l'oisiveté, sur les bancs de nos Collèges et de nos Lycées?

Que deviennent-ils ceux-là? Vous ne l'ignorez pas : des fonctionnaires ou des membres des carrières libérales; avocats ou médecins, dont l'infériorité est proverbiale, qui n'ont acquis leurs grades qu'au prix d'échecs réitérés et dont la pratique se ressent de la méchanceté des études. Aussi, voyez les résultats ! c'est que, dans nombre de cas, les citoyens doutent de la capacité de fonctionnaires qui devraient être à leurs yeux les dépositaires incontestés d'une parcelle de la puissance publique, doutent même de l'excellence des diplômes délivrés à ceux qui ont mission de les défendre dans les luttes pour la vie et contre la mort.

Que les parents riches ou aisés donnent à leurs enfants, intelligents ou non, l'instruction qui leur convient, rien de plus juste. Que les jeunes gens riches et méritants arrivent eux aussi : c'est l'équité même ; mais, de grâce, qu'on ne laisse pas s'ignorer des valeurs réelles. La plupart des grands hommes, et tous nos inventeurs sortaient des classes pauvres, le hasard seul les a fait émerger. Aujourd'hui il convient de ne plus rien livrer au hasard et à ses caprices. Le moment est venu de réglementer et de se décider à mettre en pratique, une bonne fois, ce principe sublime de la Révolution : l'accessibilité de tous les citoyens à tous les emplois, même les plus élevés, par leur seul mérite.

Ce sera rendre hommage au désir le plus cher de ces grands esprits qui ont illustré le pays et qui s'appelaient Lakanal et Condorcet.

Comme ils le demandaient à la Convention, nous créerons les « Enfants de la patrie ».

Prendre l'élève pauvre à l'École primaire et le conduire jusqu'à l'extrême limite des études supérieures, et cela par voie de sélection et de mérite, à l'exclusion de toute faveur, telle doit être l'œuvre maîtresse de la République, tel le couronnement du bel édifice qu'elle a élevé de toutes pièces en matière d'enseignement primaire.

Proposition de loi.

ARTICLE 1er. — L'instruction intégrale, partant de l'enseignement primaire et le comprenant, embrasse par voie de concours tous les autres ordres d'enseignement : primaire supérieur, secondaire spécial, secondaire et supérieur.

Elle est donnée aux frais de l'État et subsidiairement aux frais des départements et des communes, qui pourront être appelés à y apporter leur part contributive.

ART. 2. — Le concours de début sera ouvert annuellement dans chaque chef-lieu de canton. Toutes les Écoles publiques de la circonscription, sans en excepter celles de hameaux, devront obligatoirement y prendre part dans la personne de leurs meilleurs élèves.

ART. 3. — Les élèves présentés devront être munis du certificat d'études primaires. Ils ne pourront avoir moins de treize ans et plus de quinze ans révolus. Des dispenses d'âge, inférieures ou supérieures, pourront être accordées.

ART. 4. — En dehors de l'extrait du rôle des contributions directes, un certificat du maire et une délibération du Conseil municipal indiqueront que la famille du candidat admis est absolument hors d'état de payer des frais d'études.

ART. 5. — Le concours portera sur les mêmes matières pour tous les candidats, afin d'assurer l'identité absolue des épreuves, et, par suite, l'égalité la plus rigoureuse entre les concurrents. Il s'ouvrira le même jour pour toute la France.

ART. 6. — Les candidats reçus porteront le nom de pensionnaires de l'État pour l'instruction intégrale.

ART. 7. — Une fois admis, les élèves choisiront dans l'ordre de leur classement le mode d'enseignement qu'ils préféreront : secondaire ou secondaire spécial.

Au terme de ces études, un second concours, le dernier, leur ouvrira les portes de l'enseignement supérieur, classique ou non, et les mènera jusqu'à la limite extrême de ces études.

ART. 8. — L'enseignement supérieur classique comprendra l'enseignement des Facultés et des grandes Écoles du Gouvernement. L'enseignement supérieur non classique comprendra l'enseignement donné à l'École centrale des Arts et Manufactures, à l'Institut agronomique, aux Écoles supérieures du Commerce, aux Écoles vétérinaires, etc.

ART. 9. — Toutefois, pendant toute la durée de l'enseignement, les pensionnaires pourront être exclus du bénéfice de leur situation par suite de manquements graves à la discipline, pour inconduite notoire, défaut de travail ou inaptitude reconnue.

Ils pourront, en outre, être radiés des rôles par suite d'améliorations sensibles survenues dans la condition de fortune de leur famille.

ART. 10. — Le nombre des élèves admis au concours devra répondre strictement aux crédits ouverts au budget.

Nul candidat ne sera nommé à la suite. L'élève admis sera immédiatement placé dans un établissement de l'État, dépendant de l'État ou agréé par l'État.

Tout candidat non acceptant sera remplacé sur-le-champ par le candidat inscrit après lui sur la liste de mérite.

ART. 11. — Les dépenses nécessitées par le service de l'instruction intégrale seront limitées aux crédits affectés annuellement au service des bourses qui sont et demeurent supprimées.

Arrêté fixant le taux de Rétribution devant servir à calculer le montant du Traitement éventuel des instituteurs et institutrices publics en 1888.

23 avril 1888.

23 Avril 1888.

Le Ministre de l'Instruction publique et des Beaux-Arts,

Vu la loi du 16 juin 1881 (art. 6);

Vu la loi de finances du 30 mars 1888;

Vu les arrêtés du 21 juillet 1884, du 23 mars 1885, du 15 février 1886 et du 23 mars 1887;

Vu les propositions transmises par les Préfets, après avis des Conseils départementaux de l'Instruction publique, pour la fixation du taux de rétribution devant servir à calculer le traitement éventuel des instituteurs et institutrices en 1888,

Arrête :

ARTICLE 1er. — Le taux de rétribution devant servir à déterminer le montant du traitement éventuel des instituteurs et institutrices est fixé, pour la présente année, par élève et par mois de présence dûment constatée, de la manière suivante :

1° Pour les Écoles maternelles et les Classes enfantines, à 50 centimes ;

2° Pour les Écoles primaires élémentaires de garçons et de filles, à 1 franc dans les communes dont la population est inférieure à 5 000 habitants ; à 1 fr. 25, dans les communes de 5 000 à 50 000 habitants ; à 1 fr. 50, dans les communes d'une population supérieure à 50 000 habitants.

ART. 2. — Le produit de l'éventuel sera réparti entre les membres du personnel enseignant, dans les conditions déterminées par l'arrêté du 21 juillet 1884, dont les dispositions sont maintenues.

---

27 mai 1888.

Décret relatif au Classement général des Écoles primaires publiques[1].

27 Mai 1888.

Le Président de la République française,

Sur le rapport du Ministre de l'Instruction publique et des Beaux-Arts et du Ministre de l'Intérieur,

Vu la loi organique du 30 octobre 1886, et notamment les articles 13 et 14, ainsi conçus : « Le Conseil départemental de l'Instruction publique, après avoir pris l'avis des Conseils municipaux, détermine, sous réserve de l'approbation du Ministre, le nombre, la nature et le siège des Écoles primaires publiques de tout degré qu'il y a lieu d'établir ou de maintenir dans chaque commune, ainsi que le nombre des maîtres qui y sont attachés (art. 13).

« L'établissement des Écoles primaires élémentaires publiques créées par application des articles 11, 12 et 13 de la présente loi est une dépense obligatoire pour les communes » (art. 14) ;

Vu la loi du 28 mars 1882 et les deux lois du 16 juin 1881 ;

Vu la loi du 11 décembre 1880, articles 1 et 5, et l'article 28 de la loi organique précitée, ensemble le règlement d'administration publique en date du 17 mars 1888 ;

Vu la loi du 20 mars 1883, articles 8, 9, 10 ;

Vu le règlement d'administration publique, en date du 7 avril 1887,

1. Consulter, pour l'application, la circulaire du 27 *mai* 1888, aux Préfets (*Circ.*, t. X, p. 276) ; et la circulaire du 4 *juin* 1888, aux Préfets, relative à la constitution des dossiers concernant les demandes de création d'Écoles et d'emplois sur lesquelles il ne peut être statué immédiatement (*Ibid.*, p. 288).

déterminant les règles de la création et de l'installation des Écoles primaires publiques;

Vu le décret du 4 février 1888,

Décrète :

Article 1er. — Il sera procédé par les Conseils départementaux, conformément à la loi du 30 octobre 1886, pour toutes les communes de la France et de l'Algérie, à la revision générale de la liste des Écoles et des Classes primaires de tout degré et à la classification de ces établissements dans les catégories prévues par ladite loi.

A cet effet, les Conseils départementaux seront appelés soit à confirmer et à compléter leurs décisions antérieures, soit à en prendre de nouvelles en vue de déterminer, après avis des Conseils municipaux, et sous réserve de l'approbation ministérielle, le nombre, la nature et le siège des Écoles primaires publiques qu'il y a lieu d'établir ou de maintenir, dans chaque commune, ainsi que le nombre des maîtres qui y sont attachés.

Art. 2. — Les décisions des Conseils départementaux mentionneront, pour chaque commune, quelles sont les Écoles placées dans les trois catégories ci-après :

1re *catégorie*. — Écoles dont l'établissement et l'entretien donnent lieu à une dépense légalement obligatoire, conformément à l'article 14 de la loi organique, savoir : les Écoles primaires élémentaires créées soit à titre d'Écoles communales ordinaires par application de l'article 11 de ladite loi, soit à titre d'Écoles spéciales de hameau par application des articles 8 de la loi du 20 mars 1883 et 12 de la loi du 30 octobre 1886.

2e *catégorie*. — Écoles dont l'établissement et l'entretien donnent lieu à une dépense conventionnellement obligatoire, savoir : les Écoles visées par l'article 15 de la loi organique et toutes les autres Écoles facultatives prévues par l'article 1er de ladite loi, pour lesquelles les communes auront pris envers l'État les engagements spéciaux prescrits par le décret du 4 février 1888.

3e *catégorie*. — Écoles dont l'établissement et l'entretien donnent lieu à une dépense exclusivement communale et facultative, savoir : les Écoles de filles dans les communes de moins de 400 âmes, les Écoles maternelles dans les communes de moins de 2 000 habitants ou de moins de 1 200 âmes de population agglomérée, et généralement toutes les Écoles qui ne peuvent être légalement ni subventionnées par l'État ni déclarées obligatoires par le Conseil départemental.

Art. 3. — Dans le cas où une commune possède plusieurs Écoles primaires élémentaires, la décision du Conseil départemental fixera le nombre minimum d'Écoles ou de Classes que la commune doit entretenir à titre obligatoire. En outre, pour toutes les Écoles situées sur un point du territoire communal autre que le chef-lieu (Écoles établies dans des hameaux, faubourgs, quartiers, sections, etc.), ladite décision devra spécifier : si l'École est créée par application de l'article 11 de la loi organique à titre d'Ecole communale ordinaire légalement obligatoire; — si elle est créée par application de la disposition spéciale de l'article 8 de la loi du 20 mars 1883 à titre d'École de hameau légalement obligatoire; — ou si elle est créée, à la demande de la commune et sur avis conforme du Conseil municipal, à titre facultatif ou conventionnellement obligatoire, soit comme École ordinaire, soit comme École de hameau.

Les traitements du personnel attaché à ces diverses Écoles sectionnaires seront réglés en conséquence de ces déclarations, conformément à la loi du 19 juillet 1875. Le décret du 10 octobre 1881 est et demeure rapporté.

Classement général.

ART. 4. — Toutes les décisions des Conseils départementaux prévues par le présent décret devront parvenir au Ministère de l'Instruction publique, au plus tard à la fin de la présente année scolaire, pour être soumises à l'approbation ministérielle avant la rentrée des classes.

ART. 5. — Le Ministre de l'Instruction publique et des Beaux-Arts et le Ministre de l'Intérieur sont chargés, chacun en ce qui le concerne, de l'exécution du présent décret.

---

2 juin 1888.

Arrêté rejetant une requête formée pour l'annulation d'une Élection au Conseil supérieur de l'Instruction publique[1].

2 Juin 1888.

Le Ministre de l'Instruction publique et des Beaux-Arts,

Vu l'article 1er de la loi du 27 février 1880;

Vu l'article 12 du décret du 16 mars 1880;

1. Un arrêté du 1er *juin* 1892 a également rejeté — avec des considérants analogues — une requête formée par M. Bareilhes, Inspecteur primaire à Montbrison, pour l'annulation de l'élection de M. Chevrel, Inspecteur d'Académie, au Conseil supérieur de l'Instruction publique, en qualité de membre de l'enseignement primaire.

Vu le procès-verbal du dépouillement et du recensement des votes pour les élections au Conseil supérieur de l'Instruction publique, en date du 27 avril 1888;

Vu la requête formée, à la date du 3 mai 1888, par M. Ridoux, Inspecteur d'Académie à Arras, aux fins d'annuler l'élection de M. Compayré au Conseil supérieur en qualité de membre de l'enseignement primaire;

Considérant qu'aux termes de l'article 1er de la loi du 27 février 1880, le Conseil supérieur de l'Instruction publique se compose de... « six membres de l'enseignement primaire »;

Considérant qu'en ne spécifiant pas, comme il l'a fait pour les autres ordres d'enseignement, à quelle catégorie ou subdivision du service devaient appartenir les « membres de l'enseignement primaire » élus au Conseil supérieur, le législateur a voulu que cette expression fût entendue dans le sens le plus large;

Considérant que M. Compayré donne à l'École normale supérieure d'enseignement primaire de Fontenay-aux-Roses un enseignement pédagogique;

Qu'il a siégé en cette qualité dans le précédent Conseil supérieur de l'Instruction publique,

Arrête :

La requête de M. Ridoux est rejetée.

Arrêté portant annulation d'une Élection au Conseil supérieur de l'Instruction publique.

2 juin 1888.

2 Juin 1888.

Le Ministre de l'Instruction publique et des Beaux-Arts,

Vu l'article 1er de la loi du 27 février 1880;

Vu l'article 12 du décret du 16 mars 1880;

Vu le procès-verbal du dépouillement et du recensement des votes pour les élections au Conseil supérieur de l'Instruction publique, en date du 27 avril 1888;

Vu la requête formée, à la date du 3 mai 1888, par M. Ridoux, Inspecteur d'Académie à Arras, aux fins d'annuler l'élection de M. Ch. Dupuy au Conseil supérieur en qualité de membre de l'enseignement primaire;

Considérant qu'aux termes de l'article 1er de la loi du 27 février 1880, le Conseil supérieur de l'Instruction publique se compose de... « six membres de l'enseignement primaire »;

Considérant que cette expression « membre de l'enseignement primaire », même prise dans le sens le plus large, ne peut s'entendre que de personnes exerçant une fonction dans l'enseignement primaire;

Considérant que M. Ch. Dupuy, ancien Inspecteur d'Académie, Vice-Recteur honoraire, n'exerce actuellement aucune fonction de cette nature;

Considérant que la loi du 27 février 1880 a spécifié le cas dans lequel d'anciens fonctionnaires peuvent être appelés à faire partie du Conseil supérieur, et que ce cas est strictement limité aux membres du Conseil qui sont nommés directement par le Président de la République,

Arrête :

L'élection de M. Ch. Dupuy au Conseil supérieur de l'Instruction publique comme membre de l'enseignement primaire est annulée.

---

11 juin 1888.

Circulaire du Ministre de l'Instruction publique, relative à un projet de Réunion des directeurs et directrices des Écoles normales au chef-lieu académique.

11 Juin 1888.

Monsieur le Recteur, un de vos collègues appelle mon attention sur un projet qu'il m'expose dans les termes suivants :

« Pour imprimer à nos Écoles normales une direction nouvelle, pour en faire des maisons de haute éducation et de véritables établissements pédagogiques, l'Administration supérieure a multiplié les instructions et les conseils; mais il y a souvent loin de la théorie à la mise en pratique et, parfois, plus d'une difficulté surgit, quand on applique les mesures prescrites par une circulaire ministérielle sans s'être pénétré de l'esprit qui a présidé à leur élaboration. D'autre part, certains directeurs, soucieux avant tout de leurs devoirs professionnels, se sont ingéniés pour arriver au but qui leur était indiqué; ils ont trouvé des moyens d'action qui leur réussissent, ont inauguré des pratiques de direction dont les résultats nous frappent, et qu'il serait bon d'examiner et d'étudier en commun, afin de leur donner une sorte de publicité et de les recommander au besoin. J'ai pensé qu'en vue de cet objet, il conviendrait d'autoriser les Recteurs à réunir une fois chaque année, au chef-lieu académique, les directeurs et les directrices d'Écoles normales; les frais de voyage nécessités par ces déplacements, peu onéreux du reste, seraient prélevés sur un des articles du budget de chaque École. Dans ces réunions la discussion porterait tantôt sur le régime intérieur et la discipline, tantôt sur le travail personnel des élèves et l'enseignement des professeurs, parfois même sur les programmes; et il devrait nous être permis d'innover, d'apporter quelques modifications de détail; l'inspection générale jugerait, à son tour, des résultats que nous aurions ainsi obtenus. Je suis certain d'avance de l'excellence des résultats; les directeurs, pénétrés plus que jamais de leur responsabilité, puisqu'on aurait fait appel à leur initiative, redoubleraient d'efforts et de zèle; ils auraient à cœur de nous montrer ce qu'ils valent et ce qu'ils peuvent. Dans l'enseignement primaire, comme en d'autres services, il ne faut pas que l'impulsion pour les moindres détails vienne toujours d'en haut. Tout ce qui encouragera chez les chefs d'établissement l'esprit d'initiative, de réforme et de progrès, se traduira en améliorations décisives dans la vie de l'École. Il n'est pas mauvais d'ailleurs, même au point de vue national, que, tout en gardant une physionomie commune, nos maisons d'éducation puissent, dans chaque région, avoir quelques traits qui les distinguent. »

Ces idées répondent trop bien à mon propre sentiment pour que je ne m'empresse pas de les accueillir. Je n'ai donc pas voulu me borner à répondre à l'auteur de cette démarche pour lui accorder l'autorisation sollicitée. J'ai pensé qu'il y avait lieu de signaler à tous les Recteurs cette proposition qui émane de l'un d'eux. J'ajoute que je serai très heureux si dans toutes les Académies une semblable initiative est prise et soutenue avec la persévérance nécessaire. Les résultats, j'en suis sûr, ne se feront pas longtemps attendre.

Recevez, etc.

Signé : ÉDOUARD LOCKROY.

Loi portant approbation de la Convention conclue à Paris, le 14 décembre 1887, entre la France et la Suisse, en vue d'assurer la fréquentation des Écoles primaires par les enfants des deux pays résidant sur le territoire de l'autre pays[1]. 12 juin 1888.

12 Juin 1888.

ARTICLE UNIQUE. — Le Président de la République française est autorisé à ratifier et, s'il y a lieu, à faire exécuter la convention conclue, le 14 décembre 1887, entre la France et la Suisse, en vue d'assurer la fréquentation des Écoles primaires par les enfants des deux pays résidant sur le territoire de l'autre pays, et dont copie authentique demeure annexée à la présente loi.

1. Consulter pour les origines de la loi :
1° Le projet du 5 *mars* 1888 (Annexe 2505, *Journal officiel* du 1er *mai* 1888, p. 277);
2° Le rapport de M. PHILIPPE, 23 *avril* 1888 (Annexe 2651, *Journal officiel* du 22 *juillet* 1888, p. 635).
Voté le 24 mai 1888, le projet fut transmis au Sénat le 7 juin suivant.

---

12 juin 1888. **Décret portant exécution de la Convention conclue entre la France et la Suisse en vue d'assurer la fréquentation des Écoles primaires par les enfants des deux pays résidant sur le territoire de l'autre pays[1].**

12 Juin 1888.

Le Président de la République française,
Sur la proposition du Ministre des Affaires étrangères,
Décrète :

ARTICLE 1er. — Le Sénat et la Chambre des Députés ayant approuvé la convention conclue, le 14 décembre 1887, entre la France et la Suisse, en vue d'assurer la fréquentation des Écoles primaires par les enfants des deux pays résidant sur le territoire de l'autre pays, et les ratifications de cet acte ayant été échangées à Paris le 13 juin 1888, ladite convention, dont la teneur suit, recevra sa pleine et entière exécution.

CONVENTION.

Le Président de la République française et le Conseil fédéral suisse, également animés du désir d'assurer aux enfants des deux nations, particulièrement dans les départements français et cantons suisses limitrophes, les bienfaits de l'instruction primaire obligatoire et gratuite, ont résolu de conclure, à cette fin, une convention spéciale, et ont nommé pour leurs plénipotentiaires, savoir :

Le Président de la République française, M. Émile Flourens, Ministre des Affaires étrangères; et le Conseil fédéral suisse, M. Charles-Édouard Lardy, envoyé extraordinaire et Ministre plénipotentiaire de la Confédération suisse à Paris;

Lesquels, après s'être communiqué leurs pleins pouvoirs, trouvés en bonne et due forme, sont convenus des articles suivants :

ARTICLE 1er. — Les enfants de nationalité française sont traités en Suisse, en tout ce qui concerne l'obligation de l'enseignement primaire et la gratuité de l'instruction primaire publique, sur le même pied que les Suisses.

Inversement, les enfants de nationalité suisse sont traités en France, en tout ce qui concerne l'obligation de l'enseignement primaire et la gratuité de l'instruction primaire publique, sur le même pied que les Français.

ART. 2. — Le frère, le tuteur, la personne qui a la garde d'un enfant soumis à l'instruction primaire obligatoire, le patron chez lequel cet enfant est placé, et, en général, les personnes responsables dudit enfant sont, en France, lorsque l'enfant est de nationalité suisse, tenus à l'observation des lois françaises et, en cas de contravention, sont passibles des mêmes peines que si l'enfant était de nationalité française.

1. Consulter, pour l'application, la circulaire du 31 *juillet* 1888 aux Préfets (*Circ.*, t. X, p. 321).

Inversement, en Suisse, les personnes responsables d'un enfant de nationalité française sont soumises aux mêmes lois et, en cas de contravention, sont passibles des mêmes peines que si l'enfant était de nationalité suisse.

ART. 3. — Si la personne responsable de l'enfant réside sur le territoire de l'autre État, les autorités scolaires sont réciproquement tenues de se signaler les enfants qui n'observent pas les lois sur l'obligation de l'enseignement primaires, et les autorités du lieu de la résidence de la personne responsable sont compétentes pour sévir contre cette dernière de la même manière et en appliquant les mêmes pénalités que si l'infraction avait été commise sur le territoire national.

Les rapports dressés par les autorités scolaires de l'un des deux pays feront foi, jusqu'à preuve contraire, devant les autorités de l'autre pays.

ART. 4. — Les enfants suisses âgés de plus de treize ans qui seraient encore, d'après les lois de leur canton d'origine, astreints à fréquenter une École, sont admis à suivre en France, aux mêmes conditions que les Français habitant la commune, les Écoles et les cours d'enseignement complémentaire professionnel ou primaire supérieur.

ART. 5. — Les autorités scolaires de chacun des deux États sont tenues de prêter leur concours à celles de l'autre État pour les renseignements sur la réelle fréquentation des Écoles primaires par les enfants qu'elles se signaleraient, et de délivrer gratuitement et d'urgence telles attestations de scolarité qui leur seraient demandées par les autorités de l'autre État. Les demandes de renseignements peuvent également s'appliquer aux enfants désignés dans l'article 4.

ART. 6. — Pour l'exécution des articles qui précèdent, les autorités scolaires des deux pays sont autorisées à correspondre directement entre elles. A cet effet, il sera dressé, tous les ans, dans chacun des deux États une liste des fonctionnaires français et suisses autorisés à correspondre directement: cette liste sera respectivement communiquée, par la voie diplomatique, à l'autre Gouvernement, dans le courant du mois de juillet.

ART. 7. — La présente convention demeurera en vigueur jusqu'à l'expiration d'un délai de six mois à partir de la date de la dénonciation qui en serait faite par la voie diplomatique, à une époque quelconque, par l'une des parties contractantes.

La présente convention sera ratifiée et les ratifications en seront échangées, à Paris, dans le délai de six mois.

Elle sera exécutoire aussitôt après l'échange des ratifications.

En foi de quoi, les plénipotentiaires respectifs ont signé la présente convention et y ont apposé leurs cachets.

Fait à Paris, en double exemplaire, le 14 décembre 1887.

(*L.S.*) *Signé* : FLOURENS.
(*L.S.*) *Signé* : LARDY.

ART. 2. — Le Ministre des Affaires étrangères est chargé de l'exécution du présent décret.

17 juillet 1888. **Circulaire du Ministre de l'Instruction publique, soumettant à la retenue les Allocations supplémentaires accordées aux instituteurs et aux institutrices de la dernière classe.**

17 Juillet 1888.

Monsieur le Préfet, la circulaire du 31 août 1885, relative à la répartition du crédit de 1 150 000 fr., inscrit au budget de l'Instruction publique, chapitre 54 bis, à titre de subvention annuelle pour améliorer le sort des instituteurs de la quatrième classe et des institutrices de la troisième classe, qui ne bénéficient d'aucun supplément de traitement, portait que ces allocations ne seraient pas passibles de retenues au profit du Trésor, en raison de leur caractère exceptionnel. Cette décision avait été prise dans la pensée que la mesure n'aurait qu'une application provisoire. Mais le crédit étant inscrit chaque année au budget, il n'en saurait plus être ainsi à l'avenir. La Cour des comptes a remarqué, en effet, que ces allocations ont un caractère régulier et permanent qui en fait de véritables suppléments de traitement; il me paraît donc indispensable de les soumettre au versement des retenues, conformément à l'article 3 de la loi du 9 juin 1853.

Je vous prie de bien vouloir prescrire les mesures nécessaires pour qu'à partir de la prochaine rentrée des classes les sommes accordées aux instituteurs et institutrices sur le crédit du chapitre 53, porté aujourd'hui à 2 750 000 francs, soient comprises dans leur traitement et soumises au même titre aux retenues du premier douzième et du vingtième.

Vous voudrez bien m'accuser réception de la présente circulaire.

Recevez, etc.

Signé : ÉDOUARD LOCKROY.

---

24 juillet 1888. **Arrêté portant modification à l'Arrêté du 18 janvier 1887 relatif à l'organisation de l'Enseignement primaire.**

24 Juillet 1888.

Le Ministre de l'Instruction publique et des Beaux-Arts,

Vu la loi du 30 octobre 1886 sur l'organisation de l'enseignement primaire ;

Vu le décret du 18 janvier 1887 rendu pour l'exécution de ladite loi ;

Le Conseil supérieur de l'Instruction publique entendu,

Arrête :

Les dispositions ci-après prendront place dans l'arrêté organique du 18 janvier 1887, aux titres et articles ci-dessous énumérés.

I

Dispositions additionnelles relatives au Titre Ier, Chapitre IV.

ART. 76. — L'article 76 est modifié ainsi qu'il suit :

En cas de maladie, de congé ou d'absence dûment justifiée, l'économe de l'École normale primaire peut, à titre exceptionnel, être remplacé par un fondé de pouvoirs à son choix, dûment agréé par le Recteur. Ce fondé de pouvoirs agit pour le compte et sous l'entière responsabilité de l'économe.

Dans le cas de décès, de démission ou de révocation de l'économe, ou lorsqu'il aura été dans l'impossibilité absolue de désigner son remplaçant, le Recteur nomme un gérant intérimaire qui en remplit les fonctions jusqu'à l'installation de son successeur. Avis de cette nomination est donné au trésorier-payeur général. La gestion du gérant intérimaire, qui est tout à fait distincte de celle de l'ancien ou du nouveau titulaire, donne lieu à une remise de service, conformément aux dispositions ci-après :

En cas de changement de l'économe, l'Inspecteur d'Académie arrête, en présence du directeur et conjointement avec l'ancien économe ou son représentant légitime et le nouvel économe, tous les registres de comptabilité et constate par un procès-verbal que les écritures sont au courant.

Ce procès-verbal indique le montant des valeurs trouvées en caisse, celui des créances et des dettes, la valeur et la quantité des approvisionnements existant en magasin. Le nouvel économe prend ces objets en charge et en devient responsable.

Il est procédé de la même manière pour la constatation et la prise en charge du mobilier de l'établissement.

Une copie des procès-verbaux dressés à cette occasion, certifiée par le membre de la Commission de surveillance délégué, est envoyée au Recteur pour être transmise au Ministre.

ART. 97. — La répartition des matières d'enseignement dans les Écoles normales sera faite de telle sorte que les heures de classe de chaque année n'excèdent pas en moyenne le total de 25 heures par semaine pour les Écoles normales d'instituteurs et 22 heures pour les Écoles normales d'institutrices. Sur ce temps, il sera donné à l'enseignement littéraire 15 heures en première année, 13 heures en deuxième et 12 heures en troisième année dans les Écoles normales d'instituteurs et d'institutrices ; le reste du temps sera affecté à l'enseignement scientifique et au dessin.

II.

Dispositions additionnelles au Titre II, Chapitre II.

ART. 154[1]. — L'article 154 est modifié comme suit :

L'examen du certificat d'aptitude pédagogique n'aura qu'une session par an. L'épreuve écrite se fera dans la dernière semaine des grandes vacances au chef-lieu de chaque arrondissement, sous la surveillance de l'Inspecteur primaire, dans les conditions prévues à l'article 156, § 2 et 3. Elle sera corrigée par la Commission réunie au chef-lieu du département.

Pour les candidats admissibles, l'épreuve pratique consistera en une classe de trois heures faite par chaque candidat dans la classe ou dans l'École qu'il dirige. Il sera procédé à cette épreuve, dans les conditions prévues à l'article 161, dans le cours de l'année scolaire, par une Sous-Commission, nommée par l'Inspecteur d'Académie.

Les instituteurs privés pourront, sur leur demande, subir l'épreuve pratique, soit dans leur propre classe, soit dans une École publique.

L'épreuve orale prévue par les articles 162, 163, se fera à la suite de l'épreuve pratique.

Une instruction ministérielle déterminera les divers détails d'exécution de ces prescriptions réglementaires.

III.

Dispositions additionnelles au Titre III, Section II.

ART. 240[2]. — A partir du 1er septembre 1890, pour être nommé Inspecteur primaire, directeur ou directrice d'École normale, tout candidat devra avoir rempli pendant deux ans au moins les fonctions de directeur d'École annexe, ou, à défaut, de directeur d'École primaire supérieure publique. Ces deux années compteront pour le temps d'exercice exigé par l'article 110 du décret.

Toutefois, seront dispensés de la condition énoncée au paragraphe précédent, pourvu qu'ils soient d'ailleurs munis des titres requis par l'article 110 :

1° Les candidats aux fonctions d'Inspecteur primaire et les aspirantes à celles de directrice d'École normale qui compteront, à la

1. Cet article a été de nouveau modifié par l'arrêté du 27 *juillet* 1893 (voir *à sa date*).

2. Article abrogé par l'arrêté du 18 *janvier* 1893, art. 2 (voir *à sa date*).

date du 1er septembre 1890, cinq ans de service comme professeurs dans une École normale ou comme directeurs d'une École primaire élémentaire, aux termes de l'article 23 de la loi du 30 octobre 1886;

2° Les professeurs d'École normale qui auront obtenu le certificat d'aptitude à l'enseignement des langues vivantes à la suite d'un séjour d'un an au moins à l'étranger comme boursiers de l'État;

3° Les candidats aux fonctions de directeur d'École normale remplissant, à la même date, les fonctions d'Inspecteur primaire.

ART. 241. — Pour les aspirantes, le temps passé à l'École Pape-Carpantier sera considéré comme équivalent à l'exercice dans l'École annexe prévu à l'article ci-dessus.

Les anciennes élèves de l'École Pape-Carpantier, actuellement déléguées à la direction des Écoles annexes, pourront conserver leur délégation pendant trois ans à partir de la publication du présent arrêté.

TITRE IV. — **Examen du Certificat d'Études primaires supérieures. — Examen du Certificat d'Études primaires élémentaires. — Examens prescrits pour les enfants qui reçoivent l'instruction dans la famille.**

CHAPITRE 1er [1]. — *Examen du Certificat d'Études primaires supérieures* [2].

ART. 242. — A la fin de chaque année scolaire s'ouvrira, dans chaque département, une session d'examen pour l'obtention du certificat d'études primaires supérieures. Les centres d'examen sont fixés par le Ministre. La date de cette session est fixée par le Ministre; elle est la même pour tous les départements. Elle est annoncée un mois au moins à l'avance.

ART. 243. — Toutes les épreuves portent sur le programme des Écoles primaires supérieures.

ART. 244. — L'examen se compose d'épreuves écrites, d'épreuves orales et d'épreuves pratiques.

ART. 245 [3]. — Les sujets de composition sont adressés par le Ministre, sous pli cacheté, à l'Inspecteur d'Académie, quatre jours au moins avant l'ouverture de l'examen.

1. Tout le chapitre 1er a été modifié par l'arrêté du 17 *septembre* 1898 (*à sa date*).
2. Voir la circulaire du 29 *juin* 1893, aux Recteurs, relative à l'examen du certificat d'études primaires supérieures (*Circ.*, t. XI, p. 684).
3. Cet article a été modifié ultérieurement par l'arrêté du 12 *janvier* 1889 (voir *à sa date*).

Voir aussi les circulaires du 3 *juillet* 1889 et du 28 *octobre* 1890, aux Recteurs, relatives au choix de la composition scientifique (*Circ.*, t. XI, p. 6 et 307).

ART. 246.— Les Commissions d'examen sont nommées dans chaque département[1] par le Recteur de l'Académie. Elles se composent de cinq membres choisis parmi les Inspecteurs primaires, les professeurs de l'enseignement secondaire ou supérieur, les directeurs, professeurs et maîtres adjoints d'École normale en exercice ou en retraite. Pour l'examen des filles, deux membres au moins seront des femmes. Le président est autorisé à adjoindre, s'il y a lieu, à la Commission, pour les épreuves professionnelles dont il est parlé à l'article 252 du présent arrêté, un examinateur spécial. En cas de partage, la voix du président est prépondérante.

ART. 247[2]. — Les épreuves écrites sont éliminatoires; elles comprennent quatre compositions, qui ont lieu en deux jours consécutifs : 1° composition française (lettre, récit, compte rendu ou rapport, développement d'une maxime, etc.); 2° composition d'histoire et de géographie; 3° composition de mathématiques et de sciences physiques et naturelles; 4° composition de dessin géométrique ou de dessin d'ornement.

Les candidats pourront présenter à la Commission, à titre de renseignement, un cahier de devoirs mensuels, où, à défaut, un cahier de devoirs courants.

ART. 248[3]. — Il est accordé trois heures pour chacune de ces compositions.

ART. 249. — L'admissibilité sera prononcée d'après l'ensemble des compositions écrites.

ART. 250[4]. — Les épreuves orales ne peuvent excéder la durée d'une heure; elles comprennent nécessairement un examen de langue vivante.

ART. 251[5]. — Les épreuves pratiques comprennent le travail manuel, le chant et, pour les garçons, la gymnastique et les exercices militaires.

ART. 252. — Dans les Écoles où auront été organisés les cours professionnels accessoires mentionnés à l'article 25 du présent arrêté, les candidats peuvent demander à être, en outre, examinés sur les matières de ces cours. Le résultat de ces épreuves profes-

1. Voir la circulaire du 17 *juin* 1892, aux Recteurs, concernant les centres d'examen écrit du certificat d'études primaires supérieures (*Circ.*, t. XI, p. 590).

2. Cet article a été modifié ultérieurement par les arrêtés du 18 *janvier* 1893 et du 10 *janvier* 1894 (voir *à leur date*).

3. Cet article a été modifié ultérieurement par les arrêtés du 27 *juillet* 1893 et du 10 *janvier* 1894 (voir *à leur date*).

4. Cet article a été complété par l'arrêté du 29 *décembre* 1888, puis modifié par l'arrêté du 18 *janvier* 1893 (voir *à leur date*).

5. Cet article a été modifié par l'arrêté du 18 *janvier* 1893 (voir *à sa date*).

sionnelles est mentionné au certificat d'études primaires supérieures.

ART. 253[1]. — Après la clôture des examens, la Commission dresse, par ordre alphabétique la liste des candidats qu'elle juge dignes d'obtenir le certificat d'études primaires supérieures. Le dossier complet de l'examen de chaque candidat est transmis au Recteur, qui délivre les certificats.

CHAPITRE II. — *Examen du Certificat d'Études primaires élémentaires*[2].

ART. 254. — Des Commissions cantonales sont nommées par les Recteurs, sur la proposition des Inspecteurs d'Académie, pour juger l'aptitude des aspirants et des aspirantes au certificat d'études primaires élémentaires. Ces Commissions se réunissent chaque année[3], sur la convocation de l'Inspecteur d'Académie, soit au chef-lieu de canton, soit dans une commune centrale désignée à cet effet. L'Inspecteur primaire du ressort est président de droit de ces Commissions.

Pour l'examen des jeunes filles, des dames font nécessairement partie de la Commission.

ART. 255. — A l'époque et dans les délais prescrits par l'Inspecteur d'Académie, chaque instituteur dresse, pour son École, l'état des candidats au certificat d'études.

Cet état porte :

Les nom et prénoms ;

La date et le lieu de naissance ;

La demeure de la famille ;

La signature de chaque candidat.

Les pères de famille dont les enfants ne suivent aucune École fourniront au maire les mêmes indications.

La liste, visée et certifiée par le maire, est transmise, en temps opportun, à l'Inspecteur primaire.

Aucun candidat ne peut être inscrit s'il n'a *au moins* 11 *ans* au moment de l'examen[4] (art. 6, loi du 28 *mars* 1882 ; — articles 1 et 2, décret du 27 *juillet* 1882).

1. Cet article a été complété par l'arrêté du 18 *janvier* 1893 (voir *à sa date*).
2. Consulter les circulaires :
Du 3 *juin* 1890, aux Recteurs, relative à l'étude des modifications possibles dans les examens du certificat d'études primaires élémentaires (*Circ.*, t. XI, p. 173) ;
— 12 *janvier* 1898, aux Recteurs, relative à l'interprétation de l'arrêté du 31 *juillet* 1897, modifiant les épreuves de l'examen (*Bull. adm.*, 1898, t. LXIII, p. 13).
3. Aux termes de la circulaire du 2 *mai* 1892, il convient de ne réunir les Commissions d'examen que vers le 15 juin au plus tôt, et même, s'il est possible, à une date plus éloignée (*Circ.*, t. XI, p. 580).
4. Peuvent être inscrits les candidats qui auront 11 ans révolus à la fin de l'année scolaire, c'est-à-dire le 30 septembre au plus tard (*Avis inséré au Bull. adm.*, 1889, t. XLVI, p. 14).

ART. 256[1]. — Les épreuves de l'examen sont de deux sortes : les épreuves écrites et les épreuves orales.

Les épreuves écrites ont lieu à huis clos, sous la surveillance des membres de la Commission. Elles comprennent :

1° Une dictée d'orthographe de quinze lignes au plus[2]; le point final de chaque phrase est indiqué.

La dictée peut servir d'épreuve d'écriture courante[3];

2° Deux questions d'arithmétique portant sur les applications du calcul et du système métrique, avec solution raisonnée;

3° Une rédaction d'un genre très simple (récit, lettre, etc.).

Les jeunes filles exécuteront, en outre, un travail de couture usuelle, sous la surveillance d'une dame désignée à cet effet.

Les textes et les sujets de composition, choisis par l'Inspecteur d'Académie, sont remis, à l'ouverture des épreuves, sous pli cacheté, au Président de la Commission.

Les compositions portent en tête et sous pli fermé les noms et prénoms des candidats, avec l'adresse de leur famille. Ce pli n'est ouvert qu'après achèvement de la correction des copies et l'inscription des notes données pour chacune d'elles.

Les candidats pourront présenter à la Commission, à titre de renseignement, un cahier de devoirs mensuels ou, à défaut, un cahier de devoirs courants.

ART. 257[4]. — Le temps accordé pour chaque épreuve et le chiffre servant à en apprécier le mérite sont déterminés ainsi qu'il suit :

NATURE DES ÉPREUVES.	TEMPS DONNÉ POUR LES ÉPREUVES.	CHIFFRE MAXIMUM D'APPRÉCIATION.
Orthographe*.	»	10
Écriture.	»	10
Calcul.	Une heure.	10
Rédaction.	Idem.	10
Couture.	Idem.	10

* *Nota.* — Le texte est lu préalablement à haute voix, dicté, puis relu, et cinq minutes sont accordées aux candidats pour se corriger.

1. Article modifié successivement par les arrêtés du 29 *décembre* 1891 et du 31 *juillet* 1897 (voir *à leur date*).
2. Voir la circulaire du 27 *avril* 1891, aux Recteurs, relative à l'interdiction de l'abus des exigences grammaticales dans la dictée (*à sa date*).
3. « M. le Ministre a décidé que, pour l'épreuve d'écriture de l'examen du certificat d'études primaires, les candidats pourront, à leur choix, employer l'*écriture droite* ou l'*écriture penchée*. » (*Bull. adm.*, 1893, t. LIV, p. 738.)
4. Article modifié par l'arrêté du 31 *juillet* 1897 (voir *à sa date*).

La nullité d'une épreuve entraîne l'élimination.

Les compositions sont corrigées, séance tenante, par les membres de la Commission.

L'indication de la note est portée en tête de chaque copie et sur un tableau dressé à cet effet.

Ne sont admis aux épreuves orales que les candidats qui ont obtenu, pour la première série d'épreuves, au moins la moyenne des points.

ART. 258. — Les épreuves orales sont publiques. Elles se passent devant une Commission unique présidée par l'Inspecteur, et comprennent :

1° Une lecture expliquée, accompagnée de la récitation d'un morceau choisi sur une liste présentée par le candidat ;

2° Des questions d'histoire et de géographie.

Comme les épreuves écrites, les épreuves orales sont appréciées au moyen d'un chiffre variant de 0 à 10.

La durée de l'ensemble de ces épreuves ne doit pas excéder un quart d'heure pour chaque candidat.

ART. 259[1]. — Les points obtenus pour les épreuves orales sont ajoutés aux points obtenus pour les épreuves écrites.

Nul n'est définitivement déclaré apte à recevoir le certificat d'études s'il n'a obtenu la moitié au moins du total maximum des points accordés pour les deux catégories d'épreuves.

ART. 260[1]. — Outre les matières énoncées aux articles 3 et 5 du présent règlement, l'examen peut comprendre, sur la demande du candidat, un exercice de dessin linéaire et des interrogations sur l'agriculture[2].

Il sera fait mention sur le certificat des matières complémentaires pour lesquelles le candidat aura obtenu au moins la note 5.

ART. 261. — Le procès-verbal de l'examen est transmis à l'Inspecteur d'Académie, qui, après avoir vérifié la régularité des opérations, délivre, s'il y a lieu, le certificat d'études.

ART. 262. — Dans le mois qui suit la clôture des sessions, l'Inspecteur d'Académie adresse au Recteur un compte rendu statistique des résultats obtenus dans son département. Le Recteur adresse au Ministre un compte rendu analogue pour tous les départements de son ressort.

1. Article modifié par l'arrêté du 31 *juillet* 1897 (voir *à sa date*).

2. Les épreuves facultatives prévues à l'article 260 (dessin linéaire et agriculture) pourront être subies soit en même temps que l'examen, soit séparément à la session suivante. Il en sera fait mention sur les certificats déjà obtenus (*Avis inséré au Bull. adm.*, 1896, t. LIX, p. 626).

CHAPITRE III. — *Examens prescrits pour les enfants qui reçoivent l'instruction dans la famille.*

ART. 263. — L'examen que doivent subir chaque année, à partir de la fin de la deuxième année d'instruction obligatoire jusqu'à l'âge de 13 ans révolus, les enfants qui reçoivent l'instruction dans la famille, a lieu à la maison commune ou dans une salle d'école.

ART. 264. — La liste des enfants astreints à subir l'examen est dressée par le maire et envoyée à l'Inspecteur d'Académie avant le 1er mai.

ART. 265. — L'examen est subi soit au commencement, soit à la fin de l'année scolaire. La date en est fixée pour chaque localité, par l'Inspecteur d'Académie.

ART. 266. — La convocation, tant du jury d'examen que des enfants à examiner, se fait, quinze jours au moins à l'avance, par les soins de l'Inspecteur primaire.

ART. 267. — L'examen consiste en épreuves écrites; il n'y a lieu à épreuves orales qu'autant que les premières auraient été jugées insuffisantes. En ce cas, les deux séries d'épreuves ont lieu le même jour.

ART. 268. — Les épreuves écrites consistent, soit en devoirs écrits sous la dictée et sous le contrôle du jury, soit dans des devoirs faits à domicile et communiqués avec une attestation d'authenticité par le père de famille, conformément à la formule ci-annexée[1].

Le jury a toujours le droit de faire procéder à de nouvelles épreuves en sa présence.

Dans le cas où les épreuves écrites se font en présence du jury, elles portent sur les matières ci-après :

De 8 à 9 ans, écriture;

De 9 à 10 ans, écriture; premiers éléments d'arithmétique (addition, soustraction);

De 10 à 11 ans, dictée d'orthographe usuelle, éléments d'arithmétique (les quatre règles, opérations sur les nombres entiers);

De 11 à 12 ans, dictée d'orthographe usuelle, notions de système métrique; la géographie de la France;

1. *Modèle de la formule d'authenticité des devoirs produits pour justifier de l'instruction donnée à domicile :*

Je soussigné (*nom et prénoms*), père (ou tuteur) de (*nom et prénoms de l'enfant*), né le , et que je me suis engagé, par ma déclaration en date du , à faire instruire à domicile, conformément aux prescriptions de la loi du 28 mars 1882, atteste que les cahiers ci-joints sont les cahiers de l'enfant et contiennent des devoirs écrits par lui seul dans le cours de la présente année. En foi de quoi il a signé avec moi la présente déclaration.

Fait à , le 18 .

(*Signature de l'enfant.*) (*Signature du père ou tuteur.*)

De 12 à 13 ans, dictée d'orthographe usuelle, éléments d'arithmétique et de système métrique, les grands faits et les grands hommes de l'histoire de France.

ART. 269. — Les épreuves orales comprennent une épreuve de lecture et de courtes interrogations sur tout ou partie des matières énumérées dans l'article précédent.

L'épreuve de lecture se fera dans les recueils de morceaux choisis en usage dans les Écoles publiques ou dans les classes élémentaires des Lycées.

ART. 270. — Les enfants dont les parents en feront la demande pourront être examinés sur toutes les autres parties du programme des Écoles primaires, tel qu'il résulte du règlement d'organisation pédagogique.

ART. 271[1]. — Sont rapportées toutes les dispositions contraires au présent arrêté.

Décret relatif à l'Organisation des Ecoles manuelles d'apprentissage et des Ecoles primaires supérieures préparatoires au commerce et à l'industrie. 28 juillet 1888.

28 Juillet 1888.

Le Président de la République française,

Sur le rapport du Ministre de l'Instruction publique et des Beaux-Arts et du Ministre du Commerce et de l'Industrie,

Vu la loi du 11 décembre 1880 sur les Écoles manuelles d'apprentissage ;

Vu la loi du 16 juin 1881 sur les dépenses de l'enseignement primaire;

Vu l'article 28, paragraphe 3, de la loi du 30 octobre 1886;

Vu l'article 1er du règlement d'administration publique, en date du 17 mars 1888, ainsi conçu : « Les établissements scolaires qui font l'objet de la loi du 11 décembre 1880 ...... sont placés sous la double autorité du Ministre de l'Instruction publique et du Ministre du Commerce et de l'Industrie, lorsqu'ils sont fondés et entretenus par l'État, par les départements ou par les communes » ;

Vu les articles 20 et 21 du même règlement, ainsi conçus :

« Un décret déterminera les programmes généraux des Écoles régies par la loi du 11 décembre 1880 et par le présent règlement.

1. L'arrêté du 18 *janvier* 1893 (art. 3) a ajouté au présent arrêté trois articles, portant les nos 271, 272 et 273 (voir *à sa date*). L'article 271 ci-dessus est alors devenu l'article 274.

« Ce décret sera rendu sur la proposition des deux Ministres, après avis du Conseil supérieur de l'Instruction publique et du Conseil supérieur de l'enseignement technique. En outre, pour chaque École en particulier, il pourra être dressé.... un programme spécial qui ne sera exécutoire qu'après avoir reçu l'approbation des deux Ministres »;

Le Conseil supérieur de l'Instruction publique, le Conseil supérieur de l'enseignement technique entendus,

Décrète :

§ Ier. — *De l'Enseignement.*

ARTICLE 1er. — Dans les Écoles départementales et communales régies par la loi du 11 décembre 1880 et par le règlement d'administration publique du 17 mars 1888 (Écoles manuelles d'apprentissage et Écoles primaires supérieures préparatoires au commerce ou à l'industrie), la durée des études est de trois ans au minimum.

ART. 2. — Nul ne peut entrer dans une de ces Écoles avant douze ans accomplis.

ART. 3. — Tout candidat doit, pour se faire inscrire, justifier de la possession du certificat d'études primaires.

A défaut de ce titre, il aura à subir un examen d'entrée équivalent, auquel il ne pourra se présenter qu'à l'âge de treize ans révolus, et en justifiant de l'accomplissement de l'obligation scolaire prévue par l'article 4 de la loi du 28 mars 1882.

ART. 4. — Dans le cas où le nombre des candidats serait supérieur à celui des places disponibles à l'École, il sera ouvert entre eux un concours portant sur les diverses matières du certificat d'études primaires et en outre sur le travail manuel. Ce concours sera jugé par une Commission composée de l'Inspecteur d'Académie, président; de quatre membres au moins nommés par le Recteur, dont la moitié prise dans le sein du Conseil de surveillance et de perfectionnement de l'École. Un délégué du Ministre du Commerce et de l'Industrie est adjoint à la Commission d'examen pour juger l'épreuve de travail manuel. Cette épreuve n'est pas éliminatoire, elle représente au plus le dixième des points attribués à l'examen.

ART. 5. — Toutes les Écoles susdésignées assurent aux élèves :

1° Un complément d'instruction primaire;

2° Une instruction professionnelle préparant soit à l'industrie, soit au commerce.

Le même établissement peut comprendre ces deux genres d'enseignement professionnel.

ART. 6. — L'emploi du temps dans ces Écoles sera réparti conformément aux prescriptions des tableaux ci-après.

I. *Dispositions spéciales aux Écoles ou classes industrielles.*

MATIÈRES DU PROGRAMME GÉNÉRAL de l'enseignement.	DÉSIGNATION DES ANNÉES.		
	1re ANNÉE.	2e ANNÉE.	3e ANNÉE.
	Heures par jour.	Heures par jour.	Heures par jour.
Enseignement primaire	2 heures.	2 heures.	2 heures.
Travaux manuels	3 heures.	4 heures.	5 heures.
Dessin.	1 heure.	1 heure.	1 heure.
Enseignement scientifique et technologique avec ses applications industrielles.	1 heure.	1 heure.	1 heure.
Total des heures de travail. . .	7 heures.	8 heures.	9 heures.
Repos, repas et récréation. . . .	2 heures.	2 heures.	2 heures.
Durée totale de la journée scolaire.	9 heures.	10 heures.	11 heures.

II. *Dispositions spéciales aux Écoles ou classes commerciales.*

MATIÈRES DU PROGRAMME GÉNÉRAL de l'enseignement.	DÉSIGNATION DES ANNÉES.		
	1re ANNÉE.	2e ANNÉE.	3e ANNÉE.
	Heures par jour.	Heures par jour.	Heures par jour.
Enseignement primaire	1 heure.	1 heure.	1 heure.
Bureau commercial	2 heures.	3 heures.	3 heures.
Géographie commerciale.	1 heure.	1 heure.	1 heure.
Langues vivantes.	2 heures.	1 heure.	2 heures.
Dessin.	1 heure.	1 heure.	1 heure.
Total des heures de travail. . .	7 heures.	7 heures.	8 heures.
Repos, repas et récréation. . . .	2 heures.	3 heures.	3 heures.
Durée totale de la journée scolaire.	9 heures.	10 heures.	11 heures.

Le temps prévu dans les tableaux ci-dessus comprend les heures de classe et les heures d'étude.

La répartition par jour pourra être modifiée dans chaque École par le programme spécial, pourvu que le total des heures de la semaine pour chaque matière ne soit pas dépassé.

Aucune heure supplémentaire ne pourra être ajoutée dans les Écoles soumises soit au présent programme général, soit à des programmes spéciaux, sans une décision des deux Ministres, prise sur le rapport de la Commission de surveillance et de perfectionnement ou sur la proposition de l'inspection.

ART. 7. — Dans les Écoles de jeunes filles, le total des heures de travail, prévu à l'article 6, sera réduit à 6 heures pour la première année, 7 pour la deuxième, et 8 pour la troisième.

ART. 8. — Dans le cas où une quatrième année serait nécessaire, l'emploi du temps serait déterminé par des programmes spéciaux.

ART. 9. — Les exercices gymnastiques et militaires se font le jeudi ou les autres jours en dehors des heures ordinaires de classe.

ART. 10. — Tous les ans, après avis des professeurs et sur la proposition du directeur, la Commission de surveillance et de perfectionnement de l'École arrête la répartition des heures de classe entre les différents maîtres attachés à l'École, sous réserve de l'approbation ministérielle.

§ II. — *Du personnel.*

ART. 11. — Le personnel enseignant de chaque École comprend au minimum :

1° Un professeur ou un instituteur adjoint chargé de l'enseignement des matières du programme général, qui recevra un traitement fixe tel qu'il est déterminé par les lois et règlements en vigueur;

2° Un chef d'atelier ou un contremaître préposé à l'apprentissage, nommé et rétribué conformément aux articles 13 et 16 du décret du 17 mars 1888.

ART. 12. — L'enseignement scientifique et technologique prévu par le programme spécial de chaque École pourra être confié soit au directeur, soit au personnel enseignant ci-dessus désigné, soit à des professeurs ou maîtres auxiliaires nommés ou délégués à cet effet. Le nombre et la rémunération des auxiliaires seront pour chaque École déterminés par décision des deux Ministres, après avis de la Commission de surveillance et de perfectionnement, sur la proposition du Conseil municipal.

ART. 13. — Le nombre maximum d'heures exigible des professeurs ou instituteurs adjoints chargés de l'enseignement des matières du programme général est fixé à dix-huit heures par semaine.

Chaque heure d'enseignement qui leur sera demandée en sus donnera droit à un supplément de traitement soumis à retenue et calculé à raison de 100 fr. par an pour une heure par semaine.

ART. 14. — Le Préfet, si l'établissement est départemental, le maire, si l'établissement est municipal, fixe, sur la proposition du directeur et après avis de la Commission de surveillance et de perfectionnement, le nombre des emplois de contremaîtres, chefs et sous-chefs d'atelier, ouvriers instructeurs et autres préposés à l'apprentissage, qu'il y a lieu de créer dans l'École. Le Préfet ou le maire détermine, dans les mêmes conditions, le mode de rétribution de ce personnel.

§ III. — *De la Commission de surveillance et de perfectionnement.*

ART. 15. — Dans les Écoles de filles, les trois membres désignés soit par le Conseil général, soit par le Conseil municipal, pour faire partie de la Commission de surveillance et de perfectionnement, comprendront nécessairement une ou plusieurs dames.

ART. 16. — La Commission se réunit au moins deux fois par an, sur la convocation de son président. Elle peut être convoquée extraordinairement.

ART. 17. — La Commission est chargée de veiller en général sur les intérêts matériels de l'établissement

Elle délègue un ou plusieurs de ses membres pour s'assurer, par des visites mensuelles, de la bonne tenue de l'École. Elle en désigne le médecin.

Elle en prépare le budget de concert avec le directeur.

ART. 18. — Chaque année, au mois de juillet, le Conseil de surveillance et de perfectionnement entend la lecture du rapport du directeur sur la situation morale et matérielle de l'établissement. Il en délibère et adresse aux deux Ministres ses observations et ses propositions.

§ IV. — *Disposition transitoire.*

ART. 19. — Pour les Écoles primaires supérieures actuellement existantes, qui sont ou seront placées sous le régime de la loi du 11 décembre 1880, la durée minima des études prévues par l'article 1er pourra être temporairement réduite à deux années, sur l'avis du Conseil supérieur de l'enseignement technique.

1er août 1888.

Arrêté relatif au Traitement des Directeurs d'Écoles annexes aux Écoles normales primaires.

1er Août 1888.

Le Ministre de l'Instruction publique et des Beaux-Arts,
Vu le décret organique du 18 janvier 1887, art. 110, 186 et 192;
Vu les arrêtés organiques des 18 janvier 1887 et 24 juillet 1888 et notamment les articles 77 à 83, 175, 240 et 241,
Arrête :

ARTICLE 1er. — Les directeurs d'Écoles annexes pourvus du certificat d'aptitude au professorat ou du certificat d'aptitude à l'inspection recevront un traitement supplémentaire de 300 francs. Ils auront droit, en outre, à une indemnité de 300 francs, s'ils ne sont pas logés dans l'École normale.

ART. 2. — Les maîtres aujourd'hui délégués à la direction d'une École annexe, dont la délégation ne sera pas renouvelée, conserveront, dans les postes d'enseignement primaire où ils seront nommés, et jusqu'à la promulgation de la prochaine loi sur les traitements, le chiffre du traitement moyen dont ils ont joui dans les trois années antérieures à la publication du présent arrêté.

1er août 1888.

Circulaire du Ministre de l'Instruction publique, relative au mode de Recrutement du personnel enseignant des Écoles primaires publiques.

1er Août 1888.

Monsieur le Recteur, une enquête à laquelle je viens de procéder m'a fait constater un vice sérieux dans le mode de recrutement du personnel enseignant des Écoles primaires.

Le mouvement de créations, de laïcisations et de transformations d'Écoles qui se poursuit depuis quelques années fait varier sensiblement le chiffre annuel des vacances d'emploi. Aussi est-il impossible d'y proportionner exactement trois ans d'avance l'effectif des élèves à admettre dans les Écoles normales. Par suite de l'écart inévitable entre ces deux nombres, il arrive dans certains départements que l'Inspecteur d'Académie délègue comme stagiaires et que le Préfet nomme ensuite titulaires des instituteurs qui non seulement ne possèdent pas le brevet supérieur, mais qui de plus n'ont passé par aucune École normale. Et il arrive par contre que tel département voisin, faute de places vacantes, laisse plus ou moins longtemps sans emploi des élèves de son École normale sortis avec le brevet supérieur, et qui, si cette situation se prolonge au delà d'une année, sont nécessairement appelés sous les drapeaux.

Il y a là une anomalie à laquelle nous ne devons pas nous résigner. Elle n'a pas seulement l'inconvénient de faire perdre à l'État le fruit des sacrifices qu'il a faits pour former de bons maîtres, elle entraîne d'autres conséquences non moins fâcheuses.

On introduit ainsi dans le personnel de l'enseignement public des maîtres d'une valeur médiocre, dont quelques-uns ont pu conquérir le brevet élémentaire par un hasard heureux d'examen, mais qui ne sont ni formés aux méthodes rationnelles d'enseignement, ni capables de s'élever plus tard au brevet supérieur, devenu aujourd'hui le titre ordinaire de capacité des instituteurs.

D'autre part, il ne faut pas perdre de vue le contre-coup de ces nominations hâtives et injustifiées sur le recrutement de l'École normale elle-même : un certain nombre de candidats, qu'effraye la perspective de trois années d'études sérieuses passées à l'École, renoncent à s'imposer cet effort, sûrs qu'ils sont d'être nommés quand même, là où l'École ne fournit pas de sujets en nombre suffisant. Ils désertent donc le concours d'admission à l'École normale et arrivent à se faire placer aussi tôt et aussi bien, quelquefois plus tôt et mieux, que ceux de leurs camarades qui, grâce à un travail assidu, ont acquis, avec le brevet supérieur, des connaissances et des aptitudes spéciales.

Cette situation n'est pas équitable ; elle est préjudiciable et à l'enseignement et aux intérêts mêmes des instituteurs les plus méritants.

Pour remédier à ce défaut d'organisation, voici les mesures que je crois devoir prendre.

Je vous prie d'inviter immédiatement MM. les Inspecteurs d'Académie à ne plus confier les fonctions de stagiaires à de simples brevetés, sous prétexte qu'ils sont du département. Désormais, MM. les Inspecteurs d'Académie voudront bien s'astreindre à suivre, dans leurs nominations de stagiaires, l'ordre ci-dessous. Ils placeront :

1° Les élèves sortis de l'École normale du département avec le brevet supérieur ;

2° Les élèves de l'École normale du département non munis du brevet supérieur, mais qui prendront l'engagement de s'y présenter au cours de leur stage ;

3° Les élèves d'une autre École normale de l'Académie ou des départements limitrophes munis du brevet supérieur et restés sans emploi dans leur département d'origine[1].

Ce ne serait qu'après épuisement de ces trois catégories qu'ils confieraient des postes, s'il en reste à pourvoir, à des jeunes gens du département, munis soit du brevet supérieur, soit du brevet élémentaire et du certificat d'études primaires supérieures, soit enfin du seul brevet élémentaire ; ces derniers ne seraient appelés que dans le cas où aucun des candidats munis de titres plus élevés ne paraîtrait présenter les garanties suffisantes pour entrer dans l'enseignement public.

En conséquence, vous voudrez bien, Monsieur le Recteur, vous faire adresser par chaque Inspecteur d'Académie, aussitôt qu'il aura placé les élèves de l'École normale de son département, le relevé exact du nombre de postes de stagiaires qui restent vacants et inversement du nombre d'élèves munis du brevet supérieur qui restent sans emploi. Par l'échange de ces renseignements

1. Consulter la circulaire du 27 *avril* 1892, aux Recteurs, relative à la délégation des instituteurs et institutrices stagiaires (*Circ.*, t. XI, p. 578).

entre les divers départements de votre Académie, vous assurerez aisément l'exécution des prescriptions qui précèdent.

Les mêmes règles ne sauraient s'appliquer à la nomination des titulaires. Il ne s'agit plus là de jeunes gens qui débutent et dont le classement peut être à peu près régulièrement subordonné à leurs titres de capacité. Par des raisons dont il est seul juge, le Préfet peut se déterminer, dans certains cas, à préférer un candidat du pays à un étranger, un candidat libre à un normalien, un brevet élémentaire à un brevet supérieur. Aussi ne puis-je songer, en ce qui concerne le placement et l'avancement des instituteurs titulaires, à astreindre ni les Préfets, dans leurs nominations, ni même les Inspecteurs d'Académie, dans leurs présentations, à suivre un ordre déterminé. Ces deux fonctionnaires ont, d'après la loi, une liberté d'appréciation qu'aucun règlement particulier ne doit limiter. La seule recommandation que j'aie à leur faire concerne une catégorie de fonctionnaires très peu nombreuse, mais tout particulièrement intéressante. Il s'agit des maîtres et maîtresses pourvus du brevet supérieur et du certificat d'aptitude pédagogique qui ont exercé plus ou moins longtemps une délégation dans les Écoles normales ou dans les Écoles primaires supérieures. MM. les Inspecteurs d'Académie savent tous par expérience qu'il y a, parmi ces maîtres et ces maîtresses dont la délégation prend fin, bon nombre de sujets appartenant à l'élite de l'enseignement primaire. C'est comme tels qu'ils ont été appelés à remplir ces fonctions temporaires. De ce qu'ils n'ont pas obtenu, dès la première ou la seconde épreuve, le titre du professorat devenu aujourd'hui si difficile à conquérir, il serait souverainement injuste de conclure à une déchéance ou à un démérite de leur part; aussi ne puis-je que confirmer mes instructions en date du 8 février 1888 qui pressaient MM. les Inspecteurs d'Académie de réserver, comme l'exigent l'équité et l'intérêt des Écoles, à ceux de ces maîtres et de ces maîtresses qui rentrent dans les rangs de l'enseignement primaire élémentaire, la place avantageuse et honorable à laquelle ils ont droit.

Je vous prie, Monsieur le Recteur, de vouloir bien m'accuser réception de cette circulaire et me faire connaître, à l'époque de la rentrée, les mesures prises par MM. les Inspecteurs d'Académie pour en assurer l'exécution.

Recevez, etc.

Signé : E. LOCKROY.

---

9 août 1888.

Décret rendant applicables à l'Algérie les articles 1, 2, 3 et 4 de la Loi du 9 août 1879 ayant pour objet l'établissement des Écoles normales primaires.

9 Août 1888.

Le Président de la République française,

Sur le rapport du Ministre de l'Instruction publique et des Beaux-Arts, d'après les propositions du Gouverneur général de l'Algérie;

Vu la loi du 9 août 1879 ayant pour objet l'établissement des Écoles normales primaires;

Vu la loi du 23 décembre 1884 relative à l'établissement d'une contribution foncière sur les propriétés bâties en Algérie;

La section de l'Intérieur, des Cultes, de l'Instruction publique et des Beaux-Arts du Conseil d'État entendue,

Décrète :

ARTICLE 1er. — Les articles 1, 2, 3 et 4 de la loi susvisée du 9 août 1879 seront rendus applicables dans les trois départements de l'Algérie à partir de l'année 1888.

ART. 2. — Le Ministre de l'Instruction publique et des Beaux-Arts et le Gouverneur général de l'Algérie sont chargés, chacun en ce qui le concerne, de l'exécution du présent décret.

Circulaire du Ministre de l'Instruction publique, relative aux moyens d'assurer la régularité de la fréquentation des Écoles primaires publiques par les enfants assistés. 10 nov. 1888.

10 Novembre 1888.

Monsieur le Préfet, M. le Président du Conseil, Ministre de l'Intérieur, m'informe que, d'après les renseignements parvenus à son Administration dans un grand nombre de départements, les enfants assistés seraient loin de fréquenter l'école avec la régularité désirable. Il en résulte que beaucoup de ces pupilles n'acquièrent pas ce minimum d'instruction que le législateur a voulu assurer à tous, et à défaut duquel l'enfant, devenu adulte, est condamné à n'aborder la lutte pour l'existence que dans des conditions regrettables d'infériorité.

Décidé à remédier à cet état de choses, mon collègue réclame mon concours en me demandant :

1° D'autoriser les inspecteurs ou sous-inspecteurs des enfants assistés à constater, au cours de leurs tournées, sur les registres scolaires, l'assiduité des pupilles ;

2° D'inviter les instituteurs et institutrices à fournir verbalement à ces fonctionnaires des indications circonstanciées sur le caractère, la conduite, les aptitudes et les progrès des pupilles ;

3° D'obtenir des instituteurs et institutrices l'envoi mensuel à la préfecture, par l'intermédiaire du maire, d'un état nominatif des pupilles qui, au cours du mois précédent, auraient manqué l'école quatre fois.

Pour donner satisfaction à ce vœu, je viens vous demander, Monsieur le Préfet, de vouloir bien adresser des instructions au personnel de l'enseignement primaire public de votre département, qui s'empressera, j'en suis sûr, de s'y conformer et de seconder ainsi les vues généreuses de M. le président du Conseil.

Recevez, etc.

Signé : E. LOCKROY.

---

13 nov. 1888.

Arrêté fixant les conditions du Concours pour l'introduction de jeux et exercices corporels (concours Bischoffsheim) dans les Écoles de garçons[1].

13 Novembre 1888.

Le Ministre de l'Instruction publique et des Beaux-Arts,

Vu l'arrêté en date du 15 octobre 1888, instituant une Commission chargée d'examiner un projet de concours pour l'établissement des jeux gymnastiques dans les Écoles;

Vu l'avis de cette Commission en date du 8 novembre 1888,

Arrête :

ARTICLE 1er. — La somme de 5 000 francs mise par M. R. Bischoffsheim à la disposition du Ministre de l'Instruction publique pour favoriser l'introduction des jeux et exercices corporels dans les Écoles de garçons, notamment dans les Écoles primaires et dans les Écoles normales d'instituteurs, sera affectée au payement d'un ou de plusieurs prix à décerner dans les conditions suivantes.

ART. 2. — Il est ouvert, sous les auspices du Ministère de l'Instruction publique, un concours sur ce sujet :

« Faire connaître les jeux et exercices corporels les plus propres « à être introduits dans les établissements d'instruction publics ou « libres pour contribuer au développement de la force, de l'adresse « et de l'agilité.

« Étudier les moyens pratiques d'en généraliser l'application, « principalement dans les Écoles primaires de garçons et dans les « Écoles normales d'instituteurs.

« Insister sur les avantages de ces jeux, tant au point de vue « moral qu'au point de vue physique. »

ART. 3. — Sont admis à prendre part au concours :

1° Les auteurs de travaux traitant tout ou partie du sujet;

2° Les personnes qui justifieront de résultats pratiques obtenus sous leur direction.

ART. 4. — Le concours sera clos le 31 décembre 1889.

ART. 5. — La Commission spéciale nommée par arrêtés des 15 et 24 octobre sera chargée du jugement du concours. Cette Commission décidera s'il y a lieu de décerner un ou plusieurs prix.

Tous les membres de la Commission sont hors concours.

1. Voir l'Avis concernant le concours ouvert, sous les auspices du Ministre de l'Instruction publique, par arrêté du 13 *novembre* 1888, pour le prix Bischoffsheim, destiné à favoriser l'introduction de jeux et exercices corporels dans les Écoles de garçons (*Bull. adm.*, 1889, t. XLV, p. 205).

ART. 6. — Il sera publié une instruction réglant toutes les questions de détail.

Arrêté relatif au Régime alimentaire des Écoles normales primaires[1]. 17 déc. 1888.

17 Décembre 1888.

Le Ministre de l'Instruction publique et des Beaux-Arts,

Vu le rapport, en date du 5 juin 1888, de la Commission spéciale nommée par le Conseil des professeurs de la Faculté de médecine de Paris, pour l'examen du régime alimentaire des Écoles normales d'instituteurs et d'institutrices,

Arrête :

ARTICLE 1er. — Les quantités moyennes de vin et de viande qu'il convient de servir aux élèves-maîtres des Écoles normales primaires sont fixées ainsi qu'il suit par jour et par tête :

Viande cuite désossée et parée, 170 grammes[2] ;

Vin, 33 centilitres par jour.

La quantité de cidre sera au moins double de celle du vin. Pour la bière, la quantité sera double s'il s'agit de bière forte ; triple, s'il s'agit de bière faible.

ART. 2. — Les maîtres et maîtresses internes recevront 200 grammes de viande ; les maîtres, 1 litre, les maîtresses, 50 centilitres de vin.

ART. 3. — Les directeurs et directrices sont invités à veiller d'une manière toute particulière sur la qualité de l'eau utilisée pour l'alimentation des élèves, et à ne se servir pour cet usage que d'eau potable pure et à l'abri de toute contamination ou, à défaut, d'eau filtrée avec le plus grand soin[3].

1. Cet arrêté a été pris conformément aux conclusions du rapport adressé, le 5 juin 1887, à M. le Ministre de l'Instruction publique par M. Brouardel, doyen de la Faculté de médecine de Paris, et signé également de M. Straus, rapporteur. La question, sur la demande du Ministre, avait été étudiée par une Commission spéciale nommée par le Conseil de la Faculté de médecine de Paris. Voir le texte de ce rapport, *Bull. adm.*, 1888, t. XLIV p. 809.

2. Le rendement moyen de la viande crue et non désossée peut être évalué de 44 à 48 pour 100.

3. Voir la circulaire du 8 *décembre* 1890, aux Recteurs, relative à la qualité de l'eau mise comme boisson à la disposition des élèves des Écoles normales primaires (*Circ.*, t. XI, p. 318).

---

29 déc. 1888.

Arrêté ajoutant à l'examen du Brevet élémentaire des questions sur les matières de l'Enseignement agricole.

29 Décembre 1888.

Le Ministre de l'Instruction publique et des Beaux-Arts,

Vu l'article 10 de la loi du 15 juin 1879 disposant que, trois ans après l'organisation complète de l'enseignement de l'agriculture dans les Écoles normales primaires, les notions élémentaires d'agriculture seront comprises dans les matières obligatoires de l'enseignement primaire;

Vu l'article 1er de la loi du 28 mars 1882;

Considérant qu'il importe, pour assurer à l'enseignement agricole les sanctions nécessaires à son développement, d'introduire une épreuve d'agriculture dans les examens du brevet élémentaire;

Le Conseil supérieur de l'Instruction publique entendu,

Arrête :

L'article 148, § 5, de l'arrêté organique du 18 janvier 1887 est modifié ainsi qu'il suit :

« ART. 148, § 5. — Questions sur les notions les plus élémentaires des sciences physiques et naturelles *et sur les matières de l'enseignement agricole*[1]. »

---

29 déc. 1888.

Arrêté introduisant dans l'examen du Certificat d'études primaires supérieures des questions sur le programme de l'Enseignement industriel ou agricole.

29 Décembre 1888.

Le Ministre de l'Instruction publique et des Beaux-Arts,

Vu l'article 10 de la loi du 15 juin 1879 disposant que, trois ans après l'organisation complète de l'enseignement de l'agriculture dans les Écoles normales primaires, les notions élémentaires d'agriculture seront comprises dans les matières obligatoires de l'enseignement primaire;

Vu l'article 1er de la loi du 28 mars 1882;

1. Cette disposition ne concerne que les aspirants. Voir sur ce point la circulaire du 15 *mars* 1889 (Vice-Recteur de Paris aux Inspecteurs d'Académie) (*Rec. des L. et A.*, 1889, p. 190).

Vu le chapitre 1er du titre IV de l'arrêté du 18 janvier 1887, réglant les formes et conditions de l'examen du certificat d'études primaires supérieures;

Considérant qu'il importe de donner une sanction à l'enseignement agricole dans les divers examens qui couronnent les études primaires;

Le Conseil supérieur de l'Instruction publique entendu,

Arrête :

L'article 250 de l'arrêté du 18 janvier 1887 est modifié ainsi qu'il suit :

« ART. 250. — Les épreuves orales ne peuvent excéder la durée d'une heure; elles comprennent nécessairement un examen de langue vivante *et un examen sur le programme de l'enseignement technique (agricole ou industriel) tel qu'il est arrêté par le Conseil départemental.* »

Arrêté prolongeant d'une année les dispositions de l'article 186 du Décret du 18 janvier 1887 en faveur des candidats au Certificat d'aptitude à l'inspection primaire admissibles à l'un des deux derniers concours. 29 déc. 1888

29 Décembre 1888.

Le Ministre de l'Instruction publique et des Beaux-Arts,

Le Conseil supérieur de l'Instruction publique entendu,

Arrête :

Les dispositions de l'article 186 du décret du 18 janvier 1887 resteront applicables pendant un dernier délai d'*une* année aux candidats qui ont été admissibles aux épreuves orales du certificat d'aptitude à l'inspection, à l'un des deux concours de 1887 et de 1888.

Cette mesure ne pourra, en aucun cas, être étendue à d'autres candidats.

Arrêté prescrivant la production d'un certificat de Revaccination par les candidats aux bourses d'enseignement primaire, aux Écoles normales primaires et aux Écoles normales primaires supérieures. 29 déc. 1888.

29 Décembre 1888.

Le Ministre de l'Instruction publique et des Beaux-Arts,

Vu le décret et l'arrêté du 18 janvier 1887;

Le Conseil supérieur de l'Instruction publique entendu,

Arrête :

Les articles 44, 88 et le 2e paragraphe de l'article 115 de l'arrêté du 18 janvier 1887 sont modifiés ainsi qu'il suit :

« ART. 44. — Les parents ou tuteurs des candidats aux bourses doivent les faire inscrire dans les bureaux de l'inspection académique avant le 1er avril.

Chacun d'eux joint à la demande d'inscription :

1° L'acte de naissance de l'enfant;

2° Son certificat d'études primaires;

3° Un certificat de vaccine et *un certificat de revaccination.*

. . . .

« ART. 88. — Les candidats aux Écoles normales primaires sont soumis, avant l'examen, à la visite du médecin de l'École, assisté d'un médecin assermenté; ils ne peuvent prendre part aux épreuves que s'il est constaté qu'ils ont été vaccinés ou qu'ils ont eu la petite vérole, *qu'ils ont été revaccinés* et qu'ils ne sont atteints d'aucune infirmité, maladie ou vice de constitution qui les rende impropres aux fonctions de l'enseignement.

« ART. 115 (2e paragraphe). — Avec leur demande d'inscription les candidats aux Écoles normales primaires supérieures déposent :

1° Un extrait de leur acte de naissance;

2° Leur brevet ou leur diplôme;

3° Une notice faisant connaître l'École ou les Écoles auxquelles ils ont appartenu et, s'il y a lieu, les fonctions qu'ils ont remplies;

4° Un certificat de médecin constatant qu'ils sont aptes à remplir les fonctions de l'enseignement; *un certificat de récente revaccination.* »

. . . .

---

29 déc. 1888. **Arrêté relatif à la Revaccination des élèves des Écoles primaires élémentaires.**

29 Décembre 1888.

Le Ministre de l'Instruction publique et des Beaux-Arts,

Vu le décret et l'arrêté du 18 janvier 1887;

Vu le règlement scolaire modèle des Écoles primaires élémentaires;

Le Conseil supérieur de l'Instruction publique entendu,

Arrête :

L'article 2 du règlement scolaire modèle des Écoles primaires élémentaires est modifié ainsi qu'il suit :

« Tout enfant dont l'admission est demandée doit présenter à l'instituteur un bulletin de naissance et un certificat médical constatant qu'il a été vacciné ou qu'il a eu la petite vérole et qu'il n'est pas atteint de maladies ou d'infirmités de nature à nuire à la santé des autres élèves. *Lorsque l'enfant a atteint sa dixième année, il doit, pour être admis ou maintenu dans l'École, être revacciné par les soins du médecin attaché à l'École ou délégué à cet effet par l'administration scolaire.*

« L'instituteur doit conserver le bulletin de naissance *et les certificats de vaccine et de revaccination*[1] tant que l'enfant fréquente l'École.

Arrêté fixant le texte d'un Règlement scolaire modèle pour les Écoles primaires supérieures publiques. 29 déc. 1888.

29 Décembre 1888.

Le Ministre de l'Instruction publique et des Beaux-Arts,

Vu l'article 32 de l'arrêté organique du 18 janvier 1887;

Le Conseil supérieur de l'Instruction publique entendu,

Arrête ainsi qu'il suit le règlement scolaire modèle pour servir à la rédaction des règlements départementaux des Écoles primaires supérieures :

ARTICLE 1er. — Aucun élève ne pourra être admis dans une École primaire supérieure s'il n'est âgé de douze ans au moins au 1er octobre de l'année dans laquelle il se présente, et s'il n'est pourvu du certificat d'études primaires élémentaires.

Nul ne pourra y rester au delà de dix-huit ans. Toutefois les élèves qui atteindraient leur dix-huitième année pendant l'année scolaire pourraient continuer à fréquenter l'École jusqu'à la fin de l'année en cours.

ART. 2. — Tout élève dont l'admission est demandée doit présenter au directeur un bulletin de naissance et un certificat médical constatant qu'il a été vacciné ou qu'il a eu la petite vérole, qu'il a été revacciné[1] et qu'il n'est pas atteint de maladies ou d'infirmités de nature à nuire à la santé des autres élèves.

1. Voir la circulaire du 12 *mai* 1889, aux Préfets, relative aux certificats de revaccination exigés (*Circ.*, t. X, p. 416).

Le directeur doit conserver le bulletin de naissance et le certificat de revaccination tant que l'élève fréquente l'École.

ART. 3. — La garde des locaux scolaires est commise au directeur; il ne permettra pas qu'on les fasse servir à aucun usage étranger à leur destination, sans une autorisation spéciale du Préfet.

ART. 4. — Pendant la durée des classes, les professeurs, maîtres et instituteurs adjoints ne pourront, sous aucun prétexte, être distraits de leurs fonctions professionnelles.

ART. 5. — Dans les internats annexés aux Écoles primaires supérieures, les pères de famille seront toujours consultés sur la participation de leurs enfants aux exercices du culte. Toutes facilités seront données aux élèves pour se conformer sur ce point aux volontés de leurs familles sans que les études puissent en souffrir quelque détriment.

ART. 6. — La durée maximum de chaque classe ne pourra dépasser une heure et demie. Deux classes consécutives seront toujours séparées par une récréation de dix à quinze minutes.

ART. 7. — La surveillance des élèves qui ne rentrent pas dans leur famille entre la classe du matin et la classe du soir est assurée pendant tout cet intervalle par les soins du directeur.

ART. 8. — Dans les Écoles qui ne reçoivent que des externes, les professeurs et instituteurs adjoints se partagent, sous la responsabilité du directeur, la surveillance des récréations.

ART. 9. — Les professeurs et instituteurs adjoints ne peuvent être chargés de la surveillance des études rétribuées qu'après entente avec le directeur au sujet de la rémunération de ce service, sous réserve de l'approbation de l'Inspecteur d'Académie.

ART. 10. — Aucun des services relatifs à l'internat ne peut être imposé au personnel spécialement attaché à l'externat. Toutefois, l'Inspecteur d'Académie peut autoriser un ou plusieurs maîtres à se charger de services supplémentaires en dehors des heures des classes moyennant une rémunération, ou en échange d'avantages consentis par le directeur.

ART. 11. — Quand un directeur nouveau prendra possession de ses fonctions, il devra, de concert avec le maire ou son délégué, faire le récolement du mobilier scolaire, du matériel d'enseignement, des archives scolaires, des livres de la bibliothèque, des collections de toute nature et du mobilier que la commune pourra lui avoir fourni ainsi qu'à ses adjoints.

Le procès-verbal de cette opération, signé par les deux parties, constituera le directeur responsable des objets désignés à l'inventaire.

En cas de changement de résidence, le directeur provoquera, avant son départ, un nouveau récolement.

ART. 12. — Un tableau portant le prix de tous les objets scolaires que le directeur est autorisé à fournir aux élèves sera affiché dans l'École, après avoir été visé par l'Inspecteur primaire.

ART. 13. — Les salles de classe ou d'atelier seront blanchies ou lessivées tous les ans, et tenues dans un état constant de propreté et de salubrité.

ART. 14. — Toute représentation théâtrale est interdite dans les Écoles primaires supérieures publiques.

ART. 15. — Aucun don de livres ni d'imprimés ne peut être fait à l'École sans l'autorisation de l'Inspecteur d'Académie.

ART. 16. — Toute pétition, quête, souscription ou loterie est interdite.

ART. 17. — Les seules punitions dont le directeur puisse faire usage sont :

La réprimande;

La retenue après la classe, sous la surveillance d'un maître;

L'exclusion temporaire.

Cette dernière peine ne pourra dépasser trois jours. Avis en sera donné immédiatement par le directeur aux parents de l'enfant et à l'Inspecteur primaire.

Une exclusion de plus longue durée ou l'exclusion définitive ne pourra être prononcée que par l'Inspecteur d'Académie.

ART. 18. — Les jours de congé extraordinaire sont :

Une semaine à l'occasion des fêtes de Pâques;

Le premier jour de l'an, ou le lendemain, si ce jour est un dimanche ou un jeudi;

Le lundi de la Pentecôte;

Le lendemain de la Toussaint, le matin seulement;

Le jour de la Fête nationale.

ART. 19. — L'époque et la durée des vacances seront fixées chaque année par le Préfet en Conseil départemental.

ART. 20. — Le directeur ne pourra faire aucune interversion dans les jours de classe sans l'autorisation de l'Inspecteur d'Académie.

ART. 21. — Le directeur ne peut s'absenter sans avoir obtenu l'autorisation de l'Inspecteur d'Académie et sans en avoir donné avis aux autorités locales.

Dans les circonstances graves et imprévues, le directeur pourra s'absenter, sans autre condition que de donner immédiatement avis de son absence aux autorités locales et à l'Inspecteur primaire.

ART. 22. — Les dispositions de l'article précédent sont applicables aux professeurs, maîtres et adjoints. Dans le cas d'absence par motif grave et imprévu, le directeur de l'École peut leur accorer l'autorisation nécessaire, sauf à en aviser l'Inspecteur primaire.

ART. 23. — Les dispositions de ce règlement sont applicables ax Écoles primaires supérieures de filles.

---

10 janvier 1889. **Arrêté relatif à l'emploi du temps, à la répartition des matières d'enseignemnt et aux programmes d'études dans les Écoles normales primaires[1].**

10 Janvier 1889.

Le Ministre de l'Instruction publique et des Beaux-Arts,

Vu l'arrêté organique des 18 janvier 1887 et 24 juillet 1888;

Vu les articles 96, 97, 98, 99, 100 et 101 dudit arrêté;

Le Conseil supérieur de l'Instruction publique entendu,

Arrête :

ARTICLE 1er. — La répartition des matières d'enseignement dns les Écoles normales d'instituteurs et d'institutrices est réglée, ar année et par cours, conformément aux deux tableaux A et B ci-nnexés (annexes A et B).

ART. 2. — L'enseignement dans les Écoles normales d'instituters est donné conformément aux programmes ci-annexés (annexe (2).

ART. 3. — L'enseignement dans les Écoles normales d'intitutrices est donné conformément aux programmes ci-anneés (annexe D[2]).

ART. 4. — MM. les Recteurs sont chargés de l'exécution du pésent arrêté, ainsi que des mesures transitoires qui pourront être écessaires pour en faciliter l'application au cours de la présente anée scolaire.

1. Consulter, pour l'application, la circulaire du 19 *mars* 1889 aux Recteurs (*Cic.*, t. X, p. 406).

2. Consulter les Annexes C et D, comprenant les programmes primitifs d'enseinement des Écoles normales d'instituteurs et d'institutrices (*Bull. adm.*, 1889, t. XV, p. 7 et 26).

Consulter, pour les diverses modifications ultérieures, les arrêtés des : 3 *janvier* 191, concernant le programme de Travail manuel dans les Écoles normales d'institutrs (*Bull. adm.*, 1891, t. XLIX, p. 3); — 9 *mars* 1897, concernant les programmede Morale, d'Économie politique et d'Hygiène (*Bull. adm.*, 1897, t. LXI, p. 393) — 17 *septembre* 1898, concernant le programme de Travail manuel dans les Écoles ormales d'institutrices (*Bull. adm.*, 1898, t. LXIV, p. 764).

ANNEXES A ET B.

TABLEAU A

pour servir de modèle à la répartition des matières d'enseignement dans une École normale d'instituteurs.

MATIÈRES DE L'ENSEIGNEMENT.	TOTAL DES HEURES PAR SEMAINE.		
	1re ANNÉE.	2e ANNÉE.	3e ANNÉE.
	heures.	heures.	heures.
ENSEIGNEMENT LITTÉRAIRE.			
Psychologie, morale, pédagogie	2	2	2
Langue et littérature française[1]	5	4	4
Histoire et instruction civique	3	3	3
Géographie	1	1	1
Écriture	2	1	»
Langues vivantes[2]	2	2	2(*a*)
Total des heures de l'enseign. littéraire.	15	13	12
ENSEIGNEMENT SCIENTIFIQUE.			
Mathématiques	3	4	4
Physique et chimie[3]	2	2	3
Sciences naturelles[3] et hygiène	1	1	1(*b*)
Dessin et modelage[4]	4	4	4
Agriculture théorique[5]	»	1	1
Total des heures de l'enseign. scientifique.	10	12	13
Travaux manuels[6] et agricoles	5	5	5
Exercices gymnastiques[7] et militaires	3	3	3
Chant[8] et musique	2	2	2

(*a*) Il a été décidé en Conseil supérieur qu'il y aurait, outre ces deux heures de classe, une heure prélevée sur les études ou le temps libre et qui serait consacrée (dans chaque année) à des exercices de conversation.

(*b*) L'hygiène et la géologie, en 3e année, ne prendront ensemble qu'une heure. — Hygiène : 20 leçons.

1. Voir les circulaires suivantes : du 16 *octobre* 1890, aux Recteurs, relative au développement de la lecture des auteurs français dans l'enseignement littéraire des Écoles normales (*Circ.*, t. XI, p. 300); du 8 *décembre* 1893, aux Recteurs, relative à la lecture des auteurs à expliquer aux examens du brevet supérieur (*Ibid.*, p. 758); du 21 *mai* 1894, aux Recteurs, relative à la lecture des auteurs classiques dans les Écoles normales (*Bull. adm.*, 1894, t. LV, p. 461). — 2. Voir la circulaire du 21 *mai* 1889, aux Recteurs, relative à l'enseignement des langues vivantes dans les Écoles normales primaires (*Circ.*, t. X, p. 419). — 3. Voir les nouvelles directions pédagogiques pour l'enseignement des sciences physiques et naturelles dans les Écoles normales primaires (*Bull. adm.*, 1898, t. LXIII, p. 595, 608 et 615). — 4. Voir la circulaire du 21 *mai* 1889, aux Recteurs, relative à l'enseignement du dessin dans les Écoles normales primaires (*Circ.*, t. X, p. 419). — 5. Voir les circulaires du 17 *novembre* 1891, aux Recteurs, relative à l'enseignement de l'agriculture dans les Écoles normales (*Circ.*, t. XI, p. 496); du 28 *janvier* 1893, aux Recteurs, relative à l'enseignement agricole dans les Écoles normales d'instituteurs (*Ibid.*, p. 627); du 30 *novembre* 1895, aux Recteurs, relative au cours d'agriculture dans les Écoles normales (*Bull. adm.*, 1895, t. LVIII, p. 875); du 25 *avril* 1898, aux Recteurs, relative à l'enseignement scientifique et agricole dans les Écoles normales pri-

TABLEAU B

pour servir de modèle à la répartition des matières d'enseignement dans une Ecole normale d'institutrices.

MATIÈRES DE L'ENSEIGNEMENT.	TOTAL DES HEURES PAR SEMAINE.		
	1re ANNÉE.	2e ANNÉE.	3e ANNÉE.
	heures.	heures.	heures.
ENSEIGNEMENT LITTÉRAIRE.			
Psychologie, morale, pédagogie, etc.	2	2	2
Langue et littérature française	5	4	4
Histoire et instruction civique	3	3	3
Géographie	1	1	1
Écriture	2	1	»
Langues vivantes	2	2	2 (a)
Total des heures de l'enseign. littéraire	15	13	12
ENSEIGNEMENT SCIENTIFIQUE.			
Mathématiques	2	2	2
Physique	»	1	1
Chimie	»	1	1
Sciences naturelles et hygiène	1	1	1
Économie domestique	»	»	1
Dessin	4	4	4
Total des heures de l'enseign. scientifique.	7	9	10
Travaux de couture	3	2	2
Travaux du ménage et du jardin	2	2	2
Gymnastique	2	2	2
Chant et musique	2	2	2

(a) En plus de ces deux heures, le Conseil supérieur a décidé qu'il y aurait une heure prélevée sur les études et qui serait consacrée à des exercices de conversation.

---

12 janvier 1889.

Arrêté modifiant l'article 245 de l'Arrêté du 18 janvier 1887, concernant le Certificat d'études primaires supérieures.

12 Janvier 1889.

Le Ministre de l'Instruction publique et des Beaux-Arts,
Le Conseil supérieur de l'Instruction publique entendu,
Arrête :

maires (*Bull. adm.*, 1898, t. LXIII, p. 592), suivie d'*Instructions* sur cet enseignement (*Ibid.*, p. 594, 605 et 612). — 6. Voir les programmes du 3 *janvier* 1891 (*Bull. adm.*, 1891, t. XLIX, p. 3) et la circulaire du 12 *mars* 1891 aux Recteurs, relative à l'enseignement du travail manuel dans les Écoles normales primaires (*Circ.*, t. XI, p. 423). — 7. Voir la circulaire du 21 *mai* 1889, relative à l'enseignement de la gymnastique dans les Écoles normales (*Circ.*, t. X, p. 419). — 8. Voir la circulaire du 21 *mai* 1889, aux Recteurs, relative à l'enseignement du chant dans les Écoles normales (*Circ.*, t. X, p. 419).

L'article 245 de l'arrêté du 18 janvier 1887 (dispositions additionnelles de l'arrêté du 24 juillet 1888) est modifié comme suit :

« Les sujets des compositions écrites sont choisis par l'Inspecteur d'Académie. »

Rapport fait au nom de la Commission du budget[1] sur la proposition de M. Jacques Piou relative aux Pensions civiles, par M. Jules Roche, député[2]. 4 février 1889.

Séance du 4 Février 1889.

Messieurs, vous avez renvoyé à la Commission du budget, pendant la discussion de la loi de finances, et avec mission de vous faire dans le plus bref délai possible un rapport spécial, un amendement de l'honorable M. Piou ainsi conçu :

« ART. 15 *bis.* — Dans les administrations civiles où la période d'activité n'est pas fixée par la loi, la limite d'âge de la mise à la retraite est soixante-dix ans pour les fonctionnaires ou agents du service sédentaire, et soixante ans pour ceux du service actif.

« Les généraux de division commandants de corps d'armée, ceux remplissant les fonctions de major-général ou de gouverneur de Paris et les vice-amiraux pourront, par décret, être maintenus en fonctions jusqu'à soixante-dix ans. »

Cet amendement avait pour objet d'assurer l'exécution de la loi de 1853, qui veut que les pensions nouvelles concédées chaque année n'excèdent pas les limites des crédits rendus disponibles par les extinctions réalisées.

L'examen approfondi que nous avons fait de la question nous a montré que l'augmentation des pensions ne vient pas seulement de l'augmentation, forcée depuis 1853, du nombre des fonctionnaires et de l'amélioration des traitements et des conditions de retraite des petits fonctionnaires (facteurs, instituteurs, etc.), mais encore des arrêtés ministériels ou décrets, ou usages, qui ont fixé dans beaucoup de cas une limite d'âge entraînant de plein droit la mise à la retraite des fonctionnaires.

Il nous a donc paru nécessaire, non point de fixer une limite d'âge uniforme, mais de supprimer toutes les dispositions — autres que les lois existantes — qui fixent ces limites d'âge entraînant la mise à la retraite obligatoire.

Il est de bonne administration que les agents de l'État soient conservés tant qu'ils peuvent fournir de bons services.

1. Cette Commission était composée de MM. ROUVIER, *Président;* CASIMIR-PÉRIER (Aube), Yves GUYOT, *Vice-Présidents;* JAMAIS, LEYGUES, Adrien BASTID, GERVILLE-RÉACHE, *Secrétaires;* Maurice FAURE, BLATIN, RIBOT, MONIS, Arthur LEROY (Côte-d'Or), SABATIER, ANDRIEUX, COMPAYRÉ, MÉRILLON, SALIS, Sigismond LACROIX, Jules ROCHE, STEENACKERS, Fernand FAURE, LALANDE, Albert FERRY, Henry MARET, Antonin DUBOST, BAÏHAUT, SARRIEN, VIGER, RAYNAL, CHAVOIX, SAINT-PRIX, GOMOT, Félix FAURE.

Le présent document se rattache au projet de loi sur le budget général de l'exercice 1889.

Un amendement (n° 36) a été présenté au cours de la discussion en juillet 1888.

2. Voir, Tome V, p. 412, la proposition de loi de MM. Paul BERT et DETHOU, 28 *février* 1882, et les documents visés par la note en renvoi.

Tous les arrêtés, tous les décrets dont nous venons de parler seront donc immédiatement abrogés par voie de conséquence, si vous votez la disposition que nous allons vous proposer.

Cette disposition est, en effet, la seule efficace pour mettre un terme aux abus qui s'étaient introduits depuis plus de vingt-cinq ans dans l'Administration.

Les Ministres ne se renfermaient pas dans les crédits d'inscription dont ils disposaient. Lorsque ces crédits étaient épuisés, ils n'en continuaient pas moins à signer des mises à la retraite, et le Conseil d'État n'en continuait pas moins de son côté, et il ne pouvait pas faire autrement, n'étant pas contrôleur de l'administration financière du Gouvernement, à liquider les pensions.

On venait ensuite vous demander des crédits supplémentaires, en vous plaçant en présence de faits accomplis et de droits acquis.

Or, c'était là la principale cause de l'augmentation incessante des pensions.

Nous vous proposons donc d'assurer par une disposition légale nouvelle le fonctionnement de la loi de 1853 selon son véritable esprit et son véritable principe.

Voici le texte de cette disposition :

Proposition de loi.

ARTICLE UNIQUE. — Aucune admission à la retraite ne peut être prononcée et aucune pension ne peut être liquidée au delà du crédit d'inscription résultant des extinctions réalisées et réparti à chaque Ministre par application de l'article 20 de la loi du 9 juin 1853 et de l'article 38 du décret du 9 novembre 1853, ou au delà du crédit résultant d'une loi spéciale.

---

13 mars 1889.

Circulaire du Ministre de l'Instruction publique, rappelant les règlements relatifs à l'interdiction de Souscriptions parmi les Instituteurs.[1]

13 Mars 1889.

Monsieur le Recteur, je crois devoir appeler votre attention sur une coutume adoptée depuis longtemps par le personnel de l'Enseignement primaire et dont plusieurs de mes prédécesseurs ont déjà, à diverses reprises, signalé les inconvénients. Je veux parler des présents que les instituteurs offrent en témoignage de souvenir à leur Inspecteur primaire lorsque ce dernier est l'objet d'un avancement, d'une distinction honorifique ou d'un changement de résidence.

Je suis loin de blâmer, en principe, la pensée qui pousse les instituteurs à saisir une occasion de témoigner à leur chef leur attachement et leur déférence. C'est un sentiment qui fait honneur aux uns et aux autres ; ce qui est sujet à critique, c'est la forme qu'ils donnent à l'expression de ce sentiment, et je suis certain qu'ils comprendront aisément combien un autre moyen, une visite ou une lettre, par exemple, serait plus acceptable pour leur Inspecteur.

1. Voir la circulaire du 3 *juillet* 1888, aux Préfets, relative à l'ouverture d'une souscription dans les Écoles publiques en faveur des victimes de l'invasion des sauterelles dans la province de Constantine (*Circ.*, t. X, p. 306).

Celui-ci, je n'en doute pas, a trop le souci de sa dignité pour encourager les manifestations qui se traduisent par des cadeaux et des banquets, et il ne les connaît en général qu'au moment où elles se produisent. Il n'ose pas alors et ne peut pas les contremander sans paraître répondre mal à des sentiments dont il est légitimement touché. Je crois donc que, d'avance et en principe, il serait bon que tous fussent prévenus des inconvénients que l'Administration voit à cette pratique, et que les uns et les autres prissent le parti de s'en abstenir.

Je vous prie, Monsieur le Recteur, d'inviter MM. les Inspecteurs d'Académie de votre ressort à adresser, en ce sens, des recommandations qui, je n'en doute pas, seront accueillies par la pensée même qui les inspire : le soin d'éviter jusqu'à la moindre apparence de procédés incorrects.

Recevez, etc.

Signé : A. FALLIÈRES.

Loi relative au Rengagement des sous-officiers[1]. [Extrait.] 18 mars 1889.

18 Mars 1889.

. . . .

ART. 14. — Les emplois civils désignés au tableau B annexé à la présente loi sont exclusivement attribués, dans la proportion fixée par ledit tableau, d'abord aux sous-officiers ayant 15 ans de service, dont 4 ans avec le grade de sous-officier, et en second lieu aux sous-officiers ayant passé 10 ans sous les drapeaux dans l'armée active, dont 4 ans avec le grade de sous-officier.....

TABLEAU B. — *Liste des emplois réservés aux sous-officiers remplissant les conditions imposées par l'article 14 de la loi relative au rengagement des sous-officiers.*

EMPLOIS.	PROPORTION réservée aux sous-officiers.
. . . .	
MINISTÈRE DE L'INSTRUCTION PUBLIQUE ET DES BEAUX-ARTS.	
. . . .	
Instituteurs.	
Instituteurs titulaires et adjoints	$\frac{1}{4}$
. . . .	

1. Voir la circulaire du 3 *février* 1894, aux Préfets, relative au règlement d'administration publique du 4 juillet 1890 sur les emplois réservés aux sous-officiers rengagés (*Bull. adm.*, 1894, t. LV, p. 135).

20 mars 1889. **Circulaire du Ministre de l'Instruction publique, relative à la réintégration dans l'Enseignement primaire des maîtres adjoints et maîtresses adjointes d'Écoles normales primaires dont la délégation n'aura pas été renouvelée.**

20 Mars 1889.

Monsieur l'Inspecteur d'Académie, par ma circulaire du 8 février 1888, j'appelais votre attention toute particulière sur la situation faite aux maîtresses adjointes et maîtres adjoints délégués, pendant la durée de l'année scolaire, dans les Écoles normales, par le retrait de leur délégation en cas d'échec aux épreuves écrites de l'examen du professorat. Je vous faisais remarquer que ces maîtres sont, pour la plupart, d'anciens élèves-maîtres d'Écoles normales qui, après le cours régulier d'études, avaient obtenu des postes d'instituteurs ; que, s'ils avaient trop présumé de leurs forces en cherchant à s'élever aux fonctions de l'enseignement normal, ils n'avaient nullement démérité, qu'ils n'en restaient pas moins de bons instituteurs et qu'ils avaient les droits les plus sérieux, leur délégation une fois retirée, à leur réintégration dans l'enseignement primaire élémentaire.

Prévoyant l'objection que pourrait provoquer l'obligation de placer les élèves sortant de l'École normale, j'insistais sur ce point que les délégués obligés de quitter leur poste dans les Écoles normales, lorsqu'ils avaient été élèves-maîtres, avaient des droits antérieurs à ceux de leurs jeunes collègues, et je vous recommandais très instamment de veiller à ce qu'ils fussent les premiers pourvus d'emplois soit dans les Écoles primaires élémentaires, soit dans les Écoles primaires supérieures, suivant leur degré d'aptitude.

La situation que je vous signalais alors va se renouveler ; la session du certificat d'aptitude au professorat qui a lieu, cette année, au mois de mai, nécessitera le placement des professeurs reçus et donnera lieu au départ d'un certain nombre de délégués. Je vous renouvelle donc les instructions de l'année dernière.

Je vous ferai connaître, en temps utile, les noms des délégués supprimés qui, ayant déjà exercé dans votre département, demanderaient à y reprendre un poste d'instituteur, et je vous communiquerai à leur sujet les renseignements nécessaires.

Veuillez m'accuser réception de la présente circulaire et prendre, dès que le moment sera venu, les mesures destinées à assurer les prescriptions qu'elle contient.

Recevez, etc.

Signé : A. FALLIÈRES.

---

8 avril 1889. **Arrêté instituant un concours pour la création de deux prix à décerner en vue de favoriser l'introduction des jeux actifs dans les Écoles d'aveugles.**

8 Avril 1889.

Le Ministre de l'Instruction publique et des Beaux-Arts,

Vu la lettre de M. le président de la société d'assistance publique pour les aveugles, en date du 18 mars, qui offre, au nom de cette compagnie, une somme de 800 francs destinée au payement de deux prix, l'un de 500 francs et l'autre de 300 francs, à décerner, sous les auspices du Ministère de l'Instruction publique, aux meilleurs mémoires relatifs aux jeux actifs à introduire ou à encourager dans les Écoles d'aveugles;

Vu l'arrêté, en date du 15 octobre 1888, instituant un ou plusieurs prix destinés à récompenser les meilleurs travaux pratiques relatifs à l'établissement de jeux gymnastiques et athlétiques, notamment dans les Écoles primaires,

Arrête :

ARTICLE 1er. — La somme de 800 francs, mise à la disposition du Ministère de l'Instruction publique par la société d'assistance publique pour les aveugles, dans le but de favoriser l'introduction des jeux actifs dans les Écoles d'aveugles, sera affectée au payement de deux prix, l'un de 500 francs et l'autre de 300 francs.

ART. 2. — Il est ouvert, sous les auspices du Ministère de l'Instruction publique, un concours sur ce sujet :

« Faire connaître les jeux et exercices corporels les plus propres à être introduits ou encouragés dans les Écoles d'aveugles, pour contribuer au développement de la force, de l'adresse et de l'agilité.

« Étudier les moyens pratiques d'en généraliser l'application dans les Écoles d'aveugles.

« Insister sur les avantages de ces jeux tant au point de vue moral qu'au point de vue physique. »

ART. 3. — Sont admis à prendre part au concours les auteurs de travaux traitant tout ou partie du sujet.

ART. 4. — Le concours sera clos le 31 décembre 1889.

ART. 5. — La Commission spéciale nommée par arrêtés des 15 et 24 octobre 1888, et chargée, par arrêté du 13 novembre de la même année, du jugement du concours pour l'établissement des jeux gymnastiques dans les Écoles, est chargée également d'examiner les mémoires qui seront présentés au sujet des jeux à introduire dans les Écoles d'aveugles et de décerner les récompenses.

Tous les membres de la Commission sont hors concours.

9 mai 1889. **Lettre du Ministre de l'Instruction publique au Préfet des Vosges, prescrivant que la Classe enfantine annexée à une École privée doit être établie dans un local distinct et confiée à une maîtresse spéciale.**

9 Mai 1889.

Monsieur le Préfet, en réponse à votre dépêche du 26 avril dernier, j'ai l'honneur de vous faire savoir que si l'annexion d'une classe enfantine à une École privée n'est pas assujettie, en effet, aux formalités exigées pour l'ouverture d'une École, il n'en résulte nullement que cette classe, où seront reçus des enfants âgés de moins de six ans, ne doive point être confiée à une maîtresse spéciale. L'annexion d'une classe enfantine suppose évidemment un local distinct de celui où sont admis les enfants d'âge scolaire. Dès lors, la présence d'une seconde maîtresse est indispensable dans les Écoles à une seule institutrice qui veulent user de la faculté inscrite dans le § 3 de l'article 36 de la loi du 30 octobre 1886.

Recevez, etc.

Signé : A. FALLIÈRES.

---

16 mai 1889. **Proposition de loi modifiant la législation du 28 mars 1882 sur l'Enseignement primaire, présentée par M. de Baudry-d'Asson et divers, députés[1].**

Séance du 16 Mai 1889.

Exposé des motifs.

Messieurs, les hommes les plus en vue du parti républicain ont, depuis six mois, fait des aveux précieux : ils ont notamment reconnu que la laïcisation à outrance de l'enseignement primaire avait soulevé contre la République la révolte des consciences et la protestation des intérêts.

Je ne veux pas rechercher si ces *mea culpa* des pénitents de l'opportunisme étaient inspirés par le remords ou par une *tactique* de parti : peu nous importe, au fond ! Le fait à retenir est celui-ci : les plus ardents pontifes du laïcisme obligatoire dans les Écoles publiques reconnaissent qu'ils ont dépassé la mesure et qu'il y a lieu d'enrayer le mouvement.

Le Conseil général de la Vendée, dans sa dernière session, a cru le moment propice pour formuler un vœu qui fît entrer dans la pratique ces regrets théoriques. Vous me permettrez, Messieurs, de vous en donner la teneur :

« Les soussignés, membres du Conseil général, n'ayant pu obtenir, jusqu'ici, l'abrogation de la loi de l'enseignement primaire laïque, expriment le vœu que toutes les Écoles qui ne comptent pas DIX élèves soient supprimées dans les communes qui possèdent une autre École, déjà fréquentée par la majorité des enfants de la commune.

« DE BAUDRY D'ASSON, DE LA GRANDIÈRE, O. BOUX, DE CASSON DE LA TOUR-DU-PIN-CHAMBLY, HALGAN, BOURGEOIS, DE LA DÉBUTERIE, DE LA ROCHE SAINT-ANDRÉ, ODIN, T. DE TINGUY, L. DE LA BASSETIÈRE, COMTE DE CORNULIER, DE LAVRIGNAIS. »

1. Voir ci-après, *à sa date*, 3 *juin* 1889, le rapport de M. JACQUIER, député.

Pour justifier ce vœu, le Conseil général de la Vendée s'appuyait sur des considérations d'ordre financier, les seules qui en légitimaient le dépôt et le vote devant une assemblée départementale.

Le rapport établissait, d'après les documents administratifs, que les ressources du département n'étaient point à la hauteur des charges imposées par des besoins économiques. Il concluait à la réduction des dépenses superflues.

« Une partie de celles qui sont consacrées à l'enseignement laïque obligatoire, disait le rapport de la Commission, ne correspondent à aucun besoin sérieux.

« Dans la majorité des communes où il a été créé, concurremment à l'ancienne École communale, des Écoles qui ont coûté si cher, ces nouvelles constructions restent à peu près désertes. Instituteurs et institutrices se morfondent souvent entre une demi-douzaine d'enfants de pensionnés ou de fonctionnaires pour lesquels l'École mise à l'index par la population est tout ce qu'il y a de plus obligatoire. Cet état de choses s'expliquait sous le principat des hommes qui avaient pour principe et pour raison d'être de faire la guerre aux consciences. Aujourd'hui que l'expérience a formellement démontré l'impuissance de cette campagne vexatoire et néfaste, il serait temps d'y mettre un terme.

« Ne pouvant espérer, en ce moment du moins, le désarmement complet, nous demandons que le Gouvernement abandonne les places imprenables, toutes les Écoles dans lesquelles il n'a pu, malgré la force de ses pressions, grouper *dix élèves* autour de son infortuné missionnaire en A B C laïque.

« Le gaspillage, le désordre, le mauvais emploi des fonds dans les dépenses communales sont la pire anarchie financière, parce qu'elle se multiplie quarante mille fois. Donnons l'exemple, Messieurs, d'une réforme sur ce point, coupons court aux dépenses des Écoles vides. S'il est vrai, comme l'ont proclamé les représentants de la politique depuis six mois, que le Gouvernement en a assez de la guerre de religion qu'il entretenait, du reste, avec nos deniers, qu'il présente aux Chambres et qu'il fasse voter un projet de loi qui lui permette de fermer, sans retard, les Écoles inutiles et de les vendre au profit des services publics en souffrance, de l'Assistance publique, ou au dégrèvement des communes. »

Comme c'était son devoir, ou du moins sa consigne, M. le Préfet de la Vendée, représentant du Gouvernement, répondit qu'un vœu de cette nature ne pouvait obtenir satisfaction que par voie législative.

Les signataires du vœu le savaient parfaitement et, s'ils n'ont pas attendu la rentrée des Chambres pour l'exprimer, c'est qu'ils voulaient, au préalable, en saisir l'opinion et se l'associer dans cette importante revendication. Ce vœu répondait si bien au sentiment public que de tous les départements s'est formé, spontanément, un concours de chaleureuses adhésions. C'est dans ces conditions, Messieurs, que nous avons l'honneur de transformer ce vœu en projet de loi et de solliciter, en sa faveur, le bénéfice de l'urgence.

Proposition de loi.

ARTICLE 1er. — Toutes les Écoles communales qui ne comptent pas habituellement dix élèves sont supprimées dans les localités qui possèdent déjà une École fréquentée par la majorité des enfants de la commune.

ART. 2. — Les instituteurs et institutrices déclassés par la présente loi continueront à toucher leur traitement d'activité jusqu'à ce qu'ils soient pourvus d'un nouvel emploi.

21 mai 1889. **Rapport fait au nom de la Commission[1] chargée d'examiner les propositions de loi : 1° de M. Lefèvre-Pontalis, ayant pour objet la Nomination des instituteurs par les Recteurs d'Académie ; 2° de M. Charles Dupuy et un grand nombre de ses collègues, ayant pour objet de modifier les articles 27, 28 et 31 de la Loi du 30 octobre 1886, sur l'organisation de l'enseignement primaire, par M. Jules Steeg, député.**

Séance du 21 Mai 1889.

Messieurs, deux propositions émanées de M. Charles Dupuy et plusieurs de ses collègues, d'une part ; de M. Antonin Lefèvre-Pontalis, d'autre part, demandent que la nomination des instituteurs publics soit retirée aux Préfets et confiée aux Recteurs[2].

La question du mode de nomination, et par conséquent du mode de déplacement et de révocation des instituteurs, a déjà donné lieu à de nombreuses discussions dans ce pays, et a été résolue de différentes manières.

Sous l'ancien régime, l'enseignement primaire était une œuvre de charité, soutenue par l'Église, par des particuliers, quelquefois par les communes. Les maîtres étaient d'habitude choisis par le clergé, qui avait tout pouvoir de les révoquer pour motifs de conduite ou de doctrine[3].

Certaines communes avaient le droit de choisir elles-mêmes les maîtres d'école : mais les résultats ne paraissent pas avoir été bien satisfaisants, car lors de l'enquête de 1779, en Lorraine, la plupart des déposants demandèrent que la nomination et la révocation des maîtres fussent confiées à l'intendant du roi[4]. Cette requête n'eut pas de suite.

La Révolution française changea le caractère de l'enseignement primaire.

Au lieu de l'abandonner à la charité des individus ou des associations, elle en fit un devoir national, un service public, une œuvre de l'État.

Le décret de la Convention du 27 brumaire An III porte que les instituteurs et institutrices seront examinés, élus et surveillés par un jury d'instruction composé de trois membres désignés par l'administration du district; la nomi-

1. Cette Commission se composait de MM. Jules STEEG, *Président;* BASTID, *Secrétaire;* BOUSQUET, KELLER, CANTAGREL, Maurice FAURE, COMPAYRÉ, JACQUEMART, Charles DUPUY (Haute-Loire), MADIER DE MONJAU, BLATIN.

2. Voir, Tome V, p. 699, le *projet* de M. LEFÈVRE-PONTALIS, 4 *novembre* 1886 ; — celui de M. Ch. DUPUY, 5 *novembre* 1886, Tome V, p. 700; — le *rapport* de M. Ch. DUPUY, 1er *février* 1887, ci-dessus, p. 1.

3. Voici ce que prescrivit l'édit de 1695, art. 25 : « Les régents, précepteurs, maîtres et maîtresses d'école de petits villages sont approuvés par les curés des paroisses ou autres personnes ecclésiastiques qui ont droit de le faire, et les archevêques, évêques ou leurs archidiacres, dans le cours de leurs visites, pourront les interroger, s'ils le jugent à propos, sur le catéchisme, — et ordonner qu'on en mette d'autres en leurs places, s'ils ne sont pas satisfaits de leur doctrine ou de leurs mœurs. »

4. Les délégués de Tholey : « Il règne un grand abus dans le choix des maîtres d'école; la préférence est toujours accordée à ceux qui offrent leurs services au moindre prix et qui, lors de la convocation, payent le plus à boire à la communauté. »

Les délégués de Blamont : « Il arrive qu'on révoque des maîtres d'école par humeur ou parce qu'ils déplaisent à quelques principaux d'une paroisse. »

Les délégués de Saint-Mihiel : « Presque chaque année, les maîtres d'école changent de paroisse. C'est une navette continuelle. »

nation est soumise à cette même administration; en cas de conflit, c'est le Comité d'instruction publique qui décide.

La loi du 3 brumaire An IV transporte la nomination à l'administration du département, sur la présentation des autorités municipales.

La réaction, triomphante après le 18 brumaire, réduit le service de l'enseignement primaire à l'état d'intérêt purement local, et fait des instituteurs de simples agents municipaux, livrés, comme sous l'ancien régime, au bon plaisir d'un Conseil communal (loi du 11 floréal An X).

La Restauration y ajoute la nécessité de l'agrément du curé ou desservant (ordonnance du 29 février 1816), quant à la présentation. Pour la nomination, elle était faite par le Recteur, avec l'agrément du Préfet, et après l'autorisation de l'évêque (ordonnance du 8 avril 1824).

L'ordonnance du 21 avril 1828 remplace l'autorisation de l'évêque par un certificat d'instruction religieuse.

Après la Révolution de 1830, la nomination des instituteurs fut tour à tour confiée aux Conseils d'arrondissement (créés par la loi du 28 juin 1833), sur la présentation du Conseil municipal et avec l'institution par le Ministre, — aux Préfets (loi temporaire du 11 janvier 1850), — aux Conseils municipaux, sur une liste dressée par le Ministre (loi du 15 mars 1850), — aux Recteurs, exerçant la délégation du Ministre, les Conseils municipaux entendus (décret du 9 mars 1852), — aux Préfets, sous l'autorité du Ministre de l'Instruction publique, et sur le rapport de l'Inspecteur d'Académie (décret du 14 juin 1854).

C'est ce dernier mode qui a été maintenu par la loi du 30 octobre 1886.

Il y a néanmoins, par suite d'autres dispositions de la loi, des différences considérables entre la situation faite aux instituteurs par le décret de 1854 et celle que leur crée la loi de 1886.

Sous le régime de 1854, le Préfet était le maître absolu du sort de l'instituteur; il le nommait, le déplaçait, le révoquait sans phrases, sans motifs, sans discussion, sans appel, lui infligeait à son gré toutes les disgrâces, pouvait en faire un instrument électoral ou le briser s'il résistait. Ce sont les abus de ce genre commis pendant le second Empire par les Préfets à poigne qui ont rendu ce système odieux et intolérable. L'instituteur était livré sans défense au bon plaisir de l'autorité préfectorale.

La loi de 1886 a eu pour objet de donner aux instituteurs de sérieuses garanties.

Il suffit pour le démontrer, de rappeler les termes des articles 26, 27, 28, 29, 30, 31, 32 et 33 (voir Tome V, p. 681).

Cet ensemble de garanties, disait fort justement Paul Bert, n'a de similaire dans notre législation que les garanties qui protègent les professeurs des ordres supérieurs d'enseignement. On avouera qu'après cela, ajoutait-il, les discussions sur l'autorité qui contresignera les nominations et les révocations des instituteurs perdent singulièrement de leur importance pratique. Qu'importe que ce soit l'autorité universitaire ou le Préfet qui nomme les instituteurs, si l'entrée dans le corps ne peut avoir lieu que sur une liste d'admissibilité dressée par le Conseil départemental? Qu'importe que la révocation porte la signature d'un fonctionnaire qui relève exclusivement du Ministère de l'Instruction publique, ou d'un Préfet à ce spécialement délégué par la loi, si cette révocation ne peut être prononcée que dans les formes judiciaires, et ne devient définitive qu'après un jugement d'appel?

Les discussions, jadis si justement passionnées, quand il s'agissait d'arracher au Préfet une sorte de pouvoir discrétionnaire, ne sauraient conserver le même degré d'ardeur en présence de la situation nouvelle que la loi fait à l'autorité, quelle qu'elle soit, chargée de nommer, changer, promouvoir, révoquer les instituteurs.

Aussi votre Commission, Messieurs, en vous proposant de maintenir la législation actuelle, s'est-elle surtout inspirée des circonstances dans lesquelles les propositions de changements sont faites, plutôt qu'elle n'a pris résolument parti sur le fond même de la question. Quoi qu'on puisse penser sur l'utilité ou la convenance de laisser aux Préfets ou de transférer à l'autorité académique le droit de nomination, il n'y a certainement pas péril en la demeure. Les instituteurs ont cessé de réclamer une modification qui était urgente autrefois, et dont la loi de 1886 a singulièrement atténué l'importance.

Nos honorables collègues demandent le transfert aux Recteurs des droits limités qui ont été maintenus aux mains des Préfets. Votre Commission a pensé que les objections qui avaient déjà à plusieurs reprises prévalu devant les Chambres n'ont pas perdu de leur valeur. Les Recteurs sont bien loin des instituteurs; ils auraient à s'occuper d'un personnel trop nombreux pour le bien connaître et le bien diriger; telle Académie, celle de Toulouse, a plus de 7 000 instituteurs; celle de Douai, celle de Paris, près de 10 000, répartis dans plusieurs départements. Quel soin, quelle attention sérieuse le Recteur pourrait-il apporter à cette tâche nouvelle qui lui serait imposée? Il serait obligé de s'en remettre à ses bureaux, qui eux-mêmes ne pourraient qu'enregistrer les décisions de l'Inspecteur d'Acédémie de chaque département.

Le Recteur n'aurait qu'une apparence de pouvoir; le pouvoir véritable serait aux mains de l'Inspecteur d'Académie, qui n'aurait pas cependant la responsabilité.

Plusieurs membres de votre Commission se seraient volontiers ralliés à l'idée de confier directement à l'Inspecteur d'Académie, et non au Recteur, les fonctions dévolues aujourd'hui au Préfet. Sous le titre de Directeur départemental de l'instruction primaire, en le déchargeant de la surveillance des deux autres ordres d'enseignement, ce fonctionnaire leur semblait mieux qualifié que personne pour bien juger la capacité professionnelle non moins que l'attitude et la conduite de ses subordonnés. Déjà il occupe, en vertu de la loi du 30 octobre 1886, une place importante, il a des attributions considérables; la proposition de M. Dupuy le reconnaît et demande sur ce point le maintien de la loi actuelle; c'est lui qui en effet ouvre la carrière, qui délègue et révoque les stagiaires, qui propose la nomination des instituteurs titulaires, les changements de résidence d'une commune à une autre pour nécessités de service; c'est lui qui prononce la réprimande, la censure, la suspension provisoire. Il faudrait peu de chose pour en faire le chef unique et responsable du personnel primaire.

La majorité de votre Commission n'a pas cru devoir vous proposer cet amendement à la proposition de nos collègues. Il lui a paru sage de ne pas modifier à cette heure la loi du 30 octobre 1886. Outre que la Chambre touche à la fin de son mandat, et qu'il est juste de réserver à nos successeurs une résolution de cette nature, on peut dire qu'il convient d'attendre que la loi ait produit tous ses effets, avant de songer à la modifier. Nous sommes dans une période de transition; l'action des Préfets s'exercera utilement pour aplanir les difficultés qui peuvent surgir en ces circonstances et pour assurer la ferme exécution de la loi. Le rôle des directeurs départementaux, si c'est à eux que doit être confiée plus tard la charge de nommer et de révoquer, devra être purement scolaire; il ne serait pas prudent d'y mêler, comme il peut arriver à l'heure actuelle, une action administrative et politique qui est plus particulièrement du ressort des Préfets.

De plus, il est raisonnable, avant tout changement nouveau, d'attendre les effets de la loi sur l'opinion publique. Il n'est pas venu à notre connaissance que les instituteurs s'en soient montrés mécontents, qu'ils aient manifesté des sujets de plainte, qu'ils aient, comme sous la législation précédente, exprimé le désir d'être remis exclusivement aux autorités scolaires. Le congrès des instituteurs, tenu à Paris en 1887, qui a abordé tant de questions importantes, a passé celle-ci sous silence. Les garanties qui leur ont été accordées et que nous avons rappelées sont de telle nature qu'il n'y a plus pour eux aucun intérêt sérieux aux revendications naguère si vives qui se faisaient entendre à ce propos.

Enfin, votre Commission estime que le moment serait mal choisi pour modifier sitôt une loi qui est l'objet d'attaques si passionnées et si injustes de la part des adversaires de l'enseignement laïque et des institutions républicaines. Dans la lutte ardente où nous sommes engagés, ce sont surtout les lois scolaires qui sont visées, les lois sur la gratuité, sur l'obligation et, au premier rang, sur la laïcité de l'enseignement primaire. Faire une brèche dans la loi du 30 octobre 1886, l'entamer sur un point quelconque avec l'espoir d'agrandir l'ouverture et d'arriver au démantèlement, tel est le rêve, non assurément de ceux de nos collègues de qui émanent les propositions de loi que nous rapportons ici, mais tout au moins d'une légion de publicistes et d'orateurs qui ne cachent pas leur dessein d'en finir avec la législation scolaire de la République.

Pour ces motifs, votre Commission ne juge pas qu'il y ait lieu de donner suite aux propositions de nos collègues et de modifier, dans le sens qu'ils indiquent, la loi du 30 octobre 1886.

Circulaire du Ministre de l'Instruction publique, relative à la Procédure à suivre en matière d'opposition devant les Conseils départementaux de l'Instruction publique. 31 mai 1889.

31 Mai 1889.

Monsieur le Préfet, dans ses dernières sessions, le Conseil supérieur de l'Instruction publique a dû casser pour vices de forme un certain nombre de jugements rendus par les Conseils départementaux en matière d'opposition à l'ouverture d'Écoles privées. Je n'ai pas besoin d'insister auprès de vous sur les inconvénients et sur les dommages qui peuvent résulter pour les intéressés de ces irrégularités de procédure; mais je crois devoir appeler toute votre attention et celle des Conseils départementaux sur la jurisprudence qui résulte des décisions rendues en cette matière par le Conseil supérieur de l'Instruction publique.

En premier lieu, *à qui appartient le droit d'opposition?* — La loi est très nette sur ce point; peuvent seuls faire opposition à l'ouverture d'une École privée le Maire et l'Inspectenr d'Académie. Le Maire la fait toujours d'office; l'Inspecteur peut la faire d'office ou sur la plainte du Procureur de la République. (*Art.* 37 *et* 38 *de la loi du* 30 *octobre* 1886.)

De quelle nature doivent être les motifs de l'opposition? — En thèse générale, ils ne peuvent être tirés que de l'intérêt des bonnes mœurs et de l'hygiène.

Mais lorsqu'il s'agit d'un instituteur public révoqué, et voulant s'établir comme instituteur privé dans la commune où il exerçait, l'opposition peut être faite dans l'intérêt de l'ordre public. (*Art.* 38 *de la loi du* 30 *octobre* 1886.) Il importe de remarquer que, dans ce cas, l'opposition doit être faite par l'Inspecteur d'Académie et ne peut être faite que par lui.

Dans quel délai doit être faite l'opposition? — Si elle émane du Maire, elle doit être faite dans le délai de huit jours; si elle émane de l'Inspecteur d'Académie, elle doit l'être dans le délai d'un mois.

Quelle est l'origine du délai? — Quand il s'agit de l'opposition formée par le Maire, ce délai court à dater du jour même de la déclaration. Ceci résulte sans contestation possible du texte de l'article 37 de la loi. Le Maire est tenu de recevoir toute déclaration régulière, et d'en remettre *immédiatement* récépissé au postulant. Quand il s'agit de l'opposition formée par l'Inspecteur d'Académie, le délai court à dater du jour où il a été délivré récépissé des pièces qui doivent lui être adressées par l'intéressé. (*Articles* 158 *et* 160 *du décret du* 18 *janvier* 1887.)

Il importe de remarquer ici que ce récépissé doit être délivré aussitôt que les pièces ont été reçues et leur régularité constatée par l'Inspecteur d'Académie. L'esprit de la loi ne permet aucun doute à cet égard. La loi a voulu qu'opposition pût être faite par l'Inspecteur d'Académie pendant le délai d'un mois, mais seulement pendant ce délai. En retardant la délivrance du récépissé prescrit par l'article 158 du décret du 18 janvier 1887, l'Inspecteur d'Académie augmenterait arbitrairement le délai pendant lequel il a le droit d'opposition et se mettrait manifestement en contradiction avec les intentions du législateur.

Aux termes des articles 157 et 161 du décret du 18 janvier 1887 qui, d'ailleurs, ne fait que reproduire une disposition des règlements antérieurs, mention doit être faite, sur la notification de l'acte d'opposition à l'intéressé, des motifs de l'opposition, que cette opposition soit faite par le Maire ou par l'Inspecteur d'Académie. C'est une formalité essentielle, et son omission a été considérée par le Conseil supérieur comme une cause de nullité. (*Décision du* 25 *juillet* 1884, Affaire *Gautier*.)

Le Conseil a de même tenu comme cause de nullité le fait par le Maire d'avoir rédigé en termes différents l'acte d'opposition signifié à l'intéressé et le même acte notifié aux autorités compétentes. (*Décision du* 28 *décembre* 1888, Affaire *Hocquard*.)

J'arrive maintenant à la *procédure à suivre pour le jugement de l'opposition.*

La loi a voulu, dans l'intérêt de la partie, que l'opposition fût jugée contradictoirement par le Conseil départemental *dans le délai d'un mois*. Là est le principe absolu dont personne n'a le droit de se départir.

Le délai d'un mois *court à dater du jour où l'opposition a été formée* et non à dater du jour où elle a été notifiée à la partie ou portée à la connaissance du Préfet. Il peut arriver que des lenteurs regrettables soient apportées à l'accomplissement de l'une ou de l'autre de ces formalités ; elles ne doivent pas préjudicier à la partie. Le point de départ du délai est fixé et ne peut être que le jour même de l'opposition.

Il est arrivé en plusieurs départements que, pour une cause ou pour une autre, des oppositions n'ont pas été jugées dans le délai légal. Quelles qu'aient pu être les circonstances, le Conseil supérieur a considéré ce retard comme une cause absolue de nullité. (*Décisions du* 20 *juillet* 1888, Affaire *Cheiu*, Affaire *Mazet ; — du* 21 *juillet* 1888, Affaire *Aubert ; — des* 27 *et* 28 *décembre* 1888,

Affaire *Bruel*, Affaire *Bonnefond*.) Il a même estimé (*décision du 28 décembre* 1888, Affaire *Bonnefond*) que, si le Conseil départemental demandait un supplément d'instruction et renvoyait le jugement à une séance ultérieure, cette séance ne devait pas avoir lieu au delà du délai d'un mois fixé par la loi d'une manière absolue.

Dans le délai d'un mois doivent donc s'accomplir toutes les *formalités relatives à l'instruction et au jugement*.

La première est la désignation d'un rapporteur. — Antérieurement au décret du 18 janvier 1887, le rapporteur était désigné par le Conseil départemental; depuis lors il l'est par le Préfet. Cette formalité est essentielle, et elle doit être accomplie à peine de nullité. (*Décisions du 24 décembre* 1885, Affaire *Vibert*, Affaire *Ligues; du 26 juillet* 1886, Affaire *Bled; du 6 janvier* 1887, Affaire *Viaud*.)

Le rapporteur est tenu de faire un rapport écrit et ne doit pas se borner à un rapport oral. Le rapport est une pièce essentielle de la procédure, et il doit faire partie du dossier [1]. (*Décision du 6 janvier* 1887, Affaire *Aly*.)

Huit jours avant le jour fixé pour le jugement, *le déclarant est invité à comparaître ou à se faire représenter devant le Conseil départemental.* (*Art.* 162 *du du décret du* 18 *janvier* 1887.) L'omission de cette formalité, ou son exécution dans un délai inférieur à huit jours, est cause de nullité. (*Décisions du 24 décembre* 1885, Affaire *Ligues; du 6 janvier* 1887, Affaire *Viaud*.)

La question s'est posée de savoir si le Conseil départemental devait être au complet pour connaître régulièrement d'une affaire contentieuse. Le Conseil supérieur l'a résolue par la négative. (*Décision du 4 juillet* 1888, Affaire *Decultieux*.)

Mais il est indispensable que les *deux membres de l'enseignement privé*, qui, aux termes de la loi, doivent être adjoints au Conseil départemental pour l'examen des affaires disciplinaires et contentieuses, soient présents, ou qu'ils aient été dûment convoqués et que la preuve en soit au dossier. Autrement la partie serait privée de l'une des garanties que la loi a voulu lui assurer. (*Décisions du 21 juillet* 1888, Affaire *Cohendet; du 29 décembre* 1888, Affaire *Volte*, Affaire *Communal*.)

Au jour fixé pour le jugement, le Conseil départemental prend connaissance de l'arrêté d'opposition ; il entend dans leurs explications l'intéressé, son conseil ou son représentant ; il reçoit, s'il y a lieu, les dépositions des témoins et, après avoir examiné les différentes pièces qui composent le dossier de l'affaire et en avoir délibéré hors de la présence du déclarant, il statue sur l'opposition. (*Article* 163 *du décret du* 18 *janvier* 1887.)

Je n'ai rien à dire sur les jugements mêmes que les Conseils départementaux ont à porter. Cependant je dois rappeler qu'ils doivent se borner à apprécier si oui ou non l'opposition était fondée au moment où elle a été faite, et par con-

1. Les pièces essentielles des dossiers à transmettre au Conseil supérieur dans les cas d'appel sont les suivantes : la déclaration d'ouverture; — le plan du local; — l'opposition du maire ou de l'Inspecteur d'Académie; — copie de la notification de l'opposition à l'intéressé; — arrêté préfectoral désignant le rapporteur de l'affaire; — copie de la citation à comparaître devant le Conseil départemental; — copie de la convocation des deux membres de l'enseignement libre; — mémoires et certificats produits devant le Conseil départemental, s'il y a lieu; — délibération du Conseil départemental, avec mention des membres présents à la séance; — appel au Conseil supérieur; — mémoires et certificats produits à l'appui de l'appel, s'il y a lieu.

séquent à la maintenir ou à la lever. Ils n'ont pas à la maintenir pour un délai déterminé. (*Décision du 28 décembre* 1888, Affaire *Exartier*.) Ils n'ont pas davantage à prescrire, comme condition de la levée de l'opposition, tels ou tels travaux. (*Décision du 24 mars* 1887, Affaire *Rescanières*.) Il résulte des décisions du Conseil supérieur que l'opposition faite par l'autorité compétente doit être jugée en elle-même, et dans les conditions où elle a été faite. Si certaines modifications aux plans produits, si certains travaux dans les locaux déclarés sont de nature à permettre l'ouverture de l'École, l'intéressé les fera exécuter et fera ensuite une nouvelle déclaration d'ouverture.

Il n'appartient pas au Conseil départemental d'abréger ou de simplifier les formalités prescrites par les règlements, même à la demande des intéressés. Il faut que toutes les formalités qui sont des garanties soient strictement accomplies. (*Décision du 26 janvier* 1887, Affaire *Aly*.)

Je termine par deux observations relatives l'une au libellé, l'autre à la notification du jugement.

Mention doit être faite dans le libellé du jugement de la présence des deux membres de l'enseignement privé ou de leur convocation ; mention doit être faite aussi de la présence de la moitié plus un des membres du Conseil. (*Décisions du 25 juillet* 1884, Affaire *Dubanton; du 27 décembre* 1884, Affaire *Ledet; du 24 décembre* 1885, Affaire *Liques*, Affaire *Vibert; du 6 janvier* 1887, Affaire *Viaud*.)

Notification de la décision du Conseil départemental doit être faite à la partie dans le délai de huit jours par les soins du Préfet, au déclarant et à l'auteur de l'opposition. L'omission de cette formalité entraîne la nullité. (*Décisions du 24 juillet* 1885, Affaire *Bagot; du 25 juillet* 1885, Affaire *Delisle; du 26 juillet* 1886, Affaire *Bled*.) La notification doit être accompagnée de l'avis que la partie a le droit de se pourvoir devant le Conseil supérieur dans les dix jours à partir du jour où la décision du Conseil départemental lui a été notifiée.

Vous recevrez prochainement un recueil de toutes les décisions rendues en matière contentieuse par le Conseil supérieur de l'Instruction publique depuis 1880.

Recevez, etc.

Signé : A. FALLIÈRES.

---

3 juin 1889. **Rapport sommaire fait au nom de la 32e Commission d'initiative parlementaire[1] chargée d'examiner la proposition de M. de Baudry d'Asson, modifiant la législation du 28 mars 1882 sur l'Enseignement primaire, par M. Jacquier, député[2].**

Séance du 3 Juin 1889.

Messieurs, la loi sur l'enseignement primaire, principalement en ce qui touche la laïcité, est vivement critiquée par M. de Baudry d'Asson, qui, n'ayant pu,

1. Cette Commission était composée de MM. le colonel baron DE PLAZANET, *Président;* Paul LE ROUX, *Secrétaire;* BUVIGNIER, DE LA MARTINIÈRE, MAGNIEN, LINARD, NOBLOT, DE LA BATUT, DUVAL, RONDELEUX, GILLET, MOREL (Nord), VIOX, GOMOT, JACQUIER, LAGRANGE, DE LA BATIE, DENIAU, CHEVALIER, BALTET, DE CHATENAY.

2. Voir ci-dessus, p. 142, la proposition de loi, 16 *mai* 1889, de MM. DE BAUDRY D'ASSON et divers.

ainsi qu'il le dit, obtenir son abrogation, cherche à en atténuer les effets en demandant que « toutes les Écoles communales qui ne comptent pas habituellement dix élèves soient supprimées dans les localités qui possèdent déjà une École fréquentée par la majorité des enfants de la commune ».

La portée de cette proposition, qu'ont signée un certain nombre de nos collègues de droite, a une importance qui n'a pas échappé à la Commission chargée de l'examiner.

Son adoption, en effet, entraînerait dans quelques cas, la fermeture d'Écoles communales nouvellement créées, avant qu'elles n'aient pu prendre leur complet développement.

Partout où des Écoles congréganistes libres existent en concurrence avec des Écoles communales laïques, il serait fait, par les partisans des premières, des efforts inouïs, des sacrifices d'argent, une propagande sous toutes les formes pour empêcher que les Écoles rivales fussent fréquentées par le nombre d'enfants déterminé dans la proposition de notre collègue de la Vendée. Alors, — et sans attendre du temps, du zèle de l'instituteur, de la comparaison des méthodes d'enseignement religieux et laïque, que l'École fondée sur les bases de la loi du 28 mars 1882 eût ses classes suivies par plus de dix élèves, — alors dis-je, la loi Baudry d'Asson recevrait son application. Et l'on verrait disparaître, au grand profit des adversaires de notre enseignement national actuel, l'École où se donne l'instruction qui, loin de « révolter les consciences », comme le prétend l'auteur de la proposition, les respecte d'une façon absolue en dépouillant ses leçons de tout caractère confessionnel quelconque.

Cette considération a suffi pour faire écarter par la majorité de votre Commission la proposition soumise à son examen.

La minorité a invoqué la « liberté des pères de famille » ; elle s'est faite l'écho de la « protestation des intérêts » particuliers et communaux : elle s'est vivement élevée contre les « Écoles sans Dieu ».

Ces attaques contre la loi si libérale, si démocratique, si populaire du 28 mars 1882, démontrent le danger qu'il y aurait, pour le fonctionnement de cette loi, à adopter une disposition qui ne tendrait rien moins qu'à la rendre inapplicable dans un certain nombre de communes.

En conséquence, votre Commission, Messieurs, vous en demande le rejet.

Loi sur le Recrutement de l'armée[1]. [Extraits.] — 15 juillet 1889.

15 Juillet 1889.

TITRE Ier. — Dispositions générales.

ARTICLE 1er. — Tout Français doit le service militaire personnel.

ART. 2. — L'obligation du service militaire est égale pour tous. Elle a une durée de vingt-cinq années.

1. Voir pour les origines les documents ci-après :
1° *Projet* du général BOULANGER, Ministre, séance du 25 *mai* 1886 (*Journ. off.*, juillet 1886, p. 587-667) ;

Le service militaire s'accomplit selon le mode déterminé par la présente loi.

2° *Rapport* de M. LAISANT, député, séance du 28 *janvier* 1887 (*J. O.*, 22 juin 1887, p. 203 et suiv.);

3° *Projet* du général FERRON, Ministre, séance du 12 *juillet* 1887 (*J. O.*, 10 janvier 1888, p. 726);

4° *Rapport* de M. le général DEFFIS, sénateur, séance du 21 *mars* 1888 (*J. O.*, 8 mai 1888, p. 134-146);

5° *Projet* de M. DE FREYCINET, Ministre, séance du 15 *octobre* 1888 (*J. O.*, 9 janvier 1889, p. 62-70);

6° *Rapport* de M. LABORDÈRE, député, séance du 16 *octobre* 1888 (*J. O.*, 23 février 1889, p. 348 et suiv.);

7° *Projet* de M. DE FREYCINET, Ministre (renvoi à la Commission), séance du 24 *janvier* 1889 (*J. O.*, 30 novembre 1889, p. 35-44);

8° *Rapport* de M. le général DEFFIS, sénateur, séance du 1er *avril* 1889 (*J. O.*, 25 décembre 1889, p. 143-154);

9° *Projet* de M. DE FREYCINET, Ministre (renvoi à la Commission), séance du 31 *mai* 1889 (*J. O.*, 27 août 1889, p. 1108-1117);

10° *Rapport* de M. Édouard THIERS, sénateur, séance du 4 *juillet* 1889 (*J. O.*, 15 septembre 1889, p. 1343-1344).

Le projet a abouti à la **Loi du 15 juillet 1889.**

Consulter également :

Proposition de loi de M. Paul BERT, député, tendant à modifier l'article 20 de la loi du 27 juillet 1872; séance du 10 *juin* 1879;

Proposition de loi tendant à modifier les articles 20 et 21 de la loi du 27 juillet 1872; séance du 22 *avril* 1880 (*J. O.*, 29 avril 1880, p. 1627);

Rapport de M. LABUZE, député, séance du 27 *avril* 1880 (*J. O.*, 6 mai 1880, p. 1887 à 1899);

Proposition de loi de M. Charles DUPUY, député, tendant à modifier l'article 40 de la loi du 27 juillet 1872; séance du 3 *décembre* 1885;

Rapport de M. Léon MAURICE, député; séance du 15 *février* 1886 (*J. O.*, 16 et 27 août 1886). La proposition n'est pas prise en considération;

Rapport de M. DUVAUX sur le projet de dispenser les candidats à l'engagement militaire de savoir lire et écrire, 14 *janvier* 1882 (*J. O.*, janvier 1882, p. 142 et 143);

Proposition de M. VACHER, relative à la fabrication de fusils scolaires, 9 *mars* 1885 (*J. O.*, 8 juillet 1885, p. 384);

Rapport de M. BALLUE sur le recrutement, 11 *mai* 1885 (*J. O.*, 18 octobre 1885, p. 609 à 614);

Projet de loi sur le recrutement voté par la Chambre le 20 *juin* 1885 (*J. O.*, janvier 1886, p. 302 à 308);

Rapport de M. TÉZENAS, sur l'organisation de compagnies d'instruction militaire pour les jeunes gens de dix-sept ans et au-dessus, 10 *décembre* 1885 (*J. O.*, 7 mai 1886);

Proposition de M. KELLER sur le recrutement des enfants nés à l'étranger, 15 *février* 1886 (*J. O.*, 17 août 1886);

Proposition sur le projet de M. KELLER, votée par la Chambre, 9 *juillet* 1886 (*J. O.*, 6 novembre 1886);

Proposition de MM. THIERS, LAISANT, etc., sur l'instruction militaire préparatoire, 17 *janvier* 1887 (*J. O.*, 2 juin 1887, p. 24);

Rapport du général BOULANGER sur l'exécution de la loi du 27 juillet 1872, 30 *mars* 1887 (*J. O.*, 12 octobre 1887, p. 691);

Proposition de M. Jean MACÉ, sur la préparation militaire de la jeunesse, 20 *janvier* 1888 (*J. O.*, février 1888, p. 3 et 4);

Avis de la Commission des finances sur la loi du recrutement, 4 *juin* 1888 (*J. O.*, 3 septembre 1888, p. 334);

ART. 3. — Nul n'est admis dans les troupes françaises s'il n'est Français ou naturalisé Français, sauf les exceptions déterminées par la présente loi.

. . . .

ART. 7. — Nul n'est admis dans une administration de l'État[1], s'il ne justifie avoir satisfait aux obligations imposées par la présente loi.

. . . .

TITRE II. — CHAPITRE II[2].

1re section. — *Du Conseil de revision cantonal. — Des exemptions, des dispenses et des ajournements. — Des listes de recrutement cantonal.*

. . . .

ART. 23. — En temps de paix, après un an de présence sous les drapeaux, sont envoyés en congé dans leurs foyers, sur leur demande, jusqu'à la date de leur passage dans la réserve :

Rapport de M. VELTEN sur les propositions Tézenas et Jean Macé, 6 *novembre* 1888 (*J. O.*, 6 janvier 1889, p. 49).

1. La loi du 14 *août* 1893 a ajouté « ou ne peut être investi de fonctions électives ».

2. Consulter les dispositions antérieures ci-après :

Circulaire du 29 *avril* 1879, aux Recteurs, rappelant que l'engagement décennal doit être écrit en entier de la main du contractant avec signature dûment légalisée (*Circ.*, t. VIII, p. 144) ;

— 21 *mai* 1879, aux Recteurs, rappelant les renseignements à exiger pour la délivrance de certificats de réalisation des engagements décennaux (*Ibid.*, p. 149) ;

— 10 *avril* 1883 (Vice-Recteur de Paris aux Inspecteurs d'Académie), relative à la souscription de l'engagement décennal par les instituteurs adjoints (*Rec. des L. et A.*, 1883, p. 298) ;

— 5 *novembre* 1883 (Vice-Recteur de Paris aux Inspecteurs d'Académie), relative aux engagements décennaux (*Ibid.*, p. 961) ;

— 29 *mars* 1884 (Vice-Recteur de Paris aux Inspecteurs d'Académie), relative aux engagements décennaux (*Ibid.*, 1884, p. 223) ;

— 3 *octobre* 1885, aux Recteurs, relative aux engagements décennaux souscrits dès l'âge de dix-huit ans (*Circ.*, t. IX, p. 545) ;

— 28 *mai* 1886, aux Recteurs, relative à la suspension des engagements décennaux contractés dès l'âge de dix-huit ans (*Ibid.*, p. 723) ;

— 8 *décembre* 1886, aux Recteurs, relative à l'engagement décennal des membres et novices des associations religieuses (*Circ.*, t. X, p. 37) ;

— 4 *janvier* 1887, aux Recteurs, relative aux engagements contractés par les élèves sortant des Écoles normales primaires non encore pourvus d'emploi (*Ibid.*, p. 50) ;

— 17 *avril* 1888 (Vice-Recteur de Paris aux Inspecteurs d'Académie), relative à la transmission des engagements décennaux contractés par les instituteurs (*Rec. des L. et A.*, 1888, p. 218) ;

— 21 *décembre* 1888, aux Recteurs, relative à l'acceptation de l'engagement dé-

1° Les jeunes gens qui contractent l'engagement de servir pendant dix ans dans les fonctions de l'Instruction publique, dans les institutions nationales des sourds-muets ou des jeunes aveugles, dépendant du Ministère de l'Intérieur, et y rempliront effectivement un emploi de professeur, de maître répétiteur ou d'instituteur;

Les instituteurs laïques ainsi que les novices et membres des congrégations religieuses vouées à l'enseignement et reconnues d'uti-

cennal contracté par les membres et novices des associations religieuses (*Circ.*, t. X, p. 374);

— 8 *janvier* 1889 (Vice-Recteur de Paris aux Inspecteurs d'Académie), relative à la souscription de l'engagement décennal par les élèves sortant des Écoles normales primaires et non encore pourvus d'emplois (*Rec. des L. et A.*, 1889, p. 5).

Consulter pour l'application de la loi :

Décret du 23 *novembre* 1889, portant règlement d'administration publique sur les dispenses militaires (ci-après *à sa date*);

Circulaire du 7 *novembre* 1889 (Vice-Recteur de Paris aux Inspecteurs d'Académie), relative aux effets de la loi militaire du 15 juillet 1889 en ce qui concerne les engagements décennaux contractés par anticipation (*Rec. des L. et A.*, 1889, p. 796);

— 15 *décembre* 1889, aux Recteurs, relative à la souscription de l'engagement décennal, par application de la loi militaire du 15 juillet 1889 (*Circ.*, t. XI, p. 53);

— 28 *décembre* 1889 (Vice-Recteur de Paris aux Inspecteurs d'Académie), relative à la souscription de l'engagement décennal, par application de la loi militaire du 15 juillet 1889 (*Rec. des L. et A.*, 1889, p. 1001);

— 3 *janvier* 1890, aux Recteurs, relative aux engagements décennaux à contracter par les élèves-maîtres ou anciens élèves-maîtres des Écoles normales (*Circ.*, t. XI, p. 67);

— 5 *juillet* 1890, aux Recteurs, relative à l'application de la loi du 15 juillet 1889, en ce qui concerne les engagements décennaux (*Ibid.*, p. 231);

— 15 *septembre* 1890, aux Recteurs, relative à la situation des anciens élèves-maîtres d'Écoles normales appartenant à la classe 1889 et non encore pourvus d'emplois (*Ibid.*, p. 294);

— 24 *novembre* 1891, aux Recteurs, concernant les jeunes gens dispensés conditionnellement du service militaire (*Ibid.*, p. 497);

— 14 *mars* 1893, aux Préfets, portant que les services militaires ne peuvent être comptés pour l'avancement (*Ibid.*, p. 660);

— 17 *mai* 1893, aux Recteurs, relative à la validité des congés accordés à des fonctionnaires de l'instruction publique au point de vue de la réalisation de l'engagement décennal (*Ibid.*, p. 680);

— 25 *septembre* 1893, aux Recteurs, relative à la production des pièces justificatives d'engagements décennaux (*Ibid.*, p. 708);

— 6 *février* 1895, aux Recteurs, relative à l'engagement décennal des instituteurs admis en qualité d'élèves-maîtres dans la section normale préparatoire au professorat dans les Écoles pratiques de commerce, ainsi conçue : « Pendant la durée du stage qu'ils accomplissent dans la section normale, les instituteurs admis en qualité d'élèves-maîtres dans la section normale préparatoire au professorat dans les Écoles pratiques de commerce ne peuvent être considérés comme continuant de réaliser leur engagement décennal. Ils doivent donc être pourvus d'un congé pour convenances personnelles dans les conditions prévues par l'art. 10, § 2, du règlement du 23 novembre 1889 »;

Avis du 30 *mars* 1895, relatif au bénéfice de plusieurs cas de dispense (*Bull. adm.*, 1895, t. LVII, p. 279).

Au point de vue du service militaire, voir les circulaires suivantes :

Du 8 *janvier* 1881 (Ministre de la Guerre aux généraux commandant les corps d'armée), relative à la situation des jeunes soldats de la 2e portion de la classe de

lité publique qui prennent l'engagement de servir pendant dix ans dans les Écoles françaises d'Orient et d'Afrique subventionnées par le Gouvernement français;

2° Les jeunes gens qui ont obtenu ou qui poursuivent leurs études en vue d'obtenir :

Soit le diplôme de licencié ès lettres, ès sciences, de docteur en droit, de docteur en médecine, de pharmacien de 1re classe, de vétérinaire, ou le titre d'interne des hôpitaux nommé au concours dans une ville où il existe une Faculté de médecine;

Soit le diplôme délivré par l'École des Chartes, l'École des Langues orientales vivantes et l'École d'administration de la marine;

Soit le diplôme supérieur délivré aux élèves externes par l'École des Ponts et Chaussées, l'École supérieure des Mines, l'École du Génie maritime;

Soit le diplôme supérieur délivré par l'Institut national agronomique, l'École des haras du Pin aux élèves internes, les Écoles nationales d'agriculture de Grandjouan[1], de Grignon et de Montpellier, l'École des Mines de Saint-Étienne, les Écoles des maîtres-ouvriers mineurs d'Alais et de Douai, les Ecoles nationales des arts et métiers d'Aix, d'Angers et de Châlons, l'Ecole des hautes études commerciales et les Ecoles supérieures de commerce reconnues par l'Etat;

Soit l'un des prix de Rome, soit un prix ou médaille d'Etat dans les concours annuels de l'Ecole nationale des Beaux-Arts, du Conservatoire de musique et de l'Ecole nationale des Arts décoratifs;

3° Les jeunes gens exerçant les industries d'art qui sont désignés

1878 maintenus sous les drapeaux comme ne sachant ni lire ni écrire (*Rec. des L. et A.*, 1881, p. 35);

— 10 *juillet* 1885, aux Préfets, relative aux dispenses de service militaire dans la réserve et l'armée territoriale à accorder aux instituteurs (*Circ.*, t. IX, p. 505);

— 23 *octobre* 1886, aux Préfets, relative aux demandes de dispense du service militaire dans la réserve de l'armée active et l'armée territoriale formées par les instituteurs (*Ibid.*, p. 780);

— 5 *mars* 1887, aux Recteurs, relative à la participation des fonctionnaires de l'enseignement au concours pour le recrutement du corps des interprètes de réserve (*Circ.*, t. X, p. 78);

— 24 *novembre* 1891, aux Recteurs, relative à la dispense à titre conditionnel du service militaire, par application de la loi du 27 juillet 1872 (*Circ.*, t. XI, p. 497);

— 5 *décembre* 1892, aux Recteurs, relative aux périodes d'exercices militaires (*Ibid.*, p. 615);

— 27 *décembre* 1892, aux Inspecteurs d'Académie, relative à la modification apportée par la loi du 11 juillet 1892 à l'article 59 (engagements volontaires) de la loi du 15 juillet 1889 sur le recrutement de l'armée (*Ibid.*, p. 620);

— 20 *janvier* 1893, aux Recteurs, relative à la période d'exercices militaires que doivent accomplir en 1893 des fonctionnaires de l'instruction publique (*Ibid.*, p. 626).

1. Depuis, l'École de Grandjouan a été transférée à Rennes.

par un jury d'Etat départemental formé d'ouvriers et de patrons. Le nombre de ces jeunes gens ne pourra en aucun cas dépasser un demi pour cent du contingent à incorporer pour trois ans;

4° Les jeunes gens admis, à titre d'élèves ecclésiastiques, à continuer leurs études en vue d'exercer le ministère dans l'un des cultes reconnus par l'Etat.

En cas de mobilisation, les étudiants en médecine et en pharmacie et les élèves ecclésiastiques sont versés dans le service de santé.

Tous les jeunes gens énumérés ci-dessus seront rappelés pendant quatre semaines dans le cours de l'année qui précédera leur passage dans la réserve de l'armée active. Ils suivront ensuite le sort de la classe à laquelle ils appartiennent.

Des règlements d'administration publique détermineront les conditions dans lesquelles sera contracté l'engagement décennal visé au paragraphe 1°; les justifications à produire par les jeunes gens visés aux paragraphes 2° et 4°, soit au moment de leur demande, soit chaque année pendant la durée de leurs études; la nomenclature des industries d'art qui donneront lieu à la dispense prévue au paragraphe 3°; le mode de répartition de ces dispenses entre les départements, le mode de constitution du jury d'Etat pour les ouvriers d'art, ainsi que les justifications annuelles d'aptitude, de travail et d'exercice régulier de leur profession, que les jeunes gens dispensés sur la proposition du jury devront fournir jusqu'à l'âge de vingt-six ans.

Les mêmes règlements fixeront le nombre des diplômes supérieurs à délivrer annuellement, en vue de la dispense du service militaire, par chacune des Ecoles énumérées au troisième alinéa du paragraphe 2°, et définiront ceux de ces diplômes qui ne sont pas définis par la loi; ils fixeront également le nombre des prix et des médailles visés au quatrième alinéa du même paragraphe.

ART. 24. — Les jeunes gens visés au paragraphe 1° de l'article précédent qui, dans l'année qui suivra leur année de service, n'auraient pas obtenu un emploi de professeur, de maître répétiteur ou d'instituteur, ou qui cesseraient de le remplir avant l'expiration du délai fixé;

Ceux qui n'auraient pas obtenu avant l'âge de vingt-six ans[1] les diplômes ou les prix spécifiés aux alinéas du paragraphe 2°;

1. La limite d'âge a été reportée à *vingt-sept* ans pour les candidats aux diplômes de docteur en droit, de docteur en médecine, de pharmacien de 1re classe et au titre d'interne des hôpitaux (*Loi du* 13 *juillet* 1895).

Les jeunes gens visés au paragraphe 3° qui ne fourniraient pas les justifications professionnelles prescrites;

Les élèves ecclésiastiques mentionnés au paragraphe 4°, qui, à l'âge de vingt-six ans, ne seraient pas pourvus d'un emploi de ministre de l'un des cultes reconnus par l'Etat;

Les jeunes gens visés par les articles 21, 22 et 23 qui n'auraient pas satisfait dans le cours de leur année de service aux conditions de conduite et d'instruction militaire déterminées par le Ministre de la Guerre;

Ceux qui ne poursuivraient pas régulièrement les études en vue desquelles la dispense a été accordée;

Seront tenus d'accomplir les deux années de service dont ils avaient été dispensés.

ART. 25. — Quand les causes de dispenses prévues aux articles 21, 22 et 23 viennent à cesser, les jeunes gens qui avaient obtenu ces dispenses sont soumis à toutes les obligations de la classe à laquelle ils appartiennent.

Ils peuvent se marier sans autorisation.

. . . .

TITRE III. — Du Service militaire.

CHAPITRE Ier. — BASES DU SERVICE.

ART. 37. — Tout Français reconnu propre au service militaire fait partie successivement :

De l'armée active pendant trois ans;

De la réserve de l'armée active pendant sept ans;

De l'armée territoriale pendant six ans;

De la réserve de l'armée territoriale pendant neuf ans.

. . . .

TITRE V. — Dispositions pénales.

ART. 69. — Toutes fraudes ou manœuvres par suite desquelles un jeune homme a été omis sur les tableaux de recensement sont déférées aux tribunaux ordinaires et punies d'un emprisonnement d'un mois à un an.

Sont déférés aux mêmes tribunaux et punis de la même peine :

1° Les jeunes gens appelés qui, par suite d'un concert frauduleux, se sont abstenus de comparaître devant le Conseil de revision;

2° Les jeunes gens qui, à l'aide de fraudes ou manœuvres, se font exempter ou dispenser par un Conseil de révision, sans préjudice de peines plus graves en cas de faux.

Les auteurs ou complices sont punis des mêmes peines.

Si le jeune homme omis a été condamné comme auteur ou complice de fraudes ou manœuvres, les dispositions des articles 15 et 17 de la présente loi lui sont appliquées lors des premières opérations de recensement qui ont lieu après l'expiration de sa peine.

Le jeune homme indûment exempté ou indûment dispensé est rétabli en tête de la première partie de la classe appelée, après qu'il a été reconnu que l'exemption ou la dispense avait été indûment accordée.

ART. 70. — Tout homme prévenu de s'être rendu impropre au service militaire, soit temporairement, soit d'une manière permanente, dans le but de se soustraire aux obligations imposées par la présente loi, est déféré aux tribunaux, soit sur la demande des Conseils de revision, soit d'office. S'il est reconnu coupable, il est puni d'un emprisonnement d'un mois à un an.

Sont également déférés aux tribunaux et punis de la même peine, les jeunes gens qui, dans l'intervalle de la clôture de la liste cantonale à leur mise en activité, se sont rendus coupables du même délit.

A l'expiration de leur peine, les uns et les autres sont mis à la disposition du Ministre de la Guerre pour tout le temps du service militaire qu'ils doivent à l'État, et sont envoyés dans une compagnie de discipline.

La peine portée au présent article est prononcée contre les complices.

Si les complices sont des médecins, des officiers de santé ou des pharmaciens, la durée de l'emprisonnement est pour eux de deux mois à deux ans, indépendamment d'une amende de 200 francs à 1 000 francs qui peut être aussi prononcée, et sans préjudice de peines plus graves dans les cas prévus par le Code pénal.

. . . .

TITRE VIII. — **Dispositions transitoires.**

. . . .

ART. 91. — Les jeunes gens qui, avant la mise en vigueur de la présente loi, seront admis à contracter un engagement conditionnel d'un an, et ceux qui se trouvent dans la situation prévue par la loi du 31 décembre 1875, bénéficieront des dispositions des articles 53 à 57 inclus de la loi du 27 juillet 1872; mais les dispositions de l'article 38 de la loi du 24 juillet 1873 cesseront de leur être applicables.

ART. 92. — Les jeunes gens dispensés conditionnellement du service actif en temps de paix avant la mise en vigueur de la présente loi, conformément à l'article 20 de la loi du 27 juillet 1872, conserveront la situation qui leur est faite par ladite loi au point de vue des obligations du service militaire, sous la réserve des dispositions contenues dans l'article 93 ci-après.

ART. 93. — La présente loi est applicable aux hommes appelés en vertu des lois antérieures, libérés ou non du service militaire, jusqu'à ce qu'ils aient atteint l'âge de quarante-cinq ans.

ART. 94. — Dès la mise en vigueur de la présente loi, seront et demeureront abrogées :

La loi du 27 juillet 1872 sur le recrutement de l'armée;

La loi du 6 novembre 1875, ayant pour objet de déterminer les conditions suivant lesquelles les Français domiciliés en Algérie seront soumis au service militaire;

La loi du 18 novembre 1875, ayant pour objet de coordonner les lois des 27 juillet 1872, 24 juillet 1873, 13 mars, 19 mars et 6 novembre 1875 avec le Code de justice militaire;

Les lois des 30 juillet, 4 décembre et 31 décembre 1875, et la loi du 29 juillet 1886, modifiant divers articles de la loi du 27 juillet 1872;

Et, d'une manière générale, toutes dispositions contraires à la présente loi.

Loi sur les Dépenses ordinaires de l'Instruction primaire publique et les Traitements du personnel de ce service[1].

19 juillet 1889.

19 Juillet 1889.

CHAPITRE Ier. — *Dépenses ordinaires de l'enseignement primaire public.*

ARTICLE 1er. — Les dépenses ordinaires de l'enseignement

1. Consulter, pour les origines de la loi, le projet de loi présenté, le 13 *mars* 1886, par M. GOBLET, Ministre de l'Instruction publique, et les notes en renvoi (Tome V, p. 654).

Voir, dans les *Mémoires et Documents scolaires publiés par le Musée pédagogique*, les fascicules suivants :

Fascicule n° 51 : Projet de loi sur les dépenses ordinaires de l'enseignement

primaire public sont à la charge de l'État, des départements

primaire en 1887, et sur les traitements du personnel de ce service, Discussion à la Chambre des Députés;

Fascicule n° 52 : Projet de loi sur les dépenses de l'instruction primaire en 1887, et sur les traitements du personnel de ce service, Discussion au Sénat, Rapport de M. COMBES;

Fascicule n° 89 : Projet de loi sur les dépenses ordinaires de l'instruction primaire et les traitements du personnel de ce service, Discussion au Sénat, 1889;

Fascicule n° 90 : Projet de loi sur les dépenses ordinaires de l'instruction primaire publique et les traitements du personnel de ce service, Discussion à la Chambre des Députés, 1889;

Fascicule n° 101 : Loi du 19 juillet 1889. Documents relatifs au classement du personnel de l'enseignement primaire. Inspecteurs primaires. Écoles normales. Écoles primaires supérieures;

Fascicule n° 102 : Loi du 19 juillet 1889. Documents relatifs au classement et aux traitements des instituteurs;

Fascicule n° 103 : Loi du 19 juillet 1889. Algérie;

Fascicule n° 104 : Loi du 19 juillet 1889. Décrets et documents relatifs aux indemnités de résidence dues au personnel des instituteurs;

Fascicule n° 105 : Loi du 19 juillet 1889. Règlements relatifs à la ville de Paris et au département de la Seine;

Fascicule n° 106 : Recueil des règlements relatifs à la loi du 19 juillet 1889;

Fascicule n° 107 : Discussion du Budget du Ministère de l'Instruction publique, 1891.

Consulter aussi F. MARTEL, *Les traitements, le classement et l'avancement d'après la nouvelle loi sur les dépenses de l'instruction primaire;* in-12 (Paris, Hachette, 1890).

Un arrêté du 5 *octobre* 1889 nomma une Commission chargée d'étudier les mesures à prendre pour l'application de la loi du 19 juillet 1889 en ce qui intéressait concurremment les Ministères des *Finances*, de l'*Intérieur* et de l'*Instruction publique* (*Bull. adm.*, 1889, t. XLVI, p. 486).

Un arrêté du 23 *octobre* 1889 nomma une Commission chargée d'étudier les mesures à prendre pour l'application de la loi du 19 juillet 1889, en ce qui intéressait concurremment les Ministères de l'*Agriculture*, du *Commerce et de l'Industrie*, et de l'*Instruction publique* (*Bull. adm.*, 1889, t. XLVI, p. 654).

Pour l'application générale de la *loi du* 19 *juillet* 1889, consulter l'ensemble des documents ci-après :

Loi du 25 *juillet* 1889, portant ouverture au Ministre de l'Instruction publique de crédits supplémentaires s'élevant à la somme de 3 990 000 francs pour l'enseignement primaire (*Bull. adm.*, 1889, t. XLVI, p. 134);

Circulaire du 25 *juillet* 1889, aux Préfets, relative à la nomination des membres de la Commission chargée du classement des instituteurs et institutrices (*Circ.*, t. XI, p. 10);

Rapport du 30 *juillet* 1889, adressé au Président de la République par le Ministre des Finances, suivi d'un décret portant modification à la loi du 19 juillet 1889 (*Bull. adm.*, 1889, t. XLVI, p. 137);

Circulaire du 31 *juillet* 1889 (Ministre de l'Intérieur aux Préfets), relative à l'exécution, en ce qui concerne les budgets communaux, de la loi du 19 juillet 1889 (*Rec. des L. et A.*, 1889, p. 583);

— 8 *août* 1889, aux Préfets, relative à l'exécution de la loi du 19 juillet 1889, en ce qui concerne les budgets des départements, des communes et des Écoles normales (*Circ.*, t. XI, p. 14);

Avis rappelant que la loi du 19 juillet 1889 n'est applicable au point de vue financier qu'à partir du 1er janvier 1890 (*Bull. adm.*, 1889, t. XLVI, p. 339);

et des communes, selon les règles édictées par la présente loi.

Circulaire du 5 *novembre* 1889, aux Inspecteurs d'Académie, relative à l'exécution de la loi du 19 juillet 1889, en ce qui concerne la répartition des instituteurs et des institutrices dans les nouvelles classes (*Circ.*, t. XI, p. 44);

— 8 *janvier* 1890, aux Préfets, relative à la situation des fonds de cotisations municipales pour le traitement des instituteurs et institutrices en 1889 (*Ibid.*, p. 68);

— 9 *janvier* 1890, aux Préfets, relative au mandatement des traitements des instituteurs et institutrices pour le mois de janvier 1890 (*Ibid.*, p. 69);

— 11 *janvier* 1890, aux Préfets, relative au mandatement du traitement des institutrices dans les Écoles facultatives (*Ibid.*, p. 70);

— 15 *janvier* 1890, aux Préfets, relative à la liquidation des dépenses ordinaires des Écoles primaires publiques en 1889 (*Ibid.*, p. 73);

— 28 *janvier* 1890, aux Recteurs, concernant les états de traitements des fonctionnaires des Écoles normales et des Inspecteurs primaires (*à sa date*);

— 12 *mars* 1890, aux Préfets, relative à la liquidation du fonds de cotisations municipales pour l'exercice 1889 (*Ibid.*, p. 115);

— 13 *mars* 1890, aux Préfets, relative au classement par ordre d'urgence des demandes de création d'Écoles et d'emplois scolaires (*Ibid.*, p. 116);

Loi du 24 *mars* 1890, portant ouverture et annulation de crédits sur l'exercice 1890, pour les services de l'enseignement primaire (*Bull. adm.*, 1890, t. XLVII, p. 372);

Circulaire du 24 *mars* 1890, aux Préfets, relative à l'établissement d'une première liste de maîtres appartenant aux classes provisoires à porter immédiatement à la classe définitive avec traitement normal (*Circ.*, t. XI, p. 125);

— 5 *avril* 1890, aux Préfets, relative au maintien de la partie des suppléments facultatifs communaux nécessaires pour parfaire avec l'indemnité de résidence les émoluments actuels des instituteurs en exercice (*Ibid.*, p. 129);

— 14 et 15 *avril* 1890, aux Préfets, relatives au payement des émoluments des instituteurs et institutrices des Écoles primaires publiques (*Ibid.*, p. 133 et 146);

— 4 *mai* 1890, aux Préfets, relative aux traitements et indemnités de résidence du personnel des Écoles primaires publiques dans les villes de plus de 100 000 âmes (*Ibid.*, p. 154);

— 10 *juin* 1890, aux Inspecteurs d'Académie, relative au classement des instituteurs et institutrices des Écoles primaires supérieures, nommés par arrêté préfectoral (*Ibid.*, p. 180);

Loi du 6 *août* 1890, portant ouverture au Ministre de l'Instruction publique, sur l'exercice 1890, de crédits supplémentaires de 1 888 000 francs pour les services de l'enseignement primaire (*Bull. adm.*, 1890, t. XLVIII, p. 263);

Arrêté du 7 *août* 1890, réglant la distribution de crédits supplémentaires au profit des instituteurs et institutrices (*à sa date*); et *circulaire* du 16 *août* 1890, aux Préfets, sur le même objet (*Circ.*, t. XI, p. 281);

Circulaire du 25 *août* 1890, aux Préfets, relative aux indemnités de résidence et aux pièces à transmettre aux communes redevables de ces indemnités (*Ibid.*, p. 286);

Note relative à la transmission directe par la Préfecture des mandats de traitement aux instituteurs et institutrices (*Bull. adm.*, 1890, t. XLVIII, p. 1001);

Circulaire du 20 *décembre* 1890, aux Préfets, relative à l'emploi des dons et legs faits aux communes pour les services de l'enseignement primaire (*à sa date*);

— 26 *décembre* 1890, aux Préfets, relative à l'établissement du tableau d'avancement des instituteurs et institutrices (*Circ.*, t. XI, p. 324);

— 12 *janvier* 1891, aux Préfets, relative à la répartition du crédit voté pour l'extinction des classes provisoires d'instituteurs et d'institutrices (*Ibid.*, p. 388);

— 12 *janvier* 1891, aux Préfets, relative aux pièces exigées pour le payement des émoluments des instituteurs et institutrices (*Ibid.*, p. 389);

— 17 *mars* 1891, aux Préfets, relative aux versements à effectuer à la Caisse des

ART. 2. — Sont à la charge de l'État[1] :

1° Les traitements[2] du personnel des Écoles élémentaires et des Écoles maternelles créées conformément aux articles 13 et 15 de la loi organique du 30 octobre 1886[3];

pensions civiles par certaines catégories de fonctionnaires de l'enseignement primaire (art. 30 de la loi de finances du 26 décembre 1890 (*Ibid.*, p. 426);

— 25 *mars* 1891, aux Préfets, concernant la liquidation des dépenses des Écoles primaires élémentaires en 1890 (*Ibid.*, p. 429);

— 26 *mars* 1891, aux Préfets, concernant la liquidation des traitements et allocations du personnel des Écoles primaires supérieures en 1890 (*Ibid.*, p. 432);

— 25 *août* 1891, aux Préfets, relative à l'envoi de modèles de bordereaux détaillés de mandats (*Ibid.*, p. 483);

— 1er *septembre* 1891, aux Préfets, concernant les retenues à verser par les agents admis au bénéfice de l'article 30 de la loi du 26 décembre 1890 (*Ibid.*, p. 486);

— 7 *décembre* 1891, aux Préfets, relative à l'application des articles 8 et 9 de la loi du 19 juillet 1889 (*Ibid.*, p. 502);

— 7 *décembre* 1891, aux Préfets, relative au travail préparatoire pour les titularisations et les promotions de classe au profit du personnel des Écoles élémentaires et maternelles (*Ibid.*, p. 504);

— 8 *décembre* 1891, aux Préfets, relative à la classification des Écoles obligatoires et des Écoles facultatives d'après les résultats du dénombrement de 1891 (*à sa date*);

Arrêté du 29 *janvier* 1892, concernant les titularisations et promotions de classe des instituteurs et institutrices des Écoles primaires élémentaires (*à sa date*); et *circulaire* du 6 *février* 1892, aux Préfets, relative au même objet (*Circ.*, t. XI, p. 554);

Circulaire du 7 *février* 1892, aux Préfets, relative à la liquidation des dépenses des Écoles primaires supérieures et élémentaires en 1891 (*Ibid.*, p. 559);

Lettre du 3 *août* 1892 (Ministre de l'Instruction publique au Préfet du Vaucluse), relative à la réunion d'un Congrès régional d'instituteurs en vue de provoquer la refonte de la loi du 19 juillet 1889 dans le sens d'une augmentation de traitement (voir *à sa date*);

Circulaire du 17 *août* 1892, aux Préfets, relative à l'établissement du compte définitif des dépenses de l'enseignement primaire imputables sur les fonds de l'État en 1891 (*Circ.*, t. XI, p. 603);

Arrêté du 29 *avril* 1893, concernant les titularisations et promotions de classe des instituteurs et institutrices primaires élémentaires (*à sa date*); et *circulaire* du 29 *avril* 1893, aux Préfets, relative au même objet (*Circ.*, t. XI, p. 672);

Enfin les notes en renvoi à la *loi du* 25 *juillet* 1893 (*à sa date*), qui a modifié la *loi du* 19 *juillet* 1889.

1. Aux termes de l'article 2 de la loi du 19 juillet 1889, les traitements du personnel enseignant de l'instruction primaire sont à la charge de l'État; en conséquence, le payement des fournitures d'imprimés nécessaires au mandatement de ces traitements doit incomber à l'État. Mais il y a lieu, en ce qui concerne les imprimés nécessaires au mandatement des traitements, de distinguer entre ceux qui sont employés par l'administration académique pour constater les droits du personnel enseignant et ceux qui sont employés par l'administration préfectorale pour établir les mandats. L'article 3, § 6, de la loi rangeant parmi les dépenses obligatoires des départements la fourniture des imprimés *à l'usage de l'administration académique*, cette catégorie d'imprimés reste à la charge du département. (*Avis du Conseil d'État*, 22 mai 1890.)

2. Les règles relatives au payement des émoluments des instituteurs et institutrices des Écoles primaires publiques ont été déterminées par la *circulaire* du 14 *avril* 1890 (*Circ.*, t. XI, p. 133).

3. Voir, pour le jour du payement des traitements des fonctionnaires et agents de

2° Les traitements du personnel des Écoles primaires supérieures et des Écoles manuelles d'apprentissage créées conformément aux articles 13 et 28 de la loi organique[1];

3° Les suppléments de traitement prévus aux articles 8 et 9;

4° Les traitements du personnel des Écoles normales[1];

5° Les traitements du personnel de l'administration et de l'inspection[1];

6° Les frais de tournées et de déplacement des fonctionnaires de l'inspection[1];

7° Les frais d'entretien des élèves dans les Ecoles normales et, en général, les dépenses de ces Écoles non prévues à l'article suivant;

8° L'allocation afférente à la médaille d'argent prévue à l'article 45 de la présente loi.

ART. 3. — Sont à la charge des départements :

1° L'indemnité prévue à l'article 23;

2° L'entretien et, s'il y a lieu, la location des bâtiments des Écoles normales;

3° L'entretien et le renouvellement du mobilier de ces Écoles et du matériel d'enseignement;

4° Le loyer et l'entretien du local et du mobilier destinés au service départemental de l'Instruction publique;

5° Les frais de bureau de l'Inspecteur d'Académie;

6° Les imprimés à l'usage des délégations cantonales et de l'administration académique[2];

7° Les allocations aux chefs d'atelier, contremaîtres et ouvriers chargés par les départements de l'enseignement agricole, commercial ou industriel dans les Écoles primaires de tout ordre et dans les Écoles régies par la loi du 11 décembre 1880.

ART. 4[3]. — Sont à la charge des communes :

1° L'indemnité de résidence prévue à l'article 12;

2° L'entretien et, s'il y a lieu, la location des bâtiments des Écoles primaires; le logement des maîtres ou les indemnités représentatives[4];

---

l'Instruction publique, la *circulaire du* 10 *février* 1897 (*Bull. adm.*, 1897, t. LXI, p. 259).

1. Voir la note 3, p. 162.
2. Voir la note 1, p. 162.
3. Voir, *à sa date*, le décret du 28 *mars* 1899.
4. Consulter, pour l'interprétation de ce paragraphe, la *circulaire* du 22 *janvier* 1890, aux Préfets, relative aux loyers des maisons d'école en 1890 (*Circ.*, t. XI, p. 78); — et l'*avis du Conseil d'État* (séance du 2 juillet 1891), relatif aux obligations imposées aux communes en ce qui touche l'installation des Écoles publiques et le logement des instituteurs (*Bull. adm.*, 1891, t. L, p. 208). — Voir égalementla la *circulaire*

3° Les frais de chauffage et d'éclairage des classes dans les Écoles primaires;

4° La rémunération des gens de service dans les Écoles maternelles publiques et, si le Conseil municipal décide qu'il y a lieu, dans les autres Écoles publiques;

5° L'acquisition, l'entretien et le renouvellement du mobilier scolaire et du matériel d'enseignement;

6° Les registres et imprimés à l'usage des Écoles;

7° Les allocations aux chefs d'atelier, contremaîtres et ouvriers chargés par les communes de l'enseignement agricole, commercial ou industriel, dans les Écoles primaires de tout ordre et dans les Écoles régies par la loi du 11 décembre 1880.

ART. 5 [1]. — Il ne pourra être créé aucun établissement d'enseignement primaire supérieur, École ou Cours complémentaire, ni aucun poste dans les Écoles primaires élémentaires ou maternelles, si un crédit spécial n'a été préalablement inscrit à cet effet dans la loi de finances [2].

Les Écoles primaires supérieures et les Cours complémentaires cesseront d'être entretenus par l'État, si l'effectif de l'École primaire supérieure, pendant trois années consécutives, s'est abaissé au-dessous de quinze élèves par année d'études, et celui du Cours complémentaire, au-dessous de douze élèves par année d'études.

L'approbation ministérielle requise par l'article 13 de la loi organique [3] ne sera donnée pour les Écoles primaires supérieures et pour les Cours complémentaires que si la commune s'est engagée à inscrire pour cinq ans au moins les dépenses qui lui incombent, pour ces deux établissements, au nombre des dépenses obligatoires [4].

du 30 *janvier* 1893, aux Recteurs, relative au logement des instituteurs adjoints (ci-après *à sa date*).

1. Voir, pour l'application de cet article, le *décret* du 16 *mars* 1891, précédé d'un rapport du Ministre de l'Instruction publique (ci-après *à sa date*).

2. La *circulaire* du 13 *mars* 1890, aux Préfets, relative au classement par ordre d'urgence des demandes de créations d'Écoles et d'emplois scolaires, rappelle expressément que, jusqu'à ce qu'un crédit spécial ait été voté par le Parlement, aucun projet de création ne doit être envoyé à l'Administration qu'accompagné d'une proposition de suppression correspondante.

3. Aux termes du décret du 16 *mars* 1891 (voir *à sa date*), l'approbation ministérielle requise (*pour la détermination du nombre d'Écoles primaires publiques*) par l'article 13 de la loi du 30 *octobre* 1886 (Tome V, p. 676), ne sera donnée pour les Écoles maternelles et les classes enfantines que si la commune s'est engagée à inscrire, pendant dix ans au moins, au nombre des dépenses obligatoires, les dépenses qui lui incombent pour ces deux établissements en vertu de l'article 4 de la loi du 19 *juillet* 1889.

4. Consulter l'article 36 de la loi de finances du 30 *mai* 1899 (*à sa date*).

CHAPITRE II. — *Classement*[1] *et Traitements du personnel.*

ART. 6[2]. — Les instituteurs et institutrices sont répartis en stagiaires[3] et titulaires[4].

Les stagiaires forment un effectif de 20 pour 100.

Les titulaires se divisent en cinq classes, dont les effectifs numériques sont les suivants[5] :

5e classe	35 p. 100	de l'effectif total.
4e classe	25 p. 100	—
3e classe	15 p. 100	—
1re et 2e classes	5 p. 100	—

1. Par arrêté du Ministre de l'Instruction publique en date du 5 novembre 1889, il fut institué auprès du Ministère une Commission consultative pour l'examen des questions relatives au classement des instituteurs et pour l'étude des règles spéciales et complémentaires relatives aux cas prévus par l'article 48, § 4, de la loi du 19 juillet 1889. Elle était composée de : MM. GRÉARD, membre de l'Académie française, Vice-Recteur de l'Académie de Paris, *Président;* BUISSON, conseiller d'État, Directeur de l'enseignement primaire, *Vice-Président;* ACCARIAS, professeur à la Faculté de Droit de Paris, membre du Conseil supérieur; ARMAGNAC, chef de bureau; BONIFACE, chef de bureau; CADET, chef de bureau; CARRÉ, Inspecteur général; CHARPENTIER, membre du Conseil supérieur de l'Instruction publique; DEFODON, Inspecteur primaire de la Seine; JALLIFFIER, membre du Conseil supérieur de l'Instruction publique; JOST, Inspecteur général; LENIENT, directeur de l'École normale de la Seine; LEYSSENNE, Inspecteur général; MARTEL, Inspecteur général; TURLIN, chef de bureau; NOULENS, sous-chef du cabinet du Ministre, *Secrétaire;* SCHMIT, sous-chef de bureau, *Secrétaire;* SABATIÉ, rédacteur au Ministère de l'Instruction publique, *Secrétaire adjoint.*

2. Cet article a été modifié par la loi du 25 *juillet* 1893 (voir *à sa date*).

3. Aucune titularisation de stagiaires remplissant les conditions prévues à l'article 23 de la loi du 30 *octobre* 1886 (Tome V, p. 680) ne pourra être faite qu'autant que les proportions fixées par l'article 6 de la loi ne seront pas dépassées (*Avis* XXVII, *Bull. adm.*, 1889, t. XLVI, p. 888).

4. Consulter les *Avis du Conseil d'État* suivants :

1° *Séances des* 23 *et* 30 *janvier* 1890 : Les instituteurs et institutrices congréganistes doivent compter dans le calcul des effectifs prévus par l'article 6 de la loi et être rangés dans les classes correspondant à leur traitement (*Rec. des L. et A.*, 1890, p. 114);

2° *Séance du* 23 *avril* 1891 : Les proportions déterminées par l'article 6 de la loi s'appliquent à la répartition en classes de l'ensemble du personnel de l'enseignement primaire public élémentaire; et c'est au Ministre qu'il appartient, en vertu de l'article 50, de fixer le nombre des promotions à accorder à chaque département (*Rec. des L. et A.*, 1891, p. 272);

3° *Séance du* 7 *août* 1894 : Les proportions déterminées par l'article 6 de la loi du 19 juillet 1889, modifié par la loi du 25 juillet 1893, s'appliquent à la répartition en classes de l'ensemble du personnel de l'enseignement primaire public élémentaire (*Bull. adm.*, 1894, t. LVI, p. 202).

Voir aussi le Tableau comparatif des années 1895 et 1896, établissant la situation du personnel de l'enseignement primaire élémentaire en France dans les différentes classes prévues par la loi du 19 juillet 1889 (*Bull. adm.*, 1896, t. LIX, p. 590); — et les décisions d'espèce concernant l'application de la loi (*Bull. adm.*, 1892, t. LII, p. 292).

5. Voir le tableau indiquant par département (d'après le chiffre total du personnel

Ces classes sont attachées à la personne et peuvent être attribuées sans déplacement.

ART. 7. — Le traitement des instituteurs et institutrices de chaque classe est fixé ainsi qu'il suit :

INSTITUTEURS.		INSTITUTRICES.	
5e classe.	1 000 fr.	5e classe.	1 000 fr.
4e classe.	1 200	4e classe.	1 200
3e classe.	1 500	3e classe.	1 400
2e classe.	1 800	2e classe.	1 500
1re classe.	2 000	1re classe.	1 600

ART. 8. — Les titulaires chargés de la direction d'une École comprenant plus de deux classes reçoivent à ce titre un supplément de traitement de 200 francs[1]. Ce supplément[2] est porté à 400 francs si l'École comprend plus de quatre classes[3].

ART. 9. — Dans les Écoles qui comprennent une classe d'enseignement primaire supérieur, dite « Cours complémentaire », le maître chargé de ce cours reçoit un supplément de traitement de 200 francs[4].

de l'enseignement primaire élémentaire public à la date 31 décembre 1889) le nombre normal des instituteurs et des institutrices devant former l'effectif de chacune des classes nouvelles instituées par l'article 6 de la loi du 19 juillet 1889 (*Bull. adm.*, 1890, t. XLVII, p. 142).

1. L'article 8 est applicable aux directeurs et directrices d'Écoles primaires supérieures, lorsqu'une École primaire élémentaire comptant plus de deux classes est annexée à l'École primaire supérieure.

2. Il ne faut tenir compte, pour l'attribution du supplément de traitement de direction prévu par l'article 8 de la loi, que des emplois qui ont été régulièrement créés, après avis du Conseil municipal, par décision du Conseil départemental approuvée par le Ministre (*Avis* XXII, *Bull. adm.*, 1889, t. XLVI, p. 795).

Voir la circulaire du 15 *septembre* 1891, aux Préfets, relative à l'application des articles 8 et 9 de la loi du 19 juillet 1889 (*Circ.*, t. XI, p. 487); — et la circulaire du 7 *décembre* 1891, aux Préfets, relative à la solution de questions soulevées par l'application des articles 8 et 9 (*Ibid.*, p. 502).

3. Quand une École ne comprend que deux classes ou que quatre classes, et qu'il y est en outre annexé un cours complémentaire, le directeur, même s'il est personnellement chargé du cours complémentaire, n'a droit qu'à l'un des deux suppléments de traitement prévus par les articles 8 et 9 de la loi. Ce supplément est de 200 francs dans le premier cas, de 400 francs dans le second (*Avis* XXIII, *Bull. adm.*, 1889, t. XLVI, p. 795).

4. Les directeurs de cours complémentaires et les instituteurs adjoints chargés de ces cours, qui ont acquis, soit antérieurement, soit postérieurement à la loi du 19 juillet 1889, le certificat d'aptitude au professorat des Écoles normales, doivent être placés, quant à leur traitement, sous l'empire des dispositions de l'article 9 de la loi du 19 juillet 1889, à partir du jour de l'exécution de la loi (*Avis émis par le Comité du Contentieux, Bull. adm.*, 1893, t. LIII, p. 154).

Lorsqu'un cours complémentaire comprend deux divisions dirigées par deux maîtres, chacun des maîtres a droit au supplément de traitement prévu à l'article 9 de la loi (Décision d'espèce, *Bull. adm.*, 1892, t. LII, p. 293).

ART. 10. — Indépendamment du traitement fixé aux articles précédents, les instituteurs et les institutrices titulaires ont droit :

1° Au logement ou à l'indemnité représentative fixée par arrêtés préfectoraux;

2° A une indemnité de résidence dans les cas prévus à l'article 12[1].

L'indemnité de résidence n'est pas soumise à retenue, sauf l'exception prévue aux dispositions transitoires de l'article 32, § 2[2].

ART. 11[3]. — Les instituteurs et institutrices stagiaires[4] reçoivent un traitement de 800 francs et l'indemnité de résidence dans les conditions déterminées à l'article 12[5].

Ils ont droit au logement ou à l'indemnité représentative.

Ils forment une classe unique.

ART. 12[6]. — L'indemnité de résidence est fixée[7], pour les maîtres désignés aux articles 8, 9, 14 et 15, à :

1. L'instituteur suppléé pour cause de maladie reste en possession de son poste; il conserve, par suite, le bénéfice des dispositions des articles 10 et 11 de la loi du 19 juillet 1889, c'est-à-dire la jouissance de l'indemnité de résidence, du logement ou de l'indemnité représentative; le suppléant n'a droit à aucun de ces avantages (*Avis, Bull. adm.*, 1895, t. LVII, p. 562).

2. Le dernier membre de phrase de l'article 10 se trouve implicitement abrogé par l'article 71 de la loi de finances du 26 *janvier* 1892 (voir *à sa date*), l'indemnité de résidence n'entrant plus dans les traitements garantis.

3. Modifié par la loi du 25 *juillet* 1893 (voir ci-après, *à sa date*).

4. Voir, *à sa date*, l'arrêté du 30 *avril* 1892, qui titularise et, en conséquence, élève à la cinquième classe des instituteurs titulaires les instituteurs stagiaires remplissant des conditions déterminées; — et la circulaire du 10 *mai* 1892 aux Préfets (*Circ.*, t. XI, p. 583).

5. Le dénombrement de la population, qui a lieu tous les cinq ans, peut modifier les conditions de certaines Écoles. Consulter, à ce sujet, la circulaire du 30 *avril* 1897, aux Préfets, relative aux conséquences du dénombrement de 1896 (*Bull. adm.*, 1897, t. LXI, p. 641).

6. Modifié par la loi du 25 *juillet* 1893 (voir ci-après, *à sa date*).

7. Pour les taux d'indemnité de résidence et les modifications qu'ils ont subies, voir, *à leur date*, les décrets des 31 *janvier* 1890, 31 *mars* 1890, 24 *juillet* 1890 (*Algérie*), 5 et 6 *septembre* 1890, 31 *décembre* 1892, 1er *avril* 1893, 19 *juillet* 1894, 31 *décembre* 1897.

Consulter les circulaires suivantes :

Du 14 *mars* 1890, aux Préfets, relative à l'application du dernier paragraphe de l'article 12 de la loi du 19 juillet 1889 (*Circ.*, t. XI, p. 119);

— 14 *avril* 1890, aux Préfets, relative au mode de payement des indemnités de résidence (*Ibid.*, p. 133);

— 4 *mai* 1890, aux Préfets, relative aux traitements et indemnités de résidence du personnel des Écoles primaires publiques dans les villes de plus de 100 000 âmes (*Ibid.*, p. 154);

— 25 *août* 1890, aux Préfets, relative aux indemnités de résidence et aux pièces à transmettre aux communes redevables de ces indemnités (*Ibid.*, p. 286);

— 8 *septembre* 1890, aux Préfets, relative aux indemnités de résidence dues aux instituteurs et institutrices, titulaires et stagiaires, exerçant dans les Écoles situées hors du chef-lieu de la commune (*Ibid.*, p. 293);

— 28 *janvier* 1892, aux Préfets, relative aux indemnités de résidence à accorder

100 francs dans les localités dont la population agglomérée est de.	1 000 à 3 000	habitants.
200 francs de.	3 001 à 9 000	—
300 francs de.	9 001 à 12 000	—
400 francs de.	12 001 à 18 000	—
500 francs de.	18 001 à 35 000	—
600 francs de.	35 001 à 60 000	—
700 francs de.	60 001 à 100 000	—
800 francs de.	100 000 habit. et au-dessus.	
2 000 francs dans la ville de Paris.		

Elle est de moitié des chiffres ci-dessus pour tous les autres instituteurs et institutrices titulaires, et du quart pour les stagiaires établis dans les localités ci-dessus énumérées.

aux instituteurs et institutrices en exécution de l'article 71 de la loi de finances du 26 janvier 1892 (*Ibid.*, p. 547);

— 6 *avril* 1895, aux Préfets, relative au payement de l'allocation représentative des indemnités de résidence (*Bull. adm.*, 1895, t. LVII, p. 305).

Consulter également les *Avis du Conseil d'État* suivants :

1° *Séances des 23 et 30 janvier* 1890 : L'indemnité de résidence est due par les communes pour tous les postes occupés par des instituteurs publics, qu'ils soient laïques ou congréganistes; cette indemnité doit entrer intégralement dans la composition du traitement maintenu aux congréganistes par l'article 51 de la loi du 19 juillet 1889 (*Rec. des L. et A.*, 1890, p. 114);

2° *Séance du* 1er *mai* 1890 : L'État doit, dans les communes visées à l'article 12, § 4, de la loi du 19 juillet 1889, continuer à faire subir la retenue à tous les instituteurs en exercice sur le chiffre des émoluments jusqu'ici soumis à retenue, tel qu'il résulte de la moyenne des trois années antérieures à l'exercice 1889. — L'État ne doit pas faire subir la retenue aux instituteurs entrant en exercice sur la partie de l'indemnité de résidence nécessaire pour parfaire, avec le traitement légal nouveau, les émoluments régulièrement soumis à retenue dont leurs prédécesseurs ont joui pendant les trois années antérieures à 1889 (*Rec. des L. et A.*, 1890, p. 367);

3° *Séance du* 8 *mai* 1890 : Lorsque les décrets rendus sur le rapport du Ministre de l'Intérieur ont officiellement constaté des erreurs matérielles commises dans le recensement, il appartient au Gouvernement, en Conseil d'État, de modifier le tableau des indemnités de résidence, et cette modification doit immédiatement produire son effet (*Rec. des L. et A.*, 1890, p. 379);

4° *Séance du* 8 *juillet* 1892 : L'indemnité de résidence est due aux institutrices congréganistes en exercice dans les Écoles publiques; elle est une dépense obligatoire (*Bull. adm.*, 1892, t. LII, p. 293).

Voir enfin (*Bull. adm.*, 1889, t. XLVI, p. 795) l'avis émis par le Comité consultatif, sous le n° XXIV, relatif à la situation des anciennes maîtresses adjointes et anciens maîtres adjoints ou délégués des Écoles normales rentrés dans le personnel des Écoles primaires; — (*Bull. adm.*, 1892, t. LII, p. 293-294), parmi les *décisions d'espèce* concernant l'application de la loi du 19 juillet 1889 au personnel des Écoles primaires publiques, les n°s III et VI, relatifs à des questions concernant l'indemnité de résidence et à l'effet du dénombrement sur son évaluation; — et (*Bull. adm.*, 1892, t. LII, p. 773) une autre *décision d'espèce*, relative à l'application aux instituteurs et institutrices suppléants départementaux de l'article 71 de la loi de finances du 26 janvier 1892.

Les communes chefs-lieux de canton ayant moins de 1 000 habitants de population agglomérée sont assimilées, quant à l'indemnité de résidence, aux localités de 1 000 à 3 000 habitants.

Dans les villes de plus de 100 000 âmes et dans les communes du département de la Seine[1] comprises dans les catégories ci-dessus, le taux de cette indemnité sera élevé, *s'il y a lieu*, pour parfaire, avec le *traitement légal nouveau*, tant pour les instituteurs et les institutrices en exercice que pour leurs successeurs, *le chiffre des émoluments régulièrement soumis à retenues* tel qu'il résulte de la moyenne des trois années antérieures à l'exercice 1889. Dans aucun cas, la part contributive de l'État n'excédera le produit des 4 centimes.

Un règlement d'administration publique dressera, d'après les bases ci-dessus indiquées, pour chacune de ces communes et pour les diverses catégories du personnel, le tableau des indemnités de résidence.

Les maîtres titulaires ou stagiaires des Écoles de section établies hors du chef-lieu de la commune profiteront de l'indemnité de résidence si la section rentre, par sa population agglomérée, dans une des catégories établies par le premier paragraphe de l'article[2].

ART. 13[3]. — Les directeurs, directrices, instituteurs adjoints, institutrices adjointes des Écoles primaires supérieures, les directeurs, directrices et professeurs d'Écoles normales, les économes de ces dernières Écoles et les Inspecteurs primaires, sont répartis en cinq classes dans les proportions suivantes[4] :

5e classe.	30 p. 100	de l'effectif total.
4e classe.	25 p. 100	—
3e classe.	20 p. 100	—
2e classe.	15 p. 100	—
1re classe.	10 p. 100	—

1. Voir, *à sa date*, l'arrêté du 16 *septembre* 1890, relatif aux promotions à accorder aux instituteurs et institutrices exerçant dans les villes de plus de 100 000 âmes et dans les communes du département de la Seine.

2. Voir la circulaire du 14 *mars* 1890, aux Préfets, relative à l'indemnité de résidence attribuée aux maîtres des Écoles de section (*Circ.*, t. XI, p. 119).

3. Modifié par la loi du 25 *juillet* 1893 (voir ci-après, *à sa date*).

4. Voir, *à sa date*, l'arrêté du 15 *avril* 1890, relatif au classement des fonctionnaires de l'enseignement primaire énumérés à l'article 13 de la loi du 19 juillet 1889; — le procès-verbal de la délibération de la Commission instituée pour procéder au classement et à la formation du tableau d'avancement desdits fonctionnaires (*Bull. adm.*, 1890, t. XLVII, p. 518); — les tableaux annexés à l'arrêté du 15 *avril* 1890 (*Bull. adm.*, 1890, t. XLVII, p. 522-565); — la note complémentaire sur le classement des directeurs d'Écoles normales (*Bull. adm.*, 1890, t. XLVII, p. 690); — l'avis du Conseil d'État (*séances des* 21 *et* 28 *mars* 1895) sur certaines questions soulevées

Ces classes sont attachées à la personne et peuvent être attribuées sans déplacement.

ART. 14. — Le traitement des directeurs et directrices d'Écoles primaires supérieures[1] est fixé ainsi qu'il suit :

5e classe.	1 800 fr.
4e classe.	2 000
3e classe.	2 200
2e classe.	2 500
1re classe.	2 800

Ils reçoivent, en outre, l'indemnité de résidence prévue à l'article 12.

Ils ont droit au logement ou à l'indemnité représentative.

ART. 15[2]. — Le traitement des instituteurs adjoints et des institutrices adjointes des Écoles primaires supérieures[3] est fixé ainsi qu'il suit :

5e classe.	1 100 fr.
4e classe.	1 300
3e classe.	1 600
2e classe.	1 900
1re classe.	2 100

Ils reçoivent, en outre, l'indemnité de résidence prévue à l'article 12.

Ils ont droit au logement ou à l'indemnité représentative[4].

par l'application de l'article 13 de la loi du 19 juillet 1889 modifiée par la loi du 25 juillet 1893 (*Bull. adm.*, 1895, t. LVII, p. 316).

1. Les instituteurs et institutrices qui sont chargés, par délégation préfectorale, des fonctions de directeur et de directrice d'École primaire supérieure, ne peuvent pas être considérés comme rentrant dans les classes déterminées par l'article 14 de la loi, parce qu'ils n'ont pas le certificat d'aptitude et la nomination ministérielle nécessaires pour être directeurs et directrices d'École primaire supérieure. Mais comme ils réunissent les conditions exigées pour être adjoints ou adjointes d'École primaire supérieure, ils doivent au moins être classés en cette qualité. (*Circulaire du* 10 *juin* 1890 aux Inspecteurs d'Académie, *Circ.*, t. XI, p. 180.)

2. Modifié par la loi du 25 *juillet* 1893 (voir ci-après, *à sa date*).

3. Consulter la circulaire du 10 *juin* 1890, aux Inspecteurs d'Académie, relative au classement des instituteurs et institutrices des Écoles primaires supérieures, nommés par arrêté préfectoral (*Circ.*, t. XI, p. 180).

4. L'instituteur adjoint d'École primaire supérieure qui passe dans une École élémentaire fait désormais partie des cadres du personnel des Écoles élémentaires. Il y conserve la classe qui lui était attribuée dans le personnel des Écoles primaires supérieures.

Une règle analogue est appliquée à l'instituteur d'École élémentaire appelé à un emploi d'adjoint d'École primaire supérieure. Toutefois, si cet instituteur était stagiaire dans les Écoles élémentaires, il deviendrait titulaire par son entrée dans les

Les maîtres auxiliaires chargés d'enseignements accessoires dans les Écoles primaires supérieures, dans les conditions prévues par les articles 20 et 28 de la loi du 30 octobre 1886 [1], reçoivent une allocation calculée sur le pied de 50 à 100 francs par an pour chaque heure d'enseignement par semaine. Cette allocation n'est pas soumise à retenue [2].

ART. 16. — Dans les Écoles nationales d'enseignement primaire supérieur et professionnel, les traitements de chaque classe de fonctionnaires seront de 500 francs supérieurs à ceux des Écoles normales d'instituteurs.

ART. 17. — Le traitement des directeurs et directrices d'Écoles normales est fixé ainsi qu'il suit :

DIRECTEURS.		DIRECTRICES.	
5e classe. . . .	3 500 fr.	5e classe. . . .	3 000 fr.
4e classe. . . .	4 000	4e classe. . . .	3 500
3e classe. . . .	4 500	3e classe. . . .	4 000
2e classe. . . .	5 000	2e classe. . . .	4 500
1re classe. . . .	5 500	1re classe. . . .	5 000

A Paris, ce traitement sera, pour le directeur, de 7 000 à 10 000 francs; pour la directrice, de 6 000 à 9 000 francs.

ART. 18 [3]. — Le traitement des professeurs d'Écoles normales est fixé ainsi qu'il suit [4] :

HOMMES.		FEMMES.	
5e classe. . . .	2 400 fr.	5e classe. . . .	2 200 fr.
4e classe. . . .	2 600	4e classe. . . .	2 400
3e classe. . . .	2 800	3e classe. . . .	2 600
2e classe. . . .	3 100	2e classe. . . .	2 800
1re classe. . . .	3 400	1re classe. . . .	3 000

Écoles primaires supérieures et appartiendrait à la cinquième classe des titulaires. (*Décision d'espèce* concernant l'application de la loi du 19 *juillet* 1889, *Bull. adm.*, 1892, t. LII, p. 292, I, 2 et 3).

1. Voir ces articles, Tome V, p. 679 et 682.

2. Le personnel des Écoles placées sous le régime de la loi du 11 décembre 1880 (directeurs et instituteurs adjoints) a droit aux mêmes traitements que le personnel de même ordre des Écoles primaires supérieures [loi du 30 octobre 1886, art. 28] (*Avis* émis par le Comité consultatif, *Bull. adm.*, 1889, t. XLVI, p. 745).

3. Modifié par la loi du 25 *juillet* 1893 (voir ci-après, *à sa date*).

4. Consulter :

Avis relatif aux émoluments des délégués des Écoles normales primaires (*Bull. adm.*, 1890, t. XLVII, p. 753);

Avis relatif au terme des délégations dans les Écoles normales primaires (*Bull. adm.*, 1890, t. XLVIII, p. 186).

Les maîtres et maîtresses non pourvus du certificat d'aptitude au professorat et délégués à titre provisoire recevront un traitement unique de 2 000 francs dans les Écoles normales d'instituteurs et de 1 800 francs dans les Écoles normales d'institutrices[1].

Tous les traitements ci-dessus sont diminués de 400 francs pour les maîtres et maîtresses logés et nourris dans l'établissement[2].

ART. 19. — Le mode et le taux de rémunération des professeurs, maîtres de conférences, économes, répétiteurs et répétitrices dans les Écoles normales supérieures d'enseignement primaire seront fixés par un règlement d'administration publique[3], qui déterminera les cas où cette rémunération donnera lieu à une retenue pour la retraite.

ART. 20. — Les directeurs et directrices, instituteurs adjoints et institutrices adjointes des Écoles primaires supérieures, pourvus du certificat d'aptitude au professorat dans les Écoles normales, recevront une indemnité personnelle de 500 francs soumise à retenue[4].

ART. 21. — Dans les Écoles normales dont l'effectif ne dépasse pas 60 élèves et dans celles qui n'ont que des élèves externes, les fonctions d'économe sont confiées à un des maîtres de l'École, qui conserve son traitement avec une allocation supplémentaire de 500 francs[5].

1. Voir l'article 69 de la loi de finances du 28 *avril* 1893 (*à sa date*).

2. Voir la circulaire du 29 *septembre* 1894, aux Recteurs, relative à l'admission de répétitrices étrangères dans les Écoles normales d'institutrices (*à sa date*).

3. Voir ce règlement à la date du 18 *juillet* 1890.

4. La loi du 19 juillet 1889 a fait cesser pour l'avenir toute assimilation, en ce qui touche le classement et l'avancement, entre les directeurs de Cours complémentaires pourvus du certificat d'aptitude au professorat et les directeurs d'Écoles primaires supérieures (*Avis* émis par le Comité du Contentieux, *Bull. adm.*, 1893, t. LIII, p. 155).

5. Consulter les documents suivants :

Avis relatif aux fonctions d'économe dans les Écoles normales primaires et au versement d'un cautionnement de 3 000 francs au moins (*Bull. adm.*, 1889, t. XLVI, p. 184);

Avis du Conseil d'État du 4 *juin* 1891 : Les départements sont tenus d'installer dans l'École normale un logement destiné soit aux économes titulaires, soit aux professeurs chargés de l'économat, et il appartient dès lors au Gouvernement, dans le cas où un Conseil général refuserait de pourvoir à cette dépense, de l'inscrire d'office au budget départemental et d'établir, le cas échéant, une imposition d'office sur le département, conformément aux dispositions de l'article 61 de la loi du 10 août 1871. Mais, si les départements sont tenus de fournir un logement aux fonctionnaires chargés de l'économat, aucune disposition de loi ne les oblige à leur allouer, à défaut de logement, une indemnité représentative; dès lors, cette dépense ne saurait être considérée comme obligatoire et comme pouvant donner lieu à une inscription d'office au budget départemental (*Bull. adm.*, 1891, t. XLIX, p. 585);

Avis relatif à l'exercice des fonctions d'économe par les professeurs d'Écoles normales d'instituteurs et d'institutrices, moyennant une allocation annuelle de 500 francs soumise à retenue (*Bull. adm.*, 1892, t. LII, p. 103);

Avis relatif à la restriction des autorisations de stage à l'économat des Écoles nor-

Dans les Écoles normales comptant plus de 60 élèves, les économes ne seront chargés d'aucun enseignement, sauf l'écriture et la tenue des livres[1]. Leur traitement est fixé ainsi qu'il suit :

5e classe.	1 800 fr.
4e classe.	2 000
3e classe.	2 200
2e classe.	2 500
1re classe.	2 800

Ils ont droit, en outre, au logement.

ART. 22. — Le traitement des Inspecteurs primaires[2] est fixé ainsi qu'il suit :

5e classe.	3 000 fr.
4e classe.	3 500
3e classe.	4 000
2e classe.	4 500
1re classe.	5 000

Dans le département de la Seine, les traitements seront de 6 000, 6 500, 7 000, 7 500, 8 000 francs.

Des Inspectrices primaires pourront être nommées aux mêmes conditions et dans les mêmes formes que les Inspecteurs[3].

ART. 23[4]. — Indépendamment du traitement qui leur est attribué

males primaires, en raison des réductions à opérer dans le personnel des économes d'Écoles normales (*Bull. adm.*, 1894, t. LVI, p. 368);

Circulaire du 15 *décembre* 1895, aux Recteurs, relative à l'allocation accordée aux professeurs d'Écoles normales primaires chargés de l'économat (*Bull. adm.*, 1895, t. LVIII, p. 941);

— 29 *juillet* 1898, aux Recteurs, relative aux cautionnements auxquels sont assujettis les comptables et autres fonctionnaires de l'instruction publique (*Bull. adm.*, 1898, t. LXIV, p. 538);

— 24 *octobre* 1898, aux Recteurs, relative aux cautionnements en rentes des comptables (*Ibid.*, p. 1037).

1. Voir, *à sa date*, l'arrêté du 29 *mars* 1890, rangeant les Écoles normales primaires en trois catégories suivant leurs effectifs.

2. Consulter les *circulaires* du 27 *novembre* 1889, aux Préfets et aux Recteurs, relatives au traitement des Inspecteurs primaires appartenant à l'ancienne troisième classe (p. 248), et du 28 *juin* 1895, aux Recteurs, relative à l'admission des Inspecteurs primaires à la retraite à l'âge de soixante ans, afin de pouvoir accorder des promotions dans les conditions réglementaires (*Bull. adm.*, 1895, t. LVII, p. 640); — la *lettre ministérielle* du 3 *août* 1895, aux Recteurs, relative à l'interprétation de la circulaire du 28 *juin* 1895 (*Bull. adm.*, 1895, t. LVIII, p. 281).

3. Voir, *à sa date*, le décret du 17 *janvier* 1891, relatif aux conditions de l'examen du certificat d'aptitude aux fonctions d'Inspectrice primaire. — Déjà antérieurement, les *aspirantes* avaient été admises à se présenter à l'examen du certificat d'aptitude à l'inspection primaire aux mêmes conditions que les *aspirants* (*Bull. adm.*, 1889, *Avis*, t. XLVI, p. 327).

4. Modifié par la loi du 25 *juillet* 1893 (voir ci-après, *à sa date*).

par l'article précédent, les Inspecteurs primaires ont droit à une indemnité dite « départementale », qui ne pourra être inférieure à 200 francs[1].

ART. 24[2]. — L'avancement a lieu par classe, au fur et à mesure des vacances dans chacune des classes[3].

1. Voir le Tableau des indemnités diverses allouées aux Inspecteurs primaires par les départements et les communes (*Bull. adm.*, 1889, t. XLVI, p. 839); — l'*Avis du Conseil d'État* du 23 *janvier* 1890, relatif aux indemnités départementales allouées aux Inspecteurs primaires, lesquelles ne doivent pas être soumises à retenue (*Bull. adm.*, 1890, t. XLVII, p. 183); — la *circulaire* du 10 *mars* 1890, aux Recteurs, relative aux allocations départementales attribuées aux Inspecteurs primaires en vertu de l'article 23 de la loi du 19 juillet 1889 (*Circ.*, t. XI, p. 112).

2. Modifié par la loi du 25 *juillet* 1893 (voir ci-après, *à sa date*).

3. Pour l'ensemble des dispositions de l'article 24, consulter les documents suivants:

Avis du Conseil d'État, des 23 et 30 *janvier* 1890, reconnaissant que les congréganistes peuvent être titularisés quand ils remplissent les conditions légales, et qu'ils peuvent être promus à une classe supérieure, dans le cas où l'élévation de classe n'entraîne pas pour eux un traitement plus élevé;

Arrêté du 16 *septembre* 1890, relatif aux promotions à accorder aux instituteurs et institutrices exerçant dans les villes de plus de 100000 âmes et dans les communes du département de la Seine (ci-après, *à sa date*);

— 24 *février* 1891, fixant les règles d'après lesquelles des promotions de classe sont accordées, à partir du 1er janvier 1891, au personnel laïque des instituteurs et institutrices exerçant dans les Écoles primaires supérieures sans avoir une nomination ministérielle (ci-après, *à sa date*);

Décret du 6 *juin* 1891, portant règlement d'administration publique ayant pour objet de fixer les règles et conditions d'avancement des instituteurs et institutrices (ci-après, *à sa date*);

— 4 *août* 1892, modifiant le paragraphe 4 de l'article 127 du décret du 18 janvier 1887, relatif aux promotions du personnel de l'enseignement primaire (*à sa date*);

Décisions d'espèce concernant l'application de la loi : IV et V. Les services militaires et les services dans l'enseignement libre ne peuvent être comptés aux instituteurs pour l'avancement (*Bull. adm.*, 1892, t. LII, p. 293);

Décret du 31 *octobre* 1892, relatif au classement des instituteurs et institutrices primaires chargés de l'enseignement primaire dans les lycées de garçons (*à sa date*);

Circulaire du 14 *mars* 1893, aux Préfets, relative au compte à tenir du temps de service militaire (*Circ.*, t. XI, p. 660); les dispositions de cette circulaire ont été infirmées par la circulaire du 6 *septembre* 1895 (voir *à sa date*);

Lettre ministérielle du 27 *mai* 1895, au Recteur de l'Académie d'Aix, relative aux avantages à assurer au personnel de l'inspection primaire et des Écoles normales de la Corse (*Bull. adm.*, 1895, t. LVII, p. 580);

Décret du 17 *juillet* 1895, portant règlement d'administration publique sur les règles et conditions d'avancement non prévues à l'article 24 de la loi du 19 juillet 1889 (ci-après, *à sa date*);

Circulaire du 6 *septembre* 1895, aux Préfets, relative à l'application du décret du 17 juillet 1895 (*à sa date*);

— 15 *mai* 1896, aux Préfets, relative à la publication de l'Annuaire de l'enseignement primaire élémentaire (*Bull. adm.*, 1896, t. LIX, p. 565);

— 25 *juin* 1896, aux Préfets, relative au calcul de l'ancienneté pour le classement et l'avancement des instituteurs (*Ibid.*, p. 697);

Avis de *juillet* 1896, relatif à l'établissement de fiches destinées à l'Annuaire de l'enseignement primaire élémentaire (*Bull. adm.*, 1896, t. LX, p. 86);

Circulaire du 31 *octobre* 1896, aux Inspecteurs d'Académie, relative aux promotions de classe des instituteurs et institutrices (*Ibid.*, p. 825);

L'avancement se fait dans chaque département pour le personnel mentionné aux articles 7, 8, 9, 11 et 15.

Il se fait, sur l'ensemble des fonctionnaires, exclusivement au choix, pour le personnel prévu aux articles 14, 16, 17, 18, 21 et 22.

Les instituteurs et institutrices de cinquième et de quatrième classe ne peuvent être promus à la classe supérieure qu'après cinq ans d'exercice dans la classe à laquelle ils appartiennent.

Ne peuvent être promus à la deuxième et à la première classe que les maîtres pourvus du brevet supérieur et ayant passé trois années au moins dans la classe immédiatement inférieure.

ART. 25[1]. — Les suppléments communaux actuellement accordés pour études surveillées pourront se confondre avec le montant de l'indemnité de résidence[2].

CHAPITRE III. — *Des Voies et Moyens.*

ART. 26. — Il est pourvu aux dépenses incombant à l'État, en vertu de l'article 2, au moyen des crédits annuels inscrits au budget du Ministère de l'Instruction publique.

Il est pourvu aux dépenses incombant aux départements et aux communes au moyen de crédits ouverts annuellement à leurs budgets, à titre de dépenses obligatoires, dans les conditions prévues par les paragraphes 1 et 2 de l'article 61 de la loi du 10 août 1871 et par l'article 149 de la loi du 5 avril 1884.

ART. 27. — A partir du 1er janvier 1890, il sera perçu 8 centimes additionnels généraux portant sur les quatre contributions directes et dont le produit sera inscrit au budget de l'État.

A partir de la même date, il sera perçu, en addition au principal des quatre contributions directes, 12 centièmes de centime, représentant les frais de perception des 4 centimes antérieurement perçus au profit des communes.

Loi de finances du 29 *mars* 1897, art. 49, destiné à rectifier le classement primitif des ayants droit d'après le nombre total de leurs années de services (voir *à sa date*);

Avis relatif à la publication de l'Annuaire de l'enseignement primaire élémentaire pour 1898 (*Bull. adm.*, 1898, t. LXIV, p. 71); cet Annuaire devra être mis, au moins deux jours par semaine, à la disposition des instituteurs et institutrices, au siège de l'inspection académique et de l'inspection primaire.

1. Abrogé par la loi du 25 *juillet* 1893 (voir ci-après, *à sa date*), qui a substitué à cet article une tout autre disposition.

2. Consulter la circulaire du 5 *avril* 1890, aux Préfets, relative au maintien de la partie des suppléments facultatifs communaux nécessaires pour parfaire avec l'indemnité de résidence les émoluments actuels des instituteurs en exercice (*Circ.*, t. XI, p. 129);

Le produit des 8 centimes 12 centièmes prévus aux paragraphes précédents supportera les centimes spéciaux, pour fonds de dégrèvement et de non-valeurs, suivant les taux afférents à chaque contribution.

ART. 28. — Les 4 centimes communaux et les 4 centimes départementaux affectés aux dépenses obligatoires de l'enseignement primaire par les lois des 10 avril 1867, 19 juillet 1875 et 16 juin 1881, sont supprimés.

Est également supprimé le prélèvement du cinquième institué par la loi du 16 juin 1881.

CHAPITRE IV. — *Dispositions spéciales à l'Algérie*[1].

ART. 29[2]. — Sont à la charge de l'État dans les territoires civils de l'Algérie :

Le supplément pour services hors d'Europe prévu par l'article 10 de la loi du 9 juin 1853 et par l'article 22 du règlement d'administration publique du 9 novembre suivant[3];

La prime pour connaissance des langues arabe et kabyle.

ART. 30. — Il sera prélevé au profit du budget de l'État, à partir du 1er janvier 1890, un sixième du produit de l'octroi de mer de l'Algérie.

ART. 31[4]. — Les traitements des instituteurs et institutrices d'Algérie sont fixés comme suit :

	INSTITUTEURS.	INSTITUTRICES.
Stagiaires.	900 fr.	900 fr.
5e classe.	1 200	1 200
4e classe.	1 400	1 300
3e classe.	1 500	1 400
2e classe.	1 800	1 500
1re classe.	2 000	1 600

1. La loi du 19 *juillet* 1889 ne concerne que le personnel des Écoles qui fonctionnent en vertu des articles 13, 15 et 28 de la loi organique du 30 octobre 1886 (Tome V, p. 669). Elle ne peut donc pas s'étendre aux instituteurs des Écoles exclusivement fondées en vue des indigènes, Écoles qui ont été organisées dans des conditions particulières et soumises à un régime spécial. Les maîtres placés sous ce régime d'exception sont en dehors de la loi de 1889; ils doivent donc disparaître des tableaux de classement (*Instruction au Gouverneur général*, 25 *juillet* 1890).

Consulter, dans les *Mémoires et Documents scolaires publiés par le Musée pédagogique :*

Fascicule n° 117 : L'enseignement primaire des indigènes, par M. Alfred RAMBAUD ;

Fascicule n° 120 : L'enseignement indigène en Algérie. Rapport de M. COMBES.

2. La loi du 25 *juillet* 1893 a substitué une disposition toute différente à celle du présent article 29 (voir *à sa date*).

3. Voir, *à leur date*, la loi de finances du 26 *décembre* 1890, art. 51, et la loi de finances du 16 *avril* 1895, art. 63, qui a abrogé la précédente.

4. Modifié par la loi du 25 *juillet* 1893 (voir ci-après, *à sa date*).

Plus le quart colonial prévu à l'article 29[1].

Tous les autres articles de la présente loi sont applicables à l'Algérie[2].

CHAPITRE V. — *Dispositions transitoires.*

ART. 32[3]. — Si le total des allocations attribuées en vertu de la présente loi à l'instituteur ou à l'institutrice actuellement en fonctions, tant comme traitement et supplément de traitement que comme indemnité de résidence, est inférieur au traitement garanti dont ils jouissent (en dehors des suppléments accordés par les communes à titre facultatif depuis la loi du 16 juin 1881), la différence est à la charge de l'État[4].

1. Le quart colonial, créé par l'article 29, ne peut être égal qu'au quart du traitement de la classe pour tous les maîtres, même pour ceux qui sont déjà en exercice et dont le traitement garanti serait supérieur à celui de la classe (*Instruction au Gouverneur général*, 25 *juillet* 1890).

2. Voir, *à sa date*, le décret du 18 *octobre* 1892, relatif à l'enseignement primaire public et privé des indigènes en Algérie.

A la suite d'un rapport, adressé le 26 *septembre* 1890 au Président de la République par le Ministre du Commerce, de l'Industrie et des Colonies, d'accord avec le Ministre de l'Instruction publique (*Bull. adm.*, 1890, t. XLVIII, p. 716), deux décrets, datés du 26 *septembre* 1890, ont été rendus : le premier portant application à la Martinique, à la Guadeloupe et à la Réunion de la loi du 30 octobre 1886 sur l'enseignement primaire; le second portant fixation du traitement du personnel de l'enseignement primaire dans ces trois colonies (*Ibid.*, p. 717 et 720).

Pour les établissements français de l'Inde, l'enseignement primaire public et privé est régi par le décret du 24 *mai* 1898 (*Bull. adm.*, 1898, t. LXIII, p. 775), qui a remplacé le décret du 1er *février* 1893.

Un décret du 4 *février* 1896 a déterminé le traitement, le classement et l'avancement des instituteurs et des institutrices laïques en Tunisie (*voir* brochure spéciale de 12 pages in-8° intitulée *Décret du 4 février 1896*; Tunis, impr. Borrel, 1896).

3. Modifié par la loi du 25 *juillet* 1893 (voir ci-après, *à sa date*).

4. Consulter, parmi les *Avis émis par le Comité consultatif et approuvés par le Ministre*, les avis suivants :

VI. — Les traitements (traitement fixe, traitement éventuel, allocation attachée au brevet supérieur et suppléments de traitement consolidés en vertu de la loi du 16 juin 1881), régulièrement soumis à retenue, dont les directeurs et adjoints des Écoles primaires supérieures et les directeurs des Cours complémentaires jouissaient lors de la publication de la loi, sont garantis par l'article 32 de la loi nouvelle. Le traitement éventuel sera calculé d'après la moyenne des trois exercices 1886, 1887 et 1888 (*Bull. adm.*, 1889, t. XLVI, p. 744).

VIII. — L'éventuel doit être considéré comme faisant partie du traitement garanti aux instituteurs et institutrices des Écoles primaires élémentaires, maternelles et supérieures (*Ibid.*, p. 744).

XI. — L'allocation de 100 francs attachée à la possession du brevet supérieur ne doit être considérée comme faisant partie du traitement garanti aux directeurs, directrices, instituteurs adjoints, institutrices adjointes des Écoles primaires supérieures, maîtres et maîtresses chargés de cours complémentaires, que si ces fonctionnaires ont été nommés avant la promulgation de la loi du 30 octobre 1886 (*Ibid.*, p. 745).

XXI. — Doit être considérée comme faisant partie du traitement garanti aux instituteurs et institutrices des Écoles primaires élémentaires et maternelles l'allocation de 100 francs ou de 50 francs pour inscription dans le premier ou le second huitième

Le traitement garanti par la disposition qui précède continuera à subir la retenue et entrera en compte pour la liquidation de la pension.

ART. 33[1]. — Les instituteurs dont les traitements seraient inférieurs à 1 200 francs, au cas où, pendant cinq années[2], ils n'auraient pas reçu ou ne recevraient pas d'avancement, bénéficieront, à l'expiration de la cinquième année, d'une augmentation de 100 francs, jusqu'à ce qu'ils aient atteint le traitement de 1 200 francs[3].

ART. 34[4]. — La répartition, dans les nouvelles classes créées par la présente loi, des maîtres et maîtresses actuellement en fonctions, sera effectuée d'après le montant incombant à l'État du traitement garanti à chacun d'eux[5], en vertu de l'article 32 ci-

de la liste de mérite; mais ceux-là seuls ont droit à la consolidation de ce supplément de traitement, qui étaient inscrits sur la dernière liste de mérite établie lors de la promulgation de la loi, c'est-à-dire sur la liste de 1888 (*Ibid.*, p. 795).

XXIV. — Les anciennes maîtresses et anciens maîtres adjoints ou délégués des Écoles normales, les anciennes directrices et anciens directeurs d'École annexe qui font aujourd'hui partie du personnel des Écoles primaires, peuvent, mais seulement par décision spéciale du Ministre, conserver dans leurs nouvelles fonctions le traitement dont ils ont joui pendant qu'ils enseignaient à l'École normale (*Ibid.*, p. 795).

XXVI. — Le traitement éventuel pour les Écoles de toute nature doit être calculé d'après la moyenne des trois exercices 1886, 1887 et 1888. Cette disposition ne s'applique qu'aux instituteurs et aux institutrices ayant occupé le même emploi du 1er janvier 1886 au 31 décembre 1889. Dans tous les autres cas, l'instituteur et l'institutrice n'auront droit qu'à l'éventuel afférent en 1888 à l'emploi qu'ils occupaient au 31 décembre 1889. Le produit de l'éventuel ne fait pas partie des émoluments appréciables pour le classement. L'éventuel est un supplément de traitement conditionnel, c'est-à-dire corrélatif à un surcroît de travail; il cesse d'être dû lorsque le maître est déchargé de ce surcroît de travail. L'éventuel ne saurait donc être garanti au maître qui ne remplit plus la condition à laquelle est subordonné le maintien du supplément de traitement, soit qu'il ait changé de résidence, soit que sa classe ait été dédoublée (*Ibid.*, p. 823).

1. Modifié par la loi du 25 *juillet* 1893 (voir ci-après, *à sa date*).

2. Cette disposition doit s'entendre en ce sens que tout instituteur titulaire ayant débuté avant la loi du 19 juillet 1889 a droit à une augmentation de 100 francs, lorsque son traitement (qui lui a été reconnu par l'article 32) *est resté le même pendant cinq ans*, tant que ledit traitement n'a pas atteint 1 200 francs (*Décision d'espèce concernant l'application de la loi*, IX, *Bull. adm.*, 1892, t. LII, p. 294).

3. Le traitement des instituteurs de 4e classe, pourvus du brevet supérieur antérieurement au 19 juillet 1889 et comptant quinze ans de services révolus comme titulaires, pourra atteindre le chiffre de 1 300 fr., égal à l'émolument que leur assurait la loi de 1875 (*Circ. du* 6 *janvier* 1894 *aux Préfets*, *Bull. adm.*, 1894, t. LV, p. 12).

L'article 33 ne s'applique pas aux instituteurs congréganistes (*Avis du Conseil d'État des* 23 *et* 30 *janvier* 1890, *Rec. des L. et A.*, 1890, p. 114).

4. Modifié par la loi du 25 *juillet* 1893 (voir ci-après, *à sa date*).

5. C'est à la date de la promulgation de la loi (19 *juillet* 1889) qu'il convient de se placer pour évaluer le traitement fixe qui doit servir de base au classement de l'instituteur.

Le traitement éventuel pour les Écoles de toute nature doit être calculé d'après la moyenne des trois exercices 1886, 1887 et 1888 (*Avis* X, *Bull. adm.*, 1889, t. XLVI, p. 745).

En ce qui concerne le calcul de l'éventuel pour la fixation du traitement garanti,

dessus, déduction faite des suppléments prévus aux articles 8, 9 et 29[1].

Les maîtres et maîtresses seront placés dans la classe dont le traitement correspond à leur traitement calculé comme il est dit

voir aussi l'*avis émis par le Comité consultatif*, sous le n° XXVI, reproduit ci-dessus, dans la note 4 en renvoi à l'article 32.

1. Pour l'application des divers paragraphes de l'article 34, consulter :

1° *Circulaire* du 30 *janvier* 1890, aux Inspecteurs d'Académie, relative à la communication de deux avis du Conseil d'État et à l'envoi d'un tableau d'effectif en vue du classement du personnel de l'enseignement primaire (*Circ.*, t. XI, p. 81);

— 3 *février* 1890, aux Préfets, relative au classement des instituteurs et suivie de deux avis du Conseil d'État sur la jurisprudence administrative et d'un tableau fixant les chiffres de l'effectif de chacune des classes nouvelles du personnel enseignant (*Bull. adm.*, 1890, t. XLVII, p. 136);

— 14 *février* 1890, aux Inspecteurs d'Académie, portant envoi de cadres pour le classement des instituteurs et institutrices (*Circ.*, t. XI, p. 83);

2° Deux *avis* relatifs à l'application de cet article (*Bull. adm.*, 1889, t. XLVI, p. 473) :

I. — Les congés réguliers accordés aux adjoints et adjointes peuvent entrer en ligne de compte pour le calcul des cinq années de services exigées pour la dispense du certificat d'aptitude pédagogique et la titularisation (§ 4), sous la réserve, toutefois, que leur durée totale n'excède pas une année.

II. — Les années passées à l'École normale, à partir de dix-huit ans pour les élèves-maîtres et de dix-sept ans pour les élèves-maîtresses, peuvent entrer dans le calcul des cinq années de services exigées par l'article 34 de la loi.

3° Parmi les *Avis émis par le Comité consultatif et approuvés par le Ministre*, les avis suivants :

II. — Le classement d'*attente* ne doit comprendre que les instituteurs et institutrices laïques, tant titulaires que stagiaires, exerçant dans les Écoles maternelles et dans les Écoles primaires créées conformément aux articles 13 et 15 de la loi du 30 octobre 1886. En sont exclus : 1° les instituteurs et institutrices congréganistes de tout ordre (art. 51); 2° les instituteurs et institutrices exerçant les fonctions de suppléants départementaux (art. 48, § 6); 3° les institutrices placées à la tête des Écoles dites *Écoles non classées* ou facultatives (*Bull. adm.*, 1889, t. XLVI, p. 743).

III. — Il convient de comprendre dans le classement les instituteurs et institutrices en congé temporaire. Ils seront classés d'après le traitement auquel leur dernière nomination leur donne droit (*Ibid.*, p. 744).

IV. — Les *déductions* prévues par le premier paragraphe de l'art. 34 ne doivent être opérées qu'à l'égard des instituteurs et institutrices visés par l'art. 32, c'est-à-dire de ceux de ces fonctionnaires en possession d'un traitement assez élevé pour qu'en les supposant placés sous le régime de la nouvelle loi entièrement appliquée, et en leur attribuant, dans cette hypothèse, toutes les allocations auxquelles cette loi leur donnerait droit, le total de ces allocations soit inférieur au montant de leur traitement actuel (*Ibid.*, p. 744).

XII. — Dans le calcul des années de services pour le classement, on fera entrer en ligne de compte le temps de services accompli par l'instituteur en qualité : 1° de commis d'Académie ou de commis d'inspection; 2° de professeur élémentaire, de maître primaire, de maître répétiteur et de maître d'études dans un Lycée ou un Collège; 3° de maître délégué dans une École normale ou de directeur d'École annexe; 4° d'élève-maître dans une École normale à partir de dix-huit ans pour les instituteurs, de dix-sept ans pour les institutrices; 5° de suppléant départemental (*Ibid.*, p. 766).

XIII. — Doit être compté, pour le classement, le temps de services accompli : 1° dans les Écoles de filles établies dans les communes ne comprenant pas 401 habi-

ci-dessus ; si ce traitement ne coïncide pas avec un de ceux qui sont prévus à l'article 7, ils seront placés dans la classe dont le traitement est immédiatement inférieur[1].

Toutefois aucun instituteur ou institutrice titulaire, s'il ne compte pas le nombre d'années de services indiqué ci-dessous, ne pourra prendre rang dans une des classes suivantes :

Pour la 4e classe.	5 ans.
Pour la 3e classe.	10 ans.
Pour la 2e classe.	15 ans.
Pour la 1re classe	20 ans.

Les adjoints et adjointes actuellement en exercice et comptant plus de cinq années de services dans l'enseignement public seront réputés avoir achevé le stage et seront dispensés de la production du certificat d'aptitude pédagogique exigé par la loi du 30 octobre 1886; ils prendront rang dans la classe nouvelle à laquelle ils

tants; 2° dans les Écoles maternelles établies dans les communes de moins de 2 000 âmes ou n'ayant pas 1 200 habitants agglomérés; 3° dans les Écoles annexées aux établissements hospitaliers ou pénitentiaires relevant du Ministère de l'Intérieur; 4° dans les Écoles dépendant du Ministère de la Guerre ou de la Marine (Écoles annexes aux établissements militaires et maritimes, Écoles spéciales, Écoles des colonies) (*Ibid.*, p. 766).

XIV. — Ne doit pas entrer en compte pour le classement le temps de services accompli par un instituteur dans des fonctions étrangères à l'enseignement, sauf les cas spécifiés à l'avis XII (*Ibid.*, p. 766).

XV. — Pour les fonctionnaires entrés dans le service antérieurement à la loi du 30 octobre 1886, le temps de services doit être compté du jour où le fonctionnaire, âgé d'au moins dix-huit ans, a débuté comme adjoint ou adjointe en vertu d'une nomination ou d'un agrément du Préfet (loi du 15 mars 1850, art. 34) (*Ibid.*, p. 767).

XVI. — La durée des services dont il convient de tenir compte pour le classement doit être supputée à la date du 19 juillet 1889 (*Ibid.*, p. 767).

XVII. — Une directrice d'École maternelle devenue adjointe d'École primaire ou chargée d'une classe enfantine ne peut être classée que comme titulaire (*Ibid.*, p. 767).

XVIII. — Lorsqu'un adjoint titularisé en vertu du dernier § de l'art. 34 a plus de cinq années de services, on doit compter comme années de titulariat toutes les années de services que la loi n'a pas prescrit de défalquer (*Ibid.*, p. 767).

Dans le calcul du traitement garanti par les articles 32 et 34, on ne doit faire entrer en ligne de compte ni l'allocation pour inscription sur la liste de mérite, ni l'éventuel touché par les instituteurs postérieurement à la loi du 16 juin 1881 (*Avis du Conseil d'État*, séance du 23 janvier 1890, *Rec. des L. et A.*, 1890, p. 113).

Voir encore la note 4, p. 165.

1. Consulter les circulaires du 5 *novembre* 1889, aux Inspecteurs d'Académie, relative à la répartition des instituteurs et des institutrices dans les nouvelles classes (*Circ.*, t. XI, p. 44); — du 14 *février* 1890, aux Inspecteurs d'Académie, portant envoi de cadres modèles pour le classement des instituteurs et des institutrices (*Ibid.*, p. 83); — la loi de finances du 29 *mars* 1897, art. 49, destinée à rectifier le classement primitif des ayants droit d'après le nombre total de leurs années de services (*à sa date*).

appartiendront par application du présent article, défalcation faite des cinq années comptées comme stage[1].

ART. 35[2]. — Par dérogation au dernier paragraphe de l'article 24, pourront être promus à la deuxième et à la première classe tous les maîtres actuellement en fonctions qui ne seront pas pourvus du brevet supérieur.

ART. 36[2]. — Une sixième classe provisoire comprendra les titulaires dont les traitements seraient inférieurs à celui de la cinquième classe.

Outre la classe permanente prévue à l'article 11, une seconde classe provisoire de stagiaires comprendra ceux dont les traitements sont inférieurs au taux prévu par la présente loi.

ART. 37[2]. — Des augmentations de traitements de 50 et de 100 francs seront accordées, dans la mesure des crédits disponibles, aux maîtres et maîtresses placés dans la sixième classe provisoire de titulaires et dans la seconde classe provisoire de stagiaires, jusqu'à ce qu'ils aient été pourvus des traitements afférents aux classes définitives[3].

1. La défalcation prescrite par le dernier paragraphe des anciennes dispositions de l'article 34 de la loi du 19 juillet 1889 doit être considérée en quelque sorte comme le prix de la titularisation dont ont bénéficié les instituteurs non pourvus du certificat d'aptitude pédagogique. Il n'y a donc pas lieu de leur tenir compte des cinq années comptées comme stage dans la durée des services pour l'avancement, même s'ils ont acquis le diplôme ultérieurement (*Décision de la Commission consultative de classement, Bull. départ. de l'Oise*, nov.-déc. 1893).

Consulter, parmi les décisions d'espèce concernant l'application de la loi et pouvant servir à l'établissement de la jurisprudence administrative (*Bull. adm.*, 1892, t. LII, p. 294) :

VII. — Le dernier paragraphe de l'art. 34, qui accorde la titularisation de droit aux instituteurs et institutrices stagiaires « *actuellement* en exercice et comptant plus de cinq années de services dans l'enseignement public », doit être appliqué à tout instituteur ou à toute institutrice qui justifie avoir accompli plus de cinq ans de services réguliers dans l'enseignement public, *primaire* ou *secondaire*, *avant le* 19 *juillet* 1889, *à quelque époque que ces services aient été rendus*.

En conséquence, l'instituteur stagiaire qui, pour un motif quelconque (congé, démission, etc.), n'était pas en fonctions à la date même du 19 juillet 1889, mais qui, *antérieurement*, comptait plus de cinq ans de services dans l'enseignement public, *primaire* ou *secondaire*, devra bénéficier de la disposition dont il s'agit et être regardé comme instituteur *titulaire* en rentrant dans le personnel des Écoles élémentaires.

VIII. — L'instituteur *titulaire* qui rentre dans le personnel des Écoles élémentaires, après une interruption de services, doit reprendre sa qualité de titulaire, quelle que soit la cause de l'interruption survenue dans ses services.

2. Modifié par la loi du 25 *juillet* 1893 (voir ci-après, *à sa date*).

3. Consulter les documents suivants :

Circulaire du 24 *mars* 1890, aux Préfets, relative à l'établissement d'une première liste de maîtres appartenant aux classes provisoires à porter immédiatement à la classe définitive avec traitement normal (*Circ.*, t. XI, p. 125);

Arrêté du 29 *décembre* 1890, réglant la répartition de l'augmentation de crédits

ART. 38[1]. — Il ne pourra être pourvu, par voie d'avancement, qu'à une vacance sur deux dans les première, deuxième et troisième classes, jusqu'à ce que le personnel placé dans les classes provisoires ait pu être pourvu du traitement des classes définitives.

ART. 39[1]. — Tant qu'il existera des maîtres ou maîtresses placés dans la sixième classe provisoire par application de l'article 36, les institutrices débuteront, après leur stage, au traitement de 900 francs et seront placées dans cette même classe provisoire.

ART. 40. — Il sera formé, dans chaque département, pour chaque classe d'instituteurs et d'institutrices titulaires et stagiaires, un tableau d'avancement où ils prendront rang entre eux par ordre d'ancienneté[2].

ART. 41. — Le classement et la formation du tableau[3] seront effectués par une Commission spéciale composée de l'Inspecteur d'Académie, *président* ; des Inspecteurs primaires, du directeur et de la directrice d'École normale et de deux délégués du Conseil départemental élus par ce Conseil[4].

La même Commission établira le classement et le tableau des

votés par le Parlement (*à sa date*); et *circulaire* du 12 *janvier* 1891, aux Préfets, sur le même objet (*Circ.*, t. XI, p. 388);

Arrêté du 16 *mai* 1891, accordant des augmentations de traitement et portant suppression des classes provisoires des institutrices (*à sa date*); et *circulaire* du 3 *juin* 1891, aux Préfets, sur le même objet (*Circ.*, t. XI, p. 467).

1. Modifié par la loi du 25 *juillet* 1893 (voir ci-après, *à sa date*).

2. Consulter (*Circ.*, t. XI, p. 324) la circulaire du 26 *décembre* 1890, aux Préfets, relative à l'établissement du tableau d'avancement des instituteurs et institutrices primaires, conformément aux règles établies par les articles 40, 41 et 42 de la loi du 19 juillet 1889.

3. Consulter :

Circulaire du 25 *juillet* 1889, aux Préfets, relative à la nomination de membres de la Commission chargée du classement des instituteurs et institutrices (*Circ.*, t. XI, p. 10);

— 25 *juillet* 1889, aux Préfets, relative à l'élection des deux délégués du Conseil départemental qui devront faire partie de la Commission de classement (*Ibid.*, p. 10);

— 5 *novembre* 1889, aux Inspecteurs d'Académie, relative au travail de répartition du personnel de l'enseignement primaire dans les nouvelles classes (*Ibid.*, p. 44);

— 21 *décembre* 1889, aux Inspecteurs d'Académie, relative à la transmission d'un avis du Conseil d'État du 19 décembre 1889 concernant les règles applicables au classement hiérarchique du personnel de l'enseignement primaire (*Ibid.*, p. 61);

— 14 *février* 1890, aux Inspecteurs d'Académie, relative à l'envoi de cadres modèles destinés au classement des instituteurs et institutrices primaires publics (*Ibid.*, p. 83);

Note sur la formation du tableau d'avancement des instituteurs et institutrices publics (*Bull. adm.*, 1890, t. XLVIII, p. 920).

4. Les Commissions de classement doivent ranger tous les instituteurs en exercice,

instituteurs adjoints et des institutrices adjointes des Écoles primaires supérieures [1].

Elle leur appliquera les dispositions des paragraphes 1 et 2 des articles 32 et 34 [2].

ART. 42 [3]. — Par dérogation aux dispositions de l'article 24, il ne sera exigé aucune condition d'ancienneté de classe, pour l'avancement, tant au choix qu'à l'ancienneté, des instituteurs et institutrices [4] qui :

Ayant plus de 10 ans de services, seraient placés dans la cinquième classe ;

Ayant plus de 15 ans, seraient placés dans la quatrième ;

Ayant plus de 20 ans, seraient placés dans la troisième ;

Ayant plus de 25 ans, seraient placés dans la deuxième.

ART. 43. — Les dispositions des articles 32 et 34, § 1 et 2, sont applicables au personnel de l'instruction primaire mentionné aux articles 14, 17, 18, 21 et 22 de la présente loi.

Le classement et la formation du tableau seront effectués par une Commission composée : du Directeur de l'enseignement primaire, *président*; des Inspecteurs généraux de l'enseignement primaire et de deux délégués du Conseil supérieur de l'Instruction publique élus par ce Conseil [5].

quel que soit le chiffre des ayants droit, dans les classes correspondant à leur traitement garanti, sous réserve des mesures à prescrire par le Ministre de l'Instruction publique pour distinguer dans les tableaux l'effectif permanent de l'excédent transitoire (*Avis du Conseil d'État*, séance du 19 décembre 1889, *Rec. des L. et A.*, 1889, p. 938).

1. Consulter les *avis suivants, émis par le Comité consultatif et approuvés par le Ministre :*

VII. — Dans le classement des instituteurs adjoints et des institutrices adjointes des Écoles primaires supérieures, il sera tenu compte du temps de services que ces fonctionnaires ont passé dans les Écoles primaires élémentaires (*Bull. adm.*, 1889, t. XLVI, p. 744).

XIX. — Les seuls fonctionnaires des Écoles primaires supérieures qu'aient à classer les Commissions départementales sont les instituteurs adjoints et les institutrices adjointes qui, ne possédant pas le certificat d'aptitude au professorat, ont été nommés par le Préfet, conformément à l'article 28, § 2, de la loi du 30 octobre 1886 (*Ibid.*, p. 767).

2. Voir la circulaire du 10 *juin* 1890, aux Inspecteurs d'Académie, relative à l'envoi d'instructions et de cadres pour le classement des instituteurs adjoints et institutrices adjointes exerçant dans les Écoles primaires supérieures en vertu d'une nomination préfectorale (*Circ.*, t. XI, p. 180).

3. Modifié par la loi du 25 *juillet* 1893 (voir ci-après, *à sa date*).

4. Consulter le décret du 15 *avril* 1891 (*à sa date*), et, dans la note 1 de la page 179, les avis émis par le Comité consultatif et approuvés par le Ministre, sous les nos XII, XIII, XIV, XV et XVI, communs à l'article 34, § 3, et à l'article 42.

5. La Commission a été formée par arrêté du 8 *octobre* 1889 (*Bull. adm.*, 1889, t. XLVI, p. 487), qui en a nommé les membres.

Consulter les *avis suivants, émis par le Comité consultatif et approuvés par le Ministre :*

XX. — La Commission centrale instituée par l'article 43 de la loi effectuera un

ART. 44[1]. — Par dérogation au paragraphe 2 de l'article 4 de la présente loi, des subventions pourront être accordées par l'État, pour loyer de maisons d'école, aux communes dont le centime n'excède pas 30 francs, dans les limites du crédit ouvert à cet effet chaque année au budget, pendant une période de cinq années.

CHAPITRE VI. — *Dispositions diverses.*

ART. 45. — Les instituteurs et institutrices des Écoles primaires élémentaires et maternelles qui auront obtenu la médaille d'argent recevront une allocation annuelle et viagère, non soumise à retenue, de 100 francs[2].

Cette allocation sera caduque en cas de révocation ou de démission, à moins que la démission ne soit fondée sur des raisons de santé reconnues valables par le Conseil départemental.

Les médailles d'argent ne pourront être accordées que sur la pro-

classement spécial : 1° des maîtres et maîtresses délégués dans les Écoles normales, qu'ils exercent à l'École normale même ou à l'École annexe; 2° des instituteurs et institutrices chargés de la direction des Écoles primaires supérieures par l'effet, soit d'une nomination préfectorale, soit d'une délégation du Préfet ou du Ministre. La même Commission attribuera provisoirement à tous ces fonctionnaires la classe au bénéfice de laquelle ils ont droit, s'ils rentrent dans le personnel attaché aux Écoles primaires élémentaires. Les instituteurs et les institutrices chargés de la direction des Écoles primaires supérieures seront ultérieurement classés comme directeurs et directrices, si, avant l'expiration du délai qui leur est accordé par l'article 192 du décret du 18 *janvier* 1887, ils ont obtenu une nomination ministérielle, soit en vertu de la loi du 30 *octobre* 1886 (art. 28, § 1), soit conformément aux dispositions du règlement du 17 *mars* 1888 (art. 10 et 11) et de la circulaire du 30 *juin* suivant (*Bull. adm.*, 1889, t. XLVI, p. 767).

XXV. — Est applicable aux instituteurs qui dirigent à la fois une École primaire élémentaire et une École primaire supérieure, mais sans être pourvus du certificat d'aptitude au professorat, la décision consignée sous le n° XX ci-dessus (*Ibid.*, p. 796).

Consulter aussi la *note* relative au classement des maîtres des Écoles primaires supérieures pourvus d'une licence ou du certificat d'aptitude à l'enseignement secondaire spécial (*Bull. adm.*, 1890, t. XLVIII, p. 1088).

1. Disposition caduque à dater du 1er *janvier* 1894.

2. Voir les documents suivants :

Avis du Conseil d'État (séance du 29 *avril* 1891), aux termes duquel la médaille d'argent peut être accordée : 1° aux institutrices actuellement en fonctions dans les Écoles communales facultatives; 2° à celles qui ont été ou seront ultérieurement détachées par les Préfets du cadre de l'enseignement primaire public pour diriger les Écoles communales facultatives (*Bull. adm.*, 1891, t. XLIX, p. 517);

Circulaire du 6 *avril* 1895, aux Préfets, relative au payement de l'allocation afférente à la médaille d'argent (*Bull. adm.*, 1895, t. LVII, p. 305);

— 31 *janvier* 1899, aux Recteurs, relative aux récompenses et aux distinctions honorifiques décernées aux institutrices primaires déléguées dans les Lycées de garçons (*Bull. adm.*, 1899, t. LXV, p. 122). — Cette circulaire est applicable aux institutrices détachées dans les Lycées; elle ne l'est pas aux maîtres et maîtresses nommés antérieurement au décret du 31 octobre 1893 (*Décision ministérielle du 2 mars* 1899).

position de la Commission instituée à l'article 41 et dans la limite du crédit spécial qui sera ouvert à cet effet au budget du Ministère de l'Instruction publique.

Les autres conditions auxquelles sera subordonnée la concession desdites médailles seront déterminées par des arrêtés ministériels, rendus après avis du Conseil supérieur de l'Instruction publique.

ART. 46[1]. — Dans les Écoles mixtes provisoirement dirigées par des instituteurs[2], conformément à l'article 6, § 3, de la loi du 30 octobre 1886, il sera alloué aux maîtresses chargées de l'enseignement de la couture une indemnité payée sur les fonds d'État.

Cette indemnité n'est pas soumise à retenue.

ART. 47. — Les Écoles normales primaires constitueront des établissements publics.

Toutefois les Conseils généraux donneront leur avis sur les budgets et les comptes de ces établissements.

Il est institué auprès de chaque École normale un Conseil d'administration nommé pour trois ans. Ce Conseil est composé : de l'Inspecteur d'Académie, *président;* de quatre membres désignés par le Recteur[3], et de deux conseillers généraux élus par leurs collègues.

ART. 48[4]. — Il est statué par des règlements d'administration publique rendus après avis du Conseil supérieur de l'Instruction publique, et, en outre, s'il s'agit de l'enseignement agricole, après avis du Conseil supérieur de l'Agriculture, et, s'il s'agit de l'enseignement industriel et commercial[5], après avis du Conseil supérieur de l'Enseignement technique :

1. Modifié par la loi du 25 *juillet* 1893 (voir ci-après, *à sa date*).

2. Voir la *circulaire* du 29 *mars* 1893 aux Préfets, qui rappelle que la direction des Écoles mixtes doit être confiée à des institutrices (*à sa date*).

3. Consulter la *circulaire* du 6 *décembre* 1889 aux Recteurs, relative au renouvellement des Conseils d'administration des Écoles normales primaires (*Circ.*, t. XI, p. 49) : « La loi nouvelle a virtuellement abrogé les dispositions du décret du 18 janvier 1887. Aux termes de l'article 86 dudit décret, les Conseils d'administration se composaient de l'Inspecteur d'Académie, président, et de six membres désignés par le Recteur, dont deux conseillers généraux. En outre, le Recteur et le directeur de l'École avaient le droit d'assister aux séances, le premier en qualité de président et avec voix prépondérante, le second avec voix délibérative, sauf quand il était délibéré sur le compte administratif. L'article 47 de la nouvelle loi a modifié cet état de choses : il ne fait aucune mention des Recteurs et des directeurs d'Écoles normales, et il attribue aux conseillers généraux l'élection de leurs deux collègues, membres du Conseil d'administration et choisis précédemment par les Recteurs..... Le directeur d'École normale ne fait plus partie du Conseil; ce qui ne veut pas dire qu'il n'assistera pas aux séances. J'estime, au contraire, que le Conseil d'administration aura fréquemment intérêt à le convoquer et à l'entendre à titre consultatif. »

4. Modifié par la loi du 25 juillet 1893 (voir ci-après, *à sa date*).

5. L'article 69 de la loi de finances du 26 *janvier* 1892 a transféré au Ministère du Commerce et de l'Industrie les Écoles primaires supérieures professionnelles dont

1° Sur le nombre et la nature des objets composant le matériel obligatoire d'enseignement dans chaque catégorie d'écoles et sur les conditions dans lesquelles ce matériel sera mis à la disposition des maîtres et des élèves[1] ;

2° Sur les conditions dans lesquelles les Conseils municipaux pourront procurer, soit aux élèves indigents, soit à tous les élèves des Écoles publiques, la fourniture gratuite de livres de classe choisis conformément aux règlements arrêtés par le Conseil supérieur[2] ;

3° Sur le nombre et la nature des registres[3] et imprimés à l'usage des Écoles, prévus par l'article 4, § 6 ;

4° Sur les règles et conditions d'avancement qui ne sont pas prévues à l'article 24[4] ;

5° Sur les conditions dans lesquelles les directeurs et directrices d'Écoles de plus de cinq classes pourront être dispensés de tenir une classe[5] ;

6° Sur les conditions de nomination et d'exercice des instituteurs suppléants, chargés de remplacements provisoires, en cas de maladie, de suspension ou de congé régulier des titulaires[6] ;

l'enseignement est principalement industriel et commercial (voir *à sa date*). Ces Écoles ont pris le nom d'Écoles pratiques de commerce et d'industrie.

1. Voir, *à sa date*, le décret du 29 *janvier* 1890, portant règlement d'administration publique sur le matériel obligatoire d'enseignement (chap. Ier, sections I et III, et chap. II).

2. Voir, *à sa date*, le décret du 29 *janvier* 1890 (chap. Ier, section IV, Fournitures scolaires).

3. Voir les circulaires : du 14 *janvier* 1890, aux Inspecteurs d'Académie, relative au registre matricule d'inscription des élèves admis dans les Écoles primaires publiques (*à sa date*) ; — et du 12 *novembre* 1890, aux Inspecteurs d'Académie, relative à la tenue du registre d'inscription des élèves dans les Écoles primaires publiques (*à sa date*).

4. Voir la note 3, p. 174, et les notes en renvoi sous l'article 6.

5. Voir le *décret* du 2 *août* 1890, déterminant les conditions auxquelles les directeurs et directrices d'Écoles primaires élémentaires pourront être déchargés de classe (*à sa date*) ; et la *circulaire* du 2 *septembre* 1890, aux Préfets, relative au même objet (*Circ.*, t. XI, p. 289).

6. Voir les documents suivants :

Circulaire du 2 *septembre* 1890, aux Préfets, relative à l'application du décret du 2 *août* 1890 (voir ci-après, *à sa date*), déterminant les conditions de nomination et d'exercice des instituteurs suppléants (*Circ.*, t. XI, p. 289) ;

Décret du 25 *mai* 1894, sur les suppléants auxiliaires chargés de remplacer les instituteurs en cas de maladie (*à sa date*) ; et la *circulaire* du 9 *juin* 1894, aux Préfets, relative au même objet (*Bull. adm.*, 1894, t. LV, p. 540) ;

Avis du Conseil d'État (séance du 27 novembre 1894) : L'article 48, 6°, de la loi du 19 juillet 1889 ne permet à l'instituteur de se faire suppléer que pour un temps limité ; la loi de 1889 ne fait aucune allusion à la situation de disponibilité qui permettrait aux instituteurs de continuer à toucher leur traitement et à verser les retenues en vue de la retraite, au delà des délais fixés par le décret du 9 juin 1853 pour les congés ; les dispositions de l'article 1er de la loi du 9 juin 1853 et de l'article 16 du décret du 9 novembre suivant ne sauraient être étendues aux instituteurs au profit

7° Sur le mode de payement des indemnités de résidence à la charge des communes[1] ;

8° Sur un mode spécial de classement et d'avancement des instituteurs et institutrices de Paris[2] en rapport avec les ressources affectées par le Conseil municipal de cette ville aux traitements du personnel enseignant de ses Écoles ;

9° Sur les conditions spéciales d'organisation et de fixation des traitements du personnel des Écoles primaires supérieures et des Écoles professionnelles de la ville de Paris, ainsi que des Écoles normales de la Seine[3] ;

10° Sur le taux des primes pour connaissance des langues arabe ou kabyle ; sur le taux des indemnités de résidence dans les territoires civils de l'Algérie[3] ;

11° Sur les allocations et indemnités diverses des maîtres exerçant dans les territoires de commandement de l'Algérie[4] ;

desquels les lois et règlements sur l'instruction primaire n'ont jamais prévu des traitements d'inactivité ; le bénéfice de la suppléance, situation essentiellement provisoire, ne saurait être accordé aux instituteurs que leurs infirmités mettent *définitivement* dans l'impossibilité de remplir leurs fonctions (*Bull. adm.*, 1894, t. LVI, p. 771) ;

Circulaire du 2 *mars* 1895, aux Inspecteurs d'Académie, relative aux suppléances pour cause de maladie (*à sa date*) ;

— 6 *avril* 1895, aux Préfets, relative au payement : 1° de l'allocation représentative des indemnités de résidence, de logement et des frais de déplacement attribuée aux suppléants départementaux ; 2° de l'indemnité allouée aux suppléants auxiliaires chargés du remplacement temporaire d'instituteurs malades (*Bull. adm.*, 1895, t. LVII, p. 305) ;

— 21 *avril* 1897, aux Inspecteurs d'Académie, relative aux suppléances des instituteurs en congé pour cause de maladie, suivie d'un *Avis du Conseil d'État* (séance du 24 février 1897) sur la supputation pour la retraite des périodes pendant lesquelles les instituteurs ont été suppléés aux frais de l'État (*Bull. adm.*, 1897, t. LXI, p. 617) ;

Décret du 25 *juin* 1898 (*à sa date*), rendant l'art. 4 du décret du 25 *mai* 1894 plicable à toutes les communes de France, sauf la ville de Paris, et à toutes celles l'Algérie.

Voir aussi note 1, p. 167.

1. Voir la note 7 en renvoi sous l'article 12, p. 167.

2. Voir, *à leur date*, le décret du 20 *mai* 1890, et le décret du 20 *août* 1892, précédé d'un rapport, qui a abrogé le décret de 1890.

3. Voir, *à leur date*, les décrets du 4 *juin* 1890, du 3 *août* 1890, du 25 *mai* 1895 (deux décrets à cette dernière date) ; consulter l'arrêté du 24 *octobre* 1891, répartissant les professeurs des Écoles primaires supérieures de Paris dans les cinq classes prévues par l'art. 13 de la loi du 19 juillet 1889 (*Bull. adm.*, 1891, t. L, p. 548).

Consulter un *Avis du Conseil d'État* (séance du 30 avril 1891), aux termes duquel : 1° Il résulte des dispositions de l'article 19 du décret du 3 *août* 1890 que les augmentations de traitement que le Ministre a cru pouvoir attribuer aux professeurs des Écoles primaires supérieures de la ville de Paris ne sont pas de nature à être soumises à la retenue ; 2° parmi les professeurs généraux versés dans le cadre des professeurs, n'ont droit à la dispense des titres dorénavant requis que ceux qui étaient, antérieurement au décret susvisé, déjà chargés d'un enseignement dans une École primaire supérieure de la ville de Paris (*Bull. adm.*, 1891, t. XLIX, p. 519).

4. Voir, *à sa date*, le décret du 24 *juillet* 1890.

Consulter l'instruction du 25 *juillet* 1890 au Gouverneur général de l'Algérie, rela-

12° Sur les règles d'administration et de comptabilité des Écoles normales primaires, et notamment sur le régime des Écoles annexes[1];

13° Sur le nombre des heures de service exigées du personnel (professeurs, maîtres adjoints délégués, directeurs d'Écoles annexes, maîtres auxiliaires, économes, etc.) dans les Écoles normales, les Écoles nationales professionnelles et les Écoles primaires supérieures; sur le mode de rétribution des heures de service supplémentaires[2];

14° Sur le taux et les conditions d'obtention des indemnités pour maîtresses de couture, prévues à l'article 46[3];

15° Sur le taux des indemnités représentatives de logement pré-

tive à l'application du décret du 24 *juillet* 1890 concernant les traitements et indemnités des instituteurs et institutrices d'Algérie : I, II, III, Indemnités de résidence; IV, Primes pour la connaissance de la langue arabe ou kabyle; V et VI, Traitements et allocations (*Circ.*, t. XI, p. 270).

1. Voir, *à leur date*, le décret du 29 *mars* 1890 portant règlement d'administration publique sur l'administration et la comptabilité des Ecoles normales primaires, l'arrêté du 28 *avril* 1890, relatif au payement des traitements des fonctionnaires de ces Écoles, et le décret du 3 *octobre* 1894, portant règlement d'administration publique sur le régime des Écoles annexes dans les Écoles normales primaires.

Consulter les documents suivants :

Circulaire du 30 *décembre* 1889, aux Recteurs et aux Préfets, relative aux dépenses du 1er trimestre 1890 dans les Écoles normales primaires (*Circ.*, t. XI, p. 63);

— 29 *avril* 1890, aux Préfets, relative au payement des traitements des fonctionnaires des Écoles normales primaires et à l'application du décret du 29 *mars* 1890 (*Ibid.*, p. 148);

— 21 *mai* 1890, aux Préfets, relative aux prélèvements à opérer sur le traitement du personnel des Écoles normales primaires pour pension à la table commune (*Ibid.*, p. 162);

— 6 *juin* 1890, aux Recteurs, relative aux comptes d'administration de l'exercice 1889 dans les Écoles normales primaires (*Ibid.*, p. 177);

Instruction du 30 *décembre* 1890, aux Recteurs, relative à la nouvelle comptabilité des Écoles normales primaires (*Ibid.*, p. 330);

Circulaire du 2 *février* 1891, aux Recteurs, relative à l'application du décret du 29 *mars* 1890 sur l'administration et la comptabilité des Écoles normales d'instituteurs et d'institutrices (*Ibid.*, p. 406);

— 13 *janvier* 1896, aux Recteurs, relative à la modification du n° 7 de l'Instruction du 30 *décembre* 1890 pour l'application du décret du 29 *mars* 1890 sur la comptabilité des Écoles normales primaires (*Bull. adm.*, 1896, t. LIX, p. 44);

— 10 *février* 1896, aux Recteurs, relative à la surveillance dans les Écoles primaires supérieures (*à sa date*).

2. Voir, *à leur date*, les décrets des 19 *juillet* 1890, 30 *septembre* 1893 et 1er *mai* 1894; — l'*Avis* relatif au payement des allocations annuelles à attribuer aux professeurs d'Écoles normales primaires munis d'un des diplômes spéciaux et aux professeurs et maîtres adjoints délégués spécialement chargés d'assurer l'ordre intérieur de l'Ecole (*Bull. adm.*, 1890, t. XLVIII, p. 836); — la circulaire du 29 *novembre* 1890 aux Recteurs, relative à l'organisation de la surveillance intérieure dans les Ecoles normales d'institutrices (*à sa date*).

3. Voir, *à sa date*, le décret du 2 *août* 1890, relatif aux indemnités à allouer aux maîtresses de couture.

vues à l'article 4, § 2, pour le personnel enseignant des Écoles primaires de tout ordre[1] ;

16° Sur les prestations en nature à concéder au personnel des Écoles normales primaires et des Écoles primaires supérieures[2] ;

17° Sur la fixation du taux et des conditions de payement des dépenses relatives aux Commissions d'examens des différents titres de capacité de l'enseignement primaire[3] ;

18° Sur les conditions dans lesquelles les Écoles primaires supérieures ou les Cours complémentaires donnant l'enseignement industriel ou commercial devront, pour être entretenus par l'État, aux termes de la présente loi, être placés sous le régime de la loi du 11 décembre 1880 et du règlement d'administration publique du 17 mars 1888[4] ;

19° Sur le régime analogue à celui du paragraphe précédent qui devra être appliqué aux Écoles et aux cours donnant l'enseignement agricole ;

20° Sur les conditions dans lesquelles une indemnité annuelle non soumise à retenue sera attribuée aux fonctionnaires pourvus du certificat d'aptitude au professorat des Écoles normales et des Écoles primaires supérieures qui, après avoir fait un stage de deux ans au moins, soit dans une des Écoles nationales d'arts et métiers, soit dans une École supérieure de commerce, soit dans d'autres établissements d'enseignement technique à déterminer par un décret, seraient chargés, dans les Écoles primaires supérieures ou dans les cours complémentaires, de l'enseignement industriel ou

1. Voir, *à leur date*, les décrets des 20 *juillet* 1894 (rapportant le décret du 19 *mars* 1891) et 25 *octobre* 1894.

Consulter les circulaires suivantes :

Du 6 *mai* 1891, aux Préfets, concernant les indemnités de logement à accorder au personnel enseignant des Ecoles primaires publiques (*Circ.*, t. XI, p. 444);

— 27 *novembre* 1894, aux Préfets, relative au logement des instituteurs primaires (*Bull. adm.*, 1894, t. LVI, p. 725);

— 6 *avril* 1895, aux Préfets, relative au payement de l'allocation représentative des indemnités de résidence, de logement et des frais de déplacement attribués aux suppléants départementaux (*Bull. adm.*, 1895, t. LVII, p. 305).

2. Voir, *à sa date*, le décret du 29 *mars* 1890 (art. 7 et 9).

3. Voir le décret du 17 *juillet* 1891 (ci-après, *à sa date*), relatif à la fixation du taux et des conditions de payement des dépenses des Commissions d'examen pour les différents titres de capacité de l'enseignement primaire; et la circulaire du 18 *février* 1898, aux Préfets, relative au payement des dépenses des Commissions d'examen des brevets et du certificat d'aptitude pédagogique (*Bull. adm.*, 1898, t. LXIII, p. 224).

4. Voir, *à sa date*, le décret du 25 *janvier* 1895.

Un arrêté du 5 *mai* 1890 (*Bull. adm.*, 1890, t. XLVII, p. 632) avait nommé les membres d'une Commission chargée de la rédaction d'un programme d'études pour les Ecoles primaires supérieures professionnelles.

commercial, par arrêté du Ministre de l'Instruction publique, pris sur l'avis conforme du Ministre du Commerce et de l'Industrie [1].

ART. 49. — Le nouveau classement des instituteurs et des institutrices par application de la présente loi aura son effet à partir du 1er janvier 1889 [2].

ART. 50. — En vue des promotions annuelles des instituteurs et institutrices, l'Inspecteur d'Académie préparera chaque année, sur le rapport des Inspecteurs primaires, des listes de présentation qui seront arrêtées par le Conseil départemental.

Sur le vu de ces listes, le Ministre fixera le nombre des promotions à accorder à chaque département dans la mesure des crédits disponibles.

Ces listes de présentation seront dressées à l'époque de la rentrée des classes, et toutes les promotions partiront du 1er janvier suivant.

Aucune promotion ne pourra avoir lieu à une autre date.

ART. 51. — Jusqu'à complète application de la loi du 30 octobre 1886, les instituteurs et institutrices congréganistes actuellement en exercice dans les Écoles publiques continueront à recevoir les traitements dont ils seront en possession à la date de la promulgation de la présente loi [3].

1. Voir, *à sa date*, la loi du 25 *juillet* 1893, qui a ajouté à l'art. 48 les §§ 21 à 24.

2. Pour tous les instituteurs, titulaires ou stagiaires, en fonctions dans les Écoles élémentaires avant le 19 juillet 1889, et dont le classement, conformément à l'article 49, aura pu être déterminé à partir du 1er janvier de ladite année, le calcul de toutes les périodes d'ancienneté, tant pour les promotions que pour les titularisations faites par application de la loi de 1889, doit se compter à partir du 1er janvier 1889 (*Circulaire du* 6 *janvier* 1894 *aux Préfets*, *Bull. adm.*, 1894, t. LV, p. 12). Cette décision a été prise en conformité d'un *Avis du Conseil d'État*, séance du 23 décembre 1893 (*Bull. adm.*, 1893, t. LIV, p. 886).

Les congréganistes peuvent être titularisés quand ils remplissent les conditions légales.

Ils peuvent être promus à une classe supérieure dans le cas où l'élévation de classe n'entraîne pas pour eux un traitement plus élevé.

L'indemnité de résidence doit entrer intégralement dans la composition du traitement maintenu aux congréganistes par l'article 51 (*Avis du Conseil d'État*, séances des 23 et 30 janvier 1890, *Rec. des L. et A.*, 1890, p. 114).

3. Dans les localités visées par l'article 12 où les Écoles publiques sont tenues par des instituteurs ou des institutrices congréganistes, l'indemnité de résidence est due par la commune, et cette indemnité doit entrer intégralement dans la composition du traitement garanti (*Avis émis par le Comité consultatif*, V, *Bull. adm.*, 1889, t. XLVI, p. 744).

Consulter les documents suivants :

Statistique des laïcisations effectuées du 1er novembre 1888 au 31 octobre (*Bull. adm.*, 1890, t. XLVIII, p. 657); — du 1er novembre 1889 au 31 octobre 1890 (*Bull. adm.*, 1891, t. XLIX, p. 65);

Circulaire du 28 *avril* 1891, aux Préfets, relative à l'installation des Écoles laïques (*Circ.*, t. XI, p. 441);

— 28 *janvier* 1892, aux Préfets, signalant la modification apportée à l'article 51 de

ART. 52[1]. — Les classes provisoires mentionnées à l'article 36 cesseront d'exister et les instituteurs et institutrices seront répartis entre les classes permanentes, suivant les proportions déterminées à l'article 6, dans un délai qui ne pourra excéder huit années à partir de la promulgation de la présente loi[2].

ART. 53[3]. — La disposition finale du paragraphe 4 de l'article 12 sera appliquée immédiatement après la promulgation de la loi aux cinq villes qui jusqu'ici n'ont pas joui de l'exonération du prélèvement du cinquième. Elle sera appliquée progressivement, dans le délai de huit années, aux autres communes de plus de 100 000 âmes visées dans ledit paragraphe.

Le règlement d'administration publique prévu à l'article 12[4] déterminera :

1° Pour les villes de plus de 100 000 âmes et pour chacune des huit années, le chiffre de la réduction à opérer sur la dernière subvention annuelle qu'elles auront reçue de l'État pour les traitements des instituteurs et des institutrices ;

2° Pour les communes du département de la Seine, le chiffre de la subvention additionnelle qu'elles continueront à recevoir de

la loi du 19 *juillet* 1889 par l'article 71 de la loi de finances du 26 *janvier* 1892 (*Ibid.*, p. 547);

Rapport présenté par la Commission de Statistique sur les résultats des laïcisations scolaires, in-8° de 181 pages (Paris, Imp. Nat[le], 1891).

1. Abrogé par la loi du 25 *juillet* 1893 (voir ci-après, *à sa date*).

2. En prévision du vote par le Parlement de la première des huit annuités, le Ministre estime qu'il serait possible de faire passer immédiatement à la cinquième classe :

1° Les instituteurs et institutrices ayant plus de cinq ans de services, possédant le certificat d'aptitude pédagogique et jouissant dès à présent, grâce aux suppléments facultatifs communaux ou grâce à l'éventuel, d'un traitement de fait (soumis à retenue) égal ou supérieur à 1 000 francs;

2° Les instituteurs et institutrices en possession d'un traitement garanti qui dépasse 950 francs : la nouvelle loi ne fractionnant pas les augmentations au-dessous de 50 francs (art. 37), il convient de considérer comme une simple régularisation leur inscription immédiate dans la cinquième classe;

3° Les instituteurs et institutrices qui, n'ayant aucun supplément facultatif, comptent plus de quinze ans de durée totale de services, quand bien même leur titularisation ne remonterait pas au delà de cinq ans.

De même il conviendrait de faire passer tout d'abord à la classe permanente des stagiaires :

1° Les institutrices qui jouissaient de suppléments facultatifs ou d'un traitement éventuel;

2° Celles qui avaient quatre ans d'exercice au moins au 1er janvier 1890 (*Circulaire du 24 mars* 1890 *aux Préfets*, *Circ.*, t. XI, p. 125).

Consulter aussi (ci-après, *à leur date*) les arrêtés des 7 *août* et 29 *décembre* 1890, 16 *mai* 1891, 29 *janvier* 1892; — et la circulaire du 16 *août* 1890, aux Préfets, relative à l'exécution de l'arrêté du 7 *août* 1890, réglant la distribution de crédits supplémentaires au profit des instituteurs et institutrices (*Circ.*, t. XI, p. 281).

3. Abrogé par la loi du 25 *juillet* 1893 (voir ci-après, *à sa date*).

4. Voir la note 7 en renvoi sous l'article 12, p. 167.

l'Etat et qui ne pourra être supérieure au montant du traitement légal nouveau.

ART. 54. — Sont et demeurent abrogés :

La loi du 19 juillet 1875 ;

Les articles 3 et 4 de la loi du 9 août 1879 ;

Les articles 2 à 6 de la loi du 16 juin 1881 sur la gratuité ;

Le deuxième paragraphe de l'article 17 de la loi du 28 mars 1882[1] ;

Et, en général, toutes les dispositions contraires à celles de la présente loi.

---

25 juillet 1889. **Arrêté relatif au choix de la langue grecque ou de la langue turque pour les candidats au Brevet supérieur qui se présentent devant la Commission d'examen de Constantinople.**

25 Juillet 1889.

Le Ministre de l'Instruction publique et des Beaux-Arts,

Vu l'arrêté du 24 avril 1883, instituant à Constantinople une Commission d'examen chargée d'apprécier l'aptitude des aspirants et des aspirantes aux brevets de capacité pour l'enseignement primaire;

Vu les articles 151 et 152 de l'arrêté du 18 janvier 1887 ;

Le Conseil supérieur de l'Instruction publique entendu,

Arrête :

Les épreuves écrite et orale de langue vivante exigées au brevet supérieur pourront porter, indépendamment des cinq langues indiquées à l'article 152 de l'arrêté du 18 janvier 1887, sur la langue grecque ou la langue turque, au choix des candidats se présentant devant la Commission siégeant à Constantinople.

---

25 juillet 1889. **Circulaire du Ministre de l'Instruction publique, relative au concours à apporter par les instituteurs à la préparation de la Statistique sanitaire.**

25 Juillet 1889.

Monsieur le Préfet, mon collègue M. le Ministre de l'Intérieur, afin que son Administration fût renseignée d'une façon régulière et continue sur l'état sani-

1. Consulter la circulaire du 27 *juillet* 1889, aux Préfets, relative au nouveau mode de répartition, à partir de 1890, du crédit annuel destiné aux Caisses des Écoles (*Circ.*, t. XI, p. 10).

taire de toutes les parties du territoire de la République et fût ainsi à même d'arrêter, le plus rapidement possible, la propagation des épidémies, m'a demandé le concours des instituteurs et des institutrices pour l'établissement d'un nouveau mode de statistique.

Je me suis empressé de faire connaître à mon collègue que le personnel de l'enseignement primaire serait heureux de participer à une mesure qui contribuera à faire disparaître les affections épidémiques encore si fréquentes dans les Écoles.

Le service demandé est, du reste, des plus simples. Le rôle des instituteurs se borne, en effet :

1° A inscrire les cas de maladies épidémiques qui apparaîtront dans leurs Écoles sur un bulletin (*bulletin d'avertissement des épidémies commençantes*), lequel devra être immédiatement transmis au Sous-Préfet, sous le couvert du maire de la commune;

2° A remplir un bulletin *trimestriel*, où devront être portées les affections épidémiques qui auront pu se produire pendant le trimestre précédent. Ce dernier bulletin devra être également transmis au Sous-Préfet, même lorsqu'aucune maladie épidémique n'aura apparu dans l'École pendant ledit trimestre.

Ces statistiques seront dépouillées dans les sous-préfectures et envoyées, par la voie hiérarchique, à M. le Ministre de l'Intérieur, sous le timbre de la direction de l'assistance et de l'hygiène publiques.

Mon collègue vous adressera à ce sujet des instructions de détail. La présente circulaire n'a pour objet que de vous prier de faire, dès à présent, connaître au personnel de l'enseignement primaire public de votre département, par la voie du *Bulletin*, le nouveau service que lui demande le Gouvernement. Je suis assuré de son utile concours.

Recevez, etc.

Signé : A. FALLIÈRES.

Décret modifiant la Loi de finances du 17 juillet 1889, en ce qui concerne la perception des Centimes additionnels affectés aux services de l'instruction primaire. 26 juillet 1889.

26 Juillet 1889.

Le Président de la République française,

Vu la loi de finances, en date du 17 juillet 1889, portant fixation du budget général des dépenses et des recettes de l'exercice 1890;

Vu les articles 27 et 28 de la loi du 19 juillet 1889 sur les dépenses ordinaires de l'instruction primaire publique;

Considérant que ces articles entraînent la modification de l'article 3, paragraphe 1er, et de l'article 18 de la loi de finances susvisée du 17 juillet 1889;

Sur le rapport du Ministre des Finances,

Décrète :

ARTICLE 1er. — L'état B, annexé à la loi du 17 juillet 1889, portant fixation du budget général des dépenses et des recettes de l'exercice 1890, est remplacé par l'état annexé au présent décret[1].

ART. 2. — Les contributions directes applicables aux dépenses générales de l'Etat seront établies et perçues pour 1890, en principal et centimes additionnels, conformément à la première partie de l'état annexé au présent décret et aux dispositions des lois existantes. Ces contributions sont évaluées à la somme de 440 788 640 fr.

ART. 3. — Les contributions foncière, personnelle-mobilière, des portes et fenêtres et des patentes applicables aux dépenses départementales et spéciales seront établies et perçues, pour 1890, en centimes additionnels, conformément à la seconde partie de l'état annexé au présent décret et aux dispositions des lois existantes. Ces contributions sont évaluées à la somme de 359 337 129 fr.

---

30 juillet 1889. **Rapport et Décret portant modifications à la Loi du 19 juillet 1889 sur les Dépenses ordinaires de l'instruction primaire et les Traitements du personnel enseignant de ce service.**

30 Juillet 1889.

1° Rapport au Président de la République française.

Monsieur le Président,

La loi du 19 juillet 1889, sur les dépenses ordinaires de l'instruction primaire publique et sur les traitements du personnel de ce service, introduit dans notre législation d'importants changements, non seulement en ce qu'elle améliore la situation du personnel enseignant, mais encore en ce qu'elle modifie le caractère des dépenses de l'instruction primaire et la nature des ressources destinées à y faire face.

Jusqu'à ce jour les dépenses ordinaires de l'enseignement primaire public étaient acquittées, pour la plus grande part, au moyen de recettes fournies par les budgets des communes et des départements, et principalement au moyen des 4 centimes additionnels communaux et départementaux affectés aux dépenses obligatoires de ce service par les lois des 10 avril 1867, 19 juillet 1875 et 16 juin 1884, et l'État n'intervenait que pour parer à l'insuffisance de ces ressources.

La loi nouvelle charge au contraire l'État de pourvoir aux dépenses, et n'impose aux budgets locaux que certaines dépenses déterminées dans les articles 3 et 4, et qui constituent, à proprement parler, non des dépenses de scolarité,

1. Consulter (*Bull. des Lois*, XIIe série, t. XXXIX, p. 24-29) le nouvel état B, qui a été aussi publié au *Journal officiel* du 30 juillet 1889, p. 3742-3745, et comparer avec l'état B primitif inséré au *Bulletin des Lois*, même tome, p. 186.

mais des frais accessoires s'appliquant plus spécialement aux bâtiments et au mobilier scolaires et aux menues dépenses destinées au fonctionnement de l'instruction primaire.

Comme conséquence de cette innovation, les articles 27 et 28 de la loi du 19 juillet 1889 disposent qu'à partir du 1er janvier 1890, les 4 centimes communaux et les 4 centimes départementaux affectés aux dépenses obligatoires de l'enseignement primaire sont supprimés et remplacés par 8 centimes additionnels généraux, portant sur les 4 contributions directes, et dont le produit sera inscrit au budget de l'État.

Les modifications ainsi apportées, d'une part, au caractère des dépenses de l'instruction primaire, d'autre part à l'attribution des ressources propres à ce service, ont amené le Gouvernement à examiner les mesures qu'il y a lieu de prendre pour mettre la loi de finances du 17 juillet 1889 en harmonie avec la nouvelle loi sur les dépenses de l'instruction primaire, promulguée le 19 juillet 1889.

Un premier décret (26 *juillet* 1889) a été préparé et soumis à votre sanction en vue d'introduire dans l'état B, annexé à la loi de finances, les modifications qui sont la conséquence de l'article 27 précité, à savoir l'inscription de 8 centimes additionnels généraux et la suppression des 4 centimes communaux et départementaux.

Nous ne voulons appeler aujourd'hui votre attention que sur les changements à apporter, soit dès maintenant, soit ultérieurement, dans la loi de finances, en vue d'assurer l'exécution et le payement des dépenses de l'instruction primaire, en conformité de la loi nouvelle du 19 juillet 1889.

Ces dépenses étaient prévues, jusqu'à ce jour, dans les budgets des communes, des départements et de l'Etat.

La part de l'État est déjà inscrite au budget ordinaire de 1890.

La part des communes correspondant aux 4 centimes spéciaux figure au budget des dépenses sur ressources spéciales du Ministère des Finances, chapitre 6 (Restitutions sur contributions directes); elle a été prévue dans le budget de l'exercice 1890 pour une somme de 14 535 900 fr. Un crédit égal doit être transféré du chapitre 6 du budget sur ressources spéciales du Ministère des Finances au budget ordinaire de l'Instruction publique.

En ce qui concerne les départements, les dépenses qui doivent leur incomber sont inscrites au budget sur ressources spéciales du Ministère de l'Instruction publique de l'exercice 1890. Elles se divisent en deux parts : 1° dépense imputable sur les 4 centimes spéciaux, prévue au budget de 1890 pour 14 912 960 fr.; 2° dépenses imputables sur d'autres ressources et s'élevant à 854 900 fr. Les Conseils généraux devant cesser de voter les 4 centimes pour l'instruction primaire, les dépenses corrélatives doivent disparaître des budgets départementaux et du budget sur ressources spéciales de l'Instruction publique, qui n'en est que la récapitulation. Par suite, le crédit correspondant doit être transféré au budget ordinaire de l'Instruction publique.

Le transfert immédiat des crédits représentant l'emploi des centimes additionnels communaux et départementaux est la conséquence nécessaire de la loi organique du 19 juillet 1889. En effet, l'article 49 de cette loi prescrit le classement des instituteurs et institutrices dès l'année 1889. Or, ce classement ne saurait être fait en temps utile si le crédit pour le payement des dépenses qu doivent en résulter n'était pas inscrit dès à présent au budget de l'État. De plus, en ce qui touche particulièrement les Écoles normales, il est à remarquer que les budgets de ces établissements doivent être soumis aux Conseils généraux à la session d'août pour que ces assemblées puissent émettre leur avis conformément à l'article 47 de la loi du 19 juillet. Avant de faire établir ces budgets, il est indispensable d'inscrire préalablement, au budget de l'État, le crédit nécessaire pour assurer le payement régulier des traitements des maîtres et des dépenses relatives à l'entretien des élèves.

Le changement apporté par la loi du 19 juillet 1889 dans la nature et le quantum des charges imposées aux départements pour le service de l'instruction primaire doit entraîner des remaniements profonds dans la contexture des budgets départementaux. La question s'est posée de savoir s'il était utile de maintenir un budget sur ressources spéciales de l'instruction primaire. Après nous être concertés, nous avons pensé que ce budget spécial ne correspondait plus à aucun besoin réel : il se justifiait alors qu'il avait une dotation certaine et obligatoire, provenant des 4 centimes additionnels départementaux, dotation dont le Ministre de l'Instruction publique avait intérêt à surveiller l'emploi, puisque le budget de l'État était appelé à parer à l'insuffisance des ressources locales. La situation n'est plus la même aujourd'hui : les dépenses obligatoires des départements, limitativement fixées par la loi du 19 juillet 1889, constituent en effet des frais accessoires auxquels il sera pourvu au moyen de crédits inscrits au sous-chapitre 1er du budget départemental, comme pour toutes les autres dépenses obligatoires énumérées dans les articles 60 et 61 de la loi du 10 août 1871. Quant aux dépenses facultatives laissées à la libre appréciation des Conseils généraux, et qui pourraient former, avec les recettes correspondantes, un budget spécial, la nécessité de les administrer séparément n'apparaît plus désormais. Il n'y aurait pas de raison, en effet, pour que chaque service départemental n'eût pas son budget spécial, et l'unité du budget départemental se trouverait ainsi absolument détruite. En un mot, il nous a paru que les dépenses départementales de l'instruction primaire devaient, à l'avenir, être administrées comme les autres dépenses et qu'il y avait lieu de faire disparaître le budget sur ressources spéciales de l'instruction publique et de transférer au Ministre de l'Intérieur les crédits ouverts par ledit budget au Ministre de l'Instruction publique, et correspondant aux ressources autres que les quatre centimes spéciaux; parmi ces ressources, qui s'élèvent à 854 900 fr., il en est une, de 150 000 fr., inscrite au budget sous la rubrique : « Produits spéciaux des Écoles normales primaires », qui paraît devoir disparaître dans les budgets à venir. En effet, aux termes de l'article 47 de la loi du 19 juillet 1889, les Écoles normales primaires constituent désormais des établissements publics. Elles acquièrent ainsi la personnalité morale qui leur permet d'encaisser pour leur propre compte les produits spéciaux qui les concernent et de les employer en dépenses. Dès lors, réserve faite de la fixation ultérieure des produits devant appartenir en propre à ces établissements, il semble que la somme de 150 000 francs ne devrait plus figurer dans le budget sur ressources spéciales d'aucun département ministériel. Cependant, comme l'élimination de cette ressource et de la dépense correspondante aurait pour effet de porter atteinte à la loi de finances, nous avons pensé qu'il convenait de transférer en bloc le crédit de 854 900 francs au budget sur ressources spéciales du Ministère de l'Intérieur; nous proposons donc de laisser au Parlement le soin de modifier, à ce point de vue, le budget de 1890.

Nous en dirons autant des modifications, autres que de simples transferts de crédits, que doivent entraîner les articles 27 (2e alinéa) et 30 de la loi du 19 juillet 1889.

L'article 27 prescrit de percevoir, en addition au principal des quatre contributions directes, 12 centièmes de centime représentant les frais de perception des 4 centimes spéciaux antérieurement perçus au profit des communes. Il conviendra d'ouvrir au budget sur ressources spéciales du Ministère des Finances un nouveau chapitre de dépenses doté d'un crédit égal au produit des 12 centièmes de centime.

L'article 30 crée une ressource nouvelle pour le budget de l'État, savoir : le sixième du produit de l'octroi de mer perçu en Algérie. Cette ressource devra être comprise dans les prévisions budgétaires, et un accroissement de crédit correspondant sera nécessaire au chapitre 51 du budget ordinaire du Ministère de l'Instruction publique.

En conséquence, nous avons l'honneur de vous prier de vouloir bien revêtir de votre signature le projet de décret suivant.

Nous vous prions d'agréer, Monsieur le Président, l'assurance de notre profond respect.

Le Ministre de l'Instruction publique et des Beaux-Arts,
Signé : A. FALLIÈRES.

Le Ministre de l'Intérieur,
Signé : CONSTANS.

Le Ministre des Finances,
Signé : ROUVIER.

2° Décret.

Le Président de la République française,

Vu la loi du 17 juillet 1889, portant fixation du budget général des dépenses et des recettes de l'exercice 1890 ;

Vu la loi du 19 juillet 1889 sur les dépenses ordinaires de l'instruction primaire publique et les traitements du personnel enseignant de ce service ;

Sur le rapport du Ministre de l'Intérieur, du Ministre de l'Instruction publique et des Beaux-Arts et du Ministre des Finances,

Décrète :

ARTICLE 1er. — Le budget des dépenses sur ressources spéciales afférent au Ministère de l'Instruction publique et des Beaux-Arts est et demeure supprimé.

ART. 2. — Sont et demeurent annulés les crédits ouverts au Ministre de l'Instruction publique et des Beaux-Arts, sur l'exercice 1890, au titre du budget des dépenses sur ressources spéciales, et s'élevant à la somme de quinze millions sept cent soixante-sept mille huit cent soixante francs (15 767 860 fr.), répartie par chapitres ainsi qu'il suit :

Chap. 1er. Dépenses de l'instruction primaire imputables sur les fonds départementaux.	15 617 860
Chap. 2. Dépenses de l'instruction primaire imputables sur les produits spéciaux des Écoles normales primaires..	150 000
Total.	15 767 860

ART. 3. — Les crédits annulés par l'article 2 ci-dessus sont transférés, savoir :

1° Au Ministre de l'Instruction publique et des Beaux-Arts pour une somme de..		14 912 960
laquelle est répartie par chapitres ainsi qu'il suit :		
Budget ordinaire.		
Chap. 49. Ecoles normales primaires. — Ecoles normales supérieures d'enseignement primaire.	8 000 000	
Chap. 51. Enseignement primaire, traitements, caisse des Ecoles, loyers d'Ecoles.	6 912 960	
	14 912 960	
2° Au Ministre de l'Intérieur, pour une somme de..		854 900
laquelle est répartie par chapitres, ainsi qu'il suit :		
Budget des dépenses sur ressources spéciales.		
Chap. 1er. Dépenses ordinaires. . .	350 000	
Chap. 2. Dépenses extraordinaires. .	504 900	
	854 900	15 767 860

ART. 4. — Est et demeure annulé jusqu'à concurrence d'une somme de 14 535 900 francs le crédit ouvert au Ministre des Finances, au titre du budget des dépenses sur ressources spéciales de l'exercice 1890, sous le chapitre 6 (restitutions sur contributions directes).

ART. 5. — Le crédit de 14 535 900 francs annulé par l'article 4 ci-dessus est transféré au Ministre de l'Instruction publique et des Beaux-Arts, au titre du budget ordinaire de l'exercice 1890, et le montant en sera inscrit en augmentation du crédit ouvert par la loi de Finances au chapitre 51 dudit budget.

Circulaire du Ministre de l'Instruction publique, relative au sens exact qu'il convient d'attacher, pour la détermination des compétences, aux expressions « siège des Écoles » employées dans l'article 13 de la loi du 30 octobre 1886. 30 juillet 1889.

30 Juillet 1889.

Monsieur le Préfet, aux termes de l'article 13 de la loi du 30 octobre 1886, le Conseil départemental de l'Instruction publique, après avoir pris l'avis des Conseils municipaux, « détermine, sous réserve de l'approbation du Ministre, « le nombre[1], la nature et le *siège* des Écoles primaires publiques de tout degré « qu'il y a lieu d'établir ou de maintenir dans chaque commune ».

Que convient-il d'entendre par ces mots *siège des Écoles?* Le droit que la loi a entendu conférer au Conseil départemental va-t-il jusqu'à fixer l'emplacement de l'École, jusqu'à examiner, dans le cas de construction, les plans des locaux scolaires, dans le cas de transfert, les divers immeubles proposés pour recevoir l'École?

Ou bien, le Conseil départemental a-t-il épuisé ses pouvoirs quand il a déterminé la région de la commune (section, hameau ou quartier) où il y aurait lieu de placer l'École pour répondre le mieux aux intérêts scolaires, c'est-à-dire quand il a fixé les limites de la circonscription scolaire à desservir?

C'est cette dernière interprétation que mon Administration a jusqu'ici adoptée. Mais il est arrivé souvent qu'une simple question d'emplacement entraînait et préjugeait la question même du siège de l'École. Il a suffi dans certains cas, dans une grande ville par exemple, que l'École changeât d'immeuble, pour que la circonscription scolaire fût elle-même changée. Un déplacement de moins d'un kilomètre modifiait très sensiblement le recrutement de l'École, et enlevait à une section de commune les moyens d'instruction gratuite dont elle disposait jusque-là.

Aussi, j'ai cru devoir appeler l'examen de la Section de l'Intérieur du Conseil d'État sur cette difficulté d'appréciation, estimant qu'il importait qu'une procédure fût soigneusement arrêtée d'avance sur ce point, et prévînt, à la fois, les excès de pouvoir que le Conseil départemental serait exposé à commettre en se saisissant de questions exclusivement municipales, aussi bien que les résistances injustifiées par lesquelles un Conseil municipal pourrait tenter d'éluder la loi.

J'ai l'honneur de vous communiquer l'avis que le Conseil d'État a émis sur cette question, dans sa séance du 2 juillet courant.

Recevez, etc.

Signé : A. FALLIÈRES.

1. Voir la circulaire du 30 *novembre* 1894, aux Préfets, relative à la situation d'un certain nombre d'instituteurs adjoints et d'institutrices adjointes occupant des postes existant en fait, mais non régulièrement créés (*Bull. adm.*, 1894, t. LVI, p. 779). — Consulter aussi la note en renvoi sous l'art. 11 de la loi du 30 *octobre* 1886.

Avis du Conseil d'État annexé à la circulaire du 30 juillet
(2 juillet 1889).

La Section de l'Intérieur, des Cultes, de l'Instruction publique et des Beaux-Arts du Conseil d'État, qui, sur le renvoi ordonné par M. le Ministre de l'Instruction publique et des Beaux-Arts, a examiné la question de savoir quels sont les pouvoirs respectifs des Conseils municipaux et des Conseils départementaux, en ce qui concerne la fixation de l'emplacement et du siège des Écoles primaires publiques, et notamment quel sens exact il convient d'attacher pour la détermination des compétences aux expressions « siège des Écoles » employées dans l'article 3 de la loi du 30 octobre 1886;

Considérant que, si les Conseils municipaux ont, en principe, le droit de déterminer l'emplacement des Écoles primaires publiques, il ne leur appartient pas de fixer le siège desdites Écoles, et que, dans ce dernier cas, le Conseil départemental est compétent, sauf approbation du Ministre de l'Instruction publique;

Considérant qu'il sera souvent difficile de distinguer, en pratique, certains changements d'emplacement des translations de siège, et qu'on ne saurait reconnaître aux Conseils municipaux, ni aux Préfets, le droit de trancher la question; qu'il convient dès lors, chaque fois qu'il y aura un changement d'emplacement projeté, d'appeler le Conseil départemental à vérifier si la translation constitue ou non un changement de siège sur lequel ledit Conseil départemental a seul le droit de statuer, sauf approbation du Ministre de l'Instruction publique, en vertu de l'article 13 de la loi du 30 octobre 1886,

Est d'avis :

De répondre à la question posée par le Ministre de l'Instruction publique dans le sens des observations qui précèdent.

---

20 août 1889. **Circulaire du Ministre de l'Instruction publique, relative au Rôle qu'ont à remplir les instituteurs dans notre société[1].**

20 Août 1889.

Monsieur le Préfet, vous allez recevoir le compte rendu analytique des séances du Congrès international de l'Enseignement primaire, qui vient de tenir ses assises à la Sorbonne[2].

1. Cette circulaire a été communiquée aux Recteurs le même jour.

2. Voir ci-dessus, dans la note 1, p. 40, les documents relatifs à la tenue d'un Congrès international de l'Enseignement primaire pendant l'Exposition universelle; l'*Avis* relatif au Congrès international de l'Enseignement primaire : I. Ordre des séances; II. Dépenses du Congrès; III. Invitations diverses (*Bull. adm.*, 1889, t. XLVI, p. 183); et (*Ibid.*, p. 745) la liste des prix accordés aux personnes qui ont adressé les meilleurs mémoires sur les trois questions soumises au Congrès.

Consulter, d'ailleurs, pour les Congrès d'instituteurs et d'institutrices, les fascicules suivants des *Mémoires et Documents scolaires publiés par le Musée pédagogique :*

Fascicule n° 5 : Compte rendu du Congrès international d'instituteurs et d'institutrices tenu au Havre du 6 au 10 septembre 1885;

Fascicule n° 91 : Congrès international de l'Enseignement primaire en 1889 : Analyse des mémoires;

Fascicule n° 95 : Congrès international de l'Enseignement primaire en 1889 : Compte rendu des séances.

Se reporter aussi à la circulaire du 20 *septembre* 1887, p. 53.

Je ne veux pas attendre cette publication pour vous faire connaître les principes d'ordre gouvernemental qui ont inspiré le langage que j'ai tenu, en cette circonstance, aux délégués du corps enseignant.

En présidant la séance de clôture du Congrès, j'ai essayé de rappeler, en quelques mots, ce que doit être l'instituteur dans notre démocratie. Notre législation lui assure aujourd'hui le degré d'indépendance qui lui est nécessaire pour remplir avec fruit et dignité la mission qui lui est confiée; mais elle ne le met pas, sous prétexte de neutralité, en dehors du pays et de ses institutions. Elle ne devait pas faire, elle n'a pas fait de lui un agent politique[1]; mais elle ne lui commande pas une affectation d'indifférence systématique, qui serait la plus significative des manifestations contre la République elle-même.

Une telle attitude de la part des instituteurs serait impossible à justifier. Sans doute, tout fonctionnaire de l'État doit s'enfermer dans la spécialité de sa fonction propre; mais chaque service public, loin de former un tout isolé, ne fait-il pas partie d'un même organisme, le Gouvernement de la République, et n'est-il pas nécessaire qu'il en seconde, pour sa part, le bon fonctionnement? Dans une démocratie bien ordonnée, sous un Gouvernement qui a souci de ses devoirs autant que de ses droits, ce serait un abus de demander à des fonctionnaires d'un ordre quelconque un mode de concours incompatible avec ses attributions; mais c'en serait un autre, et plus grave encore, de leur laisser croire qu'ils peuvent afficher le dédain pour nos institutions, se retrancher dans une sorte de fausse impartialité professionnelle et revendiquer le droit de tenir publiquement la balance égale entre la République et ses ennemis.

De tous les serviteurs de l'État, les éducateurs de la jeunesse seraient les derniers à qui l'on pût reconnaître un pareil droit : eux-mêmes s'étonneraient qu'après les avoir chargés de donner l'instruction civique, on les autorisât à démentir leurs leçons par leur exemple.

Tous les fonctionnaires doivent concourir de concert à un même but : le bien de l'État et de la République. Les instituteurs ne se désintéresseront pas de cette fin supérieure[2]. Je les connais trop pour en douter.

Je vous prie de porter la présente circulaire à la connaissance des instituteurs de votre département.

Recevez, etc.

Signé : A. FALLIÈRES.

1. Voir la circulaire du 2 *mars* 1893, aux Préfets, relative aux demandes de renseignements adressées aux instituteurs par des agences (*Circ.*, t. XI, p. 653); — et ci-après, *à sa date*, la circulaire du 16 *mars* 1898, aux Inspecteurs d'Académie, relative aux devoirs des instituteurs pendant la période électorale.

2. Pour les services que les instituteurs sont admis à rendre, consulter les circulaires suivantes :

Du 25 *juillet* 1889, aux Préfets, relative au concours à apporter par les instituteurs à la préparation de la statistique sanitaire (ci-dessus, p. 192);

— 30 *avril* 1895 et 17 *avril* 1896, aux Préfets, relatives à la coopération des instituteurs secrétaires de mairie aux travaux des Commissions de classement des animaux de réquisition (*Bull. adm.*, 1895, t. LVII, p. 440, et *Bull. adm.*, 1896, t. LIX, p. 474);

— 15 *mars* 1896, aux Inspecteurs d'Académie, relative à la participation des instituteurs aux recherches historiques et archéologiques, suivie d'une note pour aider à la recherche des stations et des instruments préhistoriques (*Bull. adm.*, 1896, t. LIX, p. 359).

La circulaire du 29 *juin* 1897 (*Bull. adm.*, 1897, t. LXII, p. 3) rappelle qu'il est interdit aux instituteurs de se livrer à des opérations commerciales.

23 nov. 1889.

Décret portant Règlement d'administration publique pour l'exécution de la Loi du 15 juillet 1889 sur le Recrutement de l'armée.

23 Novembre 1889.

Le Président de la République française,

Sur le rapport du Ministre de la Guerre,

Vu la loi du 15 juillet 1889 sur le recrutement de l'armée, notamment les articles 23 et 24,

Le Conseil d'Etat entendu,

Décrète :

Chapitre Ier. — *Des Dispenses résultant de l'obtention de certains diplômes, titres, prix et récompenses.*

Article 1er. — Sont, sur leur demande (*modèle A*), envoyés ou maintenus définitivement en congé dans leurs foyers, jusqu'à la date de leur passage dans la réserve, pourvu qu'ils aient une année de présence sous les drapeaux, les jeunes gens qui obtiennent ou ont obtenu un des diplômes, titres, prix ou récompenses mentionnés au paragraphe 2° de l'article 23 de la loi du 15 juillet 1889, soit avant leur incorporation, soit pendant leur présence sous les drapeaux à titre d'appelés, soit pendant leur séjour en congé dans leurs foyers dans les divers cas prévus par les articles 21, 22 et 23 de ladite loi.

Les jeunes gens qui ont obtenu avant leur comparution devant le Conseil de revision un de ces diplômes, titres, prix ou récompenses, doivent produire au Conseil les pièces officielles constatant cette obtention.

Pour les jeunes soldats présents sous les drapeaux, l'envoi en congé est prononcé par l'autorité militaire, sur le vu des diplômes ou pièces officielles. Pour les jeunes gens présents dans leurs foyers avant leur incorporation ou qui y sont envoyés en congé, la dispense est également prononcée par l'autorité militaire, après remise des pièces justificatives au commandant du bureau de recrutement de la subdivision de région à laquelle appartient le canton où ils ont concouru au tirage au sort. Dans ces deux derniers cas, la production des pièces justificatives doit avoir lieu dans le mois qui suit l'obtention des diplômes, titres, prix ou récompenses.

Art. 2. — Sont considérés comme pourvus du diplôme supérieur, au point de vue de la dispense du service militaire prévue par l'article 23 de la loi du 15 juillet 1889 :

1° En ce qui concerne l'Institut national agronomique, les soixante élèves français classés à la sortie en tête de la liste de mérite, pourvu qu'ils aient obtenu, pour tout le cours de leur scolarité, 70 pour 100 au moins du total des points que l'on peut obtenir d'après les règlements de cet établissement ; il est fait mention sur les diplômes du rang de classement et du nombre de points obtenus par le titulaire ;

2° En ce qui concerne les autres Ecoles du Gouvernement dans lesquelles on entre par voie de concours, savoir : l'internat de l'Ecole des haras du Pin, les Ecoles nationales d'agriculture de Grand-Jouan, de Grignon et de Montpellier, l'Ecole des Mines de Saint-Etienne, les Ecoles des maîtres-ouvriers mineurs d'Alais et de Douai, les Ecoles nationales des arts et métiers d'Aix, d'Angers et de Châlons, les jeunes gens compris dans les quatre premiers cinquièmes de la liste de mérite de ceux des élèves français qui ont obtenu, pour tout le cours de leur scolarité, 65 pour 100 au moins du total des points que l'on peut obtenir d'après les règlements de ces Écoles ; il est fait mention sur les diplômes du rang de classement et du nombre des élèves français ayant obtenu le nombre minimum de points fixé ci-dessus ;

3° En ce qui concerne l'Ecole des Hautes Etudes commerciales et les Ecoles supérieures de Commerce reconnues par l'Etat, le premier tiers de la liste par ordre de mérite des élèves français ayant obtenu, pour tout le cours de leur scolarité, 60 pour 100 au moins du total des points que l'on peut obtenir d'après les règlements de ces Ecoles. Il est fait mention sur les diplômes du rang de classement et du nombre des élèves français ayant obtenu le nombre minimum de points fixé ci-dessus.

Un décret, rendu en Conseil d'Etat, sur la proposition du Ministre du Commerce, déterminera les conditions auxquelles doivent se soumettre, pour être reconnues par l'Etat, les Ecoles supérieures de commerce, en particulier en ce qui concerne la nature des examens et la composition du jury devant lequel sont passés ces examens. La nomenclature de ces Ecoles est transmise annuellement, avant le 1er septembre, par le Ministre du Commerce au Ministre de la Guerre, qui avise les Préfets et les commandants des bureaux de recrutement des modifications survenues.

ART. 3. — Les prix de Rome pour la peinture, la sculpture, l'architecture, la composition musicale (concours annuels), la gravure en taille-douce (concours biennaux) et la gravure en médailles et en pierres fines (concours triennaux), qui donnent lieu à la dispense du service militaire prévue par l'article 23 de la loi du 15 juillet 1889, sont au nombre de trois par spécialité; ce nombre peut être porté à quatre lorsque le 1er grand prix n'a pas été décerné au concours précédent. Les intéressés justifient de leur qualité de lauréats par un certificat du Ministre des Beaux-Arts.

ART. 4. — La nature des concours et le nombre maximum des médailles qui peuvent être décernées annuellement aux élèves de l'Ecole nationale des Beaux-Arts de Paris, et qui donnent lieu à la dispense de service militaire prévue par l'article 23 de la loi du 15 juillet 1889, sont déterminés ainsi qu'il suit :

1° *Section de peinture et de gravure en taille-douce.* — Concours de figure dessinée d'après l'antique et d'après la nature (quatre médailles); concours de composition (quatre médailles); concours dits de grande médaille (deux médailles); concours de la tête d'expression (une médaille); concours du torse (une médaille); concours Jauvain d'Attainville, de peinture historique ou de paysage (chacun une médaille); concours de composition décorative (deux médailles); grande médaille d'émulation (une médaille).

2° *Section de sculpture et de gravure en médailles et en pierres fines.* — Concours de figure modelée d'après l'antique et d'après la nature (quatre médailles); concours de composition (quatre médailles); concours dits de grande médaille (deux médailles); concours de la tête d'expression (une médaille); concours Lemaire (une médaille); concours de composition décorative (deux médailles); grande médaille d'émulation (une médaille).

3° *Section d'architecture.* — 1re classe : Concours d'architecture (vingt-quatre médailles); concours d'ornement et d'ajustement (deux médailles); concours Godebœuf (deux médailles); concours de composition décorative (deux médailles); grande médaille d'émulation (une médaille). — 2e classe : Concours de construction (trois médailles).

Les intéressés justifient de leur qualité de lauréats par un certificat du directeur de l'École des Beaux-Arts, visé par le Ministre et mentionnant la récompense obtenue.

ART. 5. — La nature des concours et le nombre maximum de prix que peuvent obtenir les élèves du Conservatoire national de musique et de déclamation de Paris, et qui donnent lieu à la dispense du service militaire prévue par l'article 23 de la loi du 15 juillet 1889, sont déterminés ainsi qu'il suit :

Contre-point et fugue (deux prix); harmonie (deux prix); chant, opéra, opéra-comique, déclamation (chacun deux prix); piano, violon, violoncelle (chacun deux prix); orgue, harpe, contrebasse, flûte, hautbois, clarinette, basson, cor, cornet à piston, trompette, trombone (chacun un prix).

Les intéressés justifient de leur qualité de lauréats par un certificat du directeur du Conservatoire, visé par le Ministre des Beaux-Arts et mentionnant la récompense obtenue.

ART. 6. — La nature des concours et le nombre maximum des récompenses qui peuvent être décernées annuellement aux élèves de l'Ecole nationale des arts décoratifs de Paris, et qui peuvent donner lieu à la dispense de service militaire prévue par l'article 23 de la loi du 15 juillet 1889, sont les suivants : prix Jacquot, prix Jay, prix de composition et d'ornement, prix d'application décorative en peinture, prix d'application décorative en sculpture, prix d'architecture, prix d'honneur de l'Ecole (chacun d'eux une récompense).

Les intéressés justifient de leur qualité de lauréats par un certificat du directeur de l'Ecole, visé par le Ministre des Beaux-Arts.

CHAPITRE II. — *Des Dispenses au titre de l'engagement décennal dans l'enseignement.*

ART. 7. — L'engagement décennal donnant droit à la dispense, soit au titre des fonctions de l'Instruction publique, soit au titre des Institutions nationales des sourds-muets ou des jeunes aveugles relevant du Ministère de l'Intérieur, soit au titre des Ecoles françaises d'Orient et d'Afrique subventionnées par le Gouvernement français, est reçu :

1° Pour les fonctions de l'Instruction publique, par les Recteurs des Académies ;

2° Pour les Institutions nationales des sourds-muets ou des jeunes aveugles, par le Ministre de l'Intérieur ;

3° Pour les Ecoles françaises subventionnées d'Orient et d'Afrique, par le Ministre des Affaires étrangères.

ART. 8. — Les jeunes gens qui se proposent de contracter l'engagement décennal doivent présenter à l'acceptation du Recteur de l'Académie, du Ministre de l'Intérieur ou du Ministre des Affaires étrangères, suivant le cas, une déclaration sur papier timbré, conforme aux modèles ci-annexés (*modèles B, C, D*).

Cette déclaration est accompagnée, pour les signataires âgés de moins de vingt ans, de l'autorisation de leur père, mère ou tuteur.

ART. 9. — Pour être admis à signer l'engagement décennal, les jeunes gens doivent être âgés de dix-huit ans au moins.

Cet engagement ne peut être contracté et réalisé que si les jeunes gens occupent, en vertu de nomination régulière, l'un des emplois ou fonctions ci-après, savoir :

1° S'ils appartiennent au Département de l'Instruction publique : instituteur stagiaire accomplissant son stage dans une Ecole primaire publique ou dans une Ecole normale ; instituteur titulaire ; directeur ou professeur titulaire ou délégué à l'Ecole normale supérieure d'enseignement primaire de Saint-Cloud, dans les Ecoles normales primaires, dans les Ecoles primaires supérieures et dans les Ecoles d'apprentissage nationales, départementales ou municipales ; inspecteur primaire ; principal de Collège ; maître répétiteur stagiaire, maître répétiteur, surveillant général, maître élémentaire, chargé de cours ou professeur des Lycées et Collèges, de l'Ecole normale de Cluny et du Prytanée de la Flèche ; aide-naturaliste du Muséum ; maître surveillant, préparateur et chef des travaux pratiques ; professeur, suppléant et chargé de cours dans les établissements publics d'enseignement supérieur ;

2° S'ils appartiennent aux Institutions nationales des sourds-muets ou des jeunes aveugles : maître surveillant stagiaire ou adjoint ; maître surveillant ; surveillant général ; censeur ; professeur titulaire ou adjoint chargé de l'enseignement intellectuel ;

3° En ce qui concerne les Ecoles françaises subventionnées d'Orient et d'Afrique : instituteur laïque, novice ou membre des congrégations religieuses visées par la loi du 15 juillet 1889.

Les déclarations d'engagement des instituteurs laïques sont transmises au Département des Affaires étrangères, soit par le directeur de l'Ecole dans laquelle ils doivent professer, soit par les représentants d'une des sociétés reconnues d'utilité publique et vouées à la propagation de la langue française à l'étranger. Les déclarations des novices ou membres des congrégations ci-dessus indiquées sont transmises par les supérieurs de ces congrégations.

ART. 10. — Après avoir accompli son année de service militaire, le jeune homme qui a contracté l'engagement décennal au titre du Ministère de l'Instruction publique, du Ministère de l'Intérieur ou du Ministère des Affaires étrangères, doit exercer dans l'année qui suit son année de service, et jusqu'à l'expiration de cet engagement, l'un des emplois ou fonctions spécifiés respectivement aux paragraphes 1°, 2° et 3° de l'article 9. A partir de son entrée en fonctions, il en justifie chaque année, du 15 septembre au 15 octobre, par un certificat (*modèle E*) produit à l'autorité militaire et que délivrent : pour les membres de l'Instruction publique, le Recteur de l'Académie ; pour les Institutions nationales des sourds-muets et des jeunes aveugles, le Ministre de l'Intérieur; pour les Ecoles françaises d'Orient et d'Afrique, l'autorité consulaire du lieu où exerce l'intéressé. Dans ce dernier cas, le certificat est visé par le Ministre des Affaires étrangères.

Aucune portion de l'engagement décennal ne peut être réalisée en congé, sauf pour cause de maladie dûment constatée par deux médecins, dont l'un désigné par l'autorité militaire. Les autres interruptions régulièrement autorisées ne comptent pas pour la réalisation de l'engagement décennal sans que l'époque normale de l'accomplissement de cet engagement puisse être reculée de plus de trois années.

ART. 11. — L'engagement décennal contracté au titre du Ministère de l'Instruction publique peut être réalisé :

Soit au titre de l'une des Institutions nationales des sourds-muets ou des jeunes aveugles, s'il a été signé au titre de l'Instruction publique et réciproquement ;

Soit au titre des Ecoles françaises d'Orient et d'Afrique ;

Soit enfin comme instituteur, professeur ou maître répétiteur dans l'une des Ecoles préparant aux diplômes compris dans la nomenclature du paragraphe 2 de l'article 23 de la loi du 15 juillet 1889, et dans les Ecoles d'enseignement professionnel agricole visées par l'article 10 de la loi du 30 juillet 1875 ;

Sous la condition que la mutation ait été autorisée par le Département ministériel auquel appartient l'engagé décennal et par celui qui le reçoit.

Le titulaire de l'engagement décennal qui passe d'un Département ministériel à un autre doit notifier l'autorisation qu'il a obtenue au commandant du bureau de recrutement de la subdivision dans laquelle est situé le canton où il a participé au tirage au sort (*modèle F*).

CHAPITRE III. — *Des Dispenses résultant des études littéraires, scientifiques ou techniques.*

ART. 12. — Les jeunes gens qui poursuivent leurs études en vue d'obtenir soit le diplôme de licencié ès lettres ou ès sciences, de docteur en droit, de docteur en médecine, de pharmacien de 1re classe, soit le titre d'interne des hôpitaux nommé au concours dans une ville où il existe une Faculté de médecine, doivent, pour obtenir la dispense, présenter un certificat du doyen de la Faculté ou du directeur de l'Ecole de pharmacie ou de médecine et de pharmacie à laquelle ils appartiennent, constatant qu'ils sont régulièrement inscrits sur les registres et que leurs inscriptions ne sont pas périmées (*modèle G*).

Ceux qui poursuivent leurs études en vue d'obtenir le diplôme de l'Ecole des Chartes ou de l'Ecole des Langues orientales vivantes doivent produire un certificat du directeur constatant leur admission dans l'une ou l'autre de ces Ecoles (*modèle G*).

ART. 13. — Les jeunes gens visés à l'article précédent doivent, jusqu'à l'obtention des diplômes ou titres spécifiés audit article, produire annuellement jusqu'à l'âge de vingt-six ans fixé par l'article 24 de la loi du 15 juillet 1889, un certificat établi par les doyens des Facultés ou par les directeurs des Ecoles dont il s'agit, constatant qu'ils continuent à être en cours régulier d'études. Sauf en ce qui concerne les élèves de l'Ecole des Chartes et de l'Ecole des Langues orientales vivantes, ledit certificat doit être visé par le Recteur de l'Académie ; pour ces deux dernières Ecoles, il est visé par le Ministre de l'Instruction publique (*modèle G*).

Les registres d'inscription des Facultés, Ecoles supérieures de pharmacie, Ecoles de plein exercice et préparatoires de médecine et de pharmacie, sont tenus à la disposition de l'autorité militaire, qui peut en prendre connaissance sans déplacement.

Les étudiants en médecine et en pharmacie qui obtiennent après concours le titre d'interne des hôpitaux dans une ville où il existe une Faculté de médecine justifient de leur situation : à Paris, par un certificat du directeur de l'Assistance publique visé par le Préfet de la Seine ; dans les départements, par un certificat du maire, président de la Commission administrative, visé par le Préfet (*modèle G*).

ART. 14. — Pour obtenir la dispense comme étudiant en vue du diplôme de vétérinaire, les jeunes gens doivent présenter un certificat du directeur de l'une des Ecoles vétérinaires d'Alfort, de Lyon ou de Toulouse, attestant l'admission à l'Ecole. Ce certificat est visé par le Ministre de l'Agriculture. Après l'accomplissement de leur année de service militaire, ils sont tenus de présenter annuellement un certificat établi dans la même forme et constatant leur présence continue à l'Ecole (*modèle G*).

ART. 15. — Les jeunes gens qui se préparent à l'Ecole d'administration de la Marine ont à produire les mêmes justifications que les élèves des Facultés de droit se préparant au doctorat ; lorsqu'ils sont reçus licenciés, la présentation du diplôme et d'un certificat spécial visé par le Ministre de la Marine suffit pour assurer la continuation du droit à la dispense jusqu'à la limite d'âge fixée pour l'admission au concours.

Une fois admis à l'Ecole, ils ont à produire un certificat de présence délivré par le commissaire général du port, et visé par le Ministre de la Marine (*modèle G*) ; à la sortie de l'Ecole, ils doivent justifier de leur nomination d'élève-commissaire ou d'aide-commissaire de la marine.

S'ils ne sont pas reçus à l'Ecole à la limite d'âge fixée pour l'admission au concours, ou si, à la sortie, ils ne sont pas nommés élèves-commissaires ou aides-commissaires, ils sont appelés à faire les deux années dont ils avaient été dispensés.

ART. 16. — Sont considérés comme poursuivant leurs études en vue d'obtenir le diplôme supérieur délivré aux élèves externes par l'Ecole des ponts et chaussées et l'Ecole supérieure des mines, les jeunes gens déclarés admis conformément aux règlements desdites Ecoles, soit pour entrer définitivement à l'Ecole, soit pour y suivre les cours préparatoires.

Ces jeunes gens ont à produire un certificat d'admission à l'Ecole et un certificat de présence délivré par le directeur de l'Ecole et visé par le Ministre des Travaux publics (*modèle G*).

ART. 17. — Les élèves libres de l'Ecole du génie maritime ont à produire un certificat d'admission et un certificat de présence délivré par le directeur de l'Ecole et visé par le Ministre de la Marine (*modèle G*).

ART. 18. — Les élèves de l'Institut national agronomique, les élèves internes de l'Ecole des haras du Pin, les élèves des Ecoles nationales d'agriculture de Grand-Jouan, de Grignon et de Montpellier, justifient de leur admission et de leur présence dans ces Ecoles par des certificats délivrés par le directeur de l'Ecole à laquelle ils appartiennent et visés par le Ministre de l'Agriculture (*modèle G*).

ART. 19. — Les élèves de l'Ecole des mines de Saint-Etienne et des Ecoles des maîtres-ouvriers mineurs d'Alais et de Douai doivent être pourvus de certificats d'admission et de présence délivrés par le directeur de l'Ecole et visés par le Ministre des Travaux publics (*modèle G*).

ART. 20. — Les élèves des Ecoles nationales des arts et métiers d'Aix, d'Angers et de Châlons justifient de leur admission et de leur présence dans ces Ecoles par des certificats délivrés par le directeur de l'Ecole et visés par le Ministre du Commerce (*modèle G*).

ART. 21. — Les élèves de l'Ecole des hautes études commerciales et ceux des Ecoles supérieures de commerce reconnues par l'Etat justifient de leur admission et de leur présence dans ces Ecoles par des certificats délivrés par le directeur de l'Ecole et visés par le Ministre du Commerce (*modèle G*).

CHAPITRE IV. — *Des Dispenses résultant des études artistiques.*

ART. 22. — Les jeunes gens qui poursuivent leurs études en vue d'obtenir l'un des prix de Rome définis à l'article 3 du présent décret doivent présenter un certificat constatant qu'ils sont élèves de l'Ecole nationale des beaux-arts de Paris, ou du Conservatoire de musique de Paris, et qu'ils en suivent régulièrement les cours. Ce certificat, délivré par le directeur de l'Ecole ou du Conservatoire de musique, est visé par le Ministre des Beaux-Arts (*modèle G*).

ART. 23. — Les jeunes gens qui poursuivent leurs études en vue d'obtenir une des récompenses de l'Ecole nationale des Beaux-Arts de Paris, telles qu'elles sont définies à l'article 4 du présent décret, doivent présenter un certificat attestant qu'ils sont élèves de l'Ecole et qu'ils participent régulièrement aux concours de cet établissement. Ce certificat, délivré par le directeur de l'Ecole, est visé par le Ministre des Beaux-Arts (*modèle G*).

ART. 24. — Les élèves du Conservatoire national de musique et de déclamation de Paris doivent présenter un certificat du directeur, visé par le Ministre des Beaux-Arts, et constatant qu'ils sont élèves et qu'ils suivent régulièrement les cours (*modèle G*).

ART. 25. — Les jeunes gens étudiant en vue d'obtenir l'un des prix décernés par l'Ecole nationale des arts décoratifs de Paris doivent présenter un certificat du directeur, visé par le Ministre des Beaux-Arts et attestant que leur assiduité à l'Ecole et leur participation aux divers concours organisés ont été régulièrement constatées tous les trois mois (*modèle G*).

CHAPITRE V. — *Des Dispenses au titre des industries d'art.*

ART. 26. — Peuvent réclamer le bénéfice du paragraphe 3 de l'article 23 de la loi du 15 juillet 1889 les jeunes gens des catégories suivantes :

Ciseleurs; graveurs sur métaux, cristaux, verre, pierre et bois; sculpteurs et modeleurs; mouleurs de pièces et objets d'art; mosaïstes; ouvriers en faïence, porcelaine et verrerie d'art; peintres décorateurs ou doreurs; ornemanistes; repousseurs sur métaux; émailleurs; horlogers; bijoutiers; joailliers; orfèvres; fabricants d'instruments de musique et luthiers; fabricants d'instruments de précision et de chirurgie; armuriers de luxe; ouvriers en serrurerie, menuiserie, ébénisterie, tapisserie, tissage, broderie et reliure d'art; dessinateurs industriels, notamment pour papiers peints, tissus, dentelles et passementerie; lithographes et imprimeurs en taille-douce.

Art. 27. — Les jeunes gens appartenant aux industries d'art mentionnées à l'article précédent sont examinés, dans le département où ils exercent leur profession, par un jury d'État départemental composé de six membres au moins. Les patrons et les ouvriers y sont en nombre égal. Chaque jury nomme son président et son secrétaire.

Les membres de ce jury sont désignés par le Préfet du département, qui les choisit dans les Conseils de prud'hommes ou dans les Syndicats professionnels reconnus de patrons ou d'ouvriers. S'il n'existe dans le département ni Syndicats professionnels reconnus, ni Conseils de prud'hommes, le Préfet choisit les membres ouvriers du jury parmi les ouvriers qui lui paraissent le plus aptes à en faire partie; dans le même cas, il choisit les membres patrons du jury dans les Chambres consultatives des arts et manufactures, et, à défaut de Chambre de ce genre, dans les Chambres de commerce; s'il n'existe dans le département ni Chambres consultatives des arts et manufactures, ni Chambres de commerce, les membres patrons du jury sont choisis par le Préfet parmi les patrons qui lui paraissent le plus aptes à en faire partie.

Le jury peut s'adjoindre, pour les épreuves visées à l'article ci-après, des experts qui ont voix consultative.

Art. 28. — Les candidats présentent au jury :

1° Un certificat du maire de la commune où ils ont leur domicile, tel que le détermine l'article 13 de la loi du 15 juillet 1889, constatant qu'ils sont inscrits sur les tableaux de recensement établis pour la formation de la classe ;

2° Un certificat d'exercice de l'une des industries d'art spécifiées à l'article 26 du présent décret; ce certificat est établi par l'autorité municipale.

Ils sont soumis à une épreuve pratique spéciale à leur profession; cette épreuve est déterminée et surveillée par le jury.

L'époque des épreuves est fixée chaque année par une décision concertée entre les départements du Commerce et de la Guerre.

Art. 29. — Le jury s'entoure de tous les renseignements propres à l'éclairer; d'après ces renseignements et à la suite des épreuves prévues à l'article précédent, il donne au candidat une note exprimée par un nombre de points compris entre 0 et 50; tout jeune homme qui n'a pas obtenu 25 points est éliminé.

Le jury délivre au candidat un titre (*modèle H*) relatant la note qu'il a obtenue ; il adresse en même temps au Préfet, qui le transmet au Ministre de la Guerre, un état indiquant les nom et prénoms des candidats, le département où chacun d'eux concourt au tirage au sort et le nombre des points obtenus.

ART. 30. — Les Préfets font connaître au Ministre de la Guerre, en suite des opérations cantonales du Conseil de revision, le nombre des jeunes gens qui ont été classés dans la première partie de la liste du contingent.

Sur le vu des états transmis par les Préfets, le Ministre de la Guerre fixe, pour chaque département, le nombre maximum des dispenses à accorder au titre des industries d'art, dans la proportion de 1/2 pour 100 des nombres signalés par les Préfets. Il en avise immédiatement ces fonctionnaires.

ART. 31. — Les jeunes gens déposent à la préfecture du département où ils ont tiré au sort le certificat que le jury d'examen leur a délivré. Ce certificat, dont il leur est donné récépissé, est soumis par le Préfet au Conseil de revision, qui prononce la dispense en faveur des ouvriers d'art ayant obtenu le plus de points, jusqu'à concurrence du nombre fixé par le Ministre.

En cas d'égalité entre les nombres de points des candidats à la dispense classés les derniers de la liste de mérite, il est procédé par voie de tirage au sort.

ART. 32. — Après l'accomplissement de leur année de service militaire, les dispensés sont tenus de produire, annuellement et jusqu'à vingt-six ans accomplis, un certificat (*modèle I*) délivré par le président du jury d'État du département où les jeunes gens exercent leur profession, constatant leur aptitude et attestant qu'ils n'ont pas abandonné l'exercice de cette profession. Ce certificat, corroboré par l'autorité municipale, est visé par le Préfet.

CHAPITRE VI. — *Des Dispenses à titre d'élèves ecclésiastiques.*

ART. 33. — La dispense est accordée, à titre d'élèves ecclésiastiques autorisés à continuer leurs études en vue d'exercer le ministère dans l'un des cultes reconnus par l'État, aux jeunes gens qui présentent un certificat de l'évêque diocésain ou des consistoires protestants ou du consistoire central israélite conforme au modèle ci-annexé (*modèle K*). Ce certificat est visé, après vérification, par le Ministre des Cultes.

ART. 34. — Chaque année, jusqu'à l'âge de vingt-six ans, le dispensé à titre ecclésiastique doit justifier de la continuation de ses études par la production du certificat prévu à l'article précédent, à moins qu'il n'ait été ordonné ou consacré.

Lorsqu'il a été ordonné ou consacré, il en justifie par un certificat de l'autorité ecclésiastique, visé, après vérification, par le Ministre des Cultes. Ce certificat (*modèle L*) indique le lieu de l'ordination ou de la consécration ; si ce lieu est situé à l'étranger, le certificat relate la date de l'autorisation accordée par le Gouvernement français.

A l'âge de vingt-six ans, le dispensé est tenu de produire un certificat de l'autorité ecclésiastique (*modèle L*) constatant qu'il appartient au clergé séculier et qu'il est rétribué, à ce titre, soit par l'Etat, le département ou la commune, soit par l'établissement public, ou d'utilité publique, laïque, ecclésiastique ou religieux, légalement reconnu auquel il est régulièrement attaché.

En ce qui concerne les ecclésiastiques pourvus d'un emploi en France ou en Algérie, le certificat est visé, après vérification, par le Ministre des Cultes ; dans les colonies et dans les pays de protectorat, ressortissant au Ministère des Colonies, par le Ministre des Colonies ; à l'étranger et dans les autres pays de protectorat, par le Ministère des Affaires étrangères.

Chapitre VII. — *Dispositions générales.*

Art. 35. — Les pièces justificatives que les jeunes gens doivent produire à l'appui de leurs demandes (*modèle A*), par application des dispositions des articles 8, 12 à 25, 29 et 33 du présent décret, sont présentées : 1° au Conseil de revision ; 2° au commandant du bureau de recrutement, avant l'incorporation, si ces pièces n'ont été délivrées qu'après la comparution de l'intéressé. La dispense est prononcée, dans le premier cas, par le Conseil de revision, et dans le second cas, par l'autorité militaire, sur le vu desdites pièces justificatives.

Art. 36. — Les dispensés au titre des chapitres II à VI du présent décret doivent produire, du 15 septembre au 15 octobre de chaque année, jusqu'à l'âge de vingt-six ans, au commandant du bureau de recrutement de la subdivision à laquelle appartient le canton où ils ont concouru au tirage, les certificats prévus auxdits chapitres dans le but d'établir qu'ils continuent à remplir les conditions sous lesquelles la dispense leur a été accordée.

Art. 37. — L'année de service imposée aux jeunes gens dispensés en vertu des articles 21, 22 et 23 de la loi du 15 juillet 1889 doit être uniquement consacrée à l'accomplissement de leurs obligations militaires; sous aucun prétexte ils ne pourront être détournés de ces obligations ni recevoir des exemptions de service à l'effet de poursuivre leurs études.

CHAPITRE VIII. — *Dispositions transitoires.*

ART. 38. — Les diplômes, titres ou récompenses mentionnés au chapitre Ier du présent décret et obtenus avant sa promulgation procurent la dispense du service militaire prévue par l'article 23 de la loi du 15 juillet 1889, sous les réserves et aux conditions déterminées par les articles 39 et 40 ci-après.

ART. 39. — Les diplômes ou titres supérieurs, délivrés antérieurement à la promulgation du présent décret aux élèves des Ecoles mentionnées à l'article 2 ci-dessus, pour lesquelles il existe deux ordres de diplômes ou de titres constatant l'achèvement régulier des études, seront considérés comme pouvant procurer la dispense de service militaire prévue par l'article 23 de la loi du recrutement.

En ce qui concerne l'Ecole des mines de Saint-Etienne et les Ecoles des maîtres-ouvriers mineurs d'Alais et de Douai, les deux premiers ordres de titres constatant l'achèvement régulier des études seront considérés comme pouvant procurer la dispense du service militaire.

En ce qui concerne les Ecoles pour lesquelles il n'existe qu'un ordre de certificat de fin d'études, la dispense ne sera accordée que si les élèves ont été classés à la sortie par rang de mérite, et seulement aux deux premiers tiers de la liste de classement.

ART. 40. — En ce qui concerne l'Ecole des Beaux-Arts, le Conservatoire national de musique et l'Ecole des Arts décoratifs, les premiers prix et les premières médailles obtenus avant la promulgation du présent décret, dans l'un des concours spécifiés aux articles 4, 5 et 6 ci-dessus, pourront procurer la dispense de service militaire prévue par l'article 23 de la loi du 15 juillet 1889.

ART. 41. — Le Ministre de la Guerre et tous les autres Ministres sont chargés, chacun en ce qui le concerne, de l'exécution du présent décret, qui sera inséré au *Bulletin des Lois* et publié au *Journal officiel.*

MODÈLES.

MODÈLE A.
Articles 1 et 35 du décret
du 23 novembre 1889.

Modèle de demande de dispense à déposer par les jeunes gens qui se trouvent dans les situations déterminées par l'art. 23 de la loi du 15 juillet 1889.

Je soussigné (1)
né le 18 à canton d
département d domicilié à résidant
à fils d et d
domiciliés à canton d département d
appelé par la loi du 15 juillet 1889 sur le recrutement de l'armée à concourir au tirage au sort de la classe de dans le canton d
département d demande à bénéficier de la dispense prévue par l'article 23 de ladite loi, et dépose à l'appui de cette demande la pièce ci-jointe (2).

Fait à , le 18 .

(*Signature légalisée.*)

(1) Nom et prénoms.
(2) Indiquer la nature de la pièce produite.

MODÈLE B.
Article 8 du décret
du 23 novembre 1889.

Modèle d'engagement décennal au titre du Ministère de l'Instruction publique.

Je soussigné (1)
né le 18 à canton d
département d domicilié à résidant
à fils d et d
domiciliés à canton d département
d (2)
appelé, par la loi du 15 juillet 1889 sur le recrutement de l'armée, à concourir au tirage au sort de la classe d dans le canton d
département d déclare contracter devant M. le Recteur de l'Académie d , conformément à l'article 23 de la loi précitée, l'engagement de me vouer pendant dix ans à l'enseignement public.

Fait à , le 18 .

(*Signature.*)

(3)
Vu pour la légalisation de la signature
de

Le Maire d

Nous,

Nous, Recteur de l'Académie d
Vu l'engagement ci-dessus signé par le sieur (1)
Vu le certificat en date du et les pièces à l'appui constatant que ledit sieur
est régulièrement en possession du titre d
Arrêtons :
Conformément à l'article 23 de la loi du 15 juillet 1889 et au décret du 23 novembre 1889, est reçu l'engagement de se vouer pendant dix ans à l'enseignement public contracté le par le sieur
né le 18 à
canton d département d
Fait à , le 18 .
Le Recteur de l'Académie d

---

(1) Nom et prénoms.
(2) Indiquer la qualité du signataire et la date de la décision qui lui a conféré ses fonctions.
(3) Si le signataire est âgé de moins de 20 ans, porter ici la mention suivante :
Autorisé. (Signature des père, mère ou tuteur.)

MODÈLE E.
Article 10 du décret du 23 novembre 1889.

Modèle du certificat d'exercice que les engagés décennaux doivent produire annuellement, du 15 septembre au 15 octobre, à l'autorité militaire.

Nous (1)
Certifions que le sieur (2)
né le 18 à canton d
département d qui a concouru au tirage au sort de la classe d dans le canton d département d et qui a été dispensé en vertu de l'article 23 de la loi du 15 juillet 1889 sur le recrutement de l'armée, a régulièrement et sans interruption occupé emploi d (3)
à
depuis le 15 septembre de l'année précédente jusqu'à ce jour;
Sauf les interruptions suivantes (4)
et qu'en conséquence le sieur a réalisé ans mois jours de son engagement décennal.
Fait à , le 18 .
(*Signature.*)

---

(1) *Recteur de l'Académie de....* (pour les membres de l'instruction publique) ; *Ministre de l'Intérieur* (pour les institutions nationales des sourds-muets ou des jeunes aveugles) ; *Autorité consulaire* (pour les Écoles françaises d'Orient et d'Afrique).
(2) Nom et prénoms.
(3) Indiquer les emplois et postes successivement occupés.
Pour les Écoles françaises d'Orient et d'Afrique, l'énonciation du certificat ne peut comprendre que des Écoles subventionnées par le Gouvernement français. Le certificat est, de plus, visé par le Ministre des Affaires étrangères.
(4) Mentionner les interruptions régulièrement autorisées.

MODÈLE F.
Article 11 du décret
du 23 novembre 1889.

Modèle du certificat de mutation que les engagés décennaux, qui réalisent leur engagement dans un département ministériel autre que celui au titre duquel il a été contracté, doivent produire à l'autorité militaire.

Nous soussigné (1)
Certifions que le sieur (2)
né le 18 à canton d
département d fils d et d
domiciliés à canton d département
d ayant concouru au tirage au sort de la classe d
dans le canton d département d et ayant
obtenu la dispense prévue par l'article 23 de la loi du 15 juillet 1889 sur le recrutement de l'armée comme (3)
a été autorisé par décision de M. le Ministre (4) en date
du à réaliser son engagement décennal à (5)
relevant du Ministère d
Fait à , le 18 .
(*Signature.*)

VU :
Le Ministre d

(1) Indiquer la qualité du signataire du certificat.
(2) Nom et prénoms.
(3) Indiquer le titre sous lequel la dispense a été accordée.
(4) Désignation du département ministériel auquel appartenait primitivement le dispensé.
(5) Indiquer l'établissement où le dispensé a été autorisé à exercer.

MODÈLE G.
Articles 12 à 25 du décret
du 23 novembre 1889.

Modèle du certificat à délivrer aux jeunes gens qui, poursuivant leurs études dans les conditions énumérées au paragraphe 2 de l'article 23 de la loi du 15 juillet 1889, réclament la dispense ou doivent justifier de la continuation du droit à la dispense.

Nous (1)
Certifions que le sieur (2)
né le 18 à canton d
département d fils d et d
domiciliés à canton d département
d appelé par la loi du 15 juillet 1889 sur le recrutement de l'armée à concourir au tirage au sort de la classe d
dans le canton d département d
est actuellement
Fait à , le 18 .
(*Signature.*)

VU :
Le (3)

(1) Se rapporter, pour la qualification du signataire du certificat, pour la manière dont il doit être formulé, et pour le visa à y apposer, aux articles du décret spéciaux à chaque catégorie.
(2) Nom et prénoms.
(3) Ministre compétent, Recteur de l'Académie ou Préfet, selon les cas.

26 nov. 1889.

Arrêté relatif aux Récompenses honorifiques décernées aux instituteurs et institutrices.

26 Novembre 1889.

Le Ministre de l'Instruction publique et des Beaux-Arts,
Vu la loi du 19 juillet 1889, notamment les articles 41 et 45 ;
Vu l'article 34 de la loi du 30 octobre 1886 ;
Vu l'arrêté organique du 18 janvier 1887 ;
Le Conseil supérieur de l'Instruction publique entendu,
Arrête :

ARTICLE UNIQUE. — L'article 127 de l'arrêté du 18 janvier 1887 est modifié ainsi qu'il suit[1] :

« Les médailles et mentions honorables dont il est question à l'article 34 de la loi du 30 octobre 1886 sont décernées par le Ministre, le 14 juillet de chaque année, aux instituteurs et institutrices, dans chaque département, après avis du Conseil départemental.

« Les propositions adressées au Conseil départemental et soumises à l'approbation du Ministre sont établies : pour les mentions honorables et médailles de bronze, par l'Inspecteur d'Académie ; pour les médailles d'argent, par la Commission instituée à l'article 41 de la loi du 19 juillet 1889. »

---

27 nov. 1889.

Circulaire du Ministre de l'Instruction publique, relative au Traitement des Inspecteurs primaires de 3e classe.

27 Novembre 1889.

Monsieur le Recteur, la loi du 19 juillet dernier fixe à 3 000 francs le traitement des Inspecteurs primaires de la dernière classe ; mais les Inspecteurs en exercice antérieurement à la promulgation de la loi n'ont jusqu'ici qu'un traitement de début de 2 800 francs. Cette différence ne pouvait manquer de me préoccuper. Il n'était pas admissible que les uns reçussent dès leur nomination le nouveau traitement alors que les autres auraient continué à recevoir l'ancien, malgré plusieurs années déjà passées dans le service. Il y avait là une anomalie à faire cesser aussitôt que la situation budgétaire le permettrait. J'ai cherché les moyens d'y remédier et je suis heureux de vous informer, Monsieur le Rec-

1. Consulter ci-après, *à sa date*, l'arrêté du 18 *janvier* 1893, qui a de nouveau modifié cet article.

teur, non seulement qu'à partir du 1er janvier prochain tous les Inspecteurs de la dernière classe recevront le traitement de 3 000 francs, mais qu'en outre il me sera possible de porter à ce taux, à partir du 20 juillet dernier, le traitement de tous les Inspecteurs primaires appartenant à l'ancienne 3e classe et de ceux qui, nommés depuis la loi, feront nécessairement partie de la 5e classe. En tranchant la question dans ce sens, je suis certain de me conformer aux intentions du législateur, qui a marqué dans plusieurs articles de cette loi son désir de voir affecter les premiers crédits disponibles à l'élévation du traitement de la dernière classe dans chaque catégorie de fonctionnaires.

Les crédits nécessaires pour l'exécution de cette mesure seront mis très prochainement à la disposition des Préfets.

Recevez, etc.

Signé : A. FALLIÈRES.

Décret relatif à la constitution du Personnel administratif et enseignant des Ecoles normales supérieures d'enseignement primaire de Saint-Cloud et de Fontenay-aux-Roses. 28 nov. 1889.

28 Novembre 1889.

Le Président de la République française,

Sur le rapport du Ministre de l'Instruction publique et des Beaux-Arts,

Vu les lois de finances des 29 juillet 1881 et 29 décembre 1882 ;

Vu l'article 19 de la loi du 19 juillet 1889 ;

Vu les articles 90 et 96 du décret du 18 janvier 1887 et les articles 106 à 125 de l'arrêté du même jour, réglant la constitution et le régime intérieur des deux Ecoles normales supérieures de l'enseignement primaire ;

Le Conseil supérieur de l'Instruction publique entendu,

Décrète :

Le personnel administratif et enseignant des Ecoles normales supérieures d'enseignement primaire de Saint-Cloud et de Fontenay-aux-Roses est constitué comme il suit :

SECTION Ire. — *École de Saint-Cloud*[1].

ARTICLE 1er. — Le personnel administratif comprend :

Un directeur ;

1. Un avis inséré au *Bull. adm.*, 1889, t. XLVI, p. 281, informait qu'il ne serait pas admis d'élèves externes à l'École de Saint-Cloud pendant l'année scolaire 1889-1890.

Un économe ;

Un surveillant général.

ART. 2. — Le directeur a titre et rang d'Inspecteur général de l'enseignement primaire.

ART. 3. — Le personnel enseignant se compose de professeurs et de maîtres de conférences.

Les professeurs sont nommés et les maîtres de conférences délégués par le Ministre.

La durée de la délégation est fixée par le Ministre ; elle peut être renouvelée.

ART. 4. — Un préparateur est attaché à l'Ecole.

SECTION II. — *École de Fontenay-aux-Roses*[1].

ART. 5. — Le personnel de l'Ecole comprend la directrice, l'économe, les maîtresses répétitrices internes, les professeurs et les maîtres de conférences.

ART. 6. — Le Ministre peut charger de la direction des études, soit un Inspecteur général, soit un fonctionnaire qui aura rang d'Inspecteur général (hors cadre).

ART. 7. — Les dispositions de l'article 3 du présent décret sont applicables à l'Ecole de Fontenay.

1. Voir ci-après, *à sa date*, l'arrêté du 9 *janvier* 1895, modifiant l'article 118 de l'arrêté du 18 janvier 1887, relatif à l'examen d'admission aux Écoles normales supérieures d'enseignement primaire.

Un avis inséré au *Bull. adm.*, 1890, t. XLVII, p. 361, rappelait aux aspirantes à l'École normale primaire supérieure de Fontenay-aux-Roses que :

1° Les épreuves de langues vivantes deviennent d'année en année plus importantes, et qu'il en est tenu un plus grand compte dans l'appréciation totale ;

2° Les questions de grammaire et en particulier d'analyse ne doivent pas être négligées (Section des Lettres) ;

3° Les compositions et les interrogations peuvent porter sur toute la géométrie plane (Section des Sciences) ;

4° La composition dite de pédagogie ne réclame nullement, comme on se l'imagine quelquefois, une connaissance particulière de la théorie et des procédés de l'éducation. C'est, à vrai dire, une *épreuve de réflexion* sur une question pratique très simple de morale ou d'éducation, qui relève du bon sens et du bon jugement plutôt que du savoir pédagogique.

Voir aussi l'*avis* relatif aux professeurs d'Écoles normales qui désireraient suivre les cours ordinaires de l'École de Fontenay à leurs frais *à titre d'externes* (*Bull. adm.*, 1890, t. XLVIII, p. 243) ; — l'*avis* relatif aux places vacantes de l'École réservées, pendant l'année scolaire 1891-1892, aux maîtresses d'École normale pourvues du certificat d'aptitude au professorat, qui désireraient faire une année d'études complémentaires (*Bull. adm.*, 1891, t. L, p. 130) ; — l'*avis* dispensant de la possession préalable du certificat d'aptitude pédagogique certaines aspirantes au concours d'admission (*Bull. adm.*, 1891, t. XLIX, p. 236) ; — l'*avis* rappelant l'importance et la nature de plusieurs compositions et interrogations dans le concours d'admission (*Bull. adm.*, 1892, t. LI, p. 132).

Arrêté portant annulation de l'Élection de deux instituteurs publics élus membres du Conseil départemental de l'enseignement primaire du département de l'Aisne. 5 déc. 1889.

5 Décembre 1889.

Le Ministre de l'Instruction publique et des Beaux-Arts,

Vu le procès-verbal des opérations de la Commission de dépouillement des votes pour les élections au Conseil départemental de l'enseignement primaire de l'Aisne, en date du 5 novembre 1889;

Vu les protestations contre l'élection de MM. Dumont et Lecomte, en qualité de délégués des instituteurs publics, formées par MM. Largillier, Jean et Lejeune, directeurs d'Ecole à Saint-Quentin, Godin, directeur d'Ecole à Soissons, Fiévet, directeur d'Ecole primaire supérieure à La Capelle, et Muzelle, directeur d'Ecole à Laon;

Vu l'article 44 de la loi du 30 octobre 1886;

Vu le décret du 12 novembre 1886 portant règlement d'administration publique pour la désignation des membres électifs du Conseil départemental de l'enseignement primaire, et notamment l'article 12 dudit règlement[1];

Considérant qu'il résulte des pièces produites au dossier que la polémique soulevée entre MM. Lecomte et Dumont, d'une part, et M. Muzelle, d'autre part, a incontestablement jeté le désarroi dans le corps électoral, à la veille du scrutin;

Vu l'avis de M. le Préfet et de M. l'Inspecteur d'Académie de l'Aisne,

Arrête :

ARTICLE 1er. — L'élection de MM. Lecomte et Dumont est annulée[2].

1. Cet article a été modifié par le décret du 5 *février* 1899 (voir *à sa date*).

2. Consulter, pour la jurisprudence en matière d'élections aux Conseils départementaux, les arrêtés ci-après :

Du 21 *décembre* 1889, portant annulation de l'élection d'un instituteur public comme membre du Conseil départemental du Pas-de-Calais (*Bull. adm.*, 1889, t. XLVI, p. 872);

— 17 *janvier* 1890, portant annulation de l'élection d'une institutrice publique comme membre du Conseil départemental des Pyrénées-Orientales (*Bull. adm.*, 1890, t. XLVII, p. 47);

— 20 *janvier* 1890, rejetant le recours d'un instituteur contre l'élection de deux délégués des instituteurs publics au Conseil départemental d'Indre-et-Loire (*Ibid.*, p. 48);

— 3 *février* 1890, portant annulation des opérations électorales pour la désignation des deux institutrices publiques appelées à faire partie du Conseil départemental du Rhône (*Ibid.*, p. 155).

ART. 2. — La présente décision sera notifiée à qui de droit par M. le Préfet de l'Aisne, qui aura, dans le délai fixé par l'article 9 du décret du 12 novembre 1886, à faire procéder à une nouvelle élection des deux instituteurs publics appelés à faire partie du Conseil départemental.

---

30 déc. 1889. **Décret complétant l'article 158 du Décret du 18 janvier 1887 relativement à l'âge d'admission des enfants dans les Classes enfantines des Ecoles privées.**

30 Décembre 1889.

Le Président de la République française,

Sur le rapport du Ministre de l'Instruction publique et des Beaux-Arts ;

Vu l'article 36, paragraphe 3, de la loi du 30 octobre 1886 ;

Vu l'article 2 du décret du 18 janvier 1887 ;

Le Conseil supérieur de l'Instruction publique entendu,

Décrète :

ARTICLE 1er. — L'article 158 du décret du 18 janvier 1887 sera complété par le paragraphe additionnel ci-après :

« Les dispositions du présent décret fixant l'âge d'admission des enfants dans les Classes enfantines annexées aux Ecoles publiques sont applicables aux Classes enfantines annexées aux Ecoles privées[1]. »

---

14 janvier 1890. **Circulaire du Ministre de l'Instruction publique, relative au Registre matricule d'inscription des élèves admis dans les Écoles primaires publiques.**

14 Janvier 1890.

Monsieur l'Inspecteur, le *registre matricule* en usage jusqu'ici dans les Écoles primaires comportait certains détails financiers qui n'ont plus raison d'être avec les bases de traitement établies par la loi du 19 juillet 1889.

Je vous envoie un nouveau modèle, simplifié autant que possible et réduit aux seuls renseignements indispensables. Ce registre comprend deux parties : l'une est réservée au personnel enseignant. L'instituteur et les adjoints devront remplir, chacun en ce qui le concerne, les différentes colonnes du tableau. L'autre partie concerne exclusivement les élèves et renfermera les indications

1. Cette disposition additionnelle a été modifiée par le décret du 14 *février* 1891 (voir *à sa date*).

suivantes : noms et prénoms des enfants admis à l'École; date de leur naissance; noms, prénoms et domicile des parents, dates de l'admission à l'École, de l'obtention du certificat d'études primaires et de la sortie définitive de l'École. Le registre matricule indiquera, en outre, sommairement les succès de l'élève, ses aptitudes, sa conduite et la carrière qu'il a embrassée à la fin de ses études. En énumérant ainsi les principales indications que doit fournir le registre matricule, j'ai fait ressortir suffisamment l'utilité et l'importance de ce document, qui, avec le registre d'appel, est la source où l'on doit pouvoir puiser tous les éléments de la statistique des Écoles. Tant que le registre matricule devait comprendre l'éventuel, qui concourait à la formation des anciens traitements, il avait nécessairement pour point de départ l'année civile, la liquidation s'effectuant pour les dépenses constatées du 1er janvier au 31 décembre. Mais comme il ne se rattachera plus à la comptabilité, il n'y aura pas nécessité de l'arrêter à la fin de chaque année.

Vous prescrirez aux instituteurs et institutrices d'y inscrire les élèves successivement dans l'ordre où ils se seront présentés pour la première fois à l'École. Les enfants n'y seront donc inscrits qu'une seule fois pendant la durée de la scolarité[1].

La loi du 19 juillet 1889 ne devant commencer à recevoir son application financière qu'à partir du 1er janvier 1890, l'ancien registre matricule devra être produit par les directeurs et directrices d'École pour l'année 1889 tout entière. Mais le nouveau registre devra comprendre tous les élèves inscrits à l'École au 1er janvier 1890, quelle que soit la date de leur entrée. Vous donnerez des instructions dans ce sens aux instituteurs et aux institutrices.

Les Inspecteurs primaires, dans leurs tournées, devront s'assurer que le registre matricule est tenu à jour et vérifier l'exactitude de tous les renseignements qu'il importe d'y consigner.

J'ajouterai que ce registre rentre dans la catégorie des imprimés dont les frais incombent aux communes en vertu de l'article 4, § 6, de la loi du 19 juillet 1889.

Veuillez m'accuser réception de la présente circulaire.

Recevez, etc.

Signé : A. FALLIÈRES.

Circulaire du Ministre de l'Instruction publique, relative aux Loyers des maisons d'école en 1890.

22 janvier 1890.

22 Janvier 1890.

Monsieur le Préfet, l'article 4, § 2, de la loi du 19 juillet 1889 dispose que « la location des bâtiments des Écoles primaires, le logement des maîtres ou les « indemnités représentatives » sont à la charge des communes, qui, aux termes de l'article 26, § 2, sont tenues de pourvoir à la dépense au moyen des crédits

1. Consulter la circulaire du 12 *novembre* 1890, aux Inspecteurs d'Académie, relative à la tenue du registre d'inscription des élèves dans les Écoles primaires publiques (*Circ.*, t. XI, p. 311).

ouverts annuellement à leur budget, dans les conditions prévues par la loi du 5 avril 1884.

Toutefois, par dérogation à ces prescriptions, l'article 44 dispose que « des « subventions *pourront* être accordées par l'État pour les loyers de maisons « d'école aux communes dont le centime n'excède pas 30 francs, dans les « limites du crédit ouvert à cet effet chaque année au budget, pendant une pé-« riode de cinq années ».

Il résulte de ces dispositions que, seules, les communes où la valeur du centime est inférieure à 30 francs pourront recevoir un subside de l'État pour les aider à acquitter *les frais de location de leurs maisons d'école*. Néanmoins, prenant en considération la situation financière des communes dont la valeur du centime excède 30 francs, et afin de ménager la transition entre le régime ancien et le régime nouveau, je me propose de venir en aide, cette année encore et pour la dernière fois, à titre exceptionnel, à celles d'entre elles qui sont le plus obérées et qui seraient obligées de recourir à des impositions extraordinaires dépassant la limite fixée par la loi de finances. Le montant de ces subsides est subordonné aux sommes qui resteront disponibles sur le crédit spécial inscrit au budget de mon Ministère, et au nombre des communes qui seront appelées à en bénéficier.

Je vous adresse deux cadres que vous voudrez bien faire remplir avec le plus grand soin.

Le premier concerne les communes où la valeur du centime est inférieure à 30 francs. Les communes qui se trouvent dans les conditions prévues à l'article 44 de la loi du 19 juillet 1889 peuvent recevoir une subvention de l'État, *après épuisement de leurs ressources ordinaires*. Dans vos propositions de subvention, vous vous conformerez aux instructions contenues dans la circulaire du 9 janvier 1886[1]. L'État ne concourra qu'aux frais de *loyers de maisons d'école*; les indemnités de logement seront supportées par les communes.

Le second tableau est réservé aux communes dont le centime excède 30 francs et qui se trouveraient dans les conditions exceptionnelles indiquées ci-dessus. Vos propositions devront être appuyées d'un rapport motivé, dans lequel vous ferez ressortir la situation des communes au point de vue financier.

Vous voudrez bien m'envoyer votre travail le 1er mars au plus tard, afin qu'il me soit possible de l'examiner et de vous faire connaître, avant l'ouverture de la session d'avril, les sommes que j'aurai pu attribuer à chacune des communes que vous m'aurez signalées.

Je vous prie de m'accuser réception de la présente circulaire.

Recevez, etc.

Signé : A. FALLIÈRES.

---

28 janvier 1890. **Circulaire du Ministre de l'Instruction publique, relative aux états de Traitements des fonctionnaires des Écoles normales et des Inspecteurs primaires.**

28 Janvier 1890.

Monsieur le Recteur, les services des fonctionnaires admis à faire valoir leurs droits à la retraite ne peuvent être contrôlés que sur les états de traitements

1. Tome V, p. 645.

qui me sont transmis mensuellement; il importe donc, dans l'intérêt général, que les pièces puissent être conservées et classées avec le plus grand ordre par le bureau chargé des liquidations. Mon attention ayant été appelée sur ce point, à la suite des difficultés qu'avait présentées la constatation des droits de certains professeurs, j'ai remarqué le peu d'uniformité des états de traitement; les uns sont sur papier de petit format, les autres sur papier de format exceptionnel, d'autres enfin sont individuels quand ils devraient être collectifs. Dans ces conditions, le classement des pièces ne peut être fait rapidement et les recherches sont longues et difficiles. J'ai donc jugé nécessaire de vous adresser de nouvelles instructions en ce qui concerne le personnel de l'enseignement primaire, Inspecteurs ou fonctionnaires des Écoles normales.

Les cadres des états relatifs à cette catégorie d'agents sont déterminés par les instructions des 24 décembre 1853 et 22 juin 1857; je n'entends pas les modifier, mais je désire que ces états soient tous établis suivant un format uniforme.

Dans un certain nombre de départements importants tels que le Nord, l'Yonne, le Tarn, la Haute-Saône, le traitement de tous les Inspecteurs primaires du département est porté sur un état collectif. Ce mode de procéder simplifie beaucoup le classement et les recherches; il importe donc qu'il soit adopté par toutes les Académies, et je vous prie de donner aux Inspecteurs des instructions très précises pour que cette modification ait lieu le plus tôt possible.

Ces états devront être dressés conformément au modèle actuellement en usage; mais le format devra être de 36 centimètres de haut sur 25 de large.

Le même modèle devra être employé pour ordonnancer le traitement des fonctionnaires des Écoles normales, qui devront toujours être portés sur un état collectif et jamais sur des états individuels.

Quant aux indemnités des agents non soumis à retenue, elles devront figurer sur des tableaux collectifs du même format, afin qu'il soit possible de les classer avec les états de traitements.

En transmettant aux Inspecteurs d'Académie mes instructions sur ce point, je vous prie, Monsieur le Recteur, de les inviter à classer avec soin les états lors de l'envoi mensuel, et à suivre, autant que possible, l'ordre de classification des établissements dans l'*Annuaire de l'Instruction publique*. Toute pièce qui n'est pas à sa place peut être égarée.

Vous voudrez bien m'accuser réception de la présente circulaire et veiller à ce qu'elle soit exactement observée.

Recevez, etc.

Signé : A. FALLIÈRES.

Décret portant Règlement d'administration publique sur le Matériel obligatoire d'enseignement, les livres et les registres scolaires dans les Écoles publiques. 29 janvier 1890.

29 Janvier 1890.

Le Président de la République française,

Sur le rapport du Ministre de l'Intérieur, du Ministre des Finances et du Ministre de l'Instruction publique,

Vu la loi du 19 juillet 1889, et notamment les articles 4, paragraphes 5 et 6, et 48, paragraphes 1, 2 et 3;

Vu la loi du 30 octobre 1886, et notamment les articles 11 à 15 de cette loi;

Vu la loi du 28 mars 1882, et notamment les articles 8, 10 et 17 de cette loi;

Vu les décrets du 4 février et du 27 mai 1888, relatifs au classement des Écoles obligatoires et des Écoles facultatives;

Vu le règlement d'administration publique du 17 mars 1888, relatif aux Écoles manuelles d'apprentissage et autres Écoles primaires professionnelles;

Vu les règlements organiques du 18 janvier 1887;

Vu l'avis du Conseil supérieur de l'Instruction publique, en date du 8 novembre 1889;

Le Conseil d'État entendu,

Décrète :

CHAPITRE Ier. — Établissements d'enseignement primaire, élémentaire et supérieur.

SECTION Ire. — *Matériel de classe à usage collectif.*

ARTICLE 1er. — Dans toute École primaire élémentaire publique, le matériel obligatoire d'enseignement à usage collectif comprend :

Un tableau noir avec ses accessoires;

Une armoire-bibliothèque pour le dépôt des cahiers, des livres, des documents administratifs et des fournitures scolaires[1];

Un tableau du système métrique;

Une carte murale de France;

Dans les Écoles de filles, l'étoffe nécessaire à l'enseignement élémentaire de la couture.

ART. 2. — Pour les Écoles autres que les Écoles primaires élémentaires, créées et entretenues facultativement par les communes, mais avec le concours de l'État, le matériel d'enseignement faisant partie des dépenses obligatoires pour lesquelles sont contractés les engagements prévus par le décret du 4 février 1888 et par l'article 5 de la loi du 19 juillet 1889 est fixé conformément au tableau ci-dessous :

1. Voir les circulaires du 21 *mai* 1890 et du 24 *mai* 1899, aux Recteurs, relatives à l'adjudication pour la fourniture aux communes des livres destinés aux bibliothèques scolaires (*Circ.*, t. XI, p. 163, et *Bull. adm.*, 1899, t. LXV, p. 592).

Écoles maternelles et Classes enfantines.

Des collections de jouets, d'images, de bâtonnets, lettres, cubes et autres objets nécessaires pour les petits exercices, jeux et travaux manuels connus sous le nom de « méthode Frœbel » ;

Deux tableaux noirs, dont un quadrillé;

Des ardoises à deux faces, dont une quadrillée;

Une méthode de lecture en tableaux;

Un boulier;

Un sifflet, un diapason.

Écoles primaires supérieures et professionnelles (garçons et filles).

Tableaux noirs;

Armoire-bibliothèque;

Carte murale : Europe (physique et politique);

Carte murale : France (physique et politique);

Carte murale : Algérie, colonies françaises;

Globe terrestre;

Compendium métrique;

Appareils et instruments de physique et de chimie;

Tableaux d'histoire naturelle;

Modèles en plâtre pour l'enseignement du dessin;

Appareils, dessins et étoffes nécessaires à l'enseignement de la couture, coupe et assemblage;

Mobilier, outils et matières premières nécessaires à l'enseignement des travaux manuels.

Art. 3. — Des instructions ministérielles détermineront les règles d'installation et d'emploi des divers objets et appareils d'enseignement placés dans les Écoles publiques par application des articles précédents.

L'exécution de ces instructions est confiée à l'instituteur sous l'autorité de l'inspection académique.

Art. 4. — Au matériel obligatoire indiqué dans les articles ci-dessus toute commune peut ajouter ceux des appareils d'enseignement dont l'introduction et l'usage auront été approuvés par l'Inspecteur d'Académie.

Section II. — *Registres scolaires.*

Art. 5. — Les registres scolaires dont la fourniture est à la charge des communes comprennent :

Le registre matricule ou registre d'inscription des élèves admis à l'École;

Le registre d'appel ou registre de constatation des présences journalières;

Le registre d'inventaire du mobilier de l'École et du matériel d'enseignement;

Le registre d'inventaire du mobilier personnel, quand ce mobilier est fourni aux instituteurs par la commune;

Le catalogue des livres de la bibliothèque scolaire avec le registre des entrées et des sorties;

Et, en outre, dans les Écoles maternelles, le registre destiné au médecin de l'École.

ART. 6. — Toute commune devra mettre à la disposition de la Commission scolaire un registre de délibérations, ainsi que les imprimés nécessaires pour l'exécution de la loi du 28 mars 1882.

SECTION III. — *Matériel d'étude à usage individuel.*

ART. 7. — Dans les Écoles primaires élémentaires, tout élève doit être muni au minimum des objets classiques ci-après énumérés :

1° Le cahier de devoirs mensuels prévu par l'article 15 du règlement organique du 18 janvier 1887[1];

2° Les objets de papeterie nécessaires pour qu'il puisse prendre part régulièrement à tous les exercices et devoirs écrits que comporte le programme de sa classe;

3° En outre :

Dans le cours élémentaire (6-8 ans) :

Une ardoise;

Un premier livre de lecture;

Dans le cours moyen (9-10 ans) :

Des cahiers pour les devoirs journaliers;

Un livre de lectures courantes approprié au programme du cours moyen;

Une grammaire élémentaire avec exercices;

Une arithmétique élémentaire;

1. Voir les circulaires suivantes :
Du 30 *juin* 1890, aux Inspecteurs d'Académie, relative à l'envoi à l'Administration de cahiers de devoirs mensuels à l'appui de propositions de récompenses en faveur des instituteurs et des institutrices (*Circ.*, t. XI, p. 227);
— 1er *juin* 1891, aux Inspecteurs d'Académie, relative à la tenue du cahier de devoirs menuels (*Ibid.*, p. 467);
— 13 *janvier* 1895, aux Inspecteurs d'Académie, relative au cahier de devoirs mensuels (*à sa date*).

Un petit atlas élémentaire de géographie;

Un livre d'histoire de France;

Dans le cours supérieur (11-12 ans):

Des cahiers pour les devoirs journaliers;

Un livre de lectures courantes approprié au programme du cours supérieur;

Une grammaire française avec exercices;

Une arithmétique;

Un livre d'histoire de France ou d'histoire générale conforme au programme;

Un atlas de géographie;

Un livre d'instruction morale et civique.

SECTION IV. — *Fournitures scolaires.*

ART. 8. — Dans les communes où la gratuité des fournitures scolaires n'est pas assurée par le budget municipal, l'acquisition des objets énumérés à l'article 6 est à la charge des familles.

Les ressources provenant de la Caisse des Écoles et la subvention de l'État inscrite au budget du Ministère de l'Instruction publique pour venir en aide à ces établissements seront affectées en premier lieu à la fourniture gratuite des livres aux élèves indigents.

ART. 9. — Dans tous les cas où un Conseil municipal inscrit à son budget des crédits destinés à assurer la fourniture gratuite des livres de classe, soit aux élèves indigents, soit à tous les élèves, il appartient à l'Inspecteur d'Académie de désigner, sur la proposition des instituteurs, parmi les livres qui figurent sur la liste départementale, ceux à l'acquisition desquels ces crédits seront affectés.

Cette disposition est applicable au cas où les Caisses des Écoles fournissent gratuitement des livres aux élèves indigents.

La liste des enfants indigents est arrêtée dans chaque commune par la Commission scolaire.

ART. 10. — L'article précédent est applicable aux Écoles primaires supérieures.

CHAPITRE II. — **Écoles normales primaires.**

ART. 11. — Le matériel d'enseignement comprend le matériel à usage collectif et le matériel à usage individuel.

ART. 12. — Le matériel d'enseignement à usage collectif se compose au minimum de :

Pour chaque salle d'étude :

Un tableau noir;

Une armoire-bibliothèque;

En outre, et répartis dans les salles de classe et autres locaux convenant à cette affectation, les objets suivants, conformément à l'énumération fournie par les tableaux annexés au règlement sur l'administration et la comptabilité des Écoles normales :

Cartes murales; — globes terrestres;

Meubles, instruments et appareils nécessaires à l'enseignement de la physique et de la chimie;

Tableaux et collections pour l'enseignement de l'histoire naturelle;

Vitrines et rayons pour la bibliothèque;

Meubles, instruments, appareils et outils pour la musique, le jardinage et le travail manuel;

Meubles, tableaux, appareils, modèles et objets nécessaires à l'enseignement du dessin et du modelage;

Appareils et agrès nécessaires aux exercices de gymnastique;

Dans les Écoles de garçons :

Instruments et appareils nécessaires à l'arpentage et au nivellement;

Fusils pour les exercices militaires;

Dans les Écoles de filles :

Meubles, appareils et dessins nécessaires à l'enseignement de la couture.

ART. 13. — Le matériel d'enseignement à usage individuel comprend au minimum :

Livres de cours;

Cahiers de notes;

Boîtes de mathématiques;

Carton porte-dessin;

Règle, équerre;

Double décimètre;

Crayons;

Pinceaux;

Estompes;

Ébauchoirs et mirettes.

ART. 14. — Sont rapportées toutes les dispositions antérieures contraires au présent décret.

Lettre du Ministre de la Justice et des Cultes aux Préfets, rappelant que les Desservants ne peuvent donner l'enseignement du catéchisme dans le local de l'École communale[1]. 29 janvier 1890.

29 Janvier 1890.

Monsieur le Préfet, vous me faites connaître que dans plusieurs localités de votre département, où il existe simultanément des Écoles publiques laïques et des Écoles privées congréganistes, les desservants choisissent les locaux de ces dernières Écoles pour y donner l'enseignement du catéchisme à tous les enfants de la paroisse, et vous me demandez des instructions en vue de remédier à un état de choses qui provoque, à juste titre, le mécontentement des habitants des localités.

La situation que vous me signalez est, en effet, contraire aux lois et règlements qui régissent la matière, et l'Administration ne saurait admettre que l'enseignement du catéchisme pût se faire en dehors de l'église ou de ses dépendances immédiates.

Il vous appartient de rappeler ces prescriptions aux ecclésiastiques qui les enfreindraient et de solliciter au besoin l'intervention de l'autorité diocésaine.

Dans le cas où l'irrégularité que vous me signalez persisterait, je n'hésiterais pas à sévir, par voie de suppression de traitement, contre les prêtres qui s'en rendraient coupables.

Recevez, etc.

Pour le Garde des Sceaux,
Ministre de la Justice et des Cultes :

Le Conseiller d'État, Directeur des Cultes,
Signé : CH. DUMAY.

Décret portant Règlement d'administration publique relatif aux Indemnités de résidence dues au personnel enseignant des Écoles primaires publiques[2]. 31 janvier 1890.

31 Janvier 1890.

Le Président de la République française,

Sur le rapport du Ministre de l'Intérieur, du Ministre des Finances et du Ministre de l'Instruction publique;

1. Cette lettre a été communiquée aux Inspecteurs d'Académie par note de service du 12 *décembre* 1892, ainsi conçue :

« La lettre ci-jointe, émanant de M. le Ministre des Cultes, est adressée à M. l'Inspecteur d'Académie. Elle répond à une question souvent posée sur le point de savoir si les desservants peuvent faire le catéchisme préparatoire à la première communion dans un local autre que l'église paroissiale. »

2. Consulter les documents suivants :

Circulaire du 14 *mars* 1890, aux Préfets, relative à l'application de la loi du

Vu la loi du 19 juillet 1889, et notamment les articles 4, 12, 48 et 53 de cette loi;

Vu la loi du 30 octobre 1886;

Vu la loi du 9 juin 1853, et notamment l'article 4;

Vu l'avis du Conseil supérieur de l'Instruction publique en date du 8 novembre 1889;

Le Conseil d'État entendu,

Décrète :

ARTICLE 1er. — Les indemnités de résidence dues au personnel enseignant des Écoles primaires publiques sont fixées pour chaque commune conformément aux indications du tableau annexé au présent décret[1].

Ce tableau sera revisé à la suite du recensement général de la po-

19 juillet 1889, en ce qui concerne l'indemnité de résidence attribuée aux maîtres des Écoles de section (*Circ.*, t. XI, p. 119);

Décret du 31 *mars* 1890, relatif aux indemnités de résidence dans les villes ayant plus de 100 000 habitants et dans les communes du département de la Seine ayant plus de 1 000 habitants de population agglomérée (*à sa date*);

Circulaire du 14 *avril* 1890, aux Préfets, relative au mode de payement des indemnités de résidence (*Circ.*, t. XI, p. 133);

— 4 *mai* 1890, aux Préfets, relative aux traitements et indemnités de résidence du personnel des Écoles primaires publiques dans les villes de plus de 100 000 âmes (*Ibid.*, p. 154);

— 25 *août* 1890, aux Préfets, relative aux indemnités de résidence et aux pièces à transmettre aux communes redevables de ces indemnités (*Ibid.*, p. 286);

Décret du 5 *septembre* 1890, relatif aux indemnités de résidence à allouer au personnel enseignant des Écoles primaires publiques dans les communes du département de la Seine ayant plus de 1 000 habitants de population agglomérée (*à sa date*);

— 6 *septembre* 1890, relatif aux indemnités de résidence dues au personnel enseignant dans les localités qui possèdent des Écoles de section (*à sa date*);

Circulaire du 8 *septembre* 1890, aux Préfets, relative aux indemnités de résidence dues aux instituteurs et institutrices titulaires et stagiaires, exerçant dans les Écoles situées hors du chef-lieu de la commune (*Circ.*, t. XI, p. 293);

— 28 *janvier* 1892, aux Préfets, relative aux indemnités de résidence à accorder aux instituteurs et institutrices en vertu de l'article 71 de la loi de finances du 26 janvier 1892 (*Ibid.*, p. 547);

Décret du 31 *décembre* 1892, fixant les indemnités de résidence attribuées à partir du 1er *janvier* 1893, au personnel enseignant des Écoles primaires publiques (*Bull. adm.*, 1892, t. LII, p. 867), avec les décrets rectificatifs du 30 *mai* 1893 (*Bull. adm.*, 1893, t. LIII, p. 562) et du 21 *décembre* 1894 (*Bull. adm.*, 1894, t. LVI, p. 825);

— 19 *juillet* 1894, relatif aux indemnités de résidence à allouer au personnel enseignant des Écoles primaires publiques dans les communes du département de la Seine (*à sa date*);

Circulaire du 6 *avril* 1895, aux Préfets, relative au payement de l'allocation représentative des indemnités de résidence (*Bull. adm.*, 1895, t. LVII, p. 305);

Décret du 31 *décembre* 1897, fixant les indemnités de résidence dues au personnel enseignant des Écoles primaires publiques (*à sa date*), et les notes en renvoi.

1. Des modifications ont été apportées à ce tableau par les décrets du 15 *septembre* 1890 (*Bull. adm.*, 1890, t. XLVIII, p. 645).

pulation par décret rendu dans la forme des règlements d'administration publique. Cette revision ne produira d'effet qu'à partir du 1er janvier suivant. Il sera statué ultérieurement sur les indemnités de résidence dues au personnel enseignant :

1° Dans les Écoles primaires publiques pour chaque localité possédant des Écoles de section;

2° Dans les Écoles primaires publiques dont la circonscription s'étend sur le territoire de plusieurs communes;

3° Dans les Écoles primaires publiques de la ville de Paris, des autres villes ayant plus de 100 000 habitants de population agglomérée, et des communes du département de la Seine ayant plus de 1 000 habitants de population agglomérée.

ART. 2. — Les indemnités de résidence à la charge des communes seront payées mensuellement par les receveurs municipaux, après mandatement du maire. Les indemnités de 200 francs et au-dessous seront payables seulement par trimestre.

ART. 3[1]. — Toutefois, lorsque l'indemnité de résidence devra servir, en totalité ou en partie, à compléter : 1° pour les instituteurs laïques le traitement garanti, soumis aux retenues pour pensions civiles, qui leur est acquis par application des articles 32, 33 et 34 de la loi; 2° pour les instituteurs congréganistes, le traitement fixe qui leur est assuré par l'article 51 de la loi, cette indemnité sera mandatée par le Préfet, en même temps que le traitement à la charge de l'État, sur les crédits du Ministère de l'Instruction publique. A cet effet, le montant de l'indemnité de résidence sera versé, à la fin de chaque trimestre, par le receveur municipal de la commune débitrice à la caisse du receveur des finances de l'arrondissement, au titre de « *Fonds de concours pour dépenses publiques* ».

ART. 4[1]. — Avant l'expiration de chaque trimestre, les trésoriers généraux recevront un titre de perception, présentant le détail des indemnités de résidence à recouvrer à titre de *fonds de concours* sur les communes de leur département.

1. Les articles 3 et 4 de ce décret ont été abrogés par l'article 71 de la loi de finances du 26 *janvier* 1892 (voir *à sa date*).

15 mars 1890.

Arrêté créant une École manuelle d'apprentissage des industries du livre, à Paris, sous le nom d'« École Estienne ».

15 Mars 1890.

Le Ministre de l'Instruction publique et des Beaux-Arts,

Vu la loi du 11 décembre 1880 sur les Écoles manuelles d'apprentissage et les Écoles professionnelles;

Vu la loi organique du 30 octobre 1886;

Vu le règlement d'administration publique du 17 mars 1888;

Vu les décrets des 4 février et 27 mai 1888;

Vu la loi du 19 juillet 1889;

Vu les délibérations du Conseil municipal de Paris, en date des 22 juillet 1887 et 24 décembre 1889;

Vu la décision du Conseil départemental de l'enseignement primaire, en date du 23 novembre 1889;

Sur l'avis conforme du Président du Conseil, Ministre du Commerce, de l'Industrie et des Colonies,

Arrête :

Une École manuelle d'apprentissage des industries du livre est créée, à Paris, sur les terrains communaux sis boulevard d'Italie et rue de Gentilly.

Cette École prendra le nom d'*École Estienne*.

---

15 mars 1890.

Circulaire du Ministre de l'Instruction publique, relative aux Précautions à prendre, dans les établissements d'instruction publique, à l'égard des élèves atteints de Maladies contagieuses.

15 Mars 1890.

Monsieur le Recteur, dans des circulaires en date des 25 septembre 1882 et 1er mars 1888, deux de mes honorables prédécesseurs, après avoir pris l'avis de l'Académie de Médecine, vous ont fait connaître la durée de la période d'isolement à laquelle doivent être soumis les élèves des Lycées et Collèges atteints de certaines maladies contagieuses, ainsi que les précautions à prendre tant au point de vue de leur rentrée dans l'établissement que pour l'assainissement des locaux qu'ils ont occupés et des objets d'habillement et de literie dont ils ont fait usage pendant leur maladie[1].

1. « Ces prescriptions trouvant également leur application dans les Écoles primaires, je vous serai obligé de les porter à la connaissance du personnel par la voie du Bulletin.

« Chaque fois que l'absence d'un élève sera occasionnée par l'une des maladies ci-

Ces prescriptions, j'en suis convaincu, n'ont pas été perdues de vue. Toutefois, à la suite d'une nouvelle communication qui m'a été adressée par l'Académie de Médecine, je crois utile de les rappeler aux chefs d'établissements et de signaler en même temps à leur attention les mesures à prendre pour deux affections également contagieuses qui peuvent présenter des dangers pour la salubrité des établissements d'instruction publique de tout ordre, et dont il n'était pas question dans les circulaires rappelées plus haut.

MALADIES DÉJA SIGNALÉES.

1° Les élèves atteints de la varicelle, de la variole, de la scarlatine, de la rougeole, des oreillons, de la diphtérie ou de la coqueluche seront strictement isolés de leurs camarades;

2° La durée de l'isolement sera comptée à partir du début de la maladie (premier jour de l'invasion); elle sera de 40 jours pour la variole, la scarlatine et la diphtérie; de 25 jours pour la varicelle, la rougeole et les oreillons. En ce qui concerne la coqueluche, dont la durée est extrêmement variable, on ne devra autoriser la rentrée que 30 jours après la disparition absolue des quintes caractéristiques;

3° Pour les maladies éruptives (variole, varicelle, scarlatine, rougeole), l'isolement cessera seulement lorsque le convalescent aura pris deux ou trois bains savonneux et aura été soumis à autant de frictions générales huileuses, portant même sur le cuir chevelu;

4° Les vêtements que l'élève avait au moment où il est tombé malade devront être passés dans une étuve à vapeur sous pression, ou soumis à des fumigations sulfureuses, puis bien nettoyés;

5° La chambre qui avait été occupée par le malade devra être bien aérée. Les parois et les meubles seront rigoureusement désinfectés; les objets de literie seront passés à l'étuve à vapeur sous pression; enfin, les matelas préalablement défaits seront soumis au même traitement;

6° Dans aucun cas, l'élève qui aura été atteint en dehors d'un établissement d'instruction publique de l'une des maladies contagieuses énumérées ci-dessus ne pourra être réintégré que muni d'un certificat du médecin constatant la nature de la maladie et les délais écoulés, et attestant que cet élève a satisfait aux prescriptions indiquées. Enfin, la réception de l'élève restera toujours subordonnée à un examen du médecin de l'établissement.

MALADIES SIGNALÉES POUR LA PREMIÈRE FOIS.

Pelade.

Les épidémies de pelade ont sévi quelquefois, et dernièrement encore, dans des établissements d'instruction publique.

Pour prévenir la contagion de la pelade, sans cependant entraver l'instruction des jeunes gens atteints d'une maladie dont la transmission n'est pas fatale et dont l'évo-

après : variole, varicelle, scarlatine, rougeole, diphtérie, oreillons, l'instituteur, l'institutrice ou la directrice d'École maternelle ne devront recevoir cet enfant qu'après s'être assurés que la période d'isolement est écoulée.

« Cette période, qui doit être comptée à partir du début de la maladie, est de 40 jours pour la variole, la scarlatine et la diphtérie, de 25 jours pour la varicelle, la rougeole et les oreillons.

« Quant aux enfants atteints de la coqueluche, maladie dont la durée est extrêmement variable, ils ne pourront être admis de nouveau dans les Écoles qu'en présentant un certificat du médecin inspecteur des Écoles ou, à son défaut, du médecin traitant, attestant qu'ils sont guéris depuis un mois. » (*Circulaire aux Préfets en date du 25 mars 1890.*)

lution est souvent assez longue, l'Académie de Médecine conseille l'adoption des mesures ci-après :

Les jeunes gens peladiques ne pourront être admis que sur la présentation d'un certificat du médecin de l'établissement attestant la possibilité de recevoir le sujet. Ils seront séparés pendant les classes et isolés pendant les récréations. Si la présence d'un de ces malades, admis ou conservés par tolérance, venait à occasionner des cas nouveaux, la tolérance cesserait aussitôt.

Pour préserver les sujets sains, les contacts immédiats seront évités en obligeant les peladiques à maintenir leur tête couverte ou au moins la partie malade. Les autres élèves seront prévenus de n'employer aucun objet appartenant à leurs camarades et particulièrement les objets qui ont été en rapport avec la tête et la face de ceux-ci.

L'échange des coiffures, cause fréquente de transmission, sera sévèrement interdit. Les objets de toilette du malade lui seront exclusivement réservés ainsi que sa literie, spécialement les oreillers et traversins.

Enfin, comme mesures de prophylaxie générale, l'Académie, tout en laissant au médecin traitant sa liberté complète, demande que, pendant toute la durée de la maladie, les élèves aient les cheveux tenus courts sur toute la tête; chaque matin, les parties malades seront exactement lavées à l'eau chaude et au savon, sans préjudice des moyens thérapeutiques que le médecin jugera utile d'appliquer et dont il conserve la plus libre disposition. Ces mesures ont pour seul but d'éliminer régulièrement de la surface de la tête tout élément qui y serait déposé, et qui pourrait être un agent de transmission; elles sont absolument de rigueur. Il sera prudent de les continuer longtemps après la guérison confirmée, non seulement pour assurer celle-ci, mais encore pour prémunir les sujets sains contre la contamination directe ou indirecte, au cas, très fréquent, de guérison imparfaite ou de récidive. Enfin, tous les objets ayant été en contact avec la tête des peladiques seront désinfectés, sinon détruits. Cette mesure est nécessaire, même pour le peladique, qui peut être réinfecté par ses propres coiffures.

Il me reste, Monsieur le Recteur, à vous entretenir de la tuberculose, dont l'Académie de Médecine signale les progrès menaçants, et je ne saurais mieux faire que de vous communiquer les conclusions adoptées à ce sujet par la haute assemblée dans sa séance du 28 janvier 1890 :

Tuberculose.

1° La tuberculose est une maladie parasitaire et contagieuse;

2° Le microbe, agent de la contagion, existe surtout dans les poussières qu'engendrent les crachats desséchés des phtisiques et le pus des plaies tuberculeuses;

3° Le plus sûr moyen d'empêcher la contagion consiste donc à détruire les crachats et le pus, avant leur dessiccation, par l'eau bouillante et par le feu;

4° Le parasite se trouve aussi quelquefois dans le lait des vaches tuberculeuses; il est donc prudent de n'employer le lait qu'après l'avoir fait bouillir;

5° L'Académie appelle l'attention des autorités compétentes sur les dangers que les tuberculeux font courir aux diverses collectivités dont elles ont la direction, telles que Lycées, Collèges, etc.

En me transmettant ces conclusions[1], M. le secrétaire perpétuel de l'Académie de Médecine fait remarquer que les quatre premiers paragraphes sont d'ordre exclusivement scientifique et s'adressent surtout au corps médical. Le

1. Consulter l'ensemble des documents suivants sur les maladies contagieuses et l'hygiène dans les Écoles primaires :

Circulaire du 1er *mars* 1888, aux Recteurs, relative aux précautions à prendre

dernier paragraphe, au contraire, est pour ainsi dire d'ordre purement administratif, et l'Académie ne se dissimule pas les difficultés que présentera l'appli-

pour les élèves atteints de maladies contagieuses et à la durée de la période d'isolement (*Circ.*, t. X, p. 252);

— 15 *juin* 1888, aux Préfets, rappelant les dispositions de l'arrêté du 18 décembre 1848 relatif à l'hygiène scolaire (*Ibid.*, p. 297);

— 10 *octobre* 1888, aux Préfets et aux Recteurs, relatives aux mesures préventives à prendre contre la contagion de la pelade (*Ibid.*, p. 358 et 359);

Arrêté du 29 *décembre* 1888, relatif à la revaccination des élèves des Écoles primaires (*à sa date*);

Circulaire du 12 *mai* 1889, aux Préfets, relative aux certificats de revaccination prescrits par l'arrêté du 29 décembre 1888 (*Circ.*, t. X, p. 416);

— 25 *juillet* 1889, aux Préfets, relative à la participation des instituteurs à l'établissement de la statistique sanitaire (*à sa date*);

Avis relatif à la vaccination et à la revaccination des élèves des Écoles primaires publiques élémentaires et supérieures (*Bull. adm.*, 1890, t. XLVIII, p. 62);

Circulaire du 20 *novembre* 1890, aux Recteurs, prescrivant une enquête sur la qualité de l'eau mise comme boisson à la disposition des élèves des établissements d'enseignement public (*Circ.*, t. XI, p. 315);

— 8 *décembre* 1890, aux Recteurs, sur le même objet (*Ibid.*, p. 318);

— 29 *août* 1892, aux Préfets, relative à l'obligation de consulter les Conseils d'hygiène pour les constructions de maisons d'école (*Ibid.*, p. 605);

— 29 *septembre* 1892, aux Recteurs, relative aux mesures d'hygiène à prendre dans les établissements d'instruction publique (*à sa date*);

Arrêté du 18 *janvier* 1893, relatif à des dispositions additionnelles à l'arrêté du 18 janvier 1887 en ce qui concerne les questions d'hygiène scolaire (*à sa date*);

Circulaire du 13 *mars* 1893, aux Préfets, relative aux mesures d'hygiène à prendre dans les établissements d'enseignement publics et privés (*Circ.*, t. XI, p. 655);

Arrêté du 18 *août* 1893, avec règlement modèle, relatif aux prescriptions hygiéniques à prendre dans les Écoles primaires pour prévenir et combattre les épidémies (*à sa date*);

Circulaire du 24 *août* 1894, aux Préfets, rappelant les prescriptions relatives à l'avis obligatoire du Conseil d'hygiène dans le cas d'ouverture d'École (*à sa date*);

Arrêté du 2 *janvier* 1895, accordant des récompenses aux instituteurs et institutrices qui ont contribué le plus activement à propager les vaccinations et revaccinations dans les Écoles (*Bull. adm.*, 1895, t. LVII, p. 80);

Circulaire du 13 *janvier* 1895, aux Préfets, sur le même objet (*à sa date*);

Rapport du 16 *juillet* 1895, par M. STEEG au Ministre, sur les mesures à prendre pour combattre l'alcoolisme (*Bull. adm.*, 1895, t. LVIII, p. 284);

Circulaire du 2 *août* 1895, aux Préfets et aux Recteurs, relative au rapport de M. Steeg (*à sa date*);

— 30 *janvier* 1896, aux Recteurs, relative à l'alcoolisme (*à sa date*);

— 14 *mars* 1896, aux Préfets, relative aux maladies épidémiques et contagieuses dans les Écoles primaires (*à sa date*), avec Instruction à remettre par les instituteurs aux familles des écoliers atteints de maladies épidémiques et contagieuses;

— 27 *octobre* 1896, aux Recteurs, relative aux prescriptions à suivre dans les établissements d'enseignement public pour les soins à donner aux élèves atteints de maladies contagieuses et épidémiques (*Bull. adm.*, 1896, t. LX, p. 854);

— 4 *janvier* 1897, aux Recteurs et aux Inspecteurs d'Académie, relative à l'ouverture des Écoles publiques et privées en ce qui concerne les conditions d'hygiène (*à sa date*);

— 9 *mars* 1897, aux Recteurs, relative à l'enseignement anti-alcoolique dans les établissements d'instruction publique, suivie d'un programme des matières à enseigner (*à sa date*);

Rapport du 20 *mars* 1897, présenté par M. MARILLIER au Ministre, sur les moyens de combattre l'alcoolisme (*Bull. adm.*, 1897, t. LXI, p. 397).

cation de toute mesure de prophylaxie vraiment efficace dans les établissements d'instruction.

Isoler de ses camarades ou rendre à sa famille un jeune homme sous prétexte d'un état de santé dont ni lui ni les siens ne soupçonnent et ne doivent soupçonner la gravité est en effet chose bien délicate. Une décision aussi grave, entraînant des conséquences aussi sérieuses, ne devra jamais être prise que sur l'avis fortement motivé du médecin de l'établissement, et même après consultation de plusieurs médecins. Mais avec quelle prudence les chefs d'établissement ne devront-ils pas s'efforcer de justifier même un simple isolement, à plus forte raison l'exclusion, aux yeux de l'élève et de sa famille, qui ne se doutent pas du danger dont ils sont menacés; quelles ingénieuses raisons ne devront-ils pas invoquer pour leur persuader que ces mesures sont prises uniquement dans l'intérêt du sujet lui-même!

Ce ne sera pas trop du tact le plus délicat pour mener à bien une pareille mission. Mais je connais le dévouement de nos fonctionnaires et l'intérêt qu'ils portent aux enfants confiés à leurs soins, et je sais d'avance qu'ils sauront, le cas échéant, apporter toute la prudence et tous les ménagements nécessaires à l'accomplissement du pénible devoir qui pourrait leur incomber.

En terminant, Monsieur le Recteur, je n'ai pas besoin d'insister auprès de vous sur l'importance de la présente circulaire. Je vous prie de vouloir bien en faire parvenir un exemplaire à MM. les Inspecteurs d'Académie, à MM. les proviseurs et principaux des Lycées et Collèges de garçons, à MM. les directeurs d'Écoles normales et à MM. les Inspecteurs primaires, à Mmes les directrices des Lycées, Collèges, Cours secondaires et Écoles normales de jeunes filles de votre ressort, ainsi qu'aux médecins de ces établissements, et je vous serai obligé de veiller personnellement à l'exécution des dispositions qu'elle contient.

Recevez, etc.

Signé : A. FALLIÈRES.

---

24 mars 1890. **Circulaire du Ministre de l'Instruction publique, relative à l'établissement d'une première liste de maîtres appartenant aux Classes provisoires à porter immédiatement à la Classe définitive avec traitement normal.**

24 Mars 1890.

Monsieur le Préfet, les états de classement du personnel enseignant des Écoles primaires, dressés en exécution de la loi du 19 juillet 1889, me sont parvenus de presque tous les départements. Il va donc m'être possible, sous peu de jours, de connaître exactement les sommes nécessaires pour mettre en vigueur la nouvelle échelle des traitements.

L'œuvre des Commissions spéciales instituées par l'article 41 est terminée; la vôtre commence.

Sans doute, la loi elle-même a prévu un délai maximum de huit ans pour l'application intégrale du nouveau régime; mais l'application partielle n'en doit pas moins commencer immédiatement. Et le Gouvernement tient à honneur de ne pas différer d'un seul jour les mesures qu'il lui appartient de prendre dans la limite des crédits actuellement à sa disposition. Il ne doute pas, d'ailleurs, que le Parlement ne soit décidé à y ajouter dès cette année, comme l'engagement moral en a été pris devant le pays, la première des huit annuités prévues par l'article 52 : le vote de la loi emportait, suivant l'expression du rapporteur de la Commission du budget, « la reconnaissance d'une dette précise de l'État » ; les Chambres, qui restent libres d'en fixer l'échéance, voudront assurément qu'elle soit acquittée dans le plus bref délai possible.

Quel devra être l'emploi de cette première fraction de l'augmentation totale ? Il nous a été d'avance indiqué par le législateur : c'est par les plus humbles traitements que doit commencer l'amélioration. Ce sont les « classes provisoires » qui doivent disparaître avant tout. On appelle, en effet, classes provisoires celles où les maîtres continueraient de recevoir un traitement inférieur au minimum du traitement légal de la dernière classe. La disparition de cette pénible anomalie sera évidemment l'objet de nos efforts immédiats.

Il n'est malheureusement pas possible de supprimer en une seule fois, et dès cette année, la totalité des classes provisoires. Nous devrons diviser l'opération en séries correspondant à l'urgence des besoins. C'est la première de ces séries que je vous demande, Monsieur le Préfet, de déterminer sans aucun retard. Vous voudrez bien, à cet effet, vous entendre avec M. l'Inspecteur d'Académie, dont vous avez à provoquer les propositions pour tout cet ordre de décisions, absolument comme pour les nominations et les promotions (*art.* 27 *et* 29 *de la loi du* 30 *octobre* 1886 *et* 50 *de la loi du* 19 *juillet* 1889).

Ce travail suppose que vous soyez approximativement fixé sur deux points, savoir :

1° Le montant du crédit qui sera mis à votre disposition, en vue de l'augmentation afférente à l'exercice 1890 ;

2° Les règles d'après lesquelles le Gouvernement désire qu'il en soit fait emploi.

Sur le premier point, vous pouvez provisoirement évaluer le montant du crédit qui sera alloué à votre département à la somme nécessaire pour augmenter, en moyenne, de 50 francs les instituteurs et institutrices rangés dans les classes provisoires qui rempliraient par leurs années de services les conditions requises pour être immédiatement rattachés à la classe définitive. (Resteront, bien entendu, en dehors de ce nombre, les maîtres exerçant dans les communes désignées au quatrième paragraphe de l'article 12 de la loi, c'est-à-dire dans les villes de 100 000 âmes et dans le département de la Seine ; le sort de ces maîtres est largement assuré par les dispositions spéciales de la loi à leur égard.)

Sur le second point, je tiens à vous laisser une grande latitude pour désigner, d'accord avec M. l'Inspecteur d'Académie, les fonctionnaires de la 6e classe provisoire des titulaires ou de la 2e des stagiaires qui, par leur âge, leur ancienneté de services et l'insuffisance de leurs émoluments, ont les droits les plus pressants à un relèvement immédiat de situation.

Je tiens seulement à appeler votre attention sur quelques cas particuliers qui demandent un prompt remède, et que vous jugerez sans doute avec moi devoir être réglés dès cette année.

J'estime qu'il y aurait lieu, et qu'il serait possible de faire passer immédiatement à la cinquième classe :

1° Les instituteurs et institutrices ayant plus de cinq ans de services, possédant le certificat d'aptitude pédagogique et jouissant dès à présent — grâce aux suppléments facultatifs communaux ou grâce à l'éventuel — d'un traitement de fait (soumis à retenue) égal ou supérieur à 1 000 francs ;

2° Les instituteurs et institutrices en possession d'un traitement garanti qui dépasse 950 francs : la nouvelle loi ne fractionnant pas les augmentations au-dessous de 50 francs (*art.* 37), il convient de considérer comme une simple régularisation leur inscription immédiate dans la cinquième classe;

3° Les instituteurs et institutrices qui, n'ayant aucun supplément facultatif, comptent plus de quinze ans de durée totale de services, quand bien même leur titularisation ne remonterait pas au delà de cinq ans.

De même, il conviendrait de faire passer tout d'abord à la classe permanente des stagiaires :

1° Les institutrices qui jouissaient de suppléments facultatifs ou d'un traitement éventuel;

2° Celles qui avaient quatre ans d'exercice au moins au 1er janvier 1890.

D'ailleurs, pour qu'il vous soit facile de calculer exactement la dépense qui correspondrait aux diverses éventualités suivant le mode de répartition qui sera adopté, et pour qu'il me soit possible à moi-même de déterminer définitivement les catégories de personnel à faire passer en première ligne pour cette augmentation initiale, je vous prie de faire remplir les états nominatifs ci-joints qui présentent le relevé détaillé de la dépense correspondant à ces diverses catégories.

Je vous saurai gré de m'envoyer par le retour du courrier, à titre de première indication sommaire et approximative, le nombre d'instituteurs et institutrices des classes provisoires que vous comptez proposer pour cette augmentation dès 1890.

Ensuite, et dans le plus bref délai possible, vous voudrez bien vous concerter avec M. l'Inspecteur d'Académie pour faire remplir les cadres ci-annexés et pour m'adresser vos propositions avec les observations auxquelles ce travail vous paraîtra pouvoir donner lieu. Je tiens essentiellement à pouvoir publier les résultats pour toute la France au plus tard pour la rentrée de Pâques.

Recevez, etc.

Signé : LÉON BOURGEOIS.

---

29 mars 1890. **Décret relatif à l'Administration et à la Comptabilité des Écoles normales primaires et aux Prestations en nature à concéder au personnel de ces Écoles[1].**

29 Mars 1890.

Le Président de la République française,

Sur le rapport du Ministre de l'Instruction publique et des Beaux-Arts, du Ministre de l'Intérieur et du Ministre des Finances;

1. Consulter :

Circulaire du 29 *avril* 1890, aux Préfets, relative à l'application du décret du 29 mars 1890 (*Circ.*, t. XI, p. 148);

Instruction du 30 *décembre* 1890 en 112 articles (*Ibid.*, p. 330), avec la nomenclature des pièces justificatives et le modèle des imprimés : *Règlement et instruction sur l'administration et la comptabilité des Écoles normales;* 1 vol. in-4° de 408 pages (Imp. Natle, 1890);

Circulaire du 2 *février* 1891, aux Recteurs, relative à l'application du décret du

Vu l'article 47 et les paragraphes 12 et 16 de l'article 48 de la loi du 19 juillet 1889 ;

Vu les lois des 9 août 1879 et 16 juin 1881 ;

Vu le règlement de comptabilité du Ministère de l'Instruction publique en date du 16 octobre 1867 ;

Vu le décret relatif à l'organisation des Écoles normales primaires en date du 18 janvier 1887 ;

Vu les décrets des 29 juillet 1882 et 16 avril 1883, portant règlement pour l'administration et la comptabilité intérieure des Écoles normales primaires ;

Vu l'avis du Conseil supérieur de l'Instruction publique en date du 8 novembre 1889 :

Le Conseil d'État entendu,

Décrète :

TITRE Ier. — De l'Administration des Écoles normales primaires.

ARTICLE 1er. — Chaque École normale primaire est administrée par un directeur et un Conseil d'administration.

Un économe ou, dans le cas prévu à l'article 21 de la loi du 19 juillet 1889, un maître faisant fonctions d'économe est chargé, sous l'autorité du directeur, de la comptabilité et de la gestion de l'établissement.

Le directeur et l'économe sont nommés par le Ministre de l'Instruction publique.

Le Conseil d'administration est désigné dans les conditions déterminées par le dernier paragraphe de l'article 47 de la loi du 19 juillet 1889.

ART. 2. — Le Conseil d'administration donne son avis sur le budget et les comptes de l'École normale, ainsi que sur les demandes de crédits supplémentaires, dans les conditions déterminées au titre II du présent règlement.

Il est consulté sur les actions judiciaires que l'École normale doit intenter ou auxquelles elle doit défendre.

Il fixe, sur la proposition du directeur et sous réserve de l'approbation du Ministre de l'Instruction publique, le nombre et les gages des gens de service attachés à l'École, la distribution des locaux

29 mars 1890, concernant la comptabilité des Écoles normales primaires (*Circ.*, t. XI, p. 406);

— 13 *janvier* 1896, aux Recteurs, relative à la modification d'une disposition de l'instruction du 30 décembre 1890 (*Bull. adm.*, 1896, t. LIX, p. 44).

entre les différents services de l'École, le mode de chauffage et d'éclairage, la ration journalière et les frais d'entretien des élèves-maîtres.

Il soumet au Recteur des propositions pour la nomination des médecins de l'École.

ART. 3. — Le Conseil d'administration doit visiter l'École tous les mois : il adresse, au mois de juillet, chaque année, au Recteur un rapport sur la situation matérielle de l'établissement.

Ce rapport est communiqué au Préfet par le Recteur.

ART. 4. — Le directeur engage et ordonnance les dépenses dans les limites des crédits régulièrement alloués. Il passe les marchés.

Il surveille et contrôle toutes les parties du service de l'économat, sans pouvoir s'immiscer dans le maniement des deniers et des matières.

Il représente l'École en justice, mais ne peut engager aucune action ou y défendre sans l'avis du Conseil d'administration et l'autorisation du Conseil de préfecture.

Il assiste aux séances du Conseil d'administration avec voix consultative, s'il n'est pas désigné par le Recteur pour faire partie de ce Conseil par application de l'article 47 de la loi du 19 juillet 1889.

ART. 5. — L'économe règle, sous l'autorité du directeur, tous les détails du service intérieur[1]. Il choisit, avec l'agrément du directeur, les gens de service.

Il discute les conditions des marchés et prépare les cahiers des charges.

Il est chargé, comme agent comptable, d'effectuer, conformément aux dispositions du titre II du présent règlement, toutes les recettes et toutes les dépenses de l'École et de faire tous les actes nécessaires pour assurer la conservation des biens appartenant à l'École.

Il a la garde des titres de propriété ou de rente et des valeurs appartenant à l'École.

Il assiste à la réception des fournitures de toute espèce ; il en vérifie la quantité et la qualité.

ART. 6. — Les marchés pour le compte de l'École sont faits dans les conditions déterminées pour les marchés communaux par l'ordonnance du 14 novembre 1837. Ils doivent autant que possible être passés pour une année.

1. Consulter la circulaire du 15 *décembre* 1895, aux Recteurs, relative à l'allocation accordée aux professeurs des Écoles normales primaires chargés de l'économat (*Bull. adm.*, 1895, t. LVIII, p. 941). — Voir, pour le cautionnement, les art. 55 et 56 de la loi de finances du 13 *avril* 1898 (*à sa date*).

Les articles de consommation qui ne peuvent être l'objet d'un marché préalable, et doivent par suite être achetés au comptant, sont désignés par le Conseil d'administration.

ART. 7. — Il est établi, dans chaque École, une table commune à laquelle ne sont admis que les élèves-maîtres et les maîtres internes chargés de la surveillance[1].

Dans les Écoles normales d'institutrices, les maîtresses ainsi que les économes et les directrices peuvent être autorisées par le Ministre de l'Instruction publique à prendre leurs repas à la table commune. Cette autorisation ne peut être donnée au personnel spécial chargé d'un enseignement accessoire[2].

Tous les membres du personnel enseignant ou administratif admis à la table commune doivent verser une somme de 400 francs par personne et par an.

ART. 8. — La fourniture du trousseau est à la charge des familles.

ART. 9. — Les prestations à la charge de l'École comprennent :

1° Les dépenses d'infirmerie pour les élèves-maîtres et les maîtres internes;

2° Le chauffage et l'éclairage du cabinet du directeur, du bureau de l'économe, des chambres des maîtres internes.

Les prestations comprises au paragraphe 2 sont fixées par le Conseil d'administration.

ART. 10. — Dans les Écoles normales, le mobilier comprend les objets suivants :

1° Sièges, tables et pupitres pour les élèves et pour les maîtres;

2° Appareils de chauffage et d'éclairage;

3° Meubles et ustensiles de cuisine;

4° Lits des élèves avec la literie complète (sommiers, matelas, draps, couvertures, traversin, oreiller), armoire, descente de lit, chaise;

5° Draps, serviettes de toilette et linge de table pour les personnes admises à la table commune et pour les gens de service[3];

1. Voir la circulaire du 8 *décembre* 1890, aux Recteurs, relative à la qualité de l'eau mise comme boisson à la disposition des élèves des Écoles normales primaires (*Circ.*, t. XI, p. 318).

2. Voir la circulaire du 19 *mai* 1893, aux Préfets et aux Recteurs, concernant les maîtres auxiliaires des Écoles normales primaires (*Ibid.*, p. 681).

3. « Monsieur l'Inspecteur, conformément à l'avis exprimé par la majorité des directeurs et des directrices de nos Écoles normales, j'ai fait connaître à M. le Ministre que les serviettes de toilette et le linge de table à l'usage des élèves-maîtres devaient faire partie du trousseau fourni par la famille et non des objets dont l'acquisition l'entretien et le renouvellement sont à la charge du département. M. le Ministre me répond :

« En me reportant au texte des articles 7, § 1er, et 10 du décret du 29 mars 1890,

6° Meubles pour la salle de Commission, pour le cabinet du directeur ou de la directrice et de l'économe, pour les chambres de l'éco-

il m'avait d'abord paru évident que toutes les personnes admises à la table commune, c'est-à-dire les élèves-maîtres comme les élèves internes, avaient droit à la prestation des objets énumérés à l'article 10, § 5. J'ai remarqué toutefois que les 4° et 6°, ainsi que le dernier paragraphe du même article, peuvent être interprétés comme établissant une distinction entre les deux catégories de commensaux de la table commune, et comme réservant la prestation des objets dont il s'agit aux seuls maîtres internes. En présence de cette équivoque, j'ai pensé qu'il conviendrait de consulter sur ce point le Conseil d'État, auteur du règlement, ou du moins l'un des membres du Conseil qui s'en sont le plus particulièrement occupés. Vous voudrez bien surseoir à la mise en pratique de mes instructions du 16 novembre dernier, jusqu'à ce que je me sois éclairé sur les questions qui nous occupent. » (*Circulaire du Vice-Recteur de Paris aux Inspecteurs du ressort*, 16 décembre 1891.)

Les instructions du 16 *novembre* 1891 étaient ainsi conçues :

« La fourniture du trousseau constitue, pour les familles de beaucoup d'élèves de nos Écoles normales, une dépense assez lourde qu'il convient de chercher à diminuer dans la mesure du possible.

« Quelques Conseils généraux inscrivent annuellement au budget départemental une somme destinée à aider les familles à payer le trousseau en tout ou en partie. C'est là une mesure excellente qui peut favoriser le recrutement de nos Écoles normales, et il serait bien à désirer qu'elle se généralisât; mais il me paraît possible de dégrever les familles d'une manière sensible en rappelant simplement aux départements les obligations qui leur incombent.

« En examinant, en effet, la liste détaillée, jointe à l'appui d'une demande formée par Mlle X..., des objets dont sa famille a dû faire l'acquisition pour son trousseau, j'ai remarqué que cette liste contenait deux séries d'objets qui n'auraient pas dû y figurer : draps, serviettes de toilette et de table, et matériel d'enseignement à usage individuel : règle, équerre, compas, etc.

« Les objets de literie, le linge de toilette et de table, aux termes du § 4 de l'article 10 du règlement d'administration publique du 29 mars 1890, le matériel d'enseignement à usage individuel des élèves-maîtres, en vertu de l'article 13 du règlement d'administration publique du 29 janvier 1890, doivent, en effet, être fournis par les départements.

« Mon collègue de l'Intérieur, que j'ai consulté tout récemment au sujet d'un vote par lequel un Conseil général avait refusé la somme nécessaire à l'acquisition des draps de lit pour les élèves d'une École normale, n'hésite pas à penser avec moi que les charges financières imposées aux départements par les règlements d'administration publique, rendus en vertu de l'article 48 de la loi du 19 juillet 1889, constituent pour eux des dépenses rigoureusement obligatoires, et que, dans le cas où un Conseil général se refuserait à voter les crédits nécessaires au payement de ces dépenses, il pourrait y être pourvu au moyen d'une imposition d'office.

« Je vous serai obligé, Monsieur le Vice-Recteur, de vouloir bien faire part de ces observations à MM. les Inspecteurs d'Académie des divers départements de votre ressort, afin qu'ils puissent conférer de la question avec MM. les Préfets, et leur demander de saisir les Conseils généraux de toutes les demandes de matériel dont l'acquisition et l'entretien incombent au département. J'aime à penser que les assemblées départementales tiendront à honneur de voter les crédits nécessaires au bon fonctionnement de leurs Écoles normales, et que je ne me verrai pas dans la nécessité de recourir à l'imposition d'office.

« J'ajouterai que les élèves des Écoles normales ayant, cette année-ci encore, apporté presque partout les draps et serviettes à leur usage, il conviendrait, afin de ne pas imposer aux départements une charge trop lourde, de ne pas acheter en une seule fois tout le linge nécessaire à l'École. La dépense pourrait être répartie sur trois exercices, en faisant seulement, pendant chacune de ces trois années, l'acquisition des

nome, des maîtres chargés de la surveillance, et pour les chambres des maîtresses;

7° Mobilier pour la bibliothèque et pour le cabinet des collections;

8° Mobilier nécessaire à l'infirmerie.

Aucune prestation en nature autre que celles prévues à l'article 9 et au paragraphe 5 du présent article n'est autorisée pour les personnes admises à la table commune et pour les gens de service.

Art. 11. — Dans les Écoles normales primaires où n'existent pas les bâtiments nécessaires au logement de la totalité ou de partie des élèves-maîtres, les allocations à payer pour le logement des élèves non logés à l'École normale et pour la fourniture des objets mobiliers prévus aux paragraphes 4 et 5 de l'article 10 sont à la charge du département. Ces allocations sont fixées par le Ministre de l'Instruction publique, après avis du Conseil général. Le montant en est versé à la caisse de l'École normale.

Art. 12. — Le prix de logement des élèves demi-pensionnaires ainsi que le prix de pension des élèves externes sont fixés par le Ministre de l'Instruction publique sur la proposition du Recteur.

La pension des élèves externes comprend :

1° Le logement;

2° La fourniture des objets prévus aux paragraphes 4 et 5 de l'article 10;

3° La nourriture;

4° Le chauffage;

5° Le blanchissage et le menu raccommodage du linge et des effets d'habillement.

Le montant de la pension ou du logement est payé directement par l'économe aux personnes qui reçoivent des élèves externes ou demi-pensionnaires.

Art. 13. — Les dépenses des Écoles annexes, quand ces Écoles sont installées dans les bâtiments de l'École normale, sont à la charge de l'École normale pour le chauffage et l'éclairage, et à la charge du département pour la fourniture du mobilier.

Dans le cas où les Écoles annexes ne sont pas installées dans les bâtiments de l'École normale, elles sont soumises au même régime que les Écoles primaires publiques.

Art. 14. — Le jardin de l'École est affecté en totalité aux promenades, aux récréations et aux travaux horticoles des élèves-maîtres,

objets nécessaires aux nouveaux élèves qui entreront à l'École. La première mise de fonds une fois faite, le département n'aurait plus qu'à voter les crédits nécessaires à l'entretien et à pourvoir au renouvellement des objets usés. »

ainsi qu'à la culture des légumes et fruits nécessaires à l'École normale. Si la production est supérieure à la consommation, les légumes et fruits sont vendus au profit de l'École normale.

TITRE II. — De la Comptabilité.

SECTION I. — *Du Budget.*

ART. 15. — Le budget de l'École normale se divise en budget ordinaire et budget extraordinaire.

ART. 16. — Les recettes du budget ordinaire se composent :

1° Des prix de pension pour les élèves-maîtres, fixés conformément au tarif déterminé annuellement pour chaque École normale par le Ministre de l'Instruction publique, et payés par l'État conformément aux dispositions de l'article 25 du présent règlement;

2° Du prix de pension payé par le personnel de l'École admis à la table commune;

3° Du revenu des biens appartenant à l'École ou dont elle a la jouissance;

4° Des remboursements pour dégradations et objets perdus;

5° Des allocations dues par le département dans le cas prévu à l'article 11.

ART. 17. — Les dépenses du budget ordinaire comprennent :

1° Les dépenses de nourriture;

2° Les dépenses de blanchissage du linge, menu raccommodage du linge et des effets d'habillement des élèves-maîtres;

3° Les frais du service intérieur;

4° Les dépenses diverses [1];

5° Les dépenses d'ordre du montant des produits du jardin consommés en nature;

6° Les dépenses pour le logement des élèves demi-pensionnaires ou externes.

ART. 18. — Les recettes du budget extraordinaire se composent :

1° Du prix des immeubles aliénés;

2° Du produit des aliénations des rentes sur l'État;

1. « Monsieur l'Inspecteur, j'ai été consulté sur la question de savoir sur quel article du budget des Écoles normales primaires devait être imputé le montant des honoraires dus aux médecins assermentés adjoints aux médecins des Écoles pour procéder à l'examen d'aptitude physique des candidats à ces établissements.

« Après avoir pris les instructions de M. le Ministre, j'ai l'honneur de vous informer que ces dépenses doivent être prélevées sur l'article 7 (honoraires du médecin) des dépenses du titre 1er du budget des Écoles normales primaires. » (*Circulaire du Vice-Recteur de Paris aux Inspecteurs du ressort*, 2 février 1891.)

3° Du produit des emprunts ;

4° Des subventions, dons et legs et autres recettes accidentelles.

ART. 19. — Les dépenses du budget extraordinaire comprennent :

1° L'achat de rentes sur l'État ;

2° L'achat de terrains ou de bâtiments ;

3° Les acquisitions pour la bibliothèque et les collections de l'École [1].

4° Les achats de livres à distribuer aux élèves-maîtres ;

5° Les frais de procédure ;

6° L'intérêt et l'amortissement des emprunts ;

7° Les dépenses accidentelles et temporaires imputées sur les ressources extraordinaires.

ART. 20. — Le directeur soumet au Conseil d'administration le budget de l'École pour l'année suivante, dans la dernière quinzaine du mois de mai de chaque année.

Les dépenses de nourriture sont évaluées d'après le nombre des élèves et des personnes admises à la table commune.

Le Conseil d'administration, dans la première quinzaine du mois de juin, émet son avis sur le budget présenté par le directeur.

Le président du Conseil d'administration adresse au Recteur, en triple expédition, le projet de budget soumis au Conseil d'administration. Il y joint les délibérations du Conseil d'administration et toutes les pièces à l'appui. Le Recteur transmet au Ministre l'une de ces expéditions et envoie les deux autres au Préfet.

ART. 21. — La durée de la période pendant laquelle doivent se consommer tous les faits de recettes et de dépenses de chaque exercice se prolonge :

1° Jusqu'au 28 février de la seconde année pour la liquidation et l'ordonnancement des sommes dues aux créanciers ;

2° Jusqu'au 31 mars de cette seconde année pour compléter les opérations relatives au recouvrement des produits et au payement des dépenses [2].

1. A partir du 1er janvier 1892, les fonds affectés par le Ministère à l'abonnement des Écoles normales à différentes publications sont répartis entre les diverses Écoles. Le directeur ou la directrice peut abonner directement l'École sous sa responsabilité, après avis du Conseil des professeurs (*Bull. adm.*, 1892, t. LI, p. 115).

2. « Le décret du 29 mars 1890 portant règlement d'administration publique sur la comptabilité des Écoles normales primaires, ayant formellement prescrit (art. 21) que la clôture de l'exercice aurait lieu, dans ces établissements, le 31 mars de la seconde année, et, de plus, l'instruction du 30 décembre 1890 devant être appliquée dès l'exercice 1890, il n'est pas possible de proroger la date de clôture, qui doit rester fixée au 31 mars 1891 pour l'exercice 1890.

« Contrairement à ce qui existait sous le régime du décret du 16 avril 1883, la

ART. 22. — Chaque année, dans le mois qui suit la clôture de l'exercice, le Conseil d'administration, sur la proposition du directeur, donne son avis sur les chapitres additionnels à ajouter au budget de l'exercice en cours.

Ces chapitres comprennent : en recettes, les restes à recouvrer et, s'il y a lieu, l'excédent de l'exercice expiré ; en dépenses, les restes à payer de l'exercice expiré, qui sont reportés à l'exercice courant.

L'excédent des recettes ordinaires sur les dépenses de même nature doit être affecté au payement des dépenses énumérées à l'article 17.

ART. 23. — Le Préfet soumet le projet de budget au Conseil général à la session d'août et le transmet au Ministre de l'Instruction publique dans les quinze jours qui suivent la clôture de cette session, avec un extrait de la délibération du Conseil général.

ART. 24. — Le budget est arrêté par le Ministre de l'Instruction publique, qui en transmet une ampliation au Recteur et une autre au Préfet. Le Recteur en adresse copie au directeur de l'École.

ART. 25. — Les prix de pension alloués par l'État à l'École normale sont mandatés par le Préfet, au nom de l'économe sur ordonnance de délégation du Ministre de l'Instruction publique et payés à la caisse du trésorier-payeur général.

Les traitements du personnel des Écoles normales sont payés directement par les comptables de l'État au personnel de l'École, dans les conditions qui seront déterminées par des arrêtés des Ministres de l'Instruction publique et des Finances.

ART. 26. — La somme de 400 francs due, en vertu de l'article 18 de la loi du 19 juillet 1889, par les commensaux à la table commune est prélevée sur leur traitement et versée par douzième à la caisse

durée de l'exercice est désormais de 15 mois *pour les recettes comme pour les dépenses.*

« La seule différence qu'il y ait entre les opérations complémentaires relatives aux recettes et celles relatives aux dépenses, provient de ce fait qu'un mandat ne peut pas être payé du 1er au 31 mars, s'il n'a été établi au plus tard le 28 février.

« Les titres de perception, qui doivent toujours être émis avant l'opération de la recette, peuvent être établis jusqu'au dernier jour de l'exercice.

« En conséquence, devront être considérés comme dettes à la clôture d'un exercice les mandats non payés au 31 mars et les mémoires non mandatés au 28 février ;

« Comme créances, les sommes auxquelles l'École avait réellement droit et dont le recouvrement n'a pu être effectué avant le 31 mars.

« Ces dettes et ces créances devront toujours être portées sur l'état modèle n° 4, afin que le rattachement puisse en être effectué au compte de l'exercice suivant. » *Circulaire du Vice-Recteur de Paris aux Inspecteurs du ressort,* 22 avril 1891.)

de l'École par le comptable chargé de payer les traitements du personnel de l'École[1].

ART. 27. — Les produits du jardin ne doivent être consommés qu'à la table commune. Ceux qui ne peuvent être consommés en nature doivent être vendus.

Il est fait recette pour ordre, dans les écritures de l'économe, de ces produits, dont la valeur est évaluée d'après les cours du marché local.

Les produits qui ne peuvent être consommés en nature sont vendus, et le prix en est encaissé par l'économe sur le vu d'un titre de perception délivré par le directeur.

ART. 28. — Les acquisitions d'immeubles, les achats de rentes sur l'État, les aliénations des biens de l'École, ainsi que les emprunts, sont proposés par le directeur, votés par le Conseil d'administration et approuvés par décrets rendus sur la proposition du Ministre de l'Instruction publique.

ART. 29. — L'acceptation des dons et legs faits à l'École normale est autorisée par le Ministre de l'Instruction publique, après avis du Conseil d'administration.

En cas de réclamation, l'autorisation d'accepter est donnée par décret en Conseil d'État.

ART. 30. — Aucune dépense faite pour le compte de l'École ne peut être acquittée que sur un mandat de payement délivré par le directeur, ordonnateur des dépenses.

ART. 31. — Les mandats de payement mentionnent l'exercice, la quotité de la dépense, le chapitre et l'article auxquels elle se rattache ; les pièces justificatives prescrites par les règlements prévus à l'article 61 y sont jointes.

ART. 32. — Les dépenses pour les besoins journaliers de l'École

1. Consulter la circulaire du 2 *mai* 1890, aux Préfets, relative aux prélèvements à opérer sur le traitement du personnel des Écoles normales primaires pour pension à la table commune (*Circ.*, t. XI, p. 162).

« La somme de 400 francs mentionnée dans l'article 26 du décret du 29 mars 1890 représente le prix de pension pour les 10 mois de l'année scolaire. C'est pour donner au personnel plus de facilité pour les payements qu'il a été décidé que le recouvrement se ferait par douzième. Pas plus que les élèves-maîtres, les autres commensaux à la table commune n'ont droit à la nourriture pendant les vacances. » (*Décision ministérielle du* 25 *juin* 1890.)

Toutefois « il me paraît équitable de donner le bénéfice de la nourriture pendant les vacances au personnel enseignant (professeurs et maîtres adjoints) retenu à l'École pour ce service.

« J'estime aussi que le même bénéfice pourrait être accordé aux directrices et économes d'Écoles normales d'institutrices lorsque ces fonctionnaires prennent part à la table commune. » (*Décision ministérielle du* 29 *juillet* 1890.)

qui sont payées au comptant sont effectuées après approbation donnée par l'ordonnateur des dépenses. En fin de mois, ou lorsqu'elles atteignent 300 francs, elles font l'objet d'un mandat de régularisation collectif quittancé pour ordre par l'économe.

ART. 33. — La valeur des produits et objets consommés en nature, portée en recette aux termes de l'article 16, est aussi portée en dépense et mandatée comme les dépenses visées à l'article précédent.

ART. 34. — Les dépenses ne peuvent être faites que dans les limites des crédits spéciaux inscrits à chaque chapitre et à chaque article.

ART. 35. — En cas d'insuffisance de crédits, le Recteur, sur l'avis du Conseil d'administration, adresse au Ministre une demande spéciale de virement de crédit ou d'imputation de dépense sur l'excédent des recettes ordinaires. La décision prise par le Ministre est notifiée, d'une part, au Recteur, qui en transmet une copie certifiée au directeur, et d'autre part, au Préfet.

SECTION II. — *De la Tenue des écritures, de la Responsabilité de l'économe, du Contrôle et de la Surveillance.*

ART. 36. — La comptabilité des Écoles normales est établie par gestion et divisée par exercices.

ART. 37. — Pour la comptabilité en deniers, l'économe est tenu d'avoir :

1° Un registre à souche sur lequel il inscrit, à leur date et sans lacune, toutes les sommes versées à sa caisse pour le compte de l'École à quelque titre que ce soit ;

2° Un livre journal de caisse et de portefeuille sur lequel il inscrit, chaque jour et à leur date, toutes les sommes qu'il a reçues et toutes celles qu'il a payées pour le compte de l'École ;

3° Un sommier dans lequel il classe par exercices toutes les recettes et toutes les dépenses.

ART. 38. — Pour la comptabilité des matières, l'économe tient un livre de magasin, le livre d'inventaire du mobilier appartenant au département, le livre d'inventaire du mobilier appartenant à l'École.

Il tient également le registre matricule de l'École.

ART. 39. — Le livre du magasin comprend tous les approvisionnements de l'École. Les denrées achetées pour le compte de l'établissement y sont inscrites avec la date de leur entrée dans le magasin, l'indication de la quantité et de la valeur. Au fur et à mesure qu'elles sont livrées à la consommation, l'économe en inscrit la sortie avec la date du jour où il fait la livraison, l'indication de la quantité livrée et de sa valeur.

Le registre est divisé en comptes particuliers selon la nature et la destination des différentes provisions. Un seul compte général comprend les produits du jardin et des propriétés de l'École consommés dans l'établissement.

Pour les consommations journalières du pain et de la viande et pour les achats au comptant, l'économe tient une main courante d'inscription quotidienne, et en porte le relevé sur le livre du magasin tous les quinze jours seulement, en indiquant avec exactitude les entrées et les sorties.

A la fin de chaque trimestre, il fait la balance des entrées et des sorties pour chaque compte du registre, et dresse un inventaire de tous les approvisionnements qui existent dans le magasin.

Le détail des approvisionnements en magasin au 31 décembre, tel qu'il résulte de l'inventaire dressé en fin d'année, est porté en tête de chacun des comptes particuliers du livre du magasin pour l'année suivante.

ART. 40. — Le livre d'inventaire du mobilier appartenant au département présente, avec un numéro d'ordre général et chacune à sa date, toutes les acquisitions faites pour le mobilier, le matériel d'enseignement, la bibliothèque, le cabinet de physique, les ustensiles de ménage, etc.

Les objets hors d'usage, réformés avec l'autorisation du Conseil général, sont maintenus sur le livre d'inventaire; mais la décision qui en autorise la réforme est mentionnée, en regard, dans la colonne d'observations.

ART. 41. — Le livre d'inventaire du mobilier appartenant à l'École est rédigé dans la même forme. Les objets hors d'usage sont réformés avec l'autorisation du Recteur et maintenus sur le livre d'inventaire comme il est dit à l'article précédent.

ART. 42. — Dans le mois qui suivra la promulgation du présent décret, une Commission composée du Préfet ou de son délégué, de deux conseillers généraux membres du Conseil d'administration, de l'Inspecteur d'Académie et d'un autre membre du Conseil d'administration désigné par le Recteur, procédera, avec l'assistance du directeur et de l'économe, au récolement du mobilier et du matériel. Elle fera deux inventaires spéciaux, l'un pour les objets appartenant au département, l'autre pour ceux qui appartiennent à l'École.

Il sera dressé procès-verbal des opérations effectuées par la Commission. Une expédition de ce procès-verbal sera soumise au Conseil général et au Conseil d'administration de l'Ecole. Acte de cette communication sera donné par ces deux assemblées pour valoir titre entre les parties intéressées.

ART. 43. — Le registre matricule de l'École est destiné à constater l'entrée et la sortie des élèves-maîtres et les fonctions auxquelles ils ont été appelés en sortant de l'École normale.

ART. 44. — Tous les registres sont cotés et parafés par l'Inspecteur d'Académie. Il ne peut y avoir aucune interversion dans la série des numéros ni dans les dates. Toute rature ou surcharge est approuvée par l'ordonnateur des dépenses.

Le Conseil d'administration et le directeur vérifient ces divers registres toutes les fois qu'ils le jugent convenable et y consignent le résultat de leur vérification.

La même vérification est faite par l'Inspecteur d'Académie, le Recteur et les Inspecteurs généraux en tournée.

ART. 45. — Le directeur, ordonnateur des dépenses, vérifie la caisse de l'École au moins une fois par mois. Il arrête les écritures et inscrit le résultat de sa vérification sur le journal de caisse. S'il constate quelque irrégularité, il doit en aviser immédiatement l'Inspecteur d'Académie par un rapport spécial.

ART. 46. — L'Inspecteur d'Académie, ou, en cas d'absence ou d'empêchement, son délégué, procède une fois par an au moins, de concert avec un délégué du Préfet et en présence du directeur, ordonnateur des dépenses, et de l'économe, à la vérification de la caisse et de la comptabilité.

Ils constatent d'abord l'état de la caisse, puis se font représenter le livre à souche, le journal de caisse et le sommier, et, après s'être assurés de l'exactitude des sommes, des dates et des numéros d'ordre qui y ont été consignés, ils en arrêtent les totaux et indiquent le résultat de leur vérification.

Ils procèdent ensuite à la vérification de l'inventaire des approvisionnements en magasin dressé par l'économe, visé et approuvé par l'ordonnateur des dépenses, et le comparent avec la balance des entrées et des sorties, établie sur le livre du magasin. Ils comparent les quantités portées à l'inventaire avec les approvisionnements existants. Le résultat de cette vérification est constaté par la signature qu'ils apposent au bas de l'inventaire dressé par l'économe.

Immédiatement après, ils dressent un procès-verbal de la vérification à laquelle ils ont procédé. Ce procès-verbal est établi en double expédition, dont une reste déposée à l'École.

ART. 47. — A la suite de la vérification de la caisse et du magasin, le directeur adresse à l'Inspecteur d'Académie, pour être transmise au Ministre, l'une des deux expéditions du procès-verbal ci-dessus mentionné et un bordereau récapitulatif des recettes et des dépenses.

Ce bordereau est visé par l'ordonnateur des dépenses. Il fait ressortir le solde en caisse, dont l'économe demeure comptable. L'économe joint à ce bordereau l'état des créances et l'état des dettes de l'École.

ART. 48. — L'économe est tenu de verser au Trésor, à titre de placement de fonds sans intérêts, toutes les sommes qui sont reconnues par le directeur excéder les besoins courants de l'établissement.

Ce versement est fait par sommes rondes de 500 francs et donne lieu à la délivrance par le receveur des finances d'autant de récépissés de 500 francs qu'en comporte la totalité du versement. Ces récépissés figurent dans l'encaisse de l'économe.

Au fur et à mesure des besoins de l'École, les dépôts de fonds sont retirés sur la représentation des récépissés, au dos desquels le directeur établit et signe un ordre de retrait de fonds. Cet encaissement ne donne pas lieu à la délivrance d'une quittance à souche ; l'économe se borne à quittancer pour ordre les récépissés rendus au Trésor.

ART. 49. — En cas de changement de l'économe, l'Inspecteur d'Académie arrête, en présence du directeur et conjointement avec l'ancien économe ou son représentant et le nouvel économe, tous les registres de comptabilité, et constate par un procès-verbal l'état des écritures.

Ce procès-verbal indique le montant des valeurs trouvées en caisse, celui des créances et des dettes, la valeur et la quantité des approvisionnements existant en magasin. Le nouvel économe prend ces objets en charge et en devient responsable.

Il est procédé de la même manière pour la constatation et la prise en charge du mobilier de l'établissement.

Une copie des procès-verbaux dressés à cette occasion, certifiée par l'Inspecteur d'Académie, est envoyée au Recteur pour être transmise au Ministre.

ART. 50. — En cas de maladie, de congé ou d'absence dûment justifiée, l'économe de l'École normale primaire peut, à titre exceptionnel, être remplacé par un fondé de pouvoir à son choix, dûment agréé par le Recteur. Ce fondé de pouvoir agit pour le compte et sous l'entière responsabilité de l'économe.

Dans le cas de décès, de démission ou de révocation de l'économe ou lorsqu'il aura été dans l'impossibilité absolue de désigner son remplaçant, le Recteur nomme un gérant intérimaire qui en remplit les fonctions jusqu'au jour de l'installation de son successeur. Avis de cette nomination est donné au trésorier-payeur général. La gestion du gérant intérimaire, qui est tout à fait distincte de celle de l'ancien ou du nouveau titulaire, donne lieu à une remise de service, conformément aux dispositions de l'article précédent.

ART. 51. — Tous les ans, à la clôture de l'exercice ou à chaque changement d'économe, il est procédé, en présence d'un délégué du Préfet, d'un membre du Conseil d'administration désigné par le Recteur, du directeur de l'École et de l'économe, au récolement du mobilier et du matériel. Il sera dressé deux procès-verbaux de cette opération, dont l'un pour le mobilier et le matériel du département, l'autre pour le mobilier et le matériel de l'École.

Ces deux procès-verbaux sont établis en triple expédition : l'une est soumise au Conseil d'administration de l'École ; les deux autres sont envoyées au Préfet pour être transmises par ses soins au Conseil général et au Ministre de l'Instruction publique.

Le Conseil général et le Conseil d'administration de l'École devront donner acte de cette communication.

ART. 52. — L'économe est soumis à toutes les obligations imposées aux comptables des Lycées.

SECTION III. — *Des États de situation et du Compte de l'exercice.*

ART. 53. — Tous les ans, dans les dix premiers jours de janvier, l'économe soumet au Conseil d'administration, en triple expédition, l'état de situation de la caisse et l'état de situation du magasin pour l'année précédente.

Le président du Conseil adresse les trois expéditions de ces deux états au Recteur de l'Académie avant le 20 janvier, avec un extrait de la délibération qui a été prise à ce sujet.

Avant le 1er février, le Recteur en envoie une expédition au Ministre et une autre au Préfet, avec ses observations personnelles. La troisième reste déposée dans les archives de l'Académie.

ART. 54. — L'état de situation de la caisse présente le résumé de toutes les opérations de caisse de l'année qui ont été inscrites au journal de caisse; il constate les valeurs qui se trouvaient en caisse au 31 décembre de l'année précédente, le montant par chapitre de toutes les sommes reçues et payées pendant le cours de l'année et les valeurs restant en caisse à la fin de l'année.

ART. 55. — L'état de situation du magasin présente le résumé du mouvement des approvisionnements de l'année qui ont été inscrits au livre du magasin ; il constate la valeur totale des approvisionnements qui se trouvaient en magasin au 31 décembre de l'année précédente, la valeur par chapitre des denrées qui sont entrées dans le magasin et qui en sont sorties pendant le cours de l'année, la valeur totale des approvisionnements restant en magasin à la fin de l'année.

Les produits du jardin et des propriétés consommés en nature forment un article spécial de l'état de situation du magasin.

ART. 56. — Tous les ans, le 1er avril, le directeur de l'École normale dresse le compte administratif de l'exercice qui vient de se clore au 31 mars[1]. Ce compte est établi en triple expédition. Il présente le détail des opérations de l'exercice seulement ; il indique, par chapitre, les sommes à recouvrer et les sommes à payer, et, dans chaque chapitre, les recouvrements et les payements effectués, ainsi que les sommes restant à recouvrer ou à payer en fin d'exercice. Pour l'appréciation des dépenses nettes, il constate l'augmentation ou la diminution des approvisionnements portés aux inventaires, ainsi que des produits en nature réservés pour l'établissement. La situation de l'exercice, en excédent ou en déficit, est établie, dans un tableau récapitulatif, par la comparaison de la recette et de la dépense.

Deux tableaux complémentaires, placés l'un au commencement, l'autre à la fin du compte, offrent le résumé général de la situation financière de l'École au 31 mars de l'année précédente et au 31 mars de l'année courante. Cette situation est établie en actif et en passif.

L'actif se compose : 1° de l'excédent des recouvrements sur les payements du budget ; 2° du montant des créances ; 3° de la valeur des approvisionnements en magasin.

Le passif se compose du montant des dettes de l'École.

ART. 57. — L'ordonnateur des dépenses soumet le compte administratif de l'exercice à l'examen du Conseil d'administration, dans les premiers jours d'avril, et l'accompagne d'un rapport détaillé sur les diverses parties du service. Il constate dans ce rapport l'exactitude et la régularité des recettes, et fournit des explications sur les sommes restant à recouvrer et sur les causes du retard dans le recouvrement. Il examine successivement les diverses consommations, les compare avec celles de l'exercice précédent ; il en explique les différences et indique les améliorations introduites ou à introduire.

1. Consulter la circulaire du 6 *juin* 1890, aux Recteurs, relative au compte d'administration de l'exercice 1889 dans les Écoles normales primaires (*Circ.*, t. XI, p. 177).

Art. 58. — Le Conseil d'administration prend une délibération sur le compte qui lui est soumis par le directeur de l'École. Le résultat de sa délibération est adressé par le président, le 15 avril au plus tard, au Recteur de l'Académie avec trois expéditions du compte.

Le directeur n'assiste pas à la séance dans laquelle le compte qu'il a présenté est soumis à l'examen du Conseil d'administration.

Art. 59. — Le Recteur transmet, avant le 30 avril, une de ces expéditions au Préfet et l'autre au Ministre de l'Instruction publique; il y joint ses observations personnelles. Le Préfet soumet le compte au Conseil général dans la plus prochaine session et envoie immédiatement au Ministre copie de l'avis exprimé par l'assemblée départementale.

Le compte est approuvé par le Ministre de l'Instruction publique.

Art. 60. — Chaque année, à la clôture de l'exercice, l'économe établit le compte des recettes et des dépenses qu'il a faites en numéraire pendant l'année précédente, ainsi que le compte des matières.

Le compte en deniers embrasse : 1° les opérations des douze premiers mois de l'exercice, formant la deuxième partie de la gestion expirée; 2° les opérations complémentaires du même exercice, formant la première partie de la gestion suivante.

Art. 61. — Il présente, par colonnes distinctes et dans l'ordre des chapitres et des articles du budget :

En recette :

1° La nature des recettes ;

2° Les montants des produits d'après les titres justificatifs ;

3° Les remises et non-valeurs ;

4° La fixation définitive des sommes à recouvrer ;

5° Les sommes recouvrées pendant la première année de l'exercice et pendant les trois premiers mois de la seconde année ;

6° Les sommes restant à recouvrer à reporter au budget de l'exercice suivant;

En dépense :

1° Les articles de dépense du budget ;

2° Le montant des crédits ;

3° Le montant des sommes payées sur ces crédits, soit dans la première année de l'exercice, soit dans les trois premiers mois de la seconde année ;

4° Les restes à payer à reporter au budget de l'exercice suivant ;

5° Les crédits ou portions de crédits à annuler faute d'emploi dans les délais prescrits.

Les opérations de recette et de dépense qui ne concernent pas directement l'École figurent dans une section séparée du compte, sous le titre de *Services hors budget.*

Le compte est suivi de la situation de l'économe envers l'École au 31 décembre et du résultat final de l'exercice, qui est reporté en tête du compte suivant. Il est accompagné du procès-verbal de vérification de caisse au 31 décembre et des pièces justificatives prescrites par des règlements arrêtés de concert entre le Ministre de l'Instruction publique et le Ministre des Finances.

ART. 62. — Le compte des matières constate la quantité et la valeur des approvisionnements qui existaient dans les magasins au 31 décembre de l'année antérieure à celle du compte, la quantité et la valeur des approvisionnements qui sont entrés dans les magasins et de ceux qui en ont été retirés pendant l'année; enfin, la quantité et la valeur des objets qui existaient dans les magasins au 31 décembre.

Il est accompagné des pièces justificatives prescrites par les règlements concertés entre le Ministre de l'Instruction publique et le Ministre des Finances.

ART. 63. — Les comptes de gestion des économes des Écoles normales primaires sont jugés par la Cour des comptes. Ils doivent lui parvenir avant le 1er octobre de la seconde année de l'exercice.

SECTION IV. — *Cautionnement des Économes.*

ART. 64. — Les cautionnements des économes des Écoles normales primaires sont fixés à 5 pour 100 de l'ensemble des recettes de l'année qui précède leur installation. En aucun cas le cautionnement ne peut être inférieur à 1 000 francs.

Il ne sera pas tenu compte des recettes qui ne correspondent pas à une fraction de cautionnement de 100 francs.

L'économe qui a cessé d'exercer ses fonctions peut obtenir la restitution des deux premiers tiers de son cautionnement, sur la production d'un certificat délivré par le Recteur et constatant que ses comptes sont réguliers et qu'il n'existe aucun débet à sa charge.

ART. 65. — Les cautionnements des économes sont versés : à Paris, à la caisse centrale du Trésor, et, dans les départements, aux caisses des receveurs des finances.

ART. 66. — Les dispositions du présent règlement sont applicables à l'administration et à la comptabilité intérieures des Écoles normales primaires d'institutrices.

ART. 67. — Sont et demeurent abrogés les décrets des 29 juillet

1882 et 16 avril 1883 sur la comptabilité des Écoles normales primaires et toutes les dispositions contraires au présent règlement.

---

29 mars 1890

Arrêté rangeant les Écoles normales primaires en trois catégories, suivant leurs effectifs.

29 Mars 1890.

Le Ministre de l'Instruction publique et des Beaux-Arts,
Vu l'article 21 de la loi du 19 juillet 1889;
Vu l'article 68 du décret du 18 janvier 1887,
Arrête :

Les Écoles normales primaires sont rangées, suivant l'effectif moyen des cinq dernières années et en tenant compte des besoins annuels de recrutement du personnel enseignant nécessaire aux Écoles de garçons et de filles du département, dans les trois catégories suivantes :

1° Écoles devant avoir un économe spécial et cinq professeurs :

Instituteurs.

Amiens.
Arras.
Beauvais.
Caen.
Clermont.
Dijon.
Douai.
Grande-Sauve (La).
Laon.
Lyon.
Mirecourt.
Montbrison.
Nancy.
Orléans.
Quimper.
Rennes.
Rouen.
Saint-Brieuc.
Saint-Lô.
Versailles.

Institutrices.

Amiens.
Arras.
Bordeaux.
Douai.
Grenoble.
Lyon.
Rouen.
Saint-Étienne.

2° Écoles devant avoir un économe spécial, mais pouvant, selon les besoins du service, avoir quatre ou cinq professeurs :

Instituteurs.

Auxerre.
Bourg.
Châlons-sur-Marne.
Charleville.
Chartres.
Commercy.
Évreux.
Grenoble.
Lescar.
Lyon.
Savenay.
Toulouse.

En raison des cours normaux indigènes qui y sont annexés, les Écoles normales d'instituteurs d'Alger et de Constantine conserveront un économe et auront deux instituteurs adjoints ou maîtres délégués spécialement chargés de l'enseignement des indigènes.

Institutrices.

Aix.
Auxerre.
Caen.
Clermont-Ferrand.
Coutances.
Mâcon.
Vesoul.

3° Écoles n'ayant que quatre professeurs, dont un remplira les fonctions d'économe :

Instituteurs.

Agen.
Aix.
Ajaccio.
Albi.
Alençon.
Angers.
Angoulême.
Auch.
Aurillac.
Avignon.
Belfort.
Besançon.
Blois.
Bonneville.
Bourges.
Cahors.
Carcassonne.
Chambéry.
Chartres.
Châteauroux.
Chaumont.
Dax.
Digne.
Draguignan.
Foix.
Gap.
Guéret.
Lagord.
Laval.
Limoges.
Loches.
Lons-le-Saunier.
Mâcon.
Mans (Le).
Melun.
Mende.
Montauban.
Montbéliard.
Montpellier.
Moulins.
Nice.
Nîmes.
Parthenay.
Périgueux.
Perpignan.
Poitiers.
Privas.
Puy (Le).
Roche-sur-Yon (La).
Rodez.
Tarbes.
Troyes.
Tulle.
Valence.
Vannes.
Varzy.
Vesoul.

Institutrices.

Agen.
Ajaccio.
Albertville.
Albi (cours normal).
Alençon.
Angers.
Angoulême.
Auch.
Aurillac.
Avignon.
Bar-le-Duc.
Beauvais.
Besançon.
Blois.
Bourg.
Bourges.
Cahors.
Carcassonne.
Châlons-sur-Marne.
Charleville.
Chartres.
Châteauroux.
Chaumont.
Digne.
Dijon.
Draguignan.
Épinal.
Évreux.
Foix.
Gap.
Guéret.
Laon.
Laval.
Limoges.
Lons-le-Saunier.
Mans (Le).
Melun.
Mende.
Miliana.
Montauban.
Mont-de-Marsan.
Montpellier.

Moulins.
Nancy.
Nantes.
Nevers.
Nîmes.
Niort.
Oran.
Orléans.
Pau.
Périgueux.
Perpignan.
Poitiers.
Privas.
Puy (Le).
Quimper.
Rennes.
Rochelle (La).
Roche-sur-Yon (La).
Rodez.
Rumilly.
Saint-Brieuc.
Tarbes.
Toulouse.
Tours.
Troyes.
Tulle.
Valence.
Vannes.
Versailles.

Hors cadre :

Instituteurs.	*Institutrices.*
Paris.	Paris.

---

31 mars 1890. **Décret relatif aux Indemnités de résidence dans les villes ayant plus de 100 000 habitants et dans les communes du département de la Seine ayant plus de 1 000 habitants de population agglomérée[1].**

31 Mars 1890.

Le Président de la République française,

Sur le rapport du Ministre de l'Intérieur, du Ministre des Finances et du Ministre de l'Instruction publique ;

Vu la loi du 19 juillet 1889, notamment les paragraphes 4 et 5 de l'article 12, l'article 48, paragraphe 7, et l'article 53 ;

Vu le décret du 31 janvier 1890 ;

Vu l'avis du Conseil supérieur de l'Instruction publique, en date du 8 novembre 1889 ;

Le Conseil d'État entendu,

Décrète :

ARTICLE 1er. — Dans les villes de Paris, Lyon, Marseille, Bordeaux, Lille, Toulouse, Nantes, le Havre, Saint-Étienne, Rouen, qui ont plus de 100 000 habitants de population agglomérée, le taux de l'indemnité de résidence reste fixé conformément aux indications des paragraphes 1er et 2 de l'article 12 de la loi du 19 juillet 1889.

ART. 2. — Jusqu'à ce que le tableau dont la confection est pres-

1. Voir la circulaire transmissive du 4 *mai* 1890, aux Préfets, relative aux traitements et indemnités de résidence du personnel des Écoles primaires publiques dans les villes de plus de 100 000 âmes (*Circ.*, t. XI, p. 154).

crite par l'article 12, paragraphe 5, de la loi du 19 juillet 1889, ait fixé le taux de l'indemnité de résidence dans les communes du département de la Seine ayant plus de 1 000 habitants de population agglomérée, chaque instituteur et chaque institutrice recevront, à titre d'indemnité de résidence, la somme nécessaire pour parfaire, avec leur traitement légal nouveau, le chiffre de leurs émoluments régulièrement soumis à retenue, tel qu'il résulte de la moyenne des trois années antérieures à l'exercice 1889.

ART. 3. — Tant que les instituteurs et institutrices des villes désignées à l'article 1er resteront dans le poste où ils se trouvent actuellement et dans la classe où ils seront rangés par application des articles 12 et 34 de la loi du 19 juillet 1889, l'indemnité de résidence qui leur sera attribuée sera fixée conformément aux bases déterminées par l'article précédent.

ART. 4. — Dans les villes de Toulouse, Nantes, Le Havre, Rouen, Saint-Étienne, la subvention de l'État prévue par l'article 53, paragraphe 1er, de la loi du 19 juillet 1889 est fixée conformément aux indications du tableau annexé au présent décret.

ART. 5. — Dans les communes du département de la Seine ayant plus de 1 000 habitants de population agglomérée, la subvention additionnelle de l'État prévue par l'article 53, paragraphe 2, sera égale à la somme qui, s'ajoutant au produit des 4 centimes indiqués à l'article 12, permettra d'assurer aux instituteurs le traitement légal nouveau et, s'il y a lieu, le traitement garanti par l'article 6 de la loi du 16 juin 1881, déduction faite de l'indemnité de résidence.

ART. 6. — Les dispositions de l'article 1er, paragraphe 2, et de l'article 2 du décret du 31 janvier 1890, sur les indemnités de résidence, sont applicables aux villes de plus de 100 000 âmes mentionnées dans le présent décret.

ART. 7. — Le Préfet mandatera sur les crédits du Ministère de l'Instruction publique le montant des émoluments dus à chaque instituteur ou institutrice. A cet effet, le receveur municipal des villes désignées dans l'article 1er versera, à la fin de chaque trimestre, à la caisse du trésorier-payeur général, à titre de fonds de concours pour dépenses publiques : 1° la part contributive de la commune dans cette dépense, — somme égale à la différence entre le produit des 4 centimes et l'ensemble des traitements légaux ; — 2° l'indemnité de résidence qui, s'ajoutant au traitement légal, permettra de parfaire pour chaque instituteur le chiffre des émoluments qui lui sont garantis par l'article 12 ou par l'article 51 de la loi du 19 juillet 1889.

Tableau annexe.

NOMS des COMMUNES.	SUBVENTION ADDITIONNELLE DE L'ÉTAT (RÉGIME TRANSITOIRE 1890-1897).							
	1890	1891	1892	1893	1894	1895	1896	1897
Toulouse	96 000	84 000	72 000	60 000	48 000	36 000	24 000	12 000
Nantes	56 000	49 000	42 000	35 000	28 000	21 000	14 000	7 000
Le Havre.	152 000	133 000	114 000	95 000	76 000	57 000	38 000	19 000
Saint-Étienne. . .	184 000	161 000	138 000	115 000	92 000	69 000	46 000	23 000
Rouen.	56 000	49 000	42 000	35 000	28 000	21 000	14 000	7 000

---

14 avril 1890. **Circulaire du Ministre de l'Instruction publique, relative aux demandes de secours pour Traitement thermal en faveur des instituteurs et institutrices primaires publics[1].**

14 Avril 1890.

Monsieur le Préfet, plusieurs de vos collègues m'ont transmis un certain nombre de demandes formées par des instituteurs de leur département à l'effet d'obtenir une allocation qui leur permette de suivre un traitement thermal[2].

Je vous rappellerai que le crédit dont je dispose est extrêmement limité; il n'est que de 17 000 francs; ce qui, en supposant un secours de 100 francs en moyenne, ne me permettrait de venir en aide qu'à 170 instituteurs, soit à peine deux par département.

Il importe donc, Monsieur le Préfet, que les propositions que vous auriez à m'adresser ne comprennent qu'un nombre très restreint d'instituteurs ou d'institutrices et qu'elles ne s'appliquent qu'à ceux qui, par leur état de santé dûment constaté, par la modicité de leur traitement et par les charges de famille auxquelles ils ont à pourvoir, vous paraîtront le plus dignes d'intérêt.

Je désire que vos propositions me parviennent d'ici au 1er mai prochain au plus tard. Dans le cas où aucun instituteur de votre département ne manifesterait l'intention de solliciter l'allocation dont il s'agit, vous voudriez bien m'en informer le plus promptement possible, afin que je puisse reporter sur d'autres départements la part de crédit qui se trouverait disponible.

Je vous prie de m'accuser réception de la présente circulaire.

Recevez, etc.

Signé : LÉON BOURGEOIS.

1. Consulter la circulaire du 1er *mai* 1891, aux Préfets, relative aux secours à accorder aux instituteurs qui suivent un traitement thermal (*Circ.*, t. X, p. 442).

2. En ce qui concerne les avantages accordés aux instituteurs pour le traitement thermal, consulter, entre autres, les avis suivants :

Saison de 1892 : *Bull. adm.*, 1892, t. LI, p. 615.
Saison de 1896 : — 1895, t. LIX, p. 726, et t. LX, p. 70.
Saison de 1897 : — 1897, t. LXI. p. 805, et t. LXII, p. 19.
Saison de 1898 : — 1898, t. LXIV, p. 462 et 615.

Arrêté relatif au Classement des fonctionnaires de l'Enseignement primaire énumérés à l'article 13 de la Loi du 19 juillet 1889. 15 avril 1890.

15 Avril 1890.

Le Ministre de l'Instruction publique et des Beaux-Arts,

Vu la délibération en date du 13 avril de la Commission instituée en exécution de l'article 43 de la loi du 19 juillet 1889 pour procéder au classement et à la formation du tableau d'avancement des fonctionnaires énumérés à l'article 13 de ladite loi ;

Vu les vœux émis par cette Commission en ce qui concerne les droits des fonctionnaires dont il s'agit à l'avancement,

Arrête :

ARTICLE 1er. — Les fonctionnaires énumérés à l'article 13 de la loi du 19 juillet 1889 sont répartis dans les cinq classes prévues par ledit article, conformément aux tableaux ci-annexés[1] :

TABLEAU I. — Inspecteurs de l'enseignement primaire de Paris et des départements.
TABLEAU II. — Directeurs d'Écoles normales.
TABLEAU III. — Professeurs d'Écoles normales d'instituteurs.
TABLEAU IV. — Économes des Écoles normales d'instituteurs.
TABLEAU V. — Directrices d'Écoles normales.
TABLEAU VI. — Professeurs d'Écoles normales d'institutrices.
TABLEAU VII. — Économes des Écoles normales d'institutrices.
TABLEAU VIII. — Personnel des Écoles nationales professionnelles.
TABLEAU IX. — Directeurs d'Écoles primaires supérieures.
TABLEAU X. — Professeurs d'Écoles primaires supérieures de garçons.
TABLEAU XI. — Directrices d'Écoles primaires supérieures.
TABLEAU XII. — Professeurs d'Écoles primaires supérieures de filles.
TABLEAU XIII. — Fonctionnaires en congé ou dont les traitements sont acquittés sur des fonds autres que ceux du budget du Ministère de l'Instruction publique.

ART. 2. — Les augmentations de traitement seront attribuées en même temps à tous les fonctionnaires compris dans la même classe.

ART. 3. — L'intégralité du traitement des fonctionnaires appartenant à la 1re et à la 2e classe ne pourra leur être assurée que par des augmentations successives, dont aucune ne dépassera la différence entre le traitement d'une classe et celui de la classe immédiatement supérieure. Ne sera pas considérée comme augmentation la somme de 400 francs due par les professeurs des Écoles normales

1. Voir ces Tableaux, *Bull. adm.*, 1890, t. XLVII, p. 522.

d'institutrices pour la pension dont elles jouissaient jusqu'ici gratuitement.

ART. 4. — En ce qui concerne les Inspecteurs primaires, jusqu'à ce que les crédits alloués permettent l'application intégrale de la loi, les augmentations successives seront réparties par fractions égales entre les Inspecteurs de toutes les classes qui ne jouiront pas encore du traitement normal de leur classe.

ART. 5. — Par analogie avec les dispositions de l'article 50 de la loi, les promotions annuelles du personnel visé à l'article 13 partiront du 1er janvier et aucune promotion ne pourra avoir lieu à une autre date[1].

---

28 avril 1890.

Arrêté relatif au payement des Traitements des fonctionnaires des Écoles normales primaires.

28 Avril 1890.

Les Ministres des Finances, de l'Instruction publique et des Beaux-Arts,

Vu la loi du 19 juillet 1889 ;

Vu le décret du 29 mars 1890, portant règlement d'administration publique sur l'administration et la comptabilité des Écoles normales primaires et sur les prestations en nature à concéder au personnel de ces Écoles, articles 25 et 26,

Arrêtent :

ARTICLE 1er. — Les traitements fixes et allocations soumises à retenue pour les pensions civiles attribuées au personnel administratif et enseignant des Écoles normales primaires, les indemnités non soumises à retenue allouées aux professeurs externes chargés de l'enseignement de matières accessoires, sont payés mensuellement aux ayants droit, dans les conditions ci-après énoncées, par

1. L'arrêté du 15 *avril* était suivi d'un avis ainsi conçu :

« N. B. D'après l'avis nº XX du Comité consultatif (*Bulletin* du Ministère, nº 883), le classement spécial des maîtres et maîtresses délégués dans les Écoles normales pour l'enseignement des lettres et des sciences et pour la direction de l'École annexe, et celui des instituteurs et institutrices chargés de la direction d'Écoles primaires supérieures et non pourvus d'une nomination ministérielle, devront être faites à titre provisoire par la Commission instituée à l'article 43 de la loi, pour servir de point de départ à leur classement en cas de réintégrations dans le personnel des Écoles primaires, élémentaires ou supérieures.

« Ce travail sera ultérieurement publié. »

le trésorier-payeur général ou, sur son *vu bon à payer*, par le receveur des finances ou le percepteur de la résidence de l'École normale.

ART. 2. — Dans les dix premiers jours du mois, le directeur remet à la préfecture :

1° Un état des traitements mensuels établi en triple expédition, dont l'une est émargée par chacun des fonctionnaires de l'École jouissant d'un traitement soumis à retenue ;

2° Un état en double expédition, dont l'une, émargée par les ayants droit, des indemnités non soumises à retenue.

Les deux modèles sont ci-joints.

ART. 3. — Sur les crédits mis à sa disposition par ordonnance de délégation du Ministre, le Préfet mandate, au nom des fonctionnaires et des professeurs de l'École normale d'instituteurs, la somme totale due à ces agents (colonne 5), en deux mandats distincts correspondant aux deux états prévus à l'article précédent.

Avant le 20 du mois, il transmet au trésorier-payeur général ces mandats renfermés dans un bordereau d'émission conforme au modèle n° 22 du règlement de comptabilité de l'Instruction publique du 16 octobre 1867, et accompagnés des expéditions émargées de l'état des traitements et de l'état des indemnités. Le troisième exemplaire de l'état des traitements est renvoyé par le Préfet au directeur, en même temps que les mandats revêtus du *vu bon à payer* du trésorier-payeur général.

A partir du premier jour du mois suivant, l'agent autorisé à recevoir sur son acquit les traitements et indemnités, agent qui peut être l'économe, se rend dans les bureaux du comptable du Trésor de sa résidence pour y toucher le montant des traitements et indemnités du personnel de l'École.

ART. 4. — Le comptable chargé du payement déduit en premier lieu de la somme totale mandatée par le Préfet le montant des retenues à opérer pour pensions civiles (colonne 9).

Il retient en outre, pour chacun des fonctionnaires régulièrement admis à prendre part à la table commune conformément à l'article 7 du décret précité, un douzième de la somme de 400 francs qu'ils doivent verser à l'École (colonne 10). Le montant de ce dernier prélèvement est remis, en échange d'une quittance détachée du livre à souche, à l'économe, qui le verse immédiatement dans sa caisse et en fait recette dans ses écritures. Dans le cas où ce n'est pas l'économe qui se présente pour recevoir les traitements, le montant du prélèvement est constaté en recette dans les écritures du receveur des finances au compte des recettes à classer, pour lui être remis ultérieurement.

Le net à payer, déduction faite des retenues pour pensions civiles et, s'il y a lieu, de la somme due par les commensaux à la table commune, est remis sur son acquit à l'agent autorisé à recevoir les traitements, qui reste chargé de payer chacun des ayants droit, sans que cette opération ait à figurer dans les écritures de l'économe.

ART. 5. — L'expédition de l'état des traitements renvoyée par le Préfet au directeur devra porter la mention suivante revêtue de la signature de ce dernier :

« *Vu bon pour servir de titre de perception de la somme de. . . . . portée au total de la colonne* 10. »

Cette expédition, destinée à servir à l'économe de titre de perception, est jointe par lui à son compte de gestion comme titre justificatif de la recette effectuée.

---

2 mai 1890.

Circulaire du Ministre de l'Instruction publique, relative aux subventions à accorder aux Caisses des Écoles.

2 Mai 1890.

Monsieur le Préfet, ainsi que vous l'a fait connaître ma circulaire du 27 juillet dernier[1], le paragraphe 2 de l'article 17 de la loi du 28 mars 1882 ayant été abrogé par l'article 54 de la loi sur les dépenses ordinaires de l'instruction primaire, vos propositions en faveur des caisses des Écoles comprendront désormais, sans distinction, celles qui ont le plus de titres à un subside, eu égard à leurs sacrifices et à leurs besoins.

Ces propositions transmises en double exemplaire, mais réduites à une simple nomenclature comprenant le nom de la commune et le chiffre de la subvention demandée, devront être appuyées, pour chacune des caisses, des justifications et renseignements nécessaires établis d'après le modèle ci-joint.

Vous voudrez bien, Monsieur le Préfet, ne pas oublier, en fixant le chiffre de cette subvention, que le crédit total dont je dispose ne s'élève qu'à 100 000 francs et que le paragraphe 2 de l'article 8 du décret du 29 janvier dernier a prescrit que la subvention de l'État, inscrite au budget du Ministère de l'Instruction publique pour venir en aide aux caisses des Écoles, sera affectée, en premier lieu, à la fourniture gratuite des livres aux élèves indigents.

Comme il est indispensable que je connaisse l'ensemble des demandes de tous les départements avant de procéder à la répartition du crédit, je vous serai obligé de mettre le plus de diligence possible dans l'envoi de vos propositions.

Recevez, etc.

Signé : LÉON BOURGEOIS.

1. Consulter la circulaire du 27 *juillet* 1889, aux Préfets, relative au nouveau mode de répartition, à partir de 1890, du crédit annuel destiné aux caisses des Écoles (*Circ.*, t. XI, p. 10);

Et l'*Avis du Conseil d'État* du 14 *juin* 1894 sur la question de savoir s'il y a lieu d'autoriser les caisses des Écoles à entretenir, sur les ressources de leur budget, les études surveillées dans les Écoles primaires publiques (*Bull. adm.*, 1894, t. LV, p. 550).

DÉPARTEMENT
d

CAISSE DES ÉCOLES D

Population de la commune. . . . .
Nombre d'écoles. . . . .
Nombre d'élèves. . . . .
Nombre d'élèves indigents. . . . .

BUDGET DE L'ANNÉE PRÉCÉDENTE.

RESSOURCES.		EMPLOI.	
1° Restant en caisse de l'année précédente		1° Fournitures scolaires aux indigents	
2° Allocation de la commune. .		2° Fournitures de vêtements aux indigents.	
3° Ressources diverses (souscriptions, quêtes, fêtes, legs)		3° Fournitures d'aliments aux indigents	
4° Subvention du département.		4° Fournitures scolaires aux autres élèves.	
5° Subvention de l'État		5° Prix.	
TOTAL.		TOTAL.	

BUDGET DE L'ANNÉE COURANTE.

RESSOURCES.		DÉPENSES PRÉVUES.	
1° Restant en caisse de l'année précédente		1° Fournitures scolaires aux indigents	
2° Allocation de la commune . .		2° Fournitures de vêtements aux indigents.	
3° Ressources diverses (souscriptions, quêtes, fêtes, legs).		3° Fournitures d'aliments aux indigents	
4° Subvention du département.		4°	
5° Subvention *demandée à l'État*.		5°	
TOTAL. . . .			

MOTIFS A L'APPUI DE LA DEMANDE DE SUBVENTION :

A , le 189.

Le Préfet,

13 mai 1890. **Décret portant modification de l'article 79 du Décret du 18 janvier 1887 sur l'Enseignement primaire.**

13 Mai 1890.

Le Président de la République française,

Sur le rapport du Ministre de l'Instruction publique et des Beaux-Arts,

Vu la loi de finances du 17 juillet 1889,

Vu les articles 2 et 3 de la loi du 19 juillet 1889,

Vu le décret organique du 18 janvier 1887;

Vu le règlement d'administration publique en date du 29 mars 1890 relatif à l'administration et à la comptabilité des Écoles normales, notamment l'article 19, § 4 ;

Le Conseil supérieur de l'Instruction publique entendu,

Décrète :

ARTICLE 1er. — L'article 79 du décret du 18 janvier 1887 est modifié ainsi qu'il suit :

« Il peut être alloué à tout élève sorti d'une École normale après les trois années d'études et avec le brevet supérieur, quand il est appelé pour la première fois aux fonctions d'instituteur public titulaire ou stagiaire, une provision de livres d'études qu'il désignera lui-même, pour une somme dont le montant sera fixé par le Conseil d'administration de l'École normale[1]. La dépense sera supportée par le budget extraordinaire de l'École, conformément à l'article 19 du règlement d'administration publique. »

1. Consulter la circulaire du 25 *août* 1890, aux Recteurs, relative aux dons de livres à accorder aux élèves-maîtres sortant des Écoles normales avec le brevet supérieur (*Circ.*, t. XI, p. 285).

Décret portant Règlement d'administration publique sur le mode spécial de Classement et d'Avancement des instituteurs et institutrices de Paris[1]. 20 mai 1890.

20 Mai 1890.

Le Président de la République française,

Sur le rapport du Ministre de l'Instruction publique et des Beaux-Arts,

Vu la loi du 19 juillet 1889, notamment l'article 48, § 8;

Vu la loi du 30 octobre 1886;

Vu le décret portant règlement d'administration publique en date du 31 mars 1890;

Vu l'avis du Conseil supérieur de l'Instruction publique en date du 8 novembre 1889;

Le Conseil d'État entendu,

Décrète :

ARTICLE 1er. — Les instituteurs et institutrices attachés aux Écoles publiques primaires ou maternelles de la ville de Paris sont maintenus, avec leurs titres et leurs émoluments actuels, dans des classes comportant les effectifs ci-après :

CLASSES.	EFFECTIFS.	TRAITEMENTS.	
		ADJOINTS.	DIRECTEURS.
		francs.	francs.
INSTITUTEURS.			
5e classe	136	1 800	»
4e classe	282	2 100	3 300
3e classe	330	2 400	3 700
2e classe	346	2 700	4 100
1re classe	428	3 000	4 500
INSTITUTRICES.			
5e classe	208	1 500	»
4e classe	405	1 750	2 750
3e classe	493	2 000	3 100
2e classe	458	2 250	3 400
1re classe	427	2 500	3 800

1. Ce décret a été abrogé par le décret du 20 *août* 1892 (voir *à sa date*).

Le chiffre des émoluments ci-dessus indiqué tiendra lieu du traitement, du supplément de traitement et de l'indemnité de résidence fixés par les articles 7, 8 et 12 de la loi du 19 juillet 1889.

ART. 2. — L'avancement a lieu au fur et à mesure des vacances dans les effectifs de chacune des classes mentionnées à l'article précédent.

Aucune promotion ne peut avoir lieu avant trois mois d'exercice dans une classe.

Ne peuvent être promus dans les deux premières classes que les adjoints et adjointes pourvus du brevet supérieur.

ART. 3. — Les instituteurs et institutrices admis, après la promulgation du présent décret, dans le personnel enseignant de la ville de Paris seront compris dans un cadre dont les catégories, classes et proportions d'effectifs sont fixées comme suit[1] :

Stagiaires			15 p. 100
Titulaires	5e classe	19 p. 100	85 p. 100
	4e classe	18 p. 100	
	3e classe	17 p. 100	
	2e classe	16 p. 100	
	1re classe	15 p. 100	

Les titulaires qui remplissent les fonctions de directeur et de directrice sont également divisés en cinq classes.

Toutes les classes sont attachées à la personne et peuvent être attribuées sans déplacement.

ART. 4. — Les traitements afférents à chacune des catégories et classes établies par l'article précédent sont ceux inscrits dans les articles 7 et 11 de la loi du 19 juillet 1889.

Mais, à titre transitoire, les traitements des titulaires seront réduits, s'il y a lieu, de façon que l'ensemble des émoluments fixés par les articles 7, 8 et 12 de ladite loi n'excède pas l'ensemble des émoluments affectés à chacune des classes correspondantes par l'article 1er du présent décret.

ART. 5. — Au fur et à mesure que le permettront les économies réalisées par suite de l'application du nouveau régime et les crédits qui pourront être affectés par le Conseil municipal au personnel enseignant, le chiffre des traitements, provisoirement réduit par l'article précédent, sera élevé jusqu'à ce qu'il ait atteint le taux fixé par l'article 7 de la loi du 19 juillet 1889.

1. Consulter l'arrêt ci-après du Conseil supérieur de l'instruction publique, aux termes duquel un instituteur auxiliaire de la ville de Paris est justiciable du Conseil départemental. (Affaire *Charles*, 21 juillet 1898; Bull. adm., 1898, t. LXIV, p. 543).

Cette surélévation s'effectuera en fin d'année par augmentations successives de 100 francs, en commençant par la classe la moins élevée, à parité de classe par celle des institutrices, et, dans chaque classe, par l'instituteur ou l'institutrice dont le traitement sera le plus ancien.

Art. 6. — Tant que l'effectif d'une des classes établies par l'article 3 ne sera pas complet, les instituteurs et institutrices pourront être promus à cette classe après deux ans d'exercice dans la classe immédiatement inférieure ; mais, pour être compris dans les deux premières classes, ils devront être pourvus du brevet supérieur.

Lorsque l'effectif d'une classe sera complet, la promotion à cette classe n'aura lieu qu'au fur et à mesure des vacances, conformément au paragraphe 1er de l'article 24 de la loi du 19 juillet 1889 et dans les conditions prescrites par ledit article.

Toutefois, l'avancement se fera exclusivement sur l'ensemble du personnel des instituteurs et institutrices de la ville de Paris.

Art. 7. — Les instituteurs et institutrices actuellement en exercice peuvent être admis dans une des classes ci-dessus visées et correspondant à celle qu'ils occupent, et le temps qu'ils ont passé dans cette dernière leur est compté pour l'avancement prévu à l'article 6.

Cette admission a lieu, sur leur demande, par ordre d'ancienneté et dans les limites de l'effectif de chaque classe.

Art. 8. — Les vacances produites par l'application de la disposition précédente dans les classes mentionnées à l'article 1er ne donneront pas lieu aux promotions fixées à l'article 2.

Art. 9. — Chaque année, avant le 31 janvier, il sera publié dans le *Journal officiel* un état, dressé au 31 décembre de l'année précédente, constatant le nombre des instituteurs et institutrices respectivement inscrits dans les classes de l'article 1er et dans celles établies par l'article 3.

Modèle.

Note annexe au décret du 20 mai 1890.

Personnel des Écoles primaires élémentaires et maternelles.

ÉTAT NUMÉRIQUE.

(JUIN 189 .)

INSTITUTEURS.	CLASSES.						INSTITUTRICES.	CLASSES.					
	1re	2e	3e	4e	5e	STAGIAIRES.		1re	2e	3e	4e	5e	STAGIAIRES.
CADRE ANCIEN.							CADRE ANCIEN.						
Directeurs (1re classe)	46	51	56	22	»	»	Directrices	82	89	91	61	»	»
Surveillants généraux . . . 12	»	»	»	»	»	»	Surveillantes générales . . . 7	»	»	»	»	»	»
Adjoints	348	283	265	149	134	»	Adjointes	307	340	388	335	196	»
CADRE NOUVEAU.							CADRE NOUVEAU.						
Adjoints	3	1	4	26	»	35	Adjointes	1	»	2	23	7	»
							Stagiaires	»	»	»	»	»	84

PERSONNEL

DES ÉCOLES ÉLÉMENTAIRES DE LA SEINE

(Moins Paris).

SITUATION ACTUELLE.

(Juin 1892.)

PERSONNEL des ÉCOLES ÉLÉMENTAIRES (SEINE).		EFFECTIF RÉEL.	OBSERVATIONS.
I. — Instituteurs (laïques).			
1re classe		40	
2e —		34	
3e —		41	
4e —		199	
5e —		113	
Stagiaires (classe permanente)		155	
Total		582	
II. — Institutrices.			
1re classe.	Laïques	15	
	Congréganistes	»	
2e classe.	Laïques	43	
	Congréganistes	»	
3e classe.	Laïques	40	
	Congréganistes	»	
4e classe.	Laïques	199	
	Congréganistes	1	
5e classe.	Laïques	194	
	Congréganistes	1	
6e classe (provisoire).	Congréganistes	29	
Stagiaires (classe permanente).	Laïques	154	
	Congréganistes	»	
Stagiaires (classe provisoire).	Congréganistes	3	
Total		679	
Total général (Instituteurs et Institutrices)		1 261	

1er juin 1890. **Arrêté relatif aux Instituteurs et Institutrices autorisés à bénéficier des dispositions de l'article 4, § 3, de la Loi du 9 juin 1853 sur les Pensions civiles.**

1er Juin 1890.

Le Ministre de l'Instruction publique et des Beaux-Arts
Arrête :

ARTICLE 1er. — Les instituteurs et institutrices autorisés à bénéficier des dispositions de l'article 4, § 3, de la loi du 9 juin 1853 subiront les retenues sur les émoluments qui leur sont attribués, ainsi que sur les augmentations ultérieures qui leur seront accordées[1]. Toutefois, les retenues pour les pensions civiles ne seront pas prélevées sur les sommes qui excéderaient les maxima déterminés par les articles 7 et 31 de la loi du 19 juillet 1889, à moins qu'antérieurement l'agent n'ait touché un traitement supérieur garanti par la loi de 1881.

ART. 2. — Ces maîtres, lors de leur réintégration dans des fonctions publiques, ne pourront se prévaloir de l'autorisation qui leur est accordée pour demander leur inscription dans la classe à laquelle se rapporte le traitement sur lequel ils auront subi la retenue.

---

4 juin 1890. **Décret portant Règlement d'administration publique sur les Conditions spéciales d'organisation du personnel des Écoles normales de la Seine et sur la fixation des Traitements.**

4 Juin 1890.

Le Président de la République française,

Sur le rapport du Ministre de l'Instruction publique et des Beaux-Arts,

Vu la loi du 19 juillet 1889, notamment l'article 17 et l'article 48, paragraphe 9 ;

Vu la loi du 30 octobre 1886 ;

Vu les règlements organiques du 18 janvier 1887 ;

1. Voir les circulaires du 3 *mars* 1890, aux Recteurs, relative aux fonctionnaires autorisés à subir, pour la retraite, les retenues en vertu de l'article 4 de la loi du 9 juin 1853 (*Circ.*, t. XI, p. 109), et du 1er *juillet* 1890, aux Recteurs, relative à l'application de l'article 4, § 3, de la loi du 9 juin 1853 sur les pensions civiles, en ce qui concerne les fonctionnaires détachés (*à sa date*).

Vu l'avis du Conseil supérieur de l'Instruction publique du 8 novembre 1889;

Le Conseil d'État entendu,

Décrète :

ARTICLE 1er. — Le personnel administratif et enseignant des Écoles normales du département de la Seine comprend :

1° École normale d'instituteurs.

Un directeur;
Un économe;
Un professeur d'histoire et de géographie;
Deux professeurs de grammaire et de littérature;
Un professeur de mathématiques;
Un professeur de sciences physiques;
Des maîtres chargés de l'enseignement des matières spéciales prévues par les règlements;
Trois maîtres internes, dont un pourra être chargé de l'enseignement manuel;
Deux ouvriers instructeurs (fer et bois).

2° École normale d'institutrices.

Une directrice;
Une économe;
Un professeur (femme) d'histoire et de géographie;
Deux professeurs (femmes) de grammaire et de littérature;
Un professeur (femme) de mathématiques;
Un professeur (femme) de sciences physiques;
Des maîtres ou maîtresses, chargés de l'enseignement des matières spéciales prévues par les règlements;
Trois maîtresses internes.

ART. 2. — Les traitements des directeur, directrice et économe sont ainsi établis :

École normale d'instituteurs :

Directeur.	7 000 à 10 000 fr.
Économe.	4 000 à 6 000

École normale d'institutrices :

Directrice.	6 000 à 9 000 fr.
Économe	3 500 à 5 500

Les augmentations successives à attribuer à ces fonctionnaires sont fixées à 1 000 francs pour le directeur et la directrice et à 500 francs pour les économes, et ne peuvent être accordées qu'après trois années au moins de jouissance du dernier traitement.

Art. 3. — Les traitements des professeurs et des maîtres internes sont ainsi établis :

	HOMMES.
1° Professeurs.	4 500 à 6 500 fr.
2° Maîtres internes	2 400 à 4 000
	FEMMES.
1° Professeurs.	4 000 à 6 000 fr.
2° Maîtresses internes	2 400 à 3 600

Les augmentations successives qui peuvent être attribuées sont fixées à 500 francs pour les professeurs et à 400 francs pour les maîtres internes et elles ne peuvent être allouées que dans les conditions prescrites à l'article précédent.

Art. 4. — Le taux des allocations accordées aux maîtres et maîtresses chargés des cours de langues vivantes, de législation et d'instruction civique est de 300 à 400 francs par an pour chaque heure d'enseignement par semaine.

Il est de 200 à 300 francs seulement pour les maîtres et maîtresses qui donnent l'enseignement des autres matières spéciales.

Les ouvriers instructeurs reçoivent une rétribution fixe de 1 200 francs.

Toutes ces allocations ne sont pas soumises à retenue.

Art. 5. — *Dispositions transitoires.* — Les titulaires des emplois supprimés sont maintenus dans leurs fonctions jusqu'à ce qu'ils aient été pourvus d'un autre emploi.

Les directeurs et directrices, les adjoints et adjointes des Écoles annexes continueront à recevoir la rétribution qu'ils perçoivent actuellement, jusqu'à ce qu'il ait été statué sur l'organisation des Écoles primaires annexes.

1er juillet 1890. **Circulaire du Ministre de l'Instruction publique, relative à l'application de l'article 4, § 5, de la Loi du 9 juin 1853 sur les pensions civiles, en ce qui concerne les fonctionnaires détachés [1].**

1er Juillet 1890.

Monsieur le Recteur, je viens d'examiner avec attention les réponses qui ont été faites à la circulaire du 3 mars, relative aux fonctionnaires autorisés, en

1. Pour l'admission des instituteurs et institutrices à la retraite et les retenues à exercer sur leurs traitements d'activité, consulter les documents suivants :

Circulaire du 19 *avril* 1888, aux Préfets, rappelant les prescriptions relatives aux demandes d'admission à la retraite formées par les instituteurs (*Circ.*, t. X, p. 268);

vertu de l'article 4, § 3, de la loi du 9 juin 1853, à verser les retenues pour pensions civiles, tout en étant rétribués par les départements, les communes ou les particuliers. J'ai constaté qu'en général la pensée du législateur de 1853 n'avait pas été comprise dans son véritable sens, et il m'a paru utile de vous donner des instructions complètes, établissant d'une façon précise les avantages accordés par la loi aux fonctionnaires et les droits de l'administration supérieure.

— 7 *février* 1889, aux Préfets, relative aux pensions de retraite des instituteurs (*Ibid.*, p. 400);

— 25 *mai* 1889, aux Préfets, relative à l'admission à la retraite des instituteurs (*Ibid.*, p. 420);

— 3 *juin* 1889, aux Préfets, relative au maintien en fonctions des instituteurs en instance de retraite (*Circ.*, t. XI, p. 1); et *Note* au sujet de cette circulaire (*Bull. adm.*, 1890, t. XLVIII, p. 881);

— 3 *mars* 1890, aux Recteurs et aux Préfets, relative aux fonctionnaires autorisés à subir pour la retraite les retenues en vertu de l'article 4 de la loi du 9 juin 1853 (*Circ.*, t. XI, p. 109);

Arrêté du 1er *juin* 1890, relatif aux instituteurs et institutrices autorisés à bénéficier des dispositions de l'article 4, § 3, de la loi du 9 juin 1853 sur les pensions civiles (*à sa date*);

Circulaire du 5 *janvier* 1891, aux Préfets, relative aux retenues à verser par les fonctionnaires détachés en vertu des dispositions de l'article 4, § 3, de la loi du 9 juin 1853 (*Circ.*, t. XI, p. 386);

— 8 *janvier* 1891, aux Préfets, relative à l'état de services des instituteurs proposés pour l'admission à la retraite (*Ibid.*, p. 387);

— 17 *mars* 1891, aux Préfets, relative aux versements à effectuer à la caisse des pensions civiles par certaines catégories de fonctionnaires de l'enseignement primaire (*Ibid.*, p. 426);

— 17 *avril* 1891, aux Préfets, relative au classement des demandes d'admission des instituteurs à la retraite (*Ibid.*, p. 435);

— 25 *novembre* 1891, aux Préfets, relative à l'admission à la retraite des instituteurs et institutrices primaires (*Ibid.*, p. 499);

Arrêté du 25 *avril* 1892, instituant une Commission à l'effet d'étudier la question des pensions de retraite des professeurs de l'enseignement primaire supérieur (*Bull. adm.*, 1892, t. LI, p. 517);

Circulaire du 25 *juillet* 1892, aux Préfets, relative à l'admission à la retraite des instituteurs (*Circ.*, t. XI, p. 597);

Loi de finances du 28 *avril* 1893, art. 50 (*à sa date*);

Circulaire du 14 *mars* 1894, aux Recteurs et aux Préfets, relative à la perception des retenues pour pensions de retraite (*Bull. adm.*, 1894, t. LV, p. 244);

— 28 *mars* 1894, aux Recteurs, relative à l'admission à la retraite des Inspecteurs primaires âgés de 60 ans (*Ibid.*, p. 260);

Avis du Conseil d'État du 27 *novembre* 1894, relatif à la question de savoir : 1° Quelle est, au point de vue de la loi du 9 juin 1853, la situation d'un instituteur suppléé en vertu du décret du 24 mai 1894; 2° Si les instituteurs hors d'état de continuer leurs fonctions, par suite d'infirmités, peuvent invoquer le bénéfice du décret précité jusqu'à l'époque de leur admission à la retraite? (*Bull. adm.*, 1894, t. LVI, p. 771);

Loi de finances du 16 *avril* 1895, art. 39 et 40 (*à sa date*);

Circulaire du 28 *juin* 1895, aux Recteurs, relative à l'admission à la retraite des fonctionnaires de l'enseignement primaire (*à sa date*);

Lettre du 3 *août* 1895, aux Recteurs, relative à la circulaire du 28 juin 1895 concernant l'admission à la retraite des fonctionnaires de l'enseignement primaire (*à sa date*);

Loi de finances du 28 *décembre* 1895, articles 40, 42, 63 (*à sa date*);

Avis du Conseil d'État du 24 *février* 1897, sur la question de savoir si les insti-

La disposition de la loi de 1853 n'est que l'application de l'article 2 de la loi du 22 août 1790, ainsi conçu : « Les seuls services qu'il convient de récompenser sont ceux qui intéressent la société entière. Les services qu'un individu rend à un autre individu ne peuvent être rangés dans cette classe qu'autant qu'ils sont accompagnés de circonstances qui en font réfléchir l'effet sur tout le corps social. »

Il résulte du rapprochement de ces deux textes que l'article 4 susvisé ne donne aucun droit aux fonctionnaires, comme on semble le croire généralement; l'Administration est seule juge de l'intérêt que présente la demande, et c'est à elle qu'il appartient de prescrire, conformément à la loi, les mesures nécessaires pour sauvegarder le droit à pension de l'agent qui quitte momentanément le service public.

Il est donc indispensable que ceux qui désirent profiter des avantages de la loi de 1853 en sollicitent au préalable l'autorisation.

Il résulte également du texte visé ci-dessus que l'autorité supérieure ne peut faire application du paragraphe 3 de l'article 4 que dans les cas auxquels se réfère la loi de 1790. En outre, un avis récent de la section des finances du Conseil d'État[1] porte « qu'en accordant un traitement de faveur aux fonctionnaires détachés, le législateur a eu pour but d'assurer le concours de compétences formées au service de l'État aux œuvres d'intérêt public, et que par conséquent ce but ne peut être atteint que si les agents sont employés, durant leur détachement, dans un ordre de spécialité correspondant à l'emploi qu'ils occupaient au service de l'État.

Les conditions nécessaires pour obtenir l'autorisation dont il est parlé plus haut sont déterminées par l'article 4, § 3, de la loi de 1853.

Il faut :

I. — *Être fonctionnaire public.*

Sans déterminer d'une façon précise le temps de service qui doit être exigé du demandeur, le Conseil d'État et l'Administration des finances ont décidé : 1° qu'un agent ne peut être détaché et jouir des avantages spéciaux à telle ou

tuteurs peuvent compter pour la retraite les périodes pendant lesquelles ils ont été suppléés aux frais de l'État par suite de maladie, en dehors des congés prévus par l'article 16 du décret du 9 novembre 1853 (*Bull. adm.*, 1897, t. LXI, p. 453);

Circulaire du 21 *avril* 1897, aux Inspecteurs d'Académie, relative aux suppléances des instituteurs en congé pour cause de maladie (*Ibid.*, p. 617);

Loi de finances du 29 *mars* 1897, articles 28 et 32 (*à sa date*);

Circulaire du 10 *mai* 1897, aux Recteurs, relative à l'application de l'article 40 de la loi de finances du 28 décembre 1895 (*à sa date*);

— 15 *mai* 1897, aux Préfets, relative à l'instruction des demandes d'admission à la retraite des instituteurs (*à sa date*);

Rapport adressé au Président de la République par le Ministre des Finances sur des modifications à apporter au décret du 9 novembre 1853 relatif aux fonctionnaires admis à faire valoir leurs droits à la retraite (*Bull. adm.*, 1897, t. LXI, p. 759);

Décret du 27 *mai* 1897, portant modification au décret du 9 novembre 1853 (*à sa date*);

Loi de finances du 13 *avril* 1898, articles 44 et 48 (*à sa date*);

Loi de finances du 30 *mai* 1899, art. 30 (*à sa date*).

Consulter également les *Pensions de retraite des Instituteurs*, réponse de la Commission officieuse instituée par la « Correspondance générale » (gr. in-8° de 47 pages, 1897, Librairie Hachette).

1. *Avis* du 1er *avril* 1890. (Sect. Fin.)

telle fonction que si, non seulement il a été régulièrement nommé, mais, en outre, s'il a été installé dans ses fonctions et s'il a subi les retenues en cette qualité[1]; 2° qu'un agent ne doit être considéré comme fonctionnaire public que s'il appartient au cadre permanent de son administration. En conséquence, les élèves des Écoles normales, les instituteurs stagiaires, les maîtres répétiteurs stagiaires, les maîtresses primaires des Lycées et Collèges de jeunes filles pourvues d'une simple délégation rectorale, qui n'appartiennent au cadre permanent que lorsqu'ils ont été nommés titulaires ou lorsque leur nomination a été approuvée par le Ministre, ne se trouvent pas dans les conditions voulues pour réclamer le bénéfice de l'article 4.

II. — La deuxième condition exigée par l'article 4 est d'être rattaché au cadre permanent d'une administration publique en conservant ses droits à l'avancement.

L'agent doit donc, avant de cesser ses fonctions, être mis régulièrement en disponibilité par le Ministre ou par le Préfet s'il est instituteur. J'appelle tout particulièrement votre attention sur ce point. Les autorisations ne sont, en effet, souvent demandées qu'après la cessation des fonctions publiques. Or, l'administration des finances ne reconnaissant les retenues comme dues que lorsque la situation de l'agent a été définitivement régularisée, il pourrait ainsi se produire des lacunes fort regrettables dans la carrière des intéressés[2].

III. — L'article 4 veut enfin que l'agent soit rémunéré sur les fonds départementaux ou communaux, sur les fonds des compagnies concessionnaires et même par des particuliers.

Quelque générales que soient ces expressions, on doit toutefois remarquer qu'il y a des situations formellement exclues en raison du principe posé par la loi de 1790. Ainsi, un fonctionnaire qui entrerait au service d'un particulier dans un intérêt privé et personnel ne saurait être admis à se prévaloir de la disposition de l'article 4. De même, on ne saurait accorder le bénéfice de cet article à un agent qui entrerait dans une autre administration de l'État où il serait rémunéré sur les fonds du Trésor, puisque, ayant droit à une pension de retraite en raison des fonctions qu'il occupe, il n'y a pas lieu de sauvegarder ses droits.

Quant aux retenues à verser par les agents détachés avec autorisation, elles doivent être calculées sur le traitement affecté à la classe personnelle du fonctionnaire, aux termes d'un arrêté du 2 juillet 1888.

Cet arrêté a été pris en vue de ne soumettre aux retenues que les émoluments qui pourraient être compris dans le décompte du traitement moyen; l'article 6 de la loi de 1853 porte, en effet, que la moyenne des traitements des agents détachés ne pourra excéder celle des traitements et émoluments dont ce fonctionnaire aurait joui s'il eût été directement rétribué par l'État.

Les dispositions de la loi du 19 juillet 1889 sur le classement des instituteurs ne permettant pas d'appliquer à ces agents l'arrêté de 1888, je viens, à la date du 1er juin 1890, de prendre un arrêté spécial en ce qui les concerne[3].

1. *Avis* du 1er *mai* 1889. (Sect. Fin.)

2. La question a été posée de savoir si un fonctionnaire, récemment admis à la retraite, pourrait obtenir que la liquidation de sa pension fût reportée au mois d'octobre, et, en cas d'impossibilité, s'il serait dispensé de continuer à verser les retenues. M. le Ministre a pris une décision négative sur les deux points (25 *mars* 1898). (*Avis relatif aux fonctionnaires admis à la retraite.*)

3. Voir l'arrêté du 1er *juin* 1890, p. 274.

Telles sont, Monsieur le Recteur, les principales règles relatives à l'application des dispositions de l'article 4, § 3, de la loi du 9 juin 1853. Je vous prie de veiller à leur stricte observation. Vous voudrez bien, en outre, avertir les fonctionnaires détachés dans votre ressort académique qu'aux termes de la circulaire du 3 mars 1890 ils doivent verser eux-mêmes, ou par un mandataire, les retenues tous les trois mois à la recette des finances de leur domicile. Je vous rappelle également qu'en vertu de la même circulaire vous devez m'adresser chaque trimestre un état des mutations qui se seraient produites dans la situation des agents détachés. Les retenues n'étant encaissées par la recette centrale qu'à l'aide d'un titre de perception établi par l'Administration centrale, il est nécessaire que cet état soit dressé avec toute l'exactitude possible.

En terminant, Monsieur le Recteur, j'ai l'honneur de porter à votre connaissance un avis que j'ai demandé au Conseil d'État au sujet de la liquidation des agents détachés. Je désirais savoir si les services rendus par les fonctionnaires de la partie active doivent être liquidés comme services actifs, et si ces agents peuvent être admis au bénéfice de la bonification accordée par l'article 10 de la loi de 1853 aux fonctionnaires envoyés hors d'Europe.

A la date du 1er avril, la Section des finances a émis l'avis : « 1° qu'il n'y avait pas lieu d'accorder le bénéfice de l'activité pendant la durée du détachement, alors même que l'emploi occupé présenterait un caractère actif, la nomenclature du tableau annexe de l'article 5 de la loi du 9 juin 1853 et les additions y insérées par des lois postérieures étant nettement limitatives et ne pouvant comporter aucune assimilation; 2° que l'on ne peut accorder une bonification aux agents de l'enseignement détachés hors d'Europe et placés sous l'autorité d'un gouvernement étranger et même protégé, cette bonification ne pouvant rémunérer que des services rendus à l'État dans les termes de l'article 3 de la loi du 9 juin 1853 ».

Cet avis ayant des conséquences importantes au point de vue de la liquidation des droits des fonctionnaires détachés, j'ai jugé utile de vous le notifier.

Recevez, etc.

Signé : LÉON BOURGEOIS.

---

18 juillet 1890. **Décret portant fixation des Traitements et Indemnités du personnel administratif et enseignant des Écoles normales supérieures d'enseignement primaire de Saint-Cloud et de Fontenay-aux-Roses.**

18 Juillet 1890.

Le Président de la République française,

Sur le rapport du Ministre de l'Instruction publique et des Beaux-Arts;

Vu l'article 19 de la loi du 19 juillet 1889;

Vu le décret du 28 novembre 1889 fixant les cadres du personnel des Écoles normales supérieures;

Vu le décret du 29 mars 1890;

Vu l'avis du Conseil supérieur de l'Instruction publique en date du 8 novembre 1889;

Le Conseil d'État entendu,

Décrète :

SECTION 1re — *École de Saint-Cloud.*

ARTICLE 1er. — Les traitements du personnel administratif de l'École de Saint-Cloud sont fixés comme il suit :

Directeur, 10 000 francs;
Économe, de 3 000 à 4 500 francs;
Surveillant général, de 2 500 à 3 500 francs.

ART. 2. — La rétribution du personnel enseignant de l'École de Saint-Cloud est fixée comme il suit :

Professeurs chargés des enseignements littéraire et scientifique, 50 francs par leçon ;

Professeurs chargés des enseignements accessoires (langues vivantes, dessin, modelage, musique, gymnastique, travaux manuels, etc.), de 10 à 35 francs par leçon;

Maîtres de conférences, de 20 à 60 francs par conférence.

Le traitement du préparateur est de 2 500 à 3 500 francs.

SECTION II. — *École de Fontenay-aux-Roses.*

ART. 3. — Les traitements du personnel administratif de l'École de Fontenay-aux-Roses sont fixés comme il suit :

Directrice, 9 000 francs;
Économe, de 3 000 à 4 000 francs;
Maîtresses répétitrices, de 2 700 à 3 500 francs.

ART. 4. — La rétribution du personnel enseignant de l'École de Fontenay-aux-Roses est fixée comme il suit :

Professeurs chargés des enseignements littéraire et scientifique, 50 francs par leçon;

Professeurs chargés des enseignements accessoires (langues vivantes, dessin, modelage, musique, gymnastique, travaux manuels, etc.), de 10 à 35 francs par leçon ;

Maîtres de conférences, de 20 à 60 francs par conférence.

Les personnes de nationalité étrangère faisant fonctions de répétitrices de langues vivantes reçoivent une allocation fixée par arrêté ministériel.

SECTION III. — *Dispositions communes aux deux Écoles.*

ART. 5. — Le directeur et la directrice ont droit au logement; les économes, le surveillant général, les maîtresses répétitrices ont droit au logement et aux prestations en nature.

Les dispositions des articles 7 et 9 du décret du 29 mars 1890 sur la comptabilité des Écoles normales sont applicables au personnel administratif des deux Écoles et aux maîtresses répétitrices de Fontenay.

ART. 6. — Les traitements du directeur, de la directrice, des économes, du surveillant général, du préparateur, des maîtresses répétitrices, prévus et déterminés par le présent décret, subissent la retenue pour la retraite.

Les allocations accordées aux professeurs et maîtres de conférences des deux Écoles et aux personnes de nationalité étrangère faisant fonctions de répétitrices ne sont pas soumises à retenue.

---

19 juillet 1890. **Décret relatif à la Fixation du nombre des heures de Service exigées du personnel des Écoles normales primaires, et au mode de Rétribution des heures supplémentaires.**

19 Juillet 1890.

Le Président de la République française,

Sur le rapport du Ministre de l'Instruction publique et des Beaux-Arts ;

Vu la loi du 19 juillet 1889, et notamment l'article 48, paragraphe 13 ;

Vu la loi du 30 octobre 1886 sur l'organisation de l'enseignement primaire ;

Vu les règlements organiques du 18 janvier 1887 ;

Vu l'avis du Conseil supérieur de l'Instruction publique en date du 8 novembre 1888 ;

Le Conseil d'État entendu,

Décrète :

ARTICLE 1er. — Dans les Écoles normales primaires, le nombre maximum d'heures de service exigibles par semaine des directeurs, directrices, économes et professeurs chargés de l'économat, en dehors du temps réservé à leurs fonctions administratives, professeurs et maîtres adjoints délégués, en dehors du temps consacré à la correction des devoirs, est fixé ainsi qu'il suit :

Directeurs et directrices chargés de l'enseignement de la morale et de la pédagogie : six heures;

Économes chargés de l'enseignement de l'écriture et de la tenue des livres dans les Écoles de plus de soixante élèves[1] : cinq heures;

Professeurs chargés de l'économat dans les Écoles de moins de soixante élèves : dix heures;

Professeurs et maîtres adjoints délégués, sauf l'exception prévue au paragraphe précédent : vingt heures, sur lesquelles ils ne peuvent être tenus de consacrer plus de seize heures aux enseignements qui donnent lieu à des corrections de devoirs.

ART. 2. — Les professeurs munis d'un des diplômes spéciaux prévus par l'article 21 de la loi du 30 octobre 1886 pour les enseignements accessoires, qui, en dehors de l'enseignement général dont ils sont chargés et dans la limite des heures réglementaires de service déterminées par l'article 1er, donnent un de ces enseignements, reçoivent les allocations suivantes, annuelles, et non soumises à retenue :

Pour les langues vivantes	300 fr.
Pour le travail manuel	300
Pour le dessin	300
Pour le chant et la musique	200
Pour la gymnastique	100

Dans le cas où les professeurs chargés d'un de ces enseignements sont obligés d'y consacrer un certain nombre d'heures en sus des heures réglementaires, ils reçoivent, outre l'indemnité ci-dessus prévue, une rétribution calculée à raison de 100 francs par an pour chaque heure d'enseignement par semaine, sans toutefois que ces deux allocations réunies puissent en aucun cas dépasser les maxima suivants :

Pour l'enseignement des langues vivantes	600 fr.
Pour l'enseignement du dessin	600
Pour l'enseignement du travail manuel	600
Pour l'enseignement du chant et de la musique	400
Pour l'enseignement de la gymnastique	300

1. « Monsieur l'Inspecteur, j'ai été consulté sur la question de savoir si la surveillance des élèves-maîtres pendant les exercices de jardinage doit être comprise dans le temps de service de l'économe en vertu du décret du 19 juillet 1890.

« M. le Ministre à qui j'en ai référé me répond :

« L'article 75 de l'arrêté du 18 janvier 1887 n'impose nullement ce service à l'éco-« nome. Ce fonctionnaire a la surveillance du jardin, il dirige les travaux du jardi-« nier et prend les mesures nécessaires pour régler le travail des élèves. Mais la sur-« veillance des élèves pendant ce travail rentre dans le service général de la surveil-« lance et doit être faite par les professeurs ou les maîtres adjoints dont le service « n'atteint pas le nombre d'heures réglementaires. »

« Vous voudrez bien porter cette interprétation à la connaissance de M. le directeur de l'École normale et l'inviter à en assurer l'exécution. » (*Circulaire du Vice-Recteur de Paris aux Inspecteurs du ressort*, 22 juin 1892.)

ART. 3. — Aucune des heures supplémentaires prévues au paragraphe 2 de l'article précédent ne peut être attribuée à un professeur que par une décision ministérielle prise sur la demande du directeur et sur la proposition du Recteur.

ART. 4. — Dans les Écoles normales d'instituteurs, les professeurs et maîtres adjoints délégués qui sont chargés d'assurer l'ordre intérieur de l'École reçoivent, en raison des heures supplémentaires que leur impose ce service, et quel qu'en soit le nombre, une allocation annuelle et non soumise à retenue, fixée ainsi qu'il suit : 500 francs, si un seul maître est chargé de la surveillance ; 300 francs, si ce service est assuré par deux maîtres.

Dans les Écoles normales d'institutrices, le service de la surveillance est fait sans rémunération par le personnel de l'École[1].

ART. 5. — Lorsqu'un professeur de l'École normale est chargé de la direction d'une École annexe, il est tenu de fournir dix heures d'enseignement en sus du temps de service exigible en vertu de l'article 1er. La rémunération de ces heures supplémentaires est fixée à la somme annuelle de 300 francs, non soumise à retenue.

ART. 6. — Il sera statué ultérieurement sur le nombre des heures de service exigées du personnel dans les Écoles primaires supérieures et dans les Écoles nationales professionnelles, ainsi que sur le mode de rétribution des heures supplémentaires.

ART. 7. — Sont rapportées toutes les dispositions antérieures contraires au présent décret.

---

24 juillet 1890. **Décret portant fixation des Indemnités et Allocations attribuées au personnel des Écoles primaires publiques d'Algérie[2].**

24 Juillet 1890.

Le Président de la République française,

Sur le rapport du Ministre de l'Intérieur, du Ministre des Finances et du Ministre de l'Instruction publique et des Beaux-Arts ;

Vu la loi du 19 juillet 1889, notamment l'article 48, paragraphes 10 et 11 ;

1. Voir la circulaire du 29 *novembre* 1890, aux Recteurs, relative à la surveillance intérieure dans les Écoles normales d'institutrices (*Circ.*, t. XI, p. 316).

2. Consulter, pour l'application, l'instruction du 25 *juillet* 1890, au Gouverneur général de l'Algérie, relative aux traitements et indemnités des instituteurs et institutrices d'Algérie (*Circ.*, t. XI, p. 270).

Vu la loi du 30 octobre 1886 sur l'organisation de l'enseignement primaire;

Vu le décret du 8 novembre 1887 portant règlement d'administration publique pour l'application à l'Algérie de la loi précitée;

Vu l'article 3 de la loi du 20 décembre 1879, relative à l'enseignement supérieur en Algérie, et les arrêtés du Ministre de l'Instruction publique des 6 janvier, 17 mars 1882 et 23 juillet 1885, pris en exécution de cette loi;

Vu l'avis du Conseil supérieur de l'Instruction publique en date du 8 novembre 1889;

Le Conseil d'État entendu,

Décrète :

ARTICLE 1er. — En territoire civil et dans les communes de plus de 1 000 habitants de population agglomérée, les instituteurs et institutrices, exerçant dans les Écoles primaires publiques soumises au régime de la loi du 30 octobre 1886, reçoivent une indemnité de résidence calculée selon les indications du tableau A ci-annexé[1].

ART. 2. — Dans les localités de moins de 1 000 habitants de population agglomérée, qui sont le siège d'une justice de paix, les instituteurs et institutrices reçoivent une indemnité de résidence calculée selon les indications du tableau B ci-annexé.

ART. 3. — Sont applicables à l'Algérie l'article 1er, paragraphe 2, et les articles 2, 3 et 4 du décret du 31 janvier 1890[2] portant règlement d'administration publique sur les indemnités de résidence allouées aux instituteurs et institutrices de France.

ART. 4. — En territoire de commandement et dans les localités mentionnées au tableau C ci-annexé, les instituteurs et institutrices exerçant dans les Écoles primaires publiques soumises au régime de la loi du 30 octobre 1886 reçoivent une allocation annuelle, soumise à retenue et fixée par ledit tableau, laquelle tiendra lieu de toute indemnité de résidence.

ART. 5. — Le taux de la prime annuelle accordée aux instituteurs et institutrices français, d'origine européenne, chargés de l'enseignement primaire public, qui possèdent le brevet de langue arabe ou kabyle, est fixé à 300 francs.

Le taux de la prime est augmenté de 200 francs lorsque les maîtres possèdent le diplôme de langue arabe.

1. Ce tableau et les suivants ont été publiés au *Journal officiel* du 26 juillet, p. 3847-3849.

2. Voir le décret du 31 *décembre* 1892 (*Bull. adm.*, 1892, t. LII, p. 894) et le décret du 31 *décembre* 1897 (*Bull. adm.*, 1897, t. LXII, p. 1358 et s.).

30 juillet 1890.

Arrêté modifiant les Conditions d'admission à l'École normale supérieure d'enseignement primaire de Saint-Cloud.

30 Juillet 1890.

Le Ministre de l'Instruction publique et des Beaux-Arts,

Vu la loi militaire du 15 juillet 1889 et le règlement d'administration publique du 23 novembre suivant;

Vu l'arrêté du 18 janvier 1887;

Le Conseil supérieur de l'Instruction publique entendu,

Arrête :

L'article 114 de l'arrêté du 18 janvier 1887 relatif à l'admission à l'École normale supérieure d'enseignement primaire de Saint-Cloud est complété par le paragraphe additionnel ci-après :

« Toutefois les candidats déclarés admis n'entreront à l'École qu'après avoir satisfait à la loi militaire, ou s'ils sont dans des conditions telles qu'ils n'aient à satisfaire à ladite loi qu'après deux années d'études à Saint-Cloud[1]. »

---

30 juillet 1890.

Arrêté concernant les conditions exigées des élèves des Écoles primaires supérieures pour prendre part au concours des Bourses de séjour à l'étranger.

30 Juillet 1890.

Le Ministre de l'Instruction publique et des Beaux-Arts,

Vu l'arrêté du 18 janvier 1887;

Le Conseil supérieur de l'Instruction publique entendu,

Arrête :

1. Voir ci-après, *à sa date*, l'arrêté du 9 *janvier* 1895, modifiant l'article 118 de l'arrêté du 18 janvier 1887, relatif à l'examen d'admission aux Écoles normales supérieures d'enseignement primaire.

« La possession préalable du certificat d'aptitude pédagogique ne sera pas exigée, au concours de 1891, des aspirants qui avaient obtenu une dispense d'âge pour se présenter au concours d'admission à l'École de Saint-Cloud; ils devront régulariser ultérieurement et le plus tôt possible leur situation en se présentant au certificat d'aptitude pédagogique. » (*Bull. adm.*, 1891, t. XLIX, p. 236.)

« Les candidats à l'École normale supérieure de Saint-Cloud, qui ne sont pas encore pourvus du brevet supérieur ou de l'un des diplômes exigés par l'article 114 de l'arrêté du 18 janvier 1887, sont exceptionnellement autorisés à se faire inscrire conditionnellement et à prendre part aux épreuves du concours d'admission à cette École, en 1892, s'ils remplissent d'ailleurs les autres conditions énumérées audit article. Leur admission définitive ne sera prononcée qu'après qu'ils auront justifié de la possession du titre qui leur manquait au moment de leur inscription. » (*Bull. adm.*, 1892, t. LI, p. 601.)

L'article 65 de l'arrêté du 18 janvier 1887, relatif aux conditions à remplir pour l'obtention des bourses de séjour à l'étranger, est modifié ainsi qu'il suit[1] :

« ART. 65. — Les bourses de séjour à l'étranger accordées aux élèves des Écoles primaires supérieures sont décernées à la suite d'un concours.

« Les conditions à remplir pour pouvoir concourir sont les suivantes :

« 1° Avoir, au moment du concours, seize ans accomplis et moins de dix-huit ans;

« 2° Être pourvu du certificat d'études primaires supérieures;

« 3° Adresser au Ministre, par l'intermédiaire de l'Inspecteur d'Académie, une demande écrite ou signée par le père ou le tuteur tendant à obtenir une bourse de séjour. Cette demande doit indiquer exactement les nom, prénoms, date et lieu de naissance du candidat, ainsi que la date à laquelle il a obtenu le certificat d'études primaires supérieures.

« Les directeurs des Écoles doivent joindre à chaque demande la date de l'entrée de l'élève à l'École et des notes détaillées sur sa tenue, sa santé, son caractère, son application et ses progrès. »

Décret relatif au Fonctionnement des Écoles d'application annexées aux Écoles normales primaires ou mises à leur disposition.

31 juillet 1890.

31 Juillet 1890.

Le Président de la République française,

Sur le rapport du Ministre de l'Instruction publique et des Beaux-Arts;

Vu la loi du 19 juillet 1889;

Vu le règlement d'administration publique du 29 mars 1890 sur

1. Consulter les avis ci-après relatifs aux concessions de bourses de séjour à l'étranger :

1° *Bourses concédées aux élèves des Écoles primaires supérieures :* Les Inspecteurs d'Académie n'inscriront que les candidats ayant, au moment du concours, seize ans accomplis et moins de dix-huit ans, et les préviendront qu'aucune dispense d'âge ne sera accordée (*Bull. adm.*, 1890, t. XLVII, p. 384);

2° *Bourses concédées aux professeurs d'Écoles normales :* Les professeurs titulaires d'Écoles normales d'institutrices sont admises à concourir pour l'obtention des bourses de séjour (*Ibid.*, p. 572).

l'administration et la comptabilité des Écoles normales, sur les prestations en nature et sur le régime des Écoles annexes;

Vu le règlement d'administration publique du 19 juillet 1890 sur le nombre des heures de service exigées du personnel des Écoles normales, ainsi que sur le mode de rétribution des heures supplémentaires;

Vu les articles 61, 66 et 192 du décret du 18 janvier 1887;

Vu l'article 79 de l'arrêté du 18 janvier 1887, l'article 240 de l'arrêté du 24 juillet 1888, et les articles 1 et 2 de l'arrêté du 1er août 1888;

Le Conseil supérieur de l'Instruction publique entendu,

Décrète :

I. — Du régime des Écoles d'application.

Article 1er. — Toute École normale d'instituteurs et d'institutrices est pourvue d'une École primaire où les élèves-maîtres et les élèves-maîtresses s'exercent à la pratique de l'enseignement.

Cette École prend le nom d'École d'application. Elle peut être installée dans les bâtiments de l'École normale et est dite alors *École annexe*. Elle peut aussi être une École publique, spécialement désignée à cet effet par le Ministre de l'Instruction publique, sur la proposition du Recteur et avec l'agrément du Conseil municipal. Cette décision est toujours révocable.

Les Écoles normales d'institutrices seront, en outre, pourvues d'une École maternelle d'application établie dans les mêmes conditions que ci-dessus.

Art. 2. — Pendant les trois années de leur cours d'études, les élèves-maîtres et les élèves-maîtresses sont exercés à tour de rôle dans les Écoles d'application, d'après un ordre de roulement établi par le directeur ou la directrice de l'École normale et approuvé par le Recteur.

Art. 3. — Dans les Écoles publiques désignées pour servir d'École d'application, les directeurs et directrices d'École normale contrôlent et dirigent les exercices pratiques au même titre et avec les mêmes attributions que dans les Écoles annexes.

II. — De la nomination et des traitements du Personnel enseignant dans les Écoles d'application.

Écoles normales d'instituteurs.

Art. 4. — Les directeurs d'Écoles annexes sont nommés par le Ministre de l'Instruction publique.

ART. 5. — Ne peuvent être nommés directeurs d'une École annexe que les professeurs d'École normale ayant enseigné pendant trois ans au moins, soit dans une École normale, soit dans une École primaire publique élémentaire ou supérieure. Des instituteurs titulaires munis du brevet supérieur et comptant au moins dix années d'exercice peuvent être délégués par le Ministre dans les fonctions de directeur d'École annexe.

Des instituteurs titulaires munis du brevet supérieur peuvent être délégués dans les fonctions d'instituteur adjoint à l'École annexe.

ART. 6. — L'instituteur directeur de l'École annexe, ainsi que les instituteurs adjoints de cette École, si elle comprend plusieurs classes, gardent leur traitement et, s'il y a lieu, leur supplément de traitement, leur rang de classement et d'avancement dans l'ensemble du personnel du département. Toutefois, en raison de leurs fonctions spéciales, ils auront droit, outre le logement ou l'indemnité représentative :

1° A l'allocation supplémentaire prévue par l'article 5 du règlement d'administration publique du 19 juillet 1890;

2° A une indemnité non soumise à retenue égale à l'indemnité de résidence des directeurs du chef-lieu du département.

ART. 7. — L'instituteur agréé comme directeur de l'École publique désignée par le Ministre pour tenir lieu d'École d'application, ainsi que les instituteurs adjoints de cette École, gardent leur traitement et supplément de traitement, leur rang de classement et d'avancement dans l'ensemble du personnel du département. Toutefois, en raison des fonctions spéciales qui leur sont confiées, ils auront droit, outre le logement et l'indemnité de résidence, à l'allocation supplémentaire prévue à l'article 5 du règlement d'administration publique du 19 juillet 1890.

ART. 8[1]. — Pendant cinq ans à partir de la publication du présent décret, les maîtres actuellement chargés de la direction des Écoles annexes, âgés d'au moins trente ans et comptant au moins trois ans d'exercice dans ces fonctions, seront dispensés d'une partie des épreuves de l'examen du professorat, conformément aux dispositions des articles 192 du décret et 173 de l'arrêté du 18 janvier 1887.

Le certificat d'aptitude obtenu dans ces conditions ne peut, en aucun cas, donner droit à une nomination de professeur de lettres ou de sciences dans les Écoles normales.

ART. 9[2]. — Par une dérogation transitoire aux articles 5 et 7 ci-

1. Abrogé par le décret du 25 *juillet* 1892 (voir *à sa date*).
2. Modifié par le décret du 7 *janvier* 1891 (voir *à sa date*).

dessus et jusqu'au 1er octobre 1891, les maîtres adjoints ou délégués actuellement chargés de la direction des Écoles annexes et qui ne sont pas pourvus du certificat d'aptitude à l'enseignement des Écoles normales, peuvent être titularisés s'ils sont âgés de quarante ans au moins à la date de la publication du présent décret, s'ils comptent, à la même date, dix ans de services au moins dans leurs fonctions actuelles et s'ils sont l'objet d'un rapport favorable du Recteur et de l'inspection générale.

ART. 10. — Les directeurs d'Écoles annexes pourvus du certificat d'aptitude au professorat continuent d'appartenir à l'une des cinq classes de professeurs et en reçoivent le traitement conformément à l'article 18 de la loi du 19 juillet 1889.

Ils ont droit, en outre, au logement ou à une indemnité représentative dont le taux est fixé par décision ministérielle, ainsi qu'à l'allocation de 300 francs fixée par l'article 5 du décret du 19 juillet 1890.

ART. 11. — Si le traitement du directeur de l'École publique désignée pour servir d'École d'application est, au moment de sa nomination, supérieur aux émoluments fixés à l'article précédent, ce traitement lui est maintenu, sans préjudice du supplément prévu à l'article 6.

Écoles normales d'institutrices.

ART. 12. — Les dispositions contenues dans les articles 4, 5, 6, 7, 8, 9, 10 et 11 ci-dessus sont applicables aux directrices des Écoles primaires d'application des Écoles normales d'institutrices.

ART. 13. — Nulle ne peut être nommée directrice d'une École maternelle annexe si elle n'est âgée d'au moins vingt-cinq ans, si elle n'est pourvue du brevet supérieur et du certificat d'aptitude pédagogique ou de l'ancien certificat d'aptitude à la direction des Écoles maternelles, et si elle n'a exercé au moins pendant deux ans dans une École maternelle, soit comme directrice, soit comme adjointe.

ART. 14. — Par mesure transitoire et jusqu'au 1er octobre 1891, les maîtresses chargées de la direction d'Écoles maternelles annexes peuvent être titularisées si elles sont âgées d'au moins trente ans à la date de la publication du présent décret, si elles comptent, à la même date, cinq ans de services au moins dans leurs fonctions actuelles et si elles sont l'objet d'un rapport favorable du Recteur et de l'inspection générale.

ART. 15. — Les directrices d'Écoles maternelles annexes sont réparties en cinq classes. Le traitement total afférent à chacune de ces classes est fixé ainsi qu'il suit :

5e classe	1 800 fr.
4e classe	2 000
3e classe	2 200
2e classe	2 400
1re classe	2 600

Elles ont droit, en outre, au logement ou à l'indemnité représentative.

Art. 16. — Il est prélevé sur les traitements ci-dessus une somme de 400 francs pour les directrices d'Écoles annexes qui sont nourries à l'École normale.

Décret relatif : 1° aux Conditions auxquelles les directeurs et directrices d'Écoles primaires élémentaires pourront être déchargés de classe ; 2° aux Conditions de nomination et d'exercice des instituteurs suppléants et des institutrices suppléantes ; 3° aux Indemnités à allouer aux maîtresses de couture[1]. 2 août 1890.

2 Août 1890.

Le Président de la République française,

Sur le rapport du Ministre de l'Instruction publique et des Beaux-Arts,

Vu la loi du 19 juillet 1889 et notamment l'article 48, 5°, 6° et 14° ;

Vu la loi du 30 octobre 1886 sur l'organisation de l'enseignement primaire ;

Vu les règlements organiques du 18 janvier 1887 ;

Vu l'avis du Conseil supérieur de l'Instruction publique en date du 8 novembre 1889 ;

Le Conseil d'État entendu,

Décrète :

Section Ire. — *Directeurs d'Écoles primaires élémentaires déchargés de classe.*

Article 1er. — Aucun directeur, aucune directrice d'École comprenant plus de cinq classes ne peuvent être dispensés de tenir une

1. Voir la circulaire transmissive du 2 *septembre* 1890 aux Préfets (*Circ.*, t. XI, p. 289), et la loi de finances du 16 *avril* 1895, art. 50 (*à sa date*).

classe que si le nombre des élèves inscrits l'année précédente est de 300 au minimum [1].

ART. 2. — Lorsque le Préfet, sur la proposition qui lui en est faite par l'Inspecteur d'Académie, estime qu'il y a lieu à dispense, il invite le Conseil municipal à donner son avis sur cette question et saisit le Conseil départemental, qui statue.

Lorsque le Conseil municipal à ce régulièrement requis et convoqué refuse ou néglige de donner son avis, il peut être passé outre.

ART. 3. — Toute décision du Conseil départemental dispensant un directeur ou une directrice de tenir une classe est soumise, en exécution de l'article 13 de la loi du 30 octobre 1886, à l'approbation du Ministre de l'Instruction publique.

SECTION II. — *Instituteurs suppléants et Institutrices suppléantes.*

ART. 4. — Les fonctions d'instituteur suppléant et d'institutrice suppléante ne peuvent être confiées qu'à des instituteurs et des institutrices titulaires [2].

ART. 5. — Les instituteurs suppléants et les institutrices suppléantes sont nommés, dans la même forme que les autres instituteurs publics, par le Préfet, sur la proposition de l'Inspecteur d'Académie. Leur nombre est fixé, pour chaque département, par arrêté du Ministre de l'Instruction publique, rendu sur la proposition du Préfet, après avis du Conseil départemental.

ART. 6. — Les instituteurs suppléants et les institutrices suppléantes doivent être compris dans l'effectif total des instituteurs et des institutrices de chaque département.

Ils sont, en ce qui concerne le classement et l'avancement, soumis aux mêmes règles que les autres instituteurs publics.

Ils ont droit au traitement qui est attaché à la classe dont ils font partie et reçoivent en outre une allocation de 500 francs représentative de l'indemnité de résidence, de l'indemnité de logement et des frais de déplacement. Cette allocation annuelle, non soumise à retenue, est à la charge de l'État.

ART. 7. — Les instituteurs suppléants et les institutrices suppléantes actuellement en exercice continuent à recevoir les émolu-

1. C'est sur le registre d'appel et non sur le registre matricule que doit être compté le nombre des élèves inscrits l'année précédente, et il faut prendre le total des élèves inscrits pour le mois où ce nombre a été le plus fort (*Bull. adm.*, 1891, t. XLIX, p. 311).

2. Voir, *à sa date*, l'arrêté du 8 *janvier* 1895, relatif à la durée des congés attribués aux instituteurs suppléants.

ments attachés à leurs fonctions dans le cas où ces émoluments sont supérieurs au total du traitement et de l'allocation prévus à l'article précédent.

Section III. — *Indemnités pour les Maîtresses de couture.*

Art. 8. — Dans les Écoles mixtes actuellement dirigées, à titre provisoire, par des instituteurs, les maîtresses chargées de l'enseignement de la couture reçoivent une indemnité annuelle non soumise à retenue et dont le taux est fixé par le Préfet, sur la proposition de l'Inspecteur d'Académie, sans que, toutefois, elle puisse être supérieure à 80 francs par an.

Art. 9. — Cette indemnité est mandatée par le Préfet et payée semestriellement, les 30 juin et 31 décembre de chaque année, sur le vu d'un état dressé par l'Inspecteur d'Académie.

Dispositions générales.

Art. 10. — Le présent décret est applicable à l'Algérie.

Décret relatif aux conditions spéciales d'Organisation et de fixation des Traitements du personnel des Écoles primaires supérieures de la Ville de Paris. 3 août 1890.

3 Août 1890.

Le Président de la République française,

Sur le rapport du Ministre de l'Instruction publique et des Beaux-Arts,

Vu l'article 48 de la loi du 19 juillet 1889, 9° ;

Vu la loi du 30 octobre 1886 ;

Vu les règlements organiques du 18 janvier 1887 ;

Vu l'avis du Conseil supérieur de l'Instruction publique en date du 28 décembre 1889 ;

Le Conseil d'État entendu,

Décrète :

Article 1er. — Dans les Écoles primaires supérieures de la ville de Paris établies ou maintenues conformément à l'article 13 de la loi du 30 octobre 1886, le personnel administratif et enseignant comprend :

Un directeur ;

Des professeurs ;

Des maîtres auxiliaires pour les enseignements accessoires;

Des maîtres répétiteurs.

Il peut comprendre, en outre, un surveillant général qui prend le nom de préfet des études dans les Écoles de plus de 1 000 élèves.

Art. 2. — Les directeurs et les professeurs sont nommés dans les conditions prescrites par l'article 28, paragraphe 1er, de la loi du 30 octobre 1886.

Toutefois, ils sont dispensés de la justification du certificat d'aptitude au professorat des Écoles normales et des Écoles primaires supérieures, s'ils sont munis soit d'une licence, soit du certificat d'aptitude à l'enseignement secondaire spécial (lettres ou sciences).

Le surveillant général doit justifier des titres de capacité exigés des professeurs.

Il est nommé par le Ministre.

Art. 3. — Les maîtres auxiliaires pour les enseignements accessoires doivent être pourvus du diplôme spécial correspondant aux fonctions qu'ils exercent et tel qu'il est déterminé par les règlements universitaires. A défaut du diplôme requis, ils ne peuvent être que délégués à titre provisoire dans leurs fonctions.

Ils sont nommés ou délégués par le Préfet, dans les conditions spécifiées par l'article 28, paragraphe 2, de la loi du 30 octobre 1886.

Art. 4. — Les maîtres répétiteurs doivent être pourvus soit du brevet supérieur, soit de l'un quelconque des baccalauréats.

Ils sont nommés par le Préfet, sur la proposition de l'Inspecteur d'Académie, Directeur de l'enseignement primaire de la Seine.

Art. 5. — Les professeurs et les maîtres répétiteurs sont répartis en cinq classes, suivant les proportions fixées par l'article 13 de la loi du 19 juillet 1889.

Art. 6. — Les directeurs reçoivent un traitement de 5 000 francs, qui peut s'élever jusqu'à 7 000 francs au maximum par augmentations successives de 500 francs; mais ces augmentations ne peuvent être accordées qu'après trois années au moins de jouissance du dernier traitement.

Ils jouissent, en outre, de tous les avantages réservés par la loi du 19 juillet 1889 aux directeurs d'Écoles primaires supérieures.

Art. 7. — Les surveillants généraux reçoivent un traitement de 3 000 francs, qui peut s'élever, dans les conditions prescrites à l'article précédent, jusqu'à 5 000 francs au maximum.

Ils ont droit, en outre, à une allocation, non soumise à retenue, fixée à 1 000 francs pour les Écoles de moins de 1 000 élèves et à 2 000 francs pour les autres.

Cette allocation leur tient lieu de toute indemnité de résidence.

Ils doivent être logés dans l'établissement où ils exercent leurs fonctions.

Art. 8. — Le traitement des professeurs est fixé ainsi qu'il suit :

5e classe	1 800 fr.
4e classe	2 100
3e classe	2 400
2e classe	2 700
1re classe	3 000

Dans ce traitement est comprise l'indemnité spéciale prévue par l'article 20 de la loi du 19 juillet 1889.

Ils jouissent, en outre, de tous les avantages réservés par la loi du 19 juillet 1889 aux instituteurs adjoints des Écoles primaires supérieures.

Art. 9. — Le nombre d'heures de classe exigibles des professeurs est fixé, par semaine, à quatorze heures au minimum et à seize heures au maximum.

Il pourra leur être demandé des heures supplémentaires chaque fois que les besoins du service l'exigeront.

Ils seront rémunérés de chaque heure supplémentaire d'enseignement par semaine au moyen d'une indemnité, non soumise à retenue, de 300 fr. par an.

Art. 10. — Le traitement des maîtres répétiteurs est ainsi établi :

5e classe	1 100 fr.
4e classe	1 300
3e classe	1 600
2e classe	1 900
1re classe	2 100

Ils ont droit, en outre, à une allocation fixée à 1 500 fr., non soumise à retenue, et qui leur tient lieu de toute indemnité de résidence ou de logement.

Art. 11. — L'avancement des professeurs et des maîtres répétiteurs a lieu par classe et au fur et à mesure des vacances dans chacune des classes.

Il se fait sur l'ensemble du personnel attaché aux Écoles primaires supérieures de la ville de Paris et exclusivement au choix.

Nul ne peut être promu à une classe plus élevée qu'après avoir passé trois années au moins dans la classe immédiatement inférieure.

Art. 12. — Les maîtres auxiliaires pour les enseignements accessoires reçoivent une allocation annuelle non soumise à retenue et dont le taux, calculé à raison d'une heure de leçon par semaine, est fixé ainsi qu'il suit :

Langues vivantes, dessin et comptabilité, de 250 à 350 francs ;
Calligraphie et chant, de 200 à 300 francs ;
Gymnastique et exercices militaires, de 150 à 250 francs ;
Travail manuel, de 100 à 150 francs.

Les maîtres chargés de ces divers enseignements reçoivent, au moment de leur nomination, l'allocation la moins élevée ; ils peuvent, après trois années au moins d'exercice, obtenir des augmentations successives de 25 francs par an, jusqu'à ce qu'elles aient atteint le taux maximum.

Art. 13. — Lorsque l'enseignement d'une des matières obligatoires dans les Écoles primaires supérieures n'est pas susceptible de comporter le nombre minimum d'heures fixé par l'article 9, le Ministre peut charger de cet enseignement des maîtres pris en dehors de l'École, pourvu qu'ils justifient des titres de capacité exigés des professeurs. Ils sont rémunérés de chaque heure d'enseignement au moyen d'une allocation annuelle, non soumise à retenue, dont le taux peut varier entre 300 et 400 francs et atteindre 500 francs dans les Écoles de plus de 1 000 élèves.

Art. 14. — Lorsque, sur la proposition de l'Inspecteur d'Académie, le Ministre a décidé d'établir dans une des Écoles primaires supérieures une surveillance spéciale dite direction d'études, les professeurs qui, en dehors des heures réglementaires fixées par l'article 9, sont chargés de cette direction, reçoivent un supplément de traitement qui ne peut pas excéder 1 000 francs.

Dans aucun cas, le nombre des professeurs chargés de ces directions d'études ne peut dépasser le nombre des divisions d'élèves.

Art. 15. — Le Ministre peut, après avis du Conseil départemental, autoriser la ville de Paris à annexer, dans des conditions déterminées, un internat aux Écoles primaires supérieures.

Dans ce cas le directeur, le surveillant général et les maîtres répétiteurs sont chargés de la direction et de la surveillance de l'internat.

L'arrêté ministériel fixe le supplément de rétribution qui pourra leur être dû par la ville de Paris.

Les maîtres répétiteurs qui sont logés et nourris dans l'École cessent d'avoir droit à l'allocation qui leur est attribuée par l'article 10.

Art. 16. — Les traitements des fonctionnaires et professeurs, ainsi que les diverses indemnités et allocations prévues par le présent décret, sont mandatés par le Préfet. Ils sont payés mensuellement et par douzièmes, sur le vu d'un état dressé par l'Inspecteur d'Académie, Directeur de l'enseignement primaire de la Seine.

Art. 17. — Sont, en outre, applicables aux Écoles visées dans l'article 1er toutes les dispositions des lois et règlements concernant le personnel des Écoles primaires supérieures qui ne sont pas contraires au présent règlement.

Art. 18. — Les fonctionnaires en exercice lors de la publication du présent règlement sont dispensés de la justification des titres requis pour l'emploi qu'ils occupent.

Les professeurs et les maîtres répétiteurs seront rangés dans les classes correspondant au traitement qui leur sera attribué en exécution du présent décret.

Les effectifs de chaque classe seront ramenés, s'il y a lieu, aux proportions fixées au fur et à mesure des vacances.

Art. 19. — Si le total des allocations attribuées en vertu du présent règlement aux fonctionnaires et professeurs actuellement en exercice, tant comme traitement et supplément de traitement que comme indemnité de résidence ou de logement, est inférieur au traitement dont ils jouissent, il leur sera alloué un supplément de traitement égal à la différence.

Les indemnités et allocations prévues par les articles précédents et dont bénéficieront ces mêmes fonctionnaires et professeurs sont soumises à retenue et comptent pour la liquidation de la pension, mais seulement dans la mesure où elles complètent ou remplacent le traitement sujet à retenue qui leur était antérieurement alloué.

Art. 20. — Toutes les dispositions qui précèdent sont applicables aux Écoles primaires supérieures de filles.

Toutefois les maîtresses répétitrices qui seraient chargées d'un enseignement recevront un supplément de traitement qui ne pourra excéder 600 francs.

Loi portant ouverture d'un Crédit supplémentaire destiné aux dépenses de l'Enseignement primaire.

6 août 1890.

6 Août 1890.

Article 1er. — Il est ouvert au Ministre de l'Instruction publique et des Beaux-Arts (1re section, service de l'Instruction publique), sur l'exercice 1890, en addition aux crédits alloués par la loi de finances du 17 juillet 1889, un crédit supplémentaire de 1 000 000 de francs, qui sera inscrit au chapitre 51 (Enseignement primaire, traitements, caisse des Écoles, loyers d'Écoles, subventions aux Écoles maternelles et aux Classes enfantines, notamment pour n'imposer aucune charge nouvelle aux communes dans lesquelles ces Écoles avaient été régulièrement créées avant la promulgation de la loi du 30 octobre 1886).

ART. 2. — Il est ouvert au Ministre de l'Instruction publique et des Beaux-Arts (1re section, service de l'Instruction publique), sur l'exercice 1890, en addition aux crédits alloués par la loi de finances du 17 juillet 1889 et par la loi du 24 mars 1890, un crédit supplémentaire de 888 000 francs, qui sera inscrit au chapitre 51 (Enseignement primaire, caisse des Écoles, loyers d'Écoles, subventions aux Écoles maternelles et aux Classes enfantines, notamment pour n'imposer aucune charge nouvelle aux communes dans lesquelles ces Écoles avaient été régulièrement créées avant la promulgation de la loi du 30 octobre 1886).

ART. 3. — Il sera pourvu au crédit supplémentaire ci-dessus au moyen des ressources générales du budget ordinaire de l'exercice 1890.

---

7 août 1890.

Arrêté relatif à la répartition des Crédits supplémentaires ouverts au profit des instituteurs par la Loi du 6 août 1890 [1].

7 Août 1890.

Le Ministre de l'Instruction publique et des Beaux-Arts,

Vu la loi du 19 juillet 1889, notamment les articles 32 à 42 ;

Vu la loi de finances du 17 juillet 1889 ;

Vu la loi du 6 août 1890 portant ouverture de crédits supplémentaires ;

Vu les règlements d'administration publique du 31 janvier et du 31 mars 1890 ;

Vu la circulaire du 24 mars 1890,

Arrête :

ARTICLE 1er. — Il est accordé une augmentation de traitement de 100 francs à tous les instituteurs et à toutes les institutrices laïques de la 6e classe provisoire, sans que toutefois leur traitement nouveau

1. Voir la circulaire transmissive du 16 *août* 1890 aux Préfets (*Circ.*, t. XI, p. 281).

puisse dépasser 1 000 francs pour les instituteurs et 900 francs pour les institutrices.

ART. 2. — Il est accordé une augmentation de traitement de 50 francs à tous les instituteurs et à toutes les institutrices laïques de la 2e classe provisoire des stagiaires ayant deux années d'exercice, sans cependant que leur traitement nouveau puisse dépasser 800 francs.

ART. 3. — Les instituteurs et institutrices qui, par suite des augmentations ci-dessus spécifiées, se trouveront en possession, les uns du traitement de la 5e classe, les autres du traitement de la classe permanente des stagiaires, seront rattachés à ces classes et y prendront rang à partir du 1er janvier 1890.

ART. 4. — L'indemnité de résidence due aux instituteurs et institutrices laïques n'entrera, en aucun cas, dans la composition des traitements garantis, qui ne dépasseront pas 1 200 francs.

ART. 5. — Sont promus d'une classe tous les instituteurs et toutes les institutrices laïques n'appartenant pas à la 1re classe et comptant, à la date du 1er janvier 1890, trente-cinq ans de services dans l'enseignement public.

ART. 6. — Sont promus à la classe immédiatement supérieure, s'ils comptent d'ailleurs le nombre d'années de service exigé par l'article 34, paragraphe 3, tous les instituteurs et toutes les institutrices laïques dont le traitement de fait n'est inférieur au traitement légal de cette classe que de 50 francs au plus.

ART. 7. — Le montant de l'allocation pour inscription dans le premier ou le second huitième de la liste de mérite, ainsi que le produit de l'éventuel, mais seulement jusqu'à un chiffre représentant au maximum la différence de traitement d'une classe à la classe immédiatement supérieure, sont considérés comme faisant partie du traitement de fait dont il est parlé à l'article 6 ci-dessus.

ART. 8. — Dans les villes de plus de 100 000 âmes et dans les communes du département de la Seine, tous les instituteurs et toutes les institutrices titulaires placés dans la 6e classe provisoire sont promus — pourvu qu'ils remplissent les conditions d'ancienneté, de service et de grade requises par les articles 24 et 34 de la loi — à celle des classes permanentes dont le traitement légal correspond au chiffre de leurs émoluments régulièrement soumis à retenue, tel qu'il résulte de la moyenne des trois années antérieures à l'exercice 1889.

ART. 9. — Toutes les dispositions du présent arrêté auront leur effet à dater du 1er janvier 1890.

5 sept. 1890. **Décret relatif aux Indemnités de résidence à allouer au Personnel enseignant des Écoles primaires publiques dans les communes du département de la Seine ayant plus de 1 000 habitants de population agglomérée[1].**

5 Septembre 1890.

Le Président de la République française,

Sur le rapport du Ministre de l'Intérieur, du Ministre des Finances et du Ministre de l'Instruction publique,

Vu la loi du 19 juillet 1889, notamment les paragraphes 4 et 5 de l'article 12, et l'article 48, § 7;

Vu les décrets du 31 janvier et du 31 mars 1890;

Vu l'avis du Conseil supérieur de l'Instruction publique en date du 8 novembre 1889;

Le Conseil d'État entendu,

Décrète :

ARTICLE 1er. — Dans les communes du département de la Seine ayant plus de 1 000 habitants de population agglomérée, le taux de l'indemnité de résidence à allouer au personnel enseignant des Écoles primaires publiques est fixé conformément aux indications du tableau annexé au présent décret[2].

ART. 2. — Tant que les instituteurs et institutrices resteront dans le poste où ils se trouvent actuellement et dans la classe où ils ont été rangés par application des articles 12 et 14 de la loi du 19 juillet 1889, ils auront droit à une indemnité de résidence égale à la somme nécessaire pour parfaire, avec leur traitement légal nouveau, le chiffre de leurs émoluments régulièrement soumis à retenue, tel qu'il résulte de la moyenne des trois années antérieures à l'exercice 1889.

ART. 3. — Les dispositions des articles 6 et 7 du décret du 31 mars 1890 sont applicables aux communes du département de la Seine.

---

6 sept. 1890. **Décret relatif aux Indemnités de résidence dues au Personnel enseignant dans les localités qui possèdent des Écoles de section[3].**

6 Septembre 1890.

Le Président de la République française,

Sur le rapport du Ministre de l'Intérieur, du Ministre des Finances et du Ministre de l'Instruction publique,

1. Abrogé par le décret du 19 *juillet* 1894 (*à sa date*).
2. Voir ce tableau, *Bull. adm.*, 1890, t. XLVIII, p. 361.
3. Voir, *à sa date*, le décret du 1er *avril* 1893 portant revision de ce décret.

Vu la loi du 19 juillet 1889 et notamment les articles 4, 12 et 48 de cette loi ;

Vu la loi du 30 octobre 1886, notamment l'article 13 ;

Vu le décret du 27 mai 1888 ;

Vu le décret du 31 janvier 1890 ;

Vu l'avis du Conseil supérieur de l'Instruction publique en date du 8 novembre 1889 ;

Le Conseil d'État entendu,

Décrète :

ARTICLE 1er. — Les indemnités de résidence dues aux instituteurs et institutrices des Écoles de section établies dans les localités de plus de 1 000 habitants de population agglomérée sont fixées conformément aux indications du tableau annexé au présent décret[1].

ART. 2. — Les dispositions des articles 2, 3 et 4 du décret du 31 janvier 1890 sont applicables aux indemnités déterminées par le tableau précité.

Arrêté relatif aux Promotions à accorder aux instituteurs et institutrices exerçant dans les villes de plus de 100 000 âmes et dans les communes du département de la Seine. 16 sept. 1890.

16 Septembre 1890.

Le Ministre de l'Instruction publique et des Beaux-Arts,

Vu la loi du 19 juillet 1889, notamment les articles 32 à 42 ;

Vu la loi de finances du 17 juillet 1889 ;

Vu la loi du 6 août 1890 portant ouverture de crédits supplémentaires ;

Vu les règlements d'administration publique du 31 janvier et du 31 mars 1890 ;

Vu la circulaire du 24 mars 1890 ;

Vu l'arrêté du 7 août 1890,

Arrête :

Dans les villes de plus de 100 000 âmes et dans les communes du département de la Seine, tous les instituteurs et toutes les institutrices titulaires n'appartenant pas à la première classe sont promus, pourvu qu'ils remplissent les conditions d'ancienneté de service et de grades requises par les articles 24 et 34 de la loi, à celle des classes permanentes dont le traitement légal correspond au chiffre

1. Voir ce tableau, *Bull. adm.*, 1890, t. XLVIII, p. 366, et le décret du 1er *avril* 1893, modifiant ledit tableau (*Bull. adm.*, 1893, t. LIII, p. 406-409).

de leurs émoluments régulièrement soumis à retenue tel qu'il résulte de la moyenne des trois années antérieures à l'exercice 1889.

Les dispositions du présent arrêté auront leur effet à dater du 1er janvier 1890.

---

26 sept. 1890.

Décret rendant applicables à la Martinique, à la Guadeloupe et à la Réunion diverses dispositions des Lois relatives à l'Instruction primaire[1].

26 Septembre 1890.

Le Président de la République française,

Sur le rapport du Ministre du Commerce, de l'Industrie et des Colonies[2], et du Ministre de l'Instruction publique et des Beaux-Arts;

1. Consulter les documents suivants :

Circulaire du 26 *novembre* 1887, aux Inspecteurs d'Académie, relative aux voyages à demi-tarif des instituteurs des colonies (*Circ.*, t. X, p. 221);

Décret du 26 *septembre* 1890, portant fixation du traitement du personnel de l'enseignement primaire dans les colonies de la Martinique, de la Guadeloupe et de la Réunion (ci-après, p. 306);

— 1er *février* 1893, portant organisation de l'enseignement primaire dans les établissements français de l'Inde (*Journ. off.*, 1893, p. 634);

— 6 *juillet* 1893, créant une inspection générale de l'instruction publique aux colonies (*Bull. adm.*, 1893, t. LIV, p. 43);

— 20 *juillet* 1893, concernant la situation des Inspecteurs généraux de l'instruction publique aux colonies (*Ibid.*, p. 103);

— 4 *janvier* 1894, relatif à la transformation de l'École coloniale d'enseignement primaire complet à Cayenne (*Bull. adm.*, 1894, t. LV, p. 4);

— 30 *octobre* 1895, réglant la concession des distinctions honorifiques en faveur des instituteurs et institutrices employés dans les Écoles publiques des colonies (*Bull. adm.*, 1895, t. LVIII, p. 795);

— 9 *juillet* 1896, portant abrogation du décret du 6 juillet 1893, relatif à l'inspection générale de l'instruction publique aux colonies (*Bull. adm.*, 1896, t. LX, p. 92);

— 24 *mai* 1898, réglant, au point de vue du classement et du traitement, la situation des Inspecteurs de l'enseignement primaire dans les colonies de la Martinique, de la Guadeloupe, de la Réunion et des établissements français de l'Inde (*Bull. adm.*, 1898, t. LXIII, p. 745);

— 24 *mai* 1898, portant organisation de l'enseignement primaire dans les établissements français de l'Inde (*Ibid.*, p. 775);

L'Enseignement public dans la Régence de Tunis, par L. MACHUEL (*Recueil des Monographies pédagogiques*, 1889, t. VI, p. 555), et *L'Enseignement primaire dans les colonies*, par Frank PUAUX (*Ibid.*, p. 633).

2. *Rapport au Président de la République française:*

Monsieur le Président, le Conseil d'État a adopté, dans sa séance du 23 juillet dernier, deux projets de décrets : le premier portant application dans les colonies de la Martinique, de la Guadeloupe et de la Réunion des lois des 16 juin 1881, 28 mars 1882 et 30 octobre 1886 sur l'enseignement primaire; le second portant fixation du traitement du personnel de l'enseignement primaire dans ces mêmes colonies.

J'ai l'honneur, en conséquence, d'accord avec M. le Ministre de l'Instruction pu-

Vu l'article 6 du Sénatus-consulte du 3 mai 1854;
Vu l'article 68 de la loi du 30 octobre 1886;
Le Conseil d'État entendu,
Décrète :

ARTICLE 1er. — A partir de la promulgation du présent décret, la loi du 16 juin 1881 sur les titres de capacité, l'article 1er de la loi du 16 juin 1881 sur la gratuité, la loi du 28 mars 1882 sur l'obligation, la loi du 30 octobre 1886, seront appliquées à la Martinique, à la Guadeloupe et à la Réunion, sous les réserves et dans les conditions suivantes :

CHAPITRE Ier. — *Loi du* 16 *juin* 1881 *sur les Titres de capacité.*

ART. 2. — Le second paragraphe de l'article 3 est ainsi modifié : « Celles qui auront échoué auront le droit de se présenter de nouveau aux sessions ordinaires ou extraordinaires tenues dans le cours des années suivantes jusqu'à la rentrée des classes du mois d'octobre 1893. »

ART. 3. — Le premier paragraphe et le n° 1 de l'article 4 sont modifiés ainsi qu'il suit : « Les prescriptions de la présente loi ne s'appliquent pas aux directeurs d'Écoles publiques ou libres qui, au 1er janvier de l'année qui suivra la promulgation du présent décret, exerçaient les fonctions de directeurs en vertu des équivalences régulièrement établies dans la colonie. »

ART. 4. — La date du 1er janvier 1881, inscrite dans le n° 2 et le n° 3 de l'article 4, sera remplacée par la date du 1er janvier de l'année qui suivra la promulgation du présent décret.

CHAPITRE II. — *Article* 1er *de la loi du* 16 *juin* 1881
sur la gratuité de l'enseignement primaire.

ART. 5. — Les dépenses de l'instruction primaire sont obligatoires pour les communes et la colonie dans les conditions déterminées par l'article 149 de la loi du 5 avril 1884 et l'article 8 du Sénatus-consulte du 4 juillet 1866.

ART. 6. — Sont à la charge des communes :

1° Les traitements et allocations attribués aux instituteurs et institutrices par le décret du 26 septembre 1890;

blique et des Beaux-Arts, de vous prier de vouloir bien revêtir de votre signature les deux projets de décrets qui sont ci-joints.

Je vous prie d'agréer, etc.

2° La construction ou la location et l'entretien des maisons d'école, le logement des maîtres ou les indemnités représentatives;

3° Les frais d'éclairage des classes;

4° La rémunération des gens de service fixée par le Gouverneur en Conseil privé;

5° L'acquisition, l'entretien, le renouvellement du mobilier scolaire et du matériel d'enseignement;

6° Les registres et imprimés à l'usage des Écoles.

Les traitements et allocations seront mandatés par le Directeur de l'Intérieur et acquittés suivant le mode établi en matière de cotisations municipales.

Ils seront payés mensuellement et par douzièmes, sur le vu des états dressés par les Inspecteurs primaires.

ART. 7. — Sont à la charge de la colonie :

1° Le traitement du personnel des Écoles normales;

2° L'entretien et, s'il y a lieu, la location des Écoles normales;

3° L'entretien et le renouvellement du mobilier de ces Écoles et du matériel d'enseignement;

4° Les frais d'entretien des élèves dans les Écoles normales;

5° Les traitements du personnel de l'administration et de l'inspection;

6° Les frais de tournée et de déplacement des fonctionnaires de l'inspection;

7° Le loyer et l'entretien du local et du mobilier destinés au service colonial de l'Instruction publique;

8° Les imprimés à l'usage des délégations cantonales.

CHAPITRE III. — *Loi du 28 mars 1882 relative à l'obligation de l'enseignement primaire.*

ART. 8. — L'article 17 de la loi du 28 mars 1882 est supprimé.

ART. 9. — L'article 18 est remplacé par la disposition suivante : « Des arrêtés du Gouverneur, sur la demande du Vice-Recteur et du Comité central de l'Instruction publique, déterminent chaque année les communes où les locaux scolaires seront suffisants pour y appliquer les prescriptions des articles 4 et suivants. »

CHAPITRE IV. — *Loi du 30 octobre 1886.*

ART. 10. — Le quatrième paragraphe de l'article 1er est remplacé par la disposition suivante : « Dans les Écoles d'apprentissage fondées pour développer chez les jeunes gens qui se destinent aux professions manuelles la dextérité nécessaire et les connaissances techniques..... »

ART. 11. — L'article 8 est remplacé par la disposition suivante : « Il peut être créé des classes primaires pour adultes ayant satisfait aux obligations de la loi du 28 mars 1882. »

ART. 12. — L'article 9 sera modifié ainsi : « L'inspection des établissements d'instruction primaire publics ou privés est exercée :

« 1° Par les Vice-Recteurs ou, dans les colonies où il n'en existe pas, par le Directeur de l'Intérieur;

« 2° Par les Inspecteurs de l'enseignement primaire du..... »

Le dernier alinéa du même article sera modifié ainsi qu'il suit : « ..... est confiée à des dames déléguées par le Gouverneur. »

ART. 13. — L'article 12 est remplacé par la disposition suivante : « La circonscription des Écoles de hameau pourra s'étendre sur plusieurs communes. »

ART. 14. — L'article 18 est modifié ainsi qu'il suit : supprimer les mots « en conformité avec l'article 1er de la loi du 9 avril 1879 ».

ART. 15. — L'article 28, paragraphe 3, est remplacé par la disposition suivante : « Les directeurs et directrices des Écoles manuelles d'apprentissage sont nommés par le Ministre des Colonies après avis du Ministre du Commerce. »

ART. 16. — L'article 35 est remplacé par l'article suivant : « sous réserve des livres interdits par le Comité central de l'Instruction publique ».

ART. 17. — L'article 44 est modifié ainsi : « Il est institué dans chaque colonie un Conseil de l'enseignement primaire, désigné sous le nom de Comité central de l'Instruction publique et composé ainsi qu'il suit :

« 1° Le Gouverneur, président;

« 2° Vice-président : le Vice-Recteur, ou le Directeur de l'Intérieur, dans les colonies où il n'existe pas de Vice-Recteur;

« 3° Quatre conseillers généraux élus par leurs collègues;

« 4° Le proviseur du Lycée ou, à son défaut, un fonctionnaire désigné par le Gouverneur, sur sa proposition;

« 5° Le directeur de l'École normale d'instituteurs et la directrice de l'École normale d'institutrices, là où il existe des établissements de ce genre;

« 6° Un Inspecteur primaire désigné par le Gouverneur;

« 7° Deux instituteurs et deux institutrices élus respectivement par les instituteurs et institutrices publics de la colonie et éligibles soit parmi les directeurs et directrices d'Écoles à plusieurs classes ou d'Écoles annexes à l'École normale, soit parmi les instituteurs ou institutrices en retraite. »

ART. 18. — Les articles 51, 62, dernier paragraphe, et 66 sont supprimés.

Dispositions diverses.

ART. 19. — Les attributions conférées dans la métropole, par les lois du 28 mars 1882 et du 30 octobre 1886, au Conseil départemental, seront exercées à la Martinique, à la Guadeloupe et à la Réunion par le Comité central de l'Instruction publique; celles du Ministre de l'Instruction publique, par le Ministre des Colonies; celles du Préfet, par le Gouverneur; celles de l'Inspecteur d'Académie, par le Vice-Recteur ou par le Directeur de l'Intérieur dans les colonies où il n'existe pas de Vice-Recteur.

Toutefois aucune nomination dans le personnel de l'enseignement primaire, recruté soit dans la métropole, soit dans la colonie, n'aura lieu qu'en vertu d'une décision du Ministre des Colonies.

---

26 sept. 1890. **Décret portant fixation du Traitement du personnel de l'Enseignement primaire dans les colonies de la Martinique, de la Guadeloupe et de la Réunion.**

26 Septembre 1890.

Le Président de la République française,

Sur le rapport du Ministre du Commerce, de l'Industrie et des Colonies[1], et du Ministre de l'Instruction publique et des Beaux-Arts,

Vu l'article 6 du Sénatus-consulte du 3 mai 1854;

Vu l'article 8 du Sénatus-consulte du 6 juillet 1866;

Vu l'article 149 de la loi du 5 avril 1884;

Vu le décret du 26 septembre 1890;

Vu la loi du 19 juillet 1889 sur le traitement des instituteurs en France:

Le Conseil d'État entendu,

Décrète :

CHAPITRE Ier. — *Des Inspecteurs primaires.*

ARTICLE 1er. — Les Inspecteurs primaires à la Martinique, à la Guadeloupe et à la Réunion sont répartis en trois classes.

1. Voir, p. 302, note 2, le rapport au Président de la République.

Nul ne peut être promu à une classe supérieure qu'après cinq ans d'exercice dans la classe inférieure.

ART. 2. — Les Inspecteurs primaires reçoivent une solde d'Europe et un supplément colonial.

Le traitement d'Europe est fixé comme suit :

1re classe.	4 000 fr.
2e classe.	3 500
3e classe.	3 000

Le supplément colonial est égal au traitement d'Europe.

ART. 3. — L'indemnité annuelle de déplacement allouée aux Inspecteurs primaires est fixée à 2 000 francs.

CHAPITRE II. — *Des Instituteurs et Institutrices primaires.*

ART. 4. — Les instituteurs et institutrices à la Martinique, à la Guadeloupe et à la Réunion sont répartis en titulaires et stagiaires.

ART. 5. — Les stagiaires forment un effectif de 20 pour 100.

Les titulaires se divisent en quatre classes, dont les effectifs numériques sont les suivants :

4e classe	35 p. 100
3e classe	25 p. 100
2e classe	15 p. 100
1re classe	5 p. 100

Ces classes sont attachées à la personne et peuvent être attribuées sans déplacement.

Nul ne peut être promu à une classe supérieure qu'après trois ans d'exercice dans la classe inférieure.

ART. 6. — Le traitement des instituteurs et institutrices titulaires recrutés soit dans la métropole, soit dans la colonie, se compose d'une solde d'Europe et d'un traitement colonial.

ART. 7. — Le traitement d'Europe des instituteurs et institutrices titulaires recrutés soit dans la métropole, soit dans la colonie, est fixé comme suit pour chaque classe :

1re classe.	1 800 fr.
2e classe.	1 600
3e classe.	1 400
4e classe.	1 200

ART. 8. — Dans la solde d'Europe, ne peuvent être compris les suppléments ou indemnités prévus aux articles 10, 11, 12 et 13.

ART. 9. — Provisoirement, les suppléments coloniaux du personnel recruté dans la métropole seront égaux à la solde d'Europe, quelle que soit la classe du fonctionnaire. Les suppléments du personnel recruté dans la colonie seront égaux au quart de la solde d'Europe, quelles que soient les classes respectives des fonctionnaires.

ART. 10. — Les titulaires chargés de la direction d'une École comprenant plus de deux classes reçoivent à ce titre un supplément de traitement de 200 francs. Ce supplément est porté à 400 francs si l'École comprend plus de quatre classes.

ART. 11. — Dans les Écoles qui comprennent une classe d'enseignement primaire supérieur, dite Cours complémentaire, le maître chargé de ce cours reçoit un supplément de traitement de 200 francs.

ART. 12. — Indépendamment du traitement fixé aux articles précédents, les instituteurs et les institutrices titulaires ont droit au logement ou à l'indemnité représentative fixée par arrêté du Gouverneur.

ART. 13. — Les instituteurs et institutrices stagiaires reçoivent un traitement de 1 000 francs, ainsi qu'un supplément colonial dans les conditions déterminées à l'article 9, selon que le fonctionnaire sera recruté dans la colonie ou dans la métropole.

Ils ont droit au logement ou à l'indemnité représentative. Ils forment une classe unique.

CHAPITRE III. — *Dispositions transitoires.*

ART. 14. — Il sera formé dans chaque colonie, pour chaque classe d'instituteurs et d'institutrices titulaires et stagiaires, un tableau d'avancement où ils prendront rang entre eux par ordre d'ancienneté.

ART. 15. — Le classement et la formation de ce tableau seront effectués par une Commission spéciale composée du Vice-Recteur et, dans les colonies où il n'y a pas de Vice-Recteur, du Directeur de l'Intérieur, président, des Inspecteurs primaires et de deux délégués du Comité central.

ART. 16. — Les maîtres et maîtresses seront placés dans la classe dont le traitement correspond au traitement dont ils jouissent actuellement. Si ce traitement ne coïncide pas avec un de ceux qui sont prévus à l'article 7, ils seront placés dans la classe dont le traitement est immédiatement inférieur.

Si la répartition ainsi faite donne un effectif supérieur aux chiffres fixés pour les trois premières classes par l'article 7, il ne sera pourvu qu'à une vacance sur deux, jusqu'à ce que les proportions fixées par ledit article soient observées.

ART. 17. — Jusqu'à complète application de la loi du 30 octobre 1886, les instituteurs et institutrices congréganistes actuellement en exercice dans les Écoles publiques continueront à recevoir les traitements dont ils seront en possession à la date de la promulgation du présent décret.

Circulaire du Ministre de l'Instruction publique, relative à la Lecture des Auteurs à expliquer aux examens du Brevet supérieur et du professorat des Écoles normales[1]. 16 octobre 1890.

16 Octobre 1890.

Monsieur le Recteur, en vous adressant une ampliation de l'arrêté qui fixe pour trois ans la nouvelle liste des auteurs français à étudier pour les examens du brevet supérieur et du professorat, je me suis réservé d'appeler votre attention sur les instructions dont vous devriez faire suivre cette liste, en la transmettant aux Écoles normales de votre ressort.

Le but qu'ont poursuivi tous mes prédécesseurs, d'accord avec le Conseil supérieur, en publiant ces listes d'auteurs pour le brevet supérieur, ce n'était pas en réalité de modifier plus ou moins profondément les épreuves de cet examen, c'était d'agir sur les études mêmes des Écoles normales et généralement sur la préparation intellectuelle des candidats aux fonctions d'instituteur et d'institutrice. La première circulaire expliquait cette intention en trois mots : « On veut par cette épreuve nouvelle s'assurer si le candidat a lu, s'il aime à lire, s'il sait lire les chefs-d'œuvre les plus connus de notre littérature. »

La lecture, et la lecture des classiques, telle est, en effet, pour les jeunes gens la meilleure forme de l'éducation littéraire. Malheureusement (l'inspection générale n'a cessé de le signaler), on a eu de la peine, dans beaucoup d'établissements, à comprendre quelle part il faut faire à ces lectures, soit en classe, soit en étude.

D'excellents maîtres, inquiets de l'étendue des programmes, n'osent pas s'abandonner, eux et leurs élèves, au plaisir de ces belles lectures faites en commun, de peur de prendre sur un temps à leur gré trop limité. D'excellents

1. Consulter les circulaires suivantes :
Du 27 *avril* 1891, aux Recteurs, relative à l'interdiction de l'abus des exigences grammaticales dans la dictée (*à sa date*);
— 29 *août* 1893, aux Recteurs, relative à une modification des Commissions d'examen des brevets de capacité (*à sa date*);
— 8 *décembre* 1893, aux Recteurs, relative à la lecture des auteurs à expliquer aux examens du brevet supérieur (*Circ.*, t. XI, p. 758);
— 21 *mai* 1894, aux Recteurs, relative à la lecture des auteurs classiques dans les Écoles normales (*Bull. adm.*, 1894, t. LV, p. 461);
— 1er *octobre* 1895, aux Recteurs, relative au choix des textes de compositions données aux examens des brevets de capacité (*à sa date*);
— 10 *mars* 1896, aux Recteurs, relative aux Commissions d'examen des brevets de capacité (*à sa date*);
— 6 *mars* 1899, aux Recteurs, et l'Instruction y annexée, sur l'enseignement du français (*Bull. adm.*, 1899, t. LXV, p. 256).

élèves se reprochent comme des heures perdues celles qu'ils passeraient avec délices à lire les pages immortelles de notre littérature. Il faut à tout prix les désabuser. Il n'y a pas de temps mieux employé, il n'y a pas d'exercice plus profitable à leur apprentissage intellectuel et moral. Aucune rédaction de devoir, aucune analyse littéraire, aucun cahier d'histoire de la littérature ne fera autant pour le développement de leur esprit que ces heures consacrées à étudier dans le texte même les chefs-d'œuvre du génie français. Ce contact direct, personnel, intime de leur esprit avec les plus grands esprits est de toutes les leçons la plus exquise à la fois et la plus puissante. C'est une influence qui pénètre à leur insu jusqu'au fond d'eux-mêmes : peu à peu, elle éveillera en eux des idées et des sentiments qu'ils n'auraient jamais acquis sans ce noble commerce avec l'élite de notre race.

N'hésitez donc pas, Monsieur le Recteur, à user de toute votre autorité dans les établissements qui relèvent directement de l'Université pour substituer à l'étude des manuels la lecture même des classiques. Faites bien entendre aux maîtres que, si j'ai cru devoir presque doubler, cette année, la liste des auteurs, c'est pour mieux marquer la nécessité de doubler au moins la place faite jusqu'ici dans les études à la lecture proprement dite. Je regrette d'apprendre que, dans certaines Écoles, on dicte encore de longs résumés d'histoire littéraire et que la dernière chose qu'y font les élèves est de lire Corneille et Racine, — tant ils sont occupés à lire ce qu'on a dit sur Corneille et sur Racine, ce qu'il faudra en dire à l'examen. C'est là une aberration dont vos conseils, Monsieur le Recteur, et, au besoin, vos ordres formels triompheront.

Quels seraient les moyens d'opérer une réforme décisive en ce sens et de donner tant aux instructions du Recteur qu'à celles du Ministre une sanction efficace? Il vous appartiendra, Monsieur le Recteur, de les trouver et de les approprier aux besoins des diverses Écoles. Toutefois, à titre d'indication générale, je vous recommande dès à présent quelques mesures que je vous laisserai le soin de mettre en pratique sous la forme qui vous paraîtra le mieux convenir.

Il faut d'abord que l'emploi du temps dans chaque École normale réserve à la lecture un nombre d'heures déterminé et qu'on ne le supprime sous aucun prétexte. Je n'admets pas qu'on s'en remette aux élèves du soin de trouver le temps de lire quand et comme ils le pourront; il appartient aux maîtres de faire en sorte qu'on le trouve et de s'en assurer. Pour cela, je vous prie de tenir la main à ce qu'il y ait chaque semaine et dans chaque année une étude au moins expressément et exclusivement employée à lire les classiques, d'après des directions données par les professeurs.

Il faut se rappeler que les élèves, ceux de première année surtout, ont besoin qu'on les initie, qu'on les guide. La bonne volonté ne leur manquera pas; mais il y a, pour l'art de lire comme pour toute étude, une première impulsion à donner, une sorte de mise en train, faute de laquelle les jeunes gens feront fausse route, liront sans goût, sans ordre, sans discernement. Quelques explications préalables sur l'ouvrage, sur l'auteur, quelques mots sur le genre d'intérêt qui s'attache à telle lecture, sur la manière dont il convient de la faire suivant les sujets, tantôt rapide et continue pour se laisser entraîner par le mouvement général de la pensée, tantôt par petits morceaux à étudier la plume à la main pour analyser les délicatesses de l'expression, quelques conseils pratiques sur la nature, la forme et l'étendue des notes à prendre, etc., peuvent rendre fécond autant qu'agréable le même exercice dont l'élève, abandonné à lui-même, tirerait peu de fruit.

Il faut que le directeur ou la directrice, les maîtres ou les maîtresses se préoccupent de graduer les lectures, de les bien répartir sur les trois années. Je suis loin de songer à un plan uniforme pour toute la France, et je n'ai pas besoin de vous dire, Monsieur le Recteur, que, même dans votre Académie, il est bon d'autoriser à cet égard les plus grandes différences d'une École à l'autre. Ce sera le mérite du personnel de chaque établissement de régler l'ordre des lectures de la manière qui semblera la plus propre à soutenir l'attention, à diversifier les impressions, à tenir l'esprit en haleine, à développer le sens littéraire. Ici on préférera commencer par les classiques du XVIIe siècle; là, par ceux du XIXe, si on les croit plus accessibles à ce jeune public. Ici on fera plus large, ailleurs plus restreinte la part des *Morceaux choisis*. Partout, je l'espère, on trouvera naturel de faire coïncider, par exemple, la lecture de Thiers et de Michelet avec l'étude des parties correspondantes de l'histoire de France, de telle sorte que l'élève prenne à ces lectures un double intérêt : elles ne serviront pas moins à son éducation historique qu'à sa culture littéraire.

Il faut encore que chaque élève ait un cahier de lectures où il notera, chaque quinzaine ou chaque semaine, ce qu'il aura lu, soit seul, soit en classe, soit de concert avec un groupe de camarades; il y recueillera ses propres observations, les indications de ses maîtres, les passages qui auront attiré son attention, les morceaux appris ou à apprendre par cœur, etc. Ce simple carnet peut, sans tomber dans la minutie, lui servir à lui-même de contrôle; il lui permettra, en même temps qu'à ses maîtres, de se rendre compte des progrès accomplis dans cette partie si importante de son éducation générale. Vous pourrez vous-même, Monsieur le Recteur, au cours de l'année scolaire, ou à l'occasion de vos visites dans les établissements, jeter un coup d'œil sur ces cahiers; je recommanderai à MM. les Inspecteurs généraux de se les faire représenter : on y verra sans peine non seulement si l'élève a mis de la bonne volonté et de la suite dans ses lectures, mais s'il a été dirigé, stimulé et soutenu par ses maîtres.

Il faut, par suite, installer, dans les Écoles normales où on avait négligé de le faire jusqu'à ce jour, une bibliothèque spécialement destinée aux élèves, placée à leur portée, soit dans la salle d'études, soit dans toute autre partie de l'établissement où elle reste constamment à leur disposition et sous leur propre responsabilité. Cette bibliothèque contiendra avant tout les classiques portés sur la liste triennale; je suis disposé à y ajouter, dans la mesure des crédits disponibles, une collection choisie d'ouvrages se recommandant à la fois par un caractère attrayant et par une réelle valeur littéraire.

Il faut, enfin, encourager formellement les Commissions que vous nommez, Monsieur le Recteur, pour les examens du brevet, à choisir le plus possible les sujets des épreuves écrites ou des questions orales de telle façon que les candidats qui auront lu, beaucoup lu, et bien lu, aient d'avance un avantage marqué; que les autres, au contraire, puissent de moins en moins suppléer, à l'aide d'appréciations toutes faites prises dans le manuel, aux impressions personnelles que donne seule l'étude directe des textes.

Ce sont là, je le répète, de simples indications qu'il vous appartiendra de transformer, s'il y a lieu, en instructions précises, détaillées et pressantes. Il suffira, d'ailleurs, je n'en doute pas, de les communiquer au personnel des Écoles normales pour que, dans chaque établissement, le conseil des professeurs s'en inspire et vous fasse spontanément des propositions de détail en vue de faire pénétrer l'habitude des bonnes lectures dans la vie ordinaire des Écoles normales. Il ne vous sera pas difficile d'en faire sentir le charme à des esprits jeunes et ouverts, qui aiment le travail, qui sont animés d'une sève généreuse et qui ne sont pas plus réfractaires, quoi qu'on en ait dit, à l'impression du beau littéraire et moral, qu'à l'attrait plus positif des vérités scientifiques. On a prétendu, je le sais, que l'éducation primaire, celle des Écoles normales en particulier, peut favoriser le goût des sciences, accroître les connaissances pratiques, aiguiser l'esprit d'observation dans l'ordre des choses physiques, mais qu'elle est impropre à ce genre de culture plus abstrait, plus délicat et plus désintéressé, que caractérise si bien le mot « *humanités* ». Je ne puis souscrire à ce jugement : je crois, au contraire, que si quelque part, à défaut des *humanités classiques* qui supposent de longues années d'études et la pratique assidue des langues de l'antiquité, il est possible d'éprouver la valeur des *humanités françaises* et de tirer les éléments essentiels d'une éducation libérale, c'est dans ces établissements où le concours amène une élite d'élèves sortis de nos Écoles primaires supérieures et de nos cours d'enseignement spécial. Mais encore faut-il, pour que l'expérience soit concluante, leur donner le temps nécessaire pour se familiariser avec les belles et nobles choses dont la littérature française est si riche, pour s'en imprégner sérieusement, pour en connaître la saveur non d'après le dire d'autrui, mais par leur propre et vive expérience. Que l'on consacre aux lettres dans les Écoles normales autant de temps à proportion qu'on leur en réserve à juste titre dans l'enseignement secondaire, et l'on se convaincra bien vite que nos jeunes instituteurs n'y sont ni impropres ni insensibles. C'est une démonstration que le temps, j'en ai la confiance, se chargera de faire; je vous saurais gré, Monsieur le Recteur, d'y contribuer en renforçant l'enseignement littéraire par le premier de tous les moyens qui soient en notre pouvoir, la lecture approfondie des grands écrivains français.

Recevez, etc.

Signé : LÉON BOURGEOIS.

---

6 nov. 1890. **Proposition de loi concernant les Traitements et le Classement du personnel de l'Enseignement primaire, présentée par MM. Viger, Lacroix, Georges Cochery, et un certain nombre de leurs collègues, Députés [1].**

Séance du 6 Novembre 1890.

Messieurs, la loi du 19 juillet 1889 a réalisé assurément un progrès relativement à la situation antérieure du personnel de l'enseignement primaire, en déterminant exactement la charge qui incombe à l'État, au département et à la

1. Insérée au *Journal officiel* du 14 *janvier* 1891, p. 397.
Consulter le rapport de M. MONTAUD, 29 *décembre* 1890 (*Journ. off.*, 10 *février* 1891, p. 509 et 510).
Il conclut à la prise en considération.
Rapprocher ce projet des projets suivants (voir ci-après, *à leur date*) :
Projet BABAUD-LACROZE, 18 *novembre* 1890;
— SIEGFRIED, 17 *janvier* 1891;
— CABART-DANNEVILLE, 19 *février* 1891;
— LAVY, 24 *février* 1891;
— LE VEILLÉ, 28 *février* 1891;
— DELLESTABLE, 7 *juillet* 1891.
L'ensemble de ces propositions a abouti à la loi du 25 *juillet* 1893 (*à sa date*).

commune dans le traitement de ce personnel. Cette loi avait pour but de substituer à un régime de décrets et d'arrêtés souvent contradictoires une réglementation qui permît d'appliquer, dès maintenant, au personnel de cet important service certaines améliorations, tout en réservant dans l'avenir la facilité de pouvoir réaliser des augmentations plus considérables dans les traitements, sans le vote de nouvelles dispositions législatives. En se plaçant à ce point de vue, on peut dire que la loi précitée a été une œuvre éminemment utile, et nous devons rendre justice à la pensée qui a inspiré ses auteurs.

Cependant son application a soulevé, de la part des instituteurs, d'unanimes réclamations, dont la plupart sont absolument légitimes.

Il résulte, en effet, des observations qui nous ont été présentées par les intéressés que, dans la pratique, la loi du 19 juillet 1889 est, sur plusieurs points, en contradiction avec l'intention même de ceux qui l'ont votée et dont l'objectif consistait à apporter d'heureuses modifications dans la situation matérielle d'un personnel dont la République connaît et apprécie les qualités professionnelles et le dévouement.

Il nous a semblé, en présence de plaintes nombreuses appuyées sur des preuves de fait, dirigées contre certains articles, que le devoir du Parlement était de procéder à un nouvel examen de cette loi. Aussi avons-nous pris l'initiative de vous proposer de la modifier dans le sens suivant :

1° *Délais d'application.* — Depuis la promulgation de la loi du 16 juin 1881, aggravée par l'arrêté du 21 juillet 1884, l'avancement des instituteurs a été arrêté net, et toute une génération de jeunes maîtres, entrés dans la carrière de l'enseignement primaire à partir de 1875 environ, attend depuis plus de dix années que les pouvoirs publics, après avoir établi la gratuité pour les élèves des Écoles primaires, donnent aux fonctionnaires chargés de les instruire une juste rémunération de leur travail.

La promulgation de la loi de 1889 avait été accueillie par la plupart d'entre eux avec une satisfaction d'autant plus grande qu'ils attendaient depuis plus longtemps le moyen d'obtenir un avancement mérité. Leur déception a été profonde en constatant qu'il fallait encore un délai de huit années pour obtenir une légère majoration de traitement dans les limites prévues par la loi. Il résulterait, en effet, des dispositions transitoires inscrites dans cette loi qu'un grand nombre d'instituteurs actuellement en fonctions devrait renoncer à l'espoir d'arriver jamais aux premières classes.

2° *Mode actuel de classement.* — Parmi les articles transitoires, l'application de l'article 34 a soulevé, non sans raison, de nombreuses critiques. Des instituteurs ayant vingt années et plus de bons services se sont vus placés dans la 4e classe, parce qu'au 21 juillet 1884 leur traitement était compris entre 1 200 et 1 500 francs, bien que depuis cette époque ils aient occupé des postes de la première importance.

Il en résulte ce fait bizarre qu'une loi destinée, dans la pensée du Parlement, à améliorer la situation matérielle des instituteurs a au contraire aggravé l'état de choses dont ce personnel se plaignait antérieurement.

3° *Traitements et effectif des classes.* — Si on veut se reporter, dans la plupart des départements, au classement opéré en 1877, on pourra se rendre un compte exact de la situation en établissant une comparaison entre les anciens et les nouveaux traitements. Le nombre des maîtres touchant un traitement supérieur à 1 800 francs dépassait non seulement de plus du double l'effectif de 5 pour 100 déterminé par la loi pour les deux premières classes, mais encore le nombre des instituteurs touchant de 2 000 à 2 400 francs et au-dessus aurait dépassé cette limite. Il nous semble donc indispensable d'élargir cette base et d'attribuer à chacune des trois premières classes un effectif capable de donner un avancement plus équitable.

Sans doute, on objectera que ces propositions sont de nature à aggraver les charges résultant de la mise en pratique de nos lois scolaires. Nous devons cependant faire remarquer qu'il est indispensable de rémunérer les instituteurs, sinon plus largement, au moins aussi largement qu'avant la promulgation de la loi de 1881 sur la gratuité. En supprimant la rétribution scolaire, la pensée du législateur n'a pu être, à aucun moment, de faire tomber sur l'instituteur tout le poids de la gratuité; pourtant la répercussion de cette partie de la loi de 1881 et de l'arrêté du 21 juillet 1884 s'est immédiatement traduite par une diminution des modestes traitements des instituteurs.

Il nous paraît étrange, en un moment où les autres catégories de fonctionnaires ont obtenu des augmentations de traitements et certaines améliorations, de voir ceux dont le service a été le plus développé être diminués sensiblement. Il est triste également de constater que, au rebours des autres serviteurs de l'État, à mesure que l'instituteur avance en âge sa situation devient plus précaire.

D'autre part, la défense nationale absorbe en France d'immenses ressources, et le patriotisme du Parlement n'a pas reculé devant les sacrifices nécessaires pour sauvegarder l'indépendance du pays. Il comprendra, nous en sommes persuadés, que l'instruction primaire est un des éléments de l'instruction militaire et le corollaire de la loi nouvelle qui appelle tous les Français, pendant un temps limité, sous les drapeaux. Et il étendra aux maîtres chargés de donner cette instruction les sacrifices qu'il s'est imposés pour les autres services de l'État, et notamment pour ceux de l'armée.

En conséquence, nous avons l'honneur de vous proposer les modifications suivantes à la loi du 19 juillet 1889 concernant le traitement du personnel de l'enseignement primaire :

Proposition de loi.

ARTICLE 1er. — Les articles 6, 34 et 36 de la loi du 19 juillet 1889 sur les dépenses de l'instruction primaire publique et les traitements du personnel sont modifiés ainsi qu'il suit :

« ART. 6. — Les instituteurs et institutrices sont répartis en titulaires et stagiaires.

« Les stagiaires forment un effectif de 15 pour 100.

« Les titulaires se divisent en cinq classes dont les effectifs numériques sont les suivants :

5e classe.	30 p. 100	de l'effectif total.
4e classe.	25 p. 100	—
3e classe.	15 p. 100	—
2e classe.	10 p. 100	—
1re classe.	5 p. 100	—

« Ces classes sont attachées à la personne et peuvent être attribuées sans déplacement.

« ART. 34. — La répartition, dans les classes créées par la nouvelle loi, des maîtres et maîtresses actuellement en fonctions, sera effectuée en tenant compte de leur nombre d'années de services, du mérite personnel et de l'importance du poste qu'ils occupent.

« ART. 36. — La 6e classe provisoire est supprimée, et tous les instituteurs et institutrices de cette classe seront rangés dans les classes auxquelles ils ont droit. »

ART. 2. — Les articles 37, 38, 39 et 42 de la même loi sont et demeurent abrogés.

Circulaire du Ministre de l'Instruction publique, relative à la tenue du Registre d'inscription des élèves dans les Écoles primaires publiques. 12 nov. 1890.

12 Novembre 1890.

Monsieur l'Inspecteur, d'après les renseignements qui me sont parvenus, les instructions contenues dans la circulaire du 14 janvier dernier, relatives à la enue, dans les Écoles publiques, du registre d'inscription qui a été substitué au registre matricule, n'auraient pas été exactement comprises.

Dans quelques départements, en effet, il serait question de renouveler le registre d'inscription chaque année. Cette manière de procéder, outre qu'elle imposerait aux instituteurs et institutrices un surcroît de travail, ferait perdre à ce registre son véritable caractère, qui est de présenter les renseignements scolaires sur chaque enfant de la commune pendant son passage à l'École.

Ainsi que vous l'a fait connaître la circulaire précitée, les enfants ne doivent être inscrits sur le registre d'inscription qu'une seule fois pendant toute la durée de leur scolarité. La loi du 19 juillet n'ayant reçu son application qu'à partir du 1er janvier 1890, les enfants présents à cette date ont dû être inscrits en indiquant l'époque précise de leur entrée à l'École; les élèves qui sont entrés postérieurement ont dû être placés à la suite, au fur et à mesure de leur admission. Pour l'année 1891 et les années suivantes, les nouveaux élèves figureront également sur le même registre après les élèves admis en 1890, selon l'ordre de leur entrée.

Quant aux enfants qui quittent l'École pour un motif quelconque, ils ne sont pas rayés du registre d'inscription; ils continuent à y figurer en conservant leur numéro d'ordre, mais mention est faite de leur sortie et des raisons qui l'ont motivée, dans les colonnes spéciales.

Je vous prie de m'accuser réception de la présente circulaire.

Recevez, etc.

Signé : LÉON BOURGEOIS.

Proposition de loi modifiant la Loi du 19 juillet 1889 sur les Traitements des Instituteurs, présentée par M. Babaud-Lacroze, député [1]. 18 nov. 1890.

Séance du 18 Novembre 1890.

Messieurs, la loi du 19 juillet 1889 contient, dans son article 34, le paragraphe suivant :

1. Insérée au *Journal officiel* du 15 *janvier* 1891, p. 416. — Consulter le rapport

« Les adjoints et adjointes actuellement en exercice, et comptant plus de cinq années de services dans l'enseignement public, seront réputés avoir achevé le stage et seront dispensés de la production du certificat d'aptitude pédagogique exigé par la loi du 30 octobre 1886. »

J'ai l'honneur de vous proposer de substituer à ce paragraphe la rédaction suivante :

Proposition de loi.

ARTICLE UNIQUE. — Les adjoints et adjointes entrés dans l'enseignement avant le 30 octobre 1886 seront dispensés de la production du certificat d'aptitude pédagogique.

---

22 nov. 1890. **Décret modifiant la part contributive de l'État dans le payement des Annuités communales pour constructions et appropriations de Maisons d'école primaires en Algérie.**

22 Novembre 1890.

Le Président de la République française,

Sur le rapport des Ministres de l'Instruction publique et des Beaux-Arts, de l'Intérieur et des Finances [1];

Vu la loi du 20 juin 1885;

de M. MONTAUD, 29 *décembre* 1890 (*Journ. off.*, 10 *février* 1891, p. 509 et 510). Il conclut à la prise en considération.

Rapprocher ce projet de loi des projets suivants :

Projet VIGER, 6 *novembre* 1890 (ci-dessus, p. 312);
— SIEGFRIED, 17 *janvier* 1891 (ci-après, *à sa date*);
— CABART-DANNEVILLE, 19 *février* 1891 (*à sa date*);
— LAVY, 24 *février* 1891 (*à sa date*);
— LE VEILLÉ, 28 *février* 1891 (*à sa date*);
— DELLESTABLE, 7 *juillet* 1891 (*à sa date*).

L'ensemble de ces propositions a abouti à la loi du 25 *juillet* 1893.

1. Voici un extrait de ce rapport :

« Un décret du 26 mai 1886 a réglé les conditions d'application de la loi du 20 juin 1885 en ce qui concerne les subventions de l'État pour constructions et appropriations d'Écoles primaires en Algérie.

« Dans les communes mixtes et indigènes, le centime communal, en raison inverse duquel est calculée la part contributive de l'État, comprend, par application de l'article 1er, paragraphe 1er, de ce décret, non seulement, comme dans les communes de plein exercice, le centième du produit cumulé de l'impôt des patentes, de la taxe des loyers et de la contribution foncière frappant la propriété bâtie, mais encore le centième de l'impôt arabe. Or, ce dernier impôt, qui augmente la valeur du centime communal et conséquemment diminue la quotité de la subvention de l'État, n'entre pas dans la caisse des communes : celles-ci n'en retirent, en effet, qu'un certain nombre de centimes additionnels.

« Il serait donc équitable de ne tenir compte dans l'évaluation du centime communal que des sommes que les communes encaissent réellement du chef de l'impôt arabe.

« Cette modification rationnelle aux dispositions jusqu'ici appliquées à la colonie encouragerait les communes mixtes et indigènes à améliorer l'installation de leurs Écoles primaires, et elle n'entraînerait pas en définitive une augmentation du maximum de subventions que la loi de finances m'autorise chaque année à répartir pour les constructions scolaires. »

Vu le décret du 15 février 1886 et notamment l'article 4;
Vu le décret du 26 mai 1886;
Vu les propositions du Gouverneur général de l'Algérie;
Le Conseil d'État entendu,
Décrète :

ARTICLE 1er. — La proportion suivant laquelle l'État contribuera au payement des indemnités communales, pour constructions et appropriations d'Écoles primaires en Algérie, sera fixée conformément aux tableaux ci-annexés, savoir :

1° *Tableau* D, *fixant la proportion de la subvention à allouer en raison de la valeur du centime communal.*

Ce centime sera calculé en additionnant :

Le principal des patentes;

Le principal de la contribution foncière sur les propriétés bâties;

5 pour 100 de la valeur locative représentant le principal fictif de la taxe des loyers, et, pour les communes mixtes et indigènes, le produit des centimes additionnels au principal de l'impôt arabe dont bénéficient lesdites communes;

2° *Tableau* E, *fixant la proportion de la subvention à allouer en sus de celle que détermine le tableau* D, *en raison des charges de la commune.*

Le nombre de centimes représentant ces charges sera calculé en divisant par la valeur du centime communal le total des sommes perçues :

1° A titre de taxe de loyers au-dessus des 5 pour 100 de la valeur locative;

2° A titre de centimes additionnels extraordinaires et pour insuffisance de revenus.

ART. 2. — Il sera ajouté aux subventions revenant aux communes, d'après les tableaux D et E, une subvention de 10 pour 100 de la dépense totale réellement effectuée dans les limites des maxima fixés par le tableau A annexé à la loi.

ART. 3. — Lorsque le chiffre de la subvention, calculé d'après les tableaux D et E et l'article 2 ci-dessus, dépassera 80 pour 100, il devra être ramené à 80 pour 100, conformément à l'article 8, paragraphe 2, de la loi du 20 juin 1885.

ART. 4. — A la fin de chaque année, un rapport, dressé par le Ministre de l'Instruction publique et inséré au *Journal officiel*, déterminera, par département, la quotité des subventions allouées aux communes de l'Algérie, en exécution du présent décret.

ART. 5. — Le décret du 26 mai 1886 est rapporté.

TABLEAU D

fixant la proportion de la subvention à allouer en raison de la valeur du centime communal.

VALEUR DU CENTIME.	PROPORTION DE LA SUBVENTION.	VALEUR DU CENTIME.	PROPORTION DE LA SUBVENTION.
10 fr. et au-dessous.	65 p. 100.	55 et 56 francs. .	32 p. 100.
11 —	64 —	57 et 58 — . .	31 —
12 —	63 —	59 et 60 — . .	30 —
13 —	62 —	61 et 62 — . .	29 —
14 —	61 —	63 à 65 — . .	28 —
15 —	60 —	66 à 68 — . .	27 —
16 —	59 —	69 à 71 — . .	26 —
17 —	58 —	72 à 74 — . .	25 —
18 —	57 —	75 à 77 — . .	24 —
19 —	56 —	78 à 81 — . .	23 —
20 —	55 —	82 à 85 — . .	22 —
21 —	54 —	86 à 89 — . .	21 —
22 —	53 —	90 à 94 — . .	20 —
23 —	52 —	95 à 99 — . .	19 —
24 —	51 —	100 à 104 — . .	18 —
25 —	50 —	105 à 111 — . .	17 —
26 —	49 —	112 à 119 — . .	16 —
27 —	48 —	120 à 128 — . .	15 —
28 —	47 —	129 à 138 — . .	14 —
29 —	46 —	139 à 149 — . .	13 —
30 —	45 —	150 à 164 — . .	12 —
31 et 32 francs. . . .	44 —	165 à 179 — . .	11 —
33 et 34 —	43 —	180 à 199 — . .	10 —
35 et 36 —	42 —	200 à 224 — . .	9 —
37 et 38 —	41 —	225 à 257 — . .	8 —
39 et 40 —	40 —	258 à 299 — . .	7 —
41 et 42 —	39 —	300 à 359 — . .	6 —
43 et 44 —	38 —	360 à 449 — . .	5 —
45 et 46 —	37 —	450 à 599 — . .	4 —
47 et 48 —	36 —	600 à 899 — . .	3 —
49 et 50 —	35 —	900 à 1799 — . .	2 —
51 et 52 —	34 —	1800 fr. et au-dessus.	1 —
53 et 54 —	33 —		

(Proportions : De l'annuité nécessaire au service de l'emprunt à réaliser, intérêt et amortissement compris.)

(Proportions : De l'annuité nécessaire au service de l'emprunt à réaliser, intérêt et amortissement compris.)

NOTA. — D'après le tableau ci-dessus, on ne devra pas tenir compte des fractions de franc. Exemple : Un centime de 22 fr. 75 ne sera compté que pour 22 fr.

TABLEAU E

fixant la proportion de la subvention à allouer en raison des charges de la commune.

CHARGES COMMUNALES exprimées en centimes.	PROPORTION DE LA SUBVENTION.	CHARGES COMMUNALES exprimées en centimes.	PROPORTION DE LA SUBVENTION.
Au-dessous de 5 cent.	3 p. 100	De 100 à 119 cent. .	10 p. 100
De 5 à 9 centimes. .	4 —	120 à 139 — .	11 —
10 à 19 — .	5 —	140 à 159 — .	12 —
20 à 39 — .	6 —	160 à 179 — .	13 —
40 à 59 — .	7 —	180 à 199 — .	14 —
60 à 79 — .	8 —	200 cent. et au-dessus.	15 —
80 à 99 — .	9 —		
	De l'annuité nécessaire au service de l'emprunt à réaliser, intérêt et amortissement compris		De l'annuité nécessaire au service de l'emprunt à réaliser, intérêt et amortissement compris

---

Circulaire du Ministre de l'Instruction publique, relative à l'organisation de la Surveillance intérieure dans les Écoles normales d'institutrices. 29 nov. 1890.

29 Novembre 1890.

Monsieur le Recteur, depuis la promulgation du décret du 19 juillet 1890, mon attention a été appelée, à diverses reprises, sur les difficultés que présente, dans certaines Écoles normales d'institutrices, l'organisation de la surveillance intérieure. Quelques maîtresses prétendent, paraît-il, être complètement exemptées des charges de ce service; d'autres, au contraire, se plaignent que la répartition n'en soit pas faite avec toute l'équité désirable.

Ces prétentions comme ces réclamations me semblent inexplicables en présence des dispositions du décret précité.

En établissant par l'article 4 que « dans les Écoles normales d'institutrices le service de la surveillance doit être fait sans rémunération par le personnel de l'École », ce décret a nettement indiqué l'intention d'associer tous les fonctionnaires faisant partie du personnel administratif et enseignant de ces établissements à des fonctions dont aucune éducatrice ne saurait méconnaître l'importance et la dignité.

Je n'entends pas, Monsieur le Recteur, prescrire une organisation uniforme de la surveillance dans tous les établissements. Je n'ignore pas qu'on ne peut soumettre aux mêmes obligations les maîtresses mariées et les célibataires. Vous êtes mieux placé que personne pour apprécier les convenances locales, les situations exceptionnelles de famille et de santé de certains fonctionnaires, et je ne vois, bien entendu, aucun inconvénient à ce que vous admettiez tous les tempéraments, toutes les combinaisons d'heures, tous les modes de partage du temps et de la tâche qui vous paraîtront répondre à des nécessités. Je tiens seulement à ce que le grand principe de la participation de tous les fonctionnaires au service de la surveillance préside à l'organisation de l'École, à la répartition des services, à la distribution de l'emploi du temps. Ni les maîtresses, qui, en dehors des cours, peuvent rendre tant de services pour la bonne direction des études, ni les économes, qui ont tant d'occasions de donner aux élèves des directions pratiques sur la tenue du ménage, ni les directrices, qui doivent suivre de près les élèves-maîtresses dans la vie de tous les jours pour leur donner des leçons efficaces et des conseils précis, ne peuvent se flatter de bien remplir leur tâche si elles ne prennent pas, d'une manière sérieuse et persévérante, dans la surveillance intérieure de l'École, la part de service et le surcroît de travail compatibles avec leurs fonctions spéciales.

Vous voudrez bien, Monsieur le Recteur, vous inspirer de ces indications générales pour effectuer, dans les Écoles normales d'institutrices, la répartition du service de la surveillance entre tous les membres du personnel.

Recevez, etc.

Signé : LÉON BOURGEOIS.

---

20 déc. 1890. **Circulaire du Ministre de l'Instruction publique, relative à l'emploi des Dons et Legs faits aux communes pour le service de l'Enseignement primaire.**

20 Décembre 1890.

Monsieur le Préfet, j'ai été consulté à plusieurs reprises sur la question de savoir comment, en présence des dispositions de la loi du 19 juillet 1889, qui met les traitements des instituteurs et institutrices des Écoles primaires publiques à la charge de l'État, il convient d'employer les revenus des dons et legs dont la destination était de pourvoir aux dépenses de l'instruction publique.

J'ai l'honneur de vous informer que les communes qui ont reçu ces libéralités en demeurent propriétaires, sauf l'application, s'il y a lieu, de l'article 19 de la loi du 30 octobre 1886. Mais si, en principe, elles n'ont plus à contribuer au payement des traitements du personnel des Écoles primaires publiques, elles n'en doivent pas moins, pour faire emploi du produit de ces fondations, rechercher les intentions des donateurs ; elles empêcheront d'ailleurs, de cette manière, les demandes en révocation de se produire, si une réserve a été faite dans les actes de libéralité pour le cas où les conditions stipulées, en tant, bien entendu, qu'elles ne sont pas contraires aux lois, ne seraient pas exécutées.

Il y aura donc lieu de se reporter, pour chaque espèce particulière, aux termes mêmes de ces actes de libéralité.

Si les fondations ont été faites d'une manière générale pour le service de l'instruction primaire, les municipalités devront en appliquer les revenus aux dépenses obligatoires qui incombent aux communes, en vertu de l'article 4 de la loi précitée ; s'il y a un excédent, elles devront l'employer au payement de dépenses facultatives d'instruction primaire, telles que fournitures scolaires, secours aux élèves indigents, suppléments de traitements, etc.

Si elles ont été affectées expressément à des suppléments de traitement, la commune emploiera les revenus de ces fondations à l'acquittement des indemnités de résidence et de logement que la loi met à sa charge, ces indemnités constituant en réalité des compléments du traitement légal. Si même le revenu du don ou du legs est supérieur au chiffre de ces dépenses, l'excédent devra nécessairement être conservé à l'instituteur à titre de supplément de traitement.

Lorsque la libéralité a été faite spécialement pour le payement du traitement légal, elle doit servir encore à acquitter les indemnités de résidence et de logement. Si la commune n'a pas à payer d'indemnité de cette nature ou si le revenu de la libéralité dépasse le montant de ces indemnités, la fondation, en tout ou en partie, sera désormais sans affectation. Il serait alors désirable que la municipalité appliquât une partie au moins du revenu de la fondation au payement de suppléments de traitement en faveur du personnel enseignant, afin de ne pas exposer la commune à une demande en révocation lorsqu'une réserve aura été faite dans le titre de la fondation pour le cas de l'inexécution des conditions. Mais ce serait là une mesure facultative de sa part, et il ne paraîtrait pas possible de l'y contraindre si elle s'y refusait.

Enfin, si les libéralités s'appliquent à des Écoles de filles dans des communes de moins de 401 habitants, ou à des Écoles maternelles dans les communes qui ont moins de 2 000 habitants ou moins de 1 200 âmes de population agglomérée, il ne peut exister de difficulté. Comme la loi du 19 juillet 1889 n'a apporté aucune modification en ce qui concerne les dépenses de ces Écoles, les revenus desdites libéralités doivent continuer à recevoir leur destination régulière et venir en déduction des dépenses que les communes ont à supporter pour les Écoles dont il s'agit.

Recevez, etc.

Signé : LÉON BOURGEOIS.

Loi portant fixation du Budget général des dépenses et des recettes de l'exercice 1891 [Extraits]. 26 déc. 1890.

26 Décembre 1890.

. . . .

ARTICLE 30[1]. — Les institutrices des Écoles facultatives de filles dans les communes de moins de 401 habitants et des Écoles maternelles dans les communes de moins de 2 000 habitants ;

1. Voir, pour l'application de cet article, la circulaire du 17 *mars* 1891, aux Préfets, relative aux versements à effectuer à la caisse des pensions civiles par certaines catégories de fonctionnaires de l'enseignement primaire (*Circ.*, t. XI, p. 426).

Consulter aussi l'avis ci-après adressé aux Préfets :

« Les prescriptions des circulaires en date des 5 *janvier*, 30 *août* et 17 *septembre* 1891, relatives à l'envoi des propositions concernant les instituteurs détachés, ceux qui doivent subir les retenues sur tout ou partie de leur indemnité de résidence, ceux qui sont admis au bénéfice de l'article 30 de la loi du 26 décembre 1890, ne sont pas régulièrement observées. Il est nécessaire que ces propositions soient envoyées dans le courant du mois de décembre, afin que les titres de perception ou les états de réduction soient établis dès l'ouverture de l'exercice.

« Il est également indispensable qu'en transmettant les propositions relatives, soit à l'exercice courant, lorsqu'il s'agit des retenues sur l'indemnité de résidence, soit à l'exercice prochain, pour les instituteurs détachés ou ceux qui bénéficient de l'article 30, on indique la date exacte des mutations qui ont eu lieu pendant l'année. » (*Bull. adm.*, 1893, t. LIV, p. 780.)

Les maîtres auxiliaires des Écoles normales primaires et des Écoles primaires supérieures qui, lors de la loi du 19 juillet 1889[1], étaient régulièrement nommés et comptaient cinq ans d'exercice et trente-cinq ans d'âge,

Sont autorisés à continuer à verser des retenues à la caisse des pensions civiles sur un traitement qui ne pourra dépasser celui dont ils jouissaient au 31 décembre 1889, pour conconserver leurs droits à la retraite conformément à la loi du 9 juin 1853.

. . . .

ART. 40[2]. — Le maximum des annuités payables à partir de 1892 inclusivement, et correspondant aux subventions que le Ministre de l'Instruction publique est autorisé à accorder pendant l'année 1891, conformément à la loi du 20 juin 1885, en addition aux annuités inscrites dans les précédentes lois de finances, est fixé à la somme de 605 290 fr., savoir :

116 450 fr.	pour l'enseignement supérieur ;
160 790	pour l'enseignement secondaire ;
328 050	pour l'enseignement primaire.
605 290 fr.	

A partir du 1er janvier 1891, la part desdites annuités imputables à l'État sera calculée sur un taux d'intérêt qui ne pourra pas dépasser 4 fr. 10 pour 100, quel que soit le taux auquel les départements et les communes subventionnés contractent leurs emprunts scolaires.

. . . .

ART. 51. — A dater du 1er janvier 1891, il ne sera pas alloué de supplément de traitement, qualifié quart colonial ou indemnité coloniale, aux agents et préposés des divers services civils qui seront nommés en Algérie.

Les agents et préposés qui seront en fonctions en Algérie à cette date continueront à jouir du supplément de traitement attaché actuellement à leurs fonctions, tant qu'ils feront partie des administrations algériennes, sans toutefois que le taux en puisse être élevé en cas de promotion ou d'augmentation de traitement.

. . . .

ART. 53. — Dans les villes de plus de 100 000 âmes visées par le

1. Consulter la circulaire du 19 *mai* 1893, aux Préfets, relative à l'admission des maîtres auxiliaires des Écoles primaires supérieures au bénéfice de la loi sur les pensions de retraite (*Circ.*, t. XI, p. 681).

2. Consulter la circulaire du 10 *juillet* 1891, aux Préfets, relative aux emprunts scolaires (*Circ.*, t. XI, p. 473).

paragraphe 4 de l'article 12 de la loi du 19 juillet 1889, il sera établ un mode spécial de classement et d'avancement des instituteurs et des institutrices, pour régler entre eux la répartition des avantages que ces villes voudront leur assurer en sus de leur traitement légal.

Ce mode spécial de classement et d'avancement ne pourra porter atteinte au classement et à l'avancement des instituteurs de ces villes dans le personnel départemental, tel qu'il est réglé par la loi du 19 juillet 1889.

Les retenues pour pensions civiles seront subies par eux exclusivement sur le traitement légal qui leur sera assigné d'après la classe qu'ils occuperont dans le cadre départemental.

Les instituteurs actuellement en exercice continueront à subir les retenues sur le chiffre du traitement garanti dont ils sont en possession et qui supporte actuellement lesdites retenues.

Pour ces instituteurs, le taux de l'indemnité prévue par le paragraphe 4 de l'article 12 de la loi du 19 juillet 1889 sera calculé en prenant pour base le chiffre des émoluments régulièrement soumis à retenue qu'ils touchaient au 31 décembre 1889.

Le présent article est applicable à la ville de Paris, sous réserve des dispositions du paragraphe 8 de l'article 48 de la loi du 19 juillet 1889.

Dans les mêmes villes, il sera établi également un mode spécial de payement des traitements et indemnités de résidence des instituteurs et institutrices des Écoles primaires de tout ordre. L'État versera dans la caisse municipale la part contributive qui lui est assignée dans cette dépense; les traitements et indemnités de résidence dus aux instituteurs et institutrices seront mandatés par le maire (à Paris, par le Préfet de la Seine), et ils seront payés par le receveur municipal, sous le contrôle et la surveillance de l'Etat.

Dans celles de ces villes auxquelles la disposition finale du paragraphe 4 de l'article 12 de la loi du 19 juillet 1889 ne doit être appliquée que progressivement dans le délai de huit années, aux termes de l'article 53 de ladite loi, la diminution progressive de la subvention de l'État fixée par le règlement d'administration publique du 31 mars 1890 ne commencera à s'effectuer qu'après déduction au profit de ces villes de la somme représentant la différence entre la moyenne des trois dernières années et le chiffre des émoluments au 31 décembre 1889, de manière à s'effectuer en neuf années au maximum, au lieu des huit années prévues par le règlement précité.

29 déc. 1890.

Arrêté accordant des augmentations de Traitement à certaines catégories d'instituteurs et d'institutrices primaires[1].

29 Décembre 1890.

Le Ministre de l'Instruction publique et des Beaux-Arts,
Vu la loi du 19 juillet 1889;
Vu la loi de finances du 26 décembre 1890;
Vu l'arrêté du 7 août 1890,
Arrête :

ARTICLE 1er. — Il est accordé une augmentation de traitement de 100 francs à tous les instituteurs laïques de la 6e classe provisoire, sans que leur traitement nouveau puisse être supérieur à 1000 francs. Ces maîtres se trouveront, par suite de cette augmentation, rattachés à la 5e classe et y prendront rang à partir du 1er janvier 1891.

ART. 2. — Il est accordé une augmentation de traitement de 100 francs à toutes les institutrices laïques de la 6e classe provisoire, sans que leur traitement nouveau puisse dépasser 900 francs.

ART. 3. — Il est accordé une augmentation de traitement de 50 francs à toutes les institutrices laïques de la 2e classe provisoire des stagiaires, sans toutefois que leur traitement nouveau puisse dépasser 800 francs. Celles d'entre elles qui, par suite de ladite augmentation, se trouveraient en possession du traitement de la classe permanente des stagiaires, seront rattachées à cette classe et y prendront rang à partir du 1er janvier 1891.

ART. 4. — Le présent arrêté aura son effet à partir du 1er janvier 1891.

---

3 janvier 1891.

Arrêté modifiant les épreuves de l'examen du Certificat d'aptitude à l'enseignement du Travail manuel[2].

3 Janvier 1891.

Le Ministre de l'Instruction publique et des Beaux-Arts,
Au la loi du 30 octobre 1886;

1. Consulter la circulaire transmissive du 12 *janvier* 1891 aux Préfets (*Circ.*, t. XI, p. 388).
2. Consulter les documents ci-après :
Avis du 15 *mars* 1890, relatif à l'examen du certificat d'aptitude à l'enseignement du travail manuel (aspirantes) dans les Ecoles normales et les Écoles primaires supé-

Vu les décret et arrêté du 18 janvier 1887;

Le Conseil supérieur de l'Instruction publique entendu,

Arrête :

Les articles 197, 198 et 199 de l'arrêté du 18 janvier 1887 seront modifiés comme suit :

« ARTICLE 197. — L'examen se compose :

« Pour les *aspirants :*

« 1° D'une composition de dessin géométrique : croquis coté d'un objet en relief et mise au net à une échelle déterminée, ou d'une épure se rapportant à un problème élémentaire de géométrie descriptive (ligne et plan, intersections de solides géométriques dans les cas simples; prismes, pyramides, cylindres, cônes et sphères, questions d'ombre) (3 heures);

« 2° D'une composition écrite sur un sujet pédagogique appliqué à l'enseignement manuel (méthode, procédés, organisation matérielle);

« 3° D'une épreuve de modelage d'après un modèle facile, avec la mise au point élémentaire du modèle (quatre heures);

« 4° De l'exécution, d'après un croquis coté, d'une pièce en fer ou bois (quatre heures);

« 5° De l'exécution, d'après un croquis coté, d'un exercice simple de tour, ou de stéréotomie très élémentaire, ou de cartonnage (trois heures);

« 6° D'un exposé d'un quart d'heure, sous forme de leçon, après une préparation d'une demi-heure, sur une question tirée au sort parmi les sujets qu'un maître doit exposer, avant tout exercice manuel, sur l'outillage, la matière première, ou le tracé géométrique et l'exécution raisonnée du travail à faire;

rieures; les deux premières épreuves auront lieu, en 1890, à titre d'essai, au chef lieu de chaque département (*Bull. adm.*, 1890, t. XLVII, p. 327);

Circulaire du 12 *mars* 1891, aux Recteurs, concernant l'enseignement du travail manuel dans les Écoles normales d'instituteurs (*Circ.*, t. XI, p. 423);

Décret du 18 *janvier* 1893, modifiant divers articles du décret du 18 janvier 1887 relatifs au certificat d'aptitude à l'enseignement du travail manuel (ci-après *à sa date*);

Avis du 5 *janvier* 1895, relatif à la préparation à l'examen du certificat d'aptitude à l'enseignement du travail manuel dans les Écoles normales et les Écoles primaires supérieures et professionnelles de jeunes filles (*Bull. adm.*, 1895, t. LVII, p. 12);

Arrêté du 17 *septembre* 1898, modifiant les arrêtés des 18 janvier 1887 et 10 janvier 1889 en ce qui concerne les programmes de l'enseignement du travail manuel dans les Écoles primaires élémentaires et dans les Écoles normales primaires (*Bull. adm.*, 1898, t. LXIV, p. 761);

Circulaire du 23 *septembre* 1898, aux Recteurs, relative à l'enseignement du travail manuel dans les Écoles primaires élémentaires de filles et dans les Écoles normales de filles (*Ibid.*, p. 808).

« Pour les *aspirantes* :

« 1° D'une composition sur une question d'économie domestique (trois heures);

« 2° D'une composition de dessin d'ornement spécialement appliqué aux travaux d'aiguille (trois heures);

« 3° D'une épreuve pratique portant sur un ou plusieurs des exercices que comporte le programme du travail manuel pour les filles dans les Écoles normales et les Écoles primaires supérieures;

« 4° D'un exposé d'un quart d'heure, sous forme de leçon, après une demi-heure de préparation, sur une question tirée au sort parmi celles que comportent les programmes des Écoles normales et des Écoles primaires supérieures pour les travaux du ménage et les travaux de couture.

« ART. 198. — Les aspirants et les aspirantes pourront demander à subir les épreuves complémentaires et facultatives ci-après :

« 1° Dessin d'après un ornement en relief (trois heures);

« 2° Épreuve pédagogique. Faire une leçon au tableau sur la mise en perspective à vue d'un objet usuel. Durée de la leçon : dix minutes ; le candidat disposera de vingt minutes pour préparer sa leçon.

« Pour les candidats qui auront satisfait à ces deux épreuves, le certificat portera une mention constatant leur aptitude à l'enseignement du dessin d'imitation dans les Écoles primaires supérieures.

« ART. 199. — Les deux premières épreuves de chacun des examens prévus par l'article 197, aspirants et aspirantes, sont éliminatoires; elles se font au chef-lieu du département et sont corrigées à Paris.

« Toutes les autres compositions se font à Paris, en deux jours consécutifs.

« Après la clôture des examens, la Commission dresse, par ordre de mérite, la liste des candidats qu'elle juge dignes du certificat d'aptitude à l'enseignement du travail manuel.

« Cette liste est soumise à l'approbation du Ministre, qui délivre les certificats. »

---

3 janvier 1891.

Arrêté modifiant les conditions d'obtention du Certificat d'aptitude à l'enseignement de la Gymnastique.

3 Janvier 1891.

Le Ministre de l'Instruction publique et des Beaux-Arts,

Vu l'arrêté du 18 janvier 1887, et spécialement le chapitre X relatif à l'examen du certificat d'aptitude à l'enseignement de la gymnastique;

Le Conseil supérieur de l'Instruction publique entendu,

Arrête :

Le second paragraphe de l'article 220 de l'arrêté du 18 janvier 1887 est modifié ainsi qu'il suit :

« Tout candidat qui n'a pas obtenu le minimum de 20 points, dont 10 au moins pour l'épreuve pratique, est ajourné. »

Décret instituant un examen spécial pour l'obtention de Bourses dans les Écoles nationales professionnelles.

6 janvier 1891.

6 Janvier 1891.

Le Président de la République française,

Sur le rapport du Ministre de l'Instruction publique et des Beaux-Arts,

Vu le décret du 18 janvier 1887;

Vu le décret du 17 mars 1888;

Le Conseil supérieur de l'Instruction publique entendu,

Décrète :

ARTICLE 1er. — Il est institué un examen spécial pour les candidats aux bourses fondées par l'État dans les Écoles nationales professionnelles.

Les conditions de l'examen seront déterminées par un arrêté ministériel rendu en Conseil supérieur de l'Instruction publique[1].

ART. 2. — Les bourses nationales dans les Écoles nationales professionnelles sont attribuées par le Ministre avant la fin du mois de septembre.

L'admissibilité résultant de l'examen n'est valable que jusqu'au 31 décembre de l'année où il a été passé.

ART. 3. — Sont abrogées toutes les dispositions contraires au présent décret.

1. Voir les arrêtés du 7 *janvier* 1891, concernant les candidats aux bourses dans les Écoles nationales professionnelles (ci-après, *à sa date*); — du 18 *janvier* 1894, relatif à l'obtention des bourses dans les Écoles nationales professionnelles (ci-après, *à sa date*); — du 25 *janvier* 1895, modifiant l'article 5 de l'arrêté du 18 janvier 1894 (ci-après, *à sa date*).

6 janvier 1891. **Décret concernant la fusion des Écoles normales d'instituteurs et d'institutrices des départements du Gers et des Hautes-Pyrénées[1].**

6 Janvier 1891.

Le Président de la République française,

Sur le rapport du Ministre de l'Instruction publique et des Beaux-Arts,

Vu les articles 77, 89 et 90 de la loi du 10 août 1871;

Vu l'article 1er, § 3, de la loi du 9 août 1879;

Vu les délibérations des 18 et 19 août 1890, par lesquelles les Conseils généraux des départements du Gers et des Hautes-Pyrénées adoptent le principe de l'entretien à frais communs d'une École normale d'instituteurs et d'une École normale d'institutrices communes aux deux départements, nomment les membres d'une Commission interdépartementale chargée de discuter et d'établir un projet de convention à intervenir entre les deux départements, donnent à leurs Commissions départementales les pouvoirs nécessaires pour ratifier cette convention;

Vu la convention arrêtée, le 22 août 1890, par la Commission interdépartementale;

Vu les délibérations prises, le 22 août 1890, par le Conseil général du Gers et, le 28 août 1890, par la Commission départementale des Hautes-Pyrénées pour approuver les conditions du projet de convention établi et proposé par la Commission interdépartementale;

Le Conseil supérieur de l'Instruction publique entendu,

Décrète :

ARTICLE 1er. — Les départements du Gers et des Hautes-Pyrénées sont autorisés à s'unir pour entretenir à frais communs une École normale d'institutrices à Tarbes et une École normale d'instituteurs à Auch aux conditions indiquées dans les délibérations ci-dessus visées.

1. Voir, pour des cas analogues, les *décrets* ci-après :

Du 4 *août* 1887, relatif à l'entretien en commun, par le département de la Haute-Saône et le territoire de Belfort, d'une École normale d'institutrices (*Bull. adm.*, 1887, t. XLII, p. 267);

— 19 *février* 1892, autorisant les départements de Vaucluse et des Basses-Alpes à s'unir pour l'entretien en commun de leurs Écoles normales d'instituteurs et d'institutrices (*Bull. adm.*, 1892, t. LI, p. 253).

Décret modifiant le Décret du 31 juillet 1890 relatif aux Écoles d'application annexées aux Écoles normales ou mises à leur disposition. 7 janvier 1891.

7 Janvier 1891.

Le Président de la République française,

Sur le rapport du Ministre de l'Instruction publique et des Beaux-Arts;

Vu le décret du 31 juillet 1890, relatif aux Écoles d'application annexées aux Écoles normales ou mises à leur disposition;

Le Conseil supérieur de l'Instruction publique entendu,

Décrète :

L'article 9 du décret du 31 juillet 1890 est modifié ainsi qu'il suit :

« ARTICLE 9. — Les maîtres adjoints titulaires chargés de la direction des Écoles annexes prennent le titre de directeur d'École annexe et conservent, quant au traitement et à l'avancement, leurs droits actuels.

« Jusqu'au 1er octobre 1891, les maîtres adjoints délégués actuellement chargés de la direction des Écoles annexes peuvent être titularisés en qualité de directeur d'École annexe, s'ils sont âgés de trente-cinq ans au moins à la date de la publication du présent décret, s'ils comptent, à la même date, cinq ans de services au moins dans leurs fonctions actuelles et s'ils sont l'objet d'un rapport favorable du Recteur et de l'inspection générale.

« Leurs traitements sont fixés ainsi qu'il suit :

5e classe	2 200 fr.
4e classe	2 400
3e classe	2 600
2e classe	2 800
1re classe	3 000

« Ils ont droit, en outre, au logement ou à l'indemnité représentative. »

Arrêté concernant les candidats aux Bourses dans les Écoles nationales professionnelles[1]. 7 janvier 1891.

7 Janvier 1891.

Le Ministre de l'Instruction publique et des Beaux-Arts,

Vu le décret du 6 janvier 1891, instituant un examen spécial pour l'obtention des bourses dans les Écoles nationales professionnelles;

1. Abrogé par l'arrêté du 18 *janvier* 1894 (*à sa date*).

Vu l'arrêté du 18 janvier 1887;

Le Conseil supérieur de l'Instruction publique entendu,

Arrête :

ARTICLE 1er. — L'examen spécial pour les candidats aux bourses de l'État dans les Écoles nationales professionnelles, institué par le décret du 6 janvier 1891, a lieu avant celui que subissent les candidats aux bourses d'enseignement primaire supérieur. La date des épreuves écrites est fixée par le Ministre. Elle est la même pour tous les départements. Elle est annoncée au moins trois mois à l'avance.

ART. 2. — Les parents ou tuteurs des candidats aux bourses doivent les faire inscrire dans les bureaux de l'inspection académique, au moins un mois avant l'examen.

La demande d'inscription doit être accompagnée des pièces ci-après :

1° L'acte de naissance de l'enfant;

2° Son certificat d'études primaires;

3° Un certificat de revaccination;

4° Un certificat médical attestant que le candidat peut se livrer sans danger aux travaux manuels;

5° Le relevé des notes et des places obtenues par l'enfant au cours des deux dernières années, certifié par le chef de l'établissement où il a fait ses études et visé par l'Inspecteur primaire ou par l'Inspecteur d'Académie;

6° Une demande du père ou du tuteur faisant connaître l'École où le candidat désirerait être placé;

7° Un état nominatif des frères ou sœurs du candidat indiquant l'âge de chacun d'eux et, s'il y a lieu, leur profession.

Cet état sera certifié exact par le maire de la commune;

8° Un état certifié par le maire et indiquant la situation pécuniaire des parents, ainsi que les services publics qu'ils ont pu rendre.

ART. 3. — Les candidats doivent être pourvus du certificat d'études primaires et âgés de douze ans au moins et de quinze ans au plus au 1er octobre de l'année durant laquelle a lieu l'examen. Aucune dispense d'âge ne peut être accordée.

ART. 4. — Les candidats subissent des épreuves écrites et des épreuves orales.

Ces épreuves sont réparties comme suit :

Épreuves écrites.

1° Une composition française;

2° Une composition d'arithmétique;

(Il sera tenu compte, pour ces deux compositions, de l'écriture et de l'orthographe.)

3° Une composition de dessin géométrique.

Il est accordé aux candidats deux heures pour chacune de ces épreuves.

Elles ont lieu dans la même journée.

Les sujets sont choisis par le Ministre et adressés, sous pli cacheté, à l'Inspecteur d'Académie.

Épreuves orales.

1° Lecture expliquée avec interrogations sur la grammaire et le sens des mots ;

2° Interrogations sur l'arithmétique et le système métrique ;

3° Interrogations sur l'histoire et la géographie de la France ;

4° Interrogations sur l'instruction morale et civique ;

5° Interrogations sur les éléments des sciences physiques et naturelles.

Les questions devront porter sur les matières enseignées dans le cours supérieur des Écoles primaires élémentaires.

ART. 5. — A partir du 1er janvier 1892, l'examen comprendra une épreuve pratique de travaux manuels prise dans les programmes de l'École primaire élémentaire.

ART. 6. — Les épreuves écrites sont notées de 0 à 20 ; les épreuves orales et pratiques, de 0 à 10.

Les épreuves écrites ne sont pas éliminatoires.

ART. 7. — Les candidats subissent toutes les épreuves, au chef-lieu du département où ils se sont fait inscrire, devant une Commission de trois membres au moins et cinq au plus désignés par le Recteur.

Cette Commission dresse la liste des admissibles. Pour y figurer, les candidats doivent avoir atteint, pour l'ensemble des épreuves, une moyenne totale de 55 points au moins (60 à partir de 1892).

ART. 8. — Le Préfet adresse au Ministre les dossiers des candidats admissibles. Ces dossiers doivent contenir, indépendamment des compositions écrites et des notes obtenues dans chaque épreuve orale et pratique, l'avis de l'Inspecteur d'Académie, du délégué du Ministère du Commerce et de l'Industrie et du Préfet.

ART. 9. — Une Commission centrale, nommée par le Ministre, est chargée de la revision des compositions écrites et de l'examen des dossiers. Elle dresse, par ordre de mérite, la liste des candidats définitivement admis.

ART. 10. — Sont abrogées toutes les dispositions contraires au présent arrêté.

8 janvier 1891. **Décret portant suppression de l'École Pape-Carpantier et reportant ce nom sur l'École maternelle annexée à l'École normale d'institutrices du département de la Seine.**

8 Janvier 1891.

Le Président de la République française,

Sur le rapport du Ministre de l'Instruction publique et des Beaux-Arts;

Vu le décret du 19 décembre 1878;

Vu le décret du 27 juillet 1882;

Vu l'arrêté du 10 septembre 1886;

Vu la loi de finances du 26 décembre 1890;

Vu le rapport de M. le Vice-Recteur de l'Académie de Paris en date du 10 juillet 1890,

Décrète :

ARTICLE 1er. — L'École Pape-Carpantier, destinée à former des directrices d'Écoles primaires et maternelles annexées aux Écoles normales d'institutrices, est supprimée.

ART. 2. — Le nom de Pape-Carpantier sera donné à l'École maternelle annexée à l'École normale d'institutrices du département de la Seine.

---

13 janvier 1891. **Rapport et Décret instituant un Certificat d'aptitude spécial à l'enseignement agricole dans les Écoles primaires supérieures[1].**

13 Janvier 1891.

1° Rapport au Président de la République.

Monsieur le Président,

Dans sa dernière session, le Conseil supérieur de l'Instruction publique a donné un avis favorable à l'institution d'un certificat d'aptitude spécial à l'enseignement agricole dans les Écoles primaires supérieures.

1. Pour l'enseignement agricole, consulter les documents suivants :

Circulaire du 15 *août* 1887 (Ministre de l'Agriculture aux Préfets), relative aux Écoles pratiques d'agriculture;

Arrêté du 25 *octobre* 1887, instituant une Commission pour le développement et le perfectionnement de l'enseignement agricole dans les établissements universitaires (*Bull. adm.*, 1887, t. XLII, p. 1009);

Circulaire du 5 *décembre* 1887, aux Préfets, relative à la représentation de l'élément agricole dans les délégations cantonales (*Circ.*, t. X, p. 221);

Arrêté du 29 *décembre* 1888, ajoutant des questions sur les programmes de l'en-

Le projet de décret que j'ai, en conséquence, l'honneur de soumettre à votre signature a pour but de donner à l'Administration le moyen de s'assurer de la capacité de ceux de nos maîtres qui, dans les Écoles primaires supérieures, à

seignement agricole dans les examens du brevet de capacité et du certificat d'études primaires supérieures (p. 128);

Circulaire du 15 *mars* 1889 (Vice-Recteur de Paris aux Inspecteurs d'Académie du ressort), relative aux interrogations sur l'enseignement agricole, qui ne concernent que les *aspirants* au brevet de capacité (*Rec. des L. et A.*, 1889, p. 190);

Arrêté du 26 *janvier* 1891, portant de trente à trente et un le nombre des prix pour l'enseignement agricole (visé dans l'arrêté du 30 *janvier* 1891; *Bull. adm.*, 1891, t. XLIX, p. 197);

— 30 *janvier* 1891, réglant le mode d'attribution des prix décernés aux instituteurs et institutrices pour leur enseignement agricole et horticole (*Bull. adm.*, 1891, t. XLIX, p. 158);

Circulaire du 17 *novembre* 1891, aux Recteurs, relative à l'enseignement de l'agriculture dans les Écoles normales primaires (*Circ.*, t. XI, p. 496);

— 16 *mars* 1892, aux Préfets, concernant l'attribution des prix spéciaux pour l'enseignement agricole et horticole à décerner aux instituteurs et institutrices (*Ibid.*, p. 568);

— 28 *janvier* 1893, aux Recteurs, relative à l'enseignement de l'agriculture dans les Écoles normales d'instituteurs (*Ibid.*, p. 627);

— 3 *mars* 1893, aux Préfets, relative à l'établissement de champs d'expériences agricoles dans les Écoles primaires (*Ibid.*, p. 653);

— 24 *octobre* 1895, aux Inspecteurs d'Académie, relative à l'enseignement de l'agriculture dans les Ecoles primaires publiques (*à sa date*);

— 30 *novembre* 1895, aux Recteurs, relative aux cours d'agriculture dans les Écoles normales (*à sa date*);

Rapport du 27 *décembre* 1895, adressé au Ministre de l'Instruction publique par M. Gréard, président de la Commission mixte d'agriculture, au sujet des prix spéciaux à décerner aux instituteurs et institutrices primaires publics, pour l'enseignement agricole et horticole en 1895 (*Bull. adm.*, 1895, t. LVIII, p. 1005);

Décret du 16 *mars* 1896, relatif à la correspondance échangée entre l'Inspecteur d'Académie et les instituteurs primaires publics, d'une part, et le professeur départemental d'agriculture, d'autre part (*à sa date*);

Circulaire du 4 *janvier* 1897, aux Recteurs, relative à l'enseignement des notions élémentaires d'agriculture dans les Écoles rurales, suivie d'un plan de cours (*à sa date*);

Avis du 30 *janvier* 1897, relatif à l'instruction sur l'enseignement des notions élémentaires d'agriculture dans les Écoles rurales (*Bull. adm.*, 1897, t. LXI, p. 163);

Arrêté du 31 *juillet* 1897, relatif aux épreuves du certificat d'études primaires (*à sa date*);

Circulaire du 12 *janvier* 1898, aux Inspecteurs d'Académie, relative à l'examen du certificat d'études primaires élémentaires (*à sa date*);

— 25 *avril* 1898, aux Recteurs, relative à l'enseignement scientifique et agricole dans les Écoles normales (*Bull. adm.*, 1898, t. LXIII, p. 592);

— 12 *mai* 1898, aux Recteurs, relative à l'enseignement de l'agriculture dans les établissements publics d'enseignement primaire (*Ibid.*, p. 707);

Arrêté du 17 *septembre* 1898, relatif à l'examen du certificat d'études primaires supérieures (*à sa date*);

Circulaire du 23 *octobre* 1898, aux Recteurs, relative au certificat d'études primaires supérieures (*Bull. adm.*, 1898, t. LXIV, p. 979);

Et les *arrêtés* instituant des prix spéciaux à décerner à des instituteurs ou institutrices primaires pour l'enseignement agricole à leurs élèves :

En 1888, 6 *décembre* 1887 (*Bull. adm.*, 1887, t. XLII, p. 1252); 31 *décembre* 1888 (*Ibid.*, 1888, t. XLIV, p. 953); — en 1889, 12 *janvier* 1889 (*Ibid.*, 1889, t. XLV,

défaut de professeur spécial d'agriculture, seraient disposés à orienter leur enseignement dans un sens agricole. Un arrêté, pris en Conseil supérieur, déterminera la nature des épreuves à subir pour l'obtention du certificat dont il s'agit.

Veuillez agréer, etc.

Le Ministre de l'Instruction publique et des Beaux-Arts,
Signé : LÉON BOURGEOIS.

2° Décret.

Le Président de la République française,

Sur le rapport du Ministre de l'Instruction publique et des Beaux-Arts;

Vu la loi du 30 octobre 1886;

Vu le décret du 18 janvier 1887;

Le Conseil supérieur de l'Instruction publique entendu,

Décrète :

ARTICLE 1er. — L'article 106 du décret du 18 janvier 1887 sera modifié par l'adjonction des mots « Certificat d'aptitude à l'enseignement agricole dans les Écoles primaires supérieures », qui prendront place à la fin du dernier alinéa.

p. 72); 24 *décembre* 1889 (*Ibid.*, 1889, t. XLVI, p. 948); — en 1890, 16 *janvier* 1890 (*Ibid.*, 1890, t. XLVII, p. 47); 30 *janvier* 1891 (*Ibid.*, 1891, t. XLIX. p. 197); — en 1891, 1er *février* 1892 (*Ibid.*, 1892, t. LI, p. 189); — en 1892, 20 *décembre* 1892 (*Ibid.*, 1892, t. LII, p. 803); — en 1893, 28 *décembre* 1893 (*Ibid.*, 1893, t. LIV, p. 1013 ; — en 1894, 2 *décembre* 1894 (*Ibid.*, 1894, t. LVI, p. 884); — en 1895, 27 *décembre* 1895 (*Ibid.*, 1895, t. LVIII, p. 1006); — en 1896, 22 *décembre* 1896 (*Ibid.*, 1896, t. LX. p. 991); — en 1897, 20 *décembre* 1897 (*Ibid.*, 1897, t. LXII, p. 1299); — en 1898, 19 *décembre* 1898 (*Ibid.*, 1898, t. LXIV, p. 1234).

On consultera utilement le *Rapport* et le *Projet de décret* sur les moyens d'améliorer l'agriculture en France par l'établissement d'une maison d'économie rurale dans chaque département, présentés à la séance du 13 du premier mois de l'an II de la République par le citoyen GRÉGOIRE (imprimés par ordre de la Convention; in-12 de 30 pages. Impr. Nat[le], sans date);

Nouveaux développements sur le même sujet par le même (in-12 de 18 pages; Impr. Nat[le], sans date);

De la détermination à donner à l'Instruction publique vers l'agriculture, par J.-M. COUPÉ (de l'Oise) (in-12 de 22 pages, imprimé par ordre de la Convention nationale, vendémiaire an III).

Arrêté relatif aux conditions d'obtention du Certificat d'aptitude à l'enseignement agricole dans les Écoles primaires supérieures. 14 janvier 1891.

14 Janvier 1891.

Le Ministre de l'Instruction publique et des Beaux-Arts,

Vu la loi du 16 juin 1879;

Vu l'article 21 de la loi du 30 octobre 1886;

Vu l'article 106 du décret du 18 janvier 1887;

Vu le décret en date du 13 janvier 1891, portant création d'un certificat d'aptitude spécial à l'enseignement agricole dans les Écoles primaires supérieures;

Le Conseil supérieur de l'Instruction publique entendu,

Arrête :

ARTICLE 1er. — Les candidats au certificat d'aptitude à l'enseignement agricole dans les Écoles primaires supérieures doivent être pourvus du brevet supérieur et du certificat d'aptitude pédagogique et justifier d'un stage d'un an dans un établissement d'enseignement agricole placé sous le contrôle de l'État.

Sur la proposition du Recteur, le Ministre de l'Instruction publique peut accorder la dispense du stage prévu au paragraphe ci-dessus.

La possession du certificat d'aptitude au professorat dans les Écoles normales et dans les Écoles primaires supérieures dispense de la production du certificat d'aptitude pédagogique.

ART. 2. — Le jury d'examen est nommé par le Recteur. Il se compose de l'Inspecteur d'Académie, *président*; du professeur départemental d'agriculture, *vice-président*; d'un professeur d'École normale enseignant les sciences physiques et naturelles; d'un professeur d'École d'agriculture; d'un agriculteur désigné par le Préfet, sur la proposition du professeur départemental, et d'un Inspecteur de l'enseignement primaire qui remplira les fonctions de *secrétaire*.

ART. 3. — L'examen se compose d'une épreuve écrite, d'épreuves orales et d'épreuves pratiques.

a. L'épreuve écrite consiste en une composition sur un sujet tiré du programme de l'enseignement agricole et horticole dans les Écoles primaires supérieures. Le sujet est choisi par le jury.

Trois heures sont accordées pour cette composition, qui a lieu sous la surveillance de l'Inspecteur d'Académie ou de son délégué. Les candidats ne peuvent se servir d'aucun livre ni d'aucune note.

b. Les épreuves orales consistent : 1° en un exposé, après une préparation à huis clos dont la durée sera fixée par le jury, sur un sujet emprunté au programme d'agriculture et d'horticulture des Écoles primaires supérieures; 2° en interrogations sur les sciences physiques et naturelles dans leurs rapports avec l'agriculture.

La durée de chacune de ces épreuves ne dépassera pas vingt minutes.

c. Les épreuves pratiques sont au nombre de deux : la première a lieu soit dans un champ d'expériences agricoles, soit dans une exploitation rurale : elle porte sur la composition des terres, sur les engrais appropriés, sur les façons à donner, sur les semences à choisir, sur les variétés de plantes à cultiver, sur le matériel de culture, sur l'alimentation des animaux, sur la basse-cour, etc. La seconde a lieu dans un jardin : elle porte sur les opérations de greffe, de taille, sur les procédés de multiplication des arbres fruitiers, sur la culture maraîchère, l'apiculture, etc.

Au cours de ces épreuves, les candidats répondront aux questions que le jury croira devoir leur adresser, particulièrement sur les cultures spéciales à la région.

ART. 4. — Toutes les épreuves sont cotées de 0 à 20. L'épreuve écrite est éliminatoire si le candidat n'obtient pas au moins la note 10. Tout candidat qui n'a pas obtenu la moyenne 50 pour l'ensemble des épreuves est ajourné.

ART. 5. — Après la clôture de la session, l'Inspecteur d'Académie adresse au Ministre de l'Instruction publique un rapport sur les opérations de la Commission et sur la valeur des épreuves.

Il y joint la liste des candidats qui ont satisfait à l'examen. Ces candidats reçoivent du Ministre de l'Instruction publique un certificat constatant leur aptitude à donner l'enseignement agricole dans les Écoles primaires supérieures. Les titulaires de ces certificats pourront être chargés de l'enseignement agricole dans les Écoles primaires supérieures, à défaut de professeurs spéciaux munis d'un des diplômes des Écoles d'agriculture de l'État.

---

17 janvier 1891.

Rapport et Décret relatifs au Certificat d'aptitude aux fonctions d'Inspectrice primaire.

17 Janvier 1891.

1° Rapport au Président de la République.

Monsieur le Président,

La loi du 19 juillet 1889 (art. 22) dispose que « des Inspectrices primaires peuvent être nommées aux mêmes conditions et dans les mêmes formes que les Inspecteurs ».

Pour faire passer cette disposition législative dans la pratique, deux conditions étaient nécessaires. Il fallait d'abord déterminer les garanties de capacité qui donneraient accès aux fonctions d'Inspectrice primaire et ensuite régler les attributions qui leur seraient conférées.

Tel est le double objet du décret que j'ai l'honneur de soumettre à votre signature après avis conforme du Conseil supérieur de l'Instruction publique.

I. — En ce qui concerne les conditions d'aptitude et les garanties de capacité, le Conseil supérieur a été d'avis d'appliquer aux Inspectrices le régime actuellement en vigueur pour les Inspecteurs primaires, c'est-à-dire d'exiger un seul et même titre, soit pour l'inspection des Écoles primaires, soit pour la direction des Écoles normales. Cette identité de diplôme pour les deux fonctions existe depuis une dizaine d'années; elle a eu d'excellents effets : un même fonctionnaire peut tour à tour être appelé à inspecter les Écoles primaires d'un arrondissement ou à diriger l'établissement pédagogique du département. Il passe ainsi, selon les besoins du service ou suivant des considérations d'âge, de famille ou de santé, du service actif à un service relativement sédentaire ou *vice versa*. Il appartient toujours au même corps, et de cette égalité même des titres résulte une plus grande facilité à maintenir l'unité d'esprit entre les deux séries parallèles de fonctionnaires.

Le Conseil supérieur a pensé que rien n'empêcherait d'appliquer cet esprit d'assimilation aux mêmes fonctions exercées par des femmes. Il est vrai que jusqu'ici les femmes n'avaient pu prétendre qu'aux fonctions de directrice d'École normale, l'inspection des Écoles primaires étant réservée aux hommes; mais les grades requis pour se présenter à la direction des Écoles normales sont exactement ceux que les règlements exigent pour l'inspection primaire : il faut avoir le titre de professeur d'École normale (ou une licence reconnue équivalente) pour être admis à se présenter soit aux fonctions d'Inspecteur ou d'Inspectrice, soit à celles de directeur ou directrice d'École normale. Dès lors, il a paru au Conseil supérieur que rien ne s'opposait à la fusion des titres, et il a rédigé, en conséquence, un projet de règlement qui ne prévoit qu'une session unique d'examen pour les aspirants et aspirantes à ces deux ordres de fonctions.

Il reste toutefois entendu que les épreuves de l'examen seront nécessairement modifiées en quelques points en ce qui concerne les aspirantes, leur rôle d'Inspectrice devant être plus pédagogique qu'administratif, ainsi qu'il est expliqué plus loin.

II. — Quant aux attributions des futures Inspectrices, la loi indique bien que les Inspectrices exerceront dans les mêmes conditions que les Inspecteurs; mais, au cours de la délibération de cet article devant le Sénat, le Gouvernement a fait des réserves expresses : loin de s'engager à créer un emploi d'Inspectrice par arrondissement ou même par département, mon honorable prédécesseur a déclaré à plusieurs reprises que, dans sa pensée, l'amendement n'avait pour but que de permettre, dans certains cas à déterminer, la suppression d'un des postes d'Inspecteur du département et son remplacement par un poste d'Inspectrice. « Il doit être entendu », ajoutait-il, et c'est après ces explications que l'amendement a été voté, « qu'il ne sera créé aucune fonction nouvelle[1]. » Cet engagement sera respecté.

Par là même le rôle de l'Inspectrice ne pourra être de tout point identique à celui de l'Inspecteur. Là où sera nommée une Inspectrice, il importe que son

1. Sénat, séance du 18 *juin* 1889. — Art. 22 de la loi.

champ d'action et son mode d'action soient exactement déterminés, de manière à prévenir autant que possible entre elle et les Inspecteurs primaires tout conflit d'attributions. Le Conseil supérieur a estimé que la circonscription des Inspectrices devrait être fixée par le Ministre et que, si leurs attributions pédagogiques sont d'une manière générale les mêmes que celles des Inspecteurs, il conviendrait de laisser aux Inspecteurs seuls les questions contentieuses et administratives ayant trait soit à l'ouverture des Écoles privées, soit aux créations d'Écoles, soit aux constructions et réparations d'immeubles scolaires, et, en général, aux relations de l'Administration universitaire avec les municipalités. Le principal effort de l'Inspectrice devra porter sur la partie pédagogique de sa tâche, sur l'organisation et la surveillance des travaux manuels dans les Écoles de filles, sur les principes d'éducation morale et, accessoirement, sur toutes les études et sur toutes les enquêtes ou informations spéciales dont le Recteur ou l'Inspecteur d'Académie pourra la charger dans les établissements publics et privés d'instruction primaire et professionnelle de jeunes filles. C'est en ce sens que l'article 3 du projet ci-joint modifie, à l'égard des Inspecteurs, l'article 129 du règlement organique relatif aux Inspecteurs. Pour tout le reste, l'assimilation est complète.

J'espère, Monsieur le Président, que vous voudrez bien reconnaître dans l'ensemble de ces dispositions l'application fidèle des principes posés par le législateur, et je vous prie, en conséquence, de vouloir bien revêtir de votre signature le projet ci-joint.

Veuillez agréer, etc.

Le Ministre de l'Instruction publique et des Beaux-Arts,
Signé : LÉON BOURGEOIS.

2° Décret.

Le Président de la République française,

Sur le rapport du Ministre de l'Instruction publique et des Beaux-Arts,

Vu l'article 10 de la loi du 30 octobre 1886;

Vu l'article 22 de la loi du 19 juillet 1889, dernier paragraphe;

Vu le titre II du décret du 18 janvier 1887;

Le Conseil supérieur de l'Instruction publique entendu,

Décrète :

ARTICLE 1er. — Les aspirantes aux fonctions d'Inspectrices de l'enseignement primaire devront justifier de la possession du certificat d'aptitude à l'inspection primaire et à la direction des Écoles normales, institué par l'article 106 du décret du 18 janvier 1887[1].

1. Consulter :

Avis relatif à l'institution au Musée pédagogique d'une bibliothèque circulante, en vue d'aider les candidats à la préparation au certificat d'aptitude à l'inspection primaire (*Bull. adm.*, 1890, t. XLVIII, p. 1075);

Les listes des auteurs sur lesquels ont porté la lecture et les explications des textes à l'examen du certificat d'aptitude à l'inspection primaire : sessions de 1890, 1891 et 1892 (*Bull. adm.*, 1889, t. XLVI, p. 751; 1890, t. XLVIII, p. 985; 1891, t. L, p. 725); session de 1893 (*Bull. adm.*, 1892, t. LII, p. 736); sessions de 1894, 1895 et 1896

ART. 2. — Sont applicables aux Inspectrices de l'enseignement primaire les articles 125, 126, 127, 128, 130 et 131 du décret du 18 janvier 1887.

ART. 3. — Les Inspectrices primaires inspectent les Écoles de filles, les Écoles mixtes et les Écoles maternelles, tant publiques que privées, de leur circonscription.

Elles assistent avec voix délibérative aux réunions des délégués cantonaux.

Elles dirigent les enquêtes et instruisent les affaires dont elles sont chargées par l'Inspecteur d'Académie.

Elles donnent leur avis sur la nomination et l'avancement des institutrices, ainsi que sur les récompenses à accorder ou les peines disciplinaires à infliger au personnel des Écoles de filles et des Écoles maternelles.

Proposition de loi modifiant la Loi du 19 juillet 1889 relative au Traitement des instituteurs, et l'article 55 de la Loi de finances du 26 décembre 1890, présentée par MM. Jules Siegfried, Félix Faure, Maurice Sibille, Ricard, Audiffred, Chollet, Calvinhac, Leygues (Haute-Garonne), Levet, députés[1]. 17 janvier 1891.

Séance du 17 Janvier 1891.

Exposé des motifs.

Messieurs, parmi les critiques encourues par la loi du 19 juillet 1889, que des corrections partielles rendront entièrement digne du Parlement qui l'a votée, et qui subsistera comme l'une des parties essentielles de l'édifice républicain, il n'en est guère de plus justes que celles qui ont été dirigées contre l'article 12 et spécialement contre la disposition finale du paragraphe 4 dudit article.

Cette disposition place, on le sait, complètement en dehors du droit commun une certaine catégorie de communes (les villes d'une population supérieure à

(*Bull. adm.*, 1893, t. LIV, p. 706); session de 1897 (*Bull. adm.*, 1896, t. LX, p. 6); sessions de 1898, 1899 et 1900 (*Bull. adm.*, 1896, t. LX, p. 1030).

1. Insérée au *Journal officiel* du 19 *mars* 1891, p. 151.

Voir les rapports de M. Edouard DELPEUCH, 29 *juin* 1892, 10 *mars* 1893 (Projet de loi tendant à modifier la loi du 19 juillet 1889. — *Recueil des Documents parlementaires;* in-8° jésus de 237 pages, 1893; Paris, Delalain); — le rapport de M. COMBES au Sénat, 23 *juin* 1893 (in-4° de 165 pages, 1893, Impr. Mouillot); — le nouveau rapport de M. Éd. DELPEUCH, 12 *juillet* 1893 (n° 2960 des Annexes de la Chambre des Députés, 5e législature; in-4° de 17 pages, Impr. Motteroz).

Rapprocher des projets suivants :

Projet VIGER, 6 *novembre* 1890 (p. 312);
— BABAUD-LACROZE, 18 *novembre* 1890 (p. 315);
— CABART-DANNEVILLE, 19 *février* 1891 (p. 345);
— LAVY, 24 *février* 1891 (p. 356);
— LE VEILLÉ, 28 *février* 1891 (p. 367);
— DELLESTABLE, 7 *juillet* 1891 (*à sa date*).

L'ensemble de ces propositions a abouti à la loi du 25 *juillet* 1893 (*à sa date*).

100 000 habitants), ce qui, dans une législation ayant un caractère organique, est regrettable à tous égards. En déclarant que, dans aucun cas, la part contributive de l'État dans les dépenses de l'enseignement primaire n'excédera le produit des anciens quatre centimes obligatoires, transformés en centimes d'État, la loi, devenant en ce point une loi d'exception, met en réalité à la charge de ces communes toutes les dépenses de l'instruction primaire, puisque l'État n'y contribue qu'au moyen et dans la limite d'une ressource qu'il a commencé par retirer des budgets communaux : un pareil résultat constitue une violation flagrante de toutes les règles de justice et d'égalité, et par conséquent n'est pas compatible avec les principes républicains.

Le retour au droit commun s'impose donc. Toutefois, nous inspirant des considérations financières qui ne doivent jamais être négligées, et aussi du caractère d'application progressive que la loi dont il s'agit a imprimé elle-même à la plupart de ses dispositions, nous croyons qu'il convient de limiter d'abord cette mesure aux villes d'une population supérieure à 100 000 âmes, mais inférieure à 150 000 âmes.

Vous savez, Messieurs, que ces villes ont récemment formulé des griefs qui ont ému le Gouvernement et le Parlement. Elles ont fait remarquer, avec quelque vivacité, qu'après s'être vouées généreusement à la cause de l'instruction publique, après avoir effectué sur leurs propres ressources des créations volontaires et amélioré par leurs libéralités la situation du personnel enseignant, elles sont victimes d'un même procédé reproduit à diverses reprises depuis près de dix ans : on a diminué leurs ressources spéciales et consolidé obligatoirement leurs allocations facultatives, ce qui, ont-elles ajouté, n'est pas de nature à encourager pour l'avenir de nouvelles libéralités.

Il a été rappelé que la loi du 16 juin 1881, par son article 6, a garanti aux instituteurs, sur le budget communal, le traitement le plus élevé dont ils ont joui pendant les trois années qui ont précédé l'application de ladite loi, et que de nouvelles garanties ont été stipulées par la loi du 19 juillet 1889, à la charge des villes placées en dehors du droit commun, puisque l'État, limitant sa participation au produit des quatre centimes (ancienne recette communale), fait exécuter par elles et à leurs dépens ses propres promesses.

La dernière loi de finances, dans son article 53, a allégé dans une certaine mesure la situation des communes dont nous venons d'analyser les réclamations, ou, pour parler plus exactement, a prévenu une nouvelle aggravation dont elles étaient menacées, en mettant temporairement à la charge de l'État la garantie complémentaire des traitements des maîtres en exercice au 31 décembre 1889; mais cette disposition dont les conséquences financières sont peu considérables et qui, par son texte même, a un caractère purement transitoire, est loin d'être tenue par les communes intéressées comme une réparation suffisante de l'inégalité dont elles se plaignent. Elles poursuivent leurs revendications et réclament avec énergie l'application du droit commun.

Nous croyons, Messieurs, qu'il est en même temps possible et légitime de leur donner cette satisfaction, et nous la sollicitons de la bienveillante équité du gouvernement de la République et du Parlement. Nous avons l'honneur, à cet effet, de vous soumettre la proposition de loi ci-après :

Proposition de loi.

ARTICLE 1er. — Cesseront d'être applicables, à partir du 1er janvier 1892, aux villes d'une population agglomérée supérieure à 100 000 habitants et inférieure à 150 000 habitants :

1° Le paragraphe 4 de l'article 12 de la loi du 19 juillet 1889 ;

2° Les deux derniers paragraphes de l'article 53 de la loi de finances du 26 décembre 1890.

ART. 2. — Les subventions prévues par l'article 53, n° 1, de la loi du 19 juillet 1889 et par le décret du 31 mars 1890 cesseront d'être allouées à partir de l'exercice 1892.

Arrêté portant création d'un emploi d'Inspectrice primaire dans l'Académie de Paris.

11 février 1891.

11 Février 1891.

Le Ministre de l'Instruction publique et des Beaux-Arts,

Vu l'article 22, § 3, de la loi du 19 juillet 1889;

Vu le rapport du Vice-Recteur de l'Académie de Paris, en date du 15 décembre 1890;

Vu l'arrêté du 7 février 1891 [1], supprimant l'une des circonscriptions d'inspection primaire dans l'Académie de Paris,

Arrête :

Il est créé un emploi d'Inspectrice primaire dans l'Académie de Paris (département de Seine-et-Oise) [2].

Circulaire du Ministre de l'Instruction publique, relative à la surveillance des Travaux de construction ou d'appropriation de maisons d'école.

12 février 1891.

12 Février 1891.

Monsieur le Préfet, la surveillance des travaux de construction ou d'appropriation de maisons d'école a été l'objet d'un échange de vues entre la Chambre des Députés et le Gouvernement, lors de la discussion du budget de 1891. Il a paru que ce service nécessite une organisation uniforme et qu'il peut être assuré sans frais pour les communes.

En vertu du décret du 7 avril 1887, article 12, lorsqu'une commune reçoit

1. Par cet arrêté, les deux circonscriptions d'inspection primaire de l'arrondissement de Blois avaient été réunies en une circonscription unique.

2. La circonscription d'inspection a été fixée comme suit par arrêté du 14 *avril* 1891 :

« La circonscription d'inspection primaire de filles de Versailles comprend les cantons de Montmorency, d'Écouen, de Sèvres, de Marly et de Gonesse (Écoles de filles, Écoles mixtes dirigées par des institutrices, Écoles maternelles). »

une subvention de l'État par application de la loi du 20 juin 1885[1], un surveillant spécial, délégué par le Préfet, doit visiter les travaux en cours et vérifier s'ils s'exécutent conformément aux plans approuvés.

Cette disposition doit être interprétée en ce sens que le contrôle du délégué préfectoral est distinct de celui de l'Inspecteur primaire, que l'un et l'autre s'exercent concurremment et se complètent à l'avantage de la commune et de l'École.

L'Inspecteur primaire est appelé, en effet, par sa fonction même, à suivre l'exécution des projets d'établissement scolaire, et il fait connaître ses appréciations à l'Inspecteur d'Académie ; en outre, d'après l'article 15 du décret, il visite les locaux et fait un rapport spécial dans le cas où les travaux de construction ou d'appropriation n'ont pas été reconnus conformes aux plans

1. Consulter les documents suivants :

Rapport du 8 *mars* 1890, présenté par le Ministre de l'Instruction publique au Président de la République, sur les opérations faites en vertu de la loi du 20 juin 1885 jusqu'au 31 décembre 1889, en ce qui concerne les établissements d'enseignement primaire (*Bull. adm.*, 1890, t. XLVII, p. 318);

Circulaire du 10 *juillet* 1891, aux Préfets, relative au taux des emprunts pour constructions scolaires (*Circ.*, t. XI, p. 473);

Loi de finances du 26 *janvier* 1892 (Exercice 1892), articles 67 et 68, relatifs aux subventions pour constructions scolaires (*à sa date*);

Circulaire du 18 *mars* 1892, aux Préfets, relative à l'emploi des sommes provenant des rabais d'adjudication et d'appropriation d'établissements scolaires (*à sa date*);

— 29 *août* 1892, aux Préfets, relative à l'obligation de consulter les Conseils d'hygiène dans les questions de construction de maisons d'école (*à sa date*);

Loi de finances du 28 *avril* 1893 (Exercice 1893), articles 65, 66 et 67, relatifs aux subventions de l'État pour constructions scolaires (*à sa date*);

Loi de finances du 26 *juillet* 1893 (Exercice 1894), articles 54, 65 et 66, relatifs aux subventions de l'État pour constructions scolaires (*à sa date*);

Décret du 13 *janvier* 1894, déterminant les conditions de payement des subventions allouées aux communes pour la construction de maisons d'école (*à sa date*);

Circulaire du 3 *février* 1894, aux Préfets, relative aux constructions de maisons d'école et au payement des subventions (*Bull. adm.*, 1894, t. LV, p. 134);

Loi de finances du 16 *avril* 1895 (Exercice 1895), article 51, relatif aux subventions de l'État pour le service des constructions scolaires (*à sa date*);

Circulaire du 12 *décembre* 1895, aux Préfets, relative au classement des demandes de subventions pour constructions scolaires (*Bull. adm.*, 1895, t. LVIII, p. 920);

Loi de finances du 28 *décembre* 1895 (Exercice 1896), article 62, relatif aux subventions de l'État pour le service des constructions scolaires (*à sa date*);

Circulaire du 23 *juin* 1896, aux Préfets, relative à l'instruction des projets de constructions scolaires (*Bull. adm.*, 1896, t. LX, p. 6);

Loi de finances du 29 *mars* 1897 (Exercice 1897), article 48, relatif aux subventions de l'État pour constructions scolaires (*à sa date*);

Circulaire du 24 *juillet* 1897, aux Préfets, relative aux subventions pour constructions scolaires (*Bull. adm.*, 1897, t. LXII, p. 499);

Loi de finances du 13 *avril* 1898 (Exercice 1898), articles 100 et 101, relatifs aux subventions pour constructions scolaires (*à sa date*);

Circulaire du 13 *février* 1899, aux Préfets, relative au classement des demandes de subventions pour constructions scolaires (*Bull. adm.*, 1899, t. LXV, p. 174);

Décret du 28 *mars* 1899, relatif aux subventions de l'Etat pour la construction ou l'appropriation des établissements d'enseignement primaire (*à sa date*);

Loi de finances du 30 *mai* 1899 (Exercice 1899), article 54, relatif aux subventions pour constructions scolaires (*à sa date*).

approuvés. Les frais résultant de cette partie de sa mission sont imputables sur l'allocation affectée aux tournées d'inspection : de ce chef, il ne peut donc y avoir une dépense à la charge de la commune.

Mais, en dehors de la surveillance qui rentre dans les attributions de l'autorité universitaire, le contrôle du délégué préfectoral s'impose comme devant être plus spécialement technique et surtout plus fréquent. A ce double point de vue, votre choix devra porter sur une personne compétente et placée, autant que possible, à proximité du lieu de la construction. Il vous sera facile, je l'espère, de trouver dans le canton, sinon dans la localité intéressée, un délégué apte à surveiller l'exécution des plans et devis, offrant d'ailleurs les garanties d'impartialité désirables, et tout disposé à vous prêter gratuitement son concours dans l'intérêt public.

A cette occasion, je crois devoir vous rappeler les prescriptions suivantes, qui ne sont pas toujours exactement observées. L'article 13 du décret porte que la part de l'État dans l'annuité nécessaire au remboursement de l'emprunt contracté par la commune n'est payée que sur la production d'un certificat du délégué du Préfet attestant que les travaux sont conformes aux plans qui ont reçu l'approbation ministérielle. Cette constatation est exigée pour chaque payement semestriel de l'annuité jusqu'à la réception provisoire faite par le délégué préfectoral après l'achèvement des travaux. Lorsque cette réception, indépendante de celle qui incombe à l'architecte au point de vue de la bonne exécution de la construction, a lieu entre deux échéances de la subvention, le certificat qui s'y rapporte est joint à la proposition suivante de payement. Il importe que ces règles soient à l'avenir ponctuellement suivies.

Je vous prie de m'informer, d'ici au 1er mars prochain, des dispositions que vous aurez prises en conformité des instructions contenues dans la présente circulaire.

Recevez, etc.

Signé : LÉON BOURGEOIS.

Conseil d'État (au contentieux). 13, 20 fév. 1891.

Séances des 13 et 20 Février 1891.

ÉCOLES LIBRES. — DROIT DES CONSEILS MUNICIPAUX DE SUBVENTIONNER DES ÉCOLES LIBRES. — DROIT DE VOTER DES SECOURS AUX ENFANTS PAUVRES DES ÉCOLES LIBRES.

I. La faculté accordée aux Conseils municipaux par le paragraphe 2 de l'article 145 de la loi du 5 avril 1884 de voter les dépenses facultatives, sans qu'elles puissent être modifiées par l'autorité supérieure, est expressément subordonnée à la condition qu'aucune recette extraordinaire ne soit appliquée aux dépenses, soit obligatoires, soit facultatives, ordinaires ou extraordinaires.

II. La loi n'admet que deux sortes d'établissements d'enseignement primaire : les Écoles publiques, fondées et entretenues par l'État, les départements ou les communes; et les Écoles privées, fondées et entretenues par des particuliers ou des associations. En subventionnant à divers titres des Écoles congréganistes, un Conseil municipal contrevient à la loi du 30 octobre 1886, et c'est à bon droit que sa délibération est annulée par le Préfet.

III. Mais il faut distinguer entre les allocations qui ont pour objet d'entretenir ou de subventionner des Écoles privées (allocations qui sont prohibées) et les allocations qui ont pour but de venir en aide aux enfants pauvres qui fréquentent les Écoles privées. La délibération d'un Conseil municipal qui vote des subventions ayant ce caractère est licite, et c'est à tort que le Préfet l'a annulée comme constituant une violation de la loi du 30 octobre 1886[1].

---

14 février 1891. **Rapport et Décret rendant applicables aux Écoles primaires privées les conditions réglementaires de l'âge d'admission des élèves dans les Écoles primaires publiques.**

14 Février 1891.

1° Rapport au Président de la République.

Monsieur le Président,

Plusieurs Conseils départementaux de l'enseignement primaire ont signalé l'anomalie qui résulte des prescriptions réglementaires fixant à cinq ans l'âge minimum d'admission des enfants dans les Écoles primaires publiques où il n'existe pas de Classe enfantine, alors qu'en l'absence de toute disposition les Écoles privées reçoivent les enfants dès l'âge de trois ou quatre ans.

Déjà le décret du 30 décembre 1889 a remédié en partie aux inconvénients signalés par l'expérience, en rendant applicables aux classes enfantines annexées aux Écoles privées les dispositions du décret du 18 janvier 1887 fixant l'âge d'admission des enfants dans les Classes enfantines annexées aux Écoles publiques. Il reste à pourvoir au cas où, la commune ne possédant ni École maternelle publique, ni Classe enfantine publique, le directeur ou la directrice d'une École privée non pourvue de Classe enfantine, arguant du texte de l'article 36 de la loi du 30 octobre 1886 qui ne détermine aucune limite d'âge, prétendent avoir le droit de recevoir les enfants, même dès l'âge de deux ans, alors que les Écoles publiques ne peuvent les admettre qu'à cinq ans. C'est par des considérations d'ordre pédagogique, comme dans l'intérêt de l'hygiène, que cette limite d'âge a été inscrite dans le règlement des Écoles primaires publiques. Il est juste de l'étendre aux Écoles privées et de faire cesser une cause de réclamations légitimes.

L'article 3 de la loi du 30 octobre 1886 a donné au Conseil supérieur le droit de déterminer par des règlements spéciaux les conditions d'admission et de sortie des élèves dans les diverses sortes d'Écoles énumérées à l'article 1er. C'est en vertu de ce droit non contestable que je lui ai proposé de décider que les conditions d'admission des élèves dans les Écoles privées seront les mêmes que celles fixées pour les Écoles publiques.

Le Conseil supérieur ayant approuvé, dans sa dernière session, le projet de décret que je lui avais soumis à cet effet, je vous prie de vouloir bien le revêtir de votre signature.

Agréez, etc.

Le Ministre de l'Instruction publique et des Beaux-Arts,
Signé : LÉON BOURGEOIS

1. Voir le texte des arrêts, *Rec. des L. et A.*, 1891, p. 97-98.

2° Décret.

Le Président de la République française,

Sur le rapport du Ministre de l'Instruction publique et des Beaux-Arts,

Vu l'article 3 de la loi du 30 octobre 1886;

Vu les décrets des 18 janvier 1887 et 30 décembre 1889;

Le Conseil supérieur de l'Instruction publique entendu,

Décrète :

ARTICLE 1er. — La disposition additionnelle à l'article 158 du décret du 18 janvier 1887, introduite par le décret du 30 décembre 1889, est modifiée ainsi qu'il suit :

« Les dispositions du présent décret fixant l'âge d'admission des enfants dans les Écoles primaires, les Écoles maternelles et les Classes enfantines publiques sont applicables aux Écoles primaires, aux Écoles maternelles et aux Classes enfantines privées. »

Proposition de loi tendant à reviser la loi du 19 juillet 1889 sur l'Enseignement primaire, présentée par M. Cabart-Danneville, député[1]. 19 février 1891.

Séance du 19 Février 1891.

CHAPITRE Ier. — *Dépenses ordinaires de l'enseignement primaire public.*

ARTICLE 1er. — Les dépenses ordinaires de l'enseignement primaire public sont à la charge de l'État, des départements et des communes, selon les règles édictées par la présente loi.

ART. 2. — Sont à la charge de l'État :

1° Le traitement du personnel des Écoles élémentaires et des Écoles maternelles créées conformément aux articles 13 et 15 de la loi organique du 30 octobre 1886, y compris les Écoles de filles existantes au moment de la promulgation de la loi et situées dans les communes de moins de 400 habitants, lorsque leur existence aura été reconnue nécessaire;

1. Voir les rapports de M. Édouard DELPEUCH, 29 *juin* 1892 et 10 *mars* 1893; — le rapport de M. COMBES au Sénat, 23 *juin* 1893; — le nouveau rapport de M. Édouard DELPEUCH, 12 *juillet* 1893. (*Les indications nécessaires pour la consultation de ces documents sont inscrites* page 339, note 1, 2e alinéa.)

Rapprocher des projets suivants :

Projet VIGER, 6 *novembre* 1890 (p. 312);
— BABAUD-LACROZE, 18 *novembre* 1890 (p. 315);
— SIEGFRIED, 17 *janvier* 1891 (p. 339);
— LAVY, 24 *février* 1891 (p. 356);
— LE VEILLÉ, 28 *février* 1891 (p. 367);
— DELLESTABLE, 7 *juillet* 1891 (*à sa date*).

L'ensemble de ces propositions a abouti à la loi du 25 *juillet* 1893 (*à sa date*).

2° Le traitement du personnel des Écoles primaires supérieures et des Écoles manuelles d'apprentissage créées conformément aux articles 13 et 28 de la loi organique;

3° Les suppléments de traitements prévus aux articles 8 et 9;

4° Le traitement du personnel des Écoles normales;

5° Le traitement du personnel de l'administration et de l'inspection;

6° Les frais de tournée et de déplacement des fonctionnaires de l'inspection;

7° Les frais d'entretien des élèves dans les Écoles normales, et en général les dépenses de ces Écoles non prévues à l'article suivant;

8° L'allocation afférente à la médaille d'argent prévue à l'article 59 de la présente loi;

9° L'allocation annuelle de 100 francs et de 50 francs donnée aux instituteurs qui se trouveront classés dans le premier et le deuxième dixième de la liste de mérite qui sera dressée, chaque année, par le Conseil départemental.

ART. 3. — Sont à la charge des départements :

1° L'indemnité prévue à l'article 23;

2° L'entretien et, s'il y a lieu, la location des bâtiments des Écoles normales;

3° L'entretien et le renouvellement du mobilier de ces Écoles et du matériel d'enseignement;

4° Le loyer et l'entretien du local et du mobilier destinés au service départemental de l'instruction publique;

5° Les frais de bureau de l'Inspecteur d'Académie;

6° Les imprimés à l'usage des délégations cantonales et de l'administration académique;

7° Les allocations aux chefs d'atelier, contremaîtres et ouvriers chargés par les départements de l'enseignement agricole, commercial ou industriel dans les Écoles primaires de tout ordre et dans les Écoles régies par la loi du 11 décembre 1880.

ART. 4. — Sont à la charge des communes :

1° L'indemnité de résidence prévue à l'article 12;

2° L'entretien et, s'il y a lieu, la location des bâtiments des Écoles primaires; le logement des maîtres ou les indemnités représentatives;

3° Les frais de chauffage et d'éclairage des classes dans les Écoles primaires;

4° La rémunération des gens de service dans les Écoles maternelles publiques, et, si le Conseil municipal le décide ainsi, dans les autres Écoles primaires publiques;

5° L'acquisition, l'entretien et le renouvellement du mobilier scolaire et du matériel d'enseignement;

6° Les registres et imprimés à l'usage des Écoles;

7° Les allocations aux chefs d'atelier, contremaîtres et ouvriers chargés par les communes de l'enseignement agricole, commercial ou industriel dans les Écoles primaires de tout ordre et dans les Écoles régies par la loi du 11 décembre 1880.

ART. 5. — Il ne pourra être créé aucun établissement d'enseignement primaire supérieur, École ou Cours complémentaire, si un crédit spécial n'a été préalablement inscrit à cet effet dans la loi de finances. Lorsqu'un nouveau poste dans une École primaire élémentaire ou maternelle aura été reconnu nécessaire, il sera créé dans l'année.

Les Écoles primaires supérieures et les Cours complémentaires cesseront d'être entretenus par l'État, si l'effectif de l'École primaire supérieure pendant trois années consécutives s'est abaissé au-dessous de quinze élèves par année d'études, et celui du Cours complémentaire au-dessous de dix élèves par année d'études.

L'approbation ministérielle requise par l'article 13 de la loi organique ne sera donnée pour les Écoles primaires supérieures et pour les Cours complémentaires que si la commune s'est engagée à inscrire pour cinq ans au moins les dépenses qui lui incombent, pour ces deux établissements, au nombre des dépenses obligatoires.

CHAPITRE II. — *Classement et traitement du personnel.*

ART. 6. — Les instituteurs et institutrices sont répartis en stagiaires et en titulaires.

Tous les aspirants au certificat d'aptitude pédagogique sont stagiaires; tous les instituteurs ayant obtenu ce brevet sont titularisés.

Les titulaires se divisent en cinq classes.

Ces classes sont attachées à la personne et peuvent être attribuées sans déplacement.

ART. 7. — Le traitement des instituteurs et des institutrices est fixé ainsi qu'il suit :

5e classe.	1 000 fr.
4e classe.	1 200
3e classe.	1 500
2e classe.	1 800
1re classe.	2 000

ART. 8. — Les titulaires chargés de la direction d'une École comprenant plus d'une classe reçoivent un supplément de 100 francs par classe. Ce supplément ne pourra en aucun cas dépasser 400 francs.

ART. 9. — Dans les Écoles qui comprennent une classe d'enseignement primaire supérieur, dite « Cours complémentaire », le maître chargé de ce cours reçoit un supplément de traitement de 200 francs.

ART. 10. — Indépendamment du traitement fixé aux articles précédents, les instituteurs et les institutrices titulaires ont droit :

1° Au logement ou à l'indemnité représentative fixée par arrêtés préfectoraux;

2° A une indemnité de résidence dans les cas prévus à l'article 12. L'indemnité de résidence est toujours soumise à retenue.

3° Une allocation de 100 francs pendant un an est donnée aux instituteurs qui se trouveront placés dans le premier dixième de la liste de mérite qui sera dressée chaque année par le Conseil départemental; et une allocation de 50 francs sera donnée à ceux qui seront placés dans le second dixième.

ART. 11. — Les instituteurs et institutrices stagiaires reçoivent un traitement de 800 francs et l'indemnité de résidence dans les conditions déterminées à l'article 12.

Ils ont droit au logement ou à l'indemnité représentative.

Ils forment une classe unique, et seront chargés des suppléances.

ART. 12. — L'indemnité de résidence est fixée, pour les maîtres désignés aux articles 8, 9, 14 et 15, à

100 francs	dans les localités dont la population est de	1 000 à 2 500 hab.
200 —	—	2 500 à 5 000 —
300 —	—	5 000 à 10 000 —

400 francs	dans les localités dont la population est de	10 000 à 20 000 hab.	
500 —	—	20 000 à 40 000 —	
600 —	—	40 000 à 80 000 —	
700 —	—	80 000 à 100 000 —	
800 —	—	100 000 à 150 000 —	
900 —	—	150 000 à 200 000 —	
1 000 —	—	200 000 et au-dessus.	

2 000 francs dans la Ville de Paris.

Elle est de moitié des chiffres ci-dessus pour tous les autres instituteurs et institutrices titulaires, et du quart pour les stagiaires établis dans les localités ci-dessus énumérées.

Les communes chefs-lieux de canton ayant moins de 1 000 habitants sont assimilées, quant à l'indemnité de résidence, aux localités de 1 000 à 3 000 habitants.

Un règlement d'administration publique dressera, d'après les bases ci-dessus indiquées pour les diverses catégories du personnel, le tableau des indemnités de résidence.

ART. 13. — Les directeurs, directrices, instituteurs adjoints, institutrices adjointes des Écoles primaires supérieures, les directeurs, directrices et professeurs d'Écoles normales, les économes de ces dernières Écoles et les Inspecteurs primaires sont répartis en cinq classes.

Ces classes sont attachées à la personne et peuvent être attribuées sans déplacement.

ART. 14. — Le traitement des directeurs et directrices d'Écoles primaires supérieures est fixé ainsi qu'il suit :

5e classe	1 800 fr.
4e classe	2 000
3e classe	2 200
2e classe	2 500
1re classe	2 800

Ils ont droit au logement ou à l'indemnité représentative.

Ils reçoivent, en outre, l'indemnité de résidence prévue à l'article 12.

Les directeurs et directrices en fonctions au 30 octobre 1886 sont dispensés de la production du certificat d'aptitude au professorat des Écoles normales. Ils conservent leur titre avec les droits qu'il confère.

ART. 15. — Le traitement des instituteurs adjoints et des institutrices adjointes des Écoles primaires supérieures est fixé ainsi qu'il suit :

5e classe	1 100 fr.
4e classe	1 300
3e classe	1 600
2e classe	1 900
1re classe	2 100

Ils reçoivent, en outre, l'indemnité de résidence prévue à l'article 12. Ils ont droit au logement ou à l'indemnité représentative.

Les maîtres auxiliaires chargés de l'enseignement des langues vivantes, de la comptabilité, du dessin et de l'agriculture porteront le titre d'instituteurs adjoints et seront classés comme il est dit ci-dessus.

Les maîtres auxiliaires chargés de l'enseignement de la gymnastique, des travaux manuels, exercices militaires, etc., reçoivent une allocation non soumise à retenue et calculée sur le pied de 50 à 100 francs pour chaque heure d'enseignement par semaine.

ART. 16. — Dans les Écoles nationales d'enseignement primaire supérieur et professionnel, les traitements de chaque classe de fonctionnaires seront de 500 francs supérieurs à ceux des Écoles normales d'instituteurs.

ART. 17. — Le traitement des directeurs et directrices d'Écoles normales est fixé ainsi qu'il suit :

	Directeurs.	Directrices.
5e classe.	3 500 fr.	3 000 fr.
4e classe.	4 000	3 500
3e classe.	4 500	4 000
2e classe.	5 000	4 500
1re classe.	5 500	5 000

A Paris, ce traitement sera, pour le directeur, de 7 000 à 10 000 francs; pour la directrice, de 6 000 à 9 000.

ART. 18. — Le traitement des professeurs d'Écoles normales est fixé ainsi qu'il suit :

	Hommes.	Femmes.
5e classe	2 400 fr.	2 200 fr.
4e classe	2 600	2 400
3e classe	2 800	2 600
2e classe	3 100	2 800
1re classe	3 400	3 000

Les maîtres et maîtresses entrés en fonctions depuis le 19 juillet 1889, non pourvus du certificat d'aptitude au professorat et délégués à titre provisoire, recevront un traitement unique de 2 000 francs dans les Écoles normales d'instituteurs et de 1 800 francs dans les Écoles normales d'institutrices.

Tous les traitements ci-dessus sont diminués de 400 francs pour les maîtres et maîtresses logés et nourris dans l'établissement.

ART. 19. — Le mode et le taux de rémunération des professeurs, maîtres de conférences, économes, répétiteurs et répétitrices, dans les Écoles normales supérieures d'enseignement primaire, seront fixés par un règlement d'administration publique, qui déterminera les cas où cette rémunération donne lieu à une retenue pour la retraite.

ART. 20. — Les directeurs et directrices, instituteurs adjoints et institutrices adjointes des Écoles primaires supérieures pourvus du certificat d'aptitude au professorat dans les Écoles normales recevront une indemnité personnelle de 500 francs soumise à retenue.

ART. 21. — Dans les Écoles normales dont l'effectif ne dépasse pas 60 élèves et dans celles qui n'ont que des élèves externes, les fonctions d'économe sont confiées à un des maîtres de l'École, qui conserve son traitement avec une allocation supplémentaire de 500 francs.

Dans les Écoles normales comptant plus de 60 élèves, les économes ne seront chargés d'aucun enseignement, sauf l'écriture et la tenue des livres. Leur traitement est fixé ainsi qu'il suit :

5e classe.	1 800 fr.
4e classe.	2 000
3e classe.	2 200
2e classe.	2 500
1re classe.	2 800

Ils ont droit en outre au logement.

ART. 22. — Le traitement des Inspecteurs primaires est fixé ainsi qu'il suit :

5e classe.	3 500 fr.
4e classe.	4 000
3e classe.	4 500
2e classe.	5 000
1re classe.	5 500

Dans le département de la Seine, les traitements seront de 6 000, 6 500, 7 000, 7 500, 8 000 francs.

Des Inspectrices primaires pourront être nommées aux mêmes conditions et dans les mêmes formes que les Inspecteurs.

ART. 23. — Indépendamment du traitement qui leur est attribué par l'article précédent, les Inspecteurs primaires ont droit à une indemnité dite « départementale », qui ne pourra être inférieure à 200 francs et qui devra être calculée d'après la population du chef-lieu d'arrondissement habité par l'Inspecteur et le nombre des Écoles de l'arrondissement. Cette indemnité sera soumise à retenue.

ART. 24. — L'avancement a lieu par classe :

Pour le personnel mentionné aux articles 7, 8, 9, 11 et 15, l'avancement se fait dans chaque département. La promotion à une classe supérieure, en ce qui concerne les trois dernières classes, est de droit après six ans passés dans la classe immédiatement inférieure, et ne peut avoir lieu au choix qu'après une période minima de trois ans.

La promotion à l'une ou à l'autre des deux premières classes est de droit après huit ans passés dans la classe immédiatement inférieure, et ne peut avoir lieu au choix qu'après une période minima de quatre ans.

Pour le personnel prévu aux articles 14, 16, 17, 18, 21 et 22, l'avancement se fait moitié au choix, moitié à l'ancienneté, d'après les bases indiquées ci-dessus.

Ne pourront être promus à la deuxième et à la première classe que les maîtres pourvus du brevet supérieur.

Ce dernier paragraphe ne s'applique qu'aux maîtres entrés en fonctions depuis le 19 janvier 1889.

ART. 25. — Les suppléments communaux actuellement accordés pour études surveillées ne pourront en aucun cas se confondre avec le montant de l'indemnité de résidence.

CHAPITRE III. — *Écoles primaires supérieures de la Ville de Paris.*

ART. 26. — Dans les Écoles primaires supérieures de la Ville de Paris établies ou maintenues conformément à l'article 13 de la loi du 30 octobre 1886, le personnel administratif et enseignant comprend :

Un directeur;

Des professeurs;

Des maîtres auxiliaires pour l'enseignement de la calligraphie, de la musique, de la gymnastique, des travaux manuels et des exercices militaires (enseignements accessoires);

Des maîtres répétiteurs.

Il peut comprendre, en outre, un surveillant général qui prend le nom de préfet des études dans les Écoles de plus de 1 000 élèves.

ART. 27. — Les directeurs et les professeurs sont nommés dans les conditions prescrites par l'article 28, paragraphe 1er, de la loi du 30 octobre 1886.

Toutefois, ils sont dispensés de la justification du certificat d'aptitude au professorat des Écoles normales et des Écoles primaires supérieures s'ils sont munis soit du titre de docteur en médecine, soit d'une licence (ès lettres, ès sciences, en droit), soit du certificat d'aptitude à l'enseignement secondaire spécial (lettres ou sciences), ou s'ils sont sortis de l'École polytechnique après avoir satisfait aux examens de sortie.

Les professeurs pourvus de l'agrégation recevront une indemnité de 500 francs non soumise à retenue. Le surveillant général doit justifier des titres de capacité exigés des professeurs.

Il est nommé par le Ministre et ne pourra, en aucun cas, être confondu avec les maîtres répétiteurs.

ART. 28. — Les maîtres auxiliaires pour les enseignements accessoires doivent être pourvus du diplôme spécial correspondant aux fonctions qu'ils exercent et tel qu'il est déterminé par les règlements universitaires. A défaut du diplôme requis, ils ne peuvent être que délégués à titre provisoire dans leurs fonctions.

Ils sont nommés ou délégués par le Préfet dans les conditions spécifiées par l'article 28, § 2, de la loi du 30 octobre 1886.

ART. 29. — Les maîtres répétiteurs doivent être pourvus soit du brevet supérieur, soit de l'un quelconque des baccalauréats.

Ils sont nommés par le Préfet, sur la proposition de l'Inspecteur d'Académie, Directeur de l'Enseignement primaire de la Seine.

ART. 30. — Les professeurs et les maîtres répétiteurs sont répartis en cinq classes.

ART. 31. — Les directeurs reçoivent un traitement de 5 000 francs, qui peut s'élever jusqu'à 7 000 francs au maximum par augmentations successives de 500 francs; mais ces augmentations ne peuvent être accordées qu'après trois années au moins de jouissance du dernier traitement.

ART. 32. — Les surveillants généraux reçoivent un traitement de 3 000 francs, qui peut s'élever, dans les conditions prescrites à l'article précédent, jusqu'à 5 000 francs au maximum.

Ils ont droit, en outre, à une allocation non soumise à retenue, fixée à 1 000 francs pour les Écoles de moins de 1 000 élèves et à 2 000 francs pour les autres.

Cette allocation leur tient lieu de toute indemnité de résidence.

Ils doivent être logés dans l'établissement où ils exercent leurs fonctions.

ART. 33. — Le traitement des professeurs est fixé ainsi qu'il suit :

5e classe.	1 800 fr.
4e classe.	2 100
3e classe.	2 400
2e classe.	2 700
1re classe.	3 000

Dans ce traitement est comprise l'indemnité spéciale prévue par l'article 10 de la loi du 19 juillet 1889.

Ils jouissent, en outre, de tous les avantages réservés par la loi du 19 juillet 1889 aux instituteurs adjoints des Écoles primaires supérieures.

ART. 34. — Le nombre d'heures de classe exigible des professeurs est fixé, par semaine, à quatorze heures au minimum et à seize heures au maximum.

Il pourra leur être demandé des heures supplémentaires chaque fois que les besoins du service l'exigeront.

Ils seront rémunérés de chaque heure supplémentaire d'enseignement par semaine au moyen d'une indemnité, non soumise à retenue, de 300 francs par an.

ART. 35. — Le traitement des maîtres répétiteurs est ainsi établi :

5e classe.	1 100 fr.
4e classe.	1 300
3e classe.	1 600
2e classe.	1 900
1re classe.	2 100

Ils ont droit, en outre, à une allocation fixée à 1 500 francs non soumise à retenue et qui leur tient lieu de toute indemnité de résidence ou de logement.

ART. 36. — L'avancement des professeurs et des maîtres répétiteurs a lieu par classe.

Il se fait sur l'ensemble du personnel attaché aux Écoles primaires supérieures de la ville de Paris moitié au choix, moitié à l'ancienneté.

Nul ne peut être promu à une classe plus élevée qu'après avoir passé trois années, au moins, dans la classe immédiatement inférieure, et il ne peut rester plus de cinq ans dans la même classe.

ART. 37. — Les maîtres auxiliaires pour les enseignements accessoires de la calligraphie, de la musique, de la gymnastique, des exercices militaires et du travail manuel reçoivent une allocation annuelle non soumise à retenue et dont le taux, calculé à raison d'une heure de leçon par semaine, est fixé ainsi qu'il suit :

Calligraphie et chant, de 200 à 300 francs;

Gymnastique et exercices militaires, de 150 à 250 francs;

Travail manuel, de 100 à 150 francs.

Les maîtres chargés de ces divers enseignements reçoivent au moment de leur nomination l'allocation la moins élevée; ils peuvent, après trois années au moins d'exercice, obtenir des augmentations successives de 25 francs par an jusqu'à ce qu'elles aient atteint le taux maximum.

ART. 38. — Lorsque l'enseignement d'une des matières obligatoires dans les Écoles primaires supérieures n'est pas susceptible de comporter le nombre minimum d'heures fixé par l'article 34, le Ministre peut charger de cet enseignement des maîtres pris en dehors de l'École, pourvu qu'ils justifient des titres de capacité exigés des professeurs. Ils sont rémunérés de chaque heure d'enseignement au moyen d'une allocation annuelle, non soumise à retenue, dont le taux peut varier entre 300 et 400 francs et atteindre même 500 francs.

ART. 39. — Lorsque, sur la proposition de l'Inspecteur d'Académie, le Ministre a décidé d'établir, dans une des Écoles primaires supérieures une surveillance spéciale, dite direction d'études, les professeurs qui, en dehors des heures réglementaires fixées par l'article 34, sont chargés de cette direction reçoivent un supplément de traitement qui ne peut pas excéder 1 000 francs.

Dans aucun cas, le nombre des professeurs chargés de ces directions d'études ne peut dépasser le nombre des divisions d'élèves.

ART. 40. — Le Ministre peut, après avis du Conseil départemental, autoriser la ville de Paris à annexer, dans des conditions déterminées, un internat aux Écoles primaires supérieures.

Dans ce cas, le directeur, le surveillant général et les maîtres répétiteurs sont chargés de la direction et de la surveillance de l'internat.

L'arrêté ministériel fixe le supplément de rétribution qui pourra leur être dû par la ville de Paris.

Les maîtres répétiteurs qui sont logés et nourris dans l'École, cessent d'avoir droit à l'allocation qui leur est attribuée par l'article 35.

ART. 41. — Les traitements des fonctionnaires et professeurs, ainsi que les diverses indemnités et allocations prévues par la présente loi, sont mandatés par le Préfet. Ils sont payés mensuellement et par douzièmes, sur le vu d'un état dressé par l'Inspecteur d'Académie, Directeur de l'Enseignement primaire de la Seine.

ART. 42. — Sont, en outre, applicables aux Écoles visées dans l'article 26 toutes les dispositions des lois et règlements concernant le personnel des Écoles primaires supérieures, qui ne sont pas contraires à la présente loi.

ART. 43. — Les fonctionnaires en exercice lors de la publication du présent règlement sont dispensés de la justification des titres requis pour l'emploi qu'ils occupent.

Les professeurs et les maîtres répétiteurs seront rangés dans les classes correspondantes au traitement qui leur sera attribué en exécution de la présente loi.

Les effectifs de chaque classe seront ramenés, s'il y a lieu, aux proportions fixées au fur et à mesure des vacances.

ART. 44. — La présente loi ne s'appliquera qu'aux fonctionnaires, professeurs, maîtres auxiliaires et maîtres répétiteurs nommés depuis le 19 juillet 1889, ou aux professeurs et fonctionnaires anciens qui désireraient être soumis au nouveau règlement.

Les professeurs et fonctionnaires nommés avant le 19 juillet 1889 continueront à jouir du traitement, de l'avancement triennal et des avantages relatifs à la retraite qui leur étaient concédés ou promis par les règlements municipaux de la ville de Paris.

ART. 45. — Toutes les dispositions qui précèdent sont applicables aux Écoles primaires supérieures de filles.

Toutefois les maîtresses répétitrices qui seraient chargées d'un enseignement recevront un supplément de traitement qui ne pourra excéder 600 francs.

CHAPITRE IV. — *Des Voies et Moyens.*

Les articles 46, 47 et 48 reproduisent les dispositions des articles 26, 27 et 28 de la loi du 19 juillet 1889.

CHAPITRE V. — *Dispositions spéciales à l'Algérie.*

ART. 49. — Sont à la charge de l'État dans les territoires civils de l'Algérie :

Le supplément pour services hors d'Europe prévu par l'article 1er de la loi du 9 juin 1853 et par l'article 22 du règlement d'administration publique du 9 novembre suivant;

La prime pour connaissance des langues arabe et kabyle.

ART. 50. — Il sera prélevé au profit du budget de l'État, à partir du 1er janvier 1890, un sixième du produit de l'octroi de mer de l'Algérie.

ART. 51. — Les traitements des instituteurs et institutrices de l'Algérie sont fixés comme suit :

Stagiaires.		1 200 fr.
Titulaires.	5e classe	1 500
	4e classe	1 800
	3e classe	2 100
	2e classe	2 300
	1re classe	2 500

Tous les autres articles de la présente loi sont applicables à l'Algérie.

CHAPITRE VI. — *Dispositions transitoires.*

ART. 52. — Les traitements soumis à la retenue au 1er janvier 1889 sont garantis et continueront à subir la retenue.

ART. 53. — La répartition, dans les nouvelles classes créées par la présente loi, des maîtres et maîtresses actuellement en fonctions sera effectuée d'après le traitement garanti à chacun d'eux en vertu de l'article 53.

Si ce traitement ne coïncide pas avec un de ceux qui sont prévus à l'article 7, les maîtres et maîtresses seront placés dans la classe dont le traitement est immédiatement supérieur.

Les adjoints et adjointes entrés dans l'enseignement avant le 30 octobre 1886 seront dispensés de la production du certificat d'aptitude pédagogique. Ils prendront rang dans la cinquième classe des instituteurs titulaires.

ART. 54. — Il sera formé dans chaque département, pour chaque classe d'instituteurs et d'institutrices titulaires et stagiaires, un tableau d'avancement où ils prendront rang entre eux par ordre d'ancienneté.

ART. 55. — Le classement et la formation du tableau seront effectués par une Commission spéciale composée de l'Inspecteur d'Académie, président; des Inspecteurs primaires, du directeur et de la directrice d'École normale et de deux délégués du Conseil départemental élus par ce Conseil.

La même Commission, à laquelle s'adjoindront les directeurs et les directrices des Écoles primaires supérieures, établira le classement et le tableau des instituteurs adjoints et des institutrices adjointes des Écoles primaires supérieures.

Elle leur appliquera les dispositions des articles 53 et 54.

ART. 56. — Les dispositions des articles 53 et 54 sont applicables au personnel de l'instruction primaire mentionné aux articles 14, 17, 18, 21 et 22 de la présente loi.

Le classement et la formation du tableau seront effectués par une Commission composée : du Directeur de l'Enseignement primaire, président; des Inspecteurs généraux de l'enseignement primaire et de quatre délégués du Conseil supérieur de l'Instruction publique élus par ce Conseil.

ART. 57. — Par dérogation au paragraphe 2 de l'article 4 de la présente loi, des subventions pourront être accordées par l'État, pour loyer de maisons d'école, aux communes dont le centime n'excède pas 30 francs, dans les limites du crédit ouvert à cet effet chaque année au budget, pendant une période de cinq années.

CHAPITRE VII. — *Dispositions diverses.*

ART. 58. — Les instituteurs et institutrices des Écoles primaires élémentaires et maternelles, qui auront obtenu la médaille d'argent, recevront une allocation annuelle et viagère, non soumise à retenue, de 100 francs.

Cette allocation sera caduque en cas de révocation ou de démission, à moins que la démission ne soit fondée sur des raisons de santé reconnues valables par le Conseil départemental.

Les médailles d'argent ne pourront être accordées que sur la proposition de la Commission instituée à l'article 56, et dans la limite du crédit spécial qui sera ouvert à cet effet au budget du Ministère de l'Instruction publique.

Les autres conditions auxquelles sera subordonnée la concession desdites médailles seront déterminées par des arrêtés ministériels rendus après avis du Conseil supérieur de l'Instruction publique.

ART. 59. — Le temps de service dans les armées de terre ou de mer, et le temps passé à l'École normale concourent avec les années de service pour établir le droit à pension.

ART. 60. — Les fonctionnaires dénommés dans la présente loi ont droit à la retraite après vingt-cinq ans de services et à cinquante ans d'âge.

Après quinze ans de services et en cas d'infirmités reconnues, la retraite proportionnelle sera accordée sans conditions d'âge.

ART. 61. — Dans les Écoles mixtes provisoirement dirigées par des instituteurs, conformément à l'article 6, § 3, de la loi du 30 octobre 1886, il sera alloué aux maîtresses chargées de l'enseignement de la couture une indemnité payée sur les fonds de l'État.

Cette indemnité n'est pas soumise à retenue.

ART. 62. — Le même que l'article 47 de la loi du 19 juillet 1889.

ART. 63. — Le même que l'article 48 de la loi du 19 juillet, mais dans lequel on supprimera :

1° Le 4°, « sur les règles et conditions d'avancement qui ne sont pas prévues à l'article 24 » ;

2° Dans le 9°, « sur les conditions spéciales d'organisation et la fixation des traitements du personnel des Écoles primaires supérieures » ;

3° Dans le 13°, « et les Écoles primaires supérieures ».

ART. 64. — Le nouveau classement des instituteurs et des institutrices, par application de la présente loi, aura son effet à partir du 1er janvier 1892.

ART. 65. — Le même que l'article 50 de la loi du 19 juillet 1889.

ART. 66. — Sont et demeurent abrogées toutes les dispositions contraires à celles de la présente loi.

Arrêté fixant les règles d'après lesquelles des Promotions de classe sont accordées, à partir du 1er janvier 1891, au Personnel laïque des instituteurs et institutrices exerçant dans les Écoles primaires supérieures sans avoir une nomination ministérielle[1]. 24 février 1891.

24 Février 1891.

Le Ministre de l'Instruction publique et des Beaux-Arts,
Vu la loi du 19 juillet 1889,
Arrête :

1. Consulter la circulaire transmissive du 28 *février* 1891 aux Préfets (*Circ.*, t. XI, p. 422).

Article 1er. — Sont promus à la classe immédiatement supérieure :

1° Les instituteurs laïques adjoints, les institutrices laïques adjointes d'Écoles primaires supérieures, les instituteurs et institutrices laïques chargés par arrêté préfectoral des fonctions de directeurs et de directrices d'Écoles primaires supérieures, qui ont été rangés, lors du classement, en 5e classe, et qui, au 1er janvier 1891, comptent cinq ans de services valables pour le classement et l'avancement;

2° Ceux qui, étant rangés en 4e classe, comptent, au 1er janvier 1891, 10 ans de services;

3° Ceux qui, étant rangés en 3e classe, comptent, au 1er janvier 1891, 13 ans de services;

4° Ceux qui, étant rangés en 2e classe, comptent, au 1er janvier 1891, 16 ans de services.

Art. 2. — L'indemnité de résidence due à ces fonctionnaires n'entrera, en aucun cas, dans la composition des traitements garantis qui ne dépasseront pas 1 200 francs.

Art. 3. — Le présent arrêté recevra son effet à partir du 1er janvier 1891.

---

4 février 1891.

Proposition de loi tendant à modifier la Loi du 19 juillet 1889 sur le Personnel de l'enseignement primaire, présentée par M. Lavy, député[1].

Séance du 24 Février 1891.

Exposé des motifs.

Messieurs, en votant la loi du 19 juillet 1889, la précédente Assemblée semble s'être proposé surtout de poursuivre un double but : 1° rehausser la condition de nos instituteurs et de nos institutrices; 2° les soustraire aux petites influences locales en faisant d'eux des fonctionnaires de l'État.

Si l'on avait atteint ces deux résultats également importants, la loi de juillet 1889 eût marqué incontestablement un progrès sur la législation antérieure;

1. Voir les rapports de M. Édouard Delpeuch à la Chambre des Députés, 29 *juin* 1892, 10 *mars* 1893, 12 *juillet* 1893; — le rapport de M. Combes au Sénat, 23 *juin* 1893. (*Les indications nécessaires pour la consultation de ces documents sont inscrites* page 339, note 1, 2e alinéa.)

Rapprocher ce projet des projets ci-après :

Projet Viger, 6 *novembre* 1890 (p. 312);
— Babaud-Lacroze, 18 *novembre* 1890 (p. 315);
— Siegfried, 17 *janvier* 1891 (p. 339);
— Cabart-Danneville, 19 *février* 1891 (p. 345);
— Le Veillé, 28 *février* 1891 (p. 367);
— Dellestable, 7 *juillet* 1891 (*à sa date*).

L'ensemble de ces propositions a abouti à la loi du 25 *juillet* 1893 (*à sa date*).

mais les législateurs n'ont pas réalisé ce qu'ils se proposaient, et l'opinion publique réclame et les intéressés font entendre leurs plaintes légitimes.

L'avancement des instituteurs est devenu moins rapide. Dans un grand nombre de communes, leur traitement a diminué. L'ensemble des ressources affectées aujourd'hui au personnel primaire est moindre que précédemment. Les communes y consacraient, en effet, des suppléments facultatifs qu'elles se refusent à accorder maintenant. L'instituteur n'est plus leur homme; il est celui de l'État, qui use de leurs centimes; elles laissent à l'État le soin d'entretenir son fonctionnaire.

De là un amoindrissement de la situation matérielle de l'instituteur.

Mais l'État a-t-il réussi à soustraire l'instituteur aux influences qu'il redoutait pour lui? Pas davantage, puisque — les ressources budgétaires nationales étant insuffisantes même pour assurer à l'instituteur la situation qu'il avait autrefois — d'un côté, l'instituteur se trouve encore trop à la merci de celui qui peut ajouter à son salaire insuffisant, de l'autre, l'État est obligé de faire appel à la bienveillance des communes en faveur de son personnel enseignant.

Dans ces conditions, le Parlement doit se résoudre à faire les sacrifices nécessaires pour assurer, avec la portée que ses auteurs avaient conçue, le fonctionnement de la loi de juillet 1889. Il doit reviser cette loi et apporter à nos instituteurs les satisfactions qu'ils réclament et auxquelles ils ont droit.

Dans l'exposé des motifs de sa proposition de loi du 7 février 1882, Paul Bert écrivait :

« Aux communes, le devoir de suffire, avec le concours du département et de l'État, à toutes les dépenses de construction et d'installation des maisons d'école; à l'État, la charge de pourvoir, avec le concours des communes et des départements, à toutes les dépenses du personnel. »

M. Compayré partageait ce sentiment de Paul Bert, et il l'exprimait dans son rapport :

« Il est manifeste que l'adoption de cette mesure est conforme au désir unanime du personnel enseignant. Le congrès régional des instituteurs du Nord, tenu à Arras du 29 mai au 1er juin 1887, a formellement demandé « que l'in-« stituteur fût désormais considéré comme fonctionnaire de l'État et payé di-« rectement par lui; qu'à ce titre, son traitement ne figurât plus au budget « communal ». Le congrès international du Havre (6-10 décembre 1885) avait déjà voté la résolution suivante : « Le traitement total des instituteurs est payé « par l'État... L'État centralise toutes les ressources affectées au payement des « instituteurs et paye lui-même. »

Personne n'a formulé de façon plus nette et plus vive que M. Marques di Braga, dans son rapport au Conseil d'État, ce besoin de trouver dans l'instituteur public un fonctionnaire de l'État. Il disait :

« A l'enseignement primaire, service d'État, doit correspondre un corps de « fonctionnaires rémunérés par l'État, ayant sa hiérarchie, ses cadres, ses tarifs « de traitement, ses règles d'avancement. »

Plus loin, il ajoutait, poussant le principe jusqu'à ses limites extrêmes et montrant le danger de ne pas y rester absolument fidèle :

« Ce serait faire œuvre vaine, après avoir fait du corps enseignant un person-« nel d'État dont la rémunération est à la charge du budget, que d'autoriser, « même implicitement, les membres de ce personnel à recevoir, sur les fonds « municipaux, des allocations dont les assemblées communales seraient entière-« ment maîtresses. L'instituteur se trouverait nécessairement amené à prendre « parti dans les luttes locales et peut-être même à oublier ses devoirs envers

« l'État, dont il est le fonctionnaire. Le projet de loi renferme une disposition « formelle destinée à éviter ces graves inconvénients. »

Malheureusement, les bonnes dispositions du Conseil d'État, du Ministère et même du Parlement, sans nul doute, ont échoué devant une question de finances.

On a déclaré l'instituteur fonctionnaire d'État; mais, en même temps, par une inconséquence étrange, le Ministère en a été réduit à s'adresser aux communes, pour leur demander d'assurer à ses fonctionnaires un traitement plus en rapport avec leurs mérites et leurs fonctions que les émoluments qu'il peut leur donner lui-même.

C'est là une situation déplorable et dont il faut sortir.

L'instituteur public est, nul ne le méconnaît aujourd'hui, l'un des fonctionnaires les plus utiles dans la République.

M. de Salvandy pouvait dire : « L'intérêt public exige que le service de l'en- « seignement primaire nourrisse, comme les autres, ceux qui s'y dévouent. »

Il faut que nous disions, nous, républicains, que l'instituteur doit occuper dans la nation une situation matérielle, aussi bien que morale, qui relève sa dignité et lui accorde la légitime autorité, la juste influence qu'il doit avoir.

Si nos maîtres étaient d'esprit moins pondéré, combien périlleuse n'eût pas été pour notre pays cette malheureuse loi de juillet 1889, qui pouvait, par le mécontentement, faire d'eux autant d'agents contre la République!

Fonctionnaires irréprochables, dévoués à la cause du progrès même quand leur intérêt semble être méconnu, ils nous ont, par leur attitude, imposé le devoir de veiller avec plus de soin encore sur leur avenir.

Le soin de cet avenir exige d'abord que nous n'amoindrissions pas la situation des instituteurs et des institutrices actuellement en fonctions; il veut encore que les jeunes gens qui viennent à nous aujourd'hui, malgré qu'ils ne trouvent plus dans nos Écoles l'avantage résultant de l'engagement décennal, soient assurés de voir leur carrière suivre une marche progressive, de telle sorte qu'avançant en âge, ils puissent décemment élever leur famille.

Les lois antérieures avaient établi un avancement périodique pour tout le personnel. Celle du 19 juillet 1875 disait, à son article 2 : « La promotion à une « classe supérieure est de droit après cinq ans passés dans la classe immédia- « tement inférieure. »

Dans son rapport au Sénat, M. Combes déclarait déjà que « de nombreuses plaintes » étaient parvenues de tous les points de la France contre l'établissement des classes fermées. Nous le concevons.

Les titres que nous exigeons de nos maîtres sont tels qu'ils pourraient trouver dans le commerce ou l'industrie des emplois avantageux. Si leur avancement est absolument aléatoire, s'ils ne sont pas sûrs d'arriver à un maximum de traitement déterminé, n'est-il pas à craindre qu'ils ne nous délaissent? Nous viderons nos Écoles normales : ce sera le seul effet de l'article 6 de la loi de juillet 1889.

La raison, la justice et l'intérêt commandent que l'avancement ait lieu à la fois au choix et à l'ancienneté. Ainsi l'émulation sera maintenue dans notre personnel. Nos maîtres les meilleurs trouveront la récompense de leurs efforts. Les autres fourniront une carrière plus lente, mais honorable.

M. le Ministre Goblet avait dit, dans l'exposé des motifs de son projet de loi : « Aucun maître actuellement en exercice ne perdra rien de son traitement ac- « tuel, ni même du traitement auquel il aurait pu légalement prétendre d'ici à « dix ans. »

Qu'est devenue cette promesse?

Avec les classes fermées, beaucoup d'instituteurs et d'institutrices n'ont plus à attendre aucun avancement.

Mais ce n'est pas tout. Ils escomptaient aussi une retraite dont l'appât avait pu entrer pour beaucoup dans leur détermination de faire partie de l'enseignement. Aujourd'hui, cette retraite est diminuée, et là encore la promesse de M. Goblet s'envole en fumée.

On semble croire que l'État accorde ou n'accorde pas de retraite à son gré, mais qu'il ne la doit pas. C'est là encore une innovation dangereuse.

La loi du 9 juin 1853 avait dit, au contraire :

« ART. 3. Les fonctionnaires et employés... ont droit à pension.

« ART. 4. Les fonctionnaires de l'enseignement, rétribués en tout ou en par-« tie sur les fonds départementaux et communaux... supportent sur leur trai-« tement et leurs différentes rétributions la retenue déterminée par l'article 3.

« Il en est de même des fonctionnaires et employés qui, sans cesser d'appar-« tenir au cadre permanent d'une administration publique et en conservant « leurs droits à l'avancement hiérarchique, sont rétribués en tout ou en partie « sur les fonds départementaux ou communaux, sur les fonds des compagnies « concessionnaires et même sur les remises et salaires payés par les particu-« liers.

« ART. 5. Le droit à la pension de retraite est acquis par ancienneté à « soixante ans d'âge et après trente ans accomplis de services.

« Il suffit de cinquante-cinq ans d'âge et de vingt-cinq ans de services pour « les fonctionnaires qui ont passé quinze ans dans la partie active. (La partie « active comprend les emplois de l'instruction primaire.) »

Voilà ce qu'assurait la loi de 1853 ; sous prétexte d'augmenter le bien-être des instituteurs, on diminue, en 1889, les avantages qui résultaient pour eux d'une loi plus libérale. Aussi, les directeurs d'Écoles de Paris, dans une note qu'ils ont rédigée à ce propos, s'écrient-ils :

« Autrefois, la retraite était la fin paisible d'une carrière laborieuse; main-« tenant, ce sera une catastrophe si redoutée que les instituteurs ne consenti-« ront jamais de leur plein gré à la subir, alors même qu'ils ne pourront plus « rendre aucun service utile; et l'on ne pourra, sans une véritable inhumanité, « songer à la leur imposer. Tout cela, au grand détriment du personnel ensei-« gnant en général, dont l'avancement, déjà si lent, sera encore retardé, au « grand détriment de l'enseignement lui-même, il n'est pas besoin de le dé-« montrer. »

Pour apprécier combien leur plainte est fondée, il suffit de jeter les yeux sur le tableau suivant :

EFFETS DE LA LOI DU 19 JUILLET 1889

SUR LES PENSIONS DE RETRAITE

DES INSTITUTEURS ET INSTITUTRICES DE PARIS.

GRADE.	RÉGIME ANCIEN.						RÉGIME NOUVEAU.						OBSERVATIONS.
	Classe.	Traitement actuel.	Maximum du traitement comme adjoint ou adjointe.	Retraite calculée sur les 2/3 de ce maximum.	Maximum du traitement comme directeur ou directrice.	Retraite calculée sur les 2/3 de ce maximum.	Maximum du traitement soumis à retenue comme adjoint ou adjointe.	Retraite calculée sur les 2/3 de ce maximum.	Maximum du traitement soumis à retenue comme directeur ou directrice d'école de 4e classe.	Retraite calculée sur les 2/3 de ce maximum.	Diminution de la retraite pour les adjoints et les adjointes.	Diminution de la retraite pour les directeurs et les directrices.	
1	2	3	4	5	6	7	8	9	10	11	12	13	14
		fr.	fr.	fr.		fr.	fr.	fr.	fr.	fr.	fr.	fr.	
Suppléante	Cl. uniq.	1.000	2.500	1.666	3.800	2.533	1.600	1.066	2.000	1.333	600*	1.200*	
Adjointe	5e	1.500	2.500	1.666	3.800	2.533	1.600	1.066	2.000	1.333	600*	1.200*	
—	4e	1.750	2.500	1.666	3.800	2.533	1.750	1.166	2.000	1.333	500	1.200	
—	3e	2.000	2.500	1.666	3.800	2.533	2.000	1.333	2.000	1.333	333	1.200	
—	2e	2.250	2.500	1.666	3.800	2.533	2.250	1.500	2.250	1.500	166	1.033	
—	1re	2.500	2.500	1.666	3.800	2.533	2.500	1.666	2.500	1.666	Néant.	866	
1re adjointe	3e	2.750	3.350	2.233	3.800	2.533	2.750	1.833	2.750	1.833	400	700	
—	2e	3.050	3.350	2.233	3.800	2.533	3.050	2.033	3.050	2.033	200	500	
Directrice	4e	2.750			3.800	2.533			2.750	1.833		700	
—	3e	3.100			3.800	2.533			3.100	2.066		466	
—	2e	3.450			3.800	2.533			3.450	2.300		233	
—	1re	3.800			3.800	2.533			3.800	2.533		Néant.	
Suppléant	Cl. uniq.	1.200	3.000	2.000	4.500	3.000	2.000	1.333	2.400	1.600	666*	1.400*	
Adjoint	5e	1.800	3.000	2.000	4.500	3.000	2.000	1.333	2.400	1.600	666*	1.400*	
—	4e	2.100	3.000	2.000	4.500	3.000	2.100	1.400	2.400	1.600	600	1.400	
—	3e	2.400	3.000	2.000	4.500	3.000	2.400	1.600	2.400	1.600	400	1.400	
—	2e	2.700	3.000	2.000	4.500	3.000	2.700	1.800	2.700	1.800	200	1.200	
—	1re	3.000	3.000	2.000	4.500	3.000	3.000	2.000	3.000	2.000	Néant.	1.000	
1er adjoint	3e	3.300	4.000	2.666	4.500	3.000	3.300	2.200	3.300	2.200	466	800	
—	2e	3.650	4.000	2.666	4.500	3.000	3.650	2.433	3.650	2.433	233	566	
Directeur	4e	3.300			4.500	3.000			3.300	2.200		800	
—	3e	3.700			4.500	3.000			3.700	2.466		533	
—	2e	4.100			4.500	3.000			4.100	2.733		266	
—	1re	4.500			4.500	3.000			4.500	3.000		Néant.	

Le présent tableau s'applique aux fonctionnaires actuellement en exercice. Les chiffres de la colonne 12 sont la différence de ceux de la colonne 5 et de la colonne 9 ; ceux de la colonne 13, la différence entre la colonne 7 et la colonne 11.

Les chiffres marqués d'un astérisque dans les colonnes 12 et 13 sont applicables à tous les fonctionnaires qui entreront dans le service à partir de l'application de la loi.

Nous n'avons marqué, colonne 4, que 2.500 et 3.000 pour les adjointes et les adjoints, alors que leur maximum pouvait être porté, en réalité, respectivement, à 2.750 et à 3.300 francs, ce qui accentue encore la diminution de leur retraite ; mais la création des adjoints doyens n'a pas reçu d'application.

De même, nous n'avons pas fait mention des premières adjointes et des premiers adjoints de 1re classe, cette classe ne comptant encore aucun titulaire.

La Chambre des Députés avait justement considéré l'indemnité de résidence comme faisant partie du traitement; le Sénat en a décidé autrement. Espérons, pour l'avenir de notre enseignement primaire, que le Parlement, instruit par les effets de la loi, modifiera la décision fâcheuse qu'il a prise, et rendra aux instituteurs et aux institutrices les conditions de retraite que leur offrait la loi de 1853 et qui n'ont pas été changées pour le reste des employés de l'État.

Au surplus, les versements effectués à la caisse des retraites, à Paris surtout, pour les instituteurs et les institutrices, sont supérieurs aux sommes qui leur ont été accordées jusqu'à ce jour pour pensions de retraite.

Il nous reste maintenant à parler du personnel de Paris.

Avant qu'on ait pu voir nettement quels seraient les résultats de la loi de 1889, M. Combes avait déjà écrit dans son rapport :

« On conçoit que les instituteurs de Paris protestent en masse contre le pro- « jet de loi. Ce n'est pas une amélioration qu'il leur apporte, une amélioration « qu'ils ne souhaitent pas d'ailleurs; ce n'est pas même une consolidation de « ce qu'ils possèdent. Pour la généralité d'entre eux, c'est une sorte de stagna- « tion ou de piétinement sur place au point de vue de l'avancement. Ceux qui « approchent de la retraite voient avec douleur cette retraite diminuer dans les « mêmes proportions que l'avancement. Qu'ils regardent le présent, qu'ils en- « visagent l'avenir, ce qu'on leur offre ne vaut pas ce qu'on leur retire.

« Votre Commission a trop le sentiment de la justice pour fermer l'oreille à « des plaintes si raisonnables. Elle n'hésite pas à convenir que, si le projet de « loi mérite d'être accueilli avec faveur par les instituteurs de France, il ne ren- « ferme aucune disposition qui compense les préjudices matériels et moraux « dont il menace les instituteurs de Paris. Elle incline donc de plus en plus à « disjoindre des intérêts qui se rangent mal sous une réglementation uniforme, « et à chercher dans un règlement d'administration publique un moyen légal de « tout protéger et de tout pacifier. »

Dans un autre passage de son rapport, M. Combes écrivait encore :

« De même que les instituteurs en général sont bien venus à souhaiter que « leur sort s'améliore, les instituteurs de Paris ne le sont pas moins à désirer « que leur situation présente ne soit pas modifiée. Notre règle étant d'augmen- « ter et non de diminuer, la justice veut qu'on l'applique à Paris comme au « reste de la France. Donc, sous peine de la violer, nous serons obligés d'édic- « ter pour Paris une mesure spéciale. »

Qui aurait pu s'étonner d'un tel langage? Quand on promettait d'améliorer le sort des instituteurs de province, aurait-on pu oser dire qu'on voulait amoindrir la situation des instituteurs de Paris? Avait-on ce dessein, du reste? Non, certainement, et pourtant ce qu'on ne cherchait pas, on l'a réalisé.

En 1872, les instituteurs débutants recevaient 1 600 francs à Paris; aujourd'hui, les stagiaires n'ont plus que 1 300 francs. Cependant on exige d'eux plus de savoir, et le prix des choses nécessaires à l'existence s'est élevé.

L'avancement est beaucoup plus lent que celui qui avait été fixé par le règlement municipal de 1886; il est supprimé pour un certain nombre de fonctionnaires par suite de l'encombrement actuel des 1re et 2e classes.

Quant à la retraite, elle est diminuée de moitié.

Aussi, 55 concurrents se sont présentés cette année à l'École normale de la Seine, tandis que, précédemment, leur nombre était, en moyenne, de 170 à 180.

Le régime spécial qu'on avait réclamé pour Paris, qu'on lui avait même promis, il convient de le lui accorder.

Paris fait, dans l'intérêt de la France entière, d'énormes sacrifices pour son enseignement primaire, secondaire et supérieur. Il supporte de nombreuses charges qui résultent de sa situation de capitale. Il est juste qu'à l'occasion d'une loi aussi importante que celle concernant le personnel de l'enseignement primaire, le Parlement ne méconnaisse pas cette situation spéciale qui lui est faite.

Tout son personnel primaire, tout celui du département de la Seine réclame et espère. Avec un calme parfait, avec un merveilleux esprit de discipline, il a attendu patiemment la réforme de la loi de juillet 1889; et s'il a formulé ses réclamations, c'est lorsqu'il s'y est vu autorisé par le dépôt de la proposition de loi de M. Viger.

Pour toutes les considérations ci-dessus exposées, Messieurs, j'ai l'honneur de déposer la proposition de loi suivante :

Proposition de loi.

ARTICLE 1er. — La loi du 19 juillet 1889 est ainsi modifiée :

« ART. 6. Les instituteurs et institutrices sont répartis en stagiaires et titulaires.

« Tous les débutants, sortis ou non des Écoles normales, sont compris parmi les stagiaires. Ils sont chargés du service des remplacements et des emplois d'adjoints dans les Écoles à plusieurs classes. Toutefois ils peuvent, à défaut de titulaire, se voir confier une École à une classe.

« La durée du stage est de deux à quatre ans, suivant le mérite des stagiaires. Ils ne pourront être titularisés avant l'expiration de la quatrième année que s'ils sont pourvus du certificat d'aptitude pédagogique. Ils ont droit au logement ou à une indemnité représentative quand ils sont attachés à une École.

« Les titulaires sont divisés en cinq classes.

« Le passage d'une classe à l'autre a lieu au choix, après trois années passées dans la même classe; il est de droit après une période de six années.

« L'avancement devra être échelonné par fractions annuelles à peu près égales pour tout le personnel d'une même classe dans la période comprise entre la troisième et la sixième année.

« ART. 8. Si l'École comprend plus d'une classe, les titulaires chargés de la direction reçoivent 100 francs pour deux classes, 200 francs pour trois, 300 francs pour quatre, 400 francs pour cinq classes et au-dessus.

« ART. 10. Indépendamment du traitement fixé aux articles précédents, les instituteurs et les institutrices titulaires ont droit :

« 1° Au logement ou à l'indemnité représentative fixée par arrêtés préfectoraux;

« 2° A une indemnité de résidence dans les cas prévus à l'article 12.

« L'indemnité de résidence est soumise à retenue comme le traitement, aussi bien pour les maîtres titulaires des Écoles primaires et maternelles que pour le personnel des articles 14 et 15.

« ART. 12. L'indemnité de résidence est fixée, pour les maîtres désignés aux articles 8, 14 et 15, à :

100 fr.	dans les localités dont la population agglomérée est de.	1 000	à	3 000	habitants.
200 fr.	— —	3 001	à	9 000	—
300 fr.	— —	9 001	à	12 000	—
400 fr.	— —	12 001	à	18 000	—

500 fr. dans les localités dont la population agglomérée est de.	18 001 à 35 000	—
600 fr. — —	35 001 à 60 000	—
700 fr. — —	60 001 à 100 000	—
800 fr. — —	100 001 hab. et au-dessus.	
2 000 fr. dans la ville de Paris.		

« Elle est des trois quarts des chiffres ci-dessus pour les instituteurs et institutrices dont il est question à l'article 9; elle est de moitié pour tous les autres instituteurs et institutrices titulaires, et du quart pour les stagiaires établis dans les localités ci-dessus énumérées.

« Les communes chefs-lieux de canton ayant moins de 1 000 habitants de population agglomérée sont assimilées, quant à l'indemnité de résidence, aux localités de 1 000 à 3 000 habitants.

« Un règlement d'administration publique dressera, d'après les bases ci-dessus indiquées et pour les diverses catégories du personnel, le tableau des indemnités de résidence.

« Les maîtres titulaires ou stagiaires des Écoles de section établies hors du chef-lieu de la commune profiteront de l'indemnité de résidence, si la section rentre, par sa population agglomérée, dans une des catégories établies par le paragraphe premier de l'article.

« Art. 13. Les directeurs, directrices, instituteurs adjoints, institutrices adjointes des Écoles primaires supérieures, les directeurs, directrices et professeurs d'Écoles normales, les économes de ces dernières Écoles et les Inspecteurs primaires sont répartis en cinq classes.

« Art. 24. L'avancement se fait dans chaque département pour le personnel mentionné aux articles 7, 8, 9, 11 et 15.

« Il se fait sur l'ensemble des fonctionnaires, exclusivement au choix, pour le personnel prévu aux articles 14, 16, 17, 18, 21 et 22.

« Pour tout le personnel, le passage d'une classe à l'autre se fait dans les conditions spécifiées à l'article 6; il peut avoir lieu sans déplacement; la classe est attachée à la personne.

« Ne peuvent être promus à la 2e classe les instituteurs et institutrices qui ne possèdent pas le brevet supérieur. Exception est faite pour les maîtres qui auront plus de cinq années de service lors de la promulgation de la présente loi.

« Art. 34. La répartition dans les classes créées par la nouvelle loi des maîtres et maîtresses actuellement en fonctions sera faite par un règlement d'administration publique, en tenant compte du nombre d'années de service, du mérite personnel et de l'importance du poste qu'ils occupent.

« La Commission départementale de classement sera chargée de préparer cette répartition.

« La production du certificat d'aptitude pédagogique ne peut être exigée pour les adjoints et adjointes qui étaient dans l'enseignement avant le 30 octobre 1886.

« Art. 35, 36, 37, 38, 39. Supprimés.

« Art. 41. Supprimer le dernier paragraphe.

« Art. 42, 48, 8°, 49. Supprimés.

Art. 2. — Un règlement d'administration publique fixera le classement actuel, l'avancement et le traitement des instituteurs, des institutrices, des directeurs, des directrices et des stagiaires des Écoles primaires et maternelles de

Paris. Ce règlement devra s'inspirer du règlement municipal qui, depuis 1886, régit ce personnel.

ART. 3. — Un règlement analogue sera fait pour le personnel du reste du département de la Seine, en tenant compte de la situation qui lui est créée par le voisinage de Paris.

ART. 4. — L'avancement a lieu, pour Paris, exclusivement sur le personnel parisien; il a lieu, pour le reste du département de la Seine, sur le personnel du département, à l'exclusion des maîtres de Paris.

Toutefois, l'Administration conservera le droit de faire passer de la banlieue dans Paris, avec son grade, tout instituteur ou toute institutrice qui lui en semblera digne.

ART. 5. — Le cadre des remplaçants actuels est maintenu. Il sert pour tout le département. Le traitement et les conditions d'avancement seront déterminés par le règlement prévu à l'article 2.

ART. 6. — Le nouveau classement des instituteurs et des institutrices par application de la présente loi, aura son effet à partir du 1er janvier 1891.

Proposition de loi ayant pour objet de reconnaître aux communes, sous certaines conditions, le droit de subventionner les Écoles publiques et privées, présentée par MM. Thellier de Poncheville, Léon Renard, Jacques Piou, etc., députés[1]. 28 février 1891.

Séance du 28 Février 1891.

Exposé des motifs.

Messieurs, on sait qu'aux termes de l'article 145 de la loi municipale, les communes sont libres de disposer des excédents de recettes de leur budget, lorsqu'il pourvoit à toutes les dépenses obligatoires, et qu'il n'applique aucune recette extraordinaire aux dépenses, soit obligatoires, soit facultatives, ordinaires ou extraordinaires. Il est interdit à l'autorité supérieure de modifier les allocations que le Conseil municipal, en conformité de ce droit, a inscrites au budget.

Les communes qui se trouvent dans cette heureuse situation financière en ont toujours profité pour encourager les entreprises et les institutions qui leur paraissaient utiles. Et au premier rang de ces dépenses facultatives, elles n'ont jamais hésité à placer les subventions de toute nature destinées à favoriser l'enseignement. Rien de plus légitime. Faut-il, cependant, faire une distinction entre les Écoles publiques et les Écoles privées, et les Conseils municipaux, libres d'accorder leurs libéralités aux premières, sont-ils tenus d'en exclure les secondes? Une telle prétention paraît aussi contraire à l'esprit qu'au texte de la loi municipale.

En 1886, lors de la discussion de la loi sur l'organisation de l'enseignement primaire, on souleva la question de savoir si les communes pouvaient fonder et entretenir directement des Écoles. Un député de la majorité, M. Jaurès, demandait qu'on reconnût, à côté des établissements publics et des établissements

1. Insérée au *Journal officiel* du 23 *avril* 1891, p. 638.
Voir ci-après, p. 381, le rapport de M. LOREAU, 28 *mai* 1891.

privés, une troisième catégorie, celle des établissements communaux. Après avoir brillamment soutenu son amendement au nom des traditions républicaines, il le retira pour ne point retarder le vote de la loi, laissant au libéralisme de M. le Ministre de l'Instruction publique le soin de faire prévaloir sa pensée dans l'application. D'autres amendements furent présentés au nom de la minorité, tant du Sénat que de la Chambre, tendant à consacrer, au profit des communes, le droit de fonder, d'entretenir ou de subventionner des Écoles privées. Ils furent repoussés, mais la discussion ne porta que sur la fondation et l'entretien, qui parurent contraires à l'esprit de la loi; le droit d'accorder de simples subventions ne pouvait pas être contesté.

Aussi voyons-nous chaque année de grandes villes, et la ville de Paris plus généreusement que toutes les autres, accorder des encouragements à des œuvres d'enseignement qui ne sont pas des Écoles publiques. C'est ainsi qu'on trouve dans le budget de Paris une somme de 213 000 francs affectée à des établissements et associations libres, laïques, d'enseignement primaire, primaire supérieur et professionnel.

Le Gouvernement a paru reconnaître la parfaite légalité de ces allocations, puisqu'il ne les a jamais annulées. Et, en effet, dans la séance du 6 février dernier, au Sénat, M. le Ministre de l'Intérieur a professé cette doctrine qu'il dépendait de lui de les autoriser dans toutes les villes de France.

Cependant un arrêt du Conseil d'État vient de décider, en principe, qu'elles étaient absolument illégales; et cette décision contentieuse ne fait que confirmer un avis donné précédemment par la section de l'Intérieur. Désormais elle fera loi pour l'administration et pour les communes, si le législateur n'intervient pas. Doit-il le faire? Doit-il sauvegarder le droit que les Conseils municipaux tiennent de l'article 145 de la loi du 6 avril 1884, et la liberté pour les communes de subventionner, sur leurs fonds libres, des Écoles même privées?

Nous n'hésitons pas à répondre affirmativement, et nous estimons d'ailleurs que l'exercice de ce droit ne saurait être subordonné à une autorisation ministérielle.

Les habitants de nos communes payent les frais de l'enseignement public. Ils versent au budget de l'État les centimes spéciaux destinés à assurer le traitement des maîtres; ils versent au budget municipal les indemnités de résidence, parfois les indemnités facultatives nécessaires pour compléter ce traitement, le coût de la construction, de l'entretien, de l'ameublement de l'École, etc. L'État ne les consulte ni sur le choix des maîtres, ni sur les matières ou les doctrines à enseigner, ni sur l'opportunité des dépenses de construction, souvent si considérables. Soit! Il s'agit d'assurer un service public.

Mais il peut arriver que l'organisation de ce service ne réponde pas aux sentiments d'une partie ou même de la majorité des contribuables de la commune. On les voit en plus d'un endroit — à tort ou à raison — préférer à l'École publique une École privée. Les doctrines religieuses ou philosophiques qu'on y professe, les méthodes d'enseignement, la personnalité des maîtres attirent leurs préférences. Le Conseil municipal partage les sympathies de la population, ou, sincèrement libéral, il croit de son devoir d'en tenir compte. Sans doute, il ne pourra pas entretenir l'École privée, lui donner son estampille, en faire une École communale. C'est entendu! Mais lui sera-t-il interdit de l'encourager par un secours? Après avoir rempli ses obligations légales envers l'École publique, ne pourra-t-il consacrer une partie des excédents de recette dont il dispose à donner quelque satisfaction au sentiment public et à l'esprit de liberté? Quoi de plus légitime, et peut-on le lui refuser?

Objectera-t-on, comme on l'a fait ailleurs, qu' « on ne peut distinguer entre « l'entretien et la subvention, alors qu'aucune règle ne fixe le chiffre de cette « subvention » ? On a déjà répondu que « donner une subvention accidentelle à une École libre, ce n'est pas l'entretenir dans le sens légal, qu'une telle subvention n'a rien de définitif ni de permanent; que c'est une générosité passagère, motivée par des considérations et des besoins qui peuvent fort bien ne pas se renouveler l'année suivante ». Et d'ailleurs on peut facilement, par une disposition légale, limiter la subvention de façon à l'empêcher de dégénérer et de constituer véritablement l'entretien de l'École. C'est ce que nous vous proposons. Nous admettons qu'on prévienne les abus, mais non que la crainte de l'abus autorise à supprimer le droit.

En conséquence, nous avons l'honneur de vous soumettre la proposition de loi suivante :

Proposition de loi.

ARTICLE UNIQUE. — Les Conseils municipaux peuvent inscrire au budget communal, sous les conditions prévues par le 2e paragraphe de l'article 145 de la loi du 6 avril 1884, des subventions au profit des établissements d'enseignement primaire de tout ordre, publics ou privés, légalement ouverts sur le territoire de la commune.

Toutefois, lorsqu'il s'agit d'Écoles privées, la subvention ne peut excéder la moitié du montant total des traitements du personnel enseignant de l'École et des dépenses de la nature de celles qui sont énumérées à l'article 4 de la loi du 19 juillet 1889.

Proposition de loi tendant à modifier la loi du 19 juillet 1889 sur l'Enseignement primaire, présentée par M. Le Veillé, député[1]. 28 février 1891.

Séance du 28 Février 1891.

L'auteur de la proposition termine ainsi son Exposé des motifs :

« J'ai l'honneur de vous proposer le texte suivant, que je mets en regard du texte de la loi actuelle et du texte de M. Cabart-Danneville, dont je respecte les autres articles. »

1. Voir les rapports de M. Édouard DELPEUCH à la Chambre des Députés, 29 *juin* 1892, 10 *mars* 1893, 12 *juillet* 1893; — de M. COMBES au Sénat, 23 *juin* 1893. (*Les indications nécessaires pour la consultation de ces documents sont inscrites* page 339, note 1, 2e alinéa.)
Rapprocher ce projet des projets suivants :
Projet VIGER, 6 *novembre* 1890 (p. 312);
— BABAUD-LACROZE, 18 *novembre* 1890 (p. 315);
— SIEGFRIED, 17 *janvier* 1891 (p. 339);
— CABART-DANNEVILLE, 19 *février* 1891 (p. 345);
— LAVY, 24 *février* 1891 (p. 356);
— DELLESTABLE, 7 *juillet* 1891 (*à sa date*).
L'ensemble de ces propositions a abouti à la loi du 25 *juillet* 1893 (*à sa date*).

Texte actuel.	Texte Cabart-Danneville.	Texte proposé par M. Le Veillé.
ART. 6. — Les instituteurs et institutrices sont répartis en stagiaires et titulaires. Les stagiaires forment un effectif de 20 0/0. Les titulaires se divisent en cinq classes, dont les effectifs numériques sont les suivants : 5e classe. 35 0/0 } 4e — 25 0/0 } de 3e — 15 0/0 } l'effectif 1re et 2e cl. 5 0/0 } total. Ces classes sont attachées à la personne et peuvent être attribuées sans déplacement.	ART. 6. — Les instituteurs et institutrices sont répartis en stagiaires et en titulaires. Tous les aspirants au certificat d'aptitude pédagogique sont stagiaires; tous les instituteurs ayant obtenu le brevet sont titularisés. Les titulaires se divisent en cinq classes : 5e classe. 4e — 3e — 2e — 1re — Les classes sont attachées à la personne et peuvent être attribuées sans déplacement.	ART. 6. — Les instituteurs et institutrices sont répartis en stagiaires et titulaires. Tous les aspirants au certificat d'aptitude pédagogique sont stagiaires; tous les instituteurs ayant obtenu le brevet sont titularisés. Les titulaires se divisent en cinq classes : 5e classe. } 4e — } Sans tant 0/0 3e — } de l'effectif to- 2e — } tal pour cha- 1re — } que classe. Ces classes attachées à la personne peuvent être attribuées sans déplacement. Les instituteurs ou institutrices justifiant de dix années de services sont titularisés sans posséder le certificat d'aptitude pédagogique.
ART. 10. — Indépendamment du traitement fixé aux articles précédents, les instituteurs et les institutrices titulaires ont droit : 1° Au logement ou à l'indemnité représentative fixée par arrêtés préfectoraux.	ART. 10. — Indépendamment du traitement fixé aux articles précédents, les instituteurs et les institutrices titulaires ont droit : 1° Au logement ou à l'indemnité représentative fixée par arrêtés préfectoraux.	ART. 10. — Indépendamment du traitement fixé aux articles précédents, les instituteurs et les institutrices ont droit : 1° Au logement ou à l'indemnité représentative fixée par arrêtés préfectoraux. Le logement devra réunir les conditions énumérées à l'article 41 du règlement concernant les bâtiments scolaires. . . . .
ART. 12. — L'indemnité de résidence est fixée, pour	ART. 12. — L'indemnité de résidence est fixée,	ART. 12. — L'indemnité de résidence est fixée,

Texte actuel.	Texte Cabart-Danneville.	Texte proposé par M. Le Veillé.
les maîtres désignés aux articles 8, 9, 14 et 15 à :	pour les maîtres désignés aux articles 8, 9, 14 et 15, à :	pour les maîtres désignés aux articles 8, 9, 14, 15, ainsi que pour les titulaires ayant dix ans de services, à : . . . .
Art. 15. — Le traitement des instituteurs adjoints et institutrices adjointes des Écoles primaires supérieures est fixé ainsi qu'il suit :	Art. 15. — Le traitement des instituteurs et institutrices adjoints des Écoles primaires supérieures est fixé comme suit :	Art. 15. — Le traitement des instituteurs et institutrices adjoints des Écoles primaires supérieures est fixé comme suit :
5e classe. . 1 100 fr. 4e — . . 1 300 3e — . . 1 600 2e — . . 1 900 1re — . . 2 100	5e classe. . 1 100 fr. 4e — . . 1 300 3e — . . 1 600 2e — . . 1 900 1re — . . 2 100	5e classe. . 1 300 fr. 4e — . . 1 600 3e — . . 1 900 2e — . . 2 200 1re — . . 2 500 . . . .
Art. 24. — L'avancement a lieu par classe, au fur et à mesure des vacances dans chacune des classes. L'avancement se fait dans chaque département pour le personnel mentionné aux articles 7, 8, 9, 11 et 15. Il se fait sur l'ensemble des fonctionnaires, exclusivement au choix, pour le personnel prévu aux articles 14, 16, 17, 18, 21 et 22. Les instituteurs et institutrices de 5e et 4e classes ne peuvent être promus à la classe supérieure qu'après cinq ans d'exercice dans la classe à laquelle ils appartiennent. Ne peuvent être promus à la seconde et à la première classe que les maî-	Art. 24. — L'avancement a lieu par classe : Pour le personnel mentionné aux articles 7, 8, 9, 11 et 15, l'avancement se fait dans chaque département. La promotion à une classe supérieure, en ce qui concerne les trois dernières classes, est de droit après six ans passés dans la classe immédiatement inférieure et ne peut avoir lieu au choix qu'après une période minima de trois ans. La promotion à l'une ou à l'autre des deux premières classes est de droit après huit ans passés dans la classe immédiatement inférieure et ne peut avoir lieu au choix qu'après une période minima de quatre ans. Pour le personnel prévu	Art. 24. — L'avancement a lieu par classe. Il a lieu de droit tous les cinq ans. Toutefois, l'Administration pourra diminuer ce délai d'une année en faveur des fonctionnaires reconnus particulièrement méritants et l'augmenter au contraire d'une année pour les fonctionnaires ayant démérité.

Texte actuel.	Texte Cabart-Danneville.	Texte proposé par M. Le Veillé.
tres pourvus du brevet supérieur et ayant passé trois années au moins dans la classe immédiatement inférieure.	aux articles 14, 16, 17, 18, 21, 22, l'avancement se fait, moitié au choix, moitié à l'ancienneté, d'après les bases indiquées ci-dessus. Ne pourront être promus à la 2e et à la 1re classe que les maîtres pourvus du brevet supérieur. Ce dernier paragraphe ne s'applique qu'aux maîtres entrés en fonctions depuis le 19 janvier 1889.	
ART. 25. — Les suppléments communaux actuellement accordés pour études surveillées pourront se confondre avec l'indemnité de résidence.	ART. 25. — Les suppléments communaux actuellement accordés pour études surveillées ne pourront, en aucun cas, se confondre avec le montant de l'indemnité de résidence.	ART. 25. — Les suppléments communaux actuellement accordés pour études surveillées ne pourront, en aucun cas, se confondre avec le montant de l'indemnité de résidence. Chaque heure par semaine employée à ce service facultatif donnera droit à une rémunération au moins égale au trentième du total des émoluments que touche l'instituteur en raison des trente heures de service obligatoire.
ART. 51. — Jusqu'à complète application de la loi du 30 octobre 1886, les instituteurs et institutrices congréganistes actuellement en exercice dans les Écoles publiques continueront à recevoir les traitements dont ils seront en possession à la date de la promulgation de la présente loi.	ART. 52. — Les traitements soumis à la retenue au 1er janvier 1889 sont garantis et continueront à subir la retenue.	ART. 52. — Les traitements soumis à la retenue au 31 décembre 1889 sont garantis et continueront à subir la retenue.
	ART. 53. — La répartition dans les nouvelles classes créées par la pré-	ART. 53. — La répartition dans les nouvelles classes créées par la pré-

Texte actuel.	Texte Cabart-Danneville.	Texte proposé par M. Le Veillé.
	sente loi des maîtres et maîtresses actuellement en fonctions sera effectuée d'après le traitement garanti à chacun d'eux en vertu de l'article 52.	sente loi des maîtres et maîtresses actuellement en fonctions sera effectuée d'après le traitement garanti à chacun d'eux en vertu de l'article 52. Toutefois, les instituteurs ou institutrices ayant quinze ans de services seront au moins dans la 4e classe; ayant vingt ans de services, seront au moins dans la 3e classe; ayant vingt-cinq ans de services, seront au moins dans la 2e classe. Tous ceux qui ont plus de trente ans de services seront dans la première.

Loi ayant pour objet l'adoption de l'Heure temps moyen de Paris comme heure légale en France et en Algérie.

4 mars 1891.

4 Mars 1891.

ARTICLE UNIQUE. — L'heure légale, en France et en Algérie, est l'heure temps moyen de Paris[1].

Rapport et Décret relatifs aux Conditions d'établissement des Écoles primaires publiques facultatives.

16 mars 1891.

16 Mars 1891.

1° Rapport au Président de la République.

Monsieur le Président,

L'article 5, § 3, de la loi du 19 juillet 1889 dispose que « l'approbation ministérielle requise par l'article 13 de la loi organique du 30 octobre 1886 ne

1. Consulter la circulaire du 31 *juillet* 1891, aux Préfets, relative à l'adoption de

sera donnée pour les Écoles primaires supérieures et pour les Cours complémentaires que si la commune s'est engagée à inscrire pour cinq ans au moins les dépenses qui lui incombent pour ces deux établissements au nombre des dépenses obligatoires ».

C'est la consécration par un texte législatif d'une disposition déjà introduite dans la pratique administrative par le décret du 4 février 1888 pour tous les établissements scolaires qui ont le caractère facultatif. Seulement, d'une part, la loi diminue la durée de l'engagement prévu par le décret pour les Écoles primaires supérieures et les Cours complémentaires en la ramenant de dix ans à cinq ans; et, d'autre part, elle laisse de côté deux catégories d'établissements qui ont, eux aussi, le caractère facultatif : les Écoles maternelles et les Classes enfantines. Pour celles-ci, le décret du 4 février 1888 est resté jusqu'ici pleinement en vigueur.

Mais ce décret, étant intervenu sous un régime financier différent de celui qu'a inauguré la loi du 19 juillet 1889, ne pouvait déterminer nettement, comme l'a fait la loi, la part contributive de l'État et de la commune.

Il en est résulté que certaines communes ont refusé de souscrire l'engagement prescrit par le décret, dans la crainte qu'il n'en résultât pour elles d'autres obligations que celles qui se trouvent inscrites à l'article 4 de ladite loi.

D'accord avec mon collègue, M. le Ministre de l'Intérieur, j'ai pensé que le moyen de couper court à ces appréhensions sans motif était de vous demander de rapporter un décret dont les termes, aujourd'hui surannés, ont pu prêter à l'équivoque, et d'en prendre un nouveau dont les termes soient conformes aux règles établies par les articles 4 et 5 de la loi du 19 juillet 1889.

Tels sont, Monsieur le Président, les motifs qui ont inspiré le projet de décret ci-joint, que je vous prie de vouloir bien revêtir de votre signature.

Veuillez agréer, etc.

Le Ministre de l'Instruction publique et des Beaux-Arts,
Signé : LÉON BOURGEOIS.

2° Décret.

Le Président de la République française,

Sur le rapport du Ministre de l'Instruction publique et des Beaux-Arts,

Vu la loi organique du 30 octobre 1886, ensemble les lois des 16 juin 1881, 20 mars 1883 et 20 juin 1885;

Vu le décret du 4 février 1888;

Vu la loi du 19 juillet 1889, et notamment les articles 2, 4 et 5, § 3,

Décrète :

ARTICLE 1er. — L'approbation ministérielle requise par l'article 13 de la loi du 30 octobre 1886 ne sera donnée pour les Écoles

l'heure légale (*Circ.*, t. XI, p. 478). Cette circulaire était accompagnée de tableaux annexes, qui ont été publiés dans le *Journal officiel* du 1er *août* 1891, p. 3863 et suiv.

maternelles et les Classes enfantines que si la commune s'est engagée à inscrire, pendant dix ans au moins, au nombre des dépenses obligatoires, les dépenses qui lui incombent pour ces deux établissements en vertu de l'article 4 de la loi du 19 juillet 1889.

L'engagement sera seulement de cinq ans pour les Écoles primaires supérieures et les Cours complémentaires, conformément à l'article 5, § 3, de la loi du 19 juillet 1889, ainsi que pour les Écoles professionnelles régies par la loi du 11 décembre 1880.

ART. 2[1]. — S'il s'agit d'une subvention de l'État destinée à contribuer au payement des annuités pour la construction de l'une des Écoles ou classes mentionnées à l'article précédent, la durée de l'engagement de la commune est de plein droit égale à celle de la période sur laquelle portent les annuités.

ART. 3. — Dans le cas où des raisons de force majeure obligeraient à rompre cet engagement avant son terme, la décision sera prise par arrêté du Ministre de l'Instruction publique. Dans tout autre cas, l'inexécution par la commune de ses engagements pourrait donner lieu à un recours de l'État[2].

ART. 4. — Le décret du 4 février 1888 est et demeure rapporté.

Décret portant Règlement d'administration publique relativement aux Indemnités représentatives de logement attribuées au personnel enseignant des Écoles primaires publiques[3]. 17 mars 1891.

17 Mars 1891[4].

Le Président de la République française,

Sur le rapport du Ministre de l'Instruction publique et des Beaux-Arts et du Ministre de l'Intérieur,

Vu la loi du 19 juillet 1889, article 48, § 5;

Vu l'avis du Conseil supérieur de l'Instruction publique en date du 8 novembre 1889;

Le Conseil d'État entendu,

Décrète :

1. Article abrogé par le décret du 28 *mars* 1899 (voir *à sa date*).
2. Consulter les arrêts suivants du Conseil supérieur de l'Instruction publique :
« Si le résultat d'une expertise commencée ne peut être connu qu'après l'expiration du délai légal, le Conseil départemental ne peut différer de prendre sa décision qui doit intervenir dans le mois, à peine de nullité. » (Affaire *Nycollin*, 26 juillet 1894.)
« L'avis à émettre par le Comité d'hygiène ne nécessite pas, dans tous les cas, une visite effective des locaux litigieux. » (Affaire *Paulet*, 13 janvier 1899.)
3. Ce décret a été rapporté par le décret du 20 *juillet* 1894 (*à sa date*).
4. Consulter la circulaire transmissive du 6 *mai* 1891 aux Préfets (*Circ.*, t. XI, p. 444).

ARTICLE 1er. — L'indemnité annuelle représentative de logement[1] attribuée aux instituteurs et institutrices titulaires, dans une École primaire élémentaire ou dans une École maternelle, est fixée conformément aux taux indiqués ci-après :

Communes de moins de 1 000 hab. de popul. agglomérée.	75 à 125 fr.
— 1 000 à 3 000 —	100 à 150 —
— 3 001 à 9 000 —	125 à 175 —
— 9 001 à 12 000 —	150 à 200 —
— 12 001 à 18 000 —	175 à 225 —
— 18 001 à 36 000 —	200 à 250 —
— 36 001 à 60 000 —	225 à 275 —
— 60 001 à 100 000 —	250 à 300 —
— 100 000 habitants de population agglomérée et au-dessus	300 à 400 —
Paris.	600 à 700 —
Communes du département de la Seine.	200 à 400 —
Communes d'Algérie, en ce qui concerne les Écoles publiques soumises au régime de la loi du 30 octobre 1886. .	200 à 300 —

ART. 2. — Les chiffres minima et maxima fixés ci-dessus sont diminués d'un cinquième pour les instituteurs et institutrices stagiaires; ils sont augmentés d'un cinquième pour le personnel désigné aux articles 8, 9, 14 et 15 de la loi du 19 juillet 1889.

ART. 3. — Le chiffre de l'indemnité prévue aux articles précédents sera arrêté, pour chaque École et pour chaque maître ou maîtresse, par le Préfet, dans les limites fixées par ces articles, après avis du Conseil municipal et de l'Inspecteur d'Académie, et ne pourra être modifié que dans la même forme.

Toutefois, les instituteurs mariés ou veufs avec enfants, les institutrices veuves avec enfants ont droit au chiffre maximum des indemnités attribuées par les articles 1 et 2 au personnel enseignant de tout ordre.

1. Consulter les documents suivants :

Circulaire du 6 *mai* 1891, aux Préfets, relative aux indemnités représentatives de logement (*Circ.*, t. XI, p. 444);

— 6 *août* 1891, aux Préfets, relative à la transmission d'un avis du Conseil d'État sur le logement des instituteurs (*Ibid.*, p. 480);

Décret du 20 *août* 1892, relatif aux indemnités représentatives de logement pour le personnel des Écoles primaires de Paris (*à sa date*);

Circulaire du 30 *janvier* 1893, aux Préfets, relative aux logements des instituteurs adjoints (*à sa date*):

— 6 *avril* 1895, aux Préfets, relative au payement de l'allocation de l'indemnité de logement (*Bull. adm.*, 1895, t. LVII, p. 305).

Décret portant Règlement d'administration publique sur les Dispositions transitoires des articles 40 et 42 de la Loi du 19 juillet 1889.

15 avril 1891

15 Avril 1891.

Le Président de la République française,

Sur le rapport du Ministre de l'Instruction publique et des Beaux-Arts,

Vu la loi du 19 juillet 1889, notamment l'article 48, § 4;

Vu les articles 40 et 42, 48 et 49 de la même loi;

Vu la loi organique du 30 octobre 1886;

Vu l'avis du Conseil supérieur de l'Instruction publique du 28 décembre 1889;

Le Conseil d'État entendu,

Décrète :

ARTICLE 1er. — Les instituteurs et institutrices auxquels s'applique l'article 42 de la loi du 19 juillet 1889 sont inscrits sur le tableau d'avancement prévu aux dispositions transitoires de la loi, dans la classe qui correspond à leurs années de services et dans l'ordre de leur ancienneté au 1er janvier 1889.

ART. 2. — Il sera statué ultérieurement sur les autres règles et conditions d'avancement non prévues à l'article 24.

Circulaire du Ministre de l'Instruction publique, relative au Personnel enseignant des Ecoles primaires supérieures.

15 avril 1891.

15 Avril 1891.

Monsieur le Préfet, les dispositions combinées des lois de 1886 et de 1889 prévoient, dans les Écoles primaires supérieures, la coexistence de deux catégories de maîtres :

1° Les simples *instituteurs adjoints* nommés ou délégués par le Préfet et munis seulement du brevet supérieur et du certificat d'aptitude pédagogique[1];

2° Les *professeurs*, c'est-à-dire les maîtres qui, outre les titres ci-dessus indiqués, possèdent celui du professorat (lettres ou sciences) des Écoles normales et des Écoles primaires supérieures ou un grade de l'enseignement secondaire reconnu équivalent par assimilation. Ces maîtres sont nommés par le Ministre. Ils ont de plus que les autres une indemnité personnelle de 500 francs soumise à retenue.

1. Voir les circulaires du 31 *juillet* 1895, aux Inspecteurs d'Académie (*Bull. adm.*, 1895, t. LVIII, p. 105), et du 2 *mars* 1896, aux Préfets (*à sa date*), relatives aux instituteurs adjoints délégués par les Préfets dans les Écoles primaires supérieures.

C'est en raison de ces dispositions que mes prédécesseurs vous ont à plusieurs reprises invité à ne jamais procéder à la nomination d'un maître dans les Écoles primaires supérieures sans avoir au préalable informé le Ministre de la vacance. Comme cette vacance peut donner lieu soit à la nomination d'un *instituteur* par le Préfet, soit à celle d'un *professeur* par le Ministre, il est naturel que celle des deux catégories de maîtres qui l'emporte par les grades et par les garanties d'aptitude spéciale puisse toujours avoir la préférence pour un poste déterminé, absolument comme les agrégés passent de droit avant les chargés de cours.

Je ne puis que vous réitérer les mêmes instructions en ajoutant qu'il devient de jour en jour plus nécessaire de vous y conformer. C'est en vue du même objet qu'une note insérée au *Bulletin du Ministère*, en date des 6 et 14 février 1891, a prévenu les instituteurs adjoints des Écoles primaires supérieures de l'intérêt qu'ils ont à échanger le plus tôt possible leur titre actuel contre un titre supérieur, qui seul leur donnera droit à une nomination ministérielle et à un classement définitif dans le personnel des professeurs.

Mais, pour que cette note ne prête à aucun malentendu, je crois devoir la compléter en appelant votre attention sur la distinction à établir entre les instituteurs adjoints qui étaient en fonctions dans les Écoles primaires supérieures avant la promulgation de la loi du 30 octobre 1886 et ceux que vous y avez appelés postérieurement à cette date.

Les premiers sont légalement en possession de leur emploi et, à moins de démérite, ils ne sont pas exposés à se le voir retirer. Sans doute, le désir bien naturel de ces maîtres est de remplacer leur titre de nomination préfectorale par l'investiture ministérielle que comporte la nouvelle législation, et c'est à ce désir que le Conseil supérieur a répondu en faisant insérer dans le règlement organique de 1887 les dispositions transitoires des articles 192 du décret et 173 de l'arrêté. Pendant cinq ans à dater de la publication du décret, les maîtres des Écoles primaires supérieures qui étaient pourvus d'une nomination régulière au 30 octobre 1886 sont dispensés des épreuves écrites et d'une partie des épreuves orales. C'est cette année qu'expire le délai, et je ne doute pas que la plupart des maîtres qui remplissent les conditions ne s'empressent de se présenter à un examen si notablement réduit, je devrais même dire tous, car ceux qui négligeraient d'user de cette faveur feraient naître contre eux une présomption fâcheuse en fournissant eux-mêmes l'occasion de douter de leur aptitude.

Les autres, ceux qui sont entrés en fonctions depuis la loi du 30 octobre 1886, ne doivent pas oublier qu'ils ne sont pas en possession d'un titre semblable à celui de leurs devanciers. Ils ont été prévenus du caractère précaire de leur situation. La plupart n'ont même reçu qu'une délégation annuelle qui a pu être renouvelée, mais qui n'en reste pas moins provisoire et expressément temporaire. A ceux-là, il importe de rappeler non seulement qu'ils ont intérêt à se munir du diplôme de professeur, mais encore que l'obtention de ce titre est la condition *sine qua non* de leur maintien indéfini dans leurs fonctions. Tous les ans, en effet, un certain nombre de candidats nouveaux acquièrent le professorat. Il serait étrange qu'on leur refusât des places qui resteraient réservées de préférence à des délégués sans titre. Aussi, je ne saurais trop vous recommander, Monsieur le Préfet, lorsque vous aurez à pourvoir vous-même à des emplois dans l'enseignement primaire supérieur, de porter votre choix principalement sur les jeunes maîtres qui auront déjà entrepris leur préparation à l'examen du certificat d'aptitude au professorat ou au concours d'admission à l'École de Saint-Cloud, qui auront obtenu déjà l'admissibilité à une partie des épreuves, ou qui vous seront au moins signalés par l'autorité académique comme fermement résolus à continuer leur préparation.

Ce sera le moyen de maintenir le niveau de l'enseignement dans les Écoles primaires supérieures, d'assurer à ces Écoles le recrutement de leurs maîtres dans l'élite de notre personnel primaire et en même temps d'épargner aux maîtres de toutes les catégories des déceptions qui deviendraient inévitables.

Veuillez m'accuser réception de la présente circulaire et lui donner toute la publicité dont vous disposez.

Recevez, etc.

Signé : LÉON BOURGEOIS.

Circulaire du Ministre de l'Instruction publique, ayant pour objet d'interdire l'abus des Exigences grammaticales dans la Dictée. 27 avril 1891.

27 Avril 1891.

Monsieur le Recteur, au moment où vous préparez la session annuelle des examens et des concours de l'enseignement primaire et secondaire, notamment ceux du certificat d'études primaires et ceux du concours d'admission aux bourses, je crois devoir appeler votre attention sur la jurisprudence libérale qu'il conviendrait de recommander aux diverses Commissions relativement aux épreuves d'orthographe.

Que la connaissance de la langue française soit un des objets essentiels que se propose l'éducation, soit à l'École, soit au Lycée, il n'est pas besoin de le démontrer : il faudrait relever plutôt qu'abaisser le niveau des épreuves destinées à prouver que l'enfant manie correctement sa langue, en respecte les règles, en comprend l'esprit. Mais toute la langue n'est pas dans la grammaire, ni toute la grammaire dans l'orthographe. Or c'est seulement de l'importance excessive accordée parfois dans les examens aux singularités et aux subtilités de l'orthographe que l'opinion publique s'est émue.

A plusieurs reprises déjà, le Conseil supérieur a manifesté son désir de rompre avec ce qu'on a nommé le « fétichisme de l'orthographe [1] », et surtout avec la tarification mécanique des fautes : dans tous les règlements qui lui ont été soumis depuis dix ans, le Conseil a supprimé le caractère éliminatoire de la dictée, ainsi que l'échelle officielle des fautes d'orthographe entraînant au delà d'un certain chiffre la note *zéro*. S'inspirant du même esprit, tous les pédagogues sont unanimes à exprimer le vœu que les fautes soient, comme on l'a dit, « plutôt pesées que comptées » ; tous aussi supplient les Comités qui choisissent les textes et ceux qui corrigent les épreuves de s'attacher moins aux mots bizarres, aux curiosités linguistiques, aux règles compliquées ou controversées, aux contradictions de l'usage, qu'à l'intelligence du sens et à la correction générale de la langue [2].

1. Voir la *Note présentée à la Commission du Dictionnaire de l'Académie française*, par M. GRÉARD (in-8°, 32 pages, 1893 ; libr. A. Colin et Cie).

2. Un arrêté du 20 *avril* 1896 a institué une Commission chargée d'examiner les simplifications de l'*orthographe française* qui pourraient être admises dans l'enseignement et dont l'usage serait autorisé dans les examens à tous les degrés.

Cette Commission était composée de MM. GRÉARD, de l'Académie française, Vice-Recteur de l'Académie de Paris, *Président;* BUISSON, directeur de l'enseignement primaire; Gaston PARIS, membre de l'Institut, administrateur du Collège de

Toutes ces recommandations ont trouvé place dans les programmes des examens, dans les plans d'études des divers établissements, aussi bien que dans plusieurs circulaires de mes prédécesseurs. Je voudrais y ajouter une prescription plus formelle encore et s'adressant par votre intermédiaire, Monsieur le Recteur, aux présidents et aux membres de nos diverses Commissions d'examens.

Je désire que vous leur fassiez entendre qu'il dépend d'eux d'assurer à l'enseignement de l'orthographe une direction moins étroite. Ce qui fait maintenir encore dans beaucoup d'écoles un nombre invraisemblable d'heures exclusivement consacrées aux exercices grammaticaux les plus minutieux, c'est la crainte, fondée ou non, des rigueurs qu'aura l'examinateur dans son appréciation de la dictée. C'est donc cette appréciation même qu'il importe de soumettre à des règles qui puissent guider plus encore l'opinion des candidats que le jugement des examinateurs. Je ne puis, il est vrai, ni dresser, ni vous charger, Monsieur le Recteur, de dresser vous-même à l'usage des Commissions un tableau officiel des variantes orthographiques qu'il conviendra d'admettre indifféremment dans les divers examens. Il faudra évidemment tenir compte et de l'âge des élèves et de la nature des épreuves et aussi de l'inégale gravité que peuvent avoir les diverses infractions à l'orthographe. Ce sont là des considérations trop délicates à la fois et trop variables pour pouvoir donner matière à un règlement proprement dit. Les Commissions seules en peuvent être juges. Tout ce que nous pouvons faire et ce que je vous demande, c'est de leur rappeler une fois de plus qu'à des degrés divers tous ces examens ont le caractère élémentaire, qu'ils sont la sanction d'un enseignement élémentaire lui-même, que dès lors les épreuves de langue ne peuvent, ne doivent avoir pour but que de montrer si l'enfant écrit couramment et correctement sa langue ; qu'il faut, par conséquent, en exclure beaucoup de discussions qui seraient à leur place dans les épreuves de l'agrégation de grammaire.

Pour préciser ces indications générales, je crois utile, Monsieur le Recteur, que vos instructions aux Commissions d'examen entrent dans quelques détails sur les réformes à introduire dans la correction et le jugement de la dictée. Et je tiens moi-même à fixer par quelques exemples la nature aussi bien que les motifs de l'indulgence que je vous prie de recommander.

Les points sur lesquels j'invite les Commissions à se montrer tolérantes peuvent se ramener à trois groupes :

1° Il faut d'abord renoncer à une rigueur absolue toutes les fois qu'il y a doute ou partage d'opinion, toutes les fois que l'usage n'est pas encore fixé ou l'a été tout récemment, que la pratique courante varie, que les auteurs diffèrent d'avis et que l'Académie elle-même enregistre les hésitations de l'opinion. Jusqu'en 1878, on devait écrire *consonnance*, l'Académie admet maintenant *consonance*, par analogie avec *dissonance*. Jusqu'en 1878, on devait écrire

France; LIARD, directeur de l'enseignement supérieur; RABIER, directeur de l'enseignement secondaire; Félix HÉMON, Inspecteur de l'Académie de Paris; LEBAIGUE, ancien membre du Conseil supérieur de l'Instruction publique; Jules GAUTIER, chef adjoint du cabinet du Ministre; WISSEMANS, rédacteur au Ministère de l'Instruction publique, *Secrétaire*.

Un arrêté du 13 *janvier* 1900 a institué, au Ministère de l'Instruction publique, une autre Commission chargée de préparer la simplification de la *syntaxe française* enseignée dans les Écoles primaires et secondaires, et composée des membres du Conseil supérieur de l'Instruction publique dont les noms suivent : MM. G. PARIS, *Président;* GRÉARD, CROISET, P. MEYER, BERNÈS, CLAIRIN, DEVINAT, COMTE.

phthisie et *rhythme ;* depuis, l'Académie supprime l'une des deux *h*, mais c'est la seconde dans *phtisie*, la première dans *rythme*. Jusqu'en 1878, *collège* était sévèrement compté comme une faute, on devait écrire *collége*, c'est l'inverse aujourd'hui. De même, les *excédents* ont remplacé les *excédants*, *tout-à-fait* s'écrit sans trait d'union, et il en est de même pour une foule de mots composés. Deux des recueils qui font autorité pour notre langue écrivent, sans que personne s'en offusque, les *enfans*, les *momens*. Le pluriel de certains mots étrangers se marque suivant les auteurs de différentes manières : on dit des *solos*, des *solo* et des *soli*. L'Académie autorise *agendas*, *alinéas*, et ne paraît pas admettre les *duplicatas*. Elle préfère des *accessit* sans condamner des *accessits*. Nombre de mots usuels ont également une orthographe sur laquelle, à moins de pédantisme, nul ne peut prétendre à l'infaillibilité ; de l'aveu même de l'Académie, on écrit *clef* ou *clé*, *sofa* ou *sopha*, des *entre-sol* ou des *entresols*, *dévouement* ou *dévoûment*, *gaieté* ou *gaîté*, la *cigüe* ou la *ciguë*, il *paye* ou il *paie*, *payement* ou *paiement* ou même *paîment*, etc. Dans ces cas et dans tous les cas semblables, quelle que soit l'opinion personnelle du correcteur, il ne peut pas demander à l'élève d'être plus sûr de lui que les maîtres eux-mêmes.

2° Je réclame la même indulgence pour l'enfant quand la logique lui donne raison contre l'usage et quand la faute qu'il commet prouve qu'il respecte mieux que ne l'a fait la langue elle-même les lois naturelles de l'analogie. « Une des premières choses qu'on enseigne aux enfants, dit un maître en matière de philologie, ce sont les sept noms en *ou* qui au lieu de prendre un *s* au pluriel veulent un *x : genoux*, *bijoux*, etc. Mais, par quelle secrète raison ne se plient-ils pas à la règle commune? Personne n'a jamais pu le découvrir. » De même, ne sachons pas trop mauvais gré à l'élève qui écrira *contreindre* comme *étreindre* et *restreindre*, — *cantonier* comme *timonier* et comme *cantonal*, — *entrouvrir* comme *entrelacer*, — *dans l'entretemps* comme *sur les entrefaites*, — *contrecoup* comme *contretemps*.

Est-il juste de compter comme autant de fautes les infractions à l'orthographe qui sont précisément des preuves d'attention de sa part? Ce n'est par exemple ni l'étourderie ni l'ignorance, c'est au contraire la réflexion qui l'amène à vouloir écrire ou bien *dizième* comme *dizaine* ou bien *dixaine* comme *dixième*, — à penser qu'il faut admettre *charrette*, *charrier*, *charroi* et par suite *charriot*, à moins de supprimer le second *r* qui ne se prononce pas, — à maintenir les traits d'union dans *chemin-de-fer*, dans *porte-manteau*, pour pouvoir les conserver dans *arc-en-ciel* et *porte-monnaie*, ou vice versa. La logique l'empêchera encore d'admettre *imbécile* et *imbécillité*, *siffler* avec deux *f* et *persifler* avec un seul. L'analogie lui fera écrire *assoir* sans *e* malgré l'*e* de *séance*, puisque tout le monde a fini par écrire *déchoir* sans *e*, malgré celui de *déchéance*.

Est-ce l'enfant qui a tort d'hésiter quand la langue elle-même semble se contredire, et qu'après *prétention*, *contention*, *attention*, *intention*, *obtention*, on lui enjoint d'écrire *extension?* Que répondre à l'élève qui veut écrire *déciller* à cause de *cils*, une *demie lieue* comme une *lieue et demie*, *forsené* et non pas *forcené*, puisque le mot signifie *hors de sens* et n'a aucun rapport avec *force?* Y a-t-il un maître qui ait pu donner une bonne raison pour justifier la différence entre *apercevoir* et *apparaître*, entre *alourdir* et *allonger*, entre *abatage* et *abatteur*, entre *abatis* et *abattoir*, entre *agrégation* et *agglomération?*

Au lieu d'inculquer, en pareil cas, dans l'esprit de l'élève l'idée d'une règle absolue et inviolable, ne vaut-il pas mieux lui laisser voir que c'est là au contraire une matière en voie de transformation? N'y a-t-il pas toute vraisemblance que d'ici à une génération ou deux la plupart de ces bizarreries auront disparu pour faire place à des simplifications analogues à celles qu'ont opérées sous nos yeux, depuis moins d'un siècle, les éditions successives du *Dictionnaire de l'Académie?*

3° Enfin il est entré depuis le commencement de ce siècle dans notre orthographe française un certain nombre de règles fondées sur des distinctions que les grammairiens jugeaient décisives, que la philologie moderne, plus respectueuse de l'histoire même de la langue, ne confirme qu'avec beaucoup de restrictions, et, dans tous les cas, sans y attacher à aucun degré le respect superstitieux dont on voulait les entourer. C'est sur ces points qu'il faudrait inviter les examinateurs et les maîtres à glisser légèrement, bien loin de s'y complaire. C'est là surtout qu'il faut alléger le fardeau. Que d'heures absolument inutiles pour l'éducation de l'esprit ont été consacrées dans les Écoles primaires elles-mêmes à approfondir les règles de *tout* et de *même*, de *vingt* et de *cent*, de *nu* et de *demi*, à disserter sur les exceptions et les sous-exceptions sans nombre de la prétendue orthographe des noms composés, qui n'est que l'histoire d'une variation perpétuelle!

La presse a plus d'une fois signalé l'inanité des débats sans fin auxquels donnent lieu dans la dictée certaines locutions, comme *des habits d'homme* ou *d'hommes*, la *gelée de groseille* ou *de groseilles*, de *pomme* ou de *pommes*, des *moines en bonnet carré* ou *en bonnets carrés*.

A supposer que l'on trouve de bonnes raisons pour justifier telle ou telle de ces finesses orthographiques, n'est-il pas flagrant que l'immense majorité des enfants ont mieux à faire que d'y consumer leur temps? Et pour ne parler que de la langue française, n'ont-ils pas infiniment plus besoin, pour la bien connaître, qu'on leur lise et qu'on leur fasse lire en classe et hors de classe les plus belles pages de nos classiques que d'exercer toute l'acuité de leur esprit sur des nuances grammaticales à peine saisissables, quand elles ne sont pas de simples vétilles? Ce souci de l'orthographe à outrance n'éveille chez eux ni le sentiment du beau, ni l'amour de la lecture, ni même le véritable sens critique. Il ne pourrait que leur faire prendre des habitudes d'ergotage. A tant éplucher les mots, ils risquent de perdre de vue la pensée, et ils ne sauront jamais ce que c'est qu'écrire si leur premier mouvement n'est pas de chercher dans le discours, sous l'enveloppe des mots, la pensée qui en est l'âme.

Je ne doute pas, Monsieur le Recteur, que, communiquées et expliquées par vous aux Commissions que vous avez à nommer et à diriger, les observations qui précèdent ne soient aisément accueillies et suivies d'effet. Je vous serai reconnaissant de me tenir au courant des mesures que vous aurez prises pour qu'il en soit ainsi.

Recevez, etc.

Signé : LÉON BOURGEOIS.

---

16 mai 1891.

Arrêté portant allocation de suppléments de Traitement à des directeurs et directrices d'Écoles laïques[1].

16 Mai 1891.

Le Ministre de l'Instruction publique et des Beaux-Arts,

Vu la loi du 19 juillet 1889,

Arrête :

1. Voir la circulaire transmissive du 3 *juin* 1891, aux Préfets (*Circ.*, t. XI, p. 467).

Article 1er. — Les directeurs et directrices d'Écoles laïques à plus de deux classes, les maîtres et maîtresses chargés de Cours complémentaires laïques recevront les suppléments de traitement prévus aux articles 8 et 9 de la loi du 19 juillet 1889.

Art. 2. — Le présent arrêté aura son effet à partir du 1er octobre 1891.

Arrêté accordant des augmentations de Traitement et portant suppression d'une partie des Classes provisoires des institutrices [1]. 16 mai 1891.

16 Mai 1891.

Le Ministre de l'Instruction publique et des Beaux-Arts,

Vu la loi du 19 juillet 1889,

Arrête :

Article 1er. — La classe provisoire est supprimée pour les institutrices stagiaires laïques. Il est accordé à cet effet une augmentation de traitement de 50 francs aux institutrices laïques de ladite classe, sans que leur traitement puisse excéder le taux légal de la classe permanente des stagiaires.

Art. 2. — Il est accordé une augmentation de traitement de 50 francs à toutes les institutrices laïques de la sixième classe provisoire qui ont été titularisées avant le 1er janvier 1891, sans que leur traitement puisse dépasser le taux de la cinquième classe.

Art. 3. — Le présent arrêté aura son effet à partir du 1er janvier 1891.

Rapport sommaire fait au nom de la 12e Commission d'initiative parlementaire [2], chargée d'examiner la proposition de loi de M. Thellier de Poncheville et plusieurs de ses collègues [3], ayant pour objet de reconnaître aux communes, sous certaines conditions, le droit de subventionner les Écoles publiques et privées, par M. Loreau, député. 28 mai 1891.

Séance du 28 Mai 1891.

Messieurs, la loi municipale du 5 avril 1884, empreinte d'un esprit libéral et décentralisateur, en relâchant les liens de la tutelle administrative et se basant

1. Voir la circulaire transmissive du 3 *juin* 1891, aux Préfets (*Circ.*, t. XI, p. 467).

2. Cette Commission était composée de MM. Bigot, *Président;* de La Batut, *Secrétaire;* Eliez-Évrard, Loreau, Alfred François, Nivert, Dumas, Viox, Le Provost de Launay, Babaud-Lacroze, de Benoît, Aristide Batiot, Cambe, Mac-Adaras, Thorel, baron de Soubeyran, Cordier, Guillemet, Carquet, Paul Le Roux, Du Saussay, Signard.

3. Voir ci-dessus, p. 365, la proposition de M. Thellier de Poncheville.

en réalité sur le principe de la capacité et non de l'incapacité municipale, a doté les communes d'une plus libre initiative et d'une plus large indépendance.

De cette loi, un article se détache avec un caractère tout particulier de libéralisme : c'est l'article 145, accordant aux communes qui, sans recourir à aucune recette extraordinaire, ont pourvu à toutes les dépenses obligatoires, le droit d'inscrire à leurs budgets, pour dépenses facultatives, des allocations qui ne peuvent être modifiées par l'autorité supérieure.

Ces expressions si affirmatives témoignent de l'intention bien arrêtée du législateur de 1884 de relever les communes de leur état de tutelle, dans un cas nettement déterminé, et de les placer alors à l'abri de tout caprice éventuel, de toute volonté arbitraire du pouvoir central.

La Chambre des Députés de cette époque assista à un véritable assaut de libéralisme et de passion décentralisatrice entre les hommes les plus notables du parti républicain, proclamant bien haut que la République manquerait à sa loi et à son principe si elle n'était pas un régime de liberté, et plaçant au premier rang des institutions libres les institutions communales.

Voilà sous quelles généreuses inspirations est éclose la loi de 1884.

La loi du 30 octobre 1886 a organisé deux grandes classes d'établissements d'instruction primaire : les établissements publics fondés et entretenus par l'État, les départements et les communes; les établissements privés fondés ou entretenus par des particuliers ou des associations.

Elle ne dit rien des subventions qui peuvent être accordées aux uns ou aux autres de ces établissements.

Aussi, une question s'est-elle naturellement posée : celle de savoir si, quand une commune a fondé et entretient une École publique, comme l'y oblige la loi, il lui est ou non défendu de subventionner une École privée.

L'honorable Ministre de l'Intérieur, M. Constans, a donné un avis très net sur cette question, dans la séance du Sénat du 6 février 1891. Répondant à une interpellation de l'honorable M. Fresneau, il disait :

« Toute ville qui, sans recourir à l'État, satisfait avec ses ressources propres à tous ses besoins scolaires, peut, quand l'administration l'y autorise, subventionner des cours ou des institutions d'enseignement en dehors de ses Écoles municipales. Paris ne fait rien que ne puisse faire, sous les conditions que je viens d'indiquer, n'importe quelle commune de France. »

Le fait de l'inscription au budget communal d'une subvention à une École libre n'est donc, en aucune façon, considéré comme contraire aux lois par l'honorable Ministre de l'Intérieur; mais la réserve de la nécessité de l'autorisation administrative est nettement formulée.

A l'heure actuelle, cette réserve nous semble pouvoir s'expliquer. Une subvention est, en fait, un secours accordé ou exigé pour subvenir à une dépense imprévue dans un cas pressant; mais, comme le remarque le Conseil d'État dans son avis du 29 juillet 1888 (avis défavorable à la possibilité pour les communes de s'autoriser de l'article 145 de la loi municipale du 5 avril 1884 pour subventionner des Écoles privées), alors qu'aucune règle ne fixe le chiffre de cette subvention, et qu'il n'est rien dit des objets auxquels elle peut s'appliquer, lorsqu'il n'est rien dit non plus de la faculté qui serait laissée ou non aux communes de renouveler leurs libéralités, cette subvention pourrait se confondre avec la fondation ou l'entretien visés par la loi et modifier le caractère de l'établissement qui, de privé, deviendrait en quelque sorte public.

La proposition de loi renvoyée à la 12e Commission d'initiative a précisément pour but d'établir cette distinction indispensable entre la fondation, l'entretien et la subvention, d'en formuler le caractère et de fixer rigoureusement le chiffre que la subvention ne pourra en aucun cas dépasser.

Le nombre des communes pour lesquelles le total des centimes pour dépenses ordinaires et extraordinaires ne dépasse pas seize est de 5700, d'après la situation financière des communes en 1890, pour une population d'environ 6 millions d'habitants. Il y a là une indication générale du nombre de citoyens français pouvant être intéressés à la proposition de loi en cause.

D'autre part, les règles présidant à la confection des budgets municipaux doivent présenter une précision absolue; les municipalités doivent connaître exactement leurs droits. Or, voici ce qui vient de se passer dans la ville de Nantes : par une délibération du 26 mars 1889, le Conseil municipal met 1500 francs à la disposition du maire, pour être distribués aux enfants pauvres des Écoles privées de la ville; le 3 mai suivant, un arrêté du Préfet de la Loire-Inférieure annule cette délibération; et ce n'est que près de deux ans plus tard, le 20 février 1891, que le Conseil d'État annule l'arrêté préfectoral, et rend à la municipalité le droit de faire une libéralité à des enfants malheureux. La proposition de loi que nous examinons tend à faire disparaître une incertitude pouvant amener de tels résultats.

En un mot, la proposition ne combat aucune des dispositions par lesquelles le législateur a voulu distinguer son œuvre scolaire de l'œuvre des régimes antérieurs; elle ne met pas le pied sur ce domaine; elle se résume en une simple disposition inspirée par l'esprit de liberté qui nous anime tous.

La majorité de votre Commission d'initiative n'a donc point hésité à conclure à la prise en considération, sans toutefois se prononcer quant aux limites u taux des subventions communales.

Votre Commission n'a voulu voir qu'un principe : elle laisse à la sagesse de la Chambre le soin de fixer, avec telle précision qu'il lui conviendra, les bornes dans lesquelles il sera loisible aux communes d'user des droits positifs qui leur ont été reconnus par l'article 145 de la loi du 5 avril 1884.

Décret assimilant les Écoles nationales d'enseignement primaire supérieur et professionnel aux Lycées nationaux, en ce qui concerne la procédure à suivre pour le recouvrement de toutes les Créances qui leur appartiennent. 1er juin 1891.

1er Juin 1891.

Le Président de la République française,

Sur le rapport du Ministre de l'Instruction publique et des Beaux-Arts, du Ministre de la Justice et du Ministre des Finances;

Vu les lois du 11 décembre 1880, du 30 octobre 1886 et du 19 juillet 1889;

Vu les décrets du 17 mars 1888 et du 29 mars 1890,

Décrète :

Article 1er. — Les Écoles nationales d'enseignement primaire supérieur et professionnel sont assimilées aux Lycées nationaux en ce qui concerne la procédure à suivre pour le recouvrement de toutes les créances qui leur appartiennent.

---

4 juin 1891. **Avis du Conseil d'État sur diverses questions relatives au Logement des économes titulaires et des professeurs chargés de l'économat dans les Écoles normales de moins de soixante élèves.**

Séance du 4 Juin 1891.

Le Conseil d'État, qui a été saisi par le Ministre de l'Intérieur d'une demande d'avis sur les questions suivantes :

1° Le département est-il tenu de fournir dans l'École normale un logement convenable, soit à l'économe titulaire, soit au professeur chargé de l'économat dans une École comptant moins de soixante élèves?

2° Si l'École normale ne comprend pas de logement pour l'économe, le Gouvernement est-il en droit d'inscrire d'office au budget départemental les crédits nécessaires à la construction et à l'aménagement de ce logement, en cas de refus du Conseil général de pourvoir à la dépense? Est-il loisible à l'Administration d'établir, le cas échéant, une imposition d'office sur le département?

3° Si, pour des motifs particuliers, le logement n'était pas fourni en nature, l'économe et le professeur chargé de l'économat ont-ils droit à une indemnité départementale représentative, et le Gouvernement pourrait-il, en cas de refus du Conseil général, inscrire d'office un crédit pour cette dépense dans le budget départemental?

Vu la dépêche ministérielle en date du 2 avril 1891 ;

Vu l'article 21 de la loi du 19 juillet 1889;

Vu l'article 2 de la loi du 9 août 1879;

Sur la première et la deuxième question :

Considérant, d'une part, que les fonctions d'économe, à raison même de leur nature et de la surveillance incessante qu'elles impliquent, imposent à ceux qui en sont investis, économes titulaires ou professeurs chargés de l'économat, l'obligation d'une présence continue dans l'établissement; que, dès lors, leur logement dans l'École constitue une des conditions indispensables au bon fonctionnement du service dont ils sont chargés;

Considérant, d'autre part, qu'aux termes de l'article 2 de la loi du 9 août 1879 « l'installation première et l'entretien annuel des Écoles normales primaires sont des dépenses obligatoires pour les départements », et que l'article 21 de la loi du 19 juillet 1889 ne peut être interprété en ce sens qu'il aurait pour effet de modifier les obligations des départements vis-à-vis de l'État, en ce qui concerne l'établissement des Écoles normales primaires;

Qu'il résulte de là que les départements sont tenus d'installer dans l'École un logement destiné, soit aux économes titulaires, soit aux professeurs chargés de l'économat, et qu'il appartient, dès lors, au Gouvernement, dans le cas où un Conseil général refuserait de pourvoir à cette dépense, de l'inscrire d'office au budget départemental et d'établir, le cas échéant, une imposition d'office sur le département, conformément aux dispositions de l'article 61 de la loi du 10 août 1871 ;

Sur la troisième question :

Considérant que si les départements sont tenus de fournir un logement aux fonctionnaires chargés de l'économat, aucune disposition de loi ne les oblige à leur allouer, à défaut de logement, une indemnité représentative; que, dès lors, cette dépense ne saurait être considérée comme obligatoire et comme pouvant donner lieu à une inscription d'office au budget départemental,

Est d'avis :

De répondre au Ministre de l'Intérieur dans le sens des observations qui précèdent.

Décret autorisant certaines Catégories de maîtres et de maîtresses d'Écoles normales et d'Écoles primaires supérieures à se présenter à l'examen restreint du professorat[1]. 6 juin 1891.

6 Juin 1891.

Le Président de la République française,

Vu les lois du 30 octobre 1886 et du 19 juillet 1889;

Vu le décret du 18 janvier 1887, notamment l'article 192;

1. Un avis, inséré au *Bull. adm.*, 1892, t. LI, p. 614, contenait les indications suivantes pour l'admission des candidats à l'examen du certificat d'aptitude au professorat des Écoles normales et des Écoles primaires supérieures (*Examen restreint*) :

« En vue de l'inscription des candidats à l'examen restreint du professorat des Écoles normales et des Écoles primaires supérieures, l'Administration a été consultée sur diverses questions relatives à l'application du décret du 6 juin 1891.

« Aux termes de ce décret, l'examen restreint a été rendu accessible :

« 1° Aux maîtres adjoints et aux maîtresses adjointes des Écoles normales, afin de leur permettre d'obtenir le titre de professeur;

« 2° Aux maîtres et maîtresses délégués dans les Écoles normales, pour la direction des Écoles annexes, l'enseignement du travail manuel, l'économat, etc. Ces délégués pourront, s'ils obtiennent le diplôme du professorat (examen restreint), devenir *titulaires* de l'emploi qu'ils occupent actuellement. Quant aux délégués pour les lettres et pour les sciences, non compris dans l'énumération ci-dessus, ils ne sont pas autorisés à prendre part à l'examen restreint, qui serait d'ailleurs, pour eux, sans utilité, puisque le diplôme du *professorat complet* est exigé (art. 2 du décret) pour être nommé professeur titulaire de lettres ou de sciences.

« En ce qui concerne le personnel des Écoles primaires supérieures, l'examen restreint a pour objet de permettre aux fonctionnaires de ces établissements d'obtenir avec le titre de professeur une nomination ministérielle *dans une École primaire supérieure* : leur diplôme (art. 2 du décret précité) ne pourrait leur servir pour exercer une fonction d'enseignement dans une École normale.

« L'autorisation de prendre part à l'examen restreint ne s'applique aux fonctionnaires énumérés dans l'article 1er, §§ 2 et 3, du décret du 6 juin 1891, que s'ils exerçaient au 30 octobre 1886, et s'ils remplissent encore actuellement les fonctions qui justifient la dispense d'une partie des épreuves de l'examen du certificat d'aptitude au professorat des Écoles normales et des Écoles primaires supérieures.

« Dans un certain nombre de départements, l'inspection académique a reçu l'inscription provisoire en vue de l'examen restreint des maîtres et maîtresses délégués dans les Écoles normales pour les lettres et pour les sciences.

« L'Administration centrale, qui dresse actuellement la liste définitive des candidats autorisés à subir cet examen, croit devoir prévenir les intéressés que les demandes qui sont en dehors des conditions réglementaires ci-dessus énoncées ne seront pas accueillies. Les maîtres et maîtresses délégués dans les Écoles normales (lettres et

Le Conseil supérieur de l'Instruction publique entendu,
Décrète :

ARTICLE 1er. — Jusqu'au 30 octobre 1893, seront autorisés à subir l'examen du certificat d'aptitude au professorat des Écoles normales (lettres ou sciences), dans les conditions déterminées par l'article 173 de l'arrêté du 18 janvier 1887[1] :

1° Les maîtres adjoints et maîtresses adjointes titulaires d'École normale;

2° Les maîtres et maîtresses délégués dans les Écoles normales (direction des Écoles annexes, enseignement du travail manuel, économat, etc.) qui étaient en fonctions à la date du 30 octobre 1886;

3° Les maîtres et maîtresses des Écoles primaires supérieures (directeurs et directrices, adjoints et adjointes) pourvus d'une nomination préfectorale et qui étaient en fonctions à la date du 30 octobre 1886.

ART. 2. — Les fonctionnaires ci-dessus désignés qui auront subi les épreuves avec succès prendront le titre de professeur et jouiront des avantages attachés à ce titre (notamment ceux prévus par les articles 18, 20 et 21 de la loi du 19 juillet 1889); toutefois, les maîtres désignés aux paragraphes 2° et 3° de l'article précédent ne pourront échanger leurs fonctions actuelles contre celles de professeurs de lettres ou de sciences dans les Écoles normales sans être munis du certificat d'aptitude au professorat, obtenu après l'examen complet aux conditions ordinaires.

ART. 3. — Un arrêté ministériel déterminera le rang de classe-

sciences) ont donc tout intérêt à se présenter au *professorat complet*, ce titre pouvant seul leur permettre d'obtenir une nomination de professeur.

« Toutefois, afin de permettre aux délégués pour l'enseignement des lettres et des sciences d'être placés avec une nomination ministérielle dans les Écoles primaires supérieures, au cas où leur délégation ne serait pas renouvelée, le Conseil supérieur de l'Instruction publique sera saisi d'un projet de décret tendant à autoriser ces délégués à prendre part à l'examen restreint du professorat en vue d'exercer dans les Écoles primaires supérieures. »

1. « Les candidats inscrits pour l'examen *restreint* du professorat pourront, s'ils le désirent, se présenter, d'autre part, à l'examen *complet*. » (*Bull. adm.*, 1891, t. XLIX, p. 671.)

« Le Conseil supérieur de l'Instruction publique devant être saisi, dans sa session de juillet prochain, d'un projet de décret relatif à l'*examen restreint* du professorat des Écoles normales et des Écoles primaires supérieures, qui pourrait apporter des modifications dans la réglementation établie par le décret du 6 *juin* 1891 (voir ci-après, *à sa date*, le décret du 25 *juillet* 1892), cet examen n'aura lieu qu'après la réunion du Conseil supérieur, dans les derniers jours de juillet ou les premiers jours d'août, suivant le moment où sera terminé l'*examen complet du professorat.* » (*Bull. adm.*, 1892, t. LII, p. 29.)

ment de chacun des fonctionnaires ci-dessus désignés dans la classe de professeurs à laquelle il sera rattaché[1].

ART. 4. — Sont abrogées toutes les dispositions des règlements antérieurs contraires au présent décret.

Décret portant règlement d'administration publique ayant pour objet de fixer les règles et conditions d'Avancement des instituteurs et institutrices, non prévues par l'article 24 de la loi du 19 juillet 1889[2]. 6 juin 1891.

6 Juin 1891.

Le Président de la République française,

Sur le rapport du Ministre de l'Instruction publique et des Beaux-Arts,

Vu la loi du 19 juillet 1889, notamment l'article 48, 4°;

Vu la loi organique du 30 octobre 1886;

Vu le règlement d'administration publique en date du 15 avril 1891;

Vu l'avis du Conseil supérieur de l'Instruction publique du 28 décembre 1889;

Le Conseil d'État entendu,

Décrète :

ARTICLE 1er. — La liste de présentation que doit arrêter le Conseil départemental, par application de l'article 50 de la loi du 19 juillet 1889, en vue des promotions annuelles, comprendra un nombre d'instituteurs double du chiffre des vacances auxquelles il y a lieu de pourvoir.

ART. 2. — Les fonctionnaires désignés aux articles 14, 16, 17, 18, 20, 21 et 22 de la loi et tous autres, employés dans les Écoles nationales professionnelles, ne peuvent recevoir d'avancement qu'après deux ans d'exercice dans la classe à laquelle ils appartiennent.

ART. 3. — Les promotions concernant le personnel à la nomination du Ministre sont faites après la rentrée des classes et partent du 1er janvier suivant.

ART. 4. — Les instituteurs détachés par arrêté ministériel dans un service d'enseignement autre que celui où ils exercent leurs

1. Cet article a été complété par une disposition additionnelle édictée par le décret du 25 *juillet* 1892 (voir ci-après *à sa date*).
2. Ce décret a été abrogé par le décret du 17 *juillet* 1895 (*à sa date*).

fonctions continuent à figurer dans leur cadre d'origine et y conservent leurs droits à l'avancement.

---

8 juin 1891. **Circulaire du Ministre de l'Instruction publique, relative à l'organisation au Musée pédagogique d'une Exposition permanente de Cahiers d'élèves.**

8 Juin 1891.

Monsieur l'Inspecteur, j'ai décidé d'organiser à Paris, dans une des salles du Musée pédagogique, une exposition permanente de cahiers d'élèves, d'une même année de cours, de tous les arrondissements de France, tant pour les comparer entre eux que pour se faire une idée exacte de la moyenne des études de nos Écoles primaires.

Une exposition de ce genre ne pourra manquer d'intéresser les instituteurs et institutrices, les Inspecteurs primaires, tous ceux qui se préoccupent, par fonctions ou par goût, du développement de l'instruction populaire.

Elle comprendra, cette année, les cahiers provenant du cours *moyen*. L'an prochain, elle pourra s'appliquer aux cahiers du cours élémentaire; une autre année, ce sera le tour du cours supérieur, puis des devoirs de dessin, etc..., de façon à organiser une exposition permanente et successive du travail des Écoles primaires.

L'Administration supérieure sera ainsi mise à même de se rendre compte de la marche des études, de l'application des programmes, etc..., et cela sans grands efforts et sans dépenses. Il suffira, en effet, que chaque Inspecteur d'Académie demande aux Inspecteurs primaires de m'adresser chacun trois cahiers de devoirs journaliers, terminés, datant de 1891, provenant de trois Écoles différentes de garçons de leur circonscription, et trois cahiers provenant de trois Écoles de filles, de la deuxième année du cours moyen.

Chaque cahier portera en tête les indications suivantes : *Nom du département, noms de la commune, de l'École, du maître, nom et âge de l'élève, date du commencement et de la fin du cahier.*

Il va de soi que MM. les Inspecteurs primaires auront soin de se procurer des cahiers sincères, déjà finis, non écrits en vue de cette enquête, et tels qu'ils sont, avec ou sans les corrections, au jour où ils les demanderont.

Les envois seront accompagnés d'un bordereau récapitulatif et porteront la mention : « *Musée pédagogique. Exposition scolaire.* »

Recevez, etc.

Signé : LÉON BOURGEOIS.

Proposition de loi ayant pour objet de modifier les troisième et dernier paragraphes de l'article 12 de la Loi du 19 juillet 1889, relatifs aux Indemnités de résidence à attribuer aux maîtres dans les Écoles des chefs-lieux de canton ou établies hors du chef-lieu communal, présentée par MM. Dellestable et Fidèle Simon, députés[1]. 7 juillet 1891.

Séance du 7 Juillet 1891.

ARTICLE UNIQUE. — Les troisième et dernier paragraphes de l'article 12 de la loi du 19 juillet 1889 sont modifiés ainsi qu'il suit :

« 3e *paragraphe*. — Les chefs-lieux de canton ayant moins de 1 000 habitants de population agglomérée sont assimilés, quant à l'indemnité de résidence, aux localités de 1 000 à 3 000 habitants.

« *Dernier paragraphe*. — Les maîtres titulaires ou stagiaires des Écoles établies hors du chef-lieu de la commune ne pourront bénéficier de l'indemnité de résidence que dans les conditions prévues par le dernier paragraphe de l'article. »

Décret portant règlement d'administration publique pour la fixation du taux et des conditions de payement des Dépenses relatives aux Commissions d'examen des différents titres de capacité de l'enseignement primaire[2]. 17 juillet 1891.

17 Juillet 1891.

Le Président de la République française,

Sur le rapport du Ministre de l'Instruction publique et des Beaux-Arts,

Vu la loi du 19 juillet 1889, et notamment l'article 48, § 17;

Vu la loi de finances du 26 février 1887, article 3;

Vu le décret du 18 janvier 1887;

Vu l'avis du Conseil supérieur de l'Instruction publique en date du 4 juin 1891;

Le Conseil d'État entendu,

Décrète :

ARTICLE 1er. — Les allocations à accorder aux membres des jurys d'examen pour les brevets de capacité (élémentaire et supérieur) et

1. Voir les rapports de M. Édouard DELPEUCH à la Chambre des Députés, 29 *juin* 1892, 10 *mars* 1893, 12 *juillet* 1893; — de M. COMBES au Sénat, 23 *juin* 1893. (*Les indications nécessaires pour la consultation de ces documents sont inscrites* page 339, note 1, 2e alinéa.)

Rapprocher ce projet des projets suivants :

Projet VIGER, 6 *novembre* 1890 (p. 312);

— BABAUD-LACROZE, 18 *novembre* 1890 (p. 315);

— SIEGFRIED, 17 *janvier* 1891 (p. 339);

— CABART-DANNEVILLE, 19 *février* 1891 (p. 345);

— LAVY, 24 *février* 1891 (p. 356);

— LE VEILLÉ, 28 *février* 1891 (p. 367).

L'ensemble de ces propositions a abouti à la loi du 25 *juillet* 1893.

2. Consulter la circulaire du 12 *avril* 1890, aux Préfets, relative aux subventions allouées pour les dépenses des Commissions d'examen (*Circ.*, t. XI, p. 132).

pour le certificat d'aptitude pédagogique sont fixées conformément aux indications du tableau ci-après :

EXAMENS.	ÉPREUVES ÉCRITES.	ÉPREUVES ORALES et pratiques.	TOTAL.
	Par candidat.	Par candidat.	Par candidat.
Brevet élémentaire	3 fr.	3 fr.	6 fr.
Brevet supérieur	3	3	6
Certificat d'aptitude pédagogique	3	9	12

Toutefois, pour la ville de Paris, les taux seront fixés, pour le brevet élémentaire ainsi que pour le brevet supérieur, à 4 francs pour l'examen écrit et à 4 francs pour l'examen oral; total : 8 francs.

L'état de répartition des sommes résultant de l'application du tableau ci-dessus est dressé par l'Inspecteur d'Académie et arrêté par le Préfet, sauf approbation du Ministre.

ART. 2. — Les allocations à accorder aux membres des jurys d'examen pour les divers certificats d'aptitude et pour les concours d'admission prévus par les articles 54, 92, 97 et 106 du décret du 18 janvier 1887 sont fixées conformément aux indications du tableau ci-après :

EXAMENS.	ÉPREUVES ÉCRITES.	ÉPREUVES ORALES et pratiques.	TOTAL.
	Par candidat.	Par candidat.	Par candidat.
Certificat d'aptitude à l'inspection primaire et à la direction des Écoles normales (aspirants et aspirantes)	10 fr.	15 fr.	25 fr.
Certificat d'aptitude au professorat des Écoles normales et des Écoles primaires supérieures (lettres ou sciences, aspirants et aspirantes)	15	10	25
Certificat d'aptitude à l'enseignement des langues vivantes	5	10	15
Certificat d'aptitude à l'enseignement du chant	10	10	20
Certificat d'aptitude à l'enseignement des travaux manuels (aspirants et aspirantes)	5	10	15
Certificat d'aptitude à l'enseignement du dessin	5	5	10
Concours d'admission aux Écoles de Saint-Cloud et de Fontenay	10	10	20
Concours des bourses de séjour à l'étranger	5	5	10
Certificat d'aptitude à l'enseignement de la gymnastique	»	5	5

L'état de répartition des sommes résultant de l'application du tableau qui précède est arrêté par le Ministre, sur la proposition du président du jury d'examen.

ART. 3. — La répartition des allocations déterminées par les articles qui précèdent est faite en prenant pour base le nombre des vacations de chaque examinateur.

Il ne peut être compté plus de deux vacations par journée.

Circulaire du Ministre de l'Instruction publique, relative au Travail de cabinet des Inspecteurs primaires. 20 juillet 1891.

20 Juillet 1891.

Monsieur le Recteur, la visite des Écoles est incontestablement la plus importante des attributions dévolues aux Inspecteurs primaires, et je n'ignore pas que ces fonctionnaires s'y consacrent avec une louable activité; mais leur zèle se trouve parfois entravé par l'insuffisance de l'indemnité qui leur est allouée pour frais de tournées et par le grand nombre de rapports et de tableaux statistiques qui sont exigés d'eux.

En ce qui concerne le premier point, je dois me renfermer dans les limites du crédit inscrit au budget de mon Ministère, et je ne vois pas, quant à présent, la possibilité d'augmenter la part d'allocation qui est faite à chacun d'eux. Mais j'ai étudié avec soin la question relative aux travaux de cabinet et j'ai reconnu qu'il est facile d'alléger les Inspecteurs sous ce rapport, dans une certaine mesure[1]; je me suis, d'ailleurs, inspiré dans les décisions que j'ai prises en ce sens des résultats de l'enquête qui a été demandée aux Inspecteurs d'Académie et aux Inspecteurs primaires eux-mêmes.

De tous les tableaux que les Inspecteurs primaires ont à fournir, le plus compliqué, celui qui réclame le plus de temps et le plus de soin est l'état de situation des Écoles. Diverses modifications ont été proposées. Les uns ont demandé qu'il ne fût produit que tous les cinq ans; d'autres, qu'il fût simplifié par la suppression de certaines colonnes. C'est à ce dernier parti que je me suis arrêté après avoir pris l'avis de la Commission de statistique très directement intéressée dans la question à cause des précieux renseignements qu'elle trouve dans ces états.

J'ai décidé que chacun des tableaux serait réduit aux indications indispensables. J'ai fait préparer les nouveaux modèles dont je vous transmets ci-joint un exemplaire.

MM. les Inspecteurs d'Académie ont reçu directement, vu l'urgence, les

1. Aux termes d'un avis inséré au *Bull. adm.*, 1893, t. LIV, p. 65, MM. les Inspecteurs primaires doivent se trouver sans exception à leur poste pendant toute la durée des périodes électorales. MM. les Recteurs sont autorisés à accorder, en ce qui les concerne, les congés d'usage, mais sous la réserve que si ce congé coïncide en tout ou en partie avec une période électorale, il devra être suspendu et reporté à une autre date.

cadres nouveaux qui devront servir à établir les états de situation de l'année scolaire 1890-91.

J'ai décidé, en outre :

Que les Inspecteurs primaires n'auront plus dorénavant à fournir : 1° les états de mutations; 2° les tableaux des Écoles visitées; 3° les rapports trimestriels;

Qu'il ne serait fait de propositions pour les bibliothèques scolaires qu'une fois par an;

Que les rapports sur les conférences pédagogiques ne seront plus demandés que tous les cinq ans.

Recevez, etc.

Signé : LÉON BOURGEOIS.

---

24 août 1891. **Décret instituant un Conseil d'administration et un Comité de patronage auprès de chacune des Écoles nationales d'enseignement primaire supérieur et professionel.**

24 Août 1891.

Le Président de la République française,

Sur le rapport du Ministre de l'Instruction publique et des Beaux-Arts, du Ministre du Commerce, de l'Industrie et des Colonies;

Vu la loi du 11 décembre 1880 sur les Écoles manuelles d'apprentissage;

Vu le décret du 17 mars 1888, portant règlement d'administration publique sur les Écoles manuelles d'apprentissage,

Décrète :

ARTICLE 1er. — Il est institué auprès de chacune des Écoles nationales d'enseignement primaire supérieur et professionnel un Conseil d'administration et un Comité de patronage.

ART. 2. — Le Conseil d'administration comprend des membres de droit, des membres choisis par le Ministre du Commerce, un délégué du Ministre de l'Instruction publique et un délégué du Ministre du Commerce.

ART. 3. — 1° Sont membres de droit du Conseil d'administration :

Le Préfet du département ou son délégué;

Le Maire de la ville;

Le Recteur de l'Académie;

L'Inspecteur d'Académie.

2° Sont nommés par le Ministre de l'Instruction publique, sur l'avis conforme du Ministre du Commerce :

Un conseiller général du département;

Deux notables commerçants ou industriels de la localité ou des alentours.

ART. 4[1]. — Le Préfet du département est de droit président du Conseil d'administration. En son absence, la présidence est dévolue, pour la séance, au membre choisi par le Conseil.

ART. 5. — Chaque année, dans la première quinzaine de mai, le Conseil d'administration entend la lecture du rapport du directeur sur la situation morale et matérielle de l'établissement. Il en délibère et adresse au Ministre ses observations et ses propositions.

Le directeur assiste aux séances du Conseil, sauf quand il est délibéré sur son compte d'administration ou sur le projet de budget. Il a voix consultative seulement.

ART. 6. — Le Conseil d'administration est chargé :

1° De s'assurer, par des visites mensuelles, de la bonne tenue de l'établissement ;

2° De donner son avis sur le règlement intérieur de l'Ecole préparé par les professeurs réunis en Conseil sous la présidence du directeur ; ce règlement doit être soumis à l'approbation du Ministre de l'Instruction publique ;

3° De soumettre des propositions au Ministre pour la nomination du médecin de l'École ;

4° De régler, sur la proposition du directeur et sous réserve de l'approbation du Ministre de l'Instruction publique, toutes les questions relatives au chauffage, à l'éclairage, à la nourriture, au logement et à l'entretien des élèves, des maîtres nourris gratuitement et des gens de service ;

5° De donner son avis sur le budget de l'École ;

6° De donner son avis sur les demandes de crédits supplémentaires à adresser au Ministre de l'Instruction publique ;

7° D'examiner le compte administratif qui lui est soumis par le directeur, dans la première quinzaine de mai, et en général de veiller sur les intérêts matériels de l'École.

ART. 7[1]. — Toutes les délibérations du Conseil d'administration concernant la situation matérielle de l'École et les améliorations à réaliser sont transmises par le président du Conseil d'administration au Ministre de l'Instruction publique et au Ministre du Commerce.

ART. 8. — Le Comité de patronage est composé de notables de la région, pris de préférence parmi les grands industriels ou commerçants. Il comprend en outre un Inspecteur général de l'instruction publique.

1. Les articles 4 et 7 ont été modifiés par le décret du 26 *juillet* 1892 (voir ci-après, *à sa date*).

Les membres de ce Comité sont nommés, sur l'avis conforme du Ministre du Commerce, par le Ministre de l'Instruction publique, qui désigne, dans la même forme, le président et deux vice-présidents. La durée de leur mandat est de trois ans.

Le Comité prend sous son patronage les élèves de l'École; il s'occupe de placer les plus méritants à la fin de leurs études et surveille d'une façon plus particulière les élèves boursiers; il donne son avis sur les mesures à prendre pour mettre l'enseignement en rapport avec les diverses industries de la région.

ART. 9. — Le Ministre de l'Instruction publique et des Beaux-Arts, et le Ministre du Commerce, de l'Industrie et des Colonies sont chargés, chacun en ce qui le concerne, de l'exécution du présent décret.

---

30 sept. 1891. **Circulaire du Ministre de l'Instruction publique, relative aux mesures à prendre contre la Conjonctivite granuleuse dans les établissements d'instruction publique [1].**

30 Septembre 1891.

Monsieur le Recteur, j'ai l'honneur de porter à votre connaissance les prescriptions formulées par l'Académie de Médecine en vue des mesures à prendre dans les Lycées et Collèges au sujet de la conjonctivite granuleuse :

1° N'accepter aucun élève dans l'établissement, avant qu'il ait subi un examen des yeux au point de vue de l'ophtalmie granuleuse;

2° Sur les élèves admis à fréquenter l'établissement, pratiquer régulièrement un examen tous les trois mois au moins, et cela indistinctement, que les élèves se plaignent ou non d'affections oculaires. La raison de cet examen de la totalité des élèves tient à ce que les granulations palpébrales existent à l'état latent et qu'elles peuvent passer inaperçues, si l'on ne procède pas au renversement des paupières;

3° Sitôt qu'un élève offre de vraies granulations, déclarées telles par un médecin compétent, on doit l'isoler et le traiter avec vigueur, de façon à éteindre au plus tôt le foyer de contamination, et à permettre à l'élève de continuer le cours de ses études;

4° Il va de soi que ce sera au médecin d'indiquer, dans chaque cas particulier, le moment où l'élève sera autorisé à reprendre sans danger pour les autres le cours de ses études.

Je n'ai pas besoin, Monsieur le Recteur, d'insister auprès de vous sur l'importance des conclusions de l'Académie.

Je vous prie de les porter à la connaissance de MM. les proviseurs et principaux des Lycées et Collèges de garçons et de Mmes les directrices des Lycées, Collèges et Cours secondaires de jeunes filles de votre Académie.

Vous voudrez bien d'ailleurs, le cas échéant, veiller personnellement à l'exécution des prescriptions recommandées.

Recevez, etc.

Signé : LÉON BOURGEOIS.

1. Voir, p. 234, la circulaire du 15 *mars* 1890, aux Recteurs, relative aux précautions à prendre contre les maladies contagieuses.

Circulaire du Vice-Recteur de l'Académie de Paris, relative au Trousseau des élèves des Écoles normales primaires[1]. 18 nov. 1891.

18 Novembre 1891.

Monsieur l'Inspecteur, M. le Ministre m'écrit (16 novembre) :

« La fourniture du trousseau constitue, pour les familles de beaucoup d'élèves de nos Écoles normales, une dépense assez lourde qu'il convient de chercher à diminuer dans la mesure du possible.

« Quelques Conseils généraux inscrivent annuellement au budget départemental une somme destinée à aider les familles à payer le trousseau en tout ou en partie. C'est là une mesure excellente qui peut favoriser le recrutement de nos Écoles normales, et il serait bien à désirer qu'elle se généralisât; mais il me paraît possible de dégrever les familles d'une manière sensible en rappelant simplement aux départements les obligations qui leur incombent.

« En examinant, en effet, la liste détaillée, jointe à l'appui d'une demande formée par Mlle X..., des objets dont sa famille a dû faire l'acquisition pour son trousseau, j'ai remarqué que cette liste contenait deux séries d'objets qui n'auraient pas dû y figurer : draps, serviettes de toilette et de table, et matériel d'enseignement à usage individuel : règle, équerre, compas, etc.

« Les objets de literie, le linge de toilette et de table, aux termes du § 4 de l'article 10 du règlement d'administration publique du 29 mars 1890, le matériel d'enseignement à usage individuel des élèves-maîtres, en vertu de l'article 13 du règlement d'administration publique du 29 janvier 1890, doivent, en effet, être fournis par les départements.

« Mon collègue de l'Intérieur, que j'ai consulté tout récemment au sujet d'un vote par lequel un Conseil général avait refusé la somme nécessaire à l'acquisition des draps de lit pour les élèves d'une École normale, n'hésite pas à penser avec moi que les charges financières imposées aux départements par les règlements d'administration publique, rendus en vertu de l'article 48 de la loi du 19 juillet 1889, constituent pour eux des dépenses rigoureusement obligatoires, et que, dans le cas où un Conseil général se refuserait à voter les crédits nécessaires au payement de ces dépenses, il pourrait y être pourvu au moyen d'une imposition d'office.

« Je vous serai obligé, Monsieur le Vice-Recteur, de vouloir bien faire part de ces observations à MM. les Inspecteurs d'Académie des divers départements de votre ressort, afin qu'ils puissent conférer de la question avec MM. les Préfets, et leur demander de saisir les Conseils généraux de toutes les demandes de matériel dont l'acquisition et l'entretien incombent au département. J'aime à penser que les assemblées départementales tiendront à honneur de voter les crédits nécessaires au bon fonction-

1. « Monsieur l'Inspecteur, j'ai prié M. le Ministre de vouloir bien statuer sur la question de la fourniture du linge de table et de toilette à l'usage des élèves des Écoles normales primaires.

« Il m'informe que, jusqu'à nouvel ordre, il a décidé que la fourniture des serviettes de table et de toilette pour les élèves ne serait pas mise à la charge des départements, et que ces objets continueraient, comme par le passé, à être compris dans le trousseau que les familles doivent fournir.

« Cette question étant tranchée, je vous prie, Monsieur l'Inspecteur, de veiller à l'application des instructions que je vous ai adressées à la date du 18 novembre 1891 relativement à la fourniture des draps de lit et du matériel d'enseignement à usage individuel. » (*Circulaire du* 20 *juillet* 1892, Vice-Recteur de Paris aux Inspecteurs du ressort.)

nement de leurs Écoles normales, et que je ne me verrai pas dans la nécessité de recourir à l'imposition d'office.

« J'ajouterai que les élèves des Écoles normales ayant, cette année-ci encore, apporté presque partout les draps et serviettes à leur usage, il conviendrait, afin de ne pas imposer aux départements une charge trop lourde, de ne pas acheter en une seule fois tout le linge nécessaire à l'École. La dépense pourrait être répartie sur trois exercices, en faisant seulement, pendant chacune de ces trois années, l'acquisition des objets nécessaires aux nouveaux élèves qui entreront à l'École. La première mise de fonds une fois faite, le département n'aurait plus qu'à voter les crédits nécessaires à l'entretien et à pourvoir au renouvellement des objets usés. »

Vous voudrez bien, Monsieur l'Inspecteur, me faire connaître la suite qui aura été donnée par les Conseils généraux aux demandes de crédits qui leur auront été soumises dans les conditions rappelées ci-dessus.

Recevez, etc.

Signé : GRÉARD.

---

29 nov. 1891.

Circulaire du Ministre de l'Instruction publique, concernant les Décorations universitaires.

29 Novembre 1891.

Monsieur le Recteur, le nombre des distinctions universitaires, sollicitées en faveur des sociétés d'enseignement, de gymnastique, de tir, etc., s'est, dans ces dernières années, sensiblement accru, et les membres de ces associations ont pu, après des services dont je ne méconnais pas la valeur, mais souvent de courte durée, obtenir des récompenses auxquelles les fonctionnaires de l'Université et les instituteurs ne peuvent prétendre qu'après de longues années d'enseignement.

Afin de faire cesser autant que possible cette inégalité, j'ai décidé qu'à partir de ce jour les candidats aux palmes académiques appartenant aux sociétés : d'enseignement populaire (associations polytechniques, philotechniques, sou des Écoles, Union française de la jeunesse, etc.), de gymnastique, de tir, de bienfaisance, de musique, de topographie, etc., etc..., devront justifier d'au moins dix années de services effectifs comme membres des Comités de ces associations, professeurs ou moniteurs.

Vous voudrez bien, Monsieur le Recteur, tenir compte de ces instructions dans l'examen des candidatures que vous aurez à m'adresser dans l'avenir, en ne me proposant que des candidats remplissant les conditions que je viens d'indiquer.

Recevez, etc.

Signé : LÉON BOURGEOIS.

Circulaire du Ministre de l'Instruction publique, relative aux conséquences du Dénombrement de 1891 au point de vue des Écoles obligatoires et des Écoles facultatives. 8 déc. 1891.

8 Décembre 1891.

Monsieur le Préfet, les résultats du dénombrement qui a été opéré au mois d'avril dernier seront prochainement déclarés authentiques. Il ressort de ce dénombrement que, dans un certain nombre de communes où il existe une École de filles ou une École maternelle publique, la population a atteint les chiffres fixés par les articles 11 et 15 de la loi du 30 octobre 1886 pour que ces Écoles puissent être mises au nombre des Écoles obligatoires, comme aussi, dans d'autres communes, la population est descendue au-dessous des chiffres minima indiqués par lesdits articles.

Les changements qui se sont ainsi produits dans la population de ces communes n'entraîneront pas seulement une modification dans le caractère de leurs Écoles de filles et de leurs Écoles maternelles; ils auront également leur influence sur la situation et sur la rémunération du personnel de ces Écoles, puisque la loi du 19 juillet 1889 n'a mis à la charge de l'État que les traitements des instituteurs et institutrices des Écoles obligatoires, et que la législation ancienne continue de subsister pour les Écoles facultatives et leur personnel.

Il est donc nécessaire de déterminer les règles qui devront être appliquées à l'égard desdites Écoles toutes les fois que le nouveau recensement constatera les changements que je vous signale dans la population des communes où ces Écoles sont établies.

Quatre cas peuvent se présenter.

1er CAS. — D'après le dénombrement de 1891, *la population atteint ou dépasse 500 habitants dans une commune qui possède une École de filles*, ou bien *elle s'élève à plus de 2 000 âmes de population totale et au moins à 1 200 âmes de population agglomérée dans une commune ayant une École maternelle*, tandis que, d'après le dénombrement de 1886, la population était inférieure à ces chiffres.

Il résulte des termes mêmes de l'article 11 et de l'article 15, 2°, de la loi du 30 octobre 1886 que ces Écoles doivent être désormais rangées parmi les Écoles obligatoires. Il s'ensuit que les institutrices qui les dirigent auront droit, conformément aux articles 7 et 11 de la loi du 19 juillet 1889, à un traitement de 800 francs si elles sont stagiaires, à un traitement minimum de 1 000 francs si elles sont titulaires. Dans le cas où elles auraient déjà joui d'un traitement supérieur à ce dernier chiffre, vous auriez à m'adresser des propositions spéciales pour la fixation des traitements. En outre, elles seront soumises aux règles d'avancement prévues par cette loi. Leurs traitements, payés sur les fonds de l'État et assujettis aux retenues pour pensions civiles, devront figurer, comme ceux des maîtresses exerçant dans les autres postes obligatoires, sur les états mensuels dressés par l'inspection académique en exécution de ma circulaire du 14 avril 1890, et d'après lesquels vous faites établir les mandats de payement.

Resteront à la charge des communes les dépenses de ces Écoles énumérées à l'article 4 de la loi du 19 juillet 1889.

2e CAS. — *La population d'une commune possédant une École publique de filles est devenue supérieure à 400 âmes, mais elle est encore au-dessous de 500 habitants.*

Il y a lieu d'établir une distinction.

Si cette École a été créée antérieurement au 30 octobre 1886, elle doit être considérée comme obligatoire, par application de l'article 15, 1°, de la loi du 30 octobre 1886 précitée, qui reconnaît ce caractère aux Écoles « *déjà* établies dans les communes de plus de 400 âmes » avant la promulgation de ladite loi. La situation de la maîtresse placée à la tête de cette École devra, en conséquence, être modifiée ainsi qu'il a été dit dans le cas précédent.

Si, au contraire, cette École a été créée postérieurement au 30 octobre 1886, elle conservera son caractère facultatif et restera à la charge exclusive de la commune, tant pour son entretien que pour la rémunération de l'institutrice. La règle rappelée par ma circulaire du 14 avril 1890 pour le mandatement du traitement continuera à être appliquée.

3e CAS. — *Une commune qui possède une École de filles avait, avant le dénombrement de 1891, une population de 500 habitants au moins; le nouveau recensement constate que la population est descendue au-dessous de 500 habitants, mais qu'elle est encore de plus de 400 âmes.*

Une distinction analogue à celle qui vient d'être établie dans le cas précédent doit être faite dans cette hypothèse. S'agit-il d'une École créée avant le 30 octobre 1886, elle restera obligatoire. La situation de son institutrice ne sera pas modifiée; elle continuera à être soumise à la loi du 19 juillet 1889, et son traitement sera encore servi sur les fonds de l'État. Au contraire, cette École n'a-t-elle été créée qu'après le 30 octobre 1886, elle devient facultative, et, comme il a été dit précédemment, la commune doit se charger de l'entretien de l'École et du traitement de l'institutrice.

4e CAS. — *La population d'une commune où il existe une École de filles est réduite à 400 âmes ou à moins de 400 âmes d'après le dénombrement de 1891,* ou bien *elle est descendue au-dessous de 2 001 âmes de population totale ou de 1 200 âmes de population agglomérée dans une commune possédant une École maternelle publique.*

Dans ce cas, l'École ne peut plus légalement conserver le caractère obligatoire qu'elle avait avant la diminution de la population de la commune, et elle doit désormais prendre rang dans la catégorie des établissements facultatifs. Vous voudrez bien, en conséquence, inviter l'inspection académique à ne plus comprendre, dès le 1er janvier prochain, l'institutrice qui la dirige dans les états mensuels de traitements. Les émoluments de cette maîtresse seront, à partir de cette époque, à la charge de la commune et payés directement par le receveur municipal sur les fonds communaux. (*Circulaire du 14 avril* 1890.)

En résumé, la catégorie des Écoles facultatives se composera donc, à partir du 1er janvier prochain, en prenant comme population actuelle des communes celle qui résulte du dénombrement nouveau :

1° Des Écoles publiques de filles établies dans des communes de moins de 401 âmes;

2° Des Écoles publiques de filles établies, postérieurement à la promulgation de la loi du 30 octobre 1886, dans des communes ayant moins de 500 âmes,

Et 3° des Écoles maternelles publiques établies dans des communes de moins de 2 001 habitants de population totale ou de moins de 1 200 âmes de population agglomérée.

Quoique les traitements des institutrices de ces diverses Écoles constituent une dépense essentiellement communale, l'État continuera à venir en aide, pour cette dépense, aux communes nécessiteuses, pendant l'année 1892, comme il l'a fait les années précédentes, et dans la mesure du crédit que le Parlement doit m'accorder à cet effet.

Je vous rappelle, d'ailleurs, qu'à l'égard des Écoles de filles établies dans des communes de moins de 401 habitants, la subvention de l'État ne pourra être accordée qu'en appliquant les règles posées dans l'article 4 de l'arrêté ministériel du 10 juillet 1887.

Toutefois, en ce qui concerne les communes dont les Écoles de filles ne sont devenues facultatives que par suite du recensement de 1891, comme la diminution de la population pourrait n'être qu'un fait accidentel, je suis disposé, conformément à l'usage suivi jusqu'ici (voir notamment ma *circulaire du 31 janvier* 1891), à accorder à ces communes une subvention gracieuse égale au montant du traitement dont jouit actuellement l'institutrice (et qui lui sera ainsi conservé), après en avoir déduit les revenus des dons et legs qui auraient été faits aux communes pour ces Écoles et qui restent applicables aux émoluments du personnel desdites Écoles. (*Circulaire du 20 décembre 1890, dernier alinéa.*)

Je vous prie de m'adresser, avant le 1er janvier prochain, les états de dépenses présumées de ces divers établissements pour l'exercice 1892. Vous y inscrirez vos propositions en faveur des communes qui peuvent prétendre à une subvention de l'État. Ces documents seront établis sur des cadres analogues aux deux modèles annexés à la circulaire ministérielle du 20 mars 1887 ; mais vous voudrez bien, pour la facilité du contrôle, indiquer, en regard du nom de chaque commune, les chiffres des deux dénombrements de 1886 et 1891.

Dès que les résultats authentiques de ce dernier dénombrement auront été publiés, je vous ferai connaître le chiffre de la subvention qu'il me sera possible d'allouer à chaque commune. Mais le crédit qui sera inscrit à mon budget devant être assez restreint, je crois devoir vous recommander à nouveau, ainsi que je l'ai déjà fait dans ma circulaire du 31 janvier dernier, d'insister auprès des Conseils municipaux en vue de la transformation de ces petits établissements en classes enfantines, toutes les fois que cette transformation pourra s'opérer sans difficulté sérieuse ; ils rentreront ainsi dans la catégorie des établissements obligatoires, sous réserve de l'engagement prescrit par l'article 1er du décret du 16 mars 1891.

Je tiens à vous faire remarquer, en terminant, que les institutrices exerçant dans des Écoles qui, par suite du dénombrement de 1891, cessent d'être obligatoires pour devenir facultatives, doivent bénéficier des dispositions de l'article 30 de la loi de finances du 26 décembre 1890. En conséquence, elles continueront à acquérir des droits à la retraite et à verser des retenues pour pensions civiles, bien qu'elles soient désormais payées par les communes, à la condition qu'au 1er janvier 1890, elles comptent trente-cinq ans d'âge et cinq ans de services donnant droit à pension.

Vous devrez, d'ailleurs, vous entendre avec M. l'Inspecteur d'Académie pour réserver les vacances qui se produiront dans les Écoles obligatoires à toutes ces institutrices, et surtout à celles d'entre elles qui ne peuvent profiter des dispositions de l'article 30 précité. Il serait, en effet, équitable d'appeler les débutantes dans les emplois facultatifs, et de confier les emplois obligatoires aux institutrices qui ont déjà acquis des droits à la retraite et qui ont déjà été soumises au régime de la loi du 19 juillet 1889.

Veuillez m'accuser réception de la présente circulaire et la porter à la connaissance des municipalités intéressées.

Recevez, etc.

Signé : LÉON BOURGEOIS.

15 déc. 1891. **Circulaire du Ministre de l'Instruction publique, relative à l'installation des Gymnases dans les établissements d'enseignement primaire public.**

15 Décembre 1891.

Monsieur le Préfet[1], la Commission qui avait été chargée, par arrêté du 18 octobre 1887, de la revision des programmes relatifs à l'enseignement de la gymnastique, a terminé ses travaux. Les programmes nouveaux élaborés par cette Commission et approuvés par le Conseil supérieur de l'Instruction publique[2] ont fait l'objet des arrêtés du 10 janvier 1889 (Écoles normales) et du 8 août 1890 (Écoles maternelles, Écoles primaires élémentaires, Écoles primaires supérieures). Un Manuel a été rédigé conformément à ces programmes, et j'ai eu l'honneur, au mois de février dernier, de vous adresser un exemplaire de cet ouvrage, qui a été distribué en même temps à MM. les Inspecteurs d'Académie et les Inspecteurs primaires.

Pour compléter les instructions renfermées dans le Manuel, la Commission a établi une notice contenant :

1° La liste du matériel destiné à l'enseignement de la gymnastique dans les établissements d'instruction primaire;

2° La description des appareils, accompagnée de figures, avec toutes les indications nécessaires pour l'installation des gymnases scolaires.

Vous trouverez ci-joints quelques exemplaires de cette notice, qui va être adressée à MM. les Inspecteurs primaires en nombre suffisant pour qu'ils puissent la communiquer à toutes les municipalités qui leur en feront la demande[3].

En ce qui concerne l'acquisition du matériel, mon Administration continuera, dans la limite des ressources dont elle dispose, à venir en aide aux communes qui auront fait des sacrifices. Conformément à l'avis de la Commission technique, les concessions faites par le Ministère se composeront désormais des agrès suivants :

1 paire d'échelles jumelles;

1 paire de cordes lisses;

1 corde lisse à lutter de 10 mètres.

Je vous prie de vouloir bien porter à la connaissance de MM. les Maires de votre département les dispositions contenues dans la présente circulaire.

Recevez, etc.

Signé : LÉON BOURGEOIS.

1. Une circulaire sur le même objet a été adressée aux Recteurs le même jour; elle était accompagnée d'une liste des agrès et appareils de gymnastique (in-4°, 10 pages, Imp. Nat[le]).
2. Voir le texte de ces programmes, *Bull. adm.*, 1889, t. XLV, p. 24, et *Bull. adm.*, 1890, t. XLVIII, p. 268.
3. Voir cette notice, *Bull. adm.*, 1891, t. L, p. 755.

Circulaire du Vice-Recteur de l'Académie de Paris aux Proviseurs, Principaux et Directeurs des Écoles primaires du ressort, relative à la participation des élèves aux Funérailles de personnes ayant rang dans la hiérarchie des fonctions publiques. 18 déc. 1891.

18 Décembre 1891.

Monsieur le...., l'attention de M. le Ministre a été appelée sur la question de savoir s'il convient que les élèves de nos établissements d'instruction secondaire et primaire assistent en corps ou soient représentés par une délégation aux funérailles de personnes ayant rang dans la hiérarchie des fonctions publiques.

M. le Ministre estime que cette question doit être résolue dans le sens de la négative.

Les enfants qui nous sont confiés, dit-il, n'appartiennent à nos établissements qu'en vue de l'instruction qu'ils y doivent recevoir. Toute manifestation étrangère à leur vie scolaire serait en dehors des attributions du maître, de l'objet propre de l'établissement et des prévisions des parents.

La seule exception à faire est le cas où il s'agirait pour les élèves de rendre les derniers devoirs à un de leurs maîtres ou à l'une des autorités préposées à l'instruction publique. La participation aux funérailles n'est alors de leur part qu'un témoignage naturel et presque nécessaire de reconnaissance ou de respect envers ceux auxquels leurs familles les ont confiés.

Il va sans dire, d'ailleurs, que, si les familles d'un certain nombre d'élèves internes des Lycées ou Collèges exprimaient le désir que leurs enfants assistassent aux obsèques de certains personnages de rang élevé, il y aurait lieu de déférer à ce désir et d'autoriser ces élèves à prendre part à la cérémonie, sous la surveillance d'un maître.

Vous voudrez bien assurer l'exécution de ces instructions.

Recevez, etc.

Signé : GRÉARD.

Circulaire du Ministre de l'Instruction publique, relative à la création d'Écoles et de Classes ou Emplois d'adjoint et d'adjointe en 1892 et au Classement des projets de création par ordre d'urgence. 28 déc. 1891.

28 Décembre 1891.

Monsieur le Préfet, le projet de budget pour l'exercice 1892 prévoit une allocation spéciale à la création d'Écoles et de Classes primaires.

Pour assurer en temps voulu la répartition la plus équitable du crédit dont je pourrai disposer à ce titre, j'ai besoin, dès à présent, d'être exactement renseigné sur le degré d'intérêt et d'opportunité des demandes en instance dans les préfectures. Sans doute, le nouveau subside ne permettra d'accueillir qu'un nombre assez restreint de ces projets, dont votre administration a été saisie, et qui nécessiteraient une dépense relativement considérable; aussi ne devrons-nous l'appliquer qu'aux besoins les plus justifiés: ce sont donc ceux-là qu'il importe essentiellement de bien distinguer. Il vous appartient de me désigner, parmi les créations que le Conseil départemental a jugées nécessaires, celles qui se recommandent par un caractère particulier d'urgence. Vous voudrez bien, en conséquence, vous faire représenter la liste complète des projets de création d'Écoles et d'emplois en suspens qui ont reçu l'approbation du Conseil départemental, et opérer le classement des dossiers, par ordre d'urgence, dans les catégories ci-après :

I. *Écoles primaires élémentaires légalement obligatoires.*
(Art. 11, § 1er et 4, de la loi du 30 octobre 1886 et art. 8 de la loi du 20 mars 1883)

1° Écoles mixtes dans des communes dépourvues de toute École, et ne pouvant être réunies à d'autres communes pour l'instruction primaire;

2° Écoles de filles dans des communes de 500 habitants et au-dessus non autorisées par le Conseil départemental à n'entretenir qu'une École mixte;

3° Écoles mixtes dans des hameaux éloignés du chef-lieu communal ou de toute École d'au moins trois kilomètres et pouvant réunir au moins vingt enfants d'âge scolaire.

II. *Écoles et classes primaires élémentaires dont la création est proposée à titre obligatoire dans les conditions de l'article 13 de la loi du 30 octobre 1886.*

III. *Écoles et classes qui donneraient lieu à une dépense conventionnellement obligatoire.*

1° Classes enfantines;

2° Classes maternelles dans les communes de plus de 2 000 âmes et ayant au moins 1 200 âmes de population agglomérée;

3° Cours complémentaires;

4° Écoles primaires supérieures; Écoles primaires supérieures professionnelles et Écoles manuelles d'apprentissage.

En vue d'assurer l'uniformité du travail dans tous les départements, j'ai préparé le cadre ci-joint, sur lequel vous aurez à inscrire chaque projet, avec son numéro de classement. Il importe que ce travail me parvienne *au plus tard le 15 janvier prochain.*

Je vous prie de vous concerter avec M. l'Inspecteur d'Académie pour assurer l'exécution de la présente circulaire, dont vous voudrez bien m'accuser immédiatement réception.

Recevez, etc.

Signé : LÉON BOURGEOIS.

---

29 déc. 1891.

Arrêté relatif au Certificat d'études primaires.

29 Décembre 1891.

Le Ministre de l'Instruction publique et des Beaux-Arts,

Vu la loi du 28 mars 1882 sur l'enseignement primaire obligatoire;

Vu le décret du 18 janvier 1887 et l'arrêté en date du même jour;

Le Conseil supérieur de l'Instruction publique entendu,

Arrête :

Le paragraphe 3° de l'article 256 de l'arrêté du 18 janvier 1887[1] est complété ainsi qu'il suit :

1. Voir, p. 114, le texte de cet article dans l'arrêté du 24 *juillet* 1888.

« 3° Une rédaction d'un genre simple portant, suivant un choix à faire par l'Inspecteur d'Académie, sur l'un des trois ordres de sujets ci-dessous : 1° l'instruction morale ou civique; 2° l'histoire et la géographie; 3° des notions élémentaires de sciences avec leurs applications à l'agriculture et à l'hygiène[1]. »

Arrêté portant répartition des Matières de l'enseignement et fixant le nombre et la nature des Emplois dans les Écoles primaires supérieures de garçons et de filles de la ville de Paris. 29 déc. 1891.

29 Décembre 1891.

Le Ministre de l'Instruction publique et des Beaux-Arts,

Vu la loi du 30 octobre 1886;

Vu la loi du 19 juillet 1889;

Vu le règlement d'administration publique du 7 avril 1887 et notamment l'article 2;

Vu le règlement d'administration publique du 3 août 1890 et notamment les articles 9 et 13;

Le Conseil supérieur de l'Instruction publique entendu,

Arrête :

ARTICLE 1er. — Les Écoles primaires supérieures de la ville de Paris comprennent un cours d'études d'une durée de quatre ans.

ART. 2. — La répartition des matières de l'enseignement pendant les quatre années est fixée : 1° pour les Écoles de garçons, conformément au tableau A, annexé au présent arrêté; 2° pour les Écoles de filles, conformément au tableau B, également annexé au présent arrêté.

ART. 3. — Cette répartition sera appliquée à partir de la rentrée de l'année scolaire 1892-1893.

ART. 4. — La création, soit de *divisions nouvelles* quand le nombre des élèves dans une année d'études le comportera, soit de cours complémentaires pour le développement des études industrielles et commerciales, sera faite dans les formes et conditions prévues par l'article 13, § 1er, de la loi du 30 octobre 1886.

ART. 5. — Les présentes dispositions ne s'appliquent pas au Collège Chaptal, dont le règlement sera ultérieurement arrêté.

1. Ce paragraphe a été encore modifié ultérieurement par l'arrêté du 31 *juillet* 1897 (voir *à sa date*).
Consulter la circulaire du 2 *mai* 1892, aux Inspecteurs d'Académie, relative à la fixation de la date des examens du certificat d'études primaires (*à sa date*).

TABLEAU A.

ÉCOLES PRIMAIRES SUPÉRIEURES DE GARÇONS DE LA VILLE DE PARIS.

RÉPARTITION DES MATIÈRES DE L'ENSEIGNEMENT

(Nombre total d'heures par semaine).

NATURE des ENSEIGNEMENTS.	1re ANNÉE.	2e ANNÉE.	3e ANNÉE. COMMERCE.	3e ANNÉE. INDUSTRIE.	4e ANNÉE.	OBSERVATIONS. Une section spéciale préparatoire aux Écoles d'arts et métiers à partir de la 2e année comprend les cours ci-dessous.
Enseignements confiés à des professeurs titulaires ou délégués.						
Lettres. — Morale	1 h.	1 h.	1 h.	1 h.	1 h.	1 h.
Lettres. — Français	4 h. 1/2	4 h. 1/2	3 h.	3 h.	4 h.	4 h.
Lettres. — Histoire	1 h. 1/2	1 h. 1/2	1 h. 1/2	1 h. 1/2	1 h.	1 h. 1/2
Lettres. — Géographie	1 h. 1/2	1 h. 1/2	3 h.	1 h.	1 h.	1 h. 1/2
Lettres. — Législation usuelle	»	»	1 h.	1 h.	»	»
Lettres. — Économie politique	»	»	1 h.	1 h.	»	»
Sciences. — Mathématiq.	4 h. 1/2	4 h. 1/2	3 h.	4 h. 1/2	10 h.	10 h.
Sciences. — Physique	1 h. (Physique et Chimie)	1 h. 1/2	1 h.	3 h.	4 h.	»
Sciences. — Chimie		1 h.	2 h.	2 h.	2 h.	»
Sciences. — Histoire naturelle et hygiène	1 h. 1/2	1 h.	1 h.	1 h.	2 h.	»
Enseignements pouvant être confiés soit à des professeurs titulaires ou délégués, soit à des maîtres auxiliaires.						
Langues vivantes. — Anglais ou allemand	4 h. 1/2	3 h.	4 h. 1/2	2 h.	2 h.	»
Langues vivantes. — Espagnol	»	2 h.	2 h.	2 h.	2 h.	»
Dessin géométrique	1 h. 1/2	1 h. 1/2	»	1 h. 1/2	2 h.	2 h.
Enseignements accessoires confiés à des maîtres auxiliaires.						
Dessin d'art	1 h. 1/2	1 h. 1/2	1 h. 1/2	1 h. 1/2	2 h.	2 h.
Modelage	1 h.	1 h.	»	1 h.	»	»
Comptabilité	1 h.	1 h. 1/2	3 h.	1 h.	1 h.	»
Calligraphie	1 h.	1 h.	1 h.	»	»	1 h.
Chant	1 h.	1 h.	1 h.	1 h.	»	»
Travail manuel	1 h. 1/2	1 h. 1/2	»	1 h. 1/2	»	10 h.
Gymnastique et exercices militaires	3 h.	3 h.	3 h.	3 h.	»	»
TOTAUX	31 h. 1/2	33 h. 1/2	33 h. 1/2	33 h. 1/2	34 h.	33 h.

TABLEAU B.

ÉCOLES PRIMAIRES SUPÉRIEURES DE JEUNES FILLES DE LA VILLE DE PARIS.

RÉPARTITION DES MATIÈRES DE L'ENSEIGNEMENT

(Nombre total d'heures par semaine).

NATURE des ENSEIGNEMENTS.		1re ANNÉE.	2e ANNÉE.	3e ANNÉE.	4e ANNÉE.
ENSEIGNEMENTS *confiés à des professeurs titulaires ou à des déléguées.*					
Lettres.	Morale	1 h.	1 h.	1 h.	1 h.
	Français	4 h.	4 h.	4 h.	3 h.
	Histoire	1 h. 1/2	1 h. 1/2	1 h. 1/2	1 h.
	Géographie	2 h.	2 h.	2 h.	2 h.
Sciences.	Mathématiques	2 h. 1/2	3 h.	3 h.	1 h.
	Physique	1 h. 1/2 (Physique et Chimie)	1 h.	1 h.	1 h. (Physique et Chimie)
	Chimie		1 h.	1 h.	
	Histoire naturelle et hygiène	1 h.	1 h.	1 h.	1 h.
ENSEIGNEMENTS *pouvant être confiés à des professeurs titulaires ou à des maîtresses auxiliaires.*					
Langues vivantes.	Anglais, allemand ou espagnol	4 h.	3 h.	3 h.	4 h.
ENSEIGNEMENTS ACCESSOIRES *confiés à des maîtresses auxiliaires.*					
Dessin d'art, éléments de perspective; modelage		3 h.	3 h	3 h.	5 h.
Comptabilité. Législation usuelle et commerciale		1 h.	1 h.	1 h. 1/2	4 h.
Calligraphie		1 h.	1 h.	1 h.	1 h.
Chant		1 h. 1/2	1 h.	1 h.	1 h.
Travaux manuels et économie domestique		3 h.	3 h. 1/2	3 h. 1/2	6 h.
Gymnastique		1 h.	1 h.	1/2 h.	»
TOTAUX		28 h.	28 h.	28 h.	31 h.

16 janvier 1892. **Arrêté instituant un Comité consultatif des Distinctions universitaires.**

16 Janvier 1892.

Le Ministre de l'Instruction publique et des Beaux-Arts,

Vu le décret du 24 décembre 1885,

Arrête :

ARTICLE 1er. — Il est institué au Ministère de l'Instruction publique et des Beaux-Arts un Comité consultatif des distinctions universitaires.

ART. 2. — Ce Comité est composé de la manière suivante :

Le Ministre de l'Instruction publique et des Beaux-Arts, *président ;* le Vice-Recteur de l'Académie de Paris, *vice-président ;* deux sénateurs; deux députés; un membre du Conseil supérieur de l'Instruction publique; un membre du Conseil supérieur des Beaux-Arts; un Inspecteur général de l'Instruction publique, nommés par arrêté ministériel et annuellement renouvelables.

Les Directeurs du Ministère de l'Instruction publique et des Beaux-Arts;

Le chef du Cabinet du Ministre;

Deux Inspecteurs de l'Académie de Paris et un Inspecteur des Beaux-Arts, délégués par le Ministre et chargés de la préparation des affaires, sont adjoints au Comité avec voix délibérative dans les affaires dont ils sont rapporteurs.

ART. 3. — Le Comité fixe semestriellement le contingent des distinctions à attribuer à chacune des catégories de personnes énumérées au décret du 24 décembre 1885[1].

Il examine et classe les titres des candidats n'appartenant pas à l'un des trois ordres d'enseignement ou n'étant point fonctionnaires de l'Administration de l'Instruction publique.

ART. 4. — Aucune nomination ne peut être faite si le Comité n'a déclaré que le candidat réunissait les conditions exigées par les décrets et règlements.

---

26 janvier 1892. **Loi portant fixation du Budget général de l'exercice 1892.** [Extraits.]

26 Janvier 1892.

. . . .

ART. 68. — La contribution de l'État dans les dépenses des communes de l'Algérie pour construction d'Écoles ou de classes destinées aux indigènes, payable sur le crédit de 400 000 francs inscrit

1. « Conformément à l'avis émis par le Comité consultatif des distinctions universitaires, dans sa séance du 17 février dernier, M. le Ministre a décidé qu'il n'y aurait plus désormais qu'une seule promotion par an, au 14 juillet, aussi bien pour les fonctionnaires de l'Instruction publique que pour les personnes étrangères à l'Université. Il ne sera donc fait aucune distribution de palmes académiques au 1er janvier prochain. » (*Bull. adm.*, 1892, t. LII, p. 637).

Consulter ci-après, *à sa date*, l'arrêté du 18 *janvier* 1893.

au chapitre 19 du budget général de l'Algérie (Ministère de l'Instruction publique), ne pourra être inférieure à 40 pour 100 de la dépense, ni supérieure à 80 pour 100.

Elle sera d'ailleurs calculée d'après les règles fixées par l'article 8 de la loi du 20 juin 1885.

Il n'est pas dérogé autrement aux dispositions de la loi du 20 juin 1885 et des lois antérieures.

ART. 69. — Les Écoles primaires supérieures professionnelles dont l'enseignement est principalement industriel ou commercial relèveront à l'avenir du Ministère du Commerce et de l'Industrie, auquel elles seront transférées par décret, et prendront le nom d'Écoles pratiques de commerce ou d'industrie[1]. Ces Écoles et les Écoles gratuites analogues dont le Ministère du Commerce pourra autoriser la création dans les conditions à déterminer par un règlement d'administration publique et dans la limite des crédits budgétaires ouverts à cet effet, seront entretenues conformément aux dispositions de la loi du 19 juillet 1889.

Le personnel enseignant en fonctions dans les Écoles actuellement existantes conservera ses fonctions dans les Écoles transférées et bénéficiera, dans les conditions à déterminer par un règlement d'administration publique, de garanties analogues à celles que lui assuraient, pour le traitement, les indemnités, l'avancement et la discipline, les lois du 30 octobre 1886 et du 19 juillet 1889.

Des règlements d'administration publique détermineront les conditions de recrutement et d'avancement du nouveau personnel enseignant dans les Écoles pratiques de commerce ou d'industrie, les conditions dans lesquelles ce personnel pourra poursuivre la réalisation de l'engagement décennal prévu par la loi sur le recrutement de l'armée, le mode d'établissement des programmes, l'organisation de la surveillance et de l'inspection, le mode d'attribution des bourses et subventions, et toutes les questions d'exécution relatives au fonctionnement de ces Écoles.

ART. 70. — L'article 53 de la loi de finances du 26 décembre 1890 (p. 322) est déclaré applicable à l'exercice 1892.

1. Consulter le décret du 22 *février* 1893 sur les Écoles pratiques de commerce et d'industrie (*Bull. des L.*, 1893, XIIe série, t. XLVI, p. 1182); et les avis relatifs au professorat dans les Écoles pratiques de commerce, insérés au *Bull. adm.*, 1893, t. LIV, p. 869, et 1894, t. LV, p. 93.

Un arrêté du 11 *juin* 1891, du Ministre du Commerce et de l'Industrie, avait précédemment créé à l'École d'arts et métiers de Châlons une section normale destinée à former des maîtres techniques pour les Écoles primaires supérieures et professionnelles ou d'apprentissage placées sous le régime de la loi du 11 décembre 1880 (voir *Bull. adm.*, 1891, t. L, p. 289).

En ce qui concerne les villes de plus de 100 000 âmes, visées au § 1er de l'article 53 de la loi du 19 juillet 1889, la subvention additionnelle de l'État restera, pour l'exercice 1892, la même qu'en 1890.

En ce qui concerne la ville de Paris, les retenues pour pensions civiles seront subies par les instituteurs sur le traitement qui leur sera assigné dans le classement spécial prévu par le § 1er de l'article 53 susvisé. Ce classement spécial sera approuvé par le Gouvernement, le Conseil d'État entendu.

Le taux des indemnités de résidence qui seront fixées pour chaque classe d'instituteurs de la ville de Paris par règlement spécial ne pourra, dans aucun cas, ni pour aucune classe, dépasser les maxima établis par l'article 12 de la loi du 19 juillet 1889.

ART. 71. — A partir du 1er février 1892, les indemnités de résidence prévues par l'article 12 de la loi du 19 juillet 1889 ne viendront en aucun cas en déduction des traitements garantis dus aux instituteurs [1]. Ces indemnités s'ajouteront intégralement, dans les villes de plus de 100 000 âmes, au montant du traitement légal de la classe à laquelle appartient l'instituteur, dans les autres communes au traitement garanti dont il jouit.

---

29 janvier 1892.

Arrêté relatif aux Titularisations et Promotions de classe des instituteurs et institutrices des Écoles élémentaires [2].

29 Janvier 1892.

Le Ministre de l'Instruction publique et des Beaux-Arts,

Vu les articles 6, 40, 42, 49 et 50 de la loi du 19 juillet 1889;

Vu la loi de finances du 26 janvier 1892,

Arrête :

ARTICLE 1er. — La 6e classe provisoire est supprimée pour les institutrices laïques. En conséquence, il est accordé une augmentation de traitement de 50 francs aux institutrices laïques de la 6e classe provisoire qui ont été titularisées avant le 1er janvier 1891 et une augmentation de 100 francs aux institutrices laïques de la même classe qui ont été titularisées le 1er janvier 1891. Le traitement nouveau de ces institutrices ne pourra, en aucun cas, dépasser 1 000 francs.

ART. 2. — Les instituteurs titulaires laïques dont le traitement

1. Consulter la circulaire du 28 *janvier* 1892, aux Préfets (*Circ.*, t. XI, p. 547).

2. Voir la circulaire transmissive du 6 *février* 1892, aux Préfets (*Circ.*, t. XI, p. 554).

a atteint le chiffre de 1 200 francs au 1er janvier 1892, par application de l'article 33 de la loi du 19 juillet 1889, seront rangés en 4e classe, à partir du 1er janvier 1892.

ART. 3. — Sont promus d'une classe tous les instituteurs et toutes les institutrices laïques actuellement rangés dans la 3e ou dans la 2e classe, et comptant, au 1er janvier 1889, trente-quatre ans de services valables pour l'avancement.

ART. 4. — Sont promus d'une classe tous les instituteurs et toutes les institutrices laïques actuellement rangés dans la 4e ou dans la 5e classe, et comptant, au 1er janvier 1889, vingt-six ans de services.

ART. 5. — Les institutrices laïques qui appartenaient jusqu'ici à la 6e classe provisoire et qui comptent, au 1er janvier 1889, vingt-six ans de services, sont promus directement à la 4e classe.

ART. 6. — Le présent arrêté aura son effet à partir du 1er janvier 1892.

Circulaire du Ministre de l'Instruction publique, relative à l'emploi des sommes provenant des rabais d'adjudication pour les travaux de construction et d'appropriation d'établissements scolaires. 18 mars 1892.

18 Mars 1892.

Monsieur le Préfet, le décret du 7 avril 1887 a précisé le sens du quatrième paragraphe de l'article 5 de la loi du 20 juin 1885 relative aux subventions pour construction et appropriation d'établissements scolaires, paragraphe ainsi conçu :

« Dans le cas où les dépenses faites n'atteindraient pas le montant des évaluations, la subvention de l'État sera réduite proportionnellement à l'économie réalisée. »

Comme le stipule l'article 16 du décret, cette réduction s'impose lorsque, par suite du rabais de l'entreprise ou pour toute autre cause, la dépense n'atteint pas le chiffre sur lequel a été calculée la subvention. Dans ce cas, chacune des annuités restant à payer à la commune sur les fonds de l'État, jusqu'au complet amortissement de l'emprunt, est diminuée de la somme nécessaire pour que le chiffre total de la subvention soit égal à la somme qui eût dû être allouée en raison de la dépense réellement faite.

En vertu de l'article 17 du même décret, il y a également lieu à réduction proportionnelle quand la dépense n'a atteint le chiffre sur lequel a été calculée la subvention de l'État que par suite de modifications ou d'additions non approuvées par le Ministre de l'Instruction publique et ne provenant pas de cas de force majeure.

Pour assurer l'exécution de ces prescriptions, vous devrez, dans le délai d'un mois après la réception définitive des travaux, m'adresser un état conforme au modèle ci-joint. Cet état indiquera si le montant des dépenses régulièrement faites atteint le chiffre admis dans le principe comme base du calcul de la subvention ou s'il est inférieur à ce chiffre, et, dans le dernier cas, il fera ressortir l'économie réalisée. Le décompte général de dépenses arrêté par l'architecte et le certificat de réception des travaux devront accompagner ce travail que je vous demande et qui me permettra, s'il y a lieu, d'exercer en toute certitude la reprise au profit du Trésor dans les conditions du décret précité.

Vous remarquerez que, dans l'état dont il s'agit, des travaux supplémentaires ne peuvent entrer en compte que s'ils ont été préalablement approuvés par le Ministre.

Des difficultés étant survenues au sujet de l'emploi de sommes provenant des rabais d'adjudication pour des travaux exécutés sans l'approbation préalable, il importe, pour écarter désormais tout malentendu, d'exposer ici la jurisprudence qui régit la matière.

Les travaux supplémentaires auxquels les communes subventionnées peuvent appliquer les rabais après autorisation du Ministre sont de deux sortes : ceux dont la nécessité se révèle quelquefois au cours de l'exécution du projet de construction ou d'appropriation et que l'on ne pourrait négliger sans compromettre l'œuvre entière, et ceux qui, sans être absolument indispensables, sont de nature à améliorer l'immeuble scolaire.

Dans la première catégorie rentrent les modifications ou les additions réclamées pour la solidité et l'assainissement de la maison d'école, soit en raison de la nature du sol, soit pour d'autres causes particulières qu'il était difficile, sinon impossible de prévoir; mais comme généralement l'architecte est à même d'indiquer à l'avance toutes les mesures ou conditions utiles à l'installation de l'École et que d'ailleurs le premier devis comprend toujours une certaine somme pour faire face aux imprévisions, ce n'est que dans des circonstances tout à fait exceptionnelles que les communes peuvent avoir à invoquer le cas de force majeure. Il ne vous échappera pas que, même en cette occurrence, les plans et devis supplémentaires doivent être soumis au Ministre avant tout commencement d'exécution des travaux. Vous aurez à y joindre, avec les plans et devis primitifs, le procès-verbal de l'adjudication, la délibération prise par le Conseil municipal, le rapport de l'architecte, votre avis motivé et celui de l'Inspecteur d'Académie.

Pour les travaux supplémentaires de la seconde catégorie, qui constituent des ouvrages nouveaux, les demandes d'autorisation sont assujetties nécessairement à la même procédure qui a dû être suivie pour le premier projet adopté. En conséquence, le Comité des bâtiments civils, le Conseil départemental de l'enseignement primaire et le Conseil général seront appelés à donner leur avis lorsqu'il sera présenté de nouveaux devis avec des demandes d'abandon de rabais. Dans l'espèce, vous aurez donc à compléter le dossier en y joignant les délibérations de ces assemblées.

Je crois avoir suffisamment établi que, contrairement à une opinion qui s'est quelquefois accréditée, les communes ne peuvent à leur gré disposer des rabais de l'entreprise. Si ces rabais sont une économie pour la commune, ils constituent aussi une économie pour l'État, qui n'entend pas y renoncer sans des motifs graves. Vous devrez donc insister auprès des municipalités pour que les devis supplémentaires qu'elles ont à me soumettre par votre intermédiaire ne comprennent jamais que des travaux indispensables dans l'intérêt de l'École même à laquelle a été destinée la subvention. Il importe en outre de leur rappeler les dispositions du paragraphe 2 de l'article 16 du décret, qui a fixé l'emploi des sommes restant définitivement disponibles sur le produit de l'emprunt. Le montant de ces sommes ne pourra être arrêté qu'après que j'aurai déterminé, de la manière indiquée plus haut, la part proportionnelle revenant à l'État sur l'économie réalisée.

Je vous prie de porter la présente circulaire à la connaissance des administrations municipales, et de m'en accuser réception.

Recevez, etc.

Signé : LÉON BOURGEOIS.

DÉPARTEMENT
d

ARRONDISSEMENT
d

Le présent état doit être adressé au Ministre pour tout projet d'installation scolaire subventionné, dans le délai d'un mois, après la *réception définitive* de tous les travaux.

(1) Construction, acquisition ou appropriation.

(2) École primaire élémentaire de garçons;

École primaire élémentaire de filles;

École mixte;

École maternelle;

École primaire supérieure de garçons;

École primaire supérieure de filles.

RENSEIGNEMENTS DIVERS.

Montant du projet présenté par la commune et dont les plans ont été approuvés....

Maximum légal de dépense fixé par le tableau A annexé à la loi du 20 juin 1885, pour la catégorie d'établissements à laquelle appartient l'École....

Prix afférents aux services extra-scolaires dont la déduction a été faite : sur la dépense de construction..... f. sur le prix d'acquisition et frais d'actes.... f.

COMMUNE d

INSTALLATION SCOLAIRE

(1) ——— DE L'ÉCOLE (2) ———

(Projet approuvé et subventionné par décision ministérielle du 18 .

État indiquant, d'après le décompte arrêté par l'architecte, le montant des dépenses faites et, s'il y a lieu, l'économie réalisée par suite des rabais de l'adjudication ou pour toute autre cause.

Chiffre de dépense sur lequel a été calculée la subvention de l'État. . . . .

Montant des mémoires réglés par l'architecte pour travaux qui avaient été prévus au projet approuvé (déduction faite du prix de travaux se rapportant à des services extra-scolaires, mairie, remise à pompe, etc.). . . .

Montant des rabais d'adjudication calculés sur ce dernier chiffre de dépenses faites, à déduire . .

Reste. . . . .

A ajouter :

Honoraires de l'architecte, calculés sur la dépense après rabais . . . .

Dépenses en dehors de l'adjudication :

Prix d'acquisition d'immeubles et frais d'actes (déduction faite de la part afférente à des services extra-scolaires) . . . .

. . . .

. . . .

Dépense effectuée pour l'exécution du projet approuvé . . . .

Montant des mémoires réglés par l'architecte pour travaux supplémentaires autorisés par le Ministre, le 18 . . . .

Rabais calculés sur ce dernier chiffre, à déduire. . . . .

Reste. . . . . . .

A ajouter :

Honoraires de l'architecte . . . .

Dépense supplémentaire après rabais, ci.

Total de la dépense réelle. . . .

Économie réalisée sur l'évaluation de dépense qui a servi de base au calcul de la subvention. . . . .

Sur cette économie, la part proportionnelle :
Pour la commune (p. 100) est de. . . . . . .
et pour l'État (p. 100) de. . . . .

A , le 189 .

Le Préfet,

DÉPARTEMENT
d
—
ARRONDISSEMENT
d

COMMUNE d

Dépense (déduction faite du prix des travaux étrangers au service scolaire).

I. — PROJET DE , APPROUVÉ LE

DÉSIGNATION des TRAVAUX.	MONTANT des DEVIS ESTIMATIFS.	TAUX DES RABAIS d'adjudication.	MONTANT des SOUMISSIONS.	MONTANT DES MÉMOIRES des entrepreneurs.	MONTANT des RABAIS.	MONTANT DES MÉMOIRES réglés rabais déduit.	DÉPENSES ÉTRANGÈRES au service scolaire.	OBSERVATIONS.
Maçonnerie..............								
Charpente..............								
Couverture..............								
Menuiserie..............								
Serrurerie..............								
Peinture et vitrerie......								
TOTAUX.......								
Mobilier scolaire........								
Somme à valoir pour travaux imprévus........								
Honoraires de l'architecte.								
TOTAUX.......								
A déduire : Valeur des matériaux de l'ancien bâtiment..............								
RESTE.........								
II. — TRAVAUX SUPPLÉMENTAIRES.	(RABAIS DÉDUIT)							
Maçonnerie..............								
Charpente..............								
Couverture..............								
Menuiserie..............								
Serrurerie..............								
Peinture et vitrerie......								
Honoraires de l'architecte.								

RÉCAPITULATION DES DÉPENSES SCOLAIRES (RABAIS DÉDUIT).

Dépense effectuée pour l'exécution du projet primitif..

Dépense effectuée pour travaux supplémentaires..

TOTAL de la dépense..

Arrêté relatif à la Titularisation d'instituteurs stagiaires[1]. 30 avril 1892.

30 Avril 1892.

Le Ministre de l'Instruction publique et des Beaux-Arts,
Vu la loi du 19 juillet 1889 ;
Vu la loi de finances du 26 janvier 1892,
Arrête :

ARTICLE 1er. — Sont titularisés et, en conséquence, promus à la 5e classe des instituteurs titulaires, les instituteurs stagiaires qui, au 1er janvier 1892, ont accompli au moins cinq ans de services et qui étaient, en outre, à cette époque, pourvus du certificat d'aptitude pédagogique et inscrits sur la liste d'admissibilité dressée par le Conseil départemental.

ART. 2. — Le présent arrêté aura son effet à partir du 1er janvier 1892.

Circulaire du Ministre de l'Instruction publique, relative à la fixation de la date des Examens du Certificat d'études primaires. 2 mai 1892.

2 Mai 1892.

Monsieur l'Inspecteur, aux termes de l'article 1er du décret du 27 juillet 1882, l'examen du Certificat d'études primaires doit avoir lieu à l'expiration de l'année scolaire. L'arrêté du 18 janvier 1887 (*art.* 254) a laissé aux Inspecteurs d'Académie le soin de fixer, pour chaque canton, la date de la convocation des Commissions d'examen du Certificat d'études.

Dans un certain nombre de départements, l'usage s'est établi de commencer ces examens dès les premiers jours du mois de mai. Il en résulte une perturbation dans les études plusieurs semaines avant la fin de l'année scolaire et une diminution dans la durée de la scolarité pour les élèves qui cessent de fréquenter l'École dès qu'ils ont obtenu leur Certificat.

Il conviendrait de ne réunir les Commissions d'examen du Certificat d'études que vers le 15 juin au plus tôt et même, s'il était possible, à une date plus éloignée.

Je vous prie de vouloir bien vous conformer à ces dispositions pour la fixation, dès la prochaine session, des examens du Certificat d'études primaires dans votre département.

Vous voudrez bien m'accuser réception de la présente circulaire.

Recevez, etc.

Signé : LÉON BOURGEOIS.

1. Consulter la circulaire transmissive du 10 *mai* 1892, aux Préfets (*Circ.*, t. XI, p. 583).

3 mai 1892. **Circulaire du Ministre de l'Instruction publique, relative à l'admission d'élèves libres dans les Écoles normales.**

3 Mai 1892.

Monsieur le Recteur, la plupart des candidats aux fonctions d'instituteur et d'institutrice stagiaire, qui n'ont pu ou voulu passer par l'École normale, se font inscrire à l'Inspection académique dès qu'ils sont pourvus du brevet élémentaire, afin de prendre rang sur la liste et d'obtenir, le plus tôt possible, une délégation qui souvent se fait attendre longtemps.

D'après des renseignements qui m'ont été fournis, un assez grand nombre de ces candidats ne continueraient pas leurs études. Considérant comme suffisante la possession du titre qui leur permet d'être nommés, ne sachant souvent où trouver les directions nécessaires à la préparation du brevet supérieur, ils attendent, en se livrant à d'autres occupations, le moment où ils entreront dans l'enseignement, et ne peuvent, dans ces conditions, devenir plus tard que des maîtres médiocres.

Je vous ai signalé dans ma circulaire du 27 avril dernier les inconvénients que présente l'introduction dans le personnel enseignant de maîtres dont l'instruction et la préparation pédagogique sont si insuffisantes.

Cette année, à titre d'essai, afin d'offrir aux candidats laborieux le moyen de compléter leurs études et de se former aux meilleures méthodes d'enseignement, j'ai l'intention de leur ouvrir, à la rentrée prochaine, les portes des Écoles normales dans les conditions suivantes :

Vous auriez à désigner, en choisissant dans le ressort de votre Académie, les départements où le nombre des élèves-maîtres ne suffit pas aux besoins ordinaires du recrutement, une ou plusieurs Écoles normales d'instituteurs et, s'il y a lieu, d'institutrices, dont les locaux, et particulièrement les salles de classe, permettraient de recevoir quelques élèves de plus. Les jeunes gens pourvus du brevet élémentaire qui désireraient suivre à leurs frais, en qualité d'auditeurs libres externes, les cours de l'École et les directions de l'École annexe, pourraient y être autorisées par vous, sur leur demande et après avis de l'Inspecteur d'Académie.

Ces jeunes gens, selon leur degré de préparation et après examen passé devant le directeur et les professeurs de l'École, suivraient les leçons de la première, de la seconde ou de la troisième année, et pourraient ainsi bénéficier du solide enseignement donné dans les Écoles normales, commencer ou continuer la préparation du brevet supérieur et utiliser, tant à leur profit personnel qu'au profit de leurs futurs élèves, le temps pendant lequel ils attendront une délégation.

Il doit être bien entendu que ces auditeurs libres[1] ne jouiront d'aucune des prérogatives accordées aux élèves-maîtres entrés par la voie du concours; que, si l'enseignement leur est offert gratuitement, ils devront s'entretenir entièrement à leurs frais et ne devenir, en aucun cas, une source de charges nouvelles pour le département ni pour l'État. Tout au plus pourrait-on augmenter les dépenses générales de l'École d'une somme légère pour les frais des manipula-

1. Voir la circulaire du 13 *août* 1897, aux Recteurs, qui supprime les auditeurs ou auditrices dans les Écoles normales (*à sa date*).

tions de physique, de chimie et d'histoire naturelle et pour les travaux manuels, frais qui ne s'élèvent, comme vous le savez, qu'à quelques francs par élève.

Je vous prie, Monsieur le Recteur, de vouloir bien vous concerter avec MM. les Inspecteurs d'Académie de votre ressort et me faire connaître, avant le 15 juillet, les mesures que vous aurez prises pour mettre à exécution les instructions qui précèdent.

Recevez, etc.

Signé : LÉON BOURGEOIS.

Circulaire du Ministre de l'Instruction publique, relative à la nomination d'instituteurs au grade de Chevalier de la Légion d'honneur. 1er juin 1892.

1er Juin 1892.

Monsieur le Préfet, depuis quelques années, dans la plupart des départements, aucun instituteur ne figure dans les propositions qui me sont transmises, chaque semestre, par les administrations préfectorales, en vue de la décoration de chevalier de la Légion d'honneur. Je serais très fâché de me voir ainsi forcé d'interrompre une tradition qui permettait d'accorder la plus haute récompense à d'honorables fonctionnaires qui ont consacré une longue carrière au bien public[1].

Peut-être vous a-t-il paru incorrect de présenter, malgré leur mérite, des instituteurs, alors qu'un certain nombre de fonctionnaires placés hiérarchiquement au-dessus d'eux et exerçant à côté d'eux ne sont pas encore décorés. Je ne pense pas, Monsieur le Préfet, que cette considération doive vous arrêter; à défaut de grades universitaires élevés et d'une fonction plus en vue, un directeur d'École primaire élémentaire, qui est arrivé à la fin de sa carrière, après avoir donné des preuves de dévouement de tous les instants, d'une conduite exemplaire et d'une probité professionnelle et privée constamment à l'abri de

1. Voici la liste des instituteurs décorés de la Légion d'honneur depuis le 1er juin 1892 :

Décret du 31 *décembre* 1892 : M. NEVEU (Augustin), directeur de l'École communale de Châtellerault; 57 ans de services, dont 45 dans l'enseignement primaire public;

— 13 *juillet* 1893 : M. HURILLON (Joseph-Gustave), instituteur public à la Fère (Aisne); 44 ans de services;

— 19 *avril* 1895 : M. BASSO (Jean-Benonie-Joseph), instituteur public à Thuès-entre-Walls (Pyrénées-Orientales); 39 ans de services dans la même commune:

— 19 *avril* 1895 : M. GIRARD (Jean), instituteur public à Bordeaux; 36 ans de services;

— 19 *avril* 1895 : M. GUÉGUEN (Philippe), instituteur public à Plestin-les-Grèves (Côtes-du-Nord); 45 ans de services;

— 31 *décembre* 1895 : M. DEPAILLER (Michel), instituteur public à Laps (Puy-de-Dôme); 48 ans de services;

— 12 *juillet* 1897 : M. GARDÉ (Achille-Ambroise), instituteur à Neuilly-sur-Seine; 43 ans de services;

— 31 *décembre* 1897 : M. LE HÉNAFF (Jacques), directeur d'École publique à Lannion (Côtes-du-Nord); 43 ans de services;

— 12 *janvier* 1900 : M. HEUDUIN (Évariste-Théophane), instituteur public à Harbonnières (Somme); 51 ans de services.

tout reproche, s'est acquis des titres sérieux à la croix de la Légion d'honneur, et je suis convaincu qu'il n'est aucun de ses chefs plus jeune que lui d'âge et de services qui ne soit heureux de la lui voir conférer.

Je vous prie, Monsieur le Préfet, d'examiner avec soin si, dans votre département, quelque instituteur communal, remplissant les conditions que je viens de signaler, vous paraît devoir être proposé pour la croix de chevalier de la Légion d'honneur. Vous voudrez bien, dans ce cas, me faire connaître ses nom, prénoms et titres, dans un rapport motivé.

Recevez, etc.

Signé : LÉON BOURGEOIS.

---

2 juin 1892. **Proposition de loi portant modification au paragraphe 3 de l'article 44 de la Loi du 30 octobre 1886 sur l'organisation de l'Enseignement primaire en France, et tendant à déclarer éligibles au Conseil départemental de l'Enseignement primaire tous les instituteurs et institutrices titulaires, présentée par M. Bouge, député[1].**

Séance du 2 Juin 1892.

Exposé des motifs.

Messieurs, la loi organique du 30 octobre 1886 sur l'enseignement primaire, en instituant le Conseil départemental, n'avait pas pour unique but la formation d'une assemblée compétente appelée à émettre des avis ou à prendre des décisions sur les questions intéressant l'enseignement primaire, et chargée de veiller à son développement régulier et continu dans chacun de nos départements ; elle voulait encore et surtout assurer aux membres les plus humbles de l'enseignement primaire, les instituteurs, une représentation effective de leurs opinions, de leurs aspirations et de leurs intérêts professionnels même.

Si le Conseil départemental est appelé à donner sur toutes les questions qui ont trait à l'instruction des avis qui, dans la plupart des cas, ne sont pas obligatoires pour l'autorité académique, sa mission principale n'est-elle pas la garde des intérêts des instituteurs, soit qu'il procède au classement des demandes d'admission ou à l'établissement d'une liste de mérite, soit que, dans les affaires contentieuses et disciplinaires, il s'érige en tribunal chargé de prononcer dans des matières où s'agite l'avenir et quelquefois même l'existence professionnelle des instituteurs et des institutrices primaires ?

C'est dire combien était légitime et louable le but poursuivi par le législateur

1. Insérée au *Journal officiel* du 18 *septembre* 1892, p. 1120, et du 19 *septembre* 1892, p. 1121.

Voir le rapport de M. THOREL, 27 *octobre* 1892 (*Journ. off.*, 2 mars 1893, p. 2226).

Rapprocher cette proposition des projets ci-après désignés :

Projet CAZENOVE DE PRADINE et autres, 20 *janvier* 1894 (*à sa date*) ;

— GENDRE, 28 *avril* 1894 (*à sa date*) ;

— JACQUEMIN, 9 *juillet* 1894 (*à sa date*).

M. BOUGE reprit son projet le 22 *novembre* 1894 dans les termes mêmes de celui du 2 *juin* 1892.

Ce nouveau dépôt donna lieu à un rapport de M. VIOX en date du 2 *février* 1895 (voir *à sa date*).

de 1886, d'assurer aux instituteurs et institutrices, par leur représentation directe au Conseil départemental, un conseil de défenseurs naturels auprès de l'autorité académique ou préfectorale et d'instituer un tribunal où ils fussent jugés par leurs pairs, et combien il est à regretter qu'il n'ait pas été rempli.

En effet, dans cette sorte de suffrage universel de l'enseignement primaire, si l'on voulait permettre à l'instituteur, qui en constitue l'immense majorité et la classe la plus intéressante, de faire entendre sa voix et de se défendre lui-même, la première condition était d'assurer son éligibilité.

Après avoir reconnu la nécessité et le sentiment de haute justice qu'il y avait à donner à l'instituteur des représentants directs au Conseil départemental, il ne suffisait pas de donner à l'instituteur l'électorat, il fallait y joindre l'éligibilité et ne pas apporter à l'exercice de son droit de vote une restriction qui le paralysait.

La Chambre des Députés de 1886 l'avait compris ainsi, lorsqu'en première lecture, se refusant à créer des catégories d'éligibles, elle avait permis aux instituteurs de choisir librement et n'importe où leurs délégués au Conseil départemental de l'enseignement primaire.

Le Sénat revint sur cet avis, et avec la loi nouvelle, la représentation des instituteurs au Conseil départemental est ainsi réglée :

LOI DU 30 OCTOBRE 1886.

TITRE IV. — *Des Conseils de l'enseignement primaire.*

Chapitre Ier. — Du Conseil départemental.

« ART. 44, § 5. — Deux instituteurs et deux institutrices élus respectivement par les instituteurs et institutrices publics titulaires du département, et éligibles soit parmi les directeurs et directrices d'Écoles à plusieurs classes ou d'Écoles annexes à l'École normale, soit parmi les instituteurs et institutrices en retraite. »

Renfermé dans des conditions d'éligibilité aussi rigoureuses, obligé de se porter sur une très petite minorité de privilégiés, le droit de vote de l'instituteur devient illusoire, et les difficultés que rencontre son choix risquent d'altérer souvent la sincérité des suffrages et de nuire à leur efficacité.

Par l'exclusion des instituteurs ou institutrices titulaires, la grande majorité du corps électoral d'enseignement primaire est rendue inéligible.

Peuvent seuls solliciter les suffrages les directeurs et directrices d'Écoles à plusieurs classes. Or, dans tous les départements, le nombre des directeurs ou directrices est insignifiant par rapport à celui des instituteurs ou institutrices titulaires, et, dans un grand nombre, les directeurs ou directrices d'Écoles à plusieurs classes sont très rares, en sorte que le titre de délégué cantonal est en fait et inévitablement attaché à la fonction et au titre de directeur.

Pourquoi ce privilège au profit des uns, et cette inégalité, cette exclusion au préjudice des instituteurs?

Que dans une certaine mesure on ait pu dire avec raison qu'il ne serait pas sans inconvénients d'étendre indéfiniment les conditions d'éligibilité à la délégation cantonale et d'y admettre tous les citoyens français sans distinction, quelles que soient leurs aptitudes professionnelles et qu'ils soient ou non instituteurs, nous voulons bien l'admettre et nous n'irons pas jusque-là dans la voie de l'extension des conditions d'éligibilité.

Les connaissances spéciales nécessaires pour traiter les questions d'enseignement peuvent faire défaut aux esprits les plus éclairés, et il en est que l'exercice de la profession donne seule; enfin peut-être y aurait-il quelques dangers d'introduire au sein du corps enseignant primaire des éléments étrangers qui pourraient y jeter quelque trouble. Nous maintenons l'exclusion portée à l'article 44 de la loi du 30 octobre 1886 contre toutes les personnalités professionnellement étrangères au corps enseignant primaire.

Mais sur quel argument, sur quel grief pourra-t-on s'appuyer pour continuer à écarter les instituteurs de l'éligibilité au Conseil départemental et maintenir à leur encontre une exclusion qui ressemble à une indignité?

N'ont-ils pas les aptitudes nécessaires au même degré que les directeurs ou directrices, dont ils sont les égaux au point de vue des titres universitaires; n'ont-ils pas aussi bien et mieux que ces derniers la connaissance intime des sentiments, des aspirations et des besoins de leurs collègues, et l'intelligence et la capacité voulues pour les faire valoir et pour les défendre?

Pourquoi donc priver les instituteurs de désigner leurs collègues et leurs égaux pour un honneur qu'ils sont à la fois dignes et capables de remplir?

Aussi cette disposition de la loi du 30 octobre 1886 a-t-elle depuis longtemps soulevé les plaintes et les réclamations du corps enseignant primaire. Des candidats au Conseil supérieur de l'Instruction publique se sont faits les organes de ce mouvement d'opinion et ont fait figurer dans leur programme les modifications à apporter à cette partie de la loi organique dans le sens de l'extension de l'éligibilité; de nombreux Conseils départementaux ont formulé le même vœu, et à leur tour quelques Conseils généraux l'ont adopté.

Les réclamations du corps enseignant primaire sur ce point nous paraissent légitimes, et le désir de leur donner satisfaction nous a engagé à vous soumettre le projet de loi suivant :

Proposition de loi.

ARTICLE UNIQUE. — Remplacer le paragraphe 5, article 44, de la loi du 30 octobre 1886 par la disposition suivante :

« § 5. — Quatre instituteurs ou institutrices titulaires publics du département, élus au scrutin de liste par les instituteurs ou institutrices publics titulaires du département et éligibles, soit parmi les instituteurs ou institutrices publics titulaires, directeurs ou directrices, adjoints ou adjointes, soit parmi les instituteurs et institutrices en retraite. »

---

8 juin 1892.

Arrêté concernant les Bourses de séjour à l'étranger [1].

8 Juin 1892.

Le Ministre de l'Instruction publique et des Beaux-Arts,

Vu l'article 97 du décret organique du 18 janvier 1887 ;

Vu l'article 126 de l'arrêté organique en date du même jour ;

Sur l'avis du Comité de patronage des boursiers de l'enseignement primaire à l'étranger,

Arrête :

1. Voir, p. 286, l'arrêté du 30 *juillet* 1890 et la note en renvoi.

ARTICLE 1er. — Les candidats pourvus du certificat d'aptitude au professorat des Écoles normales, admis à concourir pour l'obtention d'une bourse de séjour à l'étranger, devront contracter, devant l'Inspecteur d'Académie qui recevra leur inscription, l'engagement de se consacrer pendant cinq ans au moins à l'enseignement dans les Écoles normales primaires ou les Ecoles primaires supérieures et se charger des leçons de la langue vivante qu'ils auront étudiée.

ART. 2. — En cas de rupture de cet engagement, le Ministre pourra exiger des anciens boursiers le remboursement de la totalité ou d'une partie de la pension dont ils auront joui pendant la durée de leur séjour à l'étranger.

Circulaire du Ministre de l'Instruction publique, relative aux créations d'Écoles. 14 juin 1892.

14 Juin 1892.

Monsieur le Préfet, mon administration est quelquefois appelée à statuer sur une création d'École [1] décidée par le Conseil départemental de l'enseignement primaire, contrairement à l'avis du Conseil municipal. Sans doute, l'assemblée départementale n'est pas tenue de suivre cet avis; mais il m'a paru que le différend provient le plus souvent d'un malentendu sur l'application des lois qui, à diverses conditions, rendent l'établissement d'Écoles obligatoire pour les communes. En vue de prévenir des équivoques qui ont pu donner lieu à des pourvois devant le Conseil d'État, j'ai consulté le Comité du contentieux institué près mon Ministère, et je porte à votre connaissance les conclusions que j'ai adoptées.

La loi du 20 mars 1883, article 8, prescrit l'établissement de maisons d'école dans les hameaux ou centres de population éloignés du chef-lieu communal ou distants les uns des autres de trois kilomètres et réunissant un effectif d'au moins 20 enfants d'âge scolaire. En conséquence, tout hameau a le droit, lorsqu'il se trouve dans les conditions précitées et quelle que soit l'importance de l'École ou des Écoles de la commune, d'exiger la création d'une École de hameau. Le même droit appartient à l'Administration. Mais, que la création soit réclamée par les intéressés ou qu'elle soit prescrite d'office, l'arrêté ministériel qui la prononcerait serait, dans l'un ou l'autre cas, entaché d'irrégularité si la double condition de distance et de population scolaire prévue par ledit article 8 n'était pas remplie. Aussi faut-il, pour éviter toute erreur de nature à vicier sa décision, que le Conseil départemental vise expressément l'article 8 de la loi de 1883. De

1. Consulter, au sujet des *créations d'Écoles*, les circulaires suivantes :
Du 18 *juillet* 1893 aux Préfets (*Bull. adm.*, 1893, t. LIV, p. 239);
— 19 *octobre* 1893 aux Préfets (*Ibid.*, p. 646);
— 26 *décembre* 1894 aux Préfets (*Bull. adm.*, 1894, t. LVI, p. 826);
— 13 *décembre* 1895 aux Préfets (*Bull. adm.*, 1895, t. LVIII, p. 918);
— 13 *avril* 1897 aux Préfets (*Bull. adm.*, 1897, t. LXI, p. 543);
— 26 *mars* 1898 aux Préfets (*Bull. adm.*, 1898, t. LXIII, p. 432).

plus, la délibération du Conseil départemental devra mentionner que l'assemblée a pris connaissance de l'avis du Conseil municipal ; elle devra brièvement, mais catégoriquement, énoncer les motifs qui justifient l'établissement de l'École de hameau proprement dite ; elle devra enfin relater le certificat de l'agent voyer quant à la distance et le relevé du nombre des enfants en âge scolaire signé par l'Inspecteur d'Académie.

D'autre part, la loi du 30 octobre 1886, article 13, donne au Conseil départemental le droit de déterminer, toujours après avis du Conseil municipal et sous réserve de l'approbation ministérielle, « le *nombre*, la *nature* et le *siège* des Écoles primaires publiques qu'il y a lieu d'établir ou de maintenir dans chaque commune ». En vertu de ces dispositions, il appartient au Conseil départemental de décider si le nombre des Écoles existantes est ou non suffisant; il lui appartient, en même temps, de fixer sur quels points du territoire de la commune les nouvelles Écoles devront être créées. D'où il suit que, si une section de commune ne se trouve pas dans les conditions prescrites par l'article 8 de la loi du 20 mars 1883 pour l'établissement d'une École de hameau, le Conseil départemental a qualité, en s'appuyant sur l'article 13 de la loi du 30 octobre 1886 et en mentionnant dans sa délibération l'insuffisance du nombre des Écoles existantes, pour imposer à la commune, à titre obligatoire, la création d'une École primaire ordinaire ayant son siège dans ladite section. Mais alors, le cas étant différent de celui où il s'agit d'appliquer la loi du 20 mars 1883, il importe que les dispositions de cette loi ne soient visées ni dans l'instruction de l'affaire, ni dans l'énoncé de la délibération de l'assemblée départementale. Il y a lieu d'autant plus d'insister à cet égard que les deux lois, qui ont chacune leur objet bien distinct, ont été quelquefois invoquées l'une et l'autre simultanément pour une même création, et que cette confusion a dû nécessiter une rectification de la décision prise.

Vous devrez, Monsieur le Préfet, ne me transmettre les dossiers de création d'École qu'après vous être assuré qu'il a été satisfait aux instructions ci-dessus.

Je vous prie de m'accuser réception de la présente circulaire, dont vous voudrez bien donner communication au Conseil départemental, dans sa prochaine séance, et aux municipalités, par la voie du *Bulletin administratif* de votre préfecture.

Recevez, etc.

Signé : LÉON BOURGEOIS.

---

17 juin 1892. **Circulaire du Ministre de l'Instruction publique, autorisant les Inspecteurs d'Académie à faire subir les épreuves écrites de l'examen du Certificat d'études primaires supérieures dans la commune où habite le candidat.**

17 Juin 1892.

Monsieur l'Inspecteur, aux termes des articles 242 et suivants du décret du 18 janvier 1887, les épreuves orales et les épreuves écrites de l'examen du certificat d'études primaires supérieures sont subies dans la ville que j'ai désignée comme centre d'examen sur votre proposition.

Plusieurs de vos collègues m'ont demandé l'autorisation de faire faire les épreuves écrites dans la commune où habite le candidat.

Cette mesure présenterait une double utilité : elle éviterait aux familles les difficultés d'un déplacement et les frais qu'il entraîne en pure perte, en cas d'insuccès aux épreuves écrites, et elle tendrait à augmenter le nombre des candidats qu'effraye actuellement la perspective d'une dépense inutile.

Je suis disposé, pour ces motifs, à adopter la proposition qui m'a été faite. Je vous prie, en conséquence, Monsieur l'Inspecteur, de vouloir bien prendre les mesures nécessaires pour que cette réforme soit appliquée cette année dans tous les cas où elle vous paraîtra possible.

Vous aurez, en effet, à faire choix d'une personne ayant assez de loisir, de compétence et de bonne volonté pour tenir la place d'un des membres de la Commission et surveiller les candidats pendant la durée des épreuves écrites. Je vous demanderai de donner immédiatement connaissance de ces instructions à MM. les directeurs des Écoles primaires supérieures et des Cours complémentaires et de me renseigner sur le nombre des candidats qui auraient demandé à bénéficier de cette mesure.

Vous voudrez bien m'accuser réception de la présente circulaire.

Recevez, etc.

Signé : LÉON BOURGEOIS.

Arrêté interdisant le Catéchisme du diocèse d'Aix dans les Écoles privées. 21 juillet 1892.

21 Juillet 1892.

Le Ministre de l'Instruction publique et des Beaux-Arts,

Vu la loi du 27 février 1880, article 5 ;

Vu le livre ayant pour titre : « *Catéchisme à l'usage du diocèse d'Aix*, imprimé par ordre de Mgr l'archevêque d'Aix, Arles et Embrun, à Bar-le-Duc, imprimerie de l'œuvre de Saint-Paul, 1890 » ;

Vu le décret du 2 juin 1892, déclarant qu'il y a abus dans la publication de ce livre ;

Le Conseil supérieur de l'Instruction publique entendu,

Arrête :

ARTICLE 1er. — Est interdit dans les Écoles libres ou Écoles privées de tout ordre, comme contenant des propositions contraires aux lois, le catéchisme à l'usage du diocèse d'Aix, édition de 1890.

ART. 2. — Les Recteurs des Académies d'Aix et de Grenoble sont chargés, chacun en ce qui le concerne, de l'exécution du présent arrêté.

---

25 juillet 1892. **Décret portant une disposition additionnelle au Décret du 6 juin 1891 relatif au Certificat d'aptitude au professorat des Écoles normales et des Écoles primaires supérieures (examen restreint).**

25 Juillet 1892.

Le Président de la République française,

Sur le rapport du Ministre de l'Instruction publique et des Beaux-Arts;

Vu les lois du 30 octobre 1886 et du 19 juillet 1889;

Vu le décret du 18 janvier 1887, notamment l'article 192;

Vu le décret du 6 juin 1891;

Le Conseil supérieur de l'Instruction publique entendu,

Décrète :

La disposition additionnelle ci-après prendra place à la suite de l'article 3 du décret du 6 juin 1891 :

« ART. 4. — Les maîtres et maîtresses délégués dans les Écoles normales pour l'enseignement des lettres et pour l'enseignement des sciences ou pour la direction des Écoles annexes, qui compteront au moment de l'examen deux années de délégation dans les Écoles normales et vingt-cinq ans d'âge, pourront, à l'expiration de leur délégation à l'École normale, subir les épreuves du professorat dans les conditions de l'examen restreint déterminées par l'article 173 de l'arrêté du 18 janvier 1887.

« Cette faculté n'est accordée que pour les sessions ordinaires et extraordinaires qui auront lieu jusqu'à la fin de l'année 1893. Aucune session pour cet examen restreint n'aura lieu après le 31 décembre 1893.

« Le diplôme de professorat obtenu à la suite de cet examen ne pourra servir que pour exercer dans l'enseignement primaire supérieur, les dispositions de l'article 2 du présent décret restant applicables aux fonctionnaires ci-dessus désignés. Il donnera lieu à l'indemnité soumise à retenue prévue à l'article 20 de la loi du 19 juillet 1889.

« L'article 8 du décret du 31 juillet 1890 est abrogé. »

Décret modifiant le Décret du 24 août 1891 relatif aux Conseils d'administration et aux Comités de patronage des Écoles nationales professionnelles. 26 juillet 1892.

26 Juillet 1892.

Le Président de la République française,

Sur le rapport du Ministre de l'Instruction publique et des Beaux-Arts et du Ministre du Commerce et de l'Industrie,

Décrète :

Les articles 4 et 7 du décret du 24 août 1891 relatif aux Conseils d'administration et aux Comités de patronage des Écoles nationales professionnelles sont modifiés ainsi qu'il suit :

« Art. 4. — Le Préfet du département est de droit président du Conseil d'administration. En son absence, la présidence est dévolue, pour la séance, au Recteur, et, à son défaut, au membre choisi par le Conseil.

« Art. 7. — Toutes les délibérations du Conseil d'administration concernant la situation matérielle de l'École et les améliorations à réaliser sont transmises par le président du Conseil d'administration au Ministre de l'Instruction publique et au Ministre du Commerce et de l'Industrie.

« Copie de ces délibérations est immédiatement adressée par le président au Recteur de l'Académie, qui fait connaître, dans un délai de quinze jours, ses observations aux deux Ministres. »

Lettre du Ministre de l'Instruction publique au Préfet du département du Vaucluse, relative à un projet de réunion d'un Congrès régional d'instituteurs. 3 août 1892.

3 Août 1892.

Monsieur le Préfet, vous m'avez informé, au commencement de juillet, que vous appreniez, par les journaux, l'initiative que prenait un instituteur en retraite, membre du Conseil départemental du Vaucluse, en vue de réunir un « congrès régional d'instituteurs » sous la présidence d'honneur de députés et de sénateurs de la région : le but de ce congrès devait être de provoquer la refonte de la loi de 1889 dans le sens d'une augmentation des traitements. Depuis, vous m'avez communiqué divers appels insérés dans les journaux pour déterminer les instituteurs à s'associer à cette manifestation. Enfin, le promoteur de la réunion vous ayant donné avis de son projet et le Comité annonçant l'intention de faire une démarche auprès de vous pour solliciter l'appui formel de l'Administration, vous m'avez demandé à cet égard des instructions spéciales.

Sur le fait même de la réunion projetée, je n'ai point d'autres instructions à vous donner, Monsieur le Préfet, que celles qui sont en vigueur depuis l'établissement en France du régime républicain. A ce sujet, ni la doctrine ni la pratique de mes prédécesseurs n'a varié, et je suis heureux de n'avoir à mon tour qu'à la confirmer en interdisant ce qu'ils ont tous interdit, en approuvant ce qu'ils ont tous approuvé.

Dès le début, le Gouvernement a tracé la ligne de démarcation. Il a déclaré qu'il ne laisserait pas s'introdruire dans l'enseignement public, sous prétexte de « groupement des instituteurs », une organisation permanente telle qu'un syndicat professionnel, une ligue ou fédération aboutissant à un Comité central ou tout autre mode de concentration illégale de pouvoirs aux mains de mandataires officieux, quels qu'ils soient. Pour couper court à toute équivoque, un de mes honorables prédécesseurs, M. Spuller, a résumé dans une magistrale instruction, en date du 20 septembre 1887, tous les principes de la matière : il y explique aux instituteurs qu'il est impossible de laisser s'interposer entre eux et les pouvoirs publics d'autres chefs que leurs chefs hiérarchiques et le Ministre ; il y montre à quel point il serait déraisonnable d'assimiler leurs traitements fixés par la loi à des salaires librement débattus, d'autoriser en conséquence les fonctionnaires de l'État à se liguer pour peser sur l'État, c'est-à-dire à user de la parcelle de l'autorité publique dont ils sont dépositaires pour servir leurs intérêts particuliers.

Mais, en dehors de cet abus, qu'il importait de prévenir, le Gouvernement, tenant compte de la nature spéciale des fonctions éducatrices, a toujours reconnu qu'il y avait avantage à faciliter entre les instituteurs l'échange de vues et la libre discussion : il est bon qu'ils traitent et qu'ils approfondissent entre eux toutes les questions qui intéressent leur profession sans en exclure celles qui se rapportent à leur situation personnelle. Conférences ou Congrès, leurs assemblées professionnelles, soit locales, soit générales, ont partout rencontré les sympathies de l'Administration. Il n'en saurait être autrement de celle qui est projetée à Avignon, les instituteurs ont eu raison de n'en pas douter. Non seulement ils ne rencontreront ni entraves pour leur réunion ni gêne dans leurs délibérations ; mais encore vous ne manquerez pas, Monsieur le Préfet, de leur laisser voir que j'ai la même confiance que mes devanciers dans la ferme raison de nos instituteurs et dans leur excellent esprit. Vous prouverez une fois de plus qu'à nos yeux un des meilleurs moyens de faire l'éducation d'un peuple libre, c'est d'exercer ses éducateurs eux-mêmes à la liberté.

Mais vous me demandez plus, Monsieur le Préfet : vous désirez savoir quelles dispositions doit témoigner l'Administration quant au fond même de la question que traitera le congrès. Je comprends, en effet, que les instituteurs qui vous consultent, vous ou M. l'Inspecteur d'Académie, tiennent à savoir si vous approuvez, si le Ministre approuve la nouvelle manifestation à laquelle on les convie au nom de la solidarité du corps enseignant.

Je vous autorise à leur répondre que cette manifestation me paraît très peu opportune et qu'à mon avis, sans pouvoir faire grand bien à leur cause, elle risque de la compromettre.

L'opinion publique en effet ne les verra peut-être pas sans surprise engager cette campagne précisément à l'heure où nous sommes, c'est-à-dire au lendemain du jour où deux Commissions de la Chambre viennent de leur donner des preuves décisives de l'empressement du Parlement à prendre en mains leurs intérêts. D'une part, la Commission du budget, persévérant dans la voie où elle marche depuis 1889, propose de nouveaux crédits qui vont permettre de réaliser presque entièrement l'application intégrale de la loi de 1889, c'est-à-dire de parfaire, en moins de cinq années, une augmentation annuelle de plusieurs millions qui, d'après la loi, aurait pu s'échelonner sur une période de huit ans. D'autre part, la Commission chargée d'examiner le projet de revision de la loi de 1889 présenté par l'honorable M. Viger vient de déposer son rapport, que la presse entière a reproduit. Ce rapport, après avoir passé en revue les diverses demandes émanant des instituteurs, conclut, d'accord avec le Gouvernement, à l'adoption de toutes celles que la Commission croit pouvoir utilement recommander à l'attention immédiate du Parlement.

Après de tels témoignages de la sollicitude des pouvoirs publics, n'y aurait-il pas inconvénient, de la part des instituteurs, à y répondre par un manifeste qui serait tout au moins un anachronisme?

Je ne vous cacherai pas, d'ailleurs, Monsieur le Préfet, qu'à parcourir rapidement les *desiderata* énumérés dans le programme sommaire que vous m'avez communiqué d'après les journaux de votre département, j'ai eu l'impression qu'il y avait là des exagérations dont les instituteurs seront les premiers à faire justice. Ils verront bien vite que si, par impossible, ils obtenaient tous les avantages que ce programme fait briller à leurs yeux, ils formeraient en France une classe privilégiée; il n'y aurait plus entre les instituteurs ainsi traités et le reste des fonctionnaires, soit de l'Université, soit des autres services publics, aucune commune mesure.

Quoi qu'il en soit, je comprends, Monsieur le Préfet, votre préoccupation de ne laisser planer sur votre attitude, et par suite sur celle du Gouvernement que vous représentez, aucune équivoque. Je ne voudrais, à aucun prix, que le Gouvernement pût être accusé d'encourager les instituteurs dans des espérances chimériques, en paraissant patronner un pétitionnement qui, à l'heure présente, manquerait peut-être encore plus de dignité que d'utilité. Je ne puis faire au personnel enseignant d'autres déclarations ni d'autres promesses que celles que j'ai portées officiellement, soit à la Commission du budget, soit à la Commission de l'enseignement primaire. C'est d'accord avec le Gouvernement que les chiffres budgétaires ont été arrêtés; c'est aussi d'accord avec lui que le principe des améliorations considérables inscrites dans le projet Viger a été adopté pour être soumis à la Chambre. Vous pouvez donner aux instituteurs l'assurance que ces propositions seront fermement défendues par le Ministre, et vous leur ferez par là même comprendre qu'il ne lui soit pas possible d'en porter d'autres devant le Parlement.

Recevez, etc.

Signé : Léon Bourgeois.

Décret relatif aux Promotions des fonctionnaires de l'Enseignement primaire. 4 août 1892.

4 Août 1892.

Le Président de la République française.

Sur le rapport du Ministre de l'Instruction publique et des Beaux-Arts,

Vu la loi du 19 juillet 1889 concernant les dépenses ordinaires de l'instruction primaire publique et les traitements du personnel de ce service ;

Le Conseil supérieur de l'Instruction publique entendu,

Décrète :

L'article 127, § 4, du décret du 18 janvier 1887, est modifié ainsi qu'il suit :

« Les promotions de classe sont accordées chaque année aux fonctionnaires énumérés aux articles 14, 16, 17, 18, 21 et 22 de la loi précitée, sur les propositions des Recteurs et des Inspecteurs généraux réunis en Comité. »

---

20 août 1892. **Rapport et Décret portant règlement d'administration publique : 1° sur le Mode spécial de classement et d'avancement des instituteurs et des institutrices de la ville de Paris ; 2° sur les Conditions de nomination des instituteurs suppléants et des institutrices suppléantes ; 3° sur les Indemnités représentatives de logement attribuées au personnel enseignant des Écoles primaires publiques de Paris.**

20 Août 1892.

1° Rapport au Président de la République.

Monsieur le Président,

Le projet de décret que j'ai l'honneur de soumettre à votre signature a pour objet de déterminer par un nouveau règlement d'administration publique, conformément aux prescriptions de la loi de finances du 26 janvier 1892, le mode spécial de classement et d'avancement des instituteurs et institutrices de la ville de Paris.

Cette question avait été résolue au lendemain de la promulgation de la loi du 19 juillet 1889 par un règlement d'administration publique rendu à la date du 20 mai 1890, et qui avait réparti entre ces fonctionnaires tous les avantages spéciaux à la ville de Paris, que comportait, à cette date, la législation existante. Mais depuis lors, par les lois de finances de 1890 et de 1892, le Gouvernement a été autorisé à maintenir, en faveur de ce même personnel, des avantages plus grands encore qui résultaient des anciens règlements municipaux, soit au point de vue du classement des directeurs, des adjoints et des stagiaires, soit au point de vue de la régularité de leur avancement, soit au point de vue de la retraite. La réglementation que le présent décret doit consacrer est celle-là même que le Conseil municipal de Paris a soumise à l'approbation du Gouvernement, dont les instituteurs sont unanimes à solliciter le maintien, dont mon collègue, M. le Ministre des Finances, a demandé avec moi aux Chambres d'inscrire le principe dans la loi comme conciliant équitablement les intérêts de l'État, ceux de la ville et ceux du corps enseignant.

Le Conseil d'État, après mûr examen, a donné son approbation à cette sorte de charte particulière des instituteurs parisiens, qui, selon le vœu du législateur, ne porte aucune atteinte au classement de ces maîtres dans le tableau général des instituteurs français.

C'est dans ces conditions de complet accord entre les diverses autorités intéressées que le projet de règlement est proposé à votre approbation et que j'ai l'honneur de vous prier, Monsieur le Président, de vouloir bien le revêtir de votre signature.

Veuillez agréer, etc.

Le Ministre de l'Instruction publique et des Beaux-Arts,
Signé : Léon Bourgeois.

2° Décret.

Le Président de la République française,

Sur le rapport du Ministre de l'Instruction publique et des Beaux-Arts,

Vu la loi du 19 juillet 1889, notamment l'article 48, paragraphes 6, 8 et 15 ;

Vu les décrets des 2 août 1890 et 17 mars 1891, rendus en exécution de l'article 48, paragraphes 6 et 15, de la loi précitée ;

Vu les lois du 26 décembre 1890, article 53, et du 26 janvier 1892, articles 70 et 71 ;

Vu la délibération du Conseil municipal de la ville de Paris en date du 4 novembre 1891 ;

Vu l'avis du Ministre des Finances en date du 20 février 1892 ;

Vu l'avis du Conseil supérieur de l'Instruction publique en date du 18 juillet 1892 ;

Le Conseil d'État entendu,

Décrète :

Article 1er. — Les instituteurs et les institutrices attachés aux Écoles publiques primaires et maternelles de la ville de Paris sont soumis à un double régime de classement et d'avancement :

1° Au régime général établi par les dispositions des articles 6, 24 et 34, paragraphe 3, de la loi du 19 juillet 1889 ;

2° Au régime spécial municipal déterminé par les articles suivants.

Art. 2. — Ils sont répartis en instituteurs et institutrices stagiaires, en instituteurs et institutrices titulaires.

Art. 3[1]. — Les instituteurs stagiaires et les institutrices stagiaires peuvent :

1. Cet article a été modifié par le décret du 25 *juin* 1898, art. 1er (voir *à sa date*).

1° Être délégués pour remplacer temporairement les instituteurs et les institutrices en congé ;

2° Être attachés à un poste fixe.

Le nombre des stagiaires chargés des suppléances est fixé par le Ministre de l'Instruction publique, sur la proposition du Préfet, après avis du Conseil départemental.

Les instituteurs et les institutrices stagiaires reçoivent un traitement de 800 francs et une indemnité de résidence de 500 francs, sans préjudice de l'indemnité de logement, dont il sera parlé ultérieurement.

ART. 4. — Les instituteurs et les institutrices titulaires se divisent en titulaires adjoints et adjointes et en titulaires directeurs et directrices.

ART. 5. — Les instituteurs titulaires adjoints et les institutrices titulaires adjointes sont répartis en cinq classes dont les émoluments sont fixés ainsi qu'il suit :

CLASSES MUNICIPALES.	TRAITEMENT.	INDEMNITÉ de RÉSIDENCE.	TOTAL.
	francs.	francs.	francs.
1° INSTITUTEURS ADJOINTS.			
5e classe	1 000	800	1 800
4e classe	1 200	900	2 100
3e classe	1 500	900	2 400
2e classe	1 800	900	2 700
1re classe	2 000	1 000	3 000
2° INSTITUTRICES ADJOINTES.			
5e classe	1 000	500	1 500
4e classe	1 200	600	1 800
3e classe	1 400	600	2 000
2e classe	1 500	800	2 300
1re classe	1 600	1 000	2 600

Le passage d'une classe à l'autre ne peut avoir lieu qu'après trois ans d'exercice au minimum dans la classe inférieure.

Le nombre des promotions dans chaque classe ne pourra dépasser chaque année le quart de l'effectif de la classe immédiatement inférieure.

Ne peuvent être promus dans les deux premières classes que les instituteurs titulaires adjoints et les institutrices titulaires adjointes pourvus du brevet supérieur.

ART. 6. — Les instituteurs titulaires adjoints et les institutrices titulaires adjointes ne peuvent être appelés à une direction d'École que s'ils appartiennent à la première ou à la deuxième des classes prévues par l'article précédent.

Art. 7. — Les instituteurs titulaires directeurs et les institutrices titulaires directrices sont répartis en quatre classes dont les émoluments sont fixés ainsi qu'il suit :

CLASSES MUNICIPALES.	TRAITEMENT.	INDEMNITÉ de RÉSIDENCE.	TOTAL.
	francs.	francs.	francs.
1° INSTITUTEURS DIRECTEURS.			
4e classe	2 400	1 000	3 400
3e classe	2 400	1 300	3 700
2e classe	2 400	1 700	4 100
1re classe	2 400	2 000	4 400
2° INSTITUTRICES DIRECTRICES.			
4e classe	2 000	1 000	3 000
3e classe	2 000	1 300	3 300
2e classe	2 000	1 600	3 600
1re classe	2 000	2 000	4 000

Le passage d'une classe à l'autre peut avoir lieu après trois ans d'exercice au minimum dans la classe inférieure.

Le nombre des promotions dans chaque classe ne pourra dépasser chaque année le tiers de l'effectif de la classe immédiatement inférieure.

Art. 8. — Les promotions de classe sont accordées par arrêtés du Préfet de la Seine, sur la proposition de l'Inspecteur d'Académie, Directeur de l'enseignement.

Il ne sera fait de promotions qu'une fois par an avec effet à dater du 1er janvier suivant.

Art. 9. — Les indemnités représentatives de logement attribuées au personnel des Écoles primaires publiques élémentaires et maternelles de la ville de Paris sont fixées ainsi qu'il suit :

1° Instituteurs et institutrices stagiaires, instituteurs et institutrices titulaires, 600 francs ;

2° Instituteurs et institutrices titulaires chargés d'une direction, 800 francs.

Art. 10. — Les traitements et indemnités fixés par les articles 3 et 5 tiendront lieu, pour le personnel des Écoles publiques de Paris, des traitements, suppléments de traitements et indemnités prévues par les articles 7, 8, 9 et 12 de la loi du 19 juillet 1889.

ART. 11. — Le décret du 20 mai 1890 est abrogé.

DISPOSITIONS TRANSITOIRES.

ART. 12. — Les instituteurs et les institutrices attachés à une des classes établies par le décret du 20 mai 1890 seront, pour le classement général prévu au paragraphe 1er de l'article 1er, versés dans la classe correspondant à celle qu'ils occupaient lors de la promulgation du présent règlement.

ART. 13. — Les instituteurs et les institutrices de la ville de Paris qui jouissent actuellement d'émoluments supérieurs à ceux déterminés par le présent règlement, conserveront ces émoluments aussi longtemps qu'ils resteront dans les fonctions qu'ils occupent.

ART. 14. — Par dérogation au dernier paragraphe de l'article 5, pourront être promus à la 2e et à la 1re classe, les instituteurs titulaires, en fonctions au 19 juillet 1889, qui ne seront pas pourvus du brevet supérieur.

---

29 août 1892. **Circulaire du Ministre de l'Instruction publique, relative à l'obligation de prendre l'avis du Conseil d'hygiène sur les plans et devis et sur le choix de l'emplacement de toute maison d'école.**

29 Août 1892.

Monsieur le Préfet, l'attention de M. le président du Conseil, Ministre de l'Intérieur, a été appelée tout particulièrement sur ce fait, que les médecins des épidémies, dans leurs enquêtes sur les causes des maladies transmissibles qui avaient atteint la population scolaire, ont, à diverses reprises, attribué l'origine de ces épidémies aux conditions défectueuses dans lesquelles se trouvaient placées les Écoles, au point de vue de l'hygiène[1].

L'avis préalable des Conseils d'hygiène aurait certainement prévenu les inconvénients des choix auxquels on s'est arrêté pour l'emplacement de ces Écoles. Or, la loi qui oblige les familles à envoyer leurs enfants à l'École, lorsqu'ils ne reçoivent pas à domicile l'instruction primaire, crée au Gouvernement l'obligation impérieuse de prendre toutes les précautions de nature à sauvegarder la santé des enfants.

Par une circulaire du 18 juin 1888, l'un de mes prédécesseurs, en rappelant les dispositions de l'arrêté du 18 décembre 1848, demandait que l'avis des Comités institués à cette date fût pris chaque fois qu'un projet d'établissement d'École paraissait exiger cette garantie.

En présence des faits signalés, j'estime que la faculté laissée aux administrations préfectorales de consulter, en pareil cas, les Conseils d'hygiène, doit être

1. Voir, pour la jurisprudence relative à l'ouverture des Écoles primaires privées, la note en renvoi sous la circulaire du 27 *mai* 1895 (*à sa date*).

convertie en une obligation étroite, de telle sorte qu'à l'avenir aucune maison d'école ne puisse être construite sans que le Conseil d'hygiène ait été appelé à émettre son avis sur les plans et devis et le choix de l'emplacement.

Je vous prie de veiller, Monsieur le Préfet, à ce que désormais l'avis de ce Conseil soit joint aux pièces réglementaires des projets soumis à mon approbation.

Recevez, etc.

Signé : LÉON BOURGEOIS.

Circulaire du Ministre de l'Instruction publique, relative aux Mesures d'hygiène à prendre dans les Établissements d'instruction publique. 29 sept. 1892.

29 Septembre 1892.

Monsieur le Recteur, à l'approche de la rentrée des classes, j'ai été consulté de différents côtés sur les mesures à prendre, dans les établissements d'instruction primaire et secondaire, en raison de l'épidémie cholérique qui a sévi cette année dans quelques villes.

Je n'avais pas attendu ces demandes pour prendre l'avis des autorités les plus compétentes sur les moyens prophylactiques que pourrait conseiller la science.

Le Comité consultatif d'hygiène publique, à qui je m'étais adressé, a appelé d'une manière toute particulière mon attention sur la question de l'eau destinée à la boisson des élèves[1], aux soins de la toilette, au lavage des légumes et des fruits.

Dès la fin de l'année 1890, j'ai prescrit une enquête sur la qualité des eaux d'alimentation de tous les Lycées et Collèges de France. Tous les Lycées alimentés d'eaux dont la nature a paru suspecte ont été pourvus des filtres les plus perfectionnés. Je suis disposé à donner suite d'urgence à toutes les propositions complémentaires que vous jugerez utile de m'adresser, sur l'avis des proviseurs et des médecins des Lycées.

En ce qui concerne les Collèges communaux, quelques municipalités n'ont pas hésité à s'imposer les sacrifices nécessaires pour l'acquisition de filtres; il serait indispensable que cette mesure fût généralisée. Je vous prie de renouveler vos instances à ce sujet auprès des municipalités et de me tenir au courant de vos démarches.

Pour les Écoles normales, j'ai commandé en juin dernier le nombre de filtres Chamberland-Pasteur nécessaire pour que toutes puissent en être dotées; la livraison de ces appareils se poursuit aussi rapidement que le permettent les nécessités de la fabrication. Je vous adresserai incessamment, et vous voudrez bien faire distribuer, dans les établissements qui les ont reçus ou qui vont les recevoir, une instruction technique très détaillée sur les conditions d'emploi, d'entretien et de nettoyage qu'il est indispensable d'observer rigoureusement pour que ces appareils délicats offrent une sécurité complète.

1. Consulter la circulaire du 4 *janvier* 1897, aux Inspecteurs d'Académie, rappelant les prescriptions relatives à la qualité de l'eau dans les Écoles primaires publiques et privées; et la lettre de même date, sur le même sujet, adressée aux Recteurs (*Bull. adm.*, 1897, t. LXI, p. 3 et 4).

L'économe et, au besoin, les professeurs de sciences devront surveiller l'exécution de ces mesures avec un soin tout particulier, la garde du filtre ne devant jamais être confiée exclusivement aux domestiques, surtout pendant les premiers mois du fonctionnement.

Pour les établissements qui n'auraient pas de filtres, et pour ceux qui, même en ayant, se trouveraient dans une localité contaminée ou simplement suspecte, le Comité d'hygiène insiste formellement pour que l'autorité responsable de l'état sanitaire prescrive de ne faire usage pour la boisson que d'une eau qui aura bouilli pendant un quart d'heure au moins et qui sera tenue en vase clos, parfaitement à l'abri du contact de l'air. Cette recommandation s'applique, non seulement aux points menacés par le choléra, mais à tous ceux où l'on aurait à redouter d'autres épidémies, la fièvre typhoïde, par exemple.

Vous voudrez bien, Monsieur le Recteur, inviter les chefs d'établissements (Lycées, Collèges, Écoles normales et Écoles primaires supérieures pourvues d'un pensionnat) à se conformer exactement à ces prescriptions; il est inutile d'ajouter qu'ils ne devront d'ailleurs négliger aucune des mesures de prudence que pourra leur suggérer le médecin. Vous leur demanderez, bien entendu, de vous tenir au courant de la situation sanitaire de leurs établissements respectifs et même, s'il y avait le moindre symptôme inquiétant, de celle des localités où ils sont situés.

Je n'ai pas besoin de répéter ce qui est depuis longtemps la règle, à savoir que, s'il se produisait des cas de choléra ou même d'autres cas d'épidémie, les Inspecteurs d'Académie et, au besoin, les chefs d'établissements pourront eux-mêmes, sur l'avis écrit du médecin, licencier les élèves, sauf à vous informer sans délai de la mesure prise.

Si quelques dépenses supplémentaires étaient exceptionnellement nécessaires dans les Écoles normales pour l'application des mesures que je viens de vous recommander, je serais disposé à les prendre à la charge de mon département. Vous auriez à m'en faire connaître le montant aussitôt que possible.

Aux diverses précautions indiquées ci-dessus, il convient d'en ajouter une dernière, que vous devrez recommander à la sollicitude des chefs d'établissements et du personnel chargé de la surveillance. Dans toutes les localités menacées par une épidémie quelconque, il ne devra être laissé à l'usage des élèves pendant les récréations et notamment à l'heure du goûter d'autre eau que celle qui doit servir pour les repas. En conséquence, les pompes et fontaines des cours de récréation ou les conduites qui les alimentent devront être rigoureusement interdits aux élèves.

Recevez, etc.

Signé : LÉON BOURGEOIS.

---

18 octobre 1892.

Décret relatif à l'enseignement primaire public et privé des indigènes de l'Algérie[1].

18 Octobre 1892.

Le Président de la République française,

Sur le rapport du Ministre de l'Instruction publique et des Beaux-Arts et du Ministre de l'Intérieur;

1. Consulter les documents suivants relatifs à l'enseignement primaire en Algérie :

Vu l'article 68 de la loi du 30 octobre 1886 ;

Vu l'article 68 de la loi de finances du 26 janvier 1892 et les chapitres 15 et 19 de l'état B du budget du Ministère de l'Instruction publique annexé à cette loi ;

Vu les règlements d'administration publique du 7 avril 1887 et du 8 novembre 1887,

Décrète :

TITRE Ier. — *Dispositions générales.*

ARTICLE 1er. — L'enseignement primaire est donné aux enfants indigènes d'âge scolaire, soit dans les Écoles primaires publiques de tout degré, qui leur sont ouvertes aux conditions fixées par les lois

Arrêté du 27 *septembre* 1887, relatif à la répartition du service de l'inspection primaire en Algérie (*Bull. adm.*, 1887, t. XLII, p. 793-5);

Décret du 8 *novembre* 1887, rendant applicables à l'Algérie les nouvelles lois relatives à l'enseignement primaire (p. 62);

— 12 *novembre* 1887, fixant les délais de laïcisation pour les Écoles publiques de l'Algérie (p. 62, n. 1);

— 9 *décembre* 1887, relatif à l'enseignement public et privé des indigènes en Algérie (p. 66);

— 9 *août* 1888, rendant applicables à l'Algérie les articles 1, 2, 3 et 4 de la loi du 9 août 1879 ayant pour objet l'établissement des Écoles normales primaires (p. 124);

— 24 *juillet* 1890, portant fixation des indemnités et allocations attribuées au personnel des Écoles primaires publiques d'Algérie (p. 284);

Instruction du Ministre de l'Instruction publique au Gouverneur général de l'Algérie, relative aux traitements et indemnités des instituteurs et institutrices d'Algérie (*Circ.*, t. XI, p. 270);

Décret du 22 *novembre* 1890, modifiant la part contributive de l'État dans le payement des annuités communales pour construction et appropriation de maisons d'écoles primaires en Algérie (*Bull. adm.*, 1890, t. XLVIII, p. 958), et rapportant le décret du 26 *mai* 1886 (*Bull. adm.*, 1886, t. XXXIX, p. 559);

— 29 *avril* 1892, relatif à l'installation d'Ecoles ou de classes indigènes en Algérie (*Bull. adm.*, 1892, t. LI, p. 553);

— 31 *décembre* 1892, fixant les indemnités de résidence attribuées, à partir du 1er janvier 1893, au personnel enseignant dans les territoires civils de l'Algérie et les allocations et indemnités diverses des maîtres exerçant dans les territoires de commandement militaire (*Bull. adm.*, 1892, t. LII, p. 894);

Arrêté du 9 *novembre* 1894, créant en Algérie un emploi spécial d'Inspecteur des Écoles indigènes (*Bull. adm.*, 1894, t. LVI, p. 645);

Décret du 31 *décembre* 1896, réorganisant le service de la haute administration de l'Algérie (*Bull. adm.*, 1896, t. LX, p. 1016);

— 24 *avril* 1897, modifiant une indemnité de résidence en Algérie (*Bull. adm.*, 1897, t. LXI, p. 616);

— 31 *décembre* 1897, fixant, à partir du 1er janvier 1898, les indemnités de résidence dues au personnel enseignant des Écoles primaires publiques de l'Algérie (*Bull. adm.*, 1897, t. LXII, p. 1358);

Arrêté du 3 *juin* 1898, relatif aux frais de passage en Algérie des fonctionnaires du Ministère de l'Instruction publique et des Beaux-Arts (*Bull. adm.*, 1898, t. LXIII, p. 807);

Et *L'Enseignement primaire en Algérie*, par P. LEYSSENNE (*Recueil de Monographies pédagogiques*, 1889, t. VI, p. 525, Paris, Imp. Nat^le).

et règlements, soit dans les Écoles spécialement créées pour eux en exécution du présent décret.

ART. 2. — Toute commune d'Algérie devra être pourvue d'Écoles en nombre suffisant pour recevoir tous les garçons indigènes d'âge scolaire.

ART. 3. — Aucune École publique destinée aux enfants indigènes ne sera fermée aux élèves français ou étrangers qui désireront la fréquenter.

ART. 4. — La liberté de conscience des élèves indigènes est formellement garantie dans toute École publique ou privée ; ils ne peuvent être astreints à aucune pratique incompatible avec leur religion.

ART. 5. — Les indigènes ne sont soumis à l'obligation que dans les communes ou fractions de communes désignées par arrêtés spéciaux du Gouverneur général.

L'obligation ne s'appliquera qu'aux garçons d'âge scolaire. L'arrêté du Gouverneur général déterminera les conditions dans lesquelles les dispenses d'assiduité individuelles ou collectives pourront être accordées outre les vacances réglementaires.

L'inscription à la porte de la mairie, prévue par l'article 13 de la loi du 28 mars 1882, est remplacée, pour les indigènes, par un blâme infligé, après décision de la Commission scolaire, par le maire, l'administrateur, le commandant de cercle ou d'annexe. Les autres sanctions prévues par la loi du 28 mars 1882 sont applicables aux indigènes.

ART. 6. — Dans les communes où les Écoles primaires publiques ordinaires reçoivent les enfants indigènes, seront adjoints à la Commission scolaire des maîtres indigènes. Leur nombre sera déterminé pour chaque commune par le Gouverneur général.

ART. 7. — Dans toute localité possédant une École spécialement destinée aux indigènes, sera instituée une Commission scolaire composée de notables indigènes, dont trois désignés par le Préfet et trois élus par les indigènes dans des conditions qui seront déterminées par arrêté du Gouverneur général.

Ces Commissions seront présidées par le maire ou un de ses adjoints dans les communes de plein exercice, par l'administrateur ou un de ses adjoints dans les communes mixtes, et par le commandant de cercle ou d'annexe ou un officier délégué par lui dans les communes indigènes.

L'instituteur chargé de la direction de l'École sera convoqué aux séances et remplira l'office de secrétaire avec voix consultative.

ART. 8. — Les Commissions scolaires auront pour mandat, sous le contrôle de l'Inspecteur primaire, de dresser la liste des enfants d'âge scolaire et de se concerter sur les meilleurs moyens d'assurer la fréquentation de l'École.

Elles assureront l'exécution des dispositions relatives à l'obligation dans les conditions spécifiées à l'article 5.

Art. 9. — Les Commissions scolaires pourront se constituer en Comités de patronage pour encourager les bons élèves, pour recueillir au profit de la caisse des Écoles et distribuer au nom de cette caisse, qui fonctionnera pour les Écoles destinées aux indigènes dans les mêmes conditions que pour les Écoles publiques ordinaires, le produit des dons, subventions et souscriptions.

Art. 10. — Les Commissions scolaires se réuniront à des époques déterminées par le Préfet, sur la proposition de l'Inspecteur d'Académie, suivant les besoins locaux.

Art. 11. — Les maires ou les adjoints désignés par les maires dans les communes de plein exercice, les administrateurs des communes mixtes et les officiers commandant les cercles ou annexes sont chargés de veiller à ce que les enfants inscrits sur les listes dressées par les Commissions scolaires aillent régulièrement à l'École.

Art. 12. — Dans les communes ou fractions de communes où les Écoles ordinaires font défaut ou sont insuffisantes pour recevoir la population scolaire mentionnée aux articles précédents, il est ouvert, aux conditions déterminées par le titre II du présent décret, des Écoles publiques spécialement destinées aux indigènes.

Titre II. — *De l'Enseignement public des indigènes.*

Art. 13. — Les Écoles publiques spécialement destinées aux indigènes sont de trois catégories, savoir :

Principales, comprenant au moins trois classes et ayant à leur tête un directeur français ;

Élémentaires, comprenant moins de trois classes et ayant à leur tête un instituteur français ;

Préparatoires, comprenant une seule classe et confiées à des adjoints indigènes ou, provisoirement, à des moniteurs.

Art. 14. — Les Écoles préparatoires sont placées sous la surveillance des directeurs d'Écoles principales ou des instituteurs d'Écoles élémentaires situées dans le voisinage.

Art. 15. — Dans toutes les Écoles fréquentées principalement par des indigènes, l'enseignement est donné suivant des programmes spéciaux, approuvés par le Ministre de l'Instruction publique. Les livres, cartes et images à mettre en usage dans les Écoles sont choisis par le Recteur, sur la proposition des Inspecteurs d'Académie.

ART. 16. — L'agriculture pratique et le travail manuel sont enseignés dans toutes les Écoles. Des cours d'apprentissage confiés à des maîtres ouvriers pourront être annexés aux Écoles principales; ils seront placés sous la surveillance des directeurs de ces Écoles.

ART. 17. — Des Écoles enfantines ouvertes aux enfants des deux sexes à partir de quatre ans et des Écoles de filles sont établies dans les centres européens ou indigènes, lorsqu'elles sont demandées par l'autorité locale, d'accord avec la majorité des membres musulmans de l'assemblée municipale.

ART. 18. — Dans les Écoles de filles, les élèves consacrent la moitié du temps des classes à la pratique des travaux d'aiguille et des soins du ménage.

ART. 19. — Les Écoles enfantines et les Écoles de filles sont confiées soit à des institutrices françaises, ou aux femmes, sœurs, filles ou mères des instituteurs français, soit à des monitrices ou adjointes indigènes placées sous la surveillance des institutrices françaises les plus rapprochées.

ART. 20. — Par délégation du Ministre de l'Instruction publique, le Gouverneur général de l'Algérie a la haute direction du service de l'enseignement des indigènes pour tout ce qui concerne les créations d'Écoles et d'emplois, la répartition des Écoles, la construction des locaux scolaires et l'emploi des crédits inscrits au budget pour les traitements, allocations ou indemnités du personnel.

Il statue sur la proposition du Recteur de l'Académie.

ART. 21. — Pour ce qui concerne la création et l'organisation des Écoles primaires publiques destinées aux indigènes, le Conseil de Gouvernement possède les attributions conférées aux Conseils départementaux de l'enseignement primaire par l'article 13 de la loi du 30 octobre 1886. Toutefois ceux-ci doivent être préalablement consultés.

ART. 22. — Le Gouverneur général dresse chaque année en Conseil de Gouvernement, sur la proposition du Recteur et après avis des Préfets et des Généraux commandant les divisions, un projet de répartition, entre les diverses communes, des Écoles et emplois à créer par application des crédits inscrits au budget, et le soumet à l'approbation du Ministre de l'Instruction publique.

Il adresse annuellement au Ministre de l'Instruction publique un rapport contenant l'état des créations et la liste des constructions scolaires opérées pendant l'année.

ART. 23. — Dans les communes de plein exercice, les projets de création d'Écoles indigènes établis par l'autorité locale sont, après avis du Conseil municipal, soumis à l'examen du Préfet, qui les transmet avec son avis au Gouverneur général.

Dans les communes mixtes ou indigènes, les projets proposés par l'administrateur ou par l'autorité militaire sont, après avis de la Commission municipale, soumis à l'examen du Préfet ou du Général commandant la division.

Le Gouverneur communique les dossiers au Recteur, qui les lui renvoie avec ses propositions.

Le Gouverneur général statue en Conseil de Gouvernement.

ART. 24. — Lorsque la création d'une École ou d'un emploi aura été ainsi décidée, le Conseil municipal sera invité à délibérer sur les moyens de fournir les locaux nécessaires. Les propositions du Conseil municipal seront soumises à l'examen du Préfet et du Recteur et approuvées, s'il y a lieu, par le Gouverneur général.

ART. 25. — Si le Conseil municipal refuse d'assurer un local convenable, ou ne présente aucune proposition dans le délai imparti, le Préfet pourvoit d'office à l'installation de l'École dans les formes et conditions prévues par le règlement d'administration publique du 7 avril 1887, lequel est applicable à l'installation des Écoles d'indigènes en Algérie. Les dépenses incombant à la commune sont, après la décision définitive de l'autorité compétente, inscrites d'office à son budget et, au besoin, précomptées sur la part lui revenant dans l'octroi de mer.

ART. 26. — Aucun projet d'installation d'École ne sera approuvé s'il ne comprend :

Le logement de chacun des maîtres français ou indigènes attachés à cette École, ainsi que leur mobilier personnel ;

Le mobilier scolaire et le matériel d'enseignement ;

Un terrain attenant autant que possible à l'École pour l'enseignement de l'agriculture pratique ;

Un atelier pour le travail du bois et du fer dans les Écoles principales, et un hangar ou gourbi pour le travail manuel dans les Écoles élémentaires ou préparatoires.

ART. 27. — L'établissement des Écoles primaires publiques créées par application des articles 2 et 3 et dans les conditions prévues par les articles 13, 16, 22, 23, 24, 25, 26 du présent décret est une dépense obligatoire pour les communes.

Sont également des dépenses obligatoires pour les communes, dans toute École régulièrement créée :

L'entretien des bâtiments et de leurs dépendances ;

L'entretien du mobilier scolaire et du mobilier personnel des maîtres;

L'entretien et le renouvellement du matériel d'enseignement, des outils et instruments nécessaires pour le travail agricole et pour le travail manuel;

La fourniture de matières premières pour le travail manuel et de plants ou semences pour l'agriculture pratique;

Le chauffage des classes;

Les imprimés scolaires nécessaires à l'inscription des élèves et à la constatation des absences;

Les fournitures scolaires, d'après un règlement arrêté par le Gouverneur général sur la proposition du Recteur.

ART. 28. — Sont mises au nombre des Écoles donnant lieu à une dépense obligatoire pour la commune les Écoles enfantines et les Écoles de filles créées suivant les prescriptions des articles 17 et 21 du présent décret.

ART. 29. — Les maîtres français des Écoles indigènes, instituteurs ou institutrices, sont divisés en stagiaires et titulaires. Les prescriptions de la loi du 30 octobre 1886 relatives à l'admissibilité aux fonctions de l'enseignement leur sont applicables.

Nul ne peut être nommé instituteur titulaire que dans les conditions prescrites par les articles 23 et 27 de la loi précitée.

ART. 30. — Les titulaires sont répartis en cinq classes, suivant les règles de classement et d'avancement établies pour le personnel des Écoles destinées aux Européens. Ils figurent sur un tableau de classement distinct dressé dans chaque département.

ART. 31. — Les traitements des titulaires sont fixés ainsi qu'il suit :

INSTITUTEURS.		INSTITUTRICES.	
5e classe	1 500 fr.	5e classe	1 500 fr.
4e classe	1 700	4e classe	1 600
3e classe	1 900	3e classe	1 700
2e classe	2 200	2e classe	1 800
1re classe	2 500	1re classe	2 000

ART. 32. — Les titulaires chargés de la direction d'une École de plus de deux classes et de plus de quatre classes jouissent des suppléments de traitement prévus à l'article 8 de la loi du 19 juillet 1889.

ART. 33. — Les stagiaires sont répartis en quatre classes, dans chacune desquelles les traitements sont fixés ainsi qu'il suit :

4e classe	1 200 fr.	2e classe	1 400 fr.
3e classe	1 300	1re classe	1 500

Les promotions ne sont possibles qu'après deux ans au moins passés dans une classe inférieure, sauf les exceptions prévues aux articles 34 et 38. Elles sont faites pour chaque département par le Recteur, sur la proposition de l'Inspecteur d'Académie, après avis des Inspecteurs primaires de l'enseignement des indigènes.

ART. 34. — A défaut de titulaires, des stagiaires peuvent être temporairement délégués à la tête d'une École. Ils reçoivent pendant la durée de cette délégation une indemnité qui, avec le traitement de leur classe, porte leurs émoluments à 1 500 francs.

ART. 35. — Les instituteurs français des Écoles indigènes situées dans des communes de plein exercice reçoivent, sur les fonds communaux, les mêmes indemnités de résidence que les instituteurs des Écoles destinées aux Européens.

Les titulaires et stagiaires français qui exercent dans des communes mixtes et dans des communes indigènes reçoivent, sur les fonds de l'État, suivant l'importance du poste et la difficulté des approvisionnements, des indemnités spéciales tenant lieu d'indemnités de résidence, fixées par arrêté du Gouverneur général soumis à l'approbation ministérielle. Le tarif de ces indemnités sera établi, d'après l'importance du poste et la difficulté des approvisionnements, sur la proposition du Recteur.

ART. 36. — Les instituteurs français placés à la tête des Écoles principales ou élémentaires reçoivent en outre une indemnité annuelle de 100 francs par École préparatoire soumise à leur surveillance.

La même disposition est applicable aux institutrices françaises chargées de la surveillance d'Écoles enfantines ou d'Écoles de filles dirigées par des maîtresses indigènes.

ART. 37. — Les instituteurs français des Écoles indigènes jouissent des mêmes primes et allocations que les autres instituteurs publics de l'Algérie et obtiennent dans les mêmes conditions des récompenses et distinctions honorifiques.

ART. 38. — Tout titulaire qui passe des Écoles indigènes dans les Écoles européennes ou inversement est rangé dans la classe correspondante à celle où il était placé et n'a droit qu'au traitement de cette classe, sauf l'exception transitoire prévue à l'article 46.

Tout stagiaire qui passe dans les Écoles indigènes débute dans la dernière classe, mais peut obtenir une promotion au bout d'un an, s'il avait déjà une année de service au moins dans les Écoles européennes.

Tout stagiaire d'École indigène qui, soit d'office, soit sur sa demande, est nommé dans une École européenne n'a droit qu'au traitement réglementaire attaché à ses nouvelles fonctions.

ART. 39. — Les adjoints et adjointes indigènes sont soumis aux mêmes conditions de capacité que les adjoints français stagiaires. Ils sont répartis dans les mêmes classes, reçoivent les mêmes traitements et obtiennent des promotions de classe dans les mêmes conditions.

Ils peuvent obtenir des récompenses et distinctions honorifiques.

L'adjoint indigène remplissant les conditions réglementaires de stage et de capacité, qui se sera fait naturaliser Français, pourra être nommé titulaire.

ART. 40. — Les moniteurs et monitrices indigènes doivent être pourvus du certificat d'études primaires et âgés de seize ans au moins.

Ils reçoivent une indemnité fixe annuelle de 800 francs, pouvant s'élever, par augmentations successives de 100 francs tous les deux ans, jusqu'à 1 200 francs. Cette indemnité n'est pas passible de retenues pour pensions civiles.

ART. 41. — Les maîtres et maîtresses des Écoles indigènes, titulaires ou stagiaires, adjoints et adjointes, français ou indigènes, sont nommés ou délégués par le Recteur.

ART. 42. — Sont applicables aux instituteurs français ainsi qu'aux instituteurs adjoints indigènes les peines disciplinaires établies par l'article 30 de la loi du 30 octobre 1886, dans les conditions prévues par les articles 31, 32 et 33 de cette loi.

Les peines disciplinaires applicables aux moniteurs et monitrices indigènes sont la réprimande, la suspension avec privation de traitement pour un temps dont la durée ne pourra excéder six mois, et la révocation.

La réprimande est prononcée par l'Inspecteur d'Académie, la suspension et la révocation par le Recteur, sur la proposition de l'Inspecteur d'Académie.

ART. 43. — En ce qui concerne le maintien de l'ordre public, les Écoles publiques spécialement destinées aux indigènes sont soumises à la surveillance du Gouverneur général de l'Algérie, qui peut suspendre les instituteurs placés à la tête de ces Écoles ou les adjoints et moniteurs qui y sont attachés.

ART. 44. — Il est annexé aux Écoles normales d'instituteurs d'Alger et de Constantine des cours normaux destinés à préparer les indigènes aux fonctions de l'enseignement.

Le cours des études y est de trois années.

Un cours normal destiné à former des maîtresses indigènes sera annexé à une École de filles.

L'organisation des cours normaux et les traitements du personnel qui y est attaché sont fixés par arrêté du Ministre de l'Instruction publique. Tout candidat indigène admis à suivre les cours normaux devra s'engager à servir pendant dix ans dans l'enseignement public.

ART. 45. — Il est établi, en outre, à l'École normale d'Alger, une section spéciale destinée à former des instituteurs français pour l'enseignement des indigènes; l'organisation en sera fixée par arrêté du Ministre de l'Instruction publique.

ART. 46. — *Dispositions transitoires.* — Si le total des allocations, tant comme traitement et supplément de traitement que comme indemnité de résidence et de surveillance, attribuées en vertu du présent décret à l'instituteur ou à l'institutrice actuellement en fonctions dans les Écoles indigènes, ou qui, actuellement en fonctions dans les Écoles européennes, sera nommé dans les Écoles indigènes, est inférieur au traitement dont ils jouissent, la différence est à la charge de l'État dans les conditions et les limites où un traitement garanti leur est assuré par les dispositions réglementaires actuelles auxquelles ils sont respectivement soumis.

Le traitement garanti par la disposition qui précède continuera à subir la retenue et entrera en ligne de compte pour la liquidation de la pension.

TITRE III. — *De l'Enseignement privé des indigènes.*

ART. 47. — Les Écoles privées fondées par des Européens et destinées à donner l'instruction primaire aux indigènes doivent satisfaire aux prescriptions édictées par la loi du 30 octobre 1886 pour les Écoles privées ordinaires, mais ne peuvent être ouvertes qu'en vertu d'une autorisation spéciale du Gouverneur général. Elles peuvent être fermées par lui dans l'intérêt de l'ordre public.

Elles sont placées sous la surveillance réglementaire des autorités scolaires et, en outre, sous la surveillance spéciale du Gouverneur général, qui peut les faire fermer dans l'intérêt de l'ordre public.

Sont assimilés aux Écoles les cours d'adultes portant sur une ou plusieurs des matières de l'enseignement primaire.

ART. 48. — Les Écoles privées musulmanes dites école *coranique*, *mecid*, *zaouia*, *médersa*, et les Écoles privées israélites dites *midrashim* sont soumises à la surveillance et à l'inspection des autorités énumérées par la loi du 30 octobre 1886.

Cette inspection porte exclusivement sur la moralité, l'hygiène, la salubrité et sur l'accomplissement des obligations imposées par les articles 49 à 56 ci-après. Elle ne peut porter sur l'enseignement que pour vérifier s'il n'est pas séditieux ou contraire à la Constitution, aux lois, à la morale publique.

ART. 49. — Aucune des Écoles mentionnées à l'article précédent ne pourra être ouverte avant que le choix du local ait été approuvé par le maire, l'administrateur ou le commandant de cercle ou d'annexe.

ART. 50. — La fermeture de ces Écoles par mesure de police générale pourra être prononcée par le Gouverneur général et, en cas d'urgence, par le Préfet ou le Général commandant la division, sauf approbation ultérieure du Gouverneur général.

ART. 51. — Aucun maître musulman ou israélite ne pourra prendre la direction d'une des Écoles dont il s'agit sans une autorisation du Préfet en territoire civil ou du Général commandant la division en territoire militaire.

Cette autorisation ne sera accordée qu'après avis de l'Inspecteur d'Académie et de l'autorité municipale de la commune où l'École doit s'ouvrir, et sur le vu d'un certificat délivré par le maire, l'administrateur ou le commandant de cercle de la dernière résidence du postulant, constatant qu'il est citoyen ou sujet français et de bonnes vie et mœurs. Le postulant devra produire, en outre, un extrait de son casier judiciaire et l'indication des localités où il a déjà enseigné, ou bien, s'il débute, l'indication des Écoles dont il a été l'élève.

ART. 52. — Le maître de chaque École tiendra, en français, un registre sur lequel seront inscrits les noms des élèves, la date de leur naissance, l'époque de leur entrée à l'École, le nom et le domicile de leur père.

ART. 53. — Les châtiments corporels sont interdits. Les locaux doivent être aérés et tenus en état de propreté. Les enfants atteints d'une maladie contagieuse doivent être provisoirement éloignés de l'École. Tous les élèves n'ayant pas eu la petite vérole devront être vaccinés.

ART. 54. — En cas de faute grave dans l'exercice de ses fonctions, d'inconduite ou d'immoralité, le maître placé à la tête de l'École pourra, sur la proposition de l'Inspecteur d'Académie, ou sur celle de l'autorité municipale après avis de l'Inspecteur d'Académie, se voir retirer à temps ou à toujours l'autorisation d'enseigner par le Préfet ou le Général commandant la division.

ART. 55. — Dans toute localité chef-lieu ou fraction de commune, soumise à l'obligation, où se trouvera, à une distance ne dépassant pas trois kilomètres, une École primaire publique de garçons, les Écoles mentionnées à l'article 48 ne pourront recevoir d'enfants d'âge scolaire pendant les heures de classe de l'École publique.

ART. 56. — Dans l'année qui suivra la promulgation du présent décret, il sera procédé, par les ordres du Gouverneur général, au recensement des Écoles privées désignées à l'article 48 et à leur régularisation dans les conditions prévues aux articles 47 à 53.

TITRE IV. — *De l'Inspection de l'Enseignement primaire des indigènes.*

ART. 57. — L'inspection des Écoles primaires publiques ou privées spécialement destinées aux indigènes est exercée :

1° Par les Inspecteurs généraux de l'Instruction publique;

2° Par le Recteur et les Inspecteurs d'Académie;

3° Par les Inspecteurs de l'enseignement primaire des indigènes ou des délégués à cette inspection;

4° Par le maire, l'administrateur ou le commandant de cercle, dans les conditions prévues à l'article 11;

5° Au point de vue médical, par les médecins-inspecteurs communaux ou départementaux.

L'inspection des Écoles publiques s'exerce conformément aux règlements en vigueur, sous réserve des modifications contenues dans les articles ci-après.

Celle des Écoles privées porte sur la moralité, l'hygiène, la salubrité et sur l'exécution des dispositions prescrites dans le titre III du présent décret.

ART. 58. — Nul ne peut être nommé Inspecteur de l'enseignement primaire des indigènes s'il n'est pourvu du certificat d'aptitude à cette inspection, obtenu à la suite d'un examen spécial subi à Alger devant une Commission présidée par le Recteur, d'après un programme analogue à celui du certificat d'aptitude à l'inspection primaire déterminé par le règlement organique du 18 janvier 1887.

Tout candidat à cet examen doit être Français, âgé de vingt-cinq ans au moins et avoir fait un stage de deux années en qualité de délégué à l'inspection de l'enseignement des indigènes.

Les délégués à l'inspection sont désignés par le Ministre, sur la proposition du Recteur d'Alger, et choisis soit parmi les maîtres adjoints des cours normaux, soit parmi les directeurs d'École indigène, anciens élèves de la section spéciale de l'École normale d'Alger, ou comptant au moins cinq années d'exercice dans l'enseignement des indigènes et possédant une connaissance suffisante de la langue arabe et de la langue kabyle.

ART. 59. — Les Inspecteurs primaires en exercice qui postuleront le certificat d'aptitude spécial prévu à l'article précédent seront dispensés du stage et d'une partie de l'examen. Ils devront seulement justifier devant la Commission d'une connaissance suffisante de la pédagogie des Écoles indigènes, de la langue arabe, de la langue kabyle et des mœurs et coutumes des indigènes.

ART. 60. — Le traitement des délégués à l'inspection est fixé à 3 000 francs.

Les Inspecteurs de l'enseignement primaire des indigènes sont répartis en cinq classes, dont les traitements sont fixés ainsi qu'il suit :

5e classe	3 500 fr.
4e classe	4 000
3e classe	4 500
2e classe	5 000
1re classe	5 500

ART. 61. — La classe est attachée à la personne et non à la résidence.

Nul ne peut obtenir une promotion de classe qu'après trois années au moins passées dans la classe inférieure.

Les promotions sont accordées au 1er janvier, sur la proposition du Recteur, après avis conforme des Inspecteurs généraux.

ART. 62. — Indépendamment du traitement qui leur est alloué par l'article 60, les Inspecteurs et les délégués ont droit à une indemnité dite *départementale*, qui ne pourra être inférieure à 200 francs.

ART. 63. — Les délégués et les Inspecteurs de l'enseignement primaire des indigènes sont placés sous l'autorité immédiate de l'Inspecteur d'Académie; ils ne reçoivent d'instructions que de lui ou du Recteur, des Inspecteurs généraux et du Ministre.

ART. 64. — Ils inspectent, dans la circonscription qui leur est assignée, les Écoles primaires publiques et privées spécialement destinées aux indigènes.

Ils font partie de droit de toutes les Commissions scolaires instituées dans leur circonscription en vertu de l'article 7 du présent décret; ils les président quand ils y assistent et veillent à l'exécution des dispositions contenues dans l'article 8.

Ils président les conférences pédagogiques des instituteurs placés sous leur surveillance et les Commissions d'examen chargées de délivrer le certificat d'études aux élèves des Écoles spécialement destinées aux indigènes.

Ils instruisent, en ce qui concerne l'ordre spécial d'enseignement dont ils ont l'inspection, toutes les affaires relatives à la création ou à la construction des Écoles publiques, à l'ouverture des Écoles privées, des classes d'adultes ou d'apprentis, à l'établissement des caisses des Écoles, aux demandes formées par les instituteurs publics et aux déclarations faites par les instituteurs privés à l'effet d'ouvrir un pensionnat primaire.

Ils donnent leur avis sur la nomination et l'avancement des instituteurs et des institutrices des Écoles publiques indigènes, et sur les récompenses à accorder ou les peines disciplinaires à infliger au personnel enseignant de ces Écoles.

ART. 65. — Des arrêtés ministériels déterminent, pour chaque département, le nombre et l'étendue des circonscriptions d'inspection primaire des Écoles spéciales aux indigènes, ainsi que le lieu de résidence des Inspecteurs.

Un Inspecteur de l'enseignement primaire des indigènes est mis à la disposition du Recteur pour l'organisation de cet enseignement. Il conserve le traitement de sa classe et prend le titre d'Inspecteur principal. Il peut être envoyé en mission dans les trois départements pour instruire, de concert avec l'Inspecteur de la circonscription, les projets de création et de construction d'Écoles, les affaires concernant les rapports des instituteurs avec la population indigène ou avec l'autorité municipale, pour inspecter des Écoles publiques indigènes désignées par le Recteur et pour visiter des Écoles privées.

ART. 66. — Les Inspecteurs de l'instruction primaire des indigènes reçoivent, pour frais de tournée, une indemnité calculée à raison de 10 francs par jour en sus de leurs frais de transport.

ART. 67. — Sont et demeurent rapportées toutes dispositions contraires au présent décret et notamment le décret du 9 décembre 1887.

27 octobre 1892. **Rapport sommaire fait au nom de la 23e Commission d'initiative parlementaire[1] chargée d'examiner la proposition de loi de M. Bouge, portant modification au paragraphe 5 de l'article 44 de la Loi du 30 octobre 1886 sur l'organisation de l'Enseignement primaire en France, et tendant à déclarer éligibles au Conseil départemental de l'Enseignement primaire tous les instituteurs et institutrices titulaires, par M. Thorel, député.**

Séance du 27 Octobre 1892.

Messieurs, la loi du 30 octobre 1886 sur l'organisation de l'enseignement primaire prévoit la représentation des instituteurs et institutrices au sein du Conseil départemental.

L'article 44, paragraphe 5, de cette loi est ainsi conçu :

« Deux instituteurs et deux institutrices élus respectivement par les instituteurs et institutrices publics titulaires du département, et éligibles soit parmi les directeurs ou directrices d'Écoles à plusieurs classes, ou d'Écoles annexes d'Écoles normales, soit parmi les instituteurs ou institutrices en retraite. »

Il en résulte que, si tous les instituteurs ou institutrices sont électeurs, la plupart d'entre eux sont inéligibles. Dans certains départements où les centres populeux sont rares, le nombre des éligibles est extrêmement restreint.

Presque partout les membres de l'enseignement primaire ont protesté contre cette disposition. Notre honorable collègue M. Bouge a pensé avec eux que l'esprit libéral qui a guidé les auteurs de la loi de 1886 se trouvait faussé par cette restriction. Il trouve insuffisantes les raisons qui ont déterminé les Chambres à ne permettre l'accès du Conseil départemental qu'à un petit nombre de privilégiés.

La Chambre des Députés de 1886 avait décidé en première lecture que les instituteurs choisiraient librement, même en dehors du personnel enseignant, leurs délégués au Conseil départemental. Sans aller aussi loin, et tout en pensant qu'il convient que les instituteurs soient représentés par des membres de l'enseignement, M. Bouge conclut en demandant que « quatre instituteurs ou institutrices soient élus au scrutin de liste et choisis parmi les instituteurs ou institutrices publics titulaires, directeurs ou directrices, adjoints ou adjointes, soit parmi les instituteurs ou institutrices en retraite ».

Sans rien préjuger au sujet de la manière dont il convient de modifier ledit paragraphe, nous avons pensé que la question posée est au nombre de celles que l'on ne peut écarter, et qu'il y a lieu d'examiner s'il ne serait pas juste de supprimer les restrictions apportées au droit des instituteurs de choisir librement leurs représentants au Conseil départemental.

En conséquence, votre 23e Commission vous propose de prendre en considération la proposition de loi de M. Bouge[2].

1. Cette Commission était composée de MM. COUTURIER, *Président;* GUILLEMET, *Secrétaire;* LE ROY (La Réunion), François DELONCLE, Henri RICARD (Côte-d'Or), HAUSSMANN, THOREL, Pierre DE RÉMUSAT, COUTISSON, NIVERT, Paul LE ROUX, LORIOT, CASTELIN, Arthur LEGRAND (Manche), BORIE (Corrèze), LACROIX (Loiret), Marie DELAFOSSE (Ille-et-Vilaine), Aristide BATIOT, CLÉDOU, VIAN, MULLER, GRISEZ.

2. Voir le texte de la proposition de M. BOUGE, p. 416.

Décret relatif au Classement des instituteurs et institutrices primaires chargés de l'enseignement primaire dans les Lycées de garçons[1]. 31 octobre 1892.

31 Octobre 1892.

Le Président de la République française,

Sur le rapport du Ministre de l'Instruction publique et des Beaux-Arts,

Vu la loi de finances du 26 janvier 1892;

Vu le décret du 11 décembre 1869;

Vu la circulaire du 9 septembre 1882;

Vu le décret du 16 juillet 1887;

Vu la loi du 19 juillet 1889;

Vu le décret du 20 juillet 1889;

Vu le décret du 31 janvier 1890;

Vu le décret du 24 juillet 1890;

Vu le décret du 5 septembre 1890;

Vu le décret du 19 mars 1891;

Vu le décret du 6 juin 1891;

Vu le décret du 20 août 1892;

Vu l'avis du Comité consultatif de l'Enseignement public (section de l'Enseignement secondaire);

Vu l'avis de la Section permanente du Conseil supérieur de l'Instruction publique,

Décrète :

ARTICLE 1er. — L'enseignement est donné, dans les classes primaires des Lycées de garçons, par des instituteurs et institutrices titulaires des Écoles élémentaires détachés dans les Lycées par arrêté ministériel, sur la proposition du Recteur, après entente avec le Préfet.

ART. 2. — Ces fonctionnaires continuent à figurer dans leur cadre d'origine, conformément à l'article 4 du règlement d'administration publique du 6 juin 1891, et y conservent leurs droits à l'avancement.

Leur traitement, payé sur les fonds des Lycées, est égal à celui des instituteurs et institutrices de leur classe. Ils reçoivent en outre,

1. Consulter, pour l'application, la circulaire du 14 *février* 1893 (*Circ.*, t. XI, p. 635), et l'arrêté du 30 *décembre* 1892, instituant une Commission à l'effet de procéder au classement des instituteurs et institutrices primaires en exercice dans les lycées de garçons (*Bull. adm.*, 1892, t. LII, p. 865).

sur les mêmes fonds, pour leur tenir lieu d'indemnité de résidence et de logement, une allocation représentative, non soumise à retenues, égale aux indemnités de résidence et de logement des instituteurs et institutrices titulaires exerçant dans les Écoles élémentaires de la localité où se trouve situé le Lycée dans lequel ils sont détachés.

ART. 3. — Les instituteurs et institutrices primaires pourvus du certificat d'aptitude à l'enseignement de la langue anglaise ou de la langue allemande dans les Lycées et Collèges ou dans les Écoles normales et Écoles primaires supérieures reçoivent, tant qu'ils sont détachés dans les Lycées, une indemnité personnelle de 300 francs non soumise à retenues pour pensions civiles.

Dispositions transitoires.

ART. 4. — Les maîtres et maîtresses primaires, les instituteurs et institutrices et les maîtres répétiteurs pourvus d'un brevet de l'enseignement primaire, chargés actuellement d'une classe primaire dans les Lycées de garçons, seront répartis par le Ministre de l'Instruction publique en cinq classes dont les traitements correspondront à ceux des classes qui ont été créées par l'article 6 de la loi du 19 juillet 1889 pour les instituteurs et institutrices des Écoles élémentaires.

La répartition dans ces classes sera effectuée d'après le montant du traitement sur lequel ces maîtres subissent actuellement les retenues pour pensions civiles et d'après leurs années de services au 1er janvier 1892, en suivant les mêmes règles que celles qui sont contenues dans les paragraphes 2, 3 et 4 de l'article 34 de la loi du 19 juillet 1889.

Ces fonctionnaires recevront l'allocation représentative des indemnités de résidence et de logement attribuée aux instituteurs et institutrices détachés dans les Lycées, telle qu'elle est déterminée par l'article 2 du présent décret.

Toutefois, lorsque le traitement actuel du fonctionnaire sera supérieur au traitement de la classe dans laquelle il aura été rangé, l'excédent continuera de lui être attribué et d'être soumis aux retenues pour pensions civiles, sauf déduction d'une somme égale sur l'allocation représentative des indemnités de résidence et de logement à laquelle il aurait droit.

Les traitements de ces fonctionnaires et leurs allocations représentatives seront payés sur les fonds des Lycées.

Leur avancement a lieu sur la proposition du Recteur, après avis de la réunion des Inspecteurs d'Académie du ressort.

Les promotions auront effet du 1er janvier de chaque année.

Elles ne peuvent être accordées qu'aux instituteurs et institutrices qui rempliront les conditions fixées par les paragraphes 4 et 5 de l'article 24 et par l'article 35 de la loi du 19 juillet 1889.

ART. 5. — Les maîtres élémentaires pourvus d'un brevet de l'enseignement primaire, actuellement en exercice dans les Lycées, pourront, sur leur demande et sur la proposition de l'Inspecteur d'Académie et du Recteur, recevoir, dans les conditions fixées par l'article 4, une nomination d'instituteur primaire dans le même Lycée.

Loi sur le Travail des enfants, des filles mineures et des femmes dans les établissements industriels[1].

2 nov. 1892.

2 Novembre 1892[2].

SECTION Ire. — Dispositions générales. — Age d'admission. — Durée du travail.

ARTICLE 1er. — Le travail des enfants, des filles mineures et des femmes dans les usines, manufactures, mines, minières et carrières, chantiers, ateliers et leurs dépendances, de quelque nature que ce soit, publics ou privés, laïques ou religieux, même lorsque ces établissements ont un caractère d'enseignement professionnel ou de

1. Consulter la circulaire du 3 *mars* 1897, aux Inspecteurs d'Académie (*Bull. adm.*, 1897, t. LXI, p. 296).

2. « Monsieur le Préfet, M. le Ministre de l'Instruction publique et des Beaux-Arts vient de m'informer que dans certains départements les instituteurs ou Inspecteurs primaires continuent à délivrer aux enfants âgés de moins de quinze ans les certificats d'instruction primaire prévus par l'article 9 de la loi du 19 mai 1874 sur le travail des enfants. Dans d'autres départements, au contraire, ces fonctionnaires déclarent ne plus pouvoir délivrer ces certificats par suite de la promulgation de la loi du 2 novembre 1892. Il en résulte, dans ce dernier cas, que des difficultés s'élèvent entre les parents ou les patrons et les instituteurs.

« Il me paraît nécessaire que tous les Inspecteurs ou instituteurs primaires soient informés qu'aux termes de la loi du 2 novembre 1892, ils n'ont plus à délivrer le certificat spécial prévu par l'article 9 de la loi de 1874, dont les dispositions ont été abrogées. Je vous prie de leur adresser des instructions dans ce sens. » (*Circulaire du Ministre du Commerce*, M. TERRIER, 9 *juin* 1893.)

bienfaisance, est soumis aux obligations déterminées par la présente loi.

Toutes les dispositions de la présente loi s'appliquent aux étrangers travaillant dans les établissements ci-dessus désignés.

Sont exceptés les travaux effectués dans les établissements où ne sont employés que les membres de la famille sous l'autorité soit du père, soit de la mère, soit du tuteur.

Néanmoins, si le travail s'y fait à l'aide de chaudière à vapeur ou de moteur mécanique, ou si l'industrie exercée est classée au nombre des établissements dangereux ou insalubres, l'Inspecteur aura le droit de prescrire les mesures de sécurité et de salubrité à prendre, conformément aux articles 12, 13 et 14.

Art. 2. — Les enfants ne peuvent être employés par les patrons ni être admis dans les établissements énumérés dans l'article 1er, avant l'âge de treize ans révolus.

Toutefois, les enfants munis du certificat d'études primaires institué par la loi du 28 mars 1882 peuvent être employés à partir de l'âge de douze ans.

Aucun enfant âgé de moins de treize ans ne pourra être admis au travail dans les établissements ci-dessus visés, s'il n'est muni d'un certificat d'aptitude physique délivré, à titre gratuit, par l'un des médecins chargés de la surveillance du premier âge ou par l'un des médecins inspecteurs des Écoles, ou tout autre médecin chargé d'un service public, désigné par le Préfet. Cet examen sera contradictoire, si les parents le réclament.

Les Inspecteurs du travail pourront toujours requérir un examen médical de tous les enfants au-dessous de seize ans, déjà admis dans les établissements susvisés, à l'effet de constater si le travail dont ils sont chargés excède leurs forces.

Dans ce cas, les Inspecteurs auront le droit d'exiger leur renvoi de l'établissement sur l'avis conforme de l'un des médecins désignés au paragraphe 3 du présent article, et après examen contradictoire si les parents le réclament.

Dans les orphelinats et institutions de bienfaisance visés à l'article 1er, et dans lesquels l'instruction primaire est donnée, l'enseignement manuel ou professionnel, pour les enfants âgés de moins de treize ans, sauf pour les enfants âgés de douze ans munis du certificat d'études primaires, ne pourra pas dépasser trois heures par jour.

Art. 3. — Les enfants de l'un et de l'autre sexe âgés de moins de seize ans ne peuvent être employés à un travail effectif de plus de dix heures par jour.

Les jeunes ouvriers ou ouvrières de seize à dix-huit ans ne peuvent être employés à un travail effectif de plus de soixante heures par semaine, sans que le travail journalier puisse excéder onze heures.

Les filles au-dessus de dix-huit ans et les femmes ne peuvent être employées à un travail effectif de plus de onze heures par jour.

Les heures de travail ci-dessus indiquées seront coupées par un ou plusieurs repos, dont la durée totale ne pourra être inférieure à une heure et pendant lesquels le travail sera interdit[1].

1. Des modifications ont été apportées à la loi du 2 novembre 1892 par la loi du 30 *mars* 1900, dont voici le texte :

ARTICLE 1er. — Les articles 3, 4 et 11 de la loi du 2 novembre 1892 sur le travail des enfants, des filles mineures et des femmes dans les établissements industriels sont modifiés ainsi qu'il suit :

« ART. 3. — Les jeunes ouvriers et ouvrières jusqu'à l'âge de dix-huit ans et les femmes ne peuvent être employés à un travail effectif de plus de onze heures par jour, coupées par un ou plusieurs repos, dont la durée totale ne pourra être inférieure à une heure et pendant lesquels le travail sera interdit.

« Au bout de deux ans à partir de la promulgation de la présente loi, la durée du travail sera réduite à dix heures et demie, et, au bout d'une nouvelle période de deux ans, à dix heures.

« Dans chaque établissement, sauf les usines à feu continu et les mines, minières ou carrières, les repos auront lieu aux mêmes heures pour toutes les personnes protégées par la présente loi.

« ART. 4, § ADDITIONNEL. — A l'expiration d'un délai de deux ans à partir de la promulgation de la présente loi, les dispositions exceptionnelles concernant le travail de nuit prévues aux paragraphes 2 et 3 du présent article cesseront d'être en vigueur, sauf pour les travaux souterrains des mines, minières et carrières.

« ART. 11, § 3. — Dans les établissements visés par la présente loi, autres que les usines à feu continu et les établissements qui seront déterminés par un règlement d'administration publique, l'organisation du travail par relais, sauf ce qui est prévu aux paragraphes 2 et 3 de l'article 4, sera interdite pour les personnes protégées par les articles précédents, dans un délai de trois mois à partir de la promulgation de la présente loi.

« En cas d'organisation du travail par postes ou équipes successives, le travail de chaque équipe sera continu, sauf l'interruption pour le repos. »

ART. 2. — Il est ajouté à l'article 1er du décret-loi des 9-14 *septembre* 1848 la disposition suivante :

« Toutefois, dans les établissements énumérés dans l'article 1er de la loi du 2 novembre 1892 qui emploient dans les mêmes locaux des hommes adultes et des personnes visées par ladite loi, la journée de ces ouvriers ne pourra excéder onze heures de travail effectif.

« Dans le cas du paragraphe précédent, au bout de deux ans à partir de la promulgation de la présente loi, la journée sera réduite à dix heures et demie, et, au bout d'une nouvelle période de deux ans, à dix heures. »

SECTION II. — **Travail de nuit. — Repos hebdomadaire.**

ART. 4. — Les enfants âgés de moins de dix-huit ans, les filles mineures et les femmes ne peuvent être employés à aucun travail de nuit dans les établissements énumérés à l'article 1er.

Tout travail entre neuf heures du soir et cinq heures du matin est considéré comme travail de nuit ; toutefois, le travail sera autorisé de quatre heures du matin à dix heures du soir, quand il sera réparti entre deux postes d'ouvriers ne travaillant pas plus de neuf heures chacun.

Le travail de chaque équipe sera coupé par un repos d'une heure au moins.

Il sera accordé, pour les femmes et les filles âgées de plus de dix-huit ans, à certaines industries qui seront déterminées par un règlement d'administration publique et dans les conditions d'application qui seront précisées dans ledit règlement, la faculté de prolonger le travail jusqu'à onze heures du soir, à certaines époques de l'année, pendant une durée totale qui ne dépassera pas soixante jours. En aucun cas, la journée de travail effectif ne pourra être prolongée au delà de douze heures.

Il sera accordé à certaines industries, déterminées par un règlement d'administration publique, l'autorisation de déroger d'une façon permanente aux dispositions des paragraphes 1 et 2 du présent article, mais sans que le travail puisse, en aucun cas, dépasser sept heures par vingt-quatre heures.

Le même règlement pourra autoriser, pour certaines industries, une dérogation temporaire aux dispositions précitées.

En outre, en cas de chômage résultant d'une interruption accidentelle ou de force majeure, l'interdiction ci-dessus peut, dans n'importe quelle industrie, être temporairement levée par l'Inspecteur pour un délai déterminé.

ART. 5. — Les enfants âgés de moins de dix-huit ans et les femmes de tout âge ne peuvent être employés dans les établissements énumérés à l'article 1er plus de six jours par semaine, ni les jours de fêtes reconnus par la loi, même pour rangement d'atelier.

Une affiche apposée dans les ateliers indiquera le jour adopté pour le repos hebdomadaire.

ART. 6. — Néanmoins, dans les usines à feu continu, les femmes majeures et les enfants du sexe masculin peuvent être employés tous les jours de la semaine, la nuit, aux travaux indispensables, sous la condition qu'ils auront au moins un jour de repos par semaine.

Les travaux tolérés et le laps de temps pendant lequel ils peuvent être exécutés seront déterminés par un règlement d'administration publique.

ART. 7. — L'obligation du repos hebdomadaire et les restrictions relatives à la durée du travail peuvent être temporairement levées par l'Inspecteur divisionnaire, pour les travailleurs visés à l'article 5, pour certaines industries à désigner par le susdit règlement d'administration publique.

ART. 8. — Les enfants des deux sexes, âgés de moins de treize ans, ne peuvent être employés comme acteurs, figurants, etc., aux représentations données dans les théâtres et cafés-concerts sédentaires.

Le Ministre de l'Instruction publique et des Beaux-Arts, à Paris, et les Préfets, dans les départements, pourront exceptionnellement autoriser l'emploi d'un ou plusieurs enfants dans les théâtres pour la représentation de pièces déterminées[1].

1. Le Directeur des Beaux-Arts, M. H. ROUJON, a adressé, à la date du 26 *janvier* 1893, deux circulaires relatives à l'emploi des enfants dans les théâtres et cafés-concerts : l'une aux Préfets, qui est reproduite *à sa date*, et l'autre aux Directeurs de théâtres et cafés-concerts de Paris, dont voici le texte :

« Monsieur le Directeur, la loi du 2 novembre 1892 défend, en principe, l'emploi des enfants des deux sexes, âgés de moins de treize ans, comme acteurs, figurants, etc., aux représentations publiques données dans les théâtres et cafés-concerts. Toutefois des autorisations peuvent être accordées *exceptionnellement* pour la représentation de pièces déterminées.

« J'ai l'honneur de vous faire connaître les conditions dans lesquelles ces autorisations pourront être données.

« Lorsque vous désirerez faire figurer un ou plusieurs enfants dans une pièce nouvelle ou remise à la scène, vous aurez à m'adresser, cinq jours au moins avant la répétition générale, une liste nominative des enfants âgés de moins de treize ans que vous vous proposerez d'employer, avec indication de l'âge de chacun d'eux. Ils ne pourront paraître en représentation que lorsque l'autorisation vous aura été adressée ; vous aurez à faire viser cette autorisation par le commissaire de police de votre quartier.

« Lorsqu'au cours des représentations vous devrez employer des enfants dont les noms n'auront pas été portés sur la liste primitive, vous aurez à m'adresser une demande cinq jours au moins avant celui où ils devront paraître en public. L'autorisation qui vous sera accordée devra être également soumise au visa du commissaire de police. Je dois d'ailleurs vous faire remarquer que la législation nouvelle n'a en rien modifié la loi du 7 décembre 1874, et qu'il est absolument interdit de faire exécuter des tours de force périlleux et des exercices de dislocation à des enfants âgés de moins de seize ans.

« En ce qui concerne les pièces en cours de représentation, vous aurez à m'adresser, dans un délai de huit jours, la liste nominative des enfants âgés de moins de treize ans employés actuellement. »

SECTION III. — **Travaux souterrains.**

ART. 9. — Les filles et les femmes ne peuvent être admises dans les travaux souterrains des mines, minières et carrières.

Des règlements d'administration publique détermineront les conditions spéciales du travail des enfants de treize à dix-huit ans du sexe masculin dans les travaux souterrains ci-dessus visés.

Dans les mines spécialement désignées par des règlements d'administration publique, comme exigeant, en raison de leurs conditions naturelles, une dérogation aux prescriptions du paragraphe 2 de l'article 4, ces règlements pourront permettre le travail des enfants à partir de quatre heures du matin et jusqu'à minuit, sous la condition expresse que les enfants ne soient pas assujettis à plus de huit heures de travail effectif ni à plus de dix heures de présence dans la mine par vingt-quatre heures.

SECTION IV. — **Surveillance des enfants.**

ART. 10. — Les Maires sont tenus de délivrer gratuitement aux père, mère, tuteur ou patron, un livret sur lequel sont portés les nom et prénoms des enfants des deux sexes âgés de moins de dix-huit ans, la date, le lieu de leur naissance et leur domicile.

Si l'enfant a moins de treize ans, le livret devra mentionner qu'il est muni du certificat d'études primaires institué par la loi du 28 mars 1882.

Les chefs d'industrie ou patrons inscriront sur le livret la date de l'entrée dans l'atelier et celle de la sortie. Ils devront également tenir un registre sur lequel seront mentionnées toutes les indications insérées au présent article.

ART. 11. — Les patrons ou chefs d'industrie et loueurs de force motrice sont tenus de faire afficher dans chaque atelier les dispositions de la présente loi, les règlements d'administration publique relatifs à son exécution et concernant plus spécialement leur industrie, ainsi que les adresses et les noms des Inspecteurs de la circonscription.

Ils afficheront également les heures auxquelles commencera et finira le travail, ainsi que les heures et la durée des repos. Un duplicata de cette affiche sera envoyé à l'Inspecteur, un autre sera déposé à la mairie.

L'organisation de relais qui aurait pour effet de prolonger au delà de la limite légale la durée de la journée de travail est interdite pour les personnes protégées par la présente loi.

Dans toutes les salles de travail des ouvroirs, orphelinats, ateliers de charité ou de bienfaisance dépendant des établissements religieux ou laïques, sera placé d'une façon permanente un tableau indiquant, en caractères facilement lisibles, les conditions du travail des enfants telles qu'elles résultent des articles 2, 3, 4 et 5, et déterminant l'emploi de la journée, c'est-à-dire les heures du travail manuel, du repos, de l'étude et des repas. Ce tableau sera visé par l'Inspecteur et revêtu de sa signature.

Un état nominatif complet des enfants élevés dans les établissements ci-dessus désignés, indiquant leurs noms et prénoms, la date et le lieu de leur naissance, et certifié conforme par les directeurs de ces établissements, sera remis tous les trois mois à l'Inspecteur, et fera mention de toutes les mutations survenues depuis la production du dernier état.

SECTION V. — **Hygiène et sécurité des travailleurs.**

ART. 12. — Les différents genres de travail présentant des causes de danger, ou excédant les forces, ou dangereux pour la moralité, qui seront interdits aux femmes, filles et enfants, seront déterminés par des règlements d'administration publique.

ART. 13. — Les femmes, filles et enfants ne peuvent être employés dans des établissements insalubres ou dangereux, où l'ouvrier est exposé à des manipulations ou à des émanations préjudiciables à sa santé, que sous les conditions spéciales déterminées par des règlements d'administration publique pour chacune de ces catégories de travailleurs.

ART. 14. — Les établissements visés dans l'article 1er et leurs dépendances doivent être tenus dans un état constant de propreté, convenablement éclairés et ventilés. Ils doivent présenter toutes les conditions de sécurité et de salubrité nécessaires à la santé du personnel.

Dans tout établissement contenant des appareils mécaniques, les roues, les courroies, les engrenages ou tout autre organe pouvant offrir une cause de danger, seront séparés des ouvriers de telle manière que l'approche n'en soit possible que pour les besoins du service.

Les puits, trappes et ouvertures de descente doivent être clôturés.

ART. 15. — Tout accident ayant occasionné une blessure à un ou plusieurs ouvriers, survenu dans un des établissements mentionnés à l'article 1er, sera l'objet d'une déclaration par le chef de l'entreprise ou, à son défaut et en son absence, par son préposé.

Cette déclaration contiendra le nom et l'adresse des témoins de l'accident; elle sera faite dans les quarante-huit heures au maire de la commune, qui en dressera procès-verbal dans la forme à déterminer par un règlement d'administration publique. A cette déclaration sera joint, produit par le patron, un certificat du médecin indiquant l'état du blessé, les suites probables de l'accident et l'époque à laquelle il sera possible d'en connaître le résultat définitif.

Récépissé de la déclaration et du certificat médical sera remis, séance tenante, au déposant.

Avis de l'accident est donné immédiatement par le maire à l'Inspecteur divisionnaire ou départemental.

ART. 16. — Les patrons ou chefs d'établissements doivent, en outre, veiller au maintien des bonnes mœurs et à l'observation de la décence publique.

SECTION VI. — **Inspections.**

ART. 17. — Des Inspecteurs du travail sont chargés d'assurer l'exécution de la présente loi et de la loi du 9 septembre 1848.

Ils sont chargés, en outre, concurremment avec les commissaires de police, de l'exécution de la loi du 7 décembre 1874 relative à la protection des enfants employés dans les professions ambulantes.

Toutefois, en ce qui concerne les exploitations de mines, minières et carrières, l'exécution de la loi est exclusivement confiée aux ingénieurs et contrôleurs des mines, qui, pour ce service, sont placés sous l'autorité du Ministre du Commerce et de l'Industrie.

ART. 18. — Les Inspecteurs du travail sont nommés par le Ministre du Commerce et de l'Industrie.

Ce service comprendra :

1° Des Inspecteurs divisionnaires;

2° Des Inspecteurs ou Inspectrices départementaux.

Un décret rendu après avis du Comité des arts et manufactures et de la Commission supérieure du travail ci-dessous instituée déterminera les départements dans lesquels il y aura lieu de créer des Inspecteurs départementaux. Il fixera le nombre, le traitement et les frais de tournée de ces Inspecteurs.

Les Inspecteurs ou Inspectrices départementaux sont placés sous l'autorité de l'Inspecteur divisionnaire.

Les Inspecteurs du travail prêtent serment de ne point révéler les secrets de fabrication et, en général, les procédés d'exploitation dont ils pourraient prendre connaissance dans l'exercice de leurs fonctions.

Toute violation de ce serment est punie conformément à l'article 378 du Code pénal.

Art. 19. — Désormais ne seront admissibles aux fonctions d'Inspecteur divisionnaire ou départemental que les candidats ayant satisfait aux conditions et aux concours visés par l'article 22.

La nomination au poste d'Inspecteur titulaire ne sera définitive qu'après un stage d'un an.

Art. 20. — Les Inspecteurs et Inspectrices ont entrée dans tous les établissements visés par l'article 1er; ils peuvent se faire représenter le registre prescrit par l'article 10, les livrets, les règlements intérieurs, et, s'il y a lieu, le certificat d'aptitude physique mentionné à l'article 2.

Les contraventions sont constatées par les procès-verbaux des Inspecteurs et Inspectrices qui font foi jusqu'à preuve contraire.

Ces procès-verbaux sont dressés en double exemplaire, dont l'un est envoyé au Préfet du département et l'autre déposé au parquet.

Les dispositions ci-dessus ne dérogent point aux règles du droit commun, quant à la constatation et à la poursuite des infractions à la présente loi.

Art. 21. — Les Inspecteurs ont pour mission, en dehors de la surveillance qui leur est confiée, d'établir la statistique des conditions du travail industriel dans la région qu'ils sont chargés de surveiller.

Un rapport d'ensemble résumant ces communications sera publié tous les ans par les soins du Ministre du Commerce et de l'Industrie.

Section VII. — **Commissions supérieure et départementales.**

Art. 22. — Une Commission supérieure composée de neuf membres, dont les fonctions sont gratuites, est établie auprès du Ministre du Commerce et de l'Industrie. Cette Commission comprend deux sénateurs, deux députés élus par leurs collègues, et cinq membres nommés, pour une période de quatre ans, par le Président de la République. Elle est chargée :

1° De veiller à l'application uniforme et vigilante de la présente loi;

2° De donner son avis sur les règlements à faire et généralement sur les diverses questions intéressant les travailleurs protégés;

3° Enfin, d'arrêter les conditions d'admissibilité des candidats à l'inspection divisionnaire et départementale et le programme du concours qu'ils devront subir.

Les Inspecteurs divisionnaires nommés en vertu de la loi du 19 mai 1874, et actuellement en fonctions, seront répartis entre les divers postes d'Inspecteurs divisionnaires et d'Inspecteurs départementaux établis en exécution de la présente loi, sans être assujettis à subir le concours.

Les Inspecteurs départementaux pourront être conservés sans subir un nouveau concours.

ART. 23. — Chaque année, le président de la Commission supérieure adresse au Président de la République un rapport général sur les résultats de l'inspection et sur les faits relatifs à l'exécution de la présente loi.

Ce rapport doit être, dans le mois de son dépôt, publié au *Journal officiel*.

ART. 24. — Les Conseils généraux devront instituer une ou plusieurs Commissions chargées de présenter, sur l'exécution de la loi et les améliorations dont elle serait susceptible, des rapports qui seront transmis au Ministre et communiqués à la Commission supérieure.

Les Inspecteurs divisionnaires et départementaux, les présidents et vice-présidents du Conseil de prud'hommes du chef-lieu ou du principal centre industriel du département et, s'il y a lieu, l'ingénieur des mines font partie de droit de ces Commissions dans leurs circonscriptions respectives.

Les Commissions locales instituées par les articles 20, 21 et 22 de la loi du 19 mai 1874 sont abolies.

ART. 25. — Il sera institué dans chaque département des Comités de patronage ayant pour objet :

1° La protection des apprentis et des enfants employés dans l'industrie;

2° Le développement de leur instruction professionnelle.

Le Conseil général, dans chaque département, déterminera le nombre et la circonscription des Comités de patronage, dont les statuts seront approuvés dans le département de la Seine par le Ministre de l'Intérieur et le Ministre du Commerce et de l'Industrie, et par les Préfets dans les autres départements.

Les Comités de patronage seront administrés par une Commission composée de sept membres, dont quatre seront nommés par le Conseil général et trois par le Préfet.

Ils sont renouvelables tous les trois ans. Les membres sortants pourront être appelés de nouveau à en faire partie.

Leurs fonctions sont gratuites.

SECTION VIII. — Pénalités.

ART. 26. — Les manufacturiers, directeurs ou gérants d'établissements visés dans la présente loi, qui auront contrevenu aux prescriptions de ladite loi et des règlements d'administration publique relatifs à son exécution, seront poursuivis devant le tribunal de simple police et passibles d'une amende de 5 à 15 francs.

L'amende sera appliquée autant de fois qu'il y aura de personnes employées dans des conditions contraires à la présente loi.

Toutefois, la peine ne sera pas applicable si l'infraction à la loi a été le résultat d'une erreur provenant de la production d'actes de naissance, livrets ou certificats contenant de fausses énonciations ou délivrés pour une autre personne.

Les chefs d'industrie seront civilement responsables des condamnations prononcées contre leurs directeurs ou gérants.

ART. 27. — En cas de récidive, le contrevenant sera poursuivi devant le tribunal correctionnel et puni d'une amende de 16 à 100 francs.

Il y a récidive lorsque, dans les douze mois antérieurs au fait poursuivi, le contrevenant a déjà subi une condamnation pour une contravention identique.

En cas de pluralité de contraventions entraînant ces peines de la récidive, l'amende sera appliquée autant de fois qu'il aura été relevé de nouvelles contraventions.

Les tribunaux correctionnels pourront appliquer les dispositions de l'article 463 du Code pénal sur les circonstances atténuantes, sans qu'en aucun cas l'amende, pour chaque contravention, puisse être inférieure à 5 francs.

ART. 28. — L'affichage du jugement peut, suivant les circonstances et en cas de récidive seulement, être ordonné par le tribunal de police correctionnelle.

Le tribunal peut également ordonner, dans le même cas, l'insertion du jugement aux frais du contrevenant dans un ou plusieurs journaux du département.

ART. 29. — Est puni d'une amende de 100 à 500 francs quiconque aura mis obstacle à l'accomplissement des devoirs d'un Inspecteur.

En cas de récidive, l'amende sera portée de 500 à 1 000 francs.

L'article 463 du Code pénal est applicable aux condamnations prononcées en vertu de cet article.

SECTION IX. — Dispositions spéciales.

ART. 30. — Les règlements d'administration publique nécessaires à l'application de la présente loi seront rendus après avis de la Commission supérieure du travail et du Comité consultatif des arts et manufactures.

Le Conseil général des mines sera appelé à donner son avis sur les règlements prévus en exécution de l'article 9.

ART. 31. — Les dispositions de la présente loi sont applicables aux enfants placés en apprentissage et employés dans un des établissements visés à l'article 1er.

ART. 32. — Les dispositions édictées par la présente loi ne seront applicables qu'à dater du 1er janvier 1893.

La loi du 19 mai 1874 et les règlements d'administration publique rendus en exécution de ses dispositions seront abrogés à la date susindiquée.

---

13 déc. 1892.

Décret portant organisation du service de l'Inspection du travail dans l'industrie.

13 Décembre 1892.

Le Président de la République française,

Sur le rapport du Ministre du Commerce et de l'Industrie,

Vu les paragraphes 1, 2, 3, 4, 5 et 6 de l'article 18 et le paragraphe 2 de l'article 19 de la loi du 2 novembre 1892 ;

Vu l'avis du Comité consultatif des arts et manufactures ;

Vu l'avis de la Commission supérieure instituée par l'article 22 de la loi précitée,

Décrète :

ARTICLE 1er. — Le nombre des Inspecteurs du travail est fixé comme suit :

11 Inspecteurs divisionnaires ;

92 Inspecteurs ou Inspectrices départementaux.

ART. 2. — La délimitation des circonscriptions attribuées aux Inspecteurs divisionnaires, le lieu de leur résidence, l'indication du département ou des départements inspectés par les Inspecteurs ou Inspectrices départementaux, les lieux de résidence de ces Inspecteurs ou Inspectrices sont inscrits au tableau suivant (voir *Bulletin des Lois*, XIIe série, 1892, t. XLV, page 1304).

ART. 3. — Dans les départements de la Seine, de la Marne et de la Meuse, du Nord et du Pas-de-Calais, de la Seine-Inférieure, des Bouches-du-Rhône, du Rhône, de la Loire et de la Haute-Loire, un arrêté ministériel déterminera la circonscription à attribuer à chaque Inspecteur ou Inspectrice départemental.

ART. 4. — Les Inspecteurs et Inspectrices stagiaires institués par l'article 19 de la loi recevront un traitement annuel de 2 400 francs; ce traitement sera soumis à la retenue conformément à la loi du 9 juin 1853 sur les pensions civiles.

ART. 5. — Il est créé cinq classes d'Inspecteurs et d'Inspectrices départementaux.

La 5e classe recevra un traitement de 3 000 francs;

La 4e classe, un traitement de 3 500 francs;

La 3e classe, un traitement de 4 000 francs;

La 2e classe, un traitement de 4 500 francs;

La 1re classe, un traitement de 5 000 francs.

ART. 6. — Il est créé trois classes d'Inspecteurs divisionnaires :

La 3e classe recevra un traitement de 6 000 francs;

La 2e classe, un traitement de 7 000 francs;

La 1re classe, un traitement de 8 000 francs.

ART. 7. — Les Inspecteurs et Inspectrices ne pourront être élevés de classe qu'après trois ans de service dans la classe immédiatement inférieure; leur classement sera personnel.

Les Inspecteurs divisionnaires sont nommés au choix parmi les Inspecteurs départementaux appartenant au moins à la 2e classe.

ART. 8. — Les frais de tournée des Inspecteurs et Inspectrices, à l'exception de ceux de la Seine, seront réglés sur état et selon les formes prescrites par décisions du Ministre du Commerce et de l'Industrie.

Pour les Inspecteurs divisionnaires, le taux kilométrique est fixé à 12 centimes pour les déplacements par chemin de fer, et à 50 centimes pour les déplacements par voie de terre. Les frais de séjour seront réglés à raison de 15 francs par jour.

Pour les Inspecteurs et Inspectrices départementaux, le taux kilométrique est fixé à 8 centimes pour les déplacements par chemin de fer, et à 50 centimes pour les déplacements par voie de terre. Leurs frais de séjour seront réglés à raison de 15 francs par jour.

Les frais de transport par mer, entre Marseille et la Corse, seront remboursés aux Inspecteurs d'après le prix des places en 1re classe.

Il sera alloué aux Inspecteurs divisionnaires des frais de bureau fixés à 1 800 francs pour l'Inspecteur divisionnaire de la 1re circonscription, et à 1 200 francs pour les autres Inspecteurs divisionnaires.

ART. 9. — L'Inspecteur divisionnaire résidant à Paris recevra, pour frais de tournées dans le département de la Seine et de résidence, une indemnité fixe de 3 000 francs par an. Ses frais de tournées dans les départements de Seine-et-Marne et de Seine-et-Oise lui seront remboursés sur le même taux qu'aux autres Inspecteurs divisionnaires.

Les Inspecteurs et Inspectrices départementaux du département de la Seine recevront une indemnité fixe de 500 francs pour frais de bureau et de déplacement dans l'enceinte de Paris; l'indemnité sera de 800 francs pour les Inspecteurs attachés au service de la banlieue.

ART. 10. — Les déplacements des Inspecteurs hors de leur circonscription, nécessités par les besoins du service, seront comptés comme frais de tournée et réglés sur état aux mêmes tarifs.

ART. 11. — Les Inspecteurs divisionnaires actuellement en fonctions, qui seront chargés d'un service d'inspection départementale dans les conditions du présent décret, conserveront, à titre transitoire, leur traitement actuel.

---

20 déc. 1892.

Circulaire du Ministre de l'Instruction publique, relative aux Requêtes adressées au Ministre par les fonctionnaires de l'Instruction publique.

20 Décembre 1892.

Monsieur le Recteur, j'ai pu constater que des membres de l'enseignement public adressent directement des requêtes au Ministre, ou les lui font parvenir par d'autres voies que la voie hiérarchique.

Cette façon d'agir, qui ne peut qu'affaiblir l'action et la responsabilité de ceux qui ont charge d'administrer, est contraire aux principes d'une bonne administration.

Elle ne l'est pas moins aux intérêts mêmes de ceux qui croient devoir en faire usage, car en paraissant vouloir échapper au témoignage de leurs chefs, ils donnent à présumer que ce témoignage ne leur serait pas favorable.

Il importe donc, dans l'intérêt du service et dans l'intérêt des personnes, que les règles plusieurs fois posées par mes prédécesseurs soient exactement suivies.

Tout fonctionnaire a le droit de recourir au Ministre et personne n'a qualité pour empêcher la requête du plus humble de parvenir jusqu'à lui; mais la seule voie à suivre est la voie hiérarchique. Je vous prie de le rappeler au personnel de votre Académie.

Vous voudrez bien m'accuser réception de la présente circulaire.

Recevez, etc.

Signé : CH. DUPUY.

Décret relatif à la fixation des Indemnités de résidence dues au personnel enseignant des Écoles primaires publiques[1]. 31 déc. 1892.

31 Décembre 1892.

Le Président de la République française,

Sur le rapport du Ministre de l'Intérieur, du Ministre des Finances et du Ministre de l'Instruction publique, des Beaux-Arts et des Cultes;

Vu la loi du 19 juillet 1889, notamment les articles 4, 12 et 48;

Vu la loi du 30 octobre 1886;

Vu le paragraphe 2 de l'article 1er du règlement d'administration publique du 31 janvier 1890;

Vu le décret du 31 décembre 1891, portant dénombrement de la population, et les décrets rectificatifs qui ont suivi;

Le Conseil d'État entendu,

Décrète :

ARTICLE 1er. — A partir du 1er janvier 1893, les indemnités de résidence dues au personnel enseignant des Écoles primaires publiques sont fixées, pour chaque commune, conformément aux indications du tableau annexé au présent décret[2].

Annexe au décret du 31 décembre 1892.

Tableau des indemnités de résidence dressé par application de l'article 12, § 5, de la loi du 19 juillet 1889.

L'article 12 de la loi classe de la manière suivante, en neuf séries, les com-

1. Le décret du 31 *décembre* 1897 (voir *à sa date*) a modifié les indemnités de résidence à partir du 1er janvier 1898. — Se reporter également au décret du 19 *juillet* 1894 (*à sa date*).

2. Consulter la nomenclature de toutes les communes des départements, classées dans les séries prévues par la loi (*Bull. adm.*, 1892, t. LII, p. 870 et suiv.). — Quelques modifications ont été apportées à cette nomenclature primitive par les décrets du 30 *mai* 1893 (*Bull. adm.*, 1893, t. LIII, p. 562) et du 21 *décembre* 1894 (*Bull. adm.*, 1894, t. LVI, p. 825).

munes sujettes aux indemnités de résidence ci-après déterminées pour les trois catégories du personnel enseignant :

SÉRIES.	POPULATION AGGLOMÉRÉE.	TAUX DE L'INDEMNITÉ DE RÉSIDENCE POUR CHAQUE MAÎTRE.		
		Directeurs et directrices d'Écoles (art. 8, 9 et 14). Instituteurs adjoints et institutrices adjointes d'Écoles primaires supérieures (art. 15).	Instituteurs et institutrices titulaires dirigeant une École de moins de trois classes ou adjointes chargées de classes (art. 7).	Instituteurs et institutrices stagiaires (art. 6 et 11).
1re. . . .	1 000 à 3 000. .	100 fr.	50 fr.	25 fr.
2e. . . .	3 001 à 9 000. .	200	100	50
3e. . . .	9 001 à 12 000. .	300	150	75
4e. . . .	12 001 à 18 000. .	400	200	100
5e. . . .	18 001 à 35 000. .	500	250	125
6e. . . .	35 001 à 60 000. .	600	300	150
7e. . . .	60 001 à 100 000. .	700	350	175
8e. . . .	100 000 et au-dessus.	800	400	200
9e. . . .	Ville de Paris. . . .	2 000	1 000	500

N. B. — La première série contient en outre les communes chefs-lieux de canton dont la population agglomérée est inférieure à 1 000 habitants.

Le règlement d'administration publique du 5 septembre 1890 classe de la manière suivante, en six séries, les communes de la Seine sujettes aux indemnités de résidence ci-après déterminées pour les trois catégories du personnel enseignant.

SÉRIES.	POPULATION AGGLOMÉRÉE.	TAUX DE L'INDEMNITÉ DE RÉSIDENCE POUR CHAQUE MAÎTRE.		
		Directeurs et directrices d'Écoles (art. 8, 9 et 14). Instituteurs adjoints et institutrices adjointes d'Écoles primaires supérieures (art. 15).	Instituteurs et institutrices titulaires dirigeant une École de moins de trois classes ou adjointes chargées de classes (art. 7).	Instituteurs et institutrices stagiaires (art. 6 et 11).
1re. . . .	1 000 à 3 000. . .	400 fr.	300 fr.	200 fr.
2e. . . .	3 001 à 9 000. . .	500	400	300
3e. . . .	9 001 à 12 000. . .	600	500	400
4e. . . .	12 001 à 18 000. . .	900	800	700
5e. . . .	18 001 à 35 000. . .	1 000	900	800
6e. . . .	35 001 à 60 000. . .	1 100	1 000	900

Arrêté interdisant comme livres d'enseignement, de lecture et de prix dans les Écoles libres ou privées les deux catéchismes à l'usage des diocèses de Rennes et de Luçon. 4 janvier 1893

4 Janvier 1893.

Le Ministre de l'Instruction publique, des Beaux-Arts et des Cultes,

Vu la loi du 27 février 1880, article 5;

Vu les deux ouvrages portant pour titres : l'un, *Catéchisme du diocèse de Rennes*, avec un double supplément portant la date du 12 septembre 1891; l'autre, *Catéchisme du diocèse de Luçon*, publiés à Paris, chez D. Dumoulin, avec la date de 1892;

Vu le décret du 10 août 1892, rendu après délibération conforme du Conseil d'État, déclarant qu'il y a abus dans la publication de ces deux catéchismes comme contenant divers passages contraires aux lois, et, en outre, pour le second, comme renfermant des « attaques injurieuses contre les institutions civiles de l'État »;

Le Conseil supérieur de l'Instruction publique entendu,

Arrête :

ARTICLE 1er.— Sont interdits les deux catéchismes ci-dessus désignés, à l'usage des diocèses de Luçon et de Rennes, comme livres d'enseignement, de lecture et de prix dans les Écoles libres ou Écoles privées de tout ordre.

ART. 2. — Les Recteurs des Académies de Poitiers et de Rennes sont chargés, chacun en ce qui le concerne, de l'exécution du présent arrêté.

Décret modifiant divers articles du Décret du 18 janvier 1887. 18 janvier 1893.

18 Janvier 1893.

Le Président de la République française,

Sur le rapport du Ministre de l'Instruction publique, des Beaux-Arts et des Cultes;

Vu les lois du 30 octobre 1886 et du 19 juillet 1889;

Vu le décret en date du 18 janvier 1887 et l'arrêté du même jour;

Le Conseil supérieur de l'Instruction publique entendu,

Décrète :

ARTICLE 1er. — Sont modifiés comme il suit les articles ci-après désignés du décret organique du 18 janvier 1887 :

« ART. 113. — Les candidats au certificat d'aptitude à l'enseignement du travail manuel et à l'enseignement du chant doivent être âgés de vingt et un ans révolus au moment de leur inscription et justifier de deux années d'exercice dans un établissement d'enseignement public ou privé [1].

« ART. 114. — Les aspirants au certificat d'aptitude à l'enseignement du travail manuel doivent être pourvus du brevet supérieur ou d'un baccalauréat; les aspirantes, du brevet supérieur, du diplôme de fin d'études de l'enseignement secondaire ou du baccalauréat.

« ART. 186. — Pendant cinq ans, à partir du 1er janvier 1893, les instituteurs publics titulaires et les commis d'inspection académique seront dispensés de produire le certificat d'aptitude au professorat pour se présenter aux examens du certificat d'aptitude à l'inspection primaire s'ils comptent dix années de services effectifs, soit comme directeurs, soit comme adjoints dans une École primaire élémentaire ou supérieure ou dans une École annexe et s'ils sont pourvus du brevet supérieur et du certificat d'aptitude pédagogique. »

Les dispositions qui précèdent sont applicables aux aspirantes comme aux aspirants.

---

18 janvier 1893.

Arrêté portant modifications et additions à l'Arrêté du 18 janvier 1887 relatif à l'Enseignement primaire.

18 Janvier 1893.

Le Ministre de l'Instruction publique, des Beaux-Arts et des Cultes,

Vu la loi du 30 octobre 1886, articles 34, 37 et 38;

Vu le décret du 23 décembre 1882 instituant le certificat d'études primaires supérieures;

Vu le décret du 18 janvier 1887, notamment les articles 106, 113, 122 et 160;

Vu le décret du 31 décembre 1892;

Vu l'arrêté du 18 janvier 1887, articles 44, § 3, 242 et suivants;

Le Conseil supérieur de l'Instruction publique entendu,

Arrête :

ARTICLE 1er. — Sont modifiés comme il suit les articles ci-après désignés de l'arrêté du 18 janvier 1887 :

1. Cet article a été modifié et complété par le décret du 10 *août* 1893 (voir *à sa date*).

30.

Médailles et mentions honorables.

« ART. 127. — Les médailles et les mentions honorables dont il est question à l'article 34 de la loi du 30 octobre 1886 sont décernées par le Ministre, le 14 juillet de chaque année, aux instituteurs et aux institutrices, dans chaque département, après avis du Conseil départemental[1].

« Les propositions adressées au Conseil départemental et soumises à l'approbation du Ministre sont établies : pour les mentions honorables et les médailles de bronze, par l'Inspecteur d'Académie ; pour les médailles d'argent[2], par la Commission instituée à l'article 41 de la loi du 19 juillet 1889.

« Il est institué un signe distinctif de la médaille d'argent. Ce signe consiste en un ruban de couleur violette avec lisérés jaunes, porté sur le côté gauche de la poitrine.

. . . .

1. Consulter, sur les récompenses honorifiques décernées aux instituteurs et aux institutrices, les documents suivants :

Arrêté du 26 *novembre* 1889, relatif aux récompenses honorifiques décernées aux instituteurs et institutrices (p. 218);

Circulaire du 29 *novembre* 1891, aux Recteurs, relative aux conditions exigées des membres de certaines associations pour l'obtention des distinctions universitaires (*Circ.*, t. XI, p. 500);

Arrêté du 16 *janvier* 1892, instituant au Ministère de l'Instruction publique un Comité consultatif des distinctions universitaires (*Bull. adm.*, 1892, t. LI, p. 59);

Décret du 30 *octobre* 1895, réglant la concession des distinctions honorifiques en faveur des instituteurs et institutrices employés dans les Écoles publiques des colonies (ci-après, *à sa date*);

— 24 *janvier* 1896, réservant un contingent spécial de distinctions honorifiques aux instituteurs et institutrices publics pour l'enseignement des adultes (*Bull. adm.*, 1896, t. LIX, p. 98);

Arrêté du 25 *janvier* 1896, déterminant les récompenses à attribuer aux instituteurs et institutrices publics pour l'enseignement des adultes (*Ibid.*, p. 99);

— 28 *janvier* 1896, modifiant le mode d'attribution des récompenses honorifiques aux instituteurs, etc. (ci-après, *à sa date*);

Décret du 25 *juillet* 1896, modifiant le décret, ci-dessus visé, du 24 janvier 1896 (*Bull. adm.*, 1896, t. LX, p. 213);

— 4 *août* 1898, modifiant les dispositions relatives aux décorations universitaires (ci-après, *à sa date*);

— 21 *janvier* 1899, réservant un contingent spécial de distinctions honorifiques aux instituteurs et institutrices publics pour l'enseignement des adultes (*Bull. adm.*, 1899, t. LXV, p. 92);

Arrêté du 27 *janvier* 1899, déterminant les récompenses à attribuer aux instituteurs et institutrices publics pour l'enseignement des adultes (*Ibid.*, p. 124);

— 15 *janvier* 1900, attribuant des récompenses aux instituteurs et institutrices publics pour l'enseignement des adultes (*Bull. adm.*, 1900, t. LXVII, p. 79).

2. Consulter la circulaire du 6 *avril* 1895, aux Préfets, relative au mandatement de l'allocation due pour la médaille d'argent (*Bull. adm.*, 1895, t. LVII, p. 305).

Certifical d'aptitude à l'enseignement du chant.

« ART. 209[1]. — Une Commission est nommée chaque année par le Ministre de l'Instruction publique pour examiner les candidats à l'enseignement du chant dans les Écoles normales et les Écoles primaires supérieures.

« Les candidats sont tenus de se faire inscrire quinze jours au moins avant l'examen, à Paris, à la Sorbonne et, dans les départements, au bureau de l'Inspecteur d'Académie.

« ART. 210. — L'examen se compose d'*épreuves écrites* et d'*épreuves orales*; les unes et les autres ont lieu à Paris.

« ART. 211. — Les *épreuves écrites* comprennent :

« 1° Une rédaction sur une question d'enseignement musical prise dans les programmes des Écoles normales et des Écoles primaires supérieures (durée de l'épreuve : 3 heures) ;

« 2° Une dictée musicale écrite phrase par phrase, chaque phrase étant de deux mesures ;

« 3° La réalisation, écrite à quatre parties, d'une basse chiffrée (accords parfaits, de septième de dominante, de septième de sensible, de septième diminuée, avec leurs renversements) et l'accompagnement écrit pour piano d'un chant donné[2] (durée de l'épreuve : 3 heures).

« ART. 212. — Sont admis aux épreuves orales les candidats qui ont obtenu la moyenne de 10 points pour la première épreuve et la moyenne de 20 points pour les deux autres épreuves réunies.

« ART. 213. — Les *épreuves orales* comprennent :

« 1° La lecture à première vue d'une leçon de solfège sur la clef de *sol* et sur la clef de *fa* ; cette leçon sera ensuite vocalisée, puis transposée sur un ton indiqué par le jury ;

« 2° Le chant d'un air classique, avec paroles, choisi par le candidat, qui sera accompagné au piano, et l'exécution, sans accompagnement, d'un chant scolaire, avec paroles, également choisi par le candidat, qui prendra lui-même le ton avec le diapason ;

« 3° L'exécution, à première vue, sur le piano, d'un accompagnement facile. Les candidats dont le piano n'est pas l'instrument habituel pourront être autorisés par le jury à exécuter un accompagnement sur le violon ou le violoncelle ;

1. Les articles 209 à 214 ont été de nouveau modifiés par l'arrêté du 29 *avril* 1895 (ci-après *à sa date*).

2. Pour les candidats qui n'ont pas la pratique du piano, la Commission se contentera de l'accompagnement du chant donné par une basse chiffrée (*Bull. adm.*, 1893, t. LIII, p. 425).

« 4° Des interrogations sur la théorie musicale, sur les principaux chefs-d'œuvre de la musique chorale et populaire et sur leurs auteurs ;

« 5° Une leçon théorique et pratique d'enseignement musical faite au tableau noir par le candidat. Cette épreuve donne lieu à un coefficient double.

« ART. 214. — Tout candidat qui n'a pas obtenu la moyenne de 60 points pour l'ensemble des épreuves orales est ajourné.

« Après la clôture des examens, le jury dresse, par ordre de mérite, la liste des candidats jugés dignes d'obtenir le certificat d'aptitude à l'enseignement du chant. Cette liste est soumise à l'approbation du Ministre, qui délivre les certificats.

. . . .

Certificat d'études primaires supérieures [1].

« ART. 247 [2]. — Les épreuves écrites sont éliminatoires ; elles comprennent cinq compositions, qui ont lieu en deux jours consécutifs : 1° composition française (lettre, récit, compte rendu ou rapport, développement d'une maxime, etc.) ; 2° composition d'histoire et de géographie ; 3° composition de mathématiques et de sciences physiques et naturelles ; 4° composition de dessin géométrique ou de dessin d'ornement ; 5° composition de langues vivantes.

« Pour chacune de ces épreuves, il sera donné trois sujets distincts correspondant aux programmes suivis dans les Écoles primaires supérieures publiques : 1° pour l'enseignement général ; 2° pour la section industrielle ; 3° pour la section commerciale.

1. Se reporter aux autres documents suivants :
Arrêté du 29 *décembre* 1888, introduisant dans le certificat d'études primaires supérieures une épreuve orale d'enseignement industriel et agricole (p. 128) ;
— 12 *janvier* 1889, modifiant l'article 245 de l'arrêté du 18 janvier 1887 (p. 136) ;
Circulaire du 3 *juillet* 1889, aux Recteurs, relative au choix du sujet de la composition scientifique (*Circ.*, t. XI, p. 6) ;
— 28 *octobre* 1890, aux Recteurs, relative au même objet (*Ibid.*, p. 307) ;
— 17 *juin* 1892, aux Inspecteurs d'Académie, relative au centre d'examen (*Ibid.*, p. 590) ;
— 29 *juin* 1893, aux Recteurs, relative à l'application du décret modificatif du 18 janvier 1893 (*Ibid.*, p. 684) ;
Arrêté du 27 *juillet* 1893, modifiant le nombre d'heures accordé pour chacune des compositions (ci-après *à sa date*) ;
— 10 *janvier* 1894, modifiant les articles 247 et 248 de l'arrêté du 18 janvier 1887 (ci-après *à sa date*).

2. L'art. 247 a été une première fois modifié par l'arrêté du 10 *janvier* 1894 (ci-après *à sa date*). — Les art. 247, 250, 251 et 253 ont été à nouveau modifiés par l'arrêté du 17 *septembre* 1898 (ci-après *à sa date*).

« Les candidats, en s'inscrivant, feront connaître celle de ces trois séries d'épreuves à laquelle ils se présentent.

« La composition de langues vivantes sera facultative pour les candidats des sections industrielle et agricole.

« ART. 250. — Les épreuves orales ne peuvent excéder la durée d'une heure ; elles sont, comme les épreuves écrites, divisées en trois séries correspondant aux programmes de l'enseignement général et de chacune des sections professionnelles.

« Les candidats qui en feront la demande subiront, en outre, une épreuve d'agriculture[1], dont le résultat sera mentionné sur le diplôme.

« ART. 251. — Les épreuves pratiques comprennent le travail manuel, le chant et, pour les garçons, la gymnastique.

« L'épreuve de travail manuel est facultative pour les élèves de la section commerciale.

« ART. 253. — Après la clôture des examens, la Commission dresse, par ordre alphabétique, la liste des candidats qu'elle juge dignes d'obtenir le certificat d'études primaires supérieures. Le dossier complet de l'examen de chaque candidat est transmis au Recteur, qui délivre les certificats.

« Le diplôme portera l'une des quatre mentions ci-après :

« 1° Certificat d'études primaires supérieures (enseignement général) ;

« 2° Certificat d'études primaires supérieures (section industrielle) ;

« 3° Certificat d'études primaires supérieures (section commerciale) ;

« 4° Certificat d'études primaires supérieures (section agricole). »

ART. 2. — L'article 240 de l'arrêté du 18 janvier 1887 est abrogé.

ART. 3. — Sont ajoutés, à la suite de l'arrêté du 18 janvier 1887, les articles ci-après[2] :

« ART. 271. — Le Comité départemental d'hygiène sera toujours

1. « L'épreuve d'agriculture peut être subie par tout élève qui en fait la demande. Elle ne comporte pas de composition écrite, mais uniquement des interrogations. Elle ne constitue pas à elle seule un examen spécial, mais elle s'ajoute facultativement aux épreuves subies par les candidats, qui ont choisi l'une des trois sections : enseignement général, section industrielle ou section commerciale. Il en résulte que la mention de l'agriculture, si elle est acquise, accompagnera toujours sur le certificat l'une des trois autres mentions. » (*Bulletin départemental de Seine-et-Marne*, n° 184, sept.-oct. 1893, p. 189.)

2. Consulter, pour l'application des art. 271 à 273, la circulaire du 13 *mars* 1893 aux Préfets (*Bull. adm.*, 1893, t. LIII, p. 274), et, pour la jurisprudence en matière d'hygiène des Écoles, la note en renvoi sous la circulaire du 27 *mai* 1895 (*à sa date*).

consulté par l'Inspecteur d'Académie sur les conditions d'installation et sur l'état de salubrité des locaux affectés aux Écoles primaires privées pour lesquelles il est fait une déclaration d'ouverture[1].

« ART. 272. — En cas d'épidémie, le Préfet, sur la proposition de l'Inspecteur d'Académie après avis du maire et du Comité départemental d'hygiène, détermine les mesures sanitaires à prendre dans les Écoles primaires publiques et privées et prononce, s'il y a lieu, la fermeture temporaire.

« ART. 273. — Des récompenses consistant en médailles de vermeil, d'argent et de bronze, sont attribuées aux instituteurs et institutrices publics qui ont réuni les statistiques les plus complètes sur les opérations vaccinales, et qui ont fait le plus d'efforts pour propager la vaccination et la revaccination.

« ART. 274. — Sont rapportées toutes les dispositions contraires au présent arrêté. »

Décret relatif à l'Organisation et aux Programmes d'enseignement des Écoles primaires supérieures publiques[2]. 21 janvier 1893.

21 Janvier 1893.

Le Président de la République française,

Sur le rapport du Ministre de l'Instruction publique, des Beaux-Arts et des Cultes;

Vu les lois du 30 octobre 1886 et du 19 juillet 1889;

Vu le décret en date du 18 janvier 1887 et l'arrêté du même jour;

Le Conseil supérieur de l'Instruction publique entendu,

Décrète :

ARTICLE 1er. — Sont modifiés comme il suit les articles 30 à 41 du décret organique du 18 janvier 1887 (*Titre Ier, chapitre III : Écoles primaires supérieures et cours complémentaires. — Section 1re : De l'organisation des Écoles primaires supérieures et des cours complémentaires*) :

1. Consulter, outre la circulaire susmentionnée, celle du 24 *août* 1894, aux Préfets, relative à l'obtention dans un court délai de la consultation du Comité d'hygiène (*Bull. adm.*, 1894, t. LVI, p. 256).

2. Consulter, pour l'application, la circulaire du 15 *février* 1893 aux Recteurs (ci-après *à sa date*).

« ART. 30. — L'instruction primaire supérieure est donnée :

« 1° Dans les *Écoles primaires supérieures;*

« 2° Dans les classes d'enseignement primaire supérieur dites *Cours complémentaires.*

« Le Cours complémentaire est annexé à une École primaire élémentaire et placé sous la même direction.

« L'École primaire supérieure est installée dans un local distinct de celui de l'École élémentaire et placée sous une direction différente.

« Toutefois la réunion, sous une même direction, d'une École primaire supérieure et d'une École primaire élémentaire dans un même groupe scolaire pourra être autorisée par le Ministre, sur l'avis motivé du Conseil départemental.

« La durée du cours d'études dans les Cours complémentaires est d'un an. Les Cours complémentaires comprennent au plus, quel que soit le nombre d'élèves, deux divisions, qui pourront être réunies sous un même maître. Il ne peut être annexé de Cours complémentaires qu'aux Écoles possédant une classe au moins pour chacun des trois cours prévus par les articles 9 à 12 de l'arrêté du 18 janvier 1887 (cours élémentaire, cours moyen, cours supérieur).

« L'École primaire supérieure comprend au moins deux années d'études : elle est dite *de plein exercice* si elle en comprend trois ou plus.

« ART. 31. — Ne peuvent être nommés directeurs ou directrices d'une École à laquelle est annexé un Cours complémentaire que les instituteurs ou institutrices publics titulaires pourvus du brevet supérieur.

« ART. 32. — Les conditions d'âge et de titres imposées par l'article 24, § 3, de la loi du 30 octobre 1886 aux instituteurs adjoints dans les Écoles primaires supérieures sont également requises des instituteurs adjoints chargés de Cours complémentaires.

« ART. 33. — Des maîtres auxiliaires peuvent être attachés aux Écoles primaires supérieures et chargés des enseignements spéciaux auxquels le directeur, les professeurs et les instituteurs adjoints ne suffiraient pas, savoir : le dessin et le modelage, le travail manuel, les langues vivantes, le chant, l'agriculture, la gymnastique et les exercices militaires.

« Des professeurs de l'enseignement supérieur ou secondaire peuvent en outre être délégués par le Ministre pour des leçons ou conférences se rapportant à une partie du programme des Écoles primaires supérieures.

« ART. 34. — Les délégations accordées dans les Écoles primaires supérieures en vertu du second paragraphe de l'article 28 de la loi organique ne peuvent être retirées par le Préfet que sur la proposition de l'Inspecteur d'Académie.

« ART. 35. — L'enseignement primaire supérieur comprend[1] :

« L'éducation morale[2];

« L'instruction civique[3];

« La langue française et des notions de littérature française[4];

« L'histoire nationale et des notions d'histoire générale, spécialement des temps modernes[5];

« La géographie de la France et des colonies, et des notions de géographie générale, spécialement de géographie commerciale et industrielle[6];

« Les langues vivantes[7];

« Des notions de droit usuel et d'économie politique[8];

« Les éléments de l'arithmétique et ses principales applications au commerce[9];

« Les éléments du calcul algébrique et de la géométrie[9];

« Les règles de la comptabilité usuelle et de la tenue des livres[10];

« Les notions des sciences physiques et naturelles, spécialement

1. En outre des matières énumérées au présent article, des programmes ont été fixés pour l'enseignement du chant dans les Écoles primaires supérieures : pour les garçons, par l'arrêté du 21 *janvier* 1893 (*Bull. adm.*, 1893, t. LIII, p. 88 et 98); — pour les filles, par l'arrêté du 18 *août* 1893 (*Bull. adm.*, 1893, t. LIV, p. 371).

2. Voir les programmes : pour les garçons (*Bull. adm.*, 1893, t. LIII, p. 45 et 90), modifiés par l'arrêté du 9 *mars* 1897 (*Bull. adm.*, 1897, t. LXI, p. 395); — pour les filles (*Ibid.*, t. LIV, p. 358).

3. Voir les programmes : pour les garçons (*Bull. adm.*, 1893, t. LIII, p. 51, 55, 61, 68 et 90); — pour les filles (*Ibid.*, t. LIV, p. 359).

4. Voir les programmes : pour les garçons (*Bull. adm.*, 1893, t. LIII, p. 51 et 90); — pour les filles (*Ibid.*, t. LIV, p. 358).

5. Voir les programmes : pour les garçons (*Bull. adm.*, 1893, t. LIII, p. 55 et 90); — pour les filles (*Ibid.*, t. LIV, p. 359).

6. Voir les programmes : pour les garçons (*Bull. adm.*, 1893, t. LIII, p. 61 et 91); — pour les filles (*Ibid.*, t. LIV, p. 359).

7. Consulter la circulaire du 27 *novembre* 1893, aux Recteurs, relative à une enquête sur le choix de la langue vivante à enseigner dans les Écoles primaires supérieures (*Circ.*, t. XI, p. 757). — Voir les programmes : pour les garçons (*Bull. adm.*, 1893, t. LIII, p. 72 et 91); — pour les filles (*Ibid.*, t. LIV, p. 359).

8. Voir les programmes : pour les garçons (*Bull. adm.*, 1893, t. LIII, p. 68 et 95), modifiés, pour l'économie politique, par l'arrêté du 9 *mars* 1897 (*Bull. adm.*, 1897, t. LXI, p. 394); — pour les filles (*Bull. adm.*, 1893, t. LIV, p. 365-6).

9. Voir les programmes : pour les garçons (*Bull. adm.*, 1893, t. LIII, p. 73 et 91); — pour les filles (*Ibid.*, t. LIV, p. 360).

10. Consulter les programmes de comptabilité et tenue des livres : pour les garçons : 1° enseignement général (*Bull. adm.*, 1893, t. LIII, p. 77, et t. LIV, p. 362); 2° sections commerciale, industrielle et agricole (*Bull. adm.*, 1893, t. LIII, p. 93, et t. LIV, p. 372 et 549); — pour les filles (*Ibid.*, t. LIV, p. 362 et 372).

dans leurs applications à l'agriculture, au commerce et à l'industrie[1];

« Le dessin géométrique;

« Le dessin d'ornement et le modelage[2];

« La gymnastique[3];

« Le travail du bois et du fer pour les garçons[4];

« Les travaux à l'aiguille, la coupe et l'assemblage pour les filles[5].

« ART. 36. — Dans les Écoles primaires supérieures de plein exercice, et lorsque le nombre des élèves le comportera, le Ministre de l'Instruction publique pourra autoriser, à partir de la deuxième ou de la troisième année d'études, la création d'une ou de plusieurs sections spéciales : agricole, industrielle ou commerciale. Cette autorisation sera accordée sur la demande du Comité de patronage et la proposition de l'Inspecteur d'Académie, après avis conforme du Conseil municipal.

« Dans toutes les autres Écoles primaires supérieures ainsi que dans les Cours complémentaires, il pourra être créé par le Ministre de l'Instruction publique des cours accessoires ayant pour objet la préparation professionnelle des élèves qui se destinent à l'agriculture, à l'industrie ou au commerce.

« ART. 37. — Les divisions générales de l'enseignement dans les Écoles primaires supérieures sont déterminées par des arrêtés ministériels, pris en Conseil supérieur et contenant le plan d'études de ces établissements.

1. Voir les programmes de physique et de chimie : pour les garçons (*Bull. adm.*, 1893, t. LIII, p. 78 et 93); — pour les filles (*Ibid.*, t. LIV, p. 363); — d'histoire naturelle et d'hygiène : pour les garçons (*Bull. adm.*, 1893, t. LIII, p. 81 et 93), modifiés, en ce qui concerne l'hygiène, par l'arrêté du 9 *mars* 1897 (*Bull. adm.*, 1897, t. LXI, p. 394); — pour les filles (*Bull. adm.*, 1893, t. LIV, p. 363-4); — pour l'agriculture et l'horticulture (*Bull. adm.*, 1893, t. LIII, p. 86, 87, 95 et 96).

Consulter la circulaire du 12 *mai* 1898, aux Recteurs, relative à l'enseignement de l'agriculture dans les Ecoles primaires supérieures (*Bull. adm.*, 1898, t. LXIII, p. 707).

2. Voir les programmes : pour les garçons (*Bull. adm.*, 1893, t. LIII, p. 87 et 95); — pour les filles (*Ibid.*, t. LIV, p. 367).

Consulter l'arrêté du 25 *mars* 1892, concernant la Commission consultative chargée de la préparation des catalogues et collections d'œuvres d'art à mettre en usage dans les Écoles primaires supérieures (*Bull. adm.*, 1892, t. LI, p. 383).

3. Voir les programmes : pour les garçons (*Bull. adm.*, 1893, t. LIII, p. 89 et 98); — pour les filles (*Ibid.*, t. LIV, p. 371).

Consulter aussi l'arrêté du 8 *août* 1890, relatif aux programmes de l'enseignement de la gymnastique (*Bull. adm.*, 1890, t. XLVIII, p. 269); — et la circulaire du 15 *décembre* 1891, aux Préfets, relative à l'installation des gymnases dans les établissements d'enseignement primaire public (*Circ.*, t. XI, p. 511).

4. Voir les programmes (*Bull. adm.*, 1893, t. LIII, p. 87).

5. Voir les programmes de travaux manuels et d'économie domestique dans les Écoles primaires supérieures de filles (*Bull. adm.*, 1893, t. LIV, p. 369).

« Dans ces limites et sous ces conditions générales, la répartition des heures de classe, d'étude et de récréation est déterminée, pour chaque École, par le directeur, les professeurs et maîtres entendus, sous réserve de l'approbation de l'Inspecteur d'Académie.

« ART. 38[1]. — Aucun élève ne peut être reçu, soit dans une École primaire supérieure, soit dans un Cours complémentaire, s'il ne possède le certificat d'études primaires élémentaires, et s'il ne justifie en outre, par un certificat signé de l'Inspecteur primaire, avoir suivi pendant une année au moins le cours supérieur d'une École primaire élémentaire[2].

« Toutefois les élèves qui auront fait leurs études primaires élémentaires, soit dans leur famille, soit dans une École privée, pourront être admis dans une École primaire supérieure ou dans un Cours complémentaire, à condition de justifier qu'ils ont étudié les matières comprises dans le programme du cours supérieur des Écoles primaires publiques. Cet examen complémentaire sera subi devant une Commission composée du personnel enseignant de l'École primaire supérieure, sous la présidence de l'Inspecteur primaire[3].

1. Cet article a été modifié par le décret du 28 *janvier* 1897 (ci-après *à sa date*).

2. Aux termes de l'article 38 du décret du 21 janvier 1893, « aucun élève ne peut être reçu, soit dans une École primaire supérieure, soit dans un Cours complémentaire, s'il ne possède le certificat d'études primaire élémentaires, et s'il ne justifie, en outre, par un certificat signé de l'Inspecteur primaire, avoir suivi, pendant une année au moins, le cours supérieur d'une École primaire ».

A partir de la rentrée prochaine, les directeurs et directrices des établissements primaires supérieurs ne devront recevoir aucun élève non pourvu du certificat d'études primaires. Cette prescription, déjà ancienne, a été souvent mal observée; il convient qu'elle le soit rigoureusement désormais, et MM. les Inspecteurs d'Académie devront veiller à son application.

En ce qui concerne la production du certificat constatant que l'enfant a suivi pendant un an au moins le cours supérieur d'une École élémentaire, un assez grand nombre d'Écoles étant encore dépourvues de ce cours, l'application stricte des nouvelles dispositions du règlement ne peut avoir lieu immédiatement partout. Elle pourrait porter un préjudice sérieux aux études d'enfants ayant fréquenté une École où sont seuls organisés le cours élémentaire et le cours moyen. Il y a donc lieu d'apporter des tempéraments provisoires à la mise en vigueur du règlement, et d'admettre, dans les Écoles primaires supérieures et dans les Cours complémentaires, les enfants qui se sont trouvés cette année dans l'impossibilité de suivre le cours supérieur d'une École élémentaire.

Les instituteurs et institutrices devront être engagés à organiser dès à présent leurs classes de manière à ce que le nouveau règlement puisse être intégralement appliqué dans un avenir prochain. » (*Avis* inséré au *Bull. adm.*, 1893, t. LIV, p. 540.)

3. Consulter, pour l'application de l'article 38, la circulaire du 14 *novembre* 1893 (*Circ.*, t. XI, p. 729).

« En raison des difficultés que présente l'application de l'article 38, relatif à l'admission dans les Écoles primaires supérieures, M. le Ministre a décidé que le délai accordé par la circulaire du 14 *novembre* 1893, pour la mise en vigueur des dispositions de l'article précité, serait prorogé d'un an. Les directeurs et directrices

« ART. 39. — Le Cours complémentaire doit toujours être établi dans une salle distincte. L'École primaire supérieure doit disposer d'autant de salles distinctes qu'elle a d'années d'études, et, en outre, d'une salle de dessin pouvant recevoir, à défaut d'autre local, les collections et le matériel d'enseignement. Elle doit être pourvue d'un gymnase.

« Les Écoles primaires supérieures et les Cours complémentaires doivent avoir un atelier où puisse être donné l'enseignement du travail manuel, ainsi que les dépendances requises pour les Écoles primaires élémentaires.

« ART. 40. — Il peut être alloué, dans la limite des crédits ouverts au budget du Ministère de l'Instruction publique :

« 1° Des concessions de matériel d'enseignement aux Écoles primaires supérieures et aux Cours complémentaires;

« 2° Des bourses de l'Etat aux élèves de ces Écoles et de ces Cours, aux conditions énoncées dans la section III du présent chapitre;

« 3° Des allocations au personnel visé par l'article 33.

« ART. 41 — Les communes qui solliciteront, sous une des formes prévues à l'article précédent, le concours du Ministère de l'Instruction publique pour l'entretien d'une École primaire supérieure ou d'un Cours complémentaire devront s'engager à inscrire pour cinq années au moins au nombre des dépenses obligatoires les dépenses qui leur incombent pour cette École ou ce Cours. Toutefois l'acceptation par l'État de cet engagement ne saurait mettre obstacle à l'application de l'article 5, § 2, de la loi du 19 juillet 1889. »

ART. 2. — *Disposition transitoire.* — Les modifications résultant des dispositions ci-dessus qui entraîneraient des changements de personnel s'effectueront au fur et à mesure des vacances.

---

21 janvier 1893.

Arrêté fixant la répartition des Matières de l'enseignement dans les Écoles primaires supérieures.

21 Janvier 1893.

Le Ministre de l'Instruction publique, des Beaux-Arts et des Cultes,

d'Écoles primaires supérieures pourront donc encore, à la rentrée prochaine, admettre dans leurs établissements les candidats pourvus du certificat d'études primaires, sans que ces enfants aient à justifier qu'ils ont suivi pendant un an le cours supérieur d'une École primaire. On rappelle d'ailleurs que cette justification ne peut être exigée dans le cas où l'École que fréquentait l'enfant qui demande son admission dans un établissement d'enseignement primaire supérieur, ne possède pas de cours supérieur. » (*Avis* inséré au *Bull. adm.*, 1894, t. LVI, p. 38.)

Vu le décret du 21 janvier 1893 portant modifications des articles 30 à 41 du décret organique;

Vu l'arrêté du 18 janvier 1887;

Le Conseil supérieur de l'Instruction publique entendu,

Arrête :

ARTICLE 1er. — La répartition des matières de l'enseignement dans les Écoles primaires supérieures de garçons et de filles est réglée conformément aux tableaux A et B ci-annexés.

ART. 2. — Les élèves de chacune des sections prévues par l'article 36 du décret organique pourront, avec l'autorisation du directeur de l'École, suivre, à titre de matières facultatives d'enseignement, certains cours d'une section autre que celle à laquelle ils appartiennent.

ART. 3. — L'enseignement dans les Écoles primaires supérieures de garçons est donné conformément aux programmes ci-joints (Annexe C[1]).

ART. 4. — Il sera laissé pour les sections professionnelles (industrielle, commerciale, agricole) un certain nombre d'heures disponibles destinées soit à des cours ou leçons supplémentaires, soit au travail personnel des élèves, soit aux excursions et aux visites ayant pour but un complément d'instruction professionnelle.

ART. 5. — Pour les Écoles primaires supérieures n'ayant que deux années d'études, les programmes tels qu'ils sont arrêtés dans les annexes ci-après serviront de base à l'enseignement; mais ils recevront les modifications nécessaires pour permettre de ramener à deux ans le cours d'études. Ces modifications seront arrêtées pour chaque établissement, sur la proposition du directeur, les professeurs et maîtres entendus, par l'Inspecteur d'Académie.

ART. 6. — Il sera ultérieurement statué sur les programmes et plans d'études :

1° Des Écoles primaires supérieures de filles[2];

2° Des Cours complémentaires de Paris et des départements[3];

3° Des Écoles primaires supérieures professionnelles placées sous le régime de la loi du 11 décembre 1880 et du règlement du 17 mars 1888;

4° Des Écoles nationales professionnelles;

1. Voir ces programmes, *Bull. adm.*, 1893, t. LIII, p. 45 et s.
2. Voir l'arrêté du 18 *août* 1893 (ci-après *à sa date*).
3. Voir les deux arrêtés du 25 *janvier* 1895 (ci-après *à leur date*).

5° Des Écoles primaires supérieures de la ville de Paris[1] et du Collège Chaptal[2].

TABLEAU A.

PROGRAMMES
DES ÉCOLES PRIMAIRES SUPÉRIEURES PUBLIQUES DE PLEIN EXERCICE.

ÉCOLES DE GARÇONS

RÉPARTITION DES MATIÈRES DE L'ENSEIGNEMENT.

MATIÈRES DE L'ENSEIGNEMENT.	NOMBRE TOTAL D'HEURES PAR SEMAINE. Enseignement général.			Section industrielle.		Section commerciale.		Section agricole.	
	1re année.	2e année.	3e année.	2e année.	3e année.	2e année.	3e année.	2e année.	3e année.
Morale	1	1	1	1	1	1	1	1	1
Langue française	5	5	4	2	2	2	2	2	2
Écriture	1	1	1	1	1	1	1	1	1
Histoire et instruction civique	1	1	2	1	1	1	1	1	1
Géographie	1	1	1	1	1	2	2	1	1
Langues vivantes	3	3	2	»	»	4	4	»	»
Mathématiques	4	3	3	3	3	2	2	2	2
Comptabilité et tenue des livres	»	1	1	2	2	3	3	1	1
Physique et chimie	2	2	2	2	2	2	2	2	2
Histoire naturelle et hygiène	1	1	1	1	1	1	1	2	2
Agriculture et horticulture	1	1	1	»	»	»	»	3	3
Droit usuel, économie politique	»	»	1	»	1	»	1	»	1
Dessin et modelage	3	3	3	4 1/2	4 1/2	1 1/2	1 1/2	1 1/2	1 1/2
Travaux manuels et agricoles	4	4	4	6	6	2	2	6	6
Gymnastique	2	2	2	2	2	2	2	2	2
Chant	1	1	1	1	1	1	1	1	1
Heures à répartir suivant les besoins du service	»	»	»	2 1/2	1 1/2	4 1/2	3 1/2	3 1/2	2 1/2
Totaux	30	30	30	30	30	30	30	30	30

1. Consulter l'arrêté du 29 *décembre* 1891, portant répartition des matières de l'enseignement dans les Écoles primaires supérieures de la ville de Paris (p. 403); — du 25 *janvier* 1895, relatif aux programmes des Écoles primaires supérieures de la ville de Paris (ci-après *à sa date*).

2. Voir l'arrêté du 26 *juillet* 1895 (ci-après *à sa date*).

TABLEAU B.

ÉCOLES DE FILLES.

RÉPARTITION DES MATIÈRES DE L'ENSEIGNEMENT.

MATIÈRES DE L'ENSEIGNEMENT.	NOMBRE TOTAL D'HEURES PAR SEMAINE.						
	ENSEIGNEMENT général.			SECTION commerciale.		SECTION industrielle.	
	1re année.	2e année.	3e année.	2e année.	3e année.	2e année.	3e année.
Morale	1	1	1	1	1	1	1
Langue française	5	5	4	2	2	2	2
Écriture	1	1	1	1	1	1	1
Histoire et instruction civique	1	1	1	1	1	1	1
Géographie	1	1	1	2	2	1	1
Langues vivantes	3	3	3	4	4	3	3
Mathématiques	3	2	2	2	2	2	2
Comptabilité et tenue des livres	»	1	1	3	3	1	1
Physique et chimie	1	1	1	1	1	1	1
Histoire naturelle et hygiène	1	1	1	1	1	1	1
Horticulture	1	1	1	1	»	»	»
Droit usuel et économie politique	»	»	1	»	1	»	1
Dessin et modelage	3	3	3	1 1/2	1 1/2	4 1/2	4 1/2
Travaux manuels et économie domestique	5	5	4	3	3	6	6
Gymnastique	2	2	2	2	2	2	2
Chant	1	1	1	1	1	1	1
Total	29	29	28	26 1/2	26 1/2	27 1/2	28 1/2

Circulaire du Ministre de l'Instruction publique, relative à l'emploi des Enfants dans les théâtres et cafés-concerts. 26 janvier 1893.

26 Janvier 1893.

Monsieur le Préfet, la loi du 2 novembre 1892 sur le travail des enfants, des filles mineures et des femmes dans l'industrie a déterminé, par son article 8, les conditions toutes spéciales dans lesquelles les enfants pourraient être employés dans les théâtres et cafés-concerts sédentaires.

La part que vous êtes appelé à prendre à l'exécution de cette prescription législative, soit par les autorisations exceptionnelles que vous pourrez accorder, soit par les instructions que vous aurez à adresser aux commissaires de police, est considérable, et je compte sur tout votre concours pour assurer le succès des mesures édictées par le Parlement dans un but d'hygiène et de moralisation. Je dois tout d'abord vous faire remarquer que cette disposition nouvelle n'est nullement applicable aux cirques, exhibitions foraines et autres spectacles non sédentaires. La loi du 7 décembre 1874 est toujours applicable dans ce cas; aucune modification ne lui a été apportée. Il en est de même dans tous les cas, qu'il s'agisse d'un théâtre sédentaire ou non, pour les enfants qui exécuteraient des tours de force périlleux ou des exercices de dislocation. L'âge de seize ans continue à être exigé sous les pénalités prévues par l'article 1er de la loi du 7 décembre 1874.

Quant aux représentations comme acteurs, figurants, etc., dans les théâtres et cafés-concerts sédentaires, le contrôle de l'administration porte uniquement sur les enfants des deux sexes âgés de moins de treize ans. Les commissaires de police doivent dresser procès-verbal contre tout emploi d'enfants dans ces conditions, qui ne serait pas autorisé par vous. Les directeurs de théâtre devront vous adresser, avant la répétition qui précède la première représentation une liste nominative des enfants qu'ils désireront employer; cette liste indiquera l'âge de chacun de ces enfants. Vous voudrez bien désigner pour assister à cette répétition un fonctionnaire, sur le rapport duquel vous statuerez immédiatement sur la demande du directeur; copie de votre décision devra être transmise au commissaire de police. Dans le cas où les représentations projetées auraient lieu dans une ville autre que le chef-lieu du département, la demande devra vous être adressée avant la dernière répétition, dans un délai que je vous laisse le soin de fixer.

Je vous communique, à titre de renseignement, la circulaire que j'adresse aux directeurs des théâtres de Paris[1].

Je me réserve d'ailleurs d'autoriser directement l'emploi, sur les théâtres, des enfants faisant partie de troupes exécutant des tournées en province et partant de Paris. Les autorisations que j'aurai accordées dans ces conditions seront directement communiquées aux commissaires de police.

Je vous prie, etc.

Pour le Ministre et par autorisation :
Le Directeur des Beaux-Arts,
Signé : HENRI ROUJON.

---

30 janvier 1893.

Circulaire du Ministre de l'Instruction publique, relative au Logement des instituteurs.

30 Janvier 1893.

Monsieur le Préfet, j'appelle tout particulièrement votre attention sur la situation fâcheuse faite aux instituteurs adjoints lorsqu'ils viennent à se marier, quand les communes dans lesquelles ils exercent se considèrent comme ayant rempli l'obligation qui leur incombe, au point de vue du logement, en ayant préalablement fourni la chambre et le cabinet prévus par les instructions réglementaires.

1. Voir cette circulaire en renvoi à l'article 8 de la loi du 2 *novembre* 1892, p. 453.

Il convient de remarquer, d'une part, que ces instructions sont antérieures à la loi de 1889; d'autre part, que la pièce unique avec cabinet prévue par ces règlements, suffisante pour une personne, ne le serait plus pour un ménage.

La loi cependant, en mettant le logement de ces maîtres à la charge de la commune, a imposé à l'autorité municipale l'obligation de leur fournir une habitation convenable. Il ne faut pas perdre de vue, en effet, que l'instituteur s'attachera difficilement à ses pénibles fonctions s'il n'est assuré de trouver, après les fatigues de la journée, le modeste bien-être auquel il est en droit de prétendre.

Si la commune peut, à la rigueur, se retrancher derrière les conditions de fait déterminées par les règlements antérieurs, il n'en est pas moins vrai que l'adjoint, de son côté, peut revendiquer le bénéfice des avantages que la loi lui a donnés et qui se trouvent annulés lorsqu'il est dans la nécessité de supporter, sans indemnité compensatrice, les frais d'une location devenue indispensable.

Pour concilier tous les intérêts en cause, j'ai décidé qu'il y avait lieu d'adopter les dispositions suivantes :

1° A l'avenir, tous les projets d'agrandissement ou de construction d'Écoles comportant des logements d'adjoints devront être préparés de telle sorte que les locaux affectés à chacun de ces maîtres pourront, le cas échéant, suffire à l'installation d'un ménage.

Toutefois, je vous laisse le soin d'apprécier si cette règle doit être rigoureusement appliquée dans le cas où des difficultés locales surgiraient pour l'établissement d'une École rurale ou d'une École de hameau;

2° En ce qui concerne l'état actuel, vous voudrez bien inviter M. l'Inspecteur d'Académie à se concerter avec vous pour que dorénavant il soit tenu compte de l'état civil des fonctionnaires dans les mutations à intervenir dans le personnel des instituteurs adjoints.

A cet effet, vous voudrez bien faire dresser un état, par commune, des logements mis à leur disposition, présentant, d'un côté, ceux qui peuvent recevoir un ménage, de l'autre, ceux qui ne peuvent convenir qu'à des célibataires. Cet état, tenu à jour par les soins de M. l'Inspecteur, dans les bureaux duquel il restera déposé, devra être régulièrement consulté toutes les fois qu'il y aura lieu de procéder à des déplacements.

Je vous prie de m'accuser réception de cette circulaire,

Recevez, etc.

Signé : CH. DUPUY.

Circulaire du Ministre de l'Instruction publique, relative aux demandes de Transfèrement formées par les élèves-maîtres et les élèves-maîtresses des Écoles normales primaires. 7 février 1893.

7 Février 1893.

Monsieur le Recteur, depuis quelques années, mon Administration a reçu un grand nombre de demandes de transfèrement formées par les élèves-maîtres et les élèves-maîtresses des Écoles normales[1]. Ces demandes, presque toujours mo-

1. A l'occasion d'une affaire disciplinaire qui s'était produite dans une des Écoles

tivées, je le reconnais, par de sérieuses raisons de famille, de santé ou d'intérêt, émanent fréquemment des élèves portés sur les listes supplémentaires d'admissibilité qui ont été appelés, de leur plein gré et sur leur demande le plus souvent, dans les établissements plus ou moins éloignés de leur département d'origine.

Je n'ai pas besoin de vous faire remarquer, Monsieur le Recteur, que les postulants n'ont aucun droit, sinon aucun titre, à la faveur qu'ils sollicitent. En vertu des dispositions de l'article 81, § 2, du décret du 18 janvier 1887, l'inspection académique peut leur refuser et, en fait, leur refuse souvent l'*exeat*. J'ajoute que l'effectif de chaque École normale est calculé proportionnellement aux besoins du recrutement dans chaque département et de manière à maintenir, par la présence d'un certain nombre de maîtres ayant reçu une préparation pédagogique supérieure, un bon niveau d'éducation et d'instruction dans le personnel de l'enseignement primaire. Il ne convient pas de compromettre ce recrutement[1] et d'abaisser ce niveau pour se plier aux convenances personnelles de jeunes gens qui, en se mettant spontanément et entièrement à la disposition de l'Administration pour être envoyés dans une École normale quelconque de France ou d'Algérie, ont agi en pleine connaissance de cause et se sont trouvés très heureux d'obtenir dans n'importe quel établissement une nomination inespérée, après un échec dans leur département.

Je ne prétends pas, Monsieur le Recteur, qu'il faille repousser *a priori* toutes les demandes de transfèrement qui peuvent se produire. Il est des cas, dont vous seul pouvez être juge et que je crois inutile de vous indiquer, où l'Administration peut et doit renoncer à l'exercice de son droit. Mais j'estime qu'il convient de bien préciser la situation et de persuader aux intéressés qu'ils contractent une obligation envers le département qui veut bien contribuer à leur instruction en les admettant dans son École normale. Dorénavant tout candidat inscrit sur une liste supplémentaire d'admissibilité qui demandera à être placé dans une École normale autre que celle du département où il a concouru, devra, avec l'autorisation de ses parents ou de son tuteur, signer, avant son admission définitive, un engagement d'exercer pendant dix ans, y compris les trois années d'École normale, les fonctions de l'enseignement dans le département où il aura fait ses études.

Vous voudrez bien, Monsieur le Recteur, prendre les mesures nécessaires pour que les instructions qui précèdent soient appliquées dans tous les départements de votre ressort.

Recevez, etc.

(*Signé :* CH. DUPUY.

normales du ressort, M. le Vice-Recteur de l'Académie de Paris demanda à M. le Ministre si l'avis du Conseil d'administration était nécessaire pour la validité de la décision que le Ministre (*décret du* 18 *janvier* 1887, *art.* 84, 5°) doit prendre quand il y a lieu de prononcer l'exclusion définitive d'un élève. Le 18 *mars* 1893, M. le Ministre a répondu : « L'Administration a toujours pensé que l'avis du Conseil d'administration n'était pas indispensable. Cette opinion est fondée en droit sur le texte même du § 5 de l'art. 84 du décret du 18 janvier 1887, et en fait sur les lenteurs et les difficultés auxquelles donne lieu, dans certains départements, le recours au Conseil d'administration. J'estime, en conséquence, qu'il convient de se conformer aux précédents qui ont fixé la jurisprudence en la matière, qui n'ont jusqu'ici soulevé aucune difficulté, et qui ne sont d'ailleurs que l'application stricte du texte du règlement. »

1. Consulter, sur le recrutement des Écoles normales primaires, la circulaire du 3 *mars* 1893, aux Recteurs, relative à l'admission des élèves dans ces Écoles (*Circ.*, t. XI, p. 674).

Circulaire du Ministre de l'Instruction publique, relative à l'application du Décret et de l'Arrêté du 21 janvier 1895 concernant l'Organisation et les Programmes d'enseignement des Écoles primaires supérieures publiques. 15 février 1893.

15 Février 1893.

Monsieur le Recteur, vous trouverez ci-inclus quelques exemplaires du décret et de l'arrêté du 21 janvier dernier, relatifs à la nouvelle organisation des Écoles primaires supérieures publiques, ainsi que les programmes qui y sont annexés.

Je désire appeler votre attention sur le sens général des nouvelles dispositions réglementaires; j'envisagerai successivement les principales modifications qu'elles apportent d'abord à l'organisation administrative, ensuite à l'organisation pédagogique de l'enseignement primaire supérieur.

I.

Vous remarquerez avant tout, Monsieur le Recteur, que le nouveau décret distingue profondément ce que l'ancien réunissait sous le nom commun d'*établissements d'enseignement primaire supérieur.*

Ni la lettre, ni l'esprit de la loi de 1889 ne permettaient de prolonger cette assimilation entre l'*École primaire supérieure* et le *Cours complémentaire :* la première est un établissement distinct ; l'autre n'est, comme son nom l'indique, qu'une annexe venant compléter l'École élémentaire et n'existant pas indépendamment de l'École élémentaire.

D'où plusieurs conséquences qu'énumère le décret : — la durée du cours d'études n'est plus que d'un an dans les Cours complémentaires ; elle est de deux ans au moins dans les Écoles primaires supérieures ; — l'installation matérielle est naturellement beaucoup plus restreinte dans les Cours que dans les Écoles ; — les titres de capacité du personnel enseignant ne sont pas les mêmes, non plus que leur traitement et leur mode d'avancement hiérarchique : dans le Cours complémentaire, le maître est un *instituteur* muni du brevet supérieur, nommé par le Préfet et placé dans le cadre départemental ; dans l'École supérieure, le *professeur* doit être muni du professorat institué par la loi de 1886, et à cette condition il est nommé et promu directement par le Ministre. Sur les motifs et sur la portée de cette différence marquée entre les deux personnels, vous pourrez utilement, Monsieur le Recteur, faire lire aux intéressés l'avis du Comité du contentieux[1] que je vous transmets.

II.

Une autre innovation de grande portée est celle qui a trait aux conditions d'entrée dans l'enseignement primaire supérieur. Jusqu'ici, — et c'est une observation souvent présentée par les Recteurs et les Inspecteurs généraux, — on tendait à grossir l'effectif de l'enseignement primaire supérieur en y faisant accéder hâtivement les élèves de l'École primaire élémentaire aussitôt qu'ils avaient obtenu le certificat d'études. Beaucoup d'enfants à peine âgés de douze ans, au lieu de terminer le cycle des études primaires élémentaires, quittaient

1. Voir cet avis, *Bull. adm.*, 1893, t. LIII, p. 154.

l'Ecole à la sortie du cours moyen pour entrer de plain-pied dans un « établissement d'enseignement primaire supérieur », où ils ne faisaient, en réalité, que ce qu'ils auraient dû faire à l'Ecole de leur village : ils y achevaient leur temps de scolarité élémentaire.

Toute Ecole primaire, en effet, et je n'en excepte pas l'Ecole rurale, doit avoir trois cours qui représentent environ deux ans chacun de durée ; nos règlements les désignent sous le nom de *cours élémentaire*, *cours moyen* et *cours supérieur*. Depuis quelques années, le dernier et le plus élevé de ces trois degrés tendait à disparaître, par le fait même que les élèves munis du certificat d'études passaient d'emblée au Cours complémentaire ; ainsi le Cours complémentaire se substituait en fait au cours supérieur de l'École primaire ordinaire, ce qui n'avait d'autre effet que d'imposer un surcroît de dépense à l'Etat sans nul profit pour les études, sans intérêt pour les familles ou pour les élèves, quelquefois même contre leur intérêt véritable.

Désormais nul élève ne sera admis ni dans une Ecole primaire supérieure, ni même dans un Cours complémentaire, d'abord sans le certificat d'études, condition *sine qua non* qui a été trop souvent enfreinte et qui ne le sera plus, ensuite sans justifier d'une année au moins passée dans le cours supérieur d'une Ecole primaire élémentaire, soit avant, soit après l'obtention du certificat d'études.

Par une conséquence naturelle de la même disposition, il ne pourra plus être annexé de Cours complémentaire qu'aux Ecoles primaires qui remplissent le cycle complet des études élémentaires, y compris une classe au moins destinée au cours supérieur et suivie par les élèves de onze à douze ans.

III.

Un troisième point d'intérêt général mérite d'attirer votre attention : c'est la part que fait le nouveau règlement à l'enseignement professionnel.

Un article de la dernière loi de finances a transféré au Ministère du Commerce et de l'Industrie un certain nombre d'Écoles primaires supérieures, celles dont l'enseignement était vraiment et principalement technique.

Cette mesure nous a rendu en quelque sorte toute liberté pour organiser les autres Écoles, celles qui restent, sans partage, au Ministère de l'Instruction publique, de la manière qui répondrait le mieux au but de l'institution. Nous n'avons plus à faire entrer de force dans la définition de ces Écoles les éléments disparates dont nous devions tenir compte alors même que le cadre devait convenir à la fois aux Écoles d'apprentissage et aux Ecoles primaires supérieures proprement dites.

Les Ecoles d'apprentissage récemment distraites de ce Ministère sont devenues *Écoles pratiques de commerce et d'industrie :* elles vont avoir leur statut dans un règlement d'administration publique distinct. Nous n'avons plus à pourvoir qu'aux besoins des Écoles primaires supérieures proprement dites.

Celles-là aussi doivent être des Écoles pratiques et même des Écoles professionnelles, mais dans un autre sens que les Écoles techniques, industrielles ou commerciales.

Quelle population scolaire reçoivent nos Écoles primaires supérieures? Ce ne sont pas des jeunes gens destinés aux carrières libérales disposant d'un temps indéfini et venant nous demander une haute culture intellectuelle. Ce sont des enfants des classes laborieuses qui auront besoin de bonne heure de se suffire par le travail et, le plus souvent, par le travail manuel. Ils n'aspirent pas à faire des études classiques. Leur ambition, leur destinée probable, c'est de remplir un de ces nombreux emplois d'ordre moyen que l'agriculture, le commerce, l'industrie offrent aux travailleurs, avec la perspective d'une position de plus en plus aisée, mais toujours modeste.

S'il en est ainsi, l'École primaire supérieure ne peut qu'orienter ses élèves, du premier jour au dernier, vers les nécessités de la vie pratique qui les attend ; elle ne détournera pas un instant leur esprit de la poursuite d'une profession ; elle se gardera de leur donner des goûts, des habitudes ou des idées qui les éloigneraient du genre de vie et du genre de travail auquel ils sont presque tous destinés. Et tout en leur rappelant que la démocratie a levé les barrières qui, autrefois, emprisonnaient étroitement l'individu, elle cherchera plutôt à leur faire aimer et honorer leur carrière qu'à les faire rêver aux moyens d'en sortir.

C'est par là, pour le dire en passant, que l'enseignement primaire supérieur se distingue nettement de l'enseignement secondaire, soit ancien, soit même moderne, avec lequel on a prétendu le confondre. L'enseignement primaire supérieur, un de mes honorables prédécesseurs le disait déjà au moment même où il le réorganisait, doit être tout autre chose qu'une contrefaçon malheureuse de l'enseignement secondaire : « L'École primaire supérieure, ce n'est pas le Collège dégénéré, c'est l'École perfectionnée. » Rien n'est donc plus nécessaire et rien n'est plus simple que de prévenir toute confusion, toute rivalité mal entendue entre deux ordres d'établissements dont chacun a sa raison d'être.

L'enseignement primaire supérieur se reconnaît du premier coup à son caractère franchement pratique et utilitaire : en ce sens général, il est professionnel. Mais il n'en reste pas moins un enseignement véritable, il ne se confond pas avec l'apprentissage. C'est une École, ce n'est pas un atelier; il s'y trouve des élèves et non des apprentis. Nous y continuerons l'œuvre d'éducation commencée à l'École primaire. Même pour l'ouvrier (ne faut-il pas dire : surtout pour l'ouvrier?), ce n'est pas un luxe déplacé que cette culture de l'esprit qui forme le jugement, le cœur, la volonté, le caractère, c'est-à-dire les forces dont, plus que personne, il aura besoin dans le combat de l'existence.

Aussi nos Écoles primaires supérieures ont-elles ce double objet qui, dès le début, leur a été assigné : elles associent d'une manière intime un complément d'instruction générale avec un commencement d'instruction professionnelle.

IV.

Leur plan d'études a été arrêté en conséquence. Pendant la première année, celle qui suit ordinairement la sortie de l'École primaire, tous les élèves suivent encore des cours communs, les mêmes pour tous, parce que tous ont surtout à affermir leur instruction primaire : ils y ajouteront peu, mais ils s'en pénétreront davantage, ils en profiteront mieux.

A partir de la seconde année dans la plupart des cas (de la troisième seulement pour quelques grandes Écoles), les cours se diversifient, à mesure que la destination professionnelle s'accuse pour chacun et commence à les distinguer les uns des autres. Si l'École compte un effectif assez considérable, il y sera institué, à côté des cours d'enseignement général suivis par les élèves qui n'ont pas de carrière désignée ou qui se préparent à celle de l'enseignement, une section industrielle, une section commerciale, une section agricole : dans chacune les études se ressentiront du but professionnel spécial que la section poursuit : on fera plus large la part du travail manuel et du dessin dans l'une, de la comptabilité dans la seconde, des sciences naturelles dans la troisième, et ainsi de toutes les branches d'études.

Si l'École a un trop petit nombre d'élèves pour justifier la dépense d'une constitution complète de sections distinctes avec un personnel spécial à chacune, tout au moins le règlement prévoit-il qu'il sera pris des mesures pour assurer à chaque petit groupe d'élèves les cours accessoires, c'est-à-dire les enseignements professionnels, dont il a besoin.

V.

Une conséquence heureuse de cette organisation a été l'allègement même des programmes et des horaires.

On s'était plaint, à bon droit, des programmes trop ambitieux de certaines Écoles primaires supérieures, qui avaient tenu à honneur de faire figurer dans leurs plans d'études les matières les plus variées et les moins nécessaires à l'éducation de l'industriel ou du commerçant. D'autres Écoles, plus nombreuses encore, avaient cédé à une autre tentation, celle de multiplier indéfiniment les heures de classe pour le plus grand bien, pensait-on, de l'instruction des élèves; on trouve dans les emplois du temps de beaucoup d'établissements jusqu'à 36, 38 et même 40 heures d'enseignement par semaine. Ce luxe de leçons a d'abord l'inconvénient de surcharger le budget de l'État, auquel incombe la rétribution de toutes ces heures supplémentaires; il a ensuite le défaut d'accabler inutilement l'esprit des élèves, de leur ôter le temps de réfléchir, de leur rendre impossible le travail personnel, cette indispensable contre-partie de tout enseignement.

Désormais la liste des matières à enseigner est fixée, et il n'y sera rien ajouté sans l'autorisation du Ministre. Le nombre d'heures de classe par semaine est limité aussi : il ne dépassera jamais le chiffre de 30 et souvent il ne l'atteindra pas, de telle sorte qu'à l'avenir, dans les Écoles primaires supérieures comme dès à présent dans les Écoles normales, il restera chaque jour, aux élèves, le temps nécessaire pour revoir les cours, préparer les devoirs, apprendre les leçons, faire les lectures recommandées, soit dans leur famille, soit dans les études surveillées.

VI.

Il me resterait à vous parler des programmes eux-mêmes. L'esprit qui en a inspiré la rédaction est facile à saisir.

Ces programmes ne sont ni une copie, ni une réduction de ceux de l'enseignement secondaire. La préoccupation pratique que je signalais tout à l'heure comme caractérisant l'enseignement primaire supérieur reparaît à toutes les pages du programme. Qu'il s'agisse de morale ou d'histoire, de géographie ou de droit usuel, de littérature ou de sciences, on n'a pas visé à faire le plus beau plan d'études possible, mais bien le plus utile pour une classe déterminée de jeunes gens, ceux qu'attend une carrière professionnelle, bureau ou atelier, ferme ou magasin.

On a choisi à leur intention et mis en pleine lumière : dans l'histoire ce qui peut former l'esprit civique; dans la géographie ce qui doit intéresser et instruire le futur commerçant; dans les mathématiques ce qui s'applique aux affaires; dans les sciences physiques ce qui sert de point de départ aux travaux industriels; dans les sciences naturelles ce qui sera précieux pour le futur agriculteur.

De là des inégalités de développement dans la teneur de ces programmes, inégalités qui n'étonnent pas dès que l'on se rend compte du but poursuivi : on a voulu insister sur les parties neuves et difficiles, sur celles dont le maître pouvait ne pas saisir l'importance spéciale pour son auditoire, sur toutes celles enfin où il n'y a pas encore dans l'enseigement primaire supérieur de tradition établie.

De là aussi, pour certaines matières, une longueur apparente dont pourraient s'effrayer ceux qui mesurent l'étendue de l'enseignement au nombre de lignes du programme. En réalité, vous le verrez sans peine, Monsieur le Recteur, c'est pour réduire l'enseignement qu'on a développé le programme. Le Conseil supérieur, craignant que des professeurs novices ne se crussent obligés de tout dire et dès lors de trop dire, a tenu à marquer très exactement les points qu'il faudrait traiter, indiquant par là même ceux dont il faudra faire grâce aux élèves, soit en classe, soit à l'examen du certificat d'études primaires supérieures.

Au sujet de ce dernier examen, je n'ai pas besoin de vous rappeler que l'arrêté du 18 janvier 1893, art. 247, l'a mis en harmonie avec le nouveau plan d'études de nos Écoles primaires supérieures. A l'examen comme à l'École, l'élève choisira entre l'enseignement général et l'un des enseignements spéciaux des trois sections professionnelles, et il sera examiné en conséquence.

VII.

Vous remarquerez, Monsieur le Recteur, que ce fascicule de programmes ne concerne que les Écoles de garçons et encore que les Écoles de plein exercice.

Le Conseil supérieur a jugé que, pour arrêter un programme analogue, mais non identique, pour l'instruction des jeunes filles, ce ne serait pas trop d'une étude spéciale qui fera l'objet de sa prochaine session.

Il a pensé aussi que ces programmes, conçus en vue d'une scolarité régulière de trois années, ne sauraient s'appliquer aux Écoles qui n'ont que deux années d'études, encore moins aux Cours complémentaires.

Pour les Écoles de deux ans, en raison de la très grande diversité des établissements, de la mobilité de leur effectif et de la variété des besoins spéciaux aux diverses régions, le Conseil a cru nécessaire, comme l'indique l'article 5, de s'en remettre au personnel enseignant de chaque École pour arrêter, sous l'autorité de l'Inspecteur d'Académie, les modifications de détails que comporterait le plan d'études : tantôt on devra renoncer aux matières de la troisième année, tantôt on devra resserrer celles de la deuxième et celles de la troisième de manière à pouvoir les parcourir en une même année. On ne se dissimule pas d'ailleurs que l'École primaire supérieure de deux ans n'est qu'un établissement imparfait ; que dans la plupart des cas, avec l'aide du temps, si elle est prospère, elle tendra à devenir École de plein exercice.

Pour les Cours complémentaires, la question est restée intacte et le Conseil supérieur la reprendra à sa prochaine session; mais je ne crois pas qu'il convienne de laisser les Cours complémentaires dépourvus d'indications précises quant à leur plan d'études. Mon intention est de faire étudier prochainement par la Section permanente un projet de programmes spécialement destinés aux Cours complémentaires. Je vous saurais donc gré de vouloir bien provoquer à cet égard les avis et les propositions de MM. les Inspecteurs d'Académie. Ils ont sous les yeux les nouveaux programmes des Écoles primaires supérieures, il ne leur sera donc pas difficile de vous signaler les parties qu'il conviendrait d'en détacher pour former la base de l'enseignement dans les Cours complémentaires.

J'aurais besoin de recevoir ce travail avant la fin du mois de mars, pour qu'à sa prochaine session, le Conseil supérieur puisse être appelé à se prononcer.

Enfin, en ce qui concerne les sections professionnelles et les cours accessoires, j'ai à peine besoin de le dire, il a paru nécessaire de laisser la plus grande souplesse au cadre des études et des exercices. C'est là surtout que les professeurs et l'administration doivent s'inspirer des circonstances locales, des besoins et des ressources de l'industrie ou du commerce dans une région déterminée. Les programmes ne pouvaient donc à cet égard que donner des indications générales et sommaires.

Tel qu'il est dans son ensemble, le recueil de documents réglementaires que je vous transmets, Monsieur le Recteur, me semble de nature à faciliter et à régulariser la marche d'un des services les plus nouveaux et les plus importants de l'instruction primaire publique. Je vous serais reconnaissant de ne rien négliger pour faire comprendre à tous, aux autorités administratives aussi bien qu'au personnel enseignant, l'intérêt qui s'attache à la mise en vigueur de ces dispositions.

Je sais bien que c'est à l'Inspecteur d'Académie que les règlements remettent les décisions pour la plupart des questions d'application qui peuvent surgir. Mais c'est à vous, Monsieur le Recteur, qu'appartient le soin de procurer l'unité de direction pédagogique, que je ne confonds pas avec l'uniformité de réglementation. C'est vous qui tenez de la loi l'autorité nécessaire pour veiller à ce que chaque ordre d'enseignement et même chaque établissement reste ce qu'il doit être, pour les défendre contre les déviations et les écarts en tout sens, pour leur faire remplir exactement et complètement le rôle qui leur est propre.

Vous accorderez donc une attention particulière à l'application des nouveaux règlements et au développement d'une catégorie d'établissements scolaires dont la prospérité importe au pays.

Recevez, etc.

Signé : CH. DUPUY.

---

17 février 1893.

Circulaire du Ministre de l'Instruction publique, prescrivant une Enquête sur la situation des Caisses des Écoles au 31 décembre 1892.

17 Février 1893.

Monsieur le Préfet, j'ai décidé de procéder à une enquête sur la situation des Caisses des Écoles au 31 décembre 1892. A cet effet, j'ai fait établir deux questionnaires que je vous adresse ci-joints. L'un, le tableau A, doit contenir tous les renseignements demandés à MM. les maires sur chacune des Caisses des Écoles de votre département; l'autre, le tableau B, qui sera dressé dans vos bureaux et qui doit seul m'être transmis, présentera, sous forme de récapitulation, toutes les indications provenant des tableaux fournis par chaque commune.

Je vous prierai de vouloir bien m'envoyer le résultat de cette enquête dans les premiers jours du mois d'avril. Je vous saurais gré d'y joindre vos observations personnelles sur le fonctionnement des Caisses des Écoles dans votre département et sur les causes qui peuvent avoir favorisé ou entravé leur développement.

Vous voudrez bien m'accuser réception de cette circulaire et la faire insérer, avec le tableau A, au *Bulletin de l'Enseignement primaire.*

Recevez, etc.

Signé : CH. DUPUY.

TABLEAU A annexé à la circulaire du 17 février 1893.

(Modèle du questionnaire à adresser à MM. les Maires.)

Département d *Arrondissement d* *Commune d*

Date de la création de la Caisse des Écoles (a).	Nombre des Sociétaires au 31 décembre 1892.	Taux de la cotisation annuelle payée par les sociétaires.	Montant du fonds social au 31 décembre 1892 (b).	Quelle est la portion du fonds social qui provient de legs ?	Recettes effectuées en 1892 (c).	Dépenses faites en 1892 (d).	RÉPARTITION DES DÉPENSES FAITES EN 1892.						Les Écoles privées ont-elles participé aux secours et récompenses distribués par la Caisse des Écoles? Indiquer la somme qui leur aurait été consacrée en 1892.	PAR QUI sont distribués les secours de la Caisse des Écoles ?		A QUI est confiée la gestion des fonds ?		OBSERVATIONS (g).
							Sommes dépensées en secours et encouragements aux enfants.											
							Dons de vêtements et de chaussures (e).	Dons d'aliments (e).	Secours en argent remis aux familles (e).	Récompenses aux élèves (e).	Total des sommes dépensées pour les enfants (e).	Sommes qui auraient été dépensées à titre d'encouragement et de récompenses pour les maîtres (e).		Par les délégués de la Caisse des Écoles (f).	Par la Commission scolaire (f).	Au percepteur (f).	A un trésorier spécial (f).	
1	2	3	4	5	6	7	8	9	10	11	12	13	14	15	16	17	18	

Le Maire de la commune d

(a) Indiquer l'année au cours de laquelle a été pris l'arrêté préfectoral approuvant la délibération du Conseil municipal qui a créé la Caisse des Écoles.

(b) Indiquer le capital que possédait la Caisse des Écoles au 31 décembre 1892, en additionnant : les sommes restant en caisse à cette date ; — celles qui étaient, à la même date, inscrites en compte courant, au nom de la Caisse des Écoles, soit chez des banquiers, soit dans des établissements financiers ; — le taux, au cours de la Bourse du 31 décembre 1892, des valeurs mobilières diverses, actions, obligations, titres de rentes possédés par la Caisse des Écoles ; — la valeur estimative des immeubles ou terrains dont la Caisse est propriétaire en vertu d'acquisitions, legs, donations, etc.

(c) Inscrire dans cette colonne le total produit par l'addition : du montant des cotisations versées par les sociétaires en 1892 ; — du revenu produit, en 1892, par les valeurs ou les immeubles possédés par la Caisse des Écoles ; — des dons manuels (trop peu importants pour être versés au fonds social et destinés à être employés immédiatement) qui ont pu être faits à la Caisse au cours de l'année 1892.

(d) Indiquer le total des dépenses qui ont été effectuées pour le fonctionnement normal de la Caisse des Écoles et dont le détail sera donné dans les colonnes suivantes (ne doivent pas figurer dans ce total les sommes qui auraient servi à l'achat de titres, d'immeubles, etc., dont la valeur est entrée dans le compte du fonds social).

(e) Si certaines dépenses ne rentraient pas dans les catégories indiquées, en faire mention à la colonne Observations.

(f) Répondre par oui ou par non.

(g) Si la Caisse des Écoles est régionale, c'est-à-dire si elle a été créée pour desservir un arrondissement ou un canton ou un groupe de communes, faire mention de cette situation spéciale à la colonne Observations, en indiquant le nombre des communes qui participent à la Caisse des Écoles.

27 février 1893. **Proposition de loi tendant à obliger tous les fonctionnaires candidats aux Élections législatives à donner leur démission avant la déclaration de candidature, présentée par MM. Bazille, Gustave Rivet et plusieurs de leurs collègues, députés[1].**

Séance du 27 Février 1893.

Messieurs, à toutes les époques, le législateur, soucieux d'assurer le respect du principe de la séparation des pouvoirs et la sincérité des élections, s'est préoccupé de l'influence que pouvait avoir sur les électeurs la qualité de fonctionnaire jointe à celle de candidat.

La loi de 1875 a prescrit pour y remédier deux sortes de mesures :

Elle a déclaré inéligibles dans les arrondissements de leur ressort, s'ils ne donnaient pas leur démission six mois à l'avance, les fonctionnaires ayant une circonscription territoriale (art. 12, loi du 30 novembre 1875) ; elle a déclaré incompatible le mandat de député avec toute fonction publique rétribuée (art. 8), sauf quelques exceptions qu'elle indique expressément.

Cette législation est insuffisante :

D'une part, en effet, tous les fonctionnaires dont il est question dans l'article 12 (magistrats, Préfets et Sous-Préfets, etc.) ne sont pas obligés de donner leur démission à l'avance quand ils se présentent en dehors de leur ressort ; et cet article ne comprend pas tous les fonctionnaires ayant une action directe sur les électeurs ;

D'un autre côté, la plupart des fonctionnaires ne sont pas forcés de donner leur démission avant de poser leur candidature ; l'article 8 ne les force à démissionner que s'ils sont élus, de telle sorte qu'ils se présentent aux électeurs revêtus de leurs titres et fonctions administratives et peuvent ainsi influencer le corps électoral.

La proposition de loi a pour objet de remédier à ces inconvénients.

Les dispositions qu'elle contient ont pour but d'obliger tous les fonctionnaires à donner leur démission préalablement à toute déclaration de candidature. Il faut, de plus, que la démission soit définitive ; c'est pour cela que la proposition de loi édicte que la déclaration de candidature rend la démission définitive, encore bien qu'elle n'ait pas été acceptée.

Si la démission n'est pas donnée, la déclaration de candidature en tient lieu.

Le délai de six mois n'est exigé que des fonctionnaires énumérés dans l'article 12 de la loi de 1875, et ils devront l'observer seulement quand ils se présenteront dans leur circonscription. Cette mesure se justifie amplement par la nature même des fonctions remplies par ces agents. Il va de soi que, s'ils se présentent en dehors de leur arrondissement, ces fonctionnaires devront seulement donner leur démission avant la déclaration de candidature, sans condition de délai ; aux fonctionnaires énumérés dans la loi de 1875, article 12, on a ajouté les employés supérieurs de préfecture qui, eux aussi, ont une action directe sur les électeurs ; cette expression comprend les chefs de division, chefs de bureau de préfecture et les chefs de cabinet des Préfets.

La proposition de loi s'applique à toutes les fonctions publiques rétribuées, y compris celles d'attachés aux divers Ministères et administrations de l'État ; toutes les exceptions sont abrogées, sauf en ce qui concerne les Ministres, Sous-

1. *Journal officiel* du 6 *mai* 1893, Documents parlementaires, Annexes, séance du 27 *février* 1893, p. 168.

Secrétaires d'État, les Secrétaires généraux des Ministères, professeurs titulaires de chaires données au concours et les personnes chargées d'une mission temporaire dont la durée ne peut excéder six mois.

Le délai de six mois prescrit pour les fonctionnaires énumérés dans l'article 4 est réduit à deux mois en cas de dissolution.

A titre transitoire, il est de trois mois pour les élections de 1893.

Proposition de loi.

ARTICLE 1er. — Le mandat de député est incompatible avec toute fonction publique rétribuée.

ART. 2. — Sont exceptées des dispositions qui précèdent les fonctions de Ministre, Sous-Secrétaire d'État, Secrétaire général de Ministère, professeurs titulaires de chaires données au concours ou sur la présentation du corps où la vacance se produit, les personnes chargées d'une mission temporaire d'une durée de six mois au plus.

ART. 3. — La démission devra être donnée avant toute déclaration de candidature.

La déclaration de candidature rend la démission définitive, encore bien qu'elle n'ait pas été acceptée. Si la démission n'a pas été donnée préalablement, la déclaration de candidature en tient lieu.

ART. 4. — Ne peuvent être élus si leur démission n'a pas été donnée et acceptée six mois à l'avance, les fonctionnaires dont la désignation suit, quand ils se présentent dans un arrondissement compris dans leur ressort :

1° Les premiers présidents, les présidents, conseillers et les membres des parquets des Cours d'appel ;

2° Les présidents, vice-présidents, juges titulaires, juges d'instruction et les membres des parquets des tribunaux de première instance;

3° Le préfet de la Seine, le préfet de police, les préfets, secrétaires généraux de préfecture, les gouverneurs, directeurs de l'Intérieur et secrétaires généraux des colonies et pays de protectorat;

4° Les ingénieurs en chef des ponts et chaussées, ingénieurs d'arrondissement, agents voyers en chef et d'arrondissement;

5° Les recteurs et inspecteurs d'Académie;

6° Les archevêques, évêques et vicaires généraux ;

7° Les trésoriers-payeurs généraux et les receveurs particuliers des finances ;

8° Les directeurs des contributions directes et indirectes, de l'enregistrement, des domaines et des postes;

9° Les conservateurs et inspecteurs des forêts ;

10° Les employés supérieurs des préfectures.

ART. 5. — Ce délai est abaissé à deux mois en cas de dissolution.

ART. 6. — A titre transitoire et pour les élections de 1893 seulement, le délai dont il vient d'être question est réduit à trois mois.

ART. 7. — Sont abrogées les dispositions du décret de 1852 et de la loi du 30 novembre 1875 en ce qu'elles ont de contraire à celles de la présente loi.

1er mars 1893.

Circulaire du Ministre de l'Instruction publique, relative à la Solidarité nécessaire de toutes les Administrations publiques.

1er Mars 1893.

Monsieur le Recteur, le Conseil des Ministres a décidé que chacun de ses membres rappellerait aux fonctionnaires placés sous ses ordres les prescriptions antérieures, relatives à la solidarité nécessaire de toutes les Administrations publiques.

J'ai connu de trop près l'Administration de l'Instruction publique pour ne pas savoir combien y est vif et élevé le sentiment du devoir. C'est à ce sentiment que je fais appel en vous priant, vous et vos collaborateurs, de ne pas perdre de vue le concours que tout fonctionnaire doit au Gouvernement de la République.

Dans les différents ordres d'enseignement, la loi a nettement défini les attributions de l'Administration de l'Instruction publique et les a nettement distinguées des attributions politiques dévolues aux Préfets. Il ne peut venir à la pensée de personne de confondre ce que la loi a eu la sagesse de séparer.

Mais ce que la loi n'a pas voulu, ce qu'elle ne pouvait pas vouloir, c'est que cette distinction aboutît à un isolement, encore moins à un antagonisme. Dans l'organisme administratif et gouvernemental, tout se tient, tout est solidaire. Une pensée commune doit dominer et relier tous les services; toutes les autorités doivent travailler de concert, en vue d'un même but : le bien de l'État et de la République.

J'ai l'assurance qu'aux divers degrés de la hiérarchie universitaire, dans les trois ordres d'enseignement, personne ne méconnaît et ne méconnaîtra cette idée supérieure. En la rappelant à vos collaborateurs, vous ne provoquerez chez eux aucun étonnement, car ils sont tous animés, j'en suis persuadé, des sentiments dont le Gouvernement a tenu à renouveler l'expression.

Recevez, etc.

Signé : CH. DUPUY.

---

2 mars 1893.

Circulaire du Ministre de l'Instruction publique, relative aux demandes de Renseignements adressées aux instituteurs par certaines agences.

2 Mars 1893.

Monsieur le Préfet, le Gouvernement a été informé que certaines agences se sont récemment adressées aux instituteurs pour leur demander des renseignements de nature politique, soit sur des personnes nominativement désignées, soit sur la situation électorale de la commune ou de l'arrondissement, soit sur l'influence respective des journaux, soit enfin sur des candidatures éventuelles.

Sous quelque forme que se présentent ces demandes de renseignements et de quelques prétextes qu'elles soient enveloppées, je vous prie de faire immédiatement savoir aux instituteurs qu'ils ne doivent y répondre en aucun cas.

Recevez, etc.

Signé : CH. DUPUY.

Circulaire du Ministre de l'Instruction publique, déterminant les conditions dans lesquelles les Services militaires pourront être comptés aux instituteurs pour leur avancement. 14 mars 1893.

14 Mars 1893.

Monsieur le Préfet, une décision d'espèce, insérée au *Bulletin administratif* de mon Ministère, en date du 3 septembre 1892, porte que *les services militaires ne peuvent être comptés pour l'avancement.*

Cette décision a paru à plusieurs Inspecteurs d'Académie être en contradiction avec les décisions spéciales que j'avais prises antérieurement au sujet d'instituteurs stagiaires ou titulaires ayant passé une année sous les drapeaux en exécution de l'article 23 de la loi militaire du 15 juillet 1889 et auxquels j'ai prescrit de tenir compte de ladite année dans le calcul de leurs années de services.

Afin de dissiper tout malentendu, je crois devoir vous indiquer d'une manière générale les règles qui doivent être suivies dans les deux cas.

La décision insérée au *Bulletin administratif* s'applique aux fonctionnaires qui, avant d'avoir obtenu un emploi dans l'enseignement, ont accompli un nombre quelconque d'années de services militaires et demandent, plus ou moins longtemps après leur libération, un poste dans les Écoles primaires. Elle intéresse également ceux qui, à la suite de démission, par exemple, ont souscrit un engagement volontaire et sont, plus tard, de nouveau pourvus d'un emploi. S'il m'a été possible de décider que, par analogie avec les dispositions du paragraphe 1er de l'article 27 de la loi du 9 juin 1853, les services antérieurs seraient comptés à ces derniers pour l'avancement, il ne me paraît pas que le temps passé par les uns et les autres en dehors de l'enseignement puisse leur créer des titres pour leurs promotions futures.

Il n'en est pas de même en ce qui concerne les instituteurs titulaires ou stagiaires et même les élèves-maîtres des Écoles normales, en un mot tous les fonctionnaires de l'enseignement primaire qui sont appelés sons les drapeaux par application de l'article 23 de la loi militaire du 15 juillet 1889.

Ces fonctionnaires ont contracté l'engagement décennal, ils appartenaient au personnel enseignant au moment de leur tirage au sort; ils doivent, pendant le temps de leur service militaire, être considérés comme *absents pour l'accomplissement d'un devoir imposé par la loi.* Il convient de remarquer d'ailleurs que, si le temps passé par eux sous les drapeaux ne leur était pas compté pour l'avancement, ils se trouveraient dans un état d'infériorité non justifié vis-à-vis de leurs collègues qui auraient été réformés ou dispensés à un titre quelconque.

Chaque année, au moment de l'appel, vous aurez donc à mettre en congé les instituteurs astreints au service militaire. Ils continueront ainsi de figurer dans les cadres du personnel et resteront titulaires de leurs postes que vous confierez, pendant leur absence, à des intérimaires. De cette manière, si certains d'entre eux avaient droit à une promotion de classe pendant leur séjour au régiment, rien n'empêchera que vous ne la leur accordiez à la date ordinaire, c'est-à-dire au 1er janvier.

Vous remarquerez, Monsieur le Préfet, que les élèves-maîtres sortants sont admis à bénéficier de la présente décision. Comme ils ne peuvent être mis en congé régulier dès leur sortie de l'École normale, il conviendra de leur confier aussitôt un emploi de stagiaire, et c'est en cette dernière qualité qu'au moment de leur appel sous les drapeaux, un congé pourra leur être accordé, lequel réservera tous leurs droits.

L'obligation imposée par la loi aux instituteurs d'abandonner leurs fonctions et leurs études pendant un certain temps n'entravera donc d'aucune manière leur avancement et n'en diminuera pas la régularité. Il est bien entendu, cependant, qu'il ne pourra en aucun cas leur être tenu compte de plus d'une année de services militaires, en raison des dispositions mêmes de l'article 24 de la loi du 15 juillet 1889, qui ne prescrit le maintien sous les drapeaux, au delà de cette durée, que de ceux *n'ayant pas satisfait, dans le cours de leur année de service, aux conditions de conduite et d'instruction militaire déterminées par le Ministre de la Guerre*[1].

Recevez, etc.

Signé : CH. DUPUY.

---

29 mars 1893. **Circulaire du Ministre de l'Instruction publique, relative à la Direction des Écoles mixtes.**

29 Mars 1893.

Monsieur le Préfet, l'article 6 de la loi du 30 octobre 1886 a prescrit, dans son paragraphe 1er, que l'enseignement devait être donné par des institutrices *dans les Écoles mixtes*. Mais, après avoir établi ce principe, le même article ajoute, paragraphe 3 : « Toutefois, le Conseil départemental peut, *à titre provisoire et par une décision toujours révocable*, permettre à un instituteur de diriger une École mixte, à la condition qu'il lui soit adjoint une maîtresse de travaux de couture. »

Les termes dans lesquels est conçue cette dernière disposition indiquent que le législateur a eu en vue une simple tolérance, d'un caractère tout à fait transitoire. Pourtant, le nombre des Écoles mixtes tenues par des instituteurs diminue très lentement, puisqu'en 1891, il y en avait encore 13 700, alors que 5 500 seulement étaient dirigées par des institutrices.

C'est là une situation anormale à laquelle il importe de porter remède. Sans doute, une transformation complète n'est pas possible immédiatement. Mais plusieurs départements ont déjà toutes leurs Écoles mixtes confiées à des institutrices. Il n'est donc pas téméraire de penser que dans les autres départements on peut au moins se rapprocher sensiblement du même résultat dans un délai assez court.

Pour arriver rapidement à ce but, il conviendrait, partout où cela est possible, de remplacer par une institutrice les instituteurs chargés de l'École mixte. Cette manière de procéder rencontrera, il est vrai, quelquefois des obstacles, les instituteurs en fonctions ne devant pas être déplacés s'ils ne sont pas pourvus d'un emploi dans une autre École. Mais, ce qui n'offre aucune difficulté et ce que je ne saurais trop vous recommander, c'est de profiter de toutes les vacances et créations d'emplois dans les Écoles mixtes pour y nommer des institutrices.

1. « L'année de service militaire doit être décomptée de la période décennale que les dispensés au titre de l'article 23 de la loi du 15 juillet 1889 sont tenus d'accomplir dans l'enseignement public (*Circulaire du* 15 *décembre* 1889).

« Tout engagement décennal n'expire donc qu'au moment où la 11e année à partir du jour de son acceptation se trouve révolue.

« Dans ces conditions, les dispensés universitaires ont le droit d'interrompre pour convenances personnelles le cours de leur engagement pendant trois années (non compris l'année qu'ils passent sous les drapeaux). » (*Extrait d'une lettre datée du* 20 *août* 1899, *et adressée par M. le Ministre de l'Instruction publique à M. le Recteur de l'Académie de Poitiers.*)

Le Conseil départemental aura, bien entendu, à rapporter les décisions provisoires qu'il avait prises pour permettre que les Écoles mixtes soient dirigées par des instituteurs. Il ne me paraît pas douteux qu'il ne soit le premier à consentir à faire disparaître ces exceptions, partout où des raisons majeures n'en exigent pas le maintien.

Je compte sur son concours comme sur le vôtre pour revenir à l'application stricte de la règle générale, de manière que les Écoles mixtes dirigées par les instituteurs ne constituent plus bientôt, par rapport à celles qui seront tenues par les institutrices, qu'une faible minorité, comme elles devraient déjà l'être.

Recevez, etc.

Signé : CH. DUPUY.

Décret portant revision du Décret du 6 septembre 1890, relatif aux Indemnités de résidence dues au personnel enseignant dans les localités de plus de 1000 habitants qui possèdent des Écoles de section. 1er avril 1893.

1er Avril 1893.

ARTICLE 1er. — A partir du 1er janvier 1893, les indemnités de résidence dues aux instituteurs et institutrices des Écoles de section établies dans les localités de plus de 1000 habitants de population agglomérée sont fixées conformément aux indications du tableau annexé au présent décret[1].

Circulaire du Ministre de l'Instruction publique, relative aux Récompenses à décerner aux instituteurs et institutrices pour leur propagande en faveur de la Caisse nationale des retraites pour la vieillesse. 27 avril 1893.

27 Avril 1893.

Monsieur le Préfet, pour répondre au désir exprimé par M. le Directeur général de la Caisse des Dépôts et Consignations, je vous demanderais de vouloir bien faire savoir au personnel des Écoles primaires, par la voie du Bulletin départemental, que M. le Ministre du Commerce a autorisé la distribution annuelle, à titre de récompense, de médailles en argent et en bronze aux personnes qui se sont distinguées par l'activité de leur propagande en faveur de la Caisse nationale des retraites pour la vieillesse et qui auront provoqué le plus grand nombre de souscriptions.

Je saisis cette occasion de vous rappeler que la loi du 20 juillet 1886 a établi, dans son article 27, qu'une instruction pratique résumant les avantages et le fonctionnement de la Caisse nationale des retraites doit être affichée notamment dans toutes les Écoles publiques. En édictant cette prescription, le législateur a nettement manifesté son intention d'associer les instituteurs et les institutrices à son œuvre philanthropique. Il a compté sur eux pour faire comprendre aux populations les avantages particuliers de cette institution de prévoyance, et les

1. Voir ce tableau, *Bull. adm.*, 1893, t. LIII, p. 408.

mettre en garde contre des placements pour lesquels ils pourraient être sollicités par des sociétés privées qui présentent parfois des garanties insuffisantes.

La mesure qui vient d'être prise ne manquera pas d'être pour le personnel un stimulant dans l'accomplissement de la mission de propagande qui lui est dévolue.

Je vous prierais, en conséquence, de m'adresser, *le 1er novembre de chaque année, au plus tard*, une liste dressée par ordre de mérite des instituteurs et des institutrices de votre département, que vous jugeriez dignes d'être proposés pour l'obtention des récompenses dont il s'agit.

Recevez, etc.

Signé : R. POINCARÉ.

---

28 avril 1893.

Loi portant fixation du Budget général de l'exercice 1893. [Extraits.]

28 Avril 1893.

. . . .

ARTICLE 50. — ....La veuve de tout fonctionnaire ou employé décédé postérieurement au 31 décembre 1892, après vingt-cinq ans de services, aura droit, si elle compte six ans de mariage, à une pension égale au tiers de la pension produite par la liquidation des services de son mari. Une pension temporaire de même importance sera accordée à l'orphelin ou aux orphelins mineurs du fonctionnaire, lorsque la mère sera décédée ou inhabile à recueillir la pension ou déchue de ses droits.

Les articles 8, 13, 15 et 16 de la loi du 9 juin 1853 sont abrogés en ce qu'ils ont de contraire à ces dispositions.

. . . .

ART. 69[1]. — Les maîtres auxiliaires des Écoles normales primaires et des Ecoles primaires supérieures[2] qui, lors de la loi du 19 juillet 1889, étaient régulièrement nommés et comptaient cinq années d'exercice, sont autorisés, bien qu'ils ne soient pas pourvus du certificat d'aptitude à l'enseignement dont ils sont chargés, à continuer à verser des retenues à la caisse des pensions civiles sur un traitement qui ne pourra pas dépasser celui dont ils jouissaient au 31 décembre 1889, pour conserver leurs droits à la retraite, conformément à la loi du 9 juin 1853.

ART. 70. — L'article 70 de la loi de finances du 26 janvier 1892[3] est déclaré applicable à l'exercice 1893[3].

1. Voir l'article 30 de la loi de finances du 30 *mai* 1899 (*à sa date*), qui étend le bénéfice du présent article aux professeurs délégués des Écoles primaires supérieures de Paris et du Collège Chaptal.

2. Consulter, pour l'application, la circulaire du 19 *mai* 1893, aux Préfets, concernant les maîtres auxiliaires des Écoles normales et des Écoles primaires supérieures (*Circ.*, t. XI, p. 681).

3. Voir cet article, p. 407.

Arrêté relatif aux Titularisations et Promotions de classe des instituteurs et institutrices des Écoles élémentaires[1]. 29 avril 1893.

29 Avril 1893.

Le Ministre de l'Instruction publique, des Beaux-Arts et des Cultes,

Vu les articles 6, 40, 42, 49 et 50 de la loi du 19 juillet 1889;

Vu la loi de finances du 28 avril 1893,

Arrête :

ARTICLE 1er. — Sont promus : à la première classe des titulaires, les instituteurs laïques actuellement rangés dans la 2e classe et comptant, au 1er janvier 1889, trente-huit ans de services valables pour l'avancement;

A la 2e classe, les instituteurs laïques actuellement rangés dans la 3e classe et comptant, au 1er janvier 1889, trente-trois ans de services;

A la 3e classe, les instituteurs laïques actuellement rangés dans la 4e classe et comptant, au 1er janvier 1889, vingt-trois ans de services;

A la 4e classe, les instituteurs laïques actuellement rangés dans la 5e classe et comptant, au 1er janvier 1889, treize ans de services.

ART. 2. — Les instituteurs titulaires laïques dont le traitement a atteint le taux de 1 200 francs, au 1er janvier 1893, par application de l'article 33 de la loi du 19 juillet 1889, sont rangés en 4e classe.

ART. 3. — Sont titularisés et, par suite, promus à la 5e classe des instituteurs titulaires les instituteurs stagiaires laïques qui, au 1er janvier 1893, ont accompli au moins cinq ans de services et qui étaient, en outre, à cette époque, pourvus du certificat d'aptitude pédagogique et inscrits sur la liste d'admissibilité dressée par le Conseil départemental.

ART. 4. — Sont promues :

A la classe immédiatement supérieure, les institutrices laïques actuellement rangées dans les 4e, 3e ou 2e classes et comptant, au 1er janvier 1889, vingt-huit ans de services;

A la 4e classe, les institutrices laïques actuellement rangées dans la 5e classe et comptant, au 1er janvier 1889, vingt-cinq ans de services.

1. Consulter, pour l'application, la circulaire du 29 *avril* 1893 aux Préfets (*Circ.*, t. XI, p. 672).

ART. 5. — Sont titularisées et, par suite, promues à la 5e classe des institutrices titulaires, les institutrices stagiaires laïques qui, au 1er janvier 1893, ont accompli au moins sept ans de services et qui étaient, en outre, à cette époque, pourvues du certificat d'aptitude pédagogique et inscrites sur la liste d'admissibilité dressée par le Conseil départemental.

ART. 6. — Les dispositions du présent arrêté auront leur effet à partir du 1er janvier 1893.

---

3 mai 1893.

Circulaire du Ministre de l'Instruction publique, relative à l'utilisation des Locaux scolaires pour le logement et le cantonnement des troupes.

3 Mai 1893.

Monsieur le Recteur, des difficultés se sont élevées à diverses reprises, entre les administrations intéressées, au sujet de l'utilisation des locaux scolaires pour le logement ou le cantonnement des troupes, soit en temps de paix, soit en temps de guerre. La question a été examinée en commun par les Départements de la Guerre, de l'Intérieur et de l'Instruction publique, et réglée par une convention que je crois devoir porter à votre connaissance.

Aux termes de la loi du 3 juillet 1877 (art. 13), il appartient aux municipalités de veiller à ce que la charge du logement et du cantonnement soit répartie avec équité sur tous les habitants. Dans ces conditions, l'utilisation et l'emploi des locaux scolaires se feront de la façon suivante, soit pendant les appels du temps de paix, soit en cas de mobilisation, toutes les fois que les municipalités jugeront devoir y recourir :

« 1° Les Écoles de filles continueront à bénéficier des dispositions du règlement d'administration publique du 23 novembre 1886, concernant les établissements occupés par des femmes ou des filles vivant seules. Aux termes dudit règlement, tout établissement de cette catégorie est considéré comme non soumis à la charge du logement en nature et comme ne devant fournir le cantonnement que dans les bâtiments qui peuvent être complètement isolés des locaux occupés par l'habitation.

« 2° Les établissements scolaires de garçons seront, quelle qu'en soit la nature, mis à la disposition des troupes, chaque fois que les municipalités jugeront devoir y recourir pour le logement ou le cantonnement.

« Il est d'ailleurs entendu que cette occupation ne pourra jamais s'étendre à la partie des locaux effectivement habitée par les élèves présents. En outre, les autorités municipales devront, avant de fixer la quantité d'hommes que peut recevoir un établissement pendant la période de scolarité, consulter son directeur, afin de n'y loger ou cantonner, sauf le cas de force majeure, que le nombre d'hommes compatible avec le fonctionnement du service scolaire.

« D'autre part, il sera rappelé que la présence de literie et de mobilier disponibles dans un établissement scolaire n'implique, en aucune façon, leur mise à la disposition des troupes simplement cantonnées.

« 3° Les dégâts causés par les militaires dans les bâtiments scolaires seront estimés dans les mêmes formes que ceux dont aurait à se plaindre un particulier, et les imputations qui en résulteront seront mises à la charge du Département de la Guerre. »

MM. les Ministres de l'Intérieur et de la Guerre ont donné ou vont donner des instructions aux fonctionnaires placés sous leurs ordres.

Je vous prie, de mon côté, de vouloir bien porter ces dispositions à la connaissance des Inspecteurs d'Académie et des chefs d'établissements placés sous votre autorité directe, Lycées, Collèges, Écoles normales, etc., et de veiller, en ce qui vous concerne, à leur application, tout en faisant le possible pour qu'il ne s'élève à l'avenir aucune réclamation, soit de la part de l'autorité militaire, soit de la part des municipalités.

Recevez, etc.

Signé : R. POINCARÉ.

Circulaire du Ministre de l'Instruction publique, relative aux Congés accordés aux fonctionnaires de l'Instruction publique. 17 mai 1893.

17 Mai 1893.

Monsieur le Recteur[1], aux termes du règlement du 23 novembre 1889, article 10, les congés accordés aux fonctionnaires de l'Instruction publique, qui bénéficient des dispositions de l'article 23 de la loi du 15 juillet 1889, peuvent ou non entrer en ligne de compte pour la réalisation de l'engagement décennal, selon qu'ils ont été délivrés pour cause de maladie dûment constatée par deux médecins dont l'un est désigné par l'autorité militaire, ou pour toute autre raison.

L'application de ces dispositions a donné lieu à des difficultés. En effet, des congés rentrant dans la seconde catégorie, c'est-à-dire dont la durée ne pouvait compter pour la réalisation de l'engagement décennal, ont été néanmoins autorisés pour cause de maladie. Cette identité de motifs prête à une confusion de nature à préjudicier aux intéressés.

Aussi, d'accord avec mon collègue M. le Ministre de la Guerre, ai-je décidé qu'à l'avenir, l'arrêté d'attribution de congé serait motivé, suivant le cas, de la façon suivante :

Si le congé ne doit pas interrompre la réalisation de l'engagement décennal, l'arrêté portera expressément que ce congé est accordé *pour cause de maladie*, constatée par les certificats de deux médecins, dont un médecin militaire.

Si, au contraire, la réalisation de l'engagement décennal est suspendue, la décision qui interviendra, à quelque cause qu'elle soit due, ne pourra être autrement motivée que *pour convenance personnelle*[2].

1. Les mêmes instructions ont été adressées à MM. les Préfets.

2. « Monsieur l'Inspecteur, M. le Ministre, consulté sur la question de savoir s'il convient de tenir compte, pour la réalisation de l'engagement des anciennes élèves-maîtresses d'École normale, des années de congé accordées pour cause de mariage ou pour toute autre raison de convenance personnelle, a décidé (3 *août*) que cette réalisation devrait être suspendue pendant la durée de ces congés, sans toutefois que

Conformément au règlement, l'époque normale de la réalisation de l'engagement décennal ne peut être reculée au delà de trois ans.

Une copie de tout congé d'inactivité, qu'il soit accordé pour raison de santé ou pour convenance personnelle, sera envoyée par l'autorité académique au commandant du bureau de recrutement de la subdivision à laquelle appartient le dispensé, le jour même de la délivrance du congé.

Je vous prie de vouloir bien, en ce qui vous concerne, assurer l'exécution de ces prescriptions, et m'accuser réception de la présente circulaire.

Recevez, etc.

Signé : R. POINCARÉ.

---

22 juillet 1893. **Loi portant modification de l'article 8, § 3, et de l'article 9 du Code civil, relativement aux déclarations effectuées en vue d'acquérir ou de décliner la Nationalité française.**

22 Juillet 1893.

ARTICLE 1er. — Le paragraphe 3 de l'article 8 du Code civil est ainsi modifié :

« Est Français.....

« 3° Tout individu né en France de parents étrangers dont l'un y est lui-même né; sauf la faculté pour lui, si c'est la mère qui est née en France, de décliner dans l'année qui suivra sa majorité la qualité de Français, en se conformant aux dispositions du paragraphe 4 ci-après.

« L'enfant naturel pourra, aux mêmes conditions que l'enfant légitime, décliner la qualité de Français quand le parent qui est né en France n'est pas celui dont il devrait, aux termes du paragraphe 1er, deuxième alinéa, suivre la nationalité. »

ART. 2. — Les individus auxquels l'article 8, paragraphe 3 modifié, réserve la faculté de réclamer la qualité d'étrangers et qui auront atteint leur majorité à l'époque de la promulgation de la présente loi, pourront réclamer cette qualité en remplissant les conditions prescrites dans le délai d'un an à partir de cette promulgation.

ART. 3. — L'article 9 du Code civil est modifié ainsi qu'il suit :

« Tout individu né en France d'un étranger et qui n'y est pas

son terme normal puisse être reculé de plus de trois ans au maximum. » (*Circulaire du Vice-Recteur de Paris aux Inspecteurs du ressort*, 4 *août* 1893.)

Consulter aussi la circulaire du 18 *février* 1897, aux Recteurs, relative aux congés accordés aux anciens élèves-maîtres et élèves-maîtresses des Écoles normales primaires (*à sa date*).

domicilié à l'époque de sa majorité pourra, jusqu'à l'âge de vingt-deux ans accomplis, faire sa soumission de fixer en France son domicile, et, s'il l'y établit dans l'année à compter de l'acte de soumission, réclamer la qualité de Français par une déclaration qui sera, à peine de nullité, enregistrée au Ministère de la Justice.

« L'enregistrement sera refusé s'il résulte des pièces produites que le déclarant n'est pas dans les conditions requises par la loi, sauf à lui à se pourvoir devant les tribunaux civils, dans la forme prescrite par les articles 855 et suivants du Code de procédure civile.

« La notification motivée du refus devra être faite au réclamant dans le délai de deux mois à partir de sa déclaration.

« L'enregistrement pourra en outre être refusé, pour cause d'indignité, au déclarant qui réunirait toutes les conditions légales; mais, dans ce cas, il devra être statué, le déclarant dûment avisé, par décret rendu sur l'avis conforme du Conseil d'Etat, dans le délai de trois mois à partir de la déclaration, ou, s'il y a eu contestation, du jour où le jugement qui a admis la réclamation est devenu définitif.

« Le déclarant aura la faculté de produire devant le Conseil d'État des pièces et des mémoires.

« A défaut des notifications ci-dessus visées dans les délais sus-indiqués, et à leur expiration, le Ministre de la Justice remettra au déclarant, sur sa demande, une copie de sa déclaration, revêtue de la mention de l'enregistrement.

« La déclaration produira ses effets du jour où elle aura été faite, sauf l'annulation qui pourra résulter du refus d'enregistrement.

« Les règles relatives à l'enregistrement prescrites par les paragraphes 2 et 3 du présent article sont applicables aux déclarations faites en vue de décliner la nationalité française, conformément à l'article 8, paragraphes 3 et 4, et aux articles 12 et 18.

« Les déclarations faites, soit pour réclamer, soit pour décliner la qualité de Français, doivent, après enregistrement, être insérées au *Bulletin des Lois*. Néanmoins l'omission de cette formalité ne pourra pas préjudicier aux droits des déclarants.

« Si l'individu qui réclame la qualité de Français est âgé de moins de vingt et un ans accomplis, la déclaration sera faite en son nom par son père; en cas de décès, par sa mère; en cas du décès du père et de la mère ou de leur exclusion de la tutelle, ou dans les cas prévus par les articles 141, 142 et 143 du Code civil, par le tuteur autorisé par délibération du conseil de famille.

« Il devient également Français si, ayant été porté sur le tableau de recensement, il prend part aux opérations de recrutement sans opposer son extranéité. »

25 juillet 1893. **Loi modifiant la loi du 19 juillet 1889[1] sur les Dépenses ordinaires de l'instruction primaire publique et les Traitements du personnel de ce service[2].**

25 Juillet 1893.

ARTICLE 1er. — Les articles 6, 11, 12, 13, 15, 18, 23, 24, 25, 29, 31, 32, 33, 34, 35, 36, 37, 38, 39, 42, 46 et 48 de la loi du 19 juillet 1889[3] sont modifiés ou remplacés ainsi qu'il suit :

1. Voir les notes en renvois aux divers articles de la loi du 19 *juillet* 1889, p. 159 et suiv.

2. Voir, pour les origines de la loi du 25 juillet 1893, les documents suivants :
Proposition de loi de M. VIGER, 6 *novembre* 1890, p. 312;
— de M. BABAUD-LACROZE, 18 *novembre* 1890, p. 315;
Rapport sommaire de M. MONTAUD à la Chambre des Députés, 29 *décembre* 1890 (*Journal officiel*, 10 *février* 1891, p. 509 et 510);
Proposition de loi de M. SIEGFRIED, 17 *janvier* 1891, p. 339;
— de M. CABART-DANNEVILLE, 19 *février* 1891, p. 345;
— de M. LAVY, 24 *février* 1891, p. 356;
— de M. LE VEILLÉ, 28 *février* 1891, p. 367;
— de M. DELLESTABLE, 7 *juillet* 1891, p. 389;
Rapports de M. Édouard DELPEUCH à la Chambre des Députés, 29 *juin* 1892 et 10 *mars* 1893 (*Recueil des Documents parlementaires*; in-8° jésus de 237 pages, 1893, chez Hachette, Colin, Delagrave, Delalain);
Rapport de M. COMBES au Sénat, 23 *juin* 1893 (in-4° de 165 pages, 1893, Impr. Mouillot);
Avis de la Commission des finances du Sénat, 30 *juin* 1893 (*J. O.*, 6 *décembre* 1893, Annexes, p. 509);
Discussion au Sénat, séance du 10 *juillet* 1893 (*J. O.*, 11 *juillet* 1893, p. 1090 à 1106);
Nouveau rapport de M. DELPEUCH à la Chambre des Députés, 12 *juillet* 1893 (n° 2960 des Annexes de la Chambre des Députés, 5e législature; in-4° de 17 pages, Impr. Motteroz).
Consulter pour les modifications de la loi du 25 juillet 1893 :
Proposition de loi de M. CABART-DANNEVILLE, 22 *novembre* 1894 (*à sa date*);
Rapport sommaire de M. Camille VIOX à la Chambre des Députés, 2 *février* 1895 (*à sa date*);
Rapport de M. CABART-DANNEVILLE à la Chambre des Députés, 30 *mars* 1895 (*J. O.*, 14 *avril* 1895, Annexes, p. 323);
Proposition de loi de MM. CARNAUD et divers, 5 *juin* 1895 (*à sa date*);
Rapport sommaire de M. MARFAN, 12 *juillet* 1895 (*J. O.*, 17 *novembre* 1895, Annexes, p. 883);
La discussion à la Chambre des Députés, 22 *mars* 1898 (*J. O.*, 23 *mars* 1898, p. 1331 à 1337);
Rapport de M. Ch. FOREST au Sénat, 8 *juillet* 1898 (*J. O.*, 1er *novembre* 1898, Annexes, p. 518);
Proposition de loi de M. CARNAUD, 30 *janvier* 1899 (*à sa date*);
Avis de la Commission des finances du Sénat présenté par M. DENOIX, 1er *mars* 1899 (*J. O.*, 9 *avril* 1899, Annexes, p. 83);
La nouvelle discussion à la Chambre des Députés, le 30 *janvier* 1900 (*J. O.*, 31 *janvier*, p. 232-237).

3. Pour le texte des articles de cette loi qui ne sont pas modifiés par la loi du 25 *juillet* 1893, voir pages 159 et suiv.

CHAPITRE II. — *Classement*[1] *et traitements*[2] *du personnel.*

ART. 6.—Les instituteurs et les institutrices des Écoles primaires élémentaires et maternelles sont répartis en stagiaires et titulaires.

Les stagiaires forment un effectif de 15 p. 100.

Les titulaires se divisent en cinq classes, dont les effectifs numériques sont, par rapport à l'effectif total, dans les proportions suivantes[3] :

5e classe.	25 p. 100.
4e classe.	25 p. 100.
3e classe.	20 p. 100.
2e classe.	10 p. 100.
1re classe.	5 p. 100.

La classe est attachée à la personne; elle peut être attribuée sans déplacement et reste acquise au fonctionnaire, en cas de passage d'un département dans un autre.

ART. 11. — Les instituteurs et institutrices stagiaires reçoivent un traitement de 900 francs et l'indemnité de résidence dans les conditions déterminées à l'article 12.

Ils ont droit au logement ou à l'indemnité représentative[4].

Ils forment une classe unique.

ART. 12. — L'indemnité de résidence est fixée, pour les maîtres désignés aux articles 8, 9, 14 et 15, à :

Dans les localités dont la population agglomérée est de :

1 000 à 3 000 habitants.	100 fr.
3 001 à 9 000 —	200
9 001 à 12 000 —	300
12 001 à 18 000 —	400
18 001 à 35 000 —	500
35 001 à 60 000 —	600

1. Consulter la circulaire du 9 *septembre* 1893, aux Préfets, relative à l'application de la loi du 25 juillet 1893, modifiant la loi du 19 juillet 1889, en ce qui concerne le classement et l'avancement des instituteurs et institutrices (*Circ.*, t. XI, p. 704).

2. Voir la circulaire du 10 *février* 1897, aux Préfets, relative au jour du payement des traitements et émoluments des fonctionnaires et agents de l'instruction publique (*Bull. adm.*, 1897, t. LXI, p. 259).

3. « Les proportions déterminées par l'article 6 de la loi du 19 juillet 1889, modifié par la loi du 25 juillet 1893, s'appliquent à la répartition en classes de l'ensemble du personnel de l'enseignement primaire public élémentaire. » (*Avis du Conseil d'État*, séance du 7 août 1894 (*Bull. adm.*, 1894, t. LVI, p. 202).

4. Voir la circulaire du 6 *avril* 1895, aux Préfets, relative au payement de l'allocation représentative des indemnités de résidence, de logement, etc. (*Bull. adm.*, 1895, t. LVII, p. 305).

60 001 à 100 000 habitants.	700 fr.
100 001 et au-dessus[1].	800
Dans la Ville de Paris[2].	2 000

Elle est de moitié des chiffres ci-dessus pour tous les autres instituteurs et institutrices titulaires, et du quart pour les stagiaires établis dans les localités ci-dessus énumérées.

Les communes chefs-lieux de canton ayant moins de 1 000 habitants de population agglomérée sont assimilées, quant à l'indemnité de résidence, aux localités de 1 000 à 3 000 habitants.

Les communes du département de la Seine autres que Paris sont groupées en trois séries conformément aux dispositions qui seront prises par un règlement d'administration publique[3].

Les maîtres titulaires ou stagiaires des Écoles de section établies hors du chef-lieu de la commune profiteront de l'indemnité de résidence si la section rentre par sa population agglomérée dans une des catégories établies par le premier paragraphe de l'article.

Un règlement d'administration publique dressera, d'après les bases ci-dessus indiquées, pour chacune des localités visées dans le présent article et pour les diverses catégories du personnel, le tableau des indemnités de résidence[4].

ART. 13. — Les directeurs, directrices, instituteurs adjoints, institutrices adjointes des Écoles primaires supérieures, les directeurs, directrices et professeurs d'Écoles normales, les économes de ces dernières Écoles et les Inspecteurs primaires sont répartis en cinq classes.

Ces classes sont attachées à la personne et peuvent être attribuées sans déplacement.

Tout fonctionnaire débute dans la dernière classe.

Toutefois, s'il remplissait, au moment de sa nomination, une des fonctions prévues dans la présente loi, il sera, dans son nouvel emploi, rattaché à la classe dont le traitement égale au moins les émoluments soumis à retenue dont il jouissait précédemment[5].

1. Voir l'article 49 de la loi de finances du 13 *avril* 1898 (ci-après *à sa date*).
2. Voir l'article 50 de la loi de finances du 13 *avril* 1898 (ci-après *à sa date*).
3. Voir, *à sa date*, le décret du 19 *juillet* 1894, relatif aux indemnités de résidence à allouer au personnel enseignant des Écoles primaires publiques dans les communes du département de la Seine.
4. Voir, *à sa date*, le décret du 31 *décembre* 1897, portant règlement d'administration publique relatif aux indemnités de résidence dues au personnel enseignant des Écoles primaires publiques, et les notes en renvoi.
5. Voir l'*Avis du Conseil d'État*, séances des 21 et 28 mars 1895, sur certaines questions soulevées par l'application de l'article 13 de la loi du 19 juillet 1889, modifiée par celle du 25 juillet 1893 (*Bull. adm.*, 1895, t. LVII, p. 316).

ART. 15. — Le traitement des instituteurs adjoints et des institutrices adjointes des Écoles primaires supérieures est fixé ainsi qu'il suit :

5e classe.	1 200 fr.
4e classe.	1 400
3e classe.	1 600
2e classe.	1 900
1re classe.	2 200

Ils reçoivent, en outre, l'indemnité de résidence prévue à l'article 12.

Ils ont droit au logement ou à l'indemnité représentative.

Les maîtres auxiliaires chargés d'enseignements accessoires dans les Écoles primaires supérieures, dans les conditions prévues par les articles 20 et 28 de la loi du 30 octobre 1886, reçoivent une allocation calculée sur le pied de 50 à 100 francs par an pour chaque heure d'enseignement par semaine. Cette allocation n'est pas soumise à retenue.

ART. 18. — Le traitement des professeurs d'Écoles normales[1] est fixé ainsi qu'il suit :

	Hommes.		Femmes.
5e classe	2 500 fr.	5e classe.	2 200 fr.
4e classe	2 700	4e classe.	2 400
3e classe	2 900	3e classe.	2 600
2e classe	3 100	2e classe.	2 800
1re classe	3 400	1re classe.	3 000

Les maîtres et maîtresses non pourvus du certificat d'aptitude au professorat et délégués à titre provisoire recevront un traitement unique de 2 000 francs dans les Écoles normales d'instituteurs et de 1 800 francs dans les Écoles normales d'institutrices[2].

Tous les traitements ci-dessus sont diminués de 400 francs pour les maîtres et maîtresses logés et nourris dans l'établissement.

ART. 23. — Indépendamment du traitement qui leur est attribué par l'article précédent, les Inspecteurs primaires ont droit à une indemnité dite « départementale », qui ne pourra être inférieure à 300 francs.

ART. 24. — Pour le personnel mentionné aux articles 7, 8 et 9, l'avancement a lieu par classe et par département, au fur et à mesure

1. Voir la circulaire du 15 *mai* 1895, aux Recteurs, relative au versement des retenues sur les allocations départementales accordées aux fonctionnaires des Écoles normales primaires (*Bull. adm.*, 1895, t. LVII, p. 549).

2. Voir la circulaire du 28 *juin* 1895, aux Recteurs, relative aux cours accessoires dans les Écoles normales primaires (*Bull. adm.*, 1895, t. LVII, p. 639).

des vacances dans chacune des classes et dans les conditions déterminées par les articles 6 et 50[1].

Les promotions aux 4e et 3e classes ont lieu, pour les trois quarts à l'ancienneté, et pour un quart au choix; les promotions à la 2e classe, moitié à l'ancienneté, moitié au choix; à la 1re classe, exclusivement au choix.

Peuvent seuls être admis dans les deux premières classes les maîtres pourvus du brevet supérieur et ayant passé trois années au moins dans la classe précédente.

ART. 25. — Pour le personnel prévu aux articles 13, 16 et 20, l'avancement se fait exclusivement au choix, sur l'ensemble des fonctionnaires, et par classe, après trois années au moins et six au plus passées dans la classe immédiatement inférieure.

CHAPITRE III. — *Des Voies et Moyens.*

ART. 29. — Dans les villes de plus de 150 000 âmes, le montant des dépenses mises à la charge de l'État par l'article 2 n'excédera

1. Voir les documents suivants :

Circulaire du 14 *février* 1893, aux Recteurs, relative au classement des instituteurs et institutrices primaires des Lycées de garçons (*Bull. adm.*, 1893, t. LIII, p. 200);

— 18 *février* 1894, aux Préfets, relative aux titularisations et promotions de classe des instituteurs et des institutrices des Écoles primaires élémentaires en 1894 (*Bull. adm.*, 1894, t. LV, p. 200);

Avis du Conseil d'État (séance du 7 *août* 1894) sur l'application du nouvel article 24 (*Bull. adm.*, 1894, t. LVI, p. 201);

Arrêté du 11 *septembre* 1894, concernant les instituteurs et institutrices stagiaires laïques exerçant dans des Écoles temporaires (*à sa date*);

Décret du 17 *juillet* 1895, portant règlement d'administration publique sur les règles et conditions d'avancement non prévues à l'article 24 de la loi (*à sa date*);

Circulaire du 6 *septembre* 1895, aux Préfets, relative à l'application du décret du 17 juillet 1895 (*à sa date*);

— 25 *juin* 1896, aux Préfets, relative au calcul de l'ancienneté pour le classement et l'avancement des instituteurs (*Bull. adm.*, 1896, t. LIX, p. 697);

— 31 *octobre* 1896, aux Inspecteurs d'Académie, relative aux promotions de classe des instituteurs et institutrices (*Ibid.*, t. LX, p. 825);

Loi de finances du 29 *mars* 1897, article 49, destiné à rectifier le classement primitif des ayants droit d'après le nombre total de leurs années de services (*à sa date*).

La circulaire du 15 *mai* 1896, aux Préfets (*Bull. adm.*, 1896, t. LIX, p. 565), a annoncé la publication d'un Annuaire de l'enseignement primaire élémentaire; en juillet 1896 a été inséré au *Bull. adm.*, t. LX, p. 86, un avis relatif à l'établissement de fiches destinées à la confection de cet Annuaire; aux termes d'un autre avis (*Bull. adm.*, 1898, t. LXIV, p. 71), relatif à la publication de l'Annuaire de l'enseignement primaire élémentaire pour 1898, cet Annuaire devait être mis au moins deux jours par semaine à la disposition des instituteurs et institutrices, au siège de l'inspection académique et de l'inspection primaire. — De nouvelles éditions de cet Annuaire ont été publiées en 1899 et en 1900.

pas le produit de 8 centimes additionnels généraux qui y seront perçus, et à Paris le produit de 4 centimes[1].

CHAPITRE IV. — *Dispositions spéciales relatives à l'Algérie.*

ART. 31. — Les traitements des instituteurs et des institutrices d'Algérie sont fixés comme suit :

	Instituteurs.	Institutrices.
Stagiaires	1 100 fr.	1 100 fr.
5e classe	1 400	1 400
4e classe	1 600	1 500
3e classe	1 800	1 600
2e classe	2 100	1 800
1re classe	2 400	2 000

Ils peuvent recevoir, en outre, une prime à la charge de l'État, pour connaissance des langues arabe et kabyle.

Tous les autres articles de la présente loi sont applicables à l'Algérie[2].

CHAPITRE V. — *Dispositions diverses.*

ART. 32. — L'État garantit[3] aux instituteurs et aux institutrices actuellement en fonctions un traitement qui devra, sans le concours

1. Dans les villes de plus de 150 000 âmes, le traitement garanti par l'article 32 n'est à la charge de l'État que dans les limites fixées par l'article 29 (*Avis du Conseil d'État*, séance du 27 *décembre* 1894, *Bull. adm.*, 1894, t. LVI, p. 838).

Consulter aussi l'*Avis du Conseil d'État*, séance du 26 *juillet* 1894, sur la question de savoir si, dans les villes de plus de 150 000 âmes, les frais de suppléance des instituteurs publics doivent être à la charge de l'État alors même qu'ils excéderaient le produit des 8 centimes, et, à Paris, le produit des 4 centimes (*Bull. adm.*, 1894, t. LVI, p. 120).

2. Consulter les documents suivants :

Décret du 29 *avril* 1892, portant répartition du crédit de 400 000 francs inscrit au budget de l'Algérie pour l'installation d'Écoles ou de classes indigènes (*Bull. adm.*, 1892, t. LI, p. 533);

Arrêté du 9 *novembre* 1894, portant création en Algérie d'un emploi spécial d'Inspecteur des Écoles indigènes (*Bull. adm.*, 1894, t. LVI, p. 645);

— 3 *juin* 1898, relatif aux frais de passage en Algérie des fonctionnaires du Ministère de l'Instruction publique (*à sa date*).

Pour les dispositions relatives aux Colonies et aux pays de protectorat, consulter la note 2, p. 177.

3. Consulter les documents suivants :

Circulaire du 21 *décembre* 1893, aux Préfets, relative aux traitements garantis aux stagiaires (*Circ.*, t. XI, p. 763);

Note de service du 30 *décembre* 1893 : les sommes que les instituteurs et les institutrices congréganistes recevaient en 1893 à titre d'indemnités représentatives de

des suppléments de traitement prévus aux articles 8, 9, 20 et 31, égaler au moins le montant du traitement et des allocations soumises à retenue dont ces maîtres jouissaient au 31 décembre 1889 (en dehors des suppléments accordés par les communes, à titre facultatif[1], depuis la loi du 16 juin 1881).

ART. 33. — Les instituteurs et institutrices titulaires dont les traitements seraient inférieurs à 1 200 francs, au cas où pendant

l'éventuel et de la liste de mérite continueront de leur être payées sans augmentation ni diminution, mais par douzièmes au lieu de l'être par quarts.

Arrêtés du 1er *mars* 1895, instituant une Commission chargée de l'examen, par espèce, des questions relatives à la garantie des traitements des instituteurs et institutrices et des allocations soumises à retenue, en exécution de la loi du 25 juillet 1893 (*Bull. adm.*, 1895, t. LVII, p. 220); — nommant les membres de cette Commission (*Ibid.*, p. 249);

Arrêté du 25 *novembre* 1895, nommant les membres de la Commission instituée pour l'examen des questions relatives à l'application de l'article 32 (*Bull. adm.*, 1895, t. LVIII, p. 867);

Circulaire du 18 *décembre* 1895, aux Préfets, relative aux conclusions de la Commission chargée d'examiner les réclamations relatives à l'article 32 (*Ibid.*, p. 921);

Note relative aux réclamations des instituteurs au sujet de l'application de l'article 32 et à la procédure à suivre pour les pourvois à introduire devant le Conseil d'État (*Bull. adm.*, 1896, t. LIX, p. 203);

Circulaire du 3 *mars* 1896, aux Inspecteurs d'Académie, relative aux réclamations des instituteurs au sujet de l'application de l'article 32 et aux pourvois à introduire devant le Conseil d'État (*Ibid.*, p. 287);

Voir aussi l'ouvrage intitulé : ***Pourvois d'instituteurs et d'institutrices contre l'application qui leur a été faite des dispositions de l'article 32 de la loi du 19 juillet 1889, modifié par la loi du 25 juillet 1893.*** (Brochure in-8°, Impr. Natle, 1898.)

1. Un *Avis du Conseil d'État*, séance du 27 *décembre* 1894 (*Bull. adm.*, 1894, t. LVI, p. 838), a donné de l'article 32 les interprétations suivantes :

« Il résulte de ces expressions : *à titre facultatif*, que les suppléments de traitement auxquels se réfère l'article 32 comprennent toutes les allocations ayant donné lieu à une dépense purement facultative, qu'elles fussent variables ou fixes, temporaires ou permanentes, allouées à un instituteur déterminé ou à lui et à ses successeurs.

« Les augmentations de traitement qui, depuis la loi du 16 juin 1881, ont été allouées aux instituteurs en vertu d'une délibération municipale prise par application de la loi du 10 avril 1867 (art. 13) et ayant un caractère réglementaire, ne sauraient être considérées comme des suppléments facultatifs, puisqu'elles sont venues s'incorporer au traitement normal des instituteurs, qui constituait alors une dépense obligatoire; il appartiendra au Ministre d'apprécier, dans chaque espèce, s'il y a eu dépense facultative ou obligatoire.

« L'article 32 exclut d'une manière formelle et générale du traitement garanti aux instituteurs les suppléments accordés à titre facultatif par les communes depuis la loi du 16 juin 1881; dès lors, il n'y a pas lieu de distinguer entre les suppléments de traitement qui ont subi la retenue et ceux qui n'y ont pas été soumis;

« La seconde disposition de l'article 71 de la loi du 26 janvier 1892, en vertu de laquelle l'indemnité de résidence doit s'ajouter intégralement, dans les villes de plus de 100 000 âmes, au traitement légal et non au traitement garanti, est inconciliable avec les règles posées par l'article 32 nouveau, qui met intégralement à la charge de l'État le payement dudit traitement garanti; dès lors il y a lieu de considérer la disposition de la loi du 26 janvier 1892 comme abrogée par la loi du 25 juillet 1893, qui a modifié l'article 32 de la loi du 19 juillet 1889. »

cinq années ils n'auraient pas reçu ou ne recevraient pas d'avancement, bénéficieront, à l'expiration de la cinquième année, d'une augmentation de 100 francs, jusqu'à ce qu'ils aient atteint le traitement de 1 200 francs[1].

ART. 34. — La répartition, dans les classes créées par la présente loi, des maîtres et maîtresses actuellement en fonctions sera effectuée en quatre annuités au plus à partir du 1er janvier 1894[2].

Par dérogation au dernier paragraphe de l'article 24, les maîtres et les maîtresses en fonctions au 19 juillet 1889 pourront être promus à la 2e et à la 1re classe sans être pourvus du brevet supérieur.

Dispense du certificat d'aptitude pédagogique est accordée aux adjoints et aux adjointes actuellement en exercice et pourvus d'une nomination préfectorale antérieurement à l'effet de la promulgation de la loi du 30 octobre 1886[3].

ART. 35. — L'application des dispositions contenues dans la loi au personnel désigné à l'article 13 aura lieu, à dater du 1er janvier 1894, conformément aux règles fixées par l'article 25.

ART. 36. — Par dérogation au paragraphe 1er de l'article 2, les dispositions de la présente loi sont applicables au personnel :

1° Des Écoles publiques de filles établies dans les communes de moins de 401 habitants, dont les locaux ont été construits ou aménagés avec autorisation et subvention de l'État;

2° Des Écoles publiques de filles établies dans les communes qui,

1. « Le traitement des instituteurs de quatrième classe, pourvus du brevet supérieur antérieurement au 19 juillet 1889 et comptant quinze ans de services révolus comme titulaires, pourra atteindre le chiffre de 1 300 francs, égal à l'émolument que leur assurait la loi de 1875. » *Circ. du* 6 *janvier* 1894 *aux Préfets* (*Bull. adm.*, 1894, t. LV, p. 12).

Consulter l'*avis* du Comité du Contentieux, séance du 15 *décembre* 1893, aux termes duquel le calcul de toutes les périodes d'ancienneté prévues par la loi du 25 juillet 1893 doit se compter à partir de la date unique fixée par l'article 49 de la loi du 19 juillet 1889 (*Bull. adm.*, 1893, t. LIV, p. 886); — et l'article 49 de la loi de finances du 29 *mars* 1897 (*à sa date*).

2. Les annuités ont été inscrites régulièrement au budget de l'État, dont le chiffre global était pour les Écoles primaires élémentaires :

En 1894 : 107 237 360 fr.;
En 1895 : 111 690 020 fr.;
En 1896 : 115 070 020 fr.;
En 1897 : 119 310 000 fr.

3. Voir la circulaire du 27 *juin* 1894, aux Préfets, relative à l'application des dispositions du paragraphe 3 de l'article 34 (*Bull. adm.*, 1894, t. LVI, p. 4).

« Les instituteurs adjoints et les institutrices adjointes, titulaires en vertu de l'article 34 nouveau, doivent prendre rang seulement à la date de cette titularisation, et entre eux l'ancienneté doit être calculée d'après la date de leur nomination par arrêté préfectoral. » *Avis du Conseil d'État*, séance du 7 *août* 1894 (*Bull. adm.*, 1894, t. LVI, p. 201).

comptant actuellement moins de 401 habitants, atteignaient ce chiffre de population dans l'un des recensements de 1881 ou de 1886[1].

ART. 37. — Les instituteurs et institutrices exerçant dans les Écoles primaires annexées aux établissements de bienfaisance et d'assistance publique fondés et entretenus par l'État, les départements ou les communes, pourvu qu'ils remplissent les conditions de capacité déterminées par les lois scolaires, sont mis au nombre des instituteurs et des institutrices publics. Un règlement d'administration publique déterminera les conditions dans lesquelles ces Écoles seront créées, ainsi que les droits et avantages dont jouiront les maîtres et maîtresses susvisés[2].

ART. 38. — Sont admis au bénéfice de la loi du 17 août 1876, à condition qu'ils occupent des emplois régulièrement créés :

1° Les suppléants départementaux;

2° Les directeurs, les professeurs de sciences et de lettres, les instituteurs adjoints des Écoles primaires supérieures des départements pourvus d'une nomination régulière;

3° Les directeurs des Écoles primaires supérieures et des Écoles professionnelles de la ville de Paris et les maîtres de ces Écoles qui exercent, soit comme instituteurs adjoints en vertu d'une nomination préfectorale, soit comme professeurs de sciences et de lettres en vertu d'une nomination ministérielle, à moins qu'ils ne soient en même temps attachés à un établissement d'enseignement secondaire, auquel cas ils ne peuvent recevoir que des indemnités non soumises à retenue[3];

4° Les directeurs, professeurs et instituteurs des Écoles nationales professionnelles;

5° Les instituteurs français détachés en service spécial et autorisés à verser les retenues par décision ministérielle;

6° Les instituteurs français régulièrement nommés dans les Écoles indigènes d'Algérie;

7° Les professeurs des Écoles normales primaires et les instituteurs des Écoles annexes.

1. Voir les circulaires du 10 *juillet* 1894, aux Préfets, relative à la situation des institutrices des Écoles devenues obligatoires depuis le 1er janvier 1894 (*Bull. adm.*, 1894, t. LVI, p. 29); — du 30 *juillet* 1894, aux Préfets, relative au classement général des Écoles (*Ibid.*, p. 254); — du 30 *avril* 1897, aux Préfets, relative aux conséquences qui résultent, pour les Écoles obligatoires et les Écoles facultatives, de la variation de la population des communes établie par le dénombrement de 1896 (*Bull. adm.*, 1897, t. LXI, p. 641).

2. Voir, *à leur date*, les décrets du 4 *novembre* 1894 et du 16 *juin* 1899.

3. Voir l'article 51 de la loi de finances du 13 *avril* 1898 (*à sa date*), qui modifie cette disposition.

La retenue pour pension de retraite portera, pour le personnel des Écoles primaires et maternelles de Paris, sur le traitement qui leur est assigné par le règlement d'administration publique pris en exécution de l'article 48 et qui se compose de deux éléments : traitement légal et indemnité de résidence.

Le présent article s'applique au personnel enseignant des deux sexes.

ART. 39. — Dans les Écoles primaires supérieures et professionnelles de Paris et des départements, l'enseignement des langues vivantes, du dessin, de la comptabilité et de l'agriculture sera donné soit par des titulaires munis à la fois du certificat d'aptitude au professorat et du diplôme spécial de leur enseignement, nommés par le Ministre, rétribués dans les conditions légales et bénéficiant pour la retraite des dispositions de la loi de 1876, soit, à défaut de professeurs, par des auxiliaires exerçant conformément à l'article 15, § 4, de la loi du 19 juillet 1889.

Les maîtres chargés des enseignements ci-dessus désignés qui exerçaient en vertu d'une nomination régulière à la date du 19 juillet 1889 conserveront, soit pour le chiffre du traitement, soit pour les droits à une pension de retraite, le bénéfice de la situation acquise sans nouvelles conditions de diplômes.

ART. 42. — Quand l'Administration jugera nécessaire de faire remplacer temporairement un instituteur ou une institutrice pour cause de maladie dûment constatée, les frais de suppléance seront à la charge de l'État[1].

ART. 46. — Dans les Écoles mixtes provisoirement dirigées par des instituteurs, conformément à l'article 6, § 3, de la loi du 30 octobre 1886, il sera alloué aux maîtresses chargées de l'enseignement de la couture une indemnité payée sur les fonds de la commune[2].

Cette indemnité n'est pas soumise à retenue.

ART. 48. — Il est statué par des règlements d'administration pu-

1. Voir l'*Avis du Conseil d'État*, séance du 26 *juillet* 1894, sur la question de savoir si, dans les villes de plus de 150 000 âmes, les frais de suppléance des instituteurs publics doivent être à la charge de l'État, alors même qu'ils excéderaient le produit des 8 centimes, et, à Paris, le produit des 4 centimes (*à sa date*).

Voir aussi la note en renvoi sous le § 6 de l'article 48, p. 512.

2. Voir les documents suivants :

Circulaire du 18 *décembre* 1893, aux Préfets, relative à l'application de l'article 46 de la loi du 25 juillet 1893, concernant les Écoles mixtes (*Circ.*, t. XI, p. 760);

Loi de finances du 16 *avril* 1895, article 50, relatif aux indemnités dues aux maîtresses de couture (*à sa date*);

Circulaires des 30 *mai* 1895, 18 *mai* 1896, 26 *juillet* 1897 et 8 *juillet* 1898, aux Préfets, relatives aux maîtresses de couture dans les Écoles mixtes (*à leur date*).

blique rendus après avis du Conseil supérieur de l'Instruction publique et, en outre, s'il s'agit de l'enseignement agricole, après avis du Conseil supérieur de l'Agriculture, et, s'il s'agit de l'enseignement industriel et commercial, après avis du Conseil supérieur de l'Enseignement technique :

1° Sur le nombre et la nature des objets composant le matériel obligatoire d'enseignement dans chaque catégorie d'Écoles et sur les conditions dans lesquelles ce matériel sera mis à la disposition des maîtres et des élèves;

2° Sur les conditions dans lesquelles les Conseils municipaux pourront procurer soit aux élèves indigents, soit à tous les élèves des Écoles publiques, la fourniture gratuite des livres de classe, choisis conformément aux règlements arrêtés par le Conseil supérieur;

3° Sur le nombre et la nature des registres et imprimés à l'usage des Écoles, prévus par l'article 4, paragraphe 6;

4° Sur les règles et conditions d'avancement qui ne sont pas prévues à l'article 24;

5° Sur les conditions dans lesquelles les directeurs et directrices d'Écoles de plus de cinq classes pourront être dispensés de tenir une classe;

6° Sur les conditions de nomination et d'exercice des instituteurs suppléants chargés de remplacement provisoire, en cas de maladie, de suspension ou de congé régulier des titulaires; et, si le nombre des suppléants départementaux est insuffisant, sur les moyens d'assurer le service conformément à l'article 42, sans que la rémunération en incombe aux maîtres dont la maladie aura été dûment constatée [1];

1. Consulter les documents suivants :

Décret du 25 *mai* 1894 sur les suppléants auxiliaires chargés de remplacer les instituteurs en cas de maladie (*à sa date*);

Circulaire du 9 *juin* 1894, aux Préfets, relative à l'application du décret du 25 mai 1894 (*Bull. adm.*, 1894, t. LV, p. 540);

Avis du Conseil d'État, séance du 27 *novembre* 1894, sur la question de savoir : 1° quelle est, au point de vue de la loi du 9 juin 1853, la situation d'un instituteur suppléé en vertu du décret du 25 mai 1894; 2° si les instituteurs, hors d'état de continuer leurs fonctions, par suite d'infirmités, peuvent invoquer le bénéfice du décret précité jusqu'à l'époque de leur admission à la retraite (*Bull. adm.*, 1894, t. LVI, p. 771);

Circulaire du 2 *mars* 1895, aux Inspecteurs d'Académie, relative aux suppléances pour cause de maladie (*à sa date*);

— 6 *avril* 1895, aux Préfets, relative au payement de l'indemnité allouée aux suppléants auxiliaires chargés du remplacement temporaire d'instituteurs malades (*Bull. adm.*, 1895, t. LVII, p. 305);

Avis du Conseil d'État, séance du 24 *février* 1897, sur la question de savoir si

7° Sur le mode de payement des indemnités de résidence à la charge des communes;

8° Sur un mode spécial de classement et d'avancement des instituteurs et institutrices de Paris en rapport avec les ressources affectées par le Conseil municipal de cette ville au traitement du personnel enseignant de ses Écoles[1];

9° Sur les conditions spéciales d'organisation et de fixation des traitements du personnel des Écoles primaires supérieures et des Écoles professionnelles de Paris, ainsi que des Écoles normales de la Seine[2];

10° Sur le taux des primes pour connaissance des langues arabe ou kabyle, sur le taux des indemnités de résidence dans les territoires civils de l'Algérie[3];

11° Sur les allocations et indemnités diverses des maîtres exerçant dans les territoires de commandement de l'Algérie;

12° Sur les règles d'administration et de comptabilité des Écoles normales primaires et notamment sur le régime des Écoles annexes[4];

13° Sur le nombre des heures de service exigées du personnel (professeurs, maîtres adjoints délégués, directeurs d'Écoles annexes, maîtres auxiliaires, économes, etc.), dans les Écoles nor-

les instituteurs peuvent compter pour la retraite les périodes pendant lesquelles ils ont été suppléés aux frais de l'État par suite de maladie, en dehors des congés prévus par l'article 16 du décret du 9 novembre 1853; — réponse négative (*Bull. adm.*, 1897, t. LXI, p. 453);

Circulaire du 21 *avril* 1897, aux Inspecteurs d'Académie, relative aux suppléances des instituteurs en congé pour cause de maladie (*Ibid.*, p. 617);

Décret du 25 *juin* 1898, modifiant l'article 4 du décret du 25 mai 1894 sur les suppléances (*à sa date*);

Voir aussi la note 1, p. 167.

1. Voir le décret du 25 *juin* 1898, modifiant l'article 3 du décret du 20 *août* 1892 sur le classement et l'avancement des instituteurs de la ville de Paris (*à sa date*).

2. Voir les documents suivants :

Décret du 25 *mai* 1895, modifiant le décret du 4 juin 1890 sur les conditions spéciales d'organisation du personnel des Écoles normales de la Seine et sur la fixation des traitements (*à sa date*);

Décret du 25 *mai* 1895 sur l'organisation des Écoles annexes dans les Écoles normales du département de la Seine, sur la nomination et les traitements de leur personnel enseignant (*à sa date*);

Rapport et *décret* du 26 *janvier* 1896, concernant l'application des règlements d'administration publique relatifs au Collège Chaptal et aux Écoles primaires supérieures de Paris (*à sa date*).

3. Voir le décret du 31 *décembre* 1897, relatif aux indemnités de résidence dues au personnel enseignant des Écoles primaires publiques de l'Algérie (*Bull. adm.*, 1897, t. LXII, p. 1358).

4. Voir le décret du 3 *octobre* 1894, portant règlement d'administration publique sur le régime des Écoles annexes dans les Écoles normales primaires (*à sa date*).

males[1], les Écoles nationales professionnelles[2] et les Écoles primaires supérieures[3]; sur le mode de rétribution des heures de service supplémentaire;

14° Sur le taux et les conditions d'obtention des indemnités pour maîtresses de couture prévues à l'article 46[4];

15° Sur le taux des indemnités représentatives de logement prévues à l'article 4, paragraphe 2, pour le personnel enseignant des Écoles primaires de tout ordre et sur les conditions dans lesquelles cette indemnité serait relevée dans le cas où il serait démontré que l'instituteur est dans l'impossibilité de se loger convenablement moyennant l'indemnité réglementaire[5];

16° Sur les prestations en nature à concéder au personnel des Écoles normales primaires et des Écoles primaires supérieures;

17° Sur la fixation des taux et des conditions de payement des dépenses relatives aux Commissions d'examen des différents titres de capacité de l'enseignement primaire[6];

18° Sur les conditions dans lesquelles les Écoles primaires supérieures ou les Cours complémentaires donnant l'enseignement industriel ou commercial devront, pour être entretenus par l'État, aux termes de la présente loi, être placés sous le régime de la loi du 11 décembre 1880 et du règlement d'administration publique du 17 mars 1888[7];

19° Sur le régime analogue à celui du paragraphe précédent qui devra être appliqué aux Écoles et aux cours donnant l'enseignement agricole;

20° Sur les conditions dans lesquelles une indemnité annuelle non

1. Voir la circulaire du 9 *août* 1894, aux Recteurs, relative aux réductions de personnel à opérer dans les Écoles normales (*à sa date*);

Loi de finances du 30 *mai* 1899, article 35, fixant le nombre des professeurs des Écoles normales (*à sa date*).

2. Voir, *à sa date*, le décret du 30 *septembre* 1893, relatif au nombre d'heures de service exigées du personnel des Écoles nationales professionnelles.

3. Voir le décret du 14 *août* 1893, relatif au mode de rétribution des heures de service supplémentaires dans les Écoles primaires supérieures (*à sa date*); — le décret du 1er *mai* 1894, modifiant l'article 5 du précédent (*à sa date*); — la circulaire du 10 *février* 1896, aux Recteurs, relative au service de surveillance dans les Écoles primaires supérieures (*à sa date*).

4. Voir la note en renvoi sous l'article 46.

5. Voir, *à leur date*, les décrets des 20 *juillet* 1894 et 25 *octobre* 1894; — la circulaire du 27 *novembre* 1894, aux Préfets, relative au logement des instituteurs primaires (*Bull. adm.*, 1894, t. LVI, p. 725); — celle du 3 *juillet* 1899, aux Préfets, relative aux indemnités représentatives de logement (*à sa date*).

6. Voir la circulaire du 18 *février* 1898, aux Préfets, relative au payement des dépenses des Commissions d'examen des brevets de capacité et du certificat d'aptitude pédagogique (*Bull. adm.*, 1898, t. LXIII, p. 224).

7. Voir, *à sa date*, le décret du 25 *janvier* 1895.

soumise à retenue sera attribuée aux fonctionnaires pourvus du certificat d'aptitude au professorat des Écoles normales et des Écoles primaires supérieures qui, après avoir fait un stage de deux ans au moins, soit dans une des Écoles nationales d'arts et métiers, soit dans une École supérieure de commerce, soit dans d'autres établissements d'enseignement technique à déterminer par un décret, seraient chargés, dans les Écoles primaires supérieures ou dans les Cours complémentaires, de l'enseignement industriel ou commercial, par arrêté du Ministre de l'Instruction publique, pris sur l'avis conforme du Ministre du Commerce et de l'Industrie;

21° En ce qui concerne les Écoles normales[1] et les Écoles nationales professionnelles[2], sur toutes les questions relatives à la nomination, au traitement, au classement, à l'avancement, au logement et aux indemnités accessoires des diverses catégories du personnel enseignant (maîtres adjoints, maîtres auxiliaires, personnel des Écoles primaires annexes et des Écoles maternelles annexes, surveillants, etc.) et du personnel ouvrier (contremaîtres, chefs d'atelier, etc.) qui n'auraient pas été visés par la loi;

22° En ce qui concerne les Écoles primaires ou professionnelles annexées à des établissements publics ressortissant à d'autres administrations que celle de l'Instruction publique, sur les conditions dans lesquelles les maîtres qui y exercent pourront être assimilés au personnel des Écoles primaires publiques ordinaires pour la réalisation de l'engagement décennal et, s'il y a lieu, pour le classement, l'avancement et la retraite[3];

23° En ce qui concerne le Collège Chaptal[4], sur le mode spécial d'organisation permettant à cet établissement de donner à la fois l'enseignement primaire supérieur et l'enseignement secondaire moderne, ainsi que sur la fixation des cadres du personnel et des traitements;

1. Voir les documents suivants :

Décret du 4 *octobre* 1894, portant règlement d'administration publique sur diverses questions relatives à des catégories du personnel des Écoles normales primaires (*à sa date*);

Et la note en renvoi sous le 9° ci-dessus.

2. Voir le décret du 19 *mars* 1895 (*à sa date*).

3. Voir le décret du 16 *juin* 1899 (*à sa date*).

4. Voir les documents suivants :

Décret du 26 *juillet* 1895, relatif à l'organisation spéciale du Collège Chaptal (*à sa date*);

Arrêté du 23 *octobre* 1895, relatif à la nomination des professeurs et des répétiteurs au Collège Chaptal (*à sa date*);

Décret du 26 *janvier* 1896, concernant l'application des règlements d'administration publique relatifs au Collège Chaptal (*à sa date*);

Loi de finances du 30 *mai* 1899, article 30, relatif aux professeurs délégués du Collège Chaptal (*à sa date*).

24° En ce qui concerne les établissements d'enseignement primaire supérieur de Paris, sur les conditions d'âge et les titres de capacité primaire dont devront justifier les maîtres répétiteurs et les maîtresses répétitrices pour être assimilés aux instituteurs adjoints et aux institutrices adjointes.

ART. 2. — Sont abrogés les articles 52 et 53 de la loi du 19 juillet 1889 et toutes les dispositions contraires à la présente loi.

---

26 juillet 1893.

Loi portant fixation du Budget général des Dépenses et des Recettes de l'exercice 1894. [Extraits.]

26 Juillet 1893.

. . . .

ARTICLE 65. — Les subventions accordées aux départements, villes et communes, en exécution de l'article 4 de la loi du 20 juin 1885 et dans les conditions prévues par les articles 5 à 8 de ladite loi et par l'article 68 de la loi du 26 janvier 1892, seront fournies, à l'avenir, en capital.

Les payements à effectuer par l'État sur ces subventions représenteront une quote-part des dépenses effectivement faites pour la construction, la reconstruction et l'agrandissement des établissements d'enseignement public, déterminée par la proportion dans laquelle l'État aurait contribué, en vertu des lois précitées, au payement des annuités.

ART. 66. — La contribution de l'État dans les dépenses des communes de l'Algérie pour constructions d'Écoles ou de classes destinées aux indigènes, payable sur le crédit inscrit à cet effet au budget général de l'Algérie (Service de l'Instruction publique), ne pourra désormais être inférieure à 40 pour 100 de la dépense ni supérieure à 80 pour 100.

Elle continuera d'ailleurs d'être calculée d'après les règles fixées par l'article 8 de la loi du 20 juin 1885.

---

27 juillet 1893.

Arrêté modifiant les articles 154, 160, 180 et 248 de l'Arrêté du 18 janvier 1887 relatif à l'enseignement primaire.

27 Juillet 1893.

Le Ministre de l'Instruction publique, des Beaux-Arts et des Cultes,

Vu la loi du 30 octobre 1886, article 21;
Vu le décret du 18 janvier 1887, article 122 ;
Le Conseil supérieur de l'Instruction publique entendu,
Arrête :

Sont modifiés comme il suit les articles ci-après mentionnés de l'arrêté du 18 janvier 1887 :

« ARTICLE 154[1]. — L'examen du certificat d'aptitude pédagogique n'aura qu'une session par an.

« L'épreuve écrite aura lieu à une date fixée par l'Inspecteur d'Académie, soit avant la fin de l'année scolaire, soit dans la dernière semaine du mois d'octobre, au chef-lieu de chaque arrondissement, sous la surveillance de l'Inspecteur primaire, dans les conditions prévues à l'article 156, §§ 2 et 3. Elle sera corrigée par la Commission réunie au chef-lieu du département.

« ART. 160[2]. — L'épreuve pratique consiste en une classe faite par le candidat dans une École primaire publique. Les aspirantes peuvent, à leur choix, subir l'épreuve pratique dans une École maternelle ou dans une École de filles [3].

1. L'article 154 de l'arrêté du 18 janvier 1887, dont le paragraphe 1er a été modifié par l'arrêté du 27 juillet 1893, est ainsi libellé en son entier :

« L'examen du certificat d'aptitude pédagogique n'aura qu'une session par an.

« L'épreuve écrite aura lieu à une date fixée par l'Inspecteur d'Académie, soit « avant la fin de l'année scolaire, soit dans la dernière semaine du mois d'octobre, « au chef-lieu de chaque arrondissement, sous la surveillance de l'Inspecteur pri- « maire, dans les conditions prévues à l'article 156, §§ 2 et 3. Elle sera corrigée par « la Commission réunie au chef-lieu du département.

« Pour les candidats admissibles, l'épreuve pratique consistera en une classe de « trois heures, faite par chaque candidat dans la classe ou dans l'École qu'il dirige. « Il sera procédé à cette épreuve, dans les conditions prévues à l'article 161, dans le « cours de l'année scolaire, par une sous-commission nommée par l'Inspecteur d'Aca- « démie.

« Les instituteurs privés pourront, sur leur demande, subir l'épreuve pratique, « soit dans leur propre classe, soit dans une École publique.

« L'épreuve orale prévue par les articles 162, 163 se fera à la suite de l'épreuve « pratique.

« Une instruction ministérielle déterminera les divers détails d'exécution de ces « prescriptions réglementaires. » (*Bull. adm.*, 1893, t. LIV, p. 286.)

2. « L'article 160 n'a apporté aucun changement dans le mode de procéder en ce « qui concerne les épreuves pratiques et orales de cet examen.

« Ces épreuves doivent continuer, comme précédemment, d'être subies par les in- « stituteurs publics dans la classe ou dans l'École qu'ils dirigent; les instituteurs « privés ont le choix entre une École publique et leur classe ou leur École. » (*Décision ministérielle du* 30 *janvier* 1894.)

3. Les modifications de l'arrêté du 27 juillet 1893 ont entraîné l'établissement d'un nouveau modèle de certificat d'aptitude pédagogique (voir aux *Annexes*). En le transmettant au Vice-Recteur de l'Académie de Paris, le Ministre écrivait (14 *mars* 1894) : « Vous remarquerez qu'il n'y est plus fait mention de l'établissement dans lequel l'institutrice a subi les épreuves orales et pratiques. C'est la conséquence de

« L'École dans laquelle le candidat est appelé à subir l'épreuve lui est ouverte vingt-quatre heures à l'avance. Il en prend la direction le jour de l'épreuve et est tenu de se conformer à un programme arrêté par la Commission.

« Ce programme est remis au candidat vingt-quatre heures à l'avance. Il se rapprochera, autant que possible, de l'ordre des exercices inscrits à l'emploi du temps de l'École au jour de l'examen.

« ART. 180. — Les épreuves orales comprennent :

« 1° L'explication d'un passage tiré au sort parmi ceux que la Commission aura choisis dans les auteurs inscrits sur la liste dressée tous les trois ans par le Ministre et publiée une année à l'avance. Une heure est accordée pour la préparation à huis clos de cette épreuve;

« 2° L'exposé de vive voix d'une question de pédagogie théorique ou pratique. Cette question, tirée au sort, sera traitée par le candidat après deux heures de préparation à huis clos. Cet exposé ne durera pas plus d'une demi-heure. Des questions sur l'administration et la législation scolaires seront posées aux candidats.

« Le candidat ne devra s'aider ni de livres, ni de notes.

« ART. 248[1]. — Il est accordé 3 heures pour chacune des compositions du certificat d'études primaires supérieures, sauf pour l'épreuve de langues vivantes, dont la durée est fixée à une heure. »

---

27 juillet 1893.

Arrêté relatif aux exercices de tir à la carabine Flobert[2].

27 Juillet 1893.

Le Ministre de l'Instruction publique, des Beaux-Arts et des Cultes,

Vu la loi du 28 mars 1882, article 1er;

Vu la loi du 30 octobre 1886, article 3;

Vu le décret du 18 janvier 1887, article 27;

l'arrêté du 27 juillet 1893, qui laisse aux aspirantes le choix de subir les épreuves orales et pratiques dans une École maternelle ou dans une École de filles, et leur confère un diplôme unique donnant droit à exercer comme titulaire dans l'une ou l'autre catégorie d'établissements. »

1. Cet article a été de nouveau successivement modifié par les arrêtés du 10 *janvier* 1894 et du 17 *septembre* 1898 (ci-après *à leur date*).

2. Voir les pièces annexées : 1° lettre de M. Mérillon, président de l'Union nationale des Sociétés de tir, adressée au Ministre de l'Instruction publique, le 29 juin 1883; 2° le vœu du Conseil général du Pas-de-Calais (25 et 26 avril 1892); 3° le rapport sur ledit vœu, adopté à l'unanimité. (Brochure in-8° jésus, Impr. Natle, 1893.)

Vu l'arrêté du 18 janvier 1887, article 17;

Vu les programmes d'enseignement des Écoles primaires élémentaires;

Le Conseil supérieur de l'Instruction publique entendu,

Arrête :

ARTICLE UNIQUE. — Dans le cours moyen et dans le cours supérieur des Écoles primaires publiques, l'addition suivante est apportée au programme des exercices militaires :

« Pour les élèves âgés de plus de dix ans, exercice de tir à dix mètres à la carabine Flobert[1]. »

Décret modifiant l'article 118 du Décret du 18 janvier 1887. 28 juillet 1893.

28 Juillet 1893.

Le Président de la République française,

Sur le rapport du Ministre de l'Instruction publique, des Beaux-Arts et des Cultes;

Vu la loi du 30 octobre 1886, article 21;

Le Conseil supérieur de l'Instruction publique entendu,

Décrète :

L'article 118 du décret du 18 janvier 1887 est modifié comme il suit[2] :

1. Par arrêté du 10 *mars* 1894, il a été institué une Commission chargée d'étudier les diverses mesures concernant l'application de l'arrêté du 27 juillet 1893, relatif aux exercices de tir à la carabine Flobert, et d'examiner notamment les propositions adressées à l'Administration au sujet de la fabrication de l'arme.

Cette Commission était constituée ainsi qu'il suit : MM. FÉRY D'ESCLANDS, Inspecteur général de la gymnastique, *Président;* BUISSON, Conseiller d'État, Directeur de l'enseignement primaire, *Vice-Président;* RABIER, Directeur de l'enseignement secondaire; BOUCHER-CADART, président de chambre à la Cour d'appel de Paris; MÉRILLON, ancien député, président de l'Union des sociétés de tir de France; JACOULET, Inspecteur général de l'enseignement primaire; STREHLY, professeur au lycée Montaigne; MOREL, Inspecteur général de l'enseignement secondaire; DÉRUÉ, Inspecteur de l'enseignement de la gymnastique des Écoles de la ville de Paris; le commandant JOUBERT; le capitaine LÉCOLE; SCHMIT, chef de bureau au Ministère de l'Instruction publique; SABATIÉ, sous-chef de bureau au Ministère de l'Instruction publique, *Secrétaire;* ADENIS, rédacteur au Ministère de l'Instruction publique, *Secrétaire-adjoint.*

Voir le rapport de M. FÉRY D'ESCLANDS au Ministre, du 6 *août* 1894 (*Bull. adm.*, 1894, t. LVI, p. 199), et la circulaire du 16 *août* 1895, aux Préfets, accompagnée d'une instruction spéciale (*Bull. adm.*, 1895, t. LVIII, p. 620 et 621).

2. Voir la circulaire du 29 *août* 1893 (*à sa date*).

« ARTICLE 118. — Les Commissions d'examen pour le brevet élémentaire et pour le brevet supérieur sont composées d'au moins sept membres[1].

« Elles sont présidées par l'Inspecteur d'Académie et, en son absence, par un des membres de la Commission qu'il délègue. Chacune d'elles nomme son secrétaire. Deux Inspecteurs de l'enseignement primaire, deux membres de l'enseignement primaire public, directeurs ou professeurs des Écoles normales et des Écoles primaires supérieures, et au moins un membre de l'enseignement privé en font nécessairement partie. Les autres membres sont particulièrement choisis parmi les membres ou les anciens membres de l'enseignement primaire public ou privé ou de l'enseignement supérieur ou secondaire. Dans la Seine, les Inspecteurs primaires et les membres de l'enseignement primaire public qui doivent faire partie de droit de la Commission peuvent être choisis parmi les fonctionnaires à la retraite[2].

« Ces Commissions ne peuvent délibérer régulièrement sur l'admissibilité ou l'admission définitive des candidats qu'autant que trois de leurs membres ont participé à la correction des épreuves

1. Voir les documents suivants :
Circulaire du 10 *mars* 1896, aux Recteurs, suivie d'instructions sur le mode de procéder aux examens des brevets de capacité (ci-après *à sa date*);
Lettre ministérielle du 9 *août* 1894, aux Inspecteurs d'Académie, relative à la surveillance des épreuves écrites aux différents examens de l'enseignement primaire (*Bull. adm.*, 1894, t. LVI, p. 121).

2. « Monsieur l'Inspecteur, plusieurs de vos collègues m'ont consulté sur la question de savoir si le décret du 28 juillet 1893, qui a modifié la composition des Commissions d'examen des brevets de capacité, a mis fin aux pouvoirs des Commissions qui ont siégé à la dernière session, et s'il a rendu nécessaire la constitution de nouveaux jurys pour la session d'octobre.

« Aux termes de l'article 117 du décret du 18 janvier 1887, « ces Commissions sont « nommées *chaque année* par le Recteur sur la proposition de l'Inspecteur d'Aca« démie ».

« Le règlement fixe donc à un an la durée du mandat confié aux membres des Commissions; mais il ne détermine pas d'une façon précise la date à laquelle il est conféré; suivant que l'on se règle sur l'année scolaire ou sur l'année civile, le point de départ a pu être différent. Dans le premier cas, toutes les Commissions sont renouvelées pour un an à la rentrée d'octobre; dans le second cas, elles le sont au début de l'année civile.

« Dès lors, m'écrit M. le Ministre, les dispositions nouvelles n'impliquent donc « pas le renouvellement, à une date uniforme, des Commissions d'examen, mais seu« lement leur renouvellement à l'expiration normale des pouvoirs que vous avez con« fiés aux Commissions actuellement en exercice. Selon la date adoptée, il y aura « lieu à leur reconstitution pour la rentrée d'octobre ou pour le commencement de « l'année prochaine. »

« Veuillez me renseigner avant la fin du présent mois sur la situation des Commissions de votre département pour que je puisse aviser M. le Ministre. » (*Circulaire du Vice-Recteur de Paris aux Inspecteurs d'Académie du ressort*, 22 *août* 1893.)

écrites et qu'ils assistent à tout l'examen oral du même candidat. Les délibérations sont prises à la majorité des suffrages. En cas de partage, la voix du président est prépondérante[1]. »

Décret modifiant l'article 106 du Décret du 18 janvier 1887 et l'article 113 du Décret du 18 janvier 1893, et instituant un Certificat d'aptitude à l'enseignement de la Comptabilité. 10 août 1893.

10 Août 1893.

Le Président de la République française,

Sur le rapport du Ministre de l'Instruction publique, des Beaux-Arts et des Cultes;

Vu la loi 30 du octobre 1886 sur l'organisation de l'enseignement primaire;

Vu l'article 39 de la loi du 25 juillet 1893;

Vu le décret et l'arrêté du 18 janvier 1887;

Vu le décret du 18 janvier 1893;

Vu l'avis du Conseil supérieur de l'Instruction publique en date du 22 juillet 1893,

Décrète :

L'article 106 du décret du 18 janvier 1887 et l'article 113 du décret du 18 janvier 1893 sont modifiés ainsi qu'il suit :

« ARTICLE 106. — Les titres de capacité de l'enseignement primaire sont :

« 1° Le brevet élémentaire et le brevet supérieur;

« 2° Les certificats d'aptitude professionnelle : certificat d'aptitude pédagogique, certificat d'aptitude au professorat des Écoles normales et des Écoles primaires supérieures, certificat d'aptitude à l'inspection des Écoles primaires et à la direction des Écoles normales, certificat d'aptitude à l'inspection des Écoles maternelles;

1. Consulter les statistiques des examens de l'enseignement primaire :
Année 1888 (*Bull. adm.*, 1888, t. XLIV, p. 902);
— 1889 — 1889, t. XLVI, p. 889);
— 1891 — 1892, t. LI, p. 55);
— 1893 — 1893, t. LIV, p. 827);
— 1894 — 1894, t. LVI, p. 802);
— 1895 — 1895, t. LVIII, p. 1015);
— 1896 — 1896, t. LX, p. 949);
— 1897 — 1897, t. LXII, p. 1257);
— 1898 — 1898, t. LXIV, p. 1242);
— 1899 — 1899, t. LXVI, p. 984).

« 3° Les certificats spéciaux pour les enseignements accessoires :
« Certificat d'aptitude à l'enseignement des langues vivantes;
« Certificat d'aptitude à l'enseignement de la comptabilité [1];
« Certificat d'aptitude à l'enseignement du travail manuel;
« Certificat d'aptitude à l'enseignement du dessin;
« Certificat d'aptitude à l'enseignement du chant;
« Certificat d'aptitude à l'enseignement de la gymnastique;
« Certificat d'aptitude à l'enseignement élémentaire des travaux de couture;
« Certificat d'aptitude à l'enseignement des exercices militaires;
« Certificat d'aptitude à l'enseignement de l'agriculture [2].

« Art. 113.— Les candidats au certificat d'aptitude à l'enseignement du travail manuel et à l'enseignement du chant doivent être âgés de vingt et un ans révolus au moment de leur inscription et justifier de deux années d'exercice dans un établissement d'enseignement public ou privé.

« Les candidats au certificat d'aptitude à l'enseignement de la comptabilité doivent être âgés de vingt et un ans au moins au moment de leur inscription et justifier du brevet supérieur ou du baccalauréat ou du diplôme de fin d'études de l'enseignement secondaire des filles ou du diplôme supérieur d'une École supérieure de commerce reconnue par l'État ou de trois années d'exercice comme comptable dans une maison de commerce, d'industrie ou de banque. »

---

10 août 1893.

Arrêté relatif à l'examen du Certificat d'aptitude à l'enseignement de la Comptabilité.

10 Août 1893.

Le Ministre de l'Instruction publique, des Beaux-Arts et des Cultes,

Vu le décret du 10 août 1893;

Vu l'avis du Conseil supérieur de l'Instruction publique en date du 22 juillet 1893,

Arrête :

1. Un arrêté de même date (p. 522) a déterminé les conditions d'obtention et d'examen de ce nouveau certificat d'aptitude.

2. Ce dernier certificat a été ajouté par un *erratum* inséré au *Bull. adm.*, 1893, t. LIV, p. 1051.

Le titre II et la première section du titre III de l'arrêté organique du 18 janvier 1887 sont modifiés ainsi qu'il suit :

TITRE II.

. . . .

Chapitre XIII. — *De l'examen du Certificat d'aptitude à l'enseignement de la Comptabilité.*

« Article 232. — Une Commission est nommée, chaque année, par le Ministre de l'Instruction publique pour examiner les candidats au certificat d'aptitude à l'enseignement de la comptabilité.

« Les candidats sont tenus de se faire inscrire, à Paris, à la Sorbonne, et, dans les départements, au bureau de l'Inspecteur d'Académie, un mois au moins avant l'ouverture de la session, et de faire les justifications exigées par l'article 113 du décret du 18 janvier 1887 modifié par le décret du 10 août 1893.

« L'examen a lieu aux jours fixés par le Ministre. Il se compose de trois séries d'épreuves, savoir : 1° épreuves écrites, qui ont lieu au chef-lieu du département et qui sont éliminatoires; 2° épreuves orales; 3° épreuves pratiques (ces deux dernières séries d'épreuves ont lieu à Paris).

« Art. 233[1]. — Les épreuves écrites comprennent : 1° une composition sur un sujet de commerce et de comptabilité, qui sera appréciée au point de vue professionnel et au point de vue de la rédaction; 2° une composition sur un sujet emprunté au programme d'arithmétique appliquée au commerce.

« Quatre heures sont accordées pour l'ensemble des épreuves écrites.

« Les épreuves orales comprennent des interrogations : 1° sur le commerce; 2° sur la comptabilité; 3° sur l'arithmétique appliquée au commerce; 4° sur la législation commerciale.

« Les épreuves pratiques comprennent : 1° une leçon orale ; 2° une correction de devoir.

« Une heure et demie est accordée pour la préparation de la leçon et une demi-heure pour la correction du devoir.

« Les sujets des épreuves sont tirés du programme annexé au présent arrêté[2].

« Art. 234. — Après la clôture des examens, la Commission dresse,

1. Modifié par l'arrêté du 18 *janvier* 1897 (voir *à sa date*).
2. Voir les programmes insérés au *Bull. adm.*, 1893, t. LIV, p. 306 et s.

par ordre de mérite, la liste des candidats qu'elle juge dignes d'obtenir le certificat. Cette liste est soumise à l'approbation du Ministre, qui délivre les certificats.

TITRE III. — **Des autorités préposées à l'enseignement.**

CHAPITRE UNIQUE.

SECTION Ire. — *Inspecteurs généraux.*

« ART. 235[1]. — Au commencement de chaque année, le Ministre assigne à chacun des Inspecteurs généraux les divers départements qu'il devra visiter.

« La comptabilité des Écoles normales primaires est l'objet d'une inspection particulière.

« L'inspection du chant et de la musique, l'inspection du travail manuel et l'inspection des langues vivantes dans les Écoles normales et dans les Écoles primaires supérieures sont l'objet de missions spéciales.

« L'inspection du dessin dans les Écoles normales d'instituteurs et d'institutrices et dans les Écoles primaires supérieures est confiée aux Inspecteurs spéciaux du dessin, chacun pour la région à laquelle il est particulièrement attaché. »

---

14 août 1893. **Décret relatif au mode de Rétribution des heures de service supplémentaires et aux allocations à attribuer au Personnel enseignant des Écoles primaires supérieures.**

14 Août 1893.

Le Président de la République française,

Sur le rapport du Ministre de l'Instruction publique, des Beaux-Arts et des Cultes;

Vu la loi du 19 juillet 1889, et notamment l'article 48, paragraphe 13;

Vu la loi du 30 octobre 1886 sur l'organisation de l'enseignement primaire;

Vu les règlements organiques du 18 janvier 1887, modifiés par le décret du 21 janvier 1893;

Vu le règlement d'administration publique du 19 juillet 1890, et notamment l'article 6;

1. Le nouvel article 235 a fondu en un seul les anciens articles 232 à 235.

Vu l'avis du Conseil supérieur de l'Instruction publique en date du 29 décembre 1892;

Le Conseil d'État entendu,

Décrète :

Article 1er. — Le nombre maximum des heures de service (enseignement et surveillance) exigibles par semaine des directeurs, professeurs et maîtres adjoints aux Écoles primaires supérieures est fixé de la manière suivante :

Directeurs, en dehors du temps réservé à la surveillance générale de l'École : quinze heures d'enseignement dans les Écoles ne comprenant que deux années d'études; dix heures d'enseignement dans les Écoles de plein exercice.

Professeurs et maîtres adjoints délégués : vingt heures d'enseignement; cinq heures de surveillance.

Dans les Écoles de plein exercice et dans les Écoles de deux ans dont l'effectif dépasse 150 élèves ou qui sont placées sous la même direction qu'une École primaire élémentaire comptant plus de trois classes, le directeur peut, par délibération du Conseil départemental soumise à l'approbation du Ministre, être déchargé de cours sauf en ce qui concerne l'enseignement de la morale et de l'instruction civique.

Art. 2. — Les professeurs et adjoints peuvent, sur leur demande, être chargés par le directeur de services supplémentaires relatifs à l'internat ou aux études surveillées[1]. La rétribution des maîtres est fixée par un accord avec le directeur, si l'internat est géré par lui dans les conditions prévues par le paragraphe 2 de l'article 13 de la loi du 30 octobre 1886, ou avec la municipalité si l'internat est en régie, sous réserve dans l'un et l'autre cas de l'approbation du Préfet après avis de l'Inspecteur d'Académie.

Mais en aucun cas les services relatifs à l'internat ne peuvent entrer dans le compte soit des heures exigibles en vertu de l'article précédent, soit des heures supplémentaires rétribuées sur les fonds de l'État.

Art. 3. — Tous les ans, chaque directeur détermine, les maîtres entendus, la répartition des heures d'enseignement dont ils sont chargés. Cette répartition est exécutoire après approbation de l'Inspecteur d'Académie.

Aucune heure supplémentaire d'enseignement ne peut être ajou-

1. Voir la circulaire du 10 *février* 1896, aux Recteurs, relative au service de la surveillance dans les Écoles primaires supérieures (ci-après *à sa date*).

tée que par une décision spéciale prise par le Ministre, sur la proposition du Préfet et après avis de l'Inspecteur d'Académie.

ART. 4. — Les taux annuels de rétribution des heures supplémentaires, en ce qui concerne l'enseignement des lettres, de l'histoire et de la géographie, des mathématiques, des sciences physiques et naturelles, sont fixés, pour chaque heure d'enseignement par semaine, de la manière suivante :

Professeurs	150 fr.	Maîtres adjoints délégués.	100 fr.

Cette rétribution n'est pas soumise à retenue.

ART. 5[1]. — Les professeurs et adjoints munis d'un des diplômes spéciaux prévus par l'article 21 de la loi du 30 octobre 1886, qui donnent un des enseignements accessoires mentionnés audit article en dehors de l'enseignement général dont ils sont chargés et dans les limites des heures réglementaires de service déterminées par l'article 1er, reçoivent les allocations suivantes, annuelles et non soumises à retenue :

Langues vivantes . . .	300 fr.	Agriculture	200 fr.
Dessin.	300	Chant et musique . . .	100
Travail manuel	200	Gymnastique.	50

Dans le cas où les professeurs et adjoints chargés d'un de ces enseignements sont obligés d'y consacrer un certain nombre d'heures en sus des heures réglementaires, ils reçoivent, outre l'indemnité ci-dessus prévue, une rétribution calculée à raison de 100 francs par an pour chaque heure d'enseignement par semaine, sans toutefois que ces deux allocations réunies puissent en tout cas dépasser les maxima suivants :

Langues vivantes . . .	600 fr.	Agriculture	500 fr.
Dessin.	600	Chant et musique . . .	300
Travail manuel	500	Gymnastique.	200

Les dispositions qui précèdent s'appliquent aux Écoles primaires supérieures de filles.

ART. 6. — Sont rapportées toutes les dispositions antérieures contraires au présent décret.

1. Cet article a été modifié par le décret du 1er *mai* 1894 (voir *à sa date*).

Arrêté fixant la répartition des matières de l'enseignement dans les Écoles primaires supérieures de filles.

18 août 1893.

18 Août 1893.

Le Ministre de l'Instruction publique, des Beaux-Arts et des Cultes,

Vu le décret du 21 janvier 1893 portant modification des articles 30 à 41 du décret organique;

Vu le règlement d'administration publique sur le nombre des heures de service dans les Écoles primaires supérieures, en date du 14 août 1893;

Vu l'arrêté du 18 janvier 1887;

Vu l'arrêté du 21 janvier 1893, article 6;

Le Conseil supérieur de l'Instruction publique entendu,

Arrête :

Article 1er. — La répartition des matières de l'enseignement dans les Écoles primaires supérieures de filles[1] est réglée conformément aux indications qui suivent :

1° Le temps consacré aux cours que devront faire les directrices, professeurs et maîtresses adjointes est déterminé par le tableau ci-après :

MATIÈRES DE L'ENSEIGNEMENT.	NOMBRE TOTAL D'HEURES PAR SEMAINE (Enseignement général).		
	1re ANNÉE.	2e ANNÉE.	3e ANNÉE.
Éducation morale	1	1	1
Langue française	4	4	4
Écriture	1	1	»
Histoire et instruction civique	1	1	1
Géographie	1	1	1
Langues vivantes	3	3	3
Arithmétique et notions de géométrie	2	1	1
Comptabilité et tenue de livres	»	1	1
Sciences physiques et naturelles, hygiène	2	2	2
Droit usuel et économie politique	»	»	1
Dessin	3	3	3
Travaux manuels et économie domestique	4	4	4
Gymnastique	1	1	1
Chant	1	1	1
	24	24	24

1. Voir, pour les Écoles primaires supérieures de la Ville de Paris, l'arrêté du 25 *janvier* 1895 (ci-après *à sa date*).

2° Outre les heures consacrées aux cours proprement dits, les maîtresses devront donner, jusqu'à concurrence du nombre d'heures exigées de chacune d'elles par le décret portant règlement d'administration publique du 14 août 1893, des conférences complémentaires et, après entente avec la directrice, le temps nécessaire soit pour la surveillance des études, soit pour les conseils et directions pédagogiques, soit pour les exercices pratiques hors de la classe et pendant les études qui comportent ce genre d'exercices (gymnastique, promenades et excursions scientifiques, herborisations, horticulture, etc.).

ART. 2. — L'enseignement est donné conformément aux programmes ci-annexés[1].

Ces programmes servent de base à la répartition des matières prévue par l'article 37 du décret organique. Toutefois il reste loisible aux professeurs d'y apporter, en vue de l'appropriation à l'enseignement des jeunes filles, les modifications qu'ils jugeraient nécessaires, particulièrement dans les Écoles qui ne sont pas de plein exercice, sous réserve de l'approbation de l'Inspecteur d'Académie.

ART. 3. — Dans les Écoles où sera organisé un enseignement professionnel (industriel, commercial ou agricole), l'emploi du temps et le programme des cours spéciaux seront arrêtés, pour chaque établissement, sur la proposition de la directrice, les professeurs entendus, par l'Inspecteur d'Académie.

---

18 août 1893. **Arrêté et Règlement modèle relatifs aux Prescriptions hygiéniques à prendre dans les Écoles primaires pour prévenir et combattre les épidémies.**

18 Août 1893.

Le Ministre de l'Instruction publique, des Beaux-Arts et des Cultes,

Vu la loi du 27 février 1880, articles 4 et 5;

Vu la loi municipale du 5 avril 1884, articles 94 et 97;

Vu la loi du 30 octobre 1886, article 9;

Le Conseil supérieur de l'Instruction publique entendu,

Arrête :

1. Voir ces programmes, *Bull. adm.*, 1893, t. LIV, p. 357 et s., et les modifications apportées aux programmes d'Hygiène, d'Économie politique et de Morale par l'arrêté du 9 *mars* 1897 (*Bull. adm.*, 1897, t. LXI, p. 395).

ARTICLE 1er. — Les prescriptions hygiéniques à prendre dans les Écoles primaires publiques pour prévenir et combattre les épidémies sont fixées dans tous les départements par arrêté du Préfet.

ART. 2. — Elles sont rédigées d'après les indications contenues dans le règlement modèle ci-annexé.

Règlement modèle[1].

CHAPITRE Ier. — *Mesures générales à prendre pour éviter l'éclosion des maladies contagieuses.*

ARTICLE 1er. — Les Écoles doivent être pourvues d'eau pure (eau de source, eau filtrée ou bouillie). L'eau pure seule sera mise à la disposition des élèves.

ART. 2. — Les cabinets d'aisances des Écoles ne doivent pas communiquer directement avec les classes.

Les fosses doivent être étanches et le plus possible éloignées des puits.

ART. 3. — Pendant la durée des récréations et le soir, après le départ des élèves, les classes doivent être aérées par l'ouverture de toutes les fenêtres.

ART. 4. — Le nettoyage du sol ne doit pas être fait à sec par le balayage, mais au moyen d'un linge ou d'une éponge mouillée promenée sur le sol.

ART. 5. — Hebdomadairement il est fait un lavage du sol à grande eau et avec un liquide antiseptique. — Un lavage analogue des parois doit être fait au moins deux fois par an, notamment aux vacances de Pâques et aux grandes vacances.

ART. 6. — La propreté de l'enfant est surveillée à son arrivée. Chaque enfant doit se laver les mains au lavabo avant la rentrée en classe après chaque récréation.

CHAPITRE II. — *Mesures générales à prendre en présence d'une maladie contagieuse.*

ART. 7. — Le licenciement de l'École ne doit être prononcé que dans les cas spécifiés à l'article 14. Auparavant l'on doit recourir aux évictions successives et employer les mesures de désinfection prescrites ci-après.

ART. 8. — Tout enfant atteint de fièvre doit être immédiatement éloigné de l'École ou envoyé à l'infirmerie, dans le cas d'un internat.

ART. 9. — Tout enfant atteint d'une maladie contagieuse confirmée doit être éloigné de l'École, et, sur l'avis du médecin chargé de l'inspection, cette éviction peut s'étendre aux frères et sœurs dudit enfant ou même à tous les enfants habitant la même maison.

ART. 10. — La désinfection de la classe est faite soit dans l'entre-classe, soit le soir, après le départ des élèves.

1. Ce règlement modèle est conforme aux conclusions du Rapport présenté au Comité consultatif d'hygiène publique de France par M. le docteur Henri NAPIAS, sur la désinfection des locaux et du mobilier des Écoles en cas d'épidémie.

Consulter l'*Instruction à remettre par les instituteurs aux familles des écoliers atteints de maladies épidémiques et contagieuses*, jointe à la circulaire du 14 *mars* 1896 (ci-après *à sa date*).

Elle comprend :

Le lavage de la classe (sol et parois) avec une solution antiseptique ;

La désinfection par pulvérisation des cartes et objets scolaires appendus au mur ;

La désinfection par lavage des tables, bancs, meubles, etc. ;

La désinfection complète du pupitre de l'élève malade ;

La destruction par le feu des livres, cahiers, etc., de l'élève malade et des jouets ou objets qui auraient pu être contaminés dans les Écoles maternelles.

Art. 11. — Il est adressé à la famille de chaque enfant atteint d'une affection contagieuse une instruction sur les précautions à prendre contre les contagions possibles, et sur la nécessité de ne renvoyer l'enfant qu'après qu'il aura été baigné ou lavé plusieurs fois au savon et que tous ses habits auront subi soit la désinfection, soit un lavage complet à l'eau bouillante.

Art. 12. — Les enfants qui ont été malades ne rentreront à l'École qu'avec un certificat médical et après qu'il se sera écoulé, depuis le début de la maladie, une période de temps égale à celle prescrite par les instructions de l'Académie de médecine.

Art. 13. — Dans le cas où le licenciement est reconnu nécessaire, il est envoyé à chaque famille, au moment du licenciement, un exemplaire de l'instruction relative à la maladie épidémique qui l'aura nécessité.

Chapitre III. — *Mesures particulières à prendre pour chaque maladie contagieuse.*

Art. 14. — Sur l'avis du médecin-inspecteur, les mesures suivantes doivent être prises, conformément aux indications contenues dans le rapport adopté par le Comité consultatif d'hygiène annexé, lorsque les maladies ci-dessous désignées sévissent dans une École :

Variole. — Éviction des enfants malades (durée : 40 jours). — Destruction de leurs livres et cahiers. — Désinfection générale. — Revaccination de tous les maîtres et élèves.

Scarlatine. — Éviction des enfants malades (durée : 40 jours). — Destruction de leurs livres et cahiers. — Désinfection générale. — Licencienent, si plusieurs cas se produisent en quelques jours malgré toutes précautions.

Rougeole. — Éviction des enfants malades (durée : 16 jours). — Destruction de leurs livres et cahiers. — Au besoin, licenciement des enfants au-dessous de six ans.

Varicelle. — Évictions successives des malades.

Oreillons. — Évictions successives de chacun des malades (durée : 10 jours).

Diphtérie. — Éviction des malades (durée : 40 jours). — Destruction des livres, des cahiers, des jouets et objets qui ont pu être contaminés. — Désinfections successives.

Coqueluche. — Évictions successives (durée : 3 semaines).

Teignes et pelade. — Évictions successives. — Retour après traitement et avec pansement méthodique.

Circulaire du Ministre de l'Instruction publique, relative aux Commissions d'examen des Brevets de capacité. 29 août 1893.

29 Août 1893.

Monsieur le Recteur, la composition des Commissions d'examen des brevets de capacité a été modifiée par le décret du 28 juillet 1893, dont je vous ai adressé un exemplaire.

Au moment où vous allez procéder au renouvellement d'un certain nombre de ces Commissions dont les pouvoirs annuels ont pris fin, il me paraît nécessaire d'appeler votre attention sur le caractère de la réforme adoptée conformément à l'avis émis par le Conseil supérieur de l'Instruction publique.

Aux termes de l'ancien règlement, chaque Commission nommait son président. En dehors des deux Inspecteurs primaires qui faisaient obligatoirement partie du jury, les autres membres étaient particulièrement choisis parmi les membres de l'enseignement public ou privé ou même parmi les personnes étrangères à l'enseignement.

Les dispositions nouvelles ont été prises en vue de concentrer la direction des examens entre les mains du chef de l'enseignement dans le département et de renforcer le nombre des représentants de l'enseignement primaire qui doivent naturellement se trouver en majorité dans un jury institué pour délivrer des diplômes primaires.

Nul, en effet, plus que l'Inspecteur d'Académie, n'a l'autorité nécessaire pour guider la Commission dans ses travaux, pour lui rappeler la nature de l'examen et ses limites, l'esprit des programmes et la nécessité de pénétrer du même esprit les interrogations elles-mêmes. En prenant part à la correction des premières copies, de manière à fixer la jurisprudence, en indiquant par quelques exemples le caractère des questions à poser, en déterminant une échelle de notes qui prévienne les excès d'indulgence comme les excès de sévérité, l'Inspecteur d'Académie, sans s'astreindre à suivre pendant toute la session toutes les épreuves, pourra exercer un contrôle efficace et une action directe. Cette action est indispensable pour maintenir l'unité des épreuves et assurer l'application des programmes d'études qui doivent faire loi pour les examens comme pour l'enseignement.

Les Commissions d'examen des deux brevets de capacité comprennent sept membres au moins. Désormais, cinq d'entre eux appartiendront nécessairement à l'enseignement primaire. Cette innovation assure donc au personnel de l'enseignement primaire la représentation à laquelle il a droit de prétendre.

Le nouveau décret maintient les deux Inspecteurs primaires dans le jury. Il énumère les personnes qui peuvent faire partie des Commissions des deux brevets de capacité. Cette énumération rédigée en la forme ordinaire comprend à la fois le personnel des Écoles de garçons et des Écoles de filles. Aucun doute ne peut exister à cet égard, le rapport présenté au Conseil supérieur ayant formellement dit qu'il serait fait appel au concours du personnel des deux catégories d'établissement. Vous devez désigner tout d'abord le directeur et la directrice de l'École normale.

Si, pour des raisons qu'il vous appartient d'apprécier, vous estimez que le directeur ou la directrice de l'École normale ne peut prendre part aux examens, vous avez, à leur défaut, à désigner un professeur des mêmes Écoles, ou bien un directeur, une directrice ou un professeur des Écoles primaires supérieures de garçons et de filles. Enfin, vous remarquerez que la présence d'un membre de l'enseignement privé est devenue obligatoire.

Les deux autres membres pourront être choisis parmi les membres de l'enseignement supérieur ou secondaire ou bien [1] parmi les personnes étrangères à l'enseignement si la localité n'offre pas assez de ressources. Je ne doute pas que l'Administration ne puisse continuer à mettre à profit leur utile concours.

Vous voudrez bien donner connaissance de ces instructions à MM. les Inspecteurs d'Académie de votre ressort et m'accuser réception de la présente circulaire.

Recevez, etc.

Signé : R. POINCARÉ.

---

30 sept. 1893. **Décret relatif au nombre des heures de service exigées du personnel des Écoles nationales professionnelles d'Armentières, de Vierzon et de Voiron, et au mode de rétribution des heures de service supplémentaires.**

30 Septembre 1893.

Le Président de la République française,

Sur le rapport du Ministre de l'Instruction publique, des Beaux-Arts et des Cultes, et du Ministre du Commerce, de l'Industrie et des Colonies;

Vu la loi du 19 juillet 1889 et notamment l'article 48, § 13;

Vu la loi du 11 décembre 1880 sur les Écoles manuelles d'apprentissage;

Vu la loi du 30 octobre 1886 sur l'organisation de l'enseignement primaire;

Vu le règlement d'administration publique du 17 mars 1888;

Vu le décret du 28 juillet 1888;

Vu le règlement d'administration publique du 19 juillet 1890 et notamment l'article 6;

Vu l'avis du Conseil supérieur de l'Instruction publique en date du 29 décembre 1892;

Vu l'avis du Conseil supérieur de l'enseignement technique en date du 27 mars 1893;

Le Conseil d'État entendu,

Décrète :

ARTICLE 1er. — Dans les Écoles nationales d'Armentières, de Vierzon et de Voiron, le nombre maximum des heures de service exigibles

1. Cette disposition se trouve abrogée par la circulaire du 10 *mars* 1896 (ci-après *à sa date*).

des professeurs, maîtres adjoints délégués, surveillants généraux, maîtres internes, directeurs et adjoints des Écoles annexes, directrices et adjointes des Écoles maternelles annexes, est fixé ainsi qu'il suit :

Professeurs et maîtres adjoints chargés de l'enseignement des lettres et des sciences : vingt heures par semaine;

Professeurs et maîtres adjoints chargés de l'enseignement du dessin : vingt-quatre heures par semaine;

Chefs des travaux : quatre heures d'enseignement par jour, indépendamment de la surveillance des ateliers;

Surveillants généraux et maîtres internes : six heures d'enseignement par semaine, indépendamment du service de surveillance;

Directeurs et adjoints des Écoles annexes, directrices et adjointes des Écoles maternelles annexes : trente heures par semaine.

ART. 2. — Dans les heures de service exigibles en vertu de l'article précédent, n'est pas compris le temps consacré aux excursions scientifiques, aux manipulations, aux travaux d'agriculture, d'horticulture, de nivellement et d'arpentage que les maîtres de tout ordre sont tenus de diriger et de surveiller, lorsque leur présence est jugée nécessaire par le directeur.

Toutefois, l'ensemble de ces obligations accessoires ne peut dépasser pour chacun d'eux en moyenne trois heures par semaine.

ART. 3. — Tous les ans, chaque directeur d'École nationale détermine, les maîtres entendus, la répartition des heures d'enseignement dont ils sont chargés. Cette répartition est exécutoire après approbation du Recteur.

Aucune heure supplémentaire d'enseignement ne peut être ajoutée qu'en vertu d'une décision spéciale prise par le Ministre de l'Instruction publique sur la proposition du Recteur.

ART. 4. — Les taux de rétribution des heures supplémentaires, en ce qui concerne l'enseignement des lettres, de l'histoire et de la géographie, des mathématiques, des sciences physiques et naturelles, du dessin, sont fixés, pour chaque heure d'enseignement par semaine, de la manière suivante :

Professeurs, 40 francs par trimestre;

Maîtres adjoints délégués, 25 francs par trimestre.

Cette rétribution n'est pas soumise à retenue.

ART. 5. — Les professeurs et maîtres adjoints, munis d'un des diplômes spéciaux prévus par l'article 21 de la loi du 30 octobre 1886 pour les enseignements accessoires, qui donnent un de ces enseignements en dehors de l'enseignement général dont ils sont chargés, et dans les limites des heures réglementaires de service déterminées par l'article 1er, reçoivent les allocations suivantes, annuelles et non soumises à la retenue :

	Professeurs.	Adjoints.		Professeurs.	Adjoints.
Langues vivantes. .	300 fr.	300 fr.	Arts industriels .	300 fr.	200 fr.
Comptabilité. . .	300	200	Chant et musique.	200	100
Travail manuel . .	300	200	Gymnastique. .	100	50
Agriculture . . .	300	200			

Dans le cas où les maîtres chargés d'un de ces enseignements sont obligés d'y consacrer un certain nombre d'heures en sus des heures réglementaires, ils reçoivent, outre l'indemnité ci-dessus prévue, une rétribution calculée à raison de 25 francs par trimestre, pour chaque heure d'enseignement par semaine, sans toutefois que ces deux allocations réunies puissent, en aucun cas, dépasser les maxima suivants pour l'année scolaire :

	Professeurs.	Adjoints.		Professeurs.	Adjoints.
Langues vivantes. .	600 fr.	600 fr.	Arts industriels .	600 fr.	500 fr.
Comptabilité. . .	600	500	Chant et musique.	400	300
Travail manuel . .	600	500	Gymnastique. .	300	200
Agriculture . . .	600	500			

ART. 6. — Les maîtres chargés de la direction des études surveillées dans les Écoles primaires annexées aux Écoles nationales d'Armentières, de Vierzon et de Voiron, reçoivent une indemnité annuelle et non soumise à la retenue de 200 francs pour deux heures de surveillance par jour.

ART. 7. — Sont rapportées toutes les dispositions antérieures contraires au présent décret et notamment l'article 13 du décret du 28 juillet 1888.

ART. 8. — Le Ministre de l'Instruction publique, des Beaux-Arts et des Cultes et le Ministre du Commerce, de l'Industrie et des Colonies sont chargés, chacun en ce qui le concerne, de l'exécution du présent décret.

---

27 nov. 1893. **Circulaire du Ministre de l'Instruction publique, relative à une enquête sur le choix de la Langue vivante à enseigner dans les établissements d'enseignement primaire.**

27 Novembre 1893.

Monsieur le Recteur, à la dernière session, un certain nombre de membres du Conseil supérieur de l'Instruction publique ont émis le vœu que l'autorité chargée de choisir la langue vivante qui doit être enseignée dans les différents établissements primaires publics subordonne toujours son choix aux besoins constatés du commerce, de l'industrie ou de l'agriculture dans la région, et que la langue vivante adoptée pour les Écoles primaires supérieures et les Cours complémentaires soit également enseignée dans les Écoles normales.

La pensée qui a dicté ce vœu est trop juste pour que j'aie besoin de vous dire que je suis tout disposé à seconder entièrement les vues du Conseil supérieur.

Rien, en effet, de ce qui doit tendre à augmenter le caractère d'utilité pratique des études faites dans les Écoles primaires supérieures ne doit être négligé.

Je vous demanderais donc, Monsieur le Recteur, de procéder à une enquête par l'intermédiaire de MM. les Inspecteurs d'Académie, auprès de tous les Comités de patronage institués dans votre ressort. Cette consultation, qu'il est opportun de provoquer au moment où les programmes récemment remaniés viennent d'entrer en application, fera connaître d'une façon précise la langue vivante que les élèves ont intérêt à apprendre, en raison des relations suivies que les commerçants, les industriels et les agriculteurs entretiennent avec tel ou tel pays étranger.

Je crois devoir appeler votre attention particulière sur l'utilité qu'il y a à ne pas disperser les efforts et à ne prescrire l'étude que d'une seule langue vivante, celle qui est le plus communément parlée dans la région.

J'ajoute que, pour faciliter le recrutement des maîtres, il est indispensable de choisir la même langue vivante dans les Écoles normales. Les anciens élèves-maîtres pourront ainsi tenir lieu des professeurs spéciaux qui feraient défaut.

Vous trouverez ci-joint un certain nombre d'exemplaires du cadre sur lequel doivent être consignés les résultats de l'enquête.

Vous voudrez bien me transmettre les résultats de l'enquête à laquelle je vous prie de procéder sans retard et m'accuser réception de la présente circulaire.

Recevez, etc.

Signé : R. POINCARÉ.

Circulaire du Ministre de l'Instruction publique, relative aux nouveaux traitements des instituteurs titulaires et stagiaires, et aux Écoles facultatives de filles qui deviennent obligatoires. 21 déc. 1893.

21 Décembre 1893.

Monsieur le Préfet, parmi les dispositions de la nouvelle loi sur le classement et l'avancement des instituteurs, il en est plusieurs qui peuvent être appliquées immédiatement.

J'ai décidé qu'il convenait de payer, à partir du 1er janvier prochain, aux fonctionnaires de l'enseignement primaire les émoluments auxquels ils ont droit en vertu de l'article 32 modifié.

Par suite, les suppléments de traitement des articles 8 et 9 devront sortir des traitements garantis, et le montant des compléments à la charge de l'État représentera la différence entre le traitement légal de la classe et les émoluments régulièrement soumis à retenue au 31 décembre 1889. Vous avez déterminé ces compléments dans le travail que je vous ai demandé par ma circulaire du 12 octobre dernier; vous n'aurez donc qu'à inscrire dans les colonnes 6, 7, 8 et 9 des états de traitements de janvier les chiffres qui figurent dans les colonnes 25, 26, 27 et 28 des tableaux que vous avez établis.

Il s'ensuit que vous n'aurez plus à m'adresser les états relatifs aux indemnités représentatives de l'éventuel et de la liste de mérite, ces indemnités devant à l'avenir faire partie intégrante des émoluments des maîtres jusqu'au jour où elles seront compensées par une augmentation de traitement.

L'article 11 de la loi a fixé à 900 francs le traitement des stagiaires. C'est ce traitement que vous aurez à leur donner dès le 1er janvier, qu'ils aient ou non été pourvus d'une nomination préfectorale avant le 30 octobre 1886. J'examinerai, en effet, ultérieurement, dans quelle mesure il conviendra de titulariser ceux d'entre eux qui peuvent réclamer le bénéfice des dispositions de l'article 34 de la loi, et je vous adresserai en temps utile des instructions à ce sujet.

Enfin, conformément à l'article 36 de la loi, un certain nombre d'Écoles facultatives de filles deviennent obligatoires. Lorsque tous les renseignements que je vous ai demandés à ce sujet me seront parvenus, je prendrai les arrêtés nécessaires pour les transformations de celles de ces Écoles qui remplissent les conditions édictées par la loi.

Pour les autres modifications à apporter à la situation des instituteurs, il conviendra d'attendre, ainsi que je vous le faisais prévoir dans ma circulaire du 12 octobre, que la comparaison entre les crédits mis à ma disposition et les dépenses présumées m'ait fait connaître dans quelle limite la loi pourra être appliquée dès la nouvelle année.

Recevez, etc.

Signé : E. SPULLER.

---

4 janvier 1894.

Arrêté relatif à la durée des Vacances dans les établissements publics d'enseignement primaire.

4 Janvier 1894.

Le Ministre de l'Instruction publique, des Beaux-Arts et des Cultes,

Vu la loi du 27 février 1880, articles 4 et 5;

Vu l'arrêté du 18 janvier 1887, article 8;

Vu les règlements scolaires modèles du 18 janvier 1887, article 22, relatif aux Écoles primaires élémentaires, et du 29 décembre 1888, article 19, relatif aux Écoles primaires supérieures;

Le Conseil supérieur de l'Instruction publique entendu,

Arrête :

ARTICLE 1er. — Les grandes vacances ont une durée de six semaines dans les établissements publics d'enseignement primaire[1].

1. Consulter les documents suivants :
Circulaire du 13 *juin* 1894, aux Préfets, relative à la fixation de l'époque des

Toutefois, sur l'avis du Conseil départemental, la durée des vacances peut être portée à huit semaines dans les Écoles primaires supérieures, ainsi que dans les Écoles primaires élémentaires, où sont organisées des classes de vacances.

ART. 2. — Les Écoles maternelles sont fermées pendant un mois à l'époque des grandes vacances.

Toutefois, lorsque les besoins de la population l'exigeront, sur la demande du Conseil municipal et après avis de l'Inspecteur d'Académie, le Préfet pourra réduire la durée de la fermeture des Écoles maternelles à quinze jours ou même décider qu'elles resteront ouvertes pendant toute l'année.

ART. 3. — Dans tous les cas, la directrice et les adjointes ont droit à un congé d'un mois.

ART. 4. — Dans les Écoles maternelles à une seule classe, la directrice est suppléée pendant la durée de son congé par une pos-

grandes vacances dans les Écoles primaires publiques (*Bull. adm.*, 1894, t. LV, p. 522);

— 10 *juin* 1895, aux Préfets, relative à la réduction de la durée des vacances dans les Écoles maternelles (*Bull. adm.*, 1895, t. LVII, p. 627);

Arrêté du 31 *juillet* 1895, relatif à la fixation des vacances dans les Écoles primaires publiques en 1895 (*Bull. adm.*, 1895, t. LVIII, p. 210);

Circulaire du 31 *juillet* 1895, aux Préfets, relative à la fixation des vacances des Écoles primaires publiques en 1895 (*Ibid.*, p. 209);

Arrêté du 27 *juillet* 1896, relatif à la fixation des vacances dans les Écoles primaires publiques en 1896 (*Bull. adm.*, 1896, t. LX, p. 214);

Circulaire du 27 *juillet* 1896, aux Préfets, relative à la fixation des vacances dans les Écoles primaires publiques (*Ibid.*, p. 213);

— 11 *septembre* 1896, aux Recteurs, relative à une prolongation des vacances scolaires à l'occasion du voyage de l'empereur de Russie en France (*Ibid.*, p. 473);

Arrêté du 27 *mai* 1897, relatif à la prolongation de la durée des grandes vacances dans les Écoles où le personnel a contribué au fonctionnement de cours réguliers d'adultes et d'adolescents (ci-après *à sa date*);

— 12 *juillet* 1897, relatif à la durée des grandes vacances dans les Écoles primaires publiques (*Bull. adm.*, 1897, t. LXII, p. 90);

Circulaire du 12 *juillet* 1897, aux Préfets, relative à la durée des grandes vacances dans les Écoles primaires publiques (*Ibid.*, p. 89);

Arrêté du 30 *mars* 1898, relatif à la prolongation de la durée des vacances dans les Écoles primaires publiques, en faveur des instituteurs et institutrices qui auront fait un cours d'adultes (ci-après *à sa date*);

Circulaire du 30 *mars* 1898, aux Préfets, relative à la prolongation de la durée des vacances dans les Écoles primaires publiques, en faveur des instituteurs et institutrices qui auront fait un cours d'adultes (*Bull. adm.*, 1898, t. LXIII, p. 431);

Arrêté du 28 *janvier* 1899, accordant un congé supplémentaire aux instituteurs et institutrices qui auront fait un cours d'adultes (*Bull. adm.*, t. LXV, p. 126);

Circulaire du 4 *février* 1899, aux Préfets, relative au même objet (*à sa date*);

Arrêté du 18 *janvier* 1900, relatif à un congé supplémentaire en faveur des instituteurs et des institutrices qui auront fait un cours d'adultes (*Bull. adm.*, 1900, t. LXVII, p. 80).

tulante à un emploi d'institutrice ou par une élève-maîtresse de l'École normale.

Dans les Écoles maternelles à plusieurs classes, les congés accordés à la directrice et aux adjointes sont pris successivement.

ART. 5. — Sont abrogées les dispositions contraires au présent arrêté.

---

4 janvier 1894. **Arrêté modifiant l'article 176 de l'Arrêté du 18 janvier 1887, relatif à l'examen du Certificat d'aptitude à l'Inspection primaire et à la Direction des Écoles normales.**

4 Janvier 1894.

Le Ministre de l'Instruction publique, des Beaux-Arts et des Cultes,

Vu la loi du 30 octobre 1886 ;

Vu le décret et l'arrêté du 18 janvier 1887 ;

Le Conseil supérieur de l'Instruction publique entendu,

Arrête :

ARTICLE UNIQUE. — L'article 176 de l'arrêté du 18 janvier 1887 est modifié comme suit :

« L'examen du certificat d'aptitude à l'inspection primaire et à la direction des Écoles normales a lieu du 15 février au 15 mars. L'ouverture de la session est fixée par le Ministre. »

---

10 janvier 1894. **Arrêté modifiant les articles 247 et 248 de l'Arrêté du 18 janvier 1887, relatifs à l'examen du Certificat d'études primaires supérieures.**

10 Janvier 1894.

Le Ministre de l'Instruction publique, des Beaux-Arts et des Cultes,

Vu la loi du 30 octobre 1886 ;

Vu l'arrêté du 18 janvier 1887 ;

Vu l'arrêté du 18 janvier 1893 ;

Le Conseil supérieur de l'Instruction publique entendu,

Arrête :

Les articles 247 et 248 de l'arrêté du 18 janvier 1887 sont modifiés ainsi qu'il suit :

« ART. 247. — Les épreuves écrites de l'examen du certificat d'études primaires supérieures sont éliminatoires; elles comprennent cinq compositions, qui ont lieu en deux jours consécutifs : 1° composition française (lettre, récit, compte rendu ou rapport, développement d'une maxime, etc.); 2° composition d'histoire et de géographie; 3° composition de mathématiques et de sciences physiques et naturelles; 4° composition de dessin géométrique ou de dessin d'ornement; 5° composition de langues vivantes consistant en une version facile faite avec un lexique et pouvant porter, au choix du candidat, sur l'allemand, l'anglais, l'italien, l'espagnol ou l'arabe.

« Pour chacune de ces épreuves, il sera donné trois sujets distincts correspondant aux programmes suivis dans les Écoles primaires supérieures publiques : 1° pour l'enseignement général; 2° pour la section industrielle; 3° pour la section commerciale.

« Les candidats, en s'inscrivant, feront connaître celle de ces trois séries d'épreuves à laquelle ils se présentent.

« La composition de langues vivantes sera facultative pour les candidats des sections industrielles et agricoles.

« ART. 248. — Il est accordé trois heures pour chacune des quatre premières compositions, et deux heures pour la composition de langues vivantes. »

Décret déterminant sous quelles conditions seront payées les Subventions allouées aux communes pour la construction, la reconstruction ou l'agrandissement de leurs maisons d'école. 13 janvier 1894.

13 Janvier 1894.

Le Président de la République française,

Sur le rapport du Ministre de l'Instruction publique, des Beaux-Arts et des Cultes;

Vu la loi du 20 juin 1885;

Vu la loi du 30 octobre 1886;

Vu les lois des 19 juillet 1889 et 25 juillet 1893;

Vu la loi de finances du 26 juillet 1893, article 65;

Vu le décret du 7 avril 1887,

Décrète :

ARTICLE 1er. — Les subventions allouées aux communes pour la construction, la reconstruction ou l'agrandissement de leurs maisons d'école, ne leur sont définitivement acquises que sous les conditions ci-après [1] :

1° Sur la production d'un certificat dont la forme sera déterminée par le Ministre de l'Instruction publique et qui devra lui être transmis, établissant que la commune a déjà fait emploi de ses propres ressources pour les bâtiments scolaires, et que les travaux exécutés sont conformes aux plans et devis approuvés;

2° Mise à exécution des travaux dans un laps de temps qui ne pourra excéder deux ans.

Si, à l'expiration de ce délai, la commune n'a pas rempli les conditions ci-dessus, la subvention sera considérée comme non avenue.

Dans le cas où le projet serait ultérieurement repris, le Ministre de l'Instruction publique devra statuer à nouveau.

ART. 2. — Des acomptes pourront être payés sur la production d'un certificat constatant l'avancement des travaux.

ART. 3. — Lorsque, par suite du rabais de l'entreprise ou pour toute autre cause, la dépense n'aura pas atteint le chiffre sur lequel a été calculée la subvention de l'État, le solde ne sera versé dans la caisse municipale qu'après que la subvention aura été réduite proportionnellement à l'économie réalisée [2].

ART. 4. — Pour le payement des subventions, le Préfet adressera, le 1er de chaque mois, au Ministre de l'Instruction publique un bordereau présentant le montant des sommes à payer.

Ce bordereau sera accompagné des justifications dont la production est prescrite par les articles 1 et 2.

1. Voir la circulaire transmissive du 3 *février* 1894, aux Préfets (*Bull. adm.*, 1894, t. LV, p. 134), et la circulaire du 24 *février* 1894, aux Préfets, s'exprimant ainsi :

« Le chiffre de la subvention de l'État continuera à être fixé d'après les règles établies par la loi du 20 juin 1885 (art. 8) et le décret du 15 février 1886; mais la subvention, au lieu d'être répartie en trente annuités pour concourir avec les ressources communales au remboursement de l'emprunt total contracté par la commune pour la réalisation de son projet scolaire, sera allouée en capital.

« Il résulte de ce changement que les communes pourront désormais faire face à la dépense qui sera laissée à leur charge soit au moyen d'emprunts remboursables en moins ou plus de trente ans, soit à l'aide d'impositions extraordinaires, de subventions des départements, de souscriptions particulières et autres ressources n'ayant pas le caractère de fonds disponibles dans le sens de l'article 8 de la loi du 20 juin 1885. »

2. Voir la circulaire du 18 *mars* 1892, aux Recteurs, relative à l'emploi des sommes provenant des rabais d'adjudication (p. 409).

Décret modifiant l'article 107 du Décret du 18 janvier 1887, relatif aux conditions d'admission aux examens des Brevets de capacité de l'enseignement primaire. 15 janvier 1894.

15 Janvier 1894.

Le Président de la République française,

Sur le rapport du Ministre de l'Instruction publique, des Beaux-Arts et des Cultes,

Vu la loi du 30 octobre 1886 ;

Vu le décret du 18 janvier 1887 ;

Le Conseil supérieur de l'Instruction publique entendu,

Décrète :

L'article 107 du décret du 18 janvier 1887 est ainsi modifié :

« ARTICLE 107. — Pour se présenter aux examens du brevet élémentaire, tout candidat doit avoir au moins 16 ans le 1er octobre de l'année durant laquelle il se présente.

« Pour se présenter aux examens du brevet supérieur, tout candidat doit justifier de la possession du brevet élémentaire et avoir 18 ans au moins le 1er octobre de l'année durant laquelle il se présente[1].

« Des dispenses d'âge peuvent être accordées pour l'un et l'autre brevet, pourvu qu'elles ne dépassent pas une durée d'un an[2].

1. « Les examens des brevets de capacité n'ayant pas lieu à Paris aux mêmes dates que dans les divers centres d'examens des autres départements, les candidats doivent, au moment de leur inscription, *déclarer par écrit* qu'ils ne se sont pas présentés et ne se présenteront dans aucun autre département pendant la même session. » (*Avis* inséré au *Bull. adm.*, 1895, t. LVII, p. 343.)

2. « M. le Ministre a décidé que les personnes qui, antérieurement au décret du 15 janvier 1894, ont obtenu une dispense d'âge de plus d'un an pour l'examen du brevet élémentaire pourront se présenter à l'examen du brevet supérieur, pourvu qu'un délai de deux années se soit écoulé entre les deux examens. » (*Avis* inséré au *Bull. adm.*, 1895, t. LVII, p. 525.)

Toutefois, « par mesure transitoire et jusqu'à ce qu'il ait été statué par le Conseil supérieur de l'Instruction publique sur une nouvelle rédaction de l'article 107 du décret du 18 janvier 1887, le Ministre de l'Instruction publique, sur l'avis de la Section permanente du Conseil supérieur, a décidé d'autoriser exceptionnellement à se présenter aux examens des brevets de capacité de la *première session* de la présente année les aspirants et aspirantes qui demanderont une dispense d'âge dont la durée ne dépassera pas *quinze mois au jour de l'examen.* » (*Avis* inséré au *Bull. adm.*, 1896, t. LIX, p. 547.)

Un nouvel *Avis*, inséré au *Bull. adm.*, 1896, t. LX, p. 329, décidait que « les dispositions indiquées par le précédent avis restaient applicables pour la session d'octobre-novembre 1896 », en ajoutant : « Les dispenses seront accordées dans les conditions prévues par le décret du 15 janvier 1894, c'est-à-dire par l'Inspecteur d'Académie pour un délai de moins de six mois; par le Recteur, pour les délais excédant six mois. »

« La dispense d'âge de moins de six mois est accordée par l'Inspecteur d'Académie ; la dispense d'âge de six mois à un an est accordée par le Recteur après avis de l'Inspecteur d'Académie.

« La dispense est de droit pour tout candidat au brevet élémentaire qui est pourvu du certificat d'études primaires supérieures, quel que soit son âge. »

---

15 janvier 1894. **Décret modifiant l'article 186 du Décret du 18 janvier 1887, relatif à l'examen du Certificat d'aptitude à l'inspection primaire.**

15 Janvier 1894.

Le Président de la République française,

Sur le rapport du Ministre de l'Instruction publique, des Beaux-Arts et des Cultes,

Vu la loi du 30 octobre 1886 ;

Vu le décret et l'arrêté du 18 janvier 1887 ;

Vu le décret du 18 janvier 1893 ;

Le Conseil supérieur de l'Instruction publique entendu,

Décrète :

L'article 186 du décret organique du 18 janvier 1887 est modifié comme suit :

« ARTICLE 186[1]. — Pendant cinq ans à partir du 1er janvier 1893, les instituteurs publics titulaires seront dispensés de produire le certificat d'aptitude au professorat pour se présenter aux examens du certificat d'aptitude à l'inspection primaire, s'ils comptent dix ans de services effectifs, soit comme directeurs, soit comme adjoints dans une École primaire élémentaire ou supérieure ou dans une École annexe, et s'ils sont pourvus du brevet supérieur et du certificat d'aptitude pédagogique.

« Les dispositions qui précèdent sont applicables aux aspirantes comme aux aspirants.

« Les secrétaires et les commis d'inspection académique qui compteront au jour de l'examen dix années de services, dont cinq au moins dans les établissements d'enseignement primaire ci-dessus désignés, bénéficieront de la même dispense. »

1. Cet article a été de nouveau modifié par le décret du 31 *juillet* 1897 (ci après *à sa date*).

Décret relatif aux Pensionnats primaires installés dans des Écoles primaires publiques.

16janvier1894.

16 Janvier 1894.

Le Président de la République française,

Sur le rapport du Ministre de l'Instruction publique, des Beaux-Arts et des Cultes,

Vu la loi du 30 octobre 1886, article 13 ;

Le Conseil supérieur de l'Instruction publique entendu,

Décrète :

ARTICLE 1er. — Tout instituteur public qui veut ouvrir un pensionnat primaire doit joindre à sa demande un plan certifié conforme au local par le maire de la commune.

Il doit indiquer avec précision la destination de chacune des pièces affectées au pensionnat, ainsi que les dimensions desdites pièces (longueur, largeur et hauteur).

ART. 2. — Les dortoirs doivent être spacieux, aérés et dans des dimensions qui soient en rapport avec le nombre des pensionnaires. Ils doivent contenir au moins 15 mètres cubes d'air par élève. Ils doivent être surveillés et éclairés pendant la nuit.

Une pièce spéciale doit être affectée au réfectoire.

En outre, une infirmerie ou au moins une chambre d'isolement sera ménagée dans l'établissement.

ART. 3. — Aucun pensionnat primaire ne peut être établi dans des locaux dont le voisinage serait reconnu dangereux pour la moralité ou la santé des élèves.

ART. 4. — Aucun pensionnat ne peut être annexé à une école primaire publique qui reçoit des enfants des deux sexes, sans une autorisation spéciale du Conseil départemental.

ART. 5. — Tout instituteur public qui reçoit des pensionnaires doit tenir un registre sur lequel il inscrit les noms, prénoms, le lieu et la date de naissance de ses élèves pensionnaires, la date de leur entrée et de leur sortie.

Chaque année, il transmet, avant le 1er novembre, à l'Inspecteur d'Académie un rapport sur la situation et le personnel de l'établissement en ce qui concerne l'internat.

ART. 6. — Aucun des services relatifs à l'internat ne peut être imposé au personnel enseignant spécialement attaché à l'externat.

Toutefois, l'Inspecteur d'Académie peut autoriser un ou plusieurs maîtres à se charger des services supplémentaires en dehors des heures des classes moyennant une rémunération, ou en échange d'avantages consentis par le directeur.

ART. 7. — Dans le cas où le personnel enseignant spécialement attaché à l'externat ne suffirait pas à assurer les différents services de l'internat, le directeur de l'Ecole peut recourir à des maîtres étrangers.

Les maîtres exclusivement attachés à l'internat ne font pas partie du personnel de l'École publique.

Ils ne peuvent entrer en fonctions que si le directeur de l'École a obtenu de l'Inspecteur d'Académie l'autorisation de les employer.

---

18 janvier 1894.

Arrêté relatif à l'obtention des Bourses dans les Écoles nationales professionnelles[1].

18 Janvier 1894.

Le Ministre de l'Instruction publique, des Beaux-Arts et des Cultes,

Vu le décret du 6 janvier 1891, instituant un examen spécial pour l'obtention des bourses dans les Écoles nationales professionnelles;

Vu le décret et l'arrêté du 18 janvier 1887 ;

Vu l'arrêté du 7 janvier 1891 ;

Vu l'avis exprimé par le Conseil supérieur de l'Instruction publique dans sa séance du 28 décembre 1893,

Arrête :

ARTICLE 1er. — Les bourses pour les Écoles nationales professionnelles (Vierzon, Voiron, Armentières) sont décernées par voie de concours.

ART. 2. — Sont admis à concourir :

1° Les élèves des Écoles primaires supérieures et des Cours complémentaires pourvus ou non d'une bourse;

2° Les candidats pourvus du certificat d'études primaires et ayant suivi pendant une année au moins le cours supérieur d'une École primaire élémentaire, à moins qu'ils ne justifient, conformément

1. Ce document a été transmis par circulaire du 6 *mars* suivant, non insérée au *Bulletin;* elle prescrit que les centres d'examen devront être peu nombreux. Les crédits sont limités et le nombre de bourses sera nécessairement peu élevé. Les dossiers des candidats qui n'auraient pu être nommés et qui seraient présentés simultanément pour une bourse d'enseignement primaire supérieur seront renvoyés à MM. les Préfets.

aux dispositions de l'article 3, 6°, qu'ils ont été dans l'impossibilité de remplir cette dernière condition.

ART. 3. — Les parents ou tuteurs des candidats aux bourses doivent les faire inscrire dans les bureaux de l'inspection académique, au moins un mois avant l'examen.

La demande d'inscription doit être accompagnée des pièces ci-après :

1° L'acte de naissance de l'enfant sur papier timbré;

2° Son certificat d'études primaires;

3° Un certificat de revaccination;

4° Un certificat médical attestant que le candidat peut se livrer sans danger aux travaux manuels;

5° Le relevé des notes et des places obtenues par l'enfant au cours des deux dernières années, certifié par le chef de l'établissement où il a fait ses études et visé par l'Inspecteur primaire ou par l'Inspecteur d'Académie;

6° Le certificat, signé par l'Inspecteur primaire, ou la justification prescrite par l'article 38 du décret du 21 janvier 1893 (sous réserve des dispenses prévues pour la période transitoire par la décision ministérielle du 14 novembre 1893);

7° Une demande sur papier timbré du père ou du tuteur, faisant connaître l'École où le candidat désirerait être placé;

8° Un état nominatif des frères ou sœurs du candidat, indiquant l'âge de chacun d'eux et, s'il y a lieu, leur profession.

Cet état sera certifié exact par le maire de la commune;

9° Un état certifié par le maire et indiquant la situation pécuniaire des parents, ainsi que les services publics qu'ils ont pu rendre.

ART. 4. — Les candidats doivent être âgés de douze ans au moins et de quinze ans au plus au 1er octobre de l'année durant laquelle a lieu l'examen. Aucune dispense d'âge ne peut être accordée.

ART. 5[1]. — Le concours se compose de deux séries d'épreuves :

1re série : Épreuves écrites, qui sont subies au chef-lieu du département et qui se confondent avec celles du concours pour les bourses des Écoles primaires supérieures;

2e série : Épreuves pratiques et épreuves orales, qui ont lieu à une date fixée par le Ministre, vers la fin de l'année scolaire, au siège de l'une des trois Écoles nationales et, en outre, dans un certain nombre de centres d'examen désignés par le Ministre. Le can-

1. Modifié par l'arrêté du 25 *janvier* 1895 (voir *à sa date*).

didat déclaré admissible devra faire connaître le centre d'examen où il désire subir la seconde série d'épreuves.

ART. 6. — Les compositions des candidats aux Écoles nationales et celles des candidats inscrits à la fois pour ces Écoles et pour les Écoles primaires supérieures, quel qu'ait été pour ceux-ci le résultat du classement départemental, seront envoyées au Ministère aussitôt après la clôture du concours départemental, avec leur dossier complet, comprenant toutes les pièces énumérées à l'article 3, et le procès-verbal de la Commission départementale, s'ils ont été admissibles à une École primaire supérieure.

ART. 7. — Une Commission centrale nommée par le Ministre apprécie d'abord les épreuves écrites des candidats; elle fait subir ensuite les épreuves de la deuxième série. Cette Commission est composée de deux Inspecteurs généraux, dont l'un président, d'un Inspecteur de l'enseignement technique et d'un nombre au moins égal de professeurs.

ART. 8. — La durée des épreuves pratiques et des épreuves orales est de trois jours. Pendant ce temps les candidats sont internés, sans frais, dans un établissement d'instruction publique.

ART. 9. — Les épreuves orales comprennent :

1° La lecture d'une page prise dans un auteur français, suivie d'interrogations sur le sens des mots, l'orthographe et l'application des règles essentielles de la grammaire ;

2° Une interrogation sur des questions très élémentaires d'instruction civique, d'histoire, de géographie;

3° Une interrogation sur l'arithmétique, le système métrique et les éléments des sciences physiques et naturelles ne dépassant pas le programme du cours supérieur de l'enseignement primaire élémentaire.

ART. 10. — Les épreuves pratiques consistent en :

1° Une composition de dessin géométrique;

2° Une épreuve de travail manuel;

3° Une épreuve de gymnastique.

ART. 11. — La Commission dresse, par ordre de mérite, la liste des candidats déclarés admissibles. Elle y joint ses propositions pour la concession de bourses et de demi-bourses.

ART. 12. — La liste des boursiers est définitivement arrêtée par le Ministre.

ART. 13. — L'arrêté du 7 janvier 1891 est abrogé.

Proposition de loi portant modification de l'article 11 de la Loi du 30 octobre 1886 sur l'organisation de l'Enseignement primaire, présentée par MM. Cazenove de Pradines, de Ramel, Prince de Broglie et de Soland, députés[1]. 20 janvier 1894

Séance du 20 Janvier 1894.

Exposé des motifs.

Messieurs, l'application de la loi du 30 octobre 1886 sur l'instruction primaire a déjà démontré à plusieurs de ceux-là mêmes qui l'avaient, tout d'abord, approuvée et soutenue avec le plus de conviction et d'énergie, qu'elle pourrait être très utilement modifiée dans quelques-unes de ses dispositions essentielles.

Nous n'entreprendrons pas de vous soumettre, en ce moment, toutes les réformes que nous voudrions pouvoir y introduire. C'est un résultat pratique et immédiat que nous cherchons, et nous aurions lieu de craindre que l'ensemble de nos revendications religieuses et libérales, sur un si grave sujet, n'eût que peu de chances d'être favorablement accueilli par le Parlement actuel.

Notre projet de loi ne vise qu'un seul point, pour y trancher une double question de liberté et d'économie.

La liberté, Messieurs, s'entend et, surtout, s'applique de bien des façons. Sa signification est parfois très différente, suivant qu'on la promet ou qu'on la réclame.

Mais il n'y a pas, ou, du moins, il ne devrait pas y avoir deux façons de comprendre l'économie.

C'est donc sur l'argument budgétaire que nous nous appuierons auprès de ceux de nos collègues qui, à l'égard de la liberté, pourraient ne pas s'associer à notre définition ou à notre confiance.

Sous l'empire de la législation précédente, les Conseils municipaux avaient la faculté de remplacer les Écoles communales de filles par des institutions libres qui, sous le nom d'Écoles assimilées, devaient répondre à toutes les exigences de l'enseignement primaire, moyennant une subvention communale toujours modérée et, parfois, purement fictive.

Ce système, qui ne met en cause ni le principe de l'obligation, ni celui de la gratuité, est encore appliqué, en ce moment, à titre exceptionnel, par la Ville de Paris, dans certains quartiers où les Écoles municipales sont en nombre insuffisant.

Nous nous bornons à demander que cette faveur administrative et locale soit inscrite dans la loi au profit de toutes les communes de France.

Ce régime, dont les heureux effets ont déjà été constatés par une longue expérience, paraîtra, aujourd'hui, plus bienfaisant que jamais.

Il dissipera bien des inquiétudes, il calmera des dissensions que nous devons être unanimes à déplorer. On ne sera plus exposé, de ce chef, à frapper d'office nos budgets communaux, — déjà si surchargés, — de taxes d'autant plus irritantes qu'elles paraîtraient inutiles et vexatoires.

1. Voir, p. 553, le rapport de M. BÉRARD, du Rhône, à la date du 10 *mars* 1894. Voir aussi les projets de M. BOUGE, à la date du 2 *juin* 1892 (p. 416); — de M. GENDRE, à la date du 28 *avril* 1894 (p. 557); — de M. JACQUEMIN, à la date du 9 *juillet* 1894 (p. 567).

Nous pourrions citer tel « *palais scolaire* » dont personne ne voulait dans la commune, mais que tout le monde a dû payer, qui, depuis huit ans qu'on l'a ouvert, n'a pas encore vu entrer une seule élève et n'est, en réalité, qu'un coûteux étalage de rigueur et d'impuissance. Ailleurs et sur bien des points, la population scolaire se borne, dans l'École imposée, à une demi-douzaine d'enfants assistés, auxquels il faut bien que le cantonnier se résigne à joindre les siens, ainsi que le receveur buraliste.

L'expérience est suffisante. Il serait inutile et cruel de la prolonger davantage.

Pour la défense de ces intérêts purement locaux, — qu'il est impossible de bien apprécier de loin, mais qu'il serait dangereux de trahir de près, — la compétence des conseillers municipaux ne saurait être contestée. Par leur responsabilité directe et permanente, n'offrent-ils pas, en outre, de plus sérieuses garanties que des administrateurs nomades, qu'il est trop facile, en cas d'accident, de mettre hors de portée des plus légitimes protestations?

Il y aura là aussi, Messieurs, un témoignage de confiance et de respect pour le suffrage universel, dans la personne de ses représentants les plus directs ou, pour mieux dire, de ses confidents les plus intimes, de ceux qu'il connaît le mieux et dont il est le mieux connu.

Nous n'ignorons pas que, dans la pensée secrète de quelques hommes politiques, le suffrage universel n'est éclairé et souverain que pendant les dix heures qu'il consacre tous les quatre ans à nous élire et doit, en dehors de la période électorale, rester frappé d'incapacité, ou, tout au moins, de suspicion.

C'est là la pure théorie jacobine, qui prétend centraliser toutes les libertés publiques dans l'omnipotence collective, mobile et irresponsable des majorités parlementaires, pour ne laisser aux citoyens d'autre droit que celui de choisir leurs maîtres.

Telle ne saurait être votre doctrine, Messieurs, car, pas plus que nous certainement, vous ne vous méfiez de la liberté.

Aussi n'hésitons-nous pas à vous demander l'adoption du projet de loi dont la teneur suit :

Proposition de loi.

ARTICLE UNIQUE. — Ajouter à la fin du paragraphe 1er de l'article 11 de la loi du 30 octobre 1886 sur l'enseignement primaire :

« Toutefois, en ce qui concerne les Écoles de filles, dans les communes où il y aura une École libre, congréganiste ou laïque, celle-ci pourra tenir lieu d'École publique à la suite d'une convention intervenue entre les représentants de ladite École et de la commune, réglant leur part contributive dans son entretien, et approuvée par délibération du Conseil municipal comme en matière de baux communaux, conformément aux articles 61 et 68 de la loi du 5 avril 1884. »

Arrêté relatif aux Titularisations et Promotions de classe des instituteurs et institutrices des Écoles élémentaires en 1894[1]. 18 février 1894.

18 Février 1894.

Le Ministre de l'Instruction publique, des Beaux-Arts et des Cultes,

Vu les articles 6, 24, 40, 42, 49 et 50 de la loi du 19 juillet 1889;

Vu les articles 33 et 34 de ladite loi modifiés par la loi du 25 juillet 1893;

Vu la loi de finances du 26 juillet 1893,

Arrête :

ARTICLE 1er. — Sont promus : à la 1re classe des titulaires, les instituteurs laïques actuellement rangés dans la 2e classe et comptant, au 1er janvier 1889, trente-cinq ans de services valables pour l'avancement;

A la 2e classe, les instituteurs laïques actuellement rangés dans la 3e classe et comptant, au 1er janvier 1889, trente-deux ans de services;

A la 3e classe, les instituteurs laïques actuellement rangés dans la 4e classe et comptant, au 1er janvier 1889, vingt-deux ans de services;

A la 4e classe, les instituteurs laïques actuellement rangés dans la 5e classe et comptant, au 1er janvier 1889, douze ans de services.

ART. 2. — Les instituteurs titulaires laïques dont le traitement a atteint le taux de 1 200 francs au 1er janvier 1894, par application de l'article 33 de la loi du 19 janvier 1889, sont rangés en 4e classe.

ART. 3. — Sont titularisés et, par suite, promus à la 5e classe des instituteurs titulaires, les instituteurs stagiaires laïques qui, au 1er janvier 1894, ont accompli au moins six ans de services et qui étaient en outre, à cette époque, pourvus du certificat d'aptitude pédagogique et inscrits sur la liste d'admissibilité dressée par le Conseil départemental, ou pourvus d'une nomination préfectorale, antérieurement à l'effet de la promulgation de la loi du 30 octobre 1886.

ART. 4. — Sont promues :

A la 1re classe des titulaires, les institutrices laïques actuellement rangées dans la 2e classe et comptant, au 1er janvier 1889, vingt-cinq ans de services valables pour l'avancement;

1. Voir la circulaire transmissive du même jour (*Bull. adm.*, 1894, t. LV, p. 200). L'arrêté du 18 février 1894 a été complété par l'arrêté du 11 *septembre* 1894 (p. 575).

A la 2e classe, les institutrices laïques actuellement rangées dans la 3e classe et comptant, au 1er janvier 1889, vingt ans de services;

A la 3e classe, les institutrices laïques actuellement rangées dans la 4e classe et comptant, au 1er janvier 1889, quinze ans de services;

A la 4e classe, les institutrices laïques actuellement rangées dans la 5e classe et comptant, au 1er janvier 1889, douze ans de services.

ART. 5. — Les institutrices titulaires laïques dont le traitement a atteint le taux de 1 200 francs au 1er janvier 1894, par application de l'article 33 de la loi du 19 juillet 1889 modifié par la loi du 25 juillet 1893, sont rangées en 4e classe.

ART. 6. — Sont titularisées et, par suite, promues à la 5e classe des institutrices titulaires, les institutrices stagiaires laïques qui, au 1er janvier 1894, ont accompli au moins six ans de services, et qui étaient, en outre, à cette époque, pourvues du certificat d'aptitude pédagogique et inscrites sur la liste d'admissibilité dressée par le Conseil départemental, ou pourvues d'une nomination préfectorale, antérieurement à l'effet de la promulgation de la loi du 30 octobre 1886.

ART. 7[1]. — Les dispositions du présent arrêté auront leur effet à partir du 1er janvier 1894.

---

10 mars 1894. **Circulaire du Ministre de l'Instruction publique, relative à la création de Sociétés scolaires protectrices des animaux et conservatrices des oiseaux utiles.**

10 Mars 1894.

Monsieur l'Inspecteur, la Société protectrice des animaux a appelé mon attention sur l'intérêt qu'il y aurait à encourager et à provoquer la création de sociétés scolaires protectrices des animaux et conservatrices des oiseaux.

Ces sociétés, qui existent déjà dans un certain nombre de départements, ont donné les résultats les plus satisfaisants. Elles contribuent à rendre des services à l'agriculture par la protection des animaux domestiques[2]. Elles concourent à l'éducation morale de l'enfance en l'habituant à montrer de la douceur et de la patience envers les animaux[3].

1. Voir, pour l'article 8, l'arrêté du 11 *septembre* 1894 (p. 575).

2. Voir les *Bulletins de la Société protectrice des animaux*, juillet-août 1878, p. 270, et mai 1879, p. 123.

3. La loi du 2 *juillet* 1850, dite *loi Grammont*, relative aux mauvais traitements exercés envers les animaux domestiques, est ainsi conçue :

« Seront punis d'une amende de cinq à quinze francs, et pourront l'être d'un à cinq jours de prison, ceux qui auront exercé publiquement et abusivement des mauvais traitements envers les animaux domestiques.

« La peine de la prison sera toujours appliquée en cas de récidive.

« L'article 483 du Code pénal sera toujours applicable. »

Voici les principaux actes qui tombent sous l'application de la loi Grammont :

Les coups violents répétés et manifestement abusifs. — Les blessures faites volon-

Aussi, verrais-je avec plaisir se fonder et propager ces sociétés scolaires. Je ne puis que vous prier de vouloir bien recommander aux instituteurs d'en encourager la formation partout où elles paraissent pouvoir utilement fonctionner. Vous trouverez ci-joint un modèle de statuts adoptés dans certaines Écoles, mais pouvant d'ailleurs être modifiés, suivant les besoins locaux.

J'ai décidé, en vue de favoriser l'extension de ces sociétés, qu'il sera tenu compte aux instituteurs du concours qu'ils leur prêteront pour l'attribution des prix spéciaux d'enseignement agricole décernés, chaque année, par le Ministre de l'Instruction publique.

Vous voudrez bien, en m'accusant réception de cette circulaire, me faire connaître le nombre des sociétés scolaires protectrices des animaux qui existeraient dans votre département et me donner les renseignements sur le fonctionnement de ces associations.

Recevez, etc.

Signé : E. SPULLER.

Modèle de règlement d'une Société scolaire protectrice des animaux et conservatrice des oiseaux utiles[1].

CHAPITRE Ier. — *Composition et but de l'association.*

ARTICLE 1er. — Une association est formée parmi les élèves de l'École de.... Elle a pour but :

D'améliorer le sort des animaux domestiques dans une pensée de justice et de compassion;

De protéger les oiseaux et les autres animaux qui, tout en vivant à l'état de liberté, rendent des services à l'homme.

tairement. — Le chargement ou le travail excessifs. — La privation abusive de nourriture, d'air, de lumière ou de mouvement. — Les tentatives brutales pour faire relever les animaux tombés accidentellement ou ceux qui se sont abattus sous les fardeaux, sans prendre cette précaution, pourtant si simple, de les dételer ou de les décharger. — Le fait de les abandonner, à moins de cas fortuit ou de force majeure, sans secours sur la voie publique. — Toute action qui a pour résultat de causer aux animaux des souffrances, des douleurs ou tourments, pour obtenir d'eux des efforts visiblement au-dessus de leurs forces. — L'entassement ou le mode vicieux de placement ou de suspension des veaux, moutons, volailles et autres animaux destinés au commerce et à l'alimentation publique, soit dans les voitures qui les transportent, soit dans les abattoirs, halles et marchés, toutes les fois qu'il en résulte des souffrances pour ces animaux. — Tous les jeux qui ont pour effet de causer une mutilation ou d'amener la mort des animaux. — Les procédés barbares qui prolongent l'agonie des animaux destinés à l'alimentation. — En un mot, selon la définition de la Cour de Cassation : « Tous mauvais traitements, qu'ils résultent soit d'actes di- « rects de violence ou de brutalité, soit de tous autres actes volontaires de la part « des coupables, *quand ces actes ont pour résultats d'occasionner à ces animaux* « *des souffrances que la nécessité ne justifie pas.* » (*Arrêts de cassation,* 22 août 1857 et 13 août 1858.)

1. Ce modèle de règlement a été proposé par M. Auguste BOURGUIN, qui fut secrétaire général, puis président de la Société protectrice des animaux. Il pourra être modifié suivant les nécessités locales; mais il est important de tenir compte de l'observation qui suit : « Dans les règlements de ces petites associations, il faut éviter soigneusement les amendes qui indisposent les parents, les punitions, les exclusions, et plus soigneusement encore tout ce qui peut ressembler à un système de délation. »

ART. 2. — L'Association se compose de membres *honoraires* et de membres *actifs*.

Les membres honoraires sont toutes les personnes qui prennent l'engagement de se conformer à l'article 5 du présent règlement et de payer une cotisation annuelle de 1 franc.

Les membres actifs sont les enfants de sept ans au moins et de quatorze ans au plus, qui fréquentent l'École et qui s'imposent l'obligation de se conformer au présent règlement.

ART. 3. — L'Association est administrée par un Comité composé de l'instituteur, qui en a la présidence, et de quatre membres *actifs*, élus à la majorité des suffrages. Ils sont nommés pour un an et rééligibles.

Dès que le Comité est constitué, il choisit dans son sein un secrétaire et un trésorier.

S'il y a lieu de former une bibliothèque spéciale, le Comité élit le bibliothécaire, qu'il peut prendre hors de son sein. Dans ce cas, le bibliothécaire devient de droit membre du Comité et y a voix délibérative.

ART. 4. — Le Comité se réunit une fois par mois, de novembre à mars, et deux fois par mois, d'avril à octobre.

Ses décisions sont prises à la majorité des voix. En cas de partage, la voix du président est prépondérante.

CHAPITRE II. — *Devoirs des associés.*

ART. 5. — Tous les membres de l'Association prennent l'engagement d'être toujours bons, justes et compatissants pour les animaux domestiques; de ne pas les agacer ni chercher à les effrayer;

De ne jamais assister à des jeux cruels, tels que les tirs à l'oie, les combats de coqs, les courses de taureaux, les tirs aux pigeons, et autres spectacles où la douleur et la mort d'êtres innocents sont offertes en divertissement;

De ne jamais assister, soit sur la voie publique, soit dans les cours ou dans les abattoirs, à l'égorgement des porcs ou d'autres animaux destinés à l'alimentation;

De se constituer les protecteurs des petits oiseaux et les défenseurs des autres animaux que l'ignorance et le préjugé persécutent[1], tels que les oiseaux de proie nocturnes, qui ne vivent que de souris; le hérisson, la musaraigne, la chauve-souris, le crapaud, qui détruisent une quantité considérable d'insectes nuisibles et de limaces; enfin la plus grande ennemie des vers blancs, la taupe, qui doit être respectée dans les champs et dans les prés.

1. Voici une nomenclature des oiseaux nuisibles : RAPACES DIURNES : Gypaète barbu (*Gypaetus barbatus* L.). — Aigles (*Aquila*, *Nisaetus*), toutes les espèces. — Pygargues (*Haliaetus*), toutes les espèces. — Balbuzard fluviatile (*Pandion haliaetus*). — Milans, Elanions et Nauclers (*Milvus*, *Elanus*, *Nauclerus*), toutes les espèces. — Faucons : Gerfauts, Pèlerins, Hobereaux, Émerillons (*Falco*), toutes les espèces à l'exception des Faucons kobez, cresserelle et cresserine. — Autour ordinaire (*Astur palumbarius* L.). — Éperviers (*Accipiter*). — Busards (*Circus*). — RAPACES NOCTURNES : Grand-Duc vulgaire (*Bubo maximus* Flem.). — PASSEREAUX ORDINAIRES : Grand corbeau (*Corvus corax* L.). — Pie voleuse (*Pica rustica* Scop.). — Geai glandivore (*Garrulus glandarius* L.). — ECHASSIERS : Hérons cendré et pourpré (*Ardea*). — Butors et Bihoreaux (*Bautorus* et *Nycticorax*). — PALMIPÈDES : Pélicans (*Pelecanus*). — Cormorans (*Phalocrocorax* ou *Graculus*). — Harles (*Mergus*). — Plongeons (*Colymbus*).

CHAPITRE III. — *Protection des nids d'oiseaux.*

ART. 6. — Pour la protection des nids, le territoire de la commune est divisé en plusieurs régions, et chacune d'elles est placée sous la surveillance particulière d'un groupe de membres actifs. Chaque groupe nomme son chef.

ART. 7. — Les chefs de groupe assistent aux séances du Comité. Ils indiquent les nids qui ont été reconnus, leur situation, ainsi que le nombre d'œufs ou de petits qu'ils contiennent, *si l'on a pu s'en assurer sans troubler le père et la mère.* Ils indiquent aussi l'époque où les petits ont quitté le nid pour s'envoler.

ART. 8. — Quand un nid aura été détruit par une personne étrangère à l'Association, les chefs de groupe en font la déclaration au président qui, s'il le juge à propos, signale à l'autorité l'auteur du méfait.

CHAPITRE IV. — *Punitions et récompenses.*

ART. 9. — Si un nid a été enlevé par un membre actif de l'Association, les surveillants de la région lui adressent une réprimande secrète, et ils s'efforcent de le ramener à de meilleurs sentiments.

Dans ce cas, l'enlèvement du nid est signalé au Comité par le chef du groupe avec cette simple énonciation : « L'auteur du fait est un membre de l'Association. »

ART. 10. — Une assemblée générale de l'Association a lieu à la fin de l'année scolaire. Le président y rend compte des résultats obtenus pendant l'année.

Le compte des recettes et des dépenses pendant l'exercice est soumis à l'assemblée.

Le même jour, il est procédé à la distribution des prix que l'Association, dans la limite de ses ressources, peut accorder aux plus méritants de ses membres actifs.

Rapport sommaire fait au nom de la 5e Commission d'initiative parlementaire[1] chargée d'examiner la proposition de loi de MM. Cazenove de Pradines et F. de Ramel, portant modification de l'article 11 de la Loi du 30 octobre 1886 sur l'organisation de l'enseignement primaire, par M. Bérard (Rhône), député. 10 mars 1894.

Séance du 10 Mars 1894.

Messieurs, le but que la République s'est toujours proposé, dans les lois qu'elle a conçues et menées à bien, a été constamment d'attribuer à chacun la somme de liberté qui lui est due, tout en remettant chaque chose en place, tout en limitant les empiétements réciproques des éléments civils et religieux.

1. Cette Commission était composée de MM. Ernest BÉRARD (Rhône), *Président;* Albert PÉTROT, *Secrétaire;* CROS-BONNEL, Joseph JOURDAN (Var), FRÉBAULT, ALICOT, DESHAYES, FLANDIN, Camille VIOX, ESCANYÉ, LEVECQUE, PAMS, Léon ORSAT, Émile REY (Lot), THONION, BRUNET, Valentin ABEILLE, MARTINON, Paschal GROUSSET, MICHELIN, Jacques DRAKE, GELLIBERT DES SÉGUINS.

Voir ci-dessus la proposition de loi, p. 547.

L'École, qui est destinée à donner l'instruction à tous les enfants, sans distinction de cultes et d'idées, doit être neutre. C'est à cette préoccupation qu'a obéi le législateur lorsqu'il a voté la loi du 30 octobre 1886 ; ce monument qu'il a élevé sera l'une des gloires de la République, et nous ne devons, nous ne pouvons y toucher qu'avec la plus grande circonspection.

L'addition que nos honorables collègues proposent au paragraphe 1er de l'article 11 porterait un coup terrible à cette loi de liberté. On vous demande de décider que : « dans les communes où il y a une École libre, congréganiste ou laïque, celle-ci puisse, à la suite d'une convention spéciale intervenue entre les représentants de la commune et ceux de l'École, être considérée comme communale ». Cette réforme, ceux qui la proposent n'entendent l'appliquer qu'aux Écoles de filles ; inutile de faire observer que, si elle devait triompher pour les Écoles de filles, il n'y aurait aucun motif pour que, par analogie, elle ne soit bientôt suivie d'une proposition de loi étendant cette mesure aux Écoles de garçons.

Ainsi peu à peu, par lambeaux, on finirait par déchirer la loi qui est notre orgueil et, sous le prétexte fallacieux de liberté de conscience, on aurait tôt fait de mettre celle-ci de côté pour en revenir aux déplorables errements qui existaient avant l'application de la loi qu'on vous propose de modifier.

Les « palais scolaires », dont on vous parle — encore! — ne devraient-ils contenir qu'un élève, un seul élève, auraient leur utilité, même présentement ; car pour cet enfant, dont ironiquement vous nous montrez l'isolement, c'est le droit strict de ses parents, d'exiger qu'il soit élevé suivant leur guise et non suivant celle de la commune. Et pour cela, en face de l'École libre, l'État a le devoir d'élever une École neutre.

Nous n'insisterons pas davantage sur cette proposition de loi. Quand il y aura de nouveaux pas à faire dans l'ordre d'idées auquel elle s'attaque, ce seront des pas en avant et non, comme on vous le propose, des pas en arrière.

Au nom de la 3e Commission d'initiative parlementaire, j'ai l'honneur de vous demander de ne pas prendre en considération la proposition de loi de MM. de Cazenove de Pradines, de Ramel, prince de Broglie et de Soland, portant modification de l'article 11 de la loi du 30 octobre 1886 sur l'organisation de l'enseignement primaire.

---

28 mars 1894. **Circulaire du Ministre de l'Instruction publique, relative à l'admission à la retraite des Inspecteurs primaires âgés de soixante ans.**

28 Mars 1894.

Monsieur le Recteur, aux termes de l'article 25 de la loi du 25 juillet 1893, les fonctionnaires des Écoles normales, des Écoles primaires supérieures et de l'Inspection primaire doivent être promus de classe au moins tous les six ans. Bien que ces dispositions aient reçu un commencement d'exécution dans le travail d'avancement du mois de décembre dernier, il reste un certain nombre de fonctionnaires et notamment d'Inspecteurs qui n'ont pu en bénéficier faute de crédits et qui, comptant plus de six ans d'exercice au 31 décembre dernier, continuent d'appartenir à la 5e classe. L'article 35 de la loi prescrivant que ces situations seraient régularisées pour le 1er janvier 1894, je m'étais préoccupé, dès cette époque, de rendre disponible par des retraites la somme nécessaire sur le chapitre de l'inspection. Les fonds inscrits au budget pour les liquidations de pension se sont trouvés insuffisants. Mais le Parlement vient de mettre à ma disposition, au budget de cette année, des crédits supplémentaires pour le service des retraites (*Loi de finances du* 20 *mars* 1894[1]). J'ai fait dresser en conséquence une liste des Inspecteurs primaires âgés de plus de 60 ans, et qui ont, par conséquent, dépassé l'âge fixé par la loi comme limite de l'activité de service, et j'ai décidé de les admettre à faire valoir leurs droits à la retraite à partir du 15 avril prochain.

Je ne me dissimule pas ce que cette mesure d'ensemble peut avoir de pénible dans certains cas, mais elle est une conséquence des termes mêmes de la loi du 25 juillet 1893 qui, en limitant la durée du séjour des Inspecteurs dans chaque classe, devait avoir pour résultat de limiter aussi le nombre total des années à passer dans la fonction.

J'aurais désiré pouvoir, selon l'usage en pareil cas, prévenir quelques mois à l'avance les Inspecteurs qui tombent sous l'application de cette règle générale; les circonstances ne m'ont pas permis de leur accorder ce sursis, mais afin de leur en tenir compte dans la mesure du possible, j'ai décidé de leur assurer par des allocations spéciales l'équivalent de leur traitement jusqu'au 1er octobre 1894.

Recevez, etc.

Signé : E. SPULLER.

Circulaire du Ministre de l'Instruction publique, relative au service de l'Infirmerie dans les Écoles normales primaires. 16 avril 1894.

16 Avril 1894.

Monsieur le Recteur, mon attention a été récemment appelée sur le service de l'infirmerie dans les Écoles normales.

J'ai eu l'occasion de constater que l'organisation de ce service, bien que de grands progrès aient déjà été accomplis, n'était pas absolument suffisante partout, soit au point de vue de l'installation des locaux, qui ne répondent pas toujours aux prescriptions de l'hygiène, soit au point de vue des soins donnés aux malades, lorsque des cas graves, et particulièrement des maladies contagieuses, viennent à se produire.

Il importe que l'infirmerie soit, autant que possible, éloignée des pièces habituellement fréquentées par les élèves, dortoirs, salles de classe ou d'études, et, de plus, il est nécessaire que chaque École possède, outre l'infirmerie ordinaire, une chambre d'isolement au moins, n'ayant pas de communication directe avec le reste de l'établissement.

1. Voici les termes de l'article 2 de cette loi :

« ART. 2. — Il est ouvert au Ministre des Finances, sur le budget ordinaire de l'exercice 1894, un crédit supplémentaire de deux millions de francs, au titre de la première partie (*Dette publique*), chap. XXXII : *Pensions civiles* (loi du 9 juin 1853).

« Il sera pourvu au crédit supplémentaire de payement au moyen des ressources générales du budget ordinaire de l'exercice 1894. »

Dès qu'un élève est reconnu atteint d'une maladie contagieuse, il est immédiatement transporté dans cette chambre, et l'infirmerie, s'il y a séjourné, est assainie, conformément aux indications que le médecin de l'École donne à ce sujet, suivant les circonstances.

Le directeur et l'économe, en cas de maladie grave, s'assurent par eux-mêmes que les prescriptions du médecin sont suivies, que toutes les précautions exigées sont prises, et que les soins voulus sont donnés aux malades. Ils ne doivent pas hésiter, si leur état paraissait s'aggraver subitement, à faire appeler sans aucun retard le médecin de l'École ou, en cas d'urgence, un de ses confrères les plus voisins de l'établissement.

Le jour, les malades doivent toujours être surveillés, ou tout au moins avoir à leur portée le moyen d'appeler une personne qui se tiendra à proximité. Si le médecin le juge utile, ils sont veillés la nuit, soit par un membre du personnel domestique de l'École offrant les garanties requises, soit par un infirmier ou une garde-malade appelée du dehors pour la circonstance. Si la maladie est contagieuse, le domestique ou l'infirmier ne devra pas être mis en contact avec les élèves.

J'ai été informé que, dans une École normale d'instituteurs, un directeur avait cru pouvoir charger les élèves de remplir à tour de rôle les fonctions d'infirmier.

Il serait bon sans doute de donner à nos futurs maîtres quelques notions sur les soins à donner aux malades, mais ces jeunes gens ne possèdent ni la maturité ni l'expérience voulue pour remplir les fonctions d'infirmier, et ils ne sauraient être chargés de cette mission, même lorsqu'il s'agit d'indispositions qui paraissent sans gravité ; car souvent, au début d'une maladie qui peut devenir dangereuse, le médecin le plus expérimenté ne peut diagnostiquer la nature de l'affection qui se déclare. De plus, en cas de maladie contagieuse, les soins donnés au malade par l'élève infirmier et son retour au milieu de ses condisciples après ce contact présentent de tels dangers pour tous, que ce système ne peut être qu'absolument condamné.

J'attache, Monsieur le Recteur, la plus grande importance à ce que toutes les mesures prophylactiques que la science met à notre disposition soient prises pour préserver les élèves, dans la mesure du possible, des maladies qui peuvent les atteindre et pour éviter la propagation de celles qui se transmettent facilement. Les familles qui nous confient leurs enfants doivent de plus avoir la certitude absolue qu'en cas de besoin ces jeunes gens seront entourés, à l'École normale, de tous les soins qui leur sont nécessaires.

Je vous serai donc obligé de vouloir bien vous faire rendre compte, pour chacune des Écoles normales d'instituteurs et d'institutrices de votre ressort, de l'organisation du service de l'infirmerie et de m'adresser vos propositions, s'il vous paraissait nécessaire d'y apporter des améliorations.

Recevez, etc.

Signé : E. SPULLER.

Proposition de loi tendant à reviser l'article 36 de la Loi scolaire du 25 juillet 1893 et à faire concorder ses dispositions avec celles de l'article 11 de la loi du 30 octobre 1886, présentée par M. Gendre, député[1]. 28 avril 1894.

Séance du 28 Avril 1894.

Exposé des motifs.

Messieurs, j'ai l'honneur de signaler à votre attention, dans la loi scolaire du 25 juillet 1893, deux anomalies qui pourraient être facilement corrigées sans augmentation de dépenses.

Tandis que l'article 11 de la loi du 30 octobre 1886 dispose, dans son dernier alinéa, qu'une commune ou réunion de communes n'a droit à *une École spéciale* de filles que lorsqu'elle compte 500 habitants et au-dessus, à moins d'être autorisée par le Conseil départemental à remplacer une École spéciale par une École mixte, l'article 36 de la loi du 25 juillet 1893, modifiant le texte de la loi du 19 juillet 1889, relative au classement et au traitement des instituteurs, stipule que, dans les communes qui ont eu 401 habitants en 1881 ou en 1886, ou dont les locaux ont été construits ou aménagés avec autorisation et subvention de l'État, les Écoles de filles deviendront *obligatoires*.

Il en résulte qu'une commune qui n'aura jamais eu 401 habitants avant la loi du 30 octobre 1886 ne peut obtenir *une École spéciale* de filles qu'à 500 habitants et au-dessus, en vertu de l'article 11 de cette loi.

Pourquoi cette différence de 99 habitants entre les communes où la population s'accroît et celles où elle diminue?

Pourquoi une commune qui ne compte que 198 habitants, par exemple, voit-elle son *École facultative* de filles devenir *obligatoire*, par application de l'article 36 de la loi du 25 juillet 1893, et possède-t-elle ainsi deux *Écoles obligatoires*, tandis que d'autres n'auront qu'une École mixte avec 499 habitants, parce qu'elles n'auront pas eu 401 habitants aux recensements de 1881 ou de 1886, ou que leurs locaux n'auront pas été construits ou aménagés avec autorisation et subvention de l'État?

Ne vous paraît-il pas qu'il serait plus équitable d'établir une règle uniforme et de décider qu'à l'avenir toutes les communes qui auront une population de 401 habitants ou de 500 habitants et au-dessus, conformément à l'article 11 de la loi de 1886, — j'inclinerais volontiers pour ce dernier chiffre, — quel qu'ait été leur chiffre antérieur de population, auront droit à une *École spéciale et obligatoire* de filles?

Cette nouvelle rédaction aurait l'avantage de mettre, pour l'avenir, toutes les petites communes sur le même pied d'égalité, en faisant disparaître une anomalie regrettable, sans entraîner aucune dépense immédiate jusqu'au recensement de 1896.

La seconde anomalie a trait aux Écoles *facultatives* de filles que la dernière loi du 25 juillet 1893 n'a pas rendues *obligatoires*.

Les institutrices qui sont à la tête de ces Écoles ne touchent que 600 francs de traitement non soumis à retenue.

1. Voir les projets de M. BOUGE, 2 *juin* 1892, p. 416; — de M. CAZENOVE DE PRADINES, 20 *janvier* 1894, p. 547; — de M. JACQUEMIN, 9 *juillet* 1894, p. 567.

Quelques institutrices cependant, celles qui ont eu trente-cinq ans d'âge et cinq ans d'exercice au 1er janvier 1890, ont conservé le droit de faire des versements pour la retraite.

Pourquoi a-t-on enlevé aux débutantes les droits que l'on a maintenus pour les anciennes institutrices?

Est-ce parce qu'on exige des jeunes plus de titres que de leurs devancières?

Comment faire cesser cet état de choses? Il suffirait de reviser l'article 36 de la loi du 25 juillet 1893 et de le remplacer par une nouvelle rédaction où il serait dit que *les dispositions de la présente loi sont applicables au personnel de toutes les Écoles facultatives de filles existant au moment de sa promulgation*, et, pour que cette nouvelle disposition législative fût une loi réparatrice, il faudrait y ajouter que *toutes les institutrices qui ont occupé des Écoles facultatives seront autorisées à faire des versements pour la retraite sur les* 600 *francs de traitement depuis que la retenue leur a été supprimée, c'est-à-dire depuis le* 1er *janvier* 1890.

Si la législation existante était modifiée dans le sens indiqué plus haut, les institutrices des Écoles facultatives n'auraient perdu qu'un peu d'argent, tandis qu'avec la loi en vigueur elles perdent le temps et l'argent.

N'est-il pas décourageant d'avoir à constater, dans notre pays de démocratie, que la loi laisse de côté toute une catégorie intéressante d'institutrices, alors que d'autres collègues de la même promotion, plus favorisées, ont eu l'avantage d'être nommées dans des Écoles obligatoires et profitent des dispositions libérales de la nouvelle loi?

Mais, dira-t-on, c'est une grosse question que ces transformations d'Écoles; une partie du personnel passera de 600 à 1 000 francs et une autre partie, la plus importante, de 600 à 900 francs.

Je conviens qu'il faudrait augmenter un peu le crédit destiné aux institutrices; mais, jusqu'à ce jour, c'est l'État qui, par subventions aux communes, a payé presque tout le traitement des institutrices de 600 francs; ce crédit, devenant inutile, pourrait être ajouté aux dépenses déjà obligatoires; de plus, la moitié au moins des Écoles facultatives sont devenues obligatoires avec la nouvelle loi et, grâce à ces transformations, le crédit avec lequel on entretenait ces Écoles serait plus que suffisant pour classer toutes celles que la loi a laissées de côté.

Et, en supposant que l'État ne pût faire aucun sacrifice, tout de suite la loi pourrait donner les mêmes droits aux institutrices des Écoles facultatives qu'aux autres, en maintenant leur traitement à 600 francs la première année; les maîtresses de ces Écoles seraient ensuite augmentées de 100 francs par an, jusqu'à ce qu'elles aient atteint le traitement de leur classe.

Cette solution à longue échéance, à défaut d'une autre plus radicale, serait très favorablement accueillie par les intéressées.

Je crois avoir répondu aux principales objections que peut soulever ma proposition de loi et motivé suffisamment la nécessité de son adoption par les pouvoirs publics qui auront certainement à cœur de faire disparaître de notre législation scolaire des inégalités choquantes et des anomalies injustifiées.

En conséquence, j'ai l'honneur de proposer à la Chambre la nouvelle rédaction suivante de l'article 36 de la loi du 25 juillet 1893 :

Proposition de loi.

ARTICLE UNIQUE. — L'article 36 de la loi du 25 juillet 1893 est modifié comme suit :

« Les dispositions de la présente loi sont applicables au personnel de toutes les Écoles facultatives de filles existant au moment de sa promulgation. Toutes les institutrices qui ont dirigé des Écoles facultatives seront autorisées à faire des versements pour la retraite sur les 600 francs qui leur sont alloués comme traitement, depuis que la retenue leur a été supprimée, soit depuis le 1er janvier 1890. L'assimilation des maîtresses des Écoles *facultatives* aux maîtresses des Écoles *obligatoires*, définitive en droit, sera progressive quant à son application en ce qui touche le traitement, afin de ménager les charges du Trésor. Les maîtresses de ces Écoles seront augmentées de 100 francs par an jusqu'à ce qu'elles aient atteint le traitement de leur classe.

« A dater de la promulgation de la présente loi, toutes les communes qui auront une population de 500 habitants et au-dessus auront seules droit à une École spéciale de filles, conformément à l'article 11 de la loi du 30 octobre 1886. »

Décret modifiant l'article 5 du Décret du 14 août 1893, relatif au mode de Rétribution des heures de service supplémentaires dans les Écoles primaires supérieures. 1er mai 1894.

1er Mai 1894.

Le Président de la République française,

Sur le rapport du Ministre de l'Instruction publique, des Beaux-Arts et des Cultes;

Vu la loi du 19 juillet 1889;

Vu la loi du 25 juillet 1893, et notamment l'article 39 et l'article 48, 13°;

Vu la loi du 30 octobre 1886;

Vu les règlements organiques du 18 janvier 1887, modifiés par le décret du 21 janvier 1893;

Vu le règlement d'administration publique du 19 juillet 1890, et notamment l'article 6;

Vu le règlement d'administration publique du 14 août 1893;

Vu l'avis du Conseil supérieur de l'Instruction publique en date du 28 décembre 1893;

Le Conseil d'État entendu,

Décrète :

L'article 5 du décret du 14 août 1893 est modifié ainsi qu'il suit :

« ART. 5. — Les professeurs et adjoints, munis d'un des diplômes spéciaux prévus par l'article 21 de la loi du 30 octobre 1886, qui donnent un des enseignements accessoires mentionnés audit article, en dehors de l'enseignement général dont ils sont chargés et dans les limites des heures réglementaires de service déterminées par l'article 1er, reçoivent les allocations suivantes, annuelles et non soumises à retenue :

Langues vivantes	300 fr.
Dessin	300
Comptabilité	200
Travail manuel	200
Agriculture	200
Chant et musique	100
Gymnastique	50

« Dans le cas où les professeurs et adjoints chargés d'un de ces enseignements sont obligés d'y consacrer un certain nombre d'heures en sus des heures réglementaires, ils reçoivent, outre l'indemnité ci-dessus prévue, une rétribution calculée à raison de 100 francs par an pour chaque heure d'enseignement par semaine, sans toutefois que ces deux allocations réunies puissent en aucun cas dépasser les maxima suivants :

Langues vivantes	600 fr.
Dessin	600
Comptabilité	500
Travail manuel	500
Agriculture	500
Chant et musique	300
Gymnastique	200

1er mai 1894.

Arrêté fixant le prix de Pension dans les Écoles nationales d'enseignement primaire supérieur et professionnel.

1er Mai 1894.

Le Ministre de l'Instruction publique, des Beaux-Arts et des Cultes

Arrête :

ARTICLE 1er. — L'enseignement est donné gratuitement dans les trois Écoles nationales d'enseignement primaire supérieur et professionnel d'Armentières (Nord), de Vierzon (Cher) et de Voiron (Isère).

ART. 2. — Tout élève de l'École supérieure (interne, demi-pensionnaire ou externe) doit verser, pour chaque année scolaire, en une seule fois et au moment de son entrée à l'École, une somme de 25 francs pour achat de fournitures classiques et de matières premières devant servir aux manipulations, aux travaux professionnels (bois, fer, tissage, etc.), au découpage, cartonnage, etc.

Aucune remise ne peut être accordée pour ce versement.

ART. 3. — Le prix de pension annuel est fixé de la manière suivante :

Élèves internes, 500 francs;

Demi-pensionnaires, 260 francs.

La pension est payée en trois termes et d'avance, dans les dix premiers jours de chaque trimestre, savoir : octobre, trois dixièmes; janvier, trois dixièmes; avril, quatre dixièmes[1].

Les élèves nouveaux doivent la pension à partir du 1er du mois, s'ils entrent dans la première quinzaine; du 16, s'ils entrent dans la seconde, sauf pour le mois d'octobre, qui se paye toujours en entier.

Toute famille en retard pour le payement des frais de pension de l'élève placé par elle à l'École est, après avis préalable, mise en demeure de s'acquitter ou de retirer son enfant de l'École.

Tout élève qui quitte l'établissement doit le trimestre commencé.

ART. 4. — Une remise d'ordre est accordée aux familles des élèves décédés ou exclus et à celles qui retirent leurs enfants dans le courant d'un trimestre pour des raisons majeures dûment constatées : maladie, changement de résidence, admission dans une autre École, etc. Ces remises sont accordées par le Ministre, sur la demande de la famille et après avis du Recteur de l'Académie.

Toute quinzaine commencée est acquise à l'École.

ART. 5. — Toute famille ayant plusieurs enfants pensionnaires dans la même École peut obtenir une réduction du prix de la pension du plus jeune, lorsqu'elle en fait la demande au Ministre.

Ces réductions sont établies de la manière suivante :

1° Un quart des frais de pension pour le plus jeune des deux frères présents à l'École;

2° Moitié des frais de pension pour le plus jeune des trois frères présents à l'École.

ART. 6. — Une remise de faveur d'un trimestre peut être accordée aux élèves de l'École supérieure, à titre tout à fait exceptionnel et

1. « M. le Ministre a été consulté sur l'époque à laquelle devait être payé le montant des abonnements à la correspondance et aux fournitures de literie dans les Écoles nationales professionnelles. Il m'informe, et j'ai l'honneur de vous faire connaître que « le versement de ces frais doit être exigé en même temps que le payement du pre- « mier trimestre de l'année scolaire. De plus, tout élève qui entrera au cours de l'an- « née aura également à en effectuer le versement intégral. Il demeure bien entendu « que les élèves boursiers n'ont pas à verser ces frais. » (*Circulaire du* 13 *juin* 1893, *Vice-Recteur de Paris aux Inspecteurs du ressort.*)

dans une proportion qui ne doit pas dépasser 3 pour 100 du nombre des élèves admis. Les demandes de cette nature ne sont adressées au Ministre que si l'élève justifie de six mois de présence à l'École et remplit les conditions suivantes : être dans le premier tiers de la classe, être inscrit au tableau d'honneur et avoir été admissible au concours des bourses.

ART. 7. — La fourniture du trousseau et son renouvellement sont à la charge de la famille.

Le trousseau complet, d'une valeur de 200 francs, doit être remis, au moment de l'entrée de l'élève à l'École, à l'économe, qui vérifie le nombre et s'assure du bon état des objets qui le composent.

Pour la seconde et la troisième année, les frais de renouvellement du trousseau sont évalués à 50 francs par an.

ART. 8. — Un dépôt de garantie pour dégradations ou objets perdus est exigé de tous les élèves qui fréquentent les Écoles nationales.

Le montant de ce dépôt est fixé, savoir : à 10 francs pour les élèves de l'École supérieure, 6 francs pour les élèves de l'École primaire et 2 francs pour les élèves de l'École maternelle.

Ce dépôt sera remboursé à chaque élève à la fin de l'année scolaire, après déduction de la somme qu'il pourra devoir pour dégradations ou objets perdus.

ART. 9. — Le prix de pension des fonctionnaires autorisés à prendre leurs repas à la table commune de l'École est fixé à 400 francs, payables par dixièmes.

ART. 10. — Le présent arrêté aura son effet à partir du 1er octobre 1894.

---

25 mai 1894.

Décret relatif aux Suppléants auxiliaires chargés de remplacer les instituteurs en cas de maladie[1].

25 Mai 1894.

Le Président de la République française,

Sur le rapport du Ministre de l'Instruction publique, des Beaux-Arts et des Cultes;

1. Voir la circulaire transmissive du 9 *juin* 1894 (*Bull. adm.*, 1894, t. LV, p. 540).
Consulter aussi les documents suivants :
Avis du Conseil d'État (séance du 26 *juillet* 1894) sur la question de savoir si, dans les villes de plus de 150 000 âmes, les frais de suppléance des instituteurs pu-

Vu la loi du 19 juillet 1889 ;

Vu la loi du 25 juillet 1893, notamment l'article 48, 6° ;

Vu le règlement d'administration publique du 2 août 1890 ;

Vu l'avis du Conseil supérieur de l'Instruction publique en date du 27 décembre 1893,

Le Conseil d'État entendu,

Décrète :

Article 1er. — Tout instituteur ou institutrice qui se trouve empêché, par sa santé, de faire son service, doit en aviser l'Inspecteur primaire et, en même temps, adresser directement à l'Inspecteur d'Académie une demande d'interruption de service accompagnée d'un certificat de médecin motivant cette interruption et en indiquant la durée approximative[1].

Art. 2. — Si la demande lui paraît justifiée, l'Inspecteur d'Académie assure le service au moyen des suppléants départementaux, conformément aux règles établies par le décret du 2 août 1890.

Dans le cas où tous ces suppléants sont déjà occupés par des remplacements, il désigne un suppléant auxiliaire choisi d'abord parmi les élèves sortant de l'École normale non encore pourvus d'emploi, ensuite parmi les postulants à un emploi de stagiaire, et, à leur défaut, il désigne toute autre personne remplissant les conditions exigées par la loi pour enseigner dans une École primaire.

Art. 3. — Les suppléants auxiliaires[2] reçoivent, indépendam-

blics doivent être à la charge de l'État, alors même qu'ils excéderaient le produit des 8 centimes, et, à Paris, le produit des 4 centimes (ci-après, p. 572) ;

Circulaire du 2 *mars* 1895, aux Inspecteurs d'Académie, relative aux suppléances des instituteurs pour cause de maladie (*à sa date*) ;

— 6 *avril* 1895, aux Préfets, relative au payement de l'indemnité allouée aux suppléants auxiliaires chargés du remplacement temporaire d'instituteurs malades (*Bull. adm.*, 1895, t. LVII, p. 305) ;

— 21 *avril* 1897, aux Inspecteurs d'Académie, relative aux suppléances des instituteurs en congé pour cause de maladie (*à sa date*).

1. « En attendant qu'une circulaire ait déterminé d'une façon définitive les limites dans lesquelles peuvent être autorisées, pour cause de maladie, les suppléances temporaires des instituteurs et institutrices, la durée maxima de ces suppléances est, en règle générale, à partir du 1er janvier prochain, fixée à un mois.

« Au cas où une prolongation serait absolument nécessaire, il sera demandé pour la nouvelle suppléance les mêmes justifications que pour la première ; cette prolongation aura une durée d'un mois au plus. » (*Note de service*, 24 *décembre* 1894.)

2. « L'article 30 de la loi du 30 octobre 1886, énumérant les peines disciplinaires qui peuvent être prononcées contre les instituteurs publics, est applicable aux instituteurs auxiliaires créés par le décret du 25 mai 1894. » (*Arrêt du Conseil supérieur*, 23 juillet 1898 ; *Bull. adm.*, 1898, t. LXIV, p. 543).

ment de leurs frais de voyage, payés à raison de 10 centimes par kilomètre pour les trajets qui peuvent s'effectuer en chemin de fer, et de 20 centimes par kilomètre pour les autres trajets, une indemnité calculée, pour chaque suppléance, à raison de 2 fr. 50 par jour depuis la date de l'installation jusqu'au jour de la cessation des fonctions.

Cette indemnité n'est pas soumise à retenue.

Ils n'ont droit ni à l'indemnité de logement, ni à l'indemnité de résidence[1].

Il leur sera tenu compte de la durée effective des suppléances qu'ils auront faites, soit dans le calcul du temps de stage dont ils auraient à justifier pour leur titularisation, soit, s'ils ne sont pas élèves de l'École normale, en vue de leur nomination à un emploi de stagiaire et dans des conditions à déterminer par arrêté ministériel.

ART. 4[2]. — Le présent décret est applicable à toutes les communes de France, y compris la ville de Paris, et à celles de l'Algérie.

---

14 juin 1894.

Proposition de loi tendant à abaisser de dix années à cinq années la durée de l'Engagement contracté par les jeunes gens visés par le paragraphe 1er de l'article 23 de la loi du 15 juillet 1889, présentée par MM. René Viviani, Millerand, Jaurès, Vaillant, Guesde, Sembat, etc.

Séance du 14 Juin 1894.

Exposé des motifs.

Messieurs, les instituteurs et tous ceux qui se sont voués à l'enseignement public ont toujours reçu de la loi une faveur légitime, sous la forme d'exemption totale autrefois, d'exemption partielle aujourd'hui, du service militaire.

1. « Quelques journaux scolaires font savoir que des instituteurs malades auraient été privés de leurs indemnités de résidence et de logement pendant toute la durée de leur suppléance.

« L'Administration n'a été saisie d'aucune réclamation de cette nature, et ce ne peut être que par erreur que le fait a pu se produire, car l'instituteur suppléé pour cause de maladie reste en possession de son poste. Il conserve, par suite, le bénéfice des dispositions des articles 10 et 11 de la loi de 1889, c'est-à-dire la jouissance de l'indemnité de résidence, du logement ou de l'indemnité représentative. Le suppléant n'a droit à aucun de ces avantages. » (*Avis administratif, Bull. adm.*, 1895, t. LVII, p. 569.)

2. Cet article a été modifié par l'article 2 du décret du 25 *juin* 1898 (voir *à sa date*).

A toutes les époques, et même à celles où les pouvoirs publics restreignaient, au lieu de la propager, l'instruction populaire, il n'a pas été voté une loi de recrutement de l'armée où n'aient trouvé place, au profit des instituteurs et professeurs, des exemptions justifiées.

Nous venons vous demander, Messieurs, tout en maintenant le principe de cette exemption, de modifier, en les rendant plus avantageuses, les conditions dans lesquelles l'exemption est aujourd'hui accordée.

Vous n'ignorez pas qu'à l'heure présente, la loi de 1889, article 23, paragraphe 1er, exempte partiellement du service militaire les instituteurs et les professeurs dans les Institutions nationales qui ont fait une année de service militaire et ont pris l'engagement de demeurer dix ans dans l'enseignement.

Messieurs, l'économie de notre proposition peut tenir en un mot : Nous vous demandons de réduire de dix ans à cinq ans l'engagement pris par les jeunes gens visés à l'article 23, paragraphe 1er.

La raison qui justifie cette proposition peut aisément se dégager. Si l'on parcourt rapidement le texte de toutes les lois militaires votées depuis 1818, on s'aperçoit avec surprise que, tandis que diminuait la durée du service militaire, la durée de l'engagement restait la même.

Sous le régime de la loi de 1818, la portion des citoyens appelée sous les drapeaux devait huit années ; en échange de ces huit années de service militaire, les instituteurs et professeurs prenaient un engagement de dix ans.

Sous le régime de la loi de 1832, la portion des citoyens appelée sous les drapeaux devait sept années de service; en échange de ces sept années, les instituteurs contractaient l'engagement décennal.

Sous le régime de la loi de 1872, les citoyens devaient cinq années de service ; en échange, les instituteurs contractaient l'engagement décennal.

Enfin la loi de 1889 fixe à trois ans la durée du service militaire, et non seulement l'engagement contracté n'a pas varié, mais ceux qui y souscrivent doivent une année de service militaire et une période de réserve.

De ce tableau il résulte donc, Messieurs, que la durée du service militaire a été progressivement réduite, mais que la durée de l'engagement décennal est restée la même. De dix ans quand les citoyens devaient huit années de service à l'armée, il est resté de dix ans maintenant que les citoyens ne doivent que trois années et que ceux qui bénéficient de l'engagement décennal sont soumis à une année de service.

Nous avons pensé, Messieurs, qu'il était enfin temps de modifier cet état de choses, et de proportionner à la durée du service militaire la durée de l'engagement.

Voilà pourquoi, Messieurs, nous avons l'honneur de déposer sur le bureau de la Chambre la proposition suivante :

Proposition de loi.

ARTICLE UNIQUE. — En temps de paix, après un an de présence sous les drapeaux, sont envoyés en congé dans leurs foyers, sur leur demande, jusqu'à la date de leur passage dans la réserve :

1° Les jeunes gens qui contractent l'engagement de servir pendant cinq ans dans les fonctions de l'Instruction publique, dans les Institutions nationales des sourds-muets et des jeunes aveugles dépendant du Ministère de l'Intérieur, et y rempliront effectivement un emploi de professeur, de maître répétiteur ou d'instituteur;

2° Les instituteurs laïques, ainsi que les novices et membres des congrégations religieuses vouées à l'enseignement et reconnues d'utilité publique, qui prennent l'engagement de servir pendant dix ans dans les Écoles françaises d'Orient et d'Afrique subventionnées par le Gouvernement français.

---

15 juin 1894 **Circulaire du Ministre de l'Instruction publique, relative à une enquête sur les modifications à apporter au programme d'enseignement dans les Écoles primaires publiques.**

15 Juin 1894.

Monsieur le Recteur, les programmes d'enseignement suivis dans les Écoles primaires publiques ont donné lieu, soit dans la presse pédagogique, soit au sein des Conseils départementaux et du Conseil supérieur, à un certain nombre d'observations, de critiques et de vœux sur lesquels mon attention a été appelée[1].

On demande, de divers côtés, une revision de ces programmes; mais on la demande par des motifs et en des sens assez divers. Tout le monde semble d'accord pour souhaiter que ces programmes impriment à l'enseignement un caractère nettement pratique, pour qu'ils soient le plus possible allégés et simplifiés; mais, sur les moyens d'atteindre ce but communément désiré, une grande diversité d'opinions s'est fait jour. Ici l'on demande la suppression ou la réduction considérable des matières *dites* accessoires, chant[2], dessin[3], travail

1. Pour les modifications aux programmes des Écoles primaires élémentaires, voir les documents suivants :

Arrêté du 4 *janvier* 1894, modifiant le programme d'enseignement de l'histoire dans les Écoles primaires élémentaires (*Bull. adm.*, 1894, t. LV, p. 11);

— 20 *avril* 1896, instituant une Commission chargée d'examiner les simplifications possibles de l'orthographe française (*Bull. adm.*, 1896, t. LIX, p. 473);

— 9 *mars* 1897, introduisant des notions sur les dangers de l'alcoolisme dans les programmes des Écoles normales primaires, des Écoles primaires supérieures, des Cours complémentaires et des Écoles élémentaires (*Bull. adm.*, 1897, t. LXI, p. 392);

— 17 *septembre* 1898, modifiant les programmes d'enseignement du travail manuel dans les Écoles primaires élémentaires et les Écoles normales primaires (*Bull. adm.*, 1898, t. LXIV, p. 761);

— 20 *septembre* 1898, relatif à un cours spécial de leçons de choses appropriées à la profession du marin et du pêcheur dans les Écoles primaires du littoral (*Ibid.*, p. 804);

Circulaire du 22 *septembre* 1898, aux Recteurs, relative aux leçons de choses appropriées à la profession du marin et du pêcheur (*Ibid.*, p. 806);

— 23 *septembre* 1898, aux Recteurs, relative aux modifications apportées au programme d'enseignement du travail manuel (*Ibid.*, p. 809).

2. « Les concessions d'harmonium seront accordées à l'avenir, à titre de récompense exceptionnelle, aux Écoles primaires élémentaires où l'enseignement du chant aura donné les meilleurs résultats. L'Administration ne dispose que de 10 harmoniums pour l'année 1892. » (*Avis, Bull. adm.*, 1892, t. LI, p. 247.)

3. Voir la circulaire du 31 *mai* 1892, aux Inspecteurs d'Académie, relative à l'in-

manuel; là, on croit pouvoir gagner beaucoup de temps sur l'histoire et la géographie; ailleurs, on voudrait que chaque partie du programme fût en quelque sorte réduite à un nombre déterminé d'avance de points fondamentaux, que le programme énumérerait, et d'où ni le maître en classe, ni l'examinateur au certificat d'études ne pourraient sortir. Quelques-uns réclament l'uniformité absolue d'un plan d'études, dressé par trimestre ou même par mois. D'autres voudraient, au contraire, que le texte laissât toute latitude aux maîtres et permît même de faire des horaires et des programmes tout à fait différents pour les diverses catégories d'établissements, depuis l'École de hameau jusqu'à l'École à six ou huit classes des grandes villes, etc.

En raison même de cette variété d'impressions et de sentiments, il est permis de douter de l'opportunité qu'il pourrait y avoir à toucher à un ensemble de prescriptions dont les défectuosités ne paraissent pas jusqu'ici nettement ressortir. Avant de rien décider, je désire connaître l'opinion de MM. les Inspecteurs d'Académie et de leurs collaborateurs sur les difficultés que l'expérience aurait révélées et sur les modifications qu'ils proposeraient d'adopter[1].

Je vous prie, en conséquence, de vouloir bien provoquer leur avis. En me le transmettant, je vous serai obligé de m'adresser en même temps vos observations et, s'il y a lieu, vos propositions.

Je tiendrais à recevoir, le 15 octobre au plus tard, le résultat de l'enquête à laquelle il sera procédé par vos soins.

Recevez, etc.

Signé : G. LEYGUES.

Proposition de loi tendant à modifier l'article 18 de la Loi du 30 octobre 1886 sur l'organisation de l'Enseignement primaire, présentée par M. Jacquemin, député[2]. 9 juillet 1894.

Séance du 9 Juillet 1894

Exposé des motifs.

Messieurs, il est incontestable que l'application de l'article 18 de la loi du 30 octobre 1886 rencontre des difficultés considérables dans une grande partie de la France, en ce qui concerne les Écoles de filles, les Écoles mixtes et les Écoles maternelles. Cet article pose une règle absolue et inflexible, applicable à

stitution d'un prix (*Fondation Eugène Monnier*) à décerner à l'instituteur primaire qui se sera distingué dans son École pour l'enseignement du dessin (*Bull. adm.*, 1892, t. LI, p. 606); — et la circulaire du 24 *janvier* 1899, aux Inspecteurs d'Académie, relative à l'attribution, en 1899, d'un prix de dessin fondé par Eugène Monnier (*Bull. adm.*, 1899, t. LXV, p. 97).

1. Voir la circulaire du 10 *août* 1894, aux Recteurs, relative à la reconstitution des cours d'adultes et d'apprentis (*Bull. adm.*, 1894, t. LVI, p. 203).

2. Voir ci-dessus les projets de M. BOUGE, 2 *juin* 1892, p. 416; — de M. CAZENOVE DE PRADINES, 20 *janvier* 1894, p. 547, ainsi que le rapport sommaire de M. BÉRARD sur ce projet, p. 553; — de M. GENDRE, 28 *avril* 1894, p. 557.

toutes les communes, sans tenir compte des habitudes locales, sans permettre de ménager les sentiments des populations.

Nous n'avons pas l'intention, quelle que soit sur ce sujet notre opinion personnelle, de mettre ici en question le principe de laïcité inscrit dans les lois scolaires; nous savons la majorité du Parlement résolue à le maintenir, et nous n'avons pas le goût des manifestations stériles.

Mais, dans l'intérêt même du progrès de la cause républicaine, dont nous avons toujours été le dévoué serviteur, nous croyons pouvoir vous demander d'apporter à l'application de ce principe un tempérament qui nous paraît nécessaire, en décidant qu'aucune laïcisation totale ou partielle du personnel enseignant n'aura lieu à l'avenir dans les Écoles de filles, dans les Écoles mixtes, ni dans les Écoles maternelles, sans l'avis conforme du Conseil municipal.

Combien ne connaissons-nous pas, non seulement de communes rurales, mais aussi de villes et même de villes républicaines, où la population est profondément attachée aux institutrices congréganistes, qui, depuis un temps immémorial, dirigent avec zèle et dévouement les Écoles que nous venons de citer et, très souvent, sans aucune hostilité contre les institutions politiques que la France s'est données? Qu'un décès se produise, et l'article 18 de la loi du 30 octobre 1886 oblige fatalement, inexorablement, l'Administration à remplacer l'institutrice congréganiste disparue par une laïque. Chacun sait que cette laïcisation partielle a presque toujours pour effet d'entraîner, à brève échéance, la laïcisation totale. Une École libre congréganiste ne tarde pas à surgir en concurrence à l'École publique laïcisée. Inutile de dire de quel côté va, la plupart du temps, l'immense majorité des élèves. Comment en serait-il autrement, puisque le sentiment public a été froissé? La commune, paisible auparavant, est désormais irrémédiablement divisée.

Nous posons la question aux républicains soucieux comme nous du triomphe définitif de l'idée républicaine dans les provinces qu'elle n'a pas encore entièrement conquises : N'est-il pas manifeste que la règle inflexible de l'article 18 de la loi du 30 octobre 1886 forme l'un des derniers obstacles, le principal sans doute, à l'accession définitive de ces provinces à la République?

Considérez que nous ne vous demandons le sacrifice d'aucun principe. Si vous adoptez notre proposition, les lois scolaires resteront orientées vers la laïcité; vous aurez simplement tempéré dans son application une règle trop rigide, par l'extension des libertés communales.

Nous avons donc l'honneur de soumettre à vos délibérations la proposition de loi suivante :

Proposition de loi.

ARTICLE UNIQUE. — Aucune laïcisation totale ou partielle du personnel enseignant n'aura lieu à l'avenir dans les Écoles de filles, dans les Écoles mixtes, ni dans les Écoles maternelles, sans que le Conseil municipal, préalablement consulté, ait donné un avis favorable.

Décret déterminant les Indemnités de résidence à allouer au personnel enseignant des Écoles primaires publiques dans les communes du département de la Seine. 19 juillet 1894.

19 Juillet 1894.

Le Président de la République française,

Sur le rapport du Ministre de l'Intérieur et des Cultes, du Ministre des Finances, du Ministre de l'Instruction publique et des Beaux-Arts;

Vu le paragraphe 4 de l'article 12, introduit dans la loi du 19 juillet 1889 par la loi du 25 juillet 1893;

Vu l'avis du Conseil supérieur de l'Instruction publique en date du 28 décembre 1893;

Le Conseil d'État entendu,

Décrète :

ARTICLE 1er. — A partir du 1er janvier 1894, les indemnités de résidence à allouer au personnel enseignant des Écoles primaires publiques dans les communes du département de la Seine sont fixées conformément aux indications du tableau ci-annexé.

ART. 2. — Les dispositions de l'article 1er, § 2, et de l'article 2 du décret du 31 janvier 1890 sur les indemnités de résidence sont applicables aux communes du département de la Seine.

ART. 3. — Le décret du 5 septembre 1890 et les dispositions du décret du 31 décembre 1892 contraires au présent décret sont abrogés.

ART. 4. — Le Ministre de l'Intérieur et des Cultes, le Ministre des Finances et le Ministre de l'Instruction publique et des Beaux-Arts sont chargés, chacun en ce qui le concerne, de l'exécution du présent décret, qui sera inséré au *Journal officiel* et au *Bulletin des Lois*.

[*Tableau.*]

Tableau annexé au Décret du 19 juillet 1894.

SÉRIES.	COMMUNES.	TAUX DE L'INDEMNITÉ de résidence. Directeurs.	Titulaires.	Stagiaires.
		francs.	francs.	francs.
1re SÉRIE. COMMUNES AU-DESSOUS DE 3 001 HABITANTS.	Bonneuil	400	300	200
	Châtenay			
	Chevilly			
	Drancy			
	Dugny			
	Fresnes			
	L'Hay			
	Orly			
	Plessis-Piquet			
	Rungis			
	Villetaneuse			
	Antony			
	Bagneux			
	Bobigny			
	Bondy			
	Le Bourget			
	Bourg-la-Reine			
	Bry-sur-Marne			
	Châtillon			
	La Courneuve			
	Épinay			
	Fontenay-aux-Roses			
	Gennevilliers			
	Ile-Saint-Denis			
	Pierrefitte			
	Romainville			
	Rosny			
	Stains			
	Thiais			
2e SÉRIE. COMMUNES DE 3 001 A 12 000 HABITANTS.	Alfortville	600	500	400
	Arcueil			
	Bagnolet			
	Champigny			
	Choisy-le-Roi			
	Clamart			
	Créteil			
	Fontenay-sous-Bois			
	Joinville-le-Pont			
	Les Lilas			
	Maisons-Alfort			
	Malakoff			
	Nanterre			
	Nogent-sur-Marne			
	Noisy-le-Sec			
	Le Perreux			
	Pré-Saint-Gervais			
	Saint-Maurice			
	Sceaux			
	Suresnes			
	Vanves			
	Villejuif			
	Villemonble			
	Vitry			
	Gentilly			
	Issy			
	Montrouge			
	Saint-Mandé			
3e SÉRIE. COMMUNES AU-DESSUS DE 12 000 HABITANTS.	Charenton	1.100	1.000	600
	Courbevoie			
	Puteaux			
	Saint-Maur			
	Asnières			
	Aubervilliers			
	Boulogne			
	Clichy			
	Colombes			
	Ivry			
	Montreuil			
	Neuilly			
	Pantin			
	Saint-Ouen			
	Vincennes			
	Levallois-Perret			
	Saint-Denis			

Décret déterminant le taux des Indemnités représentatives de logement pour le personnel enseignant des Écoles primaires. 20 juillet 1894.

20 Juillet 1894.

Le Président de la République française,

Sur le rapport du Ministre de l'Instruction publique et des Beaux-Arts;

Vu l'article 48, paragraphe 15, introduit dans la loi du 19 juillet 1889 par la loi du 25 juillet 1893;

Vu l'avis du Conseil supérieur de l'Instruction publique en date du 27 décembre 1893;

Vu la dépêche du Ministre de l'Intérieur en date du 3 mai 1894;

Le Conseil d'État entendu,

Décrète :

ARTICLE 1er. — L'indemnité annuelle représentative de logement[1], attribuée aux instituteurs et institutrices titulaires et stagiaires dans une École primaire élémentaire ou dans une École maternelle, est fixée conformément aux taux indiqués ci-après :

Communes de moins de 1 000 habitants,	de	75 à 125 fr.
— 1 001 à 3 000 —		100 à 150
— 3 001 à 9 000 —		125 à 175
— 9 001 à 12 000 —		150 à 200
— 12 001 à 18 000 —		175 à 225
— 18 001 à 36 000 —		200 à 250
— 36 001 à 60 000 —		225 à 275
— 60 001 à 100 000 —		250 à 300
— 100 000 habit. et au-dessus,	de	300 à 400
Paris.	de	600 à 700
Communes du département de la Seine,	de	200 à 400
— d'Algérie en ce qui concerne les Écoles destinées aux Européens.	de	200 à 300

ART. 2. — Les chiffres minima et maxima fixés ci-dessus sont augmentés d'un cinquième pour les maîtres et maîtresses désignés aux articles 8, 9, 14 et 15 de la loi du 19 juillet 1889, et d'un quart pour les instituteurs mariés ou veufs avec enfants, les institutrices

1. Consulter :

Le *décret* du 25 *octobre* 1894, relatif au logement des instituteurs et institutrices (*à sa date*);

La *circulaire* du 3 *juillet* 1899, aux Préfets, communiquant un *Avis* du Conseil d'État (séance du 15 *novembre* 1898) sur l'indemnité de logement due par les communes (*Bull. adm.*, 1899, t. LXVI, p. 103).

veuves avec enfants et les instituteurs ou institutrices divorcés avec un ou plusieurs enfants à leur charge.

ART. 3. — Le chiffre de l'indemnité prévue aux articles précédents est arrêté, pour chaque École et pour chaque maître ou maîtresse, par le Préfet, dans les limites fixées par ces articles, après avis du Conseil municipal et de l'Inspecteur d'Académie.

Il ne peut être modifié que dans la même forme.

Dans le cas où un maître ou une maîtresse déclare être dans l'impossibilité de se loger convenablement moyennant l'indemnité réglementaire, le Préfet fixe, sur le rapport de l'Inspecteur d'Académie et après avis du Conseil municipal, le montant de l'indemnité complémentaire.

ART. 4. — Le décret du 17 mars 1891 est et demeure rapporté.

ART. 5. — Le Ministre de l'Instruction publique et des Beaux-Arts et le Ministre de l'Intérieur et des Cultes sont chargés, chacun en ce qui le concerne, de l'exécution du présent décret, qui sera inséré au *Bulletin des Lois* et publié au *Journal officiel*.

---

26 juillet 1894. **Avis sur la question de savoir si, dans les villes de plus de 150 000 âmes, les frais de suppléance des instituteurs publics doivent être à la charge de l'État alors même qu'ils excéderaient le produit des 8 centimes et, à Paris, le produit des 4 centimes.**

Séance du 26 Juillet 1894.

Le Conseil d'État, qui, sur le renvoi ordonné par le Ministre de l'Instruction publique, a examiné la question de savoir si, dans les villes de plus de 150 000 âmes, les frais de suppléance des instituteurs publics doivent être à la charge de l'État, alors même qu'ils excéderaient le produit des 8 centimes et, à Paris, le produit des 4 centimes.

Vu la dépêche du Ministre de l'Intérieur du 5 juin 1894;

Vu la dépêche du Ministre des Finances du 19 juin 1894;

Vu les lois des 19 juillet 1889 et 25 juillet 1893;

Considérant que l'article 42 (nouveau) de la loi du 19 juillet 1889 dispose que, quand l'Administration jugera nécessaire de faire remplacer temporairement un instituteur ou une institutrice pour cause de maladie dûment constatée, les frais de suppléance seront à la charge de l'État;

Que si, en vertu de l'article 29 de la même loi, dans les villes de plus de 150 000 âmes, le montant des dépenses mises à la charge de l'État par l'article 2 ne doit pas excéder le produit des 8 centimes généraux qui y seront perçus et, à Paris, le produit des 4 centimes, les frais de suppléance ne figurent pas dans les dépenses prévues par l'article 2; que, dès lors, ils doivent rester intégralement à la charge de l'État dans les villes de plus de 150 000 âmes comme dans les autres communes,

Est d'avis :

De répondre affirmativement à la question posée par le Ministre de l'Instruction publique.

Cet avis a été délibéré et adopté par le Conseil d'État dans sa séance du 26 juillet 1894.

Circulaire du Ministre de l'Instruction publique, relative aux réductions de personnel à opérer dans les Écoles normales. 9 août 1894.

9 Août 1894.

Monsieur le Recteur, j'ai constaté qu'il existe actuellement, d'un établissement à l'autre, des différences très grandes et difficilement explicables dans le nombre des maîtres attachés aux Écoles normales, soit d'instituteurs, soit d'institutrices.

Des Écoles d'un très faible effectif ont encore un économe spécial, et quatre ou même, quelques-unes, cinq professeurs, tandis que, dans d'autres établissements où le nombre des élèves dépasse parfois le double de l'effectif des Écoles précédentes, l'enseignement est complètement assuré par quatre maîtres, dont l'un est chargé de l'économat.

J'estime, Monsieur le Recteur, que cette situation ne saurait être maintenue plus longtemps.

De nouvelles réductions doivent être apportées par le Parlement, dans le budget de l'exercice 1895, au chapitre des Écoles normales, et je me vois dans la nécessité de ramener les dépenses aux limites les plus strictes. De plus, il me paraît équitable de ne pas laisser subsister, entre les fonctionnaires des diverses Écoles normales, une inégalité numérique qui a pour conséquence d'amener, dans le nombre des heures de service, une inégalité injustifiable en présence de la parité complète des traitements.

Le nombre des maîtres à attacher aux Écoles normales a été fixé par les articles 63 et 68 du décret du 18 janvier 1887. Il avait été décidé, à cette époque, qu'il y aurait un économe spécial dans chaque établissement, et que le nombre des maîtres serait de quatre ou de cinq, selon que le nombre des élèves serait inférieur à soixante ou dépasserait ce chiffre.

Mais, depuis le décret du 18 janvier 1887, sont intervenus :

1° L'arrêté du 10 janvier 1889 et les programmes annexés, qui ont diminué le nombre d'heures d'enseignement donné dans les Écoles normales;

2° La loi du 19 juillet 1889, qui a supprimé l'emploi d'économe spécial dans les Écoles de moins de soixante élèves;

3° Le règlement d'administration publique du 19 juillet 1890, qui a fixé le nombre des heures de service exigées des professeurs et le taux de rémunération des heures supplémentaires.

Sauf dans quelques rares Écoles où l'effectif est très nombreux, l'enseignement peut être assuré : dans les Écoles de plus de soixante élèves, avec un économe spécial qui pourrait, au besoin, faire un peu d'enseignement, et quatre maîtres; dans les Écoles de moins de soixante, avec quatre maîtres, dont un faisant dix heures d'enseignement et remplissant les fonctions d'économe.

C'est d'après ces bases que le personnel devra être composé, à l'avenir, dans les Écoles normales[1].

Il suffit d'ailleurs aux besoins.

En ce qui concerne l'enseignement littéraire et l'enseignement scientifique, aucun doute n'est possible. Le Conseil d'État, après comparaison du nombre de leçons que doivent recevoir les élèves et du nombre d'heures d'enseignement que doivent donner les maîtres, n'a pas cru devoir, dans le règlement du 19 juillet 1890, prévoir le cas d'heures supplémentaires pour les matières principales. Il n'a fixé les taux de rémunération, que la loi l'avait chargé de déterminer, que pour les matières accessoires. Les professeurs titulaires qui, à l'enseignement général dont ils sont chargés, ajoutent celui des matières accessoires pour lequel ils possèdent le diplôme requis par l'article 21 de la loi du 30 octobre 1886, ont seuls droit à cette allocation.

Je vous prie de vouloir bien vous faire représenter le tableau du personnel et l'horaire de chacune des Écoles normales d'instituteurs et d'institutrices de votre ressort et d'étudier, à l'aide de ces documents, les modifications qu'il y aurait lieu d'apporter, dans le sens des observations qui précèdent, à la composition du personnel de l'établissement.

Les enseignements accessoires devront être, de votre part, l'objet d'une attention particulière[2]. Il est à désirer que le personnel régulier de l'École en soit le plus souvent chargé. Il y a, à la fois, dans ce système économie pour l'État et avantage pour les maîtres, qui peuvent améliorer leur situation au moyen des allocations prévues par le décret du 19 juillet 1890. Je verrais avec plaisir nos maîtres entrer résolument dans cette voie et rechercher la possession des diplômes spéciaux.

Dans quelques Écoles normales, les Écoles annexes sont pourvues d'adjoints ou d'adjointes. Le directeur ou les directrices, avec l'assistance des élèves, doivent suffire à l'enseignement. Il est inutile d'avoir à l'École annexe des classes très peuplées qui ne contribuent en aucune façon à l'instruction pédagogique des élèves-maîtres, et qui rendent nécessaire la présence d'adjoints ou d'adjointes. A moins de nécessités absolues ou de circonstances exceptionnelles dont je vous laisse juge, les emplois de ce genre devront être supprimés. Ils sont d'ailleurs relativement peu nombreux.

Vous voudrez bien, Monsieur le Recteur, m'adresser, avant le 25 août prochain, vos propositions pour les suppressions d'emploi, mutations, etc., que rendra nécessaires l'exécution des instructions contenues dans la présente circulaire, et qui devront être appliquées à la rentrée prochaine.

Un certain nombre de postes seront vacants pour la rentrée des classes dans les Écoles primaires supérieures; j'ai décidé d'y appeler, au fur et à mesure des besoins du service, les maîtres qui, n'étant pourvus que du certificat d'aptitude au professorat (diplôme restreint), exercent dans les Écoles normales soit comme délégués, soit comme professeurs chargés exclusivement de l'enseignement des lettres ou des sciences.

Vous voudrez bien tenir compte de ces instructions dans les propositions de remaniement du personnel que vous aurez à m'adresser.

Recevez, etc.

Signé : G. LEYGUES.

1. Voir les articles 35 et 36 de la loi de finances du 30 *mai* 1899 (*à sa date*).
2. Voir ci-après, *à sa date*, la circulaire du 28 *juin* 1895.

Circulaire du Ministre de l'Instruction publique, rappelant les prescriptions relatives à l'avis du Conseil d'hygiène dans le cas d'ouverture d'École[1]. 24 août 1894.

24 Août 1894.

Monsieur le Préfet, à l'occasion d'une affaire d'opposition à l'ouverture d'une École privée, le Conseil supérieur de l'Instruction publique, devant qui appel avait été interjeté, a émis le vœu que la consultation demandée au Conseil départemental d'hygiène soit toujours donnée avant l'expiration des délais légaux impartis par la loi pour faire opposition à l'ouverture de l'établissement.

Ce vœu se recommande de lui-même à l'attention de l'autorité préfectorale et académique. La circulaire du 13 mars 1893 contenait déjà à cet égard des prescriptions formelles. Je ne puis donc que vous les rappeler en vous invitant à tenir la main à leur exécution.

Ces prescriptions sont les suivantes :

« Désormais l'avis du Conseil départemental d'hygiène sera obligatoire dans « tous les cas, que l'établissement à ouvrir soit une École publique ou bien une « École privée. Mais cette consultation que je vous prie de demander au Con- « seil départemental d'hygiène devra être obtenue dans un court délai. Elle « est destinée à permettre à M. l'Inspecteur d'Académie de s'assurer en toute « connaissance de cause s'il y a lieu de faire opposition à l'ouverture de l'École « dans l'intérêt de l'hygiène, conformément à l'article 38 de la loi du 30 octo- « bre 1886. Or, le dernier paragraphe du même article spécifie qu'*à défaut « d'opposition, l'École est ouverte à l'expiration du mois, sans autre formalité*, « c'est-à-dire dans le mois qui suit la délivrance du récépissé faite par l'Inspec- « teur d'Académie (*Décret du 18 janvier 1887, art. 160*). Il est donc de toute « nécessité que l'avis demandé parvienne assez à temps pour qu'une décision « motivée soit prise, en cas de besoin, dans le délai imparti par le législateur. »

Recevez, etc.

Signé : G. LEYGUES.

Arrêté concernant les instituteurs et institutrices stagiaires exerçant dans les Écoles temporaires. 11 sept. 1894.

11 Septembre 1894.

Le Ministre de l'Instruction publique et des Beaux-Arts

Arrête :

L'arrêté du 18 février 1894, portant titularisation et promotions de classes en faveur des instituteurs et institutrices laïques des Écoles primaires élémentaires, est complété ainsi qu'il suit :

1. Voir ci-après, *à sa date*, la circulaire du 4 *janvier* 1897, relative au même objet.

ART. 8. — Sont titularisés, et, par suite, promus à la 5e classe des titulaires à partir du 1er janvier 1894, les instituteurs et institutrices stagiaires laïques des Écoles temporaires qui, pourvus à cette date du certificat d'aptitude pédagogique, étaient inscrits sur la liste d'admissibilité dressée par le Conseil départemental et exerçaient depuis six ans dans lesdites Écoles.

---

29 sept. 1894.

Circulaire du Ministre de l'Instruction publique, relative à l'admission de Répétitrices étrangères dans les Écoles normales d'institutrices.

29 Septembre 1894.

Monsieur le Recteur, au cours de la dernière année scolaire, quelques jeunes filles allemandes ou anglaises ont été placées dans des Écoles normales d'institutrices pour y donner aux professeurs qui en manifestaient le désir et à toutes les élèves-maîtresses un enseignement pratique de langue allemande ou anglaise, et faire avec elles des exercices de conversation.

Cet essai a donné de très bons résultats, et je me suis décidé à le généraliser dans la mesure du possible aux conditions suivantes, qui ne grèvent pas le budget de l'État, et qui sont peu onéreuses pour les intéressées.

Les jeunes filles étrangères qui accepteraient les fonctions de répétitrices de langues vivantes dans les Écoles normales seraient traitées comme les maîtresses internes, c'est-à-dire auraient une chambre particulière, la nourriture, des prestations suffisantes de chauffage et d'éclairage, à la condition de verser dans la caisse de l'École la somme de 400 francs pour les dix mois de l'année scolaire, soit 40 francs par mois[1].

Elles auraient à consacrer chaque jour une heure et demie ou deux heures au maximum de leur temps à leur enseignement.

1. Cette décision avait été précédemment notifiée au Vice-Recteur de l'Académie de Paris, qui, dans une circulaire du 1er *avril* 1894, l'avait communiquée aux Inspecteurs d'Académie du ressort :

« Monsieur l'Inspecteur, sur ma proposition, M. le Ministre a soumis au Comité de patronage des boursiers de séjour à l'étranger la question suivante :

« Les jeunes filles de nationalité anglaise ou allemande admises à suivre les cours des Écoles normales d'institutrices doivent-elles jouir des avantages accordés aux professeurs français?

« Conformément à l'avis de cette assemblée, j'ai décidé d'une manière générale, « m'écrit M. le Ministre, que toutes les jeunes filles de nationalité étrangère qui se- « raient autorisées à remplir dans nos Écoles normales les fonctions de répétitrices « de langues vivantes seraient à l'avenir traitées comme les maîtresses internes. « Elles auront droit à une chambre, aux prestations en nature et à la nourriture; « mais à la condition de payer comme les maîtresses une redevance de 400 francs par « an payable par dixièmes.

« L'économe aura à inscrire cette somme à l'article 2 des recettes et à l'article 1er « des dépenses du titre Ier du budget. Quant aux prestations en nature (blanchissage, « chauffage et éclairage), il sera procédé comme pour les autres maîtresses. »

« Vous voudrez bien vous conformer, le cas échéant, à ces instructions. »

Elles pourraient, en échange, pendant le reste de la journée, suivre les cours de pédagogie, français, sciences ou lettres, à leur choix, ou vaquer à des occupations à leur convenance, à la condition, toutefois, de ne pas donner, en dehors de l'École, de leçons rétribuées.

Je n'ai pas besoin d'ajouter que j'ai cru devoir assurer que ces jeunes filles recevraient, de la part des maîtresses et des élèves, l'accueil le plus cordial et seraient entourées de tous les soins nécessaires.

A la suite d'une note parue dans les journaux français et de différents articles publiés par la presse étrangère sur ce sujet, j'ai déjà reçu un certain nombre de demandes auxquelles je suis prêt à donner suite.

Je vous prie, Monsieur le Recteur, de vouloir bien me faire connaître d'urgence les Écoles normales d'institutrices de votre ressort qui seraient désireuses de recevoir une jeune étrangère, et qui pourraient disposer d'une chambre pour la loger. Dès que j'aurai reçu ces renseignements, je prendrai les mesures nécessaires pour leur donner satisfaction, s'il est possible.

Recevez, etc.

Signé : G. LEYGUES.

Décret relatif au régime des Écoles annexes dans les Écoles normales primaires. 3 octobre 1894.

3 Octobre 1894.

Le Président de la République française,

Sur le rapport du Ministre de l'Instruction publique et des Beaux-Arts ;

Vu la loi du 19 juillet 1889, articles 2 et 3, ainsi que l'article 48, 12° ;

Vu la loi du 30 octobre 1886 sur l'organisation de l'enseignement primaire ;

Vu les règlements organiques du 18 janvier 1887 ;

Vu le règlement d'administration publique du 29 mars 1890 sur l'administration et la comptabilité des Écoles normales primaires, les prestations en nature à concéder au personnel de ces Écoles et sur le régime des Écoles annexes, notamment les articles 7 et 13 ;

Vu l'avis du Conseil supérieur de l'Instruction publique en date du 28 décembre 1893 ;

Le Conseil d'État entendu,

Décrète :

ARTICLE 1er. — Les Écoles annexes[1], où les élèves-maîtres et les élèves-maîtresses des Écoles normales primaires s'exercent à la pratique de l'enseignement, portent le nom d'Écoles annexes pro-

1. Voir le décret du 25 *mai* 1895 (*à sa date*), portant règlement d'administration publique sur l'organisation des Écoles annexes dans les Écoles normales du département de la Seine.

prement dites quand elles sont installées dans les bâtiments de l'École normale, et celui d'Écoles d'application si elles sont établies dans une École primaire publique.

La désignation de l'École publique destinée à servir d'École d'application est faite par le Ministre de l'Instruction publique, sur la proposition du Recteur et après avis conforme du Conseil municipal. Elle est toujours révocable.

ART. 2. — L'École annexe proprement dite ne comprend qu'une seule classe.

Toutefois, elle peut être constituée à plusieurs classes par décision spéciale du Ministre.

Les Écoles annexes proprement dites destinées aux Écoles normales d'institutrices comprennent, outre les trois cours primaires, une section enfantine et une section maternelle.

Ces sections peuvent être, avec l'approbation du Ministre, remplacées par une École maternelle distincte avec une directrice spéciale.

ART. 3. — Dans les Écoles annexes proprement dites, les dépenses du matériel scientifique et des fournitures scolaires sont à la charge du département.

ART. 4. — Les directeurs et les directrices d'Écoles normales primaires contrôlent les exercices pratiques dans les Écoles d'application.

ART. 5. — Sont abrogées toutes les dispositions contraires au présent décret.

---

4 octobre 1894. **Décret portant Règlement d'administration publique sur diverses questions relatives à des catégories du personnel des Écoles normales primaires.**

4 Octobre 1894.

Le Président de la République française,

Sur le rapport du Ministre de l'Instruction publique et des Beaux-Arts;

Vu la loi du 19 juillet 1889, articles 2 et 3, ainsi que l'article 48, 21°, modifié par la loi du 25 juillet 1893;

Vu la loi du 30 octobre 1886 sur l'organisation de l'enseignement primaire;

Vu les règlements organiques du 18 janvier 1887;

Vu le règlement d'administration publique du 29 mars 1890 sur l'administration et la comptabilité des Écoles normales primaires, les prestations en nature à concéder au personnel de ces Écoles et le régime des Écoles annexes;

Vu le règlement d'administration publique du 19 juillet 1890 sur le nombre des heures de service exigées du personnel des Écoles normales primaires et le mode de rétribution des heures supplémentaires, notamment l'article 5;

Vu le règlement d'administration publique, en date du 3 octobre 1894, sur le régime des Écoles annexes;

Vu l'avis du Conseil supérieur de l'Instruction publique en date du 28 décembre 1893;

Le Conseil d'État entendu,

Décrète :

TITRE Ier. — *Maîtres adjoints et maîtresses adjointes.*

ARTICLE 1er. — Les maîtres adjoints et les maîtresses adjointes des Écoles normales primaires, actuellement en fonctions et nommés antérieurement à la loi du 30 octobre 1886, forment une classe unique dont les traitements sont de 2 800 francs pour les maîtres adjoints et de 2 500 francs pour les maîtresses adjointes.

Toutefois, sur les propositions du Recteur et de l'Inspecteur général, ces traitements peuvent être élevés au chiffre de 3 100 francs pour les maîtres adjoints et de 2 800 francs pour les maîtresses adjointes.

TITRE II. — *Maîtres et maîtresses auxiliaires.*

ART. 2. — Les maîtres et maîtresses auxiliaires, chargés des enseignements accessoires dans les Écoles normales primaires, sont désignés par le Ministre de l'Instruction publique, sur la proposition du Recteur.

Les maîtres et maîtresses munis du titre de capacité correspondant à l'enseignement qu'ils donnent reçoivent une rétribution non soumise à retenue et dont le taux annuel est fixé, pour chaque heure d'enseignement par semaine, de la manière suivante [1] :

Langues vivantes, 150, 175, 200 francs;
Dessin, 150, 175, 200 francs;
Chant et musique, 100, 125, 150 francs;
Travaux manuels, 100, 125, 150 francs;
Gymnastique et exercices militaires, 80, 100, 120 francs.

Les augmentations prévues ci-dessus ne peuvent être accordées qu'après cinq années de jouissance du taux inférieur.

1. Voir ci-après, *à sa date*, la circulaire du 28 *juin* 1895.

Les maîtres ou les maîtresses non pourvus du titre de capacité correspondant à l'enseignement donné ne sont chargés de cet enseignement qu'à titre provisoire. Dans ce cas, le taux de leur rétribution est fixé au minimum ci-dessus établi.

TITRE III. — *Personnel ouvrier*[1].

ART. 3. — Dans les Écoles normales d'instituteurs où la présence d'un aide-ouvrier est jugée nécessaire par le Ministre, cet aide-ouvrier est choisi, avec l'agrément du directeur, par le professeur du travail manuel et placé sous ses ordres. Il est chargé de l'entretien de l'outillage et de la préparation des matières premières indispensables aux travaux des élèves.

Il ne participe en aucune façon à l'enseignement proprement dit et il reçoit un salaire qui ne peut dépasser 150 francs par an pour les Écoles de moins de 70 élèves et 200 francs pour les autres.

TITRE IV. — *De la nomination et des traitements du personnel enseignant dans les Écoles annexes.*

ART. 4. — Ne peuvent être directeurs et directrices des Écoles annexes proprement dites et des Écoles maternelles dépendant de ces Écoles que les professeurs d'École normale ayant enseigné pendant trois ans au moins dans une École primaire publique.

Peuvent remplir les fonctions de directeur et de directrice les instituteurs et les institutrices munis du brevet supérieur et comptant au moins dix années d'exercice effectif dans l'enseignement public. Les institutrices doivent, en outre, pour être chargées des fonctions de directrice d'une École maternelle, produire, soit le certificat d'aptitude pédagogique, soit l'ancien certificat d'aptitude à la direction des Écoles maternelles.

Dans le cas où l'École annexe proprement dite comprend plusieurs classes, les fonctions d'adjoint et d'adjointe sont remplies par des instituteurs et des institutrices titulaires munis du brevet supérieur.

ART. 5. — Le Ministre nomme les directeurs et les directrices d'Écoles annexes proprement dites et les directrices des Écoles maternelles dépendant de ces Écoles.

Il délègue les instituteurs et les institutrices dans les fonctions énumérées aux paragraphes 2 et 3 de l'article 4.

ART. 6. — Les directeurs et directrices dénommés en l'article

1. Voir ci-après, *à sa date*, la circulaire du 28 *juin* 1895.

précédent reçoivent les traitements de leur classe, tels qu'ils sont fixés par l'article 18 de la loi du 25 juillet 1893[1].

ART. 7. — Les instituteurs et les institutrices délégués dans les fonctions énumérées aux paragraphes 2 et 3 de l'article 4 conservent leur rang de classement et d'avancement dans le personnel de l'enseignement primaire élémentaire. Ils reçoivent les traitements de leur classe, tels qu'ils résultent de la loi du 19 juillet 1889. Il est attribué, en outre, à ceux qui exercent les fonctions de directeur ou de directrice une indemnité de direction de 200 francs, si l'Ecole annexe proprement dite qu'ils dirigent a plus de deux classes, et de 400 francs si elle comprend plus de quatre classes.

Ces indemnités sont soumises à retenue.

Ils ont droit, les uns et les autres, à une indemnité de résidence ainsi qu'au logement ou à une indemnité représentative.

Le taux de ces indemnités est celui fixé pour les directeurs et directrices, adjoints et adjointes des Écoles primaires élémentaires exerçant dans la même localité, sans que l'indemnité représentative puisse être inférieure à 250 francs.

ART. 8. — Les directeurs et les directrices, les instituteurs adjoints et les institutrices adjointes des Écoles d'application sont choisis parmi les instituteurs et les institutrices titulaires pourvus du brevet supérieur.

Ils sont nommés dans la même forme que les directeurs et les instituteurs des Écoles primaires ordinaires et reçoivent les traitements et les indemnités prévus par les lois et les règlements.

ART. 9. — Tous les maîtres et toutes les maîtresses qui, à un titre quelconque, enseignent dans une École annexe, quelle qu'elle soit, touchent, en dehors des traitements et indemnites fixés par la loi ou

1. « Monsieur le Recteur, les directeurs et directrices d'École annexe possédant le certificat d'aptitude au professorat des Écoles normales recevaient, en vertu de l'article 10 du décret du 31 juillet 1890, une indemnité de logement dont le taux avait été fixé à la somme de 300 francs.

« Le règlement d'administration publique du 4 octobre 1894 ne reproduit pas cette disposition, qui doit être considérée comme désormais abrogée.

« J'estime que ce serait donner à cet acte un effet rétroactif que de retirer aux professeurs d'École normale, qui dirigeaient une École annexe à la date du 4 octobre 1894, le bénéfice de l'indemnité de logement dont ils jouissaient précédemment, et j'ai décidé qu'elle continuera de leur être payée tant qu'ils resteront dans les fonctions qu'ils occupent.

« Je vous prie de prendre les mesures nécessaires pour que cette somme soit mise à leur disposition comme précédemment, à partir du 1er janvier dernier. Il doit d'ailleurs demeurer bien entendu qu'au fur et à mesure du remplacement des titulaires actuellement en exercice, le décret du 4 octobre sera strictement appliqué et que l'indemnité de logement ne sera pas accordée aux professeurs appelés désormais à la direction d'une École annexe. » (*Circulaire ministérielle du 22 février 1895.*)

le présent règlement, une allocation annuelle de 300 francs non soumise à retenue.

Pour les maîtres et maîtresses délégués dans les fonctions de directeur ou de directrice, qui, au moment de leur délégation, touchaient une indemnité de direction, cette allocation est augmentée d'une somme égale à l'indemnité qu'ils touchaient.

ART. 10. — Sont et demeurent abrogées toutes les dispositions contraires au présent décret.

---

25 octobre 1894.

Décret relatif au Logement des instituteurs et des institutrices primaires publics [1].

25 Octobre 1894.

Le Président de la République française,

Sur le rapport du Ministre de l'Instruction publique et des Beaux-Arts et du Ministre de l'Intérieur et des Cultes;

Vu la loi du 20 juin 1885, articles 5 et 8;

Vu la loi du 30 octobre 1886, article 14;

Vu la loi du 25 juillet 1893, articles 4 et 48, paragraphe 15;

Vu le décret du 18 janvier 1887, article 14;

Vu l'avis du Conseil supérieur de l'Instruction publique,

Décrète :

ARTICLE 1er. — Le logement convenable, tel que l'a prévu l'article 48, paragraphe 15, de la loi du 25 juillet 1893, doit se composer au minimum :

1° Pour tout instituteur, marié ou non, placé à la tête d'une École primaire élémentaire :

Dans les communes de moins de 12 000 habitants, d'une cuisine-salle à manger et de trois pièces à feu;

Dans les communes de 12 000 habitants et au-dessus, d'une cuisine, d'une salle à manger et de trois pièces à feu;

2° Pour tout adjoint titulaire ou stagiaire marié et pour tout instituteur placé à la tête d'une École de hameau :

D'une cuisine-salle à manger et de deux pièces à feu;

3° Pour tout adjoint célibataire, titulaire ou stagiaire :

De deux pièces, dont une à feu;

1. Consulter la circulaire transmissive du 27 *novembre* 1894 aux Préfets (*Bull. adm.*, 1894, t. LVI, p. 725).

4° Pour les directeurs et directrices des Écoles primaires supérieures :

D'une cuisine, d'une salle à manger et de trois pièces à feu ;

5° Pour les instituteurs adjoints mariés des Écoles primaires supérieures :

D'une cuisine, d'une salle à manger et de deux pièces à feu ;

6° Pour les instituteurs adjoints célibataires :

De deux pièces à feu.

Tous les maîtres désignés ci-dessus auront à leur disposition soit une cave, soit un débarras servant de cellier et de bûcher, ainsi que l'usage de privés.

ART. 2. — Les dispositions de l'article 1er sont applicables aux institutrices exerçant dans les Écoles de filles ou dans les Écoles maternelles. Toutefois toute adjointe célibataire, titulaire ou stagiaire, a droit à une cuisine distincte.

ART. 3. — Les prescriptions du présent décret sont applicables à tous les projets de constructions scolaires qui, à l'avenir, seront soumis à l'approbation ministérielle et pour lesquels les communes demanderont le concours de l'État.

ART. 4. — Le Ministre de l'Instruction publique et des Beaux-Arts et le Ministre de l'Intérieur et des Cultes sont chargés, chacun en ce qui le concerne, de l'exécution du présent décret.

Décret relatif aux Écoles primaires annexées aux établissements de bienfaisance et d'assistance publique fondés et entretenus par l'État, les départements ou les communes. 4 nov. 1894.

4 Novembre 1894.

Le Président de la République française,

Sur le rapport du Ministre de l'Instruction publique et des Beaux-Arts et du Ministre de l'Intérieur et des Cultes ;

Vu la loi du 30 octobre 1886 ;

Vu la loi du 19 juillet 1889 modifiée par celle du 25 juillet 1893, et notamment l'article 37 ;

Le Conseil d'État entendu,

Décrète :

ARTICLE 1er. — Les Écoles primaires annexées aux établissements de bienfaisance et d'assistance publique fondés et entretenus par l'État, les départements ou les communes, sont créées par décision du Ministre de l'Instruction publique, sur l'avis conforme du Ministre de l'Intérieur.

Elles sont soumises au même régime que toutes les autres Écoles publiques, sauf les dérogations qui résultent du présent règlement.

ART. 2. — Si l'établissement constitue un service de l'État, la création de l'École ne peut être décidée qu'après avis du Conseil supérieur de l'Assistance publique et du Conseil supérieur de l'Instruction publique.

ART. 3. — Si l'établissement constitue un service départemental ou communal, l'École ne peut être créée que sur la demande du Conseil général ou du Conseil municipal.

La délibération du Conseil général ou du Conseil municipal est soumise par le Préfet au Conseil départemental de l'Instruction publique, qui donne son avis sur l'opportunité de la création de l'École, sur les conditions d'installation et d'organisation qui sont proposées par le Conseil général ou par le Conseil municipal ou qui peuvent résulter des actes particuliers de fondation, sur les programmes d'enseignement, sur le nombre de classes dont se composera l'École, ainsi que sur le nombre des instituteurs et des institutrices qui y seront attachés tant pour l'enseignement que pour la surveillance.

ART. 4. — La décision ministérielle portant création de l'École détermine, s'il y a lieu, les conditions spéciales de son organisation et de son fonctionnement.

ART. 5. — Toutes les dépenses qu'entraînent l'installation et le fonctionnement de l'École incombent à l'État, au département ou à la commune, suivant que l'École est annexée à un établissement national, départemental ou communal.

Si l'établissement est départemental ou communal, le montant des traitements et suppléments de traitements légaux dus aux instituteurs et institutrices est versé au Trésor, au commencement de chaque trimestre, à titre de fonds de concours pour dépenses publiques.

ART. 6. — Les instituteurs et les institutrices qui seront appelés à exercer dans les Écoles créées conformément au présent décret jouiront des mêmes droits et avantages et seront soumis aux mêmes règles que les autres instituteurs publics.

Ils continueront à figurer dans leur cadre d'origine et y conserveront leurs droits à l'avancement.

Les maîtres nourris dans l'établissement n'auront pas droit à l'indemnité de résidence.

ART. 7. — L'École est soumise à l'inspection et à la surveillance :

1° Des Inspecteurs généraux de l'Instruction publique ;

2° Du Recteur, de l'Inspecteur d'Académie, de l'Inspecteur primaire et du médecin inspecteur dans la circonscription desquels est située l'École ;

3° Des délégués du département ou de la commune qui a fondé l'École.

Les Inspecteurs généraux des établissements de bienfaisance et les fonctionnaires de l'inspection des enfants assistés y ont toujours accès.

ART. 8. — Dans le cas où l'établissement de bienfaisance n'est pas situé dans le même département que l'administration départementale ou communale qui l'a fondé, les autorités compétentes pour exercer les attributions leur appartenant en exécution du présent décret sont, sous réserve des dispositions de l'article 7, les autorités du département où siège ladite administration.

ART. 9. — Les maîtres actuellement en service seront classés, par arrêté ministériel, dans le personnel primaire du département auquel se rattache l'administration départementale ou communale qui a fondé l'École.

Ils ne subiront les retenues pour pensions civiles que sur les traitements et suppléments de traitements légaux qui leur seront assignés.

Dans le cas où le montant de ces traitements et des indemnités accessoires serait inférieur aux avantages dont ils jouissent, il leur sera alloué une indemnité complémentaire jusqu'à ce que leurs émoluments aient atteint le chiffre de ceux qui leur sont actuellement attribués.

Les maîtres qui ne remplissent pas les conditions de capacité exigées par les lois et règlements scolaires pourront être maintenus en fonctions, sans qu'ils puissent prétendre aux droits et prérogatives conférés par le présent décret.

ART. 10. — Le Ministre de l'Instruction publique et des Beaux-Arts et le Ministre de l'Intérieur et des Cultes sont chargés, chacun en ce qui le concerne, de l'exécution du présent décret, qui sera inséré au *Bulletin des Lois* et publié au *Journal officiel*.

22 nov. 1894. **Proposition de loi portant modification au paragraphe 3 de l'article 44 de la Loi du 30 octobre 1886 sur l'organisation de l'enseignement primaire en France, et tendant à déclarer éligibles au Conseil départemental de l'enseignement primaire tous les instituteurs et institutrices titulaires, présentée par M. Bouge, député[1].**

Séance du 22 Novembre 1894.

[Ce projet reproduit exactement celui du 2 *juin* 1892, page 416.]

---

22 nov. 1894. **Proposition de loi tendant à modifier l'article 38, § 3, de la Loi du 25 juillet 1893 sur l'Enseignement primaire, présentée par MM. Cabart-Danneville, de Mahy, Legludic, députés[2].**

Séance du 22 Novembre 1894.

Exposé des motifs.

Messieurs, la loi du 17 août 1876 a fait entrer dans les services actifs l'Enseignement primaire dont les fonctionnaires ont, par conséquent, droit à la la retraite après vingt-cinq ans de service et cinquante-cinq ans d'âge.

Or, il y a environ deux ans, un professeur d'enseignement primaire supérieur à Paris, M. Letellier, attaché à l'École Colbert, demanda sa retraite conformément à cette loi. Le Conseil d'État refusa de la lui accorder.

Les professeurs des Écoles primaires supérieures de la ville de Paris adressèrent alors des pétitions à M. le Ministre de l'Instruction publique, à M. le Ministre des Finances et à M. le Président du Conseil d'État.

A la suite de ces pétitions, une Commission spéciale fut nommée au Ministère de l'Instruction publique pour examiner la question. Elle se prononça en faveur des pétitionnaires.

Telle a été l'origine de l'article 38 voté en 1893. Le rapport de M. Delpeuch, notre honorable collègue, a reconnu nettement les droits des professeurs des Écoles municipales supérieures et ne fait aucune différence entre ceux de Paris et ceux de la province.

Après la Chambre des Députés, le Sénat adopta l'article sur le rapport de M. Combes.

Dans le courant de cette année, plusieurs professeurs de Paris qui se trouvent dans les conditions voulues demandèrent leur retraite, et parmi eux, celui qui avait échoué une première fois et dont l'échec avait provoqué l'intervention de ses collègues. Toutes ces demandes ont été repoussées par le Conseil d'État pour cette raison que le paragraphe 3 de l'article 38 dit « pour les professeurs de Paris exerçant en vertu d'une nomination ministérielle ». Le Conseil d'État

1. Consulter le rapport de M. Camille VIOX, 2 *février* 1895 (*à sa date*).

2. Insérée au *Journal officiel* du 10 *décembre* 1894, p. 1998 et 1999.

Voir, *à leur date*, les rapports de M. Camille VIOX, 2 *février* 1895; — de M. CABART-DANNEVILLE, 30 *mars* 1895.

A rapprocher des deux projets de M. CARNAUD, 5 *juin* 1895 et 30 *janvier* 1899 (*à leur date*).

en tire cette conclusion que ces professeurs n'ont droit au bénéfice de la loi de 1876 qu'à partir de leur nomination ministérielle, oubliant que l'article 38 commence par ces mots : « à condition qu'ils occupent des emplois régulièrement créés », et ne tenant aucun compte de l'indication fournie par l'honorable rapporteur, M. Delpeuch, ainsi conçue : « Nomination régulière doit s'entendre de toute nomination faite par l'autorité compétente, aussi bien par le Préfet que par le Ministre ». Les postulants n'obtinrent qu'une retraite proportionnelle. Tous les professeurs des Écoles primaires supérieures ont été nommés d'abord par arrêté préfectoral, puis par arrêté ministériel, à partir de 1886 pour la province, et de 1891 pour Paris. Mais pour les uns comme pour les autres, la seconde nomination n'était qu'une consécration de la première, qui avait mis les titulaires en possession d'un emploi régulièrement créé.

De l'interprétation du Conseil d'État, il résulterait que tous les professeurs de province, anciens et nouveaux, ainsi que les nouveaux de Paris, auraient droit au bénéfice de la loi de 1876, tandis que les anciens de Paris ne pourraient en profiter qu'à partir de 1891. De sorte que ces derniers seraient d'autant plus lésés qu'ils seraient en fonctions depuis plus longtemps.

Le Conseil d'État prétendrait-il que les anciens professeurs de province méritent plus de bienveillance que les anciens de Paris, parce que les premiers gagnent moins que les seconds? Non seulement cet argument ne serait pas exact pour la plupart de ceux-ci, mais il faudrait encore ajouter que les professeurs qui, à Paris, ont des traitements plus élevés, font plus d'heures de service et subissent des retenues plus fortes. Les anciens professeurs de Paris avaient un traitement proportionnel au nombre d'heures d'enseignement dont ils étaient chargés.

Du reste, on ne fait aucune différence entre les directeurs de Paris et ceux de province, c'est-à-dire que tous ont droit au bénéfice de la loi de 1876, ce qui est fort juste. Les anciens professeurs généraux du Collège Chaptal sont dans le même cas. Pourquoi donc traiter moins bien une seule catégorie de professeurs, d'ailleurs peu nombreux, qui, ayant eu à supporter les mêmes fatigues, doit profiter des mêmes avantages?

La décision du Conseil d'État aurait la conséquence originale suivante : Supposons deux professeurs nommés la même année, tous deux avant 1886, par arrêté préfectoral par conséquent, l'un en province, l'autre à Paris. Le premier est ensuite appelé à Paris en 1892 ; il aura droit à sa retraite après vingt-cinq ans de services et cinquante-cinq ans d'âge, et son collègue seulement après trente ans de services et soixante ans d'âge.

Une pareille interprétation de l'article 38 est assurément contraire à l'intention du législateur.

En conséquence, Messieurs, nous avons l'honneur de vous présenter la rédaction suivante :

Proposition de loi.

ARTICLE UNIQUE. — Le paragraphe 3 de l'article 38 de la loi du 25 juillet 1893 est ainsi modifié :

Sont admis au bénéfice de la loi du 17 août 1876, à condition qu'ils occupent des emplois régulièrement créés :

1° Les suppléants départementaux ;

2° Les directeurs, les professeurs de sciences et de lettres, les instituteurs adjoints des Écoles primaires supérieures des départements, pourvus d'une nomination régulière ;

3° Les directeurs des Écoles primaires supérieures et des Écoles professionnelles de la ville de Paris, et les maîtres de ces Écoles qui exercent, soit comme instituteurs adjoints en vertu d'une nomination préfectorale, soit comme professeurs de sciences et de lettres en vertu d'une nomination régulière préfectorale ou ministérielle, à moins qu'ils ne soient attachés en même temps à un établissement d'enseignement secondaire, auquel cas ils ne peuvent recevoir que des indemnités non soumises à retenue.

---

27 nov. 1894. **Avis du Conseil d'État relatif à la question de savoir : 1° Quelle est, au point de vue de la loi du 9 juin 1853, la situation d'un instituteur suppléé en vertu du décret du 24 mai 1894? 2° Les instituteurs hors d'état de continuer leurs fonctions, par suite d'infirmités, peuvent-ils invoquer le bénéfice du décret précité jusqu'à l'époque de leur admission à la retraite?**

27 Novembre 1894.

Les Sections réunies de l'Intérieur, des Cultes, de l'Instruction publique et des Beaux-Arts et des Finances, de la Guerre, de la Marine et des Colonies du Conseil d'État, consultées par M. le Ministre de l'Instruction publique et des Beaux-Arts sur les questions suivantes :

1° Quelle est, au point de vue de la loi du 9 juin 1853, la situation d'un instituteur suppléé en vertu du décret du 24 mai 1894?

2° Les instituteurs hors d'état de continuer leurs fonctions, par suite d'infirmités, peuvent-ils invoquer le bénéfice du décret précité jusqu'à l'époque de leur admission à la retraite?

Vu la loi du 19 juillet 1889, modifiée par la loi du 25 juillet 1893, notamment les articles 42 et 48, 6°;

Vu la loi du 9 juin 1853 et le décret du 9 novembre 1853;

Vu le décret du 25 mai 1894;

Considérant que, d'après l'article 48, 6°, de la loi du 19 juillet 1889, il y a lieu de suppléer les instituteurs *provisoirement* empêchés de remplir leurs fonctions en cas de maladie, de suspension ou de congé régulier; que cette disposition a un sens précis et ne permet à l'instituteur de se faire suppléer que pour un temps limité;

Qu'en dehors des cas ci-dessus spécifiés, la loi de 1889 ne fait aucune allusion à la situation de disponibilité qui permettrait aux instituteurs de continuer à toucher leur traitement et à verser les retenues en vue de la retraite au delà des délais fixés par le décret du 9 juin 1853 pour les congés;

Considérant, d'autre part, que les dispositions de l'article 10 de la loi du 9 juin 1853 et de l'article 16 du décret du 9 novembre suivant ne sauraient être étendues aux instituteurs au profit desquels les lois et règlements sur l'instruction primaire n'ont jamais prévu des traitements d'inactivité;

Sur la deuxième question :

Considérant que, de ce qui précède, il résulte que le bénéfice de la suppléance, situation essentiellement provisoire, ne saurait être accordé aux instituteurs que leurs infirmités mettent *définitivement* dans l'impossibilité de remplir leurs fonctions,

Sont d'avis :

De répondre aux questions posées par le Ministre de l'Instruction publique et des Beaux-Arts, dans le sens des observations qui précèdent.

Cet avis a été délibéré et adopté par les Sections réunies de l'Intérieur, des Cultes, de l'Instruction publique et des Beaux-Arts et des Finances, de la Guerre, de la Marine et des Colonies, dans leur séance du 27 novembre 1894.

Circulaire du Ministre de l'Instruction publique, relative aux instituteurs adjoints rétribués directement par les communes. 30 nov. 1894.

30 Novembre 1894.

Monsieur le Préfet, mon attention a été appelée sur la situation d'un certain nombre d'instituteurs adjoints et d'institutrices adjointes qui, m'assure-t-on, occuperaient dans quelques grandes villes des postes existant en fait, mais non régulièrement créés. Ces maîtres, qui sont rétribués directement par les communes, ne sont pas inscrits sur l'état de classement du personnel dressé en exécution de la loi du 19 juillet 1889 ; ils ne peuvent, par conséquent, subir les retenues au profit de la caisse des pensions civiles, et le temps durant lequel ils restent dans ces postes ne leur compte ni pour la retraite, ni pour l'avancement.

Je vous prie de rechercher s'il existe dans votre département des maîtres placés dans ces conditions anormales, et, dans le cas de l'affirmative, de faire savoir aux municipalités que je suis disposé à régulariser la situation des adjoints ou adjointes à condition, d'une part, que les emplois qu'ils occupent seront reconnus nécessaires et créés en principe dans les formes légales; d'autre part, que la commune s'engagera à verser au Trésor, à titre de fonds de concours pour dépenses publiques, la somme représentant le traitement de ces maîtres.

Recevez, etc.

Signé : G. LEYGUES.

Arrêté relatif à la durée des Congés attribués aux Instituteurs suppléants. 8 janvier 1895.

8 Janvier 1895.

Le Ministre de l'Instruction publique et des Beaux-Arts,

Vu le décret du 2 août 1890, articles 4 à 7;

Vu l'arrêté du 4 janvier 1894;

Le Conseil supérieur de l'Instruction publique entendu,

Arrête :

ARTICLE UNIQUE. — Un congé d'une durée d'un mois est accordé, chaque année, aux instituteurs suppléants départementaux et aux institutrices suppléantes départementales.

9 janvier 1895. **Arrêté modifiant les articles 118 et 170 de l'Arrêté du 18 janvier 1887, relatif aux examens d'admission aux Écoles de Fontenay et de Saint-Cloud et à l'examen du Certificat d'aptitude au professorat dans les Écoles normales et dans les Écoles primaires supérieures.**

9 Janvier 1895.

Le Ministre de l'Instruction publique et des Beaux-Arts,
Vu la loi du 30 octobre 1886, article 21;
Vu le décret du 18 janvier 1887, article 122;
Le Conseil supérieur de l'Instruction publique entendu,
Arrête :

Les articles 118 et 170 de l'arrêté du 18 janvier 1887 sont modifiés ainsi qu'il suit :

Concours d'admission aux Écoles de Fontenay et de Saint-Cloud.

« ART. 118. — Les épreuves écrites se font au chef-lieu du département où l'inscription a été reçue; elles ont lieu sous la surveillance de l'Inspecteur d'Académie ou, à son défaut, d'un délégué agréé par le Recteur.

« Elles comprennent, pour les candidats de la section des *lettres :*

« 1° Une composition sur un sujet de littérature ou de grammaire;

« 2° Une composition sur un sujet de pédagogie ou de morale;

« 3° Une composition sur un sujet d'histoire et un sujet de géographie;

« 4° Une composition de langue vivante (version et thème allemands ou anglais, italiens, espagnols ou arabes).

« Pour les candidats de la section des *sciences :*

« 1° Une composition sur un sujet de mathématiques;

« 2° Une composition comprenant une question de physique, une question de chimie et une question de sciences naturelles;

« 3° Une composition de dessin géométrique et d'ornement;

« 4° Une composition de langues vivantes (version et thème allemands, anglais, italiens, espagnols ou arabes);

« 5° Une composition sur un sujet de pédagogie ou de morale.

« La composition de pédagogie ou de morale et celle de langues vivantes pourront être communes aux candidats des deux sections.

« Trois heures sont accordées pour la composition de langues vivantes. L'usage du dictionnaire est autorisé. Quatre heures sont accordées pour chacune des autres compositions.

Examen du certificat d'aptitude au professorat dans les Écoles normales[1].

« ART. 170[2]. — Les épreuves écrites ont lieu au chef-lieu du département, sous la surveillance de l'Inspecteur d'Académie ou d'un délégué agréé par le Recteur.

« Elles comprennent :

« *Pour les lettres :* 1° Une composition sur un sujet de littérature ou de grammaire ;

« 2° Une composition d'histoire et de géographie[3] ;

« 3° Une composition de morale ou de psychologie appliquée à l'éducation ;

« 4° Une composition de langue vivante (version et thème allemands, anglais, italiens, espagnols ou arabes). (Pour cette épreuve, les candidats pourront se servir de dictionnaire.)

« *Pour les sciences :* 1° Une composition de mathématiques ;

« 2° Une composition comprenant une question de physique, une question de chimie et une question de sciences naturelles ;

« 3° Une composition de dessin géométrique et de dessin d'ornement ;

« 4° Une question sur un sujet de morale ou d'éducation.

« Les sujets de compositions sont tirés des programmes d'enseignement dans les Écoles normales. Ils sont envoyés par l'administration centrale.

« Quatre heures sont accordées aux candidats pour chacune des compositions écrites, à l'exception de la composition en dessin géométrique et en dessin d'ornement, pour laquelle il est accordé six heures, et des compositions d'histoire et de géographie et de

1. « La possession du certificat d'aptitude pédagogique sera désormais formellement exigée des aspirants et aspirantes à l'examen du professorat des Écoles normales et des Écoles primaires supérieures. » (*Avis, Bull. adm.*, 1890, t. XLVIII, p. 818.)

L'avis précédent « ne concerne pas les candidats qui se trouveraient encore dans le cas d'invoquer le bénéfice des dispositions transitoires de l'article 192 du décret du 18 janvier 1887 » (*Bull. adm.*, 1891, t. XLIX, p. 236).

2. Voir ci-après, *à leur date*, les arrêtés des 20 et 23 *janvier* 1899, qui apportent de nouvelles modifications à l'examen du certificat d'aptitude au professorat des Écoles normales.

3. Voir les décisions limitant le programme d'histoire et de géographie pour le certificat d'aptitude au professorat des Écoles normales primaires : *Bull. adm.*, 1890, t. XLVIII, p. 710 ; — 1891, t. L, p. 539 ; — 1892, t. LII, p. 455 ; — 1893, t. LIV, p. 668 ; — 1894, t. LVI, p. 670 ; — 1895, t. LVIII, p. 569 ; — 1896, t. LX, p. 389 ; — 1897, t. LXII, p. 798 ; — 1898, t. LXIV, p. 747 ; — 1899, t. LXVI, p. 393.

sciences physiques et naturelles, pour lesquelles il est accordé cinq heures [1].

« L'usage d'une table de logarithmes à quatre ou cinq décimales est autorisé pour la composition de mathématiques.

« Les quatre épreuves de chaque série ont lieu en quatre jours consécutifs, les mêmes pour toute la France [2]. »

---

11 janvier 1895.

Décret relatif à l'établissement de Cours d'adultes subventionnés.

11 Janvier 1895.

Le Président de la République française,

Sur le rapport du Ministre de l'Instruction publique et des Beaux-Arts;

Vu la loi du 30 octobre 1886, article 8;

Vu le décret du 18 janvier 1887, articles 98 à 105;

Le Conseil supérieur de l'Instruction publique entendu,

Décrète :

ARTICLE 1er. — Les articles 98, 99, 102, 103, 104, 105 du décret du 18 janvier 1887 sont modifiés ou remplacés ainsi qu'il suit :

« ART. 98. — Les cours d'adultes [3] et d'apprentis sont créés par le Préfet à la demande du Conseil municipal et sur l'avis de l'Inspecteur d'Académie.

« ART. 99. — Dans les classes d'adultes ou d'apprentis l'enseigne-

1. Consulter la circulaire du 19 *décembre* 1899, qui divise les cinq heures affectées à l'épreuve de sciences physiques et naturelles en deux séances : la première de trois heures, le matin, pour traiter les deux questions de physique et de chimie; la seconde de deux heures, dans l'après-midi, réservée à la composition d'histoire naturelle.

2. Consulter, *Bull. adm.*, 1890, t. XLVIII, p. 1075, un *Avis* relatif à l'institution, au Musée pédagogique de Paris, d'une bibliothèque circulante, en vue d'aider à la préparation des candidats au professorat dans les Écoles normales primaires.

3. Consulter les documents suivants relatifs à l'enseignement des adultes :

Circulaire du 10 *août* 1894, aux Recteurs, relative à la reconstitution des cours d'adultes et d'apprentis (*Bull. adm.*, 1894, t. LVI, p. 203);

Arrêté du 31 *mars* 1895, instituant une Commission chargée d'examiner les moyens de mettre à la disposition des sociétés d'instruction populaire les appareils de projections lumineuses et les collections de vues photographiques pouvant servir à l'enseignement dans les cours d'adultes et dans les conférences populaires (*Bull. adm.*, 1895, t. LVII, p. 283);

Avis relatif à la réunion d'un congrès libre des sociétés d'instruction et d'éducation populaires (*Ibid.*, p. 569);

Circulaire du 10 *juillet* 1895, aux membres des délégations cantonales, des Caisses

ment peut porter sur les matières de l'instruction élémentaire et supérieure, telles qu'elles sont fixées par les lois et règlements, ou

des Écoles et des Commissions scolaires, sur les services que ces divers Comités peuvent rendre pour l'instruction des adultes (*à sa date*);

Rapport adressé au Ministre par M. Edouard PETIT, chargé d'une mission ayant pour objet d'étudier l'organisation et la propagation des cours d'adultes et des conférences populaires (*Bull. adm.*, 1895, t. LVIII, p. 312);

Rapport général lu à la séance plénière du Congrès libre des Sociétés d'instruction et d'éducation populaires, le 31 *août* 1895, par M. Édouard PETIT (*Ibid.*, p. 476);

Avis relatifs aux appareils à projections lumineuses et au service des vues photographiques destinés à l'enseignement dans les cours d'adultes et les conférences populaires (*Bull. adm.*, 1895, t. LVIII, p. 657 et 870; 1896, t. LIX, p. 301; 1897, t. LX, p. 846, 869 et 999; 1897, t. LXI, p. 191);

Décret du 24 *janvier* 1896, réservant un contingent spécial de distinctions honorifiques aux instituteurs et aux institutrices publics pour l'enseignement des adultes (*à sa date*);

Arrêté du 25 *janvier* 1896, attribuant des récompenses aux instituteurs et aux institutrices publics pour l'enseignement des adultes (*à sa date*);

Circulaire du 30 *janvier* 1896, aux Recteurs, relative aux cours d'adultes et à l'alcoolisme (*à sa date*);

— 31 *janvier* 1896, aux Recteurs, autorisant les membres de l'enseignement à faire des conférences publiques (*à sa date*);

Décret du 3 *février* 1896, relatif à la circulation gratuite des clichés photographiques devant servir aux projections lumineuses dans les cours d'adultes et les conférences populaires (*à sa date*);

Circulaire du 25 *février* 1896, aux Préfets, relative aux récompenses attribuées aux instituteurs et institutrices pour les cours d'adultes (*Bull. adm.*, 1896, t. LIX, p. 261);

— 25 *mars* 1896, aux Préfets, relative aux cours d'adultes et d'adolescents (*à sa date*);

— 28 *mars* 1896, aux Inspecteurs d'Académie, relative à la franchise des clichés photographiques employés dans les conférences populaires (*Bull. adm.*, 1896, t. LIX, p. 419);

Lettre du 25 *mars* 1896, aux Maires, relative aux cours d'adultes (*à sa date*);

Circulaire du 11 *juin* 1896, aux Préfets, relative aux récompenses à accorder aux collaborateurs des cours d'adultes (*Bull. adm.*, 1896, t. LIX, p. 619);

Rapport adressé au Ministre par M. Édouard PETIT, sur l'enquête relative aux cours d'adolescents, aux conférences populaires et aux œuvres complémentaires de l'École en 1895-96 (*Bull. adm.*, 1896, t. LX, p. 19);

Circulaires du 11 *novembre* 1896, aux Préfets et aux Recteurs, relatives à l'enseignement dans les cours et conférences d'adultes (*à leur date*);

Arrêté du 7 *décembre* 1896, attribuant des récompenses aux instituteurs et institutrices publics pour l'enseignement des adultes (*à sa date*);

Circulaire du 2 *mars* 1897, aux Inspecteurs d'Académie, relative aux récompenses à attribuer en 1897 aux personnes ayant participé à l'enseignement des cours d'adultes (*Bull. adm.*, 1897, t. LXI, p. 295);

Règlement du service des prêts de vues pour projections lumineuses fonctionnant au Musée pédagogique (*Ibid.*, p. 369-371; t. LXII, p. 1085 et 1235);

Circulaire du 27 *mars* 1897, aux Recteurs, relative aux récompenses attribuées pour les cours d'adultes (*Bull. adm.*, 1897, t. LXI, p. 467);

Arrêté du 14 *mai* 1897, augmentant le chiffre des récompenses attribuées par l'arrêté du 7 décembre 1896 aux instituteurs et institutrices pour l'enseignement des adultes (*à sa date*);

Circulaire du 12 *juin* 1897, aux Préfets, relative aux demandes de concession de

comprendre des cours théoriques et pratiques spécialement appropriés aux besoins de la région.

« ART. 102. — Les cours d'adultes peuvent comprendre des classes destinées aux illettrés, des cours spéciaux pour les jeunes gens qui désirent compléter leur instruction, des conférences et des lectures communes à tous. Il pourra être établi deux ou plusieurs sections distinctes suivant l'âge et le degré d'instruction des élèves.

« ART. 103. — Aucun instituteur public ne peut être contraint de diriger un cours d'adultes.

« Les cours et conférences peuvent être confiés à toute personne qui en fera la demande sur la proposition du maire, approuvée par le Préfet, après avis de l'Inspecteur d'Académie. Le programme de ces cours et conférences sera soumis à l'Inspecteur d'Académie en même temps que la demande.

« ART. 104. — La subvention de l'État ne peut être accordée aux

livres pour les bibliothèques populaires communales (*Bull. adm.*, 1897, t. LXII, p. 3);

Rapport sur l'éducation populaire en 1896-97, adressé au Ministre par M. Edouard PETIT (*Ibid.*, p. 375);

Circulaires du 29 *octobre* 1897, aux Recteurs et aux Préfets, relatives aux cours d'adultes (*Ibid.*, p. 1091);

— 28 *janvier* 1898, aux Inspecteurs d'Académie, relative aux demandes d'appareils à projections lumineuses (*Bull. adm.*, 1898, t. LXIII, p. 141);

Arrêté du 1er *février* 1898, attribuant des récompenses aux instituteurs et aux institutrices publics pour l'enseignement des adultes (*à sa date*);

Circulaire du 14 *février* 1898, aux Inspecteurs d'Académie, relative aux cours d'adultes et aux conférences populaires (*Bull. adm.*, 1898, t. LXIII, p. 195);

Circulaires du 19 *février* 1898, aux Préfets et aux Recteurs, relatives aux distinctions et aux récompenses honorifiques à attribuer aux personnes ayant participé aux œuvres post-scolaires en 1897-98 (*Ibid.*, p. 225 et 228);

— 19 *février* 1898, aux Préfets, relative aux sommes à attribuer, en témoignage de satisfaction, aux instituteurs et institutrices publics ayant fait des cours d'adultes ou participé aux œuvres complémentaires de l'École en 1897-98 (*Ibid.*, p. 229);

Rapport du 1er *juin* 1898 sur l'éducation populaire en 1897-98, adressé au Ministre par M. Edouard PETIT (*Bull. adm.*, 1898, t. LXIV, p. 311);

Avis du Conseil d'État, du 29 *novembre* 1898, relatif à l'interdiction aux communes de subventionner des cours *privés* d'adultes (*à sa date*);

Arrêtés du 27 *janvier* 1899, attribuant des récompenses : 1° aux instituteurs et institutrices publics; 2° aux personnes étrangères aux Écoles primaires publiques, pour l'enseignement des adultes (*Bull. adm.*, 1899, t. LXV, p. 124 et 125);

— 28 *janvier* 1899, accordant un congé supplémentaire aux instituteurs et institutrices ayant fait un cours d'adultes (*Ibid.*, p. 126);

Circulaire du 3 *février* 1899, aux Préfets, relative aux récompenses à décerner aux collaborateurs des cours d'adultes et des œuvres complémentaires de l'École (*Ibid.*, p. 149);

Arrêtés du 15 *janvier* 1900, attribuant des récompenses : 1° aux instituteurs et institutrices publics; 2° aux personnes étrangères aux Écoles primaires publiques, pour l'enseignement des adultes (*Bull. adm.*, 1900, t. LXVII, p. 79 et 80);

— 18 *janvier* 1900, accordant un congé supplémentaire aux instituteurs et institutrices publics ayant fait un cours d'adultes (*Ibid.*, p. 80).

cours d'adultes ou d'apprentis que si la commune se charge des dépenses de chauffage et d'éclairage. Cette subvention allouée sur la proposition du Préfet ne dépassera pas la moitié des frais qu'entraînent ces cours.

« Des subventions de l'État ainsi que des concessions de livres et de matériel d'enseignement pourront être allouées aux associations d'enseignement créées en vue d'organiser des cours d'adultes ou d'apprentis.

« ART. 105. — Lorsque la commune prend à sa charge les frais du cours, les conditions de rémunération sont fixées de gré à gré entre la commune et le directeur du cours d'adultes. »

ART. 2. — L'arrêté du 22 juillet 1884 et les autres dispositions contraires au présent décret sont et demeurent abrogés.

Circulaire du Ministre de l'Instruction publique, relative au Bulletin de direction, au Cahier de devoirs mensuels et au Cahier de roulement. 13 janvier 1895

13 Janvier 1895.

Monsieur l'Inspecteur d'Académie, plusieurs de vos collègues demandent si ma circulaire du 12 juin dernier relative à l'emploi du *bulletin d'inspection*[1] s'applique exclusivement aux visites faites par MM. les Inspecteurs primaires ou s'il convient de l'étendre aux différents cas analogues qui peuvent se présenter, notamment à un certain nombre d'inspections faites dans les Écoles à plusieurs classes par le directeur.

Je ne vois aucun inconvénient à cette extension, et il me semble qu'on y peut trouver de sérieux avantages. Le directeur d'une grande École, ayant sous ses ordres plusieurs instituteurs adjoints, les uns déjà titulaires, les autres stagiaires, a la responsabilité de la bonne organisation pédagogique de l'établissement. Il a le devoir et, par conséquent, le droit de guider les maîtres, ceux surtout qui débutent, de coordonner leurs efforts pour les faire converger vers le but commun. A l'École primaire plus qu'ailleurs peut-être, il importe de ménager avec un soin jaloux le temps des élèves, de leur épargner les tâtonnements de méthode, de prévenir ou de combler les lacunes résultant du manque de concordance entre les diverses classes qu'ils ont à franchir. Rien ne serait donc plus naturel de la part du directeur que de laisser au besoin à chacun de ses adjoints des notes et des directions précises lui traçant bien sa tâche annuelle, mensuelle ou quotidienne, coupant court à tout malentendu et à toute omission, permettant à l'inspection elle-même de voir d'un coup d'œil si la

1. Voir les circulaires :
Du 19 *novembre* 1892, aux Recteurs, relative à un projet de remise d'un bulletin d'inspection par les Inspecteurs primaires aux instituteurs (*Circ.*, t. XI, p. 612);
— 12 *juin* 1894, aux Recteurs, relative à l'emploi du bulletin d'inspection (*Bull. adm.*, 1894, t. LV, p. 521).

marche de l'enseignement a été méthodiquement arrêtée et est exactement suivie de la première à la dernière classe.

Puisque j'ai cette occasion de vous entretenir des moyens de préciser et de perfectionner la direction et l'inspection pédagogiques à l'intérieur même des Écoles, j'en profite pour appeler de nouveau votre attention sur deux des procédés en usage qui ont donné lieu à quelque hésitation. Je veux parler du *Cahier de devoirs mensuels* et du *Cahier de roulement*.

Sur le premier, partageant l'avis de tous mes prédécesseurs, j'estime qu'il est possible d'en tirer d'utiles et même de précieux résultats. Mais je désire que pour les mesures d'exécution la plus grande liberté soit laissée aux inspecteurs et aux instituteurs. Il me paraîtrait dangereux d'imposer l'uniformité dans la manière de tenir ce cahier, dans le nombre, la forme ou la date des devoirs à y faire figurer, dans le mode de correction, dans la rotation des matières, etc. Je ne fais aucune objection à ce que le *Cahier* dit *de devoirs mensuels* soit employé comme *Cahier de compositions* là où les maîtres le croient possible, à ce qu'il contienne seulement un devoir par mois ou un par quinzaine, à ce qu'il soit accompagné ou de corrections sommaires ou d'annotations détaillées, ou d'un classement des élèves par ordre de mérite suivant le système que le maître croira devoir préférer. Une chose importe, et c'est la seule : qu'il existe dans toute École et pour tout enfant sans exception un cahier gardé avec soin, qui, d'une manière ou d'une autre, et par un nombre suffisant de spécimens empruntés aux diverses époques de sa scolarité, puisse fournir au bout de quelques années une preuve irrécusable de la régularité de ses études, la trace de sa propre assiduité ou de ses absences et, par conséquent, la meilleure des réponses de l'instituteur aux familles qui peuvent demander compte à l'École de ce que leurs enfants y ont fait et en ont emporté.

Le *Cahier de roulement* est un autre mode de constatation indiscutable de la bonne marche des études dans une École. C'est un cahier où chaque jour un élève différent inscrit les devoirs de la journée. Un coup d'œil sur ce cahier permet à la fois de voir si le programme est bien suivi, si les sujets de devoirs et de leçons s'enchaînent bien et en même temps si les différents élèves sont à peu près, sinon de même force, du moins de force à suivre, chacun avec fruit, le cours fait pour tous. C'est en quelque sorte le journal de la classe fait par la classe elle-même, c'est le témoin des efforts du maître et de ceux des élèves, le livre où s'inscrivent en quelque sorte automatiquement, jour par jour, les résultats réels de l'application du programme, jugés non d'après un élève choisi, mais d'après la classe tout entière.

Pour ces deux cahiers, comme en général pour tous les procédés pratiques qui tendent à perfectionner l'art de l'enseignement, à donner aux études plus d'ordre, à l'éducation intellectuelle et morale plus d'efficacité, aux bonnes leçons et aux bonnes habitudes plus de prise sur l'esprit des enfants, ne vous lassez pas, Monsieur l'Inspecteur d'Académie, de faire appel à l'initiative des instituteurs : ils ne peuvent s'acquitter pleinement de la mission que nos nouvelles lois scolaires leur ont attribuée qu'à la condition d'être sans cesse stimulés, encouragés, provoqués à agir par eux-mêmes. Plus nous leur témoignons de confiance et leur laissons de liberté dans l'accomplissement de leur tâche, plus nous avons le droit de compter qu'ils l'accompliront non seulement avec exactitude et conscience, mais avec dévouement, avec joie, avec le patriotique souci de répondre à l'attente de la République.

Recevez, etc.

Signé : G. LEYGUES.

Circulaire du Ministre de l'Instruction publique, relative aux Récompenses décernées aux instituteurs et institutrices publics et privés qui ont contribué le plus activement à propager les Vaccinations et les Revaccinations dans les Écoles primaires[1]. 13 janvier 1895

13 Janvier 1895.

Monsieur le Préfet, sur la proposition de l'Académie de Médecine, M. le Ministre de l'Intérieur a décerné des récompenses aux instituteurs et aux institutrices publics et privés qui ont contribué le plus activement à propager les vaccinations et les revaccinations dans les Écoles primaires.

L'Académie a rendu hommage au zèle et au dévouement des instituteurs et des institutrices qui, par leurs conseils, ont réussi à déterminer les familles à faire vacciner leurs enfants.

Elle a constaté avec satisfaction les efforts qui ont été faits pour seconder ses vues ainsi que les résultats que la première enquête a permis d'enregistrer.

Mais si, dans la plupart des départements, on s'est conformé à ses instructions, il en est quelques-uns où il semble que l'on ait négligé de les suivre. Le rapport rédigé au nom de la Commission permanente de vaccine de l'Académie contient d'utiles indications à cet égard. Je crois devoir les signaler à votre attention.

Quelques Préfets ont déclaré n'avoir aucun candidat à proposer. L'Académie avait cependant envoyé dans les départements des tubes pour la vaccination.

Ailleurs, le cadre dans lequel doit être compris l'état des vaccinations et des revaccinations est entièrement supprimé; on se borne à une courte notice sur les titres de l'instituteur et l'on rend ainsi difficile l'appréciation des mérites des candidats.

Dans d'autres départements, les états de vaccination et de revaccination se rapportent aux seuls candidats proposés pour une récompense. L'Académie désirerait ne pas être tenue dans l'ignorance des efforts qu'ont pu faire ceux mêmes qui ne lui sont pas signalés en première ligne.

Je vous prierais en conséquence, Monsieur le Préfet, et je suis en cela d'accord avec mon collègue M. le Ministre de l'Intérieur, de vouloir bien rappeler aux instituteurs et aux institutrices que l'Académie compte sur leur concours dans cette œuvre qui intéresse à un si haut point la santé publique. Je sais que l'on ne fait jamais en vain appel à leur dévouement.

Je vous demanderais de toujours joindre à votre envoi l'état des vaccinations et des revaccinations dont le cadre vous a été adressé avec la circulaire du 13 mars 1893[2], de comprendre sur l'état de vaccination et revaccination les noms de tous les instituteurs et de toutes les institutrices publics et privés qui ont un titre à y figurer.

L'Académie de Médecine désirerait, en outre, être renseignée sur les vaccinations et revaccinations effectuées dans toutes les Écoles publiques et privées. Vous voudrez bien vous concerter à ce sujet avec M. l'Inspecteur d'Académie, afin de dresser un état aussi complet que possible que vous me feriez parvenir avec vos propositions d'attributions de récompenses.

Recevez, etc.

Signé : G. LEYGUES.

1. Par circulaire en date du 7 *novembre* 1895, aux Préfets, M. le Ministre de l'Instruction publique a décidé que des récompenses pourront être accordées aux instituteurs et aux institutrices privés. (La circulaire n'a pas été publiée au *Bulletin.*)
2. *Circ.*, t. XI, p. 655.

25 janvier 1895. **Décret concernant le classement des Écoles primaires supérieures ou des Cours complémentaires au nombre des établissements placés sous le régime de la loi du 11 décembre 1880 et du règlement du 17 mars 1888.**

25 Janvier 1895.

Le Président de la République française,

Sur le rapport du Ministre de l'Instruction publique et des Beaux-Arts et du Ministre du Commerce, de l'Industrie, des Postes et des Télégraphes;

Vu la loi du 19 juillet 1889, modifiée par la loi du 25 juillet 1893, notamment l'article 48, 18°;

Vu la loi du 11 décembre 1880 sur les Écoles manuelles d'apprentissage;

Vu la loi du 30 octobre 1886 sur l'organisation de l'enseignement primaire;

Vu le règlement d'administration publique du 17 mars 1888;

Vu l'avis du Conseil supérieur de l'Instruction publique en date du 28 décembre 1893;

Vu l'avis du Conseil supérieur de l'enseignement technique en date du 14 février 1894;

Le Conseil d'État entendu,

Décrète :

Article 1er. — Il est institué, près le Ministère de l'Instruction publique, une Commission chargée de donner son avis sur le classement des Écoles primaires supérieures ou des Cours complémentaires au nombre des établissements placés sous le régime de la loi du 11 décembre 1880 et du règlement d'administration publique du 17 mars 1888.

Cette Commission est composée :

Du Vice-Recteur de l'Académie de Paris, président;

De quatre délégués du Ministère de l'Instruction publique;

De quatre délégués du Ministère du Commerce et de l'Industrie.

Elle arrête ses propositions d'après le programme d'études et le règlement particuliers de chaque École. Le Conseil municipal ou le Conseil général, suivant le cas, et le Conseil départemental de l'Instruction publique sont préalablement consultés.

Le classement est ensuite prononcé par décret rendu sur la proposition du Ministre de l'Instruction publique et des Beaux-Arts et du Ministre du Commerce et de l'Industrie.

ART. 2. — Il est statué suivant les mêmes formes, lorsqu'il y a lieu de prononcer le déclassement d'une École primaire supérieure ou d'un Cours complémentaire placé sous le régime de la loi du 11 décembre 1880 et du décret du 17 mars 1888.

ART. 3. — Le Ministre de l'Instruction publique et des Beaux-Arts et le Ministre du Commerce, de l'Industrie, des Postes et des Télégraphes sont chargés, chacun en ce qui le concerne, de l'exécution du présent décret, qui sera publié au *Journal officiel* et inséré au *Bulletin des Lois*.

Arrêté relatif aux Programmes des Cours complémentaires.

25 janvier 1895.

25 Janvier 1895.

Le Ministre de l'Instruction publique et des Beaux-Arts,

Vu la loi du 19 juillet 1889, modifiée par celle du 25 juillet 1893, et notamment l'article 9;

Vu le décret du 21 janvier 1893, portant modification des articles 30 à 41 du décret organique du 18 janvier 1887;

Vu l'arrêté du 18 janvier 1887;

Vu les arrêtés des 21 janvier et 18 août 1893, relatifs aux programmes d'enseignement des Écoles primaires supérieures de garçons et de filles;

Vu l'avis exprimé par le Conseil supérieur de l'Instruction publique dans sa séance du 28 décembre 1894,

Arrête :

ARTICLE 1er. — Il n'est pas établi de programme pour les Cours complémentaires.

ART. 2. — L'enseignement dans les Cours complémentaires aura pour objet la revision et le complément des matières du cours supérieur des Écoles primaires élémentaires; toutefois, les maîtres et maîtresses sont autorisés à faire aux programmes des Écoles primaires supérieures, principalement à ceux de la première année, les emprunts qui seraient jugés particulièrement utiles aux élèves qui suivent le Cours complémentaire.

Le programme du Cours complémentaire est arrêté après entente entre le directeur de l'École et les maîtres chargés du cours supérieur de l'École élémentaire. Ce programme est soumis, pour avis, à l'Inspecteur primaire et n'est applicable qu'après approbation de l'Inspecteur d'Académie.

Aucune modification ne peut y être introduite que dans les formes ci-dessus indiquées.

ART. 3. — Les élèves qui auront suivi un Cours complémentaire pourront, à la fin de l'année scolaire, demander à subir, sur les matières enseignées dans ce Cours, un examen qui se passera dans les mêmes formes que l'examen pour le certificat d'études primaires élémentaires.

Mention des notes obtenues par les élèves qui satisferont à ces épreuves sera faite sur leur certificat d'études primaires élémentaires, sous la rubrique : « Mention d'études primaires complémentaires. »

---

25 janvier 1895.

Arrêté relatif aux Programmes des Écoles primaires supérieures et des Cours complémentaires de la Ville de Paris.

25 Janvier 1895.

Le Ministre de l'Instruction publique et des Beaux-Arts,

Vu la loi du 19 juillet 1889, modifiée par celle du 25 juillet 1893, notamment l'article 48, paragraphe 9 ;

Vu le règlement d'administration publique du 3 août 1890 ;

Vu le décret du 29 décembre 1891 ;

Vu le décret du 21 janvier 1893, portant modification des articles 30 à 41 du décret organique du 18 janvier 1887 ;

Vu l'arrêté du 18 janvier 1887 ;

Vu les arrêtés des 21 janvier et 18 août 1893, relatifs aux programmes d'enseignement des Écoles primaires supérieures de garçons et de filles ;

Vu l'avis exprimé par le Conseil supérieur de l'Instruction publique dans sa séance du 28 décembre 1894,

Arrête :

ARTICLE 1er. — Il n'est établi de programme spécial ni pour les Écoles primaires supérieures, ni pour les Cours complémentaires de garçons et de filles de la ville de Paris.

ART. 2. — Les Écoles primaires supérieures de Paris, pour les trois premières années d'études, prendront comme base de l'enseignement les programmes des Écoles primaires supérieures annexés aux arrêtés des 21 janvier et 18 août 1893.

Toutefois, ces programmes, ainsi que l'emploi du temps, pourront, dans chaque École, recevoir des modifications résultant de l'existence, soit d'une quatrième année d'études, soit de sections spéciales préparant à des carrières déterminées.

Le programme de la quatrième année ainsi que celui des sections spéciales sera établi, pour chaque École, par le directeur ou la directrice, après avis des professeurs.

Les programmes de chaque établissement ne seront applicables qu'après avoir été approuvés par le Vice-Recteur de l'Académie de Paris ; ils ne pourront être modifiés en cours d'année.

ART. 3. — Dans toute École comprenant un Cours complémentaire, le programme de ce cours est arrêté par le directeur de l'École, après entente avec les maîtres chargés du cours supérieur et du Cours complémentaire. Ce programme aura pour base la revision et le complément des matières du cours supérieur des Écoles élémentaires ; il pourra en outre comprendre des matières empruntées aux programmes des Écoles primaires supérieures.

Le programme de chaque École sera soumis, pour avis, à l'Inspecteur primaire et ne sera applicable qu'après approbation du directeur de l'enseignement primaire de la Seine. Aucune modification n'y sera introduite que dans les formes ci-dessus indiquées.

ART. 4. — Les élèves qui auront suivi un Cours complémentaire pourront, à l'expiration de leurs études, demander à subir, sur les matières enseignées dans ce cours, un examen qui se passera dans les mêmes formes que l'examen pour le certificat d'études primaires élémentaires.

Mention des notes obtenues par les élèves qui satisferont à ces épreuves sera faite sur leur certificat d'études primaires élémentaires sous la rubrique : « Mention d'études primaires complémentaires. »

Arrêté modifiant l'article 5 de l'Arrêté du 18 janvier 1894 relatif à l'obtention des bourses dans les Écoles nationales professionnelles.

25 janvier 1895.

25 Janvier 1895.

Le Ministre de l'Instruction publique et des Beaux-Arts,

Vu le décret du 6 janvier 1891, instituant un examen spécial pour l'obtention des bourses dans les Écoles nationales professionnelles;

Vu le décret et l'arrêté du 18 janvier 1887;

Vu l'arrêté du 18 janvier 1894;

Vu l'avis exprimé par le Conseil supérieur de l'Instruction publique dans sa séance du 28 décembre 1894,

Arrête :

L'article 5 de l'arrêté du 18 janvier 1894 est modifié ainsi qu'il suit :

« ART. 5. — Le concours se compose de deux séries d'épreuves :

« 1re *série.* — Épreuves écrites qui sont subies au chef-lieu du département.

« Ces épreuves sont les suivantes :

« 1° Une composition française sur un sujet d'histoire et de géographie, de morale ou d'instruction civique ;

« 2° Une composition sur les éléments des sciences physiques et naturelles ;

« 3° Une composition d'arithmétique.

« Il sera tenu compte, pour ces trois compositions, de l'écriture et de l'orthographe.

« Il est accordé aux candidats deux heures pour chacune de ces épreuves.

« Elles ont lieu dans la même journée.

« Les sujets sont choisis par le Ministre et adressés, sous pli cacheté, à l'Inspecteur d'Académie.

« Les sujets de compositions et les épreuves orales et pratiques devront porter sur les matières enseignées dans le cours supérieur des Écoles primaires élémentaires.

« 2e *série.* — Épreuves pratiques et épreuves orales, qui ont lieu à une date fixée par le Ministre, vers la fin de l'année scolaire, au siège de l'une des trois Écoles nationales et, en outre, dans un certain nombre de centres d'examens désignés par le Ministre. Le candidat déclaré admissible devra faire connaître le centre d'examen où il désire subir la 2e série d'épreuves. »

---

2 février 1895. **Rapport sommaire fait au nom de la 9e Commission d'initiative parlementaire chargée d'examiner la proposition de loi de M. Bouge, portant modification au paragraphe 5 de l'article 44 de la loi du 30 octobre 1886 sur l'Organisation de l'Enseignement primaire en France, et tendant à déclarer éligibles au Conseil départemental de l'Enseignement primaire tous les instituteurs et institutrices titulaires, par M. Camille Viox, député.**

Séance du 2 Février 1895.

Messieurs, votre 9e Commission d'initiative, sans se prononcer sur certains points de la proposition de notre honorable collègue M. Bouge [1], estime, néan-

1. Voir ci-dessus, p. 416, le projet de M. BOUGE (2 *juin* 1892), que son auteur reprit dans les mêmes termes le 22 *novembre* 1894.

moins, que les questions soulevées méritent un examen approfondi pour lequel nous n'avons pas qualité.

Elle a, en conséquence, l'honneur de vous proposer la prise en considération, afin d'arriver à cet examen.

Circulaire du Ministre de l'Instruction publique, relative aux Suppléances des instituteurs et institutrices publics pour cause de maladie[1]. 2 mars 1895.

2 Mars 1895.

Monsieur l'Inspecteur d'Académie, le Conseil d'État consulté sur les questions suivantes :

1° Quelle est, au point de vue de la loi du 9 juin 1853, la situation d'un instituteur suppléé en vertu du décret du 25 mai 1894?

2° Les instituteurs hors d'état de continuer leurs fonctions, par suite d'infirmités, peuvent-ils invoquer le bénéfice du décret précité jusqu'à l'époque de leur mise à la retraite?

a, le 27 novembre dernier, émis l'avis suivant, inséré au *Bulletin administratif* de mon Ministère, n° 1139, du 8 décembre 1894 :

Sur la première question :

« Que, d'après l'art. 48, 6° de la loi du 19 juillet 1889, il y a lieu de suppléer les instituteurs provisoirement empêchés de remplir leurs fonctions en cas de maladie, de suspension ou de congé régulier; que cette disposition a un sens précis et ne permet à l'instituteur de se faire suppléer que pour un temps limité;

« Qu'en dehors des cas ci-dessus spécifiés, la loi de 1889 ne fait aucune allusion à la situation de disponibilité qui permettrait aux instituteurs de continuer à toucher leur traitement et à verser les retenues en vue de la retraite, au delà des délais fixés par le décret du 9 novembre 1853, pour les congés;

« Et que, d'autre part, les dispositions de l'art. 10 de la loi du 9 juin 1853 et de l'art. 16 du décret du 9 novembre suivant ne sauraient être étendues aux instituteurs au profit desquels les lois et règlements sur l'instruction primaire n'ont jamais prévu des traitements d'inactivité;

Sur la deuxième question :

« Que, de ce qui précède, il résulte que le bénéfice de la suppléance, situation essentiellement provisoire, ne saurait être accordé aux instituteurs que leurs infirmités mettent *définitivement* dans l'impossibilité de remplir leurs fonctions. »

La question des congés se trouve ainsi réglée pour les instituteurs. Ils peuvent être suppléés provisoirement pour cause de maladie, de suspension ou de congé régulier; mais, en cas de *congé*, ils ne peuvent conserver leur traitement et continuer à verser les retenues pour le service des pensions civiles au delà des limites fixées par le décret du 9 novembre 1853[2], et ils ne peuvent ni

1. Cette circulaire a été rapportée par la circulaire du 21 *avril* 1897 (*à sa date*).

2. « Consulté dans un département au sujet de la situation qui doit être faite aux instituteurs en congé et à leurs suppléants, M. le Ministre a répondu qu'un instituteur ne peut être suppléé, en abandonnant à son intérimaire une partie de son trai-

être mis dans la situation de disponibilité, ni recevoir un traitement d'inactivité, l'article 10, dernier paragraphe, de la loi du 9 juin 1853 et l'article 16 du décret du 9 novembre suivant, en son dernier paragraphe également, ne leur étant pas applicables.

Vous vous inspirerez de cet avis dans les propositions de *congé* que vous auriez à formuler auprès de M. le Préfet.

Mais, avant d'être mis dans la position de *congé* pour cause de maladie, les instituteurs et institutrices peuvent être provisoirement suppléés aux frais de l'État. C'est surtout sur la manière dont il conviendra de procéder dans ce dernier cas que je tiens aujourd'hui à appeler votre attention.

Le règlement d'administration publique du 25 mai 1894 porte, en ses art. 1 et 2, que tout instituteur ou institutrice qui se trouve empêché, par sa santé, de faire sa classe, doit en aviser l'Inspecteur primaire et, en même temps, adresser directement une demande d'interruption de service à l'Inspecteur d'Académie, lequel, si la demande lui paraît justifiée, prend les mesures nécessaires.

Vous remarquerez d'abord, Monsieur l'Inspecteur, que vous êtes juge de la question de savoir si l'instituteur doit être ou non autorisé à cesser momentanément son service. L'intervention de M. le Préfet n'a pas été jugée utile, par la raison qu'à ce moment le maître *n'est pas mis en congé; il n'est même pas en autorisation d'absence*, au sens légal de l'expression; il est simplement autorisé par vous à ne pas faire sa classe, et vous n'avez pas à mentionner cette situation sur l'état mensuel des traitements, tout maître suppléé temporairement pour cause de maladie *devant être supposé présent*. C'est là l'avantage considérable que le législateur a entendu réserver aux maîtres de l'enseignement primaire, en permettant de les faire bénéficier d'une mesure de faveur avant de leur appliquer le droit commun.

Mais, si la loi accorde au maître cette faveur spéciale, il est bien évident qu'elle doit être justifiée. Aux termes mêmes du règlement, vous n'êtes pas tenu d'accueillir *de plano* toute demande d'interruption de service par le fait seul qu'elle est basée sur la maladie et même qu'elle est appuyée d'un certificat de médecin. Il faut encore que la demande vous paraisse fondée.

Le plus souvent, le certificat médical suffira, sans doute, à éclairer votre religion, mais il pourra aussi arriver que, conçue en des termes plus vagues par un médecin plus indulgent, cette pièce ne vous soit que d'un secours insuffisant. Vous aurez toujours la faculté de la soumettre, si vous le jugez nécessaire, au contrôle soit du médecin des épidémies, soit des médecins chargés du service de la médecine gratuite, conformément à la loi du 15 juillet 1893. D'autre part, M. l'Inspecteur primaire pourra vous aider à fixer votre détermination. Prévenu en même temps que vous-même par le maître intéressé, son

tement et en gardant l'autre partie que lorsqu'il est mis en congé pour *raisons de santé* et dans les limites prévues par l'article 16 du décret du 19 novembre 1853, c'est-à-dire pendant six mois (congé de trois mois renouvelable une seule fois). Dans ce cas, l'instituteur en congé reste titulaire de son poste et continue à figurer sur les états de traitement. Les indemnités de résidence et de logement lui sont dues exclusivement.

« Au contraire, si l'instituteur obtient un congé d'inactivité pour d'autres raisons, il ne peut prétendre ni au maintien de tout ou partie, ni aux avantages accessoires, tels que l'indemnité de résidence et de logement. Il cesse d'être titulaire des fonctions qu'il exerçait avant son congé. » (*Bulletin départemental des Bouches-du-Rhône*, février 1893, n° 2, p. 17 et 18.)

rapport vous parviendra presque aussitôt que la demande d'interruption, et vous pourrez statuer en connaissance de cause.

Si vous jugez que la demande doit être accueillie, vous assurerez immédiatement le service, soit au moyen des suppléants départementaux, soit au moyen des suppléants auxiliaires, selon les prescriptions du décret, soit même au moyen des maîtres de l'établissement auquel appartient l'instituteur. Il va de soi, en effet, que, si l'École compte plusieurs classes et si l'absence de l'instituteur ne doit durer que quelques jours, il n'est pas nécessaire de faire appel à des maîtres du dehors pour assurer le service. Vous apprécierez, selon les circonstances, ce qu'il sera préférable de décider pour concilier à la fois les intérêts des maîtres, des élèves et de l'État. Il est arrivé, l'année dernière, que pour des suppléances de très courte durée, dans des Écoles qui comptaient cinq, six classes et même davantage, on a fait venir des suppléants de départements éloignés et que les frais de voyage ont ainsi occasionné une dépense de beaucoup supérieure aux frais de suppléance mêmes. C'est là un abus qu'il me suffira de vous signaler pour qu'il disparaisse.

J'ai été consulté sur la question de savoir quelle durée pouvait avoir la suppléance temporaire pour cause de maladie.

C'est là une question difficile à résoudre d'une manière générale, et l'on ne peut guère la régler au moyen d'une formule, à cause de la nécessité où l'on est de tenir compte des formes multiples des complications possibles qui ne permettent pas de dire que l'incapacité de travail résultant de telle maladie sera limitée à telle durée déterminée d'avance.

Cette question ne peut être jugée que par espèces, et il est évident que le certificat de médecin, contrôlé comme je vous l'indique ci-dessus, sera la pièce primordiale sur laquelle devra s'appuyer votre jugement.

Seulement, comme le certificat qui sera fourni au début de la maladie ne pourra prévoir que d'une façon hypothétique la marche et les accidents qui la pourraient compliquer, j'ai fixé à un mois la durée de l'interruption de service que vous pourrez accorder aux maîtres sans qu'il soit nécessaire de m'en référer.

Si la maladie doit se prolonger, l'intéressé devra, vers la fin de ce premier mois, vous adresser dans les mêmes formes une seconde demande, accompagnée de nouveaux certificats, et vous aurez alors à me transmettre le dossier avec votre avis motivé. J'apprécierai si cette demande peut être accueillie et je vous ferai connaître ma décision dans le plus bref délai. Tant que cette décision ne vous sera pas parvenue, rien ne sera changé à la situation de l'instituteur, qui continuera d'être suppléé aux frais de l'État jusqu'à ce que j'aie statué sur les conclusions de votre rapport et vous aie fait savoir si la suppléance aux frais de l'État peut être maintenue dans les mêmes conditions ou si l'instituteur doit être placé dans la position de congé régulier, conformément aux dispositions du décret du 9 novembre 1853.

Telles sont, Monsieur l'Inspecteur, les considérations générales dont vous aurez à tenir compte pour assurer le bon fonctionnement du service des suppléances pour cause de maladie ; mais, comme je l'ai déjà constaté, on ne peut, dans une question aussi complexe, établir de règles absolues ; vous jugerez de ce qu'il conviendra de décider selon chaque cas spécial. Je serai, d'ailleurs, toujours disposé à vous donner les instructions nécessaires pour vous permettre de résoudre les difficultés particulières que vous voudrez bien me signaler.

Recevez, etc.

Signé : R. POINCARÉ.

19 mars 1895.

Décret concernant diverses questions relatives à certaines catégories du personnel des Écoles nationales professionnelles.

19 Mars 1895.

Le Président de la République française,

Sur le rapport du Ministre de l'Instruction publique, des Beaux-Arts et des Cultes, du Ministre du Commerce, de l'Industrie, des Postes et des Télégraphes, et du Ministre des Finances,

Vu la loi du 25 juillet 1893, et notamment l'article 48, 21°;

Vu la loi du 11 décembre 1880 sur les Écoles manuelles d'apprentissage;

Vu la loi du 30 octobre 1886 sur l'organisation de l'enseignement primaire;

Vu le règlement d'administration publique du 17 mars 1888;

Vu le règlement d'administration publique du 30 septembre 1893;

Vu l'avis du Conseil supérieur de l'Instruction publique en date du 27 décembre 1893;

Vu l'avis du Conseil supérieur de l'enseignement technique en date du 29 janvier 1894;

Le Conseil d'État entendu,

Décrète :

ARTICLE 1er. — Les surveillants généraux, maîtres internes, chefs d'atelier, professeurs de dessin, commis d'économat et adjudants surveillants des Écoles nationales professionnelles sont répartis en cinq classes. Ces classes sont attachées à la personne et peuvent être attribuées sans déplacement.

La promotion à une classe supérieure se fait au choix après trois années au moins passées dans la classe immédiatement inférieure. Elle a lieu de droit après six années passées dans ladite classe.

ART. 2. — Les traitements sont fixés conformément au tableau suivant :

NATURE DES FONCTIONS.	5e CLASSE.	4e CLASSE.	3e CLASSE.	2e CLASSE.	1re CLASSE.
	francs.	francs.	francs.	francs.	francs.
Surveillants généraux	1.800	2.100	2.400	2.700	3.000
Chefs d'atelier	3.200	3.500	3.800	4.100	4.400
Professeurs de dessin	2.500	2.800	3.100	3.400	3.700
Maîtres internes	1.200	1.300	1.400	1.500	1.600
Commis d'économat	1.000	1.100	1.200	1.300	1.400
Adjudants surveillants	1.200	1.300	1.400	1.500	1.600

Art. 3. — Les surveillants généraux ont droit au logement et aux prestations en nature.

Ils reçoivent, s'ils sont pourvus du certificat d'aptitude au professorat dans les Écoles normales, un supplément de traitement de 500 francs, soumis à retenue.

Art. 4. — Les chefs d'atelier reçoivent une indemnité de logement de 500 francs.

Art. 5. — Les maîtres internes, les commis d'économat et les adjudants surveillants ont droit à la nourriture, au logement et aux prestations en nature.

Art. 6. — Chaque année, lors de l'établissement du budget, le conseil d'administration fixe, sous réserve de l'approbation du Ministre de l'Instruction publique, la quotité de prestations en nature à allouer par application des articles 3 et 5 du présent décret.

Ces prestations comprennent le chauffage et l'éclairage.

Art. 7. — Les fonctionnaires qui seront en exercice lors de la publication du présent règlement seront immédiatement placés dans la classe dont le traitement correspond aux émoluments soumis à retenue dont ils jouissent actuellement.

Art. 8. — Les instituteurs titulaires ou stagiaires appelés à remplir les fonctions de maître interne conservent leur rang de classement dans le personnel de l'enseignement primaire élémentaire.

Art. 9. — Les maîtres auxiliaires chargés des enseignements accessoires prévus par les articles 21 de la loi du 30 octobre 1886 et 39 de la loi du 25 juillet 1893, les ingénieurs, chefs d'industrie, contre-maîtres et ouvriers chargés de l'enseignement des arts industriels et des travaux techniques reçoivent une allocation annuelle et non soumise à retenue, calculée de la manière suivante pour chaque heure d'enseignement par semaine :

Arts industriels et travaux techniques, 50 à 200 francs;
Langues vivantes, 100 à 150 francs;
Comptabilité, 100 à 150 francs;
Agriculture, 100 à 150 francs;
Chant et musique, 100 à 150 francs;
Gymnastique, 50 à 100 francs.

Il peut être alloué une indemnité de déplacement aux maîtres qui ne résident pas dans la ville où est située l'École.

Art. 10. — Les directeurs et les directrices, les instituteurs adjoints et les institutrices adjointes, titulaires ou stagiaires, des Écoles primaires annexes et des Écoles maternelles annexes conservent leur rang de classement et d'avancement dans le personnel de l'enseignement primaire élémentaire. Ils reçoivent, outre le traitement qui est attaché à la classe dont ils font partie et, pour les directeurs et directrices, le supplément de traitement prévu par l'article 8 de la loi du 19 juillet 1889, une allocation supplémentaire, non soumise à retenue, qui leur tient lieu d'indemnité de résidence et qui est fixée à 1 000 francs pour les directeurs et les directrices, et à 500 francs pour les adjoints et les adjointes.

Ils ont droit au logement ou à l'indemnité représentative.

ART. 11. — Les mesures relatives au classement et à l'avancement des fonctionnaires de tout ordre font l'objet d'arrêtés pris par les Ministres de l'Instruction publique et du Commerce, de l'Industrie, des Postes et des Télégraphes.

Toutefois, celles concernant le personnel des Écoles primaires et des Écoles maternelles annexes sont prises par arrêtés du Ministre de l'Instruction publique.

Les maîtres auxiliaires et le personnel ouvrier sont désignés et leur rémunération est fixée par le Ministre de l'Instruction publique, sur la proposition du Recteur et l'avis conforme du Ministre du Commerce, de l'Industrie, des Postes et des Télégraphes.

ART. 12. — Le bénéfice des promotions de classe et des augmentations de traitement résultant de l'application du présent règlement ne pourra être accordé que dans la mesure des crédits ouverts au Ministre de l'Instruction publique[1].

ART. 13. — Le Ministre de l'Instruction publique, des Beaux-Arts et des Cultes, le Ministre du Commerce, de l'Industrie, des Postes et des Télégraphes et le Ministre des Finances sont chargés, chacun en ce qui le concerne, de l'exécution du présent décret, qui sera inséré au *Journal officiel* et au *Bulletin des Lois*.

---

16 avril 1895.

Loi portant fixation du Budget général de l'Exercice 1895. [Extraits.]

16 Avril 1895.

ART. 39. — Les fonctionnaires et employés du service actif, détachés régulièrement dans les pays de protectorat ainsi qu'aux services des gouvernements étrangers, par application de l'article 4, § 3, de la loi du 9 juin 1853, conservent leurs droits au bénéfice des articles 5, § 2, et 7, § 2 de cette loi.

Les dispositions de l'article 10, § 1er, de la loi du 9 juin 1853 sont

1. La loi de finances du 13 avril 1900 a rattaché les Écoles nationales professionnelles au Ministère du Commerce, de l'Industrie, des Postes et des Télégraphes.

applicables aux fonctionnaires et employés détachés régulièrement dans les pays de protectorat, par application de l'article 4, § 3, de la même loi.

ART. 40. — A dater de la promulgation de la présente loi, les décrets de concession de pensions de toute nature à la charge de l'État seront publiés au *Journal officiel* et insérés au *Bulletin des Lois*.

Les pensions seront inscrites au Trésor public après la publication au *Journal officiel* des décrets de concession.

Il ne pourra, en aucun cas, y avoir lieu au rappel de plus de trois années d'arrérages antérieures à la date de la publication au *Journal officiel* du décret de concession.

Sont abrogés : l'article 26 de la loi du 25 mars 1817, l'article 5 de la loi du 17 avril 1833 et le 2e paragraphe de l'article 25 de la loi du 9 juin 1853.

. . . .

ART. 50. — Tant que les dispositions de l'article 6 de la loi du 30 octobre 1886 ne pourront pas recevoir leur complète application, le Ministre de l'Instruction publique est autorisé, dans les limites fixées par le décret du 2 août 1890 et jusqu'à concurrence d'un crédit spécial, à accorder des subventions aux communes pour le payement de l'indemnité due aux maîtresses de couture dans les Écoles mixtes provisoirement dirigées par des instituteurs[1].

. . . .

ART. 63. — Est et demeure abrogé l'article 51 de la loi de finances du 26 décembre 1890[2].

Aucune indemnité de résidence ne pourra être accordée aux agents qui jouiront du quart colonial.

Décret instituant un degré élémentaire et un degré supérieur dans l'examen du Certificat d'aptitude à l'enseignement du Chant dans les Écoles normales et dans les Écoles primaires supérieures. 29 avril 1895

29 Avril 1895.

Le Président de la République française,

Sur le rapport du Ministre de l'Instruction publique, des Beaux-Arts et des Cultes;

Vu la loi du 30 octobre 1886 sur l'organisation de l'enseignement primaire ;

1. Voir ci-après, *à sa date,* la circulaire du 30 *mai* 1895.
2. Voir p. 322.

Vu le décret et l'arrêté du 18 janvier 1887 ;
Vu le décret et l'arrêté du 18 janvier 1893 ;
Le Conseil supérieur de l'Instruction publique entendu,
Décrète :

L'article 106 du décret du 18 janvier 1887 est modifié ainsi qu'il suit :

« ART. 106. — Les titres de capacité de l'enseignement primaire sont :

« 1° Le brevet élémentaire et le brevet supérieur;

« 2° Les certificats d'aptitude professionnelle : certificat d'aptitude pédagogique, certificat d'aptitude au professorat des Écoles normales et des Écoles primaires supérieures, certificat d'aptitude à l'inspection des Écoles primaires et à la direction des Écoles normales, certificat d'aptitude à l'inspection des Écoles maternelles;

« 3° Les certificats spéciaux pour les enseignements accessoires :

Certificat d'aptitude à l'enseignement des langues vivantes :
Certificat d'aptitude à l'enseignement de la comptabilité;
Certificat d'aptitude à l'enseignement du travail manuel;
Certificat d'aptitude à l'enseignement du dessin;
Certificat d'aptitude à l'enseignement du chant (*degré élémentaire* et *degré supérieur*[1] ;
Certificat d'aptitude à l'enseignement de la gymnastique;
Certificat d'aptitude à l'enseignement élémentaire des travaux de couture;
Certificat d'aptitude à l'enseignement des exercices militaires;
Certificat d'aptitude à l'enseignement agricole. »

---

29 avril 1895. **Arrêté relatif à l'examen du certificat d'aptitude à l'enseignement du Chant dans les Écoles normales et dans les Écoles primaires supérieures.**

29 Avril 1895.

Le Ministre de l'Instruction publique, des Beaux-Arts et des Cultes,
Vu la loi du 30 octobre 1886 ;
Vu le décret et l'arrêté du 18 janvier 1887 ;
Vu le décret et l'arrêté du 18 janvier 1893 ;

1. Voir l'arrêté de même date, ci-après.

Vu le décret du 29 avril 1895 ;
Le Conseil supérieur de l'Instruction publique entendu,
Arrête :

Les articles 209 et suivants de l'arrêté du 18 janvier 1887 sont modifiés comme il suit :

« ART. 209. — Une Commission est nommée chaque année par le Ministre de l'Instruction publique pour examiner les candidats à l'enseignement du chant dans les Écoles normales et les Écoles primaires supérieures (degré élémentaire et degré supérieur[1]).

« Les candidats sont tenus de se faire inscrire quinze jours au moins avant l'examen à Paris, à la Sorbonne, et, dans les départements, au bureau de l'Inspecteur d'Académie.

« ART. 210. — L'examen se compose d'épreuves écrites et d'épreuves orales et pratiques ; les unes et les autres ont lieu à Paris.

« ART. 211. — Les épreuves écrites comprennent :

« *Pour le degré élémentaire :*

« 1° Une rédaction sur une question d'enseignement musical ne dépassant pas les programmes des Écoles normales et des Écoles primaires supérieures (durée de l'épreuve, trois heures) ;

« 2° Une dictée musicale facile, vocalisée sans accompagnement, phrase par phrase, chaque phrase étant de deux mesures ;

« *Pour le degré supérieur :*

« 1° Une rédaction sur une question d'enseignement ou d'art musical prise dans les programmes des Écoles normales ou des Écoles primaires supérieures (durée de l'épreuve, trois heures) ;

« 2° Une dictée musicale vocalisée sans accompagnement, période par période ;

« 3° *a*) La réalisation à quatre parties vocales d'une basse donnée et chiffrée (accords parfaits, de septième de dominante, de sensible diminuée, avec leurs renversements ; résolutions naturelles et exceptionnelles) ;

« *b*) Un chant étant donné, le candidat devra écrire sous ce chant une basse. Cette basse pourra n'être pas chiffrée ; mais si le candidat y ajoute les chiffres, s'il la réalise pour le piano, ou mieux encore

1. Les candidats peuvent se présenter aux examens des deux degrés au cours de la même session (*Avis* inséré au *Bull. adm.*, 1895, t. LVII, p. 545) ; mais les candidats ayant échoué aux épreuves du degré élémentaire ne seront pas admis à subir ensuite et dans la même session les épreuves du degré supérieur (*Avis* inséré au *Bull. adm.*, 1896, t. LIX, p. 32).

à quatre parties vocales, la Commission lui en tiendra compte dans la note donnée.

« ART. 212. — Sont admis aux épreuves orales, *pour le degré élémentaire*, les candidats qui ont obtenu 20 points au minimum pour les deux épreuves réunies; *pour le degré supérieur*, les candidats ayant obtenu 10 points au minimum pour la première épreuve et 20 points au minimum pour les deux autres épreuves réunies.

« ART. 213. — Les épreuves orales et pratiques comprennent :

« *Pour le degré élementaire :*

« 1° La lecture à première vue d'une leçon de solfège en clef de *sol* ou clef de *fa*, sans accompagnement;

« 2° L'exécution d'un morceau de chant classique, avec paroles, choisi et étudié à l'avance par le candidat (le candidat sera accompagné au piano);

« En outre, chaque candidat devra présenter une liste de dix chants scolaires à la Commission; elle en désignera un qui devra être chanté de mémoire;

« Le candidat prendra le ton au diapason;

« Il lui sera tenu compte du discernement dont il aura fait preuve dans la composition de cette liste;

« 3° Les interrogations d'un caractère élémentaire sur la théorie musicale;

« 4° Une leçon pratique d'enseignement musical; cette épreuve donne lieu à un coefficient double;

« 5° L'exécution à première vue, sur le piano ou sur le violon, d'un accompagnement simple.

« Tout candidat qui n'a pas obtenu au minimum 60 points pour l'ensemble des épreuves orales est ajourné;

« *Pour le degré supérieur :*

« 1° La lecture à première vue d'une leçon de solfège écrite en changement de clefs (clefs de *sol* et de *fa*), sans accompagnement;

« 2° L'exécution d'un morceau de chant classique choisi et étudié à l'avance (le candidat sera accompagné au piano);

« En outre, chaque candidat devra présenter une liste de dix chants scolaires à la Commission; elle en désignera un qui devra être chanté de mémoire.

« Le candidat prendra le ton au diapason.

« Il lui sera tenu compte du discernement dont il aura fait preuve dans la composition de cette liste;

« 3° L'exécution à première vue, sur le piano ou sur le violon, d'un accompagnement simple qui devra ensuite être transposé dans une tonalité facile, indiquée par la Commission;

« 4° Des interrogations sur la théorie musicale et sur l'histoire de la musique;

« 5° Une leçon théorique et pratique d'enseignement musical; cette épreuve donne lieu à un coefficient double.

« Tout candidat qui n'a pas obtenu au minimum 60 points pour l'ensemble des épreuves orales est ajourné.

« ART. 214. — Après la clôture des examens, le jury dresse, par ordre de mérite, une liste des candidats jugés dignes d'obtenir le certificat. Cette liste est soumise à l'approbation du Ministre, qui délivre les certificats. »

Décret modifiant le Décret du 4 juin 1890 relatif aux conditions spéciales d'organisation du Personnel des Écoles normales de la Seine et à la fixation des Traitements. 25 mai 1895.

25 Mai 1895.

Le Président de la République française,

Sur le rapport du Ministre de l'Instruction publique et des Beaux-Arts;

Vu la loi du 19 juillet 1889, notamment l'article 48, 9° et 21°, modifié par la loi du 15 juillet 1893;

Vu la loi du 30 octobre 1886;

Vu les règlements organiques du 18 janvier 1887;

Vu le règlement d'administration publique du 4 juin 1890, notamment l'article 4;

Vu l'avis du Conseil supérieur de l'Instruction publique en date du 28 décembre 1894;

Le Conseil d'État entendu,

Décrète :

ARTICLE 1er. — L'article 4 du décret du 4 juin 1890 susvisé est remplacé par l'article suivant :

« ART. 4. — Nul ne peut être chargé, à titre de maître ou de maîtresse auxiliaire dans les Écoles normales primaires du département de la Seine, d'un enseignement accessoire, s'il n'est muni du brevet de capacité correspondant à cet enseignement.

« Les maîtres et les maîtresses auxiliaires sont désignés par le Ministre de l'Instruction publique, sur la proposition du Vice-Recteur.

« Les ouvriers instructeurs sont choisis, avec l'agrément du directeur, par le professeur de travail manuel et placés sous ses ordres.

« Les maîtres et maîtresses reçoivent une rétribution non soumise à retenue et dont le taux annuel est fixé, pour chaque heure d'enseignement par semaine, de la manière suivante :

Langues vivantes Dessin	300 fr.	350 fr.	400 fr.
Chant, musique Travaux manuels Gymnastique, exercices militaires	200	250	300

« Les augmentations prévues ci-dessus ne peuvent être accordées qu'après trois années de jouissance du taux inférieur.

« Il est alloué aux ouvriers instructeurs un salaire dont le taux annuel est fixé, pour chaque heure d'enseignement par semaine, à 100 francs, avec augmentations successives de 25 francs, jusqu'à 150 francs. Ces augmentations sont accordées dans les mêmes conditions que celles établies ci-dessus pour les maîtres auxiliaires. »

ART. 2. — Sont abrogées toutes les dispositions contraires au présent décret.

---

25 mai 1895. **Décret relatif à l'organisation, à la nomination et aux traitements du personnel enseignant des Écoles annexes dans les Écoles normales du département de la Seine.**

25 Mai 1895.

Le Président de la République française,

Sur le rapport du Ministre de l'Instruction publique et des Beaux-Arts,

Vu la loi du 19 juillet 1889, notamment l'article 48, 9°, 12° et 21°, modifié par la loi du 25 juillet 1893;

Vu la loi du 30 octobre 1886;

Vu les règlements organiques du 18 janvier 1887;

Vu le règlement d'administration publique du 20 août 1892 sur le mode spécial de classement et d'avancement des instituteurs et institutrices de la ville de Paris;

Vu le règlement d'administration publique du 20 juillet 1894 sur les indemnités représentatives de logement attribuées au personnel enseignant des Écoles primaires publiques;

Vu le règlement d'administration publique du 3 octobre 1894 sur le régime des Écoles annexes dans les Écoles normales primaires;

Vu l'avis du Conseil supérieur de l'Instruction publique en date du 28 décembre 1894;

Le Conseil d'État entendu,

Décrète :

TITRE Ier. — *Régime des Écoles annexes.*

ARTICLE 1er. — Les Écoles annexes où les élèves-maîtres et les élèves-maîtresses des Écoles normales primaires du département de la Seine s'exercent à la pratique de l'enseignement peuvent porter le nom d'Écoles annexes proprement dites ou d'Écoles d'application, suivant les cas prévus par le décret du 3 octobre 1894.

Elles sont soumises au régime organisé par ce décret, mais sous cette réserve que l'École annexe proprement dite doit comprendre une classe au moins pour chacun des trois cours primaires et peut avoir, en outre, un cours complémentaire.

TITRE II. — *De la nomination et des traitements du personnel enseignant dans les Écoles annexes.*

ART. 2. — Ne peuvent être directeurs et directrices des Écoles annexes, si elles sont Écoles annexes proprement dites, et des Écoles maternelles dépendant de ces Écoles, que les professeurs d'École normale ayant enseigné pendant trois ans au moins dans une Ecole primaire publique.

Peuvent remplir les fonctions de directeur et de directrice les instituteurs et les institutrices munis du brevet supérieur et comptant au moins dix années d'exercice effectif dans l'enseignement public. Les institutrices doivent, en outre, pour être chargées des fonctions de directrice d'une Ecole maternelle, produire soit le certificat d'aptitude pédagogique, soit l'ancien certificat à la direction des Ecoles maternelles.

Les fonctions d'adjoint et d'adjointe sont remplies par des instituteurs et des institutrices titulaires munis du brevet supérieur.

ART. 3. — Le Ministre nomme les directeurs et directrices de l'Ecole annexe proprement dite et les directrices des Ecoles maternelles dépendant de cette Ecole.

Il délègue les instituteurs et les institutrices dans les fonctions énumérées aux paragraphes 2 et 3 de l'article 2.

ART. 4. — Les directeurs et directrices dénommés en l'article précédent reçoivent, dans les conditions déterminées par l'article 3 du décret du 4 juin 1890, les traitements attribués aux professeurs d'Écoles normales primaires par ledit article.

Art. 5. — Les instituteurs et les institutrices délégués dans les fonctions énumérées aux paragraphes 2 et 3 de l'article 2 conservent leur rang de classement et d'avancement dans le personnel de l'enseignement primaire élémentaire du département de la Seine ou de la ville de Paris. Ils reçoivent les traitements de leur classe, tels qu'ils résultent de la loi du 19 juillet 1889 ou du décret du 20 août 1892. Il est attribué, en outre, à ceux qui exercent les fonctions de directeur ou de directrice l'indemnité de direction prévue à l'article 8 de la loi du 19 juillet 1889.

Cette indemnité est soumise à retenue.

Ils ont droit, les uns et les autres, à l'indemnité de résidence, ainsi qu'au logement ou à l'indemnité représentative fixée conformément au décret du 20 juillet 1894 pour le personnel enseignant des Écoles primaires de la ville de Paris.

Art. 6. — Si l'École annexe est une École d'application, les directeurs et les directrices, les instituteurs adjoints et les institutrices adjointes sont choisis parmi les instituteurs et les institutrices titulaires pourvus du brevet supérieur.

Ils sont nommés dans la même forme que les directeurs et les instituteurs des Ecoles primaires ordinaires et reçoivent les traitements et indemnités prévus par les lois et les règlements.

Art. 7. — Tous les maîtres et les maîtresses qui, à un titre quelconque, enseignent dans une École annexe, quelle qu'elle soit, touchent, en dehors des traitements et indemnités fixés par la loi ou le présent règlement, une allocation annuelle de 600 francs, non soumise à retenue.

Pour les maîtres et les maîtresses délégués dans les fonctions de directeur ou de directrice qui, au moment de leur délégation, touchaient une indemnité de direction, cette allocation est augmentée d'une somme égale à l'indemnité qu'ils touchaient.

Art. 8. — L'enseignement du dessin, du chant et de la gymnastique peut être donné par des maîtres ou des maîtresses auxiliaires.

Ces maîtres et maîtresses reçoivent une allocation annuelle, non soumise à retenue, et dont le taux, calculé à raison d'une heure de leçon par semaine, est fixé de 200 à 300 francs.

Les maîtres et les maîtresses reçoivent, au moment de leur nomination, l'allocation la moins élevée; ils peuvent obtenir, après trois années au moins d'exercice, des augmentations successives de 25 francs par an jusqu'à ce qu'elles aient atteint le taux maximum.

Art. 9. — Sont et demeurent abrogées toutes les dispositions contraires au présent décret.

Circulaire du Ministre de l'Instruction publique, relative à la procédure à suivre en cas d'opposition à l'ouverture d'une École primaire privée. 27 mai 1895.

27 Mai 1895.

Monsieur le Préfet, le Conseil supérieur, à sa dernière session, a constaté l'irrégularité de la procédure suivie dans une affaire contentieuse. Il s'agissait d'une opposition formée à l'ouverture d'une École primaire privée.

L'acte d'opposition transmis par le maire au Préfet n'était pas formulé dans les mêmes termes que l'acte d'opposition notifié le même jour à l'intéressé, et, de plus, ce dernier acte n'énonçait pas les motifs de l'opposition.

Je crois devoir appeler votre attention sur cette irrégularité qui ne se produirait pas si les prescriptions réglementaires commentées dans la circulaire du 31 mai 1889 étaient exactement appliquées[1].

Je vous prie, en conséquence, de vouloir bien en rappeler les termes à MM. les maires, afin qu'ils ne manquent pas de s'y conformer.

Vous voudrez bien, en même temps, recommander à M. l'Inspecteur d'Académie, au cas où il relèverait une irrégularité de forme du genre de celle que je vous signale, d'examiner le dossier de l'affaire et de voir si, au fond, il n'y aurait pas lieu à opposition de sa part[2].

Recevez, etc.

Signé : R. POINCARÉ.

1. Consulter les documents suivants :

Circulaire du 31 *mai* 1889, aux Préfets, relative à la procédure à suivre en matière d'opposition devant les Conseils départementaux de l'Instruction publique (p. 147);

Avis du Comité du Contentieux (*Bull. adm.*, 1893, t. LIV, p. 1048; — 1895, t. LVIII, p. 160).

2. Consulter les notes des pages 686 à 690 du Tome V, sous le titre III de la loi du 30 octobre 1886, et le résumé suivant de la jurisprudence du Conseil supérieur de l'Instruction publique.

Jurisprudence relative à l'enseignement primaire privé.

La jurisprudence relative à l'enseignement primaire privé a été établie comme suit, par les arrêts du Conseil supérieur de l'Instruction publique, pendant la période de 1887 à 1900 :

1° *En matière d'opposition à l'ouverture d'une École :*

AÉRATION. — Voir : ÉCLAIRAGE ET AÉRATION, INSALUBRITÉ.

CHANGEMENT DE DIRECTEUR OU DE DIRECTRICE. — Dans le cas où il s'agit d'une déclaration motivée, non par l'ouverture d'une École nouvelle, mais par le changement de directeur ou de directrice d'une École préalablement existante, et dont les conditions matérielles d'installation n'ont pas été changées, s'il n'y a pas, dans cette circonstance, une fin de non-recevoir contre le droit de l'Administration municipale ou académique de former une opposition fondée sur l'état défectueux des lieux, il paraît cependant équitable de tenir compte, en fait, du défaut d'opposition lors des déclarations précédentes, s'il n'appert aucun motif nouveau de s'opposer à l'ouverture sollicitée. (*C. S.*, 14 *janvier* 1899, Affaire *Moynat.*)

Voir aussi l'*Avis* du Comité du Contentieux, émis le 5 *juillet* 1895 (*à sa date*).

CLASSE ENFANTINE. — L'ouverture d'une classe enfantine dans une École primaire privée ne peut être assimilée à l'ouverture d'une École nouvelle, et l'appréciation des conditions dans lesquelles doit s'ouvrir cette classe échappe à la juridiction d'un Conseil départemental. (*C. S.*, 13 *janvier* 1899, Affaire *Rey*.)

CONTIGUÏTÉ DES LOCAUX DE L'ÉCOLE PRIVÉE ET DE L'ÉCOLE PUBLIQUE. — Il n'y a pas lieu de tenir compte du motif d'opposition fondée sur la contiguïté du local de l'École privée avec l'École publique. (*C. S.*, 27 *décembre* 1888, Affaire *Meudre*; — 22 *juillet* 1889, Affaire *Mathevet*.)

Voir aussi : ENTRÉE COMMUNE AUX ÉLÈVES D'UNE ÉCOLE PUBLIQUE ET D'UNE ÉCOLE PRIVÉE.

COURS D'ADULTES. — Si le local désigné ne convient pas à la tenue d'une École proprement dite, il peut être accepté pour un cours d'adultes peu nombreux. (*C. S.*, 21 *juillet* 1888, Affaire *Drouin*.)

DÉCLARATION. — La déclaration d'ouverture doit être faite par le déclarant lui-même et porter sa signature; le maire ne doit point recevoir une déclaration qui, faite sans l'observation des règles établies, enlève les garanties d'authenticité à l'acte initial de la procédure. (*C. S.*, 13 *janvier* 1899, Affaire *Broquin*.)

DÉFAUT DE SOLIDITÉ ET DE SÉCURITÉ. — Le maire est fondé à faire opposition à l'ouverture d'une École libre, quand l'immeuble destiné à cette École ne présente pas, *au moment de la déclaration*, les conditions de solidité et de sécurité qui permettraient d'y recevoir des enfants. (*C. S.*, 28 *décembre* 1891, Affaire *Longchamp*.)

La décision du Conseil départemental, maintenant l'opposition pour cette raison que la construction de la maison proposée est trop légère et contient trop de bois pour que la sécurité des enfants et l'hygiène soient suffisamment garanties, peut être admise en principe, sous réserve d'exception d'espèce. (*C. S.*, 28 *décembre* 1891, Affaire *Robert*.)

Est recevable l'opposition fondée sur ce motif que, au moment où la déclaration a été faite, les conditions d'installation de l'École présentaient des vices, notamment des dangers d'incendie, et que l'escalier étroit, construit à jour, rendait, en cas d'urgence, l'évacuation des classes difficile. (*C. S.*, 28 *décembre* 1891, Affaire *Rousset*.)

Est reconnu motif d'opposition le fait que la cour n'est pas séparée d'un chemin public et que des accidents peuvent se produire. (*C. S.*, 28 *décembre* 1893, Affaire *Gaillard*.)

Suffit à justifier l'opposition la constatation que le local n'était pas en état de recevoir les enfants, tant au moment de la déclaration d'ouverture qu'au moment où a été prononcé le jugement du Conseil départemental. (*C. S.*, 27 *décembre* 1894, Affaire *Robert*.)

Est justifiée l'opposition fondée sur cette raison que l'École projetée ne présente pas, par la disposition des salles elles-mêmes et par celle de la cour commune aux différents locataires, un isolement suffisant pour garantir la sécurité des enfants. (*C. S.*, 22 *juillet* 1896, Affaire *Barret*.)

Est motif valable d'opposition le fait que le local proposé pour l'installation d'une École présente incontestablement, par suite surtout du mode de couverture de l'immeuble, de ses annexes et des maisons adjacentes, les plus graves dangers pour la sécurité des élèves. (*C. S.*, 13 *janvier* 1898, Affaire *Alleq*.)

DÉLAI LÉGAL POUR LE JUGEMENT DE L'OPPOSITION. — Les oppositions à l'ouverture d'une École privée doivent être jugées dans le délai d'un mois rigoureusement fixé par l'article 39 de la loi du 30 octobre 1886. (*C. S.*, 22 et 23 *juillet* 1889, Affaires *Mathevet* et *Larrouy*.) — Voir aussi : *C. S.*, 27 *décembre* 1890, Affaire *Rouyer*; — 29 *décembre* 1890, Affaire *Sauveplane*; — 27 *juillet* 1891, Affaire *Grenier*; — 29 *juillet* 1891, Affaire *Sillier*; — 26 *décembre* 1891, Affaire *Laravoire*; — 28 *décembre* 1892, Affaire *Huguet*.

L'opposition à l'ouverture d'une École libre est une mesure conservatrice qui n'a d'effet que si elle est régulièrement confirmée, et doit être jugée dans le mois, aux termes de l'article 39 de la loi du 30 octobre 1886. Le législateur a entendu substituer un délai « exact et ferme », par suite de rigueur, au délai simplement comminatoire qu'établissait la loi du 15 mars 1850, et cela, afin que le droit des déclarants ne fût pas exposé à être compromis par des ajournements qui, sans cela, auraient pu se prolonger abusivement. Dès lors l'opposition, faute d'être confirmée en temps utile, devient sans effet; elle est levée par le seul fait de l'expiration du délai donné pour la confirmer, et le déclarant rentre par là même dans la plénitude de son droit. (*C. S.*, 29 *juillet* 1891, Affaire *Cazeneuve.*)

La loi ne donne effet à l'opposition formée à l'ouverture d'une École libre qu'à la condition qu'il ait été statué dans le délai d'un mois sur le mérite de cette opposition. (*C. S.*, 26 *juillet* 1894, Affaire *Marson.*)

DÉLAI POUR FORMER OPPOSITION. — La loi exige que le maire forme, dans les huit jours, opposition à l'ouverture de l'École et en informe le postulant; l'opposition signifiée au delà du délai de huit jours après la déclaration est caduque. (*C. S.*, 28 *décembre* 1892, Affaire *Bouguet.*)

Dans le calcul du délai de huit jours imparti au maire par la loi pour faire opposition, on doit comprendre le jour où la déclaration a été reçue à la mairie; et ce délai de huit jours doit s'appliquer tant à l'acte d'opposition qu'à la notification à faire à l'intéressé. (*C. S.*, 14 *janvier* 1898, Affaire *Damien.*) — Voir aussi : *C. S.*, 12 *janvier* 1900, Affaire *Hamel.*

DORTOIRS. — Est valablement formée l'opposition basée sur ce que la surveillance du dortoir sera faite uniquement par l'instituteur qui est marié. (*C. S.*, 29 *juillet* 1887, Affaire *Grilly.*)

L'installation d'un dortoir en dehors de l'immeuble affecté à la tenue de l'École privée et du pensionnat, et séparé de ladite École par une rue et une place, soit une distance de 20 à 30 mètres, ne permet pas au directeur responsable d'exercer une surveillance effective tant sur les maîtres que sur les élèves commis à leur garde, et ne présente pas, au point de vue des bonnes mœurs et de la sécurité des enfants, toutes les garanties exigées par l'article 38 de la loi du 30 octobre 1886. (*C. S.*, 15 *janvier* 1898, Affaire *Cèbe*; — 13 *janvier* 1900, Affaire *Vergnol.*)

EAUX (QUALITÉ DES). — Le motif d'opposition tiré du manque d'eau de puits ou de source dans les locaux scolaires ne saurait être admis que par une interprétation abusive de la loi. (*C. S.*, 27 *décembre* 1888, Affaire *Desclos.*)

Si les eaux d'infiltration (*d'un cimetière*), à supposer qu'elles puissent être nuisibles, ne peuvent pas toucher la partie de l'immeuble qui est destinée à l'École, et s'il n'existe aucun moyen de les recueillir en vue de les utiliser pour la boisson, il n'y a pas lieu à opposition. (*C. S.*, 12 *janvier* 1900, Affaire *Chandèze.*)

La constatation que les eaux, dans le local destiné à une École projetée, sont malsaines, n'est point un motif suffisant d'opposition, lorsqu'il est possible de purifier ces eaux et que l'École projetée est munie des appareils nécessaires à cette purification. (*C. S.*, 21 *juillet* 1899, Affaire *Bornèque.*)

ÉCLAIRAGE ET AÉRATION. — Est fondée l'opposition lorsqu'il résulte du rapport de l'Inspecteur primaire, de la délibération du Conseil d'hygiène et du plan annexé à cette délibération, enfin du rapport présenté au Conseil départemental, que le local proposé est dans des conditions insuffisantes d'éclairage et d'aération. (*C. S.*, 27 *juillet* 1894, Affaire *Robin.*)

Mais « le peu d'élévation du plafond des classes ne saurait être, dans l'espèce, attendu les dimensions de ces salles en longueur et en largeur, une cause d'insalubrité ». (*C. S.*, 28 *décembre* 1894, Affaire *Challansonnet-Péronne.*)

La salle de classe ayant une profondeur de 5 mètres sur une longueur de 12 mètres, étant éclairée par deux grandes baies de $2^{m},78$ sur $2^{m},62$, et deux autres baies, percées dans les pignons, permettant d'établir un courant d'air, ces conditions d'aération et d'éclairage sont suffisantes. (*C. S.*, 16 *janvier* 1897, Affaire *Herbin.*)

Voir aussi : EXIGUÏTÉ DE LA CLASSE, INSALUBRITÉ.

ENTRÉE COMMUNE AUX ÉLÈVES D'UNE ÉCOLE PUBLIQUE ET D'UNE ÉCOLE PRIVÉE. — On ne saurait admettre que les élèves de l'École privée projetée et les élèves de l'École publique aient une entrée commune, formée par un passage commun, donnant accès à un escalier commun. Cet escalier commun, qui conduit à la salle de l'École privée par un palier commun aux élèves des deux Écoles, pourrait être une cause permanente de querelles, d'accidents ou de chutes, de nature à mettre en danger la santé et la vie même des élèves. On ne saurait admettre qu'il y a contiguïté de locaux seulement; mais en réalité l'École privée serait installée dans le même corps de bâtiment que l'École publique, puisqu'il y a des parties communes aux deux Écoles : passage commun, escalier commun, palier commun. (*C. S.*, 14 *janvier* 1899, Affaire *Mary.*) — Voir : CONTIGUÏTÉ.

EXIGUÏTÉ DE LA CLASSE. — Il n'y a pas lieu de s'arrêter à l'exiguïté prétendue de la salle de classe; il appartiendra à l'autorité académique de veiller à ce qu'on n'y reçoive pas un nombre d'enfants plus élevé que ne le comporte le cube d'air de cette salle, assez vaste d'ailleurs. (*C. S.*, 16 *janvier* 1897, Affaire *Herbin.*)

HYGIÈNE (CONDITIONS ET CONSEIL D'). — Ce n'est pas motiver une opposition que de dire d'une façon générale qu'un local ne répond pas aux exigences de l'hygiène; le maire a le devoir de faire connaître sur quels points l'École projetée paraît insalubre. Le Conseil d'hygiène doit être consulté avant que le Conseil départemental rende sa décision; autrement le Conseil serait privé d'un élément précieux d'information. (*C. S.*, 28 *décembre* 1894, Affaire *Thorel.*)

L'opposition est fondée lorsque le local désigné pour l'ouverture d'une École est notoirement insuffisant et présente des dangers pour la santé des enfants qu'on y réunirait. (*C. S.*, 27 *juillet* 1894, Affaire *Thibaud.*)

Il n'y a pas lieu de s'arrêter à ce fait que la salle destinée à l'École primaire faisait jusqu'ici partie des dépendances de l'École maternelle privée, du moment que cette salle est complètement séparée de ladite École et qu'elle se trouve dans des conditions hygiéniques convenables. (*C. S.*, 13 *janvier* 1899, Affaire *André.*) — Voir aussi : *C. S.*, 12 *janvier* 1900, Affaire *Jeanselme*, où il est reconnu que l'École de filles est complètement séparée de l'Ecole maternelle, et que, notamment, les deux cours sont séparées par un jardin clos d'un treillage.

Si l'avis du Conseil d'hygiène est utile, il n'en résulte pas que cet avis exige nécessairement et dans tous les cas une visite effective des locaux litigieux. (*C. S.*, 13 *janvier* 1899, Affaire *Paulet.*)

Voir aussi : INSALUBRITÉ, VOISINAGE.

IDENTITÉ DE MOTIFS DANS L'ACTE DE NOTIFICATION DE L'OPPOSITION. — L'acte d'opposition transmis par le maire au Préfet et à l'Inspecteur d'Académie doit être formulé dans les mêmes termes que l'acte d'opposition notifié au déclarant. (*C. S.*, 26 *décembre* 1891, Affaire *Malet.*) — Voir aussi : *C. S.*, 28 *décembre* 1894, Affaire *Forget* et Affaire *Thorel;* — 6 *avril* 1895, Affaire *Reynaud.*)

INSALUBRITÉ. — Ni l'élévation du plafond, ni la hauteur de l'appui des fenêtres ne sont une cause d'insalubrité. (*C. S.*, 23 *décembre* 1887, Affaire *Savel.*)

Une construction bien faite, pourvue de larges ouvertures, en pleine campagne, ne peut être considérée comme malsaine par cela seul qu'elle est élevée sur un terrain déclive, et suivie d'un talus dont la pente, sur une largeur de 5m,40, n'est, à sa plus grande hauteur, que de 1 mètre. (*C. S.*, 24 *décembre* 1887, Affaire *Larrebat.*)

L'insuffisance de la hauteur peut être en partie compensée par la largeur et la longueur de la salle; ce qui rend le local présenté suffisant pour recevoir les élèves qui doivent recevoir les leçons. (*C. S.*, 28 *décembre* 1888, Affaire *Chièze.*)

Il peut être reconnu que le local indiqué est spacieux et bien aéré, malgré sa hauteur inférieure de 20 centimètres à la hauteur réglementaire exigée pour les Écoles publiques. (*C. S.*, 28 *décembre* 1888, Affaire *Droussent.*)

Voir aussi : ÉCLAIRAGE ET AÉRATION, VOISINAGE.

LITIGE EN COURS A PROPOS DU DROIT DE PROPRIÉTÉ SUR LE LOCAL. — Une protestation de la commune et une action intentée par elle en revendication d'un immeuble en litige pourraient justifier l'opposition à l'ouverture de l'École jusqu'à ce que les tribunaux eussent statué, afin de prévenir des désordres graves. (*C. S.*, 29 *juillet* 1887, Affaire *Warnet.*)

Une École privée ne peut pas être installée dans un local affecté à une École publique. La déclaration ne peut viser le cas où le local serait enlevé à la commune qui en est possesseur et même propriétaire. (*C. S.*, 27 *décembre* 1888, Affaire *Lanoë.*)

La question de savoir à qui le local appartient n'intéresse ni l'hygiène ni les bonnes mœurs, et l'ouverture de l'École dans ce local ne préjuge en aucune façon les décisions à rendre par les tribunaux compétents. (*C. S.*, 27 *décembre* 1890, Affaire *Dutertre.*) — Voir aussi : *C. S.*, 27 *juillet* 1891, Affaire *Pessey;* — 22 *juillet* 1893, Affaire *Favennec;* — 22 *juillet* 1895, Affaire *Boyenval;* — 17 *janvier* 1896, Affaire *Bezacier;* — 18 *janvier* 1896, Affaire *Martin;* — 23 *juillet* 1896, Affaire *Pouzin;* — 21 *juillet* 1899, Affaire *Rivière.*

LOGEMENT DES MAÎTRES. — L'opposition ne peut pas être fondée sur ce que la directrice d'un externat privé ne réside pas dans le local scolaire. (*C. S.*, 23 *décembre* 1887, Affaire *Gendron;* — 27 *décembre* 1888, Affaire *Desclos.*)

L'inachèvement du local destiné à loger les maîtres n'est pas une cause suffisante d'opposition. (*C. S.*, 24 *décembre* 1887, Affaire *Lavieil.*)

MOBILIER (DÉFECTUOSITÉ DU). — L'argument tiré de la défectuosité du mobilier ne peut être invoqué, puisque aucun règlement ne prescrit l'installation du mobilier scolaire avant l'acceptation du local. (*C. S.*, 28 *décembre* 1894, Affaire *Challansonnet-Péronne.*)

MOTIFS D'OPPOSITION. — Lorsque les inconvénients qui avaient motivé une première décision du Conseil départemental ont disparu et qu'il n'est depuis survenu dans l'état des lieux ou des constructions aucun changement de nature à justifier une nouvelle opposition, il ne peut y avoir lieu à une nouvelle opposition, le droit d'opposition ne pouvant être fractionné et exercé par actes successifs. (*C. S.*, 20 *juillet* 1888, Affaire *Mazet.*) — Voir aussi : *C. S.*, 14 *janvier* 1899, Affaire *Moynat.*

L'opposition du maire et de l'Inspecteur d'Académie ne peut être fondée sur d'autres motifs que ceux qui sont énoncés dans l'article 37 de la loi du 30 octobre 1886. (*C. S.*, 27 *décembre* 1890, Affaire *Rouyer.*) — Voir aussi : *C. S.*, 22 *juillet* 1895, Affaire *Boyenval;* — 23 *juillet* 1896, Affaire *Pouzin.*

L'omission des motifs de l'opposition, contraire aux prescriptions de la loi, frappe cette opposition de nullité; et du fait de cette nullité, l'opposition n'est pas recevable. (*C. S.*, 15 *janvier* 1898, Affaire *Fille.*)

Voir aussi : DÉLAI POUR FORMER OPPOSITION, IDENTITÉ DE MOTIFS.

PENSIONNAT. — L'interdiction d'annexer un pensionnat à une École primaire privée (*décret du* 18 *janvier* 1887, *art.* 177) ne s'applique qu'aux Écoles mixtes proprement dites et non aux Écoles spéciales auxquelles il a été régulièrement annexé une classe enfantine. (*C. S.*, 14 *janvier* 1898, Affaire *Roques.*)

Est entachée d'un vice de nullité la décision par laquelle le Conseil départemental se refuse à fixer le nombre des pensionnaires à recevoir et à prescrire des mesures dans l'intérêt des élèves. (*C. S.*, 21 *juillet* 1888, Affaires *Pincemin* et *Chamard.*)

PRÉAU COUVERT. — En raison des dispositions spéciales de l'École, l'exiguïté du préau couvert peut ne pas être un motif suffisant d'opposition. (*C. S.*, 27 *décembre* 1894, Affaire *Mayoux;* — 8 *juillet* 1897, Affaire *Gougeard.*)

L'absence d'un préau couvert ne saurait être une cause d'opposition. (*C. S.*, 13 *janvier* 1899, Affaire *André.*)

PRIVÉS. — L'absence de privés dans l'École serait un motif valable d'opposition. (*C. S.*, 22 *juillet* 1893, Affaire *Daval.*)

Est motif valable d'opposition l'impossibilité constatée de surveiller les cabinets d'aisances, pendant les heures de classe, pour des sorties particulières. (*C. S.*, 28 *décembre* 1893, Affaire *Gaillard.*) — Voir aussi : *C. S.*, 22 *juillet* 1896, Affaire *Barret;* — 8 *juillet* 1897, Affaire *Gougeard.*

RAPPORT ÉCRIT (ABSENCE DE). — L'absence d'un rapport écrit, sur lequel doit statuer le Conseil départemental, constitue un vice de forme manifeste. (*C. S.*, 27 *décembre* 1889, Affaire *Roche;* — 28 *décembre* 1892, Affaire *Huguet.*)

RÈGLEMENTS ET INSTRUCTIONS POUR LA CONSTRUCTION DES ÉCOLES. — Le règlement du 17 juin 1880 n'est obligatoire que pour les Écoles publiques. (*C. S.*, 27 *décembre* 1889, Affaire *Romanet;* — 28 *décembre* 1894, Affaire *Thorel;* — 16 *janvier* 1897, Affaire *Herbin.*)

Les indications contenues dans l'instruction spéciale annexée à l'arrêté du 18 janvier 1887 (*Annexe C*) ne sont pas des prescriptions absolues et ne sauraient être imposées dans toute leur rigueur aux Écoles primaires privées. (*C. S.*, 17 *janvier* 1896, Affaire *Alessandri.*) — Voir aussi : *C. S.*, 24 *mars* 1887, Affaire *Bonnet.*

VOISINAGE. — *Abattoir.* — Le voisinage d'un abattoir peut être dangereux et exige une enquête. (*C. S.*, 28 *décembre* 1894, Affaire *Forget.*)

Le voisinage immédiat d'un abattoir, dont l'École maternelle projetée n'est d'ailleurs séparée, sur un point, que par une palissade, présente des inconvénients et même des dangers au point de vue de l'hygiène. (*C. S.*, 6 *avril* 1895, Affaire *Forget.*)

Auberge. — Le voisinage d'une auberge, située à une certaine distance de la maison d'école, ne suffit pas pour mettre obstacle à l'ouverture de l'École. (*C. S.*, 24 *mars* 1887, Affaire *Vernejoul;* — 28 *décembre* 1892, Affaire *Aubin.*)

Buvette. — Le voisinage d'une buvette n'est pas, à lui seul, une cause suffisante pour empêcher l'ouverture d'une École. (*C. S.*, 26 *décembre* 1887, Affaire *Salesse.*) — Voir ci-dessous *Cabaret*, *Débit de boissons.*

Cabaret. — Le voisinage d'un cabaret, regrettable sans doute, n'est pas de nature à empêcher l'ouverture d'une École. (*C. S.*, 24 *décembre* 1887, Affaire *Lavieil.*) — Voir ci-dessous *Débit de boissons.*

Café. — Le voisinage d'un café, situé à 50 mètres de distance, ne peut mettre obstacle à la tenue d'une École. (*C. S.*, 28 *décembre* 1888, Affaire *Jacquemart.*)

Cimetière. — L'opposition n'est justifiée que lorsqu'il y a un danger évident provenant des eaux pluviales ou souterraines qui arrivent aux terrains de l'École ou du pensionnat projeté après avoir passé par le cimetière. (*C. S.*, 23 *juillet* 1889, Affaire *Larrouy.*) — Voir aussi : *C. S.*, 29 *juillet* 1887, Affaire *Isard;* — 21 *juillet* 1888, Affaire *Texier;* — 26 *juillet* 1894, Affaire *Nycollin;* — 17 *janvier* 1896, Affaire *Alessandri;* — 14 *janvier* 1897, Affaire *Boucaud;* — 14 *janvier* 1899, Affaire *Mary.*

La proximité du cimetière ne pourrait être un motif valable d'opposition qu'autant que, après l'avis du Conseil d'hygiène, elle constituerait un danger pour la santé des enfants. (*C. S.*, 21 *juillet* 1888, Affaire *Larroque;* — 8 *juillet* 1897, Affaire *Gougeard.*) — Voir aussi : *C. S.*, 14 *janvier* 1898, Affaire *Grollemund.*

Si les anciens charniers ont été avec raison accusés de compromettre la santé publique, les cimetières installés conformément aux règles imposées par les règlements ne constituent pas une cause d'insalubrité, surtout quand les inhumations ne s'y font plus depuis dix-neuf mois. (*C. S.*, 12 *janvier* 1900, Affaire *Chandèze.*)

Voir aussi : EAUX, et Tome V, page 686, note 3.

Cloaques. — Les émanations provenant de cloaques situés à plus de 50 mètres de l'École projetée peuvent être incommodes; mais il n'est pas démontré qu'ils constituent un danger pour la santé des élèves; si ce danger existait, il appartiendrait au maire de les faire supprimer, conformément à l'article 97 de la loi du 5 avril 1884. (*C. S.*, 8 *juillet* 1897, Affaire *Picon.*)

Débit de boissons. — Une École ne peut être ouverte dans une maison où un débit de boissons est installé au rez-de-chaussée, au-dessous de l'une des salles de classe, et où la disposition des lieux permet aux enfants d'entendre les cris, les chants, les conversations du débit, et de voir les allées et venues des clients de l'établissement. (*C. S.*, 18 *janvier* 1896, Affaire *Delfaud-Géraud.*)

Étable. — Le voisinage d'une étable, dépendant d'une ferme d'ailleurs peu importante, ne constitue pas un danger pour l'hygiène des enfants. (*C. S.*, 26 *décembre* 1887, Affaire *Ardassus.*)

La contiguïté d'une étable et d'un tas de fumier ne constitue pas nécessairement une condition dangereuse pour la santé des enfants. (*C. S.*, 21 *juillet* 1899, Affaire *Beucher*.)

Étang. — Un étang ou une mare peut constituer un danger, lorsqu'il est voisin d'une École; mais il en est ainsi dans certaines conditions, si les eaux sont stagnantes, à niveau variable, polluées par des détritus spéciaux, et si dans la région existent des accidents paludéens. (*C. S.*, 14 *janvier* 1897, Affaire *Sartre*.)

Ferme. — On ne peut tirer un motif d'opposition de ce fait qu'il existe une ferme dans le voisinage de l'École, alors qu'elle en est séparée par une voie de communication; la présence d'un abreuvoir dans la cour de cette ferme ne peut être une cause de danger pour les enfants; l'accès de l'École doit être assuré par un passage suffisamment large pour que les enfants puissent se garer des bestiaux et des voitures. (*C. S.*, 12 *janvier* 1900, Affaire *Barbier*.)

Gué. — Le voisinage d'un gué constitue un danger pour l'hygiène; et un plus grand danger résulte du rouissage du chanvre dans un lavoir qui communique avec ce gué. (*C. S.*, 8 *novembre* 1889, Affaire *Loyer*.)

Hospice. — Le voisinage d'un hospice ne constitue pas par lui-même un danger qui mette obstacle à l'ouverture d'une École. (*C. S.*, 28 *décembre* 1892, Affaire *Carivenc et Coustel*.)

Lavoir. — Voir : *Gué.*

Mare. — Voir : *Étang.*

Porcherie. — La présence d'une porcherie dans le voisinage du local présenté par le déclarant pour y tenir son École n'est pas un motif suffisant d'opposition, une porcherie ne pouvant être considérée comme un établissement insalubre et dangereux. (*C. S.*, 28 *décembre* 1892, Affaire *Lafage*.)

Tannerie. — Le motif d'opposition tiré du voisinage d'une tannerie est insuffisant pour constituer à lui seul un empêchement à l'installation d'une École, attendu que les émanations qui se dégagent de ce genre d'établissements sont simplement désagréables et ne nuisent pas à la santé. (*C. S.*, 27 *décembre* 1890, Affaire *Junière*.)

2° *En matière disciplinaire :*

ACTES DE RÉSISTANCE A L'EXÉCUTION D'UN JUGEMENT. — Les actes de résistance à l'exécution d'un jugement rendu par un tribunal, et le fait d'y avoir associé les élèves de l'École constituent, pour la directrice de l'École privée, une faute grave commise dans l'exercice de ses fonctions. (*C. S.*, 21 *juillet* 1898, Affaire *Blaziot*.)

ADMISSION D'ENFANTS DES DEUX SEXES. — Le fait d'avoir admis concurremment dans son École des garçons et des filles, en le supposant établi, constitue, pour l'institutrice privée, une infraction à l'article 36 de la loi du 30 octobre 1886; et cette infraction est prévue, déférée à la juridiction correctionnelle et punie par l'article 40 de la même loi; elle ne saurait dès lors rentrer dans les fautes professionnelles que prévoit l'article 41, et le Conseil départemental est incompétent pour en connaître. (*C. S.*, 8 *juillet* 1897, Affaire *Bezon*.)

ATTITUDE COUPABLE ENVERS LES AUTORITÉS UNIVERSITAIRES. — L'instituteur privé qui se rend coupable d'une faute grave, par ses paroles et ses actes, à l'égard de l'Inspecteur de l'enseignement primaire dans l'exercice de ses fonctions, encourt la peine d'interdiction d'enseigner. (*C. S.*, 14 *janvier* 1899, Affaire *Pelóin et Constans*.)

CHOSE JUGÉE (AUTORITÉ DE LA). — Lorsqu'un fait nouveau vient à se produire, l'intéressé ne peut invoquer l'autorité de la chose jugée pour obtenir l'infirmation de la seconde décision intervenue. (*C. S.*, 23 *juillet* 1889, Affaire *Poudevigne*.)

DISTRIBUTION DE BROCHURES OU PLACARDS AUX ÉLÈVES. — Commet une faute grave l'instituteur privé qui a distribué à ses élèves un placard diffamatoire et injurieux contenant des attaques violentes contre la loi, contre les élèves d'autres Écoles et contre les maîtres qui les dirigent. (*C. S.*, 15 *janvier* 1898, Affaire *Litalien*.)

EMPLOI DE MAÎTRES OU MAÎTRESSES NON POURVUS DE TITRES DE CAPACITÉ. — Se rend coupable d'une faute grave dans l'exercice de ses fonctions le directeur d'École libre qui n'exerce pas sur son subordonné la surveillance qui lui incombe et qui a omis d'inscrire sur le registre réglementaire le nom de ce maître; ce qui avait pour effet d'empêcher l'Administration de savoir que l'École comptait un maître n'ayant pas l'âge légal et ne possédant aucun titre de capacité. (*C. S.*, 26 *juillet* 1894, Affaire *Trassard.*)

Le fait d'employer dans une École une maîtresse non pourvue du brevet de capacité constitue une infraction à l'article 4 de la loi du 30 octobre 1886; dès lors, aux termes de l'article 40 de la même loi, l'institutrice privée ne peut être poursuivie de ce chef que devant le tribunal correctionnel, sans que le Conseil départemental ait à connaître de l'affaire. (*C. S.*, 8 *juillet* 1897, Affaire *Delpérié.*)

FAUSSE DÉCLARATION POUR L'INSCRIPTION A UN EXAMEN. — Le fait d'avoir présenté sciemment aux examens du certificat d'études primaires des enfants de son École qui n'avaient pas l'âge requis par les règlements et de les avoir fait figurer sur les registres d'inscription avec des dates de naissance inexactes, constitue un acte d'improbité professionnelle et de déloyauté de la part de l'instituteur privé qui le commet, et rend celui-ci passible de la peine d'interdiction d'enseigner. (*C. S.*, 25 *juillet* 1893, Affaire *Chambert.*)

IMMORALITÉ. — Commet une faute grave dans l'exercice de ses fonctions l'instituteur libre qui n'exerce pas une surveillance suffisante dans son École et y laisse pénétrer un homme indigne de toute confiance, qui se rend coupable d'actes d'immoralité. (*C. S.*, 28 *décembre* 1892, Affaire *Cazenave.*)

Un acquittement en Cour d'assises n'efface pas l'accusation d'immoralité portée contre un instituteur libre et ne diminue en rien le danger de la présence d'un tel maître dans une École. (*C. S.*, 26 *juillet* 1894, Affaire *Bodez.*) — Voir aussi : *C. S.*, 26 *juillet* 1894, Affaire *Trassard*; — 21 *juillet* 1899, Affaire *Caron.*

INTERDICTION DU DROIT D'ENSEIGNER. — L'interdiction du droit d'enseigner pendant une année dans un département déterminé est une peine non prévue par l'article 41 de la loi du 30 octobre 1886 qui édicte seulement : la censure, l'interdiction dans *la commune où l'instituteur exerce*, l'interdiction dans le département, l'interdiction à temps et l'interdiction absolue. (*C. S.*, 28 *décembre* 1892, Affaire *Luneau.*)

PEINES CORPORELLES (APPLICATION DE). — L'institutrice privée qui applique aux enfants confiés à ses soins des peines corporelles, et leur inflige des pénitences qui, par l'immobilité imposée à ces enfants dans la cour, par le froid ou la pluie, deviennent cruelles et dangereuses, et leur adresse des paroles injurieuses, encourt la peine d'interdiction temporaire de l'enseignement. (*C. S.*, 21 *juillet* 1898, Affaire *Francatel.*)

RÉHABILITATION. — Si la réhabilitation efface pour l'avenir les effets des condamnations encourues et relève le condamné des incapacités légales qui le frappaient, elle ne peut enlever au Conseil départemental le droit d'apprécier si le déclarant offre toutes les garanties de moralité qu'on a le droit d'exiger d'un instituteur. (*C. S.*, 24 *mars* 1887, Affaire *Chou.*)

SUPÉRIEUR RELIGIEUX. — Le supérieur religieux d'une École privée échappe à la juridiction du Conseil départemental s'il n'est pas instituteur. (*C. S.*, 14 *janvier* 1899, Affaire *Peloin.*)

Lettre du Ministre de l'Instruction publique à M. le Recteur de l'Académie d'Aix, relative à la fréquence des Mutations dans le personnel primaire enseignant de la Corse. 27 mai 1895.

27 Mai 1895.

Monsieur le Recteur, mon attention a été appelée sur les inconvénients de toute nature que présente, pour la marche régulière du service, la fréquence des mutations dans le personnel des Inspecteurs primaires, directeur, directrice et professeurs des Écoles normales de la Corse. Je me suis préoccupé des moyens de remédier à cette situation en fixant dans cette résidence, pour un temps aussi long que possible, les fonctionnaires venus du continent, et j'ai pensé que le meilleur procédé serait d'attribuer au séjour en Corse de sérieux avantages au point de vue de l'avancement.

J'ai décidé que les Inspecteurs primaires, directeur, directrice et professeurs des Écoles normales de la Corse recevraient, au bout de trois années passées dans ce département, une promotion de classe, sous la condition d'être l'objet d'une proposition du Vice-Recteur transmise par vous avec avis favorable. Chaque année, le Comité des Recteurs et des Inspecteurs généraux réuni à Paris, au mois de décembre, sera invité à m'adresser des propositions en ce sens pour tous les fonctionnaires des catégories ci-dessus énumérées, comptant au cours de l'année écoulée, trois années d'exercice en Corse et dans la même fonction.

La proposition pourra m'être faite même dans le cas où le fonctionnaire remplissant ces conditions aura été appelé pendant l'année à un emploi équivalent sur le continent.

J'ajouterai que mon intention est, dans la mesure du possible, de fixer à la date uniforme du 1er octobre les mutations à effectuer dans le personnel de l'enseignement primaire de la Corse, relevant directement de l'Administration supérieure.

Recevez, etc.

Signé : R. POINCARÉ.

Circulaire du Ministre de l'Instruction publique, relative aux Maîtresses de couture. 30 mai 1895.

30 Mai 1895.

Monsieur le Préfet, l'article 50 de la loi de finances du 16 avril 1895 dispose que, tant que les dispositions de la loi du 30 octobre 1886 ne pourront pas recevoir leur complète application, le Ministre de l'Instruction publique est autorisé, dans les limites fixées par le décret du 2 août 1890, et jusqu'à concurrence d'un crédit spécial, à accorder des subventions aux communes pour le payement des indemnités dues aux maîtresses de couture dans les Écoles mixtes provisoirement dirigées par des instituteurs.

Pour la répartition du crédit inscrit à cet effet au budget de 1895, j'ai décidé qu'il y avait lieu d'accorder aux communes qui ont demandé qu'une institutrice soit placée à la tête de ces Écoles une subvention égale à l'indemnité fixée pour cette rémunération conformément aux dispositions du décret du 2 août 1890.

Vous voudrez bien m'adresser un état donnant, commune par commune, le détail de la dépense qui doit en résulter.

Conformément aux intentions du Parlement, vous aurez, en outre, à me faire connaître vos propositions de subvention en faveur des communes qui, bien qu'ayant demandé le maintien d'un instituteur, n'ont pas les ressources suffisantes pour assurer le payement de cette indemnité. J'examinerai dans quelle limite des subventions pourront être accordées.

Vous trouverez ci-joint le modèle du cadre qui doit servir à ce travail, que je vous prie de me faire parvenir le 20 juin au plus tard.

Je crois devoir vous faire remarquer que la disposition susvisée de la loi du 16 avril 1895 n'a pas pour effet de substituer l'État aux communes dans la liquidation de ces dépenses, elle a seulement pour objet de permettre à mon Administration de venir en aide aux communes intéressées. Il est donc nécessaire que le montant de la dépense soit inscrit aux budgets communaux. Je vous prie de veiller à ce que cette mesure soit rigoureusement observée.

Enfin, j'appelle à nouveau votre attention sur les instructions contenues dans la circulaire du 29 mars 1893, qui vous invitait à vous préoccuper du remplacement dans les Écoles mixtes des maîtres par des maîtresses, partout où rien ne s'oppose à l'application du principe établi par la loi de 1886[1].

Vous trouverez ci-joint un exemplaire de la présente circulaire pour M. l'Inspecteur d'Académie.

Recevez, etc.

Signé : R. POINCARÉ.

---

5 juin 1895. **Proposition de loi tendant à modifier la loi de 1889, améliorée par celle de 1895, sur les Traitements du Personnel de l'Enseignement primaire, présentée par MM. Carnaud, Guesde, Chauvin, Jourde, Jaurès, etc.[2].**

Séance du 5 Juin 1895.

Exposé des motifs.

Messieurs, la loi du 19 juillet 1889 sur les traitements du personnel enseignant de l'enseignement primaire, malgré les intentions bienveillantes du législateur, consacrait de si notables injustices que la loi du 25 juillet 1893 ne pourra les faire entièrement disparaître.

Il est temps de faire sortir des travaux parlementaires une loi nette, précise, qui puisse enfin se passer des interprétations trop étroites du Conseil d'État.

Tel est le but que nous nous sommes proposé en vous soumettant ce projet de loi.

Nous ne voulons pas entraver l'application de la loi de 1893 qui est en cours

1. Consulter les circulaires du 18 *mai* 1896 aux Préfets (*à sa date*); — du 26 *juillet* 1897 aux Préfets (*à sa date*); — du 8 *juillet* 1898 aux Préfets (*à sa date*).

2. Consulter le Rapport de M. MARFAN, député, 12 *juillet* 1895 (*J. O.*, 17 *novembre* 1895, Docum. parlem., p. 883; — celui de M. Ch. FOREST au Sénat, 8 *juillet* 1898 (*J. O.*, 1er *novembre* 1898, Docum. parlem., p. 518-520; — l'avis de la Commission des finances du Sénat, 1er *mars* 1899 (*J. O.*, 9 *avril* 1899, Docum. parlem., p. 83).
Voir la discussion à la Chambre, 22 *mars* 1898 (*J. O.*, 23 *mars* 1898, p. 1331-1337).
A rapprocher du projet de M. CABART-DANNEVILLE, 22 *novembre* 1894 (p. 586), et du nouveau projet de M. CARNAUD, 30 *janvier* 1899 (ci-après *à sa date*).

d'exécution, et qui doit être entièrement appliquée en 1897 au plus tard. Ce que nous désirons, c'est qu'immédiatement après l'application intégrale de cette loi, une loi nouvelle intervienne qui en répare définitivement les dernières imperfections, les dernières injustices.

L'article 32 interprété par le Conseil d'État ne respecte pas, contrairement à l'intention des Chambres, tous les droits acquis, et consacre pour quelques-uns de nos maîtres, une diminution de la situation dont ils jouissaient avant la loi de 1889.

L'article 6 et l'article 24, au lieu de régler l'avancement des maîtres et des maîtresses, d'après une règle inflexible et qui soit la même pour tous, le laissent dépendre encore en partie des influences protectrices, et le subordonnent aux plus ou moins grandes chances de mort du personnel, par la bizarre institution du pourcentage. On se demande ce que peuvent devenir les droits acquis avec un semblable système.

L'article 7 établit des traitements encore trop au-dessous de ce qu'ils devraient être, au moins pour les dernières classes.

Enfin, par une contradiction inexplicable, les maîtres adjoints et les maîtresses adjointes des Écoles supérieures sont les seuls qui soient traités sur un même pied d'égalité sans distinction de sexe. Pourtant, pour être plus exacts, les instituteurs et les institutrices des deux dernières classes reçoivent aussi un traitement identique. Nous nous demandons si le législateur peut sanctionner plus longtemps les mauvaises raisons qui ont été données, pour justifier la différence de traitement que l'on a établie, au détriment des autres maîtresses, raisons que l'on invoque pour celles-ci et que l'on écarte pour celles-là.

Tels sont, Messieurs, les points les plus importants que nous soumettons à votre examen et que nous vous prions de bien vouloir corriger en adoptant la proposition de loi suivante :

Proposition de loi.

Article 1er. — Les articles 6, 7, 8, 11, 15, 18, 31, 32 et 34 de la loi du 19 juillet 1889, modifiée par la loi du 25 juillet 1893, sont modifiés ainsi qu'il suit :

« Art. 6. — Les instituteurs et les institutrices des Écoles primaires, élémentaires et maternelles, sont répartis en stagiaires et en titulaires.

« Sont titularisés : 1° tous ceux et toutes celles qui obtiennent le certificat d'aptitude pédagogique; 2° tous ceux et toutes celles qui ont accompli cinq ans de services, le service militaire comptant pour un an aux instituteurs.

« Le pourcentage est supprimé. Chaque instituteur, chaque institutrice, après cinq ans de présence dans une classe, doit être promu à la classe supérieure.

« La titularisation et les promotions de classe ne reçoivent leur effet que dans l'année budgétaire qui suit le jour où les droits acquis prennent date.

« Art. 7. — Les titulaires sont rangés dans les cinq classes suivantes : 5e classe, 1 200 francs; 4e classe, 1 400 francs; 3e classe, 1 600 francs; 2e classe, 1 800 francs; 1re classe, 2 000 francs.

« Art. 8. — Les titulaires chargés de la direction d'une École reçoivent un supplément d'autant de fois 100 francs qu'ils ont d'adjoints, jusqu'à concurrence de 400 francs.

« Art. 11. — Les stagiaires reçoivent un traitement de 1 100 francs et l'indemnité de résidence dans les conditions déterminées à l'article 12. Ils ont droit au logement ou à l'indemnité représentative.

« Ils forment une classe unique.

« Art. 15. — Le traitement des instituteurs adjoints et des institutrices adjointes des Écoles primaires supérieures est fixé ainsi qu'il suit : 5e classe, 1 400 francs;

4e classe, 1 600 francs; 3e classe, 1 800 francs; 2e classe, 2 000 francs; 1re classe, 2 200 francs.

« ART. 18. — Le traitement des professeurs hommes et femmes des Écoles normales est fixé ainsi qu'il suit : 5e classe, 2 500 francs ; 4e classe, 2 700 francs ; 3e classe, 2 900 francs ; 2e classe, 3 100 francs ; 1re classe, 3 400 francs.

« Les maîtres et les maîtresses non pourvus du certificat d'aptitude au professorat des Écoles normales et délégués à titre provisoire recevront un traitement unique de 2 000 francs.

« ART. 31. — Le traitement des instituteurs et des institutrices d'Algérie est fixé comme suit : stagiaires, 1 300 francs ; 5e classe, 1 400 francs ; 4e classe, 1 600 francs ; 3e classe, 1 800 francs ; 2e classe, 2 100 francs ; 1re classe, 2 400 francs.

« Ils peuvent recevoir en outre, etc.

« ART. 32. — L'Etat garantit aux instituteurs et aux institutrices actuellement en fonctions un traitement qui devra, sans le concours des suppléments de traitement prévus aux articles 8, 9, 20 et 31, égaler au moins le montant du traitement et des allocations soumises à retenue dont ces maîtres jouissaient au 31 décembre 1889 (y compris les suppléments accordés par les communes à titre facultatif et depuis le 16 juin 1881). Les maîtres et les maîtresses en congé à cette date bénéficieront des mêmes dispositions.

« ART. 34. — Les instituteurs et les institutrices, bénéficiant des dispositions de l'article 32, dont le traitement total garanti ne coïncidera pas avec l'une des cinq classes établies par l'article 7, prendront rang dans la classe immédiatement inférieure. L'État devra pourtant leur servir le complément de leur traitement garanti.

« Les directeurs et les directrices, dont le traitement de classe augmenté de l'indemnité prévue à l'article 8 sera inférieur à 2 400 francs, ne recevront de ce complément que la somme nécessaire pour parfaire ces 2 400 francs.

« Les adjoints et les adjointes, nommés antérieurement au 30 octobre 1886, seront classés en raison de leurs années de service effectif, sans que les années de stage qui leur ont donné droit à la titularisation puissent en être défalquées. »

ART. 2. — La mise à la retraite sera obligatoire à cinquante-cinq ans d'âge et vingt-cinq ans de service.

La retraite proportionnelle, après quinze ans de service, pourra être accordée pour maladies ou infirmités contractées dans l'exercice des fonctions.

ART. 3. — Les innovations apportées par la présente loi recevront leur effet dès que la loi du 25 juillet 1893, modifiant celle de 1889, aura reçu elle-même son application intégrale, c'est-à-dire au plus tard dans le budget de 1898.

En conséquence, les articles et les dispositions contraires à la présente loi seront abrogés dès la mise en vigueur du budget de 1898.

---

28 juin 1895.

Circulaire du Ministre de l'Instruction publique, relative aux Cours accessoires dans les Écoles normales.

28 Juin 1895.

Monsieur le Recteur, vous avez été informé des réductions apportées par le Parlement, pour l'exercice 1895, aux crédits affectés aux dépenses des Écoles normales. Le Gouvernement ayant décidé de ne demander aucune augmentation pour le budget de l'année 1896, j'appelle tout particulièrement votre attention sur la *nécessité* de réaliser, dès maintenant, les économies compatibles avec la bonne marche du service.

Diverses mesures peuvent être prises en vue d'assurer ce résultat.

Je vous signalerai, en première ligne, la dépense parfois excessive, afférente à la rétribution des *cours accessoires* dans les Écoles normales. Je vous demanderai d'abord, ainsi que je vous y conviais par ma circulaire du 9 août 1894, d'étudier avec soin les moyens de remplacer peu à peu le personnel spécial par le personnel ordinaire. La substitution ne sera, j'en conviens, que rarement possible à la fois dans les trois années; mais, limitée à la première année, elle sera presque toujours d'une application aisée. Il n'est pas admissible que les Écoles normales restent plus longtemps tributaires de l'extérieur pour les cours de *chant* et de *gymnastique;* je désire que ces matières soient enseignées, dès la rentrée, par les professeurs d'Écoles normales. Il devra en être de même pour le dessin d'imitation, dont les leçons de début pourront être attribuées aux professeurs de sciences, déjà chargés, le plus souvent, du dessin géométrique.

Cette combinaison ne permettra pas seulement de diminuer, dès maintenant, la dépense; j'y vois surtout un moyen d'amener graduellement le personnel des Écoles normales à suffire, par ses ressources propres, à toutes les parties du programme.

Dans les établissements de faible ou de moyen effectif numérique, vous aurez à vous préoccuper de réduire le nombre des heures à demander par semaine aux maîtres auxiliaires, en groupant plusieurs divisions pour chaque exercice.

Une autre mesure me paraît également s'imposer : je veux parler de l'application, à partir du 1er octobre 1895, de la nouvelle réglementation prévue par le décret du 4 octobre 1894, concernant le taux de rétribution des heures consacrées aux enseignements accessoires. La date à laquelle a été publié ce décret ne m'a pas permis de l'appliquer immédiatement à l'ensemble du personnel spécial; j'ai dû en réserver l'exécution à l'égard des maîtres qui exerçaient déjà au 4 octobre dernier et qui, ayant été confirmés dans leurs fonctions dès la rentrée, pouvaient invoquer le bénéfice de la situation acquise. Ces délégations, comme toutes les délégations à un titre quelconque, prendront fin suivant l'usage, avec la présente année scolaire. Je compte profiter de cette circonstance pour mettre en vigueur les nouvelles prescriptions. Il convient de prévenir, dès maintenant, les maîtres intéressés que les indemnités qu'ils reçoivent seront désormais calculées d'après les taux prévus par le décret du 4 octobre, titres II et III. Vous voudrez bien les inviter à vous faire connaître s'ils acceptent les conditions qui vont leur être faites : ce sont les seules que les règlements m'autorisent à leur appliquer désormais, dans le cas où vous proposeriez le renouvellement de leur délégation pour la prochaine année scolaire.

Je vous transmets ci-joint un certain nombre d'exemplaires du règlement destinés à MM. les Inspecteurs d'Académie; les propositions de ces chefs de service, accompagnées de votre avis, devront m'être transmises pour le 25 juillet au plus tard.

Vous voudrez bien m'accuser réception de la présente circulaire.

Recevez, etc.

Signé : R. POINCARÉ.

Circulaire du Ministre de l'Instruction publique, relative à l'admission à la retraite des fonctionnaires de l'Enseignement primaire. 28 juin 1895.

28 Juin 1895.

Monsieur le Recteur, un très grand nombre d'Inspecteurs primaires comptant six ans d'exercice dans la même classe auront droit, en 1896, à une promotion, par application des dispositions de l'article 25 de la loi du 25 juillet 1893. Je dois me préoccuper, dès à présent, des moyens financiers de leur assurer l'avancement auquel ils ont droit. Je vous ai déjà fait connaître, à la date du 28 mars 1894, que la limitation de la durée extrême du séjour des Inspecteurs dans chaque classe avait pour conséquence forcée la diminution du nombre total des années à passer dans la fonction. D'un autre côté, le Gouvernement ayant pris la résolution formelle de ne demander au Parlement aucune augmentation des dépenses du budget de l'exercice 1896, je me trouve dans l'obligation de procéder à de nouvelles admissions à la retraite. J'ai décidé que les Inspecteurs primaires et les directeurs d'Écoles normales qui atteindront l'âge de 60 ans au cours de l'exercice 1896 seront admis à faire valoir leurs droits à une pension de retraite à partir du 1er janvier prochain[1].

Recevez, etc.

Signé : R. POINCARÉ.

---

5 juillet 1895. **Avis du Comité du Contentieux, institué auprès du Ministère de l'Instruction publique, sur la situation d'une École privée pendant le mois qui suit un changement de direction.**

Séance du 5 Juillet 1895.

Le Comité du Contentieux, consulté sur la question de savoir si, lorsqu'il s'agit pour un nouvel instituteur de remplacer le directeur d'une École privée déjà ouverte et en état de fonctionnement, l'Administration doit nécessairement, et dans tous les cas, ordonner la fermeture de cette École jusqu'à l'expiration du délai pendant lequel des oppositions peuvent être formées à la déclaration du postulant;

Vu les articles 37 et suivants de la loi du 30 octobre 1886, 158 du décret du 18 janvier 1887 :

Attendu que, d'après les articles 37 à 39, tout instituteur qui veut ouvrir une École privée doit préalablement déclarer son intention au maire et que celui-ci lui remet immédiatement un récépissé de sa déclaration; que le postulant adresse les mêmes déclarations au Préfet, à l'Inspecteur d'Académie et au Procureur de la République; que les fonctionnaires précités peuvent former à l'ouverture de l'École une opposition sur laquelle il est statué par les juridictions indiquées en l'article 40, et que, à défaut d'opposition, « l'École est ouverte à l'expiration du mois sans autre formalité »;

Que, d'après l'article 158 du décret du 18 janvier 1887, les mêmes règles s'appliquent à l'instituteur qui doit remplacer le directeur d'une École privée déjà existante;

Attendu que l'article 40 de la loi du 30 octobre 1886 porte : « Quiconque aura ouvert ou dirigé une École sans remplir les conditions prescrites par les articles 4, 7 et 8, ou sans avoir fait les déclarations exigées par les articles 37 et 38, ou avant l'expiration du délai spécifié à l'article 38, dernier paragraphe, ou enfin en contravention avec les prescriptions de l'article 36, sera poursuivi devant le tribunal correctionnel du lieu du délit et condamné à une amende de 100 à 1000 francs.

« L'École sera fermée »;

1. Voir la lettre du 3 *août* 1895 (*à sa date*).

Mais que cette dernière disposition de l'article 40 ne peut être séparée de celle qui précède ; que les articles 40 et suivants se rapportent à la répression d'infractions commises par les directeurs d'Écoles privées, et qu'il en résulte que la fermeture de l'École ne peut être ordonnée *que par le tribunal correctionnel* comme conséquence de la condamnation qu'il prononce, sur une poursuite du ministère public, contre l'auteur d'une des infractions prévues par ledit article 40 ; qu'aucun texte n'autorise l'Administration à ordonner de sa propre autorité une telle fermeture ;

Que cette interprétation, qui résulte des termes mêmes de l'article 40 de la loi du 30 octobre 1886, est corroborée par les travaux préparatoires de cette loi ;

Qu'il suit de là qu'il ne saurait y avoir lieu pour l'Administration de tempérer, dans certains cas, l'exercice d'un pouvoir que la loi ne lui a attribué dans aucune mesure ;

Par ces motifs,

Le Comité est d'avis que la prescription de l'article 40, relative à la fermeture des Écoles privées, s'applique exclusivement au tribunal correctionnel chargé de statuer sur les poursuites, objet dudit article, mais qu'elle ne confère aucun pouvoir propre à l'Administration ;

Considérant au surplus que, pendant le délai d'un mois à partir de la déclaration prévue par l'article 37, le droit d'opposition dévolu aux diverses autorités désignées aux articles 37 et 38 reste absolu pour chacune d'elles ; que, par suite, le successeur ne sera définitivement investi de la direction de l'École qu'après le délai d'un mois, mais que rien ne s'oppose à ce que, pendant cet intérim, l'École reste ouverte, sous la responsabilité de l'instituteur nouveau ; que rien ne s'oppose non plus à ce que l'Administration fasse connaître officieusement qu'elle ne prévoit pas devoir former, quant à elle, opposition à la déclaration du nouvel instituteur,

Le Comité estime que M. le Ministre de l'Instruction publique peut donner, dans le sens ci-dessus spécifié, des instructions aux Inspecteurs d'Académie.

Circulaire du Ministre de l'Instruction publique, relative aux services que peuvent rendre pour l'instruction des enfants et l'instruction des adultes les Délégations cantonales, les Caisses des Écoles et les Commissions scolaires[1]. 10 juillet 1895.

10 Juillet 1895.

Messieurs les Membres des Délégations cantonales, des Caisses des Écoles et des Commissions scolaires, c'est la première fois qu'un Ministre de l'Instruction publique s'adresse directement à vous.

Vous n'êtes pas des fonctionnaires au sens étroit du mot ; mais vous remplissez à titre bénévole des fonctions dont l'importance apparaît de plus en plus

1. Voir la circulaire en date du même jour, aux Préfets, relative à l'envoi de la présente circulaire (*Bull. adm.*, 1895, t. LVIII, p. 19) ; — la circulaire du 21 *octobre* 1895, aux Préfets, relative à l'établissement d'une statistique des sociétés d'enseignement (ci-après *à sa date*) ; — la circulaire du 10 *janvier* 1900, aux Préfets, relative au choix des membres des délégations cantonales (*Bull. adm.*, 1900, t. LXVII, p. 38).

clairement. Le pays se rend bien compte aujourd'hui de la grande part que vous pouvez prendre au développement de nos institutions scolaires et, par suite, au développement même de notre démocratie.

Vous connaissez votre mandat. Je tiens néanmoins à en conférer avec vous, Messieurs, pour bien préciser ce que le Gouvernement, d'accord avec l'opinion publique, attend de vous.

Les lois scolaires promulguées de 1881 à 1889 ont rendu l'instruction primaire obligatoire, ont fait de l'École publique un établissement national, laïque, librement et gratuitement ouvert à tous, qui doit donner aux enfants du pays l'enseignement élémentaire et l'éducation morale, en laissant aux familles toutes facilités pour y ajouter, suivant leur conscience, les principes et les pratiques de la religion de leur choix.

Mais, ce que les lois édictent en quelques mots, il faut que les mœurs le réalisent dans le détail infini de l'application. Il ne suffit pas que la loi soit obéie, il importe qu'elle soit comprise, mieux encore, qu'elle soit aimée.

Faire comprendre et faire aimer la loi, c'est précisément pour cet objet que sont établis les divers Comités dont vous faites partie. Chacun d'eux a ses attributions propres, mais tous ont un même caractère : ils doivent servir de trait d'union entre l'École, la famille et la société.

Membres de ces Comités, vous représentez dans l'École les intérêts de la nation, et vous représentez devant les familles les droits de l'École. C'est cette double mission dont je vous demande, Messieurs, de prendre de plus en plus conscience, afin de l'exercer dans toute sa plénitude sous la forme qui convient à chacun des Comités auxquels vous appartenez.

Délégués cantonaux, vous portez avant tout votre sollicitude sur les besoins matériels de l'École, vous êtes ses avocats devant les autorités scolaires et municipales. Vous réclamez en sa faveur le concours des communes. Mais vous avez, d'autre part, sur l'École elle-même une légitime influence.

Sans doute, vous ne devez pas aspirer à faire double emploi avec l'Inspecteur primaire, encore moins à lui faire concurrence en matière d'études ou à contrôler ses conseils pédagogiques. Aujourd'hui que les programmes de l'École sont arrêtés avec une entière précision par les autorités que la loi a chargées de ce soin, il ne vous appartient pas de vous ingérer dans la répartition des matières d'enseignement, dans l'appréciation des méthodes, des livres, des appareils en usage : ce serait organiser l'anarchie, que de placer à chaque instant l'instituteur entre deux chefs dont l'avis pourrait différer.

Mais que de services il vous est possible de rendre à l'instituteur et à l'Inspecteur primaire en ce qui concerne l'éducation ! Un bon délégué cantonal, c'est peut-être le témoin le mieux placé pour suivre les effets de l'École sur l'écolier, car il les suit hors de la classe ; il constate si les enfants ont pris à l'École et gardent dans la vie quotidienne des habitudes d'ordre, de politesse, de respect, de travail, si les leçons de morale qu'ils reçoivent sont restées à la surface ou ont pénétré ; il peut remarquer tel point où leur éducation laisse à désirer, recueillir les observations ou les plaintes des familles, ou au contraire témoigner de leur satisfaction. Il peut parler aux enfants et il peut parler d'eux non en professeur, mais en père de famille, en ami de leurs parents.

La *Caisse des Écoles* recueille des secours et elle les distribue. C'est elle qui facilite et encourage la régularité de la fréquentation, qui vient en aide et à l'École et à la famille sous des formes infiniment multipliées suivant les besoins, qui donne en argent ou en nature, à la ville et à la campagne, tantôt à titre d'encouragement, tantôt sous le nom de récompense, tout ce qui manque à l'enfant : aliments, vêtements, chaussures, livres, cahiers et jusqu'aux jouets pour les tout petits.

Enfin la *Commission scolaire municipale* est un des rouages essentiels pour l'exécution de la loi sur l'obligation scolaire, c'est malheureusement un de ceux dont le fonctionnement offre le plus de difficultés. Je ne parle pas des rares communes où, par un esprit de parti qui n'est plus de notre temps, la Commission elle-même, se mettant pour ainsi dire en révolte contre la loi qu'elle est chargée d'appliquer, encouragerait systématiquement les parents à s'y soustraire. Sans aller jusqu'à ce cas extrême, dont l'opinion publique aurait vite fait justice dans un pays de bon sens comme le nôtre, il reste d'innombrables difficultés de détail qui entravent la régularité de la fréquentation et qui, par là même, compromettent l'efficacité de l'École. Il appartient à la Commission scolaire d'étudier sur place chacun de ces obstacles et d'en triompher : j'indiquerai tout à l'heure quelques-uns de ses moyens d'action.

Qu'il s'agisse de l'une ou de l'autre de ces fondations — Délégation cantonale, Caisse des Écoles ou Commission scolaire — et beaucoup d'entre vous appartiennent simultanément à ces divers Comités — je viens vous demander, sans sortir de vos attributions, de vouloir bien faire un effort de plus pour aider le pays à tirer pleinement parti des institutions scolaires dont la République l'a doté.

C'est une idée très fausse et encore trop répandue de tout attendre de l'État, en matière d'enseignement aussi bien qu'en beaucoup d'autres. Là, surtout, l'État a fait ce qu'il avait à faire, le reste dépend du bon vouloir de tous et de l'initiative de chacun.

Nous avons une législation scolaire qui a triomphé, par sa sagesse et sa modération même, des attaques les plus violentes; nous avons une hiérarchie d'autorités qui fonctionne régulièrement et un personnel enseignant, bien préparé à ses fonctions, animé d'un esprit de travail, consciencieux, dévoué, désireux et capable de servir dignement la démocratie; nous avons des maisons d'école qui, sans être des palais, représentent dans leur ensemble un des plus grands sacrifices que la République se soit imposés, elles ont coûté plus d'un demi-milliard; nous avons, enfin, un budget annuel de plus de 120 millions pour faire face aux traitements de l'enseignement primaire public.

Ayant ainsi rempli sa tâche, l'État n'a-t-il pas le droit de faire appel au concours de tous les bons citoyens pour que, de tant d'efforts et de sacrifices, rien ne soit perdu?

Le service que vous demande le Gouvernement de la République, c'est d'user de toute votre influence pour faire fructifier l'argent que la République consacre libéralement à l'instruction populaire, c'est de contribuer personnellement par vos conseils et par votre exemple à faire mieux comprendre aux familles leurs devoirs envers l'École et à l'École ses devoirs envers les familles.

Notre idéal n'est pas d'avoir de belles Écoles dirigées par des maîtres très instruits, s'acquittant honorablement de leur tâche professionnelle et indifférents à tout le reste. Nous souhaitons, nous espérons beaucoup plus. L'École républicaine n'est pas un établissement isolé, vivant de sa vie propre et se confinant dans l'apprentissage consciencieux de la lecture et de l'écriture, de l'orthographe et du calcul. C'est la première, j'entends à la fois la plus humble et la plus importante des institutions sociales, celle qui prépare pour nous succéder de jeunes générations animées de l'esprit patriotique et républicain. C'est une sorte d'atelier national où se forge la France de demain, et d'où sortira la grande masse des citoyens, des travailleurs et des soldats qui, d'ici à trente ans, tiendront dans leurs mains les destinées de la patrie.

Dès lors, rien de ce qui se fait à l'École n'est indifférent au pays. Et c'est ce qui vous donne le droit avec le devoir de vous y intéresser très directement.

Je ne veux pas m'en tenir à de vagues généralités. Permettez-moi d'entrer avec vous dans le détail et dans la pratique. Je voudrais vous montrer quels services vous pouvez rendre à l'instruction dans ce pays.

Je me bornerai à quelques exemples qui se rapportent à deux points précis :

1° Ce que vous pouvez faire pour améliorer l'instruction des enfants;

2° Ce que vous pouvez faire pour améliorer l'instruction des adolescents et des adultes.

Instruction des enfants. — Le premier bienfait que l'École puisse recevoir de vous, Messieurs, c'est que vous stimuliez, que vous encouragiez la fréquentation scolaire.

Le temps qu'un enfant d'une famille d'ouvrier, d'employé ou de cultivateur peut consacrer à son instruction est, par la force des choses, étroitement limité : à treize ans au plus, il aura fini, il quittera l'École. Ainsi de six à treize ans, au maximum, en supposant que la loi s'applique dans les meilleures conditions, voilà tout ce qui est donné à l'immense majorité des enfants de ce pays pour acquérir la première culture intellectuelle et morale indispensable à tous les hommes.

Songez combien c'est peu que ces six ou sept années d'enfance, combien les impressions y sont fugitives, combien d'études et de connaissances diverses, en se bornant même aux rudiments de tout, l'enfant est obligé d'accumuler.

Or, ce temps si court, si manifestement insuffisant, il s'en faut de beaucoup qu'il soit, en fait, mis à la disposition de l'École.

La fréquentation scolaire a, dans une grande partie de la France, de très regrettables lacunes : la scolarité réelle commence plus tard et finit beaucoup plus tôt que la scolarité légale : des raisons, les unes graves et douloureuses, les autres futiles et condamnables, font que l'enfant gaspille en fait un cinquième, un quart, parfois un tiers du temps qu'il doit à l'École et que l'École lui doit.

C'est là un premier mal que vous devez, que vous pouvez combattre.

Si l'irrégularité de la fréquentation vient de mauvaises habitudes locales, de la négligence, de l'inertie des parents, aidez-nous à leur faire comprendre le tort qu'ils font à leurs enfants. Ne vous bornez pas à déplorer le fait quand vous êtes en séance dans un de vos Comités : imposez-vous le devoir, toutes les fois que l'occasion s'en présente, de montrer franchement et nettement aux pères et aux mères de famille les conséquences de leur conduite.

Si l'irrégularité de la fréquentation, et c'est le cas le plus fréquent, provient non pas du mauvais vouloir, mais de difficultés réelles, ici de la misère des familles, là d'une nécessité locale comme il s'en rencontre, par exemple, dans les pays de pâturage, alors les bonnes exhortations ne suffisent plus : il faut vous réunir, vous ingénier pour lutter contre le mal ou l'atténuer. Quelquefois, un subside minime, un livret de caisse d'épargne, des bons de cantine, une prime de fréquentation de quelques centimes par semaine, d'autres menus secours accordés par la caisse des Écoles aux enfants nécessiteux suffiront, avec un peu de courage que vos sympathies mêmes rendront aux parents, pour triompher de bien des obstacles; d'autres fois, une récompense, une très petite somme attachée par la Caisse des Écoles ou par des bienfaiteurs particuliers à la possession du certificat d'études, décidera la famille et lui fera trouver les moyens de ne pas abréger misérablement les études de l'enfant. Dans certaines communes, il suffira de changer les heures de classe en été, — au besoin de faire deux demi-classes : l'une, de grand matin, l'autre à la fin de l'après-midi; ailleurs, au contraire, de placer une seule séance au milieu de la journée — pour permettre aux enfants de continuer au moins en partie leur instruction tout en vaquant aux travaux des champs, suivant les besoins de la saison. La délégation cantonale, qui connaît les usages du pays, pourra, pendant les mois d'été, demander l'organisation d'Écoles de demi-temps, réduire la fréquentation, s'il le faut, à deux ou trois heures par jour, et diviser même l'effectif scolaire en deux groupes : l'un, venant en classe le matin ; l'autre, le soir. Nos règlements ne sont pas une lettre rigide et comme une consigne militaire : instituteurs et Inspecteurs sauront toujours les assouplir à votre demande.

L'important est de ne pas laisser interrompre complètement toute étude pendant plusieurs mois.

Dans beaucoup de cas, en hiver surtout, ce sont simplement les vêtements et les chaussures qui font défaut. Vous interviendrez pour obtenir qu'il en soit distribué par la Caisse des Écoles, dussiez-vous, pour y parvenir, provoquer une souscription que personne ne vous refusera. Ailleurs — et les rapports des Inspecteurs primaires ne cessent, comme ceux des Inspecteurs généraux, de signaler ce fait à peine croyable — après que l'État a payé des millions pour bâtir les Écoles et pour assurer le traitement des maîtres, déchargeant ainsi la commune de la presque totalité des grosses dépenses, il existe encore des communes qui rendent inutiles ces énormes sacrifices en refusant d'accorder aux élèves indigents les quelques sous indispensables pour acheter les fournitures scolaires : on voit dans certaines Écoles des enfants inoccupés ou suivant de loin, péniblement, infructueusement, le travail de leurs camarades, faute d'un livre, d'un cahier ou d'un crayon que la commune refuse ou plutôt néglige indéfiniment de leur fournir, alors qu'elle n'a plus rien d'autre à dépenser pour l'École. Pouvez-vous, quand vous passez dans une classe et que vous êtes témoins de ce fait, pouvez-vous vous résigner et vous taire? Ne devez-vous pas, au sortir même de l'École, aller trouver les autorités municipales, leur parler le langage que vous suggérera ce que vous venez de voir? Venant d'un de leurs concitoyens les plus notables, cet avertissement les touchera et, eussent-ils même été sourds jusqu'ici à d'autres appels, ils ne résisteront pas au vôtre.

Je sais bien que, malgré les prescriptions formelles de la loi, il y a encore près de la moitié des communes de France qui ne possèdent pas même une Caisse des Écoles. Est-ce un obstacle qui doive vous arrêter, Messieurs, et ne devez-vous pas, au contraire, saisir l'occasion pour constituer cet auxiliaire précieux de l'École? L'argent manque? Mettez-y seulement votre cotisation et celle, si minime qu'elle soit, de vos voisins et de vos amis, celle du maire, celle de deux ou trois conseillers municipaux, le produit d'une quête faite à la mairie à l'occasion d'un mariage, et en voilà assez pour commencer; vous demanderez au Ministère une petite subvention à titre d'encouragement, et elle ne vous sera pas refusée. Ainsi, peu à peu, grossira cette modeste réserve, humble mais utile bureau de bienfaisance scolaire.

Qui prendra l'initiative de ces créations? Qui fera pénétrer ces idées jusque dans la dernière commune de France, si ce n'est vous, Messieurs? Les personnes de bonne volonté, quoi qu'on en dise, ne manquent nulle part en ce pays. Il suffit de leur dire ce qu'on attend d'elles. Combien y en a-t-il qui ignorent jusqu'à l'existence de la Caisse des Écoles dans leur commune et n'ont jamais pensé à s'y faire inscrire!

Il en est qui se déclarent partisans des théories les plus avancées en matière d'initiative individuelle ou communale, qui se plaignent de la centralisation administrative, qui admirent de confiance les institutions libérales d'autres pays et qui ne se doutent pas qu'il y a là, à leur porte, une institution créée en principe depuis trente ans, qui est à la fois la plus souple, la plus libre, la plus humaine et la plus démocratique des conceptions, une véritable société de bienfaisance et de bienveillance mutuelle au profit des enfants du pays sans distinction, une sorte d'association mi-publique, mi-privée, s'administrant elle-même, jouissant de la personnalité civile, n'ayant d'autres statuts que ceux qu'elle se donne, où tous les gens de bien qui s'intéressent à l'enfance peuvent apporter leur obole et, ce qui vaut plus encore, leur affection.

Parlez-en autour de vous, Messieurs, vous serez vite écoutés. Dites et redites qu'en matière de bonnes œuvres scolaires et sociales, dans notre France que l'on croit étouffée sous les règlements officiels, il y a de l'ouvrage pour quiconque en voudra, il y a place pour toutes les libres initiatives, et on a besoin d'elles.

C'est une erreur de se représenter l'École publique comme ayant la prétention de se suffire à elle-même, de repousser les profanes et de rester la chose de l'Administration. Loin de dédaigner les concours bénévoles, elle les sollicite tous jusqu'aux plus modestes.

J'insiste sur la Caisse des Écoles, parce que c'est l'aide par excellence pour la fréquentation scolaire. Mais il existe d'autres institutions auxiliaires et complémentaires de l'École, dont la prospérité dépendra de vous, que l'instituteur ne peut presque jamais créer à lui tout seul, qu'il créera toujours avec votre appui. Il ne suffit pas, en effet, que l'École soit fréquentée le plus longtemps et le plus régulièrement possible ; il faut qu'elle s'entoure de toutes les annexes qui peuvent en rendre l'action plus aimable et, par là même, plus efficace. Et ce sont autant d'œuvres modestes dont vous pouvez être les initiateurs : vous serez suivis dès que vous aurez fait le premier pas.

Vous pouvez ainsi fonder une *bibliothèque scolaire*, dont les livres emportés dans la famille feront prendre au moins aux enfants et peut-être, par contrecoup, à beaucoup de parents, l'habitude et le goût de la lecture.

Vous pouvez fonder un petit *musée scolaire*, où se trouveront bientôt réunis des spécimens des matières premières, des produits industriels et agricoles de la région et qui ajouteront à l'enseignement du livre le vivant exemple de la leçon de choses.

Vous pouvez fonder la *Caisse d'épargne scolaire* et mieux encore quelqu'une de ces sociétés si ingénieusement conçues depuis quelques années sous le nom de *mutualité scolaire*, qui montrent tout ensemble à l'enfant la puissance de l'épargne et celle de l'association ; qui, associant l'idée d'économie à l'idée de solidarité, lui apprennent à la fois la prévoyance pour soi, qui est une forme de l'intérêt bien entendu, et la prévoyance pour autrui, qui est une forme de la fraternité.

Vous pouvez, dans bien des communes pauvres, faire une innovation, presque une révolution, simplement en établissant une *distribution des prix* et une petite fête de clôture de l'année scolaire, une exposition des travaux des élèves que les parents viendront visiter avec plaisir et non sans profit.

A la campagne, vous pouvez créer ces petites *sociétés d'élèves* et puis d'*anciens élèves* pour la protection des animaux utiles, pour empêcher la destruction des oiseaux, ce fléau de quelques contrées, pour d'autres intérêts agricoles. A la ville, ce seront des sociétés de gymnastique, de tir, de jeux physiques, des sociétés de chant et de musique instrumentale, des associations amicales d'anciens élèves de presque toutes les grandes Écoles urbaines.

Vous pouvez presque partout organiser des *Comités de dames patronnesses* pour l'École maternelle, d'autres pour établir des ouvroirs, des réunions de couture, d'autres pour offrir le jeudi et le dimanche aux élèves et aux anciennes élèves une occasion de se réunir autour de quelques personnes qui se feront une joie d'égayer leur après-midi par des jeux, des lectures, des promenades, des divertissements de bon aloi.

Vous pouvez prendre part à ce grand mouvement qui s'accentue en faveur des *patronages laïques* destinés à offrir aux élèves, d'abord pendant le temps de la scolarité, plus tard au moment de l'apprentissage, la sympathie et la protection de personnes amies qui sauront les guider, les encourager dans les débuts de la vie et leur faire connaître, parfois dans des moments critiques, la douceur d'une bonne parole et la force d'un bon conseil.

Je n'essaye pas de compléter cette énumération des diverses institutions vraiment philanthropiques et vraiment démocratiques qui peuvent se grouper autour de l'École, et sûr que vous n'avez pas de doutes sur ce premier objet de votre activité, je passe au second.

Instruction des adolescents et des adultes. — De toutes parts, en France, on demande que l'instruction ne s'arrête pas à la période scolaire obligatoire, qu'un grand effort soit tenté pour donner un lendemain à l'École, que de douze à dix-huit ans, l'apprenti et le jeune ouvrier ne soient pas absolument destitués de tout secours intellectuel et moral, mais reçoivent quelque part, sous des formes appropriées, encore un peu d'enseignement, encore un peu d'éducation. De l'École au régiment, s'étend l'âge critique à franchir, celui où l'adolescent n'est plus soutenu par l'École, n'est pas encore armé pour la vie et se trouve si souvent exposé aux tentations de la rue et du cabaret.

Il n'est pas possible que notre pays se résigne à laisser de la sorte inachevée une œuvre à laquelle il attache ses plus chères, ses plus patriotiques espérances. Nous avons trop fait en faveur de l'enfant pour ne pas y ajouter le strict nécessaire en faveur de l'adolescent.

Là encore, l'État ne décline pas la part de responsabilité qui lui incombe. Le budget du Ministère de l'Instruction publique contient déjà les crédits destinés à venir en aide aux communes et aux sociétés qui travaillent à cette œuvre excellente de l'instruction populaire des adultes. Le Gouvernement procède d'ailleurs à une enquête approfondie sur les besoins de cet enseignement et sur la marche à suivre dans son développement.

Mais, quel que soit l'effort des pouvoirs publics, il faut bien se dire que, dans ce domaine surtout, rien de grand ne peut se faire sans le concours ardent et libre, sans l'initiative généreuse d'une foule de volontaires. Ce n'est pas un règlement ministériel, c'est un élan national qui peut créer d'un bout de la France à l'autre cette forme nouvelle de l'éducation républicaine.

Vous ne vous étonnerez donc pas, Messieurs, qu'ici plus que sur tous les autres points, je m'adresse à vous comme à mes premiers collaborateurs. Nous ne sommes pas en mesure de décréter d'office la constitution d'un vaste enseignement populaire des adultes; de créer de toutes pièces un nouveau cadre d'institutions scolaires proprement dites, d'ouvrir au budget tout un nouveau chapitre; mais chacun de vous peut, sur place, réaliser une partie de cet immense programme.

Il suffit que vous y pensiez pour trouver une œuvre à faire, et à faire sans délai. Qu'il s'agisse de réunir les jeunes gens pour leur faire ou un cours suivi sur les matières qu'ils sentent maintenant le besoin d'étudier ou de simples conférences instructives et récréatives; qu'il s'agisse de convier les familles à des séances d'enseignement agricole, scientifique ou industriel, à des lectures que vivifieront des projections lumineuses, à des soirées fraternelles où l'on s'efforcera de les intéresser à tout ce qui est intéressant pour l'homme et pour le citoyen, vous êtes en situation de déterminer un mouvement d'opinion, d'entraîner après vous maîtres et élèves, public et conférenciers. L'Inspecteur de la circonscription, les instituteurs de la commune et du canton seront les premiers à répondre à votre appel. Étudiez avec eux la meilleure manière d'organiser dans la commune, dans la section, dans le quartier, cet enseignement essentiellement variable et fragmentaire qui ne vaut que par l'exacte appropriation aux besoins des auditeurs, lesquels ne sont plus des écoliers. Choisissez, d'accord avec eux, ce qui vous paraîtra le mieux convenir à votre public. Essayez et recommencez jusqu'à ce que vous ayez trouvé le moyen de vous attacher la jeunesse ou par l'attrait des réunions, ou par la curiosité, ou par le profit pratique qu'on pourra tirer de vos leçons, ou par la sympathie et la reconnaissance, souvent par tous ces mobiles réunis.

Surtout, n'ayez pas le souci d'opérer tous et partout pareillement : d'une commune à l'autre, d'une année à l'autre, les procédés peuvent varier. Dans quelques endroits vous trouverez encore des illettrés, et tout comme au temps de M. Duruy, vous serez reconnaissants à l'instituteur d'apprendre à des conscrits de demain les éléments de l'enseignement primaire. Dans la plupart des cas, il faudra un tout autre programme, des développements en rapport avec les connaissances des élèves. Le cours d'adultes, ici très élémentaire, sera ailleurs presque savant, presque technique. Il ne sera pas le même dans une commune agricole, dans une petite ville commerçante, dans un grand centre industriel : ni les heures, ni les objets, ni les conditions de l'enseignement ne sauraient se ressembler.

Ce qui importe, c'est que, partout où il y a une École, on sache que cette École n'est pas seulement faite pour les petits écoliers, qu'elle reste ouverte à leurs frères aînés. On peut espérer que, d'ici à quelques années, à mesure que les mœurs républicaines auront pénétré plus avant dans les populations, l'École dans chaque village sera connue de tous comme la maison de la jeunesse, toujours hospitalière à ses anciens élèves, comme le foyer intellectuel du pays, le rendez-vous où l'on se retrouve à tout âge pour étudier, pour lire, pour s'instruire, pour échanger des idées, élèves et maîtres, apprentis et écoliers, instituteurs et pères de famille.

En attendant que cet idéal soit réalisé et pour qu'il puisse l'être bientôt, je vous demande à tous et je demande à chacun de vous, Messieurs, d'unir vos efforts à ceux du Gouvernement, de l'Administration et de l'Université.

Je vous convie à prendre votre part d'une pensée qui est celle du Parlement tout entier. Il s'agit d'ouvrir, en quelque sorte, une seconde phase du développement de notre enseignement populaire.

La première a été surtout législative et administrative, elle a constitué des cadres, édicté des règles, fondé un régime légal nouveau. La seconde devra être marquée surtout par une extension de l'École, que le législateur ne peut imposer impérativement, par son rayonnement naturel sur le pays, par une foule d'œuvres volontaires dues à l'initiative des bons citoyens et propres à décupler les effets utiles de l'instruction populaire.

J'ai la ferme confiance que cet appel ne vous surprendra pas, et que vous serez heureux d'y répondre, ne fût-ce que pour montrer une fois de plus la vitalité de ce pays et la force nouvelle d'impulsion que donne à toutes les idées généreuses l'esprit républicain.

Recevez, etc.

Signé : R. POINCARÉ.

Décret relatif aux règles et aux conditions d'avancement non prévues à l'article 24 de la loi du 19 juillet 1889, modifiée par celle du 25 juillet 1893[1]. 17 juillet 1895.

17 Juillet 1895.

Le Président de la République française,

Sur le rapport du Ministre de l'Instruction publique, des Beaux-Arts et des Cultes;

Vu la loi du 19 juillet 1889, modifiée par la loi du 25 juillet 1893, sur les dépenses ordinaires de l'instruction primaire publique et les traitements du personnel de ce service, notamment l'article 48;

Vu la loi du 30 octobre 1886 sur l'organisation de l'enseignement primaire;

Vu le règlement d'administration publique du 6 juin 1891;

Vu l'avis du Conseil supérieur de l'Instruction publique en date du 27 décembre 1894;

Le Conseil d'État entendu,

Décrète :

ARTICLE 1er. — Chaque année, pour chaque département, et dans la première quinzaine d'octobre, l'Inspecteur d'Académie, sur les rapports des Inspecteurs primaires, dresse, séparément pour les instituteurs et les institutrices titulaires : 1° la liste d'ancienneté; 2° une liste des maîtres à proposer pour l'avancement au choix[2].

1. Voir la circulaire interprétative du 6 *septembre* 1895 aux Préfets (*à sa date*).

2. « Monsieur le député et cher collègue, vous avez bien voulu appeler mon attention sur les plaintes que soulève, chez des instituteurs de votre circonscription, le système actuellement suivi pour l'avancement à l'ancienneté, et vous m'avez demandé quelles sont les mesures que je consentirais à prendre en vue de donner satisfaction à ces instituteurs.

« Antérieurement à la présente année, les promotions à l'ancienneté avaient lieu d'après l'ancienneté générale des services; mais il s'agissait ainsi bien plus de rectifier le classement primitif des maîtres, établi au début de l'application de la loi du 19 juillet 1889, suivant le nombre de leurs années de services et le montant de leur traitement à cette date, que de les promouvoir de classe.

« Du jour où les proportions d'effectif légal pour chaque classe ont été atteintes, l'avancement s'est trouvé soumis aux règles déterminées par le décret du 17 juillet 1895 et dont il n'est pas permis de s'écarter. Or, ce décret, qui porte règlement d'administration publique, prescrit d'élever à la classe supérieure, dans des proportions

ART. 2. — La liste d'ancienneté comprend tous les titulaires du département placés par classe et par rang d'ancienneté dans la classe.

L'ancienneté dans la classe est établie :

Pour la cinquième classe, par le temps de service écoulé *depuis la titularisation*;

Pour les autres classes, par le temps de service écoulé depuis la dernière promotion.

Ne peuvent entrer dans le calcul de l'ancienneté les interruptions de service autres que les congés pour cause de maladie[1].

En cas d'égalité d'ancienneté dans la même classe, le rang est déterminé par la durée totale des services dans l'enseignement public, y compris le temps passé à l'Ecole normale. En cas d'égalité dans la durée des services, le rang est déterminé par l'âge.

ART. 3. — La liste des maîtres à proposer pour l'avancement au choix est établie par classe et par ordre de mérite. Elle ne peut comprendre un nombre de noms supérieur au sixième de l'effectif pour les cinquième et quatrième classes, au quart pour la troisième classe, au tiers pour la deuxième classe.

Les instituteurs et institutrices ne peuvent être présentés pour

déterminées, les plus anciens de la classe précédente et les plus méritants; il y a là, qu'il s'agisse d'ancienneté ou de choix, obligation réelle.

« Cependant mon Administration a tout récemment témoigné de son désir de rendre plus rapide l'avancement des instituteurs, en déposant un projet de loi tendant à modifier le pourcentage pour les instituteurs. Ce projet, amendé par la Chambre, viendra prochainement en discussion devant le Sénat. Il augmente de 5 p. 100 l'effectif des 3e et 2e classes. J'espère que ce projet de loi réalisera les desiderata des pétitionnaires. » (*Lettre du Ministre de l'Instruction publique à un député de l'Aisne*, 14 *septembre* 1898.)

1. « Ne peuvent entrer en ligne de compte, dans le calcul de l'ancienneté valable pour l'avancement, que les congés accordés pour cause de maladie dans les conditions de durée déterminées par l'article 16 du décret du 9 novembre 1853.

« En d'autres termes, ces congés ne peuvent dépasser 6 mois « chaque année », et, par ces derniers mots, il convient d'entendre 6 mois sur 12 mois, l'année partant du début du congé.

« Ce sont ces règles que l'on appliquera aux maîtres dont les congés pour maladie se sont prolongés pendant plusieurs années avant la promulgation du décret du 24 mai 1894. » (*Note ministérielle du* 4 *novembre* 1895 *insérée au Bulletin départemental du Jura*.)

En réponse à une réclamation formulée par un instituteur du département du Cher en vue d'obtenir qu'un congé de 1 an 10 mois 25 jours, sans traitement, accordé pour cause de maladie, en 1887, entre en ligne de compte dans le nombre de ses années de services, M. le Ministre a répondu « que les dispositions du règlement d'administration publique du 17 juillet 1895 ne s'appliquent qu'aux congés accordés dans les limites fixées par le décret du 9 novembre 1853, c'est-à-dire d'une durée maximum de 6 mois, accordés pour cause de maladie avec traitement intégral pendant 3 mois et demi-traitement pendant 3 autres mois, le maître restant néanmoins titulaire de son poste ».

l'avancement au choix que s'ils doivent compter, au 31 décembre de l'année dans laquelle a lieu la présentation et défalcation faite des interruptions de service autres que les congés pour maladie, trois années au moins d'exercice dans la classe à laquelle ils appartiennent.

ART. 4. — Les listes de présentation, établies conformément aux articles précédents, sont arrêtées par le Conseil départemental au plus tard le 15 novembre et adressées sans délai au Ministre. Le Préfet y joint l'état des vacances qui se sont produites dans chaque classe au cours de l'année.

ART. 5. — Sur le vu de ces documents, le Ministre fixe le nombre des promotions d'instituteurs et d'institutrices à faire par classe et par département, tant au choix qu'à l'ancienneté.

ART. 6. — Les instituteurs et les institutrices stagiaires ne peuvent être nommés titulaires que s'ils ont été portés sur une liste de mérite dressée dans les conditions et à l'époque fixées à l'article 1er. Cette liste ne peut comprendre un nombre de noms supérieur au tiers de l'effectif des stagiaires.

Leur titularisation partira du 1er janvier.

ART. 7. — La liste d'ancienneté des instituteurs et des institutrices titulaires, ainsi que l'état des promotions et des titularisations annuelles, seront publiés dans les formes à déterminer par un arrêté ministériel[1].

ART. 8. — Les instituteurs détachés par arrêté ministériel dans un service d'enseignement autre que celui où ils exercent leurs fonctions, continuent à figurer dans leur cadre d'origine et y conservent leurs droits à l'avancement.

ART. 9. — Le décret du 6 juin 1891 est abrogé.

Décret relatif à l'Organisation spéciale du Collège Chaptal[2].

26 juillet 1895.

26 Juillet 1895.

Le Président de la République française,

Sur le rapport du Ministre de l'Instruction publique, des Beaux-Arts et des Cultes,

1. Voir, *à leur date*, l'arrêté et la circulaire du 15 *mai* 1896, relatifs à l'*Annuaire de l'enseignement primaire élémentaire*.

2. Voir, *à leur date*, l'arrêté du 23 *octobre* 1895, relatif à la nomination des professeurs et des répétiteurs au Collège Chaptal, et le décret du 26 *janvier* 1896, con-

Vu la loi du 19 juillet 1889, modifiée par celle du 25 juillet 1893, et notamment l'article 48, 23°;

Vu la loi du 30 octobre 1886;

Vu les décrets des 16 juillet 1887 et 10 juillet 1889;

Vu le décret du 3 août 1890;

Vu le décret du 4 juin 1891;

Vu l'avis du Conseil supérieur de l'Instruction publique en date du 6 avril 1895;

Le Conseil d'État entendu,

Décrète :

ARTICLE 1er. — Le Collège Chaptal est un établissement spécial d'enseignement primaire supérieur, auquel est annexée une section d'enseignement secondaire moderne.

I. — DU PERSONNEL ADMINISTRATIF.

ART. 2. — Le personnel administratif fait partie du personnel de l'enseignement primaire supérieur et comprend :

Un directeur;

Un préfet des études;

Deux surveillants généraux.

ART. 3. — Le directeur, le préfet des études et les surveillants généraux sont nommés par le Ministre de l'Instruction publique.

Le directeur et le préfet des études doivent être munis soit du grade de licencié ès sciences ou ès lettres, soit du titre d'agrégé de l'enseignement secondaire spécial. Toutefois, le préfet des études peut être dispensé de ce dernier titre s'il est pourvu du certificat d'aptitude à l'enseignement secondaire spécial.

Les surveillants généraux doivent être pourvus du grade de licencié ès lettres ou ès sciences ou du certificat d'aptitude, soit à l'enseignement secondaire spécial, soit au professorat des Écoles normales et des Écoles primaires supérieures (titre complet).

ART. 4. — Le directeur et les surveillants généraux reçoivent les émoluments fixés par les articles 6 et 7 du décret du 3 août 1890 et sont soumis aux conditions d'avancement établies par lesdits articles.

Le préfet des études reçoit un traitement de 4 000 francs, qui peut

cernant l'application des règlements d'administration publique relatifs au Collège Chaptal et aux Écoles primaires supérieures de Paris; — la loi de finances du 13 *avril* 1899, art. 51, 3° (*à sa date*); — la loi de finances du 30 *mai* 1899, art. 30 (*à sa date*).

s'élever à 6 000 francs et lui être attribué d'après les mêmes règles que celles visées au paragraphe précédent.

Il a droit, en outre, aux mêmes allocations supplémentaires que les surveillants généraux.

II. — DU PERSONNEL ENSEIGNANT.

A. — *Personnel de l'enseignement primaire supérieur.*

ART. 5. — Le personnel enseignant de l'enseignement primaire supérieur comprend :

1° Des professeurs;

2° Des maîtres auxiliaires pour les enseignements accessoires (langues vivantes, dessin, comptabilité, chant, calligraphie, travail manuel, gymnastique et exercices militaires);

3° Des maîtres répétiteurs.

ART. 6. — Les professeurs de l'enseignement primaire supérieur et les maîtres auxiliaires pour les enseignements accessoires sont nommés par le Ministre.

Les professeurs doivent être pourvus du grade de licencié ès lettres ou ès sciences, ou du certificat d'aptitude soit à l'enseignement secondaire spécial, soit au professorat des Écoles normales et des Écoles primaires supérieures (titre complet).

Les maîtres auxiliaires doivent être pourvus du diplôme spécial correspondant aux fonctions qu'ils exercent et tel qu'il est déterminé par les règlements universitaires. A défaut du diplôme requis, ils ne peuvent être que délégués à titre provisoire dans leurs fonctions.

ART. 7. — Les maîtres répétiteurs sont nommés par le Préfet de la Seine sur la proposition de l'Inspecteur d'Académie, directeur de l'enseignement primaire.

Ils doivent être pourvus soit du brevet supérieur, soit d'un diplôme de bachelier.

ART. 8. — Le traitement des professeurs de l'enseignement primaire supérieur est fixé ainsi qu'il suit :

5e classe	1 800 fr.
4e classe	2 100
3e classe	2 400
2e classe	2 700
1re classe	3 000

Dans ce traitement est comprise l'indemnité spéciale prévue par l'article 20 de la loi du 19 juillet 1889.

Ils jouissent, en outre, de tous les avantages réservés par ladite loi, modifiée par celle du 25 juillet 1893, aux instituteurs adjoints des Écoles primaires supérieures.

Les professeurs qui sont, en plus de leur enseignement, chargés d'une surveillance spéciale dite « direction d'études », reçoivent un supplément de traitement de 1 000 francs.

ART. 9. — Les maîtres auxiliaires pour les enseignements accessoires sont rétribués au moyen d'une allocation annuelle non soumise à retenue et dont le taux, calculé à raison d'une heure de leçon par semaine, est fixé ainsi qu'il suit :

Langues vivantes, dessin et comptabilité.	De 250 fr.	à 350 fr.
Calligraphie et chant	De 200	à 300
Gymnastique et exercices militaires	De 150	à 250
Travail manuel	De 100	à 150

Les maîtres chargés de ces enseignements reçoivent, au moment de leur nomination, l'allocation la moins élevée ; ils peuvent, après trois années au moins d'exercice, obtenir des augmentations successives de 25 francs par an, jusqu'à ce qu'elles aient atteint le taux maximum.

ART. 10. — Le traitement des maîtres répétiteurs est ainsi établi :

5e classe	1 100 fr.
4e classe	1 300
3e classe	1 600
2e classe	1 900
1re classe	2 100

Ils ont droit, en outre, à la nourriture et au logement ; à défaut, à une allocation de 1 500 francs qui leur tient lieu de toute indemnité de résidence, de logement et de nourriture.

ART. 11. — L'avancement des professeurs de l'enseignement primaire supérieur et des maîtres répétiteurs se fait exclusivement au choix, après trois années au moins et six au plus passées dans la classe immédiatement inférieure.

B. — *Personnel de l'enseignement secondaire moderne.*

ART. 12. — Le personnel de l'enseignement secondaire moderne comprend :

1° Des professeurs ;

2° Des répétiteurs.

ART. 13. — Les professeurs de l'enseignement secondaire moderne doivent être munis du titre d'agrégé correspondant à l'ordre d'enseignement dans lequel ils sont appelés à exercer.

Les professeurs de dessin doivent justifier qu'ils possèdent le certificat d'aptitude à l'enseignement du dessin (degré supérieur).

ART. 14. — Les professeurs et les répétiteurs font partie du personnel des professeurs et des répétiteurs des Lycées et sont soumis à toutes les règles de nomination, de traitement, d'avancement et de discipline établies pour ce personnel.

Ils figurent, dès leur nomination au Collège Chaptal, dans le cadre des professeurs et des répétiteurs du département de la Seine[1].

Les professeurs reçoivent, outre leur traitement, l'indemnité d'agrégation telle qu'elle est fixée par les règlements en vigueur.

III. — DISPOSITIONS GÉNÉRALES.

ART. 15. — Le nombre d'heures de classe exigible des professeurs des deux ordres d'enseignement est fixé, par semaine, à quatorze heures au minimum et à seize heures au maximum.

Il pourra leur être demandé des heures supplémentaires chaque fois que les besoins du service l'exigeront.

Ils seront, dans ce cas, rémunérés de chaque heure d'enseignement par semaine au moyen d'une indemnité non soumise à retenue de 300 francs par an.

ART. 16. — Lorsque l'enseignement d'une des matières obligatoires dans l'enseignement primaire supérieur et dans l'enseignement secondaire moderne n'est pas susceptible de comporter le nombre minimum d'heures fixées par l'article précédent, le Ministre peut charger de cet enseignement des maîtres pris en dehors de l'École, pourvu qu'ils justifient des titres de capacité exigés des professeurs de l'ordre d'enseignement dans lequel ils sont appelés à exercer.

Ils sont rémunérés de chaque heure d'enseignement au moyen d'allocations annuelles non soumises à retenue et fixées ainsi qu'il suit :

Enseignement des mathématiques spéciales	500 fr.
Enseignement des mathématiques élémentaires	400
Autres enseignements	300

Ces allocations seront soumises à la retenue dans le cas où le

1. Consulter, *à sa date*, l'arrêté du 23 *octobre* 1895.

délégué, antérieurement à sa délégation, aurait obtenu une nomination ministérielle.

ART. 17. — Les professeurs actuellement en exercice au Collège Chaptal seront classés, suivant les titres dont ils justifient, soit comme professeurs de l'enseignement primaire supérieur, soit comme professeurs titulaires dans le cadre des Lycées de Paris ou dans celui des départements, soit seulement chargés de cours dans ce dernier.

Ceux de ces professeurs qui seront à un titre quelconque classés dans le cadre des Lycées des départements pourront être maintenus au Collège Chaptal à titre de délégués.

Les maîtres répétiteurs actuellement en exercice seront classés soit comme maîtres répétiteurs dans le cadre des Écoles primaires supérieures de la ville de Paris, soit comme répétiteurs des Lycées de la Seine.

Quelle que soit la classe dans laquelle les professeurs et les maîtres répétiteurs seront placés en vertu des paragraphes précédents, ils conserveront l'intégralité des traitements et allocations qu'ils reçoivent tant qu'ils resteront chargés des services actuels, si l'ensemble de leurs émoluments est supérieur au traitement correspondant à la classe dans laquelle ils ont été compris.

Toutefois, le taux des heures supplémentaires sera, dès la publication du présent règlement, établi pour tout le personnel enseignant ainsi qu'il est fixé à l'article 15.

ART. 18. — Toutes les dispositions de règlements contraires au présent décret sont abrogées.

---

2 août 1895. **Circulaire du Ministre de l'Instruction publique, relative au Rapport présenté par la Commission chargée d'étudier les mesures à prendre pour combattre l'alcoolisme.**

2 Août 1895.

Monsieur le Préfet[1], l'opinion publique se préoccupe des ravages causés par l'alcoolisme. De tous côtés on recherche les mesures qu'il conviendrait de prendre pour combattre ce redoutable fléau. Dans des discussions récentes, la Chambre des Députés et l'Académie de Médecine[2] ont signalé les progrès inquiétants de l'alcoolisme, dont les effets peuvent compromettre l'avenir de la race.

1. Le même jour, une lettre était adressée aux Recteurs, leur annonçant l'envoi d'une circulaire et d'un rapport relatifs aux moyens de combattre l'alcoolisme par l'École (*Bull. adm.*, 1895, t. LVIII, p. 282).
2. Consulter l'*Avis* de l'Académie de Médecine, Tome IV, p. 711.

De nombreuses associations, créées sous les impulsions les plus diverses et les plus honorables, ont engagé la lutte avec une louable énergie.

Pour me permettre de me rendre compte de leurs moyens d'action, des résultats qu'elles obtiennent et du concours que l'État pourrait leur prêter, j'ai réuni au Ministère une Commission composée de personnes que leurs travaux désignaient spécialement à mon choix[1].

La Commission a été unanime à penser que l'Université pouvait exercer une action efficace par les conseils donnés à la jeunesse qui fréquente ses Écoles.

Je vous envoie le texte du rapport qui résume ses premiers travaux.

La Commission estime — et j'approuve entièrement ses vues — qu'il est indispensable d'agir tout d'abord sur l'enfant par l'école, d'inspirer de bonne heure à l'enfant la crainte des boissons alcooliques en lui montrant les accidents irrémédiables qu'elles causent à l'organisme et les dangers de toute nature que l'abus en fait courir à la famille et à la société[2].

Point n'est besoin pour cela de modifier les programmes en vigueur dans les établissements d'enseignement primaire à leurs différents degrés[3].

Dans chacun de ces programmes, en effet, se trouvent déjà tous les points essentiels d'un enseignement qu'il suffira d'exposer avec plus de développements, ainsi que la Commission l'a constaté dans son rapport. Mais, bien que ces matières ne soient pas nouvelles, beaucoup de maîtres pourront éprouver quelques difficultés à les enseigner, ou quelque embarras à se procurer les matériaux dont ils auront besoin. Je tiens à vous dire que la Commission a bien voulu accepter de rédiger elle-même, sous la forme d'un *guide pratique*, les commentaires du programme que l'instituteur doit suivre.

1. La Commission chargée d'étudier les mesures à prendre pour combattre l'alcoolisme était composée de MM. GRÉARD, *Président*; BUISSON, *Vice-Président;* RABIER, docteur BERGERON, GAUFRÈS, IZOULET, docteur LANCEREAUX, docteur LANNELONGUE, docteur LEGRAIN, docteur MAGNAN, MANEUVRIER, MANGIN, MARILLIER, MONOD, MUTEAU, docteur PHILBERT, docteur ROUBINOWITCH, SABATIER, STEEG, SCHMIT; SABATIÉ, *Secrétaire;* docteur GALTIER-BOISSIÈRE, *Secrétaire adjoint;* WISSEMANS, *id.*

2. Consulter les documents suivants :

Circulaire du 29 *décembre* 1890, aux Inspecteurs d'Académie, relative à l'admission des Écoles et des classes publiques et privées comme membres de l'*Union française pour le sauvetage de l'enfance* (*Bull. adm.*, 1890, t. XLVIII, p. 1117);

— 18 *décembre* 1893, aux Inspecteurs d'Académie, relative au rappel de la circulaire précédente concernant l'*Union française pour le sauvetage de l'enfance* (*Bull. adm.*, 1893, t. LIV, p. 876);

— 30 *janvier* 1896, aux Recteurs, relative aux cours d'adultes et à l'alcoolisme (*à sa date*);

— 3 *mars* 1897, aux Recteurs, relative à l'enseignement antialcoolique (*à sa date*);

Rapport de M. MARILLIER au nom de la Commission chargée d'étudier les moyens de combattre l'alcoolisme (*Bull. adm.*, 1897, t. LXI, p. 397);

Circulaire du 18 *avril* 1898, aux Inspecteurs d'Académie, relative aux récompenses à décerner par la Société française de tempérance pour propagande contre l'alcoolisme (*à sa date*);

Loi du 19 *avril* 1898, sur la répression des violences, voies de fait, actes de cruauté et attentats commis envers les enfants (*Bull. des Lois*, XIIe série, t. LVII, p. 903).

3. Voir, *à sa date*, la circulaire du 9 *mars* 1897, aux Recteurs, relative à l'enseignement antialcoolique dans les établissements d'instruction publique et à la modification de certains programmes.

Je n'hésite donc pas à m'adresser au personnel dévoué des instituteurs, sûr qu'il ne manquera pas de collaborer à une œuvre d'un si grand intérêt social.

Je ne doute pas que votre haute intervention ne produise les plus heureux effets et je vous prie, en insérant la présente circulaire au Bulletin du département ainsi que le rapport ci-annexé, d'y joindre, d'accord avec M. l'Inspecteur d'Académie, les instructions que vous jugerez à propos de rédiger.

Recevez, etc.

Signé : R. POINCARÉ.

Document annexé à la circulaire du 2 août 1895.

Rapport présenté par M. Steeg, Inspecteur général, à la Commission chargée d'étudier les mesures à prendre pour combattre l'alcoolisme[1], adopté à l'unanimité dans sa séance du 16 juillet 1895, et présenté en son nom à M. le Ministre de l'Instruction publique.

La Sous-Commission chargée d'examiner les moyens de faire passer dans l'enseignement primaire public les notions indispensables, relatives à la lutte contre l'alcoolisme, estime qu'il n'est pas nécessaire, pour atteindre le but que vous vous proposez, de remanier ou de grossir les programmes actuels. Elle croit qu'il suffirait de claires et précises instructions de l'autorité universitaire pour donner à l'enseignement antialcoolique la place qu'il convient de lui assigner, le développement et l'importance qu'exige malheureusement l'extension du fléau qu'il s'agit de combattre. Un rapide examen des programmes officiels des Écoles normales, des Écoles primaires supérieures et des Écoles primaires élémentaires suffit à le démontrer.

I. — *Écoles normales.*

Il faut commencer par les maîtres; c'est eux qu'il faut d'abord éclairer, instruire, convaincre. Les maîtres en exercice peuvent trouver instruction dans les livres, dans des brochures, dans des conférences. Ils échappent à notre action directe. Il n'en est pas de même des maîtres futurs, de ceux que nous formons dans nos Écoles normales. Voyons la place qui peut être faite, dès aujourd'hui, dans leur instruction, à l'enseignement antialcoolique.

Prenons d'abord le cours de morale, fait en deuxième année par le directeur même de l'École normale. La seconde partie du cours, qui a lieu une heure par semaine, a pour titre : *Morale pratique, Applications*. Une des applications les plus immédiates et les plus saisissantes des lois de la morale théorique doit bien être celle qui vise l'alcoolisme, ce fléau de la société, de la famille, de la vie individuelle. Si le cours de morale n'a pas jusqu'ici fait une place suffisante à la lutte contre ce mal et ce danger public, c'est qu'on n'y avait pas rendu nos directeurs spécialement attentifs. Il n'y a rien à innover au programme; il n'y a qu'à développer ce point dans les chapitres qui traitent du *respect de soi-même*, de la *tempérance*, des *devoirs domestiques*, des *devoirs sociaux*. On passait rapidement, on insistera; on se contentait de vues générales, on apportera des faits particuliers, des récits, des démonstrations. On munira par avance les futurs instituteurs de matériaux pour leur enseignement moral,

1. Voir la brochure *Travaux de la Commission*, in-4° de 33 pages (Imp. Nat^{le}, 1896).

où ils seront appelés à faire une part assez importante à ce genre de prescriptions.

Dans le programme de la seconde année, nous rencontrons un cours de zoologie; la seconde partie de ce cours a pour titre : *l'anatomie et la physiologie de l'homme*. Une heure par semaine est consacrée à ce cours. Ce sera du temps bien employé que celui pendant lequel le professeur, après avoir décrit les différents organes de l'homme à l'état sain, exposera, au moyen de planches spéciales, de dessins et de descriptions frappantes, les troubles morbides, les altérations progressives apportées à la contexture ou au fonctionnement de ces organes par l'intoxication alcoolique. Il ne s'agit pas de faire de nos élèves-maîtres des médecins, mais de les initier à la connaissance des conséquences pathologiques de l'alcoolisme, pour qu'ils puissent à leur tour renseigner les autres. L'enseignement ordinaire du professeur de physiologie peut y suffire.

En troisième année, on peut reprendre cet enseignement sous d'autres aspects.

Le cours de chimie contient un chapitre intitulé : *Alcools. Alcool ordinaire et fermentations* (*Vins, bières, cidres*). *Essai des Alcools*. Il y a là l'indication et la place d'une leçon spéciale, ou même de plusieurs, non seulement sur les procédés de la distillation et sur le caractère chimique des alcools, mais aussi sur les différents alcools, sur leurs essences, sur leur degré de toxicité; sur les expériences faites sur les animaux, sur les diverses matières d'où se tirent les alcools industriels, et sur les graves dangers que les poisons font courir à la santé publique, sous quelque vêtement qu'on les déguise.

Dans la même troisième année, l'enseignement de l'*hygiène* occupe vingt heures. Rien n'empêche de profiter de cet enseignement, donné par un des professeurs de sciences, pour traiter avec soin la question de l'alcoolisme au point de vue de la santé. Les occasions ne manquent pas. Il n'est pas nécessaire de refaire le programme. Un chapitre traite de l'*eau*, au point de vue de l'hygiène; c'est le moment d'indiquer les boissons saines; un autre chapitre traite des *aliments*, avec ce sous-titre : *falsifications alimentaires principales des aliments solides et liquides ordinaires*. Un autre sous-titre porte : *intoxication par certaines viandes, etc.* Quelle falsification, quelle intoxication mérite à un plus haut degré l'attention du professeur et des élèves que ce poison subtil introduit par certains breuvages alcooliques dans l'économie du corps humain? On pourra, s'il le faut, abréger, resserrer quelques autres chapitres pour accorder à ce grave sujet le temps nécessaire.

Le cours d'*économie politique* fait aux élèves de troisième année pourra leur apporter des notions utiles sur les désastres sociaux causés par l'alcoolisme. Dans une ou plusieurs leçons, bien nourries de faits, se rattachant à l'un ou l'autre des chapitres sur la *production*, la *circulation* ou la *consommation des richesses* (qui sont les divisions du cours), le professeur pourra apporter des chiffres, des récits et des preuves démontrant les conséquences fatales du fléau sur la prospérité domestique et publique, l'abâtardissement, la dégénérescence de la race, l'accroissement des maladies et de la mortalité, la diminution des naissances, l'affaiblissement des forces musculaires et des facultés mentales, et, par suite, l'abaissement progressif d'un peuple où l'alcoolisme gagne du terrain.

II. — *Écoles primaires supérieures.*

On peut trouver dans le programme de ces Écoles les éléments suffisants pour un utile enseignement antialcoolique. Comme dans les Écoles normales, on pourra en rattacher les notions à divers chapitres du programme actuel.

1° *Éducation morale*, une heure par semaine. Le professeur devra, à l'occasion des *devoirs vis-à-vis de soi-même, vis-à-vis de la famille, vis-à-vis de la société*, montrer l'abaissement physique et moral, la dégradation, les violences, les misères de toute nature qui sont le cortège habituel de l'alcoolisme. Au lieu de passer ce triste mal sous silence, il n'hésitera pas à y insister, il cherchera à inculquer à ses élèves des sentiments d'horreur pour ce vice, et de pitié pour ceux qui en sont atteints.

2° Le cours de *chimie* en troisième année contient un chapitre intitulé : *Alcool ordinaire. — Fermentation alcoolique. — Application à la fabrication du vin, de la bière et du cidre.*

Au lieu de se borner à des notions purement pratiques sur cette fabrication, le professeur profitera de cette occasion pour faire connaître à ses élèves les propriétés toxiques des alcools, des essences diverses, des boissons connues sous les noms d' « apéritifs, amers, absinthes », etc. Le texte même du programme contient ces mots : *Indiquer qu'il y a d'autres alcools que l'alcool ordinaire.* C'est une invitation à faire connaître les alcools industriels et leur terrible nocivité.

3° Le cours d'*histoire naturelle* en deuxième année porte sur la *description des organes du corps humain.* Il traite successivement des « fonctions de nutrition, de circulation, de respiration, des systèmes osseux, musculaire et nerveux ». Chacune de ces parties peut tour à tour comporter, après la description de l'organisme et du fonctionnement normal, la description ou l'indication plus ou moins rapide, au moyen de planches et de dessins, des troubles et des altérations morbides, souvent mortels, introduits par l'alcoolisme dans l'organisme humain.

4° Le cours *d'hygiène* en troisième année contient un chapitre intitulé : *Des boissons : vins, cidres, bières ; thé, café, alcool. — L'acoolisme.* Ici les auteurs du programme ont fait directement la place à l'enseignement que nous voulons fortifier. Il faudra que le professeur sache utiliser cette indication, qu'il ne se contente pas d'une leçon rapide et superficielle, qu'il prépare bien cette partie de son cours, qu'il la nourrisse de faits probants, qu'il laisse dans les esprits une notion nette, vivante, une impression profonde et durable.

Le procédé que nous vous proposons, et qui consiste à profiter des programmes actuels, à disperser l'enseignement antialcoolique dans les divers cours, à l'endroit où la place est moins fortement indiquée, nous paraît avoir certains avantages.

D'abord il permet de commencer dès qu'on le voudra, il évite les retards que causerait un recours au Conseil supérieur de l'Instruction publique, seul compétent pour modifier les programmes : il suffira, pour entrer en exercice, d'une circulaire ministérielle, d'instructions détaillées, précisant les points particuliers sur lesquels les professeurs devront insister. Dès la rentrée, on pourra inaugurer cet enseignement sinon nouveau quant au fond, du moins nouveau quant aux détails, à l'application, à l'importance qu'on désire lui attribuer.

Un autre avantage consiste à ne pas remanier l'emploi du temps, à ne pas ajouter une nouvelle discipline, à ne pas surcharger des programmes qui sont déjà suffisamment lourds.

Enfin, cet enseignement dispersé, donné successivement par différents maîtres, à différents moments, peut attirer d'autant plus l'attention des élèves, appelés à considérer les choses sous des aspects divers.

D'autre part, on nous a fait remarquer que cette dispersion peut avoir aussi ses inconvénients, qu'il serait bon de ramasser, de rassembler en un tableau d'ensemble, en une série de leçons toutes les notions, tous les faits recueillis au cours des études. La Commission pense en effet qu'il conviendrait que quatre conférences récapitulatives fussent faites à nos élèves d'Écoles normales, trois environ à nos élèves d'Écoles primaires supérieures, vers la fin de leurs classes. Ces conférences, avec tableaux et projections, pourraient être faites à titre gratuit, par des hommes compétents, par le médecin de l'École ou par le médecin aliéniste du département.

MM. les docteurs Lancereaux, Magnan, Roubinowitch ont bien voulu offrir leurs services et préparer d'ores et déjà le plan de ces conférences.

III. — *Écoles primaires élémentaires.*

C'est ici évidemment que l'action doit être la plus énergique et la plus constante, puisque c'est ici qu'elle s'adresse au plus grand nombre des futurs citoyens de notre pays. Dans les Écoles primaires nous nous trouvons encore en présence d'un programme qui permet de répandre les plus précieuses notions sans recourir à un remaniement des programmes.

Le programme des trois cours, élémentaire, moyen, supérieur, comprend des *soins d'hygiène et de propreté*, des *conseils pratiques et donnés soit en commun, soit en particulier, sur l'alimentation, etc.* Il y a ici une porte ouverte à des conseils, à des enseignements précis sur le choix et l'usage des boissons alcooliques, sur leurs conséquences funestes à la santé des enfants et des adultes.

Dans le cours moyen, il doit être donné des *notions très élémentaires de sciences naturelles*, et le programme ajoute : *L'homme. — Description sommaire et idée des principales fonctions de la vie.* C'est dans les leçons, entretiens, expositions de dessins et tableaux consacrés à cet objet, qu'il est facile et nécessaire d'introduire la démonstration des troubles et maladies causés dans l'organisme par l'alcool.

Le cours supérieur a le même programme d'histoire naturelle un peu plus étendu. Le programme porte : *Notions sur la digestion, la circulation, la respiration, le système nerveux, les organes des sens. Conseils pratiques d'hygiène. — Abus de l'alcool, du tabac, etc.*

Là où le cours supérieur existe, il suffira d'appeler l'attention des maîtres sur l'importance de ces leçons. Ils ne feront, en instruisant leurs élèves sur ces points, que se conformer à la lettre même du programme.

La *morale* est l'objet d'entretiens quotidiens du maître avec les élèves. Le programme officiel dit : « L'enseignement moral est destiné à compléter et à relier tous les enseignements de l'École. . . La force de l'éducation morale dépend bien moins de la précision et de la liaison logique des vérités enseignées que de l'intensité du sentiment, de la vivacité des impressions et de la chaleur communicative de la conviction. »

Plus loin, le programme recommande des « exercices pratiques tendant à mettre la morale en action dans la classe même. . . . *par le redressement des notions grossières. . , par l'enseignement à tirer des faits observés par les enfants eux-mêmes; à l'occasion, leur faire sentir les tristes suites des vices dont ils ont parfois l'exemple sous les yeux, de l'ivrognerie, etc., en leur inspirant autant de compassion pour les victimes du mal que d'horreur pour le mal lui-même.* »

Ceci est-il autre chose qu'un programme d'enseignement antialcoolique, et est-il besoin d'y rien ajouter? Les notions scientifiques, les faits journaliers se mêleront sous la parole des maîtres aux plus chaudes et aux plus nobles exhortations morales.

Du reste, tout l'enseignement dans nos Écoles primaires peut se prêter à la lutte nécessaire contre l'alcoolisme. Les causeries, les dictées, les problèmes, peuvent contenir les données les plus utiles, les plus précises, exposer par des faits, des chiffres, des récits vivants la triste réalité, les dangers, les crimes, les folies, les ruines de toute nature qui sont l'effroyable suite de l'alcoolisme.

Pour aider dans cette tâche nos maîtres, que l'École normale aura déjà préparés, les manuels, les ouvrages scolaires de tout ordre ne tarderont pas à se multiplier, dès que les instructions ministérielles auront donné l'orientation et le mouvement.

Ces mêmes instructions pourront recommander à nos instituteurs de former ou du moins de favoriser, avec l'agrément des familles, de petites ligues ou sociétés de tempérance parmi leurs élèves, comme cela s'est fait avec succès dans des pays voisins.

Dans les Écoles normales d'institutrices, dans les Écoles de filles, il pourra y avoir place, sous une autre forme, pour un enseignement antialcoolique. Ici, il ne s'agira pas de combattre directement ce mal, quoique, hélas! dans certaines régions, on voie des femmes se livrer aussi à l'abus des boissons spiritueuses. On pourra faire connaître le mal, ses conséquences physiologiques et sociales, afin que les élèves de ces Écoles puissent un jour, par des conseils judicieux, appuyés sur des connaissances précises, mettre en garde contre le fléau leurs frères, leurs maris, leurs enfants. Dans la guerre à l'alcoolisme, il faut s'assurer tous les concours.

Grâce aux moyens fort simples que nous venons d'indiquer, il nous semble qu'on peut commencer dès qu'on le voudra. Puis l'expérience prononcera. Elle nous dira s'il est nécessaire de constituer un enseignement spécial, de toutes pièces, de rédiger un programme à part; et, s'il en est ainsi, nous ne pouvons douter du bon accueil que le Conseil supérieur de l'Instruction publique réserverait à ce projet. Dès aujourd'hui nous pouvons agir, agissons sans tarder!

Tel est le sentiment qui a dicté à votre Commission les conclusions qu'elle a eu l'honneur de vous soumettre.

---

3 août 1895. **Lettre du Ministre de l'Instruction publique, relative à la circulaire du 28 juin 1895, concernant l'admission à la Retraite des fonctionnaires de l'enseignement primaire[1].**

3 Août 1895.

Monsieur le Recteur, quelques-uns de vos collègues me demandent si ma circulaire du 28 juin dernier doit être entendue, au sens limitatif, comme s'appliquant exclusivement aux Inspecteurs primaires et aux directeurs d'École normale. Je crois devoir répondre immédiatement à cette question.

A la suite de la loi du 25 juillet 1893 et pour faire face aux nécessités nou-

1. Voir, p. 276, la note en renvoi sous la circulaire du 1er *juillet* 1890, et, en outre, les documents suivants :

Circulaire du 20 *mai* 1889, aux Recteurs, relative aux retenues pour pensions

velles résultant des dispositions de l'article 13, qui garantissent l'avancement de droit après six ans à tous les membres du personnel primaire nommés par le Ministre, j'ai dû poser en règle que les fonctionnaires dont il s'agit seraient admis à faire valoir leurs droits à la retraite quand ils atteignent l'âge de soixante ans. Cette règle a été appliquée dès 1894 aux Inspecteurs primaires, puis aux directeurs d'École normale, lesquels ont, d'ailleurs, appartenu antérieurement au service de l'inspection. J'ai pu, pour une première année, éviter d'y comprendre le reste du personnel visé par l'article 13. Mais les réductions déjà opérées, sans parler de celles qui sont admises en principe par la Commission du budget sur les chapitres 48 et 50 ne me permettent pas d'espérer que ce délai puisse se prolonger au delà du 1er janvier prochain.

Il y a donc lieu d'abord d'interpréter en principe ma circulaire du 28 juin dernier comme ne visant pas exclusivement une catégorie de fonctionnaires, mais comme devant s'étendre à l'ensemble du personnel primaire qui exerce en vertu d'une nomination ministérielle, c'est-à-dire aux professeurs et aux directeurs des Écoles normales et des Écoles primaires supérieures, ensuite d'en prévoir l'application progressive dans la mesure seulement où l'exigera l'état des crédits, enfin d'adopter comme règle générale la mise à la retraite des fonctionnaires par rang d'ancienneté en commençant par ceux qui ont le plus dépassé l'âge de soixante ans. Si pénible qu'elle puisse être à quelques-uns d'entre eux, à ceux notamment que leur état de santé rendrait capables de prolonger encore leur service actif, cette mesure sera d'autant moins dure à chacun qu'elle s'appliquera uniformément à tous avec le caractère d'une décision générale imposée par les circonstances budgétaires.

Je vous prie, en conséquence, Monsieur le Recteur, de vouloir bien m'adresser la liste des fonctionnaires susvisés qui, dans votre Académie, doivent être les premiers atteints par cette limite d'âge ; il est entendu que ceux des Écoles normales et des Écoles primaires supérieures de Paris ne devront pas être exceptés, à moins de motifs tout particuliers, de la mesure d'ensemble prise à l'égard du personnel de tout ordre.

Recevez, etc.

Signé : R. Poincaré.

civiles exercées sur le traitement des fonctionnaires de l'instruction publique (*Circ.*, t. X, p. 417);

— 6 *janvier* 1890 (Vice-Recteur de Paris aux Inspecteurs d'Académie), relative aux versements rétroactifs pour le service des pensions de retraite (*Rec. des L. et A.*, 1890, p. 2);

— 5 *mars* 1890, aux Recteurs, relative aux injonctions de la Cour des comptes concernant la perception de retenues pour pensions civiles (*Circ.*, t. XI, p. 111):

Loi de finances du 26 *décembre* 1890, art. 30 et 53, contenant des dispositions relatives aux pensions civiles (p. 321);

Circulaire du 11 *février* 1898, aux Recteurs et aux Préfets, relative à la retenue du douzième de premier traitement (*à sa date*):

Rapport et *Décret* du 28 *mai* 1898, relatifs à l'abrogation du décret du 17 septembre 1873 concernant l'admission à la retraite des Recteurs et des Inspecteurs d'Académie (*à leur date*).

6 sept. 1895. **Circulaire du Ministre de l'Instruction publique, relative à l'application du Règlement d'administration publique du 17 juillet 1895 concernant l'avancement des instituteurs et institutrices.**

6 Septembre 1895.

Monsieur le Préfet, le *Journal officiel* du 18 juillet a publié un règlement d'administration publique en date du 17 juillet dont vous trouverez ci-joint plusieurs exemplaires, sur les règles et conditions d'avancement du personnel de l'enseignement primaire élémentaire.

Ce règlement est, en ce qui concerne ce personnel, le dernier qu'avait à élaborer le Conseil d'État en exécution des prescriptions de l'article 48 de la loi du 19 juillet 1889 modifiée par la loi du 25 juillet 1893; le code qui doit régir le classement et l'avancement des instituteurs et institutrices est ainsi aujourd'hui complet.

J'ai déjà signalé à votre attention les heureuses modifications apportées par ces deux lois au classement des instituteurs, je n'ai plus à insister sur ce point; mais il ne me paraît pas inutile, au moment où va commencer d'être appliquée une des plus importantes réformes opérées par le législateur de 1889, la plus importante peut-être, car elle intéresse dans son entier, depuis le jour du début jusqu'à celui de la retraite, la carrière des maîtres, il ne me paraît pas inutile de rappeler tout au moins le principe qui présidait sous le régime ancien à l'avancement et d'indiquer les progrès que le système nouveau réalise.

La loi de 1875 assurait aux titulaires seuls, c'est-à-dire aux maîtres placés à la tête d'une École, à l'exclusion des adjoints, l'élévation à la classe supérieure, élévation qui ne se traduisait d'ailleurs que par une modique augmentation de traitement de 100 francs, après 5 ans passés dans la classe inférieure. Elle ne prévoyait pas de promotions à proprement parler, elle ne prévoyait qu'un classement, non de personnes et de talents, mais de traitements et d'emplois.

La loi de 1889 avait admis tous les maîtres sans distinction à participer aux promotions et avait en même temps aboli cet avancement automatique, destructif de toute émulation et de tout progrès; le Conseil départemental était juge des cas où la valeur des services rendus devait primer le temps de service accompli; mais la loi ne déterminait pas quelle part pouvait être réservée à l'ancienneté, quelle part était assurée au choix.

La loi du 25 juillet 1893 a comblé cette lacune. En édictant les nouvelles prescriptions de l'article 24, le Parlement a nettement défini dans quelle mesure il a entendu qu'il fût tenu compte, d'une part, de l'application, du travail et du zèle, de l'autre, des droits acquis; dans quelles proportions doivent être à l'avenir associés le choix et l'ancienneté. S'il lui a paru indispensable d'assurer immédiatement à ceux qui, dès la titularisation, auront fait preuve de qualités supérieures, l'avantage de promotions plus rapides, il a pensé aussi qu'il était juste, surtout au commencement de la carrière, de récompenser tous les services, et, pour permettre à la généralité des maîtres d'arriver au moins à la classe moyenne, c'est-à-dire à la 3e classe, il a fait plus grande la part de l'ancienneté dans les classes de début, n'élargissant la part du choix qu'au fur et à mesure de la montée vers les classes supérieures. C'est ainsi que les promotions aux 4e et 3e classes auront lieu pour trois quarts à l'ancienneté, pour un quart au choix; les promotions à la seconde classe, moitié à l'ancienneté, moitié au choix. Quant à la 1re classe, le Parlement a entendu qu'elle serait non seulement la classe la mieux rétribuée, mais la classe d'élite, la classe exclusive du mérite, et il a décidé qu'on ne pourrait y arriver que par son travail, ses aptitudes professionnelles, sa valeur propre : les instituteurs n'y entreront qu'au choix.

L'avancement ainsi compris cesse d'être pour tous les instituteurs indistinctement la simple constatation du nombre de leurs années de services. S'il conserve pour quelques-uns ce caractère, il devient pour ceux qui sont promus au choix presque une distinction honorifique, la juste récompense de leur labeur passé, un encouragement à mieux faire encore. Il est le seul qui soit digne de l'instituteur de notre démocratie, et en même temps le seul qui soit équitable, puisqu'il repose sur le respect de tous les droits.

Si libéral qu'il soit cependant, le nouveau système d'avancement n'a pas été accueilli par tous avec la même faveur. Certains maîtres, bien avant que le mode d'application du système ait été réglé, du jour où il a été question d'établir pour l'avancement cette dualité de conditions, auraient désiré qu'on revînt aux anciens principes, sans expliquer d'ailleurs les raisons de leur préférence. Il me répugnerait de penser que l'ancien système d'avancement leur plaisait surtout parce qu'il les dispensait de tout effort.

D'autres ont craint l'introduction d'un élément nouveau d'appréciation dans l'examen des titres à l'avancement parce qu'ils se sont fait une idée mauvaise de l'avancement au choix. Mal conseillés ou simplement mal renseignés, ils ont cru à une synonymie impossible entre deux mots qui se repoussent l'un l'autre et défient tout rapprochement, le choix qui est l'affirmation du mérite, la faveur qui en est la négation.

Cette opinion si erronée et si injuste tombera d'elle-même avec les premières promotions. Elle mérite d'autant moins d'être discutée et réfutée aujourd'hui, qu'on peut douter qu'elle ait été absolument sincère et libre, en présence des garanties dont le législateur s'est plu à entourer l'avancement au choix, des règles précises qu'il a déterminées, non pas dans un esprit de défiance à l'égard des autorités départementales chargées d'y procéder, mais afin de les guider sûrement dans l'accomplissement de la tâche si délicate qu'il leur a confiée.

Trois autorités différentes sont appelées à intervenir dans l'avancement des instituteurs et institutrices : l'Inspecteur d'Académie, le Conseil départemental, le Préfet. Chacun d'eux a des pouvoirs particuliers, leur compétence s'exerce sur des points différents; mais ils doivent se prêter une aide si réciproque, un si mutuel appui qu'il leur est interdit d'agir séparément, qu'aucun ne peut se passer de la collaboration des deux autres. Il importe, au début de l'application du nouveau règlement, de bien définir et de délimiter nettement leurs attributions respectives.

L'Inspecteur d'Académie a naturellement l'influence la plus considérable sur l'avancement des instituteurs. Plus que personne, en effet, il est à même de juger du mérite professionnel de ces maîtres dont il a commencé par suivre les études à l'École normale, qu'il a délégués ensuite dans leurs premières fonctions, avec lesquels il s'est tenu depuis en rapports constants, qu'il voit à l'œuvre dans leurs Écoles, au milieu de leurs élèves, dont il sait enfin quelles sont les méthodes d'enseignement et quels résultats ils en obtiennent. Aussi l'autorité que lui délègue le nouveau règlement est-elle prépondérante. Aucune promotion, aucune titularisation ne peut être prononcée s'il n'en a d'abord fait la proposition. C'est lui qui, aux termes de l'article 1er, doit dresser, pour chaque classe d'instituteurs et d'institutrices, la liste d'ancienneté et la liste de choix. J'indiquerai plus loin de quelle manière il devra procéder à la confection de la première liste. Pour la liste de choix, il l'établira sur les rapports des Inspecteurs primaires, ceux-ci les lui adressant par écrit dès la rentrée des classes et se réunissant ensuite près de lui pour lui fournir les explications qu'il pourrait avoir à leur demander. Sur ces rapports, complétés par ses renseignements personnels, l'Inspecteur d'Académie jugera des titres des candidats et il choisira ceux qui lui paraîtront dignes d'avancement pour les inscrire sur sa liste de proposition au rang que la valeur professionnelle de chacun lui aura semblé mériter.

Le Conseil départemental délibère sur les propositions de l'Inspecteur d'Académie et arrête définitivement l'ordre de présentation des candidats. La loi nouvelle augmente notablement ses attributions. Alors que sous l'ancienne législation il n'était consulté, au sujet de l'avancement des maîtres, qu'une seule fois, au moment de leur titularisation, il doit aujourd'hui intervenir sans cesse, du commencement à la fin de la carrière des instituteurs; constamment il donne son avis; il est, selon les termes de la loi organique, le véritable Conseil de l'enseignement primaire.

Il est arrivé en ces dernières années, quand il s'est agi de l'avancement, qu'au lieu de consulter le Conseil départemental, on a, dans quelques départements, fait appel à la Commission de classement qui avait été constituée en 1890 par application des dispositions de l'article 41 de la loi du 19 juillet 1889. Il y a là une erreur d'interprétation de la loi, qui n'a d'ailleurs pu être préjudiciable à personne puisque, jusqu'à présent, on a procédé plutôt à des modifications de classement qu'à des promotions proprement dites, mais qu'il est indispensable de rectifier pour l'avenir.

La Commission, dont il est parlé à l'article 41 de la loi du 19 juillet 1889, avait été simplement chargée, au début de l'application de cette loi, d'opérer le classement primordial, la répartition dans les classes nouvelles des maîtres précédemment rangés dans les classes de la loi de 1875. Aujourd'hui encore, selon les prescriptions de l'article 45, elle doit être consultée au sujet de la concession des médailles d'argent, mais en ce qui concerne l'avancement des instituteurs et institutrices, ses pouvoirs ont pris fin régulièrement avec les opérations du classement; elle n'a pas à connaître des promotions, à l'égard desquelles la loi n'admet, en dehors de l'Inspecteur d'Académie et du Préfet, qu'une seule intervention, celle du Conseil départemental, qui juge en dernier ressort du mérite des candidats et désigne définitivement ceux qui sont dignes d'être promus au choix.

S'il n'a pas la faculté d'ajouter ni de supprimer un nom sur les listes qui lui sont soumises par l'Inspecteur d'Académie, sans le consentement de celui-ci, il a le pouvoir le plus absolu de modifier dans le sens qu'il juge convenable l'ordre de mérite soumis à son approbation. L'Administration n'a pas le droit de lui communiquer les dossiers des maîtres dont elle a la garde, mais elle a le devoir de le renseigner de la manière la plus complète sur les mérites professionnels des candidats. A cet égard, chaque membre du Conseil peut, en séance, poser toute question qui lui paraît de nature à éclairer son jugement. Le rang de présentation a une importance si décisive pour l'avancement au choix (surtout lorsque l'assemblée délibérante ignore, comme dans le cas présent, le nombre de promotions qui pourra être accordé) qu'aucun de ceux qui sont chargés de le déterminer ne doit craindre de provoquer un débat sur telle ou telle candidature. Sans doute, l'Inspecteur d'Académie apportera au Conseil un travail mûrement étudié, des propositions sûres, des listes déjà bien ordonnées; mais entre des maîtres dont la valeur est presque égale, le choix peut facilement s'égarer. Telle qualité, tel mérite particulier de l'un auront pu passer inaperçus, qui lui auraient donné un avantage sur un ou plusieurs de ses concurrents ; telle légère infériorité d'un autre aura pu rester dans l'ombre, qui lui aurait fait perdre un rang ou deux. Le rôle du Conseil départemental sera de mettre en valeur toutes ces nuances, de faire ressortir tous ces points de minutieux détail, de manière que, ses délibérations terminées, chaque candidat occupe rigoureusement sur la liste de présentation le rang exact qui lui est dû.

Pas plus que l'Inspecteur d'Académie et le Conseil départemental, le Préfet, avant la législation nouvelle, n'avait à intervenir dans les promotions ; il ne faisait que les sanctionner au moment précis indiqué par la loi. Son initiative ne pouvait s'affirmer qu'en ce qui concernait les titularisations ; mais sur ce point, elle était sans limite. Dans une circulaire aux Recteurs en date du 1er août 1888, un de mes prédécesseurs disait à ce sujet : « *Sous la seule condition de ne prendre que sur la liste d'admissibilité, une complète liberté d'appréciation est laissée à l'Inspecteur d'Académie pour ses propositions, au Préfet pour ses choix.* » Cette liberté est aujourd'hui la même. La titularisation fait définitivement entrer l'instituteur dans les cadres des maîtres de l'enseignement public; et dès lors le Préfet, représentant du Gouvernement, a seul qualité pour juger s'il y a lieu de prononcer cette admission au titre de fonctionnaire de l'État. Il tiendra évidemment le plus grand compte de la liste établie au point de vue du mérite professionnel par le Conseil départemental, mais cette désignation ne peut l'obliger, puisque, lorsqu'il s'agit d'une première nomination, l'État ne saurait reconnaître d'obligation d'aucune sorte.

Il n'en est pas de même lorsqu'il s'agit de promotions.

La promotion n'intéresse que le maître qui appartient d'une manière définitive au personnel. Du moment où ce maître a été admis à faire partie des cadres, son avancement est soumis à des règles déterminées dont il n'est pas permis de s'écarter ; il a droit à une promotion du jour où il remplit les conditions auxquelles la loi l'a subordonnée. Celle-ci prescrit d'élever à la classe supérieure, dans des proportions déterminées, les plus anciens de la classe précédente et les plus méritants ; il y a là, qu'il s'agisse d'ancienneté ou de choix, obligation réelle. Pas plus que l'ancienneté, le mérite ne doit admettre d'à peu près ; et de même qu'entre deux candidats, si une seule place est vacante, la promotion à l'ancienneté appartient à celui qui est exactement le plus ancien de classe, ne serait-il plus ancien que d'un jour, de même le choix ne peut avoir pour base que le mérite absolu. C'est donc en suivant l'ordre de la liste arrêtée par le Conseil départemental que le Préfet devra prononcer les promotions au choix dans les limites du nombre que j'aurai fixé pour chaque classe.

Mais de ce que cette ligne de conduite lui est tracée, il ne résulte pas que la loi nouvelle a entendu n'attribuer au Préfet, comme le faisait l'ancienne loi, qu'un pouvoir restreint d'exécution, ni lui réserver simplement l'approbation obligatoire de décisions prises en dehors de lui. C'est, au contraire, à la suite de débats qu'il aura dirigés, que les listes de mérite seront définitivement établies par une assemblée dont, aux termes de la loi organique, il est le président, où sa voix est prépondérante en cas de partage des suffrages, sur laquelle enfin il exerce l'influence la plus directe. Il aura donc toute possibilité de faire reconnaître les titres des candidats que personnellement il jugera les plus méritants, toute autorité pour faire prévaloir ses avis. Sans doute, les délibérations closes, les votes acquis, l'ordre de présentation arrêté, il devra approuver les résolutions prises, mais il n'est pas téméraire de prévoir qu'adoptées dans un esprit d'absolue justice, elles seront presque toujours entièrement conformes à ses vues.

Il est permis d'attendre les meilleurs résultats de ce travail en commun de l'Inspecteur d'Académie, du Conseil départemental et du Préfet, de la collaboration intime de ces trois volontés dirigées toutes vers le même but.

Telles sont, Monsieur le Préfet, les indications générales que j'avais à vous donner sur la manière dont doit être compris l'avancement au choix.

Je dois y ajouter des indications de détail et appeler votre attention sur deux articles du nouveau règlement relatifs aux règles à suivre pour la composition de la liste : 1° des maîtres à proposer pour l'avancement au choix proprement dit ; 2° des stagiaires à proposer pour la titularisation.

L'article 3 du décret du 17 juillet 1895 porte en son paragraphe 1er que « *la liste des maîtres à proposer pour l'avancement au choix ne peut comprendre un nombre de noms supérieur au sixième de l'effectif pour les 5e et 4e classes, au quart pour la 3e classe, au tiers pour la 2e classe* ». Il s'agit, en l'espèce, de l'effectif de la classe à laquelle appartient le maître proposé pour l'avancement au moment où la proposition intervient. Ainsi le nombre des propositions faites par l'Inspecteur d'Académie, par exemple pour la 4e classe, ne peut dépasser le chiffre du sixième de l'effectif de la 5e classe ; de même, pour la 3e classe, les propositions ne doivent pas être supérieures en nombre au sixième de l'effectif de la 4e classe ; pour la 2e classe, au quart de l'effectif de la 3e classe, et pour la 1re classe, au tiers de l'effectif de la 2e classe.

D'autre part, d'après le paragraphe 2 du même article, « *les instituteurs et institutrices ne peuvent être présentés pour l'avancement au choix que s'ils doivent compter au 31 décembre de l'année dans laquelle a lieu la présentation trois années au moins d'exercice dans la classe à laquelle ils appartiennent* ».

Si les prescriptions du nouveau règlement doivent, en général, être appliquées à partir du 1er janvier prochain, il est cependant nécessaire de faire exception pour ces deux dispositions spéciales. On ne peut, en effet, perdre de vue qu'aux termes du 1er paragraphe de l'article 34 (nouveau) de la loi du 19 juillet 1889, la répartition dans les classes créées par cette loi des maîtres et maîtresses en fonctions au 25 juillet 1893 doit être effectuée *en quatre annuités au plus à partir du 1er janvier* 1894. Deux années seulement, pour mieux dire deux promotions, nous séparent donc à l'heure actuelle du moment où les proportions nouvelles d'effectif indiquées à l'article 6 modifié devront être atteintes. Or, en considérant, d'une part, le nombre des instituteurs qui sont à ce jour en 2e et 3e classes et celui des institutrices rangées dans la 2e, la 3e et la 4e classe, d'autre part, leur ancienneté respective de classe, on reconnaît qu'il serait impossible de compléter pour l'époque prévue les effectifs légaux si les propositions ne devaient, dès à présent, porter que sur les maîtres et maîtresses comptant trois ans de services dans leur classe et étaient, en outre, limitées au *quantum* établi par le décret.

Jusqu'à ce que la loi du 25 juillet 1893 ait reçu son plein effet, il conviendra donc d'apporter, dans certains cas, un tempérament aux deux prescriptions que je vous signale et, pendant cette courte période, de procéder de la manière suivante.

M. l'Inspecteur d'Académie examinera d'abord si l'application immédiate à telle ou telle classe d'instituteurs ou d'institutrices des dispositions de l'article 3 du règlement permet d'espérer que ces classes pourront être complétées dans les deux années qui vont suivre. Dans ce cas, naturellement, il n'aura qu'à se conformer aux prescriptions nouvelles. Dans le cas contraire, tout en proposant d'abord les maîtres et maîtresses remplissant exactement les conditions fixées, il pourra en proposer d'autres dans la limite des nombres qui lui paraîtront nécessaires pour atteindre dans le délai prévu aux effectifs de classes que la loi a déterminés. Mais il est évident que ces secondes propositions ne pourront avoir lieu au détriment des premières, qu'elles ne seront permises qu'autant que le nombre des candidats remplissant toutes les conditions du décret aura paru insuffisant et que les maîtres qui en seront l'objet, quel que soit d'ailleurs leur mérite, ne devront prendre rang sur les listes de présentation qu'après les premiers. Aussi vous devrez veiller personnellement à ce que sur les listes qui me seront transmises une distinction soit faite entre les deux catégories de maîtres, avec l'indication exacte pour chacun de son ancienneté de classe, afin que je puisse juger en connaissance de cause ce qui devra être fait dans chaque département pour arriver au résultat désiré dans les délais prescrits.

Vous remarquerez, Monsieur le Préfet, que, d'après ce même article 3, les interruptions de service autres que les congés pour cause de maladie doivent être défalquées des années de stage exigées des maîtres dans chaque classe. Cette disposition infirme les dispositions de ma circulaire du 14 mars 1893, qui permettaient de compter pour l'avancement l'année de service militaire accomplie par les fonctionnaires de l'enseignement primaire élémentaire appelés sous les drapeaux par application de l'article 23 de la loi du 15 juillet 1889. Toutefois, le Conseil d'État étant saisi en ce moment d'un projet de décret sur cette question spéciale, M. l'Inspecteur d'Académie, pour ses propositions prochaines, continuera de compter l'année de service militaire aux bénéficiaires de l'article 23, selon les règles actuellement admises. Mais il indiquera en regard de leur nom que ladite année n'a pas été défalquée, de manière que, le règlement intervenu, leur rang sur la liste de présentation pût être, s'il y avait lieu, modifié sans qu'il fût nécessaire de consulter de nouveau le Conseil départemental. Ils viendraient alors sur la liste, dans l'ordre indiqué par cette assemblée, immédiatement après les maîtres comptant trois années régulières d'exercice.

En ce qui concerne les titularisations, l'article 23 de la loi du 30 octobre 1886 ne fixait pas de limite aux présentations du Conseil départemental. L'article 6 du nouveau règlement spécifie que la liste de mérite, que le Conseil est chargé d'établir, ne dépassera pas à l'avenir le tiers de l'effectif des stagiaires. Les candidats à la titularisation pourront, comme par le passé, conformément à l'article 27 de la loi organique, se faire inscrire à l'inspection académique pendant tout le cours de l'année; mais le Conseil départemental n'aura plus, contrairement à ce qui se faisait précédemment, à établir, au début de l'année, la liste des maîtres admissibles aux fonctions de titulaire et à la compléter par la suite au fur et à mesure des demandes. De même que pour les promotions, il établira la liste de ses propositions dans la première quinzaine d'octobre sur la présentation faite par l'Inspecteur d'Académie après avis des inspecteurs primaires.

Jusqu'à présent, depuis la promulgation de la loi de 1889, les titularisations avaient été prononcées à l'ancienneté. Les maîtres et maîtresses ont dû compter tantôt cinq années, tantôt six années de services, pour être élevés à la 5e classe des titulaires. A l'avenir, les stagiaires possédant le certificat d'aptitude pédagogique pourront être titularisés sous les seules conditions d'ancienneté prévues à l'article 23 de la loi organique, c'est-à-dire s'ils comptent deux ans au moins de stage dans une École publique ou dans une École privée.

Les indications qui précèdent permettront, je l'espère, à l'Inspecteur d'Académie, au Conseil départemental et à vous-même, Monsieur le Préfet, d'établir sûrement les listes de présentation pour l'avancement au choix dans chaque classe. Il doit en être de même pour l'avancement à l'ancienneté.

Là, le travail de chacun sera plus facile et peut-être plus sûr encore, puisque, lorsqu'il s'agira de promotion de cette nature, au lieu d'avoir à apprécier la valeur des services, ce qui est toujours délicat, il n'y aura plus qu'à en constater la durée. Mais, pour que les constatations soient faites généralement sur les mêmes bases et d'après les mêmes principes, il importe que les textes soient compris partout de la même manière et appliqués de la même manière partout; qu'aucune jurisprudence ne s'établisse dans un département, qui ne serait pas suivie dans un autre. Afin que ce résultat soit obtenu, chacun de vous devra sans hésiter me signaler toute prescription qui lui paraîtrait obscure ou d'une application incertaine. J'adresserai aussitôt les instructions nécessaires par la voie du *Bulletin administratif* de mon Ministère, de sorte que la question et la réponse seront en même temps connues de tous.

Dès aujourd'hui, je crois devoir vous signaler quelques points du nouveau règlement qui me paraissent appeler des éclaircissements.

Aux termes de l'article 2, les promotions à l'ancienneté doivent avoir lieu suivant le rang d'ancienneté *dans la classe*. Jusqu'alors elles avaient eu lieu d'après l'ancienneté générale des services; mais, ainsi que je vous le faisais remarquer tout à l'heure, il s'est agi, en ces dernières années, bien plus de rectifier le classement primitif des maîtres, établi au 19 juillet 1889 d'après le nombre de leurs années de services et le montant de leur traitement à cette date, que de les promouvoir de classe. Les dispositions des articles 34, 42 et 52 de la loi qui prescrivaient ce mode de procéder ayant été abrogées ou modifiées par la loi du 25 juillet 1893, c'est, d'après les prescriptions des articles 50 et 24 (nouveau) que dorénavant il conviendra de promouvoir les maîtres.

L'ancienneté dans la classe est établie selon les termes du règlement :

« Pour la 5e classe, par le temps de service écoulé depuis la titularisation; pour les autres classes, par le temps de service écoulé depuis la dernière promotion. En cas d'égalité d'ancienneté dans la même classe, le rang est déterminé par la durée totale des services dans l'enseignement public. En cas d'égalité dans la durée des services, le rang est déterminé par l'âge. »

Vous remarquerez d'abord, Monsieur le Préfet, que cette disposition a pour premier effet d'annuler, en ce qui se rapporte aux maîtres et maîtresses de la 5e classe :

1° L'avis du Comité du contentieux du 23 décembre 1893, que je vous ai transmis par circulaire du 6 janvier 1894, et d'après lequel le calcul de toutes les périodes d'ancienneté, tant pour les promotions que pour les titularisations, devait se compter à partir du 1er janvier 1889 ;

2° Les instructions ministérielles qui ont prescrit de retrancher cinq ans de services aux instituteurs titularisés en vertu du dernier paragraphe de l'article 34 (ancien), pour déterminer la durée totale de leurs services valables pour le classement;

3° Enfin, l'avis émis par le Conseil d'État, le 7 août 1894, en ce qui touche le classement des maîtres titularisés en vertu des dispositions du nouvel article 34.

En effet, en ce qui concerne les maîtres actuellement en 5e classe, leur ancienneté ne doit pas, d'après les termes du nouveau règlement, remonter seulement au jour où ils ont été rattachés à cette classe, mais au jour même où leur titularisation a été prononcée par le Préfet, qu'ils aient été rangés, en

1890, dans la 5e classe des titulaires ou, conformément à l'ancien article 36, dans la 6e classe provisoire. Dès lors, cette ancienneté peut être antérieure au 1er janvier 1889, si ces maîtres appartenaient, au moment du premier classement, à l'ancienne 4e classe des titulaires de la loi de 1875, ou si, étant adjoints, ils avaient été titularisés à la suite de la promulgation de la loi du 30 octobre 1886, par application de l'article 27 de cette loi.

Ce sont là, toutefois, les deux seuls cas où l'ancienneté de classe peut être reculée. Elle date du jour de la dernière promotion pour les maîtres qui ont été élevés de classe à la suite des diverses lois de finances qui ont mis les crédits nécessaires à ma disposition, et, d'après les prescriptions de l'article 49 de la loi du 19 juillet; elle date du 1er janvier 1889 pour ceux qui sont encore dans la classe où ils avaient été rangés tout d'abord.

Dans ces derniers figurent les instituteurs et institutrices de 5e classe, titularisés par application du dernier paragraphe de l'ancien article 34. Des instructions antérieures indiquaient comme date à la titularisation de ces maîtres, que la loi dispensait du certificat d'aptitude pédagogique sous réserve de la défalcation de cinq années comptées comme stage, le jour où avait commencé leur sixième année de service, et ainsi cette date pouvait être reportée à deux, trois, quatre ans et plus, avant 1889. C'est là, à mon avis, une erreur qu'il convient de réparer. Contrairement à ce qui s'est produit pour les maîtres de la même classe dont il est plus haut question, qui ont pu être titularisés en vertu de lois antérieures, ces instituteurs n'ont obtenu la titularisation que de la loi de 1889 et, par suite, l'effet de cette titularisation ne saurait précéder l'effet de la loi elle-même.

Mais depuis que le premier classement a été opéré, l'article 34 de la loi du 19 juillet 1889 a été modifié par la loi du 25 juillet 1893. A la dispense du certificat d'aptitude accordée, en vue de la titularisation, aux maîtres pourvus seulement d'un des brevets, sous la condition que le nombre total de leurs années de services valables pour l'avancement serait sensiblement diminué, a été substituée, pour les instituteurs nommés avant le 30 octobre 1886, la dispense pure et simple de ce titre de capacité, sans défalcation d'aucune sorte.

Il est évident qu'il n'a pu entrer dans les intentions du législateur de créer une classe de privilégiés parmi ces maîtres déjà favorisés, ni surtout de faire précisément bénéficier de la faveur plus grande les instituteurs les plus jeunes. C'est ce qui arriverait cependant dans un délai plus ou moins rapproché si l'on continuait à défalquer cinq ans de service aux maîtres devenus titulaires par application du dernier paragraphe du premier article 34, puisque ces maîtres, bien qu'en réalité plus anciens que ceux titularisés par suite des dispositions du nouvel article, ne verraient entrer en ligne de compte pour leur avancement qu'une portion de cette ancienneté; et l'on arriverait à cette anomalie que de deux instituteurs entrés en fonctions, l'un, par exemple, en 1884, et l'autre en 1886, le second devrait être considéré comme plus ancien que le premier. Sans doute, pour celui-ci, le désavantage de cette situation ne se manifesterait pas dès à présent, c'est-à-dire dès le moment où il s'agirait pour lui d'une promotion à la 4e classe, puisqu'étant titulaire depuis plus longtemps que son concurrent, il n'y aurait pas lieu à comparaison entre l'ancienneté générale des deux maîtres; mais, si l'on considère que tous deux peuvent être promus à la 4e classe le même jour, cette comparaison s'imposerait lors de leur passage à la troisième par voie d'ancienneté, et elle ne pourrait alors qu'être défavorable au titulaire du premier article 34, par conséquent au plus ancien. On doit donc penser que le nouvel article 34 s'applique indistinctement à tous les maîtres nommés avant le 30 octobre 1886 et qu'en ne reproduisant pas les prescriptions limitatives indiquées à l'ancien article, il les a rendues caduques. Il s'ensuit qu'il n'y a plus lieu de défalquer cinq années des services des maîtres titularisés autrefois sous cette condition spéciale.

Enfin, à la date du 7 août 1894, le Conseil d'État avait émis l'avis que les instituteurs dispensés du certificat d'aptitude pédagogique devaient être classés *entre eux* en prenant pour point de départ de leur ancienneté la date de la nomination préfectorale dont ils sont pourvus. Le nouveau règlement n'admet pas cette distinction dans le classement des instituteurs de la 5e classe; l'ancienneté de classe doit *pour tous* remonter, comme je vous l'indique plus haut, au jour de leur titularisation, et l'ancienneté générale au jour de leur entrée en fonctions.

Je ne vois, quant à présent, aucun autre point à vous signaler relativement à la constatation des droits à l'avancement des maîtres et maîtresses de l'enseignement primaire élémentaire.

Mais, les présentations faites, il reste à y donner suite et, d'après les prescriptions de l'article 50 de la loi du 19 juillet 1889, au Ministre appartient le soin de fixer le nombre des promotions à accorder à chaque département dans la limite des crédits disponibles.

Il est indispensable que les instituteurs et institutrices, qui attendent chaque année, avec une impatience légitime, le résultat des propositions dont ils ont pu être l'objet, connaissent au plus tôt la suite qui aura été donnée à ces propositions. Je tiens donc à ce que les arrêtés de promotions soient signés et notifiés aux intéressés avant la fin de la semaine qui suivra le vote définitif du budget. Il est, par suite, de toute nécessité que les réunions du Conseil départemental prescrites par le règlement aient lieu à l'époque précise qu'il a fixée. Aux termes de l'article 4, toutes les listes de présentation doivent être arrêtées au plus tard le 15 novembre et m'être adressées *sans délai, c'est-à-dire le jour même*, accompagnées de l'état des vacances qui se sont produites dans chaque classe au cours de l'année. Jusqu'à ce que la loi ait reçu son application intégrale, les chiffres à inscrire dans cet état devront naturellement représenter la différence entre l'effectif réel et l'effectif légal.

L'examen de ces divers documents dans mes bureaux exige un temps assez long. Il sera terminé, comme l'exige la loi, avant la fin du mois de décembre, si M. l'Inspecteur d'Académie, qui doit soumettre ses propositions au Conseil départemental, a soin d'établir ses listes en temps utile et si vous voulez bien veiller personnellement à ce que les délibérations de cette assemblée soient closes dans les délais déterminés. Vous n'aurez plus alors qu'à prononcer les promotions selon les règles que je viens de vous tracer, en tenant compte, toutefois, des considérations ci-après.

Il arrivera qu'un maître sera proposé pour l'avancement à la fois à l'ancienneté et au choix. Vous devrez, dans cette alternative, le promouvoir au choix. Ainsi que je le constatais, en effet, au début de cette lettre, la promotion au choix comporte, à côté de l'avantage matériel attaché à tout avancement, un avantage moral. C'est une distinction dont on ne peut priver sans motif grave celui qui en a été reconnu digne. Il convient de remarquer, d'autre part, que si le maître proposé au choix était promu de classe à l'ancienneté alors qu'il y avait possibilité de le promouvoir autrement, non seulement il se trouverait écarté d'une récompense à laquelle il pouvait légitimement prétendre, mais il le serait au profit d'un maître rangé après lui sur la liste de présentation et qui, par conséquent, avait été jugé moins méritant.

Cependant il est un cas où la promotion au choix ne devrait pas être prononcée en faveur d'un maître présenté en rang utile par le Conseil départemental. C'est celui où le maître, dans l'intervalle qui sépare la présentation de la nomination, serait l'objet d'une des mesures disciplinaires prévues aux paragraphes 1 et 2 de l'article 30 de la loi organique, la réprimande et la censure, et à l'article 33 de la même loi, la suspension provisoire. Je ne crois pas avoir besoin de démontrer que cette mesure s'impose. L'instituteur ou l'institutrice frappé ainsi de la réprimande ou de la censure devrait néanmoins, s'il avait été proposé à l'ancienneté, être promu de cette manière, rien dans l'état actuel de la législation ne pouvant prévaloir contre cette dernière forme de promotion. Pour le maître contre lequel la suspension provisoire aurait été prononcée, la signature de l'arrêté de promotion, de quelque nature que celle-ci dût être, serait ajournée, sans que pourtant la place ainsi réservée dans le nombre des promotions autorisées pût être, dès ce moment, attribuée à un autre maître.

D'un autre côté, Monsieur le Préfet, vous ne devrez promouvoir ni au choix ni à l'ancienneté les instituteurs ou les institutrices qui, postérieurement à la présentation par le Conseil départemental, auraient été admis à la retraite et qui continueraient néanmoins de figurer dans les cadres du personnel.

Si, en effet, conformément aux dispositions de l'article 47 du règlement d'administration publique du 9 novembre 1853, le fonctionnaire admis à faire valoir ses droits à la retraite peut, lorsque l'intérêt du service l'exige, être maintenu momentanément en activité, il résulte d'un avis du Conseil d'État en date du 25 juin 1895 que *cette admission transforme le lien qui le rattache à l'administration et le met hors d'état de prétendre désormais à un avancement quelconque*. Cependant j'appelle votre attention sur ce point que cette exclusion des promotions atteint seulement les maîtres dont l'admission à la retraite a été prononcée par arrêté ministériel et non pas ceux qui ont été simplement l'objet de votre part d'une proposition. M. l'Inspecteur d'Académie ne devra donc pas envisager si cette proposition peut être, à son avis, suivie ou non d'effet pour admettre ces maîtres sur ses listes ou les en écarter. Il sera d'autant plus à l'aise pour les présenter à leur rang, soit à l'ancienneté, soit au choix, que dans le cas où ils seraient ensuite admis à la retraite, les promotions devenues ainsi disponibles seraient attribuées aux suivants.

Il me reste, Monsieur le Préfet, à appeler votre attention sur une dernière disposition du nouveau règlement. Elle est relative aux instituteurs détachés par arrêté ministériel dans un service d'enseignement autre que celui où ils exerçaient leurs fonctions. Il est dit à l'article 8 que ces instituteurs *continuent à figurer dans leur cadre d'origine et y conservent leurs droits à l'avancement.*

C'est surtout des maîtres et maîtresses détachés dans les Lycées conformément aux dispositions du décret du 31 octobre 1892 qu'il s'agit ici. L'article 2 de ce décret contenait déjà des prescriptions identiques; mais tant que les promotions ont été accordées d'après l'ancienneté générale des services, il n'y a pas eu lieu de se préoccuper d'une manière particulière de la situation de cette catégorie de maîtres. Remis à la disposition du Préfet, ils étaient, en rentrant dans l'enseignement primaire proprement dit, rangés dans la classe attribuée aux maîtres comptant le même temps de services. Il ne pourrait plus en être ainsi, aujourd'hui, puisque non seulement les promotions à l'ancienneté doivent avoir lieu d'après l'ancienneté de classe, mais qu'un élément nouveau d'appréciation, le choix, intervient dans l'avancement. Afin que leurs droits soient sauvegardés pour l'avenir, selon les prescriptions du nouveau règlement, ces maîtres seront dorénavant soumis pour l'avancement aux mêmes règles que les instituteurs titulaires de postes dans les Écoles primaires élémentaires.

A cet effet, M. l'Inspecteur d'Académie devra les comprendre sur ses listes de propositions, soit au choix, soit à l'ancienneté, et le Conseil départemental, comme il fait pour les autres maîtres, leur attribuera, dans ses présentations, le rang exact auquel leur mérite ou leurs années de service lui auront paru leur donner droit. Les propositions d'avancement seront ensuite adressées à M. le Recteur pour m'être transmises, et les intéressés seront par moi promus de classe s'ils figurent en rang utile sur les listes ainsi arrêtées, c'est-à-dire si le rang qui leur aura été donné est resté dans la limite du nombre des promotions permises dans le département où ils exercent. De cette manière, s'ils sortent un jour des Lycées, ils retrouveront naturellement dans les classes du personnel de l'enseignement primaire la place qui leur y aura été attribuée.

Enfin, selon les prescriptions de l'article 7 du règlement, la liste d'ancienneté des instituteurs et institutrices titulaires ainsi que l'état des promotions et des titularisations annuelles doivent être publiés dans les formes à déterminer par un arrêté ministériel. Je n'ai pas encore décidé de quelle manière il serait procédé à la publication du tableau général d'ancienneté; je vous adresserai ultérieurement, s'il y a lieu, les instructions nécessaires.

Recevez, etc.

Signé : R. POINCARÉ.

---

7 sept. 1895. **Circulaire du Ministre de l'Instruction publique, relative à la nomination de Boursiers d'Enseignement primaire supérieur dans les Écoles primaires supérieures seulement, à l'exclusion des Cours complémentaires.**

7 Septembre 1895.

Monsieur le Préfet, les rapports qui m'ont été adressés en réponse à ma circulaire du 15 février dernier, relative aux bourses d'enseignement primaire supérieur, concluent, en majorité, au placement des boursiers dans les seules Écoles primaires supérieures, à l'exclusion des Cours complémentaires. A l'appui de cette opinion, on fait valoir les raisons suivantes :

La loi du 19 juillet 1889 et le décret du 21 janvier 1893 ont fixé à un an seulement la durée des études dans les Cours complémentaires; les boursiers ne sauraient donc, de toute façon, y passer qu'une année. La tolérance, grâce à laquelle certains boursiers ont épuisé dans les Cours leurs trois années de bourse, a pu s'expliquer jusqu'à présent comme mesure transitoire : en se prolongeant, elle constituerait une violation des règlements.

Mais cette première année d'études elle-même portera de bien meilleurs fruits pour les boursiers dans les Écoles primaires supérieures que dans les Cours complémentaires. En effet, les programmes d'études des Cours ne sont pas les mêmes que ceux des Écoles primaires supérieures. Ceux-ci sont déterminés par le décret du 21 janvier 1893 et les arrêtés des 21 janvier et 18 août 1893, tandis que les autres sont laissés à l'initiative de chaque directeur ou directrice. (Arrêté du 25 janvier 1895.)

Cette liberté dans les programmes des Cours complémentaires s'explique aisément, lesdits Cours ayant pour objet principal la révision et le complément des matières d'enseignement des Écoles primaires élémentaires, avec quelques emprunts faits, suivant les cas, au programme des Écoles primaires supérieures. Ainsi le Cours complémentaire est une annexe, un complément de l'École primaire.

Inférieur à l'École primaire supérieure au point de vue des programmes, il l'est aussi sous le rapport de l'installation matérielle, des collections, des appareils, des ateliers, de toutes les ressources d'enseignement et d'éducation. Enfin, il ne possède pas un personnel enseignant muni, comme celui des Écoles primaires supérieures, de diplômes spéciaux.

Il en résulte que le boursier qui a passé une première année dans un Cours complémentaire et qui entre ensuite à l'École primaire supérieure, se trouve dans un état de réelle infériorité vis-à-vis de ses condisciples : il n'a pas eu les mêmes instruments de travail; il n'a pas été dirigé par les mêmes maîtres.

Ces considérations, si décisives, ne pouvaient échapper même aux partisans du *statu quo;* et plusieurs d'entre eux reconnaissent n'avoir conclu en faveur des Cours complémentaires que dans la crainte de voir le retrait des boursiers porter aux Cours une sérieuse atteinte. Cette appréhension ne semble pas fondée. Il ne faut pas oublier, en effet, que le nombre des boursiers de l'État dans les Cours complémentaires (garçons et filles compris) n'était, pour l'année scolaire 1894-1895, que de 194, sur un chiffre total de 16 894 élèves.

La population scolaire des Cours complémentaires qui était, en 1890, de 13 360 élèves, s'est élevée en 1891 à 14 301, et en 1892 à 15 731 [1]. En 1893, malgré la réduction à un an de la durée des études dans les Cours, mesure qui semblait devoir réduire considérablement le nombre des élèves, ce nombre s'est maintenu à 15 276, et il est monté en 1894 à 16 894, preuve frappante que la faveur publique continue de s'attacher à ces établissements. Ils répondent en effet aux besoins et aux vœux les plus légitimes des familles qui, tout en voulant compléter l'instruction primaire de leurs enfants, n'ont pas dans leur voisinage une École primaire supérieure ou reculent devant les sacrifices que leur imposerait la durée des études dans ces Écoles. Aussi, mon administration, pénétrée de la haute utilité des Cours complémentaires, ne cesse-t-elle de leur marquer son intérêt, et de créer chaque année, sur vos propositions, des Cours nouveaux ou de nouveaux emplois dans les Cours existants.

Mais, en ce qui concerne les boursiers, les prescriptions réglementaires et l'intérêt des études exigent que les bourses soient réservées aux Écoles primaires supérieures [2]. Vous voudrez bien en conséquence, Monsieur le Préfet, ne plus procéder à des nominations de boursiers dans les Cours complémentaires de votre département.

Il devra être tenu compte de cette décision dans le travail de répartition que vous préparez actuellement.

Recevez, etc.

Signé : R. POINCARÉ.

1. Voir (*Bull. adm.*, 1893, t. LIV, p. 830) *la comparaison de l'effectif scolaire des Écoles primaires supérieures et Cours complémentaires (garçons et filles) au* 31 *décembre* 1892 *et au* 31 *octobre* 1893.

2. Consulter (*Bull. adm.*, 1890, t. XLVIII, p. 132) les *Renseignements sur la destination des élèves sortis des Écoles primaires supérieures de garçons dans le courant de l'année* 1889.

1er octobre 1895.

Circulaire du Ministre de l'Instruction publique, relative au choix des textes de Compositions données aux examens des Brevets de capacité.

1er Octobre 1895.

Monsieur le Recteur, le rapport qui m'a été présenté au nom de la Commission chargée de prendre connaissance des textes de compositions données aux divers examens de l'enseignement primaire en 1894 renferme un certain nombre d'observations générales sur lesquelles je désire appeler votre attention. Elles ont trait aux épreuves des examens des brevets de capacité et au choix des sujets des compositions écrites[1].

Aux termes de l'article 151, § 2, de l'arrêté du 18 janvier 1887, les épreuves écrites du brevet supérieur comportent une composition sur un sujet de *littérature ou de morale*. J'ai pu constater que la grande majorité des questions proposées ont un caractère purement littéraire et sont, pour la plupart, empruntées aux auteurs sur lesquels doivent porter les interrogations aux épreuves orales. Ce choix a sans doute été inspiré par le désir d'encourager l'étude des ouvrages inscrits au programme en assurant, ainsi que le recommandait un de mes prédécesseurs, un certain avantage aux candidats qui se seront familiarisés avec les auteurs classiques par une lecture attentive et réfléchie.

Je ne saurais qu'approuver, en principe, une préoccupation aussi légitime. Il importe, toutefois, de remarquer que les sujets de cette nature exigent, pour être convenablement traités, une certaine maturité d'esprit et des connaissances littéraires plus étendues que celles qu'on est en droit d'attendre des aspirants au brevet supérieur.

De là, la médiocrité d'un grand nombre de compositions, où l'on retrouve moins l'impression directe du texte, des réflexions et des jugements personnels que des souvenirs de leçons apprises par cœur, des analyses toutes faites, des fragments de préfaces ou des pages de manuels. Il y a là un écueil qu'il convient d'éviter dans la mesure du possible, en ne puisant qu'avec discrétion dans le fonds si riche des questions littéraires.

Une autre catégorie de textes a soulevé également d'assez vives critiques. Ce sont les sujets présentés sous la forme d'un proverbe ou d'une maxime à expliquer, d'un vers de La Fontaine à développer, etc. Ces questions, dont l'apparente facilité ne doit pas faire illusion, donnent trop souvent prétexte à des amplifications banales et vides, où l'abondance des lieux communs cache mal l'impuissance des candidats à rien ajouter au texte qui leur est proposé.

Aussi, Monsieur le Recteur, en vue de permettre un choix de questions plus variées et plus faciles, il conviendra, à l'avenir, d'appliquer d'une façon plus large les dispositions de l'article 151 de l'arrêté du 18 janvier 1887. La composition française ne doit pas nécessairement consister en une dissertation littéraire ou morale. Elle pourra revêtir aussi bien la forme d'une lettre, d'une narration, d'une analyse de lecture, d'un récit de voyage, etc. Plus le cadre sera simple, susceptible de se prêter à l'expression de sentiments personnels et sincères, mieux il permettra aux juges de se faire une idée exacte de la valeur intellec-

1. Voir la lettre ministérielle du 9 *août* 1894, relative à la surveillance des épreuves écrites dans les différents examens de l'enseignement primaire (*Bull. adm.*, 1894, t. LVI, p. 121).

tuelle du candidat et du degré de culture littéraire auquel il est parvenu. J'estime que tout sujet qui obligera les aspirants à tirer quelques idées de leur propre fonds, en les exprimant sous une forme familière, sera plus probant qu'une question compliquée qui ne fournirait aux mieux préparés que l'occasion de faire montre d'une érudition toute de surface ou d'une certaine facilité à paraphraser une pensée sans l'approfondir.

Les épreuves scientifiques du brevet supérieur ont paru généralement bien choisies. Il y aura lieu cependant de veiller à ce que les questions soient moins difficiles pour les aspirantes que pour les aspirants. La clarté et la précision de l'énoncé des problèmes ne devront rien laisser à désirer.

La question de théorie qu'ont à traiter les candidats au brevet élémentaire ne devra pas non plus présenter une grande difficulté. Tout sujet qui sortirait du programme de l'École primaire devra être rigoureusement proscrit.

Enfin, conformément au vœu émis par la Commission, j'estime qu'il y a lieu de veiller à ce que les questions de sciences physiques et naturelles données au brevet supérieur portent plus souvent sur les applications des sciences à l'hygiène, à l'agriculture et aux arts industriels. D'autre part, pour l'épreuve de dessin, les sujets devront être assez variés pour que l'étude du dessin géométrique et du dessin d'ornement tienne dans la préparation de cet examen la place qu'elle doit occuper.

L'article 135 du règlement précité dispose que les sujets de composition sont choisis par l'Inspecteur d'Académie. Dans quelques Académies, l'usage s'est établi d'adopter les mêmes sujets pour tous les départements du ressort académique. Les Inspecteurs, réunis en conférence sous la présidence du Recteur, arrêtent, après discussion, les textes des compositions écrites. Cet échange de vues entre personnes dont la compétence est éprouvée ne peut que produire les meilleurs résultats. En outre, l'adoption d'un texte commun présente un réel avantage. Les sujets sont ainsi mieux appropriés à la nature des épreuves. Le niveau de l'examen est maintenu d'une façon constante, et l'on est ainsi prémuni contre bien des écarts et des accidents résultant d'une trop grande disproportion dans le choix des sujets.

J'ai décidé pour tous ces motifs, conformément d'ailleurs au vœu émis par la Commission, que ce système serait appliqué désormais dans toutes les Académies. Il vous appartient de fixer la date à laquelle vous réunirez MM. les Inspecteurs pour prendre part à ces conférences.

Je vous prie de donner connaissance à MM. les Inspecteurs d'Académie des instructions contenues dans la présente circulaire, dont vous voudrez bien m'accuser réception.

Recevez, etc.

Signé : R. POINCARÉ.

Circulaire du Ministre de l'Instruction publique, relative à l'établissement d'une Statistique des associations locales et régionales qui, dans chaque département, contribuent à la prospérité de l'École et favorisent la diffusion de l'enseignement. 21 octobre 1895.

21 Octobre 1895.

Monsieur le Préfet, dans la circulaire du 10 juillet 1895, adressée aux délégations cantonales, aux Caisses des Écoles et Commissions scolaires, j'ai insisté particulièrement sur la nécessité de grouper toutes les bonnes volontés dans un effort commun pour assurer la fréquentation scolaire, pour organiser l'enseignement après l'École, enfin pour établir entre les élèves et les anciens élèves des liens de confraternité et de solidarité.

Je ne doute pas que l'appel fait aux personnes dévouées à l'enseignement ne soit entendu. Sous les formes les plus diverses, des associations nombreuses seront fondées. Pour se constituer, elles n'auront qu'à suivre, dans la plupart des cas, les exemples donnés par les sociétés qui ont ouvert la voie et qu'à mettre à profit les enseignements d'une expérience déjà longue. Le mouvement entrepris pour la création de ces institutions, auxiliaires indispensables de l'École, ne date pas d'aujourd'hui. Dans les villes et dans les campagnes, l'initiative privée s'est déjà manifestée avec ingéniosité et au grand profit des Écoles.

Mais dans quelle mesure son action s'est-elle exercée? Combien de ces institutions charitables et philanthropiques sont nées et ont prospéré?

Une statistique qui en fournirait le chiffre actuel présenterait un réel intérêt. Elle montrerait aux esprits hésitants que l'entreprise heureusement poursuivie ailleurs peut être partout tentée. Elle permettrait d'apprécier le chemin parcouru et celui qui reste à faire.

J'ai pensé en conséquence, Monsieur le Préfet, à vous demander de faire établir un relevé complet de toutes les associations locales et régionales qui, dans votre département, contribuent à la prospérité de l'École et favorisent la diffusion de l'enseignement.

Je vous citerai à titre d'exemple — car les dénominations que ces associations prennent sont multiples — les associations d'enseignement populaire sous leurs diverses formes; les sociétés d'élèves et d'anciens élèves des Écoles primaires; les comités de dames patronnesses pour les Écoles maternelles; les associations qui fonctionnent sous les noms de « petites familles », de « cercles scolaires », de « réunions fraternelles » ou « associations amicales »; les diverses œuvres de patronage de l'enfance et de l'adolescence à l'École et au sortir de l'École; les sociétés de mutualité scolaire; les institutions d'apprentissage et de placement; les sociétés de tir et de gymnastique; les sociétés de chant et de musique chorale; les sociétés scolaires pour la protection des animaux utiles, etc.

Vous voudrez bien faire consigner sur l'état ci-joint, dont je vous envoie le cadre et que je vous prie de me retourner après l'avoir rempli, le 1er décembre prochain au plus tard, toutes les indications énumérées dans l'en-tête des colonnes.

Je vous serai obligé de me faire parvenir autant que possible le texte des statuts des associations, ainsi que les brochures qu'elles auraient publiées. Ces documents, qui seront déposés dans une section spéciale au Musée pédagogique, constitueront une importante collection qui témoignera de l'activité féconde des sociétés scolaires. Cette collection figurera avec honneur à l'Exposition universelle de l'année 1900.

Je désire que les associations auxquelles vous vous adresserez ne se méprennent pas sur la nature des renseignements qui leur sont demandés. Il n'est nullement question de se livrer à une enquête sur les actes ou sur la vie intérieure de chaque société. Je voudrais simplement établir la liste de toutes celles qui ont pour objet, à un titre quelconque, l'instruction et l'éducation des enfants, des adolescents ou des adultes, afin de montrer ce que notre pays fait dès maintenant pour assurer la culture morale et intellectuelle des nouvelles générations. Je suis certain que l'intérêt national qui s'attache à cette constatation n'échappera à personne et que tous, quel que soit l'esprit particulier qui les anime, s'empresseront de vous prêter leur concours.

Recevez, etc.

Signé : R. POINCARÉ.

Arrêté relatif à la Nomination des professeurs et des répétiteurs au Collège Chaptal (cadre secondaire). 23 octobre 1895.

23 Octobre 1895.

Le Ministre de l'Instruction publique, des Beaux-Arts et des Cultes,

Vu le décret en date du 26 juillet 1895, portant règlement d'administration publique sur l'organisation spéciale du Collège Chaptal;

Vu l'arrêté en date du 4 avril 1892, instituant le Comité consultatif des Écoles primaires supérieures de la Ville de Paris,

Arrête :

Les propositions faites par le Comité consultatif de l'enseignement public (section de l'enseignement secondaire) en vue de la nomination des professeurs et répétiteurs du Collège Chaptal (cadre secondaire), visés à l'article 14 du décret du 26 juillet 1895, sont communiquées pour avis au Comité consultatif des Écoles primaires supérieures de la Ville de Paris.

Circulaire du Ministre de l'Instruction publique, relative à l'enseignement de l'Agriculture dans les Écoles primaires publiques[1]. 24 octobre 1895.

24 Octobre 1895.

Monsieur l'Inspecteur, parmi les questions d'enseignement dont s'occupe à juste titre l'opinion publique, il en est une qui a fait l'objet de vœux émis par un certain nombre de Conseils généraux. Les assemblées départementales demandent qu'une plus large place soit faite à l'enseignement de l'agriculture dans les Écoles primaires publiques et qu'une sanction plus efficace soit donnée à cet enseignement dans les examens.

J'ai réuni tous ces vœux et toutes les propositions formulées notamment à ce sujet par la presse pédagogique. J'ai chargé la Commission permanente d'agri-

1. Voir la note 1, p. 332.

culture instituée auprès de mon administration de les examiner et de m'en rendre compte avec ses appréciations. J'ai pris ensuite l'avis du Conseil supérieur de l'Instruction publique.

Les consultations autorisées que j'ai ainsi recueillies m'ont permis de constater que si l'enseignement de l'agriculture ne reçoit pas partout les développements qui devraient lui être donnés, que si les interrogations dans les examens ne portent pas aussi fréquemment qu'il conviendrait sur cette partie de l'enseignement, cela tient beaucoup moins à une lacune des programmes d'études ou d'examens qu'à une application incomplète des règlements en vigueur.

Les programmes d'enseignement, en effet, prescrits pour les Écoles primaires comme pour les Écoles primaires supérieures et les Écoles normales, contiennent, sans exception, une section consacrée à l'agriculture. En conformité de ces dispositions, l'horaire de chaque établissement doit réserver un temps suffisant à l'étude de ces matières obligatoires.

Il vous appartient, Monsieur l'Inspecteur, d'examiner, de concert avec MM. les Inspecteurs primaires, quelle est la part faite actuellement à cet enseignement dans les Écoles primaires de votre département. Si elle vous paraît trop restreinte, vous procéderez à une revision de l'emploi du temps qui permette de faire une meilleure répartition des heures de travail entre les matières inscrites au programme.

J'ajoute qu'il est nécessaire que le maître ne se borne pas aux seules leçons théoriques. Elles ne sauraient suffire. Elles ont besoin d'être complétées et éclairées par des démonstrations pratiques données sur le terrain, dans le champ d'expériences que la commune a pu mettre à la disposition de l'École, ou, à son défaut, dans le jardin de l'instituteur. Mais, dans tous les cas, l'instituteur a le devoir d'entreprendre avec ses élèves, le jeudi principalement, des visites dans les fermes et des études sur le terrain qui lui fournissent l'occasion de montrer l'application pratique des théories qu'il a développées en classe.

Afin de faciliter la tâche de l'instituteur, qui n'a pas toujours sous la main les indications indispensables et qui peut éprouver quelque embarras à se les procurer, j'ai demandé à la Commission permanente d'agriculture de rédiger, sous la forme d'un guide pratique, un plan de cours sommairement tracé. Ce plan n'a évidemment que la valeur d'une indication générale. Il devra être modifié suivant les cultures et les besoins des différentes régions.

Je ne doute pas du zèle que le personnel mettra à se conformer à ces instructions. Mais il ne suffit pas, pour obtenir un résultat appréciable, que le maître connaisse ses devoirs et qu'il les remplisse. Il faut que l'élève et que le candidat sachent qu'ils pourront être interrogés sur n'importe quelle partie du programme et qu'ils doivent, pour éviter un échec, les avoir toutes convenablement étudiées. J'ai, à cet égard, des recommandations spéciales à vous adresser. Elles ont trait aux épreuves écrites, orales ou pratiques à subir par les candidats et à la composition des Commissions d'examen.

Je n'ai à vous entretenir que des examens du certificat d'études primaires élémentaires, des brevets de capacité et du certificat d'aptitude pédagogique.

A l'examen du certificat d'études élémentaires, le « sujet de rédaction d'un genre simple » prescrit par les règlements peut se rapporter « aux notions élémentaires de sciences avec leurs applications à l'agriculture ».

A l'examen oral du brevet élémentaire, des questions peuvent être posées « sur les matières de l'enseignement agricole ».

Pour le brevet supérieur, la composition écrite peut être tirée du programme « des sciences naturelles et physiques avec leurs applications les plus usuelles à l'agriculture », et les épreuves orales peuvent comprendre des questions sur l'agriculture et l'horticulture.

A l'examen du certificat d'aptitude pédagogique, l'épreuve écrite consiste en une composition française sur « un sujet élémentaire d'éducation ou d'enseignement ». Le programme d'examen se trouve limité par le programme suivi à l'École primaire élémentaire. Le candidat doit donc être en mesure de traiter un sujet d'agriculture, puisqu'il est dans l'obligation, pour devenir instituteur titulaire, de prouver qu'il est capable de faire une leçon sur tout ce qui est enseigné dans la catégorie d'établissements où il exerce.

D'une façon générale, les examens sont les régulateurs des études. Les candidats se renseignent sur les épreuves subies dans les précédents examens. Ils se procurent les sujets de composition ainsi que le texte des interrogations, qui, souvent, sont imprimés dans des publications spéciales. Il leur est facile de noter les matières sur lesquelles ils ont le plus de chances d'être interrogés. Si cette recherche les conduit à remarquer que telle partie du programme ne donne que rarement lieu à des questions écrites ou orales, ils sont enclins à étudier moins attentivement la matière que la Commission elle-même semble considérer comme d'une importance secondaire. Il ne faut pas que les candidats puissent être ainsi amenés à faire un partage entre les diverses matières de l'examen. Je vous prie, en conséquence, de faire en sorte que les sujets d'agriculture rentrent non moins fréquemment que tous autres dans le choix que vous êtes appelé à faire des épreuves écrites à ces divers examens.

Je tiens, en outre, à ce que des questions sur l'agriculture soient posées à l'examen oral des brevets de capacité, du certificat d'aptitude pédagogique et aux épreuves pratiques de ce dernier examen. Je vous invite à faire sur ce point les recommandations les plus formelles aux jurys d'examen.

Je n'ai pas d'instruction particulière à vous adresser pour l'évaluation de l'épreuve d'agriculture subie dans ces divers examens. Au certificat d'études, il est attribué une note distincte pour l'agriculture. Dans les examens des brevets de capacité, le règlement ne prévoit qu'une seule et même note pour les questions orales portant, au brevet élémentaire, sur les notions les plus élémentaires des sciences physiques et naturelles et sur les matières de l'enseignement agricole, au brevet supérieur sur les notions de physique, de chimie, d'histoire naturelle, d'agriculture et d'horticulture. Si l'examinateur interroge sur ces différentes parties du programme, l'agriculture n'entre que pour une fraction dans la note générale de l'épreuve de sciences. Mais rien n'oblige à interroger sur chacune des subdivisions de cette section, et je ne verrais aucun inconvénient à ce que, souvent, pour bien marquer l'importance capitale et toute nouvelle que l'on doit attacher aux enseignements agricoles, l'examinateur fît porter son interrogation exclusivement sur des questions d'agriculture.

Il est nécessaire, désormais, que le professeur départemental d'agriculture fasse obligatoirement partie des Commissions d'examen des brevets de capacité et du certificat d'aptitude pédagogique. Vous aurez à le comprendre dans les propositions que vous adressez annuellement à M. le Recteur, qui nomme ces Commissions. Vous pourrez, si vous le jugez à propos, désigner les instituteurs qui se recommandent par la possession du certificat d'aptitude à l'enseignement de l'agriculture.

Je vous prie de m'accuser réception de la présente circulaire et de m'envoyer, à la fin de la présente année scolaire, un rapport très complet me renseignant sur la façon dont mes instructions ont été appliquées dans votre département.

Recevez, etc. *Signé* : R. POINCARÉ.

30 octobre 1895. **Décret réglant la concession des Distinctions honorifiques en faveur des instituteurs et institutrices employés dans les Écoles publiques des Colonies.**

30 Octobre 1895.

Le Président de la République française,

Sur le rapport du Ministre des Colonies et du Ministre de l'Instruction publique, des Beaux-Arts et des Cultes,

Vu le règlement d'administration publique du 26 octobre 1890, portant application dans les colonies de la Martinique, de la Guadeloupe et de la Réunion, des lois métropolitaines sur l'enseignement primaire;

Vu l'article 45 de la loi du 19 juillet 1889;

Vu les articles 6 et 18 du sénatus-consulte du 3 mai 1854;

Vu l'article 8 du sénatus-consulte du 4 juillet 1866;

Le Conseil d'État entendu,

Décrète :

Article 1er. — Les médailles d'argent et de bronze et les mentions honorables dont il est question à l'article 34 de la loi du 30 octobre 1886 sont décernées, par arrêté du Ministre des Colonies, le 14 juillet de chaque année, aux instituteurs et aux institutrices employés dans les Écoles publiques des colonies.

Ces distinctions honorifiques ne sont décernées au personnel détaché du cadre métropolitain qu'après avis du Ministre de l'Instruction publique.

Art. 2. — Les propositions sont établies par le chef de service de l'Instruction publique, soumises à l'avis du Comité central de l'Instruction publique pour les Colonies où ce Comité est institué par décret, et transmises au Ministre par le Gouverneur, qui donne également son avis.

Art. 3. — Il peut être accordé, chaque année, pour chacune des colonies de la Martinique, de la Guadeloupe et de la Réunion :

Une médaille d'argent;

Deux médailles de bronze;

Trois mentions honorables;

Et pour l'ensemble du personnel enseignant dans les autres colonies :

Deux médailles d'argent;

Trois médailles de bronze;

Cinq mentions honorables.

ART. 4. — Nul ne peut obtenir la mention honorable s'il ne compte cinq ans de services comme titulaire.

Nul ne peut obtenir la médaille de bronze s'il n'a reçu la mention honorable depuis deux années au moins.

Nul ne peut obtenir la médaille d'argent s'il n'a reçu la médaille de bronze depuis deux ans au moins.

ART. 5. — Les instituteurs et les institutrices qui auront obtenu la médaille d'argent dans les conditions prévues à l'article 4 ci-dessus recevront une allocation annuelle et viagère de 100 francs, non soumise à retenue.

Cette allocation sera caduque en cas de révocation ou de démission, à moins que la démission ne soit fondée sur des raisons de santé reconnues valables par le gouverneur après avis du Comité central de l'Instruction publique.

L'allocation de 100 francs prévue ci-dessus sera à la charge des budgets locaux des colonies pendant le temps que les titulaires y exerceront leurs fonctions, ou quand, étant en congé pour une cause quelconque, ils resteront attachés au cadre colonial.

Les budgets locaux des colonies continueront à supporter l'allocation pour ceux des instituteurs et institutrices qui seront admis à la retraite étant encore en service dans les colonies.

Les instituteurs et institutrices appartenant au cadre métropolitain conserveront à leur rentrée en France l'allocation afférente à la médaille d'argent, qui sera alors à la charge du budget du Ministère de l'Instruction publique.

ART. 6. — Les conditions imposées à l'article 4 pour l'obtention de médailles d'argent et de bronze ne seront pas applicables aux promotions de 1896 et de 1897.

Ces promotions pourront comprendre, pour l'obtention de la médaille d'argent, des instituteurs non pourvus de la médaille de bronze et de la mention honorable, et pour les médailles de bronze des instituteurs non pourvus de la mention honorable, à condition qu'ils aient au moins, pour la médaille d'argent, neuf ans de services comme titulaires, et, pour la médaille de bronze, sept ans.

ART. 7. — Sont abrogées toutes les dispositions contraires au présent décret.

ART. 8. — Le Ministre des Colonies et le Ministre de l'Instruction publique, des Beaux-Arts et des Cultes sont chargés, chacun en ce qui le concerne, de l'exécution du présent décret, qui sera inséré au *Bulletin des Lois* et au *Bulletin officiel* des colonies et publié aux *Journaux officiels* de la métropole et des diverses colonies.

30 nov. 1895.

Circulaire du Ministre de l'Instruction publique, relative aux cours d'Agriculture dans les Écoles normales[1].

30 Novembre 1895.

Monsieur le Recteur, des instructions récentes émanant de mon honorable prédécesseur ont appelé l'attention de MM. les Inspecteurs d'Académie sur la nécessité de donner plus d'importance à l'enseignement de l'agriculture dans les Écoles primaires, et d'assurer une sanction plus efficace à cet enseignement dans les examens primaires.

Je pense, — et mon collègue, M. le Ministre de l'Agriculture, partage mon avis, — qu'il est indispensable, au moment où les cours d'agriculture de l'École primaire sont soumis à une revision, de rechercher, plus qu'on ne l'a fait jusqu'ici, comment le même enseignement est donné à l'École normale et quel profit les élèves-maîtres en retirent.

Cette enquête n'a nullement pour objet, je me hâte de le dire, de déterminer un remaniement du programme d'agriculture prescrit dans les Écoles normales par les arrêtés des 3 août 1881 et 10 janvier 1889. Ce programme, adopté d'un commun accord avec le Ministère de l'Agriculture, embrasse un ensemble de connaissances générales, dont le professeur doit faire ensuite l'application à l'agriculture du département. Le même enseignement ne peut évidemment pas convenir à tous les établissements. A côté des matières essentielles qui constituent le fonds commun de l'enseignement de l'agriculture, il est des questions qui ne demandent pas à être approfondies dans toutes les Écoles normales. Suivant la nature de la culture régionale, les unes doivent être exposées sans commentaires étendus; les autres, au contraire, doivent être examinées dans tout leur détail.

Les professeurs d'agriculture ont donc été dans l'obligation, pour répondre aux nécessités locales, de développer ou de restreindre certaines parties du cours, d'approprier leur enseignement au milieu où il est donné. Ils ont certainement mis à profit le plan de cours d'agriculture et d'horticulture que la Commission mixte a élaboré en 1881 pour toute la France, divisée en trois régions.

Je désire me rendre compte des efforts personnels qu'ils ont faits en ce sens et prendre connaissance du programme spécial qu'ils ont établi à l'usage des élèves-maîtres de l'École normale où ils enseignent. Je vous prie en conséquence, Monsieur le Recteur, de vouloir bien me transmettre ces programmes dans le plus bref délai possible, pour tous les départements de votre ressort, et d'y joindre, avec les observations de M. l'Inspecteur d'Académie, les appréciations que vous jugerez à propos de me fournir.

Je soumettrai ces travaux à la Commission mixte d'agriculture, dont j'ai tenu à présider la dernière séance. M. le Ministre de l'Agriculture avait bien voulu nous prêter le concours de sa haute compétence.

1. Consulter les documents suivants :

Circulaire du 17 *novembre* 1891, aux Recteurs, relative à l'enseignement de l'agriculture dans les Écoles normales primaires (*Circ.*, t. XI, p. 496);

— 28 *janvier* 1893, aux Recteurs, relative à l'enseignement de l'agriculture dans les Écoles normales d'instituteurs (*Ibid.*, p. 627);

— 25 *avril* 1898, aux Recteurs, relative à l'enseignement scientifique et agricole dans les Écoles normales (*Bull. adm.*, 1898, t. LXIII, p. 592).

J'ajoute que les renseignements complets que vous me mettrez ainsi à même de présenter à la Commission lui seront d'une grande utilité pour rédiger, sous la forme d'un guide pratique, le plan de cours sommairement tracé dont la préparation a été annoncée dans la circulaire du 24 octobre 1895[1]. Il importe, en effet, d'établir une concordance parfaite entre l'enseignement donné à l'École normale et à l'École primaire si l'on veut obtenir que les élèves-maîtres appelés à diriger une classe puissent accomplir sans difficulté la tâche qui leur est confiée dans cet ordre d'enseignement.

Vous voudrez bien m'accuser réception de la présente circulaire.

Recevez, etc.

Signé : E. COMBES.

Loi portant fixation du Budget général de l'exercice 1896. [Extraits.] 28 déc. 1895.

28 Décembre 1895.

. . . .

ART. 40. — Les retenues à verser annuellement par les fonctionnaires en congé, en non-activité ou en disponibilité qui sont admis par la loi du 9 juin 1853 à conserver leurs droits à la retraite ne peuvent être inférieures à celles qu'ils supportaient sur leur dernier traitement d'activité.

Toutefois cette disposition n'est pas applicable aux fonctionnaires en congé pour maladie[2].

. . . .

ART. 42. — A partir de la promulgation de la présente loi, les pensions auxquelles peuvent prétendre, sous la condition d'être entrés en fonctions antérieurement au 1er janvier 1886, les fonctionnaires, employés et agents des services coloniaux organisés par arrêtés locaux, seront basées sur la moitié du traitement moyen dont les intéressés auront joui pendant les six dernières années de leur activité. La seconde moitié de ce traitement est considérée comme formant le supplément colonial.

La disposition qui précède n'est pas applicable aux fonctionnaires, employés et agents coloniaux assimilés par décret à ceux de la Métropole au point de vue de la pension de retraite.

. . . .

ART. 63. — Le Ministre des Finances est autorisé à faire entrer, dans la liquidation des pensions de retraite des fonctionnaires de

1. Voir la circulaire du 4 *janvier* 1897 (*à sa date*).
2. Voir la circulaire du 10 *mai* 1897, aux Recteurs, relative à l'application de cet article (*à sa date*).

l'enseignement primaire, aux conditions prévues par les lois du 9 juin 1853 (art. 10) et du 17 août 1876 :

1° Pour les instituteurs et institutrices, le temps durant lequel ils ont été suppléés à leurs frais, avant la promulgation de la présente loi, en subissant la retenue ;

2° Pour les fonctionnaires nommés par le Ministre, le temps durant lequel ils ont, avant la promulgation de la présente loi, joui d'un congé d'inactivité avec traitement, en subissant la retenue.

Cette dernière disposition et toutes celles de la loi précitée du 17 août 1876 sont applicables aux maîtres et maîtresses qui enseignent dans les Écoles primaires supérieures de Paris en vertu d'une nomination ministérielle, et qui, antérieurement à la loi de 1889, y ont enseigné sous un titre quelconque, en vertu d'une nomination régulière du Préfet de la Seine.

---

24 janvier 1896. **Décret réservant un contingent spécial de Distinctions honorifiques (palmes universitaires) aux instituteurs et aux institutrices publics pour l'enseignement des Adultes [1].**

24 Janvier 1896 [2].

Le Président de la République française,

Sur le rapport du Ministre de l'Instruction publique, des Beaux-Arts et des Cultes,

Vu le décret du 27 décembre 1866 ;

Vu le décret du 24 décembre 1885 et notamment l'article 2 ;

Le Conseil supérieur de l'Instruction publique entendu,

Décrète :

ARTICLE 1er [3]. — En sus du contingent annuel déterminé par le décret du 24 décembre 1885, il est accordé annuellement, le 1er janvier, aux instituteurs et institutrices publics qui auront dirigé avec le plus de zèle et de succès des cours d'adultes et d'adolescents :

60 palmes d'officiers d'Académie ;

20 palmes d'officiers de l'Instruction publique.

1. Ce décret a été abrogé par le décret du 21 *janvier* 1899 (ci-après *à sa date*).

2. Voir les documents suivants :

Circulaire transmissive du 25 *février* 1896 aux Préfets (*Bull. adm.*, 1896, t. LIX, p. 261) ;

— 11 *juin* 1896, aux Préfets, relative aux récompenses à accorder aux collaborateurs des cours d'adultes (*Ibid.*, p. 619).

3. Cet article a été modifié par le décret du 25 *juillet* 1896 (voir *à sa date*).

ART. 2. — Les distinctions prévues à l'article 1er sont conférées par le Ministre sur la proposition du Recteur et du Préfet, et après rapport spécial de l'Inspecteur d'Académie.

ART. 3. — Ne pourront obtenir ces distinctions que les instituteurs et institutrices qui justifieront au moins de la possession de la médaille de bronze.

Arrêté modifiant l'article 151 de l'Arrêté du 18 janvier 1887 relatif aux épreuves de la première série du Brevet supérieur. 24 janvier 1896.

24 Janvier 1896.

Le Ministre de l'Instruction publique, des Beaux-Arts et des Cultes,

Vu l'arrêté du 18 janvier 1887;

Le Conseil supérieur de l'Instruction publique entendu,

Arrête :

L'article 151 de l'arrêté du 18 janvier 1887 est modifié comme il suit :

« ART. 151. — Les épreuves de la première série (brevet supérieur) sont au nombre de quatre, savoir :

« 1° Une composition comprenant deux questions : l'une sur l'arithmétique (et, en outre, sur la géométrie appliquée aux opérations pratiques, pour les aspirants seulement); l'autre, sur les sciences physiques et naturelles, avec leurs applications les plus usuelles à l'hygiène, à l'industrie, à l'agriculture et à l'horticulture (quatre heures sont accordées pour cette composition);

« 2° Une composition française (littérature ou morale). — Durée de l'épreuve, trois heures;

« 3° Une composition en dessin, d'après un modèle en relief. — Durée de l'épreuve, trois heures;

« 4° Une composition de langues vivantes (allemand, anglais, espagnol, italien ou arabe), consistant en un thème et une version faciles [1], d'une dizaine de lignes, avec lexique. — Durée de l'épreuve, trois heures. »

1. « A partir de la première session d'examen du brevet supérieur de l'année 1896, la composition de langues vivantes comprendra un thème et une version faciles d'une dizaine de lignes, avec lexique, conformément à l'arrêté du 24 janvier 1896. « (*Bull. adm.*, 1896, t. LIX, p. 376.)

25 janvier 1896. **Arrêté attribuant des Récompenses aux instituteurs et aux institutrices publics pour l'enseignement des Adultes.**

25 Janvier 1896.

Le Ministre de l'Instruction publique, des Beaux-Arts et des Cultes,

Vu le décret du 11 janvier 1895,

Arrête :

ARTICLE 1er. — Il sera décerné, en 1896, des prix spéciaux aux instituteurs et institutrices publics qui auront donné l'enseignement aux adultes avec le plus de zèle et de succès[1].

ART. 2. — Ces prix consisteront en médailles accompagnées d'une somme variable de 300 à 100 francs.

ART. 3. — Le nombre des prix est ainsi établi :

20 médailles de vermeil, avec prime de 300 francs;

40 médailles d'argent, avec prime de 200 francs;

60 médailles de bronze, avec prime de 100 francs.

ART. 4. — Les propositions des Préfets devront parvenir au Ministère de l'Instruction publique avant le 1er juin 1896.

ART. 5. — La liste des lauréats sera dressée par une Commission instituée à cet effet.

---

26 janvier 1896. **Rapport et Décret concernant l'application des Règlements d'administration publique relatifs au Collège Chaptal et aux Écoles primaires supérieures de Paris.**

26 Janvier 1896.

1° Rapport au Président de la République.

Monsieur le Président,

Le décret du 3 août 1890 et celui du 26 juillet 1895, rendus par application de la loi du 19 juillet 1889, modifiée par celle du 25 juillet 1893, ont réglé les conditions d'organisation et de fixation des traitements du personnel des Écoles primaires supérieures de Paris et du Collège Chaptal. Mais il restait à régler dans la pratique et sur plusieurs points de détail l'application des dispositions édictées par ces deux documents.

1. Voir, *à leur date*, les arrêtés du 7 *décembre* 1896, du 1er *février* 1898, du 27 *janvier* 1899, du 15 *janvier* 1900.

Tel est l'objet du décret ci-joint, que j'ai l'honneur de vous prier, Monsieur le Président, de vouloir bien revêtir de votre signature. Il institue, au Ministère de l'Instruction publique, un Comité consultatif chargé d'étudier les questions relatives au personnel des établissements précités; ou plutôt il consacre l'existence de ce Comité établi par un de mes honorables prédécesseurs et qui a déjà rendu les plus grands services à l'Administration. Il règle la manière dont l'inspection y sera exercée et il prévoit, en particulier, qu'en raison du caractère spécial de ces établissements, une Commission, nommée par le Ministre, y fera, chaque année, une visite approfondie d'inspection générale, qui ne peut être qu'un hommage rendu à l'importance de ces établissements et un encouragement au personnel d'élite qui y est attaché. Il détermine d'abord les conditions pratiques dans lesquelles doit se faire le classement du personnel du Collège Chaptal, opération délicate précisément en raison du caractère mixte de l'établissement, puis les dispositions transitoires à prendre pour éviter de donner, contre la pensée du législateur, un effet rétroactif aux prescriptions du nouveau règlement.

Enfin, grâce à la générosité du Conseil municipal de Paris, toujours prêt à encourager, sous toutes les formes, les institutions scolaires d'un caractère original dont la ville de Paris a créé le premier type dans le Collège Chaptal, et dans les Écoles Turgot, etc., le même règlement étend à tout le personnel de ces divers établissements les mesures libérales que la loi permettait, mais qu'il n'était possible jusqu'ici d'appliquer qu'à certaines catégories d'établissements ou de maîtres, tant au point de vue de la répartition du service que des conditions de nomination et de classement et des garanties d'avancement périodique.

Veuillez agréer, etc.

Le Ministre de l'Instruction publique, des Beaux-Arts et des Cultes,
Signé : E. COMBES.

2° Décret.

Le Président de la République française,

Sur le rapport du Ministre de l'Instruction publique, des Beaux-Arts et des Cultes;

Vu la loi du 19 juillet 1889, modifiée par celle du 25 juillet 1893, et notamment les paragraphes 9° et 23° de l'article 48 ;

Vu la loi du 30 octobre 1886 ;

Vu la loi de finances du 28 décembre 1895, notamment l'article 63 ;

Vu les décrets des 16 juillet 1887 et 20 juillet 1889 (sur le classement des professeurs de Lycées et Collèges);

Vu les règlements d'administration publique du 3 août 1890 (sur les Écoles primaires supérieures de Paris) et du 26 juillet 1895 (sur le Collège Chaptal) ;

Vu le décret du 4 juin 1891 (sur l'enseignement secondaire moderne);

Le Conseil supérieur de l'Instruction publique entendu,

Décrète :

I. — DU COMITÉ CONSULTATIF.

ARTICLE 1er. — Il est institué au Ministère de l'Instruction publique un Comité consultatif chargé d'étudier les questions relatives au personnel du Collège Chaptal et des Écoles primaires supérieures de la ville de Paris et de soumettre au Ministre les propositions concernant les nominations, promotions, mutations, et autres mesures intéressant le personnel.

ART. 2. — Ce Comité consultatif est composé comme il suit :

Président : le Vice-Recteur de l'Académie de Paris;

Vice-présidents : le Directeur de l'Enseignement primaire et le Directeur de l'Enseignement secondaire au Ministère de l'Instruction publique; le président de la Commission de l'enseignement du Conseil municipal;

Quatre membres de la Commission de l'enseignement du Conseil municipal désignés par ce Conseil ;

Trois membres désignés par le Conseil supérieur de l'Instruction publique et pouvant être pris soit parmi les membres de ce Conseil, soit parmi ceux de la Commission visée à l'article 12 ;

Deux Inspecteurs généraux de l'Enseignement secondaire et trois Inspecteurs généraux de l'Enseignement primaire, nommés par le Ministre ;

L'Inspecteur d'Académie, Directeur de l'Enseignement primaire de la Seine.

Un chef et deux sous-chefs de bureau rempliront les fonctions de secrétaire et de secrétaires adjoints.

ART. 3. — Le Comité est renouvelé chaque année au mois de janvier.

ART. 4. — Les membres du personnel administratif ou enseignant, ainsi que ceux des Comités de patronage des établissements susvisés, que le Comité croit utile d'entendre, peuvent être appelés aux séances, avec voix consultative.

ART. 5. — Toutes les fois qu'une vacance d'emploi se produit dans le cadre du personnel, mention en est faite au *Bulletin administratif* du Ministère.

ART. 6. — Pour les fonctions de directeur et de directrice, de préfet des études, de surveillant général et de surveillante générale, les candidats sont choisis dans le personnel du Collège Chaptal, des Écoles primaires supérieures et des Écoles professionnelles de la ville de Paris.

A défaut de candidats appartenant au personnel de Paris et remplissant les conditions requises, le Comité présente au Ministre d'autres candidats.

ART. 7. — Pour les nominations de professeur titulaire dans les Écoles primaires supérieures ou dans les classes primaires supérieures du Collège Chaptal, le Comité présente au Ministre une liste de trois candidats dont un au moins appartenant au personnel des maîtres répétiteurs, délégués, suppléants ou auxiliaires déjà attachés aux Écoles primaires supérieures de Paris et remplissant les conditions réglementaires.

Pour la nomination de délégués dans les mêmes classes, le Comité peut ne présenter qu'un seul candidat.

Les candidats débutent dans la dernière classe, quels que soient leurs services antérieurs.

ART. 8. — Pour les promotions, l'article 11 du décret du 26 juillet 1895 est applicable aux professeurs de toutes les Écoles primaires supérieures de Paris.

ART. 9. — Pour les nominations et promotions des professeurs de l'enseignement secondaire au Collège Chaptal, il est fait application de l'article 14 du décret du 26 juillet 1895.

Toutefois, pour les nominations, les propositions du Comité consultatif de l'Enseignement secondaire sont communiquées au Comité consultatif institué par le présent décret, qui y joint ses observations. Elles sont ensuite soumises au Ministre avec l'avis des deux Comités.

II. — DE L'INSPECTION.

ART. 10. — Le Collège Chaptal et les Écoles primaires supérieures sont soumis, pour l'inspection, aux autorités désignées dans l'article 9 de la loi du 30 octobre 1886. Toutefois, les classes d'enseignement secondaire ne seront inspectées que par les Inspecteurs d'Académie et par les Inspecteurs généraux désignés à cet effet par le Ministre.

ART. 11. — Les membres du Comité consultatif ont le droit d'assister aux divers exercices des établissements auxquels s'applique le présent décret. Ils transmettent, s'il y a lieu, leurs observations et leurs propositions au Comité.

ART. 12. — Chaque année, le Ministre, après avis du Comité consultatif, nomme une Commission chargée de l'inspection générale du Collège Chaptal et des Écoles primaires supérieures. Les rapports de cette Commission sont communiqués au Comité consultatif.

III. — DE L'ENSEIGNEMENT.

ART. 13. — L'organisation pédagogique de chacune des Écoles primaires supérieures de Paris sera déterminée par arrêté ministériel, après avis des professeurs réunis sous la présidence du directeur et sur le rapport du Comité consultatif.

ART. 14. — Chaque année, à la rentrée des classes, la répartition des heures d'enseignement entre les différents professeurs est réglée par le directeur de l'établissement sous réserve de l'approbation du Directeur de l'enseignement primaire de la Seine.

ART. 15. — Tout dédoublement ou toute suppression de classe, et, en général, toute modification dans le groupement des élèves, entraînant création ou suppression d'emploi, augmentation ou diminution de nombre d'heures de service et, par suite, des émoluments du professeur, est soumis à l'approbation préalable du Directeur de l'enseignement primaire de la Seine.

Toutes les fois que la mesure proposée comporte une modification budgétaire ou donne lieu à une contestation, il doit en être référé au Comité consultatif, qui adresse au Ministre un rapport motivé.

Les formalités prévues par l'article 13 de la loi organique du 30 octobre 1886[1] et par l'article 2 du règlement d'administration publique du 7 avril 1887[2] sont applicables aux Écoles primaires supérieures et aux classes primaires supérieures du Collège Chaptal.

ART. 16. — L'organisation pédagogique du Collège Chaptal est arrêtée comme suit :

Sont considérées comme classes d'enseignement primaire supérieur, avec faculté de suivre un programme spécial complété par des emprunts partiels à celui de l'enseignement secondaire moderne, toutes les classes jusqu'à la troisième année inclusivement.

A partir de la troisième année, les élèves peuvent suivre ou des classes d'enseignement primaire supérieur (quatrième, cinquième et sixième année), ou des classes d'enseignement secondaire moderne proprement dit, correspondant à la troisième moderne, à la seconde moderne et à la première moderne, lettres et sciences.

Au delà de la sixième année, sont rattachés à l'enseignement secondaire moderne les cours de mathématiques élémentaires et spéciales (préparation aux Écoles centrale, normale, polytechnique, navale, Saint-Cyr, Institut agronomique, etc.).

ART. 17. — Un programme ou plan d'études spécial pour le Col-

1. Tome V, page 676.
2. Voir ce règlement, p. 17.

lège Chaptal est arrêté par le Ministre, après avis des professeurs réunis sous la présidence du directeur et sur le rapport du Comité consultatif.

ART. 18. — Les professeurs du Collège Chaptal, qu'ils soient classés dans le cadre secondaire ou dans le cadre primaire, peuvent être chargés de leçons et de cours dans l'un et dans l'autre enseignement.

ART. 19. — L'article 14 du décret du 3 août 1890 est applicable au Collège Chaptal, même pour les classes d'enseignement moderne.

ART. 20. — Outre les cours et les classes réglementaires, le Conseil municipal de Paris peut instituer, soit au Collège Chaptal, soit dans les Écoles primaires supérieures, des conférences hors cadre confiées à des personnes d'une compétence reconnue dans des matières touchant à l'enseignement littéraire, scientifique, économique ou artistique, qu'elles appartiennent ou non à l'enseignement public ou privé. Toute autorisation de ce genre doit être soumise à l'agrément du Ministre, après avis du Comité consultatif.

IV. — MESURES TRANSITOIRES.

ART. 21. — Conformément aux articles 18 du décret du 3 août 1890 et 17 du décret du 26 juillet 1895, les fonctionnaires actuellement en exercice dans les établissements susvisés conservent leur emploi, leur traitement, leur classe et leurs droits à l'avancement, sans avoir à justifier des conditions nouvelles qui peuvent être requises.

Ils ne seront déplacés que sur leur demande ou sur la demande du directeur de l'établissement, ratifiée par le Directeur de l'enseignement primaire de la Seine, et après avis conforme du Comité consultatif.

ART. 22. — Les professeurs du Collège Chaptal seront classés, les uns dans le cadre de l'enseignement primaire supérieur, les autres dans celui de l'enseignement secondaire moderne, suivant les titres dont ils justifieront. Ceux qui justifieront de titres leur permettant de réclamer l'un ou l'autre classement seront libres de choisir le cadre auquel ils désirent être rattachés.

ART. 23. — Les professeurs et maîtres actuellement en exercice qui ne pourraient, faute des titres requis, être classés ni dans l'un ni dans l'autre cadre, conserveront leurs fonctions dans les conditions prévues à l'article 18.

28 janvier 1896. **Arrêté modifiant l'article 128 de l'Arrêté du 18 janvier 1887, relatif à l'attribution de la Médaille d'argent, de la Médaille de bronze et de la Mention honorable aux instituteurs, institutrices et directrices d'Écoles maternelles.**

28 Janvier 1896.

Le Ministre de l'Instruction publique, des Beaux-Arts et des Cultes,

Vu l'article 45, § 2, de la loi du 19 juillet 1889;

Le Conseil supérieur de l'Instruction publique entendu,

Arrête :

L'article 128 de l'arrêté du 18 janvier 1887 est modifié comme il suit :

« ART. 128. — Il peut être accordé, au plus, chaque année, aux instituteurs, institutrices et directrices d'Écoles maternelles de chaque département :

« Une médaille d'argent pour chaque groupe de trois cents titulaires et stagiaires et une en plus pour chaque fraction excédant cent cinquante;

« Une médaille de bronze pour cent vingt titulaires et stagiaires;

« Une mention honorable pour quatre-vingts.

« Le nombre des médailles d'argent à accorder dans chaque département aux conditions indiquées ci-dessus est fixé chaque année par le Ministre, d'après le chiffre des extinctions et dans la limite du crédit inscrit pour cette dépense au budget de l'exercice correspondant. »

---

30 janvier 1896. **Circulaire du Ministre de l'Instruction publique, relative aux Cours d'adultes et à la lutte contre l'Alcoolisme.**

30 Janvier 1896.

Monsieur le Recteur, vous savez toute l'importance que le Gouvernement attache à la réorganisation des cours d'adultes. Ainsi que le constatait mon honorable prédécesseur dans sa circulaire du 10 juillet 1895, il est nécessaire qu'un grand effort soit tenté pour continuer l'œuvre de l'École primaire au delà de la période légalement obligatoire et pour assurer aux adolescents et aux adultes, jusqu'à l'époque du tirage au sort, le complément d'éducation qu'il y a, à la fois, injustice et péril à leur refuser.

L'État ne peut assumer cette nouvelle charge; il se borne à contrôler et à encourager, faisant appel aux bonnes volontés, et laissant à l'initiative privée, dont le rôle peut être si fécond dans une démocratie, le soin d'établir les organisations locales et régionales les mieux appropriées aux habitudes et aux besoins.

Vous penserez comme moi, Monsieur le Recteur, que dans ces associations de bons vouloirs éclairés et généreux, la place des universitaires de tout ordre est marquée d'avance.

Si le personnel de l'enseignement primaire semble plus directement sollicité à prendre sa part d'une tâche qui est, en somme, la continuation de sa tâche officielle, les professeurs de l'enseignement supérieur et secondaire tiendront, eux aussi, à s'associer à une œuvre éminemment utile.

J'ai appris avec une vive satisfaction qu'un grand nombre l'ont déjà fait : je les en remercie. Je ne doute pas qu'ils aient bientôt des imitateurs plus nombreux encore. Beaucoup de leurs collègues ne manqueront pas de penser que l'éducation des adultes est un digne objet de leur sollicitude et de leurs efforts, et ils donneront une part de leurs loisirs à un enseignement qui admet dans son cadre flexible la morale, le droit, les lectures littéraires, l'histoire, la géographie, les sciences appliquées, l'hygiène, l'économie rurale, toutes les connaissances, en un mot, dont l'acquisition peut être précieuse à un homme et à un citoyen.

Il est une autre œuvre de préservation sociale à laquelle il convient que l'Université soit attentive et pour laquelle l'action commune des trois ordres d'enseignement peut aussi s'exercer d'une manière efficace. Je veux parler de la lutte contre l'alcoolisme, dont les progrès inquiétants préoccupent tous les bons esprits.

On s'accorde à penser que l'action journalière du maître sur l'élève peut devenir un excellent préservatif, et le meilleur de tous, contre la menace toujours et partout redoutable de cette contagion.

Par une circulaire du 2 août dernier, vous avez été invité à vous concerter avec les Inspecteurs d'Académie pour qu'un enseignement anti-alcoolique soit donné, à titre de complément de divers autres enseignements, dans les Écoles normales.

Ce qui peut se faire à l'École normale ou, sous une forme plus simple, à l'École primaire, est également faisable au Lycée et au Collège, d'autant mieux que cette innovation ne réclame aucune modification de nos programmes et qu'il suffit d'un peu de bonne volonté pour la pratiquer.

L'alcoolisme est un danger permanent pour la dignité humaine, pour la tranquillité et l'honneur des familles, pour le bon ordre et le développement normal de la société. Il appartient au professeur de philosophie et d'économie politique d'introduire dans son cours la démonstration trop facile de ces tristes vérités.

L'alcoolisme produit dans l'organisme humain des troubles et des altérations morbides qui aboutissent fatalement soit à une mort prématurée, soit à des infirmités incurables. C'est au professeur d'histoire naturelle et de physiologie à en convaincre ses élèves par des preuves que leur caractère scientifique imprimera pour jamais dans leur esprit.

Le cours d'hygiène traite des aliments et des boissons. Le professeur y trouvera des occasions nombreuses de mettre son auditoire en garde contre l'abus de l'alcool.

Le professeur de chimie, en parlant des alcools et des fermentations, pourra, lui aussi, donner des instructions efficaces.

De la sorte, dès leur temps de collège, tous ceux qui sont appelés à jouer un certain rôle dans la société, ceux en particulier qui deviendront chefs d'industries, seront bien convaincus et pénétrés des dangers de l'alcoolisme et en mesure de prémunir eux-mêmes contre ces dangers les employés et les ouvriers dont ils auront plus tard la direction.

C'est, Monsieur le Recteur, la tradition et l'honneur de l'enseignement supérieur et secondaire, comme de l'enseignement primaire, de prêter, avec son appui moral, le concours désintéressé de ses membres à toute cause noble et utile dont le succès importe au pays. Il ne refusera pas à l'éducation des adultes et à la lutte contre l'alcoolisme une collaboration sur laquelle l'opinion publique et l'administration universitaire croient pouvoir compter.

Recevez, etc.

Signé : E. COMBES.

---

31 janvier 1896.

Circulaire du Ministre de l'Instruction publique, autorisant les membres de l'enseignement à faire des Conférences publiques.

31 Janvier 1896.

Monsieur le Recteur, j'ai l'honneur de vous informer qu'afin de faciliter l'organisation des Comités de patronage scolaire et des conférences populaires, j'autorise les membres de l'enseignement à tous les degrés à faire, après en avoir toutefois avisé l'Inspecteur d'Académie, des conférences publiques dans toutes les sociétés d'enseignement reconnues d'utilité publique. Vous voudrez bien notifier le plus promptement possible cette décision à MM. les Inspecteurs d'Académie et à MM. les chefs d'établissements de votre ressort pour qu'ils puissent la porter à la connaissance des fonctionnaires placés sous leurs ordres.

Recevez, etc.

Signé : E. COMBES.

1er février 1896.

Décret relatif à la Procédure à suivre en matière de Legs concernant les établissements publics ou reconnus d'utilité publique.

1er Février 1896.

Le Président de la République française,

Sur les rapports du Président du Conseil, Ministre de l'Intérieur, et du Garde des Sceaux, Ministre de la Justice;

Vu l'article 910 du Code civil ;

Vu les ordonnances des 2 avril 1817 et 14 janvier 1831 ;

Vu le décret du 30 juillet 1863 ;

Vu l'avis du Ministre de l'Instruction publique, des Beaux-Arts et des Cultes, en date du 24 juillet 1895,

Le Conseil d'État entendu,

Décrète :

ARTICLE 1er. — Tout notaire constitué dépositaire d'un testament contenant des libéralités en faveur de l'État, des départements, des communes, des établissements publics ou reconnus d'utilité publique et des associations religieuses autorisées, est tenu, aussitôt après l'ouverture du testament, de faire connaître aux établissements légataires les dispositions faites en leur faveur.

Il adresse au Préfet du département du lieu de l'ouverture de la succession la copie intégrale de ces dispositions, écrite sur papier libre, et un état des héritiers dont l'existence lui aura été révélée, avec leurs nom, prénoms, profession, degré de parenté et adresse.

ART. 2. — Dans la huitaine, le Préfet requiert le maire du lieu de l'ouverture de la succession de lui transmettre, dans le plus bref délai, un état contenant les indications relatives aux héritiers connus et énoncés dans l'article précédent.

Le Préfet, dès qu'il a reçu ce dernier état, invite les personnes qui lui ont été signalées comme héritières, soit par le notaire, soit par le maire, à prendre connaissance du testament, à donner leur consentement à son exécution ou à produire leurs moyens d'opposition, le tout dans un délai d'un mois. Ces diverses communications sont faites par voie administrative ; il en est accusé réception.

ART. 3. — Dans ce même délai de huitaine, l'invitation mentionnée en l'article précédent est adressée par les soins du Préfet à tous les héritiers inconnus, au moyen d'un avis inséré dans le *Recueil des Actes administratifs* du département et d'une affiche, qui restera apposée, pendant trois semaines consécutives, à la porte de la mairie du lieu de l'ouverture de la succession. Cette affiche contient, en outre, l'extrait des dispositions faites en faveur des établissements légataires. Le maire fait parvenir au Préfet un certificat constatant l'accomplissement de cette formalité.

ART. 4. — Les héritiers ne sont recevables à présenter leurs réclamations que dans un délai de trois mois à partir de l'accomplissement des formalités prescrites par l'article 3.

Les réclamations sont adressées au Préfet du département du lieu de l'ouverture de la succession.

A l'expiration de ce délai, il est statué sur l'acceptation ou le refus de la libéralité par l'autorité compétente. Si un même testament contient des libéralités distinctes faites à des établissements différents et ne relevant pas de la même autorité administrative, chaque autorité se prononce séparément lorsqu'il ne s'est produit aucune réclamation dans le délai ci-dessus imparti.

Lorsque, au contraire, une réclamation s'est produite, le pouvoir de statuer appartient à l'autorité la plus élevée.

ART. 5. — Les établissements publics ou reconnus d'utilité publique et les associations religieuses autorisées doivent produire à l'appui de leur demande un état de l'actif et du passif, ainsi que de leurs revenus et charges, certifié par le Préfet du département dans lequel ils sont situés.

Dans le cas où le Gouvernement, statuant en Conseil d'État, juge nécessaire de requérir du notaire la production d'une copie intégrale du testament, cette copie est fournie sur papier libre.

ART. 6. — Les libéralités pour lesquelles auront été accomplies, avant la promulgation du présent décret, toutes les formalités de la procédure prescrites par les règlements antérieurement en vigueur, suivront, quant aux autorisations, les règles appliquées avant cette promulgation.

En ce qui touche les libéralités pour lesquelles l'instruction n'aura pas été terminée, la procédure sera continuée conformément aux dispositions du présent décret, et les formalités de publication édictées par l'article 3 seront dans tous les cas applicables.

ART. 7. — Sont abrogés l'article 5, § 1er, de l'ordonnance du 2 avril 1817, les articles 3 et 5 de celle du 14 janvier 1831, le décret du 30 juillet 1863 et toutes les dispositions qui seraient contraires au présent règlement.

---

3 février 1896. **Décret relatif à la circulation gratuite des Clichés photographiques devant servir aux projections lumineuses dans les Cours d'adultes et les Conférences populaires[1].**

3 Février 1896.

Le Président de la République française,

Vu les articles 1 et 2 et l'article 8, § 5, de l'ordonnance du 17 novembre 1844 sur les franchises postales;

Sur la proposition du Ministre du Commerce, de l'Industrie, des Postes et des Télégraphes,

Décrète :

1. Consulter la circulaire transmissive du 28 mars 1896 (*Bull. adm.*, 1896, t. LIX, p. 419).

ARTICLE 1er. — Sont assimilés à la correspondance de service et admis à circuler, par la poste, en franchise :

Les clichés photographiques pour projections, achetés du fonds de l'État et expédiés sous contreseing régulier :

1° Par le Ministre de l'Instruction publique, des Beaux-Arts et des Cultes, aux Recteurs d'Académie, Inspecteurs d'Académie, Inspecteurs des Écoles primaires et instituteurs et institutrices primaires publics ;

2° Par les Recteurs d'Académie, Inspecteurs d'Académie et Inspecteurs des Écoles primaires, aux instituteurs et institutrices primaires publics et renvoyés par ceux-ci aux fonctionnaires expéditeurs. Ces objets seront réunis en paquets ne dépassant pas, chacun, le poids de 5 kilogrammes et devront porter sur leur suscription la mention « clichés photographiques pour projections ».

Circulaire du Ministre de l'Instruction publique, relative au Service de surveillance dans les Écoles primaires supérieures. 10 février 1896.

10 Février 1896.

Monsieur le Recteur, l'interprétation des dispositions du décret du 14 août 1893 relatives à la répartition du service de la surveillance entre les instituteurs adjoints des Écoles primaires supérieures a soulevé certaines divergences de vues qu'il importe de faire disparaître en adressant aux chefs d'établissement quelques instructions complémentaires.

On s'est étonné notamment de voir les études surveillées figurer à l'article 2 dans l'énumération des services que l'on ne peut imposer d'office aux professeurs ou aux instituteurs adjoints. On a pensé, et avec raison, que ce serait amoindrir le rôle éducatif de ces fonctionnaires que de réduire leurs fonctions obligatoires en dehors des leçons et des cours à la surveillance des mouvements et des récréations qui précèdent ou qui suivent immédiatement les classes.

Il me paraît évident, Monsieur le Recteur, qu'on a interprété abusivement ce terme d' « études surveillées » qui se trouve à l'article 2. Il existe sous ce nom, à Paris notamment, et aussi dans quelques grandes Écoles primaires supérieures de province, des études auxquelles les élèves externes ne sont admis qu'en payant une rétribution perçue au profit de la ville ou du chef d'établissement. Ces études constituent un service spécial indépendant des exercices scolaires auxquels tous les élèves indistinctement sont admis à titre gratuit, et c'est avec raison que le décret du 14 août les a fait figurer en dehors des études ordinaires qui suivent les classes du matin et du soir, et qui sont ouvertes à tous les enfants pour leur permettre de faire leurs devoirs plus commodément que dans leur famille, sous la surveillance et au besoin à l'aide des conseils des professeurs et des instituteurs adjoints. En effet, on doit admettre comme règle générale qu'aucune surveillance ne peut être imposée aux fonctionnaires intéressés en dehors des heures où les élèves externes libres, c'est-à-dire ne payant aucune rétribution, sont présents dans l'établissement.

Mais réciproquement, et dans la limite des cinq heures de service imposées par l'article 1er du décret, les professeurs et les instituteurs adjoints doivent accepter la surveillance de tous les exercices auxquels les élèves externes libres sont admis à titre gratuit, qu'il s'agisse de mouvements, de récréations, d'études ou d'excursions scolaires; en outre, ils sont tenus d'accepter la répartition du service fixée par le directeur ou la directrice, seul responsable et seul juge de l'organisation générale de l'École. Il est bien évident d'ailleurs que les chefs d'établissement ont tout avantage à consulter leurs subordonnés et à tenir compte, autant que possible, de leurs convenances légitimes, comme à ménager leur temps et leurs forces dans une ingénieuse distribution de l'emploi du temps. Je suis persuadé que, dans toutes les Écoles, il est facile d'organiser le service de façon à respecter tous les droits et même tous les intérêts.

Vous voudrez bien, Monsieur le Recteur, porter les présentes instructions à la connaissance de MM. les Inspecteurs d'Académie de votre ressort, qui devront les transmettre aux directeurs et directrices des Écoles primaires supérieures de leur département.

Recevez, etc.

Signé : E. COMBES.

---

2 mars 1896. **Circulaire du Ministre de l'Instruction publique, relative à la situation des Instituteurs adjoints des Écoles primaires supérieures.**

2 Mars 1896.

Monsieur le Préfet, les maîtres *délégués* par arrêté préfectoral postérieurement à la loi du 30 octobre 1886 dans les fonctions d'instituteurs adjoints des Écoles primaires supérieures m'ont adressé une requête en vue d'être titularisés; en d'autres termes, ils demandent qu'une *nomination définitive* soit substituée à leur *délégation provisoire*.

J'ai examiné à ce point de vue la situation de chacun de ces maîtres, et j'ai reconnu tout d'abord la nécessité de faire une distinction entre ceux qui avaient été délégués dans les Écoles primaires supérieures *avant* la loi du 19 juillet 1889 et ceux qui l'ont été *après* cette loi.

Les premiers ont été appelés dans les Écoles primaires supérieures conformément aux indications du paragraphe 4 de la circulaire du 30 novembre 1886, c'est-à-dire en attendant que les chaires aient été pourvues de « professeurs » ; ils ont donc à cette époque exercé dans ces établissements à défaut de maîtres pourvus de titres supérieurs, et je suis tout disposé à leur tenir compte des services qu'ils ont rendus dans cet emploi ; je vous autoriserai donc à pourvoir d'une nomination définitive ceux d'entre eux qui, comptant au 1er janvier 1896 au moins 30 ans d'âge, sont, en outre, l'objet de notes favorables. Je vous prie de m'adresser des propositions en ce sens pour les instituteurs et les institutrices qui ont été délégués dans les Écoles primaires supérieures de votre département pendant la période comprise entre la loi du 30 octobre 1886 et la loi du 19 juillet 1889.

En ce qui concerne les maîtres qui ont été délégués *après* la loi du 19 juillet 1889, il n'y a pas à proprement parler de question. Ils ont, en effet, accepté *individuellement* une situation nettement définie, en particulier par la circulaire du 15 avril 1891 et la note de service publiée au *Bulletin administratif* du Ministère à la date des 7 et 14 février de la même année. Le dossier de chacun d'eux en contient la preuve écrite, en même temps que l'engagement pris de se présenter à l'examen du certificat d'aptitude au professorat.

En vous recommandant, Monsieur le Préfet, dans la circulaire précitée, de porter principalement votre choix, pour ces délégations, sur les jeunes maîtres de votre département désireux d'acquérir des grades plus élevés, j'avais pour but, tout en assurant un meilleur recrutement des Écoles primaires supérieures, de donner aux instituteurs choisis par vous des ressources et des facilités particulières pour se préparer aux examens supérieurs de l'enseignement primaire.

Un grand nombre d'entre eux en ont profité, et au bout de quelques années les uns ont obtenu le certificat d'aptitude au professorat, les autres ont été admis à l'École normale supérieure de Saint-Cloud. La délégation présentait donc pour les jeunes maîtres de grands avantages en rendant plus aisé, plus méthodique et plus fructueux leur travail personnel. Mais il en est qui, soit par leur faute, soit pour des motifs que je n'ai pas à apprécier en ce moment, n'ont pas su mettre à profit comme leurs camarades leur séjour dans une École supérieure : ou ils ne se sont présentés à aucun examen ou ils y ont échoué une première fois et, quoique tout jeunes, n'ont pas persévéré. A ceux-là, il n'est évidemment pas possible de réserver indéfiniment et par un privilège définitif les places que la loi attribue en première ligne à ceux des maîtres primaires qui auront continué leurs études jusqu'au niveau du professorat. Il serait par trop extraordinaire que de deux jeunes instituteurs du même âge délégués aux mêmes conditions dans une École supérieure, l'un ayant conquis le diplôme de professeur, l'autre ne s'y étant pas même présenté, on garantît à celui-ci la possession d'un emploi dont il n'a pas le titre, tandis qu'on la refuserait à son collègue muni du titre exigé par la loi. Le bon sens et l'équité veulent que les maîtres qui, après deux ou trois ans de délégation à l'École primaire supérieure, n'ont pas su faire l'effort nécessaire pour obtenir le grade de professeur, cèdent la place, soit à ceux de leurs collègues qui, à force de travail, ont obtenu ce titre, soit même, lorsque la preuve est acquise de l'impossibilité où ils se trouvent de réussir à cet examen, à d'autres délégués choisis par vous, comme étant plus en mesure de compléter leur éducation professionnelle.

Je suis cependant tout disposé à examiner avec intérêt la situation des maîtres délégués depuis le 30 octobre 1886 qui, sans avoir pu obtenir le diplôme indispensable pour une nomination ministérielle, ont cependant conquis des certificats pour les enseignements accessoires : langues vivantes, dessin, chant, agriculture, comptabilité. J'y trouve la constatation d'efforts sérieux et d'un travail personnel dont je tiendrai compte dans la mesure des propositions que vous voudrez bien m'adresser.

Il est bon de remarquer que les maîtres qui ont été délégués par arrêté préfectoral dans les Écoles primaires supérieures n'y ont pas perdu leur temps; tout en y trouvant l'avantage de pouvoir se préparer plus aisément aux divers examens, ils ont conservé dans le cadre des Écoles primaires élémentaires leurs droits à l'avancement. J'ai même cru devoir adopter à leur égard une interprétation qui ne peut qu'être considérée comme une faveur de plus : j'ai décidé que pendant leur séjour à l'École primaire supérieure, ils bénéficieront exceptionnellement, quant aux périodes d'avancement, des dispositions de la loi applicables au personnel de ces établissements : les promotions dans le cadre élémentaire pourront leur être accordées, dans la forme et dans les délais prévus par l'article 25 de la loi du 25 juillet 1893. Je vous demanderai, en conséquence, de m'adresser, si vous le jugez utile, des propositions d'avancement pour les maîtres délégués dans les Écoles primaires supérieures depuis le 30 octobre 1886.

Je suis persuadé que les jeunes maîtres choisis par vous, Monsieur le Préfet, pour une délégation provisoire dans les Écoles primaires supérieures, comprendront qu'il dépend d'eux de la transformer en une situation définitive au prix d'efforts personnels répétés et soutenus; il leur appartient, comme du reste ils en ont pris l'engagement, d'arriver à ce résultat, et, j'espère qu'à la prochaine session d'examens, je pourrai constater que ce nouvel appel a été entendu.

Agréez, etc.,

Signé : E. COMBES.

---

10 mars 1896. **Circulaire du Ministre de l'Instruction publique, relative aux Commissions d'examen des brevets de capacité [1].**

10 Mars 1896.

Monsieur le Recteur, à des dates diverses, mes honorables prédécesseurs vous ont adressé des instructions relativement aux examens des brevets de capacité. Il m'a semblé qu'il y aurait lieu de compléter ces instructions à un double point de vue : d'abord en ce qui concerne la composition des jurys, ensuite pour la façon dont ils fonctionnent.

Aux termes du décret du 28 juillet 1893, qui a modifié l'article 118 du décret du 18 janvier 1887, « les Commissions d'examen pour le brevet élémentaire et pour le brevet supérieur sont composées d'au moins sept membres : deux Inspecteurs de l'enseignement primaire, deux membres de l'enseignement primaire public, directeurs ou professeurs des Écoles normales et des Écoles primaires supérieures, et au moins un membre de l'enseignement privé en font nécessairement partie. Les autres membres sont particulièrement choisis parmi les membres ou les anciens membres de l'enseignement primaire public ou privé ou de l'enseignement supérieur ou secondaire. Dans la Seine, les Inspecteurs primaires et les membres de l'enseignement primaire public qui doivent faire partie de droit de la Commission peuvent être choisis parmi les fonctionnaires à la retraite ».

Dans certains départements, il est d'usage d'appeler à siéger dans ces Commissions des personnes qui n'ont jamais appartenu à l'enseignement. Elles y

1. Consulter les articles 106, 107, 117 à 121 du décret du 18 *janvier* 1887 (Tome V, p. 746-748, 751-753; et les articles 134 à 153 de l'arrêté de même date (*Ibid.*, p. 799-804).

Voir les circulaires :

Du 16 *octobre* 1890, aux Recteurs, relative à la lecture des auteurs à expliquer (p. 309);

— 27 *avril* 1891, aux Recteurs, ayant pour objet d'interdire l'abus des exigences grammaticales dans la dictée (p. 377);

— 29 *août* 1893 et 10 *mars* 1896, aux Recteurs, relatives aux Commissions d'examen du brevet de capacité (*à leur date*);

— 1er *octobre* 1895, relative au choix des textes de compositions données aux examens du brevet de capacité (*à sa date*).

apportent sans doute beaucoup de bonne volonté, des notions souvent très approfondies sur quelques parties de la science, une irréprochable conscience, mais aussi une connaissance imparfaite des programmes et parfois un manque d'expérience dans l'art d'interroger et de juger des jeunes gens munis de la seule instruction primaire.

Les indiscutables progrès réalisés dans le recrutement du personnel enseignant, à tous les degrés, permettent aujourd'hui de recourir pour nos diverses Commissions à des examinateurs d'une compétence certaine. J'ai décidé, en conséquence, qu'à l'avenir les membres des jurys d'examen seraient, en règle générale, choisis parmi les fonctionnaires de l'enseignement public en exercice ou en congé et, à leur défaut, parmi les fonctionnaires de l'enseignement public en situation de retraite ou les anciens membres de l'enseignement privé. Je rappelle d'ailleurs qu'un membre de l'enseignement privé fait obligatoirement partie des Commissions d'examen.

Personne ne sera surpris, Monsieur le Recteur, que pour des examens essentiellement primaires et auxquels ce caractère doit être soigneusement maintenu, vos choix se portent de préférence, au moment où vous composez les jurys, sur les membres de l'enseignement primaire. Les maîtres qui ont l'habitude et l'expérience de l'application journalière des programmes, les directeurs et professeurs d'Écoles normales et d'Écoles primaires supérieures qui ont sans cesse l'occasion de voir de près les effets d'une bonne ou d'une mauvaise préparation aux divers certificats ou diplômes, les Inspecteurs primaires enfin qui ont le contrôle de tout cet enseignement, sont évidemment mieux que personne instruits des besoins auxquels nous devons répondre, des limites où il faut renfermer l'examen, de l'esprit qu'il convient d'y porter. Ce sont en quelque sorte des juges naturels en cette matière. J'ajoute que, de plus, les Inspecteurs — et j'entends surtout ceux qui sont en activité de service — seront auprès du président des auxiliaires précieux, non seulement pour rédiger les procès-verbaux, mais aussi et surtout pour l'aider à diriger les travaux des Sous-Commissions et à surveiller l'application exacte des prescriptions réglementaires.

Ce n'est pas à dire qu'il ne puisse être fait appel, comme par le passé, au concours des membres de l'enseignement secondaire et supérieur, dont la présence ne peut manquer d'honorer le jury et de fortifier son autorité. Mais, pour que le bienfait de leur intervention se fasse réellement sentir, il faut qu'ils soient en mesure de remplir dans son intégrité le mandat qu'ils acceptent; il faut avant tout qu'ils puissent disposer du temps nécessaire pour participer régulièrement et assidûment aux travaux de la session. Un professeur de Lycée qui n'a qu'une heure ou deux à donner après sa classe et les jours où son service le lui permet, qui arrive ou part au milieu d'une séance et n'a le loisir ni de comparer les divers candidats ni de prendre langue avec ses collègues pour s'assurer de la valeur réelle des questions qu'il pose ou des réponses qu'il recueille, ne peut pas, quelque bonne volonté qu'il y mette, rendre à la Commission les services qu'elle attend de lui. Toutes les fois donc que vous croirez, Monsieur le Recteur, devoir prendre des examinateurs dans le personnel des Lycées ou des Facultés, je désire que vous vous assuriez auparavant que ces examinateurs pourront vaquer à leurs fonctions avec la régularité nécessaire: au besoin, vous autoriseriez à cet effet les modifications ou les transpositions dans leur service sans lesquelles il leur serait impossible de participer utilement à la session d'examen.

En même temps que cette circulaire, vous recevrez, Monsieur le Recteur, une instruction destinée aux Commissions d'examen des brevets de capacité. Cette instruction rappelle les prescriptions adoptées par mes honorables prédécesseurs et contient celles que j'ai cru devoir y ajouter à la demande de la Commission spéciale qui a été instituée au Ministère en vue d'étudier le fonctionnement des Commissions d'examen. Ce document se divise en deux parties. La première renferme les observations générales communes aux deux examens. La seconde est subdivisée en plusieurs sections qui se rapportent à chacune des épreuves écrites et orales des deux brevets de capacité.

A l'ouverture de chaque session, M. l'Inspecteur d'Académie devra déposer sur le bureau du jury plusieurs exemplaires de cette instruction, qui doit servir de guide aux examinateurs. En la transmettant à chacun des Inspecteurs d'Académie de votre ressort, vous voudrez bien faire les recommandations les plus expresses pour que les prescriptions qu'elle contient soient exactement suivies.

Je me plais à penser que cet ensemble de règles, qui rappellera aux examinateurs les obligations de la charge qu'ils ont librement acceptée, assurera la bonne marche des examens. Il ne suffit pas, en effet, à un examinateur de vouloir fermement être juste, il faut qu'il le soit. Il le sera, s'il se place ou si on le place dans de telles conditions que son arrêt soit éclairé et ne puisse être suspect. Pour cela, il faut qu'il connaisse, par le détail, les programmes qui servent de base à l'examen, les méthodes selon lesquelles ils sont enseignés, l'esprit qui les a dictés et qui les vivifie; il faut qu'il comprenne bien que c'est le programme des études qui doit déterminer celui des examens et non pas l'inverse comme il est arrivé trop souvent; il faut enfin qu'il soit bien convaincu qu'une préparation sérieuse et suivie, une attention de tous les instants et une consciencieuse étude de tout le détail des épreuves peuvent seules le mettre en état d'interroger avec précision et d'apprécier avec équité.

Je vous prie, Monsieur le Recteur, de m'accuser réception de la présente circulaire et de m'adresser, après la première session d'examen de l'année courante, un rapport circonstancié me faisant connaître comment les Commissions d'examen des brevets de capacité ont fonctionné dans les départements de votre Académie.

Agréez, etc.

Signé : E. COMBES.

Annexe à la circulaire du 10 mars 1896.

PREMIÈRE PARTIE.

OBSERVATIONS COMMUNES AUX DEUX EXAMENS.

Observations générales.

Les Commissions ont pour unique devoir de chercher à apprécier exactement les connaissances acquises par chaque candidat et le profit intellectuel qu'il en a tiré. Elles manqueraient à la principale de leurs obligations, si elles se croyaient instituées pour régler les études, et si chaque examinateur s'adjugeait une sorte de pouvoir discrétionnaire lui permettant d'interroger selon ses préférences personnelles, ses travaux de prédilection, sous l'inspiration du moment. Chaque examen a un programme précis : « Les épreuves écrites ou orales des deux brevets ne dépasseront, dans aucun cas le niveau moyen des programmes du cours supérieur des Écoles primaires pour le brevet élémentaire ni du programme des Écoles normales d'instituteurs et d'institutrices pour le brevet supérieur[1]. » Il convient donc que chaque examinateur s'initie tout d'abord à sa fonction par une étude attentive et pénétrante de ces programmes, qu'il en sache l'étendue, qu'il en comprenne l'esprit. S'il veut éviter toute surprise fâcheuse, il préparera à l'avance, en les précisant et en les graduant, les principales questions qu'il doit poser.

Celui qui se contente de transporter à la salle d'examen les habitudes de sa chaire n'est qu'un médiocre examinateur. Les exercices scolaires sont bien différents, selon qu'ils ont lieu en classe ou à l'examen. En classe, tout est subordonné à l'enseignement; à l'examen, cette préoccupation doit disparaître. Il faut et il suffit que l'épreuve fasse connaître le candidat; elle doit être jugée; rien de plus.

Le jugement sera particulièrement équitable, si dans cette épreuve le candidat s'est livré tel qu'il est. Pour cela, il faut qu'il ait pleine confiance, non seulement dans la justice, mais aussi dans la bienveillance de ses juges. L'examinateur ne négligera donc rien pour rassurer le candidat, pour l'aider à vaincre son inévitable émotion, pour l'écouter avec une réelle patience, pour lui faire dire ce qu'il veut dire. Il le placera dans cet excellent état d'esprit si, dès le début, il lui pose des questions faciles et lui démontre ainsi qu'il n'a pas l'intention de l'embarrasser ou de lui tendre un piège. Si cette méthode est adoptée par tous les membres de la Commission, l'aspirant se présente avec sincérité et se montre au naturel; l'examinateur l'observe sans effort et le juge avec certitude.

Travaux des Sous-Commissions.

Il est indispensable que toutes les Commissions observent, autant dans leur esprit que dans leur texte, les prescriptions des articles 137 et 139 de l'arrêté du 18 janvier 1887.

ART. 137. — « *Chacune des épreuves écrites est corrigée par deux membres au moins.* »

Il convient tout d'abord, lorsque le président répartit le travail de la correction des épreuves écrites entre les membres de la Commission, que, pour la correction de chaque épreuve, l'un des deux membres appartienne à l'enseignement primaire.

Quant aux procédés adoptés pour cette correction, ils peuvent être ramenés à trois :

1° Tantôt la Commission plénière entend la lecture de toutes les copies, arrête la note, et, pour se conformer au texte de l'article, délègue deux de ses membres pour contresigner les copies notées.

2° Tantôt les deux membres chargés par la Commission de la correction d'une épreuve se réunissent, lisent à haute voix les copies à tour de rôle, échangent leurs impressions, et arrêtent la note d'un commun accord.

3° Tantôt, enfin, l'un des membres lit séparément toutes les copies d'une même épreuve, inscrit (à part) ses impressions et les notes qu'il a l'intention d'attribuer, puis remet toutes les compositions à son collègue qui procède de même. Les deux examinateurs réunis ensuite rapprochent pour chaque copie leurs notes particulières. Si celles-ci sont semblables, la note commune est acquise sans discussion; si elles s'écartent peu l'une de l'autre, on établit la moyenne qui devient la note définitive. Si l'appréciation est trop divergente,

1. Décret du 18 *janvier* 1887, art. 119.

les examinateurs relisent en commun la composition, et proposent à la Commission une note unique. Dans le cas évidemment fort rare où les deux examinateurs ne tombent pas d'accord, la Commission, après les avoir entendus l'un et l'autre, statue définitivement sur la proposition du président.

Ce dernier procédé est généralement employé pour la correction des compositions de sciences; il peut être recommandé encore pour d'autres épreuves; mais il est entendu que les Commissions restent libres d'adopter l'une ou l'autre de ces méthodes. Ce qu'on leur demande avant tout, c'est d'éviter que la note résulte de l'opinion d'un seul de leurs membres. Les correcteurs agiront sagement en justifiant cette note par une appréciation sommaire inscrite sur la copie.

ART. 139. — « *Pour procéder à l'examen oral, la Commission ne peut en aucun cas se subdiviser en Sous-Commissions de moins de trois membres.* »

Il n'est pas douteux que cet article s'applique aux Sous-Commissions qui, composées de trois membres au moins, font subir toutes les épreuves de l'examen oral à un ou plusieurs groupes de candidats, chacun des membres interrogeant autant que possible tous les candidats sur la même matière.

Dans ce cas, il serait très utile que la Sous-Commission fût présidée par un Inspecteur primaire en activité.

Mais il y a une autre manière de concevoir l'organisation de l'examen oral, au moins pour le brevet supérieur. La Commission se divise en groupes de deux examinateurs. Chaque groupe, agissant séparément, interroge sur l'une des matières. Il y a ainsi deux examinateurs pour les sciences, deux pour la lecture expliquée, deux pour l'histoire et la géographie, etc... C'est transporter à l'examen oral le principe en vertu duquel toute épreuve écrite doit être appréciée au moins par deux examinateurs. Cette organisation est conforme à l'esprit de l'arrêté, et il semble qu'elle doit être particulièrement recommandée. Elle a le grand avantage de donner à l'interrogation en chaque matière une précision et une unité très appréciables, et elle permet à chaque examinateur d'interroger tous les candidats d'une série sur ce qui convient le mieux à ses goûts et à ses aptitudes.

Organisation matérielle.

Il n'est pas hors de propos d'appeler, pour terminer, l'attention du président des Commissions sur les conditions matérielles de l'examen dans plusieurs départements. Il n'est pas rare de rencontrer encore des Commissions et des Sous-Commissions fonctionnant dans les vestibules, les couloirs d'une préfecture, ou bien dans des salles mal éclairées, mal meublées, trop petites pour contenir les Commissions, les candidats et le public.

Sans insister sur des considérations de dignité et d'hygiène qui ne seraient certes pas déplacées, on ne doit pas perdre de vue qu'il y a le plus grand avantage à assurer à l'examen oral le bénéfice d'un contrôle facilement exercé par les intéressés. Il est utile que ceux-ci connaissent et jugent l'examen : c'est pourquoi les épreuves sont publiques; mais elles cessent de l'être réellement si, plusieurs Sous-Commissions travaillant simultanément dans les quatre coins d'une petite salle, les demandes et les réponses faites à voix basse ne dépassent pas la table de l'examinateur.

Si le département ne met pas à la disposition des Commissions un local spécial et bien aménagé, le président pourrait être invité à faire passer les examens soit dans des Écoles normales, soit dans une École primaire du chef-lieu.

DEUXIÈME PARTIE.

OBSERVATIONS PARTICULIÈRES A CHAQUE EXAMEN : 1° BREVET SUPÉRIEUR; 2° BREVET ÉLÉMENTAIRE.

I. — Brevet supérieur.

1re SÉRIE. — ÉPREUVES ÉCRITES.

1° *Composition scientifique.*

Choix du sujet. — Se maintenir strictement dans le programme, éviter les questions bizarres ou trop difficiles; donner aux problèmes une tournure pratique; les énoncer sous une forme rigoureusement précise et claire. — Pour la composition de sciences physiques et naturelles, donner : soit une seule question se divisant en deux parties (1° notions théoriques élémentaires, 2° application de ces notions à l'hygiène, à l'agriculture ou à l'industrie de la région); soit deux questions distinctes, l'une sur un sujet général, l'autre sur un sujet d'application.

Correction de l'épreuve. — — En premier lieu tenir compte de l'intelligence de la question, de la méthode, de la rigueur des raisonnements, de l'exactitude des calculs.

En second lieu, attribuer une réelle importance à la rédaction, c'est-à-dire à la bonne disposition des alinéas, à la clarté, à la précision et à la concision du style.

En troisième lieu, donner une grande attention à la forme matérielle et à la bonne disposition des calculs ou des figures et des légendes.

Nota. Ne pas attacher une importance capitale, comme on le fait trop souvent, à une faute de calcul, du moins lorsque cette faute n'a pas conduit le candidat à des résultats manifestement absurdes, ou même simplement à des résultats dont l'inexactitude aurait dû le choquer.

2° *Composition française.*

Choix du sujet. — « La composition française ne doit pas nécessairement consister en une dissertation littéraire ou morale. Elle pourra aussi bien revêtir la forme d'une lettre, d'une narration, d'une analyse de lecture, d'un récit de voyage, etc. Plus le cadre sera simple, susceptible de se prêter à l'expression de sentiments personnels et sincères, mieux il permettra aux juges de se faire une idée exacte du candidat. » (*Circulaire ministérielle du 1er octobre 1895.*)

Correction de l'épreuve. — L'esprit qui préside au choix des sujets doit présider à la correction des compositions françaises. Rechercher si le candidat a une intelligence ouverte, s'il est capable de mettre dans les pensées une certaine suite, dans le style une certaine précision, tel est avant tout le rôle du correcteur. S'il est utile qu'il se fasse pour son propre compte une idée nette de la réponse qu'appelle la question posée, il serait dangereux qu'il exigeât de tous cette unique réponse, et injuste qu'il notât sévèrement ceux qui auraient compris et traité le sujet à leur façon, pourvu que leur composition ne révèle pas un esprit ignorant ou faux. L'effort personnel et sincère, voilà ce qui importe : là où cet effort se fait sentir, les erreurs et les gaucheries ne sont pas absolument condamnables ; elles peuvent même être, dans certains cas, préférées à la banalité des réminiscences livresques et des formules apprises.

3° *Composition de dessin.*

Choix du sujet. — La composition doit être faite d'après un modèle en relief ; mais le choix du sujet n'est pas nécessairement limité aux modèles en plâtre de la collection officielle. Tantôt on donnera, comme par le passé, du dessin d'imitation (*Circulaire ministérielle du 1er mai 1883*) et tantôt du dessin géométrique (*Circulaire ministérielle du 1er octobre 1895*) : « Pour l'épreuve du dessin, les sujets devront être assez variés pour que l'étude du dessin géométrique et du dessin d'ornement tienne dans la préparation de cet examen la place qu'elle doit occuper. »

Dans ce dernier cas, pour les *aspirants*, on demandera le relevé géométral et la mise au net à une échelle donnée d'un meuble, d'un outil, d'un objet exécuté dans l'atelier de travail manuel, d'un plâtre, etc. Ces modèles seront choisis de telle façon qu'un candidat de force moyenne puisse exécuter tout le travail dans le temps réglementaire. Le nombre des modèles mis à la disposition des aspirants pendant la durée de l'épreuve devra être suffisant (un pour 4 ou 5 aspirants au plus). Pour les *aspirantes*, le sujet de dessin géométrique sera choisi de préférence parmi ceux qui sont applicables aux travaux à l'aiguille (coupe et confection ; motifs de décoration, broderies, dentelles, tapisserie, etc.).

Correction de l'épreuve (dessin géométrique). — La note définitive portera sur le croquis et sur la mise au net. Il est particulièrement recommandé au président de ne pas abandonner la correction de cette épreuve au seul spécialiste de la Commission ; il devra, autant que possible, diriger lui-même le travail, en s'entourant de membres de la Commission dont il aura pu constater la compétence.

4° *Compositions de langues vivantes.*

Choix du sujet. — L'arrêté du 24 janvier 1896 prescrit, comme épreuve écrite, un thème et une version. On a voulu par là élever le niveau de l'épreuve. Au début et pendant les premières années, elle pouvait rester très élémentaire ; elle doit devenir un peu plus difficile, s'élever désormais à mesure que cet enseignement prend racine et se développe dans les Écoles primaires supérieures et dans les Écoles normales, sans toutefois cesser d'être une épreuve élémentaire.

Correction de l'épreuve. — Il est juste de demander aux examinateurs une certaine sévérité dans la correction de cette épreuve. Elle influe, dans la même proportion que les autres compositions, sur l'issue de l'examen. Si, dans ces conditions, la correction était particulièrement bienveillante, on pourrait par là fausser les résultats généraux de l'examen et faire attribuer le brevet supérieur à des candidats assez bien préparés en langues vivantes, mais trop médiocres en lettres et en sciences.

Il faut donc que cette épreuve soit probante sans devenir prépondérante. Si légitime que soit la place prise par les langues vivantes en cet examen, elles ne doivent être particulièrement favorables qu'aux candidats qui ont fait preuve, en ces matières, de connaissances précises et étendues.

II. — DEUXIÈME SÉRIE. — ÉPREUVES ORALES.

1° *Morale et éducation.*

L'examinateur doit, autant que possible, conformer ses interrogations au texte et à l'esprit du programme de l'enseignement moral à l'École normale.

Le principal écueil à éviter est de demander au candidat la preuve qu'il a fixé dans sa mémoire, par un effort excessif, le cours qu'il a suivi.

Un autre danger consisterait à poser des questions trop difficiles, ou des questions délicates qui pourraient troubler le candidat dans ses croyances ou dans sa conscience.

En somme, ici plus qu'en aucune autre partie de l'examen, il faut rechercher si le candidat a été habitué à sentir et à réfléchir, et si ses impressions et ses réflexions l'ont amené à affirmer sa personnalité morale.

2° *Lecture expliquée.*

Tout d'abord l'attention de l'examinateur se porte sur la manière dont le candidat lit la page choisie pour épreuve. Il tiendra grand compte de la *diction* et de l'*accent* par lesquels le candidat montre qu'il a saisi le sentiment et le mouvement du morceau.

L'examinateur s'assure ensuite que le texte est bien compris. A cet effet il laisse de côté les questions minutieuses de grammaire et de philologie qu'on est tenté de prodiguer à chaque ligne, et il essaie d'obtenir un commentaire suivi par lequel le candidat prouve qu'il apprécie sainement le passage et peut le relier au reste de l'ouvrage.

Il convient de ne pas trop insister sur les menus détails de l'histoire littéraire. En cette matière les questions devraient le plus souvent se rattacher au morceau expliqué; par elles l'examinateur s'assurerait simplement que le candidat possède les connaissances indispensables à la pleine intelligence du texte.

Enfin on accorderait certains avantages aux candidats qui, ayant meublé leur mémoire de morceaux bien choisis, pourraient réciter avec goût et intelligence quelques extraits des différents auteurs du programme (prose et vers). En ce cas l'examinateur demanderait au candidat la liste des morceaux qu'il est en état de réciter[1].

3° *Histoire.*

En cette épreuve il y a deux principaux dangers : 1° la faire consister en une minutieuse enquête sur des dates inutiles et sur des faits que candidats et examinateurs ont parfaitement le droit d'ignorer; 2° transformer l'épreuve en une conversation à laquelle l'examinateur prendrait une trop grande part.

1. « M. le Ministre a décidé, par mesure transitoire, que les aspirants et aspirantes ayant échoué à l'examen du brevet supérieur en 1896, pourront être interrogés en 1897, à leur choix, ou sur les auteurs compris dans la nouvelle liste triennale, ou sur les auteurs précédemment inscrits. » (*Avis, Bull. adm.*, 1896, t. LIX, p. 521.)

Les règles à suivre seraient :

En premier lieu, poser une question de cours (faits et dates) importante par son objet et précise dans sa forme, de façon que l'examinateur apprécie immédiatement dans quelle limite le cours a été appris et retenu.

En second lieu (si la première réponse a été suffisante) essayer une question d'ensemble qui permette au candidat de démontrer qu'il n'a pas seulement enregistré le cours, mais qu'il a été exercé à grouper une série d'événements, à en saisir les liens, à analyser leurs conséquences au point de vue moral, politique, géographique, etc.

En troisième lieu, amener le candidat à donner son opinion personnelle sur les faits et les hommes. Il est utile, en effet, qu'il puisse apprécier l'œuvre ou le caractère d'un personnage historique, un événement considérable ou un groupe d'événements. Il n'y a même pas trop d'inconvénients à ce qu'on lui demande l'inévitable comparaison entre *autrefois* et *aujourd'hui*. Mais il est bien des cas où il ne faut pas insister sur ce point. Il suffira à l'examinateur de s'assurer que l'aspirant a le jugement droit et exercé.

4° *Géographie.*

Les recommandations précédentes relatives à l'épreuve d'histoire peuvent, si l'on change seulement quelques termes, être appliquées à l'épreuve de géographie. Les principaux écueils à éviter sont :

1° Les nomenclatures arides et excessives, et particulièrement celles qui concernent les divisions et subdivisions administratives avec leurs chefs-lieux;

2° Les détails souvent bien inutiles de la géographie physique, lorsqu'ils ne servent pas de base à la géographie politique ou économique;

3° Les questions de pure curiosité auxquelles certains événements contemporains donnent quelquefois une importance démesurée et passagère.

Les interrogations soit sur la carte muette, soit (ce qui est préférable) au tableau noir avec croquis exécuté par le candidat, sont particulièrement recommandées.

5° *Épreuves scientifiques (sciences mathématiques et sciences d'observation).*

1° Débuter toujours par une question simple, autant que possible par une question de cours, d'un caractère général et élémentaire, de manière à permettre à l'aspirant de se rendre maître de son émotion, et à l'examinateur de voir immédiatement comment celui-ci a compris et possède les notions essentielles;

2° Aborder ensuite un sujet plus élevé, un peu plus difficile, et partant plus probant, en ce sens qu'il mettra mieux en lumière l'ouverture d'esprit du candidat, sa sagacité, la sûreté de son jugement, la netteté de ses idées et aussi l'étendue de ses connaissances;

3° S'abstenir avec soin de poser des questions trop difficiles, sauf le cas où le candidat s'est, par ses réponses antérieures, révélé comme exceptionnellement brillant. Éviter particulièrement tout ce qui cache un piège où il est trop facile d'attirer l'aspirant et tout ce qui paraît être des questions de pure doctrine au sujet desquelles les opinions peuvent différer.

6° *Langues vivantes.*

L'examinateur doit tout d'abord s'enquérir si le candidat possède un vocabulaire important et s'il connaît les règles essentielles de la grammaire. Mais ce n'est là que la moindre partie de l'épreuve.

Il faut que le candidat *traduise*, c'est-à-dire s'efforce de trouver dans sa propre langue les expressions et les nuances qui rendent toujours avec fidélité et (si c'est possible) avec élégance le texte à interpréter. Cette seconde partie de l'épreuve doit être considérée comme particulièrement digne d'attention.

L'examinateur, lorsque le candidat hésite sur le sens d'un mot, ne le lui laissera pas chercher trop longtemps; il y a avantage à éviter les longs silences et les interruptions qui jettent le trouble et l'inquiétude dans l'esprit des aspirants et ne leur permettent plus de se faire apprécier tels qu'ils sont.

II. — Brevet élémentaire.

PREMIÈRE SÉRIE. — ÉPREUVES ÉCRITES.

Orthographe.

Choix du sujet. — La dictée sera toujours une page choisie dans les œuvres de nos meilleurs écrivains des trois derniers siècles. Elle aura un titre et sera suivie du nom de l'auteur. On évitera avec soin les textes qui renfermeraient trop de termes peu connus ou rarement employés.

Correction de l'épreuve. — Les règlements officiels ne déterminent plus le nombre de fautes au delà duquel le zéro est donné, et par suite l'élimination prononcée par application de l'article 149 de l'arrêté du 18 janvier 1887. Ils recommandent aux Commissions de peser plutôt que de compter les fautes.

Il est à craindre que, dans la pratique, il ne soit pas assez tenu compte de ces prescriptions. Souvent la Commission, avant de procéder à la correction des copies, dresse la liste des fautes possibles, puis après cette étude et selon les difficultés reconnues, fixe le maximum de fautes au delà duquel le zéro est attribué. Certaines fautes grossières et qui mériteraient de lourds coefficients continuent à n'être pas comptées plus que d'autres fautes vraiment vénielles. Celles-ci étant toujours abondantes, l'épreuve d'orthographe continue à décimer les candidats, et partout on persiste à penser, non sans raison, que l'admissibilité résulte toujours et avant tout de l'épreuve d'orthographe.

Il convient que les Commissions s'inspirent de l'esprit des règlements. Dans bien des cas, des fautes peu importantes ou discutables devront être notées avec indulgence. (*Circulaire du 27 avril 1891.*)

Écriture[1].

Pour la correction de cette épreuve : 1° n'accepter comme règle absolue aucun des procédés plus ou moins variables des diverses méthodes de calligraphie;

1. L'*écriture droite* ou l'*écriture penchée* peut être employée au choix des candidats à l'épreuve d'écriture des examens du brevet élémentaire. (*Avis, Bull. adm.*, 1893, t. LIV, p. 738.)

2° Maintenir à la cursive l'importance prépondérante qui lui a été assignée par le paragraphe 2 de l'article 146 de l'arrêté du 18 janvier 1887;

3° Apprécier chaque composition en elle-même, avec ses défauts et ses qualités propres, sans s'astreindre à la comparer avec les autres copies;

4° Donner une note supérieure à la moyenne à toute écriture régulière, simple, nette, bien lisible.

Exercice de composition française.

S'inspirer des instructions données sur le même sujet pour le brevet supérieur.

Choix du sujet. — L'épreuve devra être très élémentaire. A cet effet, quelle que soit sa forme (lettre, narration, description, etc....), elle ne devra pas s'élever au-dessus des réflexions et des observations qu'on peut demander à l'élève qui a fait de bonnes études primaires.

Correction. — Le correcteur devra attacher la plus grande importance à la simplicité et à la sincérité du récit ou de l'exposition, à la clarté et à la correction du style.

Il sera tenu compte de l'orthographe. Par une habitude très fâcheuse, l'élève de l'École primaire surveille l'orthographe dans la dictée seulement; il semble chercher ensuite une compensation à cet effort en écoulant dans les autres devoirs toutes les fautes dont il a allégé sa dictée. Il serait utile, par une sévérité de bon aloi, de lui faire comprendre qu'il apprend l'orthographe non pour s'en servir dans un devoir spécial, mais pour écrire correctement en toute occasion.

Questions d'arithmétique.

1° S'inspirer des instructions données sur le même sujet pour le brevet supérieur;

2° Se conformer à la prescription de la circulaire du 1er octobre 1895 : « La question de théorie au brevet élémentaire ne devra pas présenter une grande difficulté. Tout sujet qui sortirait du programme de l'École primaire devra être rigoureusement proscrit. »

DEUXIÈME SÉRIE. — ÉPREUVES PRATIQUES.

Croquis coté.

Dans la pratique il arrive souvent que la copie du candidat est une sorte de mise au net du croquis demandé. Or le croquis peut seul prouver que le candidat sait faire à main levée un relevé géométral portant toutes les cotes nécessaires à l'exécution de l'épure. Sans doute les candidats peuvent être invités à donner la mise au net exécutée à l'échelle; mais ce n'est qu'un moyen de contrôle; le croquis à main levée doit rester la partie essentielle de l'épreuve.

L'objet choisi pour épreuve (meuble, ustensile ou outil) sera toujours de forme très peu compliquée, de telle sorte qu'il ne présente à relever au plus que 12 ou 15 cotes.

Gymnastique.

Il est instamment recommandé aux Commissions de se conformer aux prescriptions réglementaires, et d'éviter les exercices qui, avec l'apparence de tours de force et d'adresse, sont excessifs et dangereux.

Dessin au trait (aspirantes).

Il s'agit ici d'un simple exercice de perspective d'observation. L'objet choisi ne devra présenter aucune difficulté sérieuse.

Par l'étude de la copie, le correcteur doit rechercher si l'aspirante sait :

1° Bien voir ;

2° Bien mettre en place son dessin dans la feuille ;

3° Exécuter nettement les traits.

C'est la moyenne de ces trois appréciations qui doit former la note définitive.

Travaux à l'aiguille.

Le sujet devra comprendre plusieurs exercices de difficulté variable et combinés de telle sorte qu'ils puissent facilement être exécutés dans le délai réglementaire (une heure). Vu l'importance de l'épreuve, les cotes ne seront attribuées qu'après une étude très attentive des travaux faite par les membres compétents de la Commission.

TROISIÈME SÉRIE. — ÉPREUVES ORALES.

Pour cette partie de l'examen, les Commissions s'inspireront soit des observations générales, soit des observations spéciales aux épreuves similaires du brevet supérieur. Mais elles n'oublieront pas qu'elles doivent lui donner un caractère vraiment élémentaire, et elles atteindront ce but si elles veulent bien ne pas sortir des programmes et poser des questions faciles.

1° *Lecture expliquée.* — Selon les prescriptions de l'article 148, les explications qu'on demande au candidat doivent prouver qu'il a compris la page lue, qu'il connaît le sens exact et la valeur des mots, leur rôle dans la proposition. Les exercices d'analyse grammaticale ou logique trouveront place dans cette épreuve. Les questions purement littéraires en seront rigoureusement proscrites.

2° *Questions d'arithmétique et système métrique.* — Les conseils donnés au sujet du brevet supérieur s'appliquent au brevet élémentaire. On recommande de faire une part importante aux questions relatives au système métrique et de leur donner un caractère pratique.

3° *Questions sur les éléments de l'histoire nationale et de l'instruction civique, sur la géographie de la France avec tracé au tableau noir.* — En ces matières, les questions ne seront jamais trop élémentaires. En géographie, par exemple, le règlement demande des interrogations avec tracé au tableau noir. Ce serait méconnaître le caractère de l'examen que d'exiger la carte détaillée et exacte d'un cours d'eau, d'un département, d'une région quelconque, avec toute la nomenclature qu'elle peut comporter. Il doit suffire au candidat de prouver qu'il connaît la carte de France, qu'il peut en dessiner les principales parties, mais surtout que, derrière les lignes du dessin et les noms de la leçon, il a été habitué à voir quelque chose de la vie politique, historique et économique des habitants.

4° *Questions et exercices très élémentaires de solfège.* — La Commission devra bien remarquer que le règlement exige des *questions* et des *exercices*, et elle attribuera une égale importance aux deux parties de l'épreuve.

5° *Questions sur les notions les plus élémentaires des sciences physiques et naturelles.* — Il serait déplacé de demander soit des observations trop détaillées, soit des démonstrations théoriques qui exigent la rigueur scientifique. La Commission ne négligera pas les applications à l'agriculture et à l'hygiène. Par ses questions, elle devra s'assurer que le candidat a reçu un enseignement élémentaire appuyé sur l'expérience, qu'il a été habitué à observer les faits et qu'il est capable de rendre compte d'une manière raisonnée et réfléchie soit des solutions obtenues, soit des méthodes suivies.

---

13 mars 1896. **Proposition de Loi[1] sur la Responsabilité civile des membres de l'enseignement public, présentée par M. Malzac, député.**

Séance du 13 Mars 1896.

Exposé des motifs.

Messieurs, le Parlement ne peut pas rester indifférent devant le mouvement

1. La proposition de loi de M. MALZAC fut renvoyée à la 19e Commission d'initiative parlementaire. Voir, p. 716, le rapport présenté au nom de cette Commission par M. MALZAC, 25 *mars* 1896.

Le 28 *mai* suivant, M. HUBBARD et divers membres introduisaient une nouvelle proposition de loi tendant à la revision de l'article 1384 du Code civil (voir *à sa date*).

Le même jour, MM. LAVY, PRUDENT-DERVILLERS, Henri RICARD, MIRMAN et CARNAUD déposaient un projet tendant aux mêmes fins (voir *à sa date*).

Les trois projets furent renvoyés à une Commission, au nom de laquelle M. Paul SAMARY déposa un rapport le 4 *mars* 1898 (voir *à sa date*). Il proposait l'addition suivante à l'article 1384 : « Toutefois la responsabilité civile de l'État est substituée à celle des membres de l'enseignement public. »

Le projet fut voté, sans discussion, à la séance du 21 *mars* 1898 (*J. O.*, 22 *mars*, p. 1295).

Transmis au Sénat le 22 *mars*, il fut renvoyé à une Commission, au nom de laquelle M. Léopold THÉZARD présenta un rapport le 31 *janvier* 1899.

Ce rapport fut renvoyé pour avis (10 *février*) à la Commission des finances (*J. O.*, 11 *février*, p. 143).

L'avis de ladite Commission, en date du 1er *mars* 1899, est que « les conséquences « financières qui résulteront de cette loi sont assez graves pour les finances de l'État « pour légitimer un avis défavorable ».

La loi a néanmoins été votée le 20 *juillet* 1899 (*à sa date*).

Consulter :

La Responsabilité civile des instituteurs, par Fernand AMIOT, avocat à la Cour d'appel; 1 vol. in-8° de 248 pages, chez Niel, à Aix;

La Responsabilité civile des instituteurs, thèse pour le doctorat présentée à la Faculté de Droit de Paris par Maurice FABARS; 1 vol. in-8° de 170 pages, chez A. Rousseau, rue Soufflot, Paris.

qui se produit contre la responsabilité imposée aux instituteurs par l'article 1384 du Code civil[1].

Les uns demandent l'abrogation pure et simple de cet article, les autres sa modification plus ou moins étendue, mais presque tous les membres de l'enseignement public réclament ou recherchent une organisation leur permettant de se mettre à l'abri des conséquences pécuniaires que peuvent avoir pour eux les dispositions de l'article 1384.

Sur la question d'abrogation, il est impossible de donner satisfaction au corps enseignant, parce que la suppression de toute responsabilité amoindrirait sa fonction sociale, en même temps qu'elle le priverait de la confiance des familles.

De plus, l'article 1384 s'appliquant aussi bien aux membres de l'enseignement privé qu'à ceux de l'enseignement public, et la profession d'instituteur étant accessible à tous ceux qui ont les titres requis pour l'exercer, on ne comprendrait pas que les enfants soient remis entre les mains des uns ou des autres, sans que ceux-ci fussent soumis à la moindre obligation de veiller à leur sécurité.

Il ne saurait s'agir, en effet, si on abrogeait l'article 1384 pour les maîtres de l'enseignement public, de le maintenir pour ceux de l'enseignement privé, attendu que leur situation est la même à ce point de vue et que la suppression de toute responsabilité pour les seuls instituteurs publics aurait ce double résultat de constituer une injustice et de décapiter l'enseignement national.

Sur la question de modification de l'article 1384 on pourrait, à la rigueur, demander que la responsabilité de l'instituteur ne fût engagée que s'il était prouvé qu'il *aurait pu empêcher* le fait qui y donne lieu, tandis que, dans son texte actuel, l'article 1384 établit la responsabilité d'office, *à moins que les instituteurs ne prouvent* QU'ILS N'ONT PU EMPÊCHER ce fait ; mais cette modification perdra tout intérêt par l'organisation de l'assurance générale à laquelle pourvoit la présente proposition.

Il ne restera qu'à réglementer, au point de vue des répressions disciplinaires, les conditions d'établissement de la preuve que l'instituteur aurait pu ou n'aurait pas pu empêcher le fait ouvrant la responsabilité.

Mais il n'est pas absolument indispensable de faire intervenir la loi en cette matière.

D'autres modifications paraissent cependant utiles à apporter à l'article 1384, en ce qui concerne le personnel de l'enseignement public.

1. Voici le texte des articles 1382, 1383 et 1384 :

ART. 1382. — Tout fait quelconque de l'homme qui cause à autrui un dommage oblige celui par la faute duquel il est arrivé à le réparer.

ART. 1383. — Chacun est responsable du dommage qu'il a causé non seulement par son fait, mais encore par sa négligence ou par son imprudence.

ART. 1384. — On est responsable non seulement du dommage que l'on cause par son propre fait, mais encore de celui qui est causé par le fait des personnes dont on doit répondre, ou des choses que l'on a sous sa garde.

Le père, et la mère, après le décès du mari, sont responsables du dommage causé par leurs enfants mineurs habitant avec eux ;

Les maîtres et les commettants, du dommage causé par leurs domestiques et préposés dans les fonctions auxquelles ils les ont employés ;

Les instituteurs et les artisans, du dommage causé par leurs élèves et apprentis pendant le temps qu'ils sont sous leur surveillance.

La responsabilité ci-dessus a lieu à moins que les père et mère, instituteurs et artisans ne prouvent qu'ils n'ont pu empêcher le fait qui donne lieu à cette responsabilité.

La proposition de loi en prévoit deux.

La première consiste à fixer le sens des mots *pendant que les élèves sont sous la surveillance des instituteurs.*

En l'état actuel, les tribunaux ont un pouvoir d'appréciation absolu, de telle sorte que l'instituteur ne sait ni quand commence, ni quand finit sa responsabilité.

Est-elle restreinte au temps de la classe ou de la récréation ; s'étend-elle au contraire à tout le temps passé par l'élève à l'École, même pendant les intervalles des classes quand il y reste pour prendre ses repas ; s'applique-t-elle aux élèves qui sont dans la nécessité de sortir pendant la classe, etc., etc. ?

Tous ces cas peuvent et doivent être prévus et réglementés dans les conditions prévues par l'article 1er de la proposition.

La deuxième modification, faisant l'objet des articles 2, 3, 4 et 5, consiste dans l'établissement d'un mode spécial, et offrant toutes garanties pour les familles et pour les maîtres, de constatation immédiate de la nature et des causes de l'accident ou du dommage.

Beaucoup de procès pourront ainsi être évités et, d'autre part, il sera possible d'établir dans des conditions absolues d'exactitude si les instituteurs auraient ou non pu empêcher le fait qui donne lieu à leur responsabilité.

En attendant comme aujourd'hui qu'une instance soit introduite pour se livrer à une enquête approfondie sur l'accident, on est exposé à se heurter à des changements dans l'état des lieux, à des lacunes de mémoire chez les témoins et à nombre d'autres causes qui peuvent laisser plus de place aux suppositions ou aux déductions qu'à la vérité.

Le système de constatation proposé est du reste analogue à celui qui est pratiqué en matière d'accidents industriels. (Lois du 21 avril 1810 et du 2 novembre 1892.)

Avec ces dispositions, destinées à limiter et préciser plus exactement la responsabilité des membres de l'enseignement public, il y avait lieu de leur fournir les moyens de se prémunir contre les conséquences pécuniaires de cette responsabilité.

Deux systèmes se sont fait jour à ce sujet : l'un mettant, en entier et dans toutes circonstances, à la charge de l'État le payement des condamnations auxquelles donnerait lieu l'article 1384 ; l'autre organisant entre les membres de l'enseignement public, et plus particulièrement entre ceux de l'enseignement primaire, une ou plusieurs caisses d'assurances mutuelles contre les risques auxquels les expose la responsabilité de l'article 1384.

Le premier système équivaut à l'abrogation indirecte de cet article si l'État est obligatoirement substitué au maître soit pour la poursuite, soit pour le payement, et ce système est insuffisant s'il laisse à l'État le pouvoir de décider dans quels cas et pour quelles sommes il prendra à sa charge les condamnations prononcées.

Aucun Ministre de l'Instruction publique ne consentirait certainement à exercer seul ce pouvoir, et le fonctionnaire intéressé attendrait des mois et des années avant de connaître le sort qui lui est fait, tout en restant exposé, de la part du poursuivant, à toutes les mesures d'exécution que comporte une décision de justice.

Le second système serait préférable, parce qu'il repose sur des sentiments de prévoyance et de solidarité dont la manifestation double le prix de l'organisation projetée, mais il ne pourrait être réellement efficace que s'il obtenait l'adhésion de tous les membres de l'enseignement public.

En effet, les caisses mutuelles qu'on veut établir ne seraient alimentées que par les cotisations de leurs membres, et le taux devrait en être fort élevé si elles devaient être mises en mesure de pourvoir à toutes les éventualités.

Nous ne parlons que pour mémoire des frais d'administration et de l'emploi des cotisations.

Quant à la formation d'une caisse unique, réunissant tous les membres de l'enseignement public et fonctionnant en dehors de toute action du Gouvernement, l'idée seule doit en être écartée.

Ces diverses considérations nous ont amené à proposer une organisation basée sur l'intervention de l'État et sur le concours du personnel enseignant.

Elle fait l'objet des articles 6 à 13 de la proposition de loi.

Son application donnera toute sécurité au personnel sans le charger outre mesure et offrira même une garantie de plus aux familles, qui seront toujours assurées de toucher sans difficultés les condamnations prononcées à leur profit.

Notons aussi que cette organisation fonctionnera sans qu'il y ait lieu de grever le budget, parce qu'elle utilisera un service public existant et parce que les faits donnant lieu à l'application de l'article 1384 sont excessivement rares dans les établissements scolaires, notre personnel enseignant méritant ce témoignage qu'il apporte dans l'accomplissement de sa mission éducatrice une sollicitude digne de la confiance des familles et des éloges du Parlement.

Proposition de loi.

ARTICLE 1er. — Un arrêté du Ministre de l'Instruction publique, rendu après avis du Conseil supérieur de l'Instruction publique, déterminera, pour l'application de l'article 1384 du Code civil, le temps pendant lequel les élèves des établissements publics d'enseignement *sont sous la surveillance* des maîtres responsables des dommages causés par eux.

ART. 2. — Tout accident survenu à un élève et tout dommage causé par lui pendant le temps de surveillance seront immédiatement portés à la connaissance de l'Inspecteur d'Académie ou de l'Inspecteur primaire du ressort par le chef de l'établissement secondaire ou primaire où il se sera produit.

ART. 3. — Dès réception de cet avis, l'Inspecteur d'Académie ou l'Inspecteur primaire, suivant le cas, se transportera sur les lieux et dressera procès-verbal de l'accident ou du dommage.

Il en constatera les causes et donnera les noms et adresses des témoins.

ART. 4. — Un exemplaire de ce procès-verbal sera transmis au Ministre de l'Instruction publique et un autre au Procureur de la République du ressort.

Communication pourra en être donnée par ce magistrat à toutes personnes intéressées.

ART. 5. — Il pourra être joint à ce procès-verbal un certificat du médecin indiquant l'état du blessé, les suites probables de l'accident et l'époque à laquelle il sera possible d'en connaître le résultat définitif.

ART. 6. — La Caisse nationale d'assurances contre les accidents instituée par la loi du 11 juillet 1868 est autorisée à contracter, avec les membres de l'enseignement public soumis à l'article 1384 du Code civil, une assurance collective pour le payement, à leurs lieu et place, des condamnations pécuniaires qui seraient prononcées contre eux en vertu dudit article et le remboursement, sur état, des frais et débours qu'elles leur auront occasionnés.

ART. 7. — Le contrat d'assurance sera passé et signé par le Ministre de l'Instruction publique.

Il sera renouvelé tous les ans.

ART. 8. — Dans toute instance, et à peine de perdre le bénéfice de l'assurance, le membre de l'enseignement public poursuivi devra appeler ladite Caisse, qui y sera représentée par le receveur des finances de l'arrondissement du tribunal saisi de l'affaire, et pourra fournir directement la preuve énoncée au dernier alinéa de l'article 1384.

ART. 9. — Les jugements et arrêts seront communs au membre de l'enseignement public et à la Caisse nationale d'assurances dûment appelée en cause.

Chacun d'eux pourra en appeler et se pourvoir.

ART. 10. — La prime de cette assurance collective est fixée à un franc pour chacun des membres de l'enseignement public soumis à l'article 1384, quels que soient ses fonctions ou emplois.

Le payement en est exigible le 1er janvier de chaque année.

ART. 11. — Le taux de cette prime pourra être réduit temporairement par arrêté du Ministre de l'Instruction publique sur l'avis de la Commission de surveillance de la Caisse nationale d'assurances.

ART. 12. — En cas d'insuffisance des primes pour les payements et remboursements prévus à l'article 6, le complément sera fourni par l'État.

ART. 13. — La Caisse nationale d'assurances sera déchargée de toute obligation et tirée d'instance dans le cas où, à raison de l'accident ou du dommage, le membre de l'enseignement encourrait une condamnation pénale.

ART. 14. — Un règlement d'administration publique déterminera les conditions d'application de la présente loi.

Dispositions transitoires.

Il sera pourvu, sur les premières ressources réalisées par la Caisse nationale d'assurances en vertu de la présente loi, et à défaut, par une avance de l'État, au payement des condamnations prononcées par application de l'article 1384 et non encore acquittées.

---

14 mars 1896.

Circulaire du Ministre de l'Instruction publique, relative aux Secours à accorder aux instituteurs et institutrices pour traitement thermal en 1896[1].

14 Mars 1896.

Monsieur le Préfet, je vous prie de m'adresser, *pour le 30 avril au plus tard*, vos propositions pour l'allocation, en 1896, des secours destinés à venir en aide aux instituteurs et institutrices publics en exercice dont la santé exige un traitement thermal.

Comme l'année dernière, le crédit affecté à cette dépense est de 58 000 francs; il importe donc, Monsieur le Préfet, que, conformément aux prescriptions de la circulaire du 14 avril 1890, vous ne compreniez dans vos propositions que les maîtres ou les maîtresses qui, par leur état de santé dûment constaté, par la modicité de leur traitement et par les charges de famille auxquelles ils ont à pourvoir, se recommandent le plus particulièrement à la bienveillance de l'Administration.

1. Voir la note 2, p. 262, et l'avis publié, *Bull. adm.*, 1900, t. LXVII, p. 678.

Je vous rappellerai également la nécessité de me faire savoir promptement si aucun maître de votre département ne manifeste l'intention de solliciter l'allocation dont il s'agit, afin que je puisse reporter sur d'autres départements la part du crédit qui se trouvera disponible.

Dans le cas où vous m'auriez déjà transmis des demandes individuelles, vous voudrez bien les examiner de nouveau et les faire figurer, si vous le jugez à propos, sur votre tableau de propositions. Je ne statuerai que sur ce tableau.

Enfin, Monsieur le Préfet, je désire que vous donniez à chacun des instituteurs et institutrices présentés un rang de classement d'après l'intérêt qui s'attache à leur situation.

A cette question de secours pour les eaux se rattache celle de la gratuité du traitement thermal. Vous trouverez ci-dessous la liste des stations thermales[1], avec l'indication des avantages accordés par chacune d'elles. Le tableau qui vous est envoyé ci-joint en trois exemplaires mentionne, d'ailleurs, la désignation de la station thermale à laquelle le maître doit se rendre. La gratuité des eaux sera donc demandée à M. le Ministre de l'Intérieur pour chacun des maîtres proposés, à l'exception de ceux qui se rendront aux eaux d'Aix-les-Bains ou de Vichy, les administrations de ces deux établissements accordant cette faveur, sans autorisation spéciale, aux instituteurs et institutrices aux dates indiquées. Cette liste vous permettra, en outre, d'apprécier la suite qu'il y a lieu de donner aux demandes spéciales de gratuité des eaux qui vous seront adressées.

Je vous prie de m'accuser réception du présent envoi.

Recevez, etc.

Signé : E. COMBES.

Circulaire du Ministre de l'Instruction publique, relative aux Maladies épidémiques et contagieuses. 4 mars 1896.

14 Mars 1896.

Monsieur le Préfet, le règlement modèle du 18 août 1893, relatif aux prescriptions hygiéniques à suivre dans les Écoles primaires, a prévu dans son article 11

1. Voici la liste des stations thermales :

Établissements appartenant à l'État et accordant la gratuité des eaux :

Vichy, du 15 mai au 15 juin et du 15 août au 15 septembre, sans autorisation spéciale;

Aix-les-Bains, pendant le mois de septembre, sans autorisation spéciale, *et à toute autre époque, avec autorisation spéciale;*

Luxeuil, pendant toute la saison thermale, mais avec autorisation spéciale ;

Plombières, *idem;*

Néris, pendant toute la saison thermale, *sauf du* 15 *juin au* 15 *août*, avec autorisation spéciale ;

Bourbon-l'Archambault, idem;

Bourbonne-les-Bains, pendant toute la saison thermale, *sauf du* 1er *au* 15 *août*, avec autorisation spéciale.

NOTA. En ce qui concerne les avantages accordés par les établissements thermaux n'appartenant pas à l'État, il n'est pas possible de donner des indications précises, ces avantages dépendant exclusivement des décisions prises, chaque année, par les propriétaires des établissements.

« l'envoi à la famille de chaque enfant atteint d'une affection contagieuse d'une instruction sur les précautions à prendre contre les contagions possibles ».

Après avis du Comité consultatif d'hygiène publique de France et du Conseil supérieur de l'Instruction publique, j'ai adopté l'instruction ci-jointe.

J'ai pensé, en effet, qu'il était nécessaire de recommander aux familles d'observer ces prescriptions, qui se rapportent aux soins hygiéniques à donner aux enfants atteints de maladies contagieuses et épidémiques, ainsi qu'aux mesures à prendre pour empêcher la propagation de ces maladies. Les membres de la famille, les voisins, les habitants de la commune, sont tous intéressés à ce que ces prescriptions, d'une exécution facile et qui ne peuvent occasionner qu'une dépense minime, soient scrupuleusement suivies.

Je compte d'ailleurs sur le personnel de l'enseignement primaire public et privé pour recommander aux familles de ne pas manquer de se conformer à ces règles. Il lui sera facile, j'en suis persuadé, de saisir l'occasion d'un entretien avec les parents des élèves, d'un devoir à faire en classe, pour montrer combien il importe de ne rien négliger de ce qui doit arrêter la propagation des maladies contagieuses.

Je vous prie de donner la plus grande publicité à cette instruction. Vous voudrez bien la faire insérer dans le *Recueil des Actes administratifs* de la Préfecture et dans le *Bulletin départemental de l'enseignement primaire*. J'ai d'ailleurs décidé que des exemplaires de cette instruction seraient envoyés à l'Inspecteur de l'enseignement primaire de chaque circonscription. Il les conservera en dépôt pour les adresser aux instituteurs et aux institutrices publics et privés, suivant les demandes qui lui parviendront.

Recevez, etc.

Signé : E. COMBES.

Instruction à remettre par les instituteurs aux familles des écoliers atteints de maladies épidémiques et contagieuses.

(Annexe à la circulaire du 14 mars 1896.)

I. — PENDANT LA MALADIE.

Dès qu'une maladie contagieuse se montre dans une famille, il faut *immédiatement faire appeler un médecin*, parce que toutes ces maladies peuvent être graves et doivent être soignées. C'est aussi parce que le médecin, en veillant à ce que la présente instruction soit suivie, et en prescrivant les mesures complémentaires qu'il jugera utiles pour chaque maladie en particulier, pourra éviter la propagation de la maladie dans la famille du malade et dans la commune.

On ne doit jamais avoir peur des maladies épidémiques ou contagieuses, car on peut sûrement empêcher leur développement en détruisant les *germes* qui les produisent.

Ces germes sont des corps très petits qui peuvent se loger partout, dans les fentes du plancher ou du carrelage, sur les murs, dans les rideaux et les tapis, dans le linge et les vêtements, dans l'eau et dans les aliments, etc.

Les mesures indiquées ci-après ont pour but d'empêcher les germes de *s'accumuler* et de les détruire partout où ils peuvent se rencontrer.

CHAMBRE DU MALADE. — La chambre du malade doit être tenue *très propre, bien aérée* et convenablement *chauffée*, selon la saison et selon l'ordonnance du médecin.

La chambre du malade doit renfermer aussi peu de meubles que possible, *pas de tapis* ni *de rideaux*.

Il est préférable que le lit soit au milieu de la pièce et *jamais* dans une alcôve.

Autant que possible, le malade sera placé dans *une chambre où il soit tout seul* avec la personne qui le soigne et qui doit n'avoir avec les autres personnes de la famille ou de la maison que les relations *indispensables*. L'entrée de la chambre sera particulièrement *interdite* aux autres enfants.

Il ne doit y avoir dans la chambre aucune provision de lait ou d'aliments quelconques, aucune boisson ou tisane, à moins que ce ne soit dans des récipients bien clos. Il vaut mieux même que les aliments ou boissons ne soient apportés dans la chambre du malade qu'au fur et à mesure des besoins, et ce qui n'est pas immédiatement consommé doit être, après que le malade y a touché, brûlé ou jeté dans un vase uniquement affecté à cet usage.

Il est très utile de placer auprès du malade un *bol* contenant un peu d'*eau* dans lequel il crachera. Il y a grand intérêt, en effet, à maintenir humides les crachats qui, étant secs, se répandent dans l'air sous forme de poussière et peuvent ainsi propager la maladie.

Le contenu du bol doit être jeté dans le vase spécial, *après* la visite du médecin.

Pendant toute la durée de la maladie, on tient toutes les pièces d'habitation très propres ; on les aère par l'ouverture des fenêtres pour laisser entrer l'*air* et le *soleil* le plus longtemps possible tous les jours.

NETTOYAGE DE LA CHAMBRE. — Pour nettoyer la chambre, il ne faut pas la balayer, de crainte d'agiter les poussières qui peuvent contenir des germes et transmettre la maladie aux autres personnes de la famille, de la maison ou des maisons voisines ; il faut, au contraire, soit répandre d'abord sur le sol de la chambre de la sciure de bois humide, soit l'essuyer avec un linge légèrement humide. On doit ensuite laisser séjourner pendant une heure dans l'eau bouillante et rincer ce linge, puis *brûler* les *balayures* dans le foyer. S'il n'y a pas de feu allumé, ces balayures seront mises dans le vase spécial, dont il a été parlé au paragraphe précédent.

DÉSINFECTION DES EFFETS, VÊTEMENTS, DRAPS, ETC. — Aucun des effets, linge de corps, vêtements, draps, qui ont servi au malade, ne doit être secoué par la fenêtre ; on les mettra dans une boîte, un panier ou un sac, jusqu'à ce qu'il soit procédé à leur désinfection.

Pour la désinfection des draps blancs ou de couleur, des linges et étoffes (toile, laine, coton), on les plonge dans l'*eau maintenue bouillante* à gros bouillon pendant une heure au moins, puis on les porte de suite à la *lessive*.

Ces modes de désinfection sont remplacés par l'étuve à vapeur sous pression, s'il en existe une dans la commune.

Pour désinfecter les objets de cuir et les chaussures, on les lave soigneusement avec une solution antiseptique (solution d'acide phénique à 5 grammes pour 100 grammes d'eau ou solution de sublimé à 1 gramme pour 1 000 grammes d'eau et 2 grammes de sel marin).

Ces opérations, quand elles sont faites avec soin, n'altèrent pas sensiblement les objets.

DÉSINFECTION DES DÉJECTIONS. — Aucune des déjections du malade, urine, matière fécale, crachats, vomissements, ne doit être répandue sur les fumiers ou dans les cours d'eau, ni jetée sur le sol.

Ces déjections, comme les résidus du balayage, comme l'eau du lavage à l'*eau bouillante* des effets et des vêtements, doivent être transportés dans le vase spécial qui doit être *toujours* rempli à moitié au moins d'une solution de sulfate de cuivre (50 grammes de sulfate de cuivre par litre d'eau).

Ce vase doit être vidé dans les cabinets d'aisances ou dans un trou en terre, à demi rempli de chaux vive et creusé à une grande distance des puits et cours d'eau.

Le vase est lavé, sur place même, avec la solution de sulfate de cuivre avant d'être reporté dans la chambre du malade.

PERSONNES QUI SOIGNENT LES MALADES. — Les personnes qui soignent un malade ne doivent *ni manger ni boire* dans sa chambre. Elles ne doivent jamais quitter cette chambre sans s'être *lavé* très soigneusement les mains au savon. L'eau qui aura servi au lavage des mains est versée dans le vase spécial et celui-ci est ensuite vidé dans les cabinets d'aisances.

EAU DE BOISSON. — L'eau servant à boire, à cuire les aliments et à prendre les soins de propreté pour le malade doit être bouillie. Tous les membres de la famille doivent aussi faire usage d'eau bouillie pendant le temps de la maladie ou de l'épidémie.

II. — APRÈS LA MALADIE.

DÉSINFECTION APRÈS LA MALADIE. — A la fin de la maladie, tous les objets qui garnissent la chambre du malade doivent y être laissés jusqu'après la désinfection, qui doit être faite le plus tôt possible pour tous ces objets sans exception, qu'ils aient ou non servi au malade.

Pour les *effets*, *linge* de corps, vêtements, draps, couvertures, etc., on procède à la désinfection comme il est dit plus haut.

Pour les meubles, traversins, oreillers, etc., on en découd l'enveloppe qu'on lave à l'eau bouillante comme il est dit plus haut pour les draps; le contenu (laine, crin, varech, plume, paille, etc.) est soit brûlé, soit lavé tout au moins de la même façon.

Pour désinfecter la *chambre*, on lave les murs, le plafond et surtout le sol (plancher, carrelage ou terre battue) avec une solution d'acide phénique à 5 grammes pour 100 grammes d'eau ou avec une solution de sublimé à 1 gramme pour 1 000 additionnée de 2 grammes de sel marin pour 1 litre d'eau, ou avec une solution de crésyl à 5 grammes par 1 000 grammes d'eau. Le sol est ensuite épongé et essuyé avec soin. Si les murs sont blanchis à la chaux, on devra toujours procéder à un nouveau blanchissage de la surface.

Il pourra être pris, sur l'avis du médecin, d'autres mesures de désinfection suivant les cas.

S'il existe un service spécial de désinfection dans la commune ou à proximité, il devra toujours être fait appel à ce service, qui sera seul chargé de la désinfection.

MESURES A PRENDRE PAR LE MALADE AVANT SA SORTIE. — Le médecin indique quand le malade doit être lavé et quand il doit sortir (mais la sortie ne doit jamais avoir lieu *qu'après un bain* ou *un lavage à l'eau de savon*).

Le médecin dit aussi quand l'enfant peut jouer avec ses camarades et retourner à l'école.

EXCLUSION DE L'ÉCOLE. — La rentrée en classe ne peut s'effectuer que quarante jours après le début de la maladie pour la *variole*, la *scarlatine* et la *diphtérie*, et seize jours seulement après la rougeole.

Dans l'intérêt même des enfants, l'instituteur a le devoir de renvoyer dans sa famille tout enfant chez lequel il peut craindre l'apparition d'une affection contagieuse.

Tout le monde a intérêt à prendre chez soi les précautions nécessaires pour empêcher que la maladie ne se transmette aux autres membres de la famille et aux voisins.

Tout le monde a intérêt à ce que son voisin prenne des précautions chez lui quand il a un malade atteint d'une maladie contagieuse.

La présente instruction est applicable à toutes les affections épidémiques et contagieuses des adultes (choléra, fièvre typhoïde, diphtérie [croup, angine couenneuse], scarlatine, rougeole, suette, typhus, dysenterie épidémique, phtisie).

Décret relatif à la Correspondance échangée entre l'Inspecteur d'Académie et les instituteurs primaires publics[1], d'une part, et le professeur départemental d'agriculture, d'autre part. 16 mars 1896.

16 Mars 1896.

ARTICLE 1er. — Est admise à circuler en franchise par la poste[2], sous bandes, la correspondance de service échangée, dans chaque département, entre l'Inspecteur d'Académie et les instituteurs primaires publics, d'une part, et le professeur départemental d'agriculture, d'autre part.

1. Voir les documents suivants :

Décret du 6 *mai* 1897, fixant la taxe à percevoir pour les lettres de convocation aux examens (*à sa date*);

Circulaire du 8 *juin* 1897, aux Inspecteurs d'Académie, concernant la franchise de la correspondance relative aux demandes et aux envois de cartes à demi-tarif sur les chemins de fer entre les Inspecteurs primaires et les instituteurs ou institutrices (*Bull. adm.*, 1897, t. LXI, p. 784).

— 6 *mai* 1898, aux Recteurs, relative à la franchise télégraphique (*à sa date*).

Un *décret* du 28 *avril* 1888 accorde la franchise postale, sous plis fermés, à la correspondance de service que les Inspecteurs d'Académie et les Inspecteurs primaires ont à adresser aux autorités scolaires suisses (*Bull. adm.*, 1888, t. XLIV, p. 389).

2. Les Inspecteurs d'Académie ont droit à la franchise postale avec les fonctionnaires ci-après désignés :

Recteurs, inspecteurs généraux de l'instruction publique en tournée, inspecteurs d'Académie, inspecteurs primaires, délégués cantonaux, instituteurs et institutrices primaires publics et directrices d'Écoles maternelles publiques;

Doyens et professeurs de Facultés;

Directeurs des Écoles supérieures de pharmacie et des Écoles préparatoires de médecine et de pharmacie;

Proviseurs, censeurs, économes et professeurs des Lycées, principaux et professeurs des Collèges;

Directeurs, directrices et maîtres adjoints des Écoles normales primaires;

Membres du Conseil académique et du Conseil départemental;

Chefs d'établissements d'enseignement secondaire libre;

25 mars 1896.

Circulaire du Ministre de l'Instruction publique, relative aux Cours d'adultes et d'adolescents.

25 Mars 1896.

Monsieur le Préfet, le moment est venu de se rendre compte du mouvement national qui s'est produit en faveur des cours d'adultes et d'adolescents. J'ai invité MM. les Inspecteurs d'Académie à me fournir toutes les indications de statistique qui permettront d'apprécier en détail le fonctionnement de ces cours.

Il m'a semblé utile en même temps de chercher à réunir un autre ordre de renseignements que l'Administration n'est pas à même de se procurer et qui a son importance. Je serais désireux de savoir quel accueil a été fait par les populations aux cours d'adultes et aux conférences populaires, quels sacrifices ont été consentis par les Conseils municipaux à titre d'encouragement, enfin quelles sont, suivant les probabilités, les mesures qui seront prises pour assurer le maintien et le développement, pendant l'année prochaine, de ces cours et de ces conférences.

J'ai cru devoir demander directement aux maires ces divers renseignements avec leurs appréciations personnelles sur la marche et sur les résultats du nouvel enseignement. Cette demande fait l'objet de la lettre ci-jointe que je vous prie de vouloir bien faire parvenir à tous les maires de votre département.

Il ne vous échappera pas, Monsieur le Préfet, que si l'État fait appel à l'initiative locale, c'est en raison de la nature même de ces classes ouvertes non plus aux enfants, mais à la jeunesse. Il ne s'agit plus d'un programme scolaire uniforme ; il s'agit de leçons dont le premier mérite sera leur adaptation exacte aux besoins variés des auditoires. Ce n'est donc plus une œuvre à laquelle l'État puisse imprimer une direction unique et dont il ait à prendre la responsabilité. Son rôle ne pourra, ne devra être que d'encourager les bonnes volontés individuelles, de provoquer, de seconder l'initiative des maîtres et celle des particuliers, de venir en aide, par des conseils et des récompenses, à tous les collaborateurs bénévoles de cet enseignement populaire.

Mais, ne fût-ce que pour proportionner ces récompenses et ces encouragements aux mérites et aux efforts de chacun, il est désirable que l'on puisse mettre sous les yeux du Parlement une sorte de tableau d'ensemble mettant en évidence les régions et les communes qui auront acquis des titres particuliers à la bienveillance des pouvoirs publics.

Je vous serai donc obligé de faire un relevé des réponses qui vous parvien-

Présidents des Commissions d'examens pour le brevet de capacité;
Présidents des Commissions de surveillance des Écoles normales primaires;
Préfets, sous-préfets et maires;
Archevêques, évêques, grands vicaires capitulaires, curés, desservants, succursalistes;
Délégués des Consistoires israélites, pasteurs des Églises réformées;
Premiers présidents des Cours d'appel, procureurs généraux, procureurs de la République, juges de paix;
Receveurs généraux des finances;
Directeurs des contributions directes. (Extrait du *Manuel des franchises*, p. 190.)

dront et de me signaler non seulement les résultats généraux, mais les points de détail qui vous paraîtraient mériter une mention particulière.

Je vous demanderai ce compte rendu général pour la fin du mois de mai au plus tard.

Recevez, etc.

Signé : E. Combes.

Lettre du Ministre de l'Instruction publique, relative aux Cours d'adultes. 25 mars 1896.

25 Mars 1896.

Monsieur le Maire, les cours d'adultes et d'adolescents ouverts au début de l'année scolaire 1895-1896 sont sur le point de prendre fin. D'après les renseignements généraux qui m'ont été transmis et dont le *Bulletin* du Ministère a publié des extraits chaque semaine, j'ai pu constater les efforts accomplis de tous côtés pour continuer et compléter l'éducation des jeunes gens dans les années qui s'écoulent entre l'école et le régiment.

Je désire connaître les résultats que le concours d'un si grand nombre de personnes dévouées à l'enseignement a obtenus. J'ai pensé que nul ne me renseignerait avec plus de compétence que vous, Monsieur le Maire, sur une œuvre essentiellement communale qui ne peut prospérer et vivre que par le bon vouloir des populations.

Le mouvement qui s'est manifesté avec tant de spontanéité présente ce caractère particulier d'être essentiellement dû à l'initiative individuelle. C'est son grand mérite et c'est sa force. Les organisateurs des cours et des conférences populaires ne se sont pas inquiétés de savoir si l'État pourrait ou non leur venir en aide. Comptant sur leurs propres ressources, ils se sont mis à l'œuvre. Chacun a sa part dans le succès. Inspecteurs et directeurs d'établissements, professeurs et instituteurs se sont imposé volontairement un surcroît de travail, ils ont prélevé sur leurs heures de loisir le temps nécessaire pour aider à la formation de ces cours. Les autorités scolaires et municipales ont secondé les maîtres avec dévouement. Les départements, les communes et les particuliers se sont associés pour subvenir à toutes les dépenses.

Le rôle de l'État, en effet, ne peut plus être pour ce nouveau genre d'enseignement ce qu'il a été pour l'École primaire obligatoire. Quand il s'est agi de donner le minimum d'instruction aux enfants d'âge scolaire, le Gouvernement n'a pas hésité à demander au Parlement les plus grands sacrifices pour multiplier les Écoles, pour relever les traitements du personnel et pour faire supporter en totalité par l'État une dépense qui incombe à l'État, comme celles de tous les services publics. C'est l'honneur de la République d'avoir constitué aussi fortement qu'il l'est aujourd'hui l'enseignement primaire en France. Mais il n'est pas possible d'aller au delà. On ne saurait établir un nouveau cycle d'enseignement d'État sous la forme de cours d'adultes. Autant l'enseignement de l'École doit, pour prospérer, être soumis à une organisation légale et suivre des programmes nettement définis, autant les cours d'adultes ont besoin, si l'on veut qu'ils soient fructueux, de garder toute leur souplesse et de rester susceptibles d'une grande variété : une réglementation uniforme ne pourrait que leur nuire.

L'enseignement diffère de commune à commune suivant les besoins des auditeurs. Ici sont organisées des conférences avec projections lumineuses, là des cours sur des matières diverses se rapportant à l'agriculture, au commerce ou à l'industrie. Ailleurs, ce sont des séries de leçons qui se rapprochent de l'enseignement ordinaire de l'École. En cette matière, le régime de la pleine et entière liberté est le seul qui soit applicable.

Je vous saurai gré, Monsieur le Maire, de me faire savoir quel accueil la population de votre commune a fait à l'institution des nouveaux cours d'adultes. Il n'entre pas dans ma pensée de vous demander une série de chiffres formant des tableaux de statistique qu'il appartient à l'Administration de dresser et que MM. les Inspecteurs d'Académie ont été invités à me faire parvenir. Les renseignements que je vous prie de me donner sont d'un autre ordre. Je voudrais connaître par vous comment les habitants de votre commune apprécient l'œuvre des cours d'adultes, s'ils en ont reconnu l'utilité, s'ils en ont favorisé le développement, si l'essai a réussi et s'il doit, d'après vos prévisions, se poursuivre l'année prochaine.

Vous voudrez bien traduire vos impressions à cet égard dans une lettre adressée à M. le Préfet, qui me rendra compte des réponses qu'il aura reçues.

Je me propose de soumettre au Parlement les résultats qui se dégageront de cette consultation, afin de lui permettre d'apprécier l'étendue du mouvement national qui s'est produit; informées de l'accueil fait aux cours d'adultes dans tout le pays, les Chambres seront d'autant plus disposées à examiner sous quelle forme et dans quelle mesure l'État pourra, devra même intervenir, non pour se substituer à l'action communale et à l'initiative privée, mais pour les encourager dans une œuvre si digne de la sollicitude des pouvoirs publics.

Recevez, etc.

Signé : E. COMBES.

---

25 mars 1896. **Rapport sommaire fait au nom de la 19e Commission d'initiative parlementaire[1], chargée d'examiner la proposition de loi de M. Malzac sur la Responsabilité civile des membres de l'enseignement public, par M. Malzac, député.**

Séance du 25 Mars 1896.

Messieurs, l'article 1384 du Code civil, qui établit la responsabilité civile des membres de l'enseignement public, est ainsi conçu :

« On est responsable non seulement du dommage que l'on cause par son propre fait, mais encore de celui qui est causé par le fait des personnes dont on doit répondre ou des choses que l'on a sous sa garde.

« Le père, et la mère, après le décès du mari, sont responsables du dommage causé par leurs enfants mineurs habitant avec eux ;

1. Cette Commission était composée de MM. DE SAINT-MARTIN, *Président*; HAYEZ, *Secrétaire;* LE COUPANEC, PHILIPON, Albert LEMOIGNE (Manche), LE HÉRISSÉ, lieutenant-colonel DU HALGOUET, VIVAL, Camille VIOX, FIQUET, ADAM, OUVRÉ, Jules DESJARDINS, RUBILLARD, ESCANYÉ, Henry MARET, BRUNET, GERVILLE-RÉACHE, PONTALIÉ, ODILON-BARROT, DE WIGNACOURT, MALZAC.
Voir, page 704, la proposition de M. MALZAC, 13 *mars* 1896.

« Les maîtres et les commettants, du dommage causé par leurs domestiques et préposés, dans les fonctions auxquelles ils les ont employés ;

« Les instituteurs et les artisans, du dommage causé par leurs élèves et apprentis pendant le temps qu'ils sont sous leur surveillance.

« La responsabilité ci-dessus a lieu, à moins que les père et mère, instituteurs et artisans ne prouvent qu'ils n'ont pu empêcher le fait qui donne lieu à cette responsabilité. »

La proposition de loi déposée par M. Malzac laisse intact le principe établi dans cet article et tend uniquement à apporter à son application des tempéraments que l'expérience justifie et que les intéressés sollicitent à juste titre.

I.

La proposition de loi précise l'étendue de la responsabilité de l'instituteur.

En effet, d'après le texte même de l'article, cette responsabilité est limitée *au temps pendant lequel l'élève est sous la surveillance de l'instituteur.*

Il semblerait que les règlements sur la discipline intérieure des établissements scolaires auraient suffi à déterminer ce temps de surveillance.

En réalité, ces règlements ne lient pas les tribunaux, auxquels la jurisprudence accorde une liberté absolue d'appréciation, de telle sorte que l'instituteur peut s'être conformé exactement aux règlements et n'en encourir pas moins, le cas échéant, une action en responsabilité et même une condamnation.

La proposition de loi donnera une valeur juridique aux arrêtés pris, dans les formes qu'elle prescrit, pour fixer la période de temps pendant laquelle l'instituteur saura qu'il est soumis à la responsabilité de l'article 1384. En dehors de cette période, l'accident ou le dommage survenu n'engagera que la responsabilité du père de famille, et aucune action judiciaire ne pourra être exercée contre l'instituteur.

II.

La proposition de loi assurera la constatation aussi rapide que possible de l'accident ou du dommage, donnera une autorité certaine aux procès-verbaux qui en seront dressés par les fonctionnaires agissant, en vertu de la loi, comme de véritables auxiliaires de la justice, et fournira les éléments, qui manquent aujourd'hui à l'instituteur, pour administrer la preuve, prévue du reste à l'article 1384, *qu'il n'aurait pas pu empêcher l'accident ou le dommage.*

III.

La proposition de loi n'apporte aucune restriction à la responsabilité de l'instituteur ; l'exposé des motifs en considère même le maintien comme indispensable à la dignité et au rôle social de l'instituteur, dont la mission éducatrice s'accorderait mal avec une disposition légale qui lui permettrait de se décharger de toute surveillance et de se désintéresser, en quelque sorte, des enfants confiés à ses soins.

L'École est le prolongement du foyer domestique, et il faut lui laisser ce caractère.

Mais il est bien permis de mettre à la disposition de l'instituteur le moyen de se garantir contre les conséquences pécuniaires de sa responsabilité.

Ce sera profit pour lui et aussi pour les familles, qui auront une sécurité de plus pour le payement des condamnations qu'elles viendraient à obtenir.

Si la législation existante limitait le montant des condamnations, on aurait pu laisser aux instituteurs le soin de contracter avec des sociétés d'assurances; mais il n'en est pas ainsi.

D'autre part, la formation d'une société mutuelle entre les instituteurs est difficile, sinon impossible à réaliser, et il ne faudrait pas rendre le remède piro que le mal, ce qui résulterait, avec une société mutuelle à nombre restreint d'adhérents, de l'obligation d'établir des primes élevées.

La solution présentée dans la proposition de loi paraît de nature à concilier tous les intérêts.

L'État, dont on ne saurait nier que les instituteurs sont les agents, y intervient, mais moins encore que dans ses autres services et presque uniquement pour mettre à la disposition du personnel méritant et dévoué de l'enseignement public le concours de l'institution existante de la Caisse nationale d'assurances contre les accidents, et ce personnel n'est astreint à supporter qu'une cotisation minime d'un franc par an pour chacnn de ses membres, avec possibilité même de réduction. Aucun d'eux ne se plaindra certainement de pouvoir, à si peu de frais, s'assurer contre les effets de condamnations pécuniaires qui peuvent les réduire à la misère eux et leurs familles.

Quant à la crainte qu'on pourrait avoir que l'instituteur ne se relâche de sa surveillance, il suffit, pour la faire disparaître, d'observer que, s'il se décharge par sa cotisation des conséquences pécuniaires de sa responsabilité, il reste néanmoins soumis à toutes les suites disciplinaires et pénales d'un accident ou d'un dommage qui dériverait de sa faute personnelle.

Il est donc permis de dire que la proposition de loi apportera une amélioration réelle à l'état de choses actuel, sans léser les principes de notre droit, ni aucun intérêt public ou privé.

En conséquence, la Commission propose à la Chambre de la prendre en considération.

---

20 avril 1896. **Circulaire du Ministre de l'Instruction publique, relative à la Direction des Champs d'expériences agricoles.**

20 Avril 1896.

Monsieur l'Inspecteur, la mission que l'un de mes prédécesseurs avait confiée à M. Georges Ville, pour l'organisation et l'entretien des champs d'expériences agricoles, a pris fin. Mais l'œuvre poursuivie utilement par le savant qui en avait été l'initiateur ne doit pas être abandonnée. Si le Ministère de l'Instruction publique a accepté le concours qui lui fut généreusement offert, et s'il a consenti à placer sous son patronage l'entreprise à ses débuts, il semble qu'aujourd'hui il ne peut y avoir qu'avantage à remettre aux représentants du Ministère de l'Agriculture la direction des champs d'expériences. C'est à ce sujet que j'ai des instructions à vous adresser.

D'accord avec mon collègue M. le Ministre de l'Agriculture, j'ai décidé que les champs d'expériences seront désormais placés sous la direction et le contrôle du professeur départemental d'agriculture. Vous aurez donc à vous mettre en rapport avec ce fonctionnaire pour tout ce qui concerne la création, l'entretien et l'inspection des champs d'expériences. C'est désormais au professeur départemental et sous son contrôle, s'il y a lieu, aux professeurs spéciaux d'agriculture, qu'il appartient de guider les instituteurs, de répondre à leurs demandes, d'examiner en particulier dans quelles conditions on pourrait continuer à leur fournir les spécimens soit d'engrais divers, soit de plants ou de semences. S'il vous arrive directement des demandes de ce genre, vous pouvez me les adresser (sous le timbre de la Direction de l'Enseignement primaire, 2e bureau). Je les transmettrai au Ministère de l'Agriculture, qui a accepté d'y donner suite dans la mesure des disponibilités budgétaires.

Ces nouvelles dispositions ne peuvent qu'être profitables au développement des champs d'expériences. Elles permettront, en outre, au professeur départemental de se rendre compte d'une façon plus constante des travaux accomplis par l'instituteur, qui doit être son collaborateur pour propager les meilleures méthodes de culture dans les campagnes.

Je vous prie de m'accuser réception de la présente circulaire.

Recevez, etc.

Signé : E. COMBES.

Circulaire du Ministre de l'Instruction publique, relative à l'application du demi-tarif aux instituteurs et institutrices voyageant sur les lignes de chemins de fer [1]. 5 mai 1896.

5 Mai 1896.

Monsieur le Préfet, le mode d'emploi des billets à demi-tarif délivrés aux instituteurs et aux institutrices sur les chemins de fer a donné lieu à de fréquentes réclamations tant de la part des compagnies que du personnel des Écoles primaires publiques [2].

1. Consulter les documents suivants :
Circulaire du 26 *novembre* 1887, aux Inspecteurs d'Académie, relative au voyage à demi-tarif des instituteurs des colonies (*Circ.*, t. X, p. 221);
— 1er *octobre* 1888, aux Inspecteurs d'Académie, relative aux réclamations adressées au sujet des cartes à demi-tarif (*Ibid.*, p. 355);
— 1er *août* 1895, aux Inspecteurs d'Académie, relative aux voyages à demi-tarif des instituteurs publics (*Bull. adm.*, 1895, t. LVIII, p. 106);
— 4 *août* 1896, aux Inspecteurs d'Académie, relative au sursis pour l'application des nouvelles dispositions concernant les voyages à demi-tarif (*à sa date*);
— 12 *avril* 1897, aux Inspecteurs d'Académie, relative aux cartes permanentes de circulation délivrées par la direction des chemins de fer de l'État aux instituteurs et aux institutrices (*à sa date*);
— 8 *juin* 1897, aux Inspecteurs d'Académie, relative à la correspondance concernant les cartes à demi-tarif sur les chemins de fer (*Bull. adm.*, 1897, t. LXI, p. 784);
— 19 *juin* 1897, aux Inspecteurs d'Académie, relative aux formules des demandes de billets à demi-place présentées par les instituteurs aux gares de chemins de fer (*à sa date*);
— 25 *janvier* 1898, aux Inspecteurs d'Académie, relative aux voyages à demi-tarif (*à sa date*);
Arrêté du 3 *juin* 1898, relatif aux frais de passage en Algérie des fonctionnaires du Ministère de l'Instruction publique (*à sa date*).

2. « Les seules personnes autorisées à voyager avec des bons de réduction sont les instituteurs et institutrices primaires en exercice et les élèves-maîtres ou élèves-maîtresses chargés de classe à l'École annexe au moment des vacances. Pour ces der-

Par l'entremise de mon collègue M. le Ministre des Travaux publics, j'ai demandé aux compagnies de faire connaître les modifications qui, d'après elles, pourraient être apportées au régime actuel.

Les pourparlers engagés ont abouti à l'adoption des mesures suivantes :

Sur le réseau des chemins de fer de l'État, les instituteurs et institutrices pourront se faire délivrer une *carte d'identité* donnant droit à la délivrance de billets avec réduction de 50 pour 100 sur le prix des billets simples. Cette carte, rigoureusement personnelle, est valable pour une année, contient la photographie du titulaire, sa signature, la signature du fonctionnaire délégué du Ministère de l'Instruction publique, c'est-à-dire de l'Inspecteur d'Académie ou de l'Inspecteur de l'enseignement primaire, enfin celle du fonctionnaire délégué des chemins de fer de l'État; les conditions à remplir sont indiquées sur la carte même. Je n'ai aucune observation à formuler à cet égard.

Malgré l'insistance que mon collègue et moi avons mise pour essayer de l'obtenir, la même faveur n'a pu être consentie, du moins quant à présent, sur les autres réseaux. *La demande de billets à demi-tarif* continuera donc à être exigée. Mais différentes modifications de détail ont été apportées, qui, sans augmenter le travail d'écriture imposé au service académique, permettront de faciliter l'usage de ce permis de circulation tout en assurant un contrôle plus efficace des voyages effectués.

Les demandes pourvues d'un numéro d'ordre sont détachées d'un carnet auquel la souche reste adhérente. Elles sont remplies et signées par l'Inspecteur d'Académie ou l'Inspecteur de l'enseignement primaire et marquées du sceau de l'Inspecteur. Chaque demande contient, à l'extrémité droite de la feuille, *sept coupons* portant chacun la mention de la gare de départ et de la gare d'arrivée. A chaque voyage, il est détaché un de ces coupons par le receveur à la gare au moment de la délivrance du billet carton. L'instituteur qui veut s'arrêter plusieurs fois dans le parcours n'a qu'à faire mentionner sur ces coupons les trajets partiels qu'il a l'intention de faire. C'est en somme une application du système en vigueur pour les billets destinés aux voyages circulaires,

niers, un roulement doit être établi afin de leur permettre de jouir à tour de rôle de la faveur en question. Les cartes à demi-tarif doivent toujours être datées de la main même de l'Inspecteur signataire, lequel ne peut les délivrer sans en avoir fait remplir les blancs. » (*Avis, Bull. adm.*, 1890, t. XLVII, p. 461.)

« Monsieur l'Inspecteur, sur ma proposition et après entente avec son collègue au département des Travaux publics, M. le Ministre a décidé « qu'il y avait lieu d'ad- « mettre aux cartes à demi-tarif pour la circulation sur les chemins de fer : 1° les « instituteurs et institutrices titulaires des Écoles élémentaires détachés dans les « Lycées de garçons en vertu de l'article 1er du décret du 31 octobre 1892; 2° les « fonctionnaires antérieurement en exercice dans les classes primaires des Lycées « de garçons et qui ont été classés conformément aux dispositions des articles 4 et 5 « du décret précité ». (*Circulaire du Vice-Recteur de Paris aux Inspecteurs*, 11 *juillet* 1893.)

« Les cartes à demi-tarif pour les chemins de fer doivent être signées et datées par l'Inspecteur d'Académie. L'inobservation de cette prescription a donné lieu à des réclamations de la part des Compagnies de chemins de fer, qui se trouvent en droit de retirer les billets à demi-tarif délivrés par l'autorité académique sans avoir accompli les formalités exigées. » (*Avis, Bull. adm.*, 1893, t. LIV, p. 98.)

Un avis ultérieur porte que « les instituteurs et institutrices, nantis de l'autorisation régulière, seront admis désormais à voyager dans les voitures de 2e et de 3e classes des trains express, à la condition d'avoir à effectuer sur le réseau de l'État un parcours d'au moins 100 kilomètres ».

J'ajoute que ces demandes peuvent être employées également sur le réseau de l'État. Elles le seront forcément toutes les fois que l'intéressé voudra passer du réseau de l'État sur les autres réseaux.

J'ai fait établir un modèle de carnets et de cartes d'identité que je vous envoie, avec recommandation d'en faire dès maintenant confectionner d'autres en quantité suffisante pour n'être pas pris au dépourvu. Car mon département n'a pas à se charger de cette fourniture, non plus que de la dépense qu'elle occasionnera.

Ainsi que le prescrivait la circulaire du 15 juillet 1885, les carnets d'où la carte de voyage est détachée doivent être préalablement revêtus du timbre de la compagnie à laquelle appartient la principale gare desservant le chef-lieu du département. L'Inspecteur d'Académie aura donc à les envoyer en temps utile, par l'intermédiaire du chef de gare, à la compagnie, qui les lui renverra timbrés.

Sur les carnets que je vous envoie, je n'ai pu faire imprimer le nom du département. Cette indication sera, pour cette fois, remplie à la main. Vous la ferez imprimer à l'avenir.

Je vous rappelle que les instituteurs et institutrices primaires publics voyageant avec les permis de demi-place doivent être munis de leur photographie pourvue du visa de l'Inspecteur et de la signature du porteur.

Vous voudrez bien prendre les mesures nécessaires pour que le nouveau régime soit mis en vigueur immédiatement.

Toutefois il a été décidé, après entente avec mon collègue M. le Ministre des Travaux publics, que celles des Inspections académiques qui auraient encore un stock de formules de demandes actuellement en usage pourraient les utiliser jusqu'au 15 juillet prochain.

Recevez, etc.

Signé : A. RAMBAUD.

Arrêté relatif à l'Annuaire de l'enseignement primaire élémentaire[1].

15 mai 1896.

15 Mai 1896.

Le Ministre de l'Instruction publique, des Beaux-Arts et des Cultes,

Vu l'article 7 du décret du 17 juillet 1895 portant règlement d'administration publique sur les règles et conditions d'avancement non prévues à l'article 24 de la loi du 19 juillet 1889 modifiée par la loi du 25 juillet 1893,

Arrête :

ARTICLE 1er. — La liste générale d'ancienneté des instituteurs et institutrices titulaires publics sera publiée, chaque année, par les

1. Voir ci-après, p. 723, la circulaire de même date.

soins du Ministère de l'Instruction publique, sous le titre d'*Annuaire de l'Enseignement primaire élémentaire.*

ART. 2. — Cet Annuaire comprendra : 1° les maîtres et maîtresses titulaires des Écoles primaires élémentaires et maternelles ; ceux qui sont délégués dans les Écoles annexes des Écoles normales et des Écoles professionnelles, les maîtresses des Écoles facultatives de filles et maternelles qui sont autorisées à verser les retenues à la caisse des pensions civiles ; en un mot, tous les maîtres et maîtresses qui font régulièrement partie des cadres du personnel de l'enseignement primaire élémentaire ; 2° les maîtres et maîtresses détachés dans les classes primaires des Lycées, les instituteurs adjoints et institutrices adjointes délégués provisoirement dans les Écoles primaires supérieures, et, en général, tous les maîtres et maîtresses appartenant à un service d'enseignement autre que celui dans lequel ils exerçaient précédemment leurs fonctions et qui continuent à figurer dans leur cadre d'origine en y conservant leurs droits à l'avancement.

Une distinction sera faite entre les deux catégories de personnel.

ART. 3. — L'Annuaire sera divisé en deux parties comprenant : l'une, les *instituteurs*, l'autre, les *institutrices*, et, dans chaque groupe, les maîtres et maîtresses seront répartis par classe, d'après l'ordre de leur ancienneté dans la classe.

En cas d'égalité d'ancienneté dans la même classe, le rang sera déterminé par la durée totale des services dans l'enseignement public, y compris le temps passé à l'École normale, à partir de dix-huit ans pour les instituteurs, à partir de dix-sept ans pour les institutrices. En cas d'égalité dans la durée totale des services, le rang sera déterminé par l'âge.

Un signe particulier fera connaître les instituteurs et institutrices promus au choix.

ART. 4. — Un exemplaire de l'Annuaire sera adressé, dans chaque département, aux fonctionnaires désignés ci-après :

M. le Préfet,

M. l'Inspecteur d'Académie,

MM. les Inspecteurs primaires.

Cet Annuaire sera mis, au moins deux jours par semaine, à la disposition des instituteurs et institutrices, au siège de l'Inspection académique et de l'Inspection primaire.

Mille exemplaires de l'Annuaire seront mis en vente au prix de 4 francs.

Circulaire du Ministre de l'Instruction publique, relative à l'Annuaire de l'enseignement primaire élémentaire. 15 mai 1896.

15 Mai 1896.

Monsieur l'Inspecteur, le règlement d'administration publique du 17 juillet 1895, qui a déterminé les règles et conditions d'avancement des maîtres de l'enseignement primaire élémentaire, porte, en son article 7, que la liste d'ancienneté des instituteurs et institutrices titulaires ainsi que l'état des promotions et des titularisations annuelles seront publiés dans les formes à déterminer par un arrêté ministériel.

Vous trouverez ci-après copie de cet arrêté.

La publication dont il s'agit sera faite, chaque année, par les soins de mon Administration, aussitôt après que les promotions auront été attribuées et paraîtra sous le titre d'*Annuaire de l'Enseignement primaire élémentaire.*

Selon les prescriptions de l'article 4 de l'arrêté, un exemplaire vous sera adressé ainsi qu'à M. le Préfet et à MM. les Inspecteurs primaires de votre département. Il devra être mis, au moins deux jours par semaine, à la disposition des instituteurs et institutrices, au siège de l'Inspection académique et au siège de chacune des Inspections primaires.

L'Annuaire comprendra deux grandes catégories : la *première* contenant tous les maîtres et maîtresses *titulaires* des Écoles primaires élémentaires et maternelles, ceux des Écoles annexes, des Écoles normales et Écoles professionnelles, et enfin les maîtresses qui, exerçant dans les Écoles facultatives de filles (communes de moins de 401 habitants) et les Écoles maternelles (communes de moins de 2 001 habitants), sont autorisées, en vertu de l'article 30 de la loi de finances du 26 décembre 1890, à continuer à verser les retenues à la caisse des pensions civiles ; en un mot, *tous les maîtres et maîtresses qui font régulièrement partie des cadres du personnel de l'enseignement primaire élémentaire.* La *deuxième* catégorie contiendra les maîtres et maîtresses détachés dans les classes primaires des Lycées, les instituteurs adjoints et les institutrices adjointes délégués provisoirement dans les Écoles primaires supérieures, et en général *tous les maîtres et maîtresses appartenant à un service d'enseignement autre que celui dans lequel ils exerçaient précédemment leurs fonctions et qui continuent à figurer dans leur cadre d'origine en y conservant leurs droits à l'avancement.*

J'ai fait établir des fiches destinées à recevoir, pour chaque instituteur et institutrice, les renseignements qui devront figurer sur l'Annuaire. Vous recevrez, par le courrier de ce jour, celles qui sont nécessaires pour votre département. Je vous serai obligé de les faire remplir en tenant compte des indications ci-après :

Les fonctionnaires de la *première catégorie* seront inscrits sur les fiches couleur *bulle* pour les instituteurs, *verte* pour les institutrices ; les fonctionnaires de la *seconde catégorie* seront inscrits, maîtres et maîtresses indistinctement, sur les fiches de couleur *rose.*

Les fiches devront être remplies, comme vous vous en rendrez compte par les deux modèles que je vous envoie ci-inclus, de la manière suivante :

La première ligne contiendra simplement, mais écrit très lisiblement, le *nom* de famille du fonctionnaire ; quand il s'agira d'une institutrice mariée, le nom sera suivi de l'indication *née une telle.*

Pour les maîtres et maîtresses directeurs ou directrices d'École, on fera suivre le nom de la lettre majuscule D, mais, naturellement, pour ceux-là seuls qui ont droit au titre de directeur ou directrice en vertu des prescriptions du dernier paragraphe de l'article 23 de la loi du 30 octobre 1886, c'est-à-dire pour les *titulaires chargés de la direction d'une École contenant plus de deux classes.*

Enfin, si le maître ou la maîtresse est congréganiste, on ajoutera aux indications qui précèdent, et toujours sur la première ligne, l'abréviation Cte. Il n'y a rien à ajouter pour les instituteurs et institutrices laïques.

Sur la seconde ligne, on portera le prénom *usuel*, à l'exclusion de tout autre, et, à la suite, la date de la naissance, sans indication de commune ni de département.

En indiquant, à la troisième ligne, la résidence du fonctionnaire *au 1er mai* 1896, ne pas oublier d'indiquer le *département.*

Les indications relatives à la scolarité et aux titres de capacité des maîtres et maîtresses ne donnent lieu à aucune difficulté. Pour ceux qui ont été élèves à l'École normale, on donnera le *nom* de l'École ; pour les autres, ce nom sera remplacé par des guillemets. Pour la nomenclature des titres de capacité, on se servira des abréviations : B. E., brevet élémentaire; B. S., brevet supérieur; C. A. P., certificat d'aptitude pédagogique ; Pr. L., Pr. Sc., certificat d'aptitude au professorat des Écoles normales, ordre des lettres, — ordre des sciences ; B^t L., B^t Sc., B^t M., baccalauréat ès lettres, ès sciences ou moderne.

J'arrive à la partie la plus délicate du travail qui vous est demandé, à celle qui est relative à la constatation de la classe et de l'ancienneté des maîtres et maîtresses. Il importe que les renseignements donnés à ce sujet soient de la plus grande exactitude, puisqu'ils doivent fixer officiellement l'ancienneté des maîtres, et que c'est d'après eux que chacun pourra connaître quels sont ses droits à l'avancement.

Je dois signaler, tout d'abord, qu'une erreur s'est glissée, à l'imprimerie, dans l'indication du premier titre de cette partie de la fiche. La première colonne porte : tableau d'ancienneté au 31 décembre ; c'est : tableau d'ancienneté *au 1er janvier*, qu'il faut lire. J'ai fait rectifier cette date à l'encre rouge sur le modèle que je vous envoie; vous aurez, de votre côté, avant toute chose, à faire opérer la même rectification sur toutes les fiches de votre département.

Il s'ensuit qu'aucun chiffre ne devra être inscrit sur la ligne relative à l'année 1895; les sept colonnes qui suivent cette date seront remplies par des guillemets.

Pour l'année 1896, vous voudrez bien tenir compte des observations suivantes :

La première colonne (classe) contiendra le numéro de la classe à laquelle le maître ou la maîtresse appartient au *1er janvier* 1896 (1re, 2e, 3e, 4e et 5e) en tenant compte des promotions qui viennent d'être faites et dont l'effet remonte à cette date. Ce numéro sera suivi de la lettre C, si le fonctionnaire a été promu à cette classe au choix.

Pour les instituteurs et institutrices de première classe, devront être considérés comme ayant été promus au choix ceux-là seuls qui ont bénéficié d'une promotion en 1895 ou en 1896, tous les autres appartenant à cette classe en vertu de l'ancienneté de leurs services.

L'ancienneté dans cette classe devra être établie dans les trois colonnes suivantes comprenant les indications : ans, mois, jours. Le plus souvent, la première de ces colonnes sera seule remplie, toutes les promotions devant, aux termes de l'article 50 de la loi du 19 juillet 1889, avoir leur effet du 1er janvier. Il arrivera néanmoins que les deux autres colonnes devront recevoir des indications de mois et de jours, par exemple lorsqu'il s'agira de maîtres et maîtresses qui sont passés d'un autre ordre d'enseignement dans l'enseignement primaire et qui ont été rangés dans telle ou telle classe à une date déterminée par décisions ministérielles.

L'ancienneté dans la classe pour les fonctionnaires des 1re, 2e, 3e et 4e classes ne peut actuellement être supérieure à 7 ans, l'article 49 de la loi du 19 juillet 1889 édictant que « le nouveau classement des instituteurs et institutrices aura son effet à dater du 1er janvier 1889 ».

Les maîtres et maîtresses qui se trouvent encore dans la classe dans laquelle ils ont été rangés en 1890, lors du premier classement, doivent donc être considérés comme ayant dans cette classe, au 1er janvier 1896, une ancienneté de sept années, défalcation faite, toutefois, des interruptions de services autres que les congés pour cause de maladie.

Pour les autres, leur ancienneté date du jour où ils ont été promus de classe, en exécution d'un des arrêtés qui ont été pris, chaque année, depuis 1890.

Quant à l'ancienneté de classe des maîtres et maîtresses de la 5e classe, je ne puis mieux faire que de vous rappeler les termes de la circulaire du 6 septembre 1895, où il est dit :

« En ce qui concerne les maîtres actuellement en 5e classe, leur ancienneté ne doit pas, d'après les termes du nouveau règlement, remonter seulement au jour où ils ont été rattachés à cette classe, mais au jour même où leur titularisation a été prononcée par le Préfet, qu'ils aient été rangés, en 1890, dans la 5e classe des titulaires ou, conformément à l'ancien article 36, dans la 6e classe provisoire. Dès lors, cette ancienneté peut être antérieure au 1er janvier 1889, si ces maîtres appartenaient, au moment du premier classement, à l'ancienne 4e classe des titulaires de la loi de 1875, ou si, étant adjoints, ils avaient été titularisés à la suite de la promulgation de la loi du 30 octobre 1886, par application de l'article 27 de cette loi.

« Ce sont là, toutefois, les deux seuls cas où l'ancienneté de classe peut être reculée. Elle date du jour de la dernière promotion pour les maîtres qui ont été élevés de classe à la suite des diverses lois de finances qui ont mis les crédits nécessaires à ma disposition, et, d'après les prescriptions de l'article 49 de la loi du 19 juillet, elle date du 1er janvier 1889 pour ceux qui sont encore dans la classe où ils avaient été rangés tout d'abord.

« Dans ces derniers figurent les instituteurs et institutrices de 5e classe, titularisés par application du dernier paragraphe de l'ancien article 34. Des instructions antérieures indiquaient, comme date à la titularisation de ces maîtres, que la loi dispensait du certificat d'aptitude pédagogique sous réserve de la défalcation de cinq années comptées comme stage, le jour où avait commencé leur sixième année de service, et ainsi cette date pouvait être reportée à deux, trois, quatre ans et plus avant 1889. C'est là, à mon avis, une erreur qu'il convient de réparer. Contrairement à ce qui s'est produit pour les maîtres de la même classe dont il est plus haut question, qui ont pu être titularisés en vertu des lois antérieures, ces instituteurs n'ont obtenu la titularisation que de la loi de 1889, et, par suite, l'effet de cette titularisation ne saurait précéder l'effet de la loi elle-même. »

C'est en vous inspirant de ces principes généraux que vous devrez calculer pour chaque maître l'ancienneté dans la classe à laquelle il appartient.

Ce travail nouveau sera, d'ailleurs, pour vous surtout, un travail de revision, puisque vous m'avez déjà fait parvenir, lors des promotions dernières, des listes d'ancienneté établies conformément aux indications qui précèdent.

Les mêmes règles seront observées pour la constatation de l'ancienneté générale des services au 1er janvier 1896; cette ancienneté partira, pour chacun, du jour où il a reçu une délégation régulière de stagiaire et comprendra tous les services rendus dans un service d'enseignement, défalcation faite des interruptions autres que les congés pour cause de maladie.

Au-dessous du tableau d'ancienneté sera dressée la liste des récompenses et distinctions honorifiques obtenues par l'instituteur ou l'institutrice. Cette liste ne pourra comprendre, en dehors des médailles de bronze et d'argent, des palmes académiques et des croix qui peuvent être accordées aux maîtres par mon Administration ou d'après ses propositions, que les prix spéciaux et médailles qui leur sont attribués à titre officiel par les divers départements ministériels en vertu de règlements particuliers.

Il n'y aura aucune indication à mettre dans les cases placées au bas de la fiche, en regard du mot *page*, ces cases étant réservées pour l'établissement de la table alphabétique qui sera annexée à l'Annuaire.

Tels sont les renseignements à porter au recto de la fiche: au *verso*, vous devrez indiquer les interruptions de service, autres que les congés pour cause de maladie, qui se seront produites *entre le 1er janvier et le 1er mai* 1896. L'ancienneté de classe et de service étant, en effet, arrêtée au 1er janvier de cette année, il importe que je sois exactement renseigné sur le temps qu'il y aura lieu de retrancher, l'an prochain, des services accomplis depuis cette première date.

C'est donc la fiche elle-même qui me fournira ces indications pour les quatre premiers mois de la présente année; pour l'avenir et jusqu'à nouvel ordre, vous voudrez bien m'adresser le 1er de chaque mois et pour le mois précédent, un état établi conformément au modèle que vous trouverez ci-après et qui contiendra le *relevé mensuel du mouvement du personnel des instituteurs et institutrices titulaires*. Cet état devra constater les mutations, les mises en congé temporaire (sauf celles motivées par des raisons de santé), les rentrées en fonctions, les sorties définitives du cadre (retraites, démissions, décès), les modifications d'état civil, enfin tous les renseignements intéressant l'ancienneté et la qualité des maîtres et maîtresses de votre département. Ce relevé, s'il est bien établi, et s'il m'est adressé régulièrement, me dispensera d'une correspondance et permettra, dans la suite, d'établir l'Annuaire sans que j'aie, de nouveau, besoin de recourir à vous.

Je vous prie, Monsieur l'Inspecteur, de veiller personnellement à ce que le travail qui vous est demandé soit exécuté avec le plus grand soin.

Son importance ne vous échappera pas. Pour que vous vous rendiez un compte exact du but auquel doivent tendre la confection et la publication de cet Annuaire, je vous rappellerai ce qu'écrivait à ce sujet, en 1895, M. le Rapporteur du budget du Ministère de l'Instruction publique, dans son rapport à la Chambre des Députés :

« Les termes du règlement du 17 juillet 1895 ne garantissent peut-être pas suffisamment aux instituteurs que la part de promotion accordée par le Ministre au département dans lequel ils enseignent sera proportionnelle au nombre des ayants droit. Ils peuvent craindre, et nous savons que beaucoup craignent, en effet, que l'avancement ne soit plus rapide dans tel département que dans tel autre.

« Il faut répondre à leurs inquiétudes ; il faut leur donner la pleine persuasion que leur droit n'est point lésé ou que, s'il l'a été par mégarde, leur réclamation sera entendue.

« Le moyen le plus simple, c'est de publier, comme l'article 7 du décret invite l'Administration à le faire, la liste d'ancienneté des instituteurs et institutrices titulaires, ainsi que l'état des promotions et des titularisations nouvelles.

« C'est une mesure identique qui a été prise récemment pour le personnel de l'enseignement secondaire ; elle a calmé bien des impatiences, atténué bien des récriminations.

« Le vœu du Ministre est que, dès l'année prochaine, une publication de même sorte apporte aux maîtres de nos Écoles élémentaires la même garantie et leur permette, à eux aussi, d'exercer un contrôle individuel sur les progrès de la répartition dans les classes et sur la distribution de l'avancement. »

Il est donc de toute nécessité que les renseignements portés sur les fiches que je vous fais parvenir soient absolument exacts; il faut aussi qu'avant même la publication de l'Annuaire, les réclamations que les instituteurs pourraient avoir à formuler aient reçu leur solution, de manière que, dans la suite, les indications qui les concernent personnellement ne puissent soulever de contestation de leur part. A cet effet, la place nécessaire à la signature des intéressés a été réservée sur chaque fiche sous le titre *vu et certifié exact*. Ces fiches une fois remplies, vous voudrez donc bien envoyer à chaque maître et maîtresse celle qui lui est personnelle, et vous me les ferez parvenir lorsqu'elles auront été signées par tous les instituteurs et institutrices de votre département.

Pour me les transmettre, je vous serai obligé de suivre cette manière de procéder : le personnel sera divisé en deux grandes catégories : 1° instituteurs; 2° institutrices. Pour chaque catégorie, les fiches seront placées dans autant d'enveloppes qu'il y a de classes de titulaires, c'est-à-dire cinq ; et, dans les classes, les maîtres et maîtresses seront rangés d'après l'ordre de leur ancienneté dans cette classe ; une indication portée sur chacun des paquets de fiches ainsi formés fera connaître le numéro de la classe qu'il concerne et le nombre de fiches qu'il contient.

En terminant, je vous rappellerai encore que M. le rapporteur du budget ajoutait, dans le travail que je citais tout à l'heure, que l'impression de l'Annuaire « devait être ordonnée sans délai ». J'ai dû, cependant, avant de vous demander les renseignements qui me sont indispensables, attendre que les promotions de cette année aient été prononcées. Mais je compte sur votre zèle pour que ce nouveau travail soit terminé dans le plus bref délai possible, et je vous prie, en conséquence, de vouloir bien prendre les mesures nécessaires afin que toutes les fiches des instituteurs et institutrices titulaires parviennent au Ministère (Direction de l'Enseignement primaire, 4e bureau) avant le 15 juin, dernier délai.

Recevez, etc.

Signé : A. RAMBAUD.

Annexe à la circulaire du 15 mai 1896.

DÉPARTEMENT D

RELEVÉ

du mouvement du personnel des instituteurs et institutrices primaires pendant le mois d 189 .

Cet état devra contenir les mutations, les mises en congé temporaire, sauf celles motivées par des raisons de santé (*avec la date*), les rentrées en fonctions à l'expiration des congés (*avec la date*), les sorties définitives du cadre (retraite, démission, décès) [*avec la date*].

NOM ET PRÉNOM USUEL.	CLASSE.	PROVENANCE. Situation ou résidence antérieure.	DESTINATION. Situation ou résidence nouvelle.

Ce tableau devra être établi sur papier du format 21 × 31.

---

18 mai 1896. **Circulaire du Ministre de l'Instruction publique, relative aux Maîtresses de couture dans les Écoles mixtes.**

18 Mai 1896.

Monsieur le Préfet, le Parlement a mis à ma disposition un crédit de 300 000 fr. pour assurer, en 1896, l'exécution de l'article 50 de la loi de finances du 16 avril 1895, qui autorise mon Administration à accorder aux communes des subventions pour le payement des indemnités auxquelles peuvent prétendre les maîtresses chargées de l'enseignement de la couture dans les Écoles mixtes. La réduction opérée sur ce crédit est considérable ; elle est, en effet, de 200 000 fr. Mais les Chambres ont voulu, par cette réduction même, rappeler que la nomination des instituteurs à la tête des Écoles mixtes ne peut être faite, ainsi que le prescrit l'art. 6 de la loi du 30 octobre 1886, qu'en vertu d'une simple tolérance et à titre tout à fait transitoire.

Si cette disposition n'a pas encore été complètement suivie d'effet, la responsabilité en incombe aux municipalités, ainsi que le constate, du reste, M. Delpeuch, dans son rapport à la Chambre des Députés : « Ce sont, dit-il, les communes « qui refusent de recevoir l'institutrice que l'Administration peut et désire y

« nommer. C'est donc par leur faute que la loi du 30 octobre 1886 ne reçoit « pas son application, et elles sont mal fondées à vouloir que l'État se substitue « à elles dans le payement d'une indemnité qu'il ne tenait qu'à elles de n'avoir « point à acquitter.

« A déférer trop aisément au vœu des communes de voir des instituteurs « nommés dans les Écoles mixtes, et à les décharger des suppléments de frais « que cette préférence aurait dû entraîner pour elles, on s'expose à rendre « impossible, dans certaines régions, le recrutement des institutrices, qu'on « écarte, chaque jour davantage, des emplois que la loi du 30 octobre 1886 « avait voulu leur réserver. »

Je vous prie donc, Monsieur le Préfet, de vous concerter avec M. l'Inspecteur d'Académie pour porter remède à une situation qui ne peut que devenir onéreuse pour les communes, si les Chambres, comme elles en ont manifesté l'intention, suppriment le crédit spécial pour les maîtresses de couture.

D'autre part, vous voudrez bien m'adresser vos propositions pour la répartition, en 1896, entre les communes intéressées, du crédit dont je dispose.

Vos propositions seront établies sur des cadres conformes au modèle joint à ma circulaire du 30 mai 1895; elles seront divisées en deux parties : la première contiendra les communes qui ont demandé le remplacement, par une institutrice, de l'instituteur actuellement chargé de l'École mixte et auxquelles vous n'avez pu jusqu'ici donner satisfaction. Il me paraît naturel et équitable que l'État subventionne ces communes avant toutes autres, puisque, en acceptant une institutrice, elles ne demandaient qu'à faire l'économie de l'indemnité qui, à défaut de personnel, a dû rester à leur charge. Dans la seconde partie, seront inscrites les communes qui, bien qu'ayant préféré le maintien de l'instituteur, ne disposent pas de ressources suffisantes pour faire face à la dépense à laquelle elles ont librement consenti ; mais je ne saurais trop insister auprès de vous pour que seules les communes de cette dernière catégorie, dont la situation financière est réellement obérée, soient comprises dans vos propositions.

Dès que les renseignements que je vous demande me seront parvenus, j'examinerai dans quelle limite il me sera possible de venir en aide aux communes pour le payement des indemnités dues aux maîtresses de couture.

Je vous serai donc très obligé de me transmettre votre travail, en double exemplaire, le 30 mai courant au plus tard.

Recevez, etc. *Signé* : A. RAMBAUD.

Proposition de loi portant modification de l'article 1384 du Code civil sur la Responsabilité civile des membres de l'enseignement public, présentée par MM. Hubbard, Berteaux, Rameau, etc., députés [1]. 28 mai 1896.

Séance du 28 Mai 1896.

Exposé des motifs.

Messieurs, les instituteurs publics viennent d'adresser à la Chambre une pétition à laquelle on devrait s'empresser de donner satisfaction. Il s'agit de la

1. Voir, p. 704, la proposition de M. MALZAC, 13 *mars* 1896, et les notes en renvoi. Voir ci-après, *à sa date*, le rapport de M. SAMARY, 4 *mars* 1898.

responsabilité véritablement effrayante établie sur eux par l'article 1384 du Code civil. On sait que cet article prescrit que les instituteurs et artisans sont responsables « du dommage causé par leurs élèves ou apprentis pendant qu'ils sont sous leur surveillance ». Cette responsabilité a lieu de plein droit, en tout cas, « à moins que les instituteurs ou artisans ne prouvent qu'ils n'ont pu empêcher le fait qui donne lieu à cette responsabilité ». De sorte que si parmi les deux ou trois cents enfants qui se livrent dans une récréation aux plus violents ébats, il survient un accident par suite de la brutalité, de la méchanceté ou de la maladresse de l'un de ces enfants, l'instituteur sera responsable du dommage causé, et, pour se faire décharger, devra prouver qu'il ne pouvait l'empêcher.

Cette responsabilité se comprend pour les instituteurs privés, qui tirent profit de l'exercice de l'enseignement et peuvent choisir ou renvoyer leurs élèves ; mais évidemment le Code ne pouvait prévoir l'enseignement obligatoire et la situation nouvelle faite aux maîtres qui, sans profiter pécuniairement de l'augmentation incessante du nombre des élèves, sont obligés de les retenir dans leurs classes et ne peuvent les éliminer, quels que soient leurs graves défauts de conduite. L'instituteur n'est qu'un préposé de l'État, remplissant une fonction, et s'il doit encourir des responsabilités disciplinaires, il ne peut, en bonne justice, courir les risques d'une responsabilité civile pour le compte de l'État, à moins de fautes graves et personnelles, d'un défaut de surveillance certain. Dans ce cas, c'est le défaut de surveillance qui devrait être établi et prouvé par celui qui demandera la réparation d'un dommage. Cette modification du Code civil s'impose au nom de la justice et de l'équité la plus élémentaire.

N'a-t-on pas vu un jugement du tribunal de la Seine déclarer civilement responsable de violences exercées sur un élève le directeur de l'École de Fontenay-sous-Bois, M. Leblanc, et ce, malgré, disait le jugement, « sa vigilance habituelle, son honorabilité reconnue et l'impossibilité où il paraît s'être trouvé d'empêcher les coups portés à la victime » ? — Un autre instituteur, dans la Creuse, vient d'être pécuniairement frappé, il y a peu de temps, par une condamnation analogue, qui l'oblige à payer une forte indemnité pour un accident survenu pendant une récréation.

En présence de cette situation, les instituteurs ont formé, il est vrai, des associations départementales d'assurance pour faire face à de semblables risques. Mais supposons même que ces associations puissent fonctionner utilement, ce qui est douteux, ne serait-il pas préférable de renfermer la responsabilité des instituteurs dans des limites plus en harmonie avec leur rôle actuel et le caractère obligatoire et gratuit de l'enseignement? C'est ce que nous avons pensé, et nous déposons, pour répondre à la pétition des instituteurs, une proposition de loi ainsi conçue : « Le paragraphe 5 de l'article 1384 du Code civil est modifié de la manière suivante : « La responsabilité ci-dessus a lieu, « à moins que les père et mère ou artisans ne prouvent qu'ils n'ont pu empê- « cher le fait qui donne lieu à cette responsabilité. En ce qui concerne les « maîtres et instituteurs de l'enseignement public, la responsabilité ne sera « encourue que par la preuve de la faute ou du manque de surveillance « desdits maîtres et instituteurs, preuve faite à la charge de la partie plai- « gnante. »

De cette façon, ce ne sera plus injustement, et sans qu'il y ait aucune négligence de leur part, que les instituteurs pourront être déclarés responsables. La charge de la preuve, et de la preuve négative, la plus difficile à faire, ne pèsera plus sur eux. Ils seront toujours, selon le droit commun, responsables de leurs fautes, et, dans l'espèce, de leurs fautes professionnelles; mais ils ne subiront plus ce privilège à rebours qui les met hors la loi et les traite comme s'ils faisaient une bonne spéculation quand leurs classes débordent d'une population scolaire toujours croissante.

Nous sommes persuadés que la Chambre ne voudra pas laisser les instituteurs, dont la charge morale est déjà si lourde, sous le coup de cette épée de Damoclès toujours menaçante : une condamnation imméritée à des milliers de francs de dommages-intérêts pour le fait des actes d'autrui en dehors de toute faute personnelle.

Exposer les motifs d'une aussi juste réforme, c'est la justifier sans réplique. Une majorité sincèrement républicaine et démocratique voudra certainement gratifier les instituteurs d'un tour de faveur. Elle les délivrera, avant les grandes vacances, du cauchemar de cette responsabilité illimitée et injustement édictée par le Code napoléonien de 1804, qui ne prévoyait même pas l'Université de France fondée en 1806, ni l'enseignement national et obligatoire des lois scolaires de la République.

En conséquence, nous avons l'honneur de soumettre à la Chambre la proposition de loi suivante :

Proposition de loi.

Article unique. — Le paragraphe 5 de l'article 1384 du Code civil est modifié de la manière suivante : « La responsabilité ci-dessus a lieu, à moins que les père et mère ou artisans ne prouvent qu'ils n'ont pu empêcher le fait qui donne lieu à cette responsabilité. En ce qui concerne les maîtres et instituteurs de l'enseignement public, la responsabilité ne sera encourue que par la preuve de la faute ou du manque de surveillance desdits maîtres et instituteurs, preuve faite à la charge de la partie plaignante. »

Proposition de loi portant modification de l'article 1384 du Code civil sur la Responsabilité civile des instituteurs publics, présentée par MM. A. Lavy, Prudent-Dervillers, Henri Ricard (Côte-d'Or), Mirman, Carnaud, députés[1]. 28 mai 1896.

Séance du 28 Mai 1896.

Exposé des motifs.

Messieurs, depuis quelques années, une jurisprudence nouvelle semble se créer pour établir qu'en toute circonstance l'instituteur est responsable d'un accident survenu dans son École, et même au dehors quand il a assumé la surveillance.

C'est là une singulière extension, une déformation étrange de l'article 1384 du Code civil.

1. Voir, p. 704, la proposition de M. Malzac, 13 *mars* 1896, et les notes en renvoi.
Voir ci-après, *à sa date*, le rapport de M. Samary, 4 *mars* 1898.

Le 6 février 1804, le Tribunat entendait et il adoptait, le 8 février, un rapport de Bertrand de Greuille, dans lequel nous relevons ces passages :

« Les instituteurs remplacent les parents.....; ils doivent à ces enfants de bonnes instructions.....; enfin ils ont la faculté de renvoyer ceux de ces enfants qui leur paraissent pervers ou incorrigibles.

« Mais si les pères, mères, instituteurs, parviennent à prouver qu'ils ont été dans l'impossibilité d'empêcher le fait dont on se plaint, alors la garantie disparaît, parce que l'impossibilité bien constante équivaut à la force majeure qui ne donne ouverture à aucune action au profit de celui qui en est la victime. »

Le Tribunat donne mission à Bertrand de Greuille, Tarrible et Leroy de présenter au Corps législatif le texte qui va devenir l'article 1384. Tarrible est chargé par ses collègues de porter la parole, et voici les principaux passages du discours qu'il prononce à la séance du Corps législatif du 9 février 1804 :

« Le dommage, pour qu'il soit sujet à réparation, doit être l'effet d'une faute ou d'une imprudence de la part de quelqu'un; s'il ne peut être attribué à cette cause, il n'est plus que l'ouvrage du sort, dont chacun doit supporter les chances...

« Elle (la responsabilité) cesse à l'égard de tous s'ils prouvent qu'ils n'ont pu empêcher le fait qui y donne lieu.

« La responsabilité ne peut, en effet, atteindre ceux qui sont exempts de tout reproche ; mais cet acte de justice envers eux ne dégage pas le véritable auteur du dommage : mineur ou préposé, élève ou apprenti, il reste toujours obligé de le réparer, quelle que soit sa qualité. »

Telle fut la doctrine, telle fut la jurisprudence jusqu'à ces derniers temps. L'instituteur n'était déclaré responsable que s'il avait été imprudent, négligent, s'il n'établissait pas que sa surveillance était régulière et sérieuse.

Nombreux sont les arrêts qui limitent ainsi la responsabilité de l'instituteur. Sans remonter trop loin, nous en rappellerons quelques-uns :

Le 23 avril 1869, le tribunal de la Seine déclare que « l'accident arrivé à un élève qui, en jouant avec un camarade, est venu imprudemment traverser à la course le lieu des exercices du gymnase durant la mise en mouvement d'une escarpolette et a été atteint par celle-ci, est imputable à un fait personnel de l'enfant et ne saurait dès lors engager la responsabilité de l'instituteur qui n'aurait pu l'empêcher avec la surveillance la plus active ».

Le 17 décembre 1870, la Cour d'Aix se prononce en ces termes :

« Le chef d'un établissement d'éducation dans lequel un élève a été, pendant la récréation, blessé par la faute d'un de ses camarades, ne peut être recherché comme responsable si toutes les précautions propres à prévenir les accidents avaient été prises et s'il est établi que le préposé à la surveillance des élèves n'a pu empêcher le fait (un jet de pierre) qui a occasionné l'accident. »

Les 13 janvier et 16 février 1880, le tribunal de la Seine déclarait que « le principal d'un Collège communal est, comme l'instituteur, civilement responsable du dommage causé par ses élèves pendant qu'ils sont sous sa surveillance », mais il ajoutait que « de même que l'instituteur, il est admissible à prouver qu'il n'a pu prévenir ou empêcher le fait dommageable ».

Le 18 mai 1870, le tribunal de Marseille était allé jusqu'à dire : « Le proviseur d'un Lycée n'étant appelé à décider ni du choix, ni du nombre, ni des attributions des employés de l'établissement, ne saurait, par suite, répondre des fautes ou des défaillances de ceux-ci. »

Nous sommes aujourd'hui bien loin de pareils arrêts.

Le tribunal de Guéret a condamné récemment l'instituteur de la Souterraine à payer à l'un de ses élèves une indemnité de 2 500 francs et une rente viagère de 250 francs.

La Cour de Limoges, adoptant les motifs des juges de Guéret, s'est bornée, il y a quelques jours, à réduire la rente viagère à 200 francs.

Quelle était donc la culpabilité de l'instituteur? On avait creusé des trous dans la cour de son École pour planter des arbres. Il avait défendu aux enfants de jouer de ce côté.

Il était là, il veillait; mais, à un certain moment, pendant qu'il a le dos tourné, des enfants font tomber un de leurs camarades dans un des trous. L'enfant malingre a la jambe brisée.

M. Guillot, l'instituteur, est poursuivi et condamné.

Les deux premiers jugements que nous avons relevés ci-dessus, du tribunal de Paris et de la Cour d'Aix, pour des affaires identiques, ont prononcé autrefois en sens inverse.

Mais nous allons voir la nouvelle jurisprudence s'affirmer plus audacieusement encore, en opposition flagrante avec l'esprit de la loi.

En avril 1891, trois enfants de l'École de Fontenay-sous-Bois frappent un de leurs camarades, qui meurt bientôt après de péritonite.

Ils sont interrogés, quelques-uns de leurs camarades sont entendus; leurs dépositions sont, quant au lieu de la scène, absolument contradictoires. Le tribunal ne s'y arrête pas et dit : « Attendu que des rétractations aussi hésitantes et ne portant, du reste, que sur le lieu de la scène, et non pas sur la scène elle-même, ne sauraient être retenues en preuve ni infirmer les résultats de l'enquête... »

L'instituteur serait-il donc responsable des faits qui se produisent hors de son École, quand il a le droit de ne pas être présent?

Avec la même désinvolture le jugement poursuit : « Que, toutefois, le docteur Rit, qui, seul, a soigné l'enfant et constaté ses dires, déclare qu'il lui est impossible de dire quelle est la cause de cette péritonite. »

Et le tribunal de la Seine ne prononce pas moins que le fait incriminé a été dommageable et que l'instituteur Leblanc paiera 500 francs de dommages-intérêts.

Mais ce qu'il faut retenir surtout, c'est le dernier considérant de ce jugement si invraisemblable :

« Mais, attendu qu'aux termes de l'article 1384 du Code civil, par le seul fait que des coups volontaires ont été portés à un enfant dans l'intérieur de l'École, Leblanc, directeur, doit être responsable civilement de ce délit, quelles que soient, d'ailleurs, sa vigilance habituelle, son honorabilité reconnue et l'impossibilité où il paraît s'être trouvé d'empêcher les coups portés à la victime. »

N'avions-nous pas raison de dire que la loi est audacieusement violée par de tels jugements? Cette loi n'a-t-elle pas été votée sur les explications de Tarrible affirmant que « la responsabilité cesse à l'égard de tous, s'ils prouvent qu'ils n'ont pu empêcher le fait qui y donne lieu » et que « la responsabilité ne peut atteindre ceux qui sont exempts de tout reproche ».

On devine la très vive émotion que suscita cette décision du tribunal de la Seine. L'*Union des Instituteurs* du département et le Conseil départemental se mirent en campagne. Des visites furent faites aux Ministres de la Justice et de l'Instruction publique. Les deux Ministres firent la promesse que, dans chaque affaire nouvelle, on verserait au dossier le résultat de l'enquête administrative, les notes de l'instituteur et qu'on rappellerait aux parquets la portée exacte de l'article 1384.

Ces instructions furent données, nous avons lieu de le croire ; et cependant le tribunal de Guéret et la Cour de Limoges n'en ont pas moins persévéré dans la voie ouverte par le tribunal de la Seine.

Dans ces conditions, il nous a paru que le Parlement devait être saisi.

Il y a quelques mois, MM. Combes et Louis Ricard, alors Ministres de l'Instruction publique et de la Justice, nous promettaient de chercher la solution et de la présenter aux Chambres ; la chute du Ministère dont ils faisaient partie les a empêchés de tenir leur promesse. Mais nous estimons qu'il nous appartient d'agir, puisque le Gouvernement n'a pu aboutir depuis cinq années.

C'est à une véritable refonte de l'article 1384 que nous vous convions. Notre organisation scolaire s'est entièrement modifiée depuis quatre-vingt-dix ans, et l'instituteur ne peut aujourd'hui, sans erreur de droit et de fait, encourir la responsabilité prévue par l'article 1384.

C'est en 1804 que cet article est voté, et c'est de 1806 seulement que date l'Université.

L'instituteur de 1804 est rétribué par les élèves et reçoit des communes des subventions variables. Pour vivre, il cumule des fonctions diverses : le même local, la même table reçoivent les élèves de l'instituteur et les clients du marchand de vin. Il n'est, en réalité, qu'un commerçant, un entrepreneur d'éducation. L'État se désintéresse de lui.

A Paris, en 1804, il y a vingt Écoles publiques, environ ; aujourd'hui, on en compte plus de cinq cents.

En 1804, l'instituteur choisit et renvoie librement ses élèves.

Ainsi, il reçoit du père de famille son salaire ; il a la faculté d'éloigner de son École les élèves qui lui paraissent dangereux pour les autres ; on conçoit très bien qu'il soit civilement responsable et qu'on le considère comme légalement substitué aux familles. Et cependant, comme il n'est pas seul à travailler à l'éducation des enfants, comme rien n'est plus malaisé que de diriger les caprices et les volontés de ces petits êtres, la faculté lui est accordée de se dégager de toute responsabilité s'il peut faire la preuve que sa surveillance habituelle est rigoureuse et que le fait incriminé, suivant l'expression de Tarrible, « n'est plus que l'ouvrage du sort ».

Aujourd'hui l'instituteur est un fonctionnaire, un employé de l'État. Il reçoit de l'autorité scolaire une délégation pour enseigner ; le Préfet le nomme. L'État lui donne son salaire. Les familles ne signent aucun contrat avec lui, ne lui remettent aucune rémunération. C'est l'État qui impose aux parents l'obligation de conduire leurs enfants à l'École et de les y laisser jusqu'à la treizième année. L'instituteur n'a aucun avis à émettre sur ce point, aucun droit à exercer vis-à-vis de l'élève le plus détestable : il n'a d'autre arme que de l'éloigner de l'École pour trois jours.

Le directeur d'École subit les adjoints que l'autorité préfectorale lui donne ; bons ou médiocres, il faut qu'il les garde, et pourtant avec chacun d'entre eux il a la responsabilité de l'éducation des enfants que l'État lui confie.

Toutes nos observations s'appliquent non seulement aux Écoles primaires, mais aux Écoles supérieures, aux Collèges, aux Lycées.

Le recrutement du personnel et des élèves est le même ; la situation des maîtres, identique.

Et dans de telles conditions, la responsabilité civile, prévue à l'article 1384, pourrait être invoquée justement contre les instituteurs ?

Mais il semble d'abord que, dans les affaires récentes, le Gouvernement eût dû intervenir et, rappelant surtout la loi de 1889 qui a fait des instituteurs primaires des fonctionnaires de l'État, exiger que le Conseil d'État fût saisi de toute poursuite dirigée contre eux.

Nous croyons toutefois que si le Gouvernement n'eût pas méconnu ce devoir, le Parlement devrait encore modifier la loi.

Aujourd'hui, en équité, l'État seul est responsable civilement ; il faut que la loi le dise. Il est responsable, comme pour tous ses autres services publics.

N'est-ce pas lui qui prend les élèves aux familles, qui les impose à l'instituteur ?

Une École a été mal dirigée, mal tenue par son maître vieilli ou qu'il a fallu révoquer ; l'État oblige tel instituteur qu'il lui plaît de recueillir cette dangereuse succession. La menace de la responsabilité civile sera-t-elle suspendue sur la tête du nouveau maître pour le récompenser du zèle qu'on attend de lui et dont il fera preuve en remettant en ordre l'École dans laquelle on l'envoie ?

Un instituteur se voit adjoindre un collègue négligent. L'État le lui donne ; il ne peut s'y opposer. L'incurie de l'un se fera sentir aux heures de récréation, même quand s'exercera la vigilance de l'autre. Celui-ci sera-t-il responsable de l'accident qui se produit à l'heure de sa présence, quand il a personnellement tout fait pour l'éviter ?

Un maître a dans son École quelques enfants de nature vicieuse ou mal dirigés par les familles. Il faudrait à ces enfants un établissement spécial, avec une éducation qui répondît à leur tempérament, à leur état physique et mental.

L'État les confond avec tous leurs camarades ; l'instituteur ne les peut isoler. Et il sera responsable de l'accident qui peut se produire !

Mais un arrêt d'Agen, en date du 23 juin 1869, était plus libéral, à un moment où, pourtant, l'instituteur avait plus de liberté dans le choix de ses élèves.

Un enfant avait porté à un de ses camarades des coups qui avaient entraîné la mort. Le tribunal admettait d'abord l'instituteur à prouver qu'il n'avait pu empêcher le fait ; puis il ajoutait que la responsabilité du maître s'effaçait encore devant celle du père de famille si celui-ci avait négligé ou mal dirigé l'éducation morale de l'enfant.

Il est temps de donner à la loi en cette matière un texte qui réponde à nos mœurs, à nos institutions.

Nous le devons à la défense de nos instituteurs, ces serviteurs modestes mais inappréciables de la République. C'est assez de Leblanc, qu'une condamnation injuste entraîne dans un asile d'aliénés, de Guillot, que deux arrêts successifs de la justice réduisent à la misère. La tranquillité de nos instituteurs est troublée, leur conscience s'émeut : pris entre le devoir et l'intérêt, ils hésitent pour s'arrêter à quelque décision. Le devoir leur commande de laisser, même en classe, les élèves jouir de quelque liberté ; l'intérêt les avertit que cette liberté peut faire qu'une plume troue un œil d'écolier, ce qui engagera leur responsabilité. Le devoir leur prescrit d'exciter, aux heures de récréation, les enfants au jeu, de les accompagner dans la rue à la sortie de l'École ; l'intérêt leur rappelle que si les enfants jouent, un accident se produit vite malgré toute surveillance et qu'une condamnation est au bout ; que, la porte de l'École fermée derrière les enfants, si le maître ne les a pas accompagnés, la responsabilité n'existe plus pour lui.

L'intérêt social, l'intérêt des familles exige donc que l'instituteur ne trouve en face de lui rien qui l'arrête dans la nette perception et dans l'accomplissement de son devoir.

Mais d'autres motifs obligent le Parlement à prendre une détermination.

Les mêmes faits, suivant qu'ils sont à la charge des instituteurs publics ou des Frères des Écoles chrétiennes, donnent lieu à des condamnations ou à des acquittements.

Les ennemis de notre éducation laïque poussent les parents à entamer des poursuites. Plusieurs fois les parquets ont été saisis dans de telles conditions que les plaintes ont dû être retirées; elles affectaient le caractère d'un véritable chantage. Encore un peu de ce régime, et l'on verrait se créer des agences interlopes pour les poursuites à exercer contre les instituteurs.

Enfin, à des instituteurs qui voulaient fonder une caisse de défense judiciaire, — moyen bien insuffisant pour se protéger contre d'injustes attaques et contre une législation et une procédure rétrogrades, — l'Administration supérieure a enjoint discrètement d'abandonner cette tentative.

Pour le Parlement, l'obligation d'intervenir est donc absolument impérieuse. Dans quel sens se prononcera-t-il?

Nous lui proposons de décider que l'État seul est civilement responsable et que c'est à lui que devront s'adresser les familles, le cas échéant.

Un Comité d'hommes considérables et bien intentionnés a proposé de laisser l'instituteur responsable, mais de créer une caisse à l'aide de laquelle on payerait les frais et les dommages-intérêts quand il apparaîtrait que l'instituteur a fait son devoir.

C'est là une demi-mesure. C'est l'aveu indirect que la responsabilité réelle doit incomber à l'État; pourquoi ne pas la lui laisser et se borner à diminuer à plaisir la respectabilité de l'instituteur par de tels procès?

Craint-on que les plaintes ne deviennent trop nombreuses dès qu'il ne s'agira plus que de puiser dans le Trésor public?

Mais nous mettons la preuve à la charge des familles, et nous pouvons compter sur l'habituelle vigilance de l'Administration quand elle a à soutenir des litiges avec des particuliers.

Redoute-t-on encore que l'instituteur, déchargé de la responsabilité civile, ne s'acquitte moins scrupuleusement de son devoir de surveillance? C'est oublier que la loi du 30 octobre 1886 permet aux autorités scolaires d'aller jusqu'à la révocation du fonctionnaire qu'elle estime n'accomplir pas sa tâche en conscience.

Nous avons l'espoir, Messieurs, que tous ces motifs vous détermineront à voter notre proposition de loi et à répondre ainsi à l'attente de nos dévoués instituteurs, en même temps que vous servirez l'intérêt social.

Proposition de loi.

ARTICLE UNIQUE. — Les modifications suivantes sont introduites dans l'article 1384 du Code civil :

1° Ajouter aux 4e et 5e paragraphes de cet article, après le mot « instituteurs », le qualificatif « privés ».

2° Terminer ainsi l'article :

« Pour les Écoles publiques, l'État seul est civilement responsable. Toute personne intéressée à poursuivre réparation du dommage causé par un accident survenu à l'École devra établir, devant les tribunaux compétents, que l'accident aurait pu être évité par une surveillance plus active de la part de l'instituteur et qu'elle en éprouve un préjudice matériel. »

Décret modifiant le Décret du 24 janvier 1896, réservant un contingent spécial de Distinctions honorifiques aux instituteurs et aux institutrices publics pour l'enseignement des adultes et des adolescents[1]. 25 juillet 1896.

25 Juillet 1896.

Le Président de la République française,

Sur le rapport du Ministre de l'Instruction publique, des Beaux-Arts et des Cultes;

Vu le décret du 27 décembre 1866;

Vu le décret du 24 décembre 1885 et notamment l'article 2;

Vu le décret du 24 janvier 1896;

Le Conseil supérieur de l'Instruction publique entendu,

Décrète :

L'article 1er du décret du 24 janvier 1896 est modifié ainsi qu'il suit :

« ARTICLE 1er. — En sus du contingent annuel déterminé par le décret du 24 décembre 1885, il est accordé annuellement, *le 14 juillet*, aux instituteurs et institutrices publics qui auront dirigé avec le plus de zèle et de succès des cours d'adultes et d'adolescents :

« 60 palmes d'officier d'Académie;

« 20 palmes d'officier de l'Instruction publique. »

Arrêté relatif à la fixation des Vacances dans les Écoles primaires publiques. 27 juillet 1896.

27 Juillet 1896.

Le Ministre de l'Instruction publique, des Beaux-Arts et des Cultes,

Vu l'arrêté du 4 janvier 1894,

Arrête :

ARTICLE UNIQUE. — Pour la présente année scolaire, la durée

1. Ce décret a été abrogé par le décret du 21 *janvier* 1899 (ci-après *à sa date*).

des grandes vacances pourra être prolongée, sans excéder huit semaines, dans les Écoles où le personnel aura contribué au fonctionnement de cours réguliers d'adultes et d'adolescents.

---

27 juillet 1896. **Circulaire du Ministre de l'Instruction publique, relative à la fixation des Vacances dans les Écoles primaires publiques.**

27 Juillet 1896.

Monsieur le Préfet, un certain nombre de membres du Conseil supérieur de l'Instruction publique ont émis le vœu que la durée des grandes vacances pût être fixée à huit semaines au lieu de six, dans les Écoles où le personnel a contribué au fonctionnement de cours réguliers d'adultes et d'adolescents.

Cette prolongation serait accordée à titre de récompense pour le surcroît de travail librement consenti pendant l'année scolaire.

J'ai décidé d'accueillir le vœu qui m'a été présenté.

Vous trouverez ci-joint le texte de l'arrêté que j'ai pris à cet effet. Vous voudrez bien assurer l'exécution de ces dispositions.

Recevez, etc.

Signé : A. RAMBAUD.

---

4 août 1896. **Circulaire du Ministre de l'Instruction publique, relative au Sursis accordé pour l'application des nouvelles mesures concernant les voyages à demi-tarif sur les chemins de fer.**

4 Août 1896.

Monsieur l'Inspecteur, par la circulaire du 5 mai 1896 vous avez été autorisé à différer jusqu'au 15 juillet l'application des nouvelles dispositions relatives aux voyages à demi-tarif, sur les chemins de fer, des instituteurs publics.

Malgré ce sursis, plusieurs de vos collègues n'ont pu épuiser toutes les anciennes formules dans le délai imparti. Ils en ont demandé la prolongation. J'ai soumis leur requête aux compagnies de chemin de fer, qui ont bien voulu permettre la délivrance et l'emploi des anciennes formules jusqu'au 31 décembre de la présente année.

En portant cette décision à votre connaissance, je tiens à vous dire qu'il a été formellement entendu qu'à partir du 1er janvier 1897, les anciennes formules ne seront plus admises à aucun guichet de gare, sauf pour les voyages qui auraient été commencés antérieurement à cette date.

Je vous invite, en conséquence, à commander les carnets de demandes dont je vous ai envoyé un spécimen le 5 mai 1896 et qui ont fait l'objet d'une communication ultérieure à la date du 10 juin 1896, assez à temps pour que ces carnets puissent être timbrés par les compagnies et vous être retournés avant le 31 décembre au plus tard.

Recevez, etc.

Signé : A. RAMBAUD.

Circulaire du Ministre de l'Instruction publique, relative à l'enseignement dans les Cours et Conférences d'adultes. 11 nov. 1896

11 Novembre 1896.

Monsieur le Recteur, j'ai l'honneur de vous communiquer une circulaire que j'adresse à MM. les Préfets[1] relativement aux cours d'adultes.

L'Administration de l'Instruction publique a affirmé à diverses reprises, par les décrets des 11 janvier 1895 et 25 juillet 1896, les arrêtés et les circulaires des 10 juillet 1895, 30 janvier 1896, 25 février 1896, 25 mars 1896, 11 juin 1896, l'intérêt qu'elle attache à l'organisation et au développement des cours d'adultes. Elle n'a eu d'ailleurs qu'à se conformer aux vœux mêmes de l'opinion publique si nettement exprimés dans les congrès de Nantes et du Havre.

Depuis longtemps, de nombreuses sociétés d'initiative privée : la Ligue française de l'enseignement, la Société pour l'instruction élémentaire, les Associations polytechnique et philotechnique, l'Union française de la jeunesse, la Société nationale des conférences populaires, la Société d'enseignement professionnel du Rhône, etc..., avaient donné l'exemple et obtenu de remarquables résultats. Le Gouvernement a souvent eu occasion d'encourager leurs efforts et de montrer le prix qu'il attachait à leur concours. Mais l'action de ces sociétés, en dépit de leur bon vouloir, restait limitée. Il appartenait à l'enseignement public de donner à cette entreprise un caractère plus général.

L'œuvre scolaire de la République, si énergiquement poursuivie depuis vingt ans, grâce au concours du Parlement, serait gravement compromise si, à douze ou treize ans, au sortir de l'École élémentaire, à l'âge où l'esprit et le caractère se forment réellement et se précisent, la plupart des enfants, obligés de faire l'apprentissage d'une profession, parfois même isolés de leurs familles, se trouvaient en quelque sorte intellectuellement et moralement abandonnés. Le nombre de ceux qui peuvent fréquenter l'École primaire supérieure ou le Cours complémentaire est fatalement restreint. Le cours d'adultes, ou, comme on l'a dit justement, l'École prolongée apparaît donc comme le complément indispensable de l'École élémentaire, et les efforts de tous ceux qui s'intéressent au développement de notre enseignement et à l'avenir de notre pays doivent tendre à l'organiser d'une façon normale. Si le Gouvernement ne peut songer à demander aux Chambres de subventionner ces cours et d'accroître dans des proportions considérables les charges du budget public, il appartient à MM. les Préfets et à MM. les Inspecteurs d'Académie d'attirer sur ce point toute l'attention des autorités locales et des amis de l'enseignement public.

J'ai été profondément touché de voir avec quel généreux empressement les fonctionnaires de l'enseignement primaire ont répondu à l'appel qui leur était adressé. Le rapport de M. Édouard Petit, que mon honorable prédécesseur avait chargé d'une mission spéciale aux cours d'adultes, publié dans le *Bulletin administratif de l'Instruction publique* (n° 1219, du 4 juillet 1896), a permis de constater l'étendue et l'importance des résultats obtenus dans ce que j'appellerai volontiers cette première campagne. Aux instituteurs se sont joints, dans bien des endroits, des professeurs et des répétiteurs de nos Écoles normales, de nos Lycées, de nos Collèges, des délégués cantonaux, souvent aussi

1. Voir cette circulaire en date du même jour (*Bull. adm.*, 1896, t. LX, p. 873).

des auxiliaires qui ne se rattachaient à nous que par le sentiment de la nécessité de cet enseignement et par le vif désir d'y contribuer. Ma reconnaissance leur est acquise à tous.

Il importe, Monsieur le Recteur, que ce mouvement s'accentue encore, que les cours d'adultes, les conférences populaires, les patronages scolaires, se multiplient sur tous les points du pays. Pour atteindre ce but, votre concours me sera particulièrement précieux. Nul n'est mieux placé que vous pour encourager le zèle non seulement des Inspecteurs d'Académie, qui ont déjà prouvé combien ils étaient disposés à agir dans ce sens, mais aussi des professeurs des Universités, des professeurs et des répétiteurs des Lycées, des Collèges, des professeurs des Écoles normales et des Écoles primaires supérieures. Tous ceux qui enseignent au nom de l'État travaillent à une même œuvre et doivent se sentir étroitement unis : ils ne sauraient trouver une meilleure occasion de prouver qu'ils ont conscience de leur solidarité. J'ajouterai que les étudiants de nos Universités, qui se sont souvent préoccupés de contribuer aux œuvres d'union démocratique, pourraient montrer ici qu'ils ont à cœur de se rendre utiles à ceux à qui la vie plus dure n'a point permis de compléter leur instruction. C'est un devoir moral qu'il sera bon de leur signaler et qu'ils sauront comprendre.

D'autre part, dans les Écoles normales placées sous votre surveillance, les élèves-maîtres et les élèves-maîtresses doivent être préparés à cette tâche que les instituteurs et les institutrices en fonctions ont si vaillamment acceptée. Le cours d'adultes ne doit pas être la répétition de l'École élémentaire, le maître s'y adresse à des enfants déjà mieux formés, il peut leur parler un autre langage, faire plus souvent appel à leur raisonnement. Les directeurs et les professeurs de nos Écoles normales devront donc se préoccuper de la pédagogie du cours d'adultes, et je vous serais obligé, au cours de vos inspections, de vous en entretenir avec eux. Dans les Écoles normales d'institutrices, cette préparation peut prendre un caractère différent. Une directrice a eu l'heureuse idée d'organiser à l'École même un patronage d'ouvrières et d'apprenties, d'adjoindre à des cours très simples de petites réunions où on lit, où on chante tout en travaillant à des ouvrages de couture, elle a cherché en même temps à se mettre en rapport individuellement avec les ouvrières et les apprenties qui avaient répondu à son appel, à devenir pour elles une confidente et une conseillère. Elle a associé à son œuvre les élèves-maîtresses qui, devenues institutrices, se trouveront ainsi préparées à suivre son exemple et à exercer autour d'elles une action morale et sociale. L'initiative m'a paru excellente et je crois devoir vous la signaler.

En ce qui concerne l'enseignement même, la loi vous a confié le soin de veiller à tout ce qui concerne les méthodes et les programmes. J'estime, comme mes honorables prédécesseurs, qu'il convient de ne pas imposer à l'enseignement des adultes, qui s'organise librement et spontanément, des programmes officiels et uniformes. Ce serait en méconnaître l'esprit et le rôle. Il m'a paru cependant que quelques indications générales pourraient avoir leur utilité.

L'enseignement des adultes peut affecter des formes diverses, cours, conférences, lectures.

Quant à la durée des cours, aux jours, aux heures où ils auront lieu, il convient de laisser aux instituteurs et aux institutrices qui voudront bien s'en charger la plus grande latitude.

Le cours, sans exclure les illettrés, doit avant tout s'adresser à ceux qui veulent compléter et fortifier les connaissances élémentaires déjà acquises.

Agir autrement serait sacrifier les intérêts du plus grand nombre à ceux d'une minorité qui va sans cesse décroissant.

Les matières d'enseignement peuvent être générales ou spéciales. C'est ainsi qu'il serait opportun de reprendre dans les cours d'adultes l'enseignement moral et civique, en lui donnant un caractère plus précis et je dirai plus viril. A mesure que l'enfant se rapproche de l'âge où il deviendra un homme et un citoyen, il est plus facile de lui faire comprendre l'importance des devoirs qui s'imposeront à lui, la gravité des droits qu'il aura à exercer, de l'initier au fonctionnement de nos institutions, de lui inspirer l'amour réfléchi du bien, de la grandeur nationale, des principes sur lesquels est fondée la République.

De même, dans les cours d'histoire, il conviendrait d'insister surtout, mais de la façon la plus simple et la mieux à la portée des auditeurs, sur l'histoire contemporaine, sur tout ce qui touche directement à la formation et aux conditions d'existence des sociétés modernes ; en géographie, sur la géographie économique, agricole, industrielle, coloniale de notre pays. Rien ne serait plus utile, par exemple, que d'attirer l'attention des jeunes gens sur les débouchés que nos colonies réservent à l'activité et à l'initiative nationales.

Parmi les matières générales, l'hygiène mérite également de trouver place ; mais il importe que le maître se contente de notions très simples, appropriées au genre de vie des populations de la région. Il conviendra d'y faire place à l'enseignement anti-alcoolique : je me propose d'ailleurs de vous adresser prochainement à ce sujet des instructions spéciales.

En ce qui regarde les matières spéciales, on ne peut évidemment que recommander aux maîtres de s'inspirer des besoins de chaque région et même de chaque localité. L'enseignement doit avoir un caractère pratique et professionnel.

A côté des cours, les conférences constituent en quelque sorte une distraction instructive dans le sens le plus élevé du mot, et c'est ici que le concours des professeurs des Facultés, des professeurs et des répétiteurs des Lycées, des Collèges, des étudiants, etc., peut être particulièrement utile. Les sujets possibles sont trop nombreux pour que j'essaye de les énumérer, même sommairement et par catégories. Les conférenciers ne doivent avoir d'autre préoccupation que de les choisir de façon à contribuer réellement à l'instruction et à l'éducation de leur auditoire. Ils peuvent d'ailleurs s'adresser non seulement aux adolescents mais aux hommes faits, et, à ce point de vue, les conférences du dimanche méritent d'être particulièrement recommandées. Il est facile de les transformer en de véritables petites fêtes de l'esprit, de saisir cette occasion pour attirer l'attention des habitants d'une commune sur l'œuvre scolaire et sur les œuvres auxiliaires de l'École : déjà des conférences de ce genre ont été le point de départ de l'organisation de patronages scolaires. Dans la plupart des cas, la conférence gagne à être accompagnée de projections. L'année dernière, plusieurs sociétés privées, notamment la Société d'enseignement par l'aspect et la Société des conférences populaires, ont généreusement mis à la disposition des conférenciers leurs collections de projections. Cette année, ces sociétés ont bien voulu offrir le dépôt de ces collections au Musée pédagogique, et l'Administration des Postes a consenti à ce que les envois soient expédiés et retournés en franchise. Les conférenciers pourront donc s'adresser au Directeur du Musée pédagogique, rue Gay-Lussac, n° 41. Je vous serais obligé de donner à cette mesure la plus grande publicité possible par la voie des Bulletins départementaux et de la presse locale.

Quant aux séances de lecture du soir, l'expérience de l'année dernière a montré combien pouvait présenter d'attrait la lecture de pages de nos grands écrivains, lues avec accent et sobrement commentées. Dans le choix de ces lectures, il convient de faire une très large part aux œuvres modernes et aux œuvres d'imagination. Je sais des séances de ce genre où la lecture d'une belle pièce de V. Hugo, d'un conte patriotique d'A. Daudet, d'une page enflammée de Michelet ont déterminé chez les auditeurs une émotion morale profonde.

Au cours de vos tournées d'inspection, il vous sera facile, Monsieur le Recteur, de conférer de ces questions avec les Inspecteurs d'Académie et les Inspecteurs primaires, d'assister à quelques cours et conférences d'adultes, de montrer tout l'intérêt que vous attachez à cette œuvre. Je vous prierai, en outre, lors des sessions des Conseils académiques, de réunir les Inspecteurs d'Académie et de vous entretenir avec eux à ce sujet.

Par les circulaires des 25 février 1896, 27 mai 1896, 2 juin 1896, 11 juin 1896, 27 juillet 1896, j'ai demandé à MM. les Préfets de m'adresser leurs propositions pour distinctions honorifiques ou pour récompenses en faveur des instituteurs et institutrices, des personnes étrangères à l'enseignement qui se seraient occupés le plus activement des cours d'adultes. Je vous prierai de m'adresser à la même date des propositions en faveur des professeurs des Universités, des professeurs des Lycées et des Collèges, des personnes étrangères que vous auriez à me signaler. Vous voudrez bien y joindre un rapport d'ensemble sur les résultats obtenus dans votre ressort académique.

Recevez, etc.

Signé : A. RAMBAUD.

---

13 nov. 1896. **Proposition de loi concernant les droits des communes en matière d'enseignement primaire et secondaire, présentée par M. Fresneau, sénateur [1].**

Séance du 13 Novembre 1896.

Proposition de loi.

ARTICLE 1er. — Les communes sont réintégrées dans le droit, que la loi du 15 mars 1850 leur avait reconnu, de confier leurs établissements d'instruction primaire et secondaire, soit à des instituteurs et institutrices laïques, soit à des associations religieuses vouées à l'enseignement, autorisées ou déclarées d'utilité publique.

ART. 2. — L'option appartient exclusivement au chef de famille ayant des enfants; il est ouvert à cet effet dans chaque mairie un registre où pères, tuteurs ou tutrices sont appelés à inscrire leurs préférences, et, suivant leur libre choix, exprimé à la majorité des voix, il est pourvu à la nomination des instituteurs et institutrices, conformément à l'article 31 de la loi du 15 mars 1850.

ART. 3. — L'instruction primaire cesse d'être une libéralité entièrement gratuite faite aux parents aisés par l'État, les départements et les communes. Sont seules dispensées de la rétribution scolaire les familles auxquelles, en raison de leurs charges, il serait difficile de la payer.

1. Voir, p. 743, le rapport de M. Léopold THÉZARD, 18 *décembre* 1896.

ART. 4. — Les subventions et fonds de secours accordés par l'État, les départements et les communes sont attribués indistinctement aux établissements publics ou libres par les Conseils généraux et les Conseils municipaux, suivant les besoins des communes, et dans le seul but d'y accroître l'élévation et la diffusion de l'enseignement.

ART. 5. — Les dispositions de la loi du 30 octobre 1886, contraires à la présente loi, sont abrogées.

Arrêté attribuant, en 1897, des Récompenses aux instituteurs et institutrices publics pour l'Enseignement des adultes. 7 déc. 1896.

7 Décembre 1896.

Le Ministre de l'Instruction publique et des Beaux-Arts,

Vu le décret du 11 janvier 1895,

Arrête :

ARTICLE 1er. — Il sera décerné, en 1897, des prix spéciaux aux instituteurs et institutrices publics qui auront donné l'enseignement aux adultes avec le plus de zèle et de succès.

ART. 2. — Ces prix consisteront en médailles accompagnées d'une somme variable de 100 à 300 francs.

ART. 3. — Le nombre des prix est ainsi établi :

20 médailles de vermeil, avec prime de 300 francs ;

40 médailles d'argent, avec prime de 200 francs ;

60 médailles de bronze, avec prime de 100 francs[1].

ART. 4. — Ces récompenses sont accordées sur la proposition des Préfets et des Recteurs. La liste des lauréats est dressée par une Commission instituée à cet effet.

Rapport sommaire fait au nom de la 7e Commission d'initiative parlementaire[2] chargée d'examiner la proposition de loi de M. Fresneau, concernant les droits des communes en matière d'enseignement primaire et secondaire, par M. Léopold Thézard, sénateur[3]. 18 déc. 1896.

Séance du 18 Décembre 1896.

Messieurs, vous avez renvoyé à votre Commission d'initiative parlementaire une proposition de loi de l'honorable M. Fresneau.

1. Ce nombre a été porté de 60 à 100 par l'arrêté du 14 *mai* 1897 (voir *à sa date*), et à 200 par l'arrêté du 1er *février* 1898 (voir *à sa date*).

2. Cette Commission était composée de MM. Adolphe COCHERY, *Président;* Émile DURAND-SAVOYAT, *Secrétaire;* ROGER, MONESTIER, Léopold THÉZARD, BONNEFOY-SIBOUR, BARODET, GRIVART, Maxime LECOMTE, Théodore GIRARD, Antoine GADAUD, Alfred POIRRIER (Marne), HUGUET, CHANTEMILLE, Antony RATIER, BELLE, Achille BOUILLIEZ, COSTE.

3. Voir, p. 742, la proposition de M. FRESNEAU, 13 *novembre* 1896.

La Commission a estimé que cette proposition, à la seule vue du texte, s'affirmait comme ayant pour portée d'abroger les principes mêmes de la loi scolaire du 30 octobre 1886, et ne pourrait avoir d'autre résultat que de soulever des débats aussi stériles que passionnés.

En conséquence, elle a le regret de vous proposer de ne pas en prononcer la prise en considération.

---

4 janvier 1897. **Circulaire du Ministre de l'Instruction publique, relative à l'obligation de prendre l'avis du Conseil d'hygiène avant l'ouverture des Écoles publiques et privées.**

4 Janvier 1897[1].

Monsieur l'Inspecteur d'Académie, aux termes de la circulaire du 13 mars 1893, l'avis du Conseil départemental d'hygiène est obligatoire dans tous les cas, que l'établissement à ouvrir soit une École publique ou une École privée.

Cette prescription vous a été rappelée en ce qui concerne les Écoles primaires privées par la circulaire du 24 août 1894[2]. Il importe, en effet, pour vous permettre d'exercer le droit d'opposition qui vous a été conféré par l'article 38 de la loi du 30 octobre 1886, que vous soyez saisi en temps utile de l'avis autorisé de ce Conseil.

Son examen porte sur l'état de salubrité des locaux, au point de vue de la situation de l'immeuble, de l'aménagement intérieur et des maisons avoisinantes. Mais j'ai constaté que l'on ne s'inquiète pas toujours de la question de savoir si l'eau qui se trouve dans l'École et que les élèves boiront est saine et non susceptible d'occasionner des maladies.

Je vous prie, en conséquence, de prendre les mesures nécessaires pour que des renseignements précis vous soient toujours fournis sur la qualité de l'eau. Toutes les fois que vous le jugerez nécessaire, vous voudrez bien faire procéder à une analyse de cette eau. Vous aurez d'ailleurs toute facilité pour en envoyer, au besoin, un échantillon au Laboratoire de la Faculté des Sciences la plus rapprochée[3].

J'ai donné des instructions pour que les analyses que vous demanderez soient faites gratuitement et dans un court délai, l'École aux termes de la loi pouvant être ouverte, sans aucune autre formalité, à l'expiration du délai d'un mois.

1. Le même jour, M. le Ministre adressait la lettre suivante aux Recteurs :
« Monsieur le Recteur, par une circulaire en date du 4 janvier courant, j'invite MM. les Inspecteurs d'Académie à se préoccuper de la question des eaux destinées à l'alimentation des Écoles primaires publiques ou privées dont l'ouverture est projetée, et je les autorise à faire appel au concours des Facultés des Sciences pour l'analyse des eaux sur la qualité desquelles ils conçoivent des doutes.
« Je vous prie de vouloir bien en aviser M. le Doyen de la Faculté des Sciences, afin qu'il puisse donner les instructions nécessaires pour que les analyses qui seront demandées par MM. les Inspecteurs d'Académie soient faites gratuitement et aussi rapidement que possible, les Écoles, aux termes de la loi, pouvant être ouvertes sans aucune autre formalité à l'expiration du délai d'un mois. »
2. Voir cette circulaire ci-dessus, p. 575.
3. Voir la circulaire du 29 *septembre* 1892, ci-dessus, p. 431.

Je vous prie de m'accuser réception de la présente circulaire.
Recevez, etc.

Signé : A. RAMBAUD.

Circulaire du Ministre de l'Instruction publique, relative à l'enseignement des notions élémentaires d'Agriculture dans les Écoles rurales[1]. 4 janvier 1897.

4 Janvier 1897.

Monsieur le Recteur, vous trouverez ci-jointe une brochure relative à l'enseignement des notions élémentaires d'agriculture dans les Écoles rurales[2]. Ce document contient des directions pédagogiques et le commentaire des programmes actuellement en vigueur. Il est l'œuvre de la Commission mixte d'agriculture instituée auprès du Ministère de l'Instruction publique.

L'objet de cette publication a été défini par mon honorable prédécesseur dans la circulaire qu'il adressait aux Inspecteurs d'Académie le 24 octobre 1895. Il était demandé à la Commission de rédiger un plan de cours, sommairement tracé sous forme de « guide pratique, et destiné à faciliter la tâche des instituteurs dans leur enseignement aujourd'hui obligatoire des notions élémentaires d'agriculture ».

Vous constaterez que la Commission n'est pas sortie des limites qui lui avaient été prescrites. Aucune modification n'est apportée au programme actuellement en vigueur. Seulement le maître qui, chargé d'un enseignement relativement nouveau, pouvait se demander dans quelle mesure il devait l'étendre ou le restreindre, sera désormais en possession d'indications précises.

Vous remarquerez que l'on n'exige pas de l'instituteur un cours proprement dit d'agriculture que l'âge des élèves ne comporte pas, mais que l'on attend de lui qu'il fasse concourir les différents enseignements à l'acquisition des notions agricoles indispensables. Cela est surtout vrai de l'enseignement des sciences physiques et naturelles dont les éléments doivent toujours être envisagés par rapport aux applications agricoles.

J'insiste également sur la nécessité de faire suivre les explications orales de démonstrations pratiques. A cet égard, la brochure renferme de nombreuses indications.

Je désire que la question de l'enseignement de l'agriculture à l'École primaire soit inscrite à l'ordre du jour d'une des premières séances des conférences pédagogiques. Les instituteurs et les institutrices ont intérêt à échanger leurs vues à ce sujet : les instituteurs auront à examiner notamment comment le programme développé peut être modifié afin de s'adapter, dans les Écoles de

1. Voir la circulaire du 25 *avril* 1898, aux Recteurs, relative à l'enseignement scientifique et agricole dans les Écoles normales primaires (*Bull. adm.*, 1898, t. LXIII, p. 592) ; — et la circulaire du 12 *mai* 1898, aux Recteurs, relative à l'enseignement de l'agriculture dans les établissements publics d'enseignement primaire (*à sa date*).

2. *Plan de cours et directions pédagogiques pour l'enseignement des notions élémentaires d'agriculture dans les Écoles normales*, in-8°, 20 pages, avec figures (Imp. Nat[le], 1897).

garçons à une seule classe et dans les Écoles mixtes, en rendant les leçons et les exercices pratiques communs aux deux divisions représentant le cours moyen et supérieur ; les institutrices auront à rechercher en particulier quels exercices peuvent être réalisés au jardin et dans le ménage.

Lorsque les Inspecteurs d'Académie se réuniront sous votre présidence pour arrêter leurs sujets de composition des brevets de capacité, vous voudrez bien leur recommander, en ce qui concerne le brevet supérieur, de choisir les sujets qui doivent porter sur les matières des sciences appliquées à l'agriculture dans les développements du programme de l'agriculture.

Je vous prie enfin d'inviter les directeurs et directrices d'École normale à exercer les élèves aux expériences que l'instruction renferme, afin que, devenus instituteurs ou institutrices, ils puissent les répéter dans leur propre classe. Je recevrai volontiers les photographies des principales expériences réalisées, notamment dans les Écoles normales : les meilleures seraient placées au Musée pédagogique.

Telles sont les prescriptions que j'avais à formuler en ces matières.

Je sais que vous ne manquerez pas d'en surveiller l'application et d'y joindre les conseils que votre expérience vous suggérera.

Recevez, etc.

Signé : A. RAMBAUD.

---

18 janvier 1897. **Arrêté modifiant l'Arrêté du 18 janvier 1887, complété par l'Arrêté du 10 août 1893 relatif au Certificat d'aptitude à l'enseignement de la Comptabilité.**

18 Janvier 1897.

Le Ministre de l'Instruction publique et des Beaux-Arts,

Vu le décret du 10 août 1893;

Vu l'arrêté du 10 août 1893, complétant l'arrêté du 18 janvier 1887;

Le Conseil supérieur de l'Instruction publique entendu,

Arrête :

L'article 233 de l'arrêté organique du 18 janvier 1887, complété par l'arrêté du 10 août 1893, est modifié ainsi qu'il suit :

« ART. 233. — Les épreuves écrites comprennent :

« 1° Une composition sur un sujet de commerce ;

« 2° Une composition sur un sujet de comptabilité; ces deux compositions seront appréciées au point de vue professionnel et au point de vue de la rédaction;

« 3° Une composition sur un sujet emprunté au programme d'arithmétique appliquée au commerce.

« Cinq heures sont accordées pour les deux compositions de commerce et de comptabilité ; trois heures pour la composition d'arithmétique. Les épreuves auront lieu en deux jours consécutifs.

« Les épreuves orales comprennent des interrogations : 1° sur le commerce; 2° sur la comptabilité; 3° sur l'arithmétique appliquée au commerce; 4° sur la législation commerciale.

« Les épreuves pratiques comprennent : 1° une leçon orale ; 2° une correction de devoir.

« Une heure et demie est accordée pour la préparation de la leçon et une demi-heure pour la correction du devoir.

« Les sujets des épreuves sont tirés du programme annexé à l'arrêté du 10 août 1893. »

Arrêté modifiant les articles 146 et 147 de l'Arrêté du 18 janvier 1887 relatifs à l'examen du Brevet élémentaire[1]. 20 janvier 1897.

20 Janvier 1897.

Le Ministre de l'Instruction publique et des Beaux-Arts;
Vu la loi du 30 octobre 1886, art. 21;
Vu le décret du 18 janvier 1887, art. 122;
Vu l'arrêté du 18 janvier 1887, art. 146 et 147;
Le Conseil supérieur de l'Instruction publique entendu,
Arrête :

Les articles 146 et 147 de l'arrêté du 18 janvier 1887 sont modifiés ainsi qu'il suit :

« ART. 146. — *Épreuves de la première série :*

« Les épreuves de la première série pour l'examen des aspirants et des aspirantes au brevet élémentaire sont au nombre de trois[2], savoir :

« 1° Une dictée d'orthographe d'une page environ; le texte, lu d'abord à haute voix, est ensuite dicté posément, puis relu. La ponctuation n'est pas dictée. Il est accordé dix minutes aux candidats pour revoir leur travail;

« 2° Un exercice de composition française (lettre ou récit d'un genre très simple, explication d'un proverbe, d'une maxime, d'un précepte de morale ou d'éducation). — Durée de l'épreuve : deux heures;

1. Consulter, pour l'application, la circulaire transmissive aux Recteurs du même jour, 20 *janvier* 1897 (*Bull. adm.*, 1897, t. LXI, p. 88).
2. Voir la lettre ministérielle du 9 *août* 1894, relative à la surveillance des épreuves écrites aux différents examens de l'enseignement primaire (*Bull. adm.*, 1894, t. LVI, p. 121).

« 3° Une question d'arithmétique et de système métrique et la solution raisonnée d'un problème comprenant l'application des quatre règles (nombres entiers, fractions, mesure des surfaces et des volumes simples). Durée de l'épreuve : deux heures.

« ART. 147. — *Épreuves de la deuxième série :*

« Pour les épreuves de la deuxième série, les aspirants devront :

« 1° Faire une page d'écriture à main posée, comprenant une ligne en gros dans chacun des trois principaux genres (cursive, bâtarde et ronde), une ligne de cursive en moyen, quatre lignes de cursive en fin. — Durée de l'épreuve : trois quarts d'heure;

« 2° Exécuter à main levée un croquis coté d'un objet usuel de forme très simple (plan, coupe, élévation). — Durée de l'épreuve : une heure et demie;

« 3° Exécuter les exercices les plus élémentaires de gymnastique prévus par le programme des Écoles primaires. — Durée de l'épreuve : dix minutes au maximum.

« Les aspirantes devront :

« 1° Faire une page d'écriture à main posée, comprenant une ligne en gros dans chacun des trois principaux genres (cursive, bâtarde et ronde), une ligne de cursive en moyen, quatre lignes de cursive en fin. — Durée de l'épreuve : trois quarts d'heure;

« 2° Exécuter un dessin au trait d'après un objet usuel. — Durée de l'épreuve : une heure;

« 3° Exécuter, sous la surveillance de dames désignées à cet effet par le Recteur, les travaux à l'aiguille prescrits par l'article 1er de la loi du 28 mars 1882. — Durée de l'épreuve : une heure. »

---

28 janvier 1897.

Décret modifiant l'article 38 du Décret du 21 janvier 1893 relatif à l'organisation des Écoles primaires supérieures.

28 Janvier 1897.

Le Président de la République française,

Sur le rapport du Ministre de l'Instruction publique et des Beaux-Arts;

Vu les lois du 30 octobre 1886 et du 19 juillet 1889;

Vu le décret en date du 18 janvier 1887 et l'arrêté du même jour;

Le Conseil supérieur de l'Instruction publique entendu,

Décrète :

L'article 38 du décret du 21 janvier 1893 est modifié ainsi qu'il suit :

« ART. 38. — Aucun élève ne peut être reçu, soit dans une École primaire supérieure, soit dans un Cours complémentaire, s'il ne possède le certificat d'études primaires élémentaires et s'il ne justifie, en outre, par un certificat signé de l'Inspecteur primaire, avoir suivi pendant une année au moins le cours supérieur d'une École primaire élémentaire.

« Toutefois les élèves qui n'auront pas fait leurs études dans une École primaire publique pourront, s'ils sont munis du certificat d'études primaires élémentaires, être admis dans une École primaire supérieure ou dans un Cours complémentaire, à condition de justifier qu'ils ont étudié les matières comprises dans le programme du cours supérieur des Écoles primaires publiques. Cet examen complémentaire sera subi devant une Commission composée du personnel enseignant de l'École primaire supérieure, sous la présidence de l'Inspecteur primaire. »

Circulaire du Ministre de l'Instruction publique, relative aux Associations de fonctionnaires. 30 janvier 1897.

30 Janvier 1897.

Monsieur le Recteur, à la date du 10 avril dernier, le Ministre de l'Instruction publique a été saisi par le Ministre de l'Intérieur d'une demande d'avis relative à la constitution d'une « Association amicale des professeurs de l'enseignement secondaire public en France ».

Aux termes de l'article 4 de la loi du 27 février 1880, la Section permanente du Conseil supérieur « donne son avis sur toutes les questions d'études, d'administration et de discipline ou de scolarité qui lui sont renvoyées par le Ministre ».

Le projet relatif à la susdite association intéressant au plus haut degré l'administration et la discipline de l'enseignement public, j'ai cru devoir saisir de la question la Section permanente, dont les pouvoirs viennent d'être renouvelés et où j'ai fait entrer deux représentants de l'enseignement secondaire au Conseil supérieur, élus par leurs collègues.

La Section permanente a délibéré sur la question, sous ma présidence, dans la séance du 30 juillet dernier. Quatorze de ses membres étaient présents. Après une discussion approfondie, elle a, à l'unanimité, émis l'avis que l'autorisation sollicitée ne pouvait être accordée.

Je crois devoir, Monsieur le Recteur, vous communiquer, pour qu'ils soient portés à la connaissance du personnel de tous les établissements d'enseignement secondaire, les motifs de cet avis, que je résume ci-dessous d'après le procès-verbal de la séance du 30 juillet.

La Section permanente a considéré :

I. Que, d'une part, aux termes des statuts proposés, l'association projetée se présentait comme une sorte de société de secours mutuels;

Qu'à ce titre, et à condition qu'il fût expressément spécifié par les statuts qu'elle se renfermerait strictement dans ce rôle, la constitution d'une association de ce genre, outre qu'elle est de droit commun, ne pouvait qu'être approuvée et encouragée;

II. Que, d'autre part, ladite association était présentée, dans la lettre adressée à la date du 7 avril dernier par le « Comité provisoire » au Ministre de l'Instruction publique, comme une Société d'études pédagogiques, bien qu'il ne fût fait aucune mention spéciale de cet objet dans les statuts proposés;

Qu'une association de cette nature, si elle s'étendait à tous les établissements d'enseignement secondaire de toutes les Académies, pourrait avoir pour effet la perpétuelle mise en question, dès le lendemain même de leur promulgation, des plans d'études, programmes, règlements et instructions qu'il appartient au Conseil supérieur d'étudier et d'élaborer; que le sentiment d'instabilité qui en résulterait pourrait gravement compromettre les études et ébranler la confiance des familles;

Que ces conséquences seraient d'autant plus à craindre que, dans une société d'études pédagogiques aussi étendue, les membres qui en feraient partie, disséminés sur tout le territoire, n'auraient pas la possibilité d'étudier et de délibérer en commun, et qu'en fait, une très faible partie seulement de ces membres, rapprochés dans un même centre, prendraient part ordinairement aux délibérations et émettraient des avis qui seraient censés représenter l'opinion de la société tout entière;

Qu'il n'y avait donc lieu d'encourager la formation que de sociétés pédagogiques locales;

III. Qu'enfin ladite association se présentait, d'après les statuts projetés, comme ayant essentiellement pour objet « d'étudier en commun les améliorations morales et matérielles que comporte la situation des professeurs des Lycées et Collèges »;

Que l'objet ainsi proposé aux études de l'association était illimité et comprenait sans exception, ni réserve, toute question intéressant, à un titre quelconque, le corps des professeurs de l'enseignement secondaire ou l'une quelconque de ses parties;

Que, en outre, des études de ce genre ne sauraient rester purement théoriques, mais qu'elles donnent lieu nécessairement à des délibérations, à des votes, à des démarches diverses, et qu'en conséquence la Société dite « *d'études* » deviendrait immédiatement une Société d'action;

Que d'ailleurs l'organisation de la société, telle qu'elle était prévue par les statuts, avec son Comité central, son Conseil de surveillance, etc., organisation qui dépasse certainement les besoins d'une société de secours mutuels ou d'une société d'études, indiquait suffisamment que c'est précisément à cette fin, c'est-à-dire en vue de l'action à exercer, que la société serait constituée;

Que, au surplus, mise à part la question d'assistance mutuelle et la question d'études pédagogiques, — étant donnés surtout les moyens légaux déjà offerts aux professeurs d'étudier les questions qui les intéressent et d'exprimer leurs vœux, par les assemblées de fonctionnaires des Lycées et Collèges, par les Conseils académiques, par le Conseil supérieur, — on ne voit pas, à vrai dire, quel objet précis pourrait bien se proposer une telle association, si ce n'est précisément une pression à exercer, avec la force que donne une grande collectivité fédérée ou coalisée, soit sur l'Administration, soit sur les pouvoirs publics;

Qu'il y avait donc lieu d'examiner la demande d'autorisation : 1° au point de vue des principes de droit public; 2° au point de vue des précédents; 3° au point de vue des conséquences à prévoir;

1° Que, sous le rapport juridique, tout d'abord, il est bien vrai que les professeurs, en devenant serviteurs de l'État, ne renoncent nullement à tout exercice du droit d'association et restent libres, comme citoyens, soit d'entrer dans les nombreuses associations de tout ordre qui recrutent leurs adhérents dans toutes les professions, soit de former entre eux des associations dont l'objet ne se rapportera pas directement à l'exercice même de leurs fonctions, telles que des sociétés de secours mutuels, des sociétés d'études scientifiques, etc.;

Mais que s'il s'agit d'une association des professeurs en qualité de fonctionnaires, en vue de leur défense mutuelle dans l'exercice de leur fonction et de la protection des intérêts collectifs ou individuels qui s'y rapportent, une telle association serait absolument contraire aux principes de notre droit public sur la qualité de fonctionnaire public;

Qu'en effet, le fonctionnaire public, dans aucun cas, ne peut être assimilé à l'individu qui mettrait ses services à la disposition de l'État en vertu d'un contrat et moyennant un loyer ou salaire, comme un ouvrier qui traite avec un patron; mais que le fonctionnaire public est celui qui, choisi par un représentant de l'État, conformément aux lois, accomplit au nom de l'État et par ordre de l'État, des actes qui correspondent à l'une des fonctions ou attributions de l'État;

Que, dans ces conditions, on ne saurait concevoir que les fonctionnaires puissent se coaliser pour se défendre mutuellement et résister, au besoin, plus ou moins ouvertement, à l'autorité publique dans l'exercice de leurs fonctions; que ce serait substituer l'anarchie administrative à l'administration; autoriser à côté des lois et règlements et de la direction hiérarchique, qui seules doivent déterminer l'exercice des diverses fonctions publiques, une direction et un gouvernement parallèles fondés sur le seul intérêt des fonctionnaires; qu'il y a donc contradiction juridique entre de pareilles associations et la qualité de fonctionnaire public;

2° Que, au point de vue des précédents, les principes ci-dessus rappelés ont été plusieurs fois reconnus et consacrés, à des dates récentes, par des décisions ministérielles, notamment dans la circulaire de M. Spuller en date du 20 septembre 1887, relative à un projet de syndicat des membres de l'enseignement primaire[1]; dans la lettre de M. L. Bourgeois au Préfet de Vaucluse en date du 3 août 1892[2] relative à un congrès régional d'instituteurs; dans la lettre de M. Combes au Vice-Recteur de l'Académie de Paris, en date du 13 décembre 1895, relative à une demande d'autorisation d'une association des professeurs de dessin de l'Université[3];

1. Voir p. 53.
2. Voir p. 423.
3. Voici un extrait de cette lettre :

« ..... En ce qui concerne spécialement les associations de fonctionnaires de l'Instruction publique, mon Administration est disposée à en favoriser la création, lorsqu'elles ont un but philanthropique ou pédagogique; mais il importe que leur action ne s'exerce pas en dehors de ces limites.

« Surtout, comme le déclarait un de mes honorables prédécesseurs, M. Léon Bourgeois, dans la circulaire du 3 août 1892, le Gouvernement ne pourrait laisser s'intro-

3° Que, enfin, si l'on envisage les conséquences de l'association projetée, il faut considérer qu'un pouvoir considérable étant ainsi, par le fait de l'association projetée, créé et organisé, ce pouvoir, — si peu douteuses que soient d'ailleurs la bonne foi des membres du Comité provisoire et la loyauté d'intention des adhérents du projet, — serait d'autant plus exposé à tous les abus qu'il ne serait retenu par aucun sentiment de responsabilité effective ; qu'en effet, d'une part, en tant qu'association reconnue et autorisée, il échapperait à l'action disciplinaire du Ministre ; qu'en outre, par un singulier privilège, que n'ont pas les syndicats professionnels, il échapperait même aux conséquences naturelles de ses propres actes, puisque, au cas où ces actes auraient pour effet dernier de porter atteinte au crédit et à la prospérité des établissements universitaires, les associés entendraient bien n'en subir cependant aucune diminution des avantages qui leur sont garantis par les lois et règlements ;

Qu'il serait à craindre notamment que les intérêts matériels ne prissent bien vite, par la force des choses, dans les préoccupations des associés, le pas sur les intérêts moraux, et que les uns et les autres ne fussent défendus par des procédés peu compatibles avec le bon ordre ;

Que ces questions d'avantages matériels, de traitement, d'avancement, de maximum de service, etc., étant sans cesse agitées devant le public, les professeurs y perdraient peut-être quelque chose de leur considération et de leur dignité ;

Qu'enfin ces mœurs nouvelles, en s'introduisant dans le corps universitaire, ne pourraient manquer d'inquiéter l'opinion et d'alarmer la confiance des familles.

Pour toutes ces raisons, la Section permanente a pensé qu'il importait au plus haut point de maintenir la jurisprudence du Ministère de l'Instruction publique ci-dessus rapportée.

Je ne pouvais qu'adopter cet avis.

Mais, il ne vous échappera pas, Monsieur le Recteur, que ces considérants ont une portée absolument générale ; ils ne s'appliquent pas exclusivement aux professeurs, mais aussi, avec une égale force, à toutes les catégories du personnel universitaire et, conséquemment, aux répétiteurs. Aussi bien, ce n'est pas seulement sous forme implicite que l'administration des répétiteurs se trouve visée par les considérants ci-dessus. La Section permanente a dû nécessairement examiner la question de l'existence de l'association des répétiteurs, qui constituait un précédent contraire à la jurisprudence ci-dessus rappelée. Ce précédent était d'ailleurs naturellement invoqué par les professeurs. La Section permanente a expressément formulé l'avis que l'autorisation de s'asso-

duire dans l'enseignement public une organisation permanente telle qu'un syndicat professionnel ou tout autre mode de concentration illégale de pouvoirs aux mains de mandataires officieux; il ne saurait admettre, par exemple, qu'une association, composée de fonctionnaires de l'État, eût, sous prétexte de venir en aide à ses membres, la faculté d'intervenir entre eux et leurs chefs hiérarchiques, d'user à un moment donné « de tous les moyens en son pouvoir » pour chercher à contrarier l'action du Ministre responsable et à peser sur les pouvoirs publics.

« Or de telles conséquences sembleraient inévitables si le libellé de l'article 1er des statuts était maintenu.

« Je vous prie donc, Monsieur le Vice-Recteur, d'inviter le Comité provisoire de l'Association à modifier ce libellé ; le nouveau texte devrait déterminer très nettement le caractère exclusivement pédagogique ou philanthropique que doit présenter, pour pouvoir être autorisée, la future Association. »

cier dans les conditions dont il s'agit, refusée aux professeurs, ne pouvait pas être maintenue aux répétiteurs. Elle a pensé que, si une exception à la règle ne pouvait être faite même en faveur des professeurs, qui ont, en moyenne, plus d'âge, plus d'expérience, plus de titres, plus de services, cette exception ne pourra être continuée en faveur des répétiteurs, qui sont pour la plupart des aspirants au professorat.

Je ne puis d'ailleurs mettre un instant en doute, Monsieur le Recteur, que, à l'origine, lorsque l'autorisation de s'associer a été sollicitée par les répétiteurs, l'Administration n'ait été induite à l'accorder par l'apparence pacifique et inoffensive des statuts qui lui étaient proposés. Certainement l'Administration ne prévoyait pas que cette association créée, aux termes de ses statuts, pour « favoriser et faciliter les études des maîtres et établir entre eux de bons rapports de confraternité et de mutuel appui », deviendrait une véritable ligue dont l'unique objectif serait la conquête indéfinie de nouveaux avantages.

Cet abus, qu'on ne prévoyait pas en 1882, nous le constatons aujourd'hui. Je n'ai, Monsieur le Recteur, rien à vous apprendre à cet égard. Tous les chefs d'Académie, comme aussi tous les Inspecteurs généraux, réunis avec eux en Comité consultatif, ont souvent manifesté à ce sujet leurs vives appréhensions. L'association des répétiteurs, si elle peut compter à son actif quelques initiatives louables, constitue pour l'Université un péril très grave : elle compromet l'autorité nécessaire des chefs; elle tend à faire des répétiteurs un corps séparé, au détriment de l'union nécessaire de tout le personnel appelé à collaborer, dans les mêmes établissements, à une même tâche; elle risque, à force de revendications, d'affaiblir chez les maîtres le sentiment du modeste mais nécessaire devoir quotidien; elle nuit aux intérêts et à la légitime considération des maîtres eux-mêmes.

J'ai le devoir et j'ai la vive satisfaction de le proclamer, rien ne serait plus injuste que de juger ce personnel par les manifestations organisées en son nom pour forcer et frapper, à tout prix, l'attention. Il vaut mieux, — tous ceux qui le connaissent de près m'en donnent le témoignage, — que ces apparences fâcheuses. Jamais il n'a été plus sévèrement recruté ; jamais il n'a plus travaillé pour conquérir des grades élevés ; jamais il n'a été plus apte à remplir dignement et efficacement ses difficiles fonctions. Pour recueillir de l'estime, de la confiance et de la bienveillance de tous le bénéfice de ses efforts et de ses progrès, il n'a qu'à mettre un égal amour-propre à vouloir se montrer tel qu'il est, tel qu'il peut être, au lieu de souffrir qu'on le représente tel qu'il n'est pas.

Ces considérations, Monsieur le Recteur, m'ont dicté les déclarations que j'ai faites, dans la séance du 12 novembre dernier, à la Chambre des Députés.

Conformément à ces déclarations, qui ont été approuvées par deux votes successifs de la Chambre, j'appuierai d'un avis favorable, auprès de mon collègue M. le Ministre de l'Intérieur, toute demande présentée par les professeurs des Lycées et des Collèges en vue de former une Société de secours mutuels, même s'étendant à toute la France et aux Colonies, à la condition qu'elle s'engagera par ses statuts à se renfermer strictement dans ce rôle.

Je seconderai de même toute demande présentée par eux en vue de former des sociétés locales ou régionales d'études, d'un caractère littéraire, scientifique ou pédagogique.

Enfin, pour que le bénéfice de ces études puisse être, à certains moments, recueilli et mis en commun, je suis disposé à autoriser des congrès, soit régionaux, soit généraux de professeurs des Lycées et Collèges, à la condition que l'ordre du jour en soit préalablement soumis au Ministre, et que ces Congrès ne s'immiscent pas dans les actes de l'Administration, ni dans la politique.

J'accueillerai avec le même esprit de bienveillance les demandes que pourront former, aux mêmes fins et dans les mêmes conditions, les répétiteurs des Lycées et Collèges.

Mais je ne croirais pas, Monsieur le Recteur, avoir encore suffisamment répondu, par les assurances ci-dessus, aux intentions du Parlement et à la confiance que l'Université n'a cessé d'avoir dans ses chefs, si je ne tenais le plus grand compte de ce qu'il peut y avoir de légitime dans les sentiments et aspirations du corps enseignant. Le Ministre de l'Instruction publique et tous ses collaborateurs de l'ordre administratif, à quelque degré qu'ils soient placés dans la hiérarchie, ont une obligation étroite de prouver que le souci des nécessités d'administration ne fait aucun tort chez eux au sentiment de ce qui est dû à un personnel, qui, à raison de l'œuvre dont il a la charge et du don généreux de soi que cette œuvre exige, a droit, entre tous, à la considération et aux égards de ses chefs.

Nous saurons donc redoubler de vigilance et de sollicitude pour que des améliorations possibles dans la situation de ce personnel soient étudiées avec le désir sincère de les faire aboutir, autant qu'elles sont compatibles avec les exigences du service et les intérêts de l'État ; pour que tous les bons services soient reconnus; pour que justice exacte soit faite à chacun ; pour que toutes les doléances bien fondées soient accueillies.

Nous ferons en sorte, en un mot, que les fonctionnaires de l'Université soient convaincus qu'ils ne sauraient trouver de protecteurs plus jaloux de leurs prérogatives, de défenseurs plus soucieux de leurs intérêts que ceux-là mêmes qui, sortis de leurs rangs et membres comme eux de la grande famille universitaire, ont l'honneur de les diriger.

Recevez, etc.

Signé : A. RAMBAUD.

---

15 février 1897.

Circulaire du Ministre de l'Instruction publique, relative aux Congés accordés aux anciens élèves-maîtres et élèves-maîtresses des Écoles normales.

15 Février 1897.

Monsieur le Recteur, il arrive fréquemment que d'anciens élèves-maîtres ou d'anciennes élèves-maîtresses d'Écoles normales sollicitent et obtiennent, soit à la fin de leurs études, soit lorsqu'ils sont déjà pourvus d'un emploi, des congés pour convenance personnelle.

Il va sans dire que pendant la durée de ces congés, la réalisation de l'engagement décennal contracté au moment du concours d'admission à l'École normale se trouve suspendue.

Mais jusqu'ici aucune disposition réglementaire n'a fixé le terme au delà duquel les intéressés doivent nécessairement être rappelés à l'activité.

La circulaire du 17 mai 1893 relative aux congés accordés aux fonctionnaires de l'Instruction publique rappelle, il est vrai, que l'époque normale de la réalisation de l'engagement décennal ne peut être reculée au delà de trois ans. Mais ces instructions n'ont d'autre objet que l'application du règlement sur les dispenses militaires du 23 novembre 1889, au point de vue du contrôle exercé par le Ministère de la Guerre sur la situation des instituteurs en congé pour une cause quelconque.

Pour la sauvegarde des intérêts universitaires, il m'a paru qu'il y avait lieu d'exiger les mêmes garanties des anciens élèves-maîtres ou élèves-maîtresses qui demandent à être relevés provisoirement de leurs fonctions.

J'ai décidé, en conséquence, d'étendre par analogie, aux uns et aux autres, la règle posée par l'article 10 du décret du 23 novembre 1889.

La durée des congés accordés pour quelque raison que ce soit, sauf pour cause de maladie constatée par un médecin assermenté, aux normaliens et normaliennes qui n'ont pas encore accompli intégralement leur engagement décennal, ne doit donc pas excéder trois ans[1].

Ce terme expiré, les intéressés seront mis en demeure de solliciter leur réintégration dans l'enseignement public ou de rembourser le prix de la pension dont ils ont joui à l'École normale.

Vous voudrez bien veiller, en ce qui vous concerne, à l'observation de ces prescriptions et m'accuser réception de la présente circulaire.

Recevez, etc.

Signé : A. RAMBAUD.

Circulaire du Ministre de l'Instruction publique, relative à la Loi du 2 novembre 1892 sur le Travail des enfants, des filles mineures et des femmes dans les Établissements industriels. 3 mars 1897.

3 Mars 1897.

Monsieur l'Inspecteur d'Académie, la loi du 28 mars 1882 (art. 15) avait donné le droit aux Commissions scolaires de dispenser de la fréquentation scolaire, sous certaines conditions et pour une période déterminée, les enfants n'ayant pas encore treize ans révolus. Ces Commissions pouvaient aussi, avec l'approbation du Conseil départemental, dispenser de l'une des deux classes de la journée les enfants employés dans l'industrie et arrivés à l'âge de l'apprentissage.

Ces dispositions avaient été édictées à une époque où elles pouvaient se concilier avec la loi du 19 mai 1874, en vertu de laquelle les enfants employés dans l'industrie ne pouvaient être assujettis à une durée de travail de plus de six heures par jour.

Mais elles ne sauraient recevoir aujourd'hui aucune application, depuis la loi du 2 novembre 1892, qui limite à dix heures par jour la durée du travail effectif des enfants employés dans l'industrie au-dessous de l'âge de seize ans

1. « L'année de service militaire doit être décomptée de la période décennale que les dispensés au titre de l'article 23, 1°, de la loi du 15 juillet 1889 sont tenus d'accomplir dans l'enseignement public (V. *circulaire du* 15 *décembre* 1889).

« *Tout engagement décennal n'expire donc qu'au moment où la* 11e *année à partir du jour de son acceptation se trouve révolue.*

« Dans ces conditions, les dispensés universitaires ont le droit d'interrompre pour convenances personnelles le cours de leur engagement pendant trois années (non compris l'année qu'ils passent sous les drapeaux). » (*Extrait d'une lettre du* 20 *août* 1899 *adressée par le Ministre de l'Instruction publique au Recteur de l'Académie de Poitiers. — Bulletin de l'Indre,* n° 8, 1899.)

et qui ne permet de les faire travailler entre douze et treize ans que s'ils sont munis du certificat d'études primaires.

Des renseignements qui m'ont été transmis, il résulte que, dans certaines communes, la Commission scolaire continue à délivrer à des enfants qui ne rentrent pas dans cette dernière catégorie, des dispenses de fréquentation scolaire.

Je crois devoir vous rappeler ci-après le texte de l'article 2 de la loi du 2 novembre 1892, et je vous invite à en assurer la stricte exécution dans votre département :

« Les enfants ne peuvent être employés par les patrons, ni être admis dans « les établissements énumérés dans l'article 1er avant l'âge de treize ans « révolus.

« Toutefois, les enfants munis du certificat d'études primaires, institué par la « loi du 28 mars 1882, peuvent être employés à partir de l'âge de douze ans. »

Mon attention a été appelée, d'autre part, sur le fait suivant : dans certains départements, des instituteurs inscrivent des notes de classe qui peuvent être prises par les industriels pour un certificat officiel sur les livrets remis, en exécution de la loi du 2 novembre 1892, aux père, mère, tuteur ou patron des enfants âgés de moins de treize ans et non munis du certificat d'études primaires.

Conformément aux indications du livret, aucune mention autre que celle à remplir par les patrons ne doit figurer sur les pages qu'il contient. Par conséquent, l'instituteur doit s'abstenir de toute inscription sur ce livret, qui a un caractère professionnel.

Recevez, etc.

Signé : A. RAMBAUD.

---

9 mars 1897.

Circulaire du Ministre de l'Instruction publique, relative à l'enseignement antialcoolique[1].

9 Mars 1897.

Monsieur le Recteur, vous trouverez ci-joint le texte des arrêtés par lesquels, après avis du Conseil supérieur de l'Instruction publique, j'ai décidé d'introduire dans les programmes d'enseignement secondaire et d'enseignement primaire des notions précises sur les dangers de l'alcoolisme au point de vue de l'hygiène, de la morale, de l'économie sociale et politique[2]. J'y joins, à titre de renseignement, le rapport présenté au nom de la Commission constituée par l'arrêté du 29 juillet 1895[3].

La gravité de cette question n'échappe à aucun esprit éclairé. Si l'on a pu dire avec raison que « l'alcoolisme est par excellence l'engin destructeur des

1. Consulter la circulaire du 2 *août* 1895, aux Préfets, relative au rapport présenté par la Commission chargée d'étudier les mesures à prendre pour combattre l'alcoolisme, et les notes en renvoi (p. 646-648).

2. Voir (*Bull. adm.*, 1897, t. LXI, p. 392) les modifications que l'arrêté du 9 *mars* 1897 a apportées, au point de vue de l'enseignement antialcoolique, dans les programmes d'enseignement des Écoles normales primaires, des Écoles primaires supérieures, des Cours complémentaires et des Écoles primaires élémentaires.

3. Voir, p. 647, les noms des membres de la Commission constituée par l'arrêté du 29 *juillet* 1895.

peuples modernes », en France, le danger s'est accentué dans des proportions effrayantes : la consommation alcoolique, qui était en moyenne de 1 lit. 12 par habitant en 1830, de 2 lit. 82 en 1875, a atteint 4 lit. 32 en 1893. Encore ne s'agit-il que d'alcool pur à 100 degrés, frappé de droits réguliers, et ce chiffre doit-il être presque triplé si l'on veut le traduire en litres des mélanges livrés sous diverses formes aux clients. Il faut y ajouter enfin la quantité considérable d'alcool qui échappe aux droits et qu'il est difficile d'évaluer.

Les ravages de l'alcoolisme sont en proportion avec les progrès de la consommation : pour ne citer qu'un exemple, le nombre des aliénés dont la maladie est due directement à cette cause, était en moyenne de 713 par année dans la période de 1866 à 1875 ; il a été, en 1893, de 3 386.

Il ne s'agit donc point ici d'un danger passager, mais d'un fléau qui prend un caractère permanent, dont les effets s'aggravent d'année en année et qui, par sa continuité et ses progrès, est plus redoutable que les guerres ou les épidémies les plus meurtrières. L'alcoolisme, en effet, ne frappe pas seulement celui qui boit, en ruinant sa santé et son intelligence, en le poussant souvent à la folie et au suicide, il frappe autour de lui tous ceux dont l'existence est liée à la sienne et pour lesquels il devient une charge et un danger : il désorganise et ruine les familles[1] : il compromet la sécurité publique, et le nombre s'accroît sans cesse des crimes commis par des alcooliques. Enfin, ce qui est plus grave encore, l'alcoolisme ne borne point ses ravages à la génération présente, il menace de vicier dans son germe la génération de demain. Les enfants d'alcooliques, victimes des excès des parents, portent dans leur sein un poison dont le médecin est impuissant à arrêter les effets ; c'est parmi eux que se recrute pour la plus grande partie cette foule toujours croissante des enfants rachitiques, dégénérés, des gâteux, des hystériques, des épileptiques, qui envahit nos hôpitaux, nos maisons de santé.

Les avertissements n'ont point manqué au pays, mais ils n'ont pas été écoutés. L'expérience des peuples voisins prouve cependant qu'on peut lutter avec succès. En Suisse, la consommation de l'alcool, de 5 litres environ en 1885, est descendue à 3 lit. 20 en 1892. Ailleurs, les résultats ont été plus heureux encore : en Norvège, la consommation, de 9 lit. 50 en 1833, s'est abaissée à 1 lit. 82 en 1891 ; au Canada, de 3 litres en 1867 à 1 lit. 75 en 1892, etc.

De telles constatations sont de nature à rendre courage, mais il n'est que temps d'agir énergiquement. J'ai pensé qu'il appartenait à l'Université de donner l'exemple. Elle y est d'autant plus intéressée que son œuvre serait stérile si, après tant de généreux efforts pour former les intelligences et les âmes des enfants, l'alcoolisme pouvait compromettre chez eux, avec la vie physique, la vie intellectuelle et morale. Il importe de leur signaler de bonne heure le danger, de leur inspirer la crainte et le dégoût de l'alcoolisme, de leur en faire comprendre toutes les conséquences. Les professeurs et les instituteurs s'acquitteront de ce rôle avec la conscience de faire œuvre de bien public. Je leur recommande de donner ces notions sous la forme la plus simple, la plus familière, et, par suite, la plus pénétrante ; de faire appel à la réflexion des enfants, en un mot, de convaincre encore plus que d'enseigner. En dehors du programme, en dehors des heures de classe, je leur serai reconnaissant de tout ce qu'ils pour-

1. Déjà, en 1887, dans son remarquable rapport au Sénat, M. CLAUDE estimait à 1 600 millions la somme annuelle dépensée en alcool, à 1 milliard la somme des salaires perdus par l'alcoolisme : d'où pour la France une perte annuelle de 2 600 millions.

ront faire pour que leurs leçons et leurs conseils soient suivis de résultats : conférences aux adultes, sociétés de tempérance, etc.

Il est à désirer que les professeurs des Universités s'intéressent également à cette œuvre. Ils rendraient assurément un grand service si, en quelques conférences, ils donnaient à nos instituteurs les notions d'hygiène, d'économie politique que ceux-ci seraient parfois embarrassés de réunir et de contrôler. Ils pourraient attirer sur ce point l'attention des étudiants, les associer à leur action, leur faire comprendre les services que plus tard, dans les situations diverses qu'ils occuperont, ils rendront en réagissant autour d'eux contre l'alcoolisme. Pour lutter contre un si grave danger, l'union de toutes les bonnes volontés s'impose.

Je vous serais obligé de me signaler, pour le 1er avril 1898, comment les prescriptions que je vous adresse ont été suivies dans votre Académie, sous quelles formes s'est manifestée l'initiative des membres du corps enseignant, et quels ont été les résultats obtenus.

Recevez, etc.

Signé : A. RAMBAUD.

---

29 mars 1897.

Loi portant fixation du Budget général des dépenses et des recettes de l'exercice 1897. [Extraits.]

29 Mars 1897.

. . . .

ARTICLE 28. — Le 2° de l'article 3 de la loi du 9 juin 1853, qui détermine les retenues à supporter par les fonctionnaires et employés directement rétribués par l'État sur les sommes qui leur seront payées à titre d'émolument personnel, est modifié ainsi qu'il suit :

« 2° Une retenue du douzième des mêmes rétributions, lors de la première nomination ou dans le cas de réintégration, à prélever par quart sur les quatre premières mensualités, et du douzième de toute augmentation ultérieure[1]. »

ART. 29. — Le troisième paragraphe de l'article 10 de la loi du 30 novembre 1875[2] est modifié ainsi qu'il suit :

« Cette pension sera réglée :

« 1° En ce qui concerne le fonctionnaire soumis, pour la pension, à la loi du 9 juin 1853, conformément au troisième paragraphe de l'article 12 de ladite loi ;

« 2° En ce qui concerne le fonctionnaire soumis, pour la pension, à la loi du 22 août 1790, à raison de 1/30 par année de service, de la pension qui aurait été liquidée à son profit pour 30 ans de services.

1. Voir la circulaire interprétative du 11 *février* 1898 (*à sa date*).

« Les mêmes dispositions sont applicables dans le cas prévu par le second paragraphe de l'article unique de loi du 26 décembre 1887[1]. »

. . . .

Art. 32. — Les années passées à partir de l'âge de vingt ans en qualité d'élève à l'École normale supérieure et à l'École normale de Cluny sont comprises dans le compte des années de service lors de la liquidation de la pension de retraite.

. . . .

Art. 49. — Tant que la répartition des instituteurs et institutrices dans les classes créées par la loi du 19 juillet 1889, modifiée par la loi du 25 juillet 1893, ne sera pas achevée, c'est-à-dire tant que les effectifs numériques fixés à l'article 6 de cette loi ne seront pas atteints, il sera fait deux parts des crédits disponibles pour les promotions de classe : la première, comprenant les sommes devenues libres au cours de l'année précédente par suite de retraites, décès, démissions, etc., sera employée à promouvoir les maîtres et maîtresses, conformément aux règles déterminées à l'article 24 de la loi du 19 juillet 1889 et en tenant compte des dispositions du règlement d'administration publique du 17 juillet 1895 ; la seconde, résultant des augmentations de crédits consenties par le Parlement, servira à rectifier le classement primitif des ayants droit d'après le nombre total de leurs années de services et sans qu'ils aient à justifier de plus d'un an de stage dans la classe immédiatement inférieure[2].

Par dérogation aux prescriptions du deuxième paragraphe de l'article 24 de la loi, les maîtres et maîtresses pourront, pendant la période ci-dessus indiquée, être élevés de la 2e à la 1re classe par voie d'ancienneté.

Les instituteurs et institutrices de 5e classe dont le traitement sera porté, en cours d'année, à 1 200 francs en vertu de l'article 33 de la loi du 19 juillet 1889, modifiée par celle du 25 juillet 1893, seront rangés dans la quatrième classe à partir du 1er janvier de l'année suivante.

1. L'article 10 de la loi du 30 novembre 1875 est relatif aux fonctionnaires civils élus députés.

La loi du 26 décembre 1887 se rapporte aux fonctionnaires civils élus sénateurs.

2. Voir, pour l'application, la circulaire du 3 *mai* 1898 aux Préfets (*à sa date*).

12 avril 1897. **Circulaire du Ministre de l'Instruction publique, relative aux Cartes permanentes de circulation sur les chemins de fer de l'État délivrées aux instituteurs et aux institutrices.**

12 Avril 1897.

Monsieur l'Inspecteur, la direction des chemins de fer de l'État a appelé mon attention sur certaines difficultés et sur quelques irrégularités qui se sont produites dans l'usage des cartes permanentes de circulation délivrées aux instituteurs et institutrices publics.

Ces cartes ne sont valables que pendant une durée d'une année. Elles doivent être retournées à la direction du réseau à l'expiration de leur délai de validité. Cette formalité n'a pas été observée en ce qui concerne les cartes d'identité délivrées en 1896.

En outre, des irrégularités dans la confection des cartes m'ont été signalées; souvent les signatures manquent, les adresses sont incomplètes, des photographies n'ont pas la dimension du cadre qui leur est réservé ou encore elles ne sont pas assez nettes pour permettre de constater l'identité du titulaire. Il en est résulté un échange de correspondance qui a provoqué des retards dans la distribution des cartes aux intéressés.

Afin d'éviter, à l'avenir, tout ce qui pourrait entraver l'usage des cartes de circulation à demi-tarif, il a été rédigé, d'accord avec les chemins de fer de l'État, une instruction relative aux formalités à remplir. Je vous adresse ci-joint plusieurs exemplaires de cette instruction.

Je crois devoir enfin vous faire remarquer que la couleur des cartes d'identité devra désormais changer tous les ans par un roulement régulier du bleu, du rose et du vert. En conséquence, la nouvelle carte de 1898 sera imprimée sur couleur rose.

Je vous prie de vouloir bien veiller à l'exécution de ces prescriptions et m'accuser réception de la présente lettre.

Recevez, etc.

Signé : A. RAMBAUD.

Annexe à la circulaire du 12 avril 1897.

Formalités à observer pour les demandes de cartes d'identité des instituteurs et institutrices primaires adressées par MM. les Inspecteurs d'Académie au Réseau de l'État.

Le 1er novembre de chaque année, MM. les Inspecteurs d'Académie préparent les cartes d'identité sur le vu desquelles les instituteurs et institutrices primaires qui en ont fait la demande à l'Inspection de leur ressort obtiennent sur le Réseau de l'État des billets à demi-place.

Le modèle adopté pour ces cartes est conforme au spécimen prescrit et comporte au recto les renseignements suivants :

Les nom et prénoms du titulaire; — sa qualité, sa résidence, le département; — sa signature; — la signature de l'Inspecteur d'Académie; — le timbre bien apparent de l'Inspection académique; — le numéro d'ordre donné par l'Inspection académique (à inscrire au-dessous de la photographie, sur une ligne qui devra être ménagée, à cet effet, au prochain tirage). *Ce numéro est indépendant de celui que le Réseau de l'État inscrit, en tête, à côté du millésime.*

En outre, la photographie doit avoir la dimension exacte du cadre, être bien nette pour éviter toute contestation d'identité, être reproduite sur papier mince et non pas sur métal ou carton, adhérer fortement à la carte.

Les Inspecteurs d'Académie adressent à la gare de leur résidence, quand celle-ci est desservie par le Réseau de l'État, ou, dans le cas contraire, à la direction de ce Réseau, par l'intermédiaire des Préfets, en une seule fois et à la date du 1er décembre de chaque année, ces cartes ainsi préparées et accompagnées d'un bordereau conforme au modèle prescrit, établi en double expédition, dont l'une est conservée par le Réseau de l'État et l'autre retournée aux Inspecteurs d'Académie avec les cartes visées par le délégué des chemins de fer de l'État.

Ces fonctionnaires les remettent aux titulaires en échange des cartes périmées, qu'ils renvoient, du 1er au 15 janvier de l'année suivante, au Réseau de l'État, toujours par l'intermédiaire de la gare de résidence ou des Préfets suivant le cas, et sous le couvert du bordereau établi en simple expédition.

Afin de faciliter le contrôle dans les gares et en cours de route, la couleur des cartes d'identité change tous les ans par un roulement régulier du bleu, du rose et du vert. En conséquence, la nouvelle carte de 1898 sera imprimée sur couleur rose.

Circulaire du Ministre de l'Instruction publique, relative aux Créations d'Écoles et d'emplois en 1897. 13 avril 1897.

13 Avril 1897.

Monsieur le Préfet, je vous envoie ci-joint les cadres destinés à recevoir vos propositions en vue de la répartition du crédit inscrit au budget de 1897 pour créations d'écoles et d'emplois.

Vous voudrez bien, pour l'établissement de ces états, vous conformer aux instructions qui vous ont été données par mes prédécesseurs, notamment dans les circulaires des 19 octobre 1893 et 25 décembre 1894.

Le crédit dont je dispose cette année ne me permettra de ratifier encore qu'une partie des décisions prises par les Conseils départementaux.

J'insiste donc tout particulièrement auprès de vous pour que vous me secondiez de tous vos efforts pour arriver à une meilleure répartition des emplois scolaires. Veuillez rechercher, de concert avec M. l'Inspecteur d'Académie et MM. les Inspecteurs primaires, les postes qui ne répondent plus à un besoin réel et peuvent être supprimés sans nuire aux intérêts de l'enseignement.

En ce qui concerne les Écoles, il ne saurait être question de restreindre, pour les enfants des hameaux et des petites communes, les moyens d'acquérir l'instruction élémentaire : aucune ne doit donc être supprimée, sauf le cas où des communes limitrophes sont d'accord pour demander d'entretenir en commun une École, par application des dispositions de l'article 11 de la loi du 30 octobre 1886.

Il n'en est pas de même des emplois d'adjoints et d'adjointes.

Les états de situation dressés par le Ministère permettent de constater que dans certaines Écoles à deux et trois classes, la moyenne des élèves est de moins de 25 par classe, tandis que dans d'autres Écoles, il y a encore des classes réunissant 60, 70, 80 enfants, et quelquefois plus, sous la direction d'un seul adjoint.

En réalité, il ne s'agit pas de supprimer des emplois et de réduire le personnel enseignant, mais seulement de transférer un certain nombre de maîtres, des Écoles où ils sont trop nombreux, dans celles où il y a au contraire trop d'élèves pour un seul maître.

Les fonds affectés par l'État au service de l'Instruction primaire seraient ainsi employés plus utilement et l'on obtiendrait une meilleure répartition des forces du personnel enseignant.

J'ai aussi remarqué que, depuis que les traitements des instituteurs et des institutrices sont à la charge de l'État, les municipalités tendent à augmenter le nombre de leurs maîtres.

Je vous prie d'examiner avec le plus grand soin les nouvelles demandes de création qui vous sont adressées et de n'appuyer, devant le Conseil départemental de l'enseignement primaire, que celles qui répondent à une nécessité bien reconnue.

Il est un autre point, Monsieur le Préfet, sur lequel j'appelle votre attention.

Dans quelques départements, l'usage s'est établi de laisser inoccupés certains postes d'adjoints et d'attacher les titulaires de ces postes à des Écoles surchargées d'élèves où ils rendent d'incontestables services.

Je ne méconnais pas les raisons qui ont conduit à opérer de la sorte, mais je ne puis m'empêcher de relever l'irrégularité de ce procédé, qui met de la confusion dans le classement des Écoles, qui, dans bien des cas, a pour résultat de priver un maître méritant, placé à la tête d'une École ayant, en fait, le nombre de classes prévu par l'article 8 de la loi du 19 juillet 1889, du supplément de direction auquel il aurait droit si la classe confiée à un adjoint temporaire était régulièrement créée.

Vous trouverez ci-joint tous les dossiers que vous m'avez précédemment transmis.

Vos états de proposition devront me parvenir avant le 1er mai.

Recevez, etc.

Signé : A. RAMBAUD.

---

21 avril 1897. **Circulaire du Ministre de l'Instruction publique, relative aux Suppléances pour cause de maladie (congés des instituteurs)[1].**

21 Avril 1897.

Monsieur l'Inspecteur, j'ai l'honneur de vous transmettre ci-joint un avis émis par le Conseil d'État, dans sa séance du 24 février 1897, au sujet des congés à accorder pour cause de maladie aux instituteurs et aux institutrices.

1. Le 8 *janvier* 1897, une *Note de service du Ministère de l'Instruction publique* s'exprimait ainsi au sujet des frais de suppléance des instituteurs et institutrices pour cause de maladie :

« Le budget du Ministère de l'Instruction publique, voté par la Chambre des Députés, et que le Sénat doit prochainement examiner, consacre pour l'année 1897 un article spécial du chapitre 54 aux frais de suppléance pour cause de maladie.

« Le crédit affecté à la dépense ne s'élève qu'à 270 000 francs, chiffre notamment inférieur à celui qu'ont atteint les frais de suppléance en 1894, 1895 et 1896.

« Dans ces conditions, je me vois obligé de vous recommander de vous conformer

Aux termes de cet avis, les maîtres dont il s'agit ne peuvent, au cours d'une même année, obtenir, comme les autres fonctionnaires, que *six mois* de congé avec traitement, conformément au décret du 9 novembre 1853.

En conséquence, les circulaires des 2 mars et 6 avril 1895, d'après lesquelles les instituteurs et les institutrices pouvaient être autorisés à se faire suppléer, d'abord pendant un premier mois, puis pendant un second mois, aux frais de l'État, avant d'être placés dans la position de congé régulier, se trouvent rapportées.

Le maintien de deux mois d'autorisation d'absence qui s'identifieraient ultérieurement avec la première période de congé à traitement intégral prévu par le décret de 1853 n'aurait plus, en effet, de raison d'être.

Dorénavant, seront seules appliquées les dispositions du décret du 9 no-

strictement aux dispositions du décret du 24 mai 1894 et aux instructions de la circulaire du 2 mars 1895.

« Vous voudrez bien veiller à ce que les autorisations d'absence ne soient accordées que dans les cas vraiment urgents et éviter qu'elles se prolongent au delà du temps nécessaire. Il est évident que l'instituteur ou l'institutrice, dès que sa santé est rétablie, doit considérer comme un devoir de reprendre son service, même si son congé n'est pas expiré.

« A titre de renseignement, la somme proportionnelle (calculée d'après la moyenne des trois dernières années) qui reviendrait à votre département serait de ..... francs.

« C'est une indication dont je vous prie de tenir compte autant que possible. »

Le 5 *mai* 1897, la circulaire suivante était adressée aux Inspecteurs d'Académie :

« Mon Administration a été consultée sur la question de savoir si le chiffre fixé par ma note de service du 8 janvier dernier, relative aux frais de suppléance des instituteurs malades, devait être considéré comme représentant la part revenant définitivement à votre département dans le crédit de 270 000 francs inscrit au budget de 1897.

« Ainsi que le faisait remarquer cette note, il ne s'agissait là que d'une simple indication : il était impossible, en effet, d'établir des prévisions exactes, étant donné le caractère aléatoire de la dépense.

« Jusqu'à ce jour, j'ai fait ordonnancer, au fur et à mesure de leur réception, le montant des états mensuels concernant les frais de suppléance. Il ne me paraît pas qu'il y ait lieu de modifier cette façon de procéder.

« Mais vous ne devez pas perdre de vue que le crédit accordé en 1897 est bien inférieur à celui dont je disposais l'an dernier, pour le même objet.

« J'insiste à nouveau, et *de la manière la plus formelle*, pour que vous n'adressiez à M. le Préfet des propositions de congé que dans les cas d'absolue nécessité. »

Le 27 *octobre* 1897, la lettre ministérielle suivante était adressée à M. le Préfet du département des Landes :

« Monsieur le Préfet, en réponse à votre dépêche, en date du 8 octobre courant, et au rapport de M. l'Inspecteur d'Académie qui l'accompagnait, j'ai l'honneur de vous faire connaître que les vacances ne constituent pas une interruption dans l'application des règles édictées, en ce qui concerne les congés, par l'article 16 du décret du 9 novembre 1853.

« Quant au congé de trois mois avec traitement intégral, il n'est pas obligatoirement dû au maître qui le sollicite et qui peut être mis immédiatement en congé avec demi-traitement.

« En effet, l'article 16 du décret précité dit : qu'en cas d'absence pour cause de maladie dûment constatée, le fonctionnaire peut être autorisé à conserver son traitement intégral pendant un temps « qui ne saurait excéder trois mois ». Il ne s'ensuit pas que ce délai ne puisse être limité suivant les circonstances, qu'il vous appartient d'ailleurs d'apprécier, à un ou deux mois, après lesquels l'intéressé est mis en congé avec demi-traitement jusqu'à concurrence des six mois réglementaires. »

vembre 1853 qui limitent à un maximum de *six mois* (dont trois mois à traitement intégral et trois mois à demi-traitement) les congés qui peuvent être accordés, *au cours d'une même année, calculée à partir du début de la première suppléance*. Il appartiendra donc à M. le Préfet de donner, sur votre proposition, et sans qu'il soit nécessaire de m'en référer, telle suite qu'il lui conviendra aux demandes de congé pour cause de maladie, soit qu'elles comportent une absence de quelques jours seulement, soit qu'elles justifient une plus longue absence.

Il demeure entendu que pendant toute la durée des congés, qui, je le répète, ne saurait excéder six mois par an, l'instituteur sera suppléé, comme précédemment, aux frais de l'État, en vertu des prescriptions de l'article 42 de la loi du 19 juillet 1889, modifiée par la loi du 25 juillet 1893.

Au delà de ces six mois, il ne pourra rester en congé qu'à la condition de ne toucher aucun traitement.

Vous aurez, d'ailleurs, à tenir compte des instructions données par ma note de service du 27 janvier dernier, dans le cas où il sera possible de faire emploi d'une disponibilité sur le traitement de l'instituteur malade pour indemniser le suppléant.

Mais l'instituteur ne pourra jamais être admis à prendre directement à sa charge des frais de suppléance. En procédant autrement, l'on créerait des situations absolument irrégulières, qu'il y a lieu de prévenir et que, de toute façon, il importerait de faire cesser, sans retard, si elles existaient déjà. Je ne saurais trop appeler votre attention sur ce point.

Si mon Administration se trouve amenée à ne plus intervenir désormais, sauf pour les cas exceptionnels, dans l'attribution des congés, il est indispensable, toutefois, qu'elle soit à même de suivre et de vérifier l'exacte application des instructions nouvelles.

A cet effet, vous aurez à me transmettre, comme par le passé, à la fin de chaque mois, les états justificatifs des frais de suppléance.

Je vous serai obligé, Monsieur l'Inspecteur, de vouloir bien m'accuser réception de la présente circulaire, dont les recommandations devront être également observées en ce qui concerne les suppléances en cours.

Recevez, etc.

Signé : A. RAMBAUD.

Annexe à la circulaire du 21 avril 1897.

Avis adopté par le Conseil d'État sur la question de savoir si les instituteurs peuvent compter pour la retraite les périodes pendant lesquelles ils ont été suppléés aux frais de l'État, par suite de maladie, en dehors des congés prévus par l'article 16 *du décret du* 9 *novembre* 1853 (24 février 1897).

Les Sections réunies des Finances, etc., de l'Instruction publique et des Beaux-Arts du Conseil d'État, qui, sur le renvoi ordonné par le Ministre de l'Instruction publique et des Beaux-Arts, ont examiné la question de savoir si, en dehors des congés avec traitement intégral ou partiel prévus par l'article 16 du décret du 9 novembre 1853, les instituteurs peuvent compter pour la retraite des périodes pendant lesquelles ils ont été suppléés aux frais de l'État, par suite de maladie, conformément à la loi du 19 juillet 1889, modifiée par celle du 25 juillet 1893, et au décret du 24 mai 1894.

. . . .

Considérant que la situation d'un instituteur suppléé aux frais de l'État, conformément à la loi du 19 juillet 1889, modifiée par celle du 25 juillet 1893, et au décret du 24 mai 1894, s'identifie avec celle de congé prévue par l'article 16 du décret du 9 novembre 1853; que, dès lors, en dehors des six mois de congé qui peuvent être accordés avec traitement intégral ou partiel en vertu de cet article, un instituteur ne peut compter pour la retraite une période pendant laquelle, au cours de la même année, il aurait été suppléé aux frais de l'État par suite de maladie,

Sont d'avis :

Qu'il y a lieu de répondre à la question posée par le Ministre de l'Instruction publique et des Beaux-Arts dans le sens des observations qui précèdent.

Circulaire du Ministre de l'Instruction publique, relative aux conséquences du Recensement de 1896 pour la distinction entre Écoles obligatoires et Écoles facultatives. 30 avril 1897.

30 Avril 1897.

Monsieur le Préfet, il ressort du dernier dénombrement, dont les résultats ont été déclarés authentiques par le décret du 31 décembre 1896, que dans un certain nombre de communes où il existe une École de filles ou une École maternelle publique, la population a atteint les chiffres fixés par les articles 11 et 15 de la loi du 30 octobre 1886 pour que ces Écoles puissent être mises au nombre des Écoles obligatoires, comme aussi dans d'autres communes elle est descendue au-dessous des chiffres minima indiqués par lesdits articles.

Plusieurs de vos collègues m'ayant demandé des instructions sur les conséquences, pour les Écoles ci-dessus visées, de la variation de la population des communes dans lesquelles elles sont établies, je crois bon de vous signaler les quatre cas qui peuvent se produire :

1er CAS. — D'après le dénombrement de 1896, la population atteint ou dépasse 500 habitants dans une commune qui possède une École de filles, ou bien elle s'est élevée à plus de 2 000 âmes de population totale et au moins à 1 200 âmes de population agglomérée dans une commune ayant une École maternelle.

Il résulte des termes mêmes de l'article 11 et de l'article 15, 2°, de la loi du 30 octobre 1886 que ces Écoles doivent être désormais rangées parmi les Écoles obligatoires. Il s'ensuit que les *institutrices laïques* qui les dirigent auront droit, conformément aux articles 11 et 7 de la loi du 25 juillet 1893, à un traitement de 900 francs, si elles sont stagiaires, à un traitement minimum de 1 000 francs, si elles sont titulaires. Dans le cas où elles auraient déjà joui d'un traitement supérieur à ce dernier chiffre, vous auriez à m'adresser des propositions spéciales pour la fixation des traitements. En outre, elles seront soumises aux règles d'avancement prévues par cette loi. Leurs traitements payés sur les fonds de l'État et assujettis aux retenues pour pensions civiles devront figurer, comme ceux des maîtresses exerçant dans les postes obligatoires, sur les états mensuels dressés par l'inspection académique.

Quant aux *institutrices congréganistes*, elles conserveront leurs traitements actuels en vertu de l'article 51 de la loi du 25 juillet 1893; mais ces traitements devront également figurer sur les états mensuels ci-dessus désignés.

Resteront à la charge des communes les dépenses de ces Écoles énumérées à l'article 4 de ladite loi.

2e CAS. — La population d'une commune possédant une École publique de filles est devenue supérieure à 400 âmes, mais elle est encore au-dessous de 500 habitants.

Il y a lieu d'établir une distinction.

Si cette École a été créée antérieurement au 30 octobre 1886, elle doit être considérée comme obligatoire, par application de l'article 15, 1°, de la loi promulguée à cette date, qui reconnaît ce caractère aux Écoles « déjà établies dans les communes de plus de 400 âmes ». La situation de la maîtresse placée à la tête de cette École devra, en conséquence, être modifiée ainsi qu'il a été dit dans le cas précédent.

Si, au contraire, cette École a été créée postérieurement au 30 octobre 1886, elle conservera son caractère facultatif et restera à la charge exclusive de la commune, tant pour son entretien que pour la rémunération de l'institutrice.

3e CAS. — Une commune qui possède une École de filles avait, avant le dénombrement de 1896, une population de 500 habitants au moins; le nouveau recensement constate que la population est descendue au-dessous de ce chiffre.

L'École de filles reste obligatoire par application de l'article 36, 2°, de la loi du 25 juillet 1893 qui modifie les dispositions de l'article 15 de la loi du 30 octobre 1886, en mettant à la charge de l'État « les Ecoles publiques de filles établies dans des communes qui, comptant actuellement moins de 401 habitants, atteignaient ce chiffre de population dans l'un des recensements de 1881 ou de 1886 », et, *a fortiori*, par voie de conséquence, les Écoles publiques de filles dans des communes qui ont compté depuis plus de 500 habitants.

4e CAS. — La population d'une commune possédant une École maternelle publique est descendue au-dessous de 2 001 âmes de population totale et 1 200 âmes de population agglomérée.

Dans ce cas, l'École ne peut plus légalement conserver le caractère obligatoire qu'elle avait avant la diminution de la population de la commune; elle doit, désormais, prendre rang dans la catégorie des établissements facultatifs. Vous voudrez bien, en conséquence, inviter l'Inspection académique à ne plus comprendre les institutrices de cette École dans les états mensuels de traitements, en faisant remonter l'effet de cette mesure au 1er janvier de l'année courante. Les émoluments de ces maîtresses seront, à partir de cette époque, à la charge de la commune et payés directement par le receveur municipal sur les fonds communaux.

Les institutrices exerçant dans des Écoles qui, par suite du dénombrement de 1896, cessent d'être obligatoires pour devenir facultatives, doivent bénéficier des dispositions de l'article 30 de la loi de finances du 26 décembre 1890. En conséquence, elles continueront à acquérir des droits à la retraite et à verser des retenues pour pensions civiles, bien qu'elles soient désormais payées par les communes, à la condition qu'au 1er janvier 1890 elles comptent 35 ans d'âge et 5 ans de services donnant droit à pension.

Vous devrez, d'ailleurs, comme vous le recommandait déjà la circulaire du 8 décembre 1891, relative au recensement de 1891, vous entendre avec M. l'Inspecteur d'Académie pour réserver les vacances qui se produiront dans les Écoles obligatoires à toutes ces institutrices et surtout à celles qui ne peuvent profiter des dispositions de l'article 30 précité.

Je vous serai obligé de m'adresser sans retard l'état des changements amenés par le dernier dénombrement, en vertu des instructions qui précèdent, dans la classification des Écoles de filles et Écoles maternelles publiques établies dans votre département. Dès que je connaîtrai la situation d'ensemble, je vous indiquerai la somme qui revient à votre département dans la répartition du crédit affecté, pour l'exercice 1897, aux Écoles facultatives. Vous n'ignorez pas, en effet, que ce crédit n'est plus, cette année, que de 30 000 francs, au lieu de 80 000, chiffre auquel il s'élevait pour l'exercice 1896 et qui était, lui-même, déjà notablement inférieur aux crédits accordés les années précédentes. Devant la volonté manifeste du Parlement d'abaisser graduellement le montant des dépenses qui incombent à l'État pour l'entretien des Écoles facultatives, je ne puis que vous prier, ainsi que l'ont fait mes prédécesseurs, d'insister auprès des Conseils municipaux en vue de la transformation de ces petits établissements en classes enfantines; ils rentreront ainsi dans la catégorie des établissements obligatoires, sous réserve de l'engagement prescrit par l'article 1er du décret du 16 mars 1891, et les traitements des institutrices seront à la charge du Trésor.

A toutes les communes qui sollicitent encore le concours facultatif de l'État, vous voudrez bien rappeler les dispositions de la circulaire du 16 novembre 1887 permettant « d'abaisser l'âge d'entrée des enfants sur simple avis du Conseil départemental, de manière à admettre le même nombre d'élèves qu'aujourd'hui », « le maintien de l'École dans les locaux actuels, fussent-ils distants de l'École dont la classe enfantine est théoriquement l'annexe », « le maintien des institutrices en exercice avec leur traitement actuel ».

Je vous serai obligé de m'accuser réception de la présente circulaire, que je vous prierai de porter à la connaissance des municipalités intéressées.

Recevez, etc.

Signé : A. RAMBAUD.

Décret fixant la Taxe à percevoir pour les lettres de convocation aux examens[1].

6 mai 1897.

6 Mai 1897.

Le Président de la République française,

Vu la loi du 29 mars 1889 portant que la taxe applicable aux correspondances officielles non affranchies, expédiées sous le contreseing de fonctionnaires désignés par décret et ne possédant pas la franchise postale avec les destinataires, est égale à la taxe d'affranchissement préalable dont ces correspondances étaient passibles;

1. Consulter, pour l'application, la circulaire aux Recteurs, du *22 mai* 1897 (*Bull. adm.*, 1897, t. LXI, p. 701).

Sur le rapport du Ministre du Commerce, de l'Industrie, des Postes et des Télégraphes,

Décrète :

ARTICLE 1er. — La taxe spéciale édictée par la loi du 29 mars 1889 s'appliquera aux lettres de convocation aux examens circulant dans les conditions déterminées par ladite loi et expédiées par les Recteurs d'Académie, les Doyens des Facultés, les Directeurs des Écoles supérieures du Gouvernement et les Inspecteurs des Académies.

ART. 2. — La disposition qui précède sera exécutoire à partir du 1er juin 1897.

---

10 mai 1897. **Circulaire du Ministre de l'Instruction publique, relative à l'application de l'article 40 de la loi de finances du 28 décembre 1895, concernant les Retenues à verser annuellement par les fonctionnaires en congé ou en inactivité.**

10 Mai 1897.

Monsieur le Recteur, l'article 40 de la loi de finances du 28 décembre 1895 porte : « Les retenues à verser annuellement par les fonctionnaires en congé, « en non-activité ou en disponibilité, qui sont admis par la loi du 9 juin 1853 « à conserver leurs droits à la retraite, ne peuvent être inférieures à celles « qu'ils supportaient sur leur dernier traitement d'inactivité.

« Toutefois, cette disposition n'est pas applicable aux fonctionnaires en congé « pour maladie. »

Cette réserve pouvant donner lieu à des difficultés d'interprétation, j'ai tenu à en faire définir le sens par le Conseil d'État, avant de donner les instructions nécessaires à son application.

Dans sa séance du 2 avril courant, le Conseil d'État, réuni en assemblée générale, a émis l'avis « que l'exception prévue au paragraphe 2 de l'article 40 susvisé ne concerne que les fonctionnaires et employés se trouvant, pour cause de maladie, dans la situation à laquelle s'applique plus particulièrement la dénomination de congé ; que, dès lors, cette exception ne concerne que les fonctionnaires ou employés se trouvant dans la situation prévue par le paragraphe 7 de l'article 16 du décret du 9 novembre 1853 ».

Il résulte de cet avis que tous les fonctionnaires en congé ou en inactivité doivent, quels que soient le montant de leur traitement et la durée de leur congé, verser une retenue calculée sur leur dernier traitement d'activité, sauf ceux qui se trouvent dans la situation réglée par le paragraphe 7 de l'article 16 du décret du 9 novembre 1853.

Les agents ainsi dispensés de la retenue prescrite par la loi de 1895 sont ceux qui, ayant obtenu pour raison de santé un congé de six mois au plus, restent titulaires de leur emploi, continuent à recevoir, sur le budget de l'établissement auquel ils appartiennent, tout ou partie de leur traitement, et figurent sur les états mensuels. Ces agents ne doivent subir la retenue du vingtième que sur la partie de leur traitement dont ils ont conservé la jouissance ; néanmoins, en vertu de plusieurs avis de la section des finances du Conseil d'État, la retenue du vingtième doit également être prélevée au profit du Trésor sur la seconde partie de leurs émoluments, avant qu'elle soit reversée à titre de retenue de congé (art. 3, § 4, de la loi de 1853) ou qu'elle soit ordonnancée au profit de l'intérimaire, dans le cas visé par l'article 16, § 4, du décret du 9 novembre 1853.

Quant aux professeurs de Facultés, qui obtiennent, en vertu du décret du 28 décembre 1885, des congés d'une durée supérieure à la durée de six mois, prévue au paragraphe 7 de l'article 16 du décret du 9 novembre 1853, ils doivent subir la retenue sur la totalité de leur traitement, quelle que soit la cause de leur congé. L'exception prévue par la loi du 28 décembre 1895 ne leur est applicable, ainsi qu'aux autres fonctionnaires de l'enseignement public, que dans les cas où ils auraient obtenu un congé pour cause de maladie, dans les conditions déterminées au paragraphe 7 de l'article 16 du décret du 9 novembre 1853.

Tous les autres fonctionnaires doivent donc, ainsi qu'il est dit plus haut, verser tous les ans une retenue calculée sur le montant de leur dernier traitement d'activité. Ces retenues, aux termes des instructions du Ministre des Finances, sont centralisées à la caisse du receveur central de la Seine, et perçues en vertu d'un titre que je fais établir à la fin de chaque semestre et qui est ensuite transmis à l'Administration des Finances, chargée d'en assurer le recouvrement.

Je vous prie, Monsieur le Recteur, de vouloir bien inviter les fonctionnaires de votre ressort académique qui pourraient être débiteurs vis-à-vis du Trésor, en vertu de la loi de 1895, à se libérer le plus promptement possible ; les versements peuvent être effectués dans toutes les recettes de finances au compte du receveur central de la Seine.

Recevez, etc.

Signé : A. RAMBAUD.

Lettre du Ministre de l'Instruction publique, relative à un don de Médailles en faveur des Écoles primaires. 11 mai 1897.

11 Mai 1897.

Monsieur l'Inspecteur, M. Lehmann, fondeur en caractères à Saint-Pétersbourg, a offert à mon département 20 000 médailles frappées dans ses ateliers, à l'effigie de S. M. l'Empereur Nicolas II, et destinées à être distribuées dans les Écoles primaires publiques de France.

Je me suis empressé d'accepter ce don gracieux, et j'ai l'honneur de vous annoncer qu'après avoir procédé à une répartition proportionnelle au nombre des Écoles de chaque département, je suis heureux de pouvoir mettre à votre disposition .... médailles, qui vous parviendront prochainement par la poste.

Vous voudrez bien les répartir de votre côté entre les bibliothèques scolaires les mieux tenues de votre département.

Vous aurez soin de faire remarquer aux instituteurs qu'ils ne sont que les dépositaires de la médaille, qui devra être conservée dans la bibliothèque de l'École au même titre que les livres, sans qu'il soit permis d'en disposer en faveur de qui que ce soit.

Lorsque cette distribution aura été effectuée, vous voudrez bien m'adresser la liste des bibliothèques concessionnaires.

Recevez, etc.

Signé : A. RAMBAUD.

---

14 mai 1897. **Arrêté augmentant le chiffre des Récompenses attribuées par l'arrêté du 7 décembre 1896 aux instituteurs et institutrices publics pour l'enseignement des adultes.**

14 Mai 1897.

Le Ministre de l'Instruction publique et des Beaux-Arts,

Vu le décret du 11 janvier 1895;

Vu l'arrêté du 7 décembre 1896,

Arrête :

ARTICLE UNIQUE. — Le nombre des médailles de bronze, avec prime de 100 fr., fixé par l'arrêté du 7 décembre 1896, est porté de soixante à cent.

---

15 mai 1897. **Circulaire du Ministre de l'Instruction publique, relative à l'instruction des Demandes d'admission à la retraite des Instituteurs[1].**

15 Mai 1897.

Monsieur le Préfet, ma circulaire du 24 avril dernier vous indiquait les règles à suivre pour la mise en congé des instituteurs, mais je crois utile d'ajouter aux prescriptions qu'elle renfermait, et de préciser les règles à suivre pour instruire les demandes d'admission à la retraite.

Les états de services fournis en ces dernières années étaient souvent incomplets; de là des retards, parfois même de regrettables inégalités dans le règlement des pensions, qui n'auraient pu se produire si le Ministère de l'Instruction publique avait été plus exactement renseigné sur la situation des instituteurs. J'appelle donc toute votre attention et celle des fonctionnaires chargés d'instruire les demandes de cette nature, sur la nécessité de contrôler scrupuleusement les dates et les renseignements portés sur les états de services, et de faire soigneusement connaître toutes les modifications qui se sont produites dans la situation des instituteurs, ainsi que les divers congés qu'ils ont obtenus dans le cours de leur carrière.

1. Voir, pour l'admission à la retraite, les notes en renvoi sous la circulaire du 1er *juillet* 1890 (p. 276), et la lettre du 3 *août* 1895 (p. 652).

Je vous signale surtout deux points sur lesquels les renseignements sont d'ordinaire insuffisants :

1° Lorsque les traitements, qui constituent la moyenne, dépassent le maximum prévu par la loi de 1889, il est nécessaire d'indiquer de quels éléments se compose le traitement garanti et de justifier, par la production de pièces, le vote des suppléments communaux qui ont pu être touchés, de 1881 à 1890, en plus du traitement garanti ;

2° Lorsqu'un instituteur a cessé ses fonctions avant d'être admis à la retraite, vous devez également joindre à vos propositions un rapport détaillé, et certifié par l'Inspecteur d'Académie, sur la situation de ce maître depuis qu'il a cessé d'exercer et sur les occupations auxquelles il s'est livré. Ces renseignements doivent être contrôlés avec le plus grand soin.

La circulaire du 15 décembre 1890 vous invitait à me signaler tous les services que les instituteurs désiraient faire valoir pour leur admission à la retraite, alors même qu'ils ne vous paraîtraient pas réguliers. C'est, en effet, à mon administration et au Ministère des Finances qu'il appartient de se prononcer au sujet de la validité de ces services, et il importe qu'ils soient exactement renseignés pour éviter toute réclamation ultérieure. Je vous prie de ne point l'oublier, et de joindre toujours à la demande de l'intéressé les explications qui vous paraîtraient de nature à m'éclairer.

Recevez, etc.

Signé : A. RAMBAUD.

Arrêté relatif à la durée des grandes Vacances dans les Écoles où le personnel a contribué au fonctionnement de cours réguliers d'adultes et d'adolescents. 25 mai 1897.

25 Mai 1897.

Le Ministre de l'Instruction publique et des Beaux-Arts,

Vu l'arrêté du 4 janvier 1894,

Arrête :

ARTICLE UNIQUE. — Pour la présente année scolaire, la durée des grandes vacances pourra être prolongée, sans excéder huit semaines, dans les Écoles où le personnel aura contribué au fonctionnement de cours réguliers d'adultes et d'adolescents[1].

1. « Monsieur le Préfet, conformément à un vœu émis par un certain nombre de membres du Conseil supérieur de l'Instruction publique, j'ai décidé, l'année dernière, de porter de six à huit semaines la durée des grandes vacances dans les Écoles où le personnel a contribué au fonctionnement de cours réguliers d'adultes et d'adolescents. Cette prolongation était accordée à titre de récompense pour le surcroît de travail librement consenti pendant l'année scolaire. J'ai estimé que cette mesure devait être renouvelée pour la présente année. J'ai pris, en conséquence, un arrêté dont je vous envoie ci-joint le texte en vous invitant à en assurer l'exécution. » (*Circulaire du 25 mai* 1897.)

Aux termes d'une circulaire du 12 *juillet* 1897, aux Préfets, le Ministre « estime

27 mai 1897.

Rapport et Décret relatifs aux modifications à apporter au Décret du 9 novembre 1853 sur les pensions de retraite.

27 Mai 1897.

1° Rapport au Président de la République.

Monsieur le Président, aux termes de l'article 47 du décret du 9 novembre 1853, rendu pour l'exécution de la loi du 9 juin précédent, les fonctionnaires admis à faire valoir leurs droits à la retraite peuvent être maintenus momentanément en activité, mais seulement dans le cas où l'intérêt du service l'exige.

Cette disposition trop restrictive ne permet pas de remédier à la situation défavorable dans laquelle se trouvent les fonctionnaires civils lorsque, étant admis à la retraite, ils quittent leur emploi et ne reçoivent aucune rémunération de l'État pendant les délais nécessaires à la liquidation de leur pension.

Au cours de la discussion du budget de 1897, l'attention avait été appelée sur ce point, et le Gouvernement avait pris l'engagement d'améliorer, par une modification de l'article 47 du décret de 1853, la situation des fonctionnaires admis à la retraite.

Il ne saurait être question de créer en leur faveur un droit absolu de continuer dans tous les cas leurs fonctions postérieurement à leur admission à la retraite.

D'une part, en effet, pour tous les agents qui ont un maniement de deniers ou de matières, la liquidation de la pension ne peut être effectuée que sur la production d'un certificat de non-débet, ce qui implique la cessation des fonctions. D'autre part, il n'est pas possible d'autoriser le maintien provisoire en activité de fonctionnaires admis à la retraite, soit par suite d'invalidité, soit par suite d'accident ou d'infirmités, puisque, dans ces divers cas, le droit à une pension exceptionnelle n'est ouvert, aux termes de la loi de 1853, que si l'intéressé a été reconnu hors d'état de continuer ses fonctions.

La modification qu'il y aurait lieu d'apporter à l'article 47 du décret du 9 novembre 1853 aurait donc pour but de maintenir en activité, dans les limites compatibles avec l'intérêt du service, les fonctionnaires admis à la retraite pour ancienneté, afin de restreindre au minimum le délai qui s'écoule entre la cessation de leurs fonctions et le premier payement des arrérages de leur pension.

La prolongation des services, pour les agents en instance de pension, serait ainsi la règle pour l'avenir. La cessation immédiate des fonctions, dès que l'admission à la retraite est prononcée, deviendrait au contraire l'exception.

Avantageuse aux serviteurs de l'État, cette mesure aura en outre pour effet de réduire dans une certaine proportion les charges de la dette viagère.

qu'il y a lieu de faire bénéficier de la même mesure les instituteurs et les institutrices qui ont montré un égal dévouement en contribuant de la façon la plus active au succès des œuvres post-scolaires telles que associations d'anciens élèves, patronages, réunions du dimanche, etc., ou en faisant une série de conférences aux adultes; cette série doit être au minimum de dix conférences ». C'est l'objet d'un arrêté de même date (*Bull. adm.*, 1897, t. LXII, p. 90).

Telles sont, Monsieur le Président, les considérations qui m'ont amené à préparer le projet de décret ci-joint, qui a été adopté par le Conseil d'État et que j'ai l'honneur de soumettre à votre haute sanction.

Je vous prie d'agréer, etc.

Le Ministre des Finances,
Signé : G. Cochery.

2° Décret.

Le Président de la République française,

Sur le rapport du Ministre des Finances,

Vu la loi du 9 juin 1853;

Vu le décret du 9 novembre 1853 portant règlement d'administration publique pour l'exécution de ladite loi;

Le Conseil d'État entendu,

Décrète :

Article 1er. — L'article 47 du décret du 9 novembre 1853 est modifié ainsi qu'il suit :

« Art. 47. — Le fonctionnaire admis à faire valoir ses droits à la retraite pour ancienneté, par application des paragraphes 1 et 2 de l'article 5 de la loi du 9 juin 1853, continue à exercer ses fonctions jusqu'à la délivrance de son brevet de pension, à moins de décision contraire rendue sur sa demande ou motivée soit par la suppression de son emploi, soit par l'intérêt du service.

« Après la délivrance de son brevet de pension, il peut encore, lorsque l'intérêt du service l'exige, être maintenu momentanément en activité.

« En cas de prolongation de ses services, conformément aux deux paragraphes précédents, il ne peut y avoir lieu à un supplément de liquidation, et la jouissance de la pension part du jour de la cessation effective du traitement.

« Les dispositions du présent article ne sont pas applicables aux fonctionnaires tenus de produire un certificat de non-débet. »

Art. 2. — Le présent décret ne sera appliqué qu'aux fonctionnaires admis à faire valoir leurs droits à la retraite après sa promulgation.

1er juin 1897.

Circulaire du Ministre de l'Instruction publique, relative au Recrutement du personnel enseignant des Écoles primaires élémentaires et maternelles.

1er Juin 1897.

Monsieur l'Inspecteur, des renseignements qui me sont parvenus, il résulte que les instructions qui ont fait l'objet des circulaires des 1er août 1888 et 27 avril 1892 n'ont pas toujours été suivies. Dans quelques départements, des postulants et des postulantes, pourvus du brevet supérieur, ou même du brevet élémentaire, mais qui ne sortaient pas des Écoles normales, ont été nommés stagiaires alors que des élèves-maîtres et des élèves-maîtresses sortis des Écoles normales étaient sans emploi. Ces nominations irrégulières portent un grave préjudice aux intérêts de l'enseignement. Le recrutement de notre personnel d'instituteurs et d'institutrices doit être assuré de préférence grâce aux élèves des Écoles normales, qui, par l'instruction et l'éducation professionnelles qu'ils ont reçues, par les exercices pratiques qu'ils ont suivis dans les Écoles annexes, présentent des garanties toutes particulières. Il me paraît donc nécessaire de fixer à ce sujet des règles précises dont je vous invite à ne point vous départir.

1° Lors du mouvement qui se produit pendant les vacances et au cours des mois qui suivent, les postes vacants doivent être réservés sans exception aux élèves-maîtres et aux élèves-maîtresses sortis des Écoles normales. Dans les mois qui précèdent, à partir du 1er avril, si des postes deviennent vacants, vous aurez soin de n'y pourvoir que par des délégations qui devront prendre fin avec l'année scolaire.

2° Lorsque tous les élèves-maîtres et toutes les élèves-maîtresses sortis des Écoles normales de votre département auront été nommés à des emplois, si vous disposez encore de postes, je vous invite à vous adresser à vos collègues du ressort académique et à vous assurer s'ils ne pourraient pas mettre à votre disposition des élèves-maîtres et des élèves-maîtresses sortis des Écoles normales de leurs départements. C'est seulement à défaut de ces candidats que vous pourrez avoir recours aux postulants et aux postulantes qui n'ont point passé par les Écoles normales, en choisissant de préférence ceux et celles qui ont obtenu le brevet supérieur.

3° Chaque année, du 15 au 30 janvier, vous voudrez bien m'adresser un tableau des nominations et des délégations auxquelles vous aurez procédé dans le cours de l'année scolaire antérieure.

Recevez, etc.

Signé : A. Rambaud.

---

12 juin 1897.

Circulaire du Ministre de l'Instruction publique, relative aux demandes de concession de Livres en faveur des bibliothèques populaires communales[1].

12 Juin 1897.

Monsieur le Recteur, de nombreuses demandes de concession de livres me sont adressées par les municipalités en faveur des bibliothèques populaires qu'elles ont établies ou qu'elles ont l'intention de fonder.

1. Consulter les documents suivants :
Décret du 1er *juillet* 1897, précédé d'un Rapport au Président de la République

La plupart de ces bibliothèques n'ont pas de statuts répondant aux prescriptions arrêtées par le Ministère de l'Instruction publique, et mon département ne peut, par suite, examiner utilement toutes les demandes qui lui parviennent.

J'ai, en conséquence, l'honneur de vous remettre, sous ce pli, quelques modèles du règlement ministériel auquel les bibliothèques qui solliciteraient des concessions d'ouvrages devront se conformer de la manière la plus stricte. J'ajoute que je vous serai obligé, en raison des crédits restreints et du petit nombre de livres dont dispose mon administration, de réserver la communication du modèle ci-joint aux bibliothèques populaires communales qui vous paraîtraient le plus particulièrement dignes d'encouragement.

Recevez, etc.

Signé : A. RAMBAUD.

Circulaire du Ministre de l'Instruction publique, relative aux formules des Demandes de demi-place présentées par les instituteurs aux gares de chemins de fer. 19 juin 1897.

19 Juin 1897.

Monsieur l'Inspecteur, les nouvelles formules de demandes de demi-place en faveur des instituteurs et institutrices primaires, établies conformément à la circulaire du 5 mai 1896, comportent sept coupons placés à la droite de chaque demande et qui sont successivement détachés par les gares de départ ou d'arrêt, en échange de billets simples à demi-tarif pour les parcours indiqués. Ces coupons reproduisent le numéro d'ordre de la formule de demande et de sa souche. Or, il a été reconnu que ce numéro n'était d'aucune utilité et que sa suppression permettrait par contre de réduire les frais occasionnés par le numérotage des nouvelles formules.

Il a été décidé, en conséquence, que désormais les carnets de demandes de demi-place soumis par les Inspecteurs d'Académie au visa des Directeurs des Compagnies de Chemins de fer seront numérotés seulement sur la demande et sa souche.

On pourra donc supprimer l'indication « N°..... » sur les sept coupons dont il s'agit, lorsqu'il sera procédé à la réimpression de nouveaux carnets, ce qui augmentera d'autant l'espace réservé à l'inscription du parcours.

Je vous prie de vous conformer à ces instructions et d'en donner connaissance à MM. les Inspecteurs de l'enseignement primaire de votre département.

Recevez, etc.

Signé : A. RAMBAUD.

française, relatif aux bibliothèques publiques des villes (*Bull. adm.*, 1897, t. LXII, p. 439 et 444);

Lettre ministérielle du 5 *novembre* 1897, aux maires, relative aux droits de l'État et des villes sur les collections des bibliothèques populaires (*Ibid.*, p. 1089);

Arrêté du 25 *octobre* 1898, instituant une Commission unique des bibliothèques de l'enseignement primaire (*Bull. adm.*, 1898, t. LXIV, p. 1009).

---

29 juin 1897. **Circulaire du Ministre de l'Instruction publique, rappelant l'interdiction faite aux fonctionnaires de se livrer à des opérations commerciales.**

29 Juin 1897.

Monsieur le Recteur, plusieurs administrations ont constaté que certains fonctionnaires se livraient à des opérations commerciales, soit ouvertement, soit sous le couvert de prête-noms. Le Gouvernement ne saurait admettre une telle situation.

Déjà la loi du 30 octobre 1886 sur l'organisation de l'enseignement primaire interdit aux instituteurs et aux institutrices publics les professions commerciales et industrielles. Mais je tiens à rappeler, d'une manière générale, aux divers fonctionnaires de l'Université qu'ils doivent toute leur activité au service de l'État.

Ils ne pourraient que perdre une partie de leur autorité dans cette confusion de leurs fonctions avec les affaires commerciales; ils s'exposeraient à être accusés de subordonner leurs devoirs professionnels à des préoccupations personnelles et à être suspectés d'employer l'autorité qui leur est déléguée à favoriser des intérêts particuliers et à créer au commerce une concurrence facile.

Je vous prie donc, Monsieur le Recteur, de renouveler expressément ces prescriptions au personnel de tout ordre placé sous votre direction. Vous mettrez en demeure d'opter ceux qui ne s'y seraient point conformés.

Recevez, etc.

Signé : A. RAMBAUD.

---

26 juillet 1897. **Circulaire du Ministre de l'Instruction publique, relative aux Maîtresses de couture dans les Écoles mixtes.**

26 Juillet 1897.

Monsieur le Préfet, en vue d'assurer, en 1897, l'exécution des prescriptions de l'article 50 de la loi de finances du 16 avril 1895, le Parlement a mis à ma disposition un crédit de 100 000 francs. Par la nouvelle réduction opérée sur ce crédit, le Parlement a voulu rappeler que la nomination des instituteurs à la tête des Écoles mixtes ne peut être faite qu'en vertu d'une simple tolérance.

En effet, la loi du 30 octobre 1886, après avoir établi en principe, dans son article 6, § 1er, que l'enseignement devait être donné par des institutrices dans les Écoles mixtes, ajoute, au paragraphe 3 :

« Toutefois le Conseil départemental peut, à titre provisoire et par une décision toujours révocable, permettre à un instituteur de diriger une École mixte, à la condition qu'il lui soit adjoint une maîtresse de travaux de couture. »

Les termes mêmes de cette dernière disposition font ressortir le caractère tout à fait transitoire que doivent avoir les nominations d'instituteurs à la tête d'une École mixte, ainsi que la situation anormale dans laquelle se trouvent les maîtres.

Plusieurs départements ont déjà toutes leurs Écoles mixtes confiées à des institutrices; il n'est donc pas téméraire de penser que, dans les autres, on pourrait tout au moins diminuer sensiblement le nombre des Écoles mixtes qui sont encore dirigées par des instituteurs. C'est là le but que le Parlement veut atteindre par la diminution progressive du crédit spécialement affecté aux maîtresses de couture. Il est à présumer, du reste, que ce crédit disparaîtra totalement pour l'année 1898.

Je vous prie donc, Monsieur le Préfet, de vous concerter avec M. l'Inspecteur d'Académie pour porter remède à une situation qui ne peut que devenir onéreuse pour les communes, si les Chambres, comme elles en ont manifesté l'intention, suppriment le crédit spécial pour les maîtresses de couture.

D'autre part, vous voudrez bien m'adresser vos propositions pour la répartition, en 1897, entre les communes intéressées, du crédit dont je dispose.

Vos propositions seront établies sur des cadres conformes au modèle joint à ma circulaire du 30 mai 1895 ; elles seront divisées en deux parties : la première contiendra les communes qui ont demandé le remplacement, par une institutrice, de l'instituteur actuellement chargé de l'École mixte, et auxquelles vous n'avez pu, jusqu'ici, donner satisfaction. Il me paraît naturel et équitable que l'État subventionne ces communes avant toutes autres, puisque, en acceptant une institutrice, elles ne demandaient qu'à faire l'économie de l'indemnité qui, à défaut de personnel, a dû rester à leur charge. Dans la seconde partie, seront inscrites les communes qui, bien qu'ayant préféré le maintien de l'instituteur, ne disposent pas de ressources suffisantes pour faire face à la dépense à laquelle elles ont librement consenti ; mais je ne saurais trop insister auprès de vous pour que seules les communes de cette dernière catégorie, dont la situation financière est réellement obérée, soient comprises dans vos propositions.

Dès que les renseignements que je vous demande me seront parvenus, j'examinerai dans quelle limite il me sera possible de venir en aide aux communes pour le payement des indemnités dues aux maîtresses de couture.

Je vous serai donc très obligé de me transmettre votre travail, en double exemplaire, le 5 août *au plus tard*.

Recevez, etc.

Signé : A. RAMBAUD.

Décret relatif au prélèvement de la retenue du douzième à supporter par les fonctionnaires lors de la première nomination ou en cas de réintégration[1].

28 juillet 1897.

28 Juillet 1897.

Le Président de la République française,

Sur le rapport du Ministre des Finances;

Vu les articles 3, 4 et 35 de la loi du 9 juin 1853 ;

Vu l'article 28 de la loi de finances du 29 mars 1897;

Vu le décret portant règlement d'administration publique du 9 novembre 1853 ;

1. Consulter la circulaire interprétative du 11 *février* 1898 aux Préfets (*à sa date*).

Le Conseil d'État entendu,

Décrète :

ARTICLE 1er. — La retenue du douzième que les fonctionnaires et employés doivent supporter sur les rétributions, conformément aux articles 3 et 4 de la loi du 9 juin 1853, lors de la première nomination ou en cas de réintégration, est exercée par quart sur les quatre premières allocations qui sont acquises pour un mois entier au fonctionnaire ou à l'employé.

Les fonctionnaires et employés rétribués au moyen de salaires ou de remises variables ont la faculté de verser la retenue du douzième par quart et mensuellement dans le cours des quatre mois qui suivent leur installation.

Ceux qui sont rétribués par trimestre subissent la retenue du quart des allocations mensuelles comprises intégralement dans la première allocation qui leur est faite. Le complément de la retenue est prélevé sur les allocations suivantes.

ART. 2. — En cas de décès, de démission ou de révocation survenu avant que la retenue du douzième ait été totalement versée, la partie non recouvrée de cette retenue est prélevée jusqu'à due concurrence sur les rétributions restant dues au fonctionnaire ou à l'employé.

Dans le cas où le fonctionnaire démissionnaire ou révoqué est réintégré dans ses fonctions ou dans des fonctions différentes avant d'avoir versé l'intégralité de la retenue du premier douzième, il a à subir, en une fois, sur sa première allocation mensuelle, la retenue de ce qui restait dû sur le douzième exigible au moment de sa première nomination.

Le fonctionnaire ou l'employé ayant cessé temporairement ses fonctions pour accomplir son service militaire ou pour cause de maladie, puis rappelé à l'activité avant que la retenue du douzième ait été totalement versée, continue à subir cette retenue par quart jusqu'à complet acquittement.

ART. 3. — Les fractions de retenue de douzième prélevées conformément à l'article 28 de la loi du 29 mars 1897 sont rattachées au même exercice que les rétributions sur lesquelles elles portent; les ordonnances et mandats émis par les ordonnateurs doivent indiquer l'ordre des prélèvements par 1er, 2e, 3e, 4e et dernier quart, et rappeler le numéro du dernier mandat sur lequel le précédent prélèvement a été fait.

Les versements opérés au même titre par les fonctionnaires ou employés rétribués au moyen de remises variables sont rattachés à l'exercice de l'année pendant laquelle le fonctionnaire a été installé. Il en est de même des versements opérés par les fonctionnaires et employés rétribués sur d'autres fonds que ceux de l'État et admis au bénéfice de la loi du 9 juin 1853.

Toutefois, si l'exercice de l'année de l'installation est clos au moment du versement, la retenue est rattachée à l'exercice courant.

Décret modifiant les articles 62, 110 et 186 du Décret du 18 janvier 1887, relatifs à la nomination des directeurs d'Écoles normales et à l'examen du Certificat d'aptitude à l'Inspection de l'enseignement primaire et à la direction des Écoles normales primaires. 31 juillet 1897.

31 Juillet 1897.

Le Président de la République française,

Sur le rapport du Ministre de l'Instruction publique et des Beaux-Arts,

Vu la loi du 30 octobre 1886 ;

Vu le décret du 18 janvier 1887;

Vu le décret du 18 janvier 1893 ;

Vu le décret du 15 janvier 1894 ;

Le Conseil supérieur de l'Instruction publique entendu,

Décrète :

Les articles 62, 110 et 186 du décret du 18 janvier 1887 sont modifiés ainsi qu'il suit :

« ART. 62. — Le directeur de l'École normale est nommé par le Ministre de l'Instruction publique.

« Les directeurs d'École normale doivent être pourvus du certificat d'aptitude au professorat des Écoles normales et des Écoles primaires supérieures ou de la licence ès lettres ou d'une des licences ès sciences instituées par le décret du 22 janvier 1886 et du certificat d'aptitude à l'Inspection des Écoles primaires et à la direction des Écoles normales. Ils doivent être âgés de trente ans révolus.

« ART. 110. — Les aspirants au certificat d'aptitude à l'Inspection des Écoles primaires et à la direction des Écoles normales doivent être âgés de vingt-cinq ans révolus au moment de leur inscription, justifier de cinq ans d'exercice au moins dans les établissements publics d'enseignement supérieur, secondaire ou primaire, et être pourvus de l'un des titres suivants : certificat d'aptitude au professorat, licence ès lettres ou ès sciences.

« Les instituteurs publics titulaires sont dispensés de produire le certificat d'aptitude au professorat pour se présenter à l'examen de l'inspection, s'ils comptent dix années de services, soit comme directeurs, soit comme adjoints dans une École primaire élémentaire ou supérieure, et s'ils sont pourvus du brevet supérieur et du certificat d'aptitude pédagogique.

« Ces dispositions sont applicables aux aspirantes comme aux aspirants.

« Les secrétaires et les commis d'inspection académique qui comptent, au jour de l'examen, dix années de services, dont cinq ans au moins dans les établissements d'enseignement primaire ci-dessus désignés, bénéficieront de la même dispense.

« La liste des candidats est arrêtée par le Ministre de l'Instruction publique et des Beaux-Arts.

« ART. 186. — Les aspirants au certificat d'aptitude à l'inspection primaire pourront, à défaut des titres mentionnés à l'article 110, produire les titres suivants : certificat d'aptitude à l'enseignement secondaire spécial, baccalauréat ès lettres et ès sciences, ou, à défaut de ce dernier, baccalauréat de l'enseignement secondaire spécial. »

---

31 juillet 1897. **Décret modifiant les articles 70 et 71 du Décret du 18 janvier 1887, relatifs à l'admission des élèves-maîtres dans les Écoles normales primaires.**

31 Juillet 1897.

Le Président de la République française,

Sur le rapport du Ministre de l'Instruction publique et des Beaux-Arts,

Vu la loi du 9 août 1879;

Vu le décret du 18 janvier 1887;

Le Conseil supérieur de l'Instruction publique entendu,

Décrète :

Les articles 70 et 71 du décret du 18 janvier 1887 sont modifiés ainsi qu'il suit :

« ART. 70. — Tout candidat doit :

« 1° Avoir seize ans au moins, dix-huit ans au plus au 1er octobre de l'année durant laquelle il se présente;

« 2° Être pourvu du brevet élémentaire;

« 3° S'être engagé à servir pendant dix ans dans l'enseignement public;

« 4° N'être atteint d'aucune infirmité ou maladie le rendant impropre au service de l'enseignement[1].

« Des dispenses d'âge peuvent être accordées par le Recteur, pourvu qu'elles ne dépassent pas une durée de six mois[2].

« ART. 71. — Nul ne peut se présenter au concours plus de deux fois, à moins d'une autorisation spéciale accordée par le Recteur. »

Arrêté modifiant l'article 153 de l'Arrêté du 18 janvier 1887, complété par l'Arrêté du 24 janvier 1896, relatif à l'examen du Brevet supérieur. 31 juillet 1897.

31 Juillet 1897.

Le Ministre de l'Instruction publique et des Beaux-Arts,

Vu l'arrêté du 18 janvier 1887, complété par l'arrêté du 24 janvier 1896;

Le Conseil supérieur de l'Instruction publique entendu,

Arrête :

L'article 153 de l'arrêté du 18 janvier 1887, complété par l'arrêté du 24 janvier 1896, est modifié ainsi qu'il suit :

« ART. 153. — Les épreuves des deux séries sont notées de 0 à 20.

« La note 0 pour l'une quelconque des épreuves est éliminatoire.

« Tout candidat qui n'aura pas obtenu un total de 40 points pour l'ensemble des épreuves de la première série ne sera pas admis à subir les épreuves de la seconde.

1. Voir aux *Annexes* le *Rapport* présenté par M. le Dr LAUNOIS au nom de la Commission chargée de déterminer les conditions d'aptitude physique que devront remplir les aspirants et aspirantes aux Écoles normales primaires, accompagné de l'arrêté du 9 *juillet* 1897 et de la circulaire du 23 *juillet* 1897.

2. « Les candidats au concours d'admission aux Écoles normales âgés de plus de dix-huit ans, qui se sont déjà présentés une première fois en 1897, pourront être autorisés à prendre part au concours une deuxième fois, en 1898, par décision ministérielle rendue après avis du Recteur. » (*Avis, Bull. adm.*, 1897, t. LXII, p. 1084.)

« M. le Ministre a décidé de proroger pour l'année 1899 la mesure transitoire en vertu de laquelle les candidats au concours d'admission des Écoles normales primaires, âgés de plus de dix-huit ans et s'étant déjà présentés, peuvent bénéficier d'une dispense d'âge excédant six mois, par décision ministérielle rendue après avis du Recteur. » (*Avis, Bull. adm.*, 1898, t. LXIV, p. 1062.)

« Pour les épreuves de la première série, les notes de langue française et de sciences peuvent compenser l'insuffisance des notes de dessin et de langues vivantes; mais les notes de dessin et de langues vivantes ne peuvent compenser l'insuffisance des notes de langue française et de sciences[1].

« Peuvent être ajournés, après délibération spéciale du jury, les candidats qui n'auront pas obtenu la note 5 pour l'une des quatre matières.

« Tout candidat qui n'a pas obtenu un total de 70 points pour les épreuves de la seconde série est ajourné. »

---

31 juillet 1897. **Arrêté modifiant les articles 256, 257, 259 et 260 de l'Arrêté du 18 janvier 1887, complété par l'Arrêté du 24 juillet 1888, relatif au Certificat d'études primaires.**

31 Juillet 1897.

Le Ministre de l'Instruction publique et des Beaux-Arts,
Vu la loi du 30 octobre 1886;
Vu le décret et l'arrêté du 18 janvier 1887;
Le Conseil supérieur de l'Instruction publique entendu,
Arrête[2] :

Les articles 256, 257, 259 et 260 de l'arrêté du 18 janvier 1887 sont modifiés ainsi qu'il suit[3] :

1. « L'arrêté du 31 juillet 1897 divise les épreuves de la première série du brevet supérieur en deux groupes, qui sont, d'une part, la langue française et les sciences, et, de l'autre, le dessin et les langues vivantes.

« Les notes du premier groupe d'épreuves peuvent compenser l'insuffisance des notes du deuxième groupe; mais la réciprocité n'est pas admise.

« Toutefois, les épreuves d'un même groupe, celles de langues vivantes et de dessin, par exemple, peuvent se compenser entre elles, sous la réserve contenue dans le cinquième paragraphe du nouvel article 153; par conséquent, le candidat qui aurait 15 pour le dessin et 5 pour les langues, avec 20 points pour les deux autres épreuves, devrait être déclaré admissible.

« Je vous prie de prendre les dispositions nécessaires pour que l'arrêté du 31 juillet 1897 soit interprété dans le sens des explications qui précèdent. » (*Circulaire du Vice-Recteur aux Inspecteurs d'Académie du ressort*, 18 *octobre* 1897.)

2. Les dispositions de l'arrêté du 31 *juillet* 1897 n'ont pas été appliquées à la session extraordinaire de 1897, ouverte dans chaque département à l'époque de la rentrée scolaire, pour les jeunes gens et les jeunes filles qui, n'ayant pas fait leurs études dans une École primaire publique, se proposaient d'entrer dans une École primaire supérieure (*Avis, Bull. adm.*, 1897, t. LXII, p. 660).

3. Voir la circulaire du 12 *janvier* 1898 aux Inspecteurs d'Académie, relative à l'examen du certificat d'études primaires élémentaires (*à sa date*).

« ART. 256. — Les épreuves de l'examen[1] sont de deux sortes : les épreuves écrites et les épreuves orales.

« Les épreuves écrites ont lieu à huis clos sous la surveillance des membres de la Commission. Elles comprennent :

« 1° Une dictée d'orthographe de 15 lignes au plus ; le point final de chaque phrase est indiqué.

« La dictée peut servir d'épreuve d'écriture courante ;

« 2° Deux questions d'arithmétique portant sur les applications du calcul et du système métrique avec solution raisonnée ;

« 3° Une rédaction d'un genre simple portant, suivant un choix à faire par l'Inspecteur d'Académie, sur l'un des trois ordres de sujets ci-dessous :

a) Instruction morale ou civique ;

b) L'histoire et la géographie ;

c) Notions élémentaires des sciences avec leurs applications.

« Il est ajouté :

« 1° Pour les garçons une quatrième épreuve écrite[2], comptant seulement pour l'admission définitive et comprenant, pour les Écoles rurales, une ou plusieurs questions choisies dans le programme d'agriculture du cours moyen, et, pour les Écoles urbaines, un exercice très simple de dessin linéaire ou d'ornement tiré du programme du cours moyen[3] ;

« 2° Pour les jeunes filles, un travail de couture usuelle sous la surveillance d'une dame désignée à cet effet[4].

1. Il résulte des dispositions générales applicables à tous les examens qu'aucun candidat ne peut subir plusieurs fois le même examen devant des jurys différents au cours d'une même session. Cette règle est applicable à l'examen du certificat d'études primaires élémentaires (*Avis*, *Bull. adm.*, 1898, t. LXIII, p. 865).

2. Voir, *à sa date*, la circulaire du 12 *janvier* 1898, relative à l'interprétation de la nature de cette épreuve.

3. Voir la circulaire adressée à ce sujet, le 15 *décembre* 1897, par M. l'Inspecteur d'Académie du Cher à MM. les Inspecteurs primaires du département (Tome XXIII, 2e supplément aux nos 8, 9 et 10 du *Bulletin de l'Instruction primaire du Cher*, in-8° de 35 pages, Bourges, impr. M. H. Sire).

4. M. le Ministre a décidé (9 mars 1898) que « les jeunes filles ont obligatoirement « à subir une épreuve de couture usuelle ; mais les épreuves d'agriculture et de « dessin pour lesquelles la répartition entre Écoles rurales et Écoles urbaines est « nécessaire, n'étant pas dans le programme de l'examen des aspirantes, il n'y a pas « lieu de faire pour les Écoles de filles le classement prévu en ce qui concerne les « Écoles de garçons ».

D'autre part, M. le Ministre a décidé (21 juin 1898) que les aspirantes au certificat d'études primaires élémentaires pourraient être autorisées, ainsi que par le passé, à subir facultativement une épreuve d'agriculture.

Cette épreuve consistera, comme pour les garçons, en une épreuve écrite qui donnera lieu, quand la note minimum 5 aura été obtenue, à une mention spéciale sur le diplôme.

« Les textes et les sujets de composition, choisis par l'Inspecteur d'Académie, sont remis à l'ouverture des épreuves, sous pli cacheté, au président de la Commission.

« Les compositions portent, en tête et sous pli fermé, les noms et prénoms des candidats, avec l'adresse de leur famille. Ce pli n'est ouvert qu'après achèvement de la correction des copies et l'inscription des notes données pour chacune d'elles.

« Les candidats pourront présenter à la Commission, à titre de renseignement, un cahier de devoirs mensuels ou, à défaut, un cahier de devoirs courants.

« ART. 257. — Le temps accordé pour chaque épreuve et le chiffre servant à en apprécier le mérite sont ainsi déterminés :

NATURE DES ÉPREUVES.		TEMPS DONNÉ pour les épreuves.	CHIFFRE MAXIMUM d'appréciation.
1re série (Admissibilité).	Orthographe [1]	. . . .	10
	Écriture	. . . .	10
	Calcul	Une heure.	10
	Rédaction	Une heure.	10
	Couture	Une heure.	10
2e série.	Agriculture ou dessin (Épreuve obligatoire pour les garçons)	Une heure.	10
	Lecture et récitation	. . . .	10
	Histoire et géographie	. . . .	10

1. Le texte est lu préalablement à haute voix, dicté, puis relu, et cinq minutes sont accordées aux candidats pour revoir leurs copies.

« La nullité d'une épreuve entraîne l'élimination.

« Les compositions sont corrigées séance tenante par les membres de la Commission.

« L'indication de la note est portée :

« 1° En tête de chaque copie; 2° sur un tableau dressé à cet effet.

« Ne sont admis aux épreuves orales que les candidats qui ont obtenu au moins la moyenne des points pour la première série d'épreuves, soit 20 pour les garçons et 25 pour les filles.

« L'épreuve d'agriculture ou de dessin sera assimilée aux épreuves orales, avec lesquelles elle comptera pour l'admission définitive.

« ART. 259. — Les points obtenus pour les épreuves orales sont ajoutés aux points obtenus pour les épreuves écrites.

« Nul n'est définitivement déclaré apte à recevoir le certificat d'études s'il n'a obtenu la moitié au moins du total maximum des points accordés pour les deux séries d'épreuves, soit 35 points pour les garçons et pour les filles.

« ART. 260. — Outre les matières ci-dessus énoncées, l'examen peut comprendre, pour les filles, un exercice de dessin linéaire ou d'ornement. Cette épreuve facultative peut également être subie, sur leur demande, par les élèves des Écoles rurales de garçons, pour lesquels l'épreuve d'agriculture est seule obligatoire[1].

« Il est fait mention, sur le certificat, de ces matières facultatives pour lesquelles le candidat a obtenu la note 5. »

Circulaire du Ministre de l'Instruction publique, relative à la suppression des Auditeurs et des Auditrices libres dans les Écoles normales. 13 août 1897.

13 Août 1897.

Monsieur le Recteur, par une circulaire en date du 3 mai 1892, un de mes prédécesseurs vous a fait connaître les conditions auxquelles un certain nombre de jeunes gens et de jeunes filles pourraient être autorisés à suivre les cours des Écoles normales en qualité d'auditeurs ou d'auditrices libres.

Il s'agissait alors de permettre à des candidats aux fonctions d'instituteur et d'institutrice, pourvus seulement du brevet élémentaire, de compléter leurs études et de se former aux meilleures méthodes d'enseignement, en attendant le moment où ils seraient appelés à un emploi de stagiaire.

Ces jeunes gens ne pouvaient être reçus que comme externes et seulement dans les départements où le nombre des élèves-maîtres ne suffirait pas aux besoins du recrutement. Enfin il était bien entendu que ces auditeurs libres ne jouiraient d'aucune des prérogatives accordées aux élèves-maîtres ou élèves-maîtresses entrés par la voie du concours.

Réduite dans ces limites, l'admission d'élèves libres constituait une tentative intéressante, dont on pouvait attendre les meilleurs résultats.

Mais j'ai eu le regret de constater, en examinant la situation actuelle des auditeurs et auditrices libres dans les Écoles normales, que l'institution avait complètement dévié de son but.

Peu à peu et par la force des choses, les conditions posées par la circulaire du 3 mai 1892 ont été supprimées. A l'admission temporaire et provisoire de quelques candidats inscrits dans les bureaux de l'Inspection académique en vue

1. Par mesure transitoire, les candidats pourvus du certificat d'études primaires obtenu avant le nouveau règlement pourront subir en 1898, d'après l'ancien régime (voir, p. 115, art. 260), des interrogations sur l'agriculture en vue de faire compléter leur diplôme par une mention sur cette matière (*Avis, Bull. adm.*, 1898, t. LXIII, p. 342). — Cette mesure a été également appliquée en 1899 (*Avis, Bull. adm.*, 1899, t. LXV, p. 639). « Cette mesure est prise à titre exceptionnel; elle ne sera pas renouvelée. »

d'une délégation de stagiaire et désireux de compléter leur éducation professionnelle, s'est substitué un régime qui ne tend à rien moins qu'à créer deux catégories très distinctes d'élèves d'École normale : les élèves entrés par la voie du concours et les élèves payants. Chaque année, en effet, à la suite de l'examen, des candidats qui ont échoué sollicitent et obtiennent l'autorisation d'entrer à l'École normale moyennant le prix de la pension payée par l'État pour les aspirants reçus définitivement.

D'autres sont reçus aux mêmes conditions sans avoir affronté les épreuves de l'examen.

Il y a là, Monsieur le Recteur, une grave dérogation aux principes de notre législation scolaire.

Les auditeurs et auditrices libres ont été, il est vrai, pour la plupart, inscrits sur la liste supplémentaire d'admissibilité et ils réparent, en général, leur échec au bout de leur première année de scolarité. Mais, outre qu'au point de vue pédagogique la marche des études ne peut pas ne pas souffrir de cette organisation, il est impossible, vous ne l'ignorez pas, de suivre pour l'admission des auditeurs libres l'ordre d'inscription sur la liste supplémentaire. Ceux-là seuls obtiennent cette faveur qui peuvent payer le prix de la pension, de sorte que leur admission peut passer pour un privilège accordé non au mérite, mais à la fortune.

Il m'a paru, Monsieur le Recteur, qu'il y avait lieu de mettre fin à cet état de choses.

Il importe que le principe de la gratuité soit observé conformément à la loi, aussi bien dans les Écoles normales que dans les autres établissements publics d'enseignement primaire et que le recrutement des élèves-maîtres et des élèves-maîtresses s'opère exclusivement par la voie du concours.

J'ai décidé, en conséquence, qu'*à partir du 1er octobre prochain, aucun auditeur ou auditrice ne serait reçu dans les Écoles normales primaires.*

Recevez, etc.

Signé : A. RAMBAUD.

---

31 déc. 1897.

Décret relatif aux Indemnités de résidence dues au personnel enseignant des Écoles primaires publiques, à la suite du dénombrement de 1896[1].

31 Décembre 1897.

Le Président de la République française,

Sur le rapport du Ministre de l'Intérieur, du Ministre des Finances et du Ministre de l'Instruction publique et des Beaux-Arts;

Vu la loi du 19 juillet 1889, modifiée par la loi du 25 juillet 1893, notamment les articles 4, 12 et 48 de cette loi;

Vu la loi du 30 octobre 1886;

1. Un décret de même date a fixé les indemnités de résidence dues au personnel enseignant des Écoles primaires publiques de l'Algérie, à la suite du dénombrement de 1896 (*Bull. adm.*, 1897, t. LXII, p. 1358).

Vu le décret du 27 mai 1888;

Vu le règlement d'administration publique, en date du 31 janvier 1890, relatif aux indemnités de résidence dues au personnel enseignant des Écoles primaires publiques;

Vu le règlement d'administration publique, en date du 6 septembre 1890, relatif aux indemnités de résidence dues au personnel enseignant dans les localités qui possèdent des Écoles de section;

Vu le décret portant règlement d'administration publique du 19 juillet 1894, relatif aux indemnités de résidence à allouer au personnel enseignant des Écoles primaires publiques dans les communes du département de la Seine;

Vu le décret du 31 décembre 1896 portant dénombrement de la population et les décrets rectificatifs qui ont suivi;

Le Conseil d'État entendu,

Décrète :

ARTICLE 1er. — A partir du 1er janvier 1898, les indemnités de résidence dues au personnel enseignant des Écoles primaires publiques sont fixées, pour chaque commune et pour chaque localité possédant une École de section et ayant plus de 1 000 habitants de population agglomérée, conformément aux tableaux A et B annexés au présent décret[1].

ART. 2. — Les Ministres de l'Intérieur, des Finances, de l'Instruction publique et des Beaux-Arts sont chargés, chacun en ce qui le concerne, de l'exécution du présent décret, qui sera inséré au *Bulletin des Lois*.

Circulaire du Ministre de l'Instruction publique, relative à l'examen du Certificat d'études primaires élémentaires. 12 janvier 1898.

12 Janvier 1898.

Monsieur l'Inspecteur d'Académie, mon attention a été appelée sur les difficultés que présente l'interprétation de l'arrêté du 31 juillet 1897 relatif à l'examen du certificat d'études primaires élémentaires.

Le règlement porte que « il est ajouté pour les garçons une quatrième épreuve écrite, comptant seulement pour l'admission définitive et comprenant,

1. Voir ces tableaux, *Bull. adm.*, 1897, t. LXII, p. 1327 et 1355; et les décrets qui y ont ultérieurement apporté des modifications : 7 *juin* 1898 (*Bull. adm.*, 1898, t. LXIII, p. 809); 23 *septembre* 1898 (*Bull. adm.*, 1898, t. LXIV, p. 803); 27 *janvier* 1899 (*Bull. adm.*, 1899, t. LXV, p. 123); 6 *mars* 1899 (*Ibid.*, p. 280); 29 *juillet* 1899 (*Bull. adm.*, 1899, t. LXVI, p. 320).

pour les Écoles rurales, une ou plusieurs questions, choisies dans le programme d'agriculture du cours moyen et, *pour les Écoles urbaines*, un exercice très simple de dessin linéaire ou d'ornement tiré du programme du cours moyen ».

Bien que les deux enseignements, celui de l'agriculture et celui du dessin, soient obligatoires dans les Écoles primaires, les candidats au certificat d'études primaires élémentaires n'ont pas nécessairement à subir une épreuve sur ces deux matières du programme. Ils sont examinés sur l'une ou sur l'autre suivant qu'ils appartiennent à une École rurale ou à une École urbaine.

Or il a paru difficile d'établir cette classification des Écoles primaires. En l'adoptant, le Conseil supérieur de l'Instruction publique a estimé qu'il fallait s'attacher, pour ranger les Écoles dans l'une ou l'autre catégorie, à la profession généralement suivie par les parents des élèves qui fréquentent l'établissement. Telle École de campagne reçoit en majorité des enfants d'ouvriers employés dans des usines ou dans des ateliers; telle École de grande ville, installée dans un faubourg, est fréquentée surtout par des élèves appartenant à des familles de maraîchers ou de cultivateurs de la banlieue ; telle autre enfin, établie dans une localité importante, serait rangée parmi les Écoles urbaines si la plupart des habitants ne s'occupaient d'élevage ou d'agriculture.

Ce sont là des questions de fait dont vous serez juge. Vous aurez à en tenir compte pour dresser, sur la proposition des Inspecteurs de l'enseignement primaire, la liste des Écoles soit urbaines, soit rurales.

La nature de l'épreuve obligatoire résultera nécessairement de cette classification. Toutefois, par mesure spéciale dont il vous appartiendra d'apprécier l'opportunité, des élèves d'Écoles rurales pourront être autorisés à subir l'épreuve de dessin, et des élèves d'Écoles urbaines l'épreuve d'agriculture, sur la demande motivée des parents et après avis favorable du directeur de l'École et de l'Inspecteur primaire. Cette mesure, d'ailleurs, ne doit pas avoir pour conséquence de supprimer ou d'amoindrir celui des deux enseignements qui ne figurera pas comme épreuve obligatoire à l'examen du certificat d'études. Le dessin sera toujours enseigné dans les Écoles rurales et l'agriculture dans les Écoles urbaines.

Les élèves des Écoles privées seront soumis, en ce qui concerne la nature de l'épreuve obligatoire et la faculté d'option, au même régime que ceux des Écoles publiques.

Les candidats instruits dans la famille subiront l'une ou l'autre des deux épreuves, suivant la demande qui en sera faite par leurs parents.

Il importe enfin de bien déterminer la nature des épreuves d'agriculture et de dessin à cet examen. Pour le choix de la première épreuve, vous voudrez bien vous reporter à l'instruction ministérielle du 4 janvier 1897, vous y trouverez l'indication de tous les sujets qui peuvent être proposés.

En ce qui concerne l'épreuve de dessin, vous remarquerez qu'au cours moyen, conformément au programme officiel, les élèves ne font pas encore usage des instruments proprement dits (compas, tire-ligne, etc.); les exercices de dessin doivent s'exécuter à main levée. Ils consistent :

1° En une reproduction à vue d'un ornement plan, à contour régulier indiqué, tantôt par un dessin mural ou tracé au tableau par le maître, tantôt par un texte dicté qui en indique clairement la forme et les dimensions ;

2° Dans le dessin à vue d'un modèle en plâtre représentant un ornement plan d'un faible relief;

3° Et même dans le croquis coté d'un solide ou d'un objet de forme géométrique très simple. La nouvelle épreuve pour les élèves des Écoles urbaines consistera donc en un exercice emprunté à l'une des trois catégories précédentes.

Dans le cas où votre choix portera sur un sujet des deux dernières catégories, il importe que la forme des modèles en nature ne soit jamais compliquée ; les meilleurs modèles sont ceux-là mêmes qu'on reproduit dans les bonnes Écoles urbaines; l'École normale d'instituteurs vous en fournira, au besoin, des spécimens variés.

En aucun cas, le sujet de l'épreuve de dessin ne devra consister en une simple copie d'un dessin, d'une lithographie ou d'une gravure.

J'ai décidé que le candidat qui aura subi l'épreuve obligatoire de dessin ou d'agriculture pourra, dans la même session ou à une session ultérieure, se présenter pour l'autre épreuve considérée comme facultative.

Vous voudrez bien donner connaissance de la présente circulaire à MM. les Inspecteurs de l'enseignement primaire et veiller à l'exécution des dispositions qu'elle contient.

Recevez, etc.

Signé : A. RAMBAUD.

Circulaire du Ministre de l'Instruction publique, relative aux Voyages à demi-tarif des instituteurs et des institutrices. 25 janvier 1898.

25 Janvier 1898.

Monsieur l'Inspecteur d'Académie, des pourparlers ont été engagés avec les Compagnies de chemins de fer en vue de simplifier les formalités exigées pour les voyages des instituteurs publics.

Les dispositions nouvelles que quelques-unes des Compagnies ont déjà acceptées en principe, consisteront à accorder aux instituteurs ou aux institutrices se rendant, soit quotidiennement, soit périodiquement ou habituellement, d'une station déterminée à une autre déterminée, tant pour convenances personnelles que pour nécessité de service, soit des cartes permanentes à demi-tarif, soit des cartes d'abonnement, peut-être à prix réduit, sur le prix ordinaire de ces cartes.

Ces cartes permanentes, valables pour une année, donneront aux titulaires le droit de bénéficier, entre les stations indiquées par eux, de la réduction de moitié sur le tarif ordinaire et même de réductions plus fortes sur les réseaux qui consentiront à accorder des abonnements à prix réduits.

Lesdites cartes permanentes, valables pendant un an, seront délivrées aux instituteurs et institutrices publics qui voyagent périodiquement une ou plusieurs fois par mois, ou même par semaine, entre deux points déterminés. Ces cartes permettront d'obtenir, sur simple présentation, la délivrance d'un billet à demi-tarif.

Quant aux abonnements, ils dispenseront même de prendre des billets.

Pour tous les autres voyages qui auront lieu au cours de l'année, les instituteurs et institutrices continueront à produire la demande de demi-place dans les conditions actuellement en vigueur.

Afin de pouvoir terminer les négociations avec les Compagnies dans les conditions ci-dessus prévues, je vous prie de vouloir bien faire établir de suite la liste des instituteurs et des institutrices de votre département qui désireraient bénéficier de l'une ou de l'autre de ces cartes permanentes, ou des deux cartes à la fois s'il y a lieu. Un état spécial sera établi pour chaque catégorie de demandes et en classant à part les instituteurs et les institutrices. Vous trouverez ci-joint le modèle de ces états que vous aurez soin de faire dresser conformément aux instructions qui précèdent.

Les listes me seront adressées avant le 1er mars, dernier délai.

Recevez, etc.

Signé : A. RAMBAUD.

1er février 1898. **Arrêté attribuant des Récompenses aux instituteurs et aux institutrices publics pour l'Enseignement des Adultes[1].**

1er Février 1898.

Le Ministre de l'Instruction publique et des Beaux-Arts,

Vu le décret du 11 janvier 1895,

Arrête :

ARTICLE 1er. — Il sera décerné, en 1898, des prix spéciaux aux instituteurs et institutrices publics qui auront donné l'enseignement aux adultes avec le plus de zèle et de succès.

ART. 2. — Ces prix consisteront en médailles accompagnées d'une somme variable de 300 à 100 francs.

ART. 3. — Le nombre des prix est ainsi établi :

20 médailles de vermeil, avec prime de 300 francs.

40 médailles d'argent, avec prime de 200 francs.

200 médailles de bronze, avec prime de 100 francs.

ART. 4. — Ces récompenses sont accordées sur la proposition des Préfets et des Recteurs. La liste des lauréats est dressée par une Commission instituée à cet effet.

---

11 février 1898. **Circulaire du Ministre de l'Instruction publique, relative à la retenue du douzième de premier traitement.**

11 Février 1898.

Monsieur le Préfet[2], aux termes de l'article 28 de la loi de finances du 29 mars 1897, « le 2° de l'article 3 de la loi du 9 juin 1853, qui détermine les retenues

1. Voir, *à leur date*, les arrêtés du 25 *janvier* 1896, du 7 *décembre* 1896, du 27 *janvier* 1899 et du 15 *janvier* 1900.

2. La même circulaire a été adressée aux Recteurs.

à supporter par les fonctionnaires et employés directement rétribués par l'État sur les sommes qui leur seront payées à titre d'émolument personnel, est modifié ainsi qu'il suit :

« 2° Une retenue du douzième des mêmes rétributions, lors de la première nomination ou dans le cas de réintégration, à prélever *par quart* sur les quatre premières mensualités, et du douzième de toute augmentation ultérieure. »

Le décret du 28 juillet 1897[1], portant règlement d'administration publique, a sanctionné les mesures d'exécution que comporte l'article précité, afin que ces mesures soient appliquées d'une manière identique par les ordonnateurs de tous les Ministères.

Ce décret a été notifié à MM. les Trésoriers-payeurs généraux et receveurs particuliers par une circulaire de M. le Ministre des Finances. J'ai l'honneur de porter ci-après à votre connaissance les principales dispositions de ladite circulaire.

I. Aux termes de l'article 1er, la retenue du douzième que les fonctionnaires et employés doivent supporter sur leurs rétributions lors de la première nomination ou en cas de réintégration est exercée par quart sur les quatre premières allocations qui sont acquises pour un mois entier au fonctionnaire ou à l'employé.

La loi nouvelle a eu pour but de soustraire les agents de l'État à la situation difficile où les plaçait, à un moment où ils avaient à supporter des frais d'installation, l'obligation imposée par l'article 3 de la loi de 1853 de verser immédiatement au Trésor la totalité de leur premier mois de traitement; elle leur accorde à cet effet, pour se libérer, un délai déterminé de telle sorte que la retenue du douzième ne puisse absorber plus du quart de leur traitement mensuel net, c'est-à-dire après prélèvement de la retenue de 5 pour 100. Dans cet ordre d'idées, l'expression *mensualité* dont s'est servie la loi doit s'entendre du traitement acquis *pour un mois entier*. Lors donc que le point de départ de la liquidation du traitement se trouvera fixé au 1er d'un mois, on prélèvera simplement sur le traitement afférent à chacun des quatre premiers mois (déduction faite, bien entendu, de la retenue du vingtième) une somme égale au quart du premier douzième. Quand, au contraire, un fonctionnaire aura été installé dans le cours d'un mois, le prorata du traitement net afférent à ce mois lui sera payé intégralement, et la retenue du premier douzième ne commencera à être versée que sur la mensualité suivante.

Enfin, le dernier alinéa du même article dispose que les fonctionnaires et employés qui sont rétribués par trimestre subissent la retenue du quart des allocations mensuelles comprises intégralement dans la première allocation qui leur est faite; le complément de la retenue est prélevé sur les allocations suivantes. Cette dernière disposition me paraît être sans intérêt en ce qui concerne les fonctionnaires de l'Instruction publique dont vous avez à mandater les traitements.

D'une manière générale, je crois devoir vous faire remarquer que, dans le cas où le premier douzième net n'est pas exactement divisible par 4, les centimes non divisibles doivent être prélevés avec le premier quart de ce douzième.

II. Il résulte des dispositions de l'article 2 du décret, qu'en cas de décès, de démission ou de révocation d'un agent avant que la retenue du douzième ait été intégralement effectuée, le reliquat restant dû sur cette retenue deviendra im-

1. Voir page 777.

médiatement exigible jusqu'à concurrence des sommes acquises à l'agent sur son traitement. Si le reliquat du traitement est insuffisant pour couvrir la dette de l'agent, il ne sera exercé aucune poursuite contre lui ni contre ses représentants.

Toutefois, si l'agent démissionnaire ou révoqué est ultérieurement réintégré dans le même emploi ou dans un emploi différent, le Trésor reprend ses droits, et ce, sans préjudice de l'application de l'article 25 du décret du 9 novembre 1853, d'après lequel « le fonctionnaire démissionnaire, révoqué ou destitué, s'il est réadmis dans un emploi assujetti à la retenue, subit de nouveau la retenue du premier mois de son traitement.... » Un fonctionnaire réintégré pourra donc avoir à subir simultanément deux retenues, savoir : d'une part, la totalité du reliquat de la retenue du douzième dont le premier traitement était passible, et dont l'agent ne s'était pas encore libéré au moment de sa sortie de fonctions, et, d'autre part, la retenue du douzième de son nouveau traitement, répartie sur quatre mensualités. Par suite, il y aura lieu de joindre, à l'appui de l'état de traitement sur lequel sera porté pour la première fois le fonctionnaire après sa réintégration, un certificat constatant que le premier douzième de l'ancien traitement a été intégralement versé au Trésor, à moins que cette preuve ne résulte implicitement de ce fait que le fonctionnaire réintégré avait été, avant sa démission ou sa révocation, plus de cinq mois en fonctions.

En ce qui concerne les fonctionnaires ayant cessé temporairement leurs fonctions, soit pour remplir leurs obligations militaires, soit pour cause de maladie, il ne sera pas fait application des dispositions qui prescrivent de prélever, sur le prorata acquis du traitement au moment de la sortie de fonctions, la totalité de ce qui restera dû sur la retenue du douzième. Mais quand ces mêmes agents seront réintégrés dans leurs fonctions ou dans des fonctions différentes, le prélèvement par quart de ce douzième sera repris sur le premier traitement mensuel intégralement acquis, indépendamment de la retenue immédiate du douzième de l'augmentation de traitement qui aura pu leur être attribuée au moment de cette réintégration.

III. Enfin, conformément aux termes de l'article 3 du décret, lequel règle les questions de comptabilité que soulevait l'imputation d'exercice à donner aux différentes fractions de la retenue du premier douzième, les retenues qui sont versées directement au Trésor par les agents eux-mêmes ou par les comptables des établissements sur les fonds desquels les traitements sont payés continueront à être imputées à l'exercice de l'année pour laquelle le premier mois de traitement a été acquis à l'agent, les titres de perception étant dressés par année.

Quant aux fractions de retenue du douzième prélevées sur les mandats de dépenses publiques, comme ces mandats établis pour le brut des traitements tiennent lieu, par le fait même, de titres de perception pour les retenues, elles recevront la même imputation d'exercice que les mandats eux-mêmes. Mais, pour que les comptables, et ultérieurement la Cour des comptes, puissent s'assurer que le douzième du traitement a été intégralement versé au Trésor, il est indispensable que les mandats contiennent toutes les indications nécessaires à cette vérification, d'autant plus que, pour les agents installés dans les derniers mois de l'année, les fractions de retenue recevront une imputation différente au point de vue de l'exercice, suivant qu'elles seront prélevées sur des mensualités acquises dans le cours de l'année d'installation ou sur des mensualités acquises l'année suivante.

C'est pour ce motif que l'article 3 du décret prescrit aux ordonnateurs d'indiquer sur les mandats l'ordre des prélèvements de la retenue du douzième par 1er, 2e, 3e, 4e et dernier quart; de plus, pour les trois derniers prélèvements, le mandat devra rappeler le numéro et la date du précédent mandat sur lequel le dernier prélèvement a été opéré.

J'ai l'honneur, Monsieur le Préfet, de vous adresser ci-joint sept exemplaires de la présente circulaire, en vous priant d'en transmettre trois à M. l'Inspecteur d'Académie, chargé de préparer les états de traitements du personnel des instituteurs et des institutrices, un à M. le directeur de l'École normale d'instituteurs et un à Mme la directrice de l'École normale d'institutrices.

Je vous serais obligé de veiller, en ce qui vous concerne, à l'application des instructions qui précèdent.

Recevez, etc.

Signé : A. RAMBAUD.

Circulaire du Ministre de l'Instruction publique, relative au payement des dépenses des Commissions d'examens des Brevets de capacité et du Certificat d'aptitude pédagogique. 18 février 1898.

18 Février 1898.

Monsieur le Préfet, la vérification des états fournis pour le payement des dépenses des Commissions d'examens des brevets de capacité et du certificat d'aptitude pédagogique a permis de constater la diversité des règles adoptées relativement à la rémunération des Inspecteurs de l'enseignement primaire, membres de ces Commissions.

Je citerai les exemples suivants :

Dans certains départements, l'Inspecteur de l'enseignement primaire ne reçoit pas d'autre allocation que celle qui lui revient pour ses vacations. Dans d'autres, il ne figure sur les états que pour mémoire, percevant une indemnité calculée à raison de 10 francs par jour et prélevée sur les frais de tournées.

J'estime qu'il y a lieu de faire cesser ces divergences et d'arrêter un mode uniforme de payement.

J'ai décidé, en conséquence, que l'Inspecteur de l'enseignement primaire qui ne réside pas dans la ville où se passent les examens, sera toujours porté désormais sur les états de payement que vous avez à m'adresser et qu'il touchera la somme qui lui revient pour ses vacations dans les Commissions d'examen des brevets de capacité d'après les taux fixés par le décret du 17 juillet 1891.

Si cette somme est inférieure à la dépense de frais de séjour qu'il a faite, dépense calculée à raison de 10 francs par jour, la différence sera prélevée sur les frais de tournée jusqu'à due concurrence, après autorisation de M. l'Inspecteur d'Académie, donnée sur note justificative.

En ce qui concerne l'examen du certificat d'aptitude pédagogique, les mêmes prescriptions devront être observées pour le règlement des dépenses afférentes aux épreuves écrites.

L'indemnité de neuf francs allouée par candidat admis aux épreuves orales et pratiques sera partagée entre les deux instituteurs et institutrices titulaires, membres du jury. Quant à l'Inspecteur de l'enseignement primaire de la circonscription, il imputera ses dépenses sur les frais de tournées, l'examen constituant une véritable visite d'inspection.

Vous voudrez bien veiller à l'exécution de ces dispositions et m'accuser réception de la présente circulaire.

Recevez, etc.

Signé : A. RAMBAUD.

---

4 mars 1898. **Rapport fait au nom de la Commission[1] chargée d'examiner : 1° la proposition de loi de M. Hubbard et plusieurs de ses collègues ; 2° la proposition de loi de M. Lavy et plusieurs de ses collègues ; 3° la proposition de loi de M. Malzac, sur la Responsabilité civile des membres de l'enseignement public[2], par M. Paul Samary, député.**

Séance du 4 Mars 1898.

I.

Messieurs, depuis quelques années, de très vives et légitimes réclamations se sont élevées contre l'interprétation et l'extension excessives, qui ont été données par les tribunaux à l'article 1384 du Code civil, en ce qui concerne les membres de l'enseignement public.

On se rappelle que cet article, qui fait partie du chapitre 2 relatif aux délits et quasi-délits, est ainsi libellé :

« ... ART. 1384. — On est responsable non seulement du dommage que l'on cause par son propre fait, mais encore de celui qui est causé par le fait des personnes dont on doit répondre, ou des choses que l'on a sous sa garde.

« Le père, et la mère, après le décès du mari, sont responsables du dommage causé par leurs enfants mineurs habitant avec eux ;

« Les maîtres et les commettants, du dommage causé par leurs domestiques et préposés dans les fonctions auxquelles ils les ont employés ;

« Les instituteurs et les artisans, du dommage causé par leurs élèves et apprentis pendant le temps qu'ils sont sous leur surveillance.

« La responsabilité ci-dessus a lieu, à moins que les pères et mères, instituteurs et artisans ne prouvent qu'ils n'ont pu empêcher le fait qui donne lieu à cette responsabilité. »

Pour se rendre un compte exact de l'esprit et de la portée de cet article, il importe, comme l'a fait notre honorable collègue M. Lavy, dans le remarquable exposé des motifs de son projet de loi, de se reporter à la pensée et aux considérants des auteurs mêmes de l'article 1384.

Le 6 février 1804 le Tribunat entendait, et il adoptait, le 8 février, un rapport de Bertrand de Greuille, dans lequel on peut citer les passages suivants :

« Les instituteurs remplacent les parents....; ils doivent à ces enfants de bonnes instructions....; enfin ils ont la faculté de renvoyer ceux de ces enfants qui leur paraissent pervers ou incorrigibles.

« Mais si les pères, mères, instituteurs, parviennent à prouver qu'ils ont été

1. Cette Commission était composée de MM. COUDREUSE, *Président;* PÉDEBIDOU, *Secrétaire;* DUMAS, BERTEAUX, Maurice LEBON (Seine-Inférieure), SAMARY, Pierre VAUX, Alexandre BÉRARD (Ain), HUBBARD, SAUMANDE, MALZAC.

2. Voir, p. 704, la proposition de M. MALZAC, 13 *mars* 1896, et la note en renvoi. Voir ci-après le rapport de M. THÉZARD au Sénat, 31 *janvier* 1899.

dans l'impossibilité d'empêcher le fait dont on se plaint, alors la garantie disparaît, parce que l'impossibilité bien constatée équivaut à la force majeure qui ne donne ouverture à aucune action au profit de celui qui en est la victime. »

Le Tribunat, dit M. Lavy, donne mission à Bertrand de Greuille, Tarrible et Leroy de présenter au Corps législatif le texte qui va devenir l'article 1384. Tarrible est chargé par ses collègues de porter la parole et voici les principaux passages du discours qu'il prononce à la séance du Corps législatif du 9 février 1804 :

« Le dommage, pour qu'il soit sujet à réparation, doit être l'effet d'une faute ou d'une impuissance de la part de quelqu'un ; s'il ne peut être attribué à cette cause, il n'est plus que l'ouvrage du sort, dont chacun doit supporter les chances....

« Elle (la responsabilité) cesse à l'égard de tous s'ils prouvent qu'ils n'ont pu empêcher le fait qui y donne lieu.

« La responsabilité ne peut, en effet, atteindre ceux qui sont exempts de tout reproche; mais cet acte de justice envers eux ne dégage pas le véritable auteur du dommage; mineur ou préposé, élève ou apprenti, il reste toujours obligé de le réparer, quelle que soit sa qualité. »

Ainsi l'instituteur n'était déclaré responsable que s'il avait été imprudent et s'il ne pouvait prouver que sa surveillance avait été sérieuse.

Et cependant, au moment de l'élaboration du Code civil, la situation de l'instituteur était tout autre que celle qui est actuellement la sienne ; et l'enseignement primaire public, tel que nous le comprenons aujourd'hui, n'existait réellement pas.

On comptait à Paris, dit M. Gréard, vingt-quatre Écoles en 1816 ; encore ces Écoles n'étaient-elles pas, à proprement parler, des Écoles communales; elles avaient plutôt le caractère d'Écoles libres auxquelles l'État allouait une subvention.

Les instituteurs d'alors pouvaient garder ou renvoyer les élèves selon leur convenance ou leur intérêt; ils recevaient directement des parents un salaire régulier, librement débattu avec eux dans la plupart des cas. Ils se trouvaient, en un mot, à très peu de chose près, dans la situation qui est aujourd'hui celle des instituteurs privés[1].

Ils étaient pour ainsi dire des commerçants, et, suivant l'expression très pittoresque de M. Lavy, des *entrepreneurs d'éducation*.

Dans ces conditions, on conçoit très bien qu'ils soient civilement responsables, et cependant ils pouvaient dégager leur responsabilité en faisant la preuve que leur surveillance habituelle avait été rigoureuse; et les tribunaux, dans l'application de l'article 1384, se montraient à l'égard des instituteurs beaucoup moins sévères que la jurisprudence actuelle.

C'est ainsi, sans avoir besoin de remonter trop loin, que le 23 avril 1869, le Tribunal de la Seine déclare que « l'accident arrivé à un élève qui, en jouant avec un camarade, est venu imprudemment traverser à la course le lieu des exercices du gymnase, durant la mise en mouvement d'une escarpolette, et a été atteint par celle-ci, est imputable à un fait personnel de l'enfant, et ne saurait dès lors engager la responsabilité de l'instituteur, qui n'aurait pu l'empêcher avec la surveillance la plus active ».

1. Cependant il convient de constater que la loi du 11 floréal An X avait en principe institué une École primaire par commune et déjà essayé de faire des instituteurs des fonctionnaires municipaux.

Le 23 juin 1869, c'est le Tribunal d'Agen qui rend un jugement encore plus caractéristique : Un enfant avait porté à un de ses camarades des coups qui avaient entraîné la mort. « Le Tribunal admet d'abord l'instituteur à prouver qu'il n'a pu empêcher le fait; puis il ajoute que la responsabilité du maître s'efface encore devant celle du père de famille si celui-ci a négligé ou mal dirigé l'éducation morale de l'enfant. »

Le 17 novembre 1870, la Cour d'Aix se prononce en ces termes : « Le chef d'un établissement d'éducation dans lequel un élève a été, pendant la récréation, blessé par la faute d'un de ses camarades, ne peut être recherché comme responsable si toutes les précautions propres à prévenir les accidents avaient été prises, et s'il est établi que le préposé à la surveillance des élèves n'a pu empêcher le fait (un jet de pierre) qui a occasionné l'accident. »

Le 13 janvier et le 16 février 1880, le Tribunal de la Seine déclare que « le principal d'un Collège communal est, comme l'instituteur, civilement responsable du dommage causé par ses élèves pendant qu'ils sont sous sa surveillance, mais que, de même que l'instituteur, il est admissible à prouver qu'il n'a pu prévenir ou empêcher le fait dommageable ».

Enfin, le 18 mai 1870, c'est le Tribunal de Marseille qui estime que « le proviseur d'un Lycée n'étant appelé à décider ni du choix, ni du nombre, ni des attributions des employés de l'établissement, ne saurait, par suite, répondre des fautes ou des défaillances de ceux-ci ».

Cette jurisprudence, libérale et équitable pour l'instituteur, ne tarde pas, comme nous allons le voir, à se modifier à son grand détriment.

Et cependant l'instituteur n'est plus aujourd'hui ce qu'il était autrefois. L'enseignement public, préparé par les lois du 28 juin 1833 et du 10 avril 1867, est définitivement organisé par les lois des 16 juin 1881, 28 mars 1882 et 30 octobre 1886, qui sont l'honneur de la troisième République, et ont enfin établi, sans esprit de retour, la gratuité et l'obligation de cet enseignement.

Sous le régime actuel, l'instituteur est un fonctionnaire délégué ou nommé par l'État. Les familles ne signent aucun contrat avec lui et ne lui donnent aucune rémunération. Il n'est pas le maître de l'établissement dont il a la direction. Il n'est consulté ni pour sa construction, ni pour son aménagement; il ne peut choisir ni renvoyer qui que ce soit de son personnel.

« Tant qu'il y a des places vacantes, dit M. Pinset, dans un très intéressant rapport sur la responsabilité des membres de l'enseignement public, il est obligé d'ouvrir l'accès de ses classes, indistinctement et sans opposition possible de sa part, à tout élève régulièrement inscrit en vertu de la loi ; il n'en peut éloigner aucun pour plus de trois jours, et, encore, faut-il qu'il en prévienne ses chefs; les heures d'ouverture et de fermeture de l'École, les programmes, l'horaire, le nombre, la nature et la durée des exercices et des récréations, les moyens disciplinaires, tout est déterminé par des règlements qui n'émanent pas de lui, mais des autorités qui le nomment et qui peuvent le déplacer, le punir, le révoquer ; il n'est qu'un préposé dans toute la rigueur du terme, et c'est l'État qui est le commettant. »

Il semblerait que, dans cette nouvelle législation scolaire, l'application de l'article 1384 du Code civil eût dû se faire avec encore plus de ménagements aux membres de l'enseignement public; c'est cependant le contraire qui s'est produit.

C'est ainsi qu'à la date du 23 janvier 1892, M. Leblanc, directeur de l'École de Fontenay-sous-Bois, à la suite d'une rixe survenue entre trois enfants de son École, pendant laquelle l'un d'eux reçoit un coup de pied dans le ventre qui entraîne la mort quelques jours après, est condamné à 500 francs de dommages et intérêts et aux frais, alors que le Tribunal reconnaît en termes formels que cet instituteur s'est trouvé dans l'impossibilité d'empêcher les coups portés à la victime.

Le jugement du Tribunal, qui mérite d'être cité, est ainsi conçu dans ses considérants :

« Attendu que Leblanc, directeur de l'École, n'a pas été témoin des faits et ne saurait être reconnu coupable d'y avoir participé ;

« Mais attendu qu'aux termes de l'article 1384 du Code civil, par le seul fait que des coups volontaires ont été portés à un enfant dans l'intérieur de l'École, Leblanc, directeur, doit être déclaré responsable civilement de ce délit, quelles que soient d'ailleurs sa vigilance habituelle, son honorabilité reconnue et *l'impossibilité où il pouvait s'être trouvé d'empêcher les coups portés à la victime.* »

Malgré ces considérants favorables, Leblanc n'en est pas moins condamné. A la suite de ce jugement, il perd la raison et est interné à l'asile de Ville-Évrard !

C'est ainsi également que M. Guillot, instituteur à la Souterraine (Creuse), se voit condamné par le Tribunal de Guéret à 2 500 francs d'indemnité et 250 francs de rente viagère envers les parents de l'un de ses élèves qui, pendant une récréation, s'était cassé la jambe en tombant dans un trou creusé par ordre de la municipalité et destiné à une plantation d'arbres. Le jugement était confirmé le 1er mai 1895 par arrêt de la Cour de Limoges, qui se bornait à réduire la rente viagère de 250 à 200 francs.

Ces deux décisions successives réduisirent Guillot à la misère.

Puis, presque coup sur coup se succèdent l'affaire de Tarascon-sur-Ariège (Jugement du Tribunal de Foix du 13 août 1892), celles du Lycée Louis-le-Grand (8 mai 1895) ; de Léobard (Tribunal de Gourdon, 1896) ; et d'autres encore qu'il serait trop long d'énumérer.

L'affaire Léobard, la dernière en date, et dans laquelle l'instituteur est victime d'une tentative d'exploitation, est à ce point de vue là même, très caractéristique. Voici les considérants du jugement :

« Attendu que la responsabilité de Planche (l'instituteur) ne saurait être contestée en présence des termes sévères, mais formels de l'article 1384 du Code civil ;

« Attendu que le Tribunal a des éléments pour évaluer le dommage occasionné à Méry fils par le fait d'un de ses camarades pendant que l'instituteur Planche, qui n'a pas d'adjoint, fournissait un renseignement administratif urgent au maire de la commune ;

« Attendu que la demande en dommages-intérêts, 2 000 francs, formulée par Méry père,.... est considérablement exagérée, et démontre que celui-ci a essayé de spéculer, au détriment d'un malheureux instituteur, sur un accident fâcheux sans doute, mais beaucoup moins grave qu'il le prétend.... »

L'instituteur Planche n'en était pas moins condamné à cent francs de dommages-intérêts.

Devant cette jurisprudence aussi nouvelle que rigoureuse, le personnel de l'enseignement public se demanda avec une très légitime inquiétude jusqu'où pourrait aller l'interprétation de l'article 1384 du Code civil, et un grand mouvement, un important pétitionnement se produisirent chez les instituteurs en faveur de la revision de cet article.

II.

Les pétitions des instituteurs sont de deux ordres; les unes se bornent à demander le renversement de la preuve en cas de poursuites pour accidents et la substitution de la responsabilité de l'État à celle de l'instituteur dans le cas où l'enquête aurait démontré que ce dernier ne pouvait ni prévoir ni empêcher le dommage causé; les autres, beaucoup plus nombreuses d'ailleurs, demandent purement et simplement et d'une façon générale, dans l'application de l'article 1384, la substitution de la responsabilité de l'État à celle des membres de l'enseignement public. Enfin les instituteurs, ayant appris les résolutions de la Commission chargée de l'examen des propositions relatives à la responsabilité civile des membres de l'enseignement, ont continué leur pétitionnement par une demande motivée de la plus prochaine mise à l'ordre du jour de la Chambre du rapport de ladite Commission.

C'est ainsi qu'ont été successivement faits, depuis le commencement de 1896, sur le bureau de la Chambre, les dépôts de très nombreuses pétitions des instituteurs de la France tout entière, y compris celle des membres du Conseil départemental de la Seine. La plus grande partie de ces pétitions ont été déposées par notre honorable collègue M. Lavy, si dévoué à la réforme poursuivie, et portent dans leur ensemble et par milliers les signatures de la quasi unanimité des instituteurs publics du pays.

A côté du large pétitionnement que nous venons de signaler, des études sérieuses sur les modifications ou atténuations à apporter à la responsabilité civile des membres de l'enseignement public, visée par l'article 1384 du Code civil, ont été poursuivies par la plupart des associations ou publications qui se préoccupent particulièrement des choses de l'enseignement et des légitimes intérêts des instituteurs, aussi bien que de ceux des familles.

C'est ainsi que l'honorable M. Beurdeley, avocat à la Cour d'appel de Paris et membre du comité de rédaction de la Correspondance générale de l'Instruction primaire, chargé de formuler des résolutions adoptées par ledit comité, en réponse aux réclamations des membres de l'enseignement sur la très rigoureuse application de l'article 1384, tout en opinant, dans l'intérêt des familles, pour le maintien dudit article, concluait dans une lettre-rapport fort remarquée : 1° à faciliter par une enquête administrative la preuve que doit faire l'instituteur qu'il n'a pu empêcher le fait qui donne lieu à la responsabilité; 2° à provoquer l'ouverture au budget d'un crédit pour indemnité aux instituteurs, en raison des responsabilités encourues par eux dans les termes de l'article 1384 et en dehors de toute faute personnelle, même de surveillance, relevée contre lui.

C'est ainsi également, dans le même ordre d'idées, que la Commission instituée à Paris pour étudier la question de la responsabilité civile des instituteurs publics, et composée, sous la présidence de M. le directeur d'École communale Fleuriot, des instituteurs membres du Conseil départemental de la Seine, des délégués des circonscriptions électorales, d'instituteurs et des délégués des sociétés régulièrement constituées dans le département, a adressé, en 1893, à M. le Vice-Recteur de l'Académie de Paris, un mémoire contenant l'expression de ses vœux.

Les conclusions de ce très intéressant document étaient les suivantes :

« L'instruction primaire publique étant un service d'État, c'est l'État qui est le commettant, et l'instituteur public, nommé et payé par lui, n'est que le préposé.

« En conséquence, la responsabilité pénale étant réservée, dans le cas d'un accident quelconque pouvant entraîner une réparation pécuniaire, l'action civile s'exercera contre l'État *solidairement avec l'instituteur public*, toutes les fois que l'enquête administrative aura démontré l'impossibilité pour ce dernier de prévoir ou d'empêcher l'accident qui le met en cause. L'avoué de l'État sera constitué d'office l'avoué de l'instituteur.

« Dans le cas où l'enquête administrative serait favorable à l'instituteur, l'État prendra à sa charge les frais et conséquences pécuniaires du procès, quelle qu'en soit l'issue. »

III.

La jurisprudence excessive inaugurée à l'encontre des membres de l'enseignement public, dans l'interprétation de l'article 1384 du Code civil, par la 10e chambre du Tribunal de première instance de la Seine, et les nombreuses pétitions adressées à la Chambre en faveur de la modification de cet article par des milliers d'instituteurs de toutes les régions de la France, ainsi que les rapports compétents des associations autorisées, appelèrent sur cette partie de la législation toute l'attention du Parlement et donnèrent lieu, à la Chambre, au dépôt de trois importantes propositions de loi, toutes trois afférentes à la responsabilité civile des membres de l'enseignement public, et présentées, la première par M. Malzac, la seconde par M. Hubbard et un grand nombre de nos collègues, la troisième par M. Lavy et également quelques-uns de nos collègues.

1° *Proposition Malzac.* — La proposition de notre honorable collègue M. Malzac ne vise pas la suppression de l'article 1384 du Code civil, mais bien sa modification et surtout son mode d'application. C'est ainsi que l'article premier de son projet de loi spécifie qu'un arrêté du Ministre de l'Instruction publique déterminera le temps pendant lequel les élèves des établissements publics d'enseignement *sont sous la surveillance* des maîtres responsables des dommages causés par eux. C'est une limitation importante de la responsabilité des instituteurs en dehors du temps de la classe ou de la récréation.

La deuxième modification, faisant l'objet des articles 2, 3, 4 et 5, consiste dans l'établissement d'un mode spécial, et offrant toutes garanties pour les familles et pour les maîtres, de constatation immédiate de la nature et des causes de l'accident et du chômage.

La dernière partie de la proposition de loi de l'honorable M. Malzac (art. 6 à 14) a pour but d'autoriser la Caisse nationale d'assurances contre les accidents, instituée par la loi du 11 juillet 1868, à contracter avec les membres de l'enseignement public soumis à l'article 1384 du Code civil une assurance collective pour le payement, à leur lieu et place, des condamnations pécuniaires qui seraient prononcées contre eux en vertu dudit article et le remboursement, sur état, des frais et débours qu'elles leur auront occasionnés.

La prime de cette assurance collective serait fixée à 1 franc pour chacun des membres de l'enseignement public soumis à l'article 1384, quels que soient ses fonctions ou emplois.

En cas d'insuffisance des primes pour les payements et remboursements prévus à l'article 6, le complément serait fourni par l'État.

En un mot, la proposition de notre honorable collègue M. Malzac a pour but, d'une part, de limiter la durée journalière de la responsabilité civile des membres de l'enseignement et, de l'autre, de généraliser et canaliser les efforts de mutualité déjà faits par les instituteurs, par leurs associations départementales d'assurances, pour parer aux conséquences excessives de l'article 1384 du Code civil.

2° *Proposition Hubbard.* — La proposition de M. Hubbard, signée par un assez grand nombre de nos collègues, comporte une modification plus profonde de l'article 1384.

A cet effet, il modifie le paragraphe 5 de l'article 1384 du Code civil de la manière suivante : « La responsabilité ci-dessus a lieu à moins que les père et mère ou artisans ne prouvent qu'ils n'ont pu empêcher le fait qui donne lieu à cette responsabilité. *En ce qui concerne les maîtres et instituteurs de l'enseignement public, la responsabilité ne sera encourue que par la preuve de la faute ou de manque de surveillance desdits maîtres et instituteurs, preuve faite à la charge de la partie plaignante.*

En somme, la proposition Hubbard établit le renversement de la preuve en faveur des membres de l'enseignement public, et donne ainsi satisfaction, au moins partielle, aux *desiderata* exprimés dans la plupart des pétitions des instituteurs.

3° *Proposition Lavy.* — Dans sa proposition, portant également signature de quelques autres députés, notre honorable collègue M. Lavy se déclare nettement partisan de la substitution de la responsabilité de l'État à celle des instituteurs. Il propose en conséquence de terminer l'article 1384 du Code civil de la façon suivante : « *Pour les Écoles publiques, l'État seul est civilement responsable. Toute personne intéressée à poursuivre réparation du dommage causé par un accident survenu à l'École devra établir, devant les tribunaux compétents, que l'accident aurait pu être évité par une surveillance plus active de la part de l'instituteur, et qu'elle en éprouve un préjudice matériel.* »

C'est évidemment le projet qui se rapproche le plus de l'esprit général des nombreuses pétitions qui ont été adressées à la Chambre par les instituteurs de toutes les régions.

L'exposé très documenté de la proposition Lavy comprend les commentaires originels de l'article 1384 du Code civil et les applications variables et souvent contradictoires qui en ont été faites à diverses époques.

Nous avons déjà fait, comme on l'a vu plus haut, quelques emprunts à cet intéressant document.

IV.

A la date du 28 mai 1896, MM. Hubbard et Lavy obtenaient de la Chambre, après un court débat, le bénéfice de l'urgence en faveur de leurs propositions. Celle de M. Malzac ayant déjà été prise en considération le 31 mars de la même année, la Chambre décida de renvoyer les trois propositions de loi à une même Commission qui fut nommée le 2 juin 1896.

L'unanimité des commissaires, devant la jurisprudence nouvelle de ces dernières années, reconnaissait dès le début la nécessité de restreindre la responsabilité des instituteurs publics et d'apporter à ce sujet quelques modifications à l'article 1384 du Code civil; et la grande majorité se prononçait même en faveur de la substitution de la responsabilité de l'État à celle des membres de l'enseignement public.

Mais avant de prendre une décision ferme, la Commission désirait s'entourer de tous les renseignements utiles, d'entendre le Gouvernement et, si faire se pouvait, se mettre d'accord avec lui.

M. le Garde des Sceaux Darlan, qui fut entendu le premier (séance du

10 juin 1896), après avoir exposé les objections opposées à la modification de l'article 1384, donna presque immédiatement satisfaction aux sentiments de votre Commission.

Dans une note sommaire qu'il voulut bien nous remettre, M. le Ministre de la Justice s'exprimait à peu près en ces termes :

« Lorsqu'un accident est causé par la faute d'un chef de gare préposé d'une Compagnie de chemin de fer ou par un conducteur des ponts et chaussées préposé de l'Administration des Travaux publics, c'est la Compagnie, c'est l'État, en leur qualité de commettants, qui sont reconnus responsables de la faute de leur préposé. Il en est de même, ainsi que nous l'avons rappelé plus haut, du dommage causé par la faute de tout agent employé par l'État pour assurer un service public. Pourquoi ne pas appliquer ce principe aux agents de l'enseignement public?

« Cette responsabilité directe de l'État nous paraît être non seulement la solution la plus juridique, mais aussi celle qu'on doit préférer :

« *Dans l'intérêt de l'État :* — Le Gouvernement, directement mis en cause, dans de très rares affaires qui entraînent une responsabilité, aura à sa disposition des moyens d'information pour l'enquête et des facilités pour se procurer une bonne défense qui éviteront, dans la mesure du possible, toute erreur de la part du Tribunal. Si l'État reconnaît sa responsabilité, il pourra plus aisément que l'instituteur obtenir une transaction, et éviter les frais d'un jugement en accordant de menues faveurs aux demandeurs (bourse pour l'enfant, petit emploi pour le père, etc.).

« Il est d'ailleurs incontestable que l'État, responsable en qualité de commettant, pourra recourir contre son préposé et recouvrer contre lui tout ou partie de la condamnation encourue par la faute de ce préposé.

« *Dans l'intérêt des instituteurs :* — Ils n'auront plus la préoccupation de diriger une procédure et la crainte de se voir du jour au lendemain réduits à la misère pour une faute peut-être très légère. Ils sauront que si l'État est amené à payer le dommage causé par leur faute, il n'exercera contre eux son recours qu'avec des ménagements équitables.

« *Dans l'intérêt des victimes d'un préjudice :* — Au lieu d'un instituteur souvent presque insolvable, elles auront l'État comme débiteur.

« *Dans l'intérêt des enfants confiés aux instituteurs publics :* — Le développement de l'enfant par les exercices physiques n'est-il pas intimement lié à la sécurité morale et matérielle de l'instituteur et à sa liberté d'esprit dans la surveillance des classes et des récréations? »

L'honorable M. Rambaud, Ministre de l'Instruction publique, entendu une première fois le 24 juin 1896, fut d'abord moins affirmatif sur la réforme que M. le Garde des Sceaux.

M. le Ministre reconnaissait qu'il y avait lieu de tenir compte de l'émotion profonde qui s'était emparée du corps des instituteurs, à la suite de quelques condamnations sévères rendues contre plusieurs d'entre eux en application de l'article 1384 du Code civil; mais qu'il craignait que la substitution de la responsabilité de l'État à celle des membres de l'enseignement public n'encourageât les parents à multiplier les actions en dommages et ne fût de nature à permettre aux instituteurs de se relâcher, dans une certaine mesure, de leurs habitudes de surveillance étroite.

Les craintes manifestées par M. le Ministre de l'Instruction publique furent facilement réfutées et, entendu une seconde fois, le 27 janvier 1897, avec M. le Directeur de l'enseignement primaire, il voulut bien reconnaître que la solution la plus rationnelle, proposée d'ailleurs par M. le Garde des Sceaux lui-même, consistait réellement dans la substitution de la responsabilité de l'État à celle des membres de l'enseignement public.

Votre Commission, Messieurs, munie de l'avis du Gouvernement, avait à statuer sur les trois projets soumis à son examen.

Tout en rendant un légitime hommage au généreux sentiment qui a dicté la proposition de notre honorable collègue M. Malzac, proposition que nous avons précédemment et sommairement analysée, votre Commission n'a pas été d'avis de s'en contenter, estimant que, devant la gravité du mal signalé, la solution présentée paraissait insuffisante.

L'assurance obligatoire, dit M. Pinset, dans une étude publiée dans la revue *l'Union pédagogique*, « est un expédient, mais n'est pas une solution; et cet expédient aurait l'inconvénient majeur de sembler consacrer la jurisprudence adoptée au cours de ces dernières années en matière de responsabilité civile des instituteurs publics, jurisprudence contre laquelle nous ne nous lasserons pas de protester ; car elle nous paraît contraire à la justice et à la raison ».

M. Pinset ajoute que l'assurance ne serait même pas garantie d'une façon suffisante dans le projet Malzac, qui porte : « que la Caisse nationale d'assurance sera déchargée de toute obligation et tirée d'instance, dans le cas où, à raison d'accident ou de dommage, le membre de l'enseignement encourrait une condamnation pénale ».

Si l'on n'avait pas voulu toucher à l'article 1384, la dernière objection faite à la proposition de M. Malzac aurait pu être levée par une modification apportée par la Commission. Mais nous n'avons pas eu à nous prononcer sur ce point, notre honorable collègue demandant, avant tout, qu'une efficace satisfaction soit donnée aux griefs des membres de l'enseignement public et, s'étant nettement rallié au principe de la proposition Lavy.

Quant à la proposition de loi présentée par M. Hubbard et signée par un grand nombre de nos collègues, elle avait en vue, comme nous l'avons expliqué plus haut, la modification formelle de l'article 1384, en faisant disparaître la présomption de faute à l'encontre de l'instituteur; l'administration de la preuve serait ainsi déférée à la partie demanderesse ; c'est un retour au droit commun qui ne pouvait être qu'approuvé par nous, mais votre Commission a pensé, d'accord d'ailleurs avec notre honorable collègue M. Hubbard, qui, dès le premier jour, déclarait sa proposition non exclusive de celle de M. Lavy, que la nécessité de la réforme étant admise, il convenait de déterminer avec précision la différence de droit et de fait entre l'instituteur privé et l'instituteur public, et de mettre sur la question de responsabilité professionnelle les fonctionnaires de l'enseignement sur le même pied que les fonctionnaires des autres administrations.

Restait la proposition de l'honorable M. Lavy, ayant nettement pour but la modification de l'article 1384 par la substitution de la responsabilité civile de l'État à celle des membres de l'enseignement public, proposition dont le principe est, comme nous l'avons vu plus haut, accepté par le Gouvernement, demandé par la quasi unanimité du corps enseignant, et auquel se sont ralliés tous les membres de votre Commission.

Votre Commission, Messieurs, s'est basée, pour prendre cette décision, sur quatre considérations principales :

1° L'urgence de soustraire les instituteurs aux rigueurs de la jurisprudence nouvelle visant l'application de l'article 1384 et dont nous avons signalé les dangers au commencement de ce rapport.

« Que l'instituteur qui manque à ses devoirs soit puni, qu'il supporte les conséquences de sa faute, rien de plus juste; mais les condamnations civiles qu'il peut encourir sont-elles toujours justifiées par sa négligence, par des faits qui lui soient réellement imputables? Ne voit-on jamais, dans des affaires qu'on lui suscite, autre chose que les justes revendications de familles lésées? Mille faits probants, que nous pourrions citer, démontrent, au contraire, que si les particuliers ont, en réalité, peu de chose à craindre des instituteurs, les instituteurs, en revanche, ont tout à redouter de certains particuliers. » (*Mémoire de la Commission d'études à M. le Vice-Recteur de l'Académie de Paris.*)

2° La nécessité de bien séparer, dans l'espèce, la cause de l'instituteur public de celle de l'instituteur privé.

Il est inutile de recommencer ici les explications déjà données sur la situation si différente de celui qui peut choisir ou renvoyer ses élèves avec celui qui, en tout état de cause, doit les subir et les garder. Confondre la situation des instituteurs publics et celle des instituteurs privés, après les lois de 1881, de 1882 et de 1886, qui font, plus que jamais, des premiers de véritables fonctionnaires, c'est fermer les yeux devant l'évidence.

Comme le dit très exactement notre honorable collègue M. Lavy, « le directeur d'École subit les adjoints que l'autorité préfectorale lui donne; bons ou médiocres, il faut qu'il les garde; et partant, avec chacun d'eux, il a la responsabilité de l'éducation des enfants que l'État lui confie.

« Aujourd'hui, en équité, l'État seul est responsable civilement; il faut que la loi le dise. Il est responsable comme pour tous ses autres services publics. »

3° Le danger très menaçant que peuvent faire courir à l'éducation physique de la jeunesse de nos Écoles les hésitations et les craintes toutes naturelles des membres de l'enseignement public devant les excès de responsabilité, conséquences de l'application de l'article 1384.

Quel que soit le dévouement des instituteurs à leur profession, et il est en général très grand, il ne saurait convenir de placer constamment ces modestes et vaillants fonctionnaires entre leur devoir et leur intérêt. C'est cependant ce qui arrive bien souvent avec la jurisprudence actuelle en fait de responsabilité civile : « Le devoir leur commande de laisser, même en classe, les élèves jouir de quelque liberté; l'intérêt les avertit que cette liberté peut faire qu'une plume troue un œil d'écolier, ce qui engagera leur responsabilité; le devoir leur prescrit d'exciter, aux heures de récréation, les enfants au jeu, de les accompagner dans la rue à la sortie de l'École: l'intérêt leur rappelle que si les enfants jouent, un accident se produit vite, malgré toute surveillance et qu'une condamnation est au bout; que, la porte de l'École fermée derrière les enfants, si le maître ne les a pas accompagnés, la responsabilité n'existe plus pour lui.» (Lavy, *Exposé des motifs.*)

Nous invoquerons encore dans cet ordre d'idées les paroles prononcées au Sénat, le 15 mars 1897, par M. le Ministre de l'Instruction publique, répondant à l'honorable M. Delpech au sujet de la demande d'un crédit de 10 000 francs destiné à venir en aide aux membres de l'enseignement victimes de l'article 1384.

M. le Ministre, après avoir rappelé que les instituteurs les meilleurs n'étaient pas à l'abri des revendications basées sur des accidents qu'ils n'auraient pu ni prévoir ni empêcher, s'exprimait en ces termes :

« Et cette préoccupation constante ne laisse pas de les absorber, parfois outre mesure, au point de nuire à leur enseignement. Les plus dévoués hésitent à donner leur concours à ce qui n'est pas exclusivement leur tâche professionnelle, et il est permis de prévoir le moment où l'Administration se trouvera dans le plus grand embarras pour assurer le fonctionnement des cours d'adultes, classes de garde ou patronages.

« Il y a, par exemple, un enseignement qui souffre particulièrement de cette préoccupation des instituteurs : c'est celui de la gymnastique; en effet, quelques précautions qu'ils puissent prendre en donnant cet enseignement, il peut toujours se produire un accident, et, dès que l'accident s'est produit, il y a quelqu'un de responsable, car, vous le savez, lorsqu'il s'agit de mineurs, il y a toujours quelqu'un qui répond d'eux. Une fois que la famille s'est dessaisie de leur garde pour la confier à l'instituteur, c'est l'instituteur qui est responsable. »

Vous le voyez, Messieurs, votre Commission en vous proposant de substituer, dans l'application de l'article 1384, la responsabilité de l'État à celle des membres de l'enseignement public, n'a pas eu seulement en vue, ce qui serait pourtant déjà très légitime, d'accomplir un acte de justice vis-à-vis le corps très méritant des vaillants éducateurs de notre jeunesse; mais encore de prendre résolument en mains, pour cette intéressante jeunesse de nos Écoles, la cause si capitale du développement des exercices physiques.

4° Enfin, les conclusions de votre Commission, loin d'apporter une dérogation au principe de la responsabilité en cas d'accident ou dommage causé à des tiers par le fait de fonctionnaires, agents ou préposés de l'État, tend au contraire à supprimer l'exception défavorable qui existait à l'encontre des membres de l'enseignement public et à faire rentrer ces derniers dans le droit commun des fonctionnaires des autres administrations.

La loi, ses commentaires et la jurisprudence sont, en effet, d'accord pour affirmer la responsabilité de l'État à l'occasion des dommages causés à des tiers par des fonctionnaires dans l'exercice de leurs fonctions.

« L'État, représenté par les divers Ministères et les Administrations ou régies publiques, est, comme tout commettant, responsable des dommages causés par ses employés, agents ou serviteurs dans l'exercice de leurs fonctions ou de leurs services. » (AUBRY et RAU, *Cours de droit civil.*)

Cette responsabilité est même consacrée par des textes législatifs spéciaux comme la loi des 6-22 août 1791 sur les douanes, l'ordonnance en Conseil d'État du 14 décembre 1836 et la loi du 15 juillet 1845 sur la police des chemins de fer.

L'article 22 de cette dernière loi est notamment ainsi conçu :

« Les concessionnaires ou fermiers d'un chemin de fer seront responsables, soit envers l'État, soit envers les particuliers, du dommage causé par les administrateurs, directeurs ou employés à un titre quelconque au service de l'exploitation du chemin de fer.

« L'État sera soumis à la même responsabilité envers les particuliers, si le chemin de fer est exploité à ses frais et pour son compte. »

La jurisprudence vient à son tour corroborer les lois et ordonnances en ce qui concerne la responsabilité de l'État.

C'est ainsi que l'on peut signaler dans cet ordre d'idées les arrêts de la Cour de cassation des 1er avril 1845, 22 novembre 1848 et 19 décembre 1854, tous trois consacrant la responsabilité de l'État dans les accidents ou dommages provenant, dans le service des Postes, du fait de ses agents.

C'est ainsi que les arrêts de la Cour d'appel de Paris du 25 janvier 1833 et de la Cour de cassation du 30 janvier même année établissent très nettement la responsabilité du Trésor public dans le cas d'un faux transfert de rente sur l'État commis par un de ses agents et de l'Administration des contributions indirectes pour les dommages causés même par des préposés d'une autre Administration, telle que celle de l'octroi, lorsqu'elle les emploie dans son intérêt.

Nous citerons encore l'arrêt de la Cour royale de Paris en date du 3 mars 1834 rendant le Trésor public responsable des abus de ses agents ou employés; et celui de la Cour de cassation en date du 12 mai 1851 affirmant la responsabilité de l'Administration des Postes en cas de détournement de valeurs, et n'admettant même pas la limitation de responsabilité établie par la loi du 5 nivôse An V en cas de perte de lettres chargées ou non chargées.

Nous arrêterons là ces citations qui pourraient être longtemps continuées, et nous nous bornerons à rappeler encore que les Administrations des ponts et chaussées, des mines, des forêts, etc., ont toujours été déclarées responsables des dommages causés à des tiers par leurs agents dans l'exercice de leurs fonctions.

V.

Diverses objections ont été présentées, à plusieurs reprises, contre la modification de l'article 1384 par la substitution de la responsabilité civile de l'État à celle des membres de l'enseignement public.

« Elles sont tirées, dit M. Pinset dans son rapport sur la matière, la première de l'intérêt des familles, la seconde de l'injustice qu'il y aurait à séparer, sous le point de vue de la responsabilité, l'enseignement privé de l'enseignement public, et l'amoindrissement moral qui pourrait en résulter pour celui-ci. »

Dans un très documenté discours de rentrée, M. Bernardbeig, substitut du Procureur général de Limoges, d'ailleurs hostile à la réforme proposée, formule ses objections sous cette autre forme :

« L'article 1384 est l'un des protecteurs des petits enfants.

« Le père de famille a un droit d'autant plus grand à voir son enfant protégé qu'il a l'obligation de le faire instruire.

« La distinction proposée entre les instituteurs publics et les instituteurs privés serait dangereuse pour un enseignement qui a coûté tant de sacrifices à l'État. »

Toutes ces objections sont plus spécieuses que profondes et il ne nous a pas semblé qu'il fût bien difficile d'y répondre.

L'intérêt des familles exige qu'elles trouvent pour leurs enfants la même garantie de surveillance dans les établissements publics que dans les établissements privés. D'accord; mais il n'est pas nécessaire pour cela que l'instituteur soit civilement responsable.

Il suffit que les familles se trouvent en présence d'un répondant, et dans le système que votre Commission vous propose, ce répondant sera l'État. Il présentera même plus de garantie; il sera toujours solvable, alors que parfois l'instituteur aurait pu ne pas l'être.

Est-ce à dire que les instances seront plus nombreuses, les tentatives de chantage plus fréquentes? Nullement ! l'État est bien mieux armé qu'un modeste instituteur pour se défendre, et les familles évidemment hésiteront à l'attaquer si elles n'ont pas à faire réparer un dommage réel.

Redoute-t-on que l'instituteur déchargé de la responsabilité civile vis-à-vis des tiers soit moins attentif à l'accomplissement de ses devoirs? Mais la loi du 30 octobre 1886 ne permet-elle pas aux autorités scolaires d'aller jusqu'à la révocation du fonctionnaire qui manquerait gravement à sa tâche?

Les instituteurs, en général si dévoués à leurs fonctions, ne méritent pas à notre avis cette méfiance excessive, et nous ne pensons pas que la substitution de la responsabilité civile de l'État à la leur puisse être de nature à diminuer en quoi que ce soit leur zèle et leur vigilance.

En ce qui concerne la seconde objection tirée de la distinction faite dans le cas qui nous occupe, entre l'instituteur privé et l'instituteur public, elle ne nous paraît pas plus embarrassante.

Cette distinction résulte de la législation tout entière qui régit l'enseignement. Pour les instituteurs privés, s'ils appartiennent à une association, ils sont garantis par elle, et s'ils sont isolés, il peuvent se garantir mutuellement par voie de syndicat, faculté que l'on refuse souvent aux instituteurs qui sont des fonctionnaires.

Quant à la crainte manifestée de voir cette différence de traitement dans l'application de l'article 1384 porter une atteinte morale à notre enseignement public, elle ne pourrait être réelle que si toute responsabilité se trouvait abolie par la réforme proposée. Or, il n'en est rien. Il s'agit, en effet, d'une substitution et non d'une suppression de responsabilité.

Dans la proposition de votre Commission, les membres de l'enseignement public restent toujours, en cas de négligence, d'imprudence ou de faute personnelle, soumis à l'action des articles 1382 et 1383 du Code civil. Ils ne se trouveront déchargés que de la responsabilité civile inscrite à l'article 1384; et même dans ce cas, ils auront toujours à répondre de leurs actes devant l'autorité universitaire.

Rien ne semble donc à votre Commission pouvoir être sérieusement objecté à la réforme qu'elle vous propose.

En dehors de sa décision principale qui a pour but, par une addition à l'article 1384 du Code civil, de substituer la responsabilité civile de l'État à celle des membres de l'enseignement public, votre Commission a reconnu également qu'il y avait lieu de préconiser, dans le même ordre d'idées, diverses mesures administratives qui pourraient, pour la plupart, trouver place dans un règlement d'administration publique que M. le Ministre de l'Instruction publique sera sans doute amené à prendre à la suite de l'adoption de notre proposition de fonds.

Cette dernière intéresse, cela va sans dire, tout aussi bien l'enseignement secondaire et l'enseignement supérieur que l'enseignement primaire, bien que pour ces deux premiers enseignements la question paraisse avoir déjà été résolue, sinon en droit, du moins en fait.

C'est ainsi que votre Commission, après s'être prononcée en faveur de la compétence du Tribunal du lieu de l'accident, a accueilli favorablement la proposition de M. Malzac, en faveur de la détermination du temps pendant lequel les élèves des établissements publics sont sous la surveillance des maîtres et par conséquent pendant lequel leur responsabilité civile, ou celle de l'État qui leur sera substituée, pourra être mise en jeu.

Elle exprime également le désir, avec notre honorable collègue, qu'aussitôt un accident signalé, il soit enquêté par M. l'Inspecteur d'Académie ou M. l'Inspecteur primaire du ressort, et que procès-verbal de l'accident ou du dommage soit immédiatement dressé pour être transmis à l'Académie.

VI.

Nous voici arrivés à la fin de notre tâche.

Nous espérons vous avoir démontré, Messieurs, ce qu'avait d'inquiétant, et pour la situation morale et matérielle de nos instituteurs et pour la bonne éducation physique des enfants de nos Écoles, l'extension et l'interprétation trop rigoureuse données depuis quelques années à l'article 1384 du Code civil, dans son application aux membres de l'enseignement public; nous vous avons dit combien il nous paraissait urgent d'apporter un remède efficace à une pareille situation, et qu'à notre avis la substitution de la responsabilité de l'État à celle des membres de l'enseignement public nous paraissait, en l'espèce, la seule solution pratique, rationnelle, au mal signalé, au problème à résoudre.

Nous croyons avoir répondu victorieusement aux objections basées sur l'intérêt de notre enseignement national et sur la question de sécurité pour les familles.

Votre Commission, Messieurs, a le ferme espoir que la réforme qu'elle vous propose, modeste dans sa forme, mais importante dans ses conséquences, trouvera une très prochaine sanction au sein du Parlement.

Elle en a pour sûr garant l'accueil favorable que la question a toujours rencontré lorsqu'elle a été soulevée à la tribune, notamment le 27 novembre 1896, lors de l'intervention, à la Chambre, de l'honorable M. Modeste Leroy, et le 15 mars 1897, lors de l'intervention au Sénat de l'honorable M. Delpech.

Elle est convaincue qu'en présence d'une satisfaction très légitime à donner à nos vaillants et dévoués instituteurs, et d'un véritable service à rendre à l'éducation physique de la si intéressante jeunesse de nos établissements d'enseignement public, la Chambre tiendra à honneur de voter, avant de se séparer, une réforme réclamée, on peut le dire, par l'unanimité du corps enseignant, et sur le principe de laquelle votre Commission a eu la bonne fortune de se mettre d'accord avec MM. les représentants autorisés du Gouvernement.

C'est donc avec une entière confiance qu'elle a l'honneur de soumettre à votre sanction l'addition suivante à l'article 1384 du Code civil :

Proposition de loi.

ARTICLE UNIQUE. — La disposition suivante est ajoutée au dernier alinéa de l'article 1384 du Code civil :

« Toutefois la responsabilité civile de l'État est substituée à celle des membres de l'enseignement public. »

Loi modifiant la Loi du 2 août 1882 sur la répression des Outrages aux bonnes mœurs. 16 mars 1898.

16 Mars 1898.

ARTICLE 1er. — L'article 1er de la loi du 2 août 1882[1] est modifié ainsi qu'il suit :

« Sera puni d'un emprisonnement d'un mois à deux ans et d'une

1. Voici le texte de la loi du 2 *août* 1882 :

« ARTICLE 1er. — Est puni d'un emprisonnement d'un mois à deux ans et d'une amende de 100 à 5000 francs quiconque aura commis le délit d'outrages aux bonnes mœurs :

« Par la vente ou la mise en vente, l'offre, l'exposition, l'affichage ou la distribution, sur la voie publique ou dans les lieux publics, d'écrits, d'imprimés autres que le livre, d'affiches, dessins, gravures, peintures, emblèmes, objets ou images obscènes, ou contraires aux bonnes mœurs;

« Par la vente ou l'offre, même non publique, à un mineur, des mêmes écrits, imprimés, affiches, dessins, gravures, peintures, emblèmes, objets ou images;

« Par leur distribution à domicile, par leur remise sous bande ou sous enveloppe non fermée à la poste ou à tout agent de distribution ou de transport;

« Par des chants non autorisés proférés publiquement, par des annonces ou correspondances publiques, contraires aux bonnes mœurs;

« Les écrits, dessins, affiches, etc., incriminés et les objets ayant servi à commettre le délit seront saisis ou arrachés. La destruction en sera ordonnée par le jugement de condamnation.

« Les peines pourront être portées au double si le délit a été commis envers des mineurs. »

ART. 2. — L'article 2 de la loi du 2 août 1882 est remplacé par les dispositions suivantes :

« La prescription en matière d'outrages aux bonnes mœurs commis par la voie du livre est d'un an à partir de la publication, ou de l'introduction sur le territoire français.

« La vente ou la mise en vente ou l'annonce de livres condamnés sera punie des peines portées par l'article 1er de la présente loi. »

ART. 3. — Il n'est en rien dérogé aux dispositions des articles 2, 3 et 4 de la loi du 2 août 1882, qui prendront les nos 3, 4 et 5.

amende de 16 à 3000 francs quiconque aura commis le délit d'outrage aux bonnes mœurs par la vente, l'offre, l'exposition, l'affichage ou la distribution gratuite, sur la voie publique ou dans les lieux publics, d'écrits, d'imprimés autres que le livre, d'affiches, dessins, gravures, peintures, emblèmes ou images obscènes.

« ART. 2. — Les complices de ces délits dans les conditions prévues et déterminées par l'article 60 du Code pénal seront punis de la même peine, et la poursuite aura lieu devant le tribunal correctionnel, conformément au droit commun et suivant les règles édictées par le Code d'instruction criminelle.

« ART. 3. — L'article 463 du Code pénal s'applique aux délits prévus par la présente loi.

« ART. 4. — Sont abrogées toutes les dispositions contraires à la présente loi. »

Arrêté relatif à la durée des Vacances dans les Écoles primaires publiques. 30 mars 1898.

30 Mars 1898.

Le Ministre de l'Instruction publique et des Beaux-Arts,
Vu l'arrêté du 4 janvier 1897,
Arrête :

ARTICLE UNIQUE. — Pour la présente année scolaire, un congé supplémentaire d'une à deux semaines au maximum pourra être accordé à l'instituteur et à l'institutrice qui auront fait un cours d'adultes ou des conférences populaires ou contribué activement au fonctionnement des œuvres complémentaires de l'École.

Ce congé supplémentaire précédera immédiatement les grandes vacances ou s'ajoutera, par fractions, aux divers congés attribués pendant le cours de l'année scolaire.

Il sera accordé par le Préfet[1], en Conseil départemental, sur la proposition de l'Inspecteur d'Académie.

Loi portant fixation du Budget général des dépenses et des recettes de l'exercice 1899. [Extraits.] 13 avril 1898.

13 Avril 1898.

. . . .

ARTICLE 44. — Les veuves de militaires, marins ou assimilés, ainsi que les veuves des fonctionnaires civils placés sous le régime de la loi du 9 juin 1853, ont droit à pension lorsque le mari réunit au jour de son décès, survenu après le 1er janvier 1896, vingt-cinq ans de services tant militaires que civils, et que la condition de durée de mariage requise par la loi de pension sous le régime de laquelle le mari était placé en dernier lieu, aura été remplie.

Si le mari titulaire en dernier lieu d'un emploi civil décède avant d'avoir accompli six ans de services civils, la part de pension afférente aux services civils est calculée sur la moyenne des traitements perçus pour l'ensemble de ces services.

Lorsque la mère est décédée ou inhabile à recueillir la pension ou déchue de ses droits, l'orphelin ou les orphelins ont droit, jus-

1. Consulter, pour l'application, la circulaire aux Préfets, en date du même jour, 30 mars 1898 (*Bull. adm.*, 1898, t. LXIII, p. 431).

qu'à leur majorité, à une pension temporaire égale à celle que la mère a obtenue ou aurait pu obtenir.

. . . .

ART. 48. — Les dispositions de l'article 32 de la loi de finances du 29 mars 1897[1] sont applicables aux professeurs sortis des Écoles normales supérieures de Sèvres, de Fontenay-aux-Roses et de Saint-Cloud.

ART. 49. — Les instituteurs des villes de plus de 100 000 habitants continueront à verser les retenues pour pensions civiles sur tout ou partie de leur indemnité de résidence, jusqu'à ce que leur traitement ait atteint le chiffre fixé par les lois des 19 juillet 1889 et 25 juillet 1893.

ART. 50. — L'indemnité de résidence prévue aux articles 10, 11 et 12 de la loi du 19 juillet 1889, modifiée par la loi du 25 juillet 1893, est, en ce qui concerne le personnel des Écoles primaires supérieures, primaires élémentaires et maternelles de Paris, incorporée au traitement.

ART. 51. — Sont modifiées comme il suit les dispositions du 3° de l'article 38 de la loi du 25 juillet 1893 qui étendent à certaines catégories de fonctionnaires de l'enseignement primaire le bénéfice de la loi du 17 août 1876 :

« 3° Les directeurs, préfets des études et surveillants généraux du Collège Chaptal, des Écoles primaires supérieures et des Écoles professionnelles de la ville de Paris, et les maîtres de ces Écoles qui exercent, soit comme instituteurs adjoints en vertu d'une nomination préfectorale, soit comme professeurs de sciences et de lettres en vertu d'une nomination ministérielle, à moins qu'ils ne soient en même temps attachés à un établissement d'enseignement secondaire, auquel cas ils ne peuvent recevoir que des indemnités non soumises à retenue. »

. . . .

ART. 55[2]. — L'intérêt des cautionnements en numéraire versés au Trésor est fixé à 2 fr. 50 pour 100 à partir du 1er avril 1898.

Sont abrogés en ce qu'ils ont de contraire à la présente disposition l'article 7 de la loi du 4 août 1844 et l'article 55 de la loi du 28 avril 1893.

ART. 56[2]. — Les comptables de deniers publics et les autres fonctionnaires assujettis à un cautionnement versé dans les caisses du Trésor sont admis à le constituer, pour la totalité, soit en numéraire, soit en rentes sur l'État.

1. Voir page 758.
2. Les articles 55 et 56 intéressent les économes des Écoles normales primaires.

La nature du cautionnement une fois réalisé ne peut être modifiée pendant la durée des fonctions du titulaire.

Les titulaires de cautionnements en fonctions à l'époque de la promulgation de la présente loi seront admis à opter pour la transformation de leur cautionnement en numéraire en cautionnement en rentes. Cette transformation sera effectuée successivement et par séries; la division en séries sera déterminée par décrets rendus sur la proposition du Ministre des Finances et suivant l'importance des cautionnements, en commençant par les plus faibles; ces décrets fixeront les délais accordés pour l'exercice du droit d'option.

Un règlement d'administration publique déterminera les conditions d'application du présent article et, notamment, les mesures à prendre pour permettre aux titulaires actuellement en exercice d'opter pour la transformation de leur cautionnement en numéraire en cautionnement en rentes [1].

Sont abrogées toutes les dispositions contraires au présent article.

Le Ministre des Finances est autorisé à faire face aux remboursements nécessités par les transformations de cautionnement qui seront demandées, conformément aux dispositions de la présente loi, par l'émission, jusqu'à due concurrence, d'obligations du Trésor dont l'échéance ne pourra pas dépasser six ans.

. . . .

ART. 99. — Le Ministre de l'Instruction publique est autorisé à engager sur le crédit du chapitre 54 de son département, pendant l'année 1898, 650 nouvelles créations d'Écoles ou d'emplois.

ART. 100. — Le Ministre de l'Instruction publique est autorisé à accorder, pendant l'année 1898, pour le service des constructions scolaires (enseignement primaire), en exécution de la loi du 20 juin 1885 et de l'article 65 de la loi de finances du 26 juillet 1893, des subventions s'élevant à 6 000 000 de francs pour la France et à 300 000 francs pour l'Algérie.

Ces subventions seront imputables soit sur les crédits ouverts par

1. Voir les documents suivants :

Décret du 2 *juillet* 1898, portant règlement d'administration publique pour l'exécution de l'article 56 de la loi du 13 avril 1898 (*Bull. adm.*, 1898, t. LXIV, p. 258);

Décret du 5 *juillet* 1898, fixant les délais dans lesquels les comptables et autres fonctionnaires assujettis à un cautionnement en numéraire doivent opter pour la transformation en un cautionnement en rentes sur l'État (*Ibid.*, p. 262);

Arrêté du 6 *juillet* 1898, déterminant la forme dans laquelle doivent être établies les déclarations d'affectation de rentes à des cautionnements et les déclarations d'option prévues par les articles 3 et 15 du règlement d'administration publique du 2 juillet 1898 (*Ibid.*, p. 264).

la présente loi, soit sur les crédits à ouvrir au budget général des exercices suivants.

ART. 101. — Le Ministre de l'Instruction publique est autorisé à accorder aux communes algériennes, pendant l'année 1898, pour la construction d'Écoles ou de classes destinées aux indigènes, en exécution de la loi du 20 juin 1885 et de l'article 68 de la loi de finances du 26 juillet 1892, des subventions s'élevant à 265 000 francs.

Ces subventions seront imputables soit sur les crédits ouverts par la présente loi, soit sur les crédits à ouvrir au budget des exercices suivants.

---

18 avril 1898. **Circulaire du Ministre de l'Instruction publique, relative aux Récompenses à décerner par la Société française de tempérance.**

18 Avril 1898.

Monsieur l'Inspecteur, j'ai l'honneur de vous faire savoir que, à la demande de la Société française de tempérance, j'ai accordé aux instituteurs et institutrices publics l'autorisation de prendre part au concours organisé par cette Société à l'effet de récompenser les personnes qui se seront distinguées par leur zèle dans la propagande contre l'alcoolisme.

Je vous prie, en conséquence, de porter cette décision à la connaissance des intéressés et de me faire parvenir, pour le 1er août prochain, au plus tard, la liste de tous les instituteurs et de toutes les institutrices publics de votre département qui répondront à l'appel de la Société.

Pour chacun d'eux, vous aurez à fournir le nom et les prénoms, l'âge, la fonction, le lieu de résidence et les renseignements complets sur les titres que le candidat peut faire valoir.

Je crois devoir ajouter qu'un candidat récompensé dans un précédent concours ne peut obtenir une nouvelle récompense qu'après un intervalle de 5 ans.

Recevez, etc.

Signé : A. RAMBAUD.

---

23 avril 1898. **Circulaire du Ministre des Colonies, relative aux Demandes d'emploi dans le personnel de l'Enseignement primaire aux Colonies.**

23 Avril 1898.

Monsieur le Recteur, l'administration centrale des Colonies reçoit chaque jour de nombreuses demandes d'instituteurs ou d'institutrices en exercice dans la métropole ou de jeunes gens pourvus de brevets de l'enseignement primaire, qui sollicitent leur admission dans le service de l'Instruction publique dans nos établissements d'outre-mer.

Lorsque les candidats désirent obtenir un poste en Indo-Chine ou à Madagascar, leurs demandes sont transmises par les soins du Ministère des Colonies aux Gouverneurs généraux de l'Indo-Chine ou de Madagascar, auxquels est attribué le droit de nomination du personnel de l'Instruction publique dans les possessions qu'ils administrent.

Il serait préférable que les candidats à ces emplois adressassent à l'avenir leurs demandes auxquelles pourraient être jointes des copies de leurs diplômes et certificats à M. le Gouverneur général de l'Indo-Chine ou à M. le Gouverneur général de Madagascar.

Les délais qu'entraîne la transmission de ces pièces par le Ministère des Colonies seraient ainsi évités.

Ces colonies de l'Indo-Chine et de Madagascar sont les seules où les jeunes gens qui désirent un poste dans le service de l'enseignement dans nos possessions d'outre-mer aient quelques chances d'être placés.

Dans les anciennes colonies, en effet, Guyane, Martinique, Guadeloupe, Réunion, etc., le personnel de l'Instruction publique est recruté parmi les élèves des Cours normaux qui y ont été établis.

Les demandes adressées au Ministère en vue d'obtenir dans une de ces dernières colonies un emploi dans le personnel de l'enseignement primaire ne sont donc susceptibles d'aucune suite.

Je vous serai très obligé, Monsieur le Recteur, de vouloir bien porter les renseignements contenus dans cette lettre à la connaissance des instituteurs, institutrices et élèves des Écoles normales ressortissant à votre Académie par leur insertion dans les circulaires et bulletins pédagogiques.

Agréez, etc.

Signé : ANDRÉ LEBON.

Circulaire du Ministre de l'Instruction publique, relative aux Promotions et Titularisations d'instituteurs et d'institutrices en 1898.

3 Mai 1898.

Monsieur le Préfet, j'ai l'honneur de vous informer que, par application des dispositions de l'article 50 de la loi du 19 juillet 1889, modifiée par la loi du 25 juillet 1893, et de l'article 49 de la loi de finances du 29 mars 1897, j'ai fixé ainsi qu'il suit le nombre des promotions et titularisations à prononcer, en 1898, et à dater du 1er janvier, en faveur des instituteurs et institutrices des Écoles primaires, élémentaires et maternelles :

[*Tableau.*]

CLASSES.	PROMOTIONS. Promotions proprement dites — au choix.	PROMOTIONS. Promotions proprement dites — d'après l'ancienneté dans la classe.	PROMOTIONS. Rectification de classement d'après l'ancienneté générale des services.	PROMOTIONS. TOTAL.
	Instituteurs.			
1re classe	240	»	»	240
2e classe	227	228	»	455
3e classe	174	520	»	694
4e classe	212	635	»	847
5e classe	300	»	»	300
TOTAL	1.153	1.383	»	2.536
	Institutrices.			
1re classe	4	»	643	647
2e classe	2	2	2.244	2.248
3e classe	3	7	3.522	3.532
4e classe	73	217	1.048	1.338
5e classe	1.738	»	»	1.738
TOTAL	1.820	226	7.457	9.503
TOTAL GÉNÉRAL	2.973	1.609	7.457	12.039

Sur ce nombre doivent être promus, *au choix*, dans votre département :

A la 1re classe .... instituteurs et .... institutrices.
2e — .... — .... —
3e — .... — .... —
4e — .... — .... —

Je vous autorise, en outre, à prononcer la titularisation de .... instituteurs et de .... institutrices stagiaires.

Le nombre des instituteurs qui figurent en 5e classe est encore supérieur au taux de l'effectif légal. Cette situation m'avait interdit, l'an dernier, d'accorder aucune titularisation. Régulièrement il eût dû en être de même cette année; mais il ne m'a pas paru possible de priver plus longtemps les instituteurs les plus méritants d'un avancement auquel ils sont en droit de prétendre. J'ai cru pouvoir escompter à leur profit un certain nombre de retraites prononcées ou à prononcer en 1898, et autoriser, par mesure exceptionnelle, les différents Préfets à accorder la titularisation à 300 stagiaires. Les instituteurs verront néanmoins, dans cette promotion accordée en excédent des effectifs, la preuve de ma sollicitude constante à leur égard.

I. — INSTITUTEURS.

1° *Promotions au choix.*

Les promotions à la 1re classe doivent avoir lieu exclusivement au choix; vous n'aurez donc qu'à prendre sur la liste arrêtée par le Conseil départemental les instituteurs dont le nombre vous est indiqué ci-dessus.

Vous procéderez pour les 2e, 3e et 4e classes, en tenant compte également des règles de répartition fixées par l'article 24 de la loi du 19 juillet 1889.

Je vous rappelle que, selon les dispositions de la circulaire du 6 septembre 1895, vous devez suivre rigoureusement pour ces promotions l'ordre de la liste arrêtée par le Conseil départemental.

D'autre part, en ce qui concerne les instituteurs détachés dans les Lycées ou délégués dans les Écoles primaires supérieures, dont le nom figure en italique sur l'Annuaire, les promotions leur sont accordées « *hors cadre* », et, par suite, leur nombre s'ajoute à celui que je vous ai indiqué.

2° *Promotions d'après l'ancienneté dans la classe.*

Pour les promotions d'après l'ancienneté dans la classe, vous devrez suivre l'ordre établi soit par l'*Annuaire de* 1898, qui vient de vous être adressé, soit par l'*Annuaire de* 1897, dont vous possédez un exemplaire.

Pour les promotions à la 2e classe, il y aura lieu de vous servir de l'*Annuaire de* 1898, les instituteurs de 3e classe ayant été inscrits, sur cet Annuaire, d'après leur ordre d'ancienneté de classe; et vous accorderez une promotion à tous les instituteurs de votre département compris, sur le troisième fascicule, entre les nos 1 et 251 inclusivement.

Les instituteurs de 4e et de 5e classe ont été portés sur l'*Annuaire* de cette année, d'après l'ordre d'ancienneté générale de leurs services. Pour accorder les promotions aux 3e et 4e classes d'après l'ancienneté de classe, vous aurez donc à vous servir de l'*Annuaire* de l'an dernier. Les instituteurs qui ont été promus en 1897 ou qui ont quitté l'enseignement pour une cause quelconque dans le cours de cette année, ont dû, dans chaque département, soit être rayés définitivement de l'*Annuaire*, soit être reportés à la classe supérieure, de même que cela a été fait dans mes bureaux. Il vous sera, par conséquent, facile de procéder à l'avancement au moyen dudit Annuaire.

A cet effet, vous aurez à promouvoir :

1° A la 3e classe, les instituteurs de votre département n'ayant pas obtenu de promotion l'an dernier, inscrits dans le quatrième fascicule jusqu'au no 1041 inclusivement;

2° A la 4e classe, les instituteurs inscrits dans le cinquième fascicule jusqu'au no 2257 inclusivement.

II. — INSTITUTRICES.

De même que les instituteurs, les institutrices peuvent obtenir des promotions soit au choix, soit à l'ancienneté de classe; mais, de plus, comme la répartition dans les classes n'est pas terminée pour elles, elles doivent encore bénéficier des dispositions de l'article 49 de la loi de finances du 29 mars 1897, et être promues d'après l'ancienneté générale de leurs services.

1° Promotions au choix.

Pour ces promotions, vous n'aurez qu'à suivre les indications données ci-dessus pour les instituteurs.

2° Promotions d'après l'ancienneté dans la classe.

Les institutrices des différentes classes ont toutes été inscrites dans l'Annuaire de cette année d'après l'ordre de l'ancienneté générale de leurs services. Pour les promotions d'après l'ancienneté de classe, vous vous reporterez à l'Annuaire de l'an dernier, et, en suivant les mêmes prescriptions que pour les instituteurs, vous aurez à promouvoir :

A la 2e classe, les institutrices de votre département, n'ayant pas obtenu de promotion l'an dernier, inscrites dans le huitième fascicule jusqu'au n° 460 inclusivement ;

A la 3e classe, les institutrices inscrites dans le neuvième fascicule jusqu'au n° 3847 inclusivement ;

Et enfin à la 4e classe, les institutrices inscrites dans le dixième fascicule jusqu'au n° 2960 inclusivement.

3° Promotions d'après l'ancienneté générale des services.

Pour les promotions à l'ancienneté générale des services, vous vous servirez de l'Annuaire de 1898, et vous prononcerez les promotions suivantes :

De la 2e à la 1re classe, du n° 1 au n° 642 inclus, pages 3 à 15 du 7e fascicule ;

De la 3e à la 2e classe, du n° 1 au n° 2244 inclus, pages 3 à 44 du 8e fascicule ;

De la 4e à la 3e classe, du n° 1 au n° 3530 inclus, pages 4 à 71 du 9e fascicule ;

De la 5e à la 4e classe, du n° 1 au n° 1179 inclus, pages 9 à 31 du 10e fascicule.

Vous remarquerez, Monsieur le Préfet, que les numéros fixés comme termes à vos nominations d'après l'ancienneté de services, sont supérieurs au nombre de promotions que je vous indiquais dans le tableau qui figure au commencement de cette lettre.

C'est que j'ai dû tenir compte, pour ces promotions, des maîtres et maîtresses qui doivent être promus à l'ancienneté de classe. En dehors de ces promotions et rectifications de classement, vous aurez, conformément aux prescriptions du dernier paragraphe de l'article 49 de la loi de finances du 29 mars 1897, à prononcer, quelle que soit leur ancienneté de classe ou de services, l'élévation à la 4e classe des instituteurs et institutrices de 5e classe dont le traitement a atteint 1 200 francs au cours de l'année 1897.

(En aucun cas, les institutrices congréganistes ne peuvent être promues de classe.)

Je vous invite à régulariser ces situations dans le plus bref délai possible, et à publier, dans le plus prochain numéro du *Bulletin départemental*, les promotions dont les intéressés devront être immédiatement avisés.

Vous aurez, comme tous les ans, à m'adresser une ampliation des divers arrêtés que vous aurez pris. J'insiste tout particulièrement pour que ce document me soit très exactement transmis cette année, afin que je puisse remédier d'urgence aux erreurs qui auraient pu se produire.

En terminant, je crois devoir appeler votre attention sur l'écart qui existe entre le nombre des promotions accordées aux deux catégories du personnel. Il résulte de ce fait que la loi est, depuis l'an dernier, complètement appliquée pour les instituteurs, et que, par suite, le chiffre des promotions autorisées pour ces maîtres ne peut être qu'égal à celui des vacances qui se sont produites. Il n'en est pas de même pour les institutrices, dont la répartition dans les différentes classes, d'après les proportions d'effectif fixées par l'article 6 de la loi, ne sera terminée que l'an prochain. Celles-ci devaient donc bénéficier en 1898, comme déjà en 1897, d'un plus grand nombre de promotions que les instituteurs; mais il convient de remarquer que si l'avancement s'est trouvé ralenti pour ces derniers, c'est qu'il avait été jusqu'alors plus rapide.

Quoi qu'il en soit, le Gouvernement avait soumis au Parlement un projet destiné à accroître sensiblement, pour les instituteurs, les proportions d'effectif; ce projet n'a pu, malgré mes efforts, être soumis en temps utile aux délibérations du Sénat; mais il est inscrit à l'ordre du jour, et, soucieux de l'intérêt des maîtres de l'enseignement primaire élémentaire, je me réserve, lors de la rentrée, de le défendre devant cette assemblée, ainsi que j'en prenais l'engagement dans la séance du 6 avril dernier.

Recevez, etc.

Signé : A. RAMBAUD.

Circulaire du Ministre de l'Instruction publique, relative à la Franchise télégraphique. 6 mai 1898.

6 Mai 1898.

Monsieur le Recteur, j'ai l'honneur de vous faire connaître que M. le Ministre du Commerce, de l'Industrie, des Postes et des Télégraphes, répondant au désir que je lui avais exprimé, a pris, le 13 avril dernier, un arrêté modifiant dans le sens ci-après indiqué les droits des Recteurs d'Académie à la franchise télégraphique.

D'après ces nouvelles dispositions, la franchise télégraphique, limitée, comme elle l'était antérieurement, aux communications de service urgentes adressées dans l'étendue de leur ressort académique, est accordée aux Recteurs dans leur correspondance avec :

1° Les Ministres;
2° Les Préfets;
3° Les Inspecteurs d'Académie;
4° Les Proviseurs des Lycées et les Principaux des Collèges;
5° Les Directrices des Lycées et Collèges de jeunes filles;
6° Les Directeurs et Directrices d'Écoles normales primaires.

En outre, les Recteurs des Académies de Lille, de Paris et de Grenoble sont autorisés à correspondre respectivement avec les directeurs des Écoles professionnelles d'Armentières, de Vierzon et de Voiron. Il est bien entendu que, conformément aux prescriptions de l'article 2 de l'instruction du 1er juillet 1875, l'usage de la voie télégraphique officielle est réservé à l'envoi des communications de service que la poste ne pourrait transmettre en temps utile.

Recevez, etc.

Signé : A. RAMBAUD.

12 mai 1898.

Circulaire du Ministre de l'Instruction publique, relative à l'enseignement de l'Agriculture dans les établissements publics d'enseignement primaire.

12 Mai 1898.

Monsieur le Recteur, les instructions des 4 janvier 1897[1] et 25 avril 1898[2] ont nettement défini le caractère de l'enseignement de l'agriculture à l'École primaire ainsi qu'à l'École normale.

Ces mesures successives ne manqueront pas de porter d'heureux fruits. Elles étaient demandées par l'opinion publique. La Commission mixte d'agriculture les a élaborées. Je les ai sanctionnées d'accord avec mon collègue M. le Ministre de l'Agriculture.

Mais, pour que cette évolution s'accomplisse sans difficulté, il importe que les fonctionnaires chargés de la direction de l'enseignement et que les Conseils départementaux concourent à l'exécution des prescriptions que j'ai arrêtées.

J'ai, à ce sujet, des recommandations spéciales à vous adresser.

A. — *Écoles normales.*

Je désire, Monsieur le Recteur, que vous vous fassiez rendre compte fréquemment, et en particulier par les bulletins de quinzaine, de la façon dont les instructions du 25 avril 1898 seront appliquées à l'École normale.

De son côté, M. le Ministre de l'Agriculture a invité les Inspecteurs généraux de l'agriculture à inspecter régulièrement le cours fait par le professeur d'agriculture dans les Écoles normales et à se mettre en relations avec vous.

Je vous rappelle que le professeur d'agriculture, en tant qu'il exerce à l'École normale, relève des autorités universitaires, c'est-à-dire du directeur de l'établissement, de l'Inspecteur d'Académie et du Recteur. Tous les ans, les notices individuelles des professeurs d'agriculture devront me parvenir en même temps que celles des autres fonctionnaires de l'établissement.

Au début de l'année scolaire, M. l'Inspecteur d'Académie devra réunir sous sa présidence le directeur de l'École normale, le professeur d'agriculture et le professeur de sciences.

Ils arrêteront de concert le programme d'agriculture et établiront sa coordination avec le programme de sciences conformément aux instructions du 25 avril 1898.

Par exception, les programmes qui seront suivis l'année prochaine seront arrêtés dès maintenant.

Ils me seront adressés par vos soins le 20 juin au plus tard pour être soumis à l'examen de la Commission mixte d'agriculture.

B. — *Écoles primaires élémentaires et supérieures.*

En ce qui concerne les Écoles primaires, les Cours complémentaires et les Écoles primaires supérieures, M. l'Inspecteur d'Académie devra saisir le Conseil départemental de la question de savoir s'il conviendrait de modifier dans le

1. Voir la circulaire du 4 *janvier* 1897, p. 745.
2. *Bull. adm.*, 1898, t. LXIII, p. 594.

détail les programmes d'agriculture et de sciences afin de mieux adapter l'enseignement aux besoins de la région. Ces programmes modifiés seront ensuite soumis à votre approbation.

Dans ce travail de revision et d'adaptation, on ne devra pas oublier qu'à l'École primaire l'enseignement s'adresse à de jeunes élèves, et que vouloir leur apprendre trop serait s'exposer à ne leur apprendre rien.

S'ils le jugent à propos, les Conseils départementaux useront de la faculté qui leur est laissée par l'article 49 de la loi du 30 octobre 1886 « d'appeler « dans leur sein les membres de l'enseignement et toutes les autres personnes « dont l'expérience leur paraîtrait devoir être utilement consultée ».

L'organisation de l'enseignement de l'agriculture sera donc désormais solidement établie dans les établissements publics d'enseignement primaire.

Pour mener à bien cette œuvre, qui se rattache si intimement au progrès agricole en France, ce n'est pas trop de l'entente et du concours de tous ceux qui ont à donner ou à diriger l'enseignement.

J'ai la plus entière confiance dans l'esprit de solidarité qui les anime et qui assurera le succès attendu par le Gouvernement et par le pays.

Recevez, etc.

Signé : A. RAMBAUD.

Rapport et Décret concernant l'admission à la retraite des Recteurs et des Inspecteurs d'Académie.

28 mai 1898.

28 Mai 1898.

1° Rapport au Président de la République.

Monsieur le Président,

Le décret du 17 septembre 1873 dispose que « sont de plein droit admis à la retraite les Recteurs d'Académie à l'âge de soixante-dix ans accomplis et les Inspecteurs d'Académie à l'âge de soixante-cinq ans accomplis ».

Cette disposition n'est pas sans inconvénients. D'une part, elle a pour effet de priver, dans certains cas, l'Administration de la collaboration d'hommes expérimentés, parfois éminents, dont le concours, malgré leur âge, peut encore être précieux. D'autre part, elle a fini par être interprétée d'une manière inexacte et contraire aux principes applicables aux fonctionnaires de l'ordre administratif comme fixant une limite d'âge en deçà de laquelle Recteurs et Inspecteurs d'Académie ne pourraient pas être admis à la retraite.

J'ai l'honneur de vous proposer de l'abroger.

Veuillez agréer, etc.

Le Ministre de l'Instruction publique et des Beaux-Arts,
Signé : A. RAMBAUD.

2° Décret.

Le Président de la République française,

Sur le rapport du Ministre de l'Instruction publique et des Beaux-Arts,

Décrète :

ARTICLE 1er. — Le décret du 17 septembre 1873 est abrogé.

---

3 juin 1898.

Arrêté relatif aux Frais de passage en Algérie des fonctionnaires du Ministère de l'Instruction publique.

3 Juin 1898.

Le Ministre de l'Instruction publique et des Beaux-Arts,

Vu les arrêtés des 8 mars 1862 et 18 mai 1885, relatifs aux frais de passage en Algérie des fonctionnaires du Ministère de l'Instruction publique et des Beaux-Arts;

Vu la loi de finances du 13 avril 1898;

Considérant qu'en raison des déclarations faites à la Chambre des Députés, le 16 février 1898, au nom de la Commission du budget par le rapporteur des crédits de l'Algérie, et au nom du Gouvernement par le Ministre de l'Instruction publique et des Beaux-Arts, il importe de régler à nouveau, pour les fonctionnaires de l'Instruction publique, le service des passages gratuits à bord des bâtiments chargés de la correspondance entre la France et l'Algérie,

Arrête :

ARTICLE 1er. — Ont droit au passage aux frais du Ministère de l'Instruction publique et des Beaux-Arts (1re section. — Service de l'Instruction publique. — Algérie) sur les paquebots assurant la correspondance entre la France et l'Algérie :

1° Les Inspecteurs généraux en tournée d'inspection; les fonctionnaires chargés par l'Administration de l'Instruction publique d'une mission en Algérie;

2° Les fonctionnaires, employés et gens de service de l'administration académique et de l'enseignement supérieur, les fonctionnaires et employés de l'enseignement secondaire, les fonctionnaires et employés de l'enseignement primaire, les fonctionnaires et employés de la Bibliothèque nationale d'Alger et du Musée des antiquités algériennes, lorsqu'ils se rendent à leur poste en vertu d'une nomination, lorsqu'ils ont obtenu un congé, soit d'inactivité, soit de maladie ou de convalescence, lorsqu'ils sont admis à la retraite, ou lorsqu'ils sont appelés d'Algérie à un emploi en France ;

3° Les femmes, enfants, pères et mères desdits fonctionnaires, professeurs, maîtres ou employés les accompagnant, dans les cas désignés au paragraphe 2 ci-dessus ou rentrant en France, lorsque lesdits fonctionnaires sont décédés en activité de service.

ART. 2. — Des permis de passage peuvent, par décision ministérielle spéciale, être accordés dans les limites des crédits inscrits chaque année dans la loi de finances :

1° Aux fonctionnaires et employés de tout ordre compris dans le paragraphe 2 de l'article 1er qui précède, lorsqu'ils ont obtenu des congés pour affaires particulières ;

2° Aux mêmes fonctionnaires et à leurs familles lorsqu'ils se déplacent à l'époque des vacances. Il ne pourra, dans ce dernier cas, être accordé de permis (aller et retour) que tous les deux ans au maximum ;

3° A une personne attachée au service des fonctionnaires désignés dans l'article 1er.

ART. 3. — Les permis de passage sont délivrés uniquement par le Ministre de l'Instruction publique et des Beaux-Arts ou par ses délégués.

ART. 4. — Le classement à bord des paquebots des personnes qui ont obtenu des permis de passage est fixé conformément aux indications contenues dans le tableau annexé au présent arrêté.

ART. 5. — Les frais de passage des fonctionnaires de l'enseignement public de Tunisie se rendant en France et *vice versa* cessent d'être prélevés sur les fonds du Ministère de l'Instruction publique et des Beaux-Arts (1re section. — Instruction publique. — Algérie).

ART. 6. — Les dispositions de l'arrêté du 8 mars 1862 relatives aux fonctionnaires de l'Instruction publique et celles du 18 mai 1885 sont abrogées.

[*Tableau.*]

Tableau déterminant le classement des fonctionnaires, employés et gens de service relevant du Ministère de l'Instruction publique et des Beaux-Arts (1re Section. — Instruction publique), sur les bâtiments faisant le service de la correspondance entre la France et l'Algérie.

DÉSIGNATION DE LA FONCTION OU DE L'EMPLOI.	ORDRE de CLASSEMENT.
Inspecteurs généraux de l'Instruction publique	1re classe.
Fonctionnaires chargés d'une mission en Algérie	*Idem.*
Membres des jurys d'examen envoyés de la Métropole en Algérie.	*Idem.*
Recteurs d'Académie.	*Idem.*
Inspecteurs d'Académie	*Idem.*
Secrétaires et commis d'Académie	2e classe.
Directeurs, professeurs des Écoles d'enseignement supérieur. . . .	1re classe.
Astronomes, employés à l'Observatoire, directeurs et employés du service météorologique.	2e classe.
Fonctionnaires et employés de l'enseignement supérieur	*Idem.*
Bibliothécaire de la Bibliothèque universitaire	*Idem.*
Conservateur de la Bibliothèque nationale d'Alger.	1re classe.
Conservateur du Musée des antiquités algériennes.	*Idem.*
Conservateur adjoint et employés du Musée des antiq. algériennes.	2e classe.
Conservateur adjoint et employés de la Bibliothèque nation. d'Alger.	*Idem.*
Proviseurs, censeurs et aumôniers des Lycées.	1re classe.
Directrices des Collèges communaux de jeunes filles	*Idem.*
Professeurs des Lycées.	2e classe.
Économes, surveillants généraux, commis d'économat, répétiteurs des Lycées	*Idem.*
Principaux[1], professeurs, répétiteurs, répétitrices des Collèges communaux.	*Idem.*
Inspecteurs primaires	1re classe.
Directeurs, directrices d'Écoles normales primaires.	*Idem.*
Professeurs d'Écoles normales prim. et d'Écoles prim. supérieures.	2e classe.
Instituteurs et institutrices primaires	*Idem.*
Agents inférieurs de l'Administration académique et de l'Enseignement supérieur. — Domestiques	3e classe.

1. Un arrêté du 3 *juillet* 1899 accorde la 1re classe aux principaux des Collèges communaux.

---

13 juin 1898.

Proposition de Loi sur la Nomination des instituteurs publics, présentée par MM. Cunéo d'Ornano, Arnous, Laroche-Joubert, etc., députés.

Séance du 13 Juin 1898.

Exposé des motifs.

Messieurs, depuis de longues années, les instituteurs souffrent dans leur dignité professionnelle : ils souffrent de voir que leur nomination sort des bureaux de la Préfecture, au lieu d'émaner directement de l'Université, de l'Académie.

Déjà, en leur nom, dans les dernières années de l'Empire, les plus éloquents précurseurs de la République actuelle, Ernest Picard, Jules Favre, Jules Simon,

Jules Ferry, protestaient avec colère contre cette loi de 1854 qui arracha les instituteurs à la famille universitaire pour les livrer aux Préfets et aux Sous-Préfets. Tant et si bien que les Ministres de Napoléon III, l'éminent Victor Duruy et, après lui, M. Segris allaient réaliser la réforme que nous sommes encore obligés de réclamer aujourd'hui.

En juillet 1870, l'un de ces Ministres annonçait que, dès l'ouverture de la prochaine session, le Gouvernement de l'Empereur présenterait un projet de loi ayant pour but d'enlever aux Préfets la nomination des instituteurs.

Ainsi c'était chose convenue et presque chose faite. Le Ministre du second Empire reconnaissait qu'il n'y avait plus aucune raison, et nous croyons qu'il n'y en eut jamais, de remettre aux Préfets la nomination des instituteurs et d'arracher à l'Université ces cent mille citoyens, qui considèrent comme une garantie de dignité professionnelle de ne dépendre que de l'Académie.

Et la République, en 1878, se souvenait de cette promesse de l'Empire. Le projet de loi présenté par le Ministère Dufaure proposait, en effet, de rendre au Recteur d'Académie la nomination des instituteurs publics.

Mais ce ne fut pas même encore fait par la loi organique de 1886, qui régit aujourd'hui ce mode de nomination.

Pourquoi tarderions-nous davantage à améliorer la situation des instituteurs au point de vue moral, au point de vue de l'indépendance et de la dignité de leur mission?

A l'appui de notre thèse, nous serait-il interdit d'invoquer M. Jules Ferry, et de rappeler ce qu'il disait à la foule des instituteurs au Congrès pédagogique de 1880? Critiquant cette partie de la loi de 1854, Jules Ferry leur disait : « ..... Savez-vous, Messieurs, que le Gouvernement de la République veut rompre d'une manière absolue avec ces détestables procédés? Dites aux instituteurs qu'ils ne relèvent désormais que d'un seul chef, et que ce chef doit être universitaire. »

Voilà ce que M. Jules Ferry avait annoncé aux instituteurs en 1880. Et le projet de loi de 1882 fut déposé avec la réforme promise; car, ajoutait-on, la nomination des instituteurs par le Préfet était une exception à la règle commune dans l'enseignement, exception qui ne se justifiait pas plus pour les instituteurs qu'elle ne se justifierait pour les professeurs des Collèges et des Lycées de l'État. Rien de plus juste, à coup sûr.

Ce n'est pas qu'on n'ait invoqué, en 1854, un motif, une excuse, pour placer sous la main des Préfets les modestes instituteurs ruraux. En ce temps-là, l'instituteur était un agent communal, intéressé à la rétribution scolaire, attaché à l'administration municipale par bien des liens. Et le Préfet, qui alors nommait les maires, nommait aussi les instituteurs. Il les tenait ainsi l'un et l'autre dans la main et les conciliait sous sa direction unique. C'était l'argument qu'on alléguait en 1854.

Mais aujourd'hui le maire lui-même n'est plus nommé par le Préfet. D'autre part, l'instituteur communal est devenu un instituteur public; il ne dépend en rien de la commune et même guère du département, puisqu'il peut emporter de département en département sa situation, son grade, ses appointements.

Dans ces conditions, lorsque les motifs si insuffisants, les maigres excuses de 1854 n'ont plus même de base, comment justifierait-on, — autrement que par quelque désir inavouable dont l'aveu humilierait cent mille éducateurs de nos enfants, — comment justifierait-on le maintien de l'état de choses créé en 1854 et auquel l'Empire, en 1870, tenait à honneur de renoncer?

C'est ce que, en 1884, MM. Lenient, Maze, et les plus dévoués à la cause de l'enseignement, venaient redire à la tribune. Leur amendement, dont nous reprenons l'idée, obtint plus de deux cents voix, parmi lesquelles celles de MM. Barodet, Boysset, Clemenceau, Desmons, Goblet, Leydet, de Mahy, Pelletan, Clovis Hugues, Anatole de La Forge, Sigismond Lacroix, de Lanessan, Henry Maret, Mézières, Steeg, Peytral, Salis, etc.

Plus tard, M. Bardoux, parlant au Sénat, dans la séance du 16 février 1886, relevait excellemment la contradiction brutale que les républicains s'imposaient en persistant à tenir sous le joug du personnel des préfectures les plus modestes membres de l'Université de France, et non les moins méritants. Il s'écriait : « Contradiction manifeste, lorsqu'on voit les Inspecteurs d'Académie et les Inspecteurs primaires, chargés de surveiller les méthodes et de faire appliquer les programmes, nommés par l'Université, et que, d'autre part, on voit l'instituteur, qui est sous les ordres et la surveillance de ces Inspecteurs pour toutes les questions scolaires, nommé par un fonctionnaire essentiellement incompétent, qui ne connaît pas les méthodes, qui n'est pas chargé de la direction des études, et qui n'est qu'un agent politique! »

Voilà ce que disait admirablement M. Bardoux, dont l'amendement réunissait au Sénat les voix de MM. Hippolyte Carnot, Jauréguiberry, de Marcère, Léon Say, de Rémusat, etc.

Aussi bien, en octobre 1886, plusieurs de nos collègues, en tête desquels figurait M. Ch. Dupuy, que son expérience personnelle autorisait plus que tout autre, demandaient qu'on se hâtât d'abroger enfin cette loi de 1854, reprise en ce point par la loi de 1886, et qui tient les instituteurs en tutelle.

Voici ce que M. Charles Dupuy et ses collègues rappelaient dans l'exposé des motifs de leur proposition de loi du 5 novembre 1886, dont nous reproduisons le dispositif: « En demandant la remise à l'autorité académique des attributions conférées aux Préfets par la loi du 14 juin 1854, nous ne faisons que reprendre à nouveau une thèse républicaine. Le principe qui veut que les instituteurs et les institutrices soient nommés par leurs chefs hiérarchiques n'est pas contesté. Nous pensons que l'heure est venue de faire passer ce principe dans les faits. Toutes objections antérieures ont disparu. » Rien de plus décisif et de plus net.

Cette proposition de loi, présentée par MM. Charles Dupuy, Jamais, Montaut, etc., en 1886, vint indirectement en discussion devant la Chambre, à la séance du 27 mars 1893, comme article additionnel ou amendement présenté par plusieurs d'entre nous à la suite du projet de loi relatif au traitement des instituteurs publics.

Précisément notre honorable collègue, M. Charles Dupuy, était devenu Ministre de l'Instruction publique. Il ne combattit pas au fond l'amendement, mais demanda qu'il ne se produisît pas ainsi, comme article additionnel, dans une loi qui ne traitait pas du même objet.

Au surplus, voici textuellement l'unique objection que M. Charles Dupuy, Ministre de l'Instruction publique, opposa : « On me demande d'accepter, dans la loi actuelle, où il n'a que faire, un amendement qui transforme, modifie profondément une loi organique. Je ne puis qu'opposer à cette demande une fin de non-recevoir, au nom même de la Commission. Sans m'aventurer, d'ailleurs, sur le terrain spécial où s'est placé M. Cunéo d'Ornano, je n'ai qu'un mot à lui dire : le jour où il lui plaira de déposer une proposition de loi spéciale, je m'empresserai de porter la question, comme il convient, au Conseil des Ministres; et alors je ferai tout ce qui dépendra de moi pour soutenir des idées auxquelles je reste attaché. Mais il est parfaitement compréhensible que la loi de 1886 n'a rien à voir avec celle que nous votons actuellement; je dirai volontiers, s'il m'est permis de parler latin : *Non erat hic locus.* Sur cette observation, je descends de la tribune, non sans me réjouir des sentiments de sympathie et d'estime que l'honorable M. Cunéo d'Ornano professe à l'égard du personnel enseignant et de l'inspection académique. »

A raison seulement de cette objection de procédure, la Chambre écarta de la loi spéciale, qui, en effet, ne touchait qu'au traitement des instituteurs publics, cet amendement qui modifiait leur mode de nomination. Cependant, malgré cette objection, la prise en considération immédiate de la réforme proposée avait réuni 190 voix, parmi lesquelles celles de nos honorables collègues MM. Mézières, Peytral, Chassaing, Doumer, Hovelacque, Bazille, Michou, Lavy, Leydet, Jourde, Ernest Roche, etc.

Déférant au désir exprimé par ceux-là mêmes qui, en mars 1893, crurent devoir opposer alors à cette réforme une fin de non-recevoir momentanée, plusieurs d'entre nous, par une proposition de loi spéciale et distincte, présentèrent de nouveau, en février 1894, le même texte. Prise en considération, cette proposition de loi fut renvoyée à l'examen d'une Commission présidée par M. Michou. Mais la Chambre se sépara sans avoir discuté la question.

Nous avons donc l'honneur de reprendre cette proposition en ces termes :

Proposition de loi.

ARTICLE UNIQUE. — Le deuxième paragraphe de l'article 27 de la loi du 30 octobre 1886 sur l'organisation de l'enseignement primaire est remplacé par le texte ci-après :

« La nomination des instituteurs titulaires chargés d'une classe en qualité d'adjoints est faite par l'Inspecteur d'Académie, après avis du Comité des Inspecteurs primaires. La nomination des instituteurs titulaires chargés d'une École est faite par le Recteur, sur la proposition de l'Inspecteur d'Académie. »

Circulaire du Ministre de l'Instruction publique, relative à la célébration du Centenaire de la naissance de Michelet. 16 juin 1898.

16 Juin 1898.

Monsieur le Recteur, l'année 1898 marque le premier centenaire de la naissance de Michelet.

Michelet n'a pas été seulement un grand écrivain et un grand historien. Il a vécu de la vie de cette France dont il a retracé les destinées; il a partagé tour à tour toutes les tristesses, toutes les joies, toutes les espérances des générations qui se sont succédé sur notre sol; il a aimé la patrie dans ses revers et dans ses épreuves, comme dans ses gloires et dans ses triomphes. Ce sentiment d'ardente et pieuse affection assure l'immortalité de son œuvre.

Mais surtout Michelet a été un grand citoyen. En toute circonstance, il a sacrifié l'intérêt au devoir; il a enseigné, par ses actes comme par ses écrits, le respect du droit et de la loi. Nul enfin n'a mieux compris, n'a mieux aimé l'enfance, la jeunesse, le peuple.

Le Gouvernement désire que la veille de la Fête nationale soit consacrée à célébrer cette noble mémoire. Il a déposé au Parlement un projet de loi demandant les crédits nécessaires à l'organisation d'une cérémonie au Panthéon. En présence des représentants des pouvoirs publics et des grands corps de l'État, défileraient devant le buste de Michelet les étudiants de l'Université de Paris, les élèves des grandes Écoles et des établissements d'enseignement public, les enfants des Écoles primaires.

La France entière doit être associée aux honneurs rendus à Michelet, et c'est surtout à cet effet que j'ai cru nécessaire de vous adresser ces instructions. Le Gouvernement, s'inspirant des sentiments de l'homme dont le souvenir sera ainsi glorifié, entend que cette fête soit celle de la jeunesse et de l'enfance. Je compte sur votre concours actif, Monsieur le Recteur, pour réaliser ces intentions. Dans les Universités, dans les Lycées, dans les Collèges, on consacrerait la matinée du 13 juillet à des conférences où l'on rappellerait aux générations nouvelles ce que fut Michelet, quels titres il s'est acquis à leur vénération et à leur affection. Partout où les locaux le permettront, il serait à désirer que les étudiants ou les élèves fussent réunis pour ces conférences. Il convient, d'ailleurs, de laisser à l'initiative locale une très large part dans l'organisation de ces cérémonies.

Dans les Écoles normales primaires, les directeurs et les directrices pourront insister sur certains côtés de l'œuvre de Michelet qui doivent plus particulièrement intéresser de futurs instituteurs et institutrices. Je leur signale notamment les derniers chapitres de ce beau livre du *Peuple*, où, dès 1846, il indiquait avec tant d'âme et d'éloquence quels doivent être les principes d'une éducation vraiment nationale.

Le Gouvernement a voulu enfin que, dans toutes nos Écoles primaires, et jusque dans la plus modeste École de hameau, le souvenir de Michelet fût célébré. Chaque instituteur, chaque institutrice recevra, par les soins de l'inspection primaire, une brochure publiée à l'Imprimerie nationale et qui devra être ensuite conservée dans la bibliothèque scolaire. Ils y trouveront quelques-uns des plus beaux récits de Michelet, de ceux qui doivent le mieux parler à l'imagination et au cœur d'un petit Français. Devant les élèves assemblés, et, si les locaux le permettent, devant les autorités locales et les familles, afin que ce soit une vraie fête de l'École et des amis de l'École, ils liront ces pages, ils expliqueront que l'historien de génie qui les écrivit fut un homme bon, doux, simple, qui aimait les enfants et qui plaçait en eux toute son espérance. De cette solennité il faut que nos enfants gardent ce souvenir que la France est reconnaissante envers ceux qui lui ont donné leur cœur et consacré leur vie.

Recevez, etc.

Signé : A. RAMBAUD.

---

25 juin 1898.

Décret modifiant l'article 3 du Décret du 20 août 1892 sur le Classement et l'Avancement des instituteurs de la Ville de Paris, et l'article 4 du Décret du 25 mai 1894 sur les Suppléances.

25 Juin 1898.

Le Président de la République française,

Sur le rapport du Ministre de l'Instruction publique et des Beaux-Arts;

Vu la loi du 19 juillet 1889, modifiée par celle du 25 juillet 1893;

Vu le décret portant règlement d'administration publique du 20 août 1892, relatif au classement et à l'avancement des instituteurs de la ville de Paris;

Vu le décret portant règlement d'administration publique du 24 mai 1894, relatif aux suppléances;

Vu l'avis du Conseil supérieur de l'Instruction publique en date du 13 janvier 1898;

Le Conseil d'État entendu,

Décrète :

ARTICLE 1er. — L'article 3 du décret du 20 août 1892 est modifié ainsi qu'il suit :

« ART. 3. — Les instituteurs stagiaires et les institutrices stagiaires reçoivent un traitement fixe de 900 francs, une indemnité de résidence de 500 francs et l'indemnité représentative de logement fixée à l'article 9.

« Ceux qui ne sont pas affectés à un poste fixe ne reçoivent, à titre d'indemnités de résidence et de logement, qu'une allocation de 2 fr. 50 par jour de service.

« Le nombre des stagiaires chargés des suppléances est fixé par le Ministre de l'Instruction publique, sur la proposition du Préfet, après avis du Conseil départemental. »

ART. 2. — L'article 4 du décret du 25 mai 1894 est modifié ainsi qu'il suit :

« ART. 4. — Le présent décret est applicable à toutes les communes de France, sauf la ville de Paris, et à toutes celles de l'Algérie. »

Circulaire du Ministre de l'Instruction publique, relative aux Maîtresses de couture dans les Écoles mixtes. 8 juillet 1898.

8 Juillet 1898.

Monsieur le Préfet, le Parlement a mis à ma disposition un crédit de 200 000 francs pour assurer en 1898 l'exécution de l'article 50 de la loi de finances du 16 avril 1895.

Cet article, dont je crois devoir vous rappeler la teneur, dispose que « tant que les dispositions de la loi du 30 octobre 1886 ne pourront pas recevoir leur complète application, le Ministre de l'Instruction publique et des Beaux-Arts est autorisé, dans les limites fixées par le décret du 2 août 1890 et jusqu'à concurrence d'un crédit spécial, à accorder des subventions aux communes pour le payement des indemnités dues aux maîtresses de couture dans les Écoles mixtes provisoirement dirigées par des instituteurs ».

Les termes mêmes de cet article font ressortir le caractère variable que peuvent avoir les subventions de l'État, puisqu'elles sont subordonnées à l'importance du crédit inscrit, chaque année, au budget de mon Administration.

Il importe donc, Monsieur le Préfet, de prendre dès maintenant des mesures en vue d'éviter que la disparition de ces subventions ou même leur trop grande variation ne jettent le trouble dans les budgets communaux.

A cet effet, j'estime qu'il convient de consulter à nouveau les Conseils municipaux en les invitant à vous faire connaître, sans retard, s'ils désirent conserver l'instituteur actuellement chargé de leur École mixte ou si, au contraire, ils consentent à ce qu'une institutrice y soit nommée.

Dès que cette consultation sera terminée, vous voudrez bien vous concerter avec M. l'Inspecteur d'Académie pour étudier les moyens de donner satisfaction, dès la prochaine rentrée scolaire, au désir des municipalités qui auront demandé le remplacement de l'instituteur par une institutrice.

Je compte sur son concours comme sur le vôtre pour revenir à l'application stricte de la règle générale posée par la loi du 30 octobre 1886.

Cette manière de procéder rencontrera, il est vrai, quelquefois des obstacles, les instituteurs en fonctions ne devant pas être déplacés s'ils ne sont pas pourvus d'un emploi dans une autre École. Mais ce qui n'offre aucune difficulté, et ce que je ne saurais trop vous recommander, c'est de profiter le plus possible des vacances et créations d'emplois dans les Écoles mixtes pour y nommer des institutrices.

En ce qui concerne les communes qui auront préféré conserver un instituteur à la tête de leur École mixte, vous aurez à leur faire entrevoir la situation dans laquelle elles se trouveront si, comme je vous l'indique ci-dessus, le crédit inscrit au budget pour la rémunération des maîtresses de couture venait à disparaître ou seulement à être diminué.

Enfin, vous aurez à m'adresser vos propositions pour la répartition, en 1898, entre les communes intéressées, du crédit dont je dispose.

Vos propositions seront établies sur des cadres conformes au modèle joint à ma circulaire du 30 mai 1895; elles seront divisées en deux parties : la première contiendra les communes qui auront demandé le remplacement par une institutrice de l'instituteur actuellement en fonctions et auquel vous devrez, comme je vous le demande, vous efforcer de donner satisfaction.

Ces communes doivent, en effet, ainsi que j'en ai pris l'engagement devant la Chambre dans la séance du 30 novembre dernier, être subventionnées avant toutes autres, puisqu'elles ne demandent qu'à faire l'économie d'une dépense dont seul le défaut de personnel n'aura pas permis de les exonérer.

Dans la seconde partie seront inscrites les communes qui, bien qu'ayant préféré le maintien de l'instituteur, ne disposent pas de ressources suffisantes pour faire face à la dépense à laquelle elles ont librement consenti. Mais je crois devoir insister auprès de vous pour que seules les communes de cette dernière catégorie dont la situation financière est réellement obérée soient comprises dans vos propositions. Vous m'indiquerez pour chacune de ces communes, avec la valeur de leur centime, le nombre de centimes ordinaires et extraordinaires dont elles sont imposées.

Dès que ces renseignements me seront parvenus, j'examinerai dans quelle limite il me sera possible de venir en aide auxdites communes pour le payement des indemnités dues aux maîtresses de couture.

Je vous serai très obligé de me transmettre votre travail en double exemplaire le 15 août prochain au plus tard.

Recevez, etc.

Signé : LÉON BOURGEOIS.

Rapport et Décret relatifs à une modification des dispositions concernant les Décorations universitaires. 4 août 1898.

4 Août 1898.

1° Rapport au Président de la République.

Monsieur le Président,

Le décret du 24 décembre 1885 réglementant la distribution des décorations universitaires a fixé le nombre annuel de ces décorations à 300 palmes d'officier de l'instruction publique et 1 200 palmes d'officier d'académie, dont la moitié réservée au personnel enseignant.

Ces chiffres n'ont pas tardé à être dépassés, et, dès 1888, ils sont de 551 officiers de l'instruction publique et de 1 765 officiers d'académie. La progression est à peu près continue, et l'on arrive avec l'année 1897 à 1 048 officiers de l'instruction publique et 2 918 officiers d'académie, comme le constate le tableau ci-après, dressé pour la dernière période décennale :

ANNÉES.	OFFICIERS DE L'INSTRUCTION PUBLIQUE. Fonctionnaires de l'instruction publique.	Personnes étrangères à l'enseignement public.	TOTAL.	OFFICIERS D'ACADÉMIE. Fonctionnaires de l'instruction publique.	Personnes étrangères à l'enseignement public.	TOTAL.
1888.	251	300	551	562	1.203	1.765
1889.	421	558	979	897	2.416	3.313
1890.	297	399	696	697	1.938	2.635
1891.	219	306	525	503	1.548	2.051
1892.	219	205	424	586	1.243	1.829
1893.	155	215	370	564	217	781
1894.	194	341	535	609	1.259	1.868
1895.	158	314	472	594	1.268	1.862
1896.	245	588	833	830	2.131	2.961
1897.	258	790	1.048	729	2.189	2.918

Il n'y a rien à ajouter à ces chiffres, qui montrent assez d'eux-mêmes dans quel discrédit tomberait bientôt, si l'on n'y prenait garde, une distinction dont il importe de maintenir tout le prestige.

La nécessité s'impose donc de revenir à l'observation rigoureuse des conditions prescrites par le décret de 1885, en modifiant toutefois celui-ci sur quelques points.

Il était inévitable que les barrières imposées par ce règlement fussent promptement franchies. Il fallait, en effet, pour deux promotions annuelles, se renfermer dans les limites de 500 officiers de l'instruction publique et 1 200 officiers d'académie, dont la moitié était réservée au corps enseignant.

Il résultait de ces dispositions que chaque promotion ne pouvait comporter que 300 officiers d'académie pour les personnes étrangères à l'enseignement public, ce qui, la part une fois faite au département de la Seine, ne permettait d'attribuer qu'une ou deux palmes à chacun des autres départements.

Pour remédier à cet état de choses, il a paru nécessaire, d'une part, d'augmenter le nombre des palmes à accorder, dans une mesure assez large pour ne plus offrir aucun prétexte à dépasser le contingent réglementaire, assez restreinte pour abaisser notablement le chiffre auquel on était arrivé dans la pratique.

Cette augmentation porte aussi bien sur les fonctionnaires de l'Université que sur les personnes étrangères à l'enseignement public visées par l'article 7 du décret du 24 décembre 1885. Pour celles-ci seulement le nombre des années exigées par l'article 8 dudit décret est porté de cinq à dix.

D'autre part, il y avait intérêt à restreindre le nombre des promotions. Au lieu de deux par semestre, l'une universitaire, l'autre pour les personnes étrangères à l'enseignement, c'est-à-dire quatre par an, il n'en serait plus fait qu'une par semestre : celle du 1er janvier porterait sur les personnes étrangères à l'enseignement public; celle du 14 juillet serait exclusivement réservée aux fonctionnaires de l'instruction publique. Ce ne serait d'ailleurs que la consécration de l'usage qui tend à s'établir.

En entrant dans ces vues et tout en relevant légèrement les chiffres que je lui soumettais, le Conseil supérieur de l'Instruction publique a pensé qu'il y avait lieu d'affecter un contingent spécial aux fonctionnaires de l'enseignement public ressortissant à d'autres Ministères.

Le nombre des distinctions à accorder annuellement serait donc fixé ainsi qu'il suit :

1° Aux fonctionnaires de l'instruction publique :

800 officiers d'académie et 300 officiers de l'instruction publique;

2° Aux fonctionnaires des établissements d'enseignement public ressortissant à d'autres Ministères :

75 officiers d'académie et 25 officiers de l'instruction publique;

3° Aux personnes étrangères à l'Université :

1 200 officiers d'académie et 300 officiers de l'instruction publique.

Enfin, l'habitude qui s'est introduite d'accorder des distinctions honorifiques à l'occasion de fêtes et de cérémonies n'a pas peu contribué à l'accroissement du nombre des candidatures. La circulaire relative à l'application du décret de 1885 avait prévu déjà les inconvénients de cet usage, et le Ministre de l'Instruction publique d'alors, l'honorable M. Goblet, s'expliquait ainsi sur ce point :

« Le nombre des palmes à accorder étant désormais limité, il est devenu nécessaire de les distribuer beaucoup moins fréquemment. Il ne pourra être dérogé à cette règle qu'à titre exceptionnel, pour des cérémonies qui seraient présidées par un Ministre en personne. »

Le nouveau règlement ne fait que consacrer ces dispositions.

Si vous approuvez le projet de décret que j'ai l'honneur de vous soumettre, je vous prie, Monsieur le Président, de vouloir bien le revêtir de votre signature.

Veuillez agréer, etc.

Le Ministre de l'Instruction publique et des Beaux-Arts,
Signé : Léon Bourgeois.

2° Décret.

Le Président de la République française,

Sur le rapport du Ministre de l'Instruction publique et des Beaux-Arts;

Vu le décret du 24 décembre 1885;

Le Conseil supérieur de l'Instruction publique entendu,

Décrète :

Article 1er. — Les articles 2, 8 et 11 du décret du 24 décembre 1885 sont modifiés ainsi qu'il suit :

« Art. 2. — Le chiffre maximum des décorations à accorder annuellement est fixé ainsi qu'il suit :

« 1° Aux fonctionnaires de l'Instruction publique : 800 officiers d'académie et 300 officiers de l'instruction publique;

« 2° Aux fonctionnaires des établissements d'enseignement public ressortissant à d'autres Ministères : 75 officiers d'académie et 25 officiers de l'instruction publique;

« 3° Aux personnes étrangères à l'Université : 1 200 officiers d'académie et 300 officiers de l'instruction publique.

« En aucun cas ces chiffres ne pourront être dépassés.

« Art. 8. — Les candidats visés par l'article 7 ne peuvent être nommés officiers d'académie qu'après dix ans de services ou d'exercice.

« Art. 11. — Les nominations d'officiers d'académie et d'officiers de l'instruction publique auront lieu :

« Au 1er janvier, pour les personnes étrangères à l'enseignement public;

« Au 14 juillet, pour les fonctionnaires de l'enseignement public[1] et, pour les membres des sociétés savantes et des sociétés des beaux-arts des départements, à l'époque de la réunion de ces sociétés.

« En dehors des dates ci-dessus indiquées, aucune distinction ne

1. Précédemment, des avis insérés au *Bull. adm.*, 1896, t. LX, p. 547, et *Bull. adm.*, 1897, t. LXI, p. 793, avaient informé que « la promotion des palmes académiques qui aura lieu à l'occasion du 14 juillet sera réservée *exclusivement* aux fonctionnaires de l'instruction publique ».

pourra être conférée, sauf dans les cérémonies officielles présidées par le Président de la République, l'un des présidents des deux Chambres, un Ministre ou un Sous-Secrétaire d'État en personne. »

ART. 2. — Les distinctions décernées dans les cérémonies officielles seront prises sur les contingents respectifs attribués aux membres de l'enseignement public et aux personnes étrangères à cet enseignement.

---

17 sept. 1898.

Arrêté relatif à l'examen du Certificat d'études primaires supérieures[1].

17 Septembre 1898.

Le Ministre de l'Instruction publique et des Beaux-Arts,

Vu la loi du 30 octobre 1886;

Vu le décret du 18 janvier 1887;

Vu l'arrêté du 18 janvier 1887, modifié, en ce qui concerne le certificat d'études primaires supérieures, par les arrêtés des 18 janvier 1893 et 10 janvier 1894;

Le Conseil supérieur de l'Instruction publique entendu,

Arrête :

Les articles 242 à 253 de l'arrêté du 18 janvier 1887 sont modifiés ainsi qu'il suit :

« ART. 242. — A la fin de l'année scolaire, une session d'examen du certificat d'études primaires supérieures est ouverte dans chaque département. Les centres d'examen sont fixés par le Ministre, sur la proposition du Recteur. La date de la session, déterminée par le Ministre, est annoncée un mois au moins à l'avance. Elle est la même pour tous les départements.

« ART. 243. — Les candidats doivent avoir quinze ans révolus au 1er octobre de l'année dans laquelle ils se présentent.

« Quinze jours au moins avant l'examen, ils se font inscrire aux bureaux de l'Inspection académique, en adressant une demande écrite et signée par eux. Ils indiquent la section d'enseignement à laquelle ils appartiennent. L'acte de naissance du candidat doit être joint à la demande.

« Il n'est accordé aucune dispense d'âge.

1. Consulter, pour l'application, la circulaire du 23 *octobre* 1898 aux Recteurs (*Bull. adm.*, 1898, t. LXIV, p. 979).

« ART. 244. — L'examen se compose d'épreuves écrites, d'épreuves orales et d'épreuves pratiques.

« Ces épreuves ne doivent dépasser, en aucun cas, le niveau du programme des Écoles primaires supérieures.

« ART. 245. — Les sujets des compositions écrites sont choisis par les Inspecteurs d'Académie réunis sous la présidence du Recteur. Les plis cachetés qui les renferment sont ouverts par le président de la Commission en présence des candidats.

« ART. 246. — Les Commissions d'examen sont nommées annuellement, pour chaque département, par le Recteur de l'Académie. Elles se composent de l'Inspecteur d'Académie, président, et, à son défaut, d'un délégué désigné par le Recteur, de cinq membres choisis parmi les Inspecteurs de l'enseignement primaire, les professeurs de l'enseignement secondaire ou primaire supérieur, les directeurs et professeurs d'École normale en exercice ou en retraite. Deux directrices ou professeurs d'École normale d'institutrices, ou deux professeurs d'École primaire supérieure de filles, font nécessairement partie de la Commission pour l'examen des aspirantes. Le président est autorisé à adjoindre, s'il y a lieu, à la Commission, pour chacune des épreuves spéciales dont il est parlé aux articles 249, 250 et 251 du présent arrêté, un examinateur spécial.

« En cas de partage, la voix du président est prépondérante.

« ART. 247. — Les épreuves écrites sont éliminatoires. Elles ont lieu en deux jours consécutifs et comprennent :

A. — *Épreuves générales.*

« 1° Composition sur un sujet de morale (1 heure et demie);

« 2° Composition française (lettre, narration, compte rendu, rapport, etc.) (1 heure et demie);

« 3° Composition de sciences comprenant :

a. Une question ou un problème soit d'arithmétique, soit de géométrie;

b. Une question de physique ou de chimie;

c. Une question d'histoire naturelle ou d'hygiène.

« Ces trois questions seront empruntées à la partie commune des diverses sections (3 heures);

« 4° Composition simple de dessin à main levée : relevé géométral ou dessin à vue pour les garçons; ornement simple appliqué aux travaux d'aiguille pour les filles (2 heures).

B. — *Épreuves spéciales variant suivant les sections.*

« *Section d'enseignement général et section commerciale :* une version facile faite avec un lexique et pouvant porter, au choix du candidat, sur l'allemand, l'anglais, l'italien, l'espagnol ou l'arabe (2 heures);

« *Section industrielle :* pour les garçons, mise au net, une échelle donnée, d'un croquis coté remis à l'aspirant; pour les filles, composition d'un sujet décoratif appliqué à une industrie féminine, d'après des éléments fournis à l'aspirante (2 heures);

« *Section agricole :* une composition sur deux questions empruntées, l'une au programme d'agriculture théorique, l'autre à celui des travaux pratiques d'intérieur ou d'extérieur (2 heures).

« ART. 248. — Chaque épreuve écrite est cotée de 0 à 20.

« La note de chaque copie est abaissée d'un ou de deux points, si l'écriture est défectueuse. Nul ne peut être déclaré admissible aux épreuves orales, s'il n'a obtenu un total minimum de 40 points pour l'ensemble des quatre épreuves communes, et un minimum de 10 points pour la composition spéciale.

« ART. 249. — L'ensemble des épreuves orales ne peut excéder la durée d'une heure pour chaque candidat. Ces épreuves comprennent :

« *Section d'enseignement général :* 1° lecture expliquée d'un passage tiré d'un des auteurs français inscrits au programme, et questions sur la langue française; 2° interrogation sur l'histoire et la géographie générale; 3° interrogation sur les sciences mathématiques, physiques et naturelles; 4° interrogation sur la langue vivante choisie par le candidat;

« *Section commerciale :* 1° interrogation sur l'histoire et sur la géographie générale; 2° interrogation sur la géographie économique des différentes parties du monde; 3° interrogation sur les notions de commerce, de droit usuel et d'économie politique; 4° interrogation sur la langue vivante choisie par le candidat;

« *Section industrielle :* 1° interrogation sur l'histoire et sur la géographie générale; 2° interrogation sur les notions de technologie applicables à la région, pour les aspirants, et sur l'économie domestique, pour les aspirantes; 3° interrogation sur les principales opérations arithmétiques, géométriques ou algébriques utilisées dans la pratique industrielle; 4° interrogation sur les notions de comptabilité, de droit usuel et d'économie politique;

« *Section agricole :* 1° interrogation sur l'histoire et sur la géographie générale; 2° interrogation sur l'agriculture et les questions de sciences physiques et naturelles qui s'y rattachent; 3° interrogation sur l'arithmétique et la géométrie appliquées aux opérations sur le terrain et aux travaux d'exploitation agricole; 4° interrogation sur les notions de comptabilité, de droit usuel et d'économie politique.

« Chaque épreuve est coté de 0 à 20. Tout candidat qui n'aura pas obtenu un minimum de 40 points ne sera pas admis à subir les épreuves pratiques.

« ART. 250. — Les épreuves pratiques ne peuvent excéder une durée totale de quatre heures; elles comprennent :

« *Section générale :* pour les garçons, exercice simple de travail manuel (bois ou fer, au choix de l'aspirant) d'après un modèle en nature, ou bien modelage d'après un plâtre à faible relief; pour les jeunes filles, exercice emprunté au programme des travaux manuels de deuxième année;

« *Section commerciale :* 1° un ou plusieurs exercices pratiques de calcul et de comptabilité; 2° exercice de calligraphie portant sur les divers modes d'écritures usités dans le commerce;

« *Section industrielle :* pour les garçons, exécution, d'après un croquis coté, d'un assemblage en bois ou, au choix du candidat, d'une pièce d'ajustage en fer; pour les jeunes filles, exercice emprunté au programme des travaux manuels de troisième année;

« *Section agricole :* un ou plusieurs des exercices spécifiés au programme des travaux pratiques d'intérieur ou d'extérieur.

« ART. 251. — Outre ces épreuves spéciales, les candidats auront à subir (garçons et filles) une épreuve de chant et de gymnastique.

« L'épreuve de gymnastique, pour les filles, se fera sans appareils; en seront dispensées les aspirantes qui produiront le jour de l'examen un certificat de leur professeur et de leur directrice attestant qu'elles ont pris part régulièrement aux exercices réglementaires de gymnastique.

« ART. 252. — Chaque épreuve pratique est coté de 0 à 20, sauf les épreuves de chant et de gymnastique, qui sont cotées de 0 à 10.

« Pour être admis définitivement, tout candidat doit avoir obtenu la moyenne pour chacune des épreuves pratiques et pour l'ensemble des épreuves un chiffre de points au moins égal à la moyenne[1].

« La note 0 pour l'une quelconque des épreuves est éliminatoire.

1. « J'appelle votre attention sur l'interprétation de l'article 252 de l'arrêté du 17 septembre 1898, en ce qui concerne le calcul des points exigés pour l'admission. Pour être admis définitivement, tout candidat doit avoir obtenu la moyenne pour chacune des séries d'épreuves : *a*) épreuves écrites; *b*) épreuves spéciales à chaque section ; *c*) épreuves orales; *d*) épreuves pratiques *spéciales à chaque section.* Mais la moyenne des points n'est pas exigée pour les épreuves de chant et de gymnastique;

« Art. 253. — Après la clôture des examens, la Commission dresse, par ordre alphabétique, la liste des candidats qu'elle juge dignes d'obtenir le certificat d'études primaires supérieures. Le dossier complet de l'examen de chaque candidat est transmis au Recteur, qui délivre les certificats.

« Le diplôme portera une des quatre mentions ci-après :

« 1° Certificat d'études primaires supérieures (section d'enseignement général);

« 2° Certificat d'études primaires supérieures (section industrielle);

« 3° Certificat d'études primaires supérieures (section agricole);

« 4° Certificat d'études primaires supérieures (section commerciale). »

---

29 nov. 1898. **Avis du Conseil d'État sur la question de savoir si une commune qui se trouve dans les conditions prévues par le paragraphe 2 de l'article 145 de la loi du 5 avril 1884 peut subventionner un Cours privé pour les adultes.**

29 Novembre 1898.

La Section de l'Intérieur, des Cultes, de l'Instruction publique et des Beaux-Arts du Conseil d'État, dans la séance du 29 novembre 1898, a examiné la question de savoir si une commune qui se trouve dans les conditions prévues par le paragraphe 2 de l'article 145 de la loi du 5 avril 1884 peut subventionner un cours privé pour les adultes.

Vu la loi du 30 octobre 1886, notamment l'article 8;

Vu les décrets des 18 janvier 1887 et 11 janvier 1895;

Vu la loi du 5 avril 1884;

Vu l'avis du Conseil d'État, en date du 18 juillet 1888;

Considérant que les formalités exigées pour l'ouverture des classes d'adultes prévues par l'article 8 de la loi du 30 octobre 1886 sont les mêmes que pour les Écoles primaires;

Que ces classes, où l'enseignement se rapproche très sensiblement de l'enseignement primaire et qui sont destinées soit aux illettrés, soit aux jeunes gens qui désirent compléter leur instruction primaire, ne sont en réalité que le prolongement de ces Écoles, dont elles ne diffèrencient que par l'âge des élèves;

Que, dans ces conditions, les classes d'adultes doivent être considérées comme de véritables établissements d'enseignement primaire dans le sens des articles 1 et 9 de la loi du 30 octobre 1886;

Que, par suite et par application de l'avis du Conseil d'État susvisé, une commune ne saurait, sans violer les dispositions de cette loi, se prévaloir de l'ar-

l'insuffisance des notes obtenues pour ces deux épreuves peut donc être compensée par les notes attribuées aux autres épreuves. Il est toutefois nécessaire, pour l'admission définitive, que le candidat ait réuni *pour l'ensemble des épreuves* un chiffre de points au moins égal à la moyenne. » (*Circulaire du Vice-Recteur de Paris aux Inspecteurs du ressort, 1er mai* 1899.)

ticle 145 de la loi du 5 avril 1884 pour subventionner des classes d'adultes privées; — qu'il ne peut, en effet, appartenir à un Conseil municipal d'employer les ressources du budget communal à faire concurrence à ses propres Écoles et à rendre ainsi inutiles les sacrifices que s'impose l'État,

Est d'avis de répondre dans le sens des observations qui précèdent.

Circulaire du Ministre de l'Instruction publique, relative à l'organisation et au fonctionnement du Cours supérieur des Écoles primaires élémentaires. 21 déc. 1898.

21 Décembre 1898.

Monsieur le Recteur, les rapports de l'inspection générale m'ont permis de constater que le cours supérieur institué par l'article 9 de l'arrêté organique du 18 janvier 1887 n'existe pas dans beaucoup des Écoles primaires où il pourrait fonctionner. Ou encore, s'il existe, ce n'est que de nom : les élèves qui s'y trouvent sont souvent confondus avec ceux du cours moyen qui préparent le certificat d'études primaires; ils ne bénéficient pas des programmes prescrits pour le cours supérieur par le règlement du 18 janvier 1887. Par suite, les enfants qui, après avoir obtenu le certificat, auraient intérêt à revenir à l'École, n'y sont pas attirés, parce qu'ils n'y trouvent pas l'enseignement qui leur conviendrait; d'autre part, ceux qui ont l'intention de se faire admettre dans une École primaire supérieure souvent ne peuvent justifier, ainsi que le veut le règlement, d'une année d'études dans un cours supérieur d'École primaire élémentaire.

Il importe de remédier à cette situation qui, en se prolongeant, abaisserait notablement le niveau des études primaires, nuirait à la fréquentation scolaire et, dans une certaine mesure, au recrutement des Écoles primaires supérieures.

Je crois donc nécessaire de vous adresser les instructions suivantes.

Je ne me dissimule pas les sérieuses difficultés que la création du cours supérieur rencontre dans beaucoup d'Écoles. Trop souvent l'organisation des trois cours, telle qu'elle a été prévue par l'article 11 de l'arrêté organique du 18 janvier 1887, n'est guère possible. Mais combien n'y a-t-il pas d'Écoles où le programme des Écoles primaires élémentaires pourrait être suivi en entier? A ce point de vue, les Écoles primaires peuvent être rangées en trois catégories :

1° Dans les Écoles à un seul maître, la nécessité de grouper les élèves d'inégale force en plusieurs divisions peut empêcher l'instituteur d'organiser un cours supérieur. L'Inspecteur d'Académie sera donc autorisé à ne pas appliquer strictement les articles 9 et 11 de l'arrêté du 18 janvier 1887;

2° Quand l'École compte deux maîtres, les mêmes empêchements peuvent se produire. Cependant il conviendrait d'examiner, pour chacune de ces Écoles, si un groupement différent des élèves ne permettrait pas l'établissement du cours supérieur;

3° Par contre, toutes les Écoles qui possèdent au moins trois maîtres devraient avoir un cours supérieur à l'état de section ou plutôt de classe spéciale, selon la répartition adoptée dans chaque établissement pour les élèves, et, dans cette classe, devraient être appliqués les programmes du cours supérieur. Il vous appartiendra de rechercher si, dans les localités où il existe une École primaire supérieure avec cours préparatoire, il n'y a pas lieu néanmoins d'ouvrir un cours supérieur à l'École primaire élémentaire.

Au début, le nombre des élèves du cours supérieur ne sera peut-être pas très élevé ; mais je ne doute pas qu'il n'augmente sensiblement par la suite, lorsque les familles et les élèves apprendront qu'il existe à l'École primaire un cours absolument distinct du cours moyen et où se donne un enseignement nouveau et plus approfondi. Il ne faudra donc y admettre que les élèves, munis ou non du certificat d'études, qui posséderont toutes les matières du cours moyen.

S'il est indispensable de créer le cours supérieur dans les Écoles primaires où le nombre des instituteurs le permet, il importe également d'éviter de transformer en cours complémentaire un cours qui n'est autre, en réalité, que la division supérieure d'une École primaire où le cycle des études est parcouru en entier. Je vous rappelle, à cet égard, les prescriptions formelles du décret du 21 janvier 1893 qui a modifié l'article 30 du décret du 18 janvier 1887. Ce décret porte qu'il ne peut être « annexé de cours complémentaire qu'aux Écoles « possédant une classe au moins pour chacun des trois cours prévus par les articles 9 à 12 de l'arrêté du 18 janvier 1887 (cours élémentaire, cours moyen, « cours supérieur) ». Vous voudrez bien me faire savoir, à la fin du mois de janvier 1899 au plus tard, si les Écoles primaires de votre Académie, auxquelles sont annexés des cours complémentaires, possèdent ou non les trois cours.

Je vous demande, en outre, de me faire parvenir, à la fin de l'année scolaire, un rapport me renseignant sur les dispositions que vous aurez prises pour appliquer les présentes instructions et me faisant connaître le nombre des cours supérieurs organisés avec celui des élèves qui les fréquentent.

Je compte sur vos efforts et sur ceux de vos collaborateurs pour mener à bien ce complément d'organisation des Écoles primaires élémentaires. Les résultats pourront ne pas être absolument immédiats, mais ils sont certains, si, comme j'en suis persuadé, l'œuvre est poursuivie avec persévérance.

Recevez, etc.

Signé : G. LEYGUES.

---

28 déc. 1898. **Circulaire du Ministre de l'Instruction publique, relative à une Enquête à ouvrir dans les établissements d'enseignement primaire, en matière d'éducation physique et de jeux en plein air.**

28 Décembre 1898.

Monsieur le Recteur, la *Commission supérieure de l'Éducation physique de la jeunesse*[1], désirant être exactement renseignée sur ce qui existe, dans les établissements publics d'enseignement, en matière d'éducation physique et de jeux en plein air, m'a demandé de procéder à une enquête sur cette question.

1. Cette Commission a été instituée par arrêté du 14 *mai* 1898 (*Bull. adm.*, 1898, t. LXIII, p. 750).

Consulter les documents suivants :

Rapport général présenté par M. Édouard MANEUVRIER à la Commission chargée de juger le concours Bischoffsheim relatif à l'organisation des jeux scolaires (*Bull. adm.*, 1890, t. XLVII, p. 395) ;

Arrêté du 8 *août* 1890, déterminant les programmes d'enseignement de la gym-

J'ai l'honneur de vous adresser un certain nombre d'exemplaires d'un questionnaire dressé à cet effet par la Commission.

Je vous prie de vouloir bien les répartir entre les Lycées, Collèges, Écoles normales et Écoles primaires supérieures de votre ressort académique.

Je désirerais recevoir les réponses pour le 15 février prochain.

Recevez, etc.

Signé . G. LEYGUES.

Annexe à la circulaire du 28 décembre 1898.

COMMISSION SUPÉRIEURE DE L'ÉDUCATION PHYSIQUE DE LA JEUNESSE.

Questionnaire.

1° Nom de l'établissement { École normale d'instituteurs de / École primaire supérieure de

2° Existe-t-il dans votre établissement une association d'élèves pratiquant les exercices physiques?

A. Son nom?

B. Le nombre de ses membres?

S'il n'en existe pas, quelles en sont les raisons?

3° Comment l'association s'est-elle créée et organisée?

Par l'initiative des élèves ou par celle des chefs, professeurs ou répétiteurs de l'établissement?

4° Quels sont, parmi les exercices ci-dessous énumérés, ceux qu'elle pratique?

A. Courses à pied, sauts? G. Gouret?
B. Vélocipédie? H. Lawn-tennis?
C. Football Rugby? I. Longue paume?
D. Football Association? J. Escrime?
E. Cricket? K. Aviron?
F. Hockey? L. Natation?

5° Pratique-t-elle d'autres jeux? Lesquels?

6° Possède-t-elle des terrains de jeux, soit dans l'établissement, soit en dehors?

7° D'où proviennent ses ressources financières?

A. De ses membres actifs?

B. De ses membres honoraires?

C. Quel est le taux des cotisations?

8° Reçoit-elle des subventions :

A. De la commune?

B. Des particuliers?

9° Joue-t-elle plusieurs fois par semaine et pendant quel laps de temps?

A. Le jeudi?

B. Le dimanche?

C. Pendant les récréations?

nastique dans les établissements d'enseignement primaire (*Bull. adm.*, 1898, t. XLVIII, p. 268);

Circulaire du 15 *décembre* 1891, aux Préfets, relative à l'installation de gymnases (voir p. 400);

Avis relatif à l'institution, par la *Ligue nationale de l'éducation physique* : 1° d'un congrès annuel de l'éducation physique; 2° d'un concours technique pour fixer les conditions d'établissement des champs de jeux et exercices scolaires (*Bull. adm.*, 1892, t. LI, p. 224).

10° L'association se rencontre-t-elle quelquefois avec d'autres appartenant aux villes voisines? Lesquelles?
11° A partir de quel âge les élèves sont-ils admis à l'association?
12° Tous les élèves à partir de cet âge en font-ils partie?
13° Les élèves qui n'ont pas atteint cet âge pratiquent-ils certains jeux? Lesquels?
14° Qui leur enseigne à tous les règles de jeux?
15° Les jeux qui ne sont pas pratiqués, faute d'être connus, le seraient-ils s'ils étaient enseignés par des moniteurs pris en dehors de l'établissement?
16° Les professeurs et répétiteurs s'intéressent-ils à l'association et s'en occupent-ils d'une façon active?
17° Le professeur de gymnastique lui prête-t-il son concours?
18° Existe-t-il une association d'anciens élèves de l'établissement et, si elle existe, accorde-t-elle ou accorderait-elle volontiers à l'association sportive son appui moral et financier?
19° Quel serait le meilleur moyen de développer, selon vous, le goût et la pratique des jeux de plein air dans votre établissement?

---

9 déc. 1898. **Instruction générale du Ministre de l'Instruction publique, relative à la préparation de l'exposition du Ministère de l'Instruction publique (Classe I, Enseignement primaire) à l'Exposition universelle de 1900 [1].**

29 Décembre 1898.

Monsieur le Recteur, après avoir pris l'avis de la Commission nommée par arrêté du 22 mars 1898 et chargée de préparer l'exposition du Ministère de l'Instruction publique (Classe I, Enseignement primaire) à l'Exposition universelle de 1900, il m'a paru que le moment était venu de vous adresser une instruction générale fixant les conditions dans lesquelles le personnel de l'enseignement primaire et les divers établissements publics d'enseignement primaire pourront participer à cette exposition spéciale.

L'exposition de l'enseignement primaire formera deux divisions : 1° l'exposition spéciale du Ministère de l'Instruction publique et des établissements ou collaborateurs choisis par lui; 2° l'exposition des Écoles publiques ou privées, des départements, communes et particuliers admis à exposer dans les limites et aux conditions fixées par le Comité d'admission de la classe I, institué par arrêté du Ministre du Commerce, de l'Industrie, des Postes et des Télégraphes, en date du 17 octobre 1897.

L'exposition du Ministère de l'Instruction publique doit donner une représen-

1. Voir les documents suivants :
Arrêté du 22 *mars* 1898, instituant la Commission chargée de la préparation de l'exposition de l'enseignement primaire public à l'Exposition universelle de 1900 (*Bull. adm.*, 1898, t. LXIII, p. 415);
Circulaires du 31 *juillet* 1899, aux Recteurs et aux Inspecteurs d'Académie, relatives aux conditions à remplir par les établissements d'enseignement primaire et les fonctionnaires de cet ordre d'enseignement pour être admis à participer à l'Exposition de 1900 (*à leur date*).

tation fidèle et complète de l'état de l'enseignement primaire en 1900. Nous devrons nous efforcer d'atteindre ce résultat par tous les moyens en notre pouvoir.

La Commission nommée par l'arrêté du 22 mars 1898 s'occupe exclusivement de l'organisation des exposants de la *première division*, et l'instruction que je vous adresse ne concerne qu'eux. Elle détermine les conditions générales d'installation auxquelles les exposants qu'elle aura désignés devront se conformer. L'emplacement leur sera accordé gratuitement, et ils pourront participer à l'exposition collective du Ministère tout en conservant leur inscription au catalogue et leurs droits éventuels aux récompenses du jury.

Les exposants de la *seconde division*, indépendants de l'exposition du Ministère, devront adresser directement leurs demandes d'admission à la Direction générale de l'Exposition (classe I), avenue Rapp, n° 2.

Commissions académique et départementale.

A l'effet d'alléger la tâche de la Commission de préparation de l'exposition siégeant à Paris, au Ministère, j'ai décidé que tous les objets destinés à figurer dans l'exposition du Ministère de l'Instruction publique seraient soumis à une double sélection faite d'abord au chef-lieu du département, puis au chef-lieu de l'Académie.

Vous aurez en conséquence, Monsieur le Recteur, à procéder à la nomination de deux Commissions.

La Commission académique sera présidée par vous. Elle comprendra des Inspecteurs d'Académie, des Inspecteurs de l'enseignement primaire, des directeurs, directrices et professeurs des Écoles normales du ressort et des Écoles primaires supérieures, des directeurs et directrices d'Écoles primaires élémentaires et d'Écoles maternelles.

La Commission départementale, présidée par l'Inspecteur d'Académie, se composera du directeur de l'École normale d'instituteurs et de la directrice de l'École normale d'institutrices, des Inspecteurs de l'enseignement primaire du département, de directeurs et directrices, instituteurs et institutrices d'Écoles primaires élémentaires et supérieures et d'Écoles maternelles.

Je vous laisse toute latitude quant au nombre des personnes que vous ferez entrer dans ces Commissions; vous voudrez bien seulement faire en sorte d'y nommer des membres de l'ordre des sciences et de l'ordre des lettres pour représenter les Écoles normales et les Écoles primaires supérieures, et ne pas perdre de vue qu'elles auront à se livrer à un examen minutieux et approfondi des objets qui leur seront soumis.

Il vous appartiendra de convoquer ces Commissions en temps utile, de déterminer les conditions dans lesquelles les objets soumis à leur examen devront leur être adressés et de fixer la date à laquelle les envois ne seraient plus reçus.

La Commission constituée au Ministère choisira parmi tous les envois ceux qui devront définitivement figurer à l'exposition du Ministère.

I. — DISPOSITIONS GÉNÉRALES[1].

L'exposition du Ministère de l'Instruction publique (enseignement primaire) comprendra six sections, savoir :

1. « MM. les Inspecteurs d'Académie, MM. les Inspecteurs de l'enseignement pri-

1re *section*. — Administration centrale. — Inspection générale de l'instruction primaire. — Inspection académique. — Inspection de l'enseignement primaire.

2e *section*. — Écoles maternelles.

3e *section*. — Écoles primaires élémentaires, Classes enfantines, Cours complémentaires.

4e *section*. — Écoles primaires supérieures et professionnelles. — Écoles nationales professionnelles.

5e *section*. — Écoles normales primaires, Écoles annexes et Écoles d'application.

6e *section*. — Œuvres complémentaires de l'École : cours d'adultes, conférences, bibliothèques scolaires, caisses des Écoles, caisses d'épargne scolaires, mutualités scolaires, cantines scolaires, associations diverses.

II. — DISPOSITIONS SPÉCIALES AUX DIVERSES SECTIONS.

En abordant la partie de ces instructions qui concerne le choix et le classement des objets dont se composera l'exposition de chacune des sections ci-dessus, je tiens à bien spécifier, Monsieur le Recteur, qu'il ne s'agit pas, quant à présent, de provoquer l'envoi immédiat à Paris des divers objets dont l'énumération va suivre, mais de mettre les intéressés en mesure de faire cet envoi au chef-lieu du département ou au chef-lieu académique, à la date qui sera fixée par vous. Il importe en effet que ceux-ci connaissent à l'avance les conditions dans lesquelles seront acceptés les objets scolaires à exposer. La Commission a voulu guider les intéressés et les Commissions dans la préparation de la plupart des travaux destinés à l'Exposition. Voici l'indication sommaire des parties essentielles dont se composera chaque exposition.

I. Administration centrale et Inspection générale de l'enseignement primaire. — L'exposition de l'Administration centrale comprendra :

1° Les collections des lois, règlements et actes administratifs intéressant l'enseignement primaire public;

2° Les documents relatifs à l'organisation de l'Administration centrale, du Conseil supérieur de l'Instruction publique et des Commissions consultatives;

3° Les programmes édictés après avis du Conseil supérieur;

4° La statistique de l'enseignement primaire;

5° Les budgets;

6° Les catalogues officiels des ouvrages admis dans les bibliothèques scolaires et les bibliothèques pédagogiques;

7° Une collection du *Bulletin administratif;*

8° Des rapports d'inspection générale.

L'organisation de cette exposition incombera exclusivement à l'Administration centrale. Vous n'aurez pas à vous en occuper.

maire et MM. les Professeurs de tout ordre, MM. les Instituteurs et Mmes les Institutrices sont priés de vouloir bien envoyer au Musée pédagogique, 41, rue Gay-Lussac, un exemplaire de tout document pédagogique publié par eux (mémoire, rapport, conférence, discours, dissertation, compte rendu, livre, brochure), concernant les méthodes et programmes d'enseignement, études, etc. L'administration du Musée s'est offerte à rassembler ces documents pour en former une collection en vue de l'Exposition de 1900. » (*Avis* inséré au *Bull. adm.*, 1896, t. LIX, p. 468.)

II. INSPECTION ACADÉMIQUE. — L'exposition de l'Inspection académique sera représentée :

1° Par la liste chronologique des Inspecteurs d'Académie de chaque département depuis 1854; on indiquera, dans une courte biographie, leurs noms, prénoms, leurs titres universitaires et leurs services;

2° Par des extraits des bulletins départementaux reproduisant les circulaires, programmes mensuels et directions pédagogiques de nature à faire apprécier l'impulsion donnée dans le département au service de l'enseignement primaire à partir de 1870;

3° Par un choix de rapports faits au Préfet et au Conseil départemental, et qui offrent un intérêt général au point de vue du développement de l'enseignement primaire;

4° Par les publications personnelles d'ouvrages relatifs à l'enseignement primaire.

Vous voudrez bien inviter les Inspecteurs d'Académie à recueillir et à m'adresser ces divers documents.

III. INSPECTION PRIMAIRE. — L'exposition de l'Inspection primaire comprendra :

1° Un recueil de bulletins d'inspection (ils seront retranscrits en supprimant les noms des communes et des instituteurs);

2° Un recueil de sujets traités dans les conférences pédagogiques;

3° Les travaux originaux et personnels des Inspecteurs concernant l'enseignement primaire.

En ce qui touche ces documents, il est nécessaire qu'ils me soient adressés avant le 1er mai 1899 (Direction de l'enseignement primaire, 3e bureau). Il en est, en effet, qui figureront dans des publications officielles dont je devrai, sans tarder, organiser l'impression.

III. — ÉCOLES PUBLIQUES DE TOUT DEGRÉ.

I. INSTALLATION MATÉRIELLE. — L'installation matérielle de l'Exposition universelle de 1900 comprendra, pour chacune des catégories d'Écoles, les constructions scolaires proprement dites, le mobilier scolaire et le matériel d'enseignement.

Les constructions scolaires pourront être représentées :

1° Par des plans d'ensemble à l'échelle de 5 millimètres par mètre, sans toutefois dépasser le format demi-grand aigle;

2° Par des vues d'ensemble à vol d'oiseau, sans dépasser le même format demi-grand aigle;

3° Par des détails de plans, façades ou coupes à l'échelle de 1 centimètre, sans dépasser le format grand aigle;

4° Par des dessins, photographies ou modèles en relief des parties les plus intéressantes de l'installation des différents services; les dessins à des échelles variables, sans dépasser le format demi-grand aigle; les photographies du format 13 sur 18 *au minimum*, non collées;

5° Des notices relatives aux bâtiments scolaires, aux détails des constructions, systèmes d'aération, de chauffage, de ventilation, etc., pourront accompagner les plans, dessins, particulièrement en ce qui concerne les groupes scolaires des grandes villes, les Écoles primaires supérieures importantes et les Écoles normales.

Les dessins des trois premières catégories seront surtout exposés dans des cartons ou sur des meubles spéciaux, tournants ou autres; ceux de la quatrième catégorie seront, autant que possible, exposés sur les surfaces murales.

Les dessins seront exécutés soit par des architectes, soit par les élèves ou les maîtres, d'après un relevé sur place.

Pour éviter l'encombrement, et aussi pour faciliter le travail des diverses Commissions, vous voudrez bien inviter les Inspecteurs d'Académie à désigner parmi les Écoles du département des différents types celles qui remplissent les meilleures conditions d'installation et dont les plans peuvent être présentés comme des modèles. Il suffirait d'un exemplaire, deux au plus de chaque type (Écoles primaires supérieures, Écoles élémentaires de ville, de bourg ou de hameau, Écoles maternelles).

En ce qui concerne les Écoles normales, je vous serai obligé d'en choisir seulement une d'instituteurs et une d'institutrices dans votre Académie.

Le mobilier scolaire et le matériel d'enseignement seront représentés également par des dessins et photographies. Les Inspecteurs d'Académie auront à signaler à l'avance, avec croquis à l'appui, les objets plus particulièrement intéressants qui pourraient figurer en nature.

II. ORGANISATION PÉDAGOGIQUE. — Les Écoles des deuxième, troisième et quatrième sections seront appelées à exposer particulièrement sous ce titre :

1° La répartition détaillée, par mois ou par trimestre, des matières du programme officiel adopté dans chaque département;

2° Les règlements intérieurs de ces Écoles;

3° Les registres scolaires;

4° Des spécimens d'images, bons points et autres récompenses;

5° Des photographies représentant les exercices collectifs des élèves : mouvements, évolutions et jeux des enfants des Écoles maternelles, et pour les Écoles primaires, élémentaires et supérieures, les travaux manuels, le jardinage, les manipulations, le dessin, le modelage, la gymnastique, les jeux, etc.

III. TRAVAUX DES MAÎTRES. — Les travaux des maîtres se composeront :

1° Des cahiers de préparation des classes;

2° Des cahiers de textes;

3° Des travaux et mémoires relatifs à l'organisation des Écoles, aux méthodes et aux procédés d'enseignement;

4° Des registres renfermant les procès-verbaux des conférences pédagogiques d'un canton, d'une ville ou d'une circonscription d'inspection primaire;

5° Des documents relatifs aux bibliothèques pédagogiques, à leur composition et à leur fonctionnement;

6° De monographies communales ou scolaires.

Pour les Écoles primaires supérieures et les Écoles nationales professionnelles, les monographies seront rédigées d'après le plan annexé à la présente instruction.

IV. TRAVAUX DES ÉLÈVES. — Les travaux des élèves seront représentés par les objets ci-après :

1° Cahiers de devoirs mensuels ou de compositions;

2° Cahiers de roulement;

3° Cahiers de devoirs;

4° Cahiers spéciaux (morale, dessin, travaux manuels, exercices de cartographie, etc.);

5° Collections de travaux manuels (pliage, tressage, tissage, cartonnage, couture, travaux du fer et du bois);

6° Pour les Écoles maternelles, cahiers de dessin des jeunes enfants.

Les cahiers de devoirs mensuels devront comprendre, pour un élève, tous les devoirs et exercices faits par lui depuis son entrée dans une École. Les cahiers de roulement ou de devoirs renfermeront les exercices exécutés au cours des années scolaires 1897-1898 ou 1898-1899.

Ces travaux présenteront un caractère absolu de sincérité et n'auront pas été préparés spécialement en vue de l'Exposition. Ils devront être examinés avec le plus grand soin par la Commission départementale chargée du choix des documents à transmettre à la Commission académique. Chaque département n'en fournira qu'un petit nombre triés parmi les meilleurs.

Sauf pour les Écoles maternelles et les Classes enfantines, le dessin à l'échelle ou le croquis soigneusement coté devra accompagner tout exercice de travaux manuels (filles et garçons).

V. Résultats de l'enseignement. — Les résultats de l'enseignement seront constatés par un tableau indiquant, pour chaque département, les réceptions aux examens et aux concours depuis 1889, et, en outre, en ce qui concerne les Écoles primaires supérieures, la répartition des élèves entre les différentes carrières depuis 1889.

IV. — ÉCOLES NORMALES.

Les Écoles normales d'instituteurs et les Écoles normales d'institutrices enverront à la Commission académique, dans les délais que vous aurez fixés, les travaux dont la nomenclature se trouve plus loin.

La Commission académique a pour mandat de réaliser la représentation de deux Écoles normales modèles. Si, parmi les Écoles normales du ressort, il s'en trouve une d'instituteurs et une d'institutrices qui remplissent toutes les conditions pour représenter à elles seules les deux Écoles normales modèles, le choix du jury s'arrêtera sur ces deux Écoles normales; dans le cas contraire, la Commission choisira dans les envois qui lui seront faits les éléments les plus propres à réaliser les deux types demandés.

I. Monographies. — Chaque directeur et chaque directrice d'École normale présentera la monographie de l'École qu'il dirige. Cette monographie fera connaître l'histoire de l'établissement : création, transformations diverses, tant au point de vue matériel qu'au point de vue pédagogique et moral; budgets, statistique, situation actuelle, institutions annexes, fêtes et soirées avec programmes, participation aux œuvres complémentaires de l'École, etc.

Ces monographies ne peuvent être que manuscrites. Elles seront rédigées sur papier fort de 20 centimètres sur 31 avec marges de 3 centimètres à droite et à gauche, au recto et au verso, de manière à en faciliter la reliure, qui sera faite par les soins de l'Administration centrale.

Par exception, toutes les monographies devront être adressées par vos soins au Ministère (Direction de l'enseignement primaire, 3e bureau), avec la mention : *Exposition.*

II. Travaux des maîtres et des élèves-maîtres. — 1° *Cahiers de notes;* 2° *Cahiers de devoirs et de compositions* se rapportant aux divers enseignements de l'École : morale, psychologie appliquée à l'éducation, langue française, langues étrangères, histoire, géographie, sciences, etc.

Les devoirs seront corrigés et annotés par le professeur. Ils porteront la date avec le nom de l'élève-maître et seront accompagnés d'un plan placé en tête, s'il a été fait par l'élève, ou à la fin, si ce plan a été proposé par le professeur.

Chacun des recueils ainsi formé sera précédé d'une note ou avant-propos, dans lequel le professeur exposera sa méthode, et sera suivi d'une table des sujets traités.

Il y aura un recueil de devoirs et de compositions dans chaque promotion, pour chaque matière d'enseignement. Y figureront seulement les meilleures copies.

3° *Cahiers de lectures personnelles.* — On trouvera dans ces cahiers les appréciations et impressions de l'élève avec les directions du professeur. Sur la première page figurera la liste des ouvrages ou parties d'ouvrages lus par l'élève au cours de l'année.

Les cahiers de devoirs et de compositions et les cahiers de lectures personnelles vous seront envoyés à raison d'un ou deux par promotion.

4° *Travaux de dessin.* — Ils comprendront des exercices de dessin d'imitation, de dessin géométrique et, pour les élèves-maîtresses, de composition décorative. Ils seront exécutés conformément aux programmes des Écoles normales et aux instructions qui les accompagnent.

Aux dessins seront joints les carnets pédagogiques des plans des leçons faites par les élèves-maîtres à l'École annexe, avec croquis à l'appui.

Sur tous les dessins, les corrections faites par le professeur resteront apparentes. Les notes du professeur figureront au bas de la page, à droite, conformément aux indications ci-après :

Pour le dessin d'imitation :

Application du paragraphe du programme.

Notes partielles. . .	Mise en place.	moyenne :
	Massé des ombres	
	Rendu.	

Pour le dessin géométrique :

Application du paragraphe du programme.

Notes partielles. . .	Trait au crayon.	moyenne :
	Trait à l'encre	
	Lavis	

Chaque envoi ne comprendra qu'un seul exemplaire d'un dessin ou d'un croquis.

5° *Travaux manuels et modelage.* — Ils comprendront les divers exercices indiqués au programme des Écoles normales.

Les travaux de pliage, de tissage, etc., exécutés en première année seront accompagnés des directions du professeur.

Les modelages ne seront acceptés que s'ils sont en terre cuite ou en plâtre.

Les travaux agricoles seront représentés par les photographies dont il est question dans l'instruction du 25 avril 1898.

6° *Travaux de couture.* — Il sera demandé à chaque École normale d'institutrices :

1° Un choix de travaux de couture exécutés par les élèves des trois promotions, pendant l'année scolaire 1898-99, conformément au programme du 23 septembre 1898;

2° Des objets non compris dans la catégorie précédente et se rapportant à l'habillement, à l'ameublement, etc. Ils devront être de petit volume et jamais à l'état d'échantillons.

A ces envois pourront être joints :

a) Des poupées représentant les costumes de la région. Ces poupées seront munies d'un support. Elles n'auront pas moins de 35 centimètres de hauteur, ni plus de 40 centimètres. Elles seront accompagnées d'une notice et des patrons qui auront servi à la confection de leur costume;

b) Des panneaux représentant les armoiries du chef-lieu du département ou de la ville où est située l'École normale.

Chaque panneau devra avoir exactement 23 centimètres de largeur sur 30 centimètres de hauteur. Cet espace sera entièrement couvert, que les armoiries comportent ou non une couronne murale, des devises, des accessoires, mais les armes elles-mêmes ne devront pas avoir plus de 16 centimètres de hauteur. Un bord de 2 centimètres non ouvragé devra être laissé autour du panneau afin d'en permettre l'encadrement; le nom de la ville sera inscrit en une place quelconque du travail, faisant corps avec lui.

L'ouvrage devra être apprêté, gommé et emballé à plat dans un carton solide.

7° *Enseignement expérimental :*

a) *Travaux de manipulations.* — Les cahiers de manipulations seront accompagnés, s'il y a lieu, des meilleurs spécimens des travaux exécutés par les élèves-maîtres sous la direction du professeur.

b) *Herbiers.* — Les herbiers seront composés plus spécialement de plantes caractéristiques de la région. Ces plantes auront été récoltées par les élèves au cours des herborisations de 1897-98 ou de 1898-99. Les spécimens seront fixés par des bandelettes gommées sur des feuilles simples de papier fort ayant 44 centimètres de hauteur sur 28 centimètres de largeur. Ils seront accompagnés d'étiquettes conformes au type prescrit par les instructions ministérielles et formeront un ensemble renfermé dans un carton.

8° *Chants scolaires.* — Chaque École normale enverra un recueil des chants choisis, copiés et étudiés par les élèves sous la direction du professeur de musique.

9° *Cahiers de préparation de classe des élèves-maîtres et élèves-maîtresses de service à l'École annexe.* — Ces cahiers porteront les plans des leçons faites par les élèves, les remarques du personnel de l'École annexe, les études de caractères, etc.

10° *Travaux des maîtres et des élèves des Écoles annexes.* — Pour ces travaux, qui seront joints aux envois des Écoles normales, voir les instructions concernant le personnel des Écoles primaires (page 844).

L'exposition des Ecoles normales sera complétée par des photographies, des exercices collectifs : travaux manuels, jardinage, manipulations, dessin, modelage, gymnastique, jeux, etc.

V. — ŒUVRES COMPLÉMENTAIRES DE L'ÉCOLE.

Les œuvres complémentaires de l'École peuvent être représentées à l'exposition comme il suit :

I. ENSEIGNEMENT DES ADULTES :

1° *Statistiques montrant le développement des cours d'adultes et des conférences en ces dernières années.* — Ces statistiques seront établies pour chaque département au moyen d'une série de tableaux dont les dispositions seront arrêtées par l'Administration centrale et qui seront adressés en temps utile aux Inspecteurs d'Académie.

2° *Travaux des maîtres.* — Chaque département en fournira un nombre restreint. Ils seront choisis parmi ceux qui offriront le plus d'intérêt et d'originalité. Ils se composeront de spécimens de conférences, de plans de cours, etc.

3° *Travaux d'élèves.* — La nature en est extrêmement variable; par suite une grande latitude paraît devoir être laissée aux Commissions départementales et académiques pour les choix qu'elles auront à faire. Les travaux pouvant être acceptés sont les cahiers et devoirs d'adultes choisis avec soin et en petit nombre, les dessins de toute nature, à main levée et avec les instruments, les aquarelles et peintures diverses, les modelages, les travaux manuels en bois et en fer, etc., etc.

On admettra aussi des photographies représentant des vues de cours d'adultes, d'auditoires de conférences, de réunions du dimanche et de fêtes scolaires, de travaux sur le terrain (arpentage, nivellement, etc.), de travaux agricoles et horticoles et de leurs résultats.

4° *Matériel.* — Le matériel comprendra des spécimens en nature et des photographies du matériel employé dans les cours et conférences pour les projections, pour l'enseignement des sciences expérimentales, du dessin, des travaux manuels, de la gymnastique, du tir, de la topographie, du chant, etc.

II. BIBLIOTHÈQUES SCOLAIRES :

1° Tableau par département des bibliothèques scolaires, indiquant le nombre des livres de lecture et le nombre des prêts pendant l'année 1898.

2° Spécimens bien choisis et en nombre très restreint des catalogues de bibliothèques scolaires urbaines et rurales, ainsi que des registres d'entrées et de sorties des livres prêtés au dehors de l'École.

III. CAISSES DES ÉCOLES :

1° Tableau, par département, des Caisses des Écoles faisant connaître pour chacune le nombre des membres, le montant des recettes et des dépenses, ainsi que les sommes en caisse à la clôture de l'année 1898.

2° Quelques modèles de statuts.

IV. CAISSES D'ÉPARGNE SCOLAIRES :

Tableau, par département, des caisses d'épargne scolaires, mentionnant pour chaque caisse d'épargne le nombre des livrets et les sommes inscrites à ces livrets à la clôture de l'exercice 1898.

V. CANTINES SCOLAIRES :

1° État, par département, des cantines scolaires.

2° Menus et prix de revient.

3° Photographies représentant quelques-unes des meilleures installations matérielles et les enfants au moment des repas.

VI. MUTUALITÉS SCOLAIRES :

1° Tableau, par département, donnant le nombre des mutualités comparé au nombre des Écoles, le nombre des mutualistes, le montant des versements, l'emploi des fonds.

2° Modèles de statuts.

VII. COLONIES DE VACANCES :

1° Dans les départements où ces colonies existent, l'Inspecteur d'Académie fournira un rapport sur leur organisation, leurs ressources, leurs dépenses et les résultats obtenus.

VIII. ASSOCIATIONS D'ANCIENS ÉLÈVES, PATRONAGES, SOCIÉTÉS DE TEMPÉRANCE, etc.

1° Rapport, par département, faisant connaître l'organisation de ces diverses œuvres, le nombre de leurs adhérents, leurs ressources et leurs dépenses.

2° Spécimens des statuts.

Tous ces tableaux et rapports seront sur papier de 20 centimètres sur 31 avec marges de 3 centimètres à droite et à gauche au verso et au recto.

VI. — DISPOSITIONS D'ORDRE.

Pour faciliter la réunion et le classement des divers objets qui figureront à l'exposition du Ministère de l'Instruction publique, il me paraît indispensable que tous les envois de même nature aient un certain caractère d'uniformité.

Je vous prie, en conséquence, Monsieur le Recteur, d'inviter les exposants à se conformer aux indications déjà données dans cette instruction et à celles qui suivent :

1° *Photographies.* — Toutes les photographies auront *au minimum* 13 centimètres sur 18 centimètres; le format de 9 centimètres sur 12 centimètres ne sera admis que pour les instantanés. Elles seront envoyées non collées et protégées par des cartons solides.

Elles devront porter au dos, au crayon, le nom de l'École et du département, ainsi que l'indication du sujet qu'elles représentent.

2° *Cahiers de devoirs et de compositions.* — Les cahiers de devoirs et de compositions devront avoir les dimensions ci-après :

Écoles maternelles : Cahiers de dessin, 17 centimètres sur 22 centimètres. Ils porteront le titre : « École maternelle de . Dessins. »

Écoles primaires élémentaires : Tous les cahiers de ces Écoles auront environ 17 centimètres sur 22 centimètres.

Écoles normales et Écoles primaires supérieures : Le format des cahiers de notes et des cahiers de lectures personnelles sera environ de 17 centimètres sur 22 centimètres; celui des recueils de devoirs et de compositions de 20 centimètres sur 31 centimètres. Les cahiers de notes porteront sur la feuille de garde le nom de l'École, celui du professeur et celui de l'élève, avec l'indication de la promotion ou de l'année d'études.

Les recueils de devoirs mentionneront en outre la date du devoir. Les cahiers et recueils seront reliés aux frais des Écoles normales ou des Écoles primaires supérieures; le dos en sera vert pour ceux relatifs aux sciences et rouge pour ceux relatifs aux lettres.

3° *Travaux manuels.* — Les travaux de pliage, de tressage et de tissage figureront dans des cahiers de 17 centimètres sur 22 centimètres.

Les autres travaux manuels (carton, fil de fer, tôle, bois, fer, plâtre, etc.), les exercices de modelage et les travaux de manipulations seront accompagnés chacun d'une étiquette faisant connaître leur origine, avec l'indication de la date et de la promotion.

Les travaux de couture seront fixés par des points à l'intérieur de feuillets doubles de papier très fort. Ces feuillets pliés auront 35 centimètres sur 27 centimètres. En général, les ouvrages ne devront occuper que le recto du feuillet ouvert, le verso à gauche étant destiné aux dessins ou légendes se rapportant aux travaux placés vis-à-vis.

Sur le recto extérieur de chaque feuillet on indiquera le département, la ville, le nom de l'élève et le genre du travail exécuté.

Les travaux manuels des Écoles maternelles et des Écoles de filles de tous degrés destinés à être mis en vitrines seront étiquetés, annotés et envoyés dans des boîtes résistantes.

4° *Dessins.* — Les formats des divers dessins seront les suivants :

I. DESSIN D'IMITATION. — *Écoles primaires élémentaires.* 1/6 feuille Ingres blanc[1] (environ 22 centimètres sur 25).

Écoles normales et Écoles primaires supérieures. 1/2 feuille Ingres blanc (33 centimètres sur 50) et, par exception, une feuille entière (50 centimètres sur 66).

II. DESSIN GÉOMÉTRIQUE. — *Écoles primaires élémentaires.* Les exercices de dessin géométrique seront exécutés sur les cahiers ordinaires de devoirs dont les dimensions ont été indiquées ci-dessus (17 centimètres sur 22).

Écoles normales et Écoles primaires supérieures. 1/8 grand aigle (24 centimètres sur 32) et, par exception, 1/4 grand aigle (32 centimètres sur 48).

Pour les *croquis*, on se servira de feuilles 1/6 Ingres blanc.

CARNETS PÉDAGOGIQUES. — Ces carnets auront 22 centimètres sur 35.

III. COMPOSITIONS DÉCORATIVES. — Elles seront exécutées sur des feuilles 1/4 grand aigle (32 centimètres sur 48). La composition sera dessinée et, s'il y a lieu, peinte sur une moitié de la feuille ; sur l'autre moitié sera jointe, s'il y a lieu, la réalisation matérielle exécutée à l'atelier.

Chaque feuille des divers genres de dessin portera : le titre du dessin, le nom de l'élève, l'indication de la promotion ou de l'année d'études, la date de l'exécution, le timbre de l'École.

Lorsqu'un dessin géométrique (croquis ou mise au net) aura été exécuté d'après un modèle en relief, il portera la mention : « Exécuté d'après le relief ».

L'envoi complet d'une École sera logé dans un carton. Les dessins d'imitation seront placés dans des feuilles de papier blanc suffisamment résistantes et les dessins géométriques dans des enveloppes de papier bulle.

A chaque paragraphe du programme de l'un ou de l'autre dessin répondra une enveloppe particulière sur le plat de laquelle on inscrira, après avoir apposé le timbre de l'École : 1° le texte officiel du paragraphe ; 2° la désignation des dessins contenus dans l'enveloppe rangés par ordre de date.

Ces enveloppes spéciales seront affectées aux compositions décoratives.

VII. — EXPOSITION RÉTROSPECTIVE.

L'exposition rétrospective sera organisée par les soins du Comité d'admission nommé par M. le Ministre du Commerce. Mais l'Administration de l'Instruction publique y contribuera en centralisant tous les documents que vous aurez pu recueillir.

Il est à désirer que la collection d'objets et de documents qui seront placés sous les yeux du public soit aussi riche que possible et que leur comparaison fasse ressortir d'une manière saisissante le contraste entre le passé et le présent.

1. Tout papier réglé ou quadrillé est prohibé.

L'exposition rétrospective s'arrêtera à l'année 1870, en remontant aussi haut que possible dans le passé. Elle comprendra quatre divisions :

I. HISTOIRE DES IDÉES PÉDAGOGIQUES. — Elle comprendra :

1° Une collection des ouvrages pédagogiques antérieurs à 1870 et des instructions ministérielles donnant au personnel les directions pédagogiques;

2° Des articles de journaux, de revues, etc., traitant les questions de pédagogie, de façon qu'on puisse suivre les manifestations de l'opinion publique en matière d'éducation nationale;

3° Les ouvrages et mémoires de tout genre relatifs à l'histoire de l'enseignement primaire.

Je vous serai obligé de rechercher ceux qui concernent les pays compris dans votre Académie.

II. HISTOIRE DE LA LÉGISLATION. — Elle sera composée sous une forme accessible à tous à l'aide de tableaux disposés de telle façon qu'il soit aisé pour le public de distinguer les dispositions essentielles de chacune des grandes lois scolaires.

III. HISTOIRE DES ÉTABLISSEMENTS D'ENSEIGNEMENT PRIMAIRE. — Pour donner une idée de ce qu'ont été les maisons d'école, en remontant aussi loin que possible, on exposera des représentations d'anciennes maisons d'école. Ces représentations consisteront en gravures, dessins et photographies qui figureront soit l'ensemble du bâtiment scolaire, soit ses diverses parties : salles de classe, logement du maître, préaux et annexes diverses. Le mobilier scolaire et le matériel d'enseignement pourraient être représentés par quelques spécimens bien caractéristiques.

On formera aussi une collection des livres qui ont été le plus en usage dans les anciennes Écoles, et, s'il est possible, une collection de cahiers de devoirs faits par les élèves.

IV. HISTOIRE PAR L'IMAGE DE L'ENSEIGNEMENT PRIMAIRE. — Cette exposition comprendra une suite de portraits des éducateurs français, des scènes de la vie de l'enfance, des scènes de la vie de l'École retracées par la gravure, la peinture et la sculpture.

Les dispositions qui précèdent, que j'ai adoptées d'accord avec la Commission, fixent les grandes lignes du plan d'organisation de l'exposition du Ministère de l'Instruction publique et de l'exposition rétrospective de l'enseignement primaire.

Je vous prie, Monsieur le Recteur, d'inviter les fonctionnaires placés sous vos ordres à prendre dès maintenant les dispositions nécessaires pour rassembler les matériaux et documents, qui devront être soumis à la Commission départementale d'abord, puis à la Commission académique aux dates que vous aurez fixées.

Recevez, etc.

Signé : G. LEYGUES.

Annexe à l'Instruction générale.

MONOGRAPHIES DES ÉCOLES PRIMAIRES SUPÉRIEURES.

Les monographies des Écoles primaires supérieures seront faites sur le plan ci-après :

I. HISTORIQUE. — 1° Écoles analogues ayant existé antérieurement dans la localité.

2° Création de l'École : documents officiels, délibérations du Conseil municipal, du Conseil départemental, du Conseil général ; arrêtés ministériels.

3° Construction et appropriation des locaux : part de la commune, du département et de l'État dans la dépense. Frais d'acquisition du mobilier scolaire et du matériel d'enseignement.

4° Changements survenus depuis la création jusqu'en 1899 : dans l'organisation matérielle (agrandissement, classes, préaux, ateliers, dortoirs, etc.) ; dans le personnel (créations ou suppressions d'emplois); dans l'enseignement (nouvelles matières ajoutées aux anciens programmes, créations de sections spéciales à l'agriculture, au commerce, à l'industrie).

II. RECRUTEMENT. — Article 38 du décret du 21 janvier 1893. Ses effets au point de vue du nombre et de la qualité des élèves. Graphique de la population scolaire, soit depuis la fondation, soit pendant la période 1889-1899. Causes de prospérité ou de décadence.

III. ORGANISATION PÉDAGOGIQUE. — Programmes, directions pédagogiques et emplois du temps antérieurs et postérieurs au décret et à l'arrêté du 21 janvier 1893. Conférences littéraires et artistiques, enseignement scientifique par l'aspect ; excursions scolaires ; visites de musées, d'usines, d'exploitations agricoles, etc.

IV. DISCIPLINE ET ÉDUCATION. — Récompenses et punitions. Jeux, concerts, fêtes dans l'École. Moyens employés pour associer le personnel de l'École, les autorités locales, les familles à la discipline générale de la maison. Réunions de l'assemblée des professeurs, du Comité de patronage, de la délégation cantonale. Livret de correspondance avec les familles.

V. RÉSULTATS. — Examens et concours. Destination et placement des élèves. Comparaison entre la carrière des parents et celle des enfants.

---

20 janvier 1899. **Arrêté modifiant les articles 172 et 173 de l'Arrêté du 18 janvier 1887 relatifs à l'examen du Certificat d'aptitude au professorat dans les Écoles normales et dans les Écoles primaires supérieures.**

20 Janvier 1899.

Le Ministre de l'Instruction publique et des Beaux-Arts,

Vu la loi du 30 octobre 1886, article 21 ;

Vu le décret du 18 janvier 1887, article 122 ;

Le Conseil supérieur de l'Instruction publique entendu,

Arrête :

Les articles 172 et 173 de l'arrêté du 18 janvier 1887 sont modifiés ainsi qu'il suit :

« ART. 172. — Les épreuves orales et pratiques comprennent :

Pour les lettres :

« 1° Une leçon sur un sujet tiré au sort, dont la durée ne dépassera pas une demi-heure et qui pourra être suivie d'interrogations portant soit sur le sujet qui a fait l'objet de la leçon, soit sur toute autre partie du programme. Trois heures sont accordées pour la préparation de cette leçon. Cette préparation a lieu à huis clos ;

« 2° La lecture expliquée d'un passage pris dans un auteur classique français ;

« 3° La correction d'un devoir d'élève-maître.

« La lecture expliquée et la correction du devoir sont précédées d'une préparation dont la durée ne doit pas dépasser trois quarts d'heure pour chacune des deux épreuves ;

« 4° L'explication, à livre ouvert, d'un texte allemand, anglais, italien, espagnol ou arabe, suivie d'interrogations sur la grammaire allemande, anglaise, italienne, espagnole ou arabe (un quart d'heure) ;

Pour les sciences :

« 1° Une leçon sur un sujet tiré au sort, dont la durée ne dépassera pas une demi-heure. Il est accordé deux heures pour la préparation de la leçon de mathématiques, trois heures pour la préparation de la leçon de sciences physiques ou de sciences naturelles. Cette préparation a lieu à huis clos ;

« 2° Une interrogation sur chacune des parties du programme (mathématiques, sciences physiques, sciences naturelles). Durée totale de l'épreuve pour les trois interrogations : trois quarts d'heure ;

« 3° Une manipulation de physique ou de chimie et une démonstration pratique d'histoire naturelle. Le sujet de la manipulation ou de la démonstration est tiré au sort.

« Il est accordé une heure pour la manipulation et une heure pour la démonstration d'histoire naturelle.

« La liste des auteurs allemands, anglais, italiens, espagnols ou arabes, ainsi que celle des auteurs classiques français sur lesquels porteront les explications des textes, est arrêtée par le Ministre tous les trois ans.

« L'usage de tout secours autre que celui des dictionnaires, atlas ou livres autorisés par la Commission est interdit.

« ART. 173. — Il est attribué à chaque candidat, pour chacune des épreuves écrites et orales, une note distincte calculée de 0 à 20. Dans le total des points, les notes des diverses épreuves sont affectées de coefficients fixés chaque année par décision ministérielle au début de l'année scolaire et, pour la session de 1899, avant le 1er février de cette année[1]. »

---

20 janvier 1899. **Arrêté modifiant les articles 175 et 176 de l'Arrêté du 18 janvier 1887 relatifs à l'examen du certificat d'aptitude à l'Inspection des Écoles primaires.**

20 Janvier 1899.

Le Ministre de l'Instruction publique et des Beaux-Arts,

Vu la loi du 30 octobre 1886;

Vu le décret du 18 janvier 1887;

Vu l'arrêté du 18 janvier 1887, modifié, en ce qui concerne la date de l'examen du certificat d'aptitude à l'inspection des Écoles primaires, par l'arrêté du 4 janvier 1894;

Le Conseil supérieur de l'Instruction publique entendu,

Arrête :

Les articles 175 et 176 de l'arrêté du 18 janvier 1887 sont modifiés ainsi qu'il suit :

« ART. 175. — Les candidats sont tenus de se faire inscrire, à Paris, à la Sorbonne, et dans les départements, au bureau de l'Inspection académique, d'indiquer les lieux où ils ont résidé et les fonctions qu'ils ont remplies depuis dix ans, et de faire les justifications exigées par l'article 110 du décret du 18 janvier 1887.

« Le registre d'inscription est clos un mois avant l'ouverture de la session.

« ART. 176. — Le Ministre fixe, à la fin de l'année scolaire, la date à laquelle s'ouvrira la session ordinaire de l'année scolaire suivante.

« En cas de nécessité, une session extraordinaire pourra avoir lieu. La date en sera fixée deux mois à l'avance. »

---

21 janvier 1899. **Décret réservant un contingent spécial de Distinctions honorifiques aux instituteurs et aux institutrices publics pour l'enseignement des adultes et des adolescents.**

21 Janvier 1899.

Le Président de la République française,

Sur le rapport du Ministre de l'Instruction publique et des Beaux-Arts;

1. Voir, p. 855, l'arrêté du 23 *janvier* 1899, qui a déterminé ces coefficients.

Vu le décret du 27 décembre 1866;
Vu le décret du 4 août 1898;
Le Conseil supérieur de l'Instruction publique entendu,
Décrète :

ARTICLE 1er. — En sus du contingent annuel déterminé par le décret du 4 août 1898, il est accordé annuellement, le 14 juillet, aux instituteurs et institutrices publics qui auront participé avec le plus de zèle et de succès aux cours d'adultes et aux œuvres complémentaires de l'École :

80 palmes d'officier d'académie;
30 palmes d'officier de l'instruction publique.

ART. 2. — Les distinctions prévues à l'article 1er sont conférées par le Ministre, sur la proposition du Recteur et du Préfet, et après rapport spécial de l'Inspecteur d'Académie.

ART. 3. — Ne pourront obtenir ces distinctions que les instituteurs et les institutrices qui justifieront au moins de la possession de la médaille de bronze.

ART. 4. — Sont abrogés les décrets des 24 janvier et 25 juillet 1896.

Arrêté fixant les coefficients à attribuer aux épreuves des Certificats d'aptitude au professorat des Écoles normales et des Écoles primaires supérieures.

23 janvier 1899.

23 Janvier 1899.

Le Ministre de l'Instruction publique et des Beaux-Arts,
Vu l'arrêté du 18 janvier 1887;
Vu l'arrêté du 20 janvier 1899,
Arrête :

Les coefficients à attribuer aux épreuves écrites et aux épreuves orales et pratiques des certificats d'aptitude au professorat des Écoles normales et des Écoles primaires supérieures (ordre des lettres et ordre des sciences) sont fixés ainsi qu'il suit pour les examens de 1899 :

ORDRE DES LETTRES

(Aspirants et aspirantes).

Épreuves écrites.		*Épreuves orales et pratiques.*	
Littérature	2	Leçon	4
Psychologie et morale	2	Lecture expliquée	2
Histoire et géographie	2	Correction d'un devoir	2
Langue vivante	1	Langue vivante	1

ORDRE DES SCIENCES

(Aspirants et aspirantes).

Épreuves écrites.		*Épreuves orales et pratiques.*	
Mathématiques	2	Leçon	2
Sciences physiques	1	Interrogations sur les mathématiques	1
Sciences naturelles	1	Interrog. sur les sciences physiques	1
Morale ou éducation	2	Interrog. sur les sciences naturelles	1
Dessin géométrique	1/2	Manipulations (sciences physiques et naturelles)	1
Dessin d'imitation	1/2		

---

24 janvier 1899. **Circulaire du Ministre de l'Instruction publique, relative à l'enseignement scientifique et agricole dans les Écoles normales d'instituteurs.**

24 Janvier 1899.

Monsieur le Recteur, vous m'avez adressé, en juin 1898, les programmes de sciences et d'agriculture arrêtés dans les Écoles normales d'instituteurs de votre ressort conformément aux prescriptions de la circulaire du 12 mai dernier; de l'examen auquel s'est livrée la Commission mixte d'enseignement agricole, il résulte que, pour beaucoup d'Écoles normales, la coordination ne paraît pas bien assurée entre les cours des deux professeurs de sciences et d'agriculture. La plupart des programmes de sciences physiques et naturelles sont, en effet, fort incomplètement développés.

Il importe que je puisse soumettre à la Commission mixte des documents témoignant d'une étude approfondie de la question soulevée par l'instruction spéciale du 25 avril 1898[1]. Ces documents comprendront :

1° Un tableau de concordance des cours analogue au type ci-contre donné simplement à titre d'indication;

2° Un programme dressé par chaque professeur et fournissant succinctement, mais nettement, la matière de *chacune* de ses leçons.

Ce programme ne doit pas être la simple reproduction, par tranches, du programme officiel, mais l'interprétation qu'en a faite le professeur pour l'adapter à la fois aux nécessités du temps dont il dispose et aux besoins de la région. Il doit permettre à la Commission de juger, par exemple, de l'importance relative accordée par le professeur, dans son cours de physique, d'une part à l'étude de l'électricité par frottement et par influence, d'autre part à celle du courant et de ses applications. En sciences naturelles ou en agriculture, pour prendre un autre exemple, ce programme doit faire connaître comment, en traitant des champignons parasites, le professeur choisit les types étudiés selon qu'il s'agit d'une École normale du Nord ou du Midi, d'un pays de céréales ou d'une région viticole.

En rappelant à MM. les Inspecteurs d'Académie de votre ressort les prescriptions de la circulaire du 12 mai 1898 relatives aux Écoles normales, vous voudrez bien leur fixer la date à laquelle ils devront vous adresser les documents précités que je désire recevoir, avec vos observations, à la fin du mois de mars prochain.

Recevez, etc. *Signé :* G. LEYGUES.

1. *Bull. adm.*, 1898, t. LXIII, p. 594.

ENSEIGNEMENT SCIENTIFIQUE ET AGRICOLE. — CONCORDANCE DES COURS.

Répartition trimestrielle pour 1899-1900.

1re ANNÉE.

	PHYSIQUE.	CHIMIE.	SCIENCES NATURELLES.	AGRICULTURE.	MANIPULATIONS.	OBSERVATIONS.
1er TRIMESTRE.	Pesanteur. Centre de gravité. Poids. Balance. Poids spécifique. Surface libre des liquides en équilibre. Pressions dans l'intérieur et sur les parois des vases. Vases communiquants. Presse hydraulique. Ascenseurs.	Eau. Hydrogène. Oxygène. Air. Azote. Les combustions. Notions générales sur les combinaisons. Lois. Nomenclature et notations chimiques. Acides. Bases. Notions sur les sels.	Caractères des végétaux. Divisions fondamentales. Organes végétatifs : Racines. Structure. Fonctions. Applications. Tige. Modes de végétation. Structure. Croissance en épaisseur. Fonctions. Feuille. Morphologie externe. Structure. Fonctions. Fonction chlorophyllienne. Transpiration. Nutrition des végétaux. Sources principales des aliments. Engrais. Réserves nutritives.	Les élèves de 1re année prennent part aux exercices agricoles.	Néant.	Toutes les leçons, en 1re année, sont d'une heure par semaine.
2e TRIMESTRE.	Principe d'Archimède. Aréomètres à poids constant. Pression atmosphérique. Baromètre. Loi de Mariotte. Manomètres.	Oxydes de l'azote. Acide azotique. Azotates. Ammoniaque. Sels ammoniacaux. Nitrification. Chlore. Acide chlorhydrique. Chlorures (sel marin). Iode. Soufre et acide sulfureux. Acide sulfurique. Acide sulfhydrique. Sulfates (plâtre).	Organes de reproduction. Fleur, fruit, graine. Germination. Étude des principales familles végétales. Cryptogames. Thallophytes. Notions générales sur les algues. Bactéries. Champignons ; étude de quelques types choisis parmi les plus répandus dans la région. Peronospora de la vigne (mildiou). Rouille du blé. Carie. Ergot du seigle. Idée des divisions fondamentales.			
3e TRIMESTRE.	Aérostats. Pompes. Siphon. Revision. *Cette dernière partie du programme comporte la matière de 6 leçons au plus, le temps qui devient ainsi disponible devant être consacré à l'étude de la géologie (phénomènes actuels).*	Phosphore. Acide phosphorique. Hydrogène phosphoré. Notions sur les phosphates. Carbone. Acide carbonique. Oxyde de carbone. Notions sur les carbonates. Idées générales sur les composés organiques. Acide silicique. Notions sur les principales roches siliceuses. Revision.	Cryptogames vasculaires : histoire succincte d'une fougère, d'une prêle. Gymnospermes. Monocotylédones. Dicotylédones. NOTE. — *L'ordre dans lequel seront étudiées les plantes dépendra de leur floraison ; les plantes sans fleurs, algues et champignons, seront étudiées avant le réveil de la végétation.* *Dans le 2e ou le 3e trimestre, cinq ou six leçons en sus du nombre normal seront consacrées à l'étude des phénomènes géologiques actuels.*			

2e ANNÉE.

	PHYSIQUE.	CHIMIE.	SCIENCES NATURELLES.	AGRICULTURE.	MANIPULATIONS.	OBSERVATIONS.
1er TRIMESTRE.	Dilatations. Thermomètres. Coefficients de dilatation. Conductibilité des corps pour la chaleur et applications. Mouvements dans les liquides et dans les gaz. Changement d'état des corps : fusion, solidification, dissolution, cristallisation.	Métaux. Propriétés générales. Alliages. Sels. Propriétés générales. Lois de leur composition. Lois de Berthollet. Potassium, sodium et leurs principaux composés. Poudre. Soude artificielle. Acides industriels.	Caractère des animaux. Tissus. Fonctions de nutrition. Aliments, digestion : appareil digestif chez l'homme et chez les vertébrés. Physiologie de la digestion. Ration alimentaire. Absorption. Sang. Appareil circulatoire chez l'homme. Modifications fondamentales chez les vertébrés. Lymphe. Respiration. Poumons. Cage thoracique. Mécanisme de la respiration. Notions sommaires sur les branchies et les trachées. Foie. Fonctions. Élimination. Peau, rein, foie, poumons.	Caractères des principaux sols ; cartes agronomiques. Modification des propriétés du sol. Engrais ; application rationnelle. Amélioration des plantes cultivées. Sélection et choix des semences.	Opérations préliminaires : travail du verre, des bouchons ; montage d'appareils simples. Expériences réalisables à l'École primaire : 1° sur l'oxygène et l'air, l'hydrogène et l'eau ; 2° sur les propriétés physiques des liquides, des gaz ; sur la chaleur.	Dans quelques Écoles normales, le professeur d'agriculture commence seulement son cours au mois de janvier ; les leçons se terminent fin mai et les excursions viennent ensuite. Ce système présente de nombreux avantages et peu d'inconvénients.
2e TRIMESTRE.	Vaporisation. Étude des propriétés des vapeurs Hygrométrie. Hygromètres. Phénomènes dus à l'humidité de l'atmosphère. Évaporation. Ébullition. Distillation. Notions expérimentales de calorimétrie. Mélanges réfrigérants. Froid produit par l'évaporation. Production de la glace.	Calcium, magnésium et principaux composés. Aluminium. Alumine. Alun. Silicates. Argiles, poteries et verres, chaux, mortiers, ciments. Fer et zinc. Principaux composés. Notions sur la métallurgie du fer (fer, fonte, acier).	Fonctions de relation. Os, squelette, articulations. Modifications du squelette chez les mammifères et les oiseaux. Muscles. Structure, fonctions. Système nerveux. Centres nerveux. — Nerfs moteurs et sensitifs. Organes des sens : vue, ouïe. Grandes divisions des animaux. Mammifères. Exemples choisis parmi les plus répandus.	Céréales et légumineuses alimentaires. Prairies et plantes fourragères. Racines et tubercules. Plantes industrielles. Cultures arbustives. Notions sur les forêts. Assolements. Notions pratiques d'horticulture fruitière et potagère.	Charbon, gaz d'éclairage ; décomposition et recomposition de la craie. Expériences sur les phosphates, sur l'ammoniaque, sur les sels employés en agriculture. Préparation des engrais pour cultures démonstratives.	
3e TRIMESTRE.	Principaux modes de chauffage. Idée des machines à vapeur. Installation et observation des thermomètres. Températures maxima et minima. Pression atmosphérique. — Variations. Vent. Bourrasques. Orages. Trombes et cyclones. Revision du cours.	Étain. Cuivre. Plomb. Oxydes. Sulfates et carbonates. Mercure, argent, or, platine. Revision.	Oiseaux. Espèces utiles, nuisibles. Reptiles. Batraciens. Poissons. Pisciculture. Articulés. Insectes. Quelques mots sur les crustacés. Notions sur les vers parasites. Idées sommaires sur les mollusques. Notions *très succinctes* sur les rayonnés.	Excursions agricoles.	*Les manipulations se complètent, en été, au jardin, par des expériences qui ne nécessitent pas la présence continue du professeur.* *L'ensemble des manipulations n'exige pas plus de 20 séances de 1 heure 1/2 environ pour chaque année, ce qui représente à peu près 40 heures de présence effective pour le professeur soit en moyenne 1 heure par semaine comptée pour l'année entière.*	

3e ANNÉE.

	PHYSIQUE.	CHIMIE.	SCIENCES NATURELLES.	AGRICULTURE.	MANIPULATIONS	OBSERVATIONS.
1er TRIMESTRE.	Production d'électricité par frottement et par influence. Machine électrique. Bouteille de Leyde. Électricité atmosphérique. Principe de la pile. Courant électrique. Éclairage électrique. Galvanoplastie. Aimants. Déclinaison et inclinaison de l'aiguille aimantée. Galvanomètre. Aimantation par les courants. Électro-aimants. Idée générale de la télégraphie électrique. Induction.	Composition élémentaire des matières organiques. Analyse. Synthèse. Classification. Carbures d'hydrogène. Alcools : alcool ordinaire et fermentations (vins, bières, cidres) ; essai des alcools.	Phénomènes géologiques anciens. Notions sur la sédimentation. Étude des terrains de la région.	Revision et complément du cours de l'année précédente. Alimentation rationnelle des animaux Exploitation du bétail. Zootechnie, notions applicables à la région.	Séparation des éléments constitutifs d'une cendre, d'un terreau, d'une terre végétale. Étude expérimentale des propriétés des principales substances employées en agriculture et en hygiène. Expériences réalisables à l'École primaire sur la lumière et l'électricité.	Le temps consacré par semaine pour chaque matière est généralement de 1 heure par semaine, excepté pour la physique (1er trimestre) et pour la chimie (2e trimestre), où il est de 2 heures ; dans le 3e trimestre, les 3 heures par semaine sont également réparties entre la physique et la chimie.
2e TRIMESTRE.	Propagation de la lumière. Miroirs plans et sphériques. Réfraction. Prismes. Réflexion totale. Lentilles. Loupe. Microscope. Lunette astronomique. Décomposition et recomposition de la lumière. Spectre de diverses sources. Arc-en-ciel. *Acoustique (5 ou 6 leçons).* *Programme prévu pour la première année.* *Le temps consacré à l'étude de l'acoustique est pris sur le temps réservé à l'histoire naturelle.*	Éther. Éther ordinaire. Glycérine. Corps gras neutres, savons, bougies stéariques. Glucose. Sucre de canne. Sucre de lait. Dextrine. Amidon et fécules. Gommes. Cellulose, Ligneux. Application à la fabrication du papier. Phénol. Acides : acide acétique, oxalique, lactique. Acides gras. Alcalis : alcalis artificiels (aniline). Notions sur les matières colorantes, la teinture et l'impression sur étoffes. Alcalis végétaux. Amides : urée. Indigo.	Hygiène.	Apiculture, sériciculture. Hygiène des animaux de la ferme. Notions d'économie rurale. Revision générale et conclusions.	Préparations de diverses substances organiques : cellulose, fécule, amidon, gluten, sucre, alcool, etc. Examen de leurs principales propriétés. Dosages simples. Étude des graines. Dissections et préparations microscopiques.	
3e TRIMESTRE.	Chaleur rayonnante et notions de mécanique physique. Revision du cours de 3e année. Revision rapide du cours de 1re année et 2e année.	Albumine et matières congénères. Gélatine. Œufs. Lait. Sang. Chair des animaux. Conservation du bois, des peaux, des matières alimentaires. Revision du cours de 3e année. Revision des cours de 1re et de 2e années.	Revision.	Excursions agricoles.	Préparation de la boîte d'expériences qu'emportera chaque élève à sa sortie.	

27 janvier 1899.

Arrêté attribuant des Récompenses aux instituteurs et institutrices publics pour l'enseignement des adultes[1].

27 Janvier 1899.

Le Ministre de l'Instruction publique et des Beaux-Arts;

Vu le décret du 11 janvier 1895,

Arrête :

ARTICLE 1er. — Il sera décerné, en 1899, des prix spéciaux aux instituteurs et institutrices publics qui auront donné l'enseignement aux adultes avec le plus de zèle et de succès, et qui se seront distingués par leur collaboration aux œuvres complémentaires de l'École.

ART. 2. — Ces prix consisteront en médailles accompagnées d'une somme variable de 100 à 50 francs et en dons de livres.

ART. 3. — Le nombre des médailles avec prime est ainsi fixé :

50 médailles de vermeil, avec prime de 100 francs;

100 médailles d'argent, avec prime de 75 francs;

400 médailles de bronze, avec prime de 50 francs.

ART. 4. — Ces récompenses sont accordées sur la proposition des Préfets et des Recteurs. La liste des lauréats est dressée par une Commission instituée à cet effet.

ART. 5. — Nul ne pourra être proposé pour une des récompenses énumérées à l'article 2, s'il n'a déjà reçu un diplôme d'honneur.

ART. 6. — Il sera accordé, en outre, des rappels de diplômes et des diplômes d'honneur, des rappels de lettres de félicitations et des lettres de félicitations.

Ces récompenses sont attribuées sur la proposition des Préfets et des Recteurs. La liste des lauréats est dressée par une Commission départementale composée des Inspecteurs de l'enseignement primaire réunis sous la présidence de l'Inspecteur d'Académie.

---

27 janvier 1899.

Arrêté attribuant aux personnes étrangères aux Écoles primaires publiques des Récompenses pour l'enseignement des adultes.

27 Janvier 1899.

Le Ministre de l'Instruction publique et des Beaux-Arts,

Vu le décret du 11 janvier 1895,

Arrête :

1. Voir, *à leur date*, les arrêtés des 25 *janvier* 1896, 27 *décembre* 1896, 1er *février* 1898, 15 *janvier* 1900.

ARTICLE 1er. — Il sera décerné, en 1899, des récompenses aux personnes étrangères aux Écoles primaires publiques qui auront collaboré avec le plus de zèle et de succès aux cours d'adultes et aux œuvres complémentaires de l'École.

ART. 2. — Ces récompenses consisteront en médailles, diplômes d'honneur et lettres de félicitations.

ART. 3. — Le nombre des médailles est ainsi fixé :

25 médailles de vermeil;

75 médailles d'argent;

100 médailles de bronze.

ART. 4. — Ces récompenses sont accordées sur la proposition des Préfets et des Recteurs.

La liste des lauréats est dressée par une Commission instituée à cet effet.

ART. 5. — Nul ne pourra être proposé pour une médaille s'il n'a déjà obtenu un diplôme d'honneur.

Arrêté accordant un congé supplémentaire au personnel des Écoles primaires ayant collaboré aux cours d'adultes et aux œuvres complémentaires de l'École. 28 janvier 1899.

28 Janvier 1899[1].

Le Ministre de l'Instruction publique et des Beaux-Arts,

Vu l'arrêté du 4 janvier 1894,

Arrête :

ARTICLE UNIQUE. — Pour la présente année scolaire, un congé supplémentaire d'une ou deux semaines au maximum pourra être accordé aux instituteurs et aux institutrices qui auront fait un cours d'adultes ou des conférences populaires ou contribué activement au fonctionnement des œuvres complémentaires de l'École.

Ce congé supplémentaire précédera immédiatement les grandes vacances ou s'ajoutera par fractions aux divers congés attribués pendant le cours de l'année scolaire.

Il sera accordé par le Préfet, en Conseil départemental, sur la proposition de l'Inspecteur d'Académie.

1. Voir la circulaire du 4 *février* 1899, p. 872.

---

30 janvier 1899. **Proposition de loi tendant à modifier la Loi du 19 juillet 1889, améliorée par la loi du 25 juillet 1893, sur les Traitements du personnel de l'enseignement primaire, présentée par MM. Carnaud, Bénezech, députés, et plusieurs de leurs collègues.**

Séance du 30 Janvier 1899.

Exposé des motifs.

Messieurs, le 5 juin 1895[1], je déposai sur le bureau de la Chambre, au nom d'un grand nombre de mes collègues, un projet de loi tendant à modifier les lois de 1889-93 sur les traitements du personnel de l'enseignement primaire. Ce projet de loi devait subir le même sort que la plupart de ceux qui émanent de l'initiative parlementaire, il ne put venir en discussion. Pour répondre aux désirs d'un très grand nombre de mes collègues, je le dépose de nouveau, espérant que l'expérience en aura démontré aujourd'hui la nécessité.

Lors de la discussion du budget de 1898, on a pu établir à la tribune de la Chambre, sans rencontrer aucune contradiction, les conséquences inattendues de ces lois. Je les rappellerai brièvement :

Les lois de 1889-1893 ont établi six classes d'instituteurs et d'institutrices. Chacune d'elles ne doit contenir qu'un tant pour cent sur l'ensemble du personnel :

Classes.	Traitements. Instituteurs.	Traitements. Institutrices.	Pourcentage.
Stagiaires	900 fr.	900 fr.	15 0/0
5e classe	1 000 »	1 000 »	25 0/0
4e classe	1 200 »	1 200 »	25 0/0
3e classe	1 500 »	1 400 »	20 0/0
2e classe	1 800 »	1 500 »	10 0/0
1re classe	2 000 »	1 600 »	5 0/0

L'avancement doit avoir lieu, partie au choix, partie à l'ancienneté.

J'ai pris comme exemple les instituteurs. J'ai supposé que l'Administration aurait à sa disposition 1 000 places, chaque année, pour les promotions de classes. En réalité, elle en aura moins.

D'après le pourcentage, il y a, à l'heure actuelle, environ 8 020 instituteurs stagiaires; 13 367 instituteurs de 5e classe; 13 367 instituteurs de 4e classe; 10 694 de 3e classe; 5 347 de 2e classe, et 2 673 de 1re classe.

En comptant 1 000 places par an offertes à l'avancement, il faudra, en règle générale, huit ans aux plus jeunes instituteurs pour arriver à la 5e classe; là, ils trouveront 12 300 instituteurs devant eux; il leur faudra attendre treize ans avant d'être promus à la 4e classe, soit vingt et un ans de services; en 4e classe, ils trouveront encore devant eux 12 300 instituteurs, soit treize ans d'attente avant de graviter à la 3e classe, soit trente-quatre ans de services, soit cinquante-cinq ou cinquante-six ans d'âge, c'est-à-dire l'âge de la retraite. Les avancements au choix ne feront qu'aggraver cette situation. L'augmentation du nombre des instituteurs augmentera proportionnellement le contingent de chaque classe et finira par rendre même impossible l'accès de la 3e classe.

1. Voir le projet de M. CARNAUD, 5 *juin* 1895, p. 626.

Ainsi donc, les deux premières classes n'ont pu profiter qu'aux plus anciens des instituteurs, parce que, sauf quelques exceptions, la plupart de ceux-ci ont plus de soixante ans d'âge. Quant aux jeunes instituteurs, ils voient leur avenir borné à la quatrième classe, c'est-à-dire à 1 200 francs, après plus de trente ans de services.

Cette simple constatation se passe de commentaires. Il est temps de réformer des lois dont l'expérience a définitivement établi l'insuffisance. C'est pourquoi, Messieurs, nous soumettons à votre examen la proposition de loi suivante :

Proposition de loi.

ARTICLE 1er. — Les articles 6, 7, 8, 11, 15, 18, 31, 32 et 34 de la loi du 19 juillet 1889, modifiée par la loi du 25 juillet 1893, sont modifiés ainsi qu'il suit :

ART. 6. — Les instituteurs et les institutrices des Écoles primaires, élémentaires et maternelles, sont répartis en stagiaires et en titulaires.

Sont titularisés : 1° tous ceux et toutes celles qui obtiennent le certificat d'aptitude pédagogique; 2° tous ceux et toutes celles qui ont accompli cinq ans de services, le service militaire comptant pour un an aux instituteurs.

Le pourcentage est supprimé. Chaque instituteur, chaque institutrice, après cinq ans de présence dans une classe, doit être promu à la classe supérieure.

La titularisation et les promotions de classe ne reçoivent leur effet que dans l'année budgétaire qui suit le jour où les droits acquis prennent date.

ART. 7. — Les titulaires sont rangés dans les cinq classes suivantes : 5e classe, 1 200 francs; 4e classe, 1 400 francs; 3e classe, 1 600 francs; 2e classe, 1 800 francs; 1re classe, 2 000 francs.

ART. 8. — Les titulaires chargés de la direction d'une École reçoivent un supplément d'autant de fois 100 francs qu'ils ont d'adjoints, jusqu'à concurrence de 400 francs.

ART. 11. — Les stagiaires reçoivent un traitement de 1 100 francs et l'indemnité de résidence dans les conditions déterminées à l'article 12. Ils ont droit au logement ou à l'indemnité représentative.

Ils forment une classe unique.

ART. 15. — Le traitement des instituteurs adjoints et des institutrices adjointes des Écoles primaires supérieures est fixé ainsi qu'il suit : 5e classe, 1 400 francs; 4e classe, 1 600 francs; 3e classe, 1 800 francs; 2e classe, 2 000 francs; 1re classe, 2 200 francs.

ART. 18. — Le traitement des professeurs hommes et femmes des Écoles normales est fixé ainsi qu'il suit : 5e classe, 2500 francs: 4e classe, 2 700 francs; 3e classe, 2 900 francs; 2e classe, 3 100 francs; 1re classe, 3 400 francs.

Les maîtres et les maîtresses, non pourvus du certificat d'aptitude au professorat des Écoles normales et délégués à titre provisoire, recevront un traitement unique de 2 000 francs.

ART. 31. — Le traitement des instituteurs et des institutrices d'Algérie est fixé comme suit : stagiaires, 1 300 francs; 5e classe, 1 400 francs; 4e classe, 1 600 francs; 3e classe, 1 800 francs; 2e classe, 2 100 francs; 1re classe, 2 400 francs.

Ils peuvent recevoir en outre, etc.

ART. 32. — L'État garantit aux instituteurs et aux institutrices actuellement en fonctions un traitement qui devra, sans le concours des suppléments de traitement prévus aux articles 8, 9, 20 et 31, égaler au moins le montant du traitement et des allocations soumises à retenue dont ces maîtres jouissaient au 31 décembre 1889 (y compris les suppléments accordés par les communes à titre facultatif et depuis le 16 juin 1881). Les maîtres et les maîtresses en congé à cette date bénéficieront des mêmes dispositions.

ART. 34. — Les instituteurs et les institutrices, bénéficiant des dispositions de l'article 32, dont le traitement total garanti ne coïncidera pas avec l'une des cinq classes établies par l'article 7, prendront rang dans la classe immédiatement inférieure. L'État devra pourtant leur servir le complément de leur traitement garanti.

Les directeurs et les directrices, dont le traitement de classe augmenté de l'indemnité prévue à l'article 8 sera inférieur à 2400 francs, ne recevront de ce complément que la somme nécessaire pour parfaire ces 2400 francs.

Les adjoints et les adjointes nommés antérieurement au 31 octobre 1886 seront classés en raison de leurs années de service effectif, sans que les années de stage qui leur ont donné droit à la titularisation puissent en être défalquées.

ART. 2. — La mise à la retraite sera obligatoire à cinquante-cinq ans d'âge et vingt-cinq ans de service.

La retraite proportionnelle, après quinze ans de service, pourra être accordée pour maladies ou infirmités contractées dans l'exercice des fonctions.

ART. 3. — Les articles et les dispositions contraires à la présente loi sont abrogés.

---

31 janvier 1899. **Circulaire du Ministre de l'Instruction publique relative au droit des institutrices, déléguées dans les Lycées, de continuer à jouir de l'indemnité attachée à l'obtention de la médaille d'argent et de concourir aux diverses récompenses honorifiques[1].**

31 Janvier 1899.

Monsieur le Recteur, un de vos collègues m'a demandé récemment si une institutrice primaire titulaire de la médaille d'argent et déléguée dans un Lycée pouvait continuer à recevoir l'indemnité réglementaire de 100 francs et, dans le cas de l'affirmative, sur quels fonds la dépense devait être prélevée.

Aux termes de l'article 45 de la loi du 19 juillet 1889, l'indemnité attachée à la possession de la médaille d'argent ne peut cesser d'être due que dans le cas de démission ou de révocation du fonctionnaire qui en est titulaire. Les institutrices primaires déléguées dans les Lycées continuant à faire partie

1. « Plusieurs Recteurs m'ont demandé si les dispositions de la circulaire du 31 janvier 1899 relative aux distinctions honorifiques à accorder aux institutrices primaires détachées dans les Lycées étaient applicables : 1° aux instituteurs primaires détachés dans ces établissements; 2° aux instituteurs et institutrices nommés dans les Lycées de garçons antérieurement au décret du 31 octobre 1892.

« Sur le premier point, la réponse ne peut être qu'affirmative; ce n'est que par suite d'une erreur que la circulaire dont il s'agit a parlé seulement des institutrices.

« En ce qui concerne, au contraire, la deuxième question, elle doit être résolue par la négative. Les instituteurs et institutrices nommés dans les Lycées avant le 31 octobre 1892 n'appartiennent pas, en effet, aux cadres de l'enseignement primaire, et les règlements concernant le personnel propre de l'enseignement primaire ne leur sont point applicables.

« Il doit enfin être entendu que les dispositions de la circulaire du 31 janvier 1899 complétées ainsi qu'il est expliqué ci-dessus ne s'appliquent point aux instituteurs et institutrices, sortis ou non des cadres de l'enseignement primaire, qui exercent soit dans les Collèges communaux de garçons, soit dans les Lycées et Collèges de jeunes filles. » (*Note de service du 2 mars 1899, complétant la circulaire du 31 janvier 1899.*)

du cadre départemental, leur droit à la continuation de la jouissance de l'indemnité de 100 francs est incontestable.

En ce qui concerne le fonds sur lequel, dans le cas dont il s'agit, doit être prélevée cette indemnité, il ne saurait non plus y avoir doute : la dépense doit être imputée sur le fonds spécial mis à la disposition de la Direction de l'Enseignement primaire ; en conséquence, les Préfets doivent faire figurer lesdites institutrices sur les états trimestriels des fonctionnaires ayant droit à l'indemnité.

La question, qui m'a été posée pour un cas particulier, m'a conduit à en envisager deux autres, d'ordre général :

1° Les institutrices détachées dans les Lycées peuvent-elles concourir pour les récompenses honorifiques?

2° Dans quelles conditions peuvent-elles obtenir les palmes académiques?

Sur le premier point, j'estime qu'il y a lieu de répondre par l'affirmative. En conséquence, les institutrices dont il s'agit devront entrer en ligne de compte pour la fixation du nombre des récompenses honorifiques à décerner dans chaque département, les propositions devant d'ailleurs être faites dans les formes réglementaires et ne pas venir en surnombre.

La réponse à la deuxième question se déduit par voie de conséquence logique de la réponse à la première. Si les institutrices conservent leur droit aux récompenses honorifiques, il s'ensuit qu'elles devront justifier de la possession de ces récompenses pour obtenir les palmes académiques, étant d'ailleurs entendu que les propositions pour cette distinction seront considérées comme faites au titre de l'enseignement secondaire et non au titre de l'enseignement primaire.

Je vous prie, Monsieur le Recteur, de vouloir bien communiquer la présente circulaire à MM. les Préfets, à MM. les Inspecteurs d'Académie ainsi qu'à MM. les Proviseurs des Lycées de votre ressort.

Recevez, etc.

Signé : G. LEYGUES.

Rapport fait au nom de la Commission du Sénat chargée d'examiner la proposition de loi, adoptée par la Chambre des Députés, sur la Responsabilité civile des membres de l'enseignement public, par M. Léopold Thézard, sénateur[1]. 31 janvier 1899.

Séance du 31 Janvier 1899.

Messieurs, la responsabilité civile des directeurs d'établissements publics d'instruction primaire ou secondaire, en cas d'accidents survenus dans ces établissements, a donné lieu à une jurisprudence variable, et dont les conséquences parfois excessives au point de vue de l'équité, ont suscité de nombreuses réclamations.

Le point de départ des contestations qui se sont élevées et des décisions qui sont intervenues se trouve dans l'article 1384 du Code civil, dont le principe général est ainsi formulé :

« On est responsable, non seulement du dommage que l'on cause par son

1. Voir, p. 704, la proposition de M. MALZAC et la note en renvoi. — Voir ci-après, p. 874, l'avis de la Commission des finances.

propre fait, mais aussi de celui qui est causé par le fait des personnes dont on doit répondre, ou des choses que l'on a sous sa garde. »

Le texte applique d'abord ce principe aux père et mère, quant au fait de leurs enfants mineurs habitant avec eux, puis aux maîtres et commettants pour le dommage causé par leurs domestiques et préposés dans les fonctions auxquelles ils les ont employés, et enfin aux instituteurs et artisans, dans les termes suivants :

« Les instituteurs et les artisans (sont responsables) du dommage causé par leurs élèves et apprentis pendant le temps qu'ils sont sous leur surveillance. »

Et l'article se termine par cette restriction, dont la portée donne lieu dans chaque espèce à des difficultés d'appréciation :

« La responsabilité ci-dessus a lieu à moins que les père et mère, instituteurs et artisans *ne prouvent qu'ils n'ont pu empêcher le fait qui donne lieu à cette responsabilité.* »

La responsabilité ainsi édictée par la loi est une *responsabilité civile, responsabilité du fait d'autrui*, dont le fondement est sans doute une faute personnelle présumée, savoir un défaut de prévoyance ou de surveillance; mais la présomption elle-même est rigoureuse en soi, et parfois elle s'est trouvée inique dans son application. Nulle part, elle n'est apparue plus extrême que lorsqu'il s'est agi d'atteindre les directeurs d'Écoles à raison des accidents survenus dans leurs établissements.

En vertu de cette présomption, la victime du dommage n'est point tenue de prouver la faute personnelle de la personne civilement responsable; c'est au contraire à celle-ci à se dégager en fournissant une preuve, et quelle preuve? Elle doit prouver qu'elle n'a pu empêcher le fait qui donne lieu à sa responsabilité.

Or, une preuve de ce genre est d'une extrême difficulté; elle devient absolument impossible si on s'en rapporte à certaines décisions de la jurisprudence.

Qu'un accident se produise dans une École, qu'un élève soit blessé par un camarade de la façon la plus soudaine, la plus imprévue, la plus difficile à déjouer par une surveillance attentive de tous les instants, la responsabilité n'en sera pas moins menaçante pour le maître.

Un directeur d'École a été ainsi déclaré responsable (jugement du 23 janvier 1892), quelles que soient d'ailleurs, a dit la sentence, « sa vigilance habituelle, son honorabilité reconnue, et *l'impossibilité où il pouvait s'être trouvé d'empêcher les coups portés à la victime* ».

Les termes de ce jugement, nous devons le dire, font naître aussitôt une objection.

Le tribunal qui a ainsi prononcé ne se serait-il pas mis en contradiction avec la loi? L'impossibilité reconnue d'empêcher le fait dommageable ne devait-elle pas, d'après les termes mêmes de l'article 1384, faire disparaître la responsabilité de l'instituteur? Dès lors, n'y a-t-il pas lieu de voir là simplement une décision isolée qui aurait dû être annulée par la Cour de cassation si elle lui avait été déférée? Ne faut-il pas reconnaître, par suite, que la loi ayant été faussement appliquée, il est inutile de réformer cette loi elle-même?

L'objection est d'autant plus spécieuse que ce jugement est presque le seul où se trouve une formule aussi extrême : il serait facile de trouver des décisions judiciaires moins rigoureuses qui, en des hypothèses semblables, ont justement écarté la responsabilité des instituteurs.

Mais en allant au fond de la question, il faut reconnaître que ces contradictions ont leur cause dans la loi elle-même, si claire et si précise qu'elle puisse paraître tout d'abord.

D'après les termes précis du texte, le maître n'a qu'un moyen d'échapper à la responsabilité : non seulement la partie adverse n'a pas à prouver qu'il a commis une faute, mais il ne suffit pas au maître lui-même de justifier qu'il n'a pas commis de faute; il doit établir qu'il a été dans l'impossibilité d'empêcher le fait dommageable.

Or, si théoriquement l'impossibilité paraît quelque chose d'absolu, non susceptible de plus ou de moins, elle peut être appréciée très diversement en fait : où tel tribunal jugera qu'il y a impossibilité réelle d'empêcher l'accident, tel autre décidera que cette impossibilité n'était pas absolue et que par telles ou telles précautions extrêmes, inusitées, absurdes, difficiles à pratiquer, mais à la rigueur possibles, l'accident eût été évité : donc, conclurait-il, il n'y avait pas impossibilité.

Et, il faut le reconnaître, au point de vue d'une logique abstraite, c'est ce dernier système qui est dans le vrai.

On a dit que le mot impossible n'était pas français; on l'a dit en pensant à l'action, à l'énergie qui renversent les obstacles; il est malheureusement plus vrai encore quand il s'agit d'empêcher l'action, de produire la passivité et l'inertie; il semble certain que le maître, en isolant ses élèves, en leur défendant tout mouvement et toute activité, aura la possibilité d'éviter la plupart des accidents qui se produisent.

Il y aura donc toujours place, lorsque l'accident se sera produit, pour la recherche d'une possibilité de l'éviter.

Par là se manifeste l'impuissance où est réduite la Cour de cassation de fixer une règle précise pour l'application de la loi : ce seront des appréciations de fait qui amèneront les tribunaux à décider que l'accident a pu ou n'a pas pu être empêché par le maître, et la Cour suprême n'aura pas de contrôle sur ces appréciations de fait.

Le jugement même que nous avons cité, et qui a poussé jusqu'à l'extrême limite la responsabilité du directeur d'École, n'aurait pas pu être cassé, pas plus que n'auraient pu l'être des décisions complètement opposées quant au fond : car si ce jugement admettait l'impossibilité où le maître *pouvait s'être trouvé* d'empêcher l'accident, il ne proclamait pas une impossibilité où il se fût effectivement et nécessairement trouvé; dès lors, la preuve de l'impossibilité réelle étant à la charge du maître et devant être fournie d'une façon positive, il n'y avait pas violation, mais application rigoureuse de la loi.

L'extrême rigueur de certaines décisions judiciaires s'explique d'ailleurs en équité par une considération respectable : peut-on laisser sans recours les familles dont les enfants auront été victimes d'un accident à l'École? La loi ne les oblige-t-elle pas à faire donner l'instruction à leurs enfants? Et si elles ont le choix entre les Écoles, n'est-ce pas l'État lui-même qui leur offre celles dont il a la direction? Les parents ne sont-ils pas fondés à soutenir que s'ils avaient gardé leur enfant près d'eux, l'accident ne serait pas arrivé, et dès lors ne doit-on pas trouver naturelle la tendance des tribunaux à trouver en leur faveur une responsabilité quelconque?

Les tribunaux, dans les causes de ce genre, se trouvent donc placés entre deux intérêts respectables et légitimes : celui des familles, qu'on ne doit pas laisser sans recours, et celui des maîtres, qu'il ne faudrait pas frapper en l'absence de toute faute. Il leur faut donc, ou refuser des réparations légitimes, ou atteindre durement des fonctionnaires irréprochables.

Ce conflit explique l'incertitude de la jurisprudence ou plutôt (car il ne saurait y avoir de jurisprudence en une matière complètement soumise aux appréciations de fait) de la pratique des tribunaux. Il nous oblige, par cela même, à pénétrer plus profondément dans les raisons mêmes de la responsabilité civile en cette même matière, à tenter d'en dégager une solution équitable et rationnelle.

La responsabilité civile qui est, nous le répétons, la responsabilité du fait d'autrui, qui ne comporte par elle-même l'idée d'aucune faute spéciale et directe de la personne responsable quant au fait précisément incriminé, repose sur l'idée d'une faute générale.

Or, cette idée, si on pénètre dans les détails de la loi, n'est pas exclusivement attachée à un défaut de surveillance présumé. Beaucoup d'autres éléments la compliquent et concourent à la justifier.

S'agit-il des père et mère : non seulement l'antique principe de la solidarité de la famille vient à l'appui de leur responsabilité, mais on doit reconnaître que c'est par l'éducation première, que leur confie la nature même, que se développent les instincts et le caractère de l'enfant, et c'est à elle qu'il faut s'en prendre de la plupart de ses actes. Quant au maître ou commettant, que la loi ne déclare d'ailleurs responsable de ses domestiques et préposés que pour les actes se rapportant aux fonctions où il les a employés, il a dû s'assurer, en les engageant, de leur aptitude à remplir ces fonctions, et la faute initiale est dans le mauvais choix fait volontairement.

De même, l'artisan pour son apprenti, l'instituteur libre pour son élève, ont eu la faculté de les accueillir ou de les refuser.

Tout autre est la situation du maître de l'enseignement public : il ne peut écarter, sinon pour des causes absolument graves, aucun des enfants qui lui sont présentés par leurs familles; le rendre *a priori* responsable des imprudences ou des fautes de ces enfants, c'est méconnaître les règles de l'équité; de même, si l'accident provient du défaut de surveillance d'un subordonné, comment rendre le directeur d'un établissement responsable d'une personne dont la collaboration lui a été imposée par une nomination faite en dehors de lui ?

Quelle doit donc être la personnalité responsable, puisqu'il semble impossible de laisser sans recours et sans réparation les victimes des accidents?

Cette personnalité ne peut être que l'État.

L'État est en effet, suivant une expression heureuse, quant aux établissements qui relèvent de lui, un entrepreneur d'éducation; il est le patron suprême de tous ces établissements. Les maîtres ne sont que ses préposés, responsables sans doute de leur faute personnelle, mais que nulle raison ne permet de rendre responsables de la faute d'autrui.

Cette manière de voir, loin d'être exceptionnelle, se confirme au contraire par l'étude de la jurisprudence et de la pratique.

L'État, dans les administrations autres que l'Instruction publique, est considéré comme responsable du fait des personnes qu'il emploie, des accidents ou des avaries causés par son matériel, etc.

Dans les établissements privés d'instruction publique qui appartiennent à des associations, c'est l'association qui est civilement responsable des accidents, et non le maître ou le surveillant chargé de la garde des enfants, et qui n'aura commis aucune faute.

La responsabilité civile imposée aux maîtres de l'enseignement public est donc plutôt une anomalie, et la proposition qui impose cette responsabilité à l'État n'est qu'une application du droit commun.

La rigueur de certaines décisions a produit des résultats fâcheux. La préoccupation d'éviter à tout prix des accidents venant à hanter nécessairement l'esprit des directeurs d'établissements, ils sont fatalement amenés à imposer à eurs élèves la passivité la plus absolue possible, et à proscrire presque complètement les exercices physiques, jugés cependant si nécessaires; pour éviter quelques rares accidents, on en arrive à supprimer chez les enfants le développement de la vigueur et de l'activité corporelles.

N'est-il pas à la fois plus rationnel et plus équitable d'appliquer une sorte de risque professionnel de l'éducation, et de le mettre à la charge de l'État, comme une conséquence forcée de sa fonction éducatrice?

Quelques objections ont cependant été formulées contre la proposition de loi, et il convient de les examiner.

Cette proposition, a-t-on dit d'abord, crée une différence entre l'enseignement public, auquel seul s'appliquerait la responsabilité de l'État, et l'enseignement privé.

Mais cette différence résulte de la nature même des choses; là où l'État a la direction de l'enseignement, il est juste qu'il ait la responsabilité civile; là où cette direction appartient à une association ou à un particulier, ceux-ci sont désignés pour être responsables; c'est la règle même qu'on voit appliquer aux entreprises de diverses natures, suivant qu'elles relèvent de l'État ou de personnalités différentes.

Mais, a-t-on encore ajouté, cette substitution de l'État aux directeurs d'établissements publics n'entraînera-t-elle pas chez eux, avec la décharge de la responsabilité, une diminution de vigilance? Et par là même ne portera-t-on pas atteinte à la confiance que l'enseignement de l'État inspire aux familles?

La réponse se présente naturellement.

Il ne s'agit pas d'exonérer les maîtres de la responsabilité de leur faute personnelle, de leur faute caractérisée, mais simplement de les soustraire à une responsabilité par voie de présomption et qui a son principe dans le fait d'autrui, et de les faire ainsi rentrer dans le droit commun.

Il est inutile, et il devient hors de propos, pour répondre à l'objection, de rappeler les traditions d'honorabilité et d'absolu dévouement de notre corps enseignant, si légitime qu'il soit de les proclamer hautement; cette garantie pourrait être contestée, car il faut toujours prévoir les exceptions, et c'est pour les exceptions que sont faites les règles de responsabilité; mais il suffit d'énoncer que ces règles de responsabilité demeureront établies d'après les principes de l'équité et du droit commun.

On peut être assuré d'ailleurs que l'action disciplinaire de l'État, toujours vigilante, sera une sûre garantie, non seulement contre les fautes précises et caractérisées, mais contre les relâchements de surveillance qui auraient eu pour résultat de favoriser la production des accidents, et qu'un compte sévère sera toujours demandé aux maîtres des circonstances où ces accidents se seront produits.

Votre Commission vous propose, en conséquence, l'adoption de la proposition de loi adoptée par la Chambre des Députés.

Proposition de loi.

ARTICLE UNIQUE. — La disposition suivante est ajoutée au dernier alinéa de l'article 1384 du Code civil :

« Toutefois la responsabilité civile de l'État est substituée à celle des membres de l'enseignement public. »

---

3 février 1899. **Circulaire du Ministre de l'Instruction publique, relative aux Récompenses à décerner aux collaborateurs des cours d'adultes et des œuvres complémentaires de l'École.**

3 Février 1899.

Monsieur le Préfet, vous trouverez ci-joint le texte du décret du 21 janvier 1899 et des arrêtés du 27 janvier 1899 qui fixent les récompenses à décerner aux collaborateurs des cours d'adultes et des œuvres complémentaires de l'École.

Les dispositions adoptées diffèrent selon qu'il s'agit des instituteurs et des institutrices publics ou des personnes étrangères aux Écoles primaires publiques.

Je grouperai donc sous deux titres les instructions que je vous adresse pour l'établissement des listes des candidats à ces récompenses.

I. — *Instituteurs et institutrices publics.*

Les récompenses attribuées à cette catégorie de collaborateurs sont les suivantes :

1° Palmes d'officier de l'instruction publique;
2° Palmes d'officier d'académie;
3° Médailles de vermeil;
4° Médailles d'argent;
5° Médailles de bronze;
6° Dons de livres;
7° Témoignages de satisfaction (diplômes et rappels de diplômes);
8° Lettres de félicitations et rappels de lettres de félicitations.

La Commission chargée de dresser la liste des lauréats avait exprimé le regret, l'année dernière, d'être forcée de restreindre ses propositions de palmes pour se renfermer dans la limite réglementaire, alors qu'elle eût désiré les étendre et désigner d'autres personnes qui se recommandaient par les titres les plus sérieux.

Tenant compte de cette observation, j'ai soumis au Conseil supérieur de l'Instruction publique, qui l'a adopté, un projet de décret, aux termes duquel 30 palmes d'officier de l'instruction publique sont accordées au lieu de 20, et 80 palmes d'officier d'académie au lieu de 60. Le décret du 21 janvier 1899 a sanctionné ces propositions.

Vous remarquerez que le nombre des médailles a été considérablement accru. Il a été porté de 20 à 50 pour les médailles de vermeil, de 40 à 100 pour les médailles d'argent, et de 200 à 400 pour les médailles de bronze. Le montant des primes en argent a été réduit de 300 à 100 francs, de 200 à 75 francs et de 100 à 50 francs. Cette mesure, qui permet de décerner ces hautes récompenses à un plus grand nombre de personnes méritantes, est conforme aux vœux formulés par les intéressés.

L'un des arrêtés consacre l'institution d'une Commission départementale composée des Inspecteurs de l'enseignement primaire réunis sous la présidence de l'Inspecteur d'Académie. Cette Commission est d'abord chargée d'établir une liste de propositions pour l'attribution des récompenses supérieures (palmes académiques, médailles et dons de livres compris) aux instituteurs et aux institutrices publics. Cette liste, lorsqu'elle aura été revêtue de l'approbation du Préfet et du Recteur, devra être soumise, avec les notices des candidats, à l'examen de la Commission centrale instituée au Ministère de l'Instruction publique.

Elle aura ensuite à dresser la liste des candidats pour les autres récompenses (diplômes d'honneur, lettres de félicitations et rappels). La liste des lauréats, arrêtée par le Préfet et le Recteur, devra être revêtue de mon approbation.

J'aborde maintenant les explications de détail relatives à la justification des titres des candidats et à l'établissement des listes de propositions.

Les instituteurs et les institutrices qui désireront concourir devront le faire savoir à M. l'Inspecteur d'Académie par lettre accompagnée de toutes les indications qu'ils jugeront utiles de fournir. La Commission départementale prendra connaissance de toutes ces lettres. Elle ne fera remplir une notice que par les candidats qu'elle proposera pour les six premières récompenses. Je vous rappelle, à ce sujet, qu'aucune des questions posées sur la notice ne devra rester sans réponse. Les candidats sont d'ailleurs intéressés à ne rien omettre de ce qui doit éclairer le jugement de l'Administration académique et préfectorale ainsi que de la Commission centrale qui appréciera leurs titres.

Les notices dont je vous adresse ci-joint des exemplaires seront transmises par M. l'Inspecteur d'Académie aux instituteurs et aux institutrices qui les feront parvenir à l'Inspecteur de l'enseignement primaire de leur circonscription. L'Inspecteur en prendra connaissance et consignera ses appréciations. Elles seront envoyées ensuite à l'Inspecteur d'Académie, qui vous les remettra en vous présentant ses avis et propositions. J'insiste tout particulièrement pour que les notes relatives à la valeur professionnelle des instituteurs et institutrices, en ce qui concerne l'enseignement normal des classes du jour, et aux efforts qu'ils font afin d'assurer la fréquentation scolaire soient données avec le plus grand soin.

Les propositions de la Commission départementale seront consignées sur une liste de classement divisée en deux sections distinctes. Dans la première section figureront les instituteurs et les institutrices présentés pour les six premières récompenses et, dans la seconde, ceux et celles qui seront présentés pour les deux dernières.

J'appelle particulièrement votre attention sur les diverses prescriptions suivantes :

Ne proposer personne pour une récompense inférieure à celle déjà obtenue;

Ne proposer pour les six premières récompenses que les instituteurs et les institutrices déjà en possession du diplôme d'honneur;

Pour les deux dernières récompenses, ne pas dépasser, dans vos propositions, le nombre de candidats que je fixerai ultérieurement, ainsi qu'il est dit ci-dessous; mentionner exactement, en regard du nom, dans la colonne réservée à cet effet, la récompense ministérielle précédemment attribuée au titre des cours d'adultes, afin qu'un candidat ne soit pas exposé à recevoir une récompense sensiblement inférieure à celle pour laquelle il a été proposé; ne pas multiplier les propositions pour les palmes académiques, les médailles et les dons de livres. Aucune limite, sans doute, ne peut être établie réglementairement. Mais il vous appartient de l'arrêter, en tenant compte des titres des candidats et du nombre des récompenses prévues par les règlements pour le personnel de tous les départements.

II. — *Personnes étrangères aux Écoles primaires publiques.*

Jusqu'à ce jour, les personnes étrangères aux Écoles primaires publiques n'ont pu obtenir que des diplômes d'honneur et des lettres de félicitations. Afin de reconnaître les efforts persévérants et le dévouement de ceux qui, après avoir été les collaborateurs de la première heure, ont continué leur concours à l'œuvre de l'enseignement populaire, j'ai décidé que des médailles de vermeil, d'argent et de bronze pourraient leur être attribuées.

Les candidats proposés pour ces médailles devront avoir déjà obtenu un diplôme d'honneur. Pour eux seulement une notice est exigée. Il suffira, pour les autres candidats, d'inscrire sommairement dans la colonne d'observations de la liste de classement les motifs de la proposition.

Il importe de ne pas omettre de rappeler la récompense précédemment obtenue au titre des cours d'adultes et de faire deux listes de classement distinctes, dressées par ordre de mérite, l'une pour les candidats aux médailles, l'autre pour les candidats aux diplômes d'honneur et aux lettres de félicitations.

Lorsque M. l'Inspecteur d'Académie m'aura fait connaître, ainsi que je le lui ai demandé par la note de service du 2 février 1899, le nombre des instituteurs et des institutrices d'une part, et des personnes étrangères aux Écoles primaires publiques d'autre part, je vous indiquerai le nombre maximum des propositions que vous pourrez faire, en ce qui concerne chaque section, pour les diplômes d'honneur, les lettres de félicitations et les rappels de ces deux récompenses.

Aux termes des règlements, les Recteurs sont tenus de formuler également des propositions. Je vous prie donc de retourner, après examen, toutes les notices à M. l'Inspecteur d'Académie et d'y joindre votre liste de classement, afin qu'il fasse parvenir à M. le Recteur cette liste avec les notices des candidats.

Vous voudrez bien vous concerter avec M. l'Inspecteur d'Académie pour l'exécution des présentes instructions.

J'ajoute qu'il importe que M. le Recteur soit mis en possession de tous ces documents au plus tard le 10 mai prochain.

Recevez, etc.

Signé : G. LEYGUES.

---

4 février 1899. **Circulaire du Ministre de l'Instruction publique, relative à la durée des Vacances dans les Écoles primaires publiques.**

4 Février 1899.

Monsieur le Préfet, je vous adresse ci-joint le texte de l'arrêté du 28 janvier 1899, que j'ai pris pour accorder un supplément de vacances au personnel des Écoles primaires qui a collaboré aux cours d'adultes et aux œuvres complémentaires de l'École pendant l'année scolaire 1898-1899.

Cet arrêté ne fait que reproduire les prescriptions de l'arrêté du 30 mars 1898.

Je vous prie, en conséquence, de vous reporter, pour son exécution, à la circulaire du 30 mars 1898[1].

Je saisis cette occasion pour vous recommander de n'autoriser aucune dérogation aux règles établies par l'arrêté du 4 janvier 1894, relatif à la durée des vacances dans les établissements publics d'enseignement primaire.

Je vous rappelle, à ce sujet, que le Conseil départemental de l'enseignement primaire n'a plus maintenant à fixer la durée mais l'époque des vacances, et que cette durée ne doit pas dépasser celle qui a été fixée par l'arrêté du 4 janvier 1894.

La date des grandes vacances peut ne pas être uniforme pour toutes les Écoles. Il vous appartient d'examiner les demandes faites par les municipalités et de statuer après avoir pris l'avis du Conseil départemental. La circulaire du 13 juin 1894 vous a donné toute latitude à cet égard.

Vous voudrez bien donner connaissance à M. l'Inspecteur d'Académie de la présente circulaire et m'en accuser réception.

Je vous demande, enfin, de me faire parvenir une copie de l'arrêté que vous prendrez pour fixer l'époque des grandes vacances.

Recevez, etc.

Signé : G. LEYGUES.

Décret modifiant l'article 12 du Décret du 12 novembre 1886, relatif à l'élection des instituteurs et institutrices comme membres des Conseils départementaux. 5 février 1899.

5 Février 1899.

Le Président de la République française,

Sur le rapport du Ministre de l'Instruction publique et des Beaux-Arts,

Vu l'article 47 de la loi du 30 octobre 1886 sur l'organisation de l'enseignement primaire;

Vu le décret du 12 novembre 1886, et notamment l'article 12;

Le Conseil d'État entendu,

Décrète :

L'article 12 du décret du 12 novembre 1886 est modifié ainsi qu'il suit :

« ART. 12. — Dans les quinze jours de cette publication, les opérations électorales pourront être attaquées, soit par le Préfet, soit par un membre du corps électoral que l'élu est appelé à représenter, devant le Ministre, qui statuera dans le délai d'un mois.

« La décision du Ministre pourra être déférée au Conseil d'État dans la quinzaine qui suivra sa notification.

1. *Bull. adm.*, 1898, t. LXIII, p. 431.

« Faute par le Ministre d'avoir prononcé dans le délai d'un mois, la réclamation pourra être portée directement devant le Conseil d'État. »

1er mars 1899. **Avis présenté au nom de la Commission des finances du Sénat, sur la proposition de loi, adoptée par la Chambre des Députés, relative à la Responsabilité civile des membres de l'enseignement public, par M. Denois, sénateur [1].**

Séance du 1er Mars 1899.

Messieurs, le Sénat a saisi la Commission des finances, pour avis, d'une proposition de loi, votée par la Chambre des Députés et adoptée par la Commission spéciale du Sénat chargée de son examen, sur la responsabilité civile des membres de l'enseignement public.

La modification apportée à l'article 1384 du Code civil par l'adoption de cette loi, qui substitue la responsabilité civile de l'État à celle des maîtres de l'enseignement public, aura certainement une conséquence financière qu'il serait utile de préciser.

La statistique des accidents qui ont pu entraîner la responsabilité des maîtres de l'enseignement n'a pas été faite au Ministère de l'Instruction publique, parce que seule existait celle des maîtres et que l'État ignorait, pour la plupart, les conséquences de cette responsabilité. Il ne pouvait, du reste, au point de vue financier, en être autrement, les chapitres des dépenses du budget du Ministère de l'Instruction publique ne comportant aucun crédit destiné à parer à des obligations de cette nature.

Mais si nous ne pouvons nous appuyer sur une statistique pour établir quelle pourra être cette responsabilité, nous pouvons néanmoins affirmer qu'elle ne saurait être bien lourde pour les finances de l'État : les accidents ayant entraîné la responsabilité des membres de l'enseignement sont rares.

Les auteurs des diverses propositions de lois qui ont été déposées à la Chambre des Députés, dans l'exposé des motifs de ces propositions, ont été amenés, pour fortifier leurs propositions, à rechercher et à citer les cas où cette responsabilité a été sérieusement engagée, et les faits énumérés sont peu nombreux et les conséquences financières sans gravité.

Mais si, par la loi qui est soumise au Sénat, la responsabilité de l'État est substituée à celle des maîtres de l'enseignement, il ne s'ensuit pas que cette dernière disparaît entièrement, le recours de l'État contre les membres de l'enseignement public reste tout entier dans son droit.

Il semble, en effet, nécessaire que, si le maître ne peut plus être mis en cause par la partie lésée dans aucun cas, le recours de l'État contre lui, s'il y a faute personnelle de sa part, soit reconnu.

M. Thévenet a déposé un amendement dans ce sens.

Dans ces conditions, la Commission des finances estime que les conséquences financières qui résulteront de cette loi ne sauraient être assez graves, pour les finances de l'État, pour légitimer un avis défavorable.

1. Voir, p. 704, la proposition de M. MALZAC et la note en renvoi.

Circulaire du Ministre de l'Instruction publique, relative à l'envoi d'une Instruction sur l'enseignement du français dans les classes élémentaires. 6 mars 1899.

6 Mars 1899.

Monsieur le Recteur, les inspections générales faites ces dernières années dans les classes élémentaires des Lycées et Collèges ont suggéré un certain nombre d'observations qu'il me paraît utile de porter, sous forme d'instruction, à la connaissance des professeurs de ces classes.

La présente instruction a été délibérée par une Commission réunie au Ministère de l'Instruction publique[1]. Elle ne porte que sur l'enseignement du français. Je me réserve de faire étudier de même, ultérieurement, les autres matières de l'enseignement dans les classes de septième et de huitième.

Vous voudrez bien faire remettre un exemplaire de cette instruction à chacun des professeurs intéressés, y compris les professeurs des classes primaires.

Recevez, etc.

Signé : G. LEYGUES.

Instruction sur l'enseignement du français dans les classes élémentaires[2].

L'étude de la langue française est le fond même de l'enseignement dans les classes élémentaires de nos Lycées et Collèges, comme à l'École primaire. Mais, tandis que l'enseignement primaire est à lui-même sa fin, l'enseignement donné dans les classes élémentaires n'est qu'un commencement : d'où la possibilité d'aller moins vite, d'embrasser moins de choses en même temps, mais de mieux approfondir celles qu'on embrasse, en s'appliquant surtout à développer chez les élèves l'habitude de l'attention et de la réflexion.

Sans dédaigner les résultats prochains qui sont la récompense de leur zèle, les professeurs élémentaires savent que le but principal de leurs efforts doit être de préparer de bons élèves aux classes de grammaire, c'est-à-dire de former de bons esprits, prêts à recevoir la culture classique.

1. La Commission était composée de MM. :

GRÉARD, Vice-Recteur de l'Académie de Paris, *Président;*

RABIER, Directeur de l'enseignement secondaire;

CHALAMET, membre du Conseil supérieur, professeur au Lycée Lakanal, membre du jury pour le certificat d'aptitude au professorat des classes élémentaires;

Ernest DUPUY, Inspecteur général de l'Instruction publique;

FLOT, professeur au Lycée Charlemagne, président de l'Association amicale des professeurs élémentaires;

FRINGNET, Inspecteur de l'Académie de Paris;

Jules GAUTIER, Inspecteur de l'Académie de Paris;

Félix HÉMON, Inspecteur de l'Académie de Paris, président du jury pour le certificat d'aptitude au professorat des classes élémentaires, *Rapporteur;*

MOREL, Inspecteur général de l'Instruction publique;

PEINE, professeur au Lycée Condorcet, membre du jury pour le certificat;

POULLIN, professeur au Lycée Montaigne, secrétaire de l'Association des professeurs des classes élémentaires;

VIGIER, rédacteur au 1er bureau de l'enseignement secondaire, *Secrétaire.*

2. Voir ci-après, *à sa date,* le Rapport de M. CLAIRIN et l'Arrêté du 31 *juillet* 1900 relatifs à la simplification de l'enseignement de la syntaxe française.

D'accord sur le but, ils peuvent ne pas l'être toujours, soit entre eux, soit avec leurs collègues de grammaire, sur les moyens à employer pour l'atteindre. Aussi, est-il bon d'établir partout ce qui existe en quelques endroits, une conférence périodique entre professeurs de grammaire et professeurs élémentaires; ils s'y entendront sur l'unité de direction à donner à leur enseignement, sur la valeur relative à attribuer aux divers exercices, sur le choix des livres, sur les termes grammaticaux mêmes, qui varient souvent de classe à classe. C'est aux chefs des établissements qu'il appartiendra de provoquer ces réunions, les unes entre professeurs élémentaires, tous les deux mois, les autres entre professeurs de grammaire et professeurs élémentaires, tous les trimestres.

Dès à présent, il ne peut leur échapper que tous les exercices français en usage dans les classes élémentaires sont loin d'avoir la même importance, si l'on se soucie non seulement d'occuper le présent, mais de préparer l'avenir.

Il en est peu dont le sacrifice absolu soit nécessaire. On citera, cependant, l'exercice puéril des « périphrases », qui tend, d'ailleurs, à disparaître, et celui des « homonymes », du moins en tant qu'exercice à part; car il tourne vite à l'amusement futile, même au jeu de mots. L'usage indiscret de cet exercice conduit à collectionner les mots qui sonnent *à peu près* de même, c'est-à-dire à ne pas tenir compte des nuances de la prononciation et à favoriser en particulier les prononciations locales vicieuses.

La recherche de l'étymologie latine ou grecque n'est pas du domaine des classes élémentaires. Mais rien n'interdit au professeur d'éclairer par l'étymologie le sens ou l'orthographe d'un mot, quand il peut le faire à l'aide du seul français. Même dans cette mesure restreinte, l'étymologie doit rester un exercice tout oral.

D'autres exercices garderont utilement leur existence propre, pourvu qu'ils soient pratiqués dans un certain esprit : tel l'exercice des phrases à compléter, s'il ne se transforme pas en énigme et ne met pas à la torture l'esprit de l'enfant; tel encore l'exercice analogue des synonymes, lorsqu'il consiste à suppléer le mot laissé en blanc, à l'aide d'une liste de mots entre lesquels l'élève doit choisir. Mais ce même exercice n'offre que des inconvénients lorsqu'il habitue les élèves à réunir et à énumérer pêle-mêle de prétendus synonymes que séparent des nuances de sens assez marquées. Il n'est pas besoin de les encourager à prendre les mots les uns pour les autres. De même, l'exercice des familles de mots, surtout fait oralement et dirigé par le maître, fait appel à l'intelligence et à la réflexion personnelles. Il donne à l'enfant un vocabulaire qui l'empêche de s'assimiler les locutions vicieuses; il l'éclaire sur la raison d'être de l'orthographe d'usage. Mais si, au lieu de classer les mots dans un ordre méthodique et de préciser les *rapports de sens* qu'ils peuvent avoir entre eux, on se borne à énumérer le plus de mots possible appartenant à la même famille, sans excepter les mots rares que les élèves n'auront peut-être jamais occasion d'employer, ou ceux qu'une parenté incertaine rapproche plus ou moins arbitrairement de la famille légitime, on ne retirera de l'exercice ainsi dénaturé aucun profit intellectuel.

Les meilleurs de ces exercices, qui sont proprement des exercices auxiliaires, ne sauraient être mis sur le même plan ni tenir dans l'emploi du temps la même place que les exercices de première importance, comme la récitation, la lecture, la grammaire et l'analyse, la dictée.

Les exercices de récitation doivent revenir quatre fois au moins dans la semaine, la récitation de la grammaire non comprise. Celle-ci, sans rien perdre de son importance comme exercice, doit éviter l'écueil de la monotonie; il n'est pas besoin de faire répéter par tous les élèves la même leçon. D'autre part, si la récitation exacte et complète des conjugaisons, par exemple, s'impose, les interrogations, sur d'autres points, peuvent ne porter que sur les définitions et les règles les plus simples, comme le veulent les instructions de 1890.

On ne saurait apporter un soin trop attentif au choix des morceaux de récitation; pendant longtemps, ils seront presque la seule nourriture intellectuelle de l'enfant. On sent combien il importe de ne graver dans cette mémoire fidèle rien d'insignifiant comme fond, ni de médiocre comme forme. Il n'est pas aisé, sans doute, de trouver des morceaux qui soient simples à la fois et intéressants; mais c'est peu à peu que le maître saura se faire à lui-même un recueil au cours de ses lectures, ce qui n'exclura pas l'usage réfléchi des recueils composés par d'autres. L'essentiel est que le morceau soit toujours *choisi* par lui, et choisi parce qu'il répond à certains besoins, réalise certaines conditions, dont la principale est qu'il soit compris et goûté des élèves. Si le morceau est court, expressif et clair, il sera vite appris et facilement retenu.

Le temps consacré à la récitation ne sera pas du temps perdu pour les autres exercices, si l'on sait rattacher ces exercices à la récitation même, les fondre avec elle. Par exemple, rien n'empêche tantôt de prendre, comme morceau de récitation, le texte d'une dictée bien choisie, tantôt de faire sortir un devoir du texte récité. En tout cas, les exercices de la lecture courante et de la lecture expliquée se rattacheront d'eux-mêmes à la récitation, tout morceau qui doit être récité devant commencer par être lu et expliqué en classe.

Comme la récitation, la lecture courante habitue les élèves à bien dire, en ponctuant avec intelligence le texte qu'ils lisent, mais à prononcer les mots sans précipitation, sans bredouillement. L'auteur des instructions de 1890 souhaitait qu'au sortir de la septième tout élève sût bien lire, d'une voix claire, avec une articulation nette. Les professeurs élémentaires s'appliqueront à réaliser ce modeste idéal et multiplieront les exercices de lecture courante.

La lecture la plus rapide appellera quelques éclaircissements; de même, les textes de récitation et de dictée ne peuvent rester inexpliqués. Mais la lecture expliquée proprement dite demande à être abordée avec prudence et traitée avec simplicité. Il est des textes peu compliqués qui parlent soit à la raison naissante de l'enfant, soit, plus souvent, à son imagination, qu'il faut éveiller, sans l'inquiéter. L'esprit de l'enfant n'a pas seulement besoin de données précises, et le merveilleux même est une nourriture appropriée à son âge. Mais il ne suffit pas de bien choisir le texte, il faut choisir aussi dans les observations qu'il appelle, ne pas mêler vingt remarques de nature différente, suivre plutôt une série naturelle que l'élève puisse suivre à son tour sans effort. Tout expliquer par le menu énerverait l'attention en la dispersant; il est préférable de mettre dans tout leur jour le petit nombre des observations essentielles, une ou deux sur le fond du morceau, si l'on croit pouvoir en laisser à l'élève une idée claire; un plus grand nombre sur la fonction des mots dans la phrase et sur leur sens précis.

Tous ces exercices supposent une connaissance préalable des règles générales de la grammaire. Il n'est pas superflu de rappeler que les instructions de 1890 prescrivaient de réduire à l'essentiel la théorie grammaticale, d'enseigner surtout les règles par l'usage, en se servant constamment pour les expliquer des exemples fournis par le langage parlé ou écrit. Elles condamnaient ainsi les formules apprises et non comprises, mais elles ne se prononçaient pas entre les deux méthodes possibles d'enseignement de la grammaire. L'une part d'exemples d'où les règles se dégagent d'elles-mêmes : elle appelle l'attention des élèves sur plusieurs phrases où les mêmes faits de langage se reproduisent, sous des formes différentes, et les achemine à trouver d'eux-mêmes la conclusion qui s'impose. Voyant la grammaire se faire sous leurs yeux, contribuant à la faire, les élèves s'y intéressent comme à leur œuvre propre. L'autre méthode, plus dogmatique, mais plus courte, fait passer la règle avant l'exemple, mais de manière que l'exemple vérifie aussitôt la règle, que l'élève, dans un devoir parallèle, est mis en demeure d'appliquer. Ce qui importe, c'est que, de façon ou d'autre, la règle et l'exemple se rejoignent dans l'esprit de l'élève. Mais, dans aucun cas, la règle ne doit rester un texte mystérieux qu'il faut apprendre par cœur sans l'entendre.

Une fois la règle comprise et apprise, il sera prudent, d'une part, d'en multiplier avec méthode les applications pratiques avant de passer à une règle nouvelle; d'autre part, de ne pas l'obscurcir par de trop nombreuses exceptions. L'esprit des enfants ne voit bien qu'une chose à la fois et s'inquiète si l'on semble démentir ce qu'on avait d'abord affirmé.

Parmi les exercices grammaticaux, l'analyse est peut-être celui qui prépare le plus directement à l'étude des langues anciennes, si le maître, au lieu d'en faire un exercice mécanique, n'oublie pas qu'elle a surtout pour but de montrer comment la pensée, ses divers éléments, et les rapports de ces éléments entre eux, s'expriment dans le discours. On ne distingue pas ici entre l'analyse grammaticale et l'analyse logique, toute analyse étant nécessairement à la fois grammaticale et logique. Commencer par indiquer les divers éléments d'une proposition, les définir toujours au point de vue, non de la place ou de la forme, mais du rôle que joue le mot dans le groupe où il se trouve, ce qui implique l'intelligence du sens; les distinguer sans rompre les liens qui les unissent au corps vivant de la phrase; s'en tenir à des propositions très simples; éviter tout ce qui prête à des distinctions et à des interprétations trop délicates, c'est le seul moyen de faire porter tous ses fruits à un exercice qui demeurerait stérile s'il était compliqué.

Le nombre des exercices oraux doit être sensiblement supérieur à celui des devoirs écrits. L'expérience prouve que les exercices grammaticaux sont surtout utiles quand ils sont faits oralement, sous la direction du professeur. La dictée elle-même offre plus d'avantages, quand elle est faite et corrigée dans la classe même; pas un mot n'est écrit alors qui ne soit aussitôt éclairé dans sa forme et son sens; le maître peut s'assurer qu'il a été suivi et sait que le travail qu'il a devant lui est bien celui de l'élève. Plus rares, les dictées écrites auront aussi leurs avantages, à condition que le texte en soit bref et à la portée des enfants.

C'est un attrait particulier, mais aussi ce sont des difficultés particulières qu'offrent les exercices de rédaction et d'invention autorisés par le programme des classes élémentaires. Mais le programme est sage quand il demande seulement de « courtes reproductions d'une description ou d'un récit préparés en classe ». Il est nécessaire, en effet, que le professeur soit ici le guide de l'élève, sans exiger que l'élève reproduise à la lettre ce qui lui aura été dit. D'ailleurs, le programme n'a donné qu'une indication : rien n'empêche le professeur de varier la forme de ces petits devoirs. Il est bon, d'ailleurs, que ces exercices ne se renouvellent pas trop souvent. Il est essentiel, surtout, qu'ils soient simples et portent toujours sur des sujets concrets : une image que l'enfant aura vue, un fait curieux dont il aura été le témoin, une solennité, une excursion à laquelle il aura pris part, tout ce qu'il aura pu observer et sentir. Même dans ces conditions, le maître ne procédera qu'avec prudence et par degrés.

La correction des devoirs et des compositions a particulièrement appelé l'attention de l'Inspection générale. En aucun cas, pour les devoirs faits en dehors de la classe, la correction ne doit suivre immédiatement la remise des copies. Pour être précise et vive, elle a besoin de s'appuyer sur la connaissance des devoirs : de la comparaison des fautes le professeur tire parti pour associer à sa correction toute la classe. Qu'il corrige des devoirs ou des compositions, il n'oubliera pas que les fautes sont de valeur très inégale et ne sauraient être notées par le même chiffre inflexible. Il y a telle notation strictement arithmétique qui est moralement fausse. Pour établir les règles d'un classement vrai, pour graduer la notation d'une manière équitable, pour accorder enfin à l'intelligence cette sorte de coefficient qui n'est pas un privilège, mais un droit, il suffira aux professeurs élémentaires de se concerter, chaque année, dans chaque Lycée.

A leur tour, les professeurs des classes primaires, dont les rapports avec les classes élémentaires sont si étroits, auront à s'entendre avec leurs collègues, de façon que l'enseignement donné de la dixième à la sixième soit bien lié et bien gradué, le domaine de chaque professeur étant délimité aussi nettement que possible. Ceux qui dirigent les classes primaires prendront donc utilement leur part des instructions formulées ci-dessus et dont quelques-unes acquièrent même ici une force nouvelle : tels les principes de la prédominance des exercices oraux sur les exercices écrits, de l'importance attribuée à la récitation, à ces exercices modestes, lecture, écriture, dictée accentuée et ponctuée, qu'il serait périlleux de négliger pour des exercices plus relevés. C'est dans sa simplicité même que l'enseignement élémentaire et primaire de nos Lycées puisera sa force. Être simple à la fois et méthodique, c'est à ce conseil que tout se ramène ; c'est le fond commun de toutes les instructions données à un personnel qui fait tout son devoir, mais le fera d'autant plus efficacement que ses efforts seront plus nettement orientés vers le même but.

Rapport et Décret concernant les Subventions de l'État pour la construction ou l'appropriation des établissements d'enseignement primaire. 28 mars 1899.

28 Mars 1899.

1° Rapport au Président de la République.

Monsieur le Président,

L'article 2 du décret du 16 mars 1891 dispose que les communes qui sollicitent de l'État des subventions destinées à concourir au payement des annuités pour la construction ou l'appropriation des Écoles ou classes spécifiées à l'article 1er du même décret (Écoles maternelles, Classes enfantines, Écoles primaires supérieures et Cours complémentaires), devront prendre l'engagement d'inscrire, pendant une durée égale à celle de la période sur laquelle portent les annuités (trente à quarante ans), les dépenses qui leur incombent pour l'entretien desdits établissements en vertu de l'article 4 de la loi du 19 juillet 1889.

La loi de finances du 26 juillet 1893 (art. 65) ayant substitué, pour le service des subventions, le payement en capital au payement par annuités (loi du 20 juin 1885), il est devenu nécessaire de fixer à nouveau la durée de l'engagement à prendre par les communes vis-à-vis de l'État pour assurer le maintien, pendant une période déterminée, des établissements dont il vient d'être parlé.

Pour sauvegarder tout à la fois les intérêts scolaires et les finances des communes et de l'État, j'ai pensé que la durée de cet engagement devait être maintenue au minimum de trente ans autrefois adopté.

Tel est, Monsieur le Président, l'objet du projet de décret ci-joint, que je vous prie de vouloir bien revêtir de votre signature.

Veuillez agréer, etc.

Le Ministre de l'Instruction publique et des Beaux-Arts,
Signé : G. LEYGUES.

2° Décret.

Le Président de la République française,

Sur le rapport du Ministre de l'Instruction publique et des Beaux-Arts;

Vu la loi organique du 30 octobre 1886; ensemble les lois des 16 juin 1881, 20 mars 1883 et 20 juin 1885;

Vu la loi de finances du 26 juillet 1893, art. 65;

Vu le décret du 16 mars 1891,

Décrète :

ARTICLE 1er. — Les communes qui désireront obtenir désormais des subventions de l'État pour la construction ou l'appropriation des établissements d'enseignement primaire mentionnés à l'article 1er du décret du 16 mars 1891 seront tenues de prendre l'engagement d'inscrire, pendant une période de trente ans, au nombre des dépenses obligatoires, les dépenses qui leur incombent pour l'entretien de ces établissements en vertu de l'article 4 de la loi du 19 juillet 1889.

ART. 2. — L'article 2 du décret du 16 mars 1891 est abrogé.

---

24 mai 1899.

Circulaire du Ministre de l'Instruction publique, relative à l'adjudication pour la fourniture aux communes de Livres destinés aux bibliothèques scolaires.

24 Mai 1899.

Monsieur le Préfet, l'adjudication pour la fourniture de livres aux bibliothèques scolaires consentie en 1890 au profit de M. Augustin Challamel étant expirée, il a été procédé le 16 mai courant à une adjudication nouvelle.

M. Augustin Challamel, libraire éditeur, 17, rue Jacob, à Paris, ayant offert les conditions les plus avantageuses, a été, conformément à l'article 4 du cahier des charges, déclaré de nouveau adjudicataire de cette fourniture à partir du 1er juin prochain. Le rabais consenti par lui est de 5 pour 100 sur les prix forts des ouvrages portés au catalogue officiel, lesdits ouvrages reliés, emballés et rendus franco à la gare la plus voisine de la commune destinataire.

Les municipalités devront donc à l'avenir tenir compte dans leurs commandes de la modification des prix [1].

Je vous prie de porter sans retard cet avis à la connaissance de MM. les maires des communes de votre département et d'y donner la plus grande publicité.

Recevez, etc.

Signé : G. LEYGUES.

Circulaire du Ministre de l'Instruction publique, concernant le droit d'enregistrement à percevoir sur les Marchés administratifs pour travaux relatifs à des établissements scolaires départementaux ou communaux et entrepris avec le concours de l'État. 26 mai 1899.

26 Mai 1899.

Monsieur le Préfet, les marchés de toute nature passés par les départements, les communes et les établissements publics sont assujettis au droit de 1 fr. 25 pour 100, décimes compris (loi du 22 frimaire An VII, art. 69, § 2, 3°). Ceux dont le prix est directement payé par l'État, et qui étaient autrefois enregistrés au droit fixe (loi du 15 mai 1818, art. 73), ont été soumis, par la loi du 28 février 1872 (art. 1er, n° 9), à un droit gradué, lequel a été transformé en un droit proportionnel de 0 fr. 25 pour 100, décimes compris, par l'article 19 de la loi du 28 avril 1893.

Mais des difficultés se sont élevées au sujet des droits à percevoir sur les marchés dont le prix est supporté partie par l'État et partie par les départements ou par les communes.

La Cour de Cassation, confirmant sur ce point plusieurs décisions de M. le Ministre des Finances, a reconnu, par arrêt rendu le 28 décembre 1892, que « l'article 1er, n° 9, de la loi du 28 février 1872 constitue une exception à la règle générale inscrite dans l'article 69, § 2, n° 3, de la loi du 22 frimaire An VII, qui assujettit tous les marchés de travaux publics à la perception du droit proportionnel; que cette exception doit être restreinte au cas spécialement prévu et dans les termes qui en limitent l'application; qu'il résulte du texte clair et précis de la disposition précitée que, pour en déterminer l'application, il faut chercher par qui le prix du marché doit être payé, et que c'est seulement quand le Trésor public doit supporter la dépense engagée, et dans la mesure où il la supporte, que le droit à percevoir est le droit gradué » (aujourd'hui droit proportionnel de 0 fr. 25 pour 100).

Il résulte de cet arrêt que, dans les marchés de travaux publics dont il s'agit, la part contributive de l'État est seule soumise au droit proportionnel de 0 fr. 25 pour 100, tandis que la portion du prix restant à la charge du département ou de la commune est passible du droit proportionnel de 1 fr. 25 pour 100, décimes compris, sans distinguer si le marché est passé par le département ou

1. « MM. les Inspecteurs primaires recevront très prochainement deux exemplaires du nouveau catalogue des ouvrages de lecture des bibliothèques scolaires. Un de ces exemplaires est destiné aux bureaux de l'inspection; le second pourra être mis à la disposition des maires ou des instituteurs qui désireront le consulter. » (*Avis* inséré au *Bull. adm.*, 1899, t. LXVI, p. 760.

par la commune, ou si, au contraire, les fonds de subvention étant fournis à l'Etat par le département ou par la commune, l'adjudicataire contracte exclusivement avec l'Etat.

Les entrepreneurs appelés à passer des marchés de cette nature ne sauraient donc élever, à l'avenir, aucune objection contre une perception faite en conformité de l'arrêt précité. D'ailleurs afin d'éviter toute difficulté nouvelle, je vous prie, Monsieur le Préfet, de veiller à ce que les cahiers des charges relatifs à des travaux qui concerneront des établissements scolaires départementaux ou communaux et qui devront être opérés avec le concours de l'Etat, mentionnent désormais très explicitement le montant exact de la somme accordée sur le crédit de mon budget pour contribuer à la dépense occasionnée par lesdits travaux. Les entrepreneurs connaîtront ainsi exactement la portée de leurs obligations envers l'enregistrement, et les départements ou les communes y trouveront en outre leur avantage, car la contribution de l'Etat et la modération des droits d'enregistrement à percevoir sur cette part contributive étant toujours signalées, les entrepreneurs pourront établir leur soumission en connaissance de cause, et consentir un rabais supérieur à celui qu'ils eussent offert si la situation ne leur avait pas été révélée.

Recevez, etc.

Signé : G. LEYGUES.

---

30 mai 1899.

Loi portant fixation du Budget général des dépenses et des recettes de l'Exercice 1899. [Extraits.]

30 Mai 1899.

TITRE III. — *Dispositions spéciales.*

. . . .

ART. 30. — Le bénéfice de l'article 69 de la loi de finances du 28 avril 1893 est étendu aux professeurs délégués des Écoles primaires supérieures de Paris et du Collège Chaptal qui, n'ayant pu être nommés professeurs titulaires comme ne satisfaisant pas aux conditions exigées par le décret du 3 août 1890, ont continué à verser des retenues en vue d'obtenir une pension civile.

. . . .

ART. 35. — Dans toute École normale, le nombre des professeurs, non compris l'économe et le directeur de l'École annexe, est fixé à cinq si l'École reçoit plus de 70 élèves; à quatre (deux pour les lettres et deux pour les sciences) si le nombre d'élèves est compris entre 36 et 70. Dans les Écoles qui ne reçoivent pas plus de 36 élèves, le nombre des professeurs (lettres et sciences) est fixé à trois; le directeur sera chargé — sans rétribution spéciale, — en outre des cours de pédagogie et de morale, d'une partie de l'enseignement correspondant au diplôme du professorat dont il est pourvu, sans que le total des heures d'enseignement qui lui sont confiées puisse dépasser 16 s'il est de l'ordre des sciences et 18 s'il est de l'ordre des lettres.

ART. 36. — Par dérogation aux dispositions de l'article 13 de la loi du 30 octobre 1886, le Conseil départemental de l'Instruction publique est autorisé à supprimer d'office, malgré l'avis contraire des Conseils municipaux, et sous réserve de l'approbation ministérielle, un emploi d'instituteur ou d'institutrice dans les Écoles qui, ayant deux classes, reçoivent moins de 50 élèves; trois classes, moins de 80 élèves; quatre classes, moins de 120 élèves; cinq classes, moins de 160 élèves; six classes, moins de 200 élèves.

. . . .

TITRE IV. — *Moyens de service et dispositions annuelles.*

ART. 53. — Le Ministre de l'Instruction publique est autorisé à engager, sur le crédit du chapitre 54 de son département, pendant l'année 1899, 650 créations d'Écoles et d'emplois.

ART. 54. — Le Ministre de l'Instruction publique est autorisé à accorder, pendant l'année 1899, pour le service des constructions scolaires (enseignement primaire), en exécution de la loi du 20 juin 1885 et de l'article 65 de la loi de finances du 26 juillet 1893, des subventions s'élevant à 6 000 000 de francs pour la France et à 200 000 francs pour l'Algérie[1].

Ces subventions seront imputables soit sur les crédits ouverts par la présente loi, soit sur les crédits à ouvrir au budget général des exercices suivants.

ART. 55. — Le Ministre de l'Instruction publique est autorisé à accorder aux communes algériennes, pendant l'année 1899, pour la construction d'Écoles ou de classes destinées aux indigènes, en exécution de la loi du 20 juin 1885 et de l'article 68 de la loi de finances du 26 janvier 1892, des subventions s'élevant à 365 000 francs.

Ces subventions seront imputables soit sur les crédits ouverts pa la présente loi, soit sur les crédits à ouvrir au budget général des exercices suivants.

1. Voir, p. 895, la circulaire du 31 *juillet* 1899, aux Préfets, relative au classement des demandes de subventions pour constructions scolaires.

15 juin 1899. **Arrêté fixant le régime et les conditions d'admission aux Sections normales de l'École pratique de commerce et d'industrie de jeunes filles au Havre.**

15 Juin 1899.

Le Ministre du Commerce, de l'Industrie, des Postes et des Télégraphes,

Vu le décret du 22 février 1893 sur les Écoles pratiques de commerce et d'industrie;

Vu l'arrêté ministériel du 3 mai 1893 déterminant les conditions d'obtention des certificats d'aptitude au professorat industriel et au professorat commercial dans les Écoles pratiques de commerce et d'industrie;

Sur la proposition du Directeur du personnel, de la comptabilité et de l'enseignement technique,

Arrête :

ARTICLE 1er. — Deux sections normales préparatoires, l'une au professorat commercial et l'autre au professorat industriel, sont annexées à l'École pratique de commerce et d'industrie de jeunes filles du Havre.

ART. 2. — Le régime de ces sections est l'internat.

Les élèves sont nourries et logées dans un pensionnat agréé, à cet effet, par le Ministre.

Elles reçoivent, en outre, pour frais d'entretien une indemnité annuelle de 300 francs payable par trimestre.

ART. 3. — Il est admis, en dehors des élèves boursières, des élèves libres, dans la limite du nombre des places disponibles, qui peuvent suivre gratuitement les cours de l'une des sections.

Toutefois, ces élèves-maîtresses, si elles sont étrangères au Havre, devront se loger à leurs frais dans le même établissement que les élèves boursières.

ART. 4. — La durée des études pour chacune des sections est de deux ans.

Chaque année un certain nombre de bourses de séjour à l'étranger sont mises à la disposition des élèves professeurs de la section normale commerciale, ayant accompli leurs deux années d'études, et qui se destinent spécialement à l'enseignement des langues étrangères.

La durée du séjour à l'étranger est d'une année au moins.

ART. 5 — Les deux sections normales sont recrutées au concours.

Le Ministre fixe chaque année le nombre de places et de bourses mises au concours.

ART. 6. — Pour être admises à concourir, les aspirantes doivent :

1° Avoir 20 ans au moins et 25 ans au plus le 1er octobre de l'année où elles se présentent; toutefois, à titre exceptionnel, des dispenses d'âge peuvent être accordées par le Ministre aux aspirantes âgées de plus de 25 ans;

2° Être pourvues du brevet supérieur de l'enseignement primaire ou d'un titre reconnu équivalent par le Ministre.

ART. 7. — Les aspirantes doivent se faire inscrire à la préfecture de leur département avant le 1er juillet.

Elles ont à fournir avec leur demande d'inscription :

1° Un extrait de leur acte de naissance;

2° Un brevet ou diplôme;

3° Une notice indiquant les établissements auxquels elles ont appartenu et les fonctions qu'elles ont pu remplir;

4° Un certificat médical constatant qu'elles jouissent d'une bonne santé et ne sont atteintes d'aucune infirmité pouvant entraver l'exercice de leurs fonctions;

5° Un engagement de servir pendant sept ans dans une École relevant du Ministère du Commerce, à dater de leur entrée à la section normale. Cette pièce sera rédigée sur papier timbré et dûment légalisée.

Les aspirantes qui se destinent au professorat commercial doivent indiquer dans leur demande la langue vivante qu'elles ont étudiée.

ART. 8. — Le concours d'admission ne comprend que des épreuves écrites.

Les connaissances exigées des aspirantes sont les suivantes :

1° Notions de littérature française;

2° Histoire de France et histoire générale de 1640 à nos jours;

3° Géographie physique, politique et économique de la France et de ses colonies;

4° Arithmétique;

5° Pour la section commerciale : la connaissance d'une langue étrangère (anglais, allemand ou espagnol), thème et version d'un genre très simple sans dictionnaire;

Pour la section industrielle : dessin d'ornement et couture.

ART. 9. — Les épreuves ont lieu dans la première quinzaine du mois d'août au chef-lieu du département sous la surveillance d'une Commission nommée à cet effet par le Préfet. Elles comprennent :

I. — *Section commerciale.*

1° Une composition sur un sujet de morale ou de pédagogie pratique;

2° Une composition française sur un sujet de littérature ou d'histoire;

3° Une composition de géographie;

4° Une composition d'arithmétique;

5° Une composition en langue étrangère (thème et version sans dictionnaire).

II. — *Section industrielle.*

1° Une composition sur un sujet de morale ou de pédagogie pratique;

2° Une composition française sur un sujet de littérature ou d'histoire;

3° Une composition d'arithmétique;

4° Une composition de dessin d'ornement;

5° Une épreuve de travail manuel.

ART. 10. — Une Commission centrale nommée par le Ministre est chargée de corriger les compositions et de dresser la liste d'admissibilité.

Pour être admissibles, les aspirantes doivent réunir pour l'ensemble des épreuves 60 points, soit les 3/5 du maximum.

Sont éliminées de plein droit, alors même que le total de leurs points serait supérieur au minimum exigé pour l'admissibilité, les aspirantes qui, pour une ou plusieurs matières, ont obtenu une note inférieure à 6, le maximum étant 20.

La liste d'admission est arrêtée par le Ministre. Les élèves admises doivent être rendues à l'École le 1er octobre.

ART. 11. — Les élèves de la section normale qui, après l'achèvement de leurs études, subissent avec succès les épreuves du concours prévu à l'article 2 de l'arrêté du 3 mai 1893, reçoivent le certificat d'aptitude au professorat commercial ou au professorat industriel dans les Écoles pratiques de commerce et d'industrie.

ART. 12. — Les aspirantes reconnues admissibles et qui n'ont pu entrer à la section faute de place pourront être déléguées, dans la limite des postes disponibles, dans les fonctions de maîtresse adjointe dans une École pratique.

ART. 13. — Les deux années passées à la section ainsi que le temps de séjour à l'étranger entrent en ligne de compte pour l'avancement des professeurs.

Décret relatif aux conditions dans lesquelles les instituteurs exercent dans les Écoles primaires ou professionnelles annexées à des établissements publics ressortissant à d'autres Administrations que celle de l'Instruction publique. 16 juin 1899.

16 Juin 1899.

Le Président de la République française,

Sur le rapport des Ministres de l'Instruction publique et des Beaux-Arts, de la Justice, de l'Intérieur et des Cultes, des Finances, des Affaires Étrangères, de la Guerre, de la Marine, du Commerce, de l'Agriculture et des Colonies;

Vu la loi du 19 juillet 1889, modifiée par la loi du 25 juillet 1893, sur les dépenses ordinaires de l'instruction primaire publique, notamment l'article 48;

Vu la loi du 9 juin 1853 sur les pensions civiles;

Vu la loi du 17 août 1876 sur la retraite de divers fonctionnaires de l'enseignement primaire;

Vu la loi du 30 octobre 1886 sur l'organisation de l'enseignement primaire;

Vu la loi du 15 juillet 1889, article 23, sur le recrutement de l'armée;

Vu le décret du 9 novembre 1853, portant règlement d'administration publique pour l'exécution de la loi du 9 juin 1853;

Vu le décret du 23 novembre 1889, portant règlement d'administration publique (articles 7 à 11) sur les dispenses militaires;

Vu le décret du 17 juillet 1895, portant règlement d'administration publique sur les règles et conditions d'avancement non prévues à l'article 24 de la loi du 19 juillet 1889, modifiée par la loi du 25 juillet 1893;

Vu l'avis du Conseil supérieur de l'Instruction publique du 16 janvier 1897;

Le Conseil d'État entendu,

Décrète :

TITRE Ier. — De la réalisation de l'engagement décennal.

ARTICLE 1er. — Tout maître de l'enseignement primaire public qui a contracté l'engagement de servir pendant dix ans dans les fonctions de l'instruction publique est admis à réaliser son engagement dans une des Écoles comprises au tableau annexé au présent décret, à condition toutefois qu'il ait été nommé avec l'autorisation du Ministre de l'Instruction publique[1].

TITRE II. — Du classement, de l'avancement et de la retraite.

CHAPITRE Ier. — *Instituteurs et institutrices exerçant dans les Écoles situées en France.*

ART. 2. — Les instituteurs et les institutrices titulaires qui sont détachés, après autorisation du Ministre de l'Instruction publique, dans une des maisons d'éducation de la Légion d'honneur ou dans une des Écoles comprises au tableau ci-dessus prévu et situées en France, continuent à figurer dans leur cadre d'origine et conservent leurs droits à l'avancement et à la retraite.

ART. 3. — L'avancement à l'ancienneté des instituteurs et des institutrices titulaires a lieu conformément aux dispositions des articles 1, 2 et 5 du décret du 17 juillet 1895.

L'avancement au choix se fait sur une liste de présentation arrêtée tous les ans, d'après les propositions de chaque département ministériel, par une Commission composée de trois représentants du Ministère de l'Instruction publique et d'un représentant des Ministères intéressés.

Le président de cette Commission est nommé par le Ministre de l'Instruction publique.

Sur le vu de cette liste, le Ministre de l'Instruction publique fixe le nombre des promotions à accorder d'après une proportion égale à celle des promotions au choix à attribuer dans la même année à l'ensemble des instituteurs et des institutrices de la France.

Il transmet au Préfet du département auquel ils appartiennent les noms des instituteurs et des institutrices compris dans le nombre des promotions ainsi fixé.

1. Conformément aux dispositions du décret du 16 *juin* 1899, les maîtres qui ont contracté l'engagement décennal sont admis à réaliser cet engagement dans les établissements relevant des différents Ministères et dont la nomenclature se trouve annexée au décret, à condition, toutefois, qu'ils aient été nommés avec l'autorisation du Ministre de l'Instruction publique.

Les instituteurs et institutrices ainsi détachés continuent à figurer dans leur cadre d'origine et conservent leurs droits à l'avancement et à la retraite.

On croit devoir appeler particulièrement l'attention des intéressés sur les dispositions transitoires de ce décret qui stipulent ce qui suit (art. 11) :

« Les instituteurs et institutrices qui, antérieurement à la promulgation du présent règlement, sont sortis des cadres de l'instruction publique et ont été désignés par un Ministre, mais sans autorisation du Ministre de l'Instruction publique, pour enseigner dans une des Écoles prévues aux articles 1 et 2, ont un délai de six mois pour se munir de cette autorisation. » (*Bull. adm.*, 1899, t. LXVI, p. 367.)

Le Préfet ne peut procéder aux avancements à faire dans l'année, qu'en tenant compte de ces promotions, qui toutefois ne devront pas dépasser le quart de celles dont il dispose pour l'ensemble de chacune des classes.

L'arrêté préfectoral portant promotion, soit au choix, soit à l'ancienneté, est notifié au Ministre intéressé par l'intermédiaire du Ministre de l'Instruction publique.

Toutes les promotions partent du 1er janvier suivant.

ART. 4. — Le droit à la pension des instituteurs et des institutrices détachés reste déterminé par la loi du 17 août 1876.

Néanmoins, la moyenne des traitements sur laquelle est établie la pension de retraite ne peut excéder celle des traitements et émoluments dont jouiraient les instituteurs et les institutrices, s'ils étaient rétribués par le Ministère de l'Instruction publique.

ART. 5. — Les retenues prescrites par la loi du 9 juin 1853 sont faites sur le montant du traitement alloué dans l'établissement auquel sont attachés les instituteurs et les institutrices, déduction faite d'une somme égale à l'indemnité de résidence que reçoivent les instituteurs et les institutrices publics de même catégorie exerçant dans la même localité.

Toutefois, ces retenues ne peuvent, en aucun cas, être inférieures à celles qui portent sur le traitement de la classe dans laquelle est rangé l'instituteur ou l'institutrice.

CHAPITRE II. — *Instituteurs et institutrices exerçant dans les Écoles situées hors de France.*

ART. 6. — Les instituteurs et les institutrices stagiaires ou titulaires, qui sont détachés hors de France, après autorisation du Ministre de l'Instruction publique, dans une des Écoles prévues à l'article 1er, conservent leurs droits à l'avancement et à la retraite.

Ils sont inscrits, pour ordre, dans le cadre départemental auquel ils appartiennent au moment de leur détachement.

ART. 7. — Les instituteurs et les institutrices stagiaires sont nommés titulaires, après avis de la Commission spéciale instituée à l'article 3, par le Préfet du département dans lequel ils sont inscrits, s'ils remplissent les conditions de stage et de capacité prévues à l'article 23 de la loi du 30 octobre 1886.

La titularisation est de droit lorsqu'ils justifient de trois années ininterrompues d'exercice dans une École située hors de France.

ART. 8. — L'avancement des instituteurs et des institutrices titulaires dans les classes établies par la loi du 19 juillet 1889 se fait exclusivement au choix et ne peut avoir lieu pour la quatrième et la troisième classe qu'après six ans d'exercice dans la classe immédiatement inférieure.

Ce minimum de durée est réduit à quatre années pour le passage dans la seconde et la première classe.

Les promotions sont accordées par le Ministre de l'Instruction publique, sur une liste de présentation arrêtée d'après les propositions du Ministre compétent par la Commission ci-dessus mentionnée.

ART. 9. — Les règles fixées par les articles 4 et 5 du présent règlement pour l'attribution, le calcul et la jouissance de la pension de retraite sont applicables aux instituteurs et aux institutrices détachés hors de France.

Toutefois, les retenues qu'ils subissent sont calculées sur un traitement au moins égal à celui des instituteurs et des institutrices de même classe exerçant en Algérie.

ART. 10. — Tout instituteur ou institutrice qui, sur sa demande, est remis à la disposition du Ministre de l'Instruction publique après dix ans de service hors de France ou pour raison de maladie dûment justifiée, quelle que soit, dans ce cas, la durée d'exercice, est immédiatement appelé à reprendre ses fonctions actives dans le personnel du département dans lequel il est inscrit.

La première place vacante dans la classe à laquelle il appartient lui est attribuée de droit.

Dispositions transitoires.

ART. 11. — Les instituteurs et les institutrices qui, antérieurement à la promulgation du présent règlement, sont sortis des cadres du Ministère de l'Instruction publique et ont été désignés par un Ministre, mais sans autorisation du Ministre de l'Instruction publique, pour enseigner dans une des Écoles prévues aux articles 1 et 2, ont un délai de six mois pour se munir de ladite autorisation.

ART. 12. — Le Ministre de l'Instruction publique et tous les Ministres auxquels ressortissent les Écoles comprises au tableau ci-annexé sont chargés, chacun en ce qui le concerne, de l'exécution du présent décret, qui sera publié au *Journal officiel* et inséré au *Bulletin des Lois*.

Annexe au décret du 16 juin 1899.

Tableau dressé en exécution de l'article 1er.

MINISTÈRE DE L'INTÉRIEUR.

École de réforme.

Écoles professionnelles des enfants assistés et moralement abandonnés.

Écoles des colonies pénitentiaires publiques, établies en vertu de la loi du 5 août 1850.

Écoles des colonies privées affectées à un service public en vertu de la même loi.

MINISTÈRE DES FINANCES.

Écoles annexées aux casernes de douaniers.

MINISTÈRE DE LA GUERRE.

Écoles militaires préparatoires et orphelinat Hériot, existant en vertu des lois des 19 juillet 1884 et 12 février 1887.

MINISTÈRE DE LA MARINE.

Écoles des pupilles de la marine.

Écoles des mousses de la flotte.

Cours normal des instituteurs de la flotte.

École primaire d'Indret.

MINISTÈRE DES AFFAIRES ÉTRANGÈRES.

Écoles françaises ouvertes à l'étranger et patronnées par les ambassades et les légations, avec l'approbation du Ministre des Affaires étrangères.

Écoles françaises publiques ouvertes dans les pays de protectorat autres que ceux de l'Indo-Chine.

MINISTÈRE DU COMMERCE.

Écoles fondées et entretenues par les Chambres de Commerce.

MINISTÈRE DE L'AGRICULTURE.

Fermes-Écoles.

Écoles pratiques d'agriculture.

École nationale d'horticulture.

Chaires départementales et spéciales d'agriculture.

MINISTÈRE DES COLONIES.

École coloniale.

Écoles publiques de tout ordre dans les possessions françaises et dans les pays de protectorat de l'Indo-Chine.

3 juillet 1899.

Circulaire du Ministre de l'Instruction publique, relative aux Indemnités représentatives de logement.

3 Juillet 1899.

Monsieur le Préfet, le règlement d'administration publique du 20 juillet 1894, relatif aux indemnités représentatives de logement dues aux instituteurs et institutrices des Écoles primaires élémentaires publiques, non plus que celui du 17 mars 1894 qu'il a rapporté, n'a prévu le cas où l'instituteur et l'institutrice mariés ensemble exercent dans la même commune.

Par une circulaire en date du 6 mai 1891, § 5, mon Administration avait résolu ce point particulier, en reconnaissant aux deux maîtres le droit à l'indemnité représentative individuelle, lorsque la commune ne fournissait le logement ni à l'instituteur ni à l'institutrice, mais en refusant, dans ce cas, à l'instituteur le bénéfice de l'augmentation de l'indemnité accordée par le règlement aux instituteurs mariés.

Des réclamations s'étant élevées de la part de certaines communes contre cette interprétation, il m'a paru nécessaire de consulter le Conseil d'État. Cette haute assemblée a émis l'avis ci-joint, duquel il résulte que lorsqu'une commune est dans l'impossibilité de donner un logement réglementaire à un instituteur et à une institutrice se trouvant dans le cas ci-dessus indiqué, elle n'est, à leur égard, débitrice que d'une seule indemnité représentative, à savoir celle qui est fixée par le décret du 20 juillet 1894 pour les instituteurs mariés.

J'ai l'honneur de vous informer que je me range à cet avis. J'estime, en conséquence, qu'il convient de reviser pour l'avenir, et dans le sens indiqué par le Conseil d'État, le mode adopté jusqu'ici en ce qui concerne spécialement les indemnités représentatives de logement attribuées à l'instituteur et à l'institutrice mariés ensemble et exerçant dans la même commune.

Il peut arriver que des difficultés surgissent, dans le cas dont il s'agit, au sujet de la liquidation des indemnités calculées d'après l'ancienne réglementation. S'il me semble équitable d'insister auprès des communes pour qu'elles consentent à payer les indemnités auxquelles les instituteurs croyaient avoir droit, il me faut reconnaître, en même temps, le droit des communes à s'opposer à l'exécution d'une mesure en désaccord avec l'avis précité du Conseil d'État.

Toutefois, j'espère que les municipalités ne voudront pas rendre les instituteurs responsables d'une situation que l'Administration leur faisait envisager comme absolument régulière, et qu'elles comprendront l'intérêt qui s'attache à ce que les modifications qui sont apportées à la jurisprudence n'aient pas d'effet rétroactif.

Recevez, etc.

Signé : G. LEYGUES.

Avis du Conseil d'État, annexé à la circulaire du 3 juillet 1899.

Séance du 15 Novembre 1898.

La Section de l'Intérieur, des Cultes, de l'Instruction publique et des Beaux-Arts du Conseil d'État, consultée par M. le Ministre de l'Intérieur sur la question de savoir si, lorsqu'un instituteur est marié avec une institutrice exerçant dans la même commune, celle-ci doit à chacun d'eux une indemnité distincte de logement, ou si elle n'est tenue de leur payer qu'une indemnité, calculée conformément aux prescriptions des articles 1 et 2 combinés du décret du 20 juillet 1894....;

Considérant qu'il résulte des lois des 30 octobre 1886, 19 juillet 1889 et 25 juillet 1893 que, si les communes doivent aux instituteurs et aux institutrices une indemnité à défaut du logement qu'elles sont, en principe, tenues de mettre à leur disposition, cette indemnité représentative ne saurait être attribuée aux ayants droit dans des conditions différentes de celles où le logement lui-même serait donné;

Considérant qu'il n'est pas contestable qu'une commune a intégralement accompli ses obligations légales, lorsqu'elle a procuré à un instituteur et à une institutrice, mariés ensemble et exerçant sur son territoire, un logement unique, établi conformément aux exigences des règlements pour les instituteurs mariés, et que l'un des deux conjoints ne serait pas fondé à réclamer pour lui-même, soit la jouissance d'un autre logement, soit une indemnité représentative de ce logement;

Considérant qu'il suit de là que si cette commune est dans l'impossibilité de donner un logement réglementaire à un instituteur et à une institutrice se trouvant dans le cas ci-dessus spécifié, elle n'est, à leur égard, débitrice que d'une seule indemnité représentative, à savoir, celle qui est fixée par le décret du 20 juillet 1894, pour les instituteurs mariés, et qu'elle ne peut être contrainte à verser à chacun d'eux une indemnité distincte, comme s'ils étaient célibataires et en droit, par suite, de réclamer des logements séparés,

Est d'avis :

Qu'il y a lieu de répondre à la question posée par le Ministre de l'Intérieur dans le sens des observations qui précèdent.

Loi sur la Responsabilité civile des membres de l'enseignement public[1]. 20 juillet 1899.

20 Juillet 1899.

ARTICLE 1er. — La disposition suivante est ajoutée au dernier alinéa de l'article 1384 du Code civil :

« Toutefois, la responsabilité civile de l'État est substituée à celle des membres de l'enseignement public. »

ART. 2. — L'action en responsabilité contre l'État, dans le cas prévu par la présente loi, sera portée devant le tribunal civil ou le juge de paix du lieu où le dommage aura été causé, et dirigée contre le Préfet du département.

1. Voir, p. 704, la proposition de M. MALZAC et la note en renvoi; — p. 865, le rapport de la Commission du Sénat; — p. 874, l'avis de la Commission des finances du Sénat.

29 juillet 1899.

Circulaire du Ministre de l'Instruction publique, relative aux Maîtres délégués dans les Écoles primaires supérieures.

29 Juillet 1899.

Monsieur l'Inspecteur, au moment où l'année scolaire va se terminer, je crois devoir appeler de nouveau votre attention sur la situation des instituteurs adjoints délégués par l'Administration préfectorale dans les Écoles primaires supérieures en l'absence de maîtres pourvus du certificat d'aptitude au professorat.

Un certain nombre de ces instituteurs, en raison des renseignements favorables qui m'étaient transmis sur leur compte, ont obtenu pendant plusieurs années le renouvellement de leur délégation; quelques-uns même, grâce aux bienveillantes dispositions de la circulaire du 2 mars 1896, ont été titularisés dans leur emploi.

Le recrutement du personnel des Écoles primaires supérieures par voie de délégation, s'il résulte de la nécessité d'assurer le service, a l'inconvénient d'introduire dans ces établissements un personnel insuffisamment préparé. Il m'a paru que l'on pourrait, dans une certaine mesure, remédier à cet inconvénient en fixant une règle précise au sujet de la durée du séjour de ces maîtres dans les Écoles primaires supérieures.

J'ai décidé, en conséquence, qu'à l'avenir les délégations ne pourraient être renouvelées que pendant trois années consécutives, à l'expiration desquelles le délégué devra être réintégré d'office dans les Écoles primaires élémentaires.

En raison de cette nouvelle disposition, il y a lieu de procéder au classement des délégués actuellement en fonctions. Ce classement devra être opéré en prenant pour point de départ la date à laquelle ils ont obtenu une délégation préfectorale. La 1re catégorie comprendra les instituteurs comptant, au 1er janvier 1899, six années d'exercice, la 2e cinq ans, la 3e quatre ans, et ainsi de suite jusqu'à la première année.

Je suis tout disposé à admettre au bénéfice de la circulaire du 2 mars 1896 les instituteurs délégués qui seront compris dans la 1re catégorie, à la condition qu'ils soient présentés pour la titularisation par l'inspection générale et par vous.

Quant aux instituteurs de la 2e et 3e catégorie, je vous autorise à renouveler leur délégation jusqu'à ce qu'ils aient atteint les six années exigées pour une promotion à l'ancienneté. J'examinerai, à cette époque, s'il y a lieu de leur appliquer le bénéfice de la circulaire rappelée ci-dessus et réservé aux instituteurs de la 1re catégorie. Les instituteurs délégués compris dans la 4e catégorie et qui n'auront pas obtenu le certificat d'aptitude au professorat à la session de juillet 1899 devront être, à dater du 1er octobre, replacés dans les Écoles primaires élémentaires. Je vous prie de leur réserver des emplois dans votre prochain mouvement du personnel.

MM. les Préfets voudront bien pourvoir d'une nouvelle délégation les instituteurs compris dans les deux dernières catégories; mais ces maîtres devront être prévenus dès à présent qu'ils ne pourront obtenir le renouvellement de cette délégation que pendant un ou deux ans, suivant la catégorie à laquelle ils appartiennent, et qu'ils seront replacés dans les Écoles primaires élémentaires à l'expiration de ce nouveau délai, s'ils n'ont pas obtenu le certificat d'aptitude au professorat.

Vous voudrez bien me faire parvenir dans le plus bref délai possible vos propositions concernant les instituteurs de la 1re catégorie et me faire connaître les noms de ceux dont les délégations prennent fin au 1er octobre prochain, par application de la décision indiquée ci-dessus, afin que je puisse faire figurer en temps utile les vacances au *Bulletin du Ministère.*

J'ajouterai que ces dispositions devront être appliquées également aux institutrices déléguées dans les Écoles primaires supérieures.

Recevez, etc.

Signé : G. LEYGUES.

Circulaire du Ministre de l'Instruction publique, relative au Classement des demandes de subventions pour constructions scolaires. 31 juillet 1899.

31 Juillet 1899.

Monsieur le Préfet, le crédit d'inscription porté à l'article 54 de la loi de finances du 30 mai 1899 pour venir en aide aux communes dans les dépenses de construction de leurs maisons d'école est complètement engagé, et il ne m'a pas été possible d'accueillir toutes les demandes de subventions comprises dans l'état de propositions que vous m'avez adressé en exécution de ma circulaire du 18 février dernier.

De plus, depuis le commencement de l'année, j'ai déjà reçu de nombreux dossiers auxquels viendront s'ajouter prochainement ceux qui doivent être soumis au Conseil général dans la session du mois d'août.

Afin que les fonds qui seront mis à ma disposition pour 1900 soient bien attribués aux communes qui en ont le plus pressant besoin, je vous prie de faire faire, par le Conseil général, un classement d'ensemble de toutes les communes actuellement en instance pour obtenir des subventions.

L'assemblée départementale devra, pour ce classement, se conformer aux prescriptions de la circulaire du 12 décembre 1895. Elle aura soin d'en écarter les demandes dont l'instruction ne serait pas complètement terminée.

Je vous adresse ci-joint deux exemplaires du cadre dans lequel seront consignées les propositions du Conseil général. Vous voudrez bien m'en envoyer un et conserver l'autre dans vos bureaux.

Recevez, etc.

Signé : G. LEYGUES.

Circulaire du Ministre de l'Instruction publique, relative aux conditions à remplir par les établissements d'enseignement primaire et les fonctionnaires de cet ordre d'enseignement admis à participer à l'Exposition de 1900[1]. 31 juillet 1899.

31 Juillet 1899.

Monsieur le Recteur, j'ai l'honneur de vous transmettre un exemplaire de la circulaire que je viens d'adresser aux Inspecteurs d'Académie au sujet des en-

1. Voir, p. 840, l'instruction générale relative à la préparation de l'exposition du Ministère de l'Instruction publique pour l'enseignement primaire.

vois que doivent faire au chef-lieu du département les exposants de la section spéciale du Ministère de l'Instruction publique.

Lorsque la Commission départementale aura fait choix des objets qui lui semblent pouvoir être soumis à la Commission académique, l'Inspecteur d'Académie vous les fera parvenir dans les conditions que je lui indique, à la date que vous aurez fixée.

La Commission académique procédera à une nouvelle sélection sur l'ensemble des départements de votre ressort et vous aurez à m'envoyer les objets qu'elle aura choisis.

Tous les colis qui, à cause de leur poids ou de leur volume, ne pourront pas m'être transmis par la poste en franchise, devront être emballés avec soin pour être dirigés sur le local que je vous indiquerai ultérieurement, en même temps que je vous fixerai les délais dans lesquels les divers envois devront être faits.

Les frais de port et d'emballage seront acquittés par l'École normale que vous aurez désignée pour centraliser tous les envois des autres Écoles normales du ressort. Une demande d'ouverture de crédit me sera faite à cet effet. La somme avancée sera remboursée sur la production des pièces justificatives de la dépense.

Vous voudrez bien recommander tout particulièrement aux membres de la Commission académique d'apporter le plus grand soin à l'examen des objets qui leur seront soumis et de ne garder que ceux qui mériteront vraiment d'être exposés. Il importe, en effet, dans l'intérêt même de notre exposition, d'éviter l'encombrement.

Outre les notices dont il est parlé dans la circulaire aux Inspecteurs d'Académie, la Commission aura à placer dans chaque caisse un bordereau détaillé des objets qu'elle renferme, indiquant les noms des auteurs et des établissements dont ils proviennent.

Recevez, etc.

Signé : G. LEYGUES.

---

31 juillet 1899. **Circulaire du Ministre de l'Instruction publique, relative aux conditions à remplir par les établissements d'enseignement primaire et les fonctionnaires de cet ordre d'enseignement admis à participer à l'Exposition de 1900.**

31 Juillet 1899.

Monsieur l'Inspecteur, ma circulaire du 29 décembre 1898 vous a fait connaître les conditions dans lesquelles les établissements d'enseignement primaire et les fonctionnaires de cet ordre d'enseignement sont admis à participer à l'Exposition spéciale du Ministère de l'Instruction publique, tout en conservant leur inscription au catalogue et leurs droits éventuels aux récompenses.

Tous les objets à exposer doivent, comme vous le savez, être soumis au double contrôle de la Commission départementale et de la Commission académique instituées par la circulaire précitée. C'est parmi les objets qui nous auront été adressés après cette double sélection que le Ministère choisira ceux qui seront définitivement admis à figurer dans les galeries de l'Exposition.

Au moment où vous allez réunir au chef-lieu les envois des exposants de votre département, je crois utile de vous donner quelques indications de nature à faciliter votre tâche.

Les Écoles normales me paraissent tout naturellement désignées pour recevoir les objets envoyés par les instituteurs et les institutrices.

La Commission départementale devra apporter un soin minutieux à l'examen des divers objets qui lui seront soumis et ne retenir que ceux qui lui paraîtront propres à faire honneur à notre pays et à soutenir avantageusement la comparaison avec les envois similaires des nations étrangères.

Il importe que notre exposition se distingue, non par le nombre des objets exposés, mais par leur qualité. Elle doit donner une idée exacte de la valeur de notre enseignement et des résultats qu'obtiennent nos maîtres dans les Écoles de tous les degrés.

Vous voudrez bien recommander aux exposants de fixer à chaque objet une étiquette portant les indications ci-après :

Département;

Nom et prénoms;

Établissement;

Adresse.

Cette étiquette sera, suivant la nature de l'objet, collée en un endroit bien visible, ou attachée solidement par un fil. Dans ce dernier cas, il conviendrait que l'étiquette fût en parchemin ou en papier indéchirable.

Je vous adresse ci-joint un certain nombre d'exemplaires de la notice que devra fournir chaque exposant et qui accompagnera son envoi.

Avant de transmettre au chef-lieu de l'Académie les notices des exposants admis provisoirement par la Commission départementale, vous voudrez bien les faire classer par ordre alphabétique en ne maintenant que celles se rapportant à des objets acceptés par cette Commission.

Les frais de transport jusqu'au chef-lieu du département seront acquittés, au départ, par les exposants qui auront également à supporter les frais de retour des objets non admis dont ils demanderaient à rentrer en possession.

Tous les objets acceptés par la Commission départementale seront réunis dans des caisses et expédiés au chef-lieu de l'Académie. L'École normale expéditrice fera l'avance des frais d'emballage et de transport. Elle aura préalablement à demander l'ouverture du crédit nécessaire à cette dépense, qui lui sera remboursée sur la production des pièces justificatives.

En ce qui concerne les objets lourds et encombrants, tels que les travaux du fer et du bois, dont le transport au chef-lieu du département d'abord, puis au chef-lieu de l'Académie, présenterait des difficultés, vous pourrez autoriser leurs auteurs à les envoyer directement à Paris, à leurs frais, mais seulement lorsque vous les aurez jugés dignes de figurer à l'Exposition, soit que vous les ayez vus vous-même, soit qu'ils aient été vus par un ou plusieurs des membres de la Commission désignés par vous à cet effet.

Je vous prie de porter les instructions qui précèdent à la connaissance des intéressés par la voie du Bulletin départemental.

Je vous adresse un nombre suffisant de la présente circulaire pour que vous puissiez en donner aux Inspecteurs primaires de votre département.

Recevez, etc.

Signé : G. LEYGUES.

---

24 sept. 1899. **Circulaire du Ministre de l'Instruction publique, relative à la décoration des Écoles.**

24 Septembre 1899.

Monsieur l'Inspecteur, j'ai décidé d'envoyer à des Écoles élémentaires de votre département, que vous me désignerez, des tableaux en couleur représentant des paysages de la France et des reproductions des principaux monuments de notre art national.

Par cette innovation, j'entends marquer l'intérêt que j'attache à la décoration de nos Écoles. Il ne faut pas seulement que ces Écoles soient bien installées et bien tenues, que leur aspect inspire aux enfants le sentiment de la propreté et de l'ordre, il convient qu'elles aient une physionomie souriante et gaie. L'École, telle que nous la concevons, n'est pas un lieu de passage où l'on vient s'instruire de six à treize ans; elle doit être une maison familiale, un foyer où l'on revient adulte après y avoir vécu enfant, où l'on retrouve dans l'ancien maître un conseiller, dans les anciens condisciples des amis, où l'on se réunit le soir pour compléter son instruction. Je désire que ces maisons d'amitié et de solidarité aient une décoration qui leur soit appropriée.

Les vues des diverses régions de la France donneront un caractère concret à l'idée de patrie qui doit dominer et vivifier tout notre enseignement. Il faut que l'écolier, qui passera peut-être son existence entière dans les limites de son canton ou de son département, ait eu la vision de la France, de son admirable situation géographique, de la fertilité de sa terre, de la variété et de la beauté de ses aspects, et de la douceur de son ciel; il faut qu'elle lui apparaisse comme une personne réelle dont les traits lui auront été familiers dès l'enfance. Mieux connaître son pays, c'est être prêt à le mieux servir.

Il importe, en outre, de développer de bonne heure chez les enfants, dans la mesure qui convient à leur âge, le sentiment du beau. D'autres peuples l'ont déjà compris. On doit l'oublier moins qu'ailleurs dans notre pays où, depuis dix siècles, l'art s'est épanoui d'âge en âge avec une si merveilleuse originalité sous des formes sans cesse renouvelées, et où tant d'industries en vivent. Il ne saurait être question d'introduire l'histoire de l'art à l'École élémentaire. Il suffit d'éveiller le goût, d'ouvrir en quelque sorte et d'exercer les yeux des élèves par des images qu'ils puissent aisément comprendre.

J'ajouterai prochainement, aux collections que vous allez recevoir, des séries de personnages qui, par la pensée ou par l'action, ont travaillé à la prospérité et à la grandeur du pays.

Les instituteurs auront soin, dans de simples causeries, de dégager le sens de ces images.

Les tableaux qui vont vous être envoyés devront être répartis par lots de six.

Je vous prie de m'adresser, pour établir cette répartition, une première liste de dix à quinze Écoles. Vous choisirez celles qui sont le mieux tenues, où la fréquentation scolaire est la plus régulière, où l'instituteur et l'institutrice montrent le plus de dévouement à leur tâche professionnelle. Ces envois seront ainsi comme un nouveau témoignage de satisfaction accordé aux meilleurs.

Ces affiches devront être placées dans les salles de classe et dans les vestibules. Autant que possible, il serait à désirer qu'elles fussent tendues sur des châssis afin d'en assurer la conservation.

Recevez, etc.

Signé : G. LEYGUES.

Circulaire relative au Congrès international de l'enseignement primaire, à Paris, en 1900.

1er octobre 1899.

(Cette circulaire était adressée aux Inspecteurs d'Académie, Inspecteurs primaires, Directeurs et Directrices d'Écoles normales, etc.)

1er Octobre 1899.

Le succès des précédents Congrès internationaux de l'enseignement primaire et l'utilité de leurs travaux, qui ont souvent inspiré de fécondes mesures législatives ou administratives, nous encouragent à faire un nouvel appel, à l'occasion de l'Exposition de 1900, à ceux qui, en France et chez les autres nations, coopèrent à cette œuvre d'un intérêt vraiment universel.

Vous connaissez déjà le profit de ces réunions où chacun gagne, au contact d'hommes consacrés à la même tâche que lui, des idées et des forces nouvelles; où chaque nation peut s'enrichir, dans la mesure qui convient à son régime et à son tempérament propres, de l'expérience des autres nations; où tous, par une mutuelle communication de leurs heureuses tentatives et par un examen commun des problèmes qui attendent encore une solution, peuvent propager le bien qu'ils ont déjà fait et créer quelque nouveau moyen de progrès.

Le Congrès international de 1900, auquel nous serions heureux de vous voir participer, s'ouvrira le jeudi 2 août, pour durer jusqu'au dimanche 5 inclusivement.

Il sera divisé en cinq sections, correspondant aux cinq questions suivantes, mises à l'étude :

1re QUESTION. — L'éducation ménagère. Sa définition, ses limites, son adaptation à chacun des degrés de l'enseignement primaire. Quelles peuvent être, à chacun de ces degrés, les parts respectives de la théorie et de la pratique? Programme pour chacun des degrés et plan d'ensemble. — Par qui sera donné le double enseignement? Par un personnel spécial, ou par les institutrices elles-mêmes, préparées à cet effet?

Rapporteurs : M. Paul STRAUSS, sénateur de la Seine, et Mme BRÈS, inspectrice générale des Écoles maternelles.

2e QUESTION. — De la fréquentation scolaire. La non-fréquentation et la fréquentation irrégulière. Insuffisance de l'action de la loi de 1882 en France. Moyens à employer pour augmenter cette action; moyens d'ordre législatif, d'ordre administratif, d'ordre pédagogique. — État de la fréquentation scolaire chez les principales nations.

Rapporteurs : MM. CAZES et JOST, Inspecteurs généraux de l'Instruction publique.

3e QUESTION. — De l'éducation morale. Son objet, ses principes, ses méthodes et ses procédés; parts respectives de la théorie et de la pratique. Sa place dans l'ensemble du programme, ses liens avec les autres parties.

Rapporteurs : M. Jules PAYOT, Inspecteur d'Académie de la Marne, et Mlle BILLOTEY, professeur à l'École Edgar-Quinet.

4e QUESTION. — De l'enseignement primaire supérieur. Son objet; ses limites; moyens de l'adapter aux intérêts régionaux et locaux.

Rapporteurs : MM. LÉVÊQUE, directeur de l'École Jean-Baptiste-Say, et PETIT, directeur d'École primaire à Nancy.

5e QUESTION. — Des institutions post-scolaires : cours d'adultes, conférences et lectures publiques, patronages et associations amicales, sociétés scolaires de secours mutuels et de retraites. — Moyens d'en assurer l'existence et le développement, de les multiplier, de les grouper.

Rapporteurs : M. CAVÉ, vice-président de la *Ligue française de l'enseignement*, et MM. GILLES et Édouard PETIT, Inspecteurs généraux de l'Instruction publique.

Les auteurs des mémoires sont invités à faire suivre leurs conclusions de projets de résolution.

Les mémoires devront tous être adressés, avant le 1er mai 1900, à M. TRAUTNER, directeur d'École communale à Paris, 20, rue Étienne-Marcel, secrétaire de la Commission d'organisation, qui les transmettra ensuite aux rapporteurs compétents.

Pour que cette transmission soit possible, il est nécessaire que chaque mémoire ne vise qu'une seule question.

Nous vous adressons, sous ce pli, avec un exemplaire du règlement, un bulletin d'adhésion que nous vous prions de vouloir bien, si vous devez assister au Congrès, remplir suivant les indications qu'il contient, et renvoyer à M. MARGUERY, trésorier, 36, boulevard Bonne-Nouvelle, Paris.

Documents annexes.

AVIS

La Commission du Congrès signale à tous ceux qui doivent y prendre part (Inspecteurs d'Académie et Inspecteurs de l'enseignement primaire, directeurs d'Écoles normales et d'Écoles primaires supérieures, membres des Comités des œuvres complémentaires de l'École) l'intérêt qu'ils auraient à se réunir pour étudier préalablement les questions mises à l'ordre du jour.

Il serait notamment utile qu'ils voulussent bien s'entendre pour désigner les personnes les mieux préparées à présenter, en des conclusions précises, le résultat des délibérations prises en commun.

RÈGLEMENT

ARTICLE 1er. — Conformément à l'arrêté ministériel du 11 juin 1898, un Congrès international de l'enseignement primaire aura lieu à Paris, au cours de l'Exposition universelle de 1900.

ART. 2. — Ce Congrès s'ouvrira à Paris, le jeudi 2 août 1900, à la Sorbonne, et sera clos le dimanche 5 août.

ART. 3. — Peuvent faire partie du Congrès :

1° Tous les membres de l'enseignement;

2° Les personnes qui s'intéressent aux questions d'éducation et d'enseignement primaire, ainsi qu'aux œuvres complémentaires de l'École.

ART. 4. — Chaque membre du Congrès devra payer une cotisation dont le montant est fixé à 3 francs.

ART. 5. — Les membres du Congrès recevront une carte qui leur sera délivrée par les soins de la Commission d'organisation. Ces cartes, qui ne donneront aucun droit à l'entrée gratuite à l'Exposition, seront rigoureusement personnelles. Toute carte prêtée sera immédiatement retirée.

ART. 6. — Le Congrès se divisera en sections. Chaque section délibérera sur une des questions mentionnées au programme des travaux du Congrès. Le bureau de la Commission d'organisation fera procéder, lors de la première séance, à la nomination du bureau du Congrès. Chacune des sections élira son bureau particulier.

ART. 7. — Le bureau du Congrès fixera l'ordre du jour de chaque séance.

ART. 8. — Le Congrès tiendra :

Des séances générales;

Des séances de sections.

Les membres du Congrès pourront participer à des visites à des établissements scientifiques ou industriels, et assister à des conférences spéciales.

ART. 9. — Les membres du Congrès ont seuls le droit de prendre part aux discussions.

ART. 10. — Les travaux présentés au Congrès sur les questions mises à l'ordre du jour seront seuls discutés dans les séances. Les communications portant sur des questions non prévues à l'ordre du jour ne pourront être faites que dans les séances de sections, après avis favorable de la Commission d'organisation.

ART. 11. — Aucun travail ne peut être présenté en séance ni servir de point de départ à une discussion si, avant le 15 mai 1900, l'auteur n'en a communiqué le résumé ou les conclusions à la Commission d'organisation.

ART. 12. — Nul ne pourra occuper la tribune plus de quinze minutes, ni parler plus de deux fois dans la même séance sur le même sujet, à moins que l'assemblée, consultée, n'en décide autrement.

ART. 13. — Les membres du Congrès qui auront pris la parole dans une séance devront remettre au secrétaire, dans les vingt-quatre heures, un résumé de leur communication pour la rédaction des procès-verbaux. Dans le cas où ce résumé n'aurait pas été remis, le texte rédigé par le secrétaire en tiendra lieu.

ART. 14. — Les procès-verbaux seront imprimés et distribués aux membres du Congrès après la session.

ART. 15. — Un compte rendu détaillé des travaux du Congrès sera publié par les soins de la Commission d'organisation. Celle-ci se réserve le pouvoir de fixer l'étendue des mémoires ou communications livrés à l'impression.

ART. 16. — Le bureau du Congrès statue en dernier ressort sur tout incident non prévu au présent règlement.

Arrêté fixant les Coefficients à attribuer aux épreuves des Certificats d'aptitude au professorat des Écoles normales et des Écoles primaires supérieures pour les examens de 1900. 14 octobre 1899.

14 Octobre 1899.

Le Ministre de l'Instruction publique et des Beaux-Arts,

Vu l'arrêté du 18 janvier 1887;

Vu l'arrêté du 20 janvier 1899;

Arrête :

Les coefficients à attribuer aux épreuves écrites et aux épreuves orales et pratiques des certificats d'aptitude au professorat des Écoles normales et des Écoles primaires supérieures (ordre des lettres et ordre des sciences) sont fixés ainsi qu'il suit pour les examens de 1900 :

ORDRE DES LETTRES

(Aspirants et aspirantes).

Épreuves écrites.		*Épreuves orales et pratiques.*	
Littérature	2	Leçon	1
Morale ou psychologie	2	Lecture expliquée	2
Histoire et géographie	2	Correction d'un devoir	2
Langue vivante	1	Langue vivante	1

ORDRE DES SCIENCES

(Aspirants et aspirantes).

Épreuves écrites.		*Épreuves orales et pratiques.*	
Mathématiques	2	Leçon	2
Sciences physiques	1	Interrogations sur les mathématiques	1
Sciences naturelles	1	Interrog. sur les sciences physiques	1
Morale ou éducation	2	Interrog. sur les sciences naturelles	1
Dessin géométrique	1/2	Manipulations (sciences physiques et naturelles)	1
Dessin d'imitation	1/2		

1er déc. 1899. **Circulaire du Ministre de l'Instruction publique, relative à l'allocation de Livres aux élèves sortants des Écoles normales primaires.**

1er Décembre 1899.

Monsieur le Recteur, j'ai l'honneur de vous adresser un certain nombre de tableaux destinés à me faire connaître le montant de la subvention qu'il conviendrait d'allouer à chaque École normale pour assurer, cette année, l'exécution du décret du 13 mai 1890, relatif aux conditions dans lesquelles les élèves des Écoles normales ont droit, à leur sortie, à une allocation pour achat de livres.

Je vous rappelle que ces tableaux, établis en double expédition pour chaque École, doivent comprendre exclusivement les noms des élèves-maîtres ou des élèves-maîtresses sortis de l'École normale avec le brevet supérieur et pourvus d'un emploi d'instituteur ou d'institutrice en 1899.

Vous ne devez donc pas comprendre dans ces états les noms des élèves refusés au brevet supérieur à la session de juillet, ou qui ne s'y sont pas présentés.

Ne devront pas non plus y figurer les noms de ceux qui sont actuellement sous les drapeaux, ni de ceux qui, pour une raison quelconque, se trouvent en congé régulier pour un temps supérieur à un mois.

Je vous prie de vouloir bien me transmettre ces listes, visées par MM. les Inspecteurs d'Académie, avant le 10 janvier 1900.

Vous voudrez bien d'ailleurs ne pas perdre de vue les prescriptions de ma circulaire du 27 décembre 1897[1], concernant le choix des livres.

Recevez, etc.

Signé : G. LEYGUES.

Circulaire du Ministre de l'Intérieur, relative aux Récompenses honorifiques spéciales à accorder aux Sociétés de Secours mutuels scolaires en 1900. 2 déc. 1899.

2 Décembre 1899.

Monsieur le Préfet, depuis plusieurs années, des Sociétés de secours mutuels scolaires ont été créées sur tous les points du territoire de la République, avec

1. Voici le texte de cette circulaire, relative aux dons de livres aux élèves-maîtres et élèves-maîtresses sortant des Écoles normales avec le brevet supérieur :

« Monsieur le Recteur, chaque année, les élèves-maîtres et élèves-maîtresses sortant des Écoles normales avec le brevet supérieur reçoivent, par application du décret du 13 mai 1890, une provision de livres au moment où ils sont appelés pour la première fois aux fonctions d'instituteur ou d'institutrice stagiaire.

« Ces jeunes gens sont autorisés à désigner eux-mêmes, et sous la seule réserve de ne pas dépasser la somme fixée par l'Administration centrale, les ouvrages qui doivent former le noyau de leur bibliothèque personnelle.

« Le dépouillement des listes de livres, concédés dans ces conditions à la fin de la dernière année scolaire, m'a fait constater que, si les intéressés ont en général choisi avec discernement les ouvrages les plus propres à fortifier leurs connaissances et à leur faciliter l'exercice de leur profession, quelques-uns cependant n'ont pas fait de l'allocation mise à leur disposition un emploi aussi judicieux qu'on aurait pu le souhaiter. C'est ainsi que parmi les livres achetés aux frais de l'État, et qui doivent avant tout être des instruments de travail, figurent un certain nombre d'ouvrages qui ne touchent ni de près ni de loin à la pédagogie et à l'enseignement. Œuvres d'imagination pure ou monographies spéciales, leur place peut être dans une grande bibliothèque, mais ils n'ont aucun droit à figurer dans le bagage de l'instituteur débutant. Enfin quelques titres ont été relevés qu'on n'aurait jamais dû rencontrer sur ces listes.

« J'en ai conclu, Monsieur le Recteur, que, tout en respectant la lettre et l'esprit du décret du 13 mai 1890, il y a lieu de soumettre à un certain contrôle le choix des livres offerts par l'État aux élèves-maîtres et élèves-maîtresses sortant des Écoles normales.

« Il est nécessaire que le jeune maître se rappelle que, si l'Administration lui accorde la liberté de composer lui-même cette provision de livres, c'est, ainsi que le disait un de mes prédécesseurs dans une circulaire du 3 avril 1882, à la condition que « cette petite bibliothèque de choix qu'il emportera de l'École l'aidera, fût-il relégué « au fond d'un village, à entretenir chez lui ce goût de la lecture et ces habitudes de « travail intellectuel, cet amour de l'étude désintéressée qui doivent faire l'intérêt de « sa vie, la noblesse de ses fonctions et la garantie de son indépendance ».

« Ainsi se trouve défini le genre auquel doivent appartenir les livres fournis gratuitement aux instituteurs et institutrices publics au début de leur carrière.

« Par là même se trouvent proscrites toutes les catégories d'ouvrages qui peuvent amuser un moment l'esprit sans lui offrir aucun aliment solide.

« Mon intention n'est pas d'aller plus loin et de limiter plus étroitement le choix des élèves-maîtres et élèves-maîtresses. J'ai décidé seulement, afin d'éviter tout abus à l'avenir, que les listes d'ouvrages demandés par application du décret du 13 mai

le concours de l'Administration et surtout des membres de l'enseignement. Les instituteurs se sont, en général, particulièrement distingués par leur zèle en faveur de la mutualité.

En reconnaissance de ces services, mon prédécesseur a décerné à ceux qui se sont le plus signalés dans cette propagande des récompenses honorifiques réservées jusqu'alors aux administrateurs des Sociétés de secours mutuels d'adultes. Dorénavant, un certain nombre de récompenses seront attribuées aux Inspecteurs d'Académie, Inspecteurs primaires, instituteurs, institutrices, adjoints et adjointes qui auront le plus contribué à la création et au développement des Sociétés de secours mutuels.

Leur distribution aura lieu aux mêmes époques que celles relatives à la mutualité d'adultes. La prochaine distribution étant avancée d'un an pour la faire coïncider avec l'Exposition universelle, l'époque écherra le 14 juillet 1900.

En conséquence, vous voudrez bien vous entendre à ce sujet avec l'Inspecteur d'Académie de votre département, qui vous adressera un état de propositions avec la mention très exacte des noms et prénoms des candidats, les fonctions qu'ils occupent dans l'administration des Sociétés de secours mutuels scolaires, des récompenses de cette nature qu'ils ont déjà obtenues antérieurement et des services qu'ils ont rendus à la mutualité. Vous vérifierez cet état et vous me l'adresserez avant le 31 mars, accompagné d'un rapport contenant vos observations.

Recevez, etc.

Signé : WALDECK-ROUSSEAU.

---

19 déc. 1899.

Circulaire du Ministre de l'Instruction publique, relative à l'épreuve de sciences physiques et naturelles à l'examen du Certificat d'aptitude au professorat des Écoles normales et des Écoles primaires supérieures.

19 Décembre 1899.

Monsieur le Recteur, aux termes de l'article 170 de l'arrêté du 18 janvier 1887, modifié par l'arrêté du 9 janvier 1895, les épreuves écrites de l'examen du certificat d'aptitude au professorat des Écoles normales comprennent une composition portant sur « une question de physique, une question de chimie et une question de sciences naturelles » ; cinq heures sont accordées pour cette composition.

L'épreuve de sciences physiques et naturelles comportant trois questions, il en résulte que les candidats sont parfois embarrassés pour répartir convenablement le temps dont ils disposent. Les Commissions ont constaté que l'une des questions était le plus souvent sacrifiée et que les compositions dénotaient généralement un état de fatigue dû à l'effort d'attention nécessaire pour traiter en cinq heures trois sujets différents.

1890 seront désormais soumises à votre approbation et devront porter votre visa avant que l'Administration de l'École normale procède à l'achat des livres.

« Vous voudrez bien donner les instructions nécessaires pour que cette mesure reçoive son application, dès cette année, dans le ressort de votre Académie.

« Recevez, etc. »

Afin de remédier aux inconvénients qui m'ont été signalés, j'ai décidé, à la demande des jurys d'examen et sur l'avis conforme de la Section permanente du Conseil supérieur de l'Instruction publique, que la séance de cinq heures affectée à l'épreuve de sciences physiques et naturelles serait, à l'avenir, divisée en deux parties.

Dans la première séance, le matin de 9 heures à midi, les candidats auront à traiter les deux questions de physique et de chimie; la seconde séance, placée l'après-midi, entre 3 heures et 5 heures, sera réservée pour la composition de sciences naturelles.

Il est utile que ces dispositions nouvelles soient portées à la connaissance des intéressés le plus tôt possible, et je vous prie de vouloir bien, en transmettant cette circulaire à MM. les Inspecteurs d'Académie, les inviter à l'insérer dans le plus prochain numéro du *Bulletin départemental.*

Recevez, etc.

Signé : G. LEYGUES.

Circulaire du Ministre de l'Instruction publique, relative au choix des Délégués cantonaux. 10 janvier 1900.

10 Janvier 1900.

Monsieur le Préfet, la loi du 30 octobre 1886 et le décret du 18 janvier 1887, commentés par les circulaires ministérielles du 25 mars 1887 et du 10 juillet 1895, ont déterminé les attributions des délégués cantonaux.

MM. les Inspecteurs d'Académie et MM. les Inspecteurs de l'enseignement primaire savent qu'ils ont en eux de véritables collaborateurs qui, par leur expérience des choses locales, peuvent beaucoup pour la prospérité de nos Écoles.

Mais pour que les délégués cantonaux puissent remplir leur mandat, il est nécessaire que leur attachement à la cause de l'enseignement public soit incontesté. Je vous invite à attirer sur ce point l'attention des membres du Conseil départemental. Il faut qu'ils recherchent avec soin le concours des véritables amis de l'École, de ceux qui ne considéreront point leur nomination comme un titre purement honorifique.

A plus forte raison devrez-vous veiller à ce que le choix des Conseils départementaux ne se porte pas sur des personnes qui feraient élever leurs enfants dans des établissements en concurrence avec l'enseignement public ou qui patronneraient ces établissements. Pour maintenir et fortifier le succès de nos Écoles primaires, nous ne devons confier le mandat de délégué cantonal qu'à des hommes dont les actes témoignent un dévouement sincère à l'Université.

Recevez, etc.

Signé : G. LEYGUES.

---

15 janvier 1900.

Arrêté attribuant des Récompenses aux instituteurs et institutrices publics pour l'enseignement des adultes[1].

15 Janvier 1900.

Le Ministre de l'Instruction publique et des Beaux-Arts,
Vu le décret du 11 janvier 1895,
Arrête :

ARTICLE 1er. — Il sera décerné, en 1900, des prix spéciaux aux instituteurs et institutrices publics qui auront donné l'enseignement aux adultes avec le plus de zèle et de succès et qui se seront distingués par leur collaboration aux œuvres complémentaires de l'École.

ART. 2. — Ces prix consisteront en médailles accompagnées d'une somme variable de 100 à 50 francs et en dons de livres.

ART. 3. — Le nombre des médailles avec prime est ainsi fixé :
50 médailles de vermeil, avec prime de 100 francs;
100 médailles d'argent, avec prime de 75 francs;
400 médailles de bronze, avec prime de 50 francs.

ART. 4. — Ces récompenses sont accordées sur la proposition des Préfets et des Recteurs. La liste des lauréats est dressée par une Commission instituée à cet effet.

ART. 5. — Nul ne pourra être proposé pour une des récompenses énumérées à l'article 2, s'il n'a déjà reçu un diplôme d'honneur.

ART. 6. — Il sera accordé, en outre, des rappels de diplôme et des diplômes d'honneur, des rappels de lettres de félicitations et des lettres de félicitations.

Ces récompenses sont attribuées sur la proposition des Préfets et des Recteurs. La liste des lauréats est dressée par une Commission départementale composée des Inspecteurs de l'enseignement primaire réunis sous la présidence de l'Inspecteur d'Académie.

---

15 janvier 1900.

Arrêté attribuant aux personnes étrangères aux Écoles primaires des Récompenses pour l'enseignement des adultes.

15 Janvier 1900.

Le Ministre de l'Instruction publique et des Beaux-Arts,
Vu le décret du 11 janvier 1895,
Arrête :

1. Voir, *à leur date*, les arrêtés des 25 *janvier* 1896, 27 *décembre* 1896, 1er *février* 1898, 27 *janvier* 1899.

ARTICLE 1er. — Il sera décerné, en 1900, des récompenses aux personnes étrangères aux Écoles primaires publiques qui ont collaboré avec le plus de zèle et de succès aux cours d'adultes et aux œuvres complémentaires de l'École.

ART. 2. — Ces récompenses consisteront en médailles, diplômes d'honneur et lettres de félicitations.

ART. 3. — Le nombre des médailles est ainsi fixé :

25 médailles de vermeil;

75 médailles d'argent;

100 médailles de bronze.

ART. 4. — Ces récompenses sont accordées sur la proposition des Préfets et des Recteurs.

La liste des lauréats est dressée par une Commission instituée à cet effet.

ART. 5. — Nul ne pourra être proposé pour une médaille s'il n'a déjà obtenu un diplôme d'honneur.

Arrêté accordant un Congé supplémentaire au personnel des Écoles primaires ayant collaboré aux cours d'adultes et aux œuvres complémentaires de l'École[1]. 18 janvier 1900.

18 Janvier 1900.

Le Ministre de l'Instruction publique et des Beaux-Arts,
Vu l'arrêté du 4 janvier 1894,
Arrête :

ARTICLE UNIQUE. — Pour la présente année scolaire, un congé supplémentaire d'une à deux semaines au maximum pourra être accordé aux instituteurs et aux institutrices qui auront fait un cours d'adultes ou des conférences populaires ou contribué activement au fonctionnement des œuvres complémentaires de l'École.

Ce congé supplémentaire précédera immédiatement les grandes vacances ou s'ajoutera, par fractions, aux divers congés attribués pendant le cours de l'année scolaire.

Il sera accordé par le Préfet, en Conseil départemental, sur la proposition de l'Inspecteur d'Académie.

1. Voir, p. 908, la circulaire du 18 *janvier* 1900.

18 janvier 1900. **Circulaire du Ministre de l'Instruction publique, relative aux Récompenses à décerner aux personnes qui ont fait des cours d'adultes et des conférences pour les adultes[1].**

18 Janvier 1900.

Monsieur le Recteur, des récompenses seront décernées, dans le courant du mois de juillet prochain, aux personnes qui ont fait des cours d'adultes et des conférences pour les adultes pendant l'année scolaire 1899-1900 ou qui ont participé aux œuvres complémentaires de l'École.

Les dossiers des candidats avec la liste de classement dressée par les Préfets vous parviendront le 30 avril au plus tard par les soins de MM. les Inspecteurs d'Académie de votre ressort.

Vous voudrez bien examiner ces dossiers et consigner les présentations que vous êtes tenu de faire, aux termes du règlement, sur une liste de classement dont je vous envoie ci-joint le cadre.

Une liste de classement distincte sera établie pour chaque département.

Vos propositions ne devront pas comprendre pour les diplômes d'honneur, les lettres de félicitations et les rappels de ces récompenses, plus de noms qu'il n'y a de candidats à présenter dans chaque département d'après le chiffre que j'arrêterai en application de ma note de service du 16 janvier 1900 et que je vous ferai connaître ultérieurement.

Je vous prie de m'adresser, pour le 5 mai prochain, votre liste de classement qui sera accompagnée des pièces suivantes, à savoir : la liste de classement, des Préfets et les notices des seuls candidats que MM. les Préfets et vous-même présentez pour les palmes académiques, les médailles avec primes et les dons de livres.

Ci-joint, à titre de documents, les circulaires adressées à MM. les Inspecteurs d'Académie et à MM. les Préfets.

Vous voudrez bien, en outre, me désigner sur une liste distincte les Inspecteurs de l'enseignement primaire, les directeurs et directrices d'École normale des départements de votre Académie qui se sont signalés par une collaboration particulièrement active aux cours d'adultes et aux œuvres complémentaires de l'École.

Je tiens à leur adresser, sur votre proposition, une lettre spéciale de félicitations.

Recevez, etc.

Signé : G. LEYGUES.

---

18 janvier 1900. **Circulaire du Ministre de l'Instruction publique, relative aux Récompenses à décerner aux collaborateurs des cours d'adultes et des œuvres complémentaires de l'École.**

18 Janvier 1900.

Monsieur le Préfet, les instructions que je vous adresse ci-dessous pour l'établissement des listes de classement des personnes proposées par vous pour les

1. Le même jour une circulaire sur le même objet était adressée aux Préfets. Voir ci-après.

récompenses à décerner aux collaborateurs des cours d'adultes et des œuvres complémentaires de l'École ne diffèrent pas sensiblement de celles que vous avez reçues, l'année dernière, à la date du 3 février.

Elles sont complétées par diverses observations que l'examen des dossiers a suggérées.

Les dispositions adoptées ne sont pas les mêmes suivant qu'il s'agit des instituteurs et des institutrices publics ou des personnes étrangères aux Écoles primaires publiques. Ainsi que je l'ai fait précédemment, j'ai cru devoir grouper ces dispositions sous deux titres.

I. — *Instituteurs et institutrices publics.*

Les récompenses attribuées à cette catégorie de collaborateurs sont les suivantes :

1° Palmes d'officier de l'Instruction publique;
2° Palmes d'officier d'Académie;
3° Médailles de vermeil;
4° Médailles d'argent;
5° Médailles de bronze;
6° Dons de livres;
7° Témoignages de satisfaction (diplômes et rappels de diplômes);
8° Lettres de félicitations et rappels de lettres de félicitations.

La Commission départementale composée des Inspecteurs de l'enseignement primaire réunis sous la présidence de l'Inspecteur d'Académie est d'abord chargée d'établir une liste de propositions pour l'attribution des récompenses supérieures (palmes académiques, médailles et dons de livres compris) aux instituteurs et aux institutrices publics. Cette liste, lorsqu'elle aura été revêtue de l'approbation du Préfet et du Recteur, devra être soumise avec les notices des candidats à l'examen de la Commission centrale instituée au Ministère de l'Instruction publique.

Elle aura ensuite à dresser la liste des candidats pour les autres récompenses (diplômes d'honneur, lettres de félicitations et rappels). La liste des lauréats arrêtée par le Préfet et le Recteur devra être revêtue de mon approbation.

J'aborde maintenant des explications de détail relatives à la justification des titres des candidats et à l'établissement des listes de propositions.

Les instituteurs et les institutrices qui désireront concourir devront le faire savoir à M. l'Inspecteur d'Académie par lettre accompagnée de toutes les indications qu'ils jugeront utile de fournir. La Commission départementale prendra connaissance de toutes ces lettres. Elle ne fera remplir une notice que par les candidats qu'elle proposera pour les six premières récompenses. Je vous rappelle à ce sujet qu'aucune des questions posées sur la notice ne devra rester sans réponse. Les candidats sont d'ailleurs intéressés à ne rien omettre de ce qui doit éclairer le jugement de l'Administration académique et préfectorale, ainsi que de la Commission centrale qui appréciera leurs titres.

Les notices, dont je vous adresse ci-joint des exemplaires, seront transmises par M. l'Inspecteur d'Académie aux instituteurs et aux institutrices qui, après les avoir remplies en ce qui les concerne, les feront parvenir à l'Inspecteur de l'enseignement primaire de leur circonscription. L'Inspecteur en prendra connaissance et consignera ses appréciations. Elles seront envoyées ensuite à l'Inspecteur d'Académie, qui vous les remettra en vous présentant ses avis et propositions. J'insiste tout particulièrement pour que les notes relatives à la valeur professionnelle des instituteurs et institutrices, en ce qui concerne l'enseignement normal des classes du jour et aux efforts qu'ils font afin d'assurer la fréquentation scolaire, soient données avec le plus grand soin.

Les propositions de la Commission départementale seront consignées sur une liste de classement distincte pour chaque catégorie et rigoureusement établie dans l'ordre de mérite. Dans la première catégorie figureront les instituteurs et les institutrices présentés pour les six premières récompenses, et dans la seconde ceux et celles qui seront présentés pour les deux dernières. Les feuilles contenant la liste afférente à la deuxième catégorie, devant servir à l'impression, ne devront être remplies que sur le recto. Les épreuves seront, comme elles l'ont été l'année dernière, corrigées par les soins de M. l'Inspecteur d'Académie. Il est indispensable de mentionner les prénoms, qualité et lieu de la résidence des instituteurs et des institutrices proposés.

J'appelle spécialement votre attention sur les diverses prescriptions suivantes :

Signaler particulièrement les services rendus à l'enseignement des adultes et aux œuvres complémentaires de l'École;

Ne proposer personne pour une récompense inférieure ou égale à celle déjà obtenue;

Ne proposer pour les six premières récompenses que les instituteurs et les institutrices déjà en possession du diplôme d'honneur;

Émettre un avis motivé d'une façon complète sur chaque candidat et éviter de donner une appréciation générale et identique;

Pour les deux dernières récompenses, ne pas dépasser, dans vos propositions, le nombre de candidats que je fixerai ultérieurement, ainsi qu'il est dit ci-dessous; mentionner exactement, en regard du nom, dans la colonne réservée à cet effet, la récompense ministérielle précédemment attribuée au titre des cours d'adultes, afin qu'un candidat ne soit pas exposé à recevoir une récompense sensiblement inférieure à celle pour laquelle il a été proposé; ne pas multiplier les propositions pour les palmes académiques, les médailles et les dons de livres. Aucune limite, sans doute, ne peut être établie réglementairement. Mais il vous appartient de l'arrêter, en tenant compte des titres des candidats et du nombre des récompenses prévues par les règlements pour le personnel de tous les départements.

II. — *Personnes étrangères aux Écoles primaires publiques.*

Les personnes étrangères aux Écoles primaires publiques pourront également recevoir des médailles de vermeil, d'argent ou de bronze, des diplômes d'honneur et des lettres de félicitations.

Les candidats proposés pour les médailles devront avoir déjà obtenu un diplôme d'honneur. Pour eux seulement une notice est exigée. Il suffira pour les autres candidats d'inscrire sommairement dans la colonne d'observations de la liste de classement les motifs de la proposition.

Il importe de ne pas omettre de rappeler la récompense précédemment obtenue au titre des cours d'adultes et de faire deux listes de classement distinctes, dressées par ordre de mérite, l'une pour les candidats aux médailles, l'autre pour les candidats aux diplômes d'honneur et aux lettres de félicitations. Cette dernière liste, qui sera envoyée à l'impression, devra être établie comme il est dit ci-dessus pour les instituteurs et les institutrices rangés dans la seconde catégorie.

Lorsque M. l'Inspecteur d'Académie m'aura fait connaître, ainsi que je le lui ai demandé par une note de service du 16 janvier 1900, le nombre des instituteurs et des institutrices, d'une part, et des personnes étrangères aux Écoles primaires publiques, d'autre part, je vous indiquerai le nombre maximum des propositions que vous pourrez faire, en ce qui concerne chaque section, pour les diplômes d'honneur, les lettres de félicitations et les rappels de ces deux récompenses.

Aux termes des règlements, les Recteurs sont tenus de formuler également des propositions. Je vous prie donc de retourner, après examen, toutes les notices à M. l'Inspecteur d'Académie, et d'y joindre votre liste de classement, afin qu'il fasse parvenir à M. le Recteur cette liste avec les notices des candidats.

Vous voudrez bien vous concerter avec M. l'Inspecteur d'Académie pour l'exécution des présentes instructions.

J'ajoute qu'il importe que M. le Recteur soit mis en possession de tous ces documents au plus tard le 30 avril prochain.

Ci-joint la circulaire adressée à MM. les Recteurs, ainsi que les arrêtés du 18 janvier 1900.

Recevez, etc.

Signé : G. LEYGUES.

Circulaire du Ministre de l'Instruction publique, relative au Congé supplémentaire accordé au personnel des Écoles primaires pour collaboration aux cours d'adultes et aux œuvres complémentaires de l'École. 18 janvier 1900.

18 Janvier 1900.

Monsieur le Préfet, je vous adresse ci-joint le texte de l'arrêté du 18 janvier 1900 que j'ai pris pour accorder un supplément de vacances au personnel des Écoles primaires qui a collaboré aux cours d'adultes et aux œuvres complémentaires de l'École pendant l'année scolaire 1899-1900.

Cet arrêté ne fait que reproduire les prescriptions des arrêtés des 30 mars 1898 et 28 janvier 1899. Je vous prie, en conséquence, de vous reporter, pour son exécution, à la circulaire du 30 mars 1898.

Je tiens à vous rappeler qu'il importe de n'autoriser aucune dérogation aux règles établies par l'arrêté du 4 janvier 1894 relatif à la durée des vacances dans les établissements publics d'enseignement primaire, et que le Conseil départemental de l'enseignement primaire n'a plus maintenant à fixer la durée, mais l'*époque* des vacances, cette durée ne devant pas dépasser celle qui a été fixée par l'arrêté du 4 janvier 1894.

La date des grandes vacances peut ne pas être uniforme pour toutes les Écoles. Il vous appartient d'examiner les demandes faites par les municipalités et de statuer après avoir pris l'avis du Conseil départemental. La circulaire du 13 juin 1894 vous a donné toute latitude à cet égard.

Vous voudrez bien donner connaissance à M. l'Inspecteur d'Académie de la présente circulaire et m'en accuser réception.

Je vous demande enfin de me faire parvenir une copie de l'arrêté que vous prendrez pour fixer dans ces conditions l'époque des grandes vacances.

Recevez, etc.

Signé : G. LEYGUES.

18 janvier 1900. **Circulaire du Ministre de l'Instruction publique, relative à l'attribution, en 1900, du prix de dessin Eugène Monnier pour l'enseignement du dessin.**

18 Janvier 1900.

Monsieur l'Inspecteur, je vous ai fait savoir, le 31 mai 1892, qu'un membre de la Société centrale des architectes français, M. Eugène Monnier, avait institué une fondation consistant en une grande médaille de bronze à attribuer à un instituteur primaire qui se sera distingué dans une École pour l'enseignement du dessin.

La Société a décidé, et c'est un nouveau témoignage de l'intérêt qu'elle porte à l'enseignement du dessin, que cette médaille, accompagnée d'un diplôme, ne sera plus désormais une médaille de bronze, mais une médaille d'argent. Le lauréat du concours sera proclamé à la distribution solennelle des récompenses de la Société.

Comme les années précédentes, je dois désigner, pour 1900, un instituteur primaire habitant Paris ou les départements qui, par le zèle qu'il aurait apporté à l'enseignement du dessin dans son École, remplirait les conditions de la Fondation *Eugène Monnier*.

Je vous prie, en conséquence, Monsieur l'Inspecteur, de vouloir bien examiner les titres des instituteurs de votre département à cette récompense et m'indiquer celui d'entre eux qui vous paraîtra le plus méritant. Votre proposition motivée, comprenant un seul nom, et portée sur l'état ci-joint, devra me parvenir le 15 avril au plus tard, Direction de l'Enseignement primaire, 2e bureau.

Je vous demanderai, en outre, de vouloir bien m'adresser, avant le 1er avril, Direction des Beaux-Arts, 1er bureau, un spécimen des travaux exécutés par les deux meilleurs élèves de l'instituteur que vous avez désigné pour prendre part au concours.

Ces travaux devront être accompagnés d'un certificat de l'instituteur visé par l'Inspecteur primaire et constatant que les dessins envoyés ont bien été exécutés par les élèves sous la direction du maître.

A l'aide de ces documents, MM. les Inspecteurs du dessin formuleront un avis qui sera soumis, avec vos propositions, à la Commission spéciale chargée d'examiner les titres des candidats présentés par chaque département.

Recevez, etc.

Signé : G. LEYGUES.

---

16 février 1900. **Circulaire du Ministre de l'Instruction publique, relative au choix des Livres qui peuvent être mis en usage dans les Écoles primaires publiques.**

16 Février 1900.

Monsieur le Recteur, les arrêtés du 16 juin 1880 et du 18 janvier 1887 ont confié aux membres de l'enseignement primaire, sous votre contrôle, le choix des livres qui peuvent être mis en usage dans les Écoles primaires publiques. La circulaire ministérielle du 7 octobre 1880 a déterminé dans quelles conditions devait se faire ce choix.

Mon honorable prédécesseur Jules Ferry y exprimait la « certitude que cet examen commun des livres, des méthodes, des appareils d'enseignement deviendrait un des moyens les plus efficaces pour former l'esprit pédagogique de nos maîtres », mais il insistait sur la réserve et la prudence que devaient y apporter les instituteurs, afin que rien ne parût compromettre l'indépendance de leur jugement. Il invitait, d'autre part, les Recteurs à revoir avec le plus grand soin les listes ainsi dressées, et à faire, en cette occasion, une « large application » des pouvoirs dont ils sont investis.

D'après les renseignements que j'ai recueillis, les prescriptions de cette circulaire ont été parfois perdues de vue. Si le nombre des livres scolaires n'a cessé de s'accroître, ce ne sont pas toujours les meilleurs qu'on trouve entre les mains des élèves.

D'autre part, mon attention a été appelée sur la participation des membres de l'enseignement public aux opérations de sociétés anonymes ayant pour objet l'édition et la vente de livres scolaires.

Les promoteurs de ces entreprises engagent les instituteurs qui y adhèrent à choisir de préférence les livres adoptés par la Société, de façon à augmenter le dividende de leurs actions. La majorité du Conseil d'administration se composerait d'ailleurs de membres de l'enseignement primaire.

Or, le but que se proposaient les arrêtés cités plus haut ne pourrait plus être atteint du jour où les instituteurs formeraient eux-mêmes une société d'édition et useraient de leurs prérogatives légales pour devenir les agents actifs et intéressés d'une entreprise commerciale. Leur autorité morale en serait singulièrement affaiblie.

Il vous appartient, Monsieur le Recteur, de mettre les membres de l'enseignement primaire public en garde contre ces sollicitations et de leur rappeler les devoirs qui leur incombent en raison même de la confiance que l'État a dans leur indépendance et leur impartialité. Vous trouverez, d'ailleurs, dans l'application régulière de la circulaire du 7 octobre 1880, les moyens de réagir contre les abus qui pourraient se produire. Je vous invite à donner à MM. les Inspecteurs d'Académie, en ce qui les concerne, les instructions nécessaires.

Recevez, etc.

Signé : G. LEYGUES.

Décision du Conseil d'État au sujet de la Patente imposée aux directeurs d'Écoles primaires supérieures à internat. 23 février 1900.

23 Février 1900.

M. L..., directeur d'une École primaire supérieure publique, gère un pensionnat construit et aménagé par la commune et annexé par elle à ladite École. Assujetti à la patente de chef d'institution par l'Administration des Contributions directes, M. L... adressa une réclamation au Conseil de préfecture, qui, par quatre décisions successives, en 1895, 1896, 1897 et 1898, l'exonéra de cet impôt.

Le Ministre des Finances interjeta appel de ces quatre décisions et l'affaire fut soumise au Conseil d'État. Cette haute assemblée, statuant au contentieux a rendu la décision suivante dans sa séance du 23 février 1900 :

« Considérant qu'il n'est pas contesté que le pensionnat annexé à l'École primaire supérieure de X... et dont l'ouverture a été autorisée par décision du Conseil départemental de l'enseignement primaire, en date du 29 septembre 1888, est établi conformément aux lois et règlements sur l'enseignement primaire; qu'il constitue, dès lors, une dépendance d'un établissement public d'enseignement, et que sa gestion rentre dans l'exercice des fonctions de directeur de l'École primaire supérieure auxquelles le sieur L... a été appelé; que, dans ces circonstances, ce dernier était fondé à réclamer le bénéfice de l'exemption prévue par l'article 17, § 1er, de la loi du 15 juillet 1880, en faveur des fonctionnaires, et que c'est à bon droit que le Conseil de préfecture lui a accordé décharge des droits de patente auxquels il a été assujetti pour les années 1895, 1896, 1897 et 1898, en qualité de chef d'institution,

« Décide :

« Les recours susvisés du Ministre des Finances sont rejetés. »

---

19 mars 1900. **Circulaire du Ministre de l'Instruction publique, relative aux sujets traités par les instituteurs dans les conférences publiques.**

19 Mars 1900.

Monsieur l'Inspecteur, des incidents récents ont démontré les inconvénients parfois graves qu'il peut y avoir à ce que les instituteurs traitent, dans les conférences publiques, des sujets se rattachant directement ou indirectement à la politique intérieure ou extérieure du pays.

Je vous prie, en conséquence, de les inviter à s'abstenir désormais de traiter des sujets de cette nature.

Recevez, etc.

Signé : G. LEYGUES.

---

24 mars 1900. **Circulaire du Ministre de l'Instruction publique, relative à la participation des instituteurs et institutrices publics au Concours organisé par la Société française de tempérance.**

24 Mars 1900.

Monsieur l'Inspecteur, j'ai l'honneur de vous faire savoir que, à la demande de la Société française de tempérance, j'ai accordé aux instituteurs et institutrices publics l'autorisation de prendre part au concours organisé par cette Société, à l'effet de récompenser les personnes qui se seront distinguées par leur zèle dans la propagande contre l'alcoolisme.

Je vous prie, en conséquence, de porter cette décision à la connaissance des intéressés, et de me faire parvenir, pour le 1er août prochain, au plus tard, la liste de tous les instituteurs et de toutes les institutrices publics de votre département qui répondront à l'appel de la Société.

Pour chacun d'eux, vous aurez à fournir le nom et les prénoms, l'âge, la fonction, le lieu de résidence et les renseignements complets sur les titres que le candidat peut faire valoir, notamment les récompenses décernées par la Société française dans les précédents concours.

Vous voudrez bien ne faire figurer dans vos propositions que des candidats n'ayant pas été récompensés depuis au moins cinq années.

Recevez, etc.

Signé : G. LEYGUES.

Lettre du Ministre de l'Instruction publique au Préfet d'Ille-et-Vilaine, relative à la durée des congés sollicités par les instituteurs à la suite de la réalisation de leur engagement décennal. 28 mars 1900.

28 Mars 1900.

Monsieur le Préfet, vous m'avez demandé des instructions au sujet de la durée des congés sollicités, à titre de convenances personnelles, par des instituteurs et des institutrices qui ont réalisé l'engagement décennal et désirent se livrer à des occupations étrangères à l'enseignement.

Je crois devoir tout d'abord vous rappeler qu'aux termes de l'article 25 de la loi du 30 octobre 1886, il est interdit aux instituteurs et institutrices publics de tout ordre d'exercer soit des professions commerciales et industrielles, soit des fonctions administratives, soit encore des emplois rémunérés ou gratuits dans les services des cultes.

En l'espèce, il ne saurait donc être question que d'un congé temporaire pour des motifs autres que ceux visés par l'article 25 précité.

Il me paraît de bonne administration de limiter le plus strictement possible la durée de ce congé, qui doit être considéré comme une autorisation d'absence. Par conséquent il serait inadmissible qu'un congé accordé pour convenances personnelles pût être justifié pour les mêmes motifs au delà d'une durée qu'il vous appartient d'apprécier, mais qui, logiquement, ne doit pas excéder plusieurs mois.

Je n'ai pas besoin d'ajouter que les congés dont il s'agit sont toujours sans traitement.

Recevez, etc.

Signé : G. LEYGUES.

Circulaire du Ministre de l'Instruction publique, relative à la participation des instituteurs, secrétaires de mairie, aux opérations de classement des animaux de recensement. 11 avril 1900.

11 Avril 1900.

Monsieur le Préfet, M. le Ministre de la Guerre m'a fait savoir que le recensement des animaux susceptibles d'être requis pour le service de l'armée en cas de mobilisation aura lieu du 15 mai au 15 juin.

Aux termes des instructions ministérielles, le secrétaire de la mairie doit être présent aux opérations de classement et aider la Commission dans toutes les recherches à faire sur les registres et listes dressés par les soins de la municipalité.

Je vous prie, en conséquence, de vouloir bien rappeler aux instituteurs de votre département que, conformément aux prescriptions contenues dans les circulaires des 2 octobre 1880, 25 juillet 1883 et 30 avril 1895, les instituteurs secrétaires de mairie doivent participer aux opérations de classement alors même qu'elles auraient lieu pendant les heures de classe.

Recevez, etc.

Signé : G. LEYGUES.

13 avril 1900.

Loi portant fixation du Budget général des dépenses et des recettes de l'exercice 1900. [Extraits.]

13 Avril 1900.

TITRE III. — *Dispositions spéciales.*

. . . .

ART. 29. — Le bénéfice de la gratuité de l'externat libre dans les Lycées nationaux et Collèges communaux est accordé aux fils d'instituteurs publics.

ART. 30. — La proportion de l'effectif numérique des instituteurs stagiaires par rapport à l'effectif total des instituteurs, fixé par l'article 6 de la loi du 19 juillet 1889, modifié par celle du 25 juillet 1893, est réduite de 15 à 10 pour 100, et celle de la 5e classe de 25 à 20 pour 100.

La proportion de l'effectif numérique de la 3e classe est portée de 20 à 25 pour 100, et celle de la 2e classe de 10 à 15 pour 100[1].

. . . .

TITRE IV. — *Moyens de service et dispositions annuelles.*

ART. 47. — Le Ministre de l'Instruction publique est autorisé à engager sur le crédit du chapitre 68 de son département, pendant l'année 1900, 650 créations d'Écoles et d'emplois.

ART. 48. — Le Ministre de l'Instruction publique est autorisé à accorder pendant l'année (1900) pour le service des constructions scolaires (enseignement primaire), en exécution de la loi du 20 juin 1885 et de l'article 65 de la loi de finances du 26 juillet 1893, des subventions s'élevant à 6 000 000 de francs pour la France.

Ces subventions seront imputables soit sur les crédits ouverts par la présente loi, soit sur les crédits à ouvrir au budget général des exercices suivants.

---

8 mai 1900.

Circulaire du Ministre de l'Instruction publique, relative à la date d'ouverture des Vacances scolaires en 1900, en raison de la tenue du Congrès de l'enseignement primaire.

8 Mai 1900.

Monsieur le Préfet, le Congrès de l'enseignement primaire organisé à l'occasion de l'Exposition universelle aura lieu, à Paris, du 2 au 5 août.

Dans la plupart des départements, les Écoles primaires publiques ne sont pas encore fermées à cette date. Les instituteurs et les institutrices se trouveraient

1. Voir, *à sa date*, la circulaire du 11 *juin* 1900.

donc dans l'impossibilité de se rendre à Paris pour prendre part, s'ils le désirent, aux travaux du Congrès.

Au moment où l'époque des grandes vacances est fixée en Conseil départemental, je crois devoir appeler votre attention et celle de l'assemblée sur l'intérêt qu'il y a à avancer, cette année, la date des grandes vacances et à mettre le personnel enseignant à même de venir à Paris pendant le fonctionnement du Congrès.

Je n'ai pas besoin d'ajouter que cette mesure serait prise à titre exceptionnel, et qu'il ne serait en rien dérogé, à l'avenir, aux habitudes locales.

Vous voudrez bien m'accuser réception de la présente circulaire et me faire connaître ultérieurement la décision intervenue.

Recevez, etc.

Signé : G. LEYGUES.

Circulaire du Ministre de l'Instruction publique, relative à la modification des proportions d'effectifs dans les diverses classes d'instituteurs et d'institutrices. 11 juin 1900.

11 Juin 1900.

Monsieur le Préfet, depuis longtemps déjà, mon Administration recherchait les moyens d'assurer aux maîtres de nos Écoles élémentaires un avancement plus rapide, en facilitant à la majorité d'entre eux l'accès de la 3e classe. Un de mes honorables prédécesseurs avait, en 1897, pris l'initiative d'un projet de loi qui, en raison de nécessités budgétaires, ne put être adopté immédiatement.

L'examen de ce projet fut repris de nouveau, cette année, au cours de la discussion du budget, à la suite du dépôt d'un amendement, et le Parlement, toujours soucieux des intérêts des maîtres de l'enseignement primaire, inscrivit au budget la somme nécessaire pour accroître sensiblement les proportions d'effectifs que prévoyait l'article 6 de la loi de 1889-1893.

Jusqu'ici la répartition des instituteurs dans les diverses classes était la même que celle des institutrices. Il n'en sera plus ainsi désormais.

L'article 30 de la loi de finances du 13 avril dernier a apporté, sur ce point, des modifications profondes à la loi de 1889 sur le classement et les traitements du personnel de l'enseignement primaire.

La deuxième classe des instituteurs qui, actuellement encore, renferme un nombre de maîtres égal aux 10 pour 100 de l'effectif total, comptera maintenant, en vertu des dispositions ci-dessus visées de la loi de finances du 13 avril dernier, 15 pour 100 de l'effectif des maîtres.

De même, la 3e classe contiendra 25 pour 100 du nombre total d'instituteurs, au lieu de 20 pour 100 qu'elle comprend actuellement. Par contre, la 5e classe, au lieu de présenter un nombre d'instituteurs égal aux 25 pour 100 de l'effectif total des instituteurs, n'en renfermera plus que 20 pour 100. Enfin, le nombre des instituteurs stagiaires est abaissé de 15 à 10 pour 100.

Ces modifications, qui vont permettre de promouvoir de classe un grand nombre de maîtres, seront, je n'en doute pas, accueillies avec reconnaissance par le personnel des instituteurs.

Elles leur prouveront une fois de plus de quelle sollicitude constante ils sont l'objet de la part et du Gouvernement et des Chambres, qui n'ont pas hésité à inscrire, au budget de l'exercice courant, une augmentation considérable de 3 800 000 francs.

Ce crédit nouveau, augmenté du disponible créé par les mises à la retraite prononcées dans le courant de l'année 1899, permet de faire bénéficier les instituteurs et institutrices d'un nombre de 25 000 promotions, qui sont réparties par classes, conformément au tableau ci-dessous :

CLASSES.	PROMOTIONS. Promotions proprement dites. — (Crédit disponible de 1899. Règlement du 17 juillet 1895.) au choix.	d'après l'ancienneté dans la classe.	Rectifications de classement, d'après l'ancienneté générale des services. — (Crédit nouveau : art. 49 de la loi de finances du 29 mars 1897 et art. 30 de la loi de finances du 13 avril 1900.)	TOTAL.
	Instituteurs.			
1re classe	483	»	»	483
2e classe	475	475	2.695	3.645
3e classe	261	781	5.390	6.432
4e classe	160	482	5.390	6.032
5e classe	2.440	»	»	2.440
Total	3.819	1.738	13.475	19.032
	Institutrices.			
1re classe	85	»	232	317
2e classe	104	105	570	779
3e classe	47	140	511	698
4e classe	117	349	1.274	1.740
5e classe	2.435	»	»	2.435
Total	2.788	594	2.587	5.969
Total général	6.607	2.332	16.062	25.001

Sur ce nombre doivent être promus *au choix* dans votre département :

A la 1re classe .... instituteurs et .... institutrices.
2e — .... — .... —
3e — .... — .... —
4e — .... — .... —

Total :

Je vous autorise, en outre, à prononcer la titularisation de tous les instituteurs et institutrices stagiaires qui figurent sur la liste dressée par le Conseil départemental et que vous m'avez transmise.

I. — INSTITUTEURS.

I. *Promotions au choix.* — Les promotions à la 1re classe doivent avoir lieu exclusivement au choix ; vous n'aurez donc qu'à prendre sur la liste arrêtée par le Conseil départemental un nombre d'instituteurs égal au chiffre qui vous est indiqué ci-dessus.

Vous procéderez de même pour les 2e, 3e et 4e classes. Je vous rappelle que, selon les dispositions de la circulaire du 6 septembre 1895, vous devez suivre *rigoureusement*, pour ces promotions, l'ordre de la liste arrêtée par le Conseil départemental.

D'autre part, en ce qui concerne les instituteurs détachés dans les Lycées ou délégués dans les Écoles primaires supérieures, dont le nom figure en italique sur l'Annuaire, les promotions leur sont accordées « *hors cadre* » et, par suite, leur nombre s'ajoute à celui que je vous ai indiqué.

II. *Promotions d'après l'ancienneté dans la classe.* — Pour les promotions d'après l'ancienneté dans la classe, vous devrez suivre l'ordre établi par l'Annuaire de 1899 qui vient de vous être adressé, et vous prononcerez les promotions suivantes :

A la 2e classe : les instituteurs de votre département n'ayant pas obtenu de promotion l'an dernier, inscrits dans le 3e fascicule jusqu'au n° 511 inclusivement ;

A la 3e classe : les instituteurs de votre département n'ayant pas obtenu de promotion l'an dernier, inscrits dans le 4e fascicule jusqu'au n° 825 inclusivement;

A la 4e classe : les instituteurs de votre département n'ayant pas obtenu de promotion l'an dernier, inscrits sur le 5e fascicule jusqu'au n° 510 inclusivement.

III. *Promotions d'après l'ancienneté générale des services.* — Depuis 1897, époque à laquelle l'application intégrale de la loi de 1889-1893 fut réalisée, les instituteurs n'ont pas obtenu de promotions en raison de l'ancienneté générale de leurs services.

L'article 30 de la loi de finances du 13 avril 1900, en modifiant la répartition des effectifs créés par la loi de 1889-1893, a fait revivre les dispositions de l'article 49 de la loi de finances du 29 mars 1897. Les instituteurs doivent donc, cette année, obtenir une élévation de classe d'après les termes de l'article 49 susvisé, c'est-à-dire d'après l'ancienneté générale de leurs services et sans qu'ils aient à justifier, pour cette nature d'avancement, de plus d'une année d'exercice dans la classe à laquelle ils appartiennent.

Pour ces promotions, vous vous servirez des listes d'ancienneté dont vous m'avez fait parvenir un exemplaire, et vous prononcerez les promotions suivantes :

A la 2e classe : les instituteurs de votre département qui, actuellement rangés dans la 3e classe, comptaient, au 31 décembre 1899, 28 ans et 9 mois de services ;

A la 3e classe, les instituteurs de votre département qui, actuellement rangés dans la 4e classe, comptaient, au 31 décembre 1899, 19 ans et 2 mois de services ;

A la 4e classe : les instituteurs de votre département qui, actuellement rangés dans la 5e classe, comptaient, au 31 décembre 1899, 13 ans et 4 mois de services.

Conformément aux dispositions de l'article 49 de la loi de finances de 1897, les instituteurs dont le traitement a été porté à 1 200 francs au cours de l'année précédente, en vertu de l'article 33 de la loi de 1889, doivent être élevés à la 4e classe à partir du 1er janvier suivant. Une grande partie des maîtres qui pouvaient revendiquer le bénéfice de cette disposition vont être l'objet d'une promotion en raison de l'ancienneté de leurs services. Toutefois, si, lorsque toutes les promotions seront accordées, vous remarquiez que quelques instituteurs se trouvent dans ces conditions et n'ont pas été l'objet d'une promotion, il conviendra de les élever à la 4e classe.

II. — INSTITUTRICES.

De même que les instituteurs, les institutrices peuvent obtenir des promotions non seulement au choix et à l'ancienneté de classe, mais encore à l'ancienneté générale de leurs services. La répartition dans les diverses classes n'étant pas encore terminée, elles doivent continuer à bénéficier des dispositions de l'article 49 de la loi de finances du 29 mars 1897.

I. *Promotions au choix.* — Pour ces promotions, vous n'aurez qu'à suivre les indications données ci-dessus pour les instituteurs.

II. *Promotions d'après l'ancienneté dans la classe.* — Les institutrices des différentes classes ont toutes été inscrites, sur l'Annuaire de cette année, d'après l'ordre de l'ancienneté générale de leurs services. Pour les promotions d'après l'ancienneté de classe, vous vous reporterez à l'Annuaire de 1896, et, en suivant les mêmes prescriptions que pour les instituteurs, vous aurez à promouvoir :

A la 2e classe : les institutrices de votre département qui, actuellement rangées dans la 3e classe, comptaient, au 31 décembre 1899, soit plus de 4 années d'ancienneté de classe sans condition d'ancienneté générale de services, soit 4 années d'ancienneté de classe et 16 ans 11 mois d'ancienneté de services ;

A la 3e classe : les institutrices de votre département qui, actuellement rangées dans la 4e classe, comptaient, au 31 décembre 1899, soit plus de 4 années d'ancienneté de classe sans condition d'ancienneté générale de services, soit 4 années d'ancienneté de classe et 17 ans 6 jours d'ancienneté de services ;

A la 4e classe : les institutrices de votre département qui, actuellement rangées dans la 5e classe, comptaient, au 31 décembre 1899, 7 années et plus d'ancienneté dans ladite classe, sans aucune condition d'ancienneté générale de services.

III. *Promotions d'après l'ancienneté générale des services.* — Pour les promotions d'après l'ancienneté générale des services, vous vous servirez de l'Annuaire de 1899, qui vient de vous parvenir, et vous prononcerez les promotions suivantes :

De la 2e à la 1re classe : les institutrices inscrites sur le 7e fascicule, du nº 1 au nº 234 inclus ;

De la 3e à la 2e classe : les institutrices inscrites sur le 8e fascicule, du nº 1 au nº 611 inclus ;

De la 4e à la 3e classe : les institutrices inscrites sur le 9e fascicule, du n° 1 au n° 662 inclus;

De la 5e à la 4e classe : les institutrices inscrites sur le 10e fascicule, du n° 1 au n° 1590 inclus.

Vous remarquerez, Monsieur le Préfet, que les numéros fixés comme termes à vos nominations, d'après l'ancienneté de services, sont supérieurs au nombre de promotions que je vous indiquais dans le tableau qui figure au commencement de cette lettre.

Cela résulte de ce que j'ai dû tenir compte, pour ces promotions, des maîtres et maîtresses qui doivent être promus au choix et à l'ancienneté de classe.

Je vous invite à régulariser ces situations *dans le plus bref délai possible* et à publier, dans le Bulletin départemental, les promotions dont les intéressés devront être *immédiatement* avisés.

En aucun cas, les institutrices congréganistes ne peuvent être promues de classe.

Vous aurez, comme tous les ans, à m'adresser, avec une ampliation de l'arrêté que vous aurez pris, un état indiquant la situation du personnel des Écoles élémentaires et maternelles au 30 juin courant, en tenant compte des promotions et titularisations qui viennent d'être accordées.

J'insiste tout particulièrement pour que ces documents me soient très exactement transmis, cette année, afin que je puisse remédier, d'urgence, aux erreurs qui auraient pu se produire.

L'ampliation de votre arrêté devra être faite sous forme de liste, par classe, avec l'indication des prénoms, la résidence des maîtres promus et le titre de leur promotion (choix, ancienneté de classe, ancienneté de services, ou article 33).

Le rappel, à partir du 1er janvier 1900, des sommes dues pour promotions et titularisations devra être effectué sur les états de traitements du présent mois.

Recevez, etc.

Signé : G. LEYGUES.

Arrêté relatif à une augmentation exceptionnelle de la durée des grandes vacances dans les Écoles primaires, en raison de l'Exposition universelle. 21 juillet 1900.

21 Juillet 1900.

Le Ministre de l'Instruction publique et des Beaux-Arts;

Vu la loi du 27 février 1880, articles 4 et 5;

Vu l'arrêté du 4 janvier 1894;

Le Conseil supérieur de l'Instruction publique entendu,

Arrête :

ARTICLE 1er. — En raison de l'Exposition universelle, la durée des grandes vacances de l'année 1900 est augmentée exceptionnellement d'une semaine dans les établissements publics d'enseignement primaire.

ART. 2. — En aucun cas, la durée des grandes vacances ne pourra dépasser huit semaines, même dans les établissements visés par l'article 1er de l'arrêté du 4 janvier 1894.

---

31 juillet 1900.

Rapport et Arrêté relatifs à la simplification de l'enseignement de la Syntaxe française.

31 Juillet 1900.

1° Rapport présenté au nom de la Commission chargée de préparer la simplification de l'enseignement de la syntaxe française dans les Écoles primaires et secondaires (M. P. Clairin, rapporteur).

Messieurs, conformément à l'article 7 du décret du 11 mars 1898, M. le Ministre de l'Instruction publique demanda, le 10 janvier 1900, l'avis du Conseil supérieur sur le vœu déposé par MM. Clairin et Bernès, tendant à la nomination d'une Commission chargée de préparer la simplification de la syntaxe française enseignée dans les Écoles primaires et secondaires.

Suivant le règlement, la Section permanente avait, au préalable, étudié ce vœu, l'avait accueilli favorablement et avait émis l'avis de renvoyer la proposition, pour examen, au Conseil supérieur en séance plénière.

Cette proposition fut adoptée conformément à l'article 5 de la loi du 27 février 1880, qui attribue au Conseil supérieur le droit de donner son avis sur les programmes, méthodes d'enseignement et modes d'examen déjà étudiés par la Section permanente.

Un arrêté de M. le Ministre de l'Instruction publique en date du 13 janvier 1900 composa la Commission des membres suivants du Conseil supérieur : MM. Gaston PARIS, *Président*, GRÉARD, CROISET, Paul MEYER, BERNÈS, CLAIRIN, DEVINAT, COMTE. Le 20 janvier, la Commission tenait sa première séance et entreprenait le travail dont on l'avait chargée. C'est le résultat de ce travail que le présent rapport est destiné à vous faire connaître et pour lequel la Commission demande un nouvel avis favorable du Conseil supérieur.

La Commission n'avait pas qualité pour légiférer en matière de langage; elle s'est abstenue, avec le plus grand soin, d'édicter aucune règle nouvelle; elle ne prétend obliger personne à se conformer à ses propositions ni même à en prendre connaissance, excepté cependant les maîtres chargés d'enseigner la grammaire, car ceux-ci doivent se tenir au courant de tous les travaux qui peuvent leur permettre de simplifier et d'améliorer leur enseignement. On peut être certain qu'ils ne négligeront pas de le faire. Nous en avons la preuve par ce qui s'est déjà passé dans l'enseignement secondaire, où les professeurs ont profité des travaux publiés tant en France qu'à l'étranger pour apprendre à leurs élèves les formes grecques vraiment classiques au lieu des formes de la langue commune ou de divers dialectes qu'on apprenait encore il y a peu d'années. Les membres des Commissions d'examen auront aussi à tenir compte des propositions qui vous sont soumises, *car c'est une tolérance large et intelligente dans les examens qui est le véritable objet de la réforme proposée.*

Dans le travail de simplification qu'elle était chargée d'entreprendre, la Commission a jugé qu'elle ne devait rien autoriser qui pût porter atteinte à la bonne tradition de la langue. Certaines complications apparentes, certaines exceptions aux règles générales constituent des idiotismes qu'on ne saurait supprimer sans inconvénient. La présence de deux membres éminents de l'Académie française, dont l'un présidait la Commission; celle du doyen de la Faculté des Lettres de l'Université de Paris, non moins délicat lettré que savant helléniste, sont une garantie que nul attentat n'a été commis contre la langue littéraire; la présence des maîtres les plus connus de l'enseignement historique des langues romanes assure aussi le travail de la Commission contre toute hérésie historique et grammaticale. Presque toujours les décisions ont été prises à l'unanimité, quelquefois seulement à une forte majorité, et les procès-verbaux témoignent que les séances ont été suivies avec une assiduité exemplaire.

La Commission n'a pas oublié non plus que tous les grammairiens français ne méritent pas le mal qui a été dit des grammairiens en général, que ceux du XVIIIe siècle en particulier ont fait souvent des choses excellentes. Leurs travaux minutieux sur la syntaxe ont contribué à améliorer la langue française. Grâce à eux, la clarté, qualité dominante de notre langue, a toujours été en grandissant. On commettrait une faute si on laissait la langue écrite revenir à la confusion d'où elle est sortie à son avantage.

Mais, à côté des grammairiens auxquels le français est redevable d'une partie de ses qualités, il en a existé d'autres, de beaucoup inférieurs, auxquels on doit une partie de la grammaire actuelle, des règles compliquées, subtiles et inutiles, rendant quelquefois impossible la construction des phrases les plus simples. Malgré l'autorité des meilleurs écrivains, qui ont ignoré ou refusé d'appliquer un très grand nombre de ces règles, on exige qu'elles soient connues et appliquées par les élèves des classes primaires, par les candidats à tous les examens. Quand on lit les grammaires françaises élémentaires, et surtout les exercices qui y sont joints, on est étonné du nombre considérable de complications et de subtilités qu'on y trouve. Les règles, simples en apparence, donnent naissance à une foule de remarques qui deviennent autant de sujets d'exercices, c'est-à-dire de problèmes. Plus on invente de ces problèmes, surtout s'ils sont bien compliqués, plus on montre la finesse de son esprit. On en arrive à se complaire dans la science des exceptions réelles ou simplement possibles.

L'enseignement élémentaire perd le caractère de simplicité, qui devrait toujours être le sien, pour se hérisser de subtilités. Avec cette préoccupation de raffiner, les choses les plus simples en apparence cachent des pièges. Ainsi, dans une phrase telle que celle-ci : *ils ont ôté leur (s) chapeau (x)*, devra-t-on écrire *chapeau (x)* au singulier ou au pluriel? Au singulier, disent les uns, puisque chaque personne n'a qu'un chapeau; au pluriel, disent les autres, puisqu'il y a plusieurs personnes et par conséquent plusieurs chapeaux. Autre exemple : « Il faut écrire *groseille* au singulier dans l'expression *du sirop de groseille*, parce que, réduites en sirop, les groseilles ont perdu leur forme; mais il faut écrire *groseilles* au pluriel dans l'expression *des confitures de groseilles de Bar*, parce que dans ces confitures les groseilles restent entières. » N'est-il pas regrettable que des Commissions d'examen, qui doivent être composées de personnes intelligentes, s'arrêtent à discuter de semblables puérilités, au lieu d'accepter indifféremment le singulier ou le pluriel, sans se soucier de l'orthographe du texte imprimé qu'elles ont sous les yeux? Que penser d'une explication comme la suivante : « Il faut dire : les arbres les plus hauts sont *les plus exposés* à la tempête, parce que le rapport du superlatif est déterminé, mais on a abattu les arbres *le plus exposés* à la tempête, parce que le rapport n'est pas déterminé? » Est-ce là ce qu'il convient d'enseigner à des enfants; et, s'ils parviennent à apprendre par cœur des règles semblables, quel profit en retire leur intelligence?

Après avoir constaté ce vice qui existe à des degrés différents dans toutes les grammaires, la Commission s'est décidée à rechercher, pour les supprimer, les règles subtiles, parfois fausses, qui encombrent l'enseignement élémentaire et qui ne servent à rien ni pour la lecture des textes, ni pour la formation de l'esprit et le développement de la réflexion.

Les grammaires et les exercices contiennent aussi bien des choses simplement inutiles, qui sont à leur place dans les dictionnaires, mais dont on ne doit pas s'embarrasser dans l'enseignement élémentaire. Ainsi, par exemple, le pluriel irrégulier des mots *ciel*, *œil*, *travail*, etc., ainsi la différence de signification, suivant le genre masculin ou féminin, des mots tels que *œuvre*, *période*, *relâche*, etc. La grammaire n'a pas à enseigner les formes et les significations spéciales que certains mots ont prises dans les langues techniques. C'est seulement à ceux qui étudieront les différents métiers, ou à ceux qui veulent faire une étude universelle de la langue, qu'il appartient d'apprendre de pareils détails. A quoi bon se préoccuper de la manière d'écrire au pluriel *fête-Dieu*, *bain-marie*, quand on ne peut trouver aucun exemple du pluriel de ces mots, à moins d'inventer des constructions hors de l'usage habituel? A quoi servent tant d'exercices obscurs sur les homonymes, les paronymes, véritable casse-tête toujours en honneur, qu'on trouve jusque dans les devoirs choisis pour figurer à l'Exposition de 1900?

En retranchant tant de choses inutiles qui ne sont pas du domaine grammatical, et qui compliquent sans profit l'enseignement élémentaire du français, la Commission a été amenée tout naturellement à fixer, en quelque manière, les bases de cet enseignement en déterminant ce qu'il est bon de garder dans les livres élémentaires et ce qu'il faudrait en éliminer. Elle a jugé que, dans l'enseignement élémentaire, on devrait se borner aux règles générales; que les subtilités grammaticales n'étaient pas là à leur place; que les constructions particulières, rares, exceptionnelles devaient être notées, étudiées dans la lecture et l'explication des textes, avec des élèves plus avancés dans la connaissance du français.

On trouve encore dans les grammaires élémentaires trop de règles compliquées que les enfants sont réduits à apprendre par cœur et à appliquer au hasard, sans essayer de les comprendre, parce que, plus on y réfléchit, moins on les comprend. Ainsi, par exemple, celui qui veut parler correctement, d'après la grammaire, ne doit pas apprendre moins de cinq règles différentes pour être capable de faire accorder en genre l'adjectif avec le mot *gens*. Ainsi encore, c'est par une série interminable de règles compliquées qu'on apprend dans quels cas il faut faire accorder le participe passé et dans quels cas il faut le laisser invariable; et, lorsqu'on croit savoir ces règles, on reste embarrassé dans les exercices où il faudrait les appliquer, tant on y trouve de pièges, si bien qu'il faut se résigner à apprendre et à savoir par cœur d'interminables listes d'exemples dont on cherche à faire une imitation mécanique sans les comprendre. Et si on étudie scientifiquement ces règles si compliquées, on constate qu'elles sont quelquefois contraires à l'évolution naturelle de la langue française. Si même on admet qu'elles peuvent, jusqu'à un certain point, aider à l'analyse de la pensée, les difficultés qu'elles présentent sont hors de proportion avec le service rendu.

Contre cette réglementation exagérée qui ne sert ni à la clarté ni à la pureté de la langue, ni à la formation de l'intelligence, la Commission a cherché à réagir en recommandant dans beaucoup de cas une tolérance éclairée.

Deux exemples suffiront à montrer quelle méthode la Commission a suivie pour arriver à la simplification. L'un est relatif aux noms composés, l'autre à l'accord du participe passé : deux questions particulièrement longues et embrouillées dans toutes les grammaires.

Si on veut écrire aujourd'hui un nom composé, on n'est jamais sûr de le faire correctement, car des mots tout à fait semblables se rencontrent écrits de différentes manières aussi bien dans les publications officielles que dans le Dictionnaire de l'Académie (des *timbres-poste*, mais des *trains-postes* ou des *trains poste*, des *paquebots-poste*), et les dictionnaires se contredisent entre eux. La Commission, tout en autorisant l'usage actuel pour ceux qui le connaissent, ou croient le connaître, a essayé de classer les mots par groupes naturels d'après les éléments qui servent à les constituer ; elle autorise la séparation ou la réunion des éléments constitutifs en permettant soit de traiter les noms composés comme des mots simples pour la formation du pluriel, soit d'appliquer les règles générales de la formation du pluriel à chacun des éléments. En permettant de plus et même en conseillant de supprimer dans tous ces mots le trait d'union, qui en réalité ne sert à rien, elle fait disparaître une des causes de fautes les plus fréquentes, car sur ce point encore on ne saurait rien imaginer de plus confus et de moins logique que les règles et l'usage d'aujourd'hui.

Dès qu'on a parlé de simplifier la syntaxe, tous ceux qui ont émis un avis sur la question ont pensé tout d'abord aux règles d'accord du participe passé. Le fait est curieux, et cependant très naturel. C'est que nous avons tous gardé le souvenir de la complication de ces règles, du temps qu'on passe à les apprendre pour se trouver embarrassé dès qu'il faut les appliquer dans des constructions un peu douteuses. La règle générale, logique à l'origine, est, pour ceux qui réfléchissent, une de celles qui doivent disparaître dans le développement naturel du français. Lorsqu'on a cessé de faire accorder dans tous les cas le participe passé avec le complément direct du verbe, de dire, par exemple, *j'ai écrite la lettre*, on s'est engagé dans une voie qui devait conduire à regarder le participe joint à l'auxiliaire comme une forme invariable : *j'ai écrit* est en réalité aujourd'hui un simple temps de verbe, comme *j'écrivais* ou *j'écrivis*. Cette assimilation est tellement naturelle que la règle imposée actuellement comme obligatoire, et si peu observée d'ailleurs dans le langage parlé, n'a jamais été franchement acceptée. Les meilleurs écrivains ne l'ont pas toujours appliquée, même en prose, même lorsque la prononciation permet de distinguer le féminin du masculin. Les grammairiens ont imaginé une foule de raisons pour justifier l'absence d'accord suivant que tel mot précède ou suit le participe, suivant les différents sens des mêmes participes, de sorte que la règle s'est comme entourée et hérissée d'exceptions, de complications qu'on apprend par un effort de mémoire au moment des examens et qu'on oublie aussitôt après. De plus, si la règle d'accord toute simple peut, lorsqu'elle est bien appliquée, indiquer jusqu'à un certain point l'analyse de la pensée, la même règle imposée aux participes des verbes réfléchis est expliquée dans les grammaires d'une manière vraiment monstrueuse, contraire à la vérité et à la logique. En permettant de laisser toujours invariable le participe passé joint à l'auxiliaire *avoir*, ainsi que dans les verbes réfléchis, la Commission permet de supprimer dans les grammaires élémentaires tout un chapitre des plus fatigants, des plus inutiles, un de ceux qui contribuent le plus à rebuter les étrangers.

La Commission ne prétend nullement restreindre l'étude du français. Les maîtres qui s'adressent à un auditoire assez avancé, tel que celui des classes supérieures de l'enseignement secondaire ou de l'enseignement primaire, à plus forte raison les maîtres de l'enseignement supérieur sont et resteront libres de donner à l'étude du français toute l'étendue qu'ils jugeront nécessaire, de relever, de signaler toutes les finesses du langage; et, dans leurs compositions, les élèves et les étudiants pourront librement montrer toute leur science grammaticale et littéraire.

La Commission n'a pas dépassé les limites que vous aviez assignées à son travail. Elle se contente d'indiquer jusqu'où peut et doit aller dans les examens la tolérance en matière de syntaxe française. Elle croit qu'on arrivera ainsi, sans nuire à notre langue nationale, à débarrasser l'enseignement d'une foule de subtilités et de difficultés qui le compliquent sans aucun profit.

Elle vous propose donc d'émettre l'avis que, dans tous les examens qui comportent une épreuve d'orthographe directe ou indirecte, les simplifications dont la liste est donnée à la suite de ce rapport seront tolérées et qu'on n'aura pas le droit de compter de fautes aux candidats qui useront de la liberté ainsi accordée.

Convaincue de n'avoir rien admis qui puisse porter atteinte à la langue française, la Commission est d'avis qu'il sera bon de tolérer même dans les examens qui ne comportent pas une véritable épreuve d'orthographe, tels que le baccalauréat, tout ce qu'on aura décidé de tolérer dans les examens où existe une épreuve d'orthographe.

Les complications, les subtilités inutiles chassées des examens, et par suite des exercices préparatoires aux examens, disparaîtront de l'enseignement élémentaire. On ne manquera pas de préférer le simple au compliqué, le facile au difficile, dès que la connaissance du compliqué et du difficile ne sera plus d'aucune utilité. Mais nul maître ne sera gêné, nul auteur de grammaire ne se trouvera particulièrement atteint. Les maîtres pourront seulement simplifier leur enseignement en en supprimant la partie la plus ingrate; les auteurs et les éditeurs pourront diminuer l'épaisseur de leurs livres en supprimant bon nombre de pages. Nulle addition, beaucoup de suppressions, tel est le résultat auquel arrive la Commission.

Le bénéfice de la réforme existera tout d'abord pour les enfants, dont le travail deviendra moins fastidieux et plus intelligent. Au lieu de charger leur mémoire de règles inutiles qu'ils se hâtent d'oublier, ils pourront lire et expliquer beaucoup plus de textes français. En outre, à une époque où la diffusion du français est rendue de plus en plus difficile, on peut espérer qu'une grammaire plus courte, plus claire, plus simple, contribuera à augmenter le nombre de ceux qui apprendront notre langue. Les étrangers qui viennent chaque année faire dans notre pays une étude du français à la fois savante et pratique accueilleront certainement avec plaisir la simplification préparée par la Commission.

Il sera bon que les administrations qui ne dépendent pas de l'Instruction publique s'entendent pour admettre dans leurs examens particuliers la même tolérance que la Commission vous propose d'autoriser dans les examens de l'enseignement primaire et de l'enseignement secondaire. Il ne faudrait pas que les élèves des Écoles publiques eussent à souffrir d'un manque de concordance entre les règlements des différentes administrations.

Signé : P. CLAIRIN.

2° Arrêté[1].

Le Ministre de l'Instruction publique et des Beaux-Arts,
Vu l'article 5 de la loi du 27 février 1880;
Le Conseil supérieur de l'Instruction publique entendu,
Arrête :

ARTICLE 1er. — Dans les examens ou concours dépendant du Ministère de l'Instruction publique qui comportent des épreuves spéciales d'orthographe, il ne sera pas compté de fautes aux candidats pour avoir usé des tolérances indiquées dans la liste annexée au présent arrêté.

La même disposition est applicable au jugement des diverses compositions rédigées en langue française, dans les examens ou concours dépendant du Ministère de l'Instruction publique qui ne comportent pas une épreuve spéciale d'orthographe.

ART. 2. — Dans les établissements d'enseignement public de tout ordre, les usages et prescriptions contraires aux indications énoncées dans la liste annexée au présent arrêté ne seront pas enseignés comme règles.

Liste annexée à l'Arrêté du 31 juillet 1900.

SUBSTANTIF.

Nombre des substantifs. — Témoin. — Placé en tête d'une proposition, ce mot pourra rester invariable ou prendre la marque du pluriel, si le substantif qui le suit est au pluriel. Ex. : *témoin* ou *témoins les victoires qu'il a remportées*. La même liberté sera accordée pour le mot *témoin* dans la locution *prendre à témoin*. Ex. : *je vous prends tous à témoin* ou *à témoins*.

Pluriel ou singulier. — Dans toutes les constructions où le sens permet de comprendre le substantif complément aussi bien au singulier qu'au pluriel, on tolérera l'emploi de l'un ou l'autre nombre. Ex. : *des habits de femme* ou *de femmes*; — *des confitures de groseille* ou *de groseilles*; — *des prêtres en bonnet carré* ou *en bonnets carrés*; — *ils ont ôté leur chapeau* ou *leurs chapeaux*.

SUBSTANTIFS DES DEUX GENRES.

1. Aigle. — L'usage actuel donne à ce substantif le genre masculin. Les auteurs les plus classiques l'ont aussi employé au féminin. On tolérera le féminin comme le masculin. Ex. : *un aigle* ou *une aigle*.

2. Amour, orgue. — L'usage actuel donne à ces deux mots le genre masculin au singulier. Au pluriel, on tolérera indifféremment le genre masculin ou le genre féminin. Ex. : *les grandes orgues*; — *un des plus beaux orgues*.

1. Voir la *Note présentée à la Commission du Dictionnaire de l'Académie française* par M. GRÉARD; in-8° de 32 pages (Paris, Colin, 1893).

3. **Délice** et **délices** sont, en réalité, deux mots différents. Le premier est d'un usage rare et un peu recherché. Il est inutile de s'en occuper dans l'enseignement élémentaire et dans les exercices.

4. **Automne, enfant.** — Ces deux mots étant des deux genres, il est inutile de s'en occuper particulièrement. Il en est de même de tous les substantifs qui sont indifféremment des deux genres.

5. **Gens, orge.** — On tolérera, dans toutes les constructions, l'accord de l'adjectif au féminin avec le mot *gens*. Ex. : *instruits* ou *instruites par l'expérience, les vieilles gens sont soupçonneux* ou *soupçonneuses*.

On tolérera l'emploi du mot *orge* au féminin sans exception : *orge carrée, orge mondée, orge perlée.*

6. **Hymne.** — Il n'y a pas de raison suffisante pour donner à ce mot deux sens différents, suivant qu'il est employé au masculin ou au féminin. On tolérera les deux genres, aussi bien pour les chants nationaux que pour les chants religieux. Ex. : *un bel hymne* ou *une belle hymne.*

7. **Œuvre.** — Si, dans quelques expressions, ce mot est employé au masculin, cet usage est fondé sur une différence de sens bien subtile. On tolérera l'emploi du mot au féminin dans tous les sens. Ex. : *une grande œuvre, la grande œuvre.*

8. **Pâques.** — On tolérera l'emploi de ce mot au féminin aussi bien pour désigner une date que la fête religieuse. Ex. : *à Pâques prochain* ou *à Pâques prochaines.*

9. **Période.** — Même au sens spécial où on exige actuellement le genre masculin, on tolérera l'emploi de ce mot au féminin. Ex. : *arriver à la plus haute période* ou *au plus haut période.*

PLURIEL DES SUBSTANTIFS.

Pluriel des noms propres. — La plus grande obscurité régnant dans les règles et les exceptions enseignées dans les grammaires, on tolérera dans tous les cas que les noms propres, précédés de l'article pluriel, prennent la marque du pluriel. Ex. : *les Corneilles* comme *les Gracques*, — *des Virgiles* (exemplaires) comme *des Virgiles* (éditions).

Il en sera de même pour les noms propres de personnes désignant les œuvres de ces personnes. Ex. : *des Meissoniers.*

Pluriel des noms empruntés à d'autres langues. — Lorsque ces mots sont tout à fait entrés dans la langue française, on tolérera que le pluriel soit formé suivant la règle générale. Ex. : *des exéats* comme *des déficits.*

NOMS COMPOSÉS.

Noms composés. — Les mêmes noms composés se rencontrent aujourd'hui tantôt avec le trait d'union, tantôt sans trait d'union. Il est inutile de fatiguer les enfants à apprendre des contradictions que rien ne justifie. L'absence de trait d'union dans l'expression *pomme de terre* n'empêche pas cette expression de former un véritable mot composé aussi bien que *chef-d'œuvre*, par exemple.

Chacun restera libre de se conformer aux règles actuelles; mais on tolérera la simplification des règles relatives aux noms composés d'après les principes suivants :

1° **Noms composés d'un verbe suivi d'un substantif.** — On pourra les écrire en un seul mot formant le pluriel d'après la règle générale. Ex. : *un essuiemain, des essuiemains; — un abatjour, des abatjours; — un fessemathieu, des fessemathieux; — un gagnepetit, des gagnepetits; — un gardecôte, des gardecôtes.*

Mais on conservera les deux mots séparés dans les expressions comme *garde forestier, garde général*, où la présence de l'adjectif indique clairement que *garde* est un substantif.

2° **Noms composés d'un substantif suivi d'un adjectif.** — On pourra réunir ou séparer les deux éléments. Les deux mots ou le mot composé formeront le pluriel d'après la règle générale. Ex. : *un coffre fort* ou *coffrefort, des coffres forts* ou *coffreforts.*

3° **Noms composés d'un adjectif suivi d'un substantif.** — Même liberté. Ex. : *une basse cour* ou *bassecour, des basses cours* ou *bassecours; — un blanc seing* ou *blancseing, des blancs seings* ou *blancseings; — un blanc bec* ou *blancbec, des blancs becs* ou *blancbecs.*

On exceptera *bonhomme* et *gentilhomme*, mots pour lesquels l'usage a établi un pluriel intérieur sensible à l'oreille : *des bonshommes, des gentilshommes.*

On pourra écrire en un seul mot, sans apostrophe : *grandmère, grandmesse, grandroute.*

4° **Noms composés d'un adjectif et d'un substantif désignant un objet nouveau appelé du nom d'une de ses qualités.** — Même liberté. Ex. : *un rouge gorge* ou *rougegorge, des rouges gorges* ou *rougegorges.*

5° **Noms composés de deux adjectifs désignant une personne ou une chose.** — Les deux mots pourront s'écrire séparément, sans trait d'union, chacun gardant sa vie propre. Ex. : *un sourd muet, une sourde muette, des sourds muets, des sourdes muettes; — douce amère,* etc.

6° **Noms composés de deux substantifs construits en apposition.** — On pourra ou écrire les deux mots séparément, chacun formant son pluriel d'après la règle générale, ou les réunir, sans trait d'union, en un seul mot qui ne prendra qu'une fois, à la fin, la marque du pluriel. Ex. : *un chou fleur* ou *choufleur, des choux fleurs* ou *choufleurs; — un chef lieu* ou *cheflieu, des chefs lieux* ou *cheflieux.*

7° **Noms composés de deux substantifs ou d'un substantif et d'un adjectif dont l'un est en réalité le complément de l'autre, sans particule marquant l'union.** — On pourra toujours réunir les deux mots en un seul, prenant à la fin la marque du pluriel d'après la règle générale. Ex. : *un timbreposte, des timbrepostes; — un terreplein, des terrepleins.*

Pour les mots *hôtel Dieu, fête Dieu*, il semble préférable de conserver l'usage actuel et de séparer les éléments constitutifs. Cependant on ne comptera pas de faute à ceux qui réuniront les deux substantifs en un seul mot : *hôteldieu, fêtedieu.*

Quant au pluriel des mots *hôtel Dieu, fête Dieu, bain marie*, il n'y a pas lieu de s'en occuper, puisque ces mots sont inusités au pluriel. Il est inutile aussi de s'occuper, dans l'enseignement élémentaire et dans les exercices du pluriel, du mot *trou madame*, désignant un jeu inusité aujourd'hui.

8° **Noms composés d'un adjectif numéral pluriel et d'un substantif ou d'un adjectif.** — On pourra les écrire en un seul mot et laisser au second la marque du pluriel, même au singulier. Ex. : *un troismâts, des troismâts;* — *un troisquarts, des troisquarts.*

9° **Noms composés de deux substantifs unis par une particule indiquant le rapport qui existe entre eux.** — On écrira séparément les éléments de ces mots en observant avec chacun les règles générales de la syntaxe. Ex. : *un chef d'œuvre, des chefs d'œuvre;* — *un pot au feu, des pots au feu;* — *un pied d'alouette, des pieds d'alouette;* — *un tête à tête, des tête à tête.*

10° **Noms composés d'éléments variés empruntés à des substantifs, à des verbes, à des adjectifs, à des adverbes, à des mots étrangers.** — On tolérera la séparation ou la réunion des éléments. Si on les réunit en un seul mot, celui-ci pourra former son pluriel comme un mot simple. Ex. : *un chassé croisé* ou *un chassécroisé, des chassés croisés* ou *des chassécroisés;* — *un fier à bras* ou *un fierabras, des fiers à bras* ou *des fierabras;* — *un pique nique* ou *un piquenique, des pique niques* ou *des piqueniques;* — *un soi disant* ou *un soidisant, des soi disant* ou *des soidisants;* — *un te Deum* ou *un tedeum, des te Deum* ou *des tedeums;* — *un ex voto* ou *un exvoto, des ex voto* ou *des exvotos;* — *un vice roi* ou *un viceroi, des vice rois* ou *des vicerois;* — *un en tête* ou *un entête, des en têtes* ou *des entêtes;* — *une plus (moins) value* ou *une plusvalue, moinsvalue, des plus (moins) value* ou *des plusvalues, moinsvalues;* — *un gallo romain* ou *un galloromain, des gallo romains* ou *des galloromains.*

Il est inutile de s'occuper du mot *sot l'y laisse*, si étrangement formé.

D'une manière générale, il est inutile de compliquer l'enseignement élémentaire et les exercices du pluriel des noms composés tels que *laisser aller, ouï dire*, qui, à cause de leur signification, ne s'emploient pas au pluriel.

Trait d'union. — Même quand les éléments constitutifs des noms composés seront séparés dans l'écriture, on n'exigera jamais de trait d'union.

ARTICLE.

Article devant les noms propres de personnes. — L'usage existe d'employer l'article devant certains noms de famille italiens : *le Tasse, le Corrège*, et quelquefois à tort devant les prénoms : *(le) Dante, (le) Guide.* — On ne comptera pas comme faute l'ignorance de cet usage.

Il règne aussi une grande incertitude dans la manière d'écrire l'article qui fait partie de certains noms propres français : *la Fontaine* ou *Lafontaine, la Fayette* ou *Lafayette*. Il convient d'indiquer, dans les textes dictés, si, dans les noms propres qui contiennent un article, l'article doit être séparé du nom.

Article supprimé. — Lorsque deux adjectifs unis par *et* se rapportent au même substantif de manière à désigner en réalité deux choses différentes, on tolérera la suppression de l'article devant le second adjectif. Ex. : *l'histoire ancienne et moderne*, comme *l'histoire ancienne et la moderne.*

Article partitif. — On tolérera *du, de la, des*, au lieu de *de* partitif, devant un substantif précédé d'un adjectif. Ex. : *de* ou *du bon pain, de bonne viande* ou *de la bonne viande, de* ou *des bons fruits.*

Article devant plus, moins, etc. — La règle qui veut qu'on emploie *le plus, le moins, le mieux*, comme un neutre invariable devant un adjectif indiquant le degré le plus élevé de la qualité possédée par le substantif, qualifié sans comparaison avec d'autres objets, est très subtile et de peu d'utilité. Il est superflu de s'en occuper dans l'enseignement élémentaire et dans les exercices. On tolérera *le plus, la plus, les plus, les moins, les mieux*, etc., dans des constructions telles que : *on a abattu les arbres le plus* ou *les plus exposés à la tempête.*

ADJECTIF.

Accord de l'adjectif. — Dans la locution *se faire fort de*, on tolérera l'accord de l'adjectif. Ex. : *se faire fort, forte, forts, fortes de...*

Adjectif construit avec plusieurs substantifs. — Lorsqu'un adjectif qualificatif suit plusieurs substantifs de genres différents, on tolérera toujours que l'adjectif soit construit au masculin pluriel, quel que soit le genre du substantif le plus voisin. Ex. : *appartements et chambres meublés.* — On tolérera aussi l'accord avec le substantif le plus rapproché. Ex. : *un courage et une foi nouvelle.*

Nu, demi, feu. — On tolérera l'accord de ces adjectifs avec le substantif qu'ils précèdent. Ex. : *nu* ou *nus pieds, une demi* ou *demie heure* (sans trait d'union entre les mots), *feu* ou *feue la reine.*

Adjectifs composés. — On tolérera la réunion des deux mots constitutifs en un seul mot, qui formera son féminin et son pluriel d'après la règle générale. Ex. : *nouveauné, nouveaunée, nouveaunés, nouveaunées; courtvêtu, courtvêtue, courtvêtus, courtvêtues*, etc.

Mais les adjectifs composés qui désignent des nuances étant devenus, par suite d'une ellipse, de véritables substantifs invariables, on les traitera comme des mots invariables. Ex. : *des robes bleu clair, vert d'eau*, etc., de même qu'on dit *des habits marron.*

Participes passés invariables. — Actuellement les participes *approuvé, attendu, ci-inclus, ci-joint, excepté, non compris, y compris, ôté, passé, supposé, vu*, placés avant le substantif auquel ils sont joints, restent invariables. *Excepté* est même déjà classé parmi les prépositions. On tolérera l'accord facultatif pour ces participes, sans exiger l'application de règles différentes suivant que ces mots sont placés au commencement ou dans le corps de la proposition, suivant que le substantif est ou n'est pas déterminé. Ex. : *ci joint* ou *ci jointes les pièces demandées* (sans trait d'union entre *ci* et le participe); — *je vous envoie ci joint* ou *ci jointe copie de la pièce.*

On tolérera la même liberté pour l'adjectif *franc*. Ex. : *envoyer franc de port* ou *franche de port une lettre.*

Avoir l'air. — On permettra d'écrire indifféremment : *elle a l'air doux* ou *douce, spirituel* ou *spirituelle.* On n'exigera pas la connaissance d'une différence de sens subtile suivant l'accord de l'adjectif avec le mot *air* ou avec le mot désignant la personne dont on indique l'air.

Adjectifs numéraux. — *Vingt, cent.* La prononciation justifie dans certains cas la règle actuelle, qui donne un pluriel à ces deux mots quand ils sont multipliés par un autre nombre. On tolérera le pluriel de *vingt* et de *cent*, même lorsque ces mots sont suivis d'un autre adjectif numéral. Ex. : *quatre vingt* ou *quatre vingts dix hommes ;* — *quatre cent* ou *quatre cents trente hommes.*

Le trait d'union ne sera pas exigé entre le mot désignant les unités et le mot désignant les dizaines. Ex. : *dix sept.*

Dans la désignation du millésime, on tolérera *mille* au lieu de *mil*, comme dans l'expression d'un nombre. Ex. : *l'an mil huit cent quatre vingt dix* ou *l'an mille huit cents quatre vingts dix.*

ADJECTIFS DÉMONSTRATIFS, INDÉFINIS ET PRONOMS.

Ce. — On tolérera la réunion des particules *ci* et *là* avec le pronom qui les précède, sans exiger qu'on distingue *qu'est ceci, qu'est cela* de *qu'est ce ci, qu'est ce là.* — On tolérera la suppression du trait d'union dans ces constructions.

Même. — Après un substantif ou un pronom au pluriel, on tolérera l'accord de *même* au pluriel et on n'exigera pas de trait d'union entre *même* et le pronom. Ex. : *nous mêmes, les dieux mêmes.*

Tout. — On tolérera l'accord du mot *tout* aussi bien devant les adjectifs féminins commençant par une voyelle ou par une *h* muette que devant les adjectifs féminins commençant par une consonne ou par une *h* aspirée. Ex. : *des personnes tout heureuses* ou *toutes heureuses; — l'assemblée tout entière* ou *toute entière.*

Devant un nom de ville on tolérera l'accord du mot *tout* avec le nom propre, sans chercher à établir une différence un peu subtile entre des constructions comme *toute Rome* et *tout Rome.*

On ne comptera pas de faute non plus à ceux qui écriront indifféremment, en faisant parler une femme, *je suis tout à vous* ou *je suis toute à vous.*

Lorsque *tout* est employé avec le sens indéfini de *chaque*, on tolérera indifféremment la construction au singulier ou au pluriel du mot *tout* et du substantif qu'il accompagne. Ex. : *des marchandises de toute sorte* ou *de toutes sortes; — la sottise est de tout (tous) temps et de tout (tous) pays.*

Aucun. — Avec une négation, on tolérera l'emploi de ce mot aussi bien au pluriel qu'au singulier. Ex. : *ne faire aucun projet* ou *aucuns projets.*

Chacun. — Lorsque ce pronom est construit après le verbe et se rapporte à un mot pluriel sujet ou complément, on tolérera indifféremment, après *chacun*, le possessif *son, sa, ses* ou le possessif *leur, leurs.* Ex. : *ils sont sortis chacun de son côté* ou *de leur côté; — remettre des livres chacun à sa place* ou *à leur place.*

VERBE.

Verbes composés. — On tolérera la suppression de l'apostrophe et du trait d'union dans les verbes composés. Ex. : *entrouvrir, entrecroiser.*

Trait d'union. — On tolérera l'absence de trait d'union entre le verbe et le pronom sujet placé après le verbe. Ex. : *est il?*

Différence du sujet apparent et du sujet réel. — Ex. : *sa maladie sont des vapeurs.* Il n'y a pas lieu d'enseigner de règles pour des constructions semblables, dont l'emploi ne peut être étudié utilement que dans la lecture et l'explication des textes. C'est une question de style et non de grammaire, qui ne saurait figurer ni dans les exercices élémentaires ni dans les examens.

Accord du verbe précédé de plusieurs sujets non unis par la conjonction *et.* — Si les sujets ne sont pas résumés par un mot indéfini tel que *tout, rien, chacun*, on tolérera toujours la construction du verbe au pluriel. Ex. : *sa bonté, sa douceur le font admirer.*

Accord du verbe précédé de plusieurs sujets au singulier unis par *ni, comme, avec, ainsi que* **et autres locutions équivalentes.** — On tolérera toujours le verbe au pluriel. Ex. : *ni la douceur ni la force n'y peuvent rien* ou *n'y* *peut rien; — la santé comme la fortune demandent à être ménagées* ou *demande à être ménagée; — le général avec quelques officiers sont sortis* ou *est sorti du camp; — le chat ainsi que le tigre sont des carnivores* ou *est un carnivore.*

Accord du verbe quand le sujet est un mot collectif. — Toutes les fois que le collectif est accompagné d'un complément au pluriel, on tolérera l'accord du verbe avec le complément. Ex. : *un peu de connaissances suffit* ou *suffisent.*

Accord du verbe quand le sujet est *plus d'un.* — L'usage actuel étant de construire le verbe au singulier avec le sujet *plus d'un*, on tolérera la construction du verbe au singulier, même lorsque *plus d'un* est suivi d'un complément au pluriel. Ex. : *plus d'un de ces hommes était* ou *étaient à plaindre.*

Accord du verbe précédé de *un de ceux (une de celles) qui.* — Dans quels cas le verbe de la proposition relative doit-il être construit au pluriel, et dans quels cas au singulier? C'est une délicatesse de langage qu'on n'essayera pas d'introduire dans les exercices élémentaires ni dans les examens.

C'est, ce sont. — Comme il règne une grande diversité d'usage relativement à l'emploi régulier de *c'est* et de *ce sont*, et que les meilleurs auteurs ont employé *c'est* pour annoncer un substantif au pluriel ou un pronom de la troisième personne au pluriel, on tolérera dans tous les cas l'emploi de *c'est* au lieu de *ce sont*. Ex. : *c'est* ou *ce sont des montagnes et des précipices.*

Concordance ou correspondance des temps. — On tolérera le présent du subjonctif au lieu de l'imparfait dans les propositions subordonnées dépendant de propositions dont le verbe est au conditionnel. Ex. : *il faudrait qu'il vienne* ou *qu'il vînt.*

PARTICIPE.

Participe présent et adjectif verbal. — Il convient de s'en tenir à la règle générale d'après laquelle on distingue le participe de l'adjectif en ce que le premier indique l'action, et le second l'état. Il suffit que les élèves et les candidats fassent preuve de bon sens dans les cas douteux. On devra éviter avec soin les subtilités dans les exercices. Ex. : *des sauvages vivent errant* ou *errants dans les bois.*

Participe passé. — La règle d'accord enseignée actuellement à propos du participe passé construit avec l'auxiliaire *avoir* a toujours été plus ou moins contestée par les écrivains et par les grammairiens. Peu à peu, elle s'est compliquée de plus en plus; les exceptions sont devenues de plus en plus nombreuses, suivant la forme du complément qui précède le participe, suivant que le même verbe est employé au sens propre ou au sens figuré, suivant que d'autres verbes accompagnent le participe. En outre, elle tombe en désuétude. Il paraît inutile de s'obstiner à maintenir artificiellement une règle qui n'est qu'une cause d'embarras dans l'enseignement, qui ne sert à rien pour le développement de l'intelligence, et qui rend très difficile l'étude du français aux étrangers.

Il n'y a rien à changer à la règle d'après laquelle le participe passé construit comme épithète doit s'accorder avec le mot qualifié, et construit comme attribut avec le verbe *être* ou un verbe intransitif doit s'accorder avec le sujet. Ex. : *des fruits gâtés; — ils sont tombés; — elles sont tombées.*

Pour le participe passé construit avec l'auxiliaire *avoir*, on tolérera qu'il reste invariable dans tous les cas où on prescrit aujourd'hui de le faire accorder avec le complément. Ex. : *les livres que j'ai lu* ou *lus*; — *les fleurs qu'elles ont cueilli* ou *cueillies*; — *la peine que j'ai pris* ou *prise*.

Pour le participe passé des verbes réfléchis, on tolérera aussi qu'il reste invariable dans tous les cas où on prescrit aujourd'hui de le faire accorder. Ex. : *elles se sont tu* ou *tues*; — *les coups que nous nous sommes donné* ou *donnés*.

ADVERBE.

Ne **dans les propositions subordonnées.** — L'emploi de cette négation dans un très grand nombre de propositions subordonnées donne lieu à des règles compliquées, difficiles, abusives, souvent en contradiction avec l'usage des écrivains les plus classiques.

Sans faire de règles différentes suivant que les propositions dont elles dépendent sont affirmatives ou négatives ou interrogatives, on tolérera la suppression de la négation *ne* dans les propositions subordonnées dépendant de verbes ou de locutions signifiant :

Empêcher, *défendre*, *éviter que*, etc. Ex. : *défendre qu'on vienne* ou *qu'on ne vienne*;

Craindre, *désespérer*, *avoir peur*, *de peur que*, etc. Ex. : *de peur qu'il aille* ou *qu'il n'aille*;

Douter, *contester*, *nier que*, etc. Ex. : *je ne doute pas que la chose soit vraie* ou *ne soit vraie*;

Il tient à peu, *il ne tient pas à*, *il s'en faut que*, etc. Ex. : *il ne tient pas à moi que cela se fasse* ou *ne se fasse*.

On tolérera de même la suppression de cette négation après les comparatifs et les mots indiquant une comparaison : *autre*, *autrement que*, etc. Ex. : *l'année a été meilleure qu'on l'espérait* ou *qu'on ne l'espérait*; — *les résultats sont autres qu'on le croyait* ou *qu'on ne le croyait*.

De même, après les locutions *à moins que*, *avant que*. Ex. : *à moins qu'on accorde le pardon* ou *qu'on n'accorde le pardon*.

OBSERVATION.

Il conviendra, dans les examens, de ne pas compter comme fautes graves celles qui ne prouvent rien contre l'intelligence et le véritable savoir des candidats, mais qui prouvent seulement l'ignorance de quelque finesse ou de quelque subtilité grammaticale. Ainsi, notamment, il conviendra de compter très légèrement : 1° les fautes portant sur les substantifs qui changent de genre suivant qu'ils sont employés au sens abstrait ou au sens concret, tels que *aide*, *garde*, *manœuvre*, etc., ou qui changent légèrement de sens en changeant de genre, tels que *couple*, *merci*, *relâche*, etc.; — 2° les fautes relatives au pluriel spécial de certains substantifs, particulièrement dans les langues techniques, tels que *aïeuls* et *aïeux*, *ciels* et *cieux*, *œils* et *yeux*, *travails* et *travaux*, etc.; — 3° les fautes relatives à l'emploi ou à la suppression de l'article ou à l'emploi de prépositions différentes devant les noms propres masculins désignant des pays. Ex. : *aller en Danemark*, *en Portugal*, mais *aller au Japon*, *au Brésil*.

DOCUMENTS ANNEXES

DÉPARTEMENT D

Écoles maternelles établies dans les communes de 2 000 âmes et au-dessous ou dans des communes de plus de 2 000 âmes n'ayant pas 1 200 âmes de population agglomérée.

TABLEAU 1. — *Écoles maternelles régulièrement créées avant la promulgation de la loi du 30 octobre 1886.*

NOMS des COMMUNES.	POPULATION TOTALE.	POPULATION AGGLOMÉRÉE. (L'indiquer seulement pour les communes de plus de 2 000 âmes.)	NOMBRE D'ÉLÈVES de l'École maternelle.		DATE de la CRÉATION LÉGALE de l'École maternelle. — Cette date est celle de la décision ministérielle approbative de la délibération du Conseil départemental. (Circulaire du 25 janvier 1882.)	TRAITEMENT ANNUEL			RESSOURCES PRÉVUES EN 1887 POUR LE PAYEMENT des traitements annuels.					LOYERS OU INDEMNITÉS de logement — Ressources.			ANALYSE DES DÉLIBÉRATION DU
			Garçons.	Filles.		de la directrice.	de la sous-directrice.	TOTAL.	Dons et legs.	Revenus ordinaires communaux (1).		Subvention de l'État.	TOTAL.	Fonds communaux.	Subvention de l'État demandée par la commune.	TOTAL.	Motifs le maintien de l'École maternelle facultative qui constituerait une charge essentiellement municipale.
1	2	3	4	5	6	7	8	9	10	11	12	13	14	15	16	17	18

DOSSIERS TRANSMIS AVEC LE PRÉSENT TABLEAU. CONSEIL MUNICIPAL — invoqués pour	DÉCISION DU CONSEIL DÉPARTEMENTAL. (Indiquer si elle est favorable ou contraire; dans ce dernier cas, résumer les motifs du refus opposé à la commune.)		La classe enfantine doit-elle être annexée à l'École de garçons ou de filles?	DÉLAI NÉCESSAIRE A LA COMMUNE ou à l'administration départementale pour appliquer la nouvelle mesure sans inconvénient pour les familles ou les institutrices. (Indiquer la date à laquelle la transformation de l'École maternelle deviendra effective.)	SUBVENTION DE L'ÉTAT, PROPOSÉE pour l'École maternelle jusqu'au jour de sa transformation effective en classe enfantine. (2)		pour la classe enfantine à partir du jour où elle aura remplacé effectivement l'École maternelle.		pour l'année 1887 en faveur de l'École maternelle dont la commune aurait voté le maintien comme dépense facultative. — Cette subvention, qui n'a pas de caractère obligatoire, ne peut être accordée que dans la limite d'un crédit spécial inscrit au budget de l'instruction publique	OBSERVATIONS.
la transformation de l'École maternelle en classe enfantine comprenant les enfants des deux sexes et donnant lieu à une dépense obligatoire pour la commune et pour l'État.	Maintien de École maternelle facultative.	Transformation de l'École maternelle en classe enfantine comprenant les enfants des deux sexes.			Traitement.	Loyer.	Traitement. (3)	Loyer.		(1) Dans ces communes, les 4 centimes spéciaux sont absorbés en totalité par les Écoles primaires obligatoires. Les dépenses créées postérieurement à 1882 sont acquittées au moyen de l'excédent que peut présenter le 5e des revenus de 1882 (Circ. du 27 janvier 1885). (2) Les sommes à porter dans les col. 24 et 25 ne peuvent représenter qu'une partie proportionnelle des sommes inscrites dans les col. 13 et 16. (3) Indiquer dans la col. réservée aux observ. le taux par année de ce traitement partiel.
19	20	21	22	23	24	25	26	27	28	29

TABLEAU II. — *Écoles maternelles existant sans être régulièrement créées.*

NOMS des COMMUNES.	POPULATION TOTALE.	POPULATION AGGLOMÉRÉE. (L'indiquer seulement pour les communes de plus de 2 000 âmes.)	NOMBRE D'ÉLÈVES de l'École maternelle.		ÉPOQUE à laquelle L'ÉCOLE MATERNELLE a été établie par la commune sans décision légale.	TRAITEMENT ANNUEL			RESSOURCES PRÉVUES EN 1887 POUR LE PAYEMENT des traitements annuels.					LOYERS ou INDEMNITÉS de logement. — Ressources.			ANALYSE DES DÉLIBÉRATION DU — Motifs
			Garçons.	Filles.		de la directrice.	de la sous-directrice.	TOTAL.	Dons et legs.	Revenus ordinaires communaux (1).		Subvention de l'État.	TOTAL.	Fonds communaux.	Subvention de l'État demandée par la commune.	TOTAL.	le maintien de l'École maternelle facultative qui constituerait une charge essentiellement municipale.
1	2	3	4	5	6	7	8	9	10	11	12	13	14	15	16	17	18

DOSSIERS TRANSMIS AVEC LE PRESENT TABLEAU.				DÉLAI NÉCESSAIRE A LA COMMUNE ou à l'administration départementale pour appliquer la nouvelle mesure sans inconvénient pour les familles ou les institutrices. (Indiquer la date à laquelle la transformation de l'École maternelle deviendra effective.)	SUBVENTION DE L'ÉTAT, PROPOSÉE				OBSERVATIONS.
CONSEIL MUNICIPAL — invoqués pour	DÉCISION DU CONSEIL DÉPARTEMENTAL. (Indiquer si elle est favorable ou contraire ; dans ce dernier cas, résumer les motifs du refus opposé à la commune.)		La classe enfantine doit-elle être annexée à l'École de garçons ou de filles?		pour l'École maternelle jusqu'au jour de sa transformation effective en classe enfantine. (2)		pour la classe enfantine à partir du jour où elle aura remplacé effectivement l'École maternelle.		(1) Dans ces communes, les 4 centimes sont absorbés en totalité par les Écoles primaires obligatoires. (2) Les sommes à porter dans les colonnes 24 et 25 ne peuvent représenter qu'une partie proportionnelle des sommes inscrites dans les colonnes 13 et 16. (3) Indiquer dans la colonne réservée pour les observations le taux par année de ce traitement partiel.
la transformation de l'École maternelle en classe enfantine comprenant les enfants des deux sexes et donnant lieu à une dépense obligatoire pour la commune et pour l'État.	Maintien de l'École maternelle facultative qui constituerait une charge essentiellement communale.	Transformation de l'École maternelle en classe enfantine comprenant les enfants des deux sexes.			Traitement.	Loyer.	Traitement. (3)	Loyer.	
19	20	21	22	23	24	25	26	27	28

Modèle du Certificat à délivrer aux jeunes gens titulaires du diplôme en vue duquel ils ont obtenu la dispense de deux années de service militaire (*Circulaire du* 14 *mars* 1900). Application du § 2 de l'article 24 de la loi du 15 juillet 1889 (p. 156).

ACADÉMIE
d

DÉPARTEMENT
d

CLASSE DE 1 .

Loi du 15 juillet 1889.
Circulaire du 14 mars 1900.

MINISTÈRE DE L'INSTRUCTION PUBLIQUE

(1) ______________________

CERTIFICAT

[Modèle H]

DE RÉCEPTION AU GRADE

Délivré en exécution de l'article 23 de la loi du 15 juillet 1889 et de la circulaire ministérielle du 14 mars 1900

Nous (2)______________________

Certifions que le sieur (3)______________________

né le______________18 , à______________

canton d______________, département d______________

fils de______________et de______________

domiciliés à______________, canton d______________

département d ______________, appelé par la loi du 15 juillet 1889 sur le recrutement de l'armée à concourir au tirage au sort de la classe de___, dans le canton d__________département d__________

a été déclaré digne du diplôme de__________le__________

Fait à__________, le__________190 .

*L*__________;

Vu :

Le Recteur,

---

(1) Désignation de l'établissement.
(2) Indiquer la qualité du signataire du certificat.
(3) Nom et prénoms.

Modèles annexés au Décret du 23 novembre 1889, portant règlement d'administration publique pour l'exécution de la loi du 15 juillet 1889 sur le Recrutement de l'armée (p. 202 et suiv.).

[Les modèles A, B, E, F, G, concernant particulièrement les candidats dispensés au titre de l'Instruction publique, ont été reproduits à la suite du Décret du 23 novembre 1889 (voir pages 215-217).]

MODÈLE C.
Article 8 du décret du 23 novembre 1889.

Modèle d'engagement décennal au titre des institutions nationales des sourds-muets ou des jeunes aveugles.

Je soussigné (1) né le 18 , à canton d , département d , domicilié à , résidant à , fils d et d , domiciliés à , canton d , département d , (2) appelé par la loi du 15 juillet 1889 sur le recrutement de l'armée à concourir au tirage au sort de la classe d , dans le canton d , département d , déclare contracter devant M. le Ministre de l'Intérieur, conformément à l'article 23 de la loi précitée, l'engagement de me vouer pendant dix ans à l'enseignement dans les Institutions nationales (3)

Fait à , le 1 .

(*Signature.*) (4)

Vu pour la légalisation de la signature de

Le maire d

Nous, Ministre de l'Intérieur,
Vu l'engagement ci-dessus signé par le sieur (1) ;
Vu le certificat en date du et les pièces à l'appui constatant que ledit sieur est régulièrement en possession du titre d ,

ARRÊTONS :

Conformément à l'article 23 de la loi du 15 juillet 1889 et au décret du 23 novembre 1889, est reçu l'engagement de se vouer pendant dix ans à l'enseignement dans les Institutions nationales (3) , contracté le par le sieur , né le 18 , à , canton d , département d .

Fait à , le 1 .

Le Ministre de l'Intérieur,

---

(1) Nom et prénoms.
(2) Indiquer la qualité du signataire et la date de la décision qui lui a conféré ses fonctions.
(3) Suivant le cas : « des Sourds-Muets » ou « des Jeunes Aveugles ».
(4) Si le signataire est âgé de moins de vingt ans, porter ici la mention suivante : *Autorisé. (Signature des père, mère ou tuteur.)*

MODÈLE D.
Article 8 du décret
du 23 novembre 1889.

Modèle d'engagement décennal au titre des Écoles françaises d'Orient et d'Afrique subventionnées par le Gouvernement français.

Je soussigné (1) , né le 18 , à canton d , département d , domicilié à . résidant à , fils d et d , domiciliés à , canton d , département d , (2) appelé par la loi du 15 juillet 1889 sur le recrutement de l'armée à concourir au tirage au sort de la classe d , dans le canton d , département d ; déclare contracter devant M. le Ministre des Affaires étrangères, conformément à l'article 23 de la loi précitée, l'engagement de me vouer pendant dix ans à l'enseignement dans les Écoles françaises d'Orient et d'Afrique subventionnées par le Gouvernement français.

Fait à , le 1 .

(*Signature*) (3).

Vu pour la légalisation de la signature de

Le maire d

Nous, Ministre des Affaires étrangères,
Vu l'engagement ci-dessus signé par le sieur (1) ;
Vu le certificat en date du et les pièces à l'appui constatant que ledit sieur est régulièrement en possession du titre d ,

ARRÊTONS :

Conformément à l'article 23 de la loi du 15 juillet 1889 et au décret du 23 novembre 1889, est reçu l'engagement de se vouer pendant dix ans à l'enseignement dans les Écoles françaises d'Orient et d'Afrique subventionnées par le Gouvernement français, contracté le par le sieur , né le 18 , à , canton d , département d .

Fait à , le 1 .

Le Ministre des Affaires étrangères,

---

(1) Nom et prénoms.

(2) S'il s'agit d'un instituteur laïque, indiquer l'École à laquelle il est attaché et spécifier l'emploi qu'il occupe.

S'il s'agit d'un novice ou membre de congrégation, mentionner le titre sous lequel la congrégation a été reconnue d'utilité publique, rappeler la date du décret et spécifier la situation occupée par le contractant.

(3) Si le signataire est âgé de moins de vingt ans, porter ici la mention suivante : *Autorisé.* (*Signature des père, mère ou tuteur.*)

MODÈLE H.
Article 29 du décret du 23 novembre 1889.

Modèle du certificat à délivrer par le jury d'État départemental aux jeunes gens qui réclament la dispense comme exerçant une industrie d'art.

Nous soussigné, président du jury d'État du département d
Certifions que le sieur (1) , né le 18 , à , canton d , département d , domicilié à , résidant à , fils d et d , domiciliés à , canton d , département d , appelé par la loi du 15 juillet 1889 sur le recrutement de l'armée à concourir au tirage au sort de la classe de dans le canton d , département d , et exerçant la profession d , à , canton d , département d , a satisfait aux épreuves prescrites par le décret du 23 novembre 1889 et qu'il a obtenu (*en toutes lettres*) points.

Fait à , le 1 .

Le président du jury d'État,
(*Signature.*)

Le Préfet du département d constate que le sieur (1) n'est pas atteint par la cause éliminatoire insérée à l'article 29 du décret précité.

(*Signature.*)

(1) Nom et prénoms.

MODÈLE I.
Article 32 du décret du 23 novembre 1889.

Modèle du certificat à délivrer aux ouvriers d'art ayant obtenu la dispense dans les conditions du paragraphe 3 de l'article 23 de la loi du 15 juillet 1889, pour être produit annuellement du 15 septembre au 15 octobre à l'autorité militaire.

Le président du jury d'État du département d
Certifie que le sieur (1) , né le 18 , à , canton d , département d , fils d et d , domiciliés à , canton d , département d , qui a concouru au tirage au sort de la classe d dans le canton d , département d , et qui a été dispensé en vertu de l'article 23 de la loi du 15 juillet 1889 sur le recrutement de l'armée, n'a pas abandonné l'exercice de sa profession et n'a pas cessé de remplir les conditions d'aptitude sous lesquelles la dispense lui a été accordée.

Fait à , le 1 .

(*Signature.*)

VU ET CORROBORÉ :

Le maire d

VU :

Le Préfet du département d

(1) Nom, prénoms et profession.

MODÈLE K.
Article 33 du décret du 23 novembre 1889.

Modèle du certificat à délivrer par l'autorité ecclésiastique aux jeunes gens admis à continuer leurs études en vue d'exercer le ministère dans l'un des cultes reconnus par l'État.

Nous soussigné (1)

Certifions que le sieur (2) , né le 18 , à , canton d , département d , fils d et d , domiciliés à , canton d , département d , appelé à concourir au tirage au sort de la classe d dans le canton d , département d , est actuellement élève ecclésiastique à (3) , dans (4) , et qu'il est régulièrement autorisé par nous à continuer ses études à l'effet de parvenir (5)

Donné à , le 1 .

(*Signature.*)

VU ET VÉRIFIÉ :

Le Ministre des Cultes,

(1) Archevêque, évêque, président de consistoire protestant ou israélite.
(2) Nom et prénoms.
(3) Nom du lieu.
(4) Désignation de l'établissement.
(5) *Suivant le cas :* aux ordres sacrés *ou* à la consécration.

MODÈLE L.
Article 34 du décret du 23 novembre 1889.

Modèle du certificat à délivrer par l'autorité ecclésiastique au dispensé qui a été ordonné ou consacré pour, après l'ordination ou la consécration, et jusqu'à l'âge de vingt-six ans accomplis, être présenté annuellement du 15 septembre au 15 octobre à l'autorité militaire.

Nous soussigné (1)

Certifions que le sieur (2) , fils d et d , domiciliés à , canton d , département d , né le 18 , à , canton d , département d , ayant concouru au tirage au sort de la classe d , dans le canton d , département d , et ayant obtenu la dispense prévue par l'article 23 de la loi du 15 juillet 1889 sur le recrutement de l'armée, a été (ordonné ou consacré) le , à , département d (3).

Nous certifions en outre (4) qu'il remplit les fonctions d à , canton d , département d , et qu'il est rétribué par

Donné à , le 1 .

(*Signature.*)

VU ET VÉRIFIÉ :

Le ministre d

(1) Archevêque, évêque, président du consistoire protestant ou israélite, etc.
(2) Nom et prénoms.
(3) Si l'ordination a eu lieu à l'étranger, le certificat doit relater la date de l'autorisation donnée par le Gouvernement français.
(4) Cette partie du certificat ne doit être remplie que lorsque le dispensé a atteint l'âge de vingt-six ans.

Annexes à la Circulaire du 25 juillet 1889 (p. 192).

Département d
Canton d
Commune d

[MODÈLE 1.]

BULLETIN D'AVERTISSEMENT
DES ÉPIDÉMIES COMMENÇANTES.

École publique { *de garçons* (1) / *de filles* / *mixte* } située (2)

N. B. — Le Directeur de l'École devra, *aussitôt* qu'il sera averti que *un* ou plusieurs des élèves de son Ecole sont atteints d'une des maladies énumérées à la colonne 1, inscrire en regard dans la colonne 2 le nombre des malades, et adresser le présent bulletin au Sous-Préfet de l'arrondissement sous le visa et avec le contre-seing du maire de la commune et par conséquent en franchise.

Dans la colonne 3, le Directeur de l'École marquera, par la même occasion, le nombre des habitants de la commune qui, à sa connaissance, sont atteints de l'une des maladies énumérées dans la colonne 1.

MALADIES ÉPIDÉMIQUES. 1	NOMBRE DES ÉCOLIERS MALADES. 2	NOMBRE DES MALADES de tout âge ÉTRANGERS A L'ÉCOLE (à la connaissance de l'instituteur). 3
Fièvre typhoïde.		
Variole.		
Rougeole		
Scarlatine.		
Coqueluche.		
Diphtérie		
Suette.		
Choléra nostras.		
Choléra asiatique.		
Dysenterie épidémique. . . .		

Fait à , *le* *18* .

Vu :
Le Maire, Le Directeur de l'École,

(1) Effacer celles de ces trois mentions qui ne concernent pas l'École.
(2) A remplir seulement lorsqu'il y a plusieurs Écoles dans la commune.

Département d
Canton d
Commune d

BULLETIN TRIMESTRIEL DES ÉPIDÉMIES.

[Modèle 2.]

École publique { de garçons (1) / de filles (1) / mixte (1) } située (2)

(1) Effacer celles des trois mentions qui ne concernent pas l'École.
(2) A remplir seulement lorsque la commune contient plusieurs Écoles.

N. B. — Dès qu'une des maladies ci-dessous désignées frappe un de leurs élèves, les Directeurs d'École doivent en aviser le Sous-Préfet de l'arrondissement par l'envoi d'un *bulletin d'avertissement des épidémies commençantes.*

En outre, ils doivent remplir le présent *bulletin trimestriel* à la fin de chaque trimestre, et l'adresser à M. le Sous-Préfet avant le 15 du mois suivant. Cet envoi trimestriel doit être fait même dans le cas où aucune maladie épidémique ne se serait déclarée pendant le trimestre.

(*Voir au verso.*)

Le soussigné, Directeur de l'École, déclare exacts les chiffres qui suivent.

Fait à , *le* *18* .

Le Directeur de l'École,

NOM de la commune et désignation de l'École (Garçons, filles, mixte); rue où elle est située, etc.	NOMBRE TOTAL DES ÉLÈVES INSCRITS à la fin du e trimestre.	NOMBRE DES ÉLÈVES TOMBÉS MALADES DE L'UNE DES AFFECTIONS INDIQUÉES. Statistique du e trimestre de l'année 18 , — (Depuis le 1er , jusqu'au 18 .)																			
		FIÈVRE typhoïde.		VARIOLE.		ROUGEOLE.		SCARLATINE.		COQUELUCHE.		DIPHTÉRIE et croup.		SUETTE.		CHOLÉRA nostras.		CHOLÉRA asiatique.		DYSENTERIE épidémique.	
		Nombre total des élèves dont la maladie a commencé pendant le trimestre.	Nombre des élèves décédés pendant le trimestre.	Nombre total des élèves dont la maladie a commencé pendant le trimestre.	Nombre des élèves décédés pendant le trimestre.	Nombre total des élèves dont la maladie a commencé pendant le trimestre.	Nombre des élèves décédés pendant le trimestre.	Nombre total des élèves dont la maladie a commencé pendant le trimestre.	Nombre des élèves décédés pendant le trimestre.	Nombre total des élèves dont la maladie a commencé pendant le trimestre.	Nombre des élèves décédés pendant le trimestre.	Nombre total des élèves dont la maladie a commencé pendant le trimestre.	Nombre des élèves décédés pendant le trimestre.	Nombre total des élèves dont la maladie a commencé pendant le trimestre.	Nombre des élèves décédés pendant le trimestre.	Nombre total des élèves dont la maladie a commencé pendant le trimestre.	Nombre des élèves décédés pendant le trimestre.	Nombre total des élèves dont la maladie a commencé pendant le trimestre.	Nombre des élèves décédés pendant le trimestre.	Nombre total des élèves dont la maladie a commencé pendant le trimestre.	Nombre des élèves décédés pendant le trimestre.
1	2	3	4	5	6	7	8	9	10	11	12	13	14	15	16	17	18	19	20	21	22

EXPLICATION DES RUBRIQUES.

Ce bulletin devra être envoyé à M. le Sous-Préfet, même dans le cas où aucun élève n'aurait été atteint de l'une des maladies indiquées. Dans ce cas, on remplira les colonnes 1 et 2, et on écrira au travers de toutes les autres et en gros caractères le mot *néant*.

L'instituteur rédigera ce tableau à l'aide de son registre d'appel. Il y verra le nom des élèves qui ont été absents pendant plusieurs jours de suite, et pourra s'informer, s'il ne l'a déjà fait, de la maladie qui a causé cette absence prolongée.

Les colonnes qui, à partir de la colonne 3, portent des numéros impairs sont destinées au total des écoliers malades (soit qu'ils soient morts, soit qu'ils aient survécu à la maladie), dont la maladie a *commencé* pendant le trimestre. Ainsi, si un élève a été atteint de la rougeole en mars et qu'il ait guéri en mai, il figurera sur le tableau du 1er trimestre, et ne figurera pas sur le tableau du second trimestre.

Les colonnes qui, à partir de la colonne 4, portent des numéros pairs sont destinées aux enfants décédés pendant le trimestre (quelle que soit la date du début de la maladie). Ainsi, si un enfant contracte la rougeole en mars et qu'il en meure en mai, il aura figuré dans la colonne 7 du tableau du 1er trimestre, et il figurera à nouveau dans la colonne 8 du 2e trimestre.

Col. 1. — Désigner l'École très clairement lorsqu'il y en a plusieurs dans la même commune.

Col. 2. — Inscrire le nombre des élèves inscrits sur le registre matricule.

Col. 3 et 4. — On donne aussi à la *fièvre typhoïde* les noms de *fièvre muqueuse* et de *dothiénentérie*.

Col. 5 et 6. — On donne aussi à la *variole* les noms de *petite vérole* et de *varioloïde*.

Col. 7 et 8. — Si un enfant a eu la rougeole et meurt d'une complication de cette maladie (par exemple la bronchite ou la broncho-pneumonie), il faut le compter comme mort de rougeole.

Col. 9 et 10. — De même, si un enfant a la scarlatine et meurt d'une complication de cette maladie (albuminurie, éclampsie), il faut le compter comme mort de scarlatine. — Le croup est une complication fréquente de la scarlatine. Un enfant qui a à la fois la scarlatine et le croup doit être compté comme ayant la scarlatine.

Col. 13 et 14. — On donne aussi à la *diphtérie* les noms de *croup*, *angine couenneuse*, *angine pseudo-membraneuse*.

Application de la loi du 19 juillet 1889.

EXERCICE 1890.

Instituteurs titulaires laïques de la sixième classe provisoire proposés pour l'avancement immédiat avec effet à partir du 1er janvier 1890.

Nombre total de l'effectif des instituteurs laïques de la 6e classe provisoire. . . . .
Nombre des instituteurs laïques de la 6e classe provisoire proposés pour une première augmentation. . . . . . .

Nos d'ordre. (Suivre l'ordre d'ancienneté de service.)	NOMS et PRÉNOMS des INSTITUTEURS.	RÉSIDENCE.	Titres de capacité (B. E., B. S., C. A. P.).	Date de naissance.	Date de la titularisation.	NOMBRE TOTAL d'années de services à la date du 1er janvier 1890. (Déduction faite des interruptions.)	MONTANT TOTAL de leurs émoluments soumis à retenue au 19 juillet 1889. (Y compris les suppléments facultatifs et l'éventuel mais sans comprendre la médaille d'argent.)	TRAITEMENT LÉGAL nouveau auquel ils ont droit en restant dans la 6e classe provisoire. (*Traitement garanti de 1881* ou *traitement minimum de 1875.*)	CLASSE dans laquelle ils seraient RANGÉS par application des articles 34 et 42 si l'on considérait exclusivement leurs années de services.	CLASSE dans laquelle ils seraient RANGÉS d'après leurs années de services et dont ils touchaient déjà en fait le traitement sous forme de suppléments facultatifs ou d'autres allocations soumises à retenue.	MONTANT de L'INDEMNITÉ de résidence qu'ils recevront à partir de 1890.	SOMME QUI SERAIT NÉCESSAIRE — 1° pour élever leur traitement à 900 francs (indépendamment de l'indemnité de résidence qu'ils toucheraient en sus).	SOMME QUI SERAIT NÉCESSAIRE — 2° pour les placer dans la 5e classe et leur en donner le traitement (1 000 fr.). (Indépendamment de l'indemnité de résidence qu'ils toucheraient en sus.)	SOMME QUI SERAIT NÉCESSAIRE — 3° pour parfaire avec l'indemnité de résidence le montant du traitement de la classe dont ils ont la durée de services et dont ils touchaient déjà en fait le traitement sous forme de suppléments facultatifs ou d'autres allocations soumises à retenue.	OBSERVATIONS.
1	2	3	4	5	6	7	8	9	10	11	12	13	14	15	16

Annexe à la Circulaire du 24 mars 1890 (p. 288).

Application de la loi du 19 juillet 1889.

EXERCICE 1890.

Institutrices titulaires laïques de la sixième classe provisoire proposées pour l'avancement immédiat avec effet à partir du 1er janvier 1890.

Nombre total de l'effectif des institutrices laïques de la 6e classe provisoire. . . . .
Nombre des institutrices laïques de la 6e classe provisoire proposées pour une première augmentation. . . . . .
Stagiaires proposées. . . . .

Nos d'ordre. (Suivre l'ordre d'ancienneté de service.)	NOMS et PRÉNOMS des INSTITUTRICES.	RÉSIDENCE.	Titres de capacité (B. E., B. S., C. A. P.).	Date de naissance.	Date de la titularisation.	NOMBRE TOTAL d'années de services à la date du 1er janvier 1890. (Déduction faite des interruptions.)	MONTANT TOTAL de leurs émoluments soumis à retenue au 19 juillet 1889. (Y compris les suppléments facultatifs et l'éventuel mais sans comprendre la médaille d'argent.)	TRAITEMENT LÉGAL nouveau auquel elles ont droit en restant dans la 6e classe provisoire. (*Traitement garanti de* 1881 ou *traitement minimum de* 1875.)	CLASSE dans laquelle elles seraient RANGÉES par application des articles 34 et 42 si l'on considérait exclusivement leurs années de services.	CLASSE dans laquelle elles seraient RANGÉES d'après leurs années de services et dont elles touchaient déjà en fait le traitement sous forme de suppléments facultatifs ou d'autres allocations soumises à retenue.	MONTANT de L'INDEMNITÉ de résidence qu'elles recevront à partir de 1896.	SOMME QUI SERAIT NÉCESSAIRE				OBSERVATIONS.
												1° pour élever le traitement indépendamment de l'indemnité de résidence (qu'elles toucheraient en sus).		2° pour parfaire avec l'indemnité de résidence le montant du traitement de la classe dont elles ont la durée de services et dont elles touchaient déjà en fait le traitement sous forme de suppléments facultatifs ou d'autres allocations soumises à retenue.		
												À 800 francs si elles ont actuellement 700 francs au moins.	à 900 francs si elles ont actuellement 800 francs au moins.	5e classe.	Classe supérieure à la 6e (Indiquer la classe).	
1	2	3	4	5	6	7	8	9	10	11	12	13	14	15	16	17

Annexe à la Circulaire du 28 décembre 1891 (p. 401).

MINISTÈRE
DE
L'INSTRUCTION PUBLIQUE
ET
DES BEAUX-ARTS.

DÉPARTEMENT
d

ÉTAT DE CLASSEMENT

PAR ORDRE D'URGENCE

DES DEMANDES DE SUBVENTIONS

POUR CONSTRUCTIONS SCOLAIRES

AU 15 DÉCEMBRE 1895.

1re CATÉGORIE.

NUMÉROS DE CLASSEMENT.	COMMUNES.	NATURE DE L'ÉCOLE. (Ecole mixte, de garçons, de filles, groupe scolaire.)	MONTANT de la SUBVENTION demandée.	MOTIFS DE L'URGENCE.
	TOTAL de la 1re catégorie. . . .			

2e CATÉGORIE.

NUMÉROS DE CLASSEMENT.	COMMUNES.	NATURE DE L'ÉCOLE. (Ecole mixte, de garçons, de filles, groupe scolaire.)	MONTANT de la SUBVENTION demandée.	OBSERVATIONS.
	TOTAL de la 2e catégorie			
	REPORT de la 1re catégorie . . .			
	TOTAL GÉNÉRAL. . . .			

A , le 189 .

Le Préfet.

Annexes à la Circulaire du 28 décembre 1891 (p. 401).

MINISTÈRE
DE
L'INSTRUCTION PUBLIQUE
ET DES BEAUX-ARTS.

DÉPARTEMENT
d

Projets de création d'Écoles ou de Classes qui ont été l'objet d'une décision favorable du Conseil départemental de l'enseignement primaire, mais qui n'ont pu être soumis au Ministre dans les conditions de la circulaire du 13 mars 1890.

1re Partie. — Enseignement primaire.

Écoles primaires élémentaires.
Classes enfantines.
Écoles maternelles.

ENSEIGNEMENT PRIMAIRE.

I. Écoles primaires élémentaires légalement obligatoires.

(Loi du 30 octobre 1886, art. 11, §§ 1 et 4, et loi du 20 mars 1883, art. 8.)

1° Projets de création d'Écoles mixtes dans des communes dépourvues de toute École et qui ne pourraient être réunies à d'autres communes pour l'instruction primaire.

NUMÉROS de CLASSEMENT des projets d'après le degré d'urgence.	NOM des COMMUNES.	TRAITEMENT qui incomberait à l'État pour chaque École.	OBSERVATIONS. Résumer les motifs en faveur de la création : Population de la commune ; Nombre d'enfants d'âge scolaire des deux sexes ; Distance du chef-lieu à l'École de la commune limitrophe la plus rapprochée ; Etc.
1	2	3	4
		fr.	
Total des traitements.			

2° Projets de création d'Écoles de filles dans les communes de 500 habitants et au-dessus non autorisées par le Conseil départemental à n'entretenir qu'une École mixte.

Numéros de classement des projets d'après le degré d'urgence.	NOM des COMMUNES.	POPULATION des communes d'après le dernier recensement officiel.	NOMBRE des classes de l'École de filles à créer.	TRAITEMENT qui incomberait à l'État pour chaque classe.	OBSERVATIONS. Résumer les motifs en faveur de la création : Nature et nombre des Écoles primaires publiques que possède la commune jusqu'à ce jour. (à son chef-lieu ; dans des hameaux.) Nombre de jeunes filles d'âge scolaire qui fréquenteraient l'École spéciale à créer ; Etc.
1	2	3	4	5	6
				fr.	
	Total des traitements.				

3° Projets de création d'Écoles mixtes dans des hameaux éloignés du chef-lieu communal ou de toute École primaire publique d'au moins 3 kilomètres et pouvant réunir au moins 20 enfants d'âge scolaire.

Numéros de classement des projets d'après le degré d'urgence.	DÉSIGNATION des HAMEAUX.	COMMUNES dont dépendent les hameaux.	TRAITEMENT qui incomberait à l'État pour chaque École.	OBSERVATIONS. Résumer les motifs en faveur de la création : Distance du hameau { au chef-lieu de la commune. à l'École de la commune voisine la plus rapprochée. Nombre d'enfants des deux sexes d'âge scolaire qui fréquenteraient la nouvelle École ; Etc.
1	2	3	4	5
			fr.	
	Total des traitements.			

II. Écoles primaires élémentaires et classes ou emplois d'adjoint et d'adjointe dont la création est proposée à titre obligatoire dans les conditions de l'article 13 de la loi du 30 octobre 1886.

Numéros de classement des projets d'après le degré d'urgence.	DÉSIGNATION des COMMUNES et des SECTIONS pour lesquelles la création est proposée. COMMUNES.	SECTIONS.	ÉCOLES à créer (de garçons, de filles, mixtes, à 1, 2 et 3 classes).	CLASSES ou EMPLOIS d'adjoint et d'adjointe à créer dans une École déjà existante. (2e, 3e, 4e classe à l'École de garçons ou de filles.)	TRAITEMENT que supporterait l'État pour chaque École ou pour chaque classe.	OBSERVATIONS. Résumer les motifs en faveur de la création : Population { de la commune. de la section. Nombre et nature des Écoles que possède déjà la commune. { à son chef-lieu. dans d'autres sections. Nombre des enfants (garçons ou filles) d'âge scolaire que recevrait l'École à créer ; S'il s'agit d'une classe nouvelle pour une École déjà existante, nombre des élèves d'âge scolaire actuellement reçus dans cette École et nombre de ceux qui fréquenteraient la nouvelle classe ; Etc.
1	2	3	4	5	6	7
					fr.	
		Total des traitements.				

III. Écoles et classes qui donneraient lieu à une dépense conventionnellement obligatoire dans les conditions de l'article 15 de la loi du 30 octobre 1886.

1° Projets de création de Classes enfantines.

Numéros de classement des projets d'après le degré d'urgence.	NOM des COMMUNES.	DÉSIGNATION de l'École à laquelle serait annexée la classe enfantine (École de garçons, de filles, mixte, École maternelle).	TRAITEMENT qui incomberait à l'État pour chaque classe.	OBSERVATIONS. Résumer les motifs en faveur de la création : Population de la commune ; Nombre des enfants des deux sexes de 4 à 7 ans que recevrait la classe enfantine ; Etc.
1	2	3	4	5
			fr.	
	Total des traitements.			

2° Projets de création d'Écoles maternelles et de Classes ou Emplois d'adjointes dans les Écoles maternelles déjà existantes. (Communes de plus de 2 000 âmes et ayant au moins 1 200 âmes de population agglomérée.)

Numéros de classement des projets d'après le degré d'urgence.	NOM des COMMUNES.	POPULATION de LA COMMUNE d'après le dernier recensement. TOTALE.	POPULATION de LA COMMUNE d'après le dernier recensement. AGGLOMÉRÉE.	Nombre des classes de l'École maternelle.	CLASSE ou EMPLOI d'adjointe dont la création est demandée pour une École maternelle existante. (2e, 3e, 4e...)	TRAITEMENT que supporterait l'État pour chaque École ou pour chaque classe.	OBSERVATIONS. Résumer les motifs en faveur de la création : Nombre des enfants de 2 à 6 ans que recevrait l'École maternelle à créer ; S'il s'agit d'une classe nouvelle pour une École maternelle existante, nombre des enfants de 2 à 6 ans admis actuellement dans cette École et nombre de ceux que recevrait la nouvelle classe ; Etc.
1	2	3	4	5	6	7	8
						fr.	
		Total des traitements.					

Récapitulation.

	NOMBRE des PROJETS.	MONTANT des traitements qui incomberaient à l'État.
I. Écoles primaires élémentaires légalement obligatoires (nos 1, 2 et 3).		
II. Écoles primaires élémentaires et classes dont la création est proposée, *à titre obligatoire*, dans les conditions de l'article 13 de la loi du 30 octobre 1886.		
III. Écoles ou classes qui donneraient lieu à une dépense conventionnellement obligatoire (nos 1 et 2).		
TOTAUX.		

CERTIFIÉ :

A , le 189 .

Le Préfet,

MINISTÈRE
DE
L'INSTRUCTION PUBLIQUE
ET DES BEAUX-ARTS.

DÉPARTEMENT
d

Projets de création d'Écoles ou de Classes qui ont été l'objet d'une décision favorable du Conseil départemental de l'enseignement primaire, mais qui n'ont pu être soumis au Ministre dans les conditions de la circulaire du 13 mars 1890.

2e Partie. — Enseignement primaire supérieur.

Cours complémentaires.
Ecoles primaires supérieures.
Ecoles manuelles d'apprentissage ou professionnelles.

Enseignement primaire supérieur (Écoles et classes donnant lieu à une dépense CONVENTIONNELLEMENT OBLIGATOIRE).

1° Projets de création de *Cours complémentaires.*

Numéros de classement des projets d'après le degré d'urgence.	COMMUNES.	COURS complémentaires à créer (spéciaux aux garçons, aux filles, à 1, 2.... classes).	CLASSES nouvelles demandées pour les cours complémentaires existants (de garçons, 2e..., de filles, 2e...).	TRAITEMENTS que supporterait l'État pour chaque cours ou pour chaque classe nouvelle.	OBSERVATIONS. — Résumer les motifs en faveur de la création : Population de la commune; Nombre des élèves satisfaisant aux conditions réglementaires d'âge et de capacité, qui seraient reçus au Cours ; Etc.
1	2	3	4	5	6
				fr.	
		Total des traitements.			

2° Projets de création d'*Écoles primaires supérieures*, d'*Écoles primaires supérieures professionnelles*, d'*Écoles manuelles d'apprentissage.*

Numéros de classement des projets d'après le degré d'urgence.	COMMUNES.	NATURE de l'École dont la création est proposée (École prim. supérieure, École prim. supérieure professionnelle, École manuelle d'apprentissage à 2, 3, 4... classes.	CLASSES nouvelles demandées pour des Écoles primaires supérieures déjà existantes (3e, 4e classe à l'École de garçons, ou à l'École de filles).	TRAITEMENTS qui incomberaient à l'État pour chaque École ou pour chaque classe.	OBSERVATIONS. Résumer les motifs en faveur de la création : Population de la commune; Nombre des élèves satisfaisant aux conditions réglementaires d'âge et de capacité, que recevrait chaque École ou chaque classe nouvelle; Etc.
1	2	3	4	5	6
				fr.	
		Total des traitements.			

Récapitulation.

	NOMBRE des PROJETS.	MONTANT des traitements qui incomberaient à l'État.
Cours complémentaires		
Écoles primaires supérieures, Écoles primaires supérieures professionnelles et Écoles manuelles d'apprentissage		
TOTAUX		

CERTIFIÉ :

A , le 189 .

Le Préfet,

Modèle de Certificat d'aptitude pédagogique établi conformément aux prescriptions du Décret du 27 juillet 1893 (p. 517).

ACADÉMIE d.. RÉPUBLIQUE FRANÇAISE DÉPARTEMENT d

CERTIFICAT D'APTITUDE PÉDAGOGIQUE

Le Recteur de l'Académie d

Vu le décret du 18 janvier 1887 (articles 106 et 108);

Vu l'arrêté en date du même jour (articles 154 à 164 inclus);

Vu l'arrêté du 27 juillet 1893;

Vu le procès-verbal de l'examen subi par M__________ dans les conditions déterminées par le décret et l'arrêté susvisés;

Vu le certificat en date du______ 1 , par lequel la Commission d'examen siégeant à______ département d________ pour la session de 1 , atteste que M__________ né le_______ 18 , à_________ département d__________ a été jugé digne du Certificat d'aptitude pédagogique.

Délivre à M_________ le présent CERTIFICAT D'APTITUDE PÉDAGOGIQUE A L'ENSEIGNEMENT DANS LES ÉCOLES PRIMAIRES.

Fait à________, le________ 1

Signature de l'Impétrant :

Le Recteur de l'Académie d________

Annexe à la Circulaire du 30 mai 1895, relative aux Maîtresses de couture (p. 625).

PROPOSITION DE SUBVENTION

EN FAVEUR DES COMMUNES

DANS LESQUELLES IL EXISTE UNE ÉCOLE MIXTE DIRIGÉE PAR UN INSTITUTEUR.

I. — *Communes qui ont demandé le remplacement de l'instituteur par une institutrice.*

NOMS.	RÉSIDENCE.	TRAITEMENT ANNUEL.	SUBVENTION proposée par le Préfet.	SUBVENTION accordée par le Ministre.	OBSERVATIONS.

II. — *Communes qui ont préféré le maintien de l'instituteur et dont les ressources budgétaires sont insuffisantes pour faire face à la dépense.*

COMMUNES.	NOM de LA MAÎTRESSE.	MONTANT de son TRAITEMENT annuel d'après l'arrêté de nomination.	SOMME INSCRITE au budget communal.	NOMBRE de CENTIMES ordinaires et extraordinaires supportés par la commune.	SUBVENTION proposée par le Préfet.	SUBVENTION accordée par le Ministre.	OBSERVATIONS.

Annexe à la Circulaire du 5 mai 1896, relative aux voyages à demi-tarif des instituteurs et institutrices (p. 719).

MINISTÈRE DE L'INSTRUCTION PUBLIQUE

N°

DEMANDE

DE BILLETS A DEMI-PLACE

sur l'un ou plusieurs des réseaux de l'Est, de l'État, du Midi, du Nord, d'Orléans, de l'Ouest, de Paris-Lyon-Méditerranée et des chemins de fer de Ceinture, en faveur de M institut primaire publi à (*ou*) élève-maîtr faisant fonctions d'institut adjoint à l'École annexe de l'École normale de département d , pour effectuer les parcours indiqués sur les coupons joints à la présente demande.

Valable pour **un seul voyage**, pendant un délai de deux mois à partir de la date ci-dessous.

A , *le* 190 .

Signature de l'Inspecteur d'Académie *ou* de l'Inspecteur primaire :

Signature du Titulaire :

Sceau de l'Inspecteur d'Académie :

Timbre à date de la station initiale de *départ*.

Voir au dos.

MINISTÈRE DE L'INSTRUCTION PUBLIQUE

DEMANDE de billets à demi-place

de

à

Ce coupon est détaché par le receveur de la gare au moment de la délivrance du billet-carton. Il est considéré comme nul et sans valeur s'il n'est présenté adhérent à la demande. Il ne peut, en aucun cas, tenir lieu de billet.

MINISTÈRE DE L'INSTRUCTION PUBLIQUE

DEMANDE de billets à demi-place

de

à

Ce coupon est détaché par le receveur de la gare au moment de la délivrance du billet-carton. Il est considéré comme nul et sans valeur s'il n'est présenté adhérent à la demande. Il ne peut, en aucun cas, tenir lieu de billet.

MINISTÈRE DE L'INSTRUCTION PUBLIQUE

DEMANDE de billets à demi-place

de

à

Ce coupon est détaché par le receveur de la gare au moment de la délivrance du billet-carton. Il est considéré comme nul et sans valeur s'il n'est présenté adhérent à la demande. Il ne peut, en aucun cas, tenir lieu de billet.

MINISTÈRE DE L'INSTRUCTION PUBLIQUE

DEMANDE de billets à demi-place

de

à

Ce coupon est détaché par le receveur de la gare au moment de la délivrance du billet-carton. Il est considéré comme nul et sans valeur s'il n'est présenté adhérent à la demande. Il ne peut, en aucun cas, tenir lieu de billet.

MINISTÈRE DE L'INSTRUCTION PUBLIQUE

DEMANDE de billets à demi-place

de

à

Ce coupon est détaché par le receveur de la gare au moment de la délivrance du billet-carton. Il est considéré comme nul et sans valeur s'il n'est présenté adhérent à la demande. Il ne peut, en aucun cas, tenir lieu de billet.

AVIS

Les demandes de billets à demi-place sont délivrés aux instituteurs et institutrices primaires publics pour leur permettre d'obtenir une réduction de 50 p. 100 sur le prix des billets simples.

Ces demandes de billets à demi-place sont valables sur l'un ou plusieurs des réseaux de l'Est, de l'État, du Midi, du Nord, d'Orléans, de l'Ouest, de Paris-Lyon-Méditerranée et des Chemins de Grande et Petite Ceinture de Paris.

Pour pouvoir être présentées utilement aux guichets des gares, les demandes de billets à demi-place doivent : être signées de la main même de l'Inspecteur d'Académie ou de l'Inspecteur primaire ; être signées par l'instituteur ou l'institutrice titulaire à qui elles ont été délivrées ; porter l'empreinte du timbre de l'Inspecteur d'Académie ; ne présenter aucune rature, addition, grattage, etc. ; avoir moins de deux mois de date ; n'avoir pas été utilisées pour des voyages antérieurs.

Pour obtenir un billet à moitié prix, le titulaire d'une demande de billet à demi-place doit la présenter aux guichets de chacune des gares indiquées sur cette demande, soit comme gare de départ, soit comme gare de retour, soit comme gare d'arrêt, et présenter en même temps sa photographie revêtue de sa signature et de celle de l'Inspecteur d'Académie ou de l'Inspecteur primaire.

Si toutes ces formalités n'étaient pas remplies, l'instituteur ou l'institutrice ne pourrait obtenir de billet à moitié prix.

Lorsque toutes les formalités prescrites ci-dessus sont dûment remplies, les billets à demi-prix sont délivrés aux titulaires en échange des coupons imprimés à droite de la demande et qui portent les parcours successifs sur lesquels la demande peut être utilisée.

Il est formellement recommandé de ne délivrer de billets directs *viâ* Paris qu'en considérant Paris comme point d'arrêt, c'est-à-dire en délivrant deux coupons. Ainsi, une demande d'Orléans à Lille, par exemple, devra comporter deux coupons : l'un d'Orléans à Paris, l'autre de Paris à Lille.

La demande de billet à demi-place et la photographie doivent être présentées à toute réquisition, en même temps que le billet à demi-prix, aux agents des Compagnies chargés du contrôle soit dans les gares, soit en cours de route.

Les titulaires qui ne se conformeraient pas à ces dispositions s'exposeraient à payer le prix de leur place au tarif général, depuis la gare d'origine du départ du train.

La demande de billet à demi-place doit rigoureusement être rendue à la gare d'arrivée définitive, c'est-à-dire lorsque le voyage est terminé.

1900 N°

CARTE D'IDENTITÉ

DONNANT DROIT SUR LE RÉSEAU DE L'ÉTAT
A LA DÉLIVRANCE DES BILLETS

Avec réduction de 50 0/0 sur le prix des billets simples.

M

Instit primaire publ à
Département d

Signature du titulaire.

Le Fonctionnaire délégué du Ministère de l'Instruction publique.

Partie réservée
à
la photographie.

Le Fonctionnaire délégué des Chemins de fer de l'État.

N°

1900

RÉPUBLIQUE FRANÇAISE

INSTRUCTION PUBLIQUE

INSTITUTEURS ET INSTITUTRICES PRIMAIRES PUBLICS

CARTE D'IDENTITÉ

CONDITIONS

La carte d'identité est valable pour une année (1er janvier au 31 décembre); elle doit être restituée sans délai si, dans le courant de l'année, le titulaire cesse d'être en activité de service.

Sur la présentation de cette carte, le titulaire obtiendra des billets avec réduction de 50 p. 0/0 sur le prix des billets simples.

Le titulaire est tenu de l'exhiber à toute réquisition des agents des chemins de fer de l'Etat et de donner sa signature chaque fois qu'elle lui sera réclamée.

Sous peine de nullité, la carte ne peut être raturée, surchargée ou altérée d'une façon quelconque.

Toute carte trouvée en d'autres mains que celles de l'ayant droit est retirée et annulée, sans préjudice des poursuites judiciaires à exercer, tant contre le porteur que contre le titulaire, s'il y a lieu.

En cas de perte de sa carte, le titulaire doit en aviser immédiatement son supérieur hiérarchique, et directement le chef de la gare desservant sa résidence.

La carte égarée ne sera pas remplacée et le titulaire aura à se pourvoir, jusqu'à la fin de l'année, pour voyager à demi-tarif, des bons de réduction nécessaires.

Le titulaire d'une carte perdue, qui n'a pas donné les avis ci-dessus, est responsable des conséquences de cette perte, au point de vue de l'usage frauduleux qui pourrait être fait de la carte égarée.

La carte d'identité n'est valable que si elle est revêtue des timbres secs et de la signature des fonctionnaires du Ministère de l'Instruction publique et des chemins de fer de l'Etat, ainsi que de la signature du titulaire.

Modèle de fiche destinée à recevoir, pour chaque instituteur et institutrice, les renseignements qui devront figurer sur l'Annuaire de l'Enseignement primaire (Circulaire du 15 mai 1896) (p. 723).

NOM : ____________________

Prénom usuel : ____________ . — Date de naissance : ____________

RÉSIDENCE.	DÉPARTEMENT.	RÉSIDENCE.	DÉPARTEMENT.

Élève de l'École normale d ____________________

Titres de capacité : ____________________

TABLEAU D'ANCIENNETÉ au 31 décembre.		ANCIENNETÉ dans LA CLASSE.			ANCIENNETÉ de SERVICES.			TABLEAU D'ANCIENNETÉ au 31 décembre.		ANCIENNETÉ dans LA CLASSE.			ANCIENNETÉ de SERVICES.		
Année.	Classe.	Ans.	Mois.	Jours.	Ans.	Mois.	Jours.	Année.	Classe.	Ans.	Mois.	Jours.	Ans.	Mois.	Jours.
1895								1902							
1896								1903							
1897								1904							
1898								1905							
1899								1906							
1900								1907							
1901								1908							

RÉCOMPENSES ET DISTINCTIONS HONORIFIQUES :

Vu et certifié exact :

Page.						

INTERRUPTIONS DE SERVICE.

	CAUSES.
Du ____________ au ____________	
Du ____________ au ____________	
Du ____________ au ____________	
Du ____________ au ____________	

Modèle annexé à la Circulaire du 12 juin 1897 (p. 774).

BIBLIOTHÈQUE POPULAIRE COMMUNALE

MODÈLE DE RÈGLEMENT

ARTICLE 1er. — En exécution d'une délibération prise le par le Conseil municipal et approuvée le par M. le Préfet du département d , une bibliothèque populaire communale, soumise à l'inspection de l'État, est fondée à au moyen de dons, legs et souscriptions recueillis en argent ou en nature et d'allocations budgétaires prélevées sur les revenus disponibles de la commune.

ART. 2. — La bibliothèque est entièrement distincte de la bibliothèque scolaire.

ART. 3. — Cette bibliothèque populaire est établie à la mairie et a pour but de développer le goût de la lecture, en procurant aux habitants de la commune les livres nécessaires à leur instruction et à leur délassement.

ART. 4. — La bibliothèque populaire est administrée par un Comité d'inspection et d'achats composé de membres, en plus du maire qui est président de droit. Ce Comité est nommé par le Ministre de l'Instruction publique, sur les propositions du maire, approuvées par le Préfet.

ART. 5. — Le maire nomme le bibliothécaire, et le Conseil municipal fixe les émoluments à lui attribuer.

ART. 6. — Le Comité se réunira au moins une fois par trimestre. Les procès-verbaux de ses réunions seront consignés sur un registre spécial.

ART. 7. — Le bibliothécaire ne peut faire partie du Comité, mais il assiste aux séances et a voix consultative.

ART. 8. — Le Comité ne peut délibérer s'il n'y a au moins la moitié des membres plus un présents. Toutes les décisions sont prises à la majorité des membres présents. En cas de partage, la voix du président est prépondérante.

ART. 9. — Toutes les fonctions autres que celles de bibliothécaire sont essentiellement gratuites.

ART. 10. — La bibliothèque populaire n'a aucun caractère politique ou religieux. Toutes discussions sont, en conséquence, interdites dans le local qui lui est affecté. De même, tout ouvrage de polémique violente doit en être écarté.

ART. 11. — Elle est ouverte :

En hiver : de heures à heures;
En été : de heures à heures.

ART. 12. — Le service de la conservation et du prêt des livres est placé sous la direction et la responsabilité du bibliothécaire.

ART. 13. — Ce fonctionnaire tiendra :

1° Un registre de prêt ;

2° Un catalogue alphabétique par noms d'auteurs;

3° Un catalogue méthodique, c'est-à-dire divisé par ordre de matières (*littérature, histoire, géographie*, etc.), également par noms d'auteurs;

4° Un registre d'inventaire où sont inscrits tous les volumes au fur et à mesure de leur entrée à la bibliothèque;

5° Un registre de recettes et de dépenses.

Ces deux derniers registres sont cotés et paraphés par le maire.

ART. 14. — Le catalogue sera mis à la disposition des emprunteurs et sera tenu à jour par le bibliothécaire.

ART. 15. — Le fonds de la bibliothèque se compose des ouvrages acquis par le Comité et des ouvrages provenant de dons divers ou de concessions ministérielles. En cas de dissolution de la bibliothèque, les ouvrages appartenant à la dernière de ces catégories feront nécessairement retour à l'État.

ART. 16. — Le prêt est entièrement gratuit pour tous les habitants de la commune.

ART. 17. — Tous les ouvrages seront revêtus du timbre de la bibliothèque (ou de la mairie) et porteront un numéro d'ordre qui sera reproduit aux deux catalogues et au registre d'inventaire.

ART. 18. — Les livres doivent être pris et replacés dans le rayon par le bibliothécaire lui-même.

ART. 19. — Les dictionnaires, collections, cartes, planches, dessins ne peuvent être consultés que sur place et aux heures d'ouverture ci-dessus indiquées (sauf autorisation spéciale du Comité).

ART. 20. — Chaque lecteur devra couvrir d'une feuille de papier très propre le volume qu'il aura emprunté et le rapporter couvert à la bibliothèque.

ART. 21. — Il ne peut être prêté plus de deux ouvrages à la fois.

ART. 22. — La durée du prêt ne peut excéder quinze jours; à l'expiration de ce délai, l'emprunteur peut être autorisé à renouveler le prêt du même ouvrage, s'il n'a été demandé par d'autres.

ART. 23. — Tout lecteur qui, étant avisé après l'expiration du délai réglementaire, ne rapportera pas le volume qu'il détient, ne pourra plus être admis au bénéfice de nouveaux prêts jusqu'à ce qu'il ait régularisé sa position à l'égard de la bibliothèque.

ART. 24. — Il est interdit de fumer dans la salle de bibliothèque.

ART. 25. — Les livres de la bibliothèque ne pourront jamais être vendus, ni partagés, ni donnés.

ART. 26. — En cas de changement de bibliothécaire, il sera procédé à un récolement qui sera signé par le bibliothécaire et son successeur et visé par le maire.

ART. 27. — Le règlement sera soumis à l'approbation du Préfet et affiché d'une manière permanente dans le local de la bibliothèque.

COMMISSION DE L'EXAMEN MÉDICAL

DANS LES ÉCOLES NORMALES[1]

Rapport présenté par M. le docteur Launois, au nom de la Commission chargée de déterminer les conditions d'aptitude physique des aspirants et aspirantes aux Écoles normales primaires.

La Commission chargée par M. le Ministre de l'Instruction publique de rechercher les moyens d'améliorer au point de vue physique le recrutement des élèves dans les Écoles normales d'instituteurs et d'institutrices a été d'avis, à l'unanimité des membres présents, d'assurer L'EXÉCUTION ABSOLUE *de l'article* 88 *de l'arrêté organique du* 18 *janvier* 1887.

La teneur de cet article est la suivante :

« *Les candidats aux Écoles normales primaires sont soumis, avant l'examen, à la visite du médecin de l'École, assisté d'un médecin assermenté; ils ne peuvent prendre part aux épreuves que s'il est constaté qu'ils ont été vaccinés, ou qu'ils ont eu la petite vérole, qu'ils ont été revaccinés et qu'ils ne sont atteints d'aucune infirmité, maladie ou vice de constitution qui les rendent impropres aux fonctions de l'enseignement.* »

Tout en reconnaissant la valeur de chacune des prescriptions contenues dans cet article et en particulier de celles qui ont trait à la vaccination et à la revaccination, la Commission a cherché à régler les conditions capables de faciliter

1. « Monsieur le Recteur, au moment où le concours pour l'admission dans les Écoles normales va s'ouvrir, je tiens à appeler votre attention sur la nécessité d'appliquer strictement les dispositions de l'article 88 de l'arrêté du 18 janvier 1887, aux termes duquel les candidats ne peuvent prendre part aux épreuves que s'il est constaté qu'ils ont été vaccinés ou qu'ils ont eu la petite vérole, qu'ils ont été revaccinés *et qu'ils ne sont atteints d'aucune infirmité, maladie ou vice de constitution qui les rendent impropres aux fonctions d'enseignement.*

« Le nombre et la nature des maladies qui obligent chaque année des élèves-maîtres et des élèves-maîtresses à interrompre leurs études m'ont prouvé, en effet, que l'examen médical prescrit par le règlement ne s'exerce pas dans tous les départements avec une suffisante sévérité.

« Je n'ai pas besoin, Monsieur le Recteur, d'insister sur les inconvénients qui résultent de l'admission dans les Écoles normales de jeunes gens trop faibles pour supporter le régime de ces établissements.

« Outre que la présence d'élèves incapables d'un travail sérieux ou le remplacement des élèves démissionnaires par des candidats insuffisamment préparés est une cause de trouble et de retard dans les études, il convient de ne pas oublier que, si l'état de santé de ces jeunes gens vient à s'aggraver, l'Administration encourt vis-à-vis des familles une certaine responsabilité.

« De plus, chaque fois qu'un élève-maître ou une élève-maîtresse se trouve dans

l'*enquête médicale* et de donner à ses résultats toute l'importance qu'ils doivent avoir.

La visite médicale sera pratiquée par le médecin de l'École assisté d'un médecin assermenté. Elle devra être faite autant que possible la veille même du jour où commenceront les épreuves de l'examen, et, en tout cas, précéder toute épreuve de l'examen.

Tout candidat éliminé par la Commission médicale ne pourra, sous aucun prétexte, prendre part aux épreuves de l'examen.

Chaque candidat sera visité séparément dans un local convenablement appro-

l'impossibilité de remplir les conditions de son engagement décennal, le Trésor subit, de ce chef, une véritable perte.

« Enfin, la multiplicité des congés accordés pour cause de maladie aux instituteurs et institutrices sortis des Écoles normales, si onéreuse pour l'État et en même temps si préjudiciable aux élèves des Écoles primaires, a trop souvent pour cause le développement d'une affection dont ces maîtres et maîtresses étaient déjà atteints lorsqu'ils se sont présentés à l'École normale et qui aurait dû suffire à entraîner leur élimination.

« L'intérêt de tous exige donc que l'accès des Écoles normales ne soit permis qu'aux jeunes gens et aux jeunes filles assez robustes, non seulement pour suivre sans peine le cours des trois années d'études, mais aussi pour supporter plus tard les fatigues de la carrière de l'enseignement.

« Il m'a paru que l'indulgence excessive dont font parfois preuve les médecins chargés d'examiner les candidats aux Écoles normales devait surtout être attribuée à l'absence d'instructions précises sur les conditions d'aptitude physique aux fonctions d'instituteur et d'institutrice.

« En vue de combler cette lacune, j'ai institué auprès de mon Administration une Commission composée des hommes les plus compétents, et je l'ai chargée de rédiger un guide pratique à l'usage des médecins des Écoles normales et des médecins assermentés qui doivent leur prêter leur concours au moment de l'examen.

« Vous trouverez ci-joint un certain nombre d'exemplaires de ce document. Vous voudrez bien en envoyer deux à chacun des Inspecteurs d'Académie de votre ressort qui devra en donner communication aux médecins appelés à procéder à la visite médicale des aspirants et des aspirantes et les inviter à se conformer scrupuleusement aux prescriptions qu'il renferme. » (*Circulaire du Ministre de l'Instruction publique, 23 juillet* 1897.)

La Commission a été nommée par l'arrêté du 9 *juillet* 1897, dont voici le texte :

« Art. 1er. — Il est institué une Commission chargée de déterminer les conditions d'aptitude physique que devront remplir les aspirants et les aspirantes aux Écoles normales primaires.

« Art. 2. — Sont nommés membres de cette Commission :

MM. Brouardel, doyen de la Faculté de Médecine de Paris, *Président;*
Bayet, directeur de l'enseignement primaire, *Vice-Président;*
Grancher, professeur à la Faculté de Médecine;
Launois, médecin des hôpitaux de Paris, membre du Conseil d'administration de l'École normale supérieure de Saint-Cloud;
Richardière, médecin de l'hôpital Trousseau;
Sevestre, médecin de l'hôpital des Enfants-Malades, médecin du Collège Chaptal;
Mlle Benoit, médecin de l'École normale supérieure de Fontenay-aux-Roses;
M. Marcel Charlot, chef du 5e bureau de la direction de l'enseignement primaire;
M. Wissemans, rédacteur au 5e bureau de la direction de l'enseignement primaire, remplira les fonctions de *Secrétaire.* »

prié. Il se présentera devant les médecins nu jusqu'à la ceinture et devra se dénuder plus complètement si les nécessités de l'enquête médicale l'exigent.

Les candidates se présenteront après avoir enlevé leur corset.

Les médecins délégués feront, *par un interrogatoire détaillé*, une enquête aussi complète que possible sur les antécédents personnels ou héréditaires du candidat. Les résultats fournis par *cet interrogatoire*, corroboré par l'*examen de l'habitus extérieur*, serviront souvent à diriger leurs investigations. Par exemple, la constatation de la tuberculose dans la famille, l'existence chez le candidat de cicatrices cutanées au niveau de la région cervicale, d'adénites chroniques du cou, de l'aisselle ou de l'aine, d'une pleurésie ancienne avec ou sans rétraction de la paroi thoracique feront songer à la possibilité d'une prédisposition à la tuberculose ou même d'une tuberculose en voie d'évolution, et nécessiteront un examen approfondi des poumons (sommets), qui sont le siège habituel de l'infection bacillaire.

Les médecins délégués auront recours aux différents moyens d'exploration habituellement employés : la vision, la palpation, la percussion, l'auscultation méthodiquement pratiquées donneront à leur enquête toutes les garanties désirables.

Vices de constitution et infirmités congénitales ou acquises rendant les candidats impropres aux fonctions de l'enseignement.

A l'interrogatoire du candidat succédera la *recherche des vices de constitution et infirmités congénitales ou acquises* qui rendent les aspirants impropres aux fonctions de l'enseignement.

La Commission a été d'avis de dresser le tableau suivant qui, sans répondre à tous les cas particuliers qui peuvent se présenter, doit servir de guide aux médecins délégués.

Vices de constitution. Infirmités congénitales ou acquises.

Œil.

Troubles permanents de la vision.
Lésions chroniques graves et incurables des paupières et des voies lacrymales.
Taies étendues des deux cornées gênant la vision.
Opacités étendues du corps vitré.
Choroïdites.
Glaucôme.
Rétinites. Décollement de la rétine. Neuro-rétinite.
Myopie, Hypermétropie, Astigmatisme quand il y a abaissement très marqué de l'acuité visuelle ne pouvant être corrigé par des verres.

Oreille

Troubles permanents de l'audition. Surdité.
Otite chronique double avec destruction ou lésions incurables de la membrane du tympan.
Atrésie du conduit auditif et vices congénitaux graves des oreilles.

Nez.

Difformités congénitales ou acquises portées au point de gêner manifestement la respiration et la phonation.
Destruction des narines avec cicatrices vicieuses.
Lupus des ailes du nez.
Ozène ou punaisie.
Polypes inopérables et volumineux des fosses nasales.

Bouche.

Difformités congénitales ou acquises des lèvres gênant d'une manière permanente la phonation.
Bec-de-lièvre congénital ou accidentel quand il est étendu.
Ulcérations chroniques et cicatrices vicieuses.
Lupus des lèvres.
Hypertrophie permanente des lèvres et en particulier de la lèvre supérieure.
Paralysie faciale unilatérale incurable avec atrophie.
Division congénitale ou acquise étendue du voile du palais et de la voûte palatine.
Adhérences pharyngiennes du voile du palais.
Bégaiement prononcé et permanent.
Difformités et adhérences anormales de la langue.

Cou.

Goitre simple volumineux, surtout plongeant.
Goitre exophtalmique.
Adénites chroniques volumineuses et abcès ganglionnaires.

Thorax.

Difformités congénitales ou acquises entraînant un défaut permanent et étendu de développement du thorax et gênant la respiration ou la phonation.
Fissures. Défaut d'ossification du sternum.
Arrêt de développement, enfoncements prononcés du thorax.
Lésions rachitiques prononcées.
Aplatissement prononcé du thorax avec déviation notable, consécutif à une pleurésie.
Déplacements acquis des viscères thoraciques et en particulier du cœur.
Ostéites chroniques, tuberculeuses ou autres des côtes.

Rachis.

Déviations s'accompagnant de déformation prononcée du thorax.
Tuberculose des vertèbres (mal de Pott).

Bassin.

Vices de conformation du bassin et de l'appareil génito-urinaire.
Arthrite sacro-iliaque tuberculeuse.

Membres.

Gêne considérable apportée aux fonctions physiologiques des membres par atrophie congénitale ou acquise du squelette ou des muscles.
Varices superficielles ou profondes ayant déjà provoqué des phlébites.
Arthrites chroniques, en particulier la tumeur blanche.
Maux perforants.

Squelette.

Rachitisme s'accompagnant de déformations osseuses prononcées.
Inflammations osseuses chroniques, surtout tuberculeuses.

Habitus extérieur.

Faiblesse de constitution congénitale ou acquise.
Maigreur exagérée.
Obésité et polysarcie très prononcées.
Anémie et chloro-anémie lorsqu'elles sont anciennes et prononcées.
Cachexie paludéenne. Impaludisme chronique.
Alcoolisme.

Maladies apparentes ou latentes rendant les candidats impropres aux fonctions de l'enseignement.

Maladies contagieuses.

Les médecins délégués, poursuivant leur enquête, s'appliqueront à découvrir *toute maladie apparente ou latente* capable de rendre le candidat impropre aux fonctions de l'enseignement.

Les médecins délégués devront toujours rechercher avec grand soin *la tuberculose aussi bien médicale que chirurgicale;* ils devront éliminer non seulement les tuberculeux avérés, mais encore les candidats chez lesquels ils constateront une tuberculose latente et même une prédisposition héréditaire ou acquise bien nette à l'infection bacillaire.

Tout candidat atteint *d'une maladie contagieuse* ou pouvant être ultérieurement l'origine d'une contagion ne pourra pas prendre part aux épreuves de l'examen.

Maladies générales.

Tuberculose.

A. *Médicale.* — Pulmonaire.
— Pleurale.
— Péritonéale.
— Laryngée.
— Ganglionnaire (cervicale-trachéo-bronchique).
— Cutanée (Gommes tuberculeuses, lupus).

B. *Chirurgicale.* — Osseuse.
— Articulaire.
— Muqueuse (ulcérations tuberculeuses de la langue, du pharynx, fistule à l'anus).
— Génito-urinaire (rénale, vésico-prostatique, testiculaire).

Affection spécifique.

Acquise. — Héréditaire.

Diabète[1].

Glycosurie.
Diabète insipide. — Polyurie.

Albuminurie[1].

Néphrites chroniques. Néphrites consécutives aux maladies infectieuses.
Mal de Bright (Bruit de galop).

Rhumatisme.

Rhumatisme polyarticulaire grave récidivant.
Rhumatisme chronique avec ankyloses articulaires multiples.
Rhumatisme articulaire déformant progressif.

Maladies viscérales.

Cœur-Aorte.

Malformations congénitales. — Cyanose ou maladie bleue.
Péricardite chronique. — Adhérences péricardiques. — Symphyse cardiaque.

1. Il sera utile dans certains cas de pratiquer l'analyse de l'urine.

Myocardites chroniques.
Hypertrophie du cœur liée à une lésion de l'appareil vasculaire.
Lésions valvulaires : Rétrécissement de l'artère pulmonaire.
— Insuffisance et rétrécissement de l'orifice mitral.
— Insuffisance et rétrécissement de l'orifice aortique.
Anévrisme de l'aorte et des artères.

Larynx.

Troubles permanents de la phonation (aphonie).
Paralysies laryngées permanentes.
Laryngites chroniques graves et, en particulier, laryngite tuberculeuse.
Destruction de l'épiglotte.

Poumons-Plèvres.

Tuberculose pulmonaire à tous ses degrés[1].
Bronchite chronique avec catarrhe abondant.
Dilatation des bronches.
Emphysème généralisé.

Estomac.

Gastrites chroniques invétérées.
Gastrite ulcéreuse (maladie de Cruveilhier).

Intestins.

Entérite chronique.
Entérite tuberculeuse.
Tuberculose des ganglions mésentériques.
Dysenterie chronique.

Foie-Rate.

Cirrhoses du foie.
Splénomégalies chroniques.

Système nerveux.

A. *Maladie.* — Ataxie locomotrice.
— Sclérose en plaques.
— Atrophie musculaire progressive.
— Paralysie générale progressive.
B. *Névroses.* — Épilepsie.
— Hystéro-épilepsie.
— Somnambulisme et catalepsie. — Chorée grave.
— Neurasthénie (fatigue nerveuse) prononcée et ancienne.
— Asthme essentiel ou symptomatique.
— Incontinence nocturne d'urine.

Peau.

Maladies de peau étendues et rebelles (Psoriasis généralisé. — Eczéma généralisé. — Éléphantiasis. — Lèpre).
Teignes.

La Commission espère que, pratiquée dans les conditions qu'elle vient de déterminer, l'enquête médicale donnera aux candidats comme à l'État toutes les garanties qu'ils sont en droit d'en attendre.

1. Dans les cas douteux, l'examen bactériologique des crachats devra être pratiqué.

Annexe à la Circulaire du 25 janvier 1898, relative aux voyages à demi-tarif des instituteurs et des institutrices (p. 789).

DÉPARTEMENT d

Demandes de Cartes permanentes à demi-tarif pour voyages périodiques sur les chemins de fer.

NUMÉROS D'ORDRE.	NOM et PRÉNOMS.	COMMUNE OÙ EXERCE l'instituteur.	LIEU DU DOMICILE de l'instituteur.	COMMUNE où DÉSIRE SE RENDRE l'instituteur.	INDICATION DU PARCOURS demandé.	NOMBRE DE KILOMÈTRES.	CLASSE.	NOMBRE DE VOYAGES.	RÉSEAU.	MOTIF de la DEMANDE.	AVIS de L'INSPECTEUR.

, le 190 .

Exposition universelle de 1900 (Enseignement primaire). — Modèle de la notice que devra fournir chaque exposant et qui accompagnera son envoi (Circulaire du 31 juillet 1899) (p. 896).

MINISTÈRE
DE L'INSTRUCTION PUBLIQUE ET DES BEAUX-ARTS

EXPOSITION UNIVERSELLE DE 1900

Département.

Nom et prénoms.

Établissement.

Adresse.

Objets proposés.

Espace demandé pour chaque objet (mur, table ou carton).

Dimensions des objets.

Dire si l'exposant demande à prendre part comme collaborateur à l'Exposition du Ministère.

Date de la demande.

Signature :

Annexe à la Circulaire du 1er octobre 1899, relative au Congrès international de l'Enseignement primaire en 1900 (p. 899).

CONGRÈS INTERNATIONAL DE L'ENSEIGNEMENT PRIMAIRE
(1900.)

BULLETIN D'ADHÉSION

à renvoyer à M. Marguery, Trésorier, boulevard Bonne-Nouvelle, 36, à Paris avec le montant de sa cotisation.

Nom : ____________________

Prénoms : ____________________

Qualité : ____________________

Adresse : ____________________

Montant de la cotisation des Membres du Congrès. . . . 3 francs.

A__________, le__________1899.

Signature :

Annexe à la Circulaire du 1er décembre 1899, relative à l'allocation de livres aux élèves sortants des Écoles normales primaires (p. 902).

ACADÉMIE

d

—

DÉPARTEMENT

d

—

Décret du 13 mai 1890.

ÉCOLE NORMALE D'INSTITUT

d ________________. (Indiquer la ville.)

Liste [1] *des élèves-maîtres sorti de l'École avec le brevet supérieur et pourvu d'un emploi avant le* 1er *janvier* 1900.

NOMS et PRÉNOMS.	DATE DE L'OBTENTION du brevet.	DATE DE L'ARRÊTÉ de nomination.	RÉSIDENCE. (2)	SOMME PROPOSÉE	OBSERVATIONS.
La somme à proposer pour cette année est de 25 fr.					
			TOTAL. . . .		

VU ET VÉRIFIÉ :

L'Inspecteur d'Académie,

(1) Cette liste doit toujours être établie en double expédition.

(2) Si la résidence n'est pas dans le département d'origine, l'indiquer dans la colonne des observations.

TABLE CHRONOLOGIQUE

DES MATIÈRES CONTENUES DANS LE TOME VI

DE LA

LÉGISLATION SUR L'INSTRUCTION PRIMAIRE

1887-1900

[Dans la dernière colonne, *n* renvoie aux *Notes.*]

ANNÉES.	MOIS.	TITRES DES DOCUMENTS.	PAGES.
1887	1er février.	*Rapport sommaire sur les propositions de lois ayant pour objets : 1° la nomination des instituteurs par les Recteurs d'Académie; 2° la modification de certains articles de la loi du* 30 *octobre* 1886, *sur l'organisation de l'enseignement primaire*	1
—	7 —	Arrêté relatif aux sujets de compositions écrites données aux examens du brevet élémentaire, du brevet supérieur et du certificat d'aptitude pédagogique.	2
—	9 —	Arrêté instituant à Athènes une Commission d'examen pour les brevets de capacité de l'enseignement primaire	3
—	26 —	Loi portant fixation du budget des recettes de l'exercice 1887. [Extraits.].	3
—	2 mars.	Circulaire relative à la vente de livres et de fournitures de classe par les instituteurs.	5
—	12 —	Décret relatif au versement des droits dus par les aspirants et aspirantes aux brevets de capacité.	5
—	20 —	Circulaire relative aux Écoles maternelles.	7
—	23 —	Arrêté fixant le taux de rétribution devant servir à déterminer le traitement éventuel des instituteurs et institutrices en 1887	10
—	25 —	Arrêté modifiant les centres d'examen du certificat d'aptitude à l'enseignement de la gymnastique.	10
—	25 —	Circulaire relative à l'organisation des délégations cantonales et aux attributions des délégués cantonaux	11

1887	26 mars.	Décret modifiant les articles 109, 189 et 192 du décret du 18 janvier 1887 rendu pour l'exécution de la loi du 30 octobre 1886.	15
—	2 avril.	*Proposition de loi tendant à l'abrogation de la loi du* 30 *octobre* 1886 *sur l'enseignement primaire.*	16
—	7 —	Décret déterminant la procédure à suivre pour la création, l'établissement ou la suppression des Écoles primaires publiques	17
—	15 juin.	Circulaire relative à la vente des livres et fournitures scolaires par les instituteurs dans les Écoles primaires publiques	30
—	—	Règlement du Musée pédagogique et de la Bibliothèque centrale de l'enseignement primaire.	32
—	6 juillet.	*Projet de loi sur l'enseignement technique.*	35
—	10 —	Arrêté relatif au mode de répartition des subventions de l'État entre les Écoles de filles établies dans les communes de moins de 401 habitants.	37
—	30 —	Règlement relatif aux bourses de voyage en faveur des élèves des Écoles industrielles	38
—	31 —	Circulaire relative à la préparation de l'exposition de l'enseignement primaire public (classe VI) à l'Exposition universelle de 1889.	40
—	31 août.	Circulaire relative à la tenue du cahier de devoirs mensuels	47
—	1er septembre.	Arrêté relatif à la délégation, à titre provisoire, dans les fonctions de professeur des Écoles normales et des Écoles primaires supérieures.	50
—	17 —	Circulaire relative au personnel des Écoles maternelles transformées en Classes enfantines dans les communes de moins de 2 000 âmes.	51
—	20 —	Circulaire relative aux vœux émis par le Congrès des instituteurs	53
—	21 octobre.	Circulaire relative aux titres à exiger des directeurs et directrices des Écoles annexes aux Écoles normales primaires	59
—	25 —	Arrêté constituant une Commission pour le développement et le perfectionnement de l'enseignement agricole dans les établissements universitaires.	60
—	4 novembre.	Circulaire relative aux fonctions d'économe dans les Écoles normales primaires	61
—	8 —	Décret rendant applicables à l'Algérie les lois relatives à l'enseignement primaire.	62
—	9 décembre.	Décret portant règlement sur l'enseignement public et l'enseignement privé en Algérie.	66

1887	11 décembre.	Circulaire rappelant qu'un jardin doit être annexé à chaque École primaire.	72
—	15 —	*Proposition de résolution tendant à rétablir dans le règlement de la Chambre des Députés un article interdisant, auprès des Ministres, toutes sollicitations concernant les intérêts privés, présentée par M. Chavoix, député. . .*	72
—	27 —	Décret autorisant la nomination de licenciés aux fonctions de professeurs d'Écoles normales primaires, de directeurs et professeurs d'Écoles primaires supérieures	75
—	30 —	Circulaire relative aux Écoles de filles dans les communes de moins de 401 habitants et à leur transformation éventuelle en classes enfantines.	75
1888	22 janvier.	Circulaire relative aux classes enfantines	76
—	1er février.	Arrêté relatif au classement des instituteurs publics chargés de la direction des classes primaires dans les Lycées, Collèges, Écoles manuelles d'apprentissage ou Écoles primaires annexées aux Écoles normales, qui rentrent dans l'enseignement primaire proprement dit	77
—	4 —	Décret relatif au concours de l'État pour la fondation et l'entretien d'Écoles primaires publiques établies par les communes à titre facultatif. . .	78
—	8 —	Circulaire relative aux Écoles publiques facultatives	79
		Avis du Conseil d'État, 24 mars, 8 et 13 avril, relatifs aux libéralités faites en faveur des fabriques et des consistoires.	84*n*
—	8 —	Circulaire relative à la réintégration dans l'enseignement primaire des maîtres adjoints d'École normale dont la délégation n'aura pas été renouvelée	85
—	7 mars.	Arrêté relatif à la nomination de licenciés dans les Écoles normales et les Écoles primaires supérieures.	86
—	13 —	Arrêté fixant le chiffre des indemnités à allouer aux professeurs d'Écoles normales pourvus des certificats d'aptitude à l'enseignement des langues vivantes, du travail manuel, du chant et de la gymnastique.	87
—	17 —	Décret relatif à l'organisation des Écoles manuelles d'apprentissage	88
—	21 —	Circulaire relative à l'interdiction de l'enseignement dans les garderies.	95
—	3 avril.	*Proposition de loi tendant à instituer l'instruction intégrale par voie de concours, présentée par M. Hervieu et divers, députés. . . . . . .*	95

1888	23 avril.	Arrêté fixant le taux de rétribution devant servir à calculer le montant du traitement éventuel des instituteurs et institutrices publics en 1888. . .	99
—	27 mai.	Décret relatif au classement général des Écoles primaires publiques.	100
—	2 juin.	Arrêté rejetant une requête formée pour l'annulation d'une élection au Conseil supérieur de l'Instruction publique.	102
—	2 —	Arrêté portant annulation d'une élection au Conseil supérieur de l'Instruction publique	103
—	11 —	Circulaire relative à un projet de réunion des directeurs et directrices des Écoles normales au chef-lieu académique.	104
—	12 —	Loi portant approbation de la convention conclue entre la France et la Suisse, en vue d'assurer la fréquentation des Écoles primaires par les enfants des deux pays résidant sur le territoire de l'autre pays.	105
—	12 —	Décret portant exécution de la convention ci-dessus.	106
—	17 juillet.	Circulaire relative à la retenue des allocations supplémentaires accordées aux instituteurs et institutrices de la dernière classe.	108
—	24 —	Arrêté modifiant l'arrêté du 18 janvier 1887 relatif à l'organisation de l'enseignement primaire.	108
—	28 —	Décret relatif à l'organisation des Écoles manuelles d'apprentissage et des Écoles primaires supérieures préparatoires au commerce et à l'industrie	117
—	1er août.	Arrêté relatif au traitement des directeurs d'Écoles annexes aux Écoles normales primaires	122
—	1er —	Circulaire relative au mode de recrutement du personnel enseignant des Écoles primaires publiques	122
—	9 —	Décret rendant applicables à l'Algérie les articles 1, 2, 3 et 4 de la loi du 9 août 1879 ayant pour objet l'établissement des Écoles normales primaires.	124
—	10 novembre.	Circulaire relative aux moyens d'assurer la régularité de la fréquentation des Écoles primaires publiques par les enfants assistés.	125
—	13 —	Arrêté fixant les conditions du concours pour l'introduction de jeux et exercices corporels dans les Écoles de garçons	126
—	17 décembre.	Arrêté relatif au régime alimentaire des Écoles normales primaires.	127
—	29 —	Arrêté ajoutant à l'examen du brevet élémentaire des questions sur les matières de l'enseignement agricole.	128

1888	29 décembre.	Arrêté introduisant dans l'examen du certificat d'études primaires supérieures des questions sur le programme de l'enseignement industriel ou agricole.	128
—	29 —	Arrêté prolongeant d'une année les dispositions de l'article 186 du décret du 18 janvier 1887 en faveur des candidats au certificat d'aptitude à l'inspection primaire admissibles à l'un des deux derniers concours	129
—	29 —	Arrêté prescrivant la production d'un certificat de revaccination par les candidats aux bourses d'enseignement primaire, aux Écoles normales primaires et aux Écoles normales primaires supérieures.	129
—	29 —	Arrêté relatif à la revaccination des élèves des Écoles primaires élémentaires	130
—	29 —	Arrêté fixant le texte d'un règlement scolaire modèle pour les Écoles primaires supérieures publiques	131
1889	10 janvier.	Arrêté relatif à l'emploi du temps, à la répartition des matières d'enseignement et aux programmes d'études dans les Écoles normales primaires.	134
—	12 —	Arrêté modifiant l'article 245 de l'arrêté du 18 janvier 1887, concernant le certificat d'études primaires supérieures.	136
—	4 février.	*Rapport sur la proposition relative aux pensions civiles, par M. Jules Roche, député. . .*	137
—	13 mars.	Circulaire rappelant les règlements relatifs à l'interdiction de souscriptions parmi les instituteurs.	138
—	18 —	Loi relative au rengagement des sous-officiers . .	139
—	20 —	Circulaire relative à la réintégration dans l'enseignement primaire des maîtres adjoints et maîtresses adjointes d'Écoles normales primaires dont la délégation n'aura pas été renouvelée. . .	140
—	8 avril.	Arrêté instituant un concours pour la création de deux prix à décerner en vue de favoriser l'introduction des jeux actifs dans les Écoles d'aveugles	140
—	9 mai.	Lettre prescrivant que la Classe enfantine annexée à une École privée doit être établie dans un local distinct et confiée à une maîtresse spéciale.	142
—	16 —	*Proposition de loi modifiant la législation du 28 mars* 1882 *sur l'enseignement primaire. .*	142
—	21 —	*Rapport sur les propositions de loi : 1° de M. Lefèvre-Pontalis, ayant pour objet la nomination des instituteurs par les Recteurs d'Académie; 2° de M. Ch. Dupuy, ayant pour objet de modifier la loi du* 30 *octobre* 1886, *sur l'organisation de l'enseignement primaire, par M. Jules Steeg, député. . . . . . .*	144

1889	31 mai.	Circulaire relative à la procédure à suivre en matière d'opposition devant les Conseils départementaux de l'Instruction publique	147
—	3 juin.	*Rapport sur la proposition Baudry-d'Asson, modifiant la loi du* 28 *mars* 1882 *sur l'enseignement primaire, par M. Jacquier, député.*	150
—	15 juillet.	Loi sur le recrutement de l'armée. [Extraits.]. . .	151
—	19 —	Loi sur les dépenses ordinaires de l'Instruction publique et les traitements du personnel de ce service	159
		Avis du Conseil d'État, Avis publiés au Bulletin administratif, Avis émis par le Comité du contentieux et par le Comité consultatif, Décisions d'espèce, Nomenclature des Arrêtés et Circulaires, rendus en exécution de la loi du 19 juillet 1889.	159 à 191*n*
—	25 —	Arrêté relatif au choix de la langue grecque ou de la langue turque pour les candidats au brevet supérieur qui se présentent devant la Commission d'examen de Constantinople.	192
—	25 —	Circulaire relative au concours à apporter par les instituteurs à la préparation de la statistique sanitaire	192
—	26 —	Décret modifiant la loi de finances du 17 juillet 1889, en ce qui concerne la perception des centimes additionnels affectés aux services de l'Instruction publique.	193
—	30 —	*Rapport* et Décret portant modifications à la loi du 19 juillet 1889 sur les dépenses ordinaires de l'instruction primaire et les traitements du personnel enseignant de ce service.	194
—	30 —	Circulaire relative au sens exact qu'il convient d'attacher, pour la détermination des compétences, aux expressions « siége des Écoles ». . .	19
		Avis du Conseil d'État relatif au même objet.	200*n*
—	20 août.	Circulaire relative au rôle qu'ont à remplir les instituteurs dans notre société	200
—	23 novembre.	Décret portant règlement d'administration publique pour l'exécution de la loi du 15 juillet 1889, sur le recrutement de l'armée.	202
—	26 —	Arrêté relatif aux récompenses honorifiques décernées aux instituteurs et institutrices	218
—	27 —	Circulaire relative au traitement des Inspecteurs primaires de 3e classe.	218
—	28 —	Décret relatif à la constitution du personnel administratif et enseignant des Écoles normales supérieures d'enseignement primaire de Saint-Cloud et de Fontenay-aux-Roses.	219

1889	5 décembre.	Arrêté portant annulation de l'élection de deux instituteurs publics élus membres du Conseil départemental de l'enseignement primaire du département de l'Aisne	221
—	6 —	Circulaire relative au renouvellement des Conseils d'administration des Écoles normales primaires.	185*n*
—	30 —	Décret complétant l'article 158 du décret du 18 janvier 1887, relativement à l'âge d'admission des enfants dans les Classes enfantines des Écoles privées	222
1890	14 janvier.	Circulaire relative au registre matricule d'inscription des élèves admis dans les Écoles primaires publiques.	222
—	22 —	Circulaire relative aux loyers des maisons d'école en 1890.	223
—	28 —	Circulaire relative aux états de traitements des fonctionnaires des Écoles normales et des Inspecteurs primaires	224
—	29 —	Décret relatif au matériel obligatoire d'enseignement, aux livres et aux registres scolaires dans les Écoles publiques.	225
—	29 —	Circulaire rappelant que l'enseignement du catéchisme ne peut être donné dans le local de l'École communale.	231
—	31 —	Décret relatif aux indemnités de résidence dues au personnel enseignant des Écoles primaires publiques.	231
—	15 mars.	Arrêté créant une École manuelle d'apprentissage des industries du livre à Paris sous le nom d' « École Estienne »	234
—	15 —	Circulaire relative aux précautions à prendre, dans les établissements d'instruction publique, à l'égard des élèves atteints de maladies contagieuses.	234
—	24 —	Circulaire relative à l'établissement d'une première liste de maîtres appartenant aux classes provisoires à porter immédiatement à la classe définitive avec traitement normal.	238
—	25 —	Circulaire relative aux maladies contagieuses. . .	234*n*
—	29 —	Décret relatif à l'administration et à la comptabilité des Écoles normales primaires et aux prestations en nature à concéder au personnel de ces Écoles.	240
—	29 —	Arrêté rangeant les Écoles normales primaires en trois catégories, suivant leurs effectifs.	258
—	31 —	Décret relatif aux indemnités de résidence dans les villes ayant plus de 100 000 habitants et dans les communes du département de la Seine ayant plus de 1 000 habitants de population agglomérée.	60

1890	14 avril.	Circulaire relative aux demandes de secours pour traitement thermal en faveur des instituteurs et institutrices primaires publics	262
—	15 —	Arrêté relatif au classement des fonctionnaires de l'enseignement primaire énumérés à l'article 13 de la loi du 19 juillet 1889	263
—	28 —	Arrêté relatif au payement des traitements des fonctionnaires des Écoles normales primaires	264
—	2 mai.	Circulaire relative aux subventions à accorder aux Caisses des Écoles	266
—	13 —	Décret portant modification de l'article 79 du décret du 18 janvier 1887 sur l'enseignement primaire	268
—	20 —	Décret relatif au mode spécial de classement et d'avancement des instituteurs et institutrices de Paris	269
—	1er juin.	Arrêté relatif aux instituteurs et institutrices autorisés à bénéficier des dispositions de l'article 4, § 3, de la loi du 9 juin 1853 sur les pensions civiles	274
—	4 —	Décret relatif aux conditions spéciales d'organisation du personnel des Écoles normales de la Seine et sur la fixation des traitements	274
—	1er juillet.	Circulaire relative à l'application de l'article 4, § 3, de la loi du 9 juin 1853 sur les pensions civiles, en ce qui concerne les fonctionnaires détachés	276
—	18 —	Décret portant fixation des traitements et indemnités du personnel administratif et enseignant des Écoles normales supérieures d'enseignement primaire	280
—	19 —	Décret relatif à la fixation du nombre des heures de service exigées du personnel des Écoles normales primaires, et au mode de rétribution des heures supplémentaires	282
—	24 —	Décret portant fixation des indemnités et allocations attribuées au personnel des Écoles primaires publiques d'Algérie	284
—	30 —	Arrêté modifiant les conditions d'admission à l'École normale supérieure d'enseignement primaire de Saint-Cloud	286
—	30 —	Arrêté concernant les conditions exigées des élèves des Écoles primaires supérieures pour prendre part au concours des bourses de séjour à l'étranger	286
—	31 —	Décret relatif au fonctionnement des Écoles d'application annexées aux Écoles normales primaires ou mises à leur disposition	287

1890	2 août.	Décret relatif : 1° aux conditions auxquelles les directeurs et directrices d'Écoles primaires élémentaires pourront être déchargés de classe; 2° aux conditions de nomination et d'exercice des instituteurs suppléants et des institutrices suppléantes; 3° aux indemnités à accorder aux maîtresses de couture	291
—	6 —	Loi portant ouverture d'un crédit supplémentaire destiné aux dépenses de l'enseignement primaire.	297
—	7 —	Arrêté relatif à la répartition des crédits supplémentaires ouverts au profit des instituteurs par la loi du 6 août 1890	298
—	5 septembre.	Décret relatif aux indemnités de résidence à allouer au personnel enseignant des Écoles primaires publiques dans les communes du département de la Seine ayant plus de 1 000 habitants de population agglomérée	300
—	6 —	Décret relatif aux indemnités de résidence dues au personnel enseignant dans les localités qui possèdent des Écoles de section	300
—	16 —	Arrêté relatif aux promotions à accorder aux instituteurs et institutrices exerçant dans les villes de plus de 100 000 âmes et dans les communes du département de la Seine	301
—	26 —	Décret rendant applicables à la Martinique, à la Guadeloupe et à la Réunion diverses dispositions des lois relatives à l'instruction primaire.	302
—	26 —	Décret portant fixation du traitement du personnel de l'enseignement primaire dans les colonies de la Martinique, de la Guadeloupe et de la Réunion	306
—	16 octobre.	Circulaire relative à la lecture des auteurs à expliquer aux examens du brevet supérieur et du professorat des Écoles normales	309
—	6 novembre.	*Proposition de loi concernant les traitements et le classement du personnel de l'enseignement primaire*	312
—	12 —	Circulaire relative à la tenue du registre d'inscription des élèves dans les Écoles primaires publiques	315
—	18 —	*Proposition de loi modifiant la loi du* 19 *juillet* 1889 *sur les traitements des instituteurs*	315
—	22 —	Décret modifiant la part contributive de l'État dans le payement des annuités communales pour constructions et appropriations de maisons d'écoles primaires en Algérie	316
—	29 —	Circulaire relative à l'organisation de la surveillance intérieure dans les Écoles normales d'institutrices	319

1890	20 décembre.	Circulaire relative à l'emploi des dons et legs faits aux communes pour le service de l'enseignement primaire	320
—	26 —	Loi portant fixation du budget général des dépenses et des recettes de l'exercice 1891	321
—	29 —	Arrêté accordant des augmentations de traitement à certaines catégories d'instituteurs et d'institutrices primaires	324
1891	3 janvier.	Arrêté modifiant les épreuves du certificat d'aptitude à l'enseignement du travail manuel.	324
—	3 —	Arrêté modifiant les conditions d'obtention du certificat d'aptitude à l'enseignement de la gymnastique.	326
—	6 —	Décret instituant un examen spécial pour l'obtention des bourses dans les Écoles nationales professionnelles	327
—	6 —	Décret concernant la fusion des Écoles normales d'instituteurs et d'institutrices des départements du Gers et des Hautes-Pyrénées	328
—	7 —	Décret modifiant le décret du 31 juillet 1890 relatif aux Écoles d'application annexées aux Écoles normales ou mises à leur disposition. . .	329
—	7 —	Arrêté concernant les candidats aux bourses dans les Écoles nationales professionnelles.	329
—	8 —	Décret portant suppression de l'École Pape-Carpantier et reportant ce nom sur l'École maternelle annexée à l'École normale d'institutrices du département de la Seine.	332
—	13 —	*Rapport* et Décret instituant un certificat d'aptitude spécial à l'enseignement agricole dans les Écoles primaires supérieures	332
—	14 —	Arrêté relatif aux conditions d'obtention du certificat d'aptitude à l'enseignement agricole dans les Écoles primaires supérieures	335
—	17 —	*Rapport* et Décret relatifs au certificat d'aptitude aux fonctions d'Inspectrice primaire.	336
—	17 —	*Proposition de loi modifiant la loi du* 19 *juillet* 1889 *relative au traitement des instituteurs, et l'article* 53 *de la loi de finances du* 26 *décembre* 1890.	339
—	2 février.	Circulaire relative aux honoraires des médecins des Écoles primaires.	246*n*
—	11 —	Arrêté créant un emploi d'Inspectrice primaire dans le ressort de l'Académie de Paris.	341
—	12 —	Circulaire relative à la surveillance des travaux de construction de maisons d'école.	341

1891	13 février.	Conseil d'État (au contentieux). — Subventions aux Écoles libres. — Secours aux enfants pauvres des Écoles libres	343
—	14 —	*Rapport* et Décret rendant applicables aux Écoles primaires privées les conditions réglementaires de l'âge d'admission des élèves dans les Écoles primaires publiques	344
—	19 —	*Proposition de loi tendant à reviser la loi du 19 juillet* 1889	345
—	24 —	Arrêté fixant les règles d'après lesquelles des promotions de classe sont accordées, à partir du 1er janvier 1891, au personnel laïque des instituteurs et institutrices exerçant dans les Écoles primaires supérieures sans avoir une nomination ministérielle	355
—	24 —	*Proposition de loi tendant à modifier la loi du 19 juillet* 1889 *sur le personnel de l'enseignement primaire*	356
—	28 —	*Proposition de loi ayant pour objet de reconnaître aux communes, sous certaines conditions, le droit de subventionner les Écoles publiques et privées*	365
—	28 —	*Proposition de loi tendant à modifier la loi du 19 juillet* 1889	367
—	4 mars.	Loi ayant pour objet l'adoption de l'heure temps moyen de Paris comme heure légale en France et en Algérie	371
—	16 —	*Rapport* et Décret relatifs aux conditions d'établissement des Écoles primaires publiques facultatives	371
—	17 —	Décret portant règlement d'administration publique relativement aux indemnités représentatives de logement attribuées au personnel enseignant des Écoles primaires publiques	373
—	15 avril.	Décret portant règlement d'administration publique sur les dispositions transitoires des articles 40 et 42 de la loi du 19 juillet 1889	375
—	15 —	Circulaire relative au personnel enseignant des Écoles primaires supérieures	375
—	22 —	Circulaire relative à la clôture de l'exercice dans les Écoles normales	247n
—	27 —	Circulaire ayant pour objet d'interdire l'abus des exigences grammaticales dans la dictée	377
—	16 mai.	Arrêté portant allocation de suppléments de traitement à des directeurs et directrices d'Écoles laïques	380
—	16 —	Arrêté accordant des augmentations de traitement et portant suppression d'une partie des classes provisoires des institutrices	381

1891	28 mai.	*Rapport sommaire sur la proposition de loi ayant pour objet de reconnaître aux communes le droit de subventionner les Écoles publiques et privées*	381
—	1er juin.	Décret assimilant les Écoles nationales d'enseignement primaire supérieur et professionnel aux Lycées nationaux, en ce qui concerne la procédure à suivre pour le recouvrement des créances qui leur appartiennent.	383
—	4 —	Avis du Conseil d'État sur diverses questions relatives au logement des économes titulaires et des professeurs chargés de l'économat dans les Écoles normales de moins de soixante élèves. . .	384
—	6 —	Décret autorisant certaines catégories de maîtres et de maîtresses d'Écoles normales et d'Écoles primaires supérieures à se présenter à l'examen restreint du professorat.	385
—	6 —	Décret relatif aux règles et conditions d'avancement des instituteurs et institutrices, non prévues par l'article 24 de la loi du 19 juillet 1889.	387
—	8 —	Circulaire relative à l'organisation au Musée pédagogique d'une exposition permanente de cahiers d'élèves.	388
—	7 juillet.	*Proposition de loi ayant pour objet de modifier les troisième et dernier paragraphes de l'article* 12 *de la loi du* 19 *juillet* 1889, *relatifs aux indemnités de résidence à attribuer aux maîtres dans les Écoles des chefs-lieux de canton ou établies hors du chef-lieu communal, présentée par MM. Dellestable et Simon, députés*.	389
—	17 —	Décret relatif à la fixation du taux et des conditions de payement des dépenses relatives aux Commissions d'examen des différents titres de capacité de l'enseignement primaire	389
—	20 —	Circulaire relative au travail de cabinet des Inspecteurs primaires	391
—	24 —	Décret instituant un Conseil d'administration et un Comité de patronage auprès de chacune des Écoles nationales d'enseignement primaire supérieur et professionnel.	392
—	30 —	Circulaire relative aux mesures à prendre contre la conjonctivite granuleuse dans les établissements d'instruction publique	394
—	16 novembre.	Circulaire relative à la fourniture du trousseau des élèves des Écoles normales.	241*n*
—	18 —	Circulaire relative au trousseau des élèves des Écoles normales primaires	395
—	29 —	Circulaire concernant les décorations universitaires.	396

1891	8 décembre.	Circulaire relative aux conséquences du dénombrement de 1891 au point de vue des Écoles obligatoires et des Écoles facultatives	397
—	15 —	Circulaire relative à l'installation des gymnases dans les établissements d'enseignement primaire public.	400
—	16 —	Circulaire relative à la fourniture du trousseau des élèves des Écoles normales.	243*n*
—	18 —	Circulaire relative à la participation des élèves aux funérailles de personnes ayant rang dans la hiérarchie des fonctions publiques	401
—	28 —	Circulaire relative à la création d'Écoles et de classes ou emplois d'adjoint et d'adjointe en 1892, et au classement des projets de création par ordre d'urgence.	401
—	29 —	Arrêté relatif au certificat d'études primaires. . .	402
—	29 —	Arrêté portant répartition des matières de l'enseignement et fixant le nombre et la nature des emplois dans les Écoles primaires supérieures de garçons et de filles de la ville de Paris . . .	403
1892	16 janvier.	Arrêté instituant un Comité consultatif des distinctions universitaires	406
—	26 —	Loi portant fixation du budget général de l'exercice 1892. [Extraits.]	406
—	29 —	Arrêté relatif aux titularisations et promotions de classe des instituteurs et institutrices des Écoles élémentaires	408
—	18 —	Circulaire relative à l'emploi des sommes provenant des rabais d'adjudication pour les travaux de construction et d'appropriation d'établissements scolaires.	409
—	30 avril.	Arrêté relatif à la titularisation d'instituteurs stagiaires	413
—	2 mai.	Circulaire relative à la fixation de la date des examens du certificat d'études primaires.	413
—	3 —	Circulaire relative à l'admission d'élèves libres dans les Écoles normales	414
—	1er juin.	Circulaire relative à la nomination d'instituteurs au grade de chevalier de la Légion d'honneur. .	415
—	2 —	*Proposition de loi tendant à déclarer éligibles au Conseil départemental de l'enseignement primaire tous les instituteurs et toutes les institutrices titulaires, présentée par M. Bouge, député*	416
—	8 —	Arrêté concernant les bourses de séjour à l'étranger.	418
—	14 —	Circulaire relative aux créations d'Écoles	419

1892	17 juin.	Circulaire autorisant les Inspecteurs d'Académie à faire subir les épreuves écrites de l'examen du certificat d'études primaires supérieures dans la commune où habite le candidat.	420
—	22 —	Circulaire relative à la surveillance des élèves-maîtres des Écoles normales pendant les exercices de jardinage	283*n*
—	20 juillet.	Circulaire relative à la fourniture du linge de table et de toilette à l'usage des élèves des Écoles normales	395*n*
—	21 —	Arrêté interdisant le *Catéchisme* du diocèse d'Aix dans les Écoles privées	421
—	25 —	Décret portant une disposition additionnelle au décret du 6 juin 1891 relatif au certificat d'aptitude au professorat des Écoles normales et des Écoles primaires supérieures	422
—	26 —	Décret modifiant le décret du 24 août 1891 relatif aux Conseils d'administration et aux Comités de patronage des Écoles nationales professionnelles.	423
—	3 août.	Lettre au Préfet de Vaucluse, relative à un projet de réunion d'un Congrès régional d'instituteurs.	423
—	4 —	Décret relatif aux promotions des fonctionnaires de l'enseignement primaire	425
—	20 —	*Rapport* et Décret portant règlement d'administration publique : 1° sur le mode spécial de classement et d'avancement des instituteurs et des institutrices de la ville de Paris; 2° sur les conditions de nomination des instituteurs suppléants et des institutrices suppléantes; 3° sur les indemnités représentatives de logement attribuées au personnel enseignant des Écoles primaires publiques de Paris	426
—	29 —	Circulaire relative à l'obligation de prendre l'avis du Conseil d'hygiène sur les plans et devis et sur le choix de l'emplacement de toute maison d'école	430
—	29 septembre.	Circulaire relative aux mesures d'hygiène à prendre dans les établissements d'instruction publique. .	431
—	18 octobre.	Décret relatif à l'enseignement public et privé des indigènes en Algérie.	432
—	27 —	*Rapport sommaire sur la proposition de loi de M. Bouge, tendant à déclarer éligibles au Conseil départemental de l'enseignement primaire tous les instituteurs et institutrices titulaires, par M. Thorel, député*	446
—	31 —	Décret relatif au classement des instituteurs et institutrices primaires chargés de l'enseignement primaire dans les Lycées de garçons.	447

Année	Date	Objet	Page
1892	2 novembre.	Loi sur le travail des enfants, des filles mineures et des femmes dans les établissements industriels	449
—	13 décembre.	Décret portant organisation du service de l'inspection du travail dans l'industrie	460
—	20 —	Circulaire relative aux requêtes adressées au Ministre par les fonctionnaires de l'Instruction publique	462
—	31 —	Décret relatif à la fixation des indemnités de résidence dues au personnel enseignant des Écoles primaires publiques	463
1893	4 janvier.	Arrêté interdisant comme livres d'enseignement, de lecture et de prix dans les Écoles libres ou privées les deux catéchismes à l'usage des diocèses de Rennes et de Luçon	465
—	18 —	Décret modifiant divers articles du décret du 18 janvier 1887	465
—	18 —	Arrêté portant modifications et additions à l'arrêté du 18 janvier 1887 relatif à l'enseignement primaire	466
—	21 —	Décret relatif à l'organisation et aux programmes d'enseignement des Écoles primaires supérieures	471
—	21 —	Arrêté fixant la répartition des matières de l'enseignement dans les Écoles primaires supérieures	476
—	26 —	Circulaires relatives à l'emploi des enfants dans les théâtres et cafés-concerts	453*n* 479
—	30 —	Circulaire relative au logement des instituteurs	480
—	7 février.	Circulaire relative aux demandes de transfèrement formées par les élèves-maîtres et les élèves-maîtresses des Écoles normales primaires	481
—	15 —	Circulaire relative à l'application du décret et de l'arrêté du 21 janvier 1893, concernant l'organisation et les programmes d'enseignement des Écoles primaires supérieures publiques	483
—	17 —	Circulaire prescrivant une enquête sur la situation des Caisses des Écoles au 31 décembre 1892	488
—	27 —	*Proposition de loi tendant à obliger tous les fonctionnaires candidats aux élections législatives à donner leur démission avant la déclaration de candidature*	490
—	1er mars.	Circulaire relative à la solidarité nécessaire de toutes les Administrations publiques	492
—	2 —	Circulaire relative aux demandes de renseignements adressées aux instituteurs primaires par certaines agences	492
—	14 —	Circulaire déterminant les conditions dans lesquelles les services militaires pourront être comptés aux instituteurs pour leur avancement	493

1893	29 mars.	Circulaire relative à la direction des Écoles mixtes.	494
—	1er avril.	Décret portant revision du décret du 6 septembre 1890, relatif aux indemnités de résidence dues au personnel enseignant dans les localités de plus de 1 000 habitants qui possèdent des Écoles de section.	495
—	27 —	Circulaire relative aux récompenses à décerner aux instituteurs et institutrices pour leur propagande en faveur de la Caisse nationale des retraites pour la vieillesse.	495
—	28 —	Loi portant fixation du budget général de l'exercice 1893. [Extraits.].	496
—	29 —	Arrêté relatif aux titularisations et promotions de classe des instituteurs et institutrices des Écoles élémentaires	497
—	3 mai.	Circulaire relative à l'utilisation des locaux scolaires pour le logement et le cantonnement des troupes.	498
—	17 —	Circulaire relative aux congés accordés aux fonctionnaires de l'Instruction publique	499
—	9 juin.	Circulaire relative à la délivrance du certificat d'instruction primaire aux enfants employés dans les manufactures.	449*n*
—	13 —	Circulaire relative aux frais de pension dans les Écoles nationales professionnelles.	561*n*
—	22 juillet.	Loi portant modification de l'article 8, § 3, et de l'article 9 du Code civil, relativement aux déclarations effectuées en vue d'acquérir ou de décliner la nationalité française	500
—	25 —	Loi modifiant la loi du 19 juillet 1889 sur les dépenses ordinaires de l'instruction primaire publique et les traitements du personnel de ce service.	502
		Avis du Conseil d'État et du Comité du Contentieux rendus en exécution de la loi du 25 juillet 1893.	504-515*n*
—	26 —	Loi portant fixation du budget général des dépenses et des recettes de l'exercice 1894. [Extraits.]	516
—	27 —	Arrêté modifiant les articles 154, 160, 180, 248 de l'arrêté du 18 janvier 1887, relatif à l'enseignement primaire	516
—	27 —	Arrêté relatif aux exercices de tir à la carabine Flobert	518
—	28 —	Décret modifiant l'article 118 du décret du 18 janvier 1887.	519
—	4 août.	Circulaire relative à la réalisation de l'engagement décennal par les élèves-maîtresses des Écoles normales.	499*n*

1893	10 août.	Décret modifiant l'article 106 du décret du 18 janvier 1887 et l'article 113 du décret du 18 janvier 1893, et instituant un certificat d'aptitude à l'enseignement de la comptabilité.	521
—	10 —	Arrêté relatif à l'examen du certificat d'aptitude à l'enseignement de la comptabilité.	522
—	14 —	Décret relatif au mode de rétribution des heures de service supplémentaires et aux allocations à attribuer au personnel enseignant des Écoles primaires supérieures.	524
—	18 —	Arrêté fixant les matières de l'enseignement dans les Écoles primaires supérieures de jeunes filles.	527
—	18 —	Arrêté et Règlement modèle relatifs aux prescriptions hygiéniques à prendre dans les Écoles primaires pour prévenir et combattre les épidémies.	528
—	22 —	Circulaire relative aux Commissions d'examen des brevets de capacité	520*n*
—	29 —	Circulaire relative aux Commissions d'examen des brevets de capacité	531
—	30 septembre.	Décret relatif au nombre des heures de service exigées du personnel des Écoles nationales professionnelles et au mode de rétribution des heures de service supplémentaires	532
—	27 novembre.	Circulaire relative à une enquête sur le choix de la langue vivante à enseigner dans les établissements d'enseignement primaire.	534
—	21 décembre.	Circulaire relative aux nouveaux traitements des instituteurs titulaires et stagiaires, et aux Écoles facultatives de filles qui deviennent obligatoires.	535
1894	4 janvier.	Arrêté relatif à la durée des vacances dans les établissements publics d'enseignement primaire.	536
—	4 —	Arrêté modifiant l'article 176 de l'arrêté du 18 janvier 1887 relatif à l'examen du certificat d'aptitude à l'inspection primaire et à la direction des Écoles normales.	538
—	10 —	Arrêté modifiant les articles 247, 248 de l'arrêté du 18 janvier 1887, relatifs à l'examen du certificat d'études primaires supérieures	538
—	13 —	Décret déterminant sous quelles conditions seront payées les subventions allouées aux communes pour la construction, la reconstruction ou l'agrandissement de leurs maisons d'école	539
—	15 —	Décret modifiant l'article 107 du décret du 18 janvier 1887 relatif aux conditions d'admission aux examens des brevets de capacité de l'enseignement primaire	541
—	15 —	Décret modifiant l'article 186 du décret du 18 janvier 1887 relatif à l'examen du certificat d'aptitude à l'inspection primaire.	542

1894	16 janvier.	Décret relatif aux pensionnats installés dans des Écoles primaires publiques	543
—	18 —	Arrêté relatif à l'obtention des bourses dans les Écoles nationales professionnelles	544
—	20 —	*Proposition de loi modifiant l'article* 11 *de la loi du* 30 *octobre* 1886, *présentée par MM. Cazenove de Pradines, de Ramel, etc., députés.*	547
—	18 février.	Arrêté relatif aux titularisations et promotions de classe des instituteurs et institutrices des Ecoles élémentaires en 1894	549
—	10 mars.	Circulaire relative à la création de sociétés scolaires protectrices des animaux et conservatrices des oiseaux utiles	550
—	10 —	*Rapport sommaire sur la proposition de loi de MM. Cazenove de Pradines et F. de Ramel modifiant l'article* 11 *de la loi du* 30 *octobre* 1886 *sur l'organisation de l'enseignement primaire, par M. Bérard, député*	553
—	28 —	Circulaire relative à l'admission à la retraite des Inspecteurs primaires âgés de soixante ans	554
—	1er avril.	Circulaire relative aux répétitrices étrangères dans les Écoles normales primaires	576*n*
—	16 —	Circulaire relative au service de l'infirmerie dans les Écoles normales primaires	855
—	28 —	*Proposition de loi tendant à reviser l'article* 36 *de la loi scolaire du* 25 *juillet* 1893 *et à faire concorder ses dispositions avec celles de l'article* 11 *de la loi du* 30 *octobre* 1886, *présentée par M. Gendre, député*	557
—	1er mai.	Décret modifiant l'article 5 du décret du 14 août 1893, relatif au mode de rétribution des heures supplémentaires de service dans les Écoles primaires supérieures	559
—	1er —	Arrêté fixant le prix de pension dans les Écoles nationales professionnelles	560
—	25 —	Décret relatif aux suppléants auxiliaires chargés de remplacer les instituteurs en cas de maladie.	562
—	14 juin.	*Proposition de loi tendant à abaisser de dix années à cinq la durée de l'engagement contracté par les jeunes gens visés par le* § 1er *de l'article* 23 *de la loi du* 15 *juillet* 1889, *présentée par MM. Viviani, Millerand, etc., députés*	564
—	15 —	Circulaire relative à une enquête sur les modifications à apporter au programme d'enseignement dans les Écoles primaires publiques	566
—	9 juillet.	*Proposition de loi tendant à modifier l'article* 18 *de la loi du* 30 *octobre* 1886, *présentée par M. Jacquemin, député*	567

1894	19 juillet.	Décret déterminant les indemnités de résidence à allouer au personnel enseignant des Écoles primaires publiques dans les communes du département de la Seine	569
—	20 —	Décret déterminant le taux des indemnités représentatives de logement pour le personnel enseignant des Écoles primaires	571
—	26 —	Avis sur la question de savoir si, dans les villes de plus de 150 000 âmes, les frais de suppléance des instituteurs publics doivent être à la charge de l'État alors même qu'ils excéderaient le produit des 8 centimes, et, à Paris, le produit des 4 centimes	572
—	9 août.	Circulaire relative aux réductions de personnel à opérer dans les Écoles normales	573
—	24 —	Circulaire rappelant les prescriptions relatives à l'avis du Conseil d'hygiène dans le cas d'ouverture d'École	575
—	11 septembre.	Arrêté concernant les instituteurs et institutrices stagiaires exerçant dans les Écoles temporaires	575
—	29 —	Circulaire relative à l'admission de répétitrices étrangères dans les Écoles normales d'institutrices	576
—	3 octobre.	Décret relatif au régime des Écoles annexes dans les Écoles normales primaires	577
—	4 —	Décret relatif à diverses questions relatives à des catégories du personnel des Écoles normales primaires	578
—	25 —	Décret relatif au logement des instituteurs et des institutrices primaires publics	582
—	4 novembre.	Décret relatif aux Écoles primaires annexées aux établissements de bienfaisance et d'assistance publique fondés et entretenus par l'État, les départements ou les communes	583
—	22 —	*Proposition de loi relative à l'éligibilité des instituteurs et institutrices titulaires au Conseil départemental de l'enseignement primaire, par M. Bouge, député*	586
—	22 —	*Proposition de loi tendant à modifier l'article* 38, § 3, *de la loi du* 25 *juillet* 1893 *sur l'enseignement primaire, présentée par MM. Cabart-Danneville, de Mahy, Legludic, députés*	586
—	27 —	Avis du Conseil d'Etat relatif à la suppléance des instituteurs et à leur admission à la retraite	588
—	30 —	Circulaire relative aux instituteurs adjoints rétribués directement par les communes	589

1895	8 janvier.	Arrêté relatif à la durée des congés attribués aux instituteurs suppléants	589
—	9 —	Arrêté modifiant les articles 118 et 170 de l'arrêté du 18 janvier 1887, relatifs aux examens d'admission aux Écoles de Fontenay et de Saint-Cloud et à l'examen du certificat d'aptitude au professorat dans les Écoles normales et dans les Écoles primaires supérieures	590
—	11 —	Décret relatif à l'établissement de Cours d'adultes subventionnés	592
—	13 —	Circulaire relative au bulletin de direction, au cahier de devoirs mensuels et au cahier de roulement	595
—	13 —	Circulaire relative aux récompenses décernées aux instituteurs et institutrices publics et privés qui ont contribué le plus activement à propager les vaccinations et les revaccinations dans les Écoles primaires.	597
—	25 —	Décret concernant le classement des Écoles primaires supérieures ou des Cours complémentaires au nombre des établissements placés sous le régime de la loi du 11 décembre 1880 et du règlement du 17 mars 1888.	598
—	25 —	Arrêté relatif aux programmes des Cours complémentaires.	599
—	25 —	Arrêté relatif aux programmes des Écoles primaires supérieures et des Cours complémentaires de la ville de Paris.	600
—	25 —	Arrêté modifiant l'article 5 de l'arrêté du 18 janvier 1887 relatif à l'obtention des bourses dans les Écoles nationales professionnelles.	601
—	2 février.	*Rapport sommaire sur la proposition de loi de M. Bouge, tendant à déclarer éligibles au Conseil départemental de l'enseignement primaire tous les instituteurs et institutrices titulaires, par M. Viox, député*	602
—	22 —	Circulaire relative à l'indemnité de logement des directeurs et directrices d'Écoles annexes	581*n*
—	2 mars.	Circulaire relative aux suppléances des instituteurs et institutrices publics pour cause de maladie	603
—	19 —	Décret concernant diverses questions relatives à certaines catégories du personnel des Écoles nationales professionnelles.	606
—	16 avril.	Loi portant fixation du budget général de l'exercice 1895. [Extraits.].	608
—	29 —	Décret instituant un degré élémentaire et un degré supérieur dans l'examen du certificat d'aptitude à l'enseignement du chant dans les Écoles normales et dans les Écoles primaires supérieures.	609

1895	29 avril.	Arrêté relatif à l'examen du certificat d'aptitude à l'enseignement du chant dans les Écoles normales et dans les Écoles primaires supérieures.	610
—	25 mai.	Décret modifiant le décret du 4 juin 1890 relatif aux conditions spéciales d'organisation du personnel des Écoles normales de la Seine et à la fixation des traitements.	613
—	25 —	Décret relatif à l'organisation, à la nomination et aux traitements du personnel enseignant des Écoles annexes dans les Écoles normales du département de la Seine.	614
—	27 —	Circulaire relative à la procédure à suivre en cas d'opposition à l'ouverture d'une École primaire privée.	617
		Jurisprudence du Conseil supérieur de l'Instruction publique relative à l'enseignement primaire privé.	617-624*n*
—	27 —	Lettre relative à la fréquence des mutations dans le personnel primaire enseignant de la Corse . .	625
—	30 —	Circulaire relative aux maîtresses de couture . . .	625
—	5 juin.	*Proposition de loi tendant à modifier la loi de* 1889, *améliorée par celle de* 1893, *sur les traitements du personnel de l'enseignement primaire, présentée par MM. Carnaud, Guesde, etc., députés.*	626
—	28 —	Circulaire relative aux cours accessoires dans les Écoles normales	628
—	28 —	Circulaire relative à l'admission à la retraite des fonctionnaires de l'enseignement primaire. . . .	629
—	5 juillet.	Avis du Comité du contentieux institué au Ministère de l'Instruction publique sur la situation d'une École privée pendant le mois qui suit un changement de direction.	630
—	10 —	Circulaire relative aux services que peuvent rendre pour l'instruction des enfants et l'instruction des adultes les délégations cantonales, les Caisses des Écoles et les Commissions scolaires	631
—	17 —	Décret relatif aux règles et aux conditions d'avancement non prévues à l'article 24 de la loi du 19 juillet 1889, modifiée par celle du 25 juillet 1893.	639
—	26 —	Décret relatif à l'organisation spéciale du Collège Chaptal.	641
—	2 août.	Circulaire relative au rapport présenté par la Commission chargée d'étudier les mesures à prendre pour combattre l'alcoolisme.	646
—	3 —	Lettre relative à la circulaire du 28 juin 1895, concernant l'admission à la retraite des fonctionnaires de l'enseignement primaire	652

1895	6 septembre.	Circulaire relative à l'application du règlement d'administration publique du 17 juillet 1895 concernant l'avancement des instituteurs et institutrices	64
—	7 —	Circulaire relative à la nomination de boursiers d'enseignement primaire supérieur dans les Écoles primaires supérieures seulement, à l'exclusion des Cours complémentaires.	64
—	1er octobre.	Circulaire relative au choix des textes de compositions données aux examens des brevets de capacité.	66
—	21 —	Circulaire relative à l'établissement d'une statistique des associations locales et régionales qui, dans chaque département, contribuent à la prospérité de l'École et favorisent la diffusion de l'enseignement.	67
—	23 —	Arrêté relatif à la nomination des professeurs et des répétiteurs au Collège Chaptal (cadre secondaire).	69
—	24 —	Circulaire relative à l'enseignement de l'agriculture dans les Écoles primaires publiques.	69
—	30 —	Décret réglant la concession des distinctions honorifiques en faveur des instituteurs et institutrices employés dans les Écoles publiques des colonies.	67
—	30 novembre.	Circulaire relative aux cours d'agriculture dans les Écoles normales	67
—	28 décembre.	Loi portant fixation du budget général de l'exercice 1896. [Extraits.].	67
1896	24 janvier.	Décret réservant un contingent spécial de distinctions honorifiques aux instituteurs et aux institutrices publics pour l'enseignement des adultes.	67
—	24 —	Arrêté modifiant l'article 151 de l'arrêté du 18 janvier 1887 relatif aux épreuves de la 1re série du brevet supérieur	67
—	25 —	Arrêté attribuant des récompenses aux instituteurs et aux institutrices publics pour l'enseignement des adultes.	67
—	26 —	*Rapport* et Décret concernant l'application des règlements d'administration publique relatifs au Collège Chaptal et aux Écoles primaires supérieures de Paris	678
—	28 —	Arrêté modifiant l'article 128 de l'arrêté du 18 janvier 1887 relatif à l'attribution de la médaille d'argent, de la médaille de bronze et de la mention honorable aux instituteurs, institutrices et directrices d'Écoles maternelles.	684
—	30 —	Circulaire relative aux cours d'adultes et à la lutte contre l'alcoolisme.	684

1896	31 janvier.	Circulaire autorisant les membres de l'enseignement à faire des conférences publiques	686
—	1er février.	Décret relatif à la procédure à suivre en matière de legs concernant les établissements publics ou reconnus d'utilité publique	686
—	3 —	Décret relatif à la circulation gratuite des clichés photographiques devant servir aux projections lumineuses dans les cours d'adultes et les conférences populaires	688
—	10 —	Circulaire relative au service de surveillance dans les Écoles primaires supérieures.	689
—	2 mars.	Circulaire relative à la situation des instituteurs adjoints des Écoles primaires supérieures. . . .	690
—	10 —	Circulaire relative aux Commissions d'examen des brevets de capacité.	692
—	13 —	*Proposition de loi sur la responsabilité civile des membres de l'enseignement public (M. Malzac, député)*	704
—	14 —	Circulaire relative aux secours à accorder aux instituteurs et institutrices pour traitement thermal	708
—	14 —	Circulaire relative aux maladies épidémiques et contagieuses	709
—	16 —	Décret relatif à la correspondance en franchise . .	713
—	25 —	Circulaire relative aux cours d'adultes et d'adolescents.	714
—	25 —	Lettre relative aux cours d'adultes.	715
—	25 —	*Rapport sommaire relatif à la proposition de loi de M. Malzac sur la responsabilité civile des membres de l'enseignement public (M. Malzac, député)*.	716
—	20 avril.	Circulaire relative à la direction des champs d'expériences agricoles.	718
—	5 mai.	Circulaire relative à l'application du demi-tarif aux instituteurs et institutrices.	719
—	15 —	Arrêté relatif à l'Annuaire de l'enseignement primaire élémentaire	721
—	15 —	Circulaire relative à l'Annuaire de l'enseignement primaire élémentaire.	723
—	18 —	Circulaire relative aux maîtresses de couture dans les Écoles mixtes.	728
—	28 —	*Proposition de loi sur la responsabilité civile des membres de l'enseignement public (MM. Hubbard, Berteaux, Rameau, etc., députés)*.	729

1896	28 mai.	*Proposition de loi sur la responsabilité civile des instituteurs publics (MM. Lavy, Prudent-Dervillers, etc., députés)*	731
—	25 juillet.	Décret modifiant le décret du 24 janvier 1896 sur les distinctions honorifiques à accorder aux instituteurs et institutrices publics pour l'enseignement des adultes et des adolescents	737
—	27 —	Arrêté relatif à la fixation des vacances dans les Écoles primaires publiques	737
—	27 —	Circulaire relative à la fixation des vacances dans les Écoles primaires publiques	738
—	4 août.	Circulaire relative au sursis accordé pour l'application des nouvelles mesures concernant les voyages à demi-tarif	738
—	11 novembre.	Circulaire relative à l'enseignement dans les cours et conférences d'adultes	739
—	13 —	*Proposition de loi concernant les droits des communes en matière d'enseignement primaire et secondaire (M. Fresneau, sénateur)*	742
—	7 décembre.	Arrêté attribuant des récompenses aux instituteurs et institutrices publics pour l'enseignement des adultes	743
—	18 —	*Rapport sommaire sur la proposition de loi de M. Fresneau concernant les droits des communes en matière d'enseignement primaire et secondaire (M. Léopold Thézard, sénateur)*	743
1897	4 janvier.	Circulaire relative à l'obligation de prendre l'avis du Conseil d'hygiène avant l'ouverture des Écoles publiques et privées	744
—	4 —	Circulaire relative à l'enseignement des notions élémentaires d'agriculture dans les Écoles rurales	745
—	8 —	Note relative aux frais de suppléance	762*n*
—	18 —	Arrêté modifiant l'arrêté du 18 janvier 1887 (certificat d'aptitude à l'enseignement de la comptabilité)	746
—	20 —	Arrêté modifiant les articles 146 et 147 de l'arrêté du 18 janvier 1887 (brevet élémentaire)	747
—	28 —	Décret modifiant l'article 38 du décret du 21 janvier 1893 relatif à l'organisation des Écoles primaires supérieures	748
—	30 —	Circulaire relative aux associations de fonctionnaires	749
—	15 février.	Circulaire relative aux congés accordés aux anciens élèves-maîtres et élèves-maîtresses des Écoles normales	754

1897	3 mars.	Circulaire relative à la loi du 2 novembre 1892 sur le travail des enfants, des filles mineures et des femmes.	755
—	9 —	Circulaire relative à l'enseignement antialcoolique.	756
—	29 —	Loi portant fixation du Budget général des dépenses et des recettes de l'exercice 1897. (Extraits.)	758
—	12 avril.	Circulaire relative aux cartes permanentes de circulation sur les chemins de fer de l'État délivrées aux instituteurs et institutrices	760
—	13 —	Circulaire relative aux créations d'Écoles et d'emplois en 1897.	761
—	21 —	Circulaire relative aux suppléances pour cause de maladie (congés des instituteurs).	762
—	30 —	Circulaire relative aux conséquences du recensement de 1896 pour la distinction entre Écoles obligatoires et Écoles facultatives.	765
—	5 mai.	Circulaire relative aux frais de suppléances. . . .	763*n*
—	6 —	Décret fixant la taxe à percevoir pour les lettres de convocation aux examens	767
—	10 —	Circulaire relative aux retenues à verser annuellement par les fonctionnaires en congé ou en inactivité	768
—	11 —	Lettre relative à un don de médailles en faveur des Écoles primaires.	769
—	14 —	Arrêté augmentant le chiffre des récompenses attribuées aux instituteurs et institutrices publics pour l'enseignement des adultes	770
—	15 —	Circulaire relative à l'instruction des demandes d'admission à la retraite des instituteurs	770
—	25 —	Arrêté relatif à la durée des grandes vacances dans les Écoles où le personnel a contribué au fonctionnement de cours réguliers d'adultes et d'adolescents.	771
—	25 —	Circulaire relative à la durée des grandes vacances.	771*n*
—	27 —	*Rapport* et Décret relatifs aux modifications à apporter au décret du 9 novembre 1853 sur les pensions de retraite.	772
—	1er juin.	Circulaire relative au recrutement du personnel enseignant des Écoles primaires	774
—	12 —	Circulaire relative aux demandes de concession de livres en faveur des bibliothèques populaires communales	774
—	19 —	Circulaire relative aux formules de demandes de demi-place présentées par les instituteurs aux gares de chemins de fer.	775

1897	23 juin.	Circulaire relative aux conditions d'aptitude physique des candidats aux Écoles normales primaires	951*n*
—	29 —	Circulaire rappelant l'interdiction faite aux fonctionnaires de se livrer à des opérations commerciales	776
—	26 juillet.	Circulaire relative aux maîtresses de couture dans les Écoles mixtes	776
—	28 —	Décret relatif au prélèvement de la retenue du douzième à supporter par les fonctionnaires lors de la première nomination ou en cas de réintégration	777
—	31 —	Décret modifiant les articles 62, 110 et 186 du décret du 18 janvier 1887 (certificat d'aptitude à l'inspection de l'enseignement primaire et à la direction des Écoles normales primaires)	779
—	31 —	Décret modifiant les articles 70 et 71 du décret du 18 janvier 1887 (admission des élèves-maîtres dans les Écoles normales primaires)	780
—	31 —	Arrêté modifiant l'article 153 de l'arrêté du 18 janvier 1887 (brevet supérieur)	781
—	31 —	Arrêté modifiant les articles 256, 257, 259 et 260 de l'arrêté du 18 janvier 1887 (certificat d'études primaires)	782
—	13 août.	Circulaire relative à la suppression des auditeurs et des auditrices libres dans les Écoles normales.	785
—	18 octobre.	Circulaire relative aux épreuves du brevet supérieur	782*n*
—	27 —	Lettre relative aux traitements de congé des instituteurs	763*n*
—	27 décembre.	Circulaire relative aux dons de livres aux élèves sortant des Écoles normales primaires avec le brevet supérieur	903*n*
—	31 —	Décret relatif aux indemnités de résidence dues au personnel enseignant des Écoles primaires publiques, à la suite du dénombrement de 1896.	786
1898	12 janvier.	Circulaire relative à l'examen du certificat d'études primaires élémentaires	787
—	25 —	Circulaire relative aux voyages à demi-tarif des instituteurs et institutrices	789
—	1er février.	Arrêté attribuant des récompenses aux instituteurs et institutrices publics pour l'enseignement des adultes	790
—	11 —	Circulaire relative à la retenue du douzième de premier traitement	790
—	18 —	Circulaire relative au payement des dépenses des Commissions d'examens	793

1898	4 mars.	*Rapport sur la proposition de loi relative à la responsabilité civile des membres de l'enseignement public (M. Paul Samary, député)* . .	794
—	16 —	Loi sur la répression des outrages aux bonnes mœurs	807
—	30 —	Arrêté relatif à la durée des vacances dans les Écoles primaires publiques	809
—	13 avril.	Loi portant fixation du Budget général des dépenses et des recettes de l'exercice 1899. [Extraits.]	809
—	18 —	Circulaire relative aux récompenses à décerner par la Société française de tempérance	812
—	23 —	Circulaire relative aux demandes d'emploi dans le personnel de l'enseignement primaire aux Colonies	812
—	3 mai.	Circulaire relatives aux promotions et titularisations d'instituteurs et institutrices en 1898. . .	813
—	6 —	Circulaire relative à la franchise télégraphique. . .	817
—	12 —	Circulaire relative à l'enseignement de l'agriculture dans les établissements publics d'enseignement primaire	818
—	28 —	*Rapport* et Décret concernant l'admission à la retraite des Recteurs et des Inspecteurs d'Académie.	819
—	3 juin.	Arrêté relatif aux frais de passage en Algérie des fonctionnaires du Ministère de l'Instruction publique	820
—	13 —	*Proposition de loi sur la nomination des instituteurs publics (MM. Cunéo d'Ornano, Arnous, etc.)*	822
—	16 —	Circulaire relative à la célébration du Centenaire de la naissance de Michelet	825
—	25 —	Décret sur le classement et l'avancement des instituteurs de la Ville de Paris, et sur les suppléances	826
—	8 juillet.	Circulaire relative aux maîtresses de couture dans les Écoles mixtes	827
—	4 août.	*Rapport* et Décret relatifs à une modification des dispositions concernant les décorations universitaires	829
—	14 septembre.	Lettre relative aux promotions à l'ancienneté . . .	639*n*
—	17 —	Arrêté relatif à l'examen du certificat d'études primaires supérieures	832
—	29 novembre.	Avis du Conseil d'État sur la subvention à un cours privé pour les adultes	836
—	21 décembre.	Circulaire relative à l'organisation et au fonctionnement du cours supérieur des Écoles primaires élémentaires	837

1898	28 décembre.	Circulaire relative à une enquête sur l'éducation physique et les jeux en plein air.	838
—	29 —	Instruction générale relative à la préparation de l'exposition du Ministère de l'Instruction publique.	840
1899	20 janvier.	Arrêté modifiant les articles 172 et 173 de l'arrêté du 18 janvier 1887 (certificat d'aptitude au professorat dans les Écoles normales et dans les Écoles primaires supérieures).	852
—	20 —	Arrêté modifiant les articles 175 et 176 de l'arrêté du 18 janvier 1887 (certificat d'aptitude à l'inspection des Écoles primaires)	854
—	21 —	Décret relatif aux distinctions honorifiques pour l'enseignement des adultes.	854
—	23 —	Arrêté fixant les coefficients des épreuves des certificats d'aptitude au professorat des Écoles normales.	855
—	24 —	Circulaire relative à l'enseignement scientifique et agricole dans les Écoles normales d'instituteurs.	856
—	27 —	Arrêtés attribuant des récompenses pour l'enseignement des adultes.	860
—	28 —	Arrêté accordant un congé supplémentaire au personnel des Écoles primaires ayant collaboré aux cours d'adultes.	861
—	30 —	*Proposition de loi sur les traitements du personnel de l'enseignement primaire (MM. Carnaud, Benezech, etc.).*	862
—	31 —	Circulaire relative aux institutrices déléguées dans les Lycées	864
—	31 —	*Rapport sur la responsabilité civile des membres de l'enseignement public (M. Léopold Thézard).*	865
—	3 février.	Circulaire relative aux récompenses à décerner aux collaborateurs des cours d'adultes.	870
—	4 —	Circulaire relative à la durée des vacances dans les Écoles primaires publiques	872
—	5 —	Décret relatif à l'élection des instituteurs comme membres des Conseils départementaux.	873
—	1er mars.	Avis sur la proposition de loi relative à la responsabilité civile des membres de l'enseignement public (M. Denois, sénateur).	874
—	2 —	Note de service relative aux distinctions honorifiques à accorder aux institutrices des Lycées. .	864n
—	6 —	Circulaire relative à l'envoi d'une instruction sur l'enseignement du français dans les classes élémentaires.	875

1899	28 mars.	*Rapport* et Décret concernant les subventions de l'État pour la construction des établissements d'enseignement primaire.	879
—	1er mai.	Circulaire relative au certificat d'études primaires supérieures.	835*n*
—	24 —	Circulaire relative à l'adjudication pour la fourniture aux communes de livres destinés aux bibliothèques scolaires.	880
—	26 —	Circulaire concernant le droit d'enregistrement à percevoir sur les marchés administratifs.	881
—	30 —	Loi portant fixation du Budget général des dépenses et des recettes de l'exercice 1899. [Extraits.]	882
—	15 juin.	Arrêté fixant le régime et les conditions d'admission aux Sections normales de l'École pratique de commerce et d'industrie de jeunes filles au Havre.	884
—	16 —	Décret relatif aux conditions d'exercice dans les Écoles primaires ou professionnelles annexées à des établissements publics ressortissant à d'autres Administrations que celle de l'Instruction publique	887
—	3 juillet.	Circulaire relative aux indemnités représentatives de logement	892
—	20 —	Loi sur la responsabilité civile des membres de l'enseignement public.	893
—	29 —	Circulaire relative aux maîtres délégués dans les Écoles primaires supérieures.	894
—	31 —	Circulaire relative au classement des demandes de subventions pour constructions scolaires.	895
—	31 —	Circulaire relative aux conditions à remplir pour participer à l'Exposition de 1900.	895
—	31 —	Circulaire relative au même objet.	896
—	24 septembre.	Circulaire relative à la décoration des Écoles . . .	898
—	1er octobre.	Circulaire relative au Congrès international de l'enseignement primaire à Paris en 1900.	899
—	14 —	Arrêté fixant les coefficients à attribuer aux épreuves des certificats d'aptitude au professorat des Écoles normales et des Écoles primaires supérieures	901
—	1er décembre.	Circulaire relative à l'allocation de livres aux élèves sortants des Écoles normales primaires	902
—	2 —	Circulaire relative aux récompenses honorifiques spéciales à accorder aux Sociétés de secours mutuels scolaires en 1900.	903
—	19 —	Circulaire relative à l'épreuve de sciences physiques et naturelles à l'examen du certificat d'aptitude au professorat des Écoles normales. . . .	904

1900	10 janvier.	Circulaire relative au choix des délégués cantonaux.	905
—	15 —	Arrêté attribuant des récompenses aux instituteurs et institutrices publics pour l'enseignement des adultes.	906
—	15 —	Arrêté attribuant aux personnes étrangères aux Écoles primaires des récompenses pour l'enseignement des adultes.	906
—	18 —	Arrêté accordant un congé supplémentaire pour la collaboration aux cours d'adultes et aux œuvres complémentaires de l'École.	907
—	18 —	Circulaires relatives aux récompenses à décerner aux personnes qui ont fait des cours d'adultes et des conférences pour les adultes.	908
—	18 —	Circulaire relative à un congé supplémentaire accordé pour collaboration aux cours d'adultes et aux œuvres complémentaires de l'École.	911
—	18 —	Circulaire relative à l'attribution, en 1900, du prix de dessin Eugène Monnier, pour l'enseignement du dessin.	912
—	16 février.	Circulaire relative au choix des livres qui peuvent être mis en usage dans les Écoles primaires publiques.	912
—	23 —	Décision du Conseil d'Etat au sujet de la patente imposée aux directeurs d'Ecoles primaires supérieures à internat.	913
—	19 mars.	Circulaire relative aux sujets traités par les instituteurs dans les conférences publiques.	914
—	24 —	Circulaire relative à la participation des instituteurs et institutrices publics au concours organisé par la Société française de tempérance.	914
—	28 —	Lettre relative à la durée des congés sollicités par les instituteurs à la suite de la réalisation de leur engagement décennal.	915
—	30 —	Loi modifiant plusieurs articles de la loi du 2 novembre 1892 sur le travail des enfants et des filles mineures employés dans l'industrie.	451*n*
—	11 avril.	Circulaire relative à la participation des instituteurs aux opérations de classement des animaux de recensement.	915
—	13 —	Loi portant fixation du Budget général des dépenses et des recettes de l'exercice 1900. [Extraits.]	916
—	8 mai.	Circulaire relative à la date d'ouverture des vacances scolaires en 1900, en raison de la tenue du Congrès de l'enseignement primaire.	916
—	11 juin.	Circulaire relative à la modification des proportions d'effectifs dans les diverses classes d'instituteurs et d'institutrices.	917

1900	21 juillet.	Arrêté relatif à une augmentation exceptionnelle de la durée des grandes vacances dans les Écoles primaires, en raison de l'Exposition universelle.	921
—	31 —	*Rapport* et Arrêté relatifs à la simplification de l'enseignement de la syntaxe française.	922

DOCUMENTS ANNEXES

Modèle pour les Écoles maternelles établies dans les communes de 2 000 âmes et au-dessous. 937

Modèle du Certificat à délivrer aux jeunes gens titulaires du diplôme en vue duquel ils ont obtenu la dispense de deux années de service militaire. 939

Modèles annexés au Décret du 23 novembre 1889 sur le recrutement de l'armée. 940

Bulletin d'avertissement et bulletin trimestriel des épidémies. 944

Tableau des instituteurs et institutrices laïques de la sixième classe provisoire proposés pour avancement immédiat 947

État de classement des demandes de subventions pour constructions scolaires. . 949

Projets de création d'Écoles à classer selon l'urgence. 950

Modèle de Certificat d'aptitude pédagogique. 955

Proposition de subvention en faveur des communes où il existe une École mixte dirigée par un instituteur 956

Demande de billets à demi-place sur les chemins de fer. 957

Modèle de la carte d'identité pour les voyages à demi-tarif. 959

Modèle de fiche pour les renseignements destinés à l'Annuaire de l'enseignement primaire 960

Règlement des Bibliothèques populaires communales. 961

Rapport de la Commission de l'examen médical dans les Écoles normales 963

Demande de carte permanente à demi-tarif. 969

Notice à fournir par chaque exposant à l'Exposition universelle de 1900. 970

Bulletin d'adhésion au Congrès international de l'enseignement primaire 970

Allocation de livres aux élèves sortants des Écoles normales primaires. 971

PARIS. — IMPRIMERIE DELALAIN
18, RUE SÉGUIER.

www.ingramcontent.com/pod-product-compliance
Lightning Source LLC
LaVergne TN
LVHW020952300926
849160LV00007B/127
* 9 7 8 2 0 1 9 6 0 1 6 3 8 *